महर्षि विट्ठल रामजी शिंदे
जीवन और कार्य

महर्षि विट्ठल रामजी शिंदे
जीवन और कार्य

गो. मा. पवार

अनुवाद

डॉ. गिरीश काशिद

राधाकृष्ण प्रकाशन

मूल मराठी ग्रंथ 'महर्षी विठ्ठल रामजी शिंदे : जीवन व कार्य' का हिन्दी अनुवाद।

ISBN : 978-93-91950-24-8

महर्षि विट्ठल रामजी शिंदे : जीवन और कार्य

पहला संस्करण : 2022

मूल्य : ₹1695

प्रकाशक

राधाकृष्ण प्रकाशन प्राइवेट लिमिटेड
जी-17, जगतपुरी, दिल्ली-110 051
शाखाएँ : अशोक राजपथ, साइंस कॉलेज के सामने, पटना-800 006
पहली मंजिल, दरबारी बिल्डिंग, महात्मा गांधी मार्ग, प्रयागराज-211 001
36 ए, शेक्सपियर सरणी, कोलकाता-700 017
वेबसाइट : www.radhakrishnaprakashan.com
ई-मेल : info@radhakrishnaprakashan.com

मुद्रक

बी.के. ऑफसेट
नवीन शाहदरा, दिल्ली-110 032

MAHARSHI VITTHAL RAMJI SHINDE : JEEVAN AUR KARYA
by G. M. Pawar
Translated by Dr. Girish Kashid

माननीय यशवन्तराव चव्हाण
के लिए
आदरपूर्वक

क्रम

हिन्दी संस्करण के निमित्त

इतिहास में जिन समाज-सुधारकों ने अपने कार्य से पूरे भारत को प्रभावित किया, उनमें विट्ठल रामजी शिंदे का उल्लेख पहली पंक्ति में शुमार करना होगा। महात्मा फुले ने जो दलित उद्धार और स्त्री शिक्षा का कार्य शुरू किया था, उसे आगे बढ़ानेवाले विट्ठल रामजी शिंदे सही अर्थ में कर्मवीर थे। अपने परिवार और निजी स्वार्थ को न देखते हुए उन्होंने सपरिवार अपनी जिन्दगी समाज-सुधार हेतु समर्पित की। विदेश से धार्मिक शिक्षा लेकर आने के बाद उन्होंने प्रार्थना समाज के धर्म-प्रचारक के रूप में कार्य शुरू किया लेकिन उन्होंने अपने कार्य को महज धर्म-प्रचार तक सीमित नहीं रखा। उन्होंने 'डिप्रेस्ड क्लास मिशन' की स्थापना कर उसके माध्यम से दलित उद्धार का कार्य आजीवन निष्ठा से किया। इस कार्य के दौरान उन्हें कई समस्याओं से जूझना पड़ा, लेकिन वे आखिर तक डटे रहे। स्तुति, लाभ और लोभ की चिन्ता न कर वे निरन्तर कार्यरत रहे। उनका व्यक्तित्व बहुमुखी था। उन्होंने देश-विदेश की यात्रा कर विभिन्न सन्दर्भों की एक समाजशास्त्री की दृष्टि से परख की। उनका लेखन इसका प्रमाण है। अस्पृश्यता उन्मूलन, स्त्री शिक्षा, किसान आन्दोलन, शराबबन्दी आन्दोलन आदि विभिन्न मोर्चों पर उन्होंने कार्य किया। आजादी के आन्दोलन में भी वे सक्रिय रहे। दलितों के प्रश्न को लेकर उन्होंने लोकमान्य तिलक और महात्मा गांधी से तक विवाद किया। दूसरी ओर, वे आजादी के आन्दोलन में भी सक्रिय रहे।

महर्षी विट्ठल रामजी शिंदे ने तत्कालीन युग में कई आन्दोलनों में सक्रिय हिस्सा लिया। उन्होंने भारत और विदेश के सामाजिक जीवन को अत्यन्त गहराई से देखकर, समस्याओं की जड़ तक पहुँचकर उन्हें समझने का न केवल प्रयास किया अपितु उन्हें हल करने के लिए अपना पूरा जीवन समर्पित किया। विशेषत: दलित उद्धार हेतु कठिन दौर में उन्होंने किया हुआ कार्य उल्लेखनीय है। उनका पूरा जीवन त्याग और समर्पण की गाथा है। ऐसे महान समाज-सुधारक का जीवन और कार्य हिन्दी के माध्यम से पूरे देश के पाठकों तक पहुँच रहा है, इसकी खुशी है।

मराठी साहित्य के लेखक-समीक्षक डॉ. गो.मा. पवार ने काफी कष्ट उठाकर और लगन से यह जीवनी लिखी है। यह एक समाज-सुधारक की ऐतिहसिक जीवनी है। उन्होंने विट्ठल रामजी शिंदे के व्यक्तित्व और कार्य के सभी पहलुओं को अत्यन्त गहराई से और सप्रमाण प्रस्तुत किया है। यह जीवनी न केवल उनके कार्य को प्रस्तुत करती है अपितु समकालीन इतिहास को प्रस्तुत कर उसमें विट्ठल रामजी शिंदे के अहं योगदान को रेखांकित करती है।

प्रस्तुत कार्य का आरम्भ करते समय डॉ. गो.मा. पवार जी से यथासमय जो चर्चा हुई, उससे यह कार्य पूरा करते समय काफी सहयोग मिला। उनकी समीक्षक और अनुसन्धाता दृष्टि को सादर नमन। हिन्दी में यह पुस्तक आ जाए, ऐसी उनकी इच्छा

थी। आज इसे देखने के लिए वे नहीं हैं, इसका काफी अफसोस है। इस कार्य की पूर्ति यही उनके प्रति श्रद्धांजलि। इस कार्य के प्रकाशन हेतु सहयोग करनेवाले 'विट्ठल रामजी शिंदे प्रतिष्ठान' के प्रति मै आभार व्यक्त करता हूँ।

विट्ठल रामजी शिंदे का कार्य हिन्दी के माध्यम से पूरे भारत में पहुँचे, ऐसा डॉ. सुनील कुमार लवटे जी मन से चाहते थे। शिवाजी विश्वविद्यालय, कोल्हापुर के मराठी विभाग के अध्यक्ष और विट्ठल रामजी शिंदे अध्यासन के समन्वयक डॉ. रणधीर शिंदे जी आरम्भ से इस कार्य को पूरा करने हेतु सहयोग करते रहे। इन दोनों के प्रति हार्दिक आभार। राजकमल प्रकाशन के माननीय अशोक महेश्वरी जी ने इस अनुवाद को हिन्दी में प्रकाशित करने की जिम्मेदारी स्वीकार की, इसलिए उनके प्रति भी हृदय से आभार।

मुझे आशा है कि हिन्दी पाठक इसे पसन्द करेंगे। इससे भूतकाल में एक व्यक्ति ने अपने कार्य के जरिये जो एक स्वर्णिम अध्याय लिखा उसका परिचय होगा, इसमें सन्देह नहीं।

—डॉ. गिरीश काशिद

अपनी बात

आधुनिक महाराष्ट्र और भारत का विवेक तथा न्याय के आधार पर सामाजिक पुनर्गठन करनेवाली चुनिन्दा विभूतियों में महर्षि विट्ठल रामजी शिंदे एक हैं। वे मूलतः धर्मनिष्ठ पुरुष थे, लेकिन उन्नत स्तर का धार्मिक कार्य और सामाजिक-राजनीतिक अस्पृश्यता उन्मूलन कार्य उनके कार्य के केन्द्र में था। यह कार्य उन्होंने धार्मिक कार्य समझकर ही किया। अस्पृश्यता उन्मूलन यह उनका आजीवन लक्ष्य रहा।

उन्नीसवीं सदी के मध्य में महात्मा जोतिबा फुले ने अस्पृश्यता उन्मूलन कार्य की युग प्रवर्तक शुरुआत की, लेकिन समकालीन सफेदपोश समाज से उनके कार्य को सहयोग न मिलने से वह खंडित हुआ। भारत में बीसवीं सदी के आरम्भ में मानवता के लिए कलंक होनेवाले अस्पृश्यता जैसे भयावह प्रश्न अस्तित्व में हैं, इसका अधिकांश मात्रा में किसी को एहसास नहीं था। ऐसे दौर में महर्षि शिंदे ने अस्पृश्य वर्ग की उन्नति और अस्पृश्यता उन्मूलन का कार्य संस्थात्मक प्रयास द्वारा भारतीय स्तर पर करने की दृष्टि और पौरुषता दिखाई। इस कार्य के लिए उन्होंने अतुलनीय स्वार्थ त्याग किया। अविराम कष्ट उठाए और पूरे भारत में पच्चीस वर्षो में अस्पृश्यता उन्मूलन कार्य के प्रति अपूर्व जागृति लाए।

अस्पृश्यता उन्मूलन कार्य के दो महान पर्व हैं। पहला पर्व जागृति का, जिसके प्रवर्तक महर्षि शिंदे थे। दूसरा पर्व संघर्ष का, जिसके प्रणेता डॉ. बाबासाहब आंबेडकर रहे। महर्षि शिंदे के कार्य से अगले संघर्ष पर्व की स्वाभविकतः पूर्व तैयारी हुई।

इस तरह का असाधारण कार्य करनेवाले महर्षि शिंदे का जीवन और कार्य विस्तार से चित्रित करनेवाली जीवनी लिखी जाए, ऐसा मुझे उत्कटता से लगता था।

'महर्षि विट्ठल रामजी शिंदे यांची रोजनिशी' इस ग्रंथ के सम्पादन से ही मैं महर्षि के जीवन-कार्य सम्बन्धी अध्ययन की ओर मुड़ गया था। मेरे द्वारा सम्पादित प्रस्तुत डायरी का प्रकाशन अप्रैल, 1979 को पुणे में मा. यशवन्तराव चव्हाण के कर कमलों से हुआ। मा. शरद पवार इस समारोह के प्रमुख अतिथि थे। यह मेरे जीवन का अभिमानास्पद और संस्मरणीय प्रसंग रहा है। मा. यशवन्तराव का परिचय हुआ तब से वे मुझे महर्षि शिंदे पर अनुसन्धान करने हेतु प्रेरणा देकर सहयोग करते थे, इसका मैं कृतज्ञतापूर्वक निर्देश करता हूँ।

महर्षि शिंदे पर चल रहे मेरे अनुसन्धान कार्य के प्रति मा. शरदराव पवार ने भी विशेष आस्था दिखाई। यह अनुसन्धान पूरा कर जीवनी लेखन की प्रस्तुत परियोजना हेतु 'यशवन्तराव चव्हाण प्रतिष्ठान' ने मुझे आर्थिक सहयोग दिया। इसलिए मैं प्रतिष्ठान के अध्यक्ष मा. शरदराव पवार के प्रति तहेदिल से आभार व्यक्त करता हूँ। साथ ही, प्रतिष्ठान के पूर्व कार्याध्यक्ष मोहन धारिया ने जो सहयोग किया, इसलिए उनका भी आभारी हूँ।

विट्ठल रामजी शिंदे ने सन् 1901 से 1903 ये दो साल धार्मिक शिक्षा हेतु ऑक्सफोर्ड में निवास किया था और इंग्लैंड तथा अन्य देशों की यात्रा की थी। उनकी जीवनी लिखते समय सन्दर्भों की जानकारी प्राप्त करना आवश्यक था। 'विश्वविद्यालय अनुदान आयोग' ने मुझे एक योजना के तहत इंग्लैंड जाकर महर्षि शिंदे के चरित्र सम्बन्धी साधन सामग्री जुटाने हेतु छह सप्ताह की फैलोशिप मंजूर की, जिससे मैं इंग्लैंड के ऑक्सफोर्ड, लन्दन, एडिनबरो, ब्रिडपोर्ट, रोम, पॉपी शहर में जाकर उनके चरित्र हेतु अत्यन्त उपयुक्त जानकारी प्राप्त कर सका। विश्वविद्यालय अनुदान आयोग द्वारा प्रदत्त आर्थिक सहयोग के लिए मैं उनका कृतज्ञ हूँ।

महर्षि शिंदे के बारे में जानकारी प्राप्त करने के लिए कई ग्रंथालय गया और व्यक्तियों से सहयोग मिला। पुणे विश्वविद्यालय का बैरिस्टर जयकर ग्रंथालय, शासकीय ग्रंथालय, मंगलौर विश्वविद्यालय के कन्नड़ विभाग का

ग्रंथालय, कोल्हापुर के शिवाजी विश्वविद्यालय का बैरिस्टर खर्डेकर ग्रंथालय और वहाँ का धनंजय कीर संग्रह, बड़ौदा का सरकारी दफ्तरखाना, मुम्बई विश्वविद्यालय का जवाहरलाल नेहरू ग्रंथालय और मुम्बई मराठी ग्रंथ संग्रहालय, सचिवालय ग्रंथालय, मुम्बई तथा ऑक्सफोर्ड, लन्दन, एडिनबरो व कॉरिंडेल के ग्रंथालयों का जानकारी प्राप्त करने की दृष्टि से काफी लाभ हुआ। मंगलौर विश्वविद्यालय के कन्नड़ विभाग के प्रोफेसर डॉ. विवेक राय ने कन्नड़ समाचार-पत्रों में आया शिंदे सम्बन्धी मजमून खोजकर वह मुझे अंग्रेजी में बताया। एम्सटर्डम के युवा अनुसन्धाता वैन ह्यूब वेर्ख ने अन्तरराष्ट्रीय यूनिटेरियन परिषद् में शिंदे ने किए भाषण का डच समाचार-पत्र में छपा वृत्तान्त मुझे अंग्रेजी में यथातथ्य अनूदित कर दिया। मैनचेस्टर कॉलेज की ग्रंथपाल मिसेज बार्बरा स्मिथ का भी काफी सहयोग हुआ। इसके सिवा पुणे के गोखले इंस्टीट्यूट के प्रा. डॉ. आर.एस. देशपांडे, मुम्बई के सचिवालय ग्रंथालय के दि. चव्हाण, लन्दन विश्वविद्यालय के डॉ. इअन रेसाइड, पेरिस के डॉ. पियर लैशियर इन्होंने विशेष सहयोग किया। मैं इन सभी ग्रंथालयों के पदाधिकारियों का, ऊपर उल्लेखित व्यक्तियों का विशेष आभारी हूँ।

प्रस्तुत जीवनी लेखन के लिए आवश्यक जानकारी प्राप्त करने हेतु मुझे कई व्यक्तियों से सहयोग मिला। महर्षि शिंदे के परिवार से महर्षि के पुत्र प्रतापराव शिंदे और महर्षि की बहू लक्ष्मीबाई शिंदे ने बड़े विश्वास से महर्षि शिंदे के संग्रह में होनेवाली साधन-सामग्री मुझे सौंप दी। प्रतापराव के पुत्र अशोक, दिलीप और शन्तनू शिंदे तथा कन्या श्रीमती सुजाता ने लेखन-कार्य में निरन्तर आस्था दिखाकर सहयोग दिया और प्रेरणा दी। महर्षि शिंदे के परिवार के प्रति मैं अत्यन्त कृतज्ञ हूँ।

महर्षि शिंदे से प्रत्यक्ष सम्बन्ध आनेवाले व्यक्तियों के साक्षात्कार लेकर उनके सन्दर्भ में काफी महत्त्वपूर्ण जानकारी प्राप्त करना सम्भव हुआ। श्रीमान रा.ना. चव्हाण, वाई; रा.कृ. बाबर, वाई; ए.के. घोरपड़े, पुणे; भाई ए.के. भोंसले, सोलापुर; भाऊराव देशपांडे, तेरदाल; नरहर के. कानिटकर व म.म. दत्तो वामन पोतदार, पुणे—इनकी भेंट और साक्षात्कार मैं ले सका। श्रीमती लक्ष्मीबाई शिंदे और शकुन्तलाबाई जमदग्नि ने महर्षि शिंदे पर संस्मरण लिखकर मुझे उपलब्ध कराए। इन सभी व्यक्तियों का मैं आभारी हूँ।

मेरे प्रति स्नेह रखनेवाले श्रीमन्त छत्रपति शाहू महाराज, शिवाजी विश्वविद्यालय के पूर्व-कुलपति प्रो. कृ.भ. पवार और वरिष्ठ मित्र प्रो. गंगाधर गाडगिल ने प्रस्तुत जीवनी की पूर्तता को लेकर बार-बार आस्था दिखाई, इसलिए मैं उनके प्रति कृतज्ञ हूँ।

मेरे मित्र डॉ. चन्द्रशेखर जहागीरदार, डॉ. नागनाथ कोत्तापल्ले, सदा डुम्बरे, अनन्त दीक्षित और डॉ. विलास खोले ने प्रस्तुत जीवनी-लेखन के दौरान विभिन्न तरह से सहयोग किया, इसका मैं खुशी से उल्लेख करता हूँ।

मेरे छात्र डॉ. विजया वाडकर और प्रो. रणधीर शिंदे ने बड़ी आत्मीयता से इस ग्रंथ की पठनीय प्रति बनाने में सहयोग किया, इसका भी मैं विशेष रूप में उल्लेख करता हूँ। प्रस्तुत जीवनी को प्रो. राम बापट प्रस्तावना लिखें, ऐसी मेरी इच्छा थी और 'यशवन्तराव चव्हाण प्रतिष्ठान' ने भी उन्हें वैसी विनती की और उन्होंने वह स्वीकार की। उन्होंने कुछ महत्त्वपूर्ण सूचनाएँ दीं। उनका मुझे काफी लाभ हुआ। उनकी अभ्यासपूर्ण प्रस्तावना से प्रस्तुत जीवनी का मूल्य निश्चित ही बढ़ गया है। मैं प्रो. राम बापट के प्रति तहेदिल से कृतज्ञ हूँ।

'लोकवाङ्मय गृह' प्रकाशन के प्रकाशक विश्वासराव ने मराठी पुस्तक को प्रकाशित करना स्वीकार किया और अत्यन्त सुचारू, सुन्दर रूप में इसकी निर्मिति की, इसलिए मैं उनका आभारी हूँ।

—गो. मा. पवार

'मुदिता'
10 अ, भगवन्त हौ. सोसाइटी
बिजापुर रस्ता,
सोलापुर-413 004

चतुर्थ संस्करण के निमित्त

प्रो. गो. मा. पवार लिखित 'विट्ठल रामजी शिंदे : जीवन और कार्य' यह पुस्तक 2004 में लोकवाङ्मय गृह की ओर से प्रकाशित हुई। समाज के सभी स्तरों से इस पुस्तक का स्वागत हुआ। साहित्य अकादेमी, महाराष्ट्र फाउंडेशन के साथ कई नामचीन संस्थाओं के पुरस्कार इस पुस्तक को प्राप्त हुए। 2008 और 2010 में इस पुस्तक का दूसरा तथा तीसरा संस्करण प्रकाशित हुआ।

प्रो. गो. मा. पवार के इस जीवनी की फलश्रुति कई बातों में देखने को मिलती है। एक तो पवार सर दीर्घकाल तक महर्षि विट्ठल रामजी शिंदे के अनुसंधान कार्य में लगे हुए थे। उन्होंने जिस काल में यह कार्य हाथ में लिया तब मराठी में शिंदे से संबंधित कुछ संक्षिप्त जानकारी देनेवाली जीवनियाँ उपलब्ध थीं। महाराष्ट्र के अपितु भारत के सामाजिक इतिहास में समाज सुधारक, विद्वान और लेखक के रूप में ऐतिहासिक भूमिका निभाने वाले महर्षि के कार्य की पर्याप्त दखल नहीं ली गई थी। समाजशास्त्र के अध्येताओं तक ने उन्हें नजरअंदाज किया था। इस संदर्भ में एक प्रसंग याद आता है। महाराष्ट्र के एक साक्षेपी विद्वान ने बीसेक साल पहले आधुनिक महाराष्ट्र के इतिहास पर एक पुस्तक लिखी थी। उन्होंने उसकी पांडुलिपि सर को पढ़ने के लिए दी थी। वह पढ़ते समय पवार सर की समझ में आया कि महर्षि शिंदे का उसमें महज उल्लेख तक नहीं था। सर को इस प्रकार की दृष्टि का कुछ संताप भी आया। वह उन्होंने उस लेखक के सामने स्पष्ट रूप में कह दिया। प्रो. गो. मा. पवार सर चार दशक से अधिक काल महर्षि शिंदे पर लेखन कार्य में जुड़े रहे। महर्षि के कार्य को लेकर उन्होंने विपुल संदर्भ सामग्री प्राप्त की। महर्षि के कार्य का और विचारों का साक्षेपी पट उन्होंने इस जीवनी के जरिये प्रस्तुत किया है। मराठी जीवनी लेखन परंपरा में यह ग्रंथ मौलिक है। गो. मा. पवार सर की इस जीवनी से महर्षि के कार्य का विस्तृत जीवन पहली बार इतने समग्र और विस्तृत रूप में सामने आया। कृतिशील समाज सुधारक, अस्पृश्य उद्धारक, चिंतक, भाषा वैज्ञानिक, लेखक, ध्येयवादी ब्राह्म धर्म प्रसारक आदि महर्षि के कई पहलुओं पर इस जीवनी द्वारा ध्यान आकर्षित किया है। उसी के साथ महर्षि के अंतरंग और स्वभाव पर भी इस जीवनी द्वारा प्रकाश डाला है। महर्षि का यह जीवनपट कथन करते समय महाराष्ट्र और भारत के विविध प्रांतों के समाज सुधार, राजनीति, इतिहास को भी प्रस्तुत किया है। उन्नीसवीं सदी के अंतिम दौर के पचीस साल और बीसवीं सदी के आरंभिक आधे शतक के सामाजिक सुधार का फलक इस पुस्तक से उजागर होता है। उसी के साथ एक उपेक्षित कर्मवीर, समाज सुधारक का कार्य कथन किया गया है। महाराष्ट्र के समाज सुधार के इतिहास को इस जीवनी ने व्यापक सामग्री उपलब्ध कराई है। यह इस पुस्तक की बड़ी फलश्रुति है। इसी कारण आज महाराष्ट्र के विचार विश्व में महर्षि के कार्य की जानबूझकर दखल ली जाती है। इसमें इस जीवनी का अहं योगदान है।

इस जीवनी की बहुविध गुणवत्ता से समाज और अध्ययन क्षेत्रों से इस पुस्तक की बार-बार माँग हो रही थी। पिछले नौ सालों से वह उपलब्ध नहीं हो रही थी। इससे इस विषय की जरूरत को ध्यान में रखकर वह मनोविकास प्रकाशन की ओर से प्रकाशित हो रही है।

यह पुस्तक प्रो. गो. मा. पवार की आत्मीयता का विषय थी। कई बार कई लोग पुस्तक की उपलब्धता के लिए उनकी ओर तथा प्रकाशक की ओर पूछताछ करते थे। मार्च के पहले सप्ताह में इस पुस्तक के पुनर्मुद्रण हेतु मैंने मनोविकास प्रकाशन के अरविंद पाटकर से बातचीत की। उन्होंने तत्परता से पुस्तक प्रकाशित करना स्वीकार किया। अरविंद पाटकर और आशीष पाटकर ने इस पुस्तक के चतुर्थ संस्करण को लेकर विशेष आत्मीयता दिखाई और कम समय में इतनी सुंदर और बेहतरीन पुस्तक प्रकाशित की। इसके लिए उनका और उनके सहयोगियों का तहेदिल से आभार।

इस जीवनी का चतुर्थ संस्करण देखने को आज प्रो. गो. मा. पवार हममें नहीं हैं। इसका मन में दुखद एहसास है। 2 अप्रैल को इस पुस्तक के नए संस्करण के संदर्भ में मैंने उनसे बातचीत की थी। यह पुस्तक जल्द प्रकाशित हो ऐसा उन्हें मन से लगता था। 2 अप्रैल, 2019 की शाम को सर को पक्षाघात का सौम्य अटैक आया और सर अस्पताल में दाखिल हुए। 6 अप्रैल, 2019 को उनका दुखद निधन हुआ। इस पुस्तक के उपलब्धता की स्वाभाविकत: उन्हें अत्यधिक खुशी होती। लोकवाङ्मय गृह के राजन बावडेकर, सतीश काळशेकर इन्होंने चतुर्थ संस्करण के लिए जो सहयोग किया इसके लिए उनके प्रति आभार। गो. मा. पवार सर की पत्नी आदरणीय माई और चिरंजीव राहुल पवार इन्होंने इस पुस्तक के प्रकाशन को लेकर विशेष आत्मीयता दिखाई तथा पुस्तक का कवर गिरीश सहस्रबुद्धे ने रेखांकित किया, उनके प्रति भी आभार।

—डॉ. रणधीर शिंदे

अध्यक्ष, मराठी विभाग

शिवाजी विश्वविद्यालय, कोल्हापुर

प्रस्तावना

डॉ. गो.मा. पवार के स्नेह और 'यशवन्तराव चव्हाण प्रतिष्ठान' की विनती के अनुसार मैं यह प्रस्तावना लिख रहा हूँ। महर्षि विट्ठल रामजी शिंदे की इतनी सन्तुलित, व्यापक, गौरवपरक, समग्र किन्तु तटस्थ और मूल प्रमाणों पर आधारित यह पहली जीवनी 'कर्मवीर' गुजरने के पचास सालों के बाद ही क्यों न हो, किन्तु प्रकाशित हो रही है। ऐसे ग्रंथ की प्रस्तावना लिखने का मौका मुझे मिला। यह महर्षि को आदरांजलि अर्पित करने का अवसर ही मुझे मिल रहा है। इसी कारण डॉ. पवार और 'यशवन्तराव चव्हाण प्रतिष्ठान' के प्रति मैं आभार प्रकट करता हूँ।

इस प्रस्तावना में प्रस्तुत चरित्र एवं चरित्र नायक को लेकर मैंने यथासमय अपनी मूल्यांकन पर राय अत्यन्त संक्षेप में और नम्रता से व्यक्त की है। प्रस्तावना के अन्तिम पड़ाव में महर्षि के जीवन सम्बन्धी मेरा आकलन विनीत भाव से अभिव्यक्त किया है। डॉ. पवार ने महर्षि का जीवन किस प्रकार, कौन से सूत्र से और किस शैली से प्रस्तुत किया है, यह मैंने अधिकांशत: उन्हीं के शब्दों में स्पष्ट किया है। इतने महान लोकनेता के चरित्र का भाव संक्षेप में व्यक्त करने में यदि मैं थोड़ा भी सफल हुआ तो नई पीढ़ी के पाठकों के लिए यह बात सुविधाजनक सिद्ध होगी, इस आशावाद से मैं यह लेखन कर रहा हूँ।

1

पिछले दो दशकों में महाराष्ट्र का परामर्श लेनेवाले अध्येताओं में एक बात में समानता मिलती है। वह बात यानी महर्षि विट्ठल रामजी के असामान्य ऐसे बहुमुखी कार्यों की हमने आज तक की हुई उपेक्षा को उद्घाटित करने का प्रयास विद्वानों ने यथासमय किया है। डॉ. वि.भि. कोलते के मतानुसार, इस उपेक्षा की मीमांसा कई तरह से की जाएगी। "जिस मराठा समाज में उनका जन्म हुआ, वह उनके प्रति उदासीन है। जिस दलित समाज हेतु उन्होंने अपना जीवन समर्पित किया, उस समाज को उनका महत्त्व समझ में आता नहीं है। और राजनीति में ब्राह्मणेतर पक्ष के साथ सम्बन्ध न रखते हुए जिस राष्ट्रीय पक्ष में वे रहे, उनके महाराष्ट्र के उत्तराधिकारियों ने सहजता से उनकी उपेक्षा जारी रखी है। साहित्य के क्षेत्र में अण्णासाहब का योगदान निरा उपेक्षणीय नहीं है, किन्तु पुणे में आयोजित साहित्य सम्मेलन के व्यासपीठ से जहाँ अतिसामान्य व्यक्तियों के सामान्य लेखन का हेतुत: सम्मान होता है, वहाँ अण्णासाहब या उनके वाङ्मयीन योगदान का उल्लेख तक नहीं होता, यह प्रत्यक्ष अनुभूति है।" अण्णासाहब का अस्पृश्योद्धार कार्य स्पृश्य और उनमें से वरिष्ठ वर्ण को जँचनेवाला था, ऐसा नहीं। अस्पृश्यों पर राजनीति की धुन सवार होने के कारण वे भी शिंदे की उपेक्षा ही करने लगे, ऐसी डॉ. कोलते की राय है। (कोलते, पृ. 2-3)

डॉ. ध.रा. गाडगिल के मतानुसार 'कर्मवीर' का 'काफी मात्रा में विस्मरण' होने की वजह धर्म, शोध, अस्पृश्यता उन्मूलन एवं राजनीति—इन चारों ही क्षेत्रों में निम्न प्रकार है। उनके मतानुसार "कर्मवीर शिंदे अपनी जिन्दगी में किसी भी प्रचलित विचारों अथवा कार्य-प्रवाह में एकरूप हुए नजर नहीं आते।" धार्मिक कार्य में महाराष्ट्र में ब्राह्मों समाज तो छोड़ो, किन्तु उसका विशेष मराठी संस्करण प्रार्थना समाज को भी महत्त्व प्राप्त नहीं हुआ। इतिहास एवं भाषाशास्त्र इन दोनों क्षेत्रों में कर्मवीर शिंदे की आलोचना से गहन और स्वतंत्र स्वतंत्र प्रतिभा की झलक हमें द्रष्टव्य होती है, परन्तु उनका यह लेखन प्रसंगानुरूप, यथावकाश किया...बीच ही में कहीं न कहीं प्रकाशित होने के कारण उसकी दखल नहीं ली गई। डॉ. गाडगिल के मतानुसार, "तत्कालीन नामचीन शोधकर्ता तथा विचारों की पारम्परिक

दिशा इस सम्बन्ध में अधिकतम लेखन आलोचनात्मक होने के कारण उसकी उपेक्षा हुई हो, ऐसा भी हुआ होगा।" अस्पृश्यता उन्मूलन उनके कार्य का अहं हिस्सा था, लेकिन उनके इस कार्य के पूर्वार्द्ध में सवर्ण समाज की ज्यादातर सहानुभूति एवं मदद उन्हें नहीं मिली। पुनरुज्जीवित सत्यशोधक समाज की दृष्टि ब्राह्मणों के हमलों पर केन्द्रित रही तथा महात्मा ज्योतिबा के कार्य का दूसरा पक्ष नजरअन्दाज हुआ। आगे चलकर सवर्णों की वृत्ति तथा उनके कार्य की गति के बारे में ज्यादातर निराशा उत्पन्न होने के कारण डॉ. आंबेडकर के नेतृत्व में महाराष्ट्र के अस्पृश्यों ने साथ दिया और आत्मनिर्भरता की राह स्वीकार की। परिणामतः स्वाभाविक रूप से शिंदे पिछड़ गए। राजनीति में भी यही स्थिति रही।

"मूलतः कर्मवीर शिंदे राजनेता नहीं थे, किन्तु ब्राह्मणेतरों का अलग दल न हो ऐसा कुछ न करें, ऐसा कहनेवालों को उस समय मान्यता न मिलना स्वाभाविक ही था तथा जो युवा उनके विचारों से सहमत थे, उनका रुख मार्क्सवाद की तरफ मुड़ने के कारण शिंदे की व्यापक भूमिका उन्हें रास आना नामुमकिन था।" (मंगुडकर, 1963, पृ. 7-8) यह है कर्मवीर के उपेक्षित रहने की डॉ. धनंजय गाडगिल की मीमांसा। (गाडगिल, पृ. 7-10)

कर्मवीर शिंदे के जीवन का मर्म तथा गहराई स्पष्ट करते हुए रा.ना. चव्हाण के मतानुसार कर्मवीर उपेक्षित रहे। इसकी वजह यह है कि "उन्होंने किसी को भी सबसे प्रमाण या सबसे अप्रमाण बिलकुल न समझा...सत्य यह बहुमत प्राप्त एवं जनमान्य नहीं होता। बावजूद उसकी साधना उन्होंने न छोड़ी। सत्य के लिए वे एकाकी, अलग, अस्पृश्य भी रहे। विग्रह के पीछे उनकी जो मौलिक दृष्टि तथा स्वतंत्र आचरण हुआ, यह महत्त्वपूर्ण सिद्ध होता है...तटस्थता एवं अलगाव में उन्होंने न विषाद माना, न जनरंजन तथा जनाराधना की। प्रामाणिक मतभेद न होने के कारण तथा स्वयं शोधित, किन्तु दार्शनिक सत्य ही महत्त्वपूर्ण मानने की हठीली एवं सत्याग्रही वृत्ति उनमें होने के कारण चरम सीमा तक पहुँचने से उन्हें अपने जीवन में जबरदस्त कीमत चुकानी पड़ी। यही उनके जीवन की सच्चाई एवं नैतिकता है। इतना ही नहीं तो दार्शनिक मतमतान्तर ही नींव एवं चोटी साबित हुए। इसी वजह से उनका सम्पूर्ण जीवन गतिशील और क्रान्तिकारी बना नजर आता है। उनकी विशेषता तथा अडिगता, यही सब उनके मन की बात तथा त्याग को दर्शाता है। और इसके सूत्र उनके हठीले (!) आनुष्ठानिक आग्रही स्वभाव में ही खोजने पड़ते हैं और खोजने पड़ेंगे। उनकी उपेक्षा का मतलब भारतीय जटिल अस्पृश्यता के चीमड़ प्रश्नों तथा समस्याओं की उपेक्षा होगी।" (चव्हाण, पृ. 30-56)

न्यायमूर्ति पी.बी. सावन्त के मतानुसार "महर्षि ने बहुत पहले जन्म लिया। वे द्रष्टा सेनानी थे। विचार और दर्शन की उड़ान काफी ऊँची और लम्बी थी। तत्कालीन समाज की समझ से परे थी। समाज का नेतृत्व करनेवाला व्यक्ति हमेशा समाज के आगे होना अनिवार्य होता है, लेकिन वह कितना आगे हो, इसकी एक सीमा होती है। उसे समाज का पथ-प्रदर्शक होना चाहिए। उसे दृष्टिक्षेप में ही रहना चाहिए। वह ओझल हो तो मार्गदर्शक का काम ही खत्म होता है। शिंदे के सम्बन्ध में कुछ ऐसा ही हुआ।" (सावन्त पृ. 6-8)

महर्षि शिंदे उपेक्षित महात्मा क्यों रहे, इस सम्बन्ध में हाल ही में वेधक तथा विचारदर्शी प्रस्तुतीकरण भाई डॉ. एन.डी. पाटील ने किया है। उनके मतानुसार, "महर्षि ने ऐतिहासिक कार्य किया, लेकिन हम इतने कर्मदरिद्री और अभागे साबित हुए कि उनके क्रान्तिकारी सामाजिक विचारों का भाव समझ न पाए। मराठा समाज उनसे इतनी अनुदारता और असहिष्णुता से पेश आया कि उसने उन्हें 'महार-शिंदे' ही माना। उस समय अस्पृश्य नाम से पहचाने जानेवाले जिस समाज के लिए उन्होंने अपनी जिन्दगी दाँव पर लगाई तथा माता-पिता, बीवी, बहनों एवं बच्चों आदि को लेकर महारबाड़ा में अपना घर बसाया। उस समाज ने अपने ही खून का नेतृत्व मिलने के बाद अण्णासाहब की उपेक्षा करना आरम्भ किया। जिस बुद्धिमान वर्ग को अण्णासाहब के कार्य का महत्त्व समझ में आता था, उस वर्ग को उनका यह कार्य कबूल नहीं था।" (पाटील पृ. 4)

प्रस्तुत जीवनीकार के कथनानुसार "महर्षि ने किसी भी मत, पक्ष, आन्दोलन से तादात्म्य स्थापित नहीं किया। चूँकि ऐसी तादात्म्यता निजी मत का गला घोंट देती है और शिंदे के व्यक्तित्व में यह बात हजम न होती थी।" (पृ. 268) इसीलिए, "जिन-जिन कार्यों में विट्ठल रामजी शिंदे ने किसी भी प्रकार के लौकिक स्वार्थ की अपेक्षा न करते हुए अपने आपको समर्पित किया, उसी संस्था से निष्कासित होने के, उनसे सहसम्बन्ध तोड़ने जैसे कठिन, त्रासद प्रसंग शिंदे के जीवन में आते रहे।"

23 अप्रैल, 1925 को 'ब्राह्मणेतर समाज' की ओर से महर्षि को पुणे में मानपत्र दिया गया। उस समय स्वयं शिंदे ने जो बात कही, उसे हम भूल नहीं सकते। उन्होंने कहा था, "मैं अपने प्रधान अथवा अनुषांगिक कार्य में किसी एक पक्ष अथवा सम्प्रदाय के चंगुल में नहीं फँसा। मेरा पक्ष केवल ईश्वर का और विवेक ही मेरा अंकुश था और मैं जानता हूँ कि इस प्रकार का इनसान किसी को भी हमेशा के लिए खुश नहीं रख सकता।"

मेरे मतानुसार तत्कालीन ऐतिहासिक घटनाओं के सन्दर्भ में औरों ने भी अपनी-अपनी भूमिका, कार्यप्रणाली तथा हित-सम्बन्धों के प्रति आग्रही रहकर अपने-अपने अग्रक्रमानुरूप कर्मवीर से समय-समय पर रिश्ता तोड़ा, जिसे ऐतिहासिक विकास के गतिशास्त्र के अनुसार समझा जा सकता है, किन्तु सम्बन्धित स्थल-काल के सन्दर्भ धूमिल होने पर भी आनेवाली पीढ़ियों ने महर्षि शिंदे के सम्बन्ध में पूर्वग्रह, मन-मुटाव, अलगाव तथा उपेक्षा न छोड़ना इसमें ऐतिहासिक दृष्टि का अभाव ही दृष्टिगोचर होता है। इससे यही स्पष्ट होता है कि अपने जन्मजात जातीय-वर्गीय अहं से तथा हित-सम्बन्धों से मुक्त होकर ऐतिहासिक सत्य व सामाजिक यथार्थता इन्हें मुक्त जनहितवादी भूमिका लेकर आगे चलना कितना कठिन कर्म है। हम जब तक समग्र, सम्यक् और सत्यनिष्ठ मुक्ति की दृष्टि नहीं अपनाते तब तक कर्मवीर शिंदे जैसे महात्मा एवं महापुरुष उपेक्षा की गर्त में ही धकेले जाएँगे, यही चित्र आज तो दिखाई देता है।

महर्षि का विस्तृत चरित्र आज तक सम्पन्न न हो सका, इसका क्या कारण होगा, यह समझाने हेतु उन्हें जिस उपेक्षा को सहना पड़ा, उसको अल्प शब्दों में ही क्यों न हो, प्रस्तुत करना होगा।

2

महर्षि विट्ठल रामजी शिंदे के जीवन एवं विचारों के प्रति आज तक कोई उल्लेखनीय लेखन ही नहीं हुआ, ऐसा उपर्युक्त प्रतिपादन का मतलब नहीं है। प्रस्तुत प्रस्तावना अर्थात् कर्मवीर का जीवन, व्यक्तित्व और कार्य के सन्दर्भ में कहना हो तो सन् 1930 से आज तक उनकी छोटी-मोटी जीवनियाँ प्रकाशित हुई हैं। कृष्णराव भाऊराव बाबर (1930), डॉ. गंगाधर मोरजे (1973), प्रा. सम्भाजीराव पाटणे (1976), डॉ. मा.प. मंगुडकर (1976), डॉ. ह.के. तोडमल (1986), डॉ. भि.ना. दहातोंड (1995), ए.के. घोरपड़े गुरुजी (1998), हाल ही में अनन्तराव पाटील (1999) और एडवोकेट पी.के. चौगुले (1999) आदि ने महर्षि के व्यक्तित्व एवं कार्य का परामर्श लिया है। सन् 1990 में प्रा. एम.एस. गोरे ने कर्मवीर के कर्तृत्व का परिचय एक अंग्रेजी ग्रंथ में प्रस्तुत किया है। प्रस्तुत ग्रंथ के लेखक डॉ. गो.मा. पवार ने सन् 1990 में नेशनल बुक ट्रस्ट हेतु अट्ठावन पन्नों की एक पुस्तिका लिखी थी। उसका अंग्रेजी अनुवाद भी (2000) उपलब्ध है।

बावजूद इसके महर्षि का विस्तृत, समग्र, गहन तथा मीमांसापूर्ण चरित्र आज तक उपलब्ध नहीं था। यह कमी सामान्य पाठकों, कार्यकर्ताओं और विद्वान व्यक्तियों को खूब खटकती थी। यह कमी डॉ. गो.मा. पवार के प्रस्तुत ग्रंथ ने बड़ी आत्मीयता, लगन और अभ्यास से दूर की है। कर्मवीर का यह चरित्र विस्तृत, मूल साधनों की नींव पर तथा विचारों को गतिमान बनाने में सक्षम है। इस बारे में दो राय होने की सम्भावना मुझे तो कतई नजर नहीं आती।

इस जीवनी की प्रधानतः दो विशेषताएँ हैं। पहली यह कि किसी जीवनी लेखक को परेशान करनेवाली उलझनों से डॉ. पवार ने स्पष्ट रवैया अपना कर सही राय प्रस्तुत की है। उलझन ऐसी है कि सम्बद्ध स्थल-काल का ब्योरेवार वर्णन न देकर केवल चरित्र रेखांकन किया तो रचना सुसम्बद्ध होती है तथा ग्रंथ भी सटीक होता है, किन्तु इसमे अड़चन यह होती है कि तत्कालीन ऐतिहासिक ज्ञान होनेवाले समझदार अध्येता वर्ग को छोड़ दिया तो अन्य लोगों को ऐसा ग्रंथ रंजक लगे तो भी दुर्बोध ही सिद्ध होता है। मुख्यतः इससे चरित्र नायक का तत्कालीन अपेक्षित चयन और व्यवहार की मार्मिकता सामान्य पाठकों की पकड़ में नहीं आती। इसके विरुद्ध चरित्र नायक के जीवन-क्रम का उद्घाटन तत्कालीन स्थल-काल के जबरदस्त चित्रण से करना हो तो ग्रंथ की स्तरीयता तो बढ़ती है, किन्तु उसका विस्तार भी बढ़ता है। इससे समझदार अध्येता को इन सुपरिचित बातों का इतना फैलाव क्यों किया, ऐसा लगता है। दूसरी ओर, ऐसा व्यापक ग्रंथ नए पाठकों को हताश कर सकता है।

डॉ. पवार ने इनमें से दूसरे विकल्प को सजगता एवं पूरे निर्धार से स्वीकार किया है। युवा पीढ़ी के सामान्य पाठक तथा कार्यकर्ता इस विकल्प का स्वागत ही करेंगे, इसमे मुझे सन्देह नहीं। 'यशवन्तराव चव्हाण प्रतिष्ठान' जैसी

संस्था के सम्बल के कारण ही डॉ. पवार को यह साहस सम्भव हुआ होगा। अतः प्रतिष्ठान के प्रति जितना आभार प्रकट करें, उतना कम ही है। उसी समय ऐसा ग्रंथ विस्तार व्यर्थता का खजाना न बने, इस हेतु लेखक में सम्यक् दृष्टि, विकारहीन तटस्थता, मूल स्रोतों पर आधारित सहज ज्ञान और रंजक तथा चित्रमय निवेदन शैली होनी चाहिए। इस मामले में डॉ. पवार कहीं भी कम साबित नहीं होते। अतः यह चरित्र चित्ताकर्षक तथा विचार प्रवर्तक सिद्ध होगा।

दूसरी विशेष बात यह है कि डॉ. पवार ने महर्षि के सम्पन्न तथा बहुआयामी विचार की उनके चरित्र जैसी विस्तृत व आलोचनात्मक रचना करने की लालसा इस ग्रंथ में टाल दी है। यह भी एक बड़ी उलझन थी। आगामी कई पीढ़ियों को बार-बार दखल लेनी होगी, इतनी सम्पन्न वैचारिक विरासत शिंदे के बहुमुखी लेखन में है। इसे हटा दिया जाए तो कर्मवीर की महत्ता का स्वरूप हमारी समझ में नहीं आएगा, किन्तु उनके विस्तृत चरित्र की कमी की प्रथमतः पूर्ति करने का दृढ़ संकल्प करने के पश्चात् डॉ. पवार को दूसरे खंड को जोडना पड़ता । यह कार्य स्वयं डॉ. पवार अथवा अन्य किसी को कभी-न-कभी करना ही पड़ेगा, किन्तु डॉ. पवार ने शिंदे के लेखन का आलोचनात्मक परामर्श प्रस्तुत ग्रंथ में नहीं किया, यह बात मुझे तो समर्थनीय लगती है। इस जीवनी लेखन के लिए डॉ. पवार ने अथक परिश्रम उठाए हैं। उन्होंने कर्मवीर की हस्तलिखित सामग्री की बड़ी लगन से खोज की है। इसी कारण इंग्लैंड में स्थित मैनचेस्टर कॉलेज में दाखिल होने की तिथि एवं हस्ताक्षर किया रजिस्टर, शिंदे ने भेजी हुई 'डिप्रेस्ड क्लासेज मिशन' की जानकारी सम्बधी पुस्तिका, उनके गुरु प्रो. कार्पेंटर के साथ शिंदे का हुआ पत्राचार, पॉज और मार्टिनो क्लब जैसी संस्थाओं की वृत्तान्त पुस्तिकाएँ तथा इसीलिए "धर्म-प्रसार के कार्य में स्त्रियों को शामिल कर लिया तो यह कार्य अधिक गति से चलेगा,"ऐसा शिंदे द्वारा पॉज क्लब में प्रस्तुत किया प्रस्ताव और उस कॉलेज की परम्परा के अनुसार शिंदे के सन्दर्भ में कविता और उनके एक समकालीन द्वारा 'कॉलेज ब्यूटी' नाम से रेखांकित किया व्यंग्यचित्र डॉ. पवार प्राप्त कर सके।

डॉ. पवार ने केवल समकालीन अंग्रेजी ही नहीं तो अपने हितचिन्तकों की मदद से फ्रेंच, डच, समाचार-पत्रों, पत्रिकाओं तथा ग्रंथों की लेखन हेतु खूब छानबीन की है। तभी इंग्लैंड के यूनिटेरियन चर्च में शिंदे ने चलाई उपासना, दिए हुए भाषण, कर्मवीर ने हिन्दू गृह-स्थिति सम्बन्धी दिया हुआ व्याख्यान और प्रस्तुत किया नाट्य प्रयोग, एम्सटर्डम में सन् 1903 के यूनिटेरियन वैश्विक त्रैवार्षिक परिषद् में किए प्रभावी भाषण का वृत्तान्त, उस सन्दर्भ में शिंदे की तस्वीर के साथ डच समाचार-पत्र में छपी जानकारी, वैसे ही 30 से 32 अंग्रेजी ग्रंथालयों से शिंदे द्वारा उल्लेखित यूनिटेरियन धर्मपुरुष तथा संस्था सम्बन्धी जानकारी प्रस्तुत ग्रंथ में प्रतिबिम्बित हो सकी।

विशेषतः शिंदे इंग्लैंड में स्थित सत्रह शहरों तथा एम्सटर्डम, पेरिस, रोम और पॉपी—इन नगरों में जहाँ-जहाँ गए, वहाँ अर्थात् विश्वविद्यालय के और महाविद्यालयीन ग्रंथालय, सार्वजनिक ग्रंथालय, वस्तु संग्रहालय, चिड़ियाघर, वन, उपवन, उपहार गृह—इतना ही नहीं तो पेरिस में स्थित 'पेर ला शाज' यह श्मशान घाट और अन्य प्रेक्षणीय स्थलों को डॉ. पवार ने भेंट दी। मूलतः डॉ. पवार साहित्य के अध्येता, अध्ययनशील प्राध्यापक, आलोचक, उत्तम लेखक रहे हैं। इसलिए कर्मवीर शिंदे के इंग्लैंड निवास एवं यूरोप यात्रा का चित्रमय, आकर्षक ऐसा रूप प्रस्तुत ग्रंथ द्वारा हमारे सम्मुख साकार हुआ है।

महर्षि के बृहत् जीवनी-लेखन का शिव धनुष डॉ. पवार ने सहजता से उठाया है। उपरोक्त परिश्रम के साथ इसका और एक कारण है। डॉ. पवार कर्मवीर के जीवन और अमूल्य विचारों का कई दशकों से अनुसन्धान कर रहे हैं। महर्षि के सुपुत्र प्रतापराव शिंदे डॉ. पवार के ससुर हैं। प्रतापराव के संग्रह में होनेवाली कई डायरियों का डॉ. पवार ने साक्षेपी एवं विवेक से सम्पादन 'महर्षि विट्ठल रामजी शिंदे यांची रोजनिशी' नाम से 1979 के प्रारम्भ में ही ग्रंथ के रूप में प्रकाशित किया था। महर्षि शिंदे के असाधारण और प्रगल्भ व्यक्तित्व का परिचय देनेवाली यह डायरी डॉ. पवार के 47 पन्नों की भूमिका के कारण काफी बेहतरीन बनी है। डॉ. पवार के अपने व्यक्तित्व के कारण उस डायरी का साहित्यिक मूल्य भी उसके सामाजिक, सांस्कृतिक मूल्यों के साथ पाठकों के सम्मुख उपस्थित होता है। उसके बाद महाराष्ट्र राज्य की 'महर्षि वि.रा. शिंदे जन्म शताब्दी समारोह समिति' ने शिंदे के ग्रंथ सम्पादन का कार्य जिस सम्पादकीय मंडल पर सौंपा था, डॉ. पवार भी उसके एक सदस्य रहे। इस मंडल ने 1976 के अप्रैल में 'कर्मवीर' के 'भारतीय अस्पृश्यतेचा प्रश्न' और 1979 के फरवरी में 'धर्म, जीवन व तत्त्वज्ञान' इस प्रकार के दो ग्रंथ सम्पादित कर प्रकाशित किए। तत्पश्चात् जैसा कि ऊपर उल्लेख किया है, डॉ. पवार ने नेशनल बुक ट्रस्ट के

लिए विट्ठल रामजी शिंदे की ट्रस्ट के नियमानुसार 58 पन्नों की छोटी, किन्तु सुबोध एवं मर्मस्पर्शी जीवनी लिखी। केवल सात अध्यायों में महर्षि के जीवन-कार्य का सही चित्रण करने के बाद आठवें अध्याय में केवल छह पन्नों में ही 'महर्षि का शोध कार्य और साहित्य-सेवा' के सम्बन्ध में उनकी असाधारण गुणवत्ता को उन्होंने शब्दबद्ध किया। इस प्रकार जीवनी लेखन सम्बन्धी किए परिश्रम को इतने प्रदीर्घ और श्रद्धापूर्ण अध्ययन का साथ मिलने के कारण प्रस्तुत ग्रंथ सशक्त बन पड़ा है।

3

डॉ. पवार ने इस चरित्र की बुनावट बड़ी कुशलता से की है। महर्षि शिंदे का जीवन पट कुल पाँच आयामों में खुलता है। डॉ. पवार की प्रस्तुति के अनुसार कर्मवीर के जीवन के पाँच अध्याय इस तरह रहे हैं :

1. सन् 1873 से 1893 यह कर्मवीर ने फर्ग्युसन कॉलेज में प्रवेश प्राप्त करने तक जीवन के प्रथम बीस वर्षों का काल।
2. सन् 1893 से 1903 यह दूसरा दौर, जब कर्मवीर ऑक्सफोर्ड में स्थित मैनचेस्टर कॉलेज से अध्ययन पूरा कर हिन्दुस्तान लौटते हैं।
3. सन् 1903 से 1912 इस दौरान कर्मवीर मुम्बई प्रार्थना समाज के प्रचारक के रूप में धर्म-प्रचार कार्य का आरम्भ कर सन् 1910 में मुम्बई प्रार्थना समाज के नेताओं से मतभेद होने के कारण प्रार्थना समाज से रिश्ता तोड़ देते हैं। सन् 1912 में 'भारतीय निराश्रित सहायकारी मंडली' का मुम्बई स्थित कार्यालय पुणे में आता है, तब तक का तीसरा कालखंड।
4. सन् 1912 से 1923 उपर्युक्त मंडल अस्पृश्यों के जिम्मे सौंपकर कर्मवीर इससे मुक्त होते हैं, यह कालखंड और
5. सन् 1923 से 1944 का महर्षि तक का अन्तिम कालखंड।

कर्मवीर के जीवन के इन पाँच परिवर्तनों को केन्द्र मानकर यह कहानी अपनी अन्तरिक सुसंगति से आगे बढ़ती चरम सीमा तक पहुँचती है।

डॉ. पवार साहित्य के अध्येता होने के कारण वे तुरन्त प्रथम कालखंड की ओर मुखातिब नहीं होते। शिंदे के जीवन को मोड़ देनेवाली दो उत्कट, मर्मस्पर्शी तथा सारभूत घटनाएँ प्रस्तुत करते हुए डॉ. पवार महर्षि के जीवन के गुर पहले ही पाठकों को सुपुर्द करते हैं।

बचपन में दो जून की रोटी नसीब न हो, इतना अर्थाभाव झेलने के बाद इतना मेधावी एवं कर्तृत्वसम्पन्न लड़का हमें सुख और सम्पन्नता के दिन दिखाएगा, ऐसी आस लगाए अपने बूढ़े माता-पिता को जबरदस्त धक्का देनेवाला और मुख्यत: इन सभी बातों की तरफ मुँह फेरकर आजीवन फकीर बनने का निर्णय महर्षि ने सन् 1900 के सितम्बर माह में पुणे में लिया। लॉ की अन्तिम परीक्षा के दौरान अपने निर्णय के अनुसार धार्मिक शिक्षा हेतु इंग्लैंड जाने के सम्बन्ध में कठिन नियम होने पर यह विशेष निर्णय लिया। ऑक्सफोर्ड में स्थित मैनचेस्टर कॉलेज में दो वर्षो की धार्मिक शिक्षा हेतु 'ब्राह्म' और प्रार्थना समाज ने चुने हुए मोतीबुलासा का विदेश यात्रा में ही पोर्ट सय्यद में अचानक निधन हुआ। उस सन्दर्भ में उपर्युक्त महीने में पुणे में सभा का आयोजन हुआ। उस सभा से और विशेष रूप में डॉ. रा.गो. भंडारकर की भावभीनी व्याकुलता के परिणामस्वरूप अन्त:प्रेरणा के एक प्रबल क्षण में शिंदे ने जीवन की दिशा बदलनेवाला तथा जीवन का लक्ष्य निश्चित करनेवाला निर्णय लिया।

कर्मवीर के जीवन में इस घटना की तरह अन्य एक निर्णायक घटना ऐसे ही एक अन्त:प्रेरणा के क्षण में घटी। वह यानी प्रार्थना समाज के प्रचारक के रूप में जिम्मेदारी सँभालते हुए 28 अक्टूबर, 1905 की आधी रात को भिंगार के अस्पृश्य वर्ग का शिष्टमंडल अपनी सभा के लिए शिंदे को आमंत्रित करने हेतु पहुँचा। महारबाड़ा की सभा से प्रभावित, उनकी अत्यधिक गरीबी से संवेदनशील और इन लोगों की हजारों वर्षों की कहानी का अध्ययन कर दुखी हुए कर्मवीर ने अस्पृश्योद्धार के कार्य को तुरन्त शुरू करने का बीड़ा उसी रात उठाया। 18 अक्टूबर, 1906 को उन्होंने 'भारतीय निराश्रित सहायकारी मंडली' नामक संस्था की स्थापना की। इन दो निर्णयों के मूल में विशिष्ट संस्कार से

बना कर्मवीर के व्यक्तित्व का निर्माण ही था। यह बताकर ही डॉ. पवार शिंदे की मानसिकता कैसे विकसित हुई, यह समझ लेने हेतु कर्मवीर के जीवन के प्रथम कालखंड की ओर मुखातिब होते हैं।

इस काल के तकरीबन 35 पन्नों के चित्रण के पश्चात् डॉ. पवार इस सन्दर्भ में अपने निष्कर्ष ठोस रूप में प्रस्तुत करते हैं। धार्मिक-सामाजिक विकास के लिए अपना जीवन समर्पित कर किसी व्यक्ति ने आजीवन कार्य किया उदाहरण विट्ठल रामजी शिंदे को छोड़ अन्य किसी भी मराठा मनुष्य में दिखाई नहीं देता, ऐसा डॉ. पवार को लगता है। विट्ठल रामजी द्वारा भावी जीवन में अपवादात्मक लगे ऐसे मौलिक कार्य हुए, जिनकी तैयारी उनके पारिवारिक माहौल में हुई थी। उसके लिए उनके माता-पिता का धर्म और शील ही कारण रहे थे।

अपनी भविष्य की समाज-सुधार दृष्टि पिताजी के भागवत् धर्म से पनपी, ऐसा विट्ठल रामजी शिंदे को लगता था। उसमें उनके ब्राह्म समाज के प्रचारक होने के पश्चात् इजाफा हुआ, ऐसा उन्हें नहीं लगता था। 'प्रार्थना' या ब्राह्म समाज का केवल मराठों पर ही नहीं तो अन्य महाराष्ट्रवासियों पर अधिक असर न होने के बावजूद विट्ठल रामजी उसके आजीवन प्रचारक बन गए। इसका श्रेय समाज से ज्यादा उनके पिताजी ने जो संस्कार दिए, उन्हें जाता है।

विट्ठल रामजी के माता-पिता के घर में पर्दा तथा पवित्रता के नाम पर जाति भेद को आश्रय नहीं था। रामजी बाबा की खासियत यह थी कि उन्होंने अपनी कन्याओं को भेद न करते हुए शिक्षा दी। उस समय के मुताबिक मराठा समाज में यह बात अपवादात्मक ही कहनी पड़ेगी। जमखंडी में प्रथमत: 1870 में लड़कियों की पाठशाला की स्थापना करने में रामजी बाबा अगुआ रहे। ब्राह्मण-लिंगायत जैसी जातियाँ मराठों के घर में अन्न ग्रहण नहीं करती थीं, उस जाति के लोग रामजी बाबा के 'वसुधैव कुटुम्बकम' परिवार में अन्न ग्रहण करते। नाई, धोबी तथा मुसलमानों के यहाँ मराठा लोग भोजन नहीं करते थे। उस जाति के लोगों के साथ भी उनके घर भेद नहीं होता था। सय्यद नामक मुसलमान परिवार से उनकी काफी आत्मीयता थी।

अन्तरिक स्नेह, शुद्ध उद्देश्य और अकृत्रिम स्नेह—इनमें सभी विकासों की नींव होती है। लेन-देन इस व्यापारी तत्त्व से अथवा आधुनिक सुधारों के शुद्ध बुद्धिवाद से सही सुधार सम्भव नहीं होता, यह विट्ठल रामजी की धारणा आगामी काल में प्रकट होती रही। इस बात की सीख उन्हें बाल्यावस्था में अपने घर में ही मिली थी। आजादी का रुझान, नवजीवन की कामना और सत्य खोजने की मनीषा आदि विट्ठल रामजी के स्वभाव के प्रमुख लक्षण बचपन से दिखाई देते थे। इन पर पाबन्दी लगाने का प्रयास उनके माता-पिता ने कभी किया नहीं। इन निष्कर्षों के सन्दर्भ में "आधुनिक सुधारकों के अनुसार जाति भेद का उन्मूलन करने की नौबत हम पर कभी न आई, क्योंकि जाति भेद का संस्कार ही हम पर हुआ नहीं था।" यह महर्षि शिंदे का कथन डॉ. पवार जान-बूझकर प्रस्तुत करते हैं।

शिंदे के प्रथम कालखंड के सन्दर्भ में जमखंडी का वातावरण, कर्मवीर के दादा-दादी, नाना-नानी, माता-पिता और परिवार आदि के सन्दर्भ में डॉ. पवार ने यथासमय चित्रमय एवं मार्मिक रेखांकन किया है। जमखंडी की ब्राह्मणी रियासत का शैक्षिक परिवेश, उनके दादा की दरबारी मराठाशाही खानदानी शैली तथा दादी में स्थित कर्नाटक के लक्षण, माता पर इस वैष्णव ब्राह्मण संस्कार का प्रभाव, उसमें धर्मान्धता व कर्मठता, इन दोनों का पूर्णरूप में अभाव, शिंदे के दोनों परिवार के ब्राह्मणी संस्कार, उनके माता-पिता की सन्तोषी प्रकृति, रामजी बाबा का गुस्सैला किन्तु स्वाभिमानी स्वभाव और अकृत्रिम, सीधी तथा जोशपूर्ण वाणी का विट्ठल रामजी पर हुआ संस्कार आदि बातें डॉ. पवार सूक्ष्मता से रेखांकित करते हैं।

शिंदे की कुलदेवी अम्बाबाई तो नानी की कुलदेवी यल्लमा रही। "धर्म के प्रथम संस्कार मेरे मन-मस्तिष्क पर नानी की उस द्राविड़ी देवता ने किए।" यह उनका कथन डॉ. पवार जान-बूझकर दर्ज करते हैं। इतना ही नहीं तो बड़े होने के लिए उस संस्कृति के प्रति अनुकूलता निर्मित होने के लिए उस बचपन में हुए संस्कारों की मदद हुई होगी, ऐसा सूचक निष्कर्ष अगले पन्ने पर दर्ज करते हैं। इसी दौरान रामजी बाबा वारकरी सम्प्रदाय से एकरूप हुए थे। विट्ठल रामजी के धार्मिक व्यक्तित्व पर उसका गहरा परिणाम हुआ, किन्तु बीच में बबलादी के लिंगायत स्वामी का बोल-बाला तथा देव-धर्म-सम्बन्धी कर्मकांड विकसित हुए। विविध पंथों के अथिति, अभ्यागतों के अचानक सैलाब के कारण रामजी बाबा अतीव गरीब बन गए, किन्तु पुश्तैनी खेती को अपना व्यवसाय न बनाकर बाबूगीरी की शिक्षा प्राप्त कर, प्रथमत: अध्यापक तद्नन्तर रियासत के कारोबार में हिस्सा लेनेवाले रामजी बाबा ने अपनी प्रतिष्ठा कायम रखी। इसलिए इस दरिद्रता का साया तक विट्ठल रामजी के बचपन पर न पड़ सका। इसकी पूरी हकीकत डॉ. पवार पाठकों के सम्मुख रखते हैं।

उनकी माता के सास-ससुर जब तक रहे, उन्हें आजादी किस चिड़िया का नाम है, यह मालूम तक न था। इतना ससुरालवालों से अन्याय सहना पड़ा। बीस बच्चों को जन्म देना, बच्चों की बीमारी अथवा मृत्यु के कारण माँ की शक्ति में कमी आई थी। इन बातों की यादें डॉ. पवार पेश करते हैं। इतना ही नहीं तो "करुण रस से भरपूर इस नाटक की मुख्य नायिका मेरी माँ साध्वी यमुनाबाई ही रही। उसका आनन्दी एवं मजाकिया स्वभाव ही हमारे लिए विश्राम-स्थल रहा। माँ ही खेल में साथी बनती। आगे चलकर मुझमें जो स्त्रियों के प्रति उदारता और हिन्दू विवाह पद्धति के सम्बन्ध में कायम विरोधभाव उत्पन्न हुआ, उसका बीजारोपण माँ के शोषण से ही हुआ। प्रकृति के भी पहले मैंने माँ को ही हृदयदान किया।" विट्ठल रामजी द्वारा खुद प्रस्तुत किया निरीक्षण डॉ. पवार उचित स्थान पर समय-समय पर उल्लेखित करते हैं कि स्त्री माहात्म्य का एहसास विट्ठल रामजी को अपनी माँ के कारण हुआ।

तीसरे अध्याय में विट्ठल के जीवन के सन् 1885 से 1891, इस अन्तिम दौर के सात वर्षों का लेखा-जोखा डॉ. पवार लेते हैं। अग्रज के असामयिक निधन के कारण ग्यारहवें वर्ष में ही विट्ठल का बना गम्भीर स्वभाव, विचारी और अध्ययनशील स्वभाव, तीव्र ग्रहणशीलता तथा संवेदनशीलता, मराठी, संस्कृत और अंग्रेजी भाषा तथा साहित्य का हुआ उत्तम परिचय आदि का निर्देश इस कालखंड के दौरान आता है। "मैं जाति से मराठा था, इस कारण गणेश शास्त्री जोशी ने कभी भी भेद नहीं किया।" यह बात भी डॉ. पवार पाठकों के सम्मुख रखते हैं।

हाईस्कूल में विट्ठल रामजी ने अध्ययन में जो गति दिखाई, उसका पूरा श्रेय वे अपनी रसिकता को देते हैं, बुद्धि को नहीं। उन्होंने स्वयं कहा है, "मेरी अध्ययन-गति विविध विषयों में समान रूप में थी। हाईस्कूल में मुझे अध्ययन का बोझ कभी महसूस नहीं हुआ। इसका कारण न केवल मेरी तेज-तर्रार बुद्धि थी बल्कि अपने हृदय की निर्मल रसिकता ही है, यह मैं यहाँ स्पष्ट करता हूँ। यह रसिकता मुझे पाठशाला से ज्यादा घर में, गुरु से ज्यादा अपने माता-पिता द्वारा ही प्राप्त हुई, यह विशेष बात है। मेरे घर में जाति भेद था ही नहीं। वैसे मेरे हृदय में संस्कृति भेद अथवा पक्षभेद आदि की कृत्रिमता न थी। जहाँ सौन्दर्य मिलता, वहाँ खुले मन से स्वीकार हेतु मैं बचपन से ही तत्पर रहता—फिर वह इंग्लैंड का हो, शहर का हो, गाँव का हो, संस्कृत हो, प्राकृत हो, बस वह सहज एवं स्वाभाविक हो। मैं उसे अपनाता।"

"तीसरी कक्षा से सातवीं तक के पाँच वर्ष उनका बाड़ा एक अनरजिस्टर्ड पाठशाला, एक मुफ्त वाचनालय, एक मुक्तद्वार छात्रावास, एक दंगा-मुश्ती का जिमखाना था" स्वयं कर्मवीर द्वारा किया यह वर्णन उद्धृत करने के बाद डॉ. पवार बताते हैं कि विट्ठल के साथ खेलनेवाले दोस्त सभी जाति के छात्र थे। जाति भेद क्या बला है, इसका उन्हें पता तक न था। छुआछूत माननेवाले बच्चे इस गुट के पास तक न फटकते थे। विट्ठल रामजी के भावी चरित्र का, सामाजिक सुधार का यह श्रीगणेश था। उनका चरित्र आँगन की धींगामुश्ती और समानधर्मा दोस्तों की बेतरतीब आत्मीयता में अंकुरित हो रहा था, ऐसा निष्कर्ष हमारे सामने रखते हैं। उसी समय बालक विट्ठल के आचरण का निरालापन, साहस, विक्षिप्तता, कभी-कभी 'अकाट्य', कुछ अतिरेक और वैयक्तिक व सामूहिक खेल के तथा छिछोरेपन के कई प्रकारों का उल्लेख करना भी नहीं भूलते। "यह स्पार्टन सहिष्णुता जन्मत: नहीं बल्कि स्वाभिमान से आ गई" ऐसा कर्मवीर ने लिखा है। आगे इंग्लैंड निवास के दौरान साहस की तथा विक्षिप्त स्वभाव की बानगी उनमें कई बार दिखाई देती है, ऐसा पवार कहते हैं।

किन्तु इस उम्र में भी अकेले प्रकृति में मशगूल होने की और अपने आप में मग्न रहने की विट्ठल की वृत्ति दिखाई देती है। उसकी कल्पनाशीलता तथा भावुक वृत्ति को विस्तृत व विपुल ऐसे पाठ्येतर वाचन का साथ मिला। इससे मराठी तथा कन्नड़ भाषा के अध्ययन में भी मदद हुई। प्रकृति के वैविध्यपूर्ण विभ्रम में तल्लीन होते-होते अंग्रेजी तीसरी-चौथी कक्षा में ही चौदह-पन्द्रह की आयु में अपने भावुक अन्तरंग में स्पष्टत: भक्ति भावना का उदय होने का एहसास विट्ठल रामजी को हुआ। शिंदे स्वयं लिखते हैं, "माँ के पुण्य के प्रभाव से मेरे हृदय का परिपाक प्रथमत: धर्म के भक्ति रस में और तद्नन्तर तत्त्वज्ञान के शान्त रस में हुआ।" अर्थात् यह समय और उम्र का आरम्भ। माता-पिता की सीधी, सहज और सच्ची धार्मिक भावना में अपने भावी धर्म और सामाजिक सुधार का उद्गम स्थित होने का एहसास उन्हें हुआ। विट्ठल रामजी का अठारह वर्षों तक का समय कर्नाटक में व्यतीत हुआ। कर्नाटक से बने सम्बन्ध आगामी काल में अखंड, घनिष्ठ एवं स्नेहिल रहे। इस सन्दर्भ में मुझे एक बात यहाँ दर्ज करने की इच्छा है कि कन्नड़ संस्कृति का गहरा प्रभाव शिंदे के विचारों पर रहा, इसमें सन्देह नहीं। यह प्रभाव हम सबको इसके बाद भी सतत् विचार प्रवर्तक एवं उपकारक सिद्ध होगा।

भारतीय इतिहास व संस्कृति के परिप्रेक्ष्य में महाराष्ट्र का इतिहास, संस्कृति व भाषा-व्यवहार की शुद्ध, सन्तुलित तथा अभिनव (ओरिजनल) रचना करने की दृष्टि से शिंदे को संस्कारक्षम उम्र में कन्नड़ संस्कारों का लाभ तो हुआ ही, किन्तु इन विचारों के अध्ययनकर्ताओं को भी अप्रत्यक्ष क्यों न हो, आगे चलकर होता रहेगा।

वैचारिक दृष्टि से यह कालखंड प्राचीवाद का था। अधिकांश पंडितों की दृष्टि विविध उचित-अनुचित कारणों से उत्तर के आसपास आर्यों को केन्द्र में माननेवाली और संस्कृत भाषा साधनों पर निहित थी। ऐसे समय उपजते एवं सहजता से प्राप्त संस्कारों के कारण और बाद में उसमें प्रथम कन्नड़ और फिर पाली भाषा के अध्ययन के जोड़ से विट्ठल रामजी के आरम्भिक चिन्तन और धर्मशास्त्रीय तथा समाजशास्त्रीय लेखन में हमेशा दक्षिण का, आर्येतर समूहों का और द्रविड़ परम्पराओं का धागा ममता और प्रगल्भता से गूँथा गया। उन्होंने विविध भाषिक सम्बन्धों का जो प्रस्तुतीकरण किया, उस पर भी इसका प्रभाव मिलता है। "मराठी का जन्म व शैशव कहाँ और कैसा बीता है, उसका संवर्धनशील, कौमार्य...खास रूप में कर्नाटक में ही सँवर गया है।" ऐसा उनका मत बना था। (शिंदे लेख संग्रह, सम्पा. मंगुडकर, पृ. 167) विविध धार्मिक, सांस्कृतिक सम्प्रदाय तथा जाति-संस्था एवं जाति—इनकी प्रस्तुति करते समय शिंदे को उपर्युक्त परम्परा का लाभ हुआ। "मैं स्वयं यदि मराठा हूँ तो भी कन्नड़ भाषा के मराठी भाषा पर जो एहसान हैं, उन्हें महाराष्ट्र भुला दे, ऐसा मुझे कतई नहीं लगता।" (उपरोक्त, पृ. 169) पिछले वर्षों में भारतीय इतिहास, संस्कृति और भाषा व्यवहार आदि के सन्दर्भ में जो मौलिक संरचना अभारतीय और भारतीय विद्वान कर रहे हैं, वह विट्ठल रामजी की सम्बन्धित प्रस्तुति को पुष्टि देनेवाली साबित हो रही है।

सन् 1891 में अठारह वर्ष की आयु में विट्ठल रामजी पुणे केन्द्र से इंटर की परीक्षा उत्तीर्ण हो गए। तत्पश्चात् जमखंडी के हाईस्कूल में अध्यापक के रूप में एक वर्ष कार्य करने के बाद सन् 1893 में वे महाविद्यालयीन शिक्षा हेतु फर्ग्युसन कॉलेज में दाखिल हुए। यहाँ से उनके शैक्षिक जीवन का द्वितीय कालखंड आरम्भ होता है।

पारम्परिक संस्कार, साहित्य और शास्त्र—इनके अध्ययन से उनमें निर्मित हुए सुसंस्कारों के कारण उनमें उच्चतम आकांक्षा की निर्मिति होना स्वाभाविक था। इसी कारण "मुझे जानवरों का डॉक्टर नहीं बनना, आर्ट्स कॉलेज की छात्रवृत्ति मिले तो जाने को तैयार हूँ।" ऐसा स्वाभिमानी उत्तर उन्होंने जमखंडी के नरेश को दिया। परिणामत: छात्रवृत्ति नहीं मिली। नौकरी से भी हाथ धोना पड़ा तथा दीपावली का वेतन भी गँवाना पड़ा। हाईस्कूल के अध्यापक की नौकरी की ऐसी इतिश्री हुई। इसके बाद किसी से जान-पहचान नहीं; ऐसी अवस्था में वे पुणे जैसे बड़े शहर में आ गए।

इस सन्दर्भ में गंगाराम भाऊ म्हस्के का पाश्चात्य एवं आधुनिक रहन-सहन, स्वभाव तथा व्यवहार और गोपाल गणेश आगरकर का उनकी आधुनिक प्रतिमा से मेल न रखनेवाला दर्शन तथा उन्होंने तपाक से दिया संक्षिप्त उत्तर आदि को डॉ. पवार ने उल्लेखित किया है। डॉ. शेलके ने तो "मराठा कुल में जन्म लेकर इस प्रकार भिक्षा पात्र लेकर घूमने में तुम्हे शर्म नहीं आती? पास धन न हो तो जानवर चराना। क्यों पढ़ाई करना चाहते हो?" जैसी ताउम्र याद रहेगी, ऐसी कठोर शब्दों में प्रताड़ना दी।

शिंदे को जो सहायता मिली, वह गोविन्दराव सासने नामक कोल्हापुर वासी छात्र एवं तेरदाल के बालमित्र विष्णुपंत देशपांडे के परिवार से। उनकी पत्नी ने भैयादूज में मिले बीस रुपए विष्णुपंत द्वारा विट्ठलराव तक पहुँचाए। इससे मुम्बई में होनेवाली प्रीवियस परीक्षा के खर्चे का प्रश्न हल हुआ।

कॉलेज का माहौल व शिक्षा-पद्धति देख विट्ठलराव उदास हो गए। इस माहौल का उनके मन-मस्तिष्क पर प्रतिकूल परिणाम हुआ। उन्हें परेशान करनेवाली अर्थाभाव की समस्या, उनका शर्मीला स्वभाव, संकोची वृत्ति तथा साहस का अभाव और कॉलेज छात्रों में हम 'सभ्य बन गए हैं' इस बात की ठसक और स्वमान्यता इस कारण नियोजित अध्ययन से मन डाँवाँडोल होने लगा। प्रीवियस परीक्षा के दौरान विट्ठलराव को मुम्बई का प्रथम दर्शन आकर्षित न कर पाया। एक ओर छात्रों ने विट्ठलराव के साथ आत्मीयता नहीं बरती तो दूसरी ओर मुम्बईवासियों का स्वभाव उन्हें आत्मशून्य और कृत्रिम लगा।

उनकी आर्थिक दशा इतनी नाजुक थी कि शिक्षा के दौरान छुट्टी के दिनों में बैलगाड़ी के किराये के चार-आठ आनों की बचत करने हेतु वे कुडची स्टेशन से जमखंडी तक की तैंतीस मील की यात्रा पैदल करते थे। इस प्रतिकूल परिस्थिति से तथा औपचारिक कॉलेज शिक्षा से मोहभंग होने के कारण वे इंटरमीडियट परीक्षा में असफल रहे, किन्तु आत्मविश्वास के कारण सारा दोष अपने ऊपर लेने को उनका मन तैयार न था।

इतनी प्रतिकूल परिस्थितियों के बावजूद विट्ठलराव के मन एवं बुद्धि का विकास रुका नहीं। उन्होंने पाठ्येतर दार्शनिक महत्त्वपूर्ण पुस्तकें पढ़ीं। आगरकर, मिल स्पेंसर को पढ़कर वे अपने ही शब्दों में 'पुणे के छात्रों में एक ताकतवर नास्तिक' बन गए। इस दौरान उन्होंने पुणे में एक छोटा चर्चा मंडल भी स्थापित किया।

सन् 1895 के उत्तरार्द्ध में विट्ठलराव अपनी माँ और बहन जनाबाई को लेकर पुणे आए। पुणे में बसने के पीछे अपने घर का खाना तथा इससे होनेवाली बचत, यही कारण नहीं थे बल्कि घर के स्त्री सदस्यों को शिक्षा एवं यात्रा का लाभ मिले, यह सुधारवादी उद्देश्य था जो उनके मन में था। 'यह प्रत्यक्ष परिणाम हरी नारायण आपटे के उपन्यासों का' ऐसा विधान डॉ. पवार 'जनाबाई शिंदे : स्मृति चित्रे', तरुण महाराष्ट्र इस लेख के आधार पर करते हैं। सन् 1896 में पत्नी को भी वह पुणे लाए और बहन के साथ स्कूल में भर्ती किया।

इस प्रवास पर डॉ. पवार अपने निवेदन में एक मोड़ लेते हैं। आगामी तीन अध्यायों में उन्होंने विट्ठलराव की बहन जनाबाई उर्फ जनाक्का तथा उनके मित्रों से कोल्हापुर के वासुदेवराव सुखटणकर नामक इस अत्यन्त गरीब गृहस्थ की बहन शान्ता की करुण कहानी बताई है।

माँ ने सहन किए दुख की तरह ही जनाक्का के ससुराल का दुख भी शिंदे ने अनुभव किया। इससे उनका स्त्री सम्बन्धी सहानुभूति, समता और सुसंस्कृतता का दृष्टिकोण तैयार हुआ। ऐसा सार्थक प्रतिपादन डॉ. पवार इस सन्दर्भ में करते हैं। जनाक्का को मायके ले आने का आग्रह करके वे उसे माँ के साथ पुणे ले आए। बाद में जनाबाई शिंदे ने उन्नत धर्म का प्रसार और अस्पृश्यता निवारण, इन दोनों कार्यों में आजीवन सहयोग किया। इसके लिए उनके व्यक्तित्व का गठन पुणे में ही हो सका। इस सन्दर्भ में अमरीकन ईसाई मिशन-पाठशाला, पंडिता रमाबाई एवं प्रो. अण्णासाहब कर्वे—इनके कार्यों के विविध किस्से डॉ. पवार ने पेश किए हैं। कर्वे ने "ब्राह्मणेतर लड़कियों को प्रवेश देने का यह समय नहीं है।" ऐसा विट्ठलराव को कहा। कर्वे की विचार प्रणाली को लेकर अत्यन्त संयम से विट्ठल रामजी शिंदे ने अभिप्राय व्यक्त किया है।" इस यथार्थ को कहने के बाद डॉ. पवार शिंदे का तत्कालीन महाराष्ट्र में एक सुधार करते समय दूसरे सुधार में कैसे बाधा आती थी, इसका यह उदाहरण ही है। यह अभिप्राय मार्मिक शब्दों में प्रस्तुत करते हैं।

हुजूरपागा पाठशाला में जाते समय पुणे में किए गए असभ्य मजाक का उल्लेख कर डॉ. पवार स्पष्टता से कहते हैं कि "महात्मा जोतिबा फुले को स्त्री शिक्षा का प्रारम्भ करके तकरीबन पचास वर्ष हुए थे, किन्तु पुणे के सांस्कृतिक वातावरण में उन्नीसवीं सदी के अन्त में भी विशेष सुधार नहीं आ पाया था।

सन् 1895 में इंटरमीडिएट की कक्षा में ही विट्ठलराव राष्ट्रीय पक्ष के बन गए। इस हेतु वे पुणे में स्थित राष्ट्रीय सभा के अधिवेशन के स्वयंसेवक बन गए। यह राष्ट्रीय अभिमान आखिरी साँस तक उनमें उत्कटता से विद्यमान रहा। ऐसा सत्यनिष्ठ मत डॉ. पवार करते हैं। पुणे की सनातनी मंडली ने सामाजिक परिषद् के मंडप की वजह से मचाया हो-हल्ला विट्ठलराव को देखने को मिला। इसी समय अमरीकन यूनिटेरियन एसोसिएशन के डॉ. जे.टी. संडरलैंड की मुलाकात में विट्ठलराव ने पुणे में उनके साथ विचार-विमर्श किया। इंग्लैंड जाने की दृष्टि से इसका काफी लाभ हुआ। इसी दौरान सयाजीराव महाराज ने उन्हें मासिक पच्चीस रुपए की छात्रवृत्ति दी। ये दो कथाएँ डॉ. पवार विस्तार से प्रस्तुत करते हैं।

अगले अध्याय में डॉ. पवार ने उन्नीसवीं सदी के अन्तिम दौर के पुणे का वर्णन शिंदे के दृष्टिकोण से अचूकता से प्रस्तुत किया है। विट्ठलराव के जीवन पर सकारात्मक परिणाम डालनेवाली महत्त्वपूर्ण घटनाएँ पुणे में घटित हुईं। ये यथार्थ होने के बावजूद भी पुणे में विट्ठलराव के व्यक्तित्व को गढ़नेवाली, उन पर असर करनेवाली सिद्ध न हुईं अपितु वे पुणे के सांस्कृतिक जीवन से कभी समरस न हो सके। पुणे में वे सदैव बेगाने ही रह गए। उनका सामाजिक-सांस्कृतिक इतना ही नहीं तो धार्मिक दृष्टिकोण भी पुणे की भूमिका के विरोधी स्वरूप का रहा, ऐसा लगता है। तत्कालीन पुणे का सामान्य सुशिक्षित समाज राष्ट्रवादी बना था, यह सच है किन्तु सामाजिक सम्बन्ध में सुधारों के खिलाफ सनातनी-सनातनवादी परम्परा की शेखी बघारनेवाला ही था। व्यापक, उन्नत, धार्मिक-कल्पना लोगों तक पहुँची ही नहीं थी। बहुजन समाज के हित और विकास की ओर किसी का ध्यान नहीं था। इतना ही नहीं तो इसकी उन्हें संवेदना तक न थी, डॉ. पवार ऐसा स्पष्ट चित्रण यथार्थता से करते हैं। स्वयं शिंदे महान समझे जानेवाले व्यक्तियों का भी स्वतंत्र मूल्यांकन करते हैं और उनका यह अलग-थलग रूप हमें महसूस होता है, ऐसा भी वे बताते हैं। इस

काल में सोशॅलिज्म पक्ष में सभी ने एक होकर खड़े रहने की आवश्यकता विट्ठलराव को महसूस होने लगी, इसका भी दखल डॉ. पवार लेते हैं।

शिंदे को व्यावहारिक कारणों से बी.ए. के लिए पसन्दीदा विषय छोड़ इतिहास और कानून, ये ऐच्छिक विषय लेने पड़े, परन्तु जीवन के हर पहलू की ओर विट्ठल रामजी शिंदे का रुझान था। राजनीति और राष्ट्र कार्य स्वार्थरहित, त्यागपूर्ण सामाजिक विकास का कार्य एवं उन्नत स्वरूप का धार्मिक कार्य, इनमें विरोध हैं, ऐसी उनकी धारणा नहीं थी अपितु ये बातें उनके अन्तरंग में एकाकार हो गई थीं, ऐसा डॉ. पवार रेखांकित करते हैं। सन् 1898 का वर्ष विट्ठलराव के लिए आन्तरिक संघर्ष से भरा था। धर्म विषयक विचार व व्यक्तिगत भावनात्मक स्तर—इनमें शिंदे की अन्तरात्मा की भूख मिटाने की शक्ति नास्तिकता के रेगिस्तान में न थी। इसलिए शिंदे, आगरकर, मिल, स्पेंसर इनकी परिधि से बाहर निकले। पाश्चात्य यूनिटेरियन धर्मपंथ के विचार, मैक्समूलर के ग्रंथ, पुणे के प्रार्थना समाज का माहौल एवं उपासना का प्रभाव सरस सिद्ध हुआ। प्रार्थना समाज की उपासना में उन्हें हिन्दू धर्म का निर्मल और उज्ज्वल स्वरूप दिखाई दिया। गृहस्थ बनकर परमार्थ करने का विवरण उन्हें चित्ताकर्षक तथा बुद्धिसापेक्ष लगा। वारकरी पंथ की आचार-विचारानुगामी भूमिका है, ऐसा उन्हें लगा होगा। इसी दौरान रामचन्द्र अण्णाजी कलसकर जैसे उदारमना के कार्य तत्पर सज्जन से उनका सम्पर्क हुआ। महात्मा जोतिबा फुले के उपरान्त अस्पृश्यों के सम्बन्ध में नि:स्वार्थ भाव से काम करनेवाले कलसकर एकमात्र गृहस्थ उन्नीसवीं सदी के अन्त में दिखाई देते हैं, ऐसा डॉ. पवार इस सम्बन्ध में कहते हैं। यह कार्य भी स्वयं करें, ऐसी प्रबल इच्छा उनके मन में निर्मित हुई थी।

प्रतापचन्द्र मजूमदार ने अंग्रेजी में लिखी केशवचन्द्र सेन की जीवनी, विशेषत: उससे संलग्न केशवचन्द्र के आत्मकथन का उसमें अन्तर्भूत 'अग्नि स्नान' अध्याय पढ़कर प्रार्थना समाज का सदस्य बनने की जबरदस्त इच्छा उनके मन में जग गई। परिणाम यह हुआ कि उन्होंने प्रार्थना समाज की दीक्षा ली तथा बाकायदा प्रार्थना समाज के अनुयायी बन गए। शिंदे ने अपनी पहली उपासना उसी वर्ष पुणे प्रार्थना समाज में प्रस्तुत की। अपना सुपुत्र प्रार्थना समाज का सदस्य बन गया, यह देख रामजी बाबा और यमुनाबाई को खुशी हुई। उन्हें ऐसा लगता था कि प्रार्थना समाज यानी अपने भागवत् धर्म का ही सुधारित संस्करण है, ऐसा अभिप्राय डॉ. पवार व्यक्त करते हैं। डॉ. पवार ने उपर्युक्त पूरी घटना का समग्र वर्णन किया है। उसी तरह इस अध्याय में हिन्दुस्तान के अन्तर्गत तथा बाहर उन्नत एकेश्वर धर्मपंथों के कार्य का ब्योरेवार वर्णन, कर्मवीर का उनके साथ रहा आजीवन अटूट रिश्ता रेखांकित किया है। बहुसंख्य पाठक इससे लाभान्वित ही होंगे, ऐसा लगता है।

'अन्त:स्थ भावजीवन की उथल-पुथल' इस छह पन्नों के अध्याय में डॉ. गो.मा. पवार ने एक अत्यन्त नाजुक, संवेदनशील विषय को प्रस्तुत किया है। ऐसे विषय से कन्नी न काटकर डॉ. पवार ने उसकी प्रस्तुति अत्यन्त प्रगल्भता, समझदारी एवं प्रांजलता से की है। हमारे यहाँ के अधिकांश जीवनीकार आज भी महान स्त्री-पुरुषों के बारे में लिखते समय ऐसे सन्दर्भ में असमर्थ बनकर मौन रखते हैं। इस तुलना में यह अध्याय प्रस्तुत जीवनी का मानदंड साबित हो, ऐसा लेखक ने लिखा है। तत्कालीन परम्परा के अनुसार, विट्ठलराव का विवाह बाल्यावस्था में ही सन् 1882 में हुआ जब वे नौ साल के थे। दोनों की उम्र में तकरीबन साढ़े आठ साल का अन्तर था। सन् 1898-99 में शिंदे पच्चीस वर्ष के और उनकी पत्नी सत्रह वर्ष की थी। इन सालों में शिंदे के वैवाहिक जीवन की शारीरिक एवं भावनात्मक अस्वस्थता का संयमित चित्रण इस अध्याय में किया है। डॉ. पवार के शब्दों में, "शारीरिक विकारों का उपचार न होने के कारण शरीर की होनेवाली हानि, एकाकीपन से होनेवाली भावनात्मक व शारीरिक पीड़ा समाप्त होनेवाली और सुन्दर, अल्हाददायी वैवाहिक जीवन नव सम्बधों से निर्माण होने की आशा तथा अन्त में उस सम्बन्ध में हुई निराशा ऐसा विट्ठलराव की भावनात्मक अस्वस्थता का स्थूल आलेख है।" पत्नी को लेकर शारीरिक और मानसिक संवाद की ऐसी दुगुनी निराशा पल्ले पड़ने के कारण प्रागतिक, नागर और सुसंस्कृत वातावरण होनेवाले कोल्हापुर के केलवकर परिवार की तीन बहनों में से अन्दाजन कृष्णाबाई सहधर्मचारिणी बने, इस सन्दर्भ में शिंदे ने मर्यादा में रहकर किए असफल प्रयत्नों का निर्देश इस अध्याय में किया है, किन्तु अगले दो-ढाई वर्षों में पत्नी की बढ़ती उम्र के अनुसार दोनों में क्रमश: सामंजस्य भावना विकसित होती दृष्टिगोचर होती है। उसका ही मधुर व मंगल फल यानी 9 सितम्बर, 1901 में उनकी प्रथम सन्तान प्रताप का जन्म हुआ। उस समय पत्नी की उम्र बीस और विट्ठलराव की उम्र अट्ठाईस वर्ष थी। "विट्ठलराव का वैवाहिक जीवन अच्छी तरह से आरम्भ हुआ।" ऐसा

समापन कर डॉ. पवार यह अध्याय पूरा करते हैं। 21 सितम्बर, 1901 को विट्ठल रामजी शिंदे जहाज से इंग्लैंड के लिए रवाना होते हैं। "आज अपने कृतिशील अथवा कार्यकारी जीवन की शुरुआत हुई आदि विचार उनके मन में आते रहे।" इस सन्दर्भ में स्वयं शिंदे के विचार उपलब्ध हैं। सयाजीराव गायकवाड़ ने विट्ठलराव को इंग्लैंड यात्रा का खर्चा तो मंजूर किया ही, इसके सिवा बी.ए. और एल.एल.बी. के शैक्षिक खर्च के रूप में मिली छात्रवृत्ति के बदले में रियासत में नौकरी करने की शर्त से भी मुक्त कराया। सयाजीराव का दूरदर्शी, विधायक, पुरोगामी सरोकार और कई उदाहरणों जैसा इस सन्दर्भ में भी स्पष्ट द्रष्टव्य होता है। इंग्लैंड में धार्मिक शिक्षा हेतु जाने के पूर्व शिंदे ने लोकमान्य तिलक के दर्शन किए। उनकी प्रत्यक्ष मुलाकात से तिलक के स्वभाव की विशेषता खुलापन, दरियादिली तथा दृष्टिकोण की उदारता आदि शिंदे को महसूस हुई होगी। इस कारण आगामी काल में शिंदे ने लोकमान्य तिलक का सहकार्य 'नि:संकोच' माँगा हुआ दिखाई देता है, ऐसा मत डॉ. पवार इस सन्दर्भ में दर्ज करते हैं अर्थात् कर्मवीर शिंदे बाद में तिलक ने सार्वजनिक जीवन में जब-जब सनातनी व पलायनवादी भूमिका ली तब-तब तिलक पर कड़ी आलोचना करने में पीछे नहीं हटे। इस पर भी गौर करन होगा।

विट्ठलराव जब यात्रा के लिए निकले तब अपने साथ इकतारा ले गए थे। रास्ते में मार्सेय के नॉटर डेम द ला गार्ड का मेरी-मन्दिर देखने के बाद 'सौन्दर्यशास्त्र और नीतिशास्त्र की सलाह से' चित्रकला व शिल्पकला के परिप्रेक्ष्य में इन्हें धर्म साधना में मदद हुई तो "अपने मन्दिरों के सौन्दर्य एवं पावित्र्य में चार चाँद लग जाएँगे।" यह शिंदे का चिन्तन सुधारवादी विचार का, पूरे यूरोप में स्थित एक ही मैनचेस्टर कॉलेज तथा उसका 'सत्य, स्वतंत्रता व धर्म' यह उद्‌देश्य आदि का सुन्दर चित्रण डॉ. पवार करते हैं। ऐतिहासिक प्रेक्षणीय स्थल, कलात्मक सुन्दरता के बारे में शिंदे को जबरदस्त आकर्षण था, परन्तु किसी भी कलाकृति में आध्यात्मिक आनन्ददायी शक्ति होगी तो ही वह कलाकृति उन्हें सुन्दर लगती थी, ऐसा मत डॉ. पवार व्यक्त करते हैं।

उस वर्ष की ईस्टर की छुट्टी विट्ठलराव ने लन्दन में ही व्यतीत की। इस सन्दर्भ में डॉ. पवार 'आधुनिक विकासात्मक वस्तु तैयार होने का लन्दन जैसा बड़ा गोदाम विश्व में कहीं न होगा' यह शिंदे का सूक्ष्म व गहरा वचन उद्धृत करना नहीं भूलते। लन्दन के प्रवास में शिंदे के मन पर गहरा असर करनेवाली दो बातें हुईं। उन्होंने इतवार 22 दिसम्बर, 1901 के दिन रेवरंड हेनरी वुडस् पेरिस का 'शान्ति' विषय पर व्याख्यान सुना। यूनिटेरियन मन्दिर के व्यासपीठ से वर्तमान विषयों का मंथन होता है, यह बात उन्हें विशेष लगी। उन्नत स्तर से किया इहलोक का कार्य और धर्म नीति, इन्हें एकाकार मानने की विट्ठल रामजी शिंदे की भूमिका उनके आगामी जीवन कार्य और विचारों से स्पष्ट होती है। इस भूमिका के गठन में पेरिस के विधान का गहरा प्रभाव रहा होगा, ऐसा डॉ. पवार को लगता है।

30 दिसम्बर, 1901 को शिंदे ने डोमेस्टिक मिशन से रेवरंड समर्स का 'जार्जेस रो' में गरीबों के दुख दूर करने का कार्य अतीव सेवाभाव और समर्पणशीलता से देखा। डॉ. पवार के कथन के अनुसार अस्पृश्य समझे गए लोगों के लिए इस मिशन जैसी संस्था स्थापित कर कार्य करें, ऐसा विचार शिंदे के मन में उत्पन्न हुआ। यह मुलाकात उनके जीवन में महत्त्वपूर्ण साबित हुई। इस सन्दर्भ में विट्ठलराव का एक समर्पक निरीक्षण डॉ. पवार प्रस्तुत करते हैं। शिंदे कहते हैं कि "पाश्चात्य विकास का धर्म-रहस्य केवल मौज-मस्ती में नहीं है। संसार में रहकर सुख भोगने की तीव्र लालसा इन लोगों में है, यह सच है, परन्तु पृथ्वी पर रहकर आकाश में स्थित स्वर्ग की ओर छलाँग न लगाकर यहाँ धरती पर ही स्वर्ग उतारने की इनकी दिशा है। ये लोग स्वार्थी हैं, यह सच है, किन्तु स्वार्थ पूरा होते ही परमार्थ की ओर कैसे मुड़ जाते हैं, यह हमें समझना है।" इंग्लैंड में ही बाद में एक उपासना में शिंदे ने केशवचन्द्र का एक माननीय विधान कथन किया है, "मैं इंग्लैंड में ईसा की खोज में नहीं आया हूँ। यह ईश्वर कृपा है कि मेरा ईसा मेरे समीप है।" विशेषत: 30 मई, 1902 को विट्ठलराव ने एक अनुभव का उल्लेख अपनी डायरी में किया है। तीव्र स्वरूप की आध्यात्मिक व्याकुलता का परिणाम होगा, ईश्वरीय अनुभूति हुई, ऐसा उन्हें लगा। सरोवर प्रान्त में प्रो. कार्पेंटर के यहाँ रहे थे तब उन्हें ऐसे ही असीम आनन्द की आध्यात्मिक अनुभूति हुई। जुलाई में बॉरोडोल खाई में चहलकदमी करते समय और अगस्त में स्कॉटलैंड स्थित बेन लोमंड के टीले के शिखर पर और आगे भारत वापस लौटते समय जलयान में ऐसी ही निजी आध्यात्मिक अनुभूति का एहसास हुआ। शिंदे को ऐसा लगता था कि "आध्यात्मिक अनुभूति प्राप्त करने की, ईश्वर देखने की अथवा अनन्त की यादें यानी अनुभूति होने के साधन सौन्दर्य, सत्व ये हैं। ईश्वर कारण रूप से, प्रेम रूप से तथा नीति रूप से प्रकट होता है।" शिंदे यह भी कहते हैं कि "पाठकों को यह आत्म प्रशंसा है,

ऐसा लगेगा।" किन्तु विट्ठलराव का एक मानसिक गुणविशेष यह है कि हवा न देते हुए वे सहजता से यह स्पष्ट करते है कि "किन्तु सच बात यह नहीं हैं।" इस प्रकार का आध्यात्मिक अनुभव इस दुनिया में कुछ समर्थ अधिकारी धर्मपुरुषों को होनेवाली अनुभूति है, ऐसा नहीं; तो समग्र मनुष्य जाति को यह अनुभूति हो सकती है या आती है।" ऐसा कहकर केवल वृत्ति भिन्नता के कारण कुछ लोग इस अनुभूति को नजरअन्दाज करते हैं, किन्तु अनुभूति का स्वरूप समान ही होता है।" यह शिंदे की धारणा सामने आती है। इस प्रकार का मत डॉ. पवार व्यक्त करते हैं। इंग्लैंड और स्कॉटलैंड में कुछ अनुभवों के बाद जो आध्यात्मिक व्याकुलता शिंदे के मन में उत्पन्न हुई थी, उसका शमन हुआ, ऐसा डॉ. पवार कहते हैं।

मुझे तो महर्षि शिंदे की यह भूमिका संत तुकाराम की याद दिलाती है। संत तुकाराम ने उन्नत दृष्टि सँजोई थी। शिंदे को अपने माता-पिता से वारकरी सम्प्रदाय की जो समतारूपी साधना की धरोहर प्राप्त हुई थी, उसी का परिपाक है कि शिंदे अपनी भूमिका बना पाए। प्राकृतिक सौन्दर्य द्वारा मानवतावादी, आध्यात्मिक विकास एवं अनुभूति प्राप्त करने के सन्दर्भ में यहाँ हमें रवीन्द्रनाथ ठाकुर की याद आएगी। महर्षि की सौन्दर्य दृष्टि ठाकुर जैसी ही तरल थी, परन्तु गुरुदेव की अध्यात्मपरक सौन्दर्यानुभूति में द्रष्टव्य व्यक्ति केन्द्रीयता महर्षि की अनुभूति में हमें कतई दिखाई नहीं देती।

"(प्रकृति सौन्दर्य) प्रसन्न एवं उत्साही वातावरण में उदात्त एवं पवित्र विचार सूझना सहज सम्भव है। ऐसे एकान्त में मन को शुद्ध रखना तथा दार्शनिक होना सहज साध्य होता है, परन्तु जनसमूह में घुल-मिलकर जीवन संघर्ष में फँसे मन की ऐसी स्थिति रखना कठिन कर्म है। महात्माओं को ही यह सम्भव है।" ऐसा शिंदे का एक कथन स्मरणीय है। (शिंदे 1979 पृ.126) शिंदे की अनुभूति इस प्रकार उद्धृत हुई है, "पर्वत शिखरों की पगडंडियों से गुजरते हुए, अँधेरे में तथा हर कोने में कई प्रेमी युगल प्रेम में मगन दिखाई दिए। यह मानवी संसार का अतीव मीठा पवित्र चित्र मुझे यहाँ हर समय दिखाई देता है।" इस अनुभूति को व्यक्त करने में डॉ. पवार ने अपनी सूक्ष्मदृष्टि और औचित्य दिखाया है। डॉ. पवार ने इसी सन्दर्भ में शिंदे का एक और अनुभव खासकर शब्दबद्ध किया है, वह इस प्रकार है, "मानवी प्रेम का यह स्वाभाविक प्रदर्शन देखकर जिसमें विषाद जाग्रत होगा, वह सच्चे रूप में दुर्दैवी, कमनसीबी, झूठे तत्त्वज्ञान से बिगड़ा हुआ कहना चाहिए।" विट्ठलराव आगे यह भी कहते हैं कि "हम पूर्वियों को इन सब प्रकारों में केवल अनीति ही दिखाई देने की सम्भावना है, परन्तु दिखना और होना, इनमें कई बार काफी अन्तर होता है।" (शिंदे, 1979, पृ.119), विट्ठलराव ने महर्षि देवेन्द्रनाथ ठाकुर के गुजरने के बाद किए उपदेश के दौरान कहा था, "जीवन की सारभूत चीज प्रेम ही है। इस प्रेम के बिना जीवन ही जीवन से बिछड़ता है और पीछे केवल अस्तित्व ही रह जाता है।" विट्ठल रामजी शिंदे के कामजीवन सम्बन्धी उपर्युक्त मतों के कारण जिन्हें वे आजीवन काफी श्रेष्ठ स्तर के मानव समझते थे, उस महात्मा गांधी के मतों की याद हमें स्वाभाविकता से आती हैं। स्त्री-पुरुष सम्बन्ध तथा काम-जीवन सम्बन्धी जितना मूलगामी, समग्र चिन्तन आजीवन गांधीजी ने किया, उतना किसी राष्ट्रपुरुष ने न किया होगा। दुर्भाग्य से उनके इस सन्दर्भ में व्यक्त चिन्तन और प्रयोगों का सतही तौर पर मजाक अथवा संवेदनहीन प्रस्तुतीकरण होता है। अपनी सारी प्रतिष्ठा दाँव पर लगाकर गांधीजी नोआखली में ब्रह्मचर्य के प्रयोग क्यों करते रहे, इसका शोध करने का कष्ट भी नहीं उठाया जाता अर्थात् इस सन्दर्भ में मतभेद होते रहेंगे, ऐसी मान्यता खुद गांधीजी देते, परन्तु गांधीजी के इन महान प्रयोगों की असाधारण महत्ता मानकर भी उनकी तुलना में मुझे विट्ठल रामजी की कामविषयक भूमिका ज्यादा खुली, विशुद्ध, स्वाभाविक और भारतीय परम्परा से सराबोर दिखाई देती है। गांधीजी लैंगिक जीवन को लेकर ईसाई और विक्टोरियन अपराधबोध से अपने आपको अलग न कर सके। इसके विरुद्ध अंग्रेज और पाश्चात्य मिशन इनमें गांधी जैसे ही सहजता से घुल-मिल जानेवाले विट्ठल रामजी की भूमिका में पाश्चात्य कामजीवन की खुली आविष्कार वृत्ति का सम्मान किया है। परन्तु उसी समय उस विषय सम्बन्धी होनेवाला ईसाई धर्मशास्त्रीय बन्धन उन्होंने दूर ही रखा 'अलौकिका न होये लोकांप्रती' ऐसी समरसता उनके जीवन का स्थायी भाव ही लगती है।

प्रकृति में रमनेवाले विट्ठलराव शिंदे में मीमांसक की एवं समाजशास्त्रीय दृष्टि थी। जुलाई, 1902 में केसिक कन्वेंशन के सन्दर्भ में शिंदे कहते हैं, "हमारे यहाँ जैसे सालाना कई क्षेत्रों में मेले होते हैं वैसे मुझे यह कन्वेंशन लगा, किन्तु आध्यात्मिक दृष्टि से दोनों में काफी अन्तर है। हमारी कर्मठ तीर्थयात्राएँ (काशी, रामेश्वर आदि उच्च वर्ग और जोतिबा, जेजूरी, सौन्दत्ती आदि निम्न वर्ग के) और भक्ति की पंढरपुर, आलन्दी, ये दो प्रकार की यात्राएँ हैं। इसमें

केसिक की गणना दूसरे प्रकार में होगी। विकास के लिए अनुरूप ऐसे समाज मन पर जबरदस्त और कुछ मात्रा में इष्ट परिणाम होता है, उतना हमारे यहाँ नहीं होता।"

उसी प्रकार 'लेक डिस्ट्रिक्ट्स्' की राह में कल-कारखानों के प्रदूषित प्रदेश से गुजरते हुए "विकास का यह काला पक्ष महसूस कर शिंदे अन्तर्मुख हुए। विकास की बाह्य तड़क-भड़क के पीछे कष्ट, पसीने की धाराएँ कैसी होती हैं, इसका पता चला" इसका जिक्र करना भी डॉ. पवार भूलते नहीं।

"इस पूरे सफर में और आगे यूरोप के निवास में शिंदे में सामान्य भारतीय यात्रा में उस समय दिखाई देनेवाली न्यूनता की भावना का असर कतई दिखाई नहीं देता। धार्मिक-सांस्कृतिक विचारों के प्रति दुराग्रह अथवा न्यूनगंड का प्रभाव दिखाई नहीं देता। उनकी भूमिका हमेशा निरामय सत्य-निष्ठा के साथ व्यक्त होती है।" ऐसी उचित राय डॉ. पवार व्यक्त करते हैं।

विट्ठलराव के ऑक्सफोर्ड निवास के अन्तिम दिनों में उन्होंने वहाँ के यूनेटेरियन समाज के वार्षिक स्नेह सम्मेलन में 'हिन्दुस्तान की गृह स्थिति और समाज स्थिति' नामक विषय पर व्याख्यान दिया। साथ ही, मध्यवर्गीय परिवार के नाट्यरूप प्रसंग का प्रस्तुतीकरण भी किया। चौबीसवें अध्याय में डॉ. पवार ने प्रस्तुत किया कि यह व्याख्यान तथा वह प्रसंग विट्ठल रामजी शिंदे के जीवन की महत्त्वपूर्ण घटना थी, ऐसा हम नि:सन्देह कह सकते हैं। यह व्याख्यान आज भी मौलिक ताजगी और अचूक एवं संवेदनशील समाजशास्त्रीय प्रस्तुति के कारण हमें प्रभावित करता है। एकेश्वर धर्म की उदात्त, व्यापक ऐसी आध्यात्मिक संवेदना के कारण प्रगल्भ बनी भूमिका से विट्ठलराव ने सम्पूर्ण विश्व के इतिहास और संस्कृति का खयाल रखा, किन्तु उसी समय जागरूक राष्ट्रीय आत्मविश्वास से ऐसी प्रस्तुति की है, ऐसा इस सन्दर्भ में डॉ. गो.मा. पवार कहते हैं। उनका यह वक्तव्य उचित तथा मार्मिक है।

तत्पश्चात् एम्सटर्डम में सितम्बर, 1902 के दौरान अन्तरराष्ट्रीय धर्म परिषद् में शिंदे ने किए कार्य का यथार्थ वर्णन करने हेतु डॉ. पवार के कष्ट व सावधानी उल्लेखनीय है। डॉ. पवार ने दो बातें प्रस्तुत की हैं, "हिन्दू-धर्म की तात्त्विकता और आदर्श पाश्चात्य विद्वानों ने जितनी मात्रा में समझ लिए, उतनी मात्रा में पाश्चात्य देशों में स्थित धर्मशास्त्रियों ने नहीं।" यह शिंदे का एक निरीक्षण उसी तरह "हिन्दू धर्म यानी प्राचीन काल से चली आई एक परम्परा है और आजकल उसका शासन और नियमन, असंख्य जातियों का जो बड़ा समूह बना है, उसके द्वारा हो रहा है। उसकी नींव आध्यात्मिक तत्त्वों पर आधारित नहीं अपितु सामाजिक और पारिवारिक हितसम्बधों पर आधारित है। हिन्दुस्तान में वाकई जिसका जुल्मी साम्राज्य शुरू है, वे आचार्य, उपाध्याय अथवा धर्मग्रंथ इनमें से कोई नहीं बल्कि चली आई परिपाटी है।" ऐसा शिंदे का दूसरा विधान है। ये दोनों सन्दर्भ निश्चित ही उल्लेखनीय हैं।

विट्ठल रामजी के विदेश प्रवास के दौरान व्यक्त हुई आध्यात्मिक साधना, सामान्यजन व समानता के बारे में दयाभाव, सौन्दर्य बुद्धि, समाजशास्त्रीय दृष्टिकोण, सरस वाङ्मयीन शैली उसी प्रकार शिंदे का प्रभावी व्यक्तित्व, शालीनता, प्रगल्भता, रसिकता मुख्यत: स्त्री के बारें में उनकी प्रबल आस्था—इन सभी बातों का लेखा-जोखा हर जगह डॉ. पवार ने बड़ी कुशलता से प्रस्तुत किया है। इसलिए ऑक्सफोर्ड जैसे कर्मठ विश्वविद्यालय ने स्त्रियों को उपाधि देने की तैयारी दर्शाने पर पुरुष छात्रों ने मचाए शोर के सन्दर्भ में शिंदे ने किए वक्तव्य का भी डॉ. पवार उल्लेख करते हैं।

विट्ठलराव के जीवन के दूसरे कालखंड का समापन करते हुए डॉ. पवार बताते हैं, "इंग्लैंड से लौटते समय एक प्रकार की सफलता का अनुभव वे (शिंदे) कर रहे थे। चित्त में शान्ति और प्रगल्भता थी। प्रकांड पांडित्य, चिन्तन, अनुभव से मन अधिक ही अध्यात्मप्रवण बन गया था।" इस प्रकार शिंदे 6 अक्टूबर, 1903 को मुम्बई पहुँचे।

4

1903 से 1912—इस काल में विट्ठल रामजी शिंदे का परिवर्तन कर्मवीर शिंदे में और 1912-1923 इस काल में कर्मवीर शिंदे का परिवर्तन महर्षि शिंदे में हुआ, ऐसा हम कह सकते हैं। इंग्लैंड से लौटते ही कर्मवीर ने तुरन्त प्रार्थना समाज के धर्म-प्रचार कार्य की दृढ़ता एवं पूरी ताकत से शुरुआत की। इस काल में उन्होंने हिन्दुस्तान के विविध क्षेत्रों के समय-समय पर किए दौरों की, विविध उपक्रमों की, उनके द्वारा आयोजित परिषदों की तथा इस सन्दर्भ में किए भाषणों की विस्तृत किन्तु नपी-तुली एवं विश्लेषक संरचना अध्यायानुसार प्रस्तुत कर डॉ. गो.मा. पवार ने एक

महत्त्वपूर्ण कार्य किया है। इसी दौरान कर्मवीर द्वारा किए अस्पृश्यता सम्बन्धी कार्य की, प्राथमिक प्रयासों की परिणति भारतीय निराश्रित सहायकारी मंडली की प्रतिष्ठापना में कैसी हुई तथा कई मुसीबतों से दो-दो हाथ करते हुए वह कार्य कर्मवीर कैसे सफल बनाते गए, इसका सरस वृत्तान्त डॉ. पवार प्रस्तुत करते हैं। मिशन की स्थापना के पश्चात् प्रार्थना समाज और शिंदे में बढ़ती दूरी तथा अन्त में अलगाव को भी डॉ. पवार विस्तार एवं गहराई से बताते हैं और शिंदे की वैयक्तिक और पारिवारिक अनुभूतियों का, मुश्किलों का चित्रण भी वे यथास्थान करते हैं।

डॉ. गो.मा. पवार ने अधोरेखित की नानाविध मानसिक घटनाओं में से कुछेक घटनाओं का आशय इस प्रकार है—स्वदेश लौटने के पश्चात् बड़ौदा रियासत को दी भेंट के दौरान श्रीमन्त सयाजीराव महाराज से मिले, तब शिंदे ने उन्हें यह सूचित किया कि अस्पृश्यों की शिक्षा एवं रोजगार सम्बन्धी तालमेल बिठानेवाली व्यवस्था हो। बड़ौदा में ही चाय-पान समारोह में 'मैं मराठा हूँ इसलिए केवल मराठों के लिए नहीं' ऐसी स्पष्ट एवं कठोर जाहिर भूमिका ली। व्यापार की पद्धति में हम यदि ईसाई लोगों की व्यावहारिकता चुप्पी साधकर स्वीकारते हैं, तो धर्म-प्रचार के सन्दर्भ में उसे इनकार क्यों करें? ऐसा कहकर उनमें स्थित सामर्थ्य, सहानुभूति और व्यावहारिकता आदि गुणों का स्वीकार सभी करें, ऐसा आह्वान शिंदे ने किया। आचार्य कर्म व प्रचार कर्म उनके धार्मिक कार्य के दो प्रमुख आयाम थे। पोस्टल मिशन, उदार धर्मग्रंथ वाचन वर्ग और युवा ब्राह्म संघ—इन तीन नई संस्थाओं का निर्माण उन्होंने समाज-कार्य हेतु किया। 'सुबोध पत्रिका' में लेखन करते हुए मुम्बई के प्रार्थना समाज की अस्पृश्यों के लिए पाठशाला तथा पंढरपुर स्थित बालहत्या प्रतिबन्धक गृह के कार्य पर भी पैनी दृष्टि रख उन्हें प्रेरित किया।

कर्मवीर जब जमखंडी गए तब एक छोटी लड़की को मुरली (देवदासी) बनाने के विरोध में वे खड़े हुए। इससे वहाँ के लोग क्रोधित हुए। फिर भी उन्होंने अपने कृतिशील सुधार की धार कम न होने दी। सन् 1905 के अड़तीसवें प्रार्थना समाजीय वार्षिक उत्सव में उन्होंने अस्पृश्यों में से कुछ मंडली के साथ भोजन कर नए अध्याय का सूत्रपात किया। उसी समय उपासना में संगीत के प्रति भी लोगों में रुचि उत्पन्न हो, यह बदलाव भी लाया गया। कर्मवीर ने उसी वर्ष रामनवमी के दिन पुणे में मीठगंज बाजार में अस्पृश्यों के लिए रात्रि पाठशाला खोल दी। मीठगंज बाजार, यह महात्मा जोतिराव फुले का निवास स्थान था। 'यह घटना फुले का खंडित कार्य शिंदे ने नवीनता से आरम्भ करने की ठान ली, इसकी द्योतक है।' ऐसा डॉ. पवार कहते हैं। इसी दौरान शिंदे के प्रचार कार्य को नियंत्रित करने हेतु प्रार्थना समाज में गतिविधियाँ आरम्भ हुईं। किस प्रतिकूल परिस्थिति से संघर्ष करते हुए कर्मवीर को भविष्य में समाज कार्य करना पड़ेगा, इस बात की यह शुरुआत थी। मौकापरस्तों को मौका न देने की कर्मवीर की कार्यकुशलता तो उल्लेखनीय ही थी। अक्टूबर 1905 में कर्मवीर ने अहमदनगर के व्याख्यान में राष्ट्र घटना का सात्विक तथा दैवी उद्देश्य क्या है, इसका विवेचन किया। हमारी छोटी-छोटी जातियाँ एवं प्रान्तिक राष्ट्र, इनका एक ही भारतीय महाराष्ट्र बनाना, यह ब्राह्म धर्म की आज्ञा है। उसी वर्ष सोलापुर में अपने विचार प्रस्तुत करते समय देशसेवा का आद्य तत्त्व राष्ट्रीय एकता है, ऐसा मत उन्होंने व्यक्त किया। सन् 1903 में ब्राह्म धर्म-प्रचार के साथ ही वे एकेश्वर धर्म परिषद् का कार्य भी संगठनात्मक स्तर पर कर रहे थे। उन्होंने सन् 1904 से 1913 के दौरान सचिव के रूप में उल्लेखनीय कार्य किए। सन् 1910 में इलाहाबाद में हुई धर्म परिषद् में कर्मवीर ने एक प्रस्ताव पारित किया। वह ऐसा था कि बहुजन समाज में ब्राह्म धर्म का प्रचार किया जाए। इसके पीछे शिंदे का निश्चित उद्देश्य था। उनकी दृष्टि छात्रावस्था से ही बहुजन समाज के हित का विचार करनेवाली थी। उसमें इस उन्नत धर्म का प्रचार करने से ही धार्मिक कार्य सही रूप में घटित होगा, ऐसी उनकी राय थी। ऐसा सार्थक एवं विचारपूर्ण निष्कर्ष डॉ. पवार दर्ज करते हैं।

कर्मवीर ने धार्मिक कार्य के एक अंग के रूप में सन् 1912 में 'दि थिइस्टिक डाइरेक्टरी' (ब्राह्म धर्म सूची) ग्रंथ का सम्पादन एवं लेखन किया, किन्तु इस सन्दर्भ में भी ब्राह्म धर्म-प्रचारकों की अनास्था का उन्हें अनुभव हुआ। इस सम्बन्ध में विट्ठल रामजी लिखते हैं, "ब्राह्म धर्म यह प्रार्थना (याचना) करनेवाली संस्था है, प्रयास करनेवाली नहीं, ऐसा कभी-कभी मजाक में कहा जाता है। इसमें काफी मात्रा में सच्चाई है, ऐसा यह (धूल में पड़ा) ग्रंथ पुकारता है।" डॉ. गो.मा. पवार यह भी रेखांकित करते हैं, "व्यक्ति की प्रतिष्ठा, प्रयास तथा स्वाभाविक उन्नति को महत्त्व देने की शिंदे की भूमिका रही। आध्यात्मिक विकास में भी वे इसी भूमिका के पक्ष में रहे।" अस्पृश्यों के लिए औद्योगिक शिक्षा की व्यवस्था हो, ऐसा सूचित करनेवाले दूरदर्शी कर्मवीर ने अपने घर में अस्पृश्यों के साथ खान-पान का व्यवहार पहले से ही शुरू किया था। उच्चवर्गीय सुधारक भी इस मामले में पूर्णत: पिछड़े होने के

काल में यह निडरता का परिचायक था। इस सन्दर्भ में शिंदे परिवार को कई बार अपमान का शिकार होना पड़ा। कर्मवीर के पिता को तथा जना बहन को अस्पृश्यता पालन न करने के कारण तकरीबन बहिष्कृत होना पड़ा। शिंदे परिवार का मुम्बई में अस्पृश्य बस्ती में रहकर उनके साथ एकाकार हुआ। महात्मा गांधी के मेहतर बस्ती में रहने के कई दशक पूर्व की यह घटना है, यह हमें भूलना नहीं चाहिए।

28 अक्टूबर, 1905 में भिंगार के अस्पृश्य मंडली की रात्रि-सभा में अस्पृश्यता निवारणार्थ कार्य में सारा जीवन समर्पित करने का निर्णय कर्मवीर ने अन्त:प्रेरणा से लिया, यह हमने पीछे देखा ही है। भिंगार में उसी वर्ष दूसरी सभा में अंत्यज सुधारक मंडली की पाक्षिक बैठक में इंगले मास्टर ने सभा के नियमों का वाचन किया। उन नियमों को सुनकर कर्मवीर ने निर्भयता से कहा, "नीच समझे जानेवालों ने उच्चवर्गियों को सभ्यता का पाठ पढ़ाया, इसमें कुछ निम्नस्तरीय लोगों के सिवा अन्यों को शक भी नहीं होगा।" 17,24 और 31 दिसम्बर, 1905 के 'सुबोध पत्रिका' के अंक में विट्ठल रामजी ने अस्पृश्यों के विकास हेतु मिशन स्थापित करने की आवश्यकता का उल्लेख 'राष्ट्रीय पाप' और 'राष्ट्रीय दुष्कृत्य' आदि तीखे शब्दों में किया है। इन लेखों में ही ईसाई मिशनरियों ने जो कार्य किया, उसका कृतज्ञतापूर्वक उल्लेख करते हुए यह भी कहा है, "अपनी बढ़ती राष्ट्रीय एकता में एक अस्वस्थता निर्माण करनेवाली परकीय इकाई रही, उस पर यथार्थ रूप में गौर करना होगा।" इसे डॉ. पवार स्पष्ट करते हैं। 'इस मिशन केवल परकीय होने से काम नहीं चलेगा बल्कि वह देशी होना चाहिए। इस मिशन ने अचानक क्रान्ति न कर अपना धर्म, परम्परा और सामाजिक जीवन—इनमें क्रान्ति नहीं तो विकास कर दिखाना चाहिए, ऐसी भूमिका कर्मवीर ने ली।" ऐसा प्रतिपादन इन लेखों के आधार पर डॉ. पवार करते हैं।

कर्मवीर विट्ठल रामजी शिंदे ने अपना निश्चय संस्था के रूप में साकार किया। 18 अक्टूबर, 1906 में उन्होंने 'भारतीय निराश्रित सहायकारी मंडली' (डिप्रेस्ड क्लासेज मिशन सोसाइटी ऑफ इंडिया) नामक अखिल भारतीय स्तर पर अस्पृश्योद्धार का कार्य करनेवाली संस्था स्थापित की। इसके अध्यक्ष सर नारायण चन्दावरकर तो वे स्वयं जनरल सेक्रेटरी बने। मिशन के प्रथम पारितोषिक वितरण समारोह में सयाजीराव महाराज का गौरव केवल महार जाति द्वारा ही होगा तथा अन्य अस्पृश्य जातियों का उसमें सहभाग न हो, ऐसा दबाव कर्मवीर पर आया। मानपत्र सम्मिलित रूप में दिया जाए, ऐसी भूमिका उन्होंने व्यक्त की। आमतौर पर "उनके लिए काम करने में भी वरिष्ठ वर्ग को कठिनाइयों से गुजरना पड़ेगा।" इस प्रकार की अपनी भूमिका उन्होंने व्यक्त की है। 'मिशन का कार्य यह व्यापक धरातल पर तथा जाति निरपेक्ष रूप में होना आवश्यक है, यह शिंदे का ठोस आग्रह था।' ऐसी राय डॉ. पवार इस सन्दर्भ में देते हैं।

कर्मवीर ने 1907 के दिसम्बर में सूरत में सम्पन्न राष्ट्रीय सभा के अधिवेशन से ही 'अस्पृश्यता उन्मूलन परिषद्' का अधिवेशन आरम्भ किया। इस सन्दर्भ में इस कार्य को लेकर राष्ट्रीय स्तर पर उचित दृष्टिकोण कैसे विकसित होता गया, इसका भी विस्तृत परामर्श डॉ. पवार ने लिया है।

विट्ठल रामजी ने इसी वर्ष देवदासी प्रथा के प्रतिबन्ध में पश्चिम हिन्दुस्तान की लड़कियों की रक्षा करनेवाली संस्था स्थापित की। सन् 1908 में श्रीमन्त सयाजीराव गायकवाड़ की अध्यक्षता में बड़ौदा में लक्ष्मी विलास पैलेस में अस्पृश्य वर्ग की स्थिति को लेकर कर्मवीर का ओजस्वी व्याख्यान हुआ। 'बहिष्कृत भारत' नामक शीर्षक से पुस्तिका रूप में तथा 'सुबोध पत्रिका' में भी यह व्याख्यान प्रकाशित हुआ, किन्तु यह काल कर्मवीर के पारिवारिक संघर्ष तथा कठिन परीक्षा का रहा। उनकी चन्द्राबाई नामक बहन की सन् 1907 में तपेदिक से मृत्यु हुई। सन् 1910 को ही उनका प्रार्थना समाज के वेतनधारी प्रचारक के रूप में होनेवाला सम्बन्ध दिल को ठेस पहुँचाकर टूट गया। उदर-पोषण का जो कुछ अपर्याप्त साधन था, वह भी छूट गया। परिवारजन रोग से ग्रस्त हुए। शिंदे परेशान हो गए, किन्तु वे अपना सार्वजनिक कार्य कैसे निश्चय से बढ़ाते गए, यह हम आगे देखेंगे।

इस सन्दर्भ में डॉ. गो.मा. पवार ने 'मुम्बई प्रार्थना समाज से अलगाव' यह एक स्वतंत्र अध्याय ही लिखा है। यह दीर्घ अध्याय महाराष्ट्र का आधुनिक इतिहास समझने के लिए महत्त्वपूर्ण है। मिशन का कार्य करते समय यह दूरी बढ़ती गई और इसका अन्त सम्बन्ध टूटने में हुआ। आगामी वर्षों में तो मुम्बई प्रार्थना समाज ने शिंदे की खबर लेना ही बन्द किया। डॉ. पवार कहते हैं कि यह घटना शिंदे ने बड़े धीरज से सही। इसकी दो वजहें हो सकती हैं। एक यह कि ईश्वरीय सत्ता पर उनका होनेवाला अटल विश्वास और दूसरी हम अस्पृश्यता उन्मूलन का जो कार्य करते हैं, वह भी ईश्वरीय कार्य है। यह धार्मिक कार्य ही है, ऐसी उनकी दृढ़ श्रद्धा रही। कर्मवीर की सत्यनिष्ठता, उदात्तता,

स्वाभिमान, निर्भीकता और कृतिनिष्ठता तथा साहस इस संघर्ष के कारण दिखाई दिया। दूरी बन जाने का एक कारण मुख्यतः मुम्बई प्रार्थना समाज की मंडली का सामाजिक रवैया और उनकी कार्य पद्धति में मिलता है। शिंदे ने अस्पृश्यों के विकास कार्य में जो उत्साह और साहस दिखाया तथा उस कार्य में स्वयं को समर्पित किया, यह समाज की मंडली को रास न आया। इस सन्दर्भ में न्यायमूर्ति रानडे जैसे लोकोत्तर पुरुष की सामाजिक विकास सम्बन्धी क्या मानसिकता रही, यह देखें तो प्रार्थना समाज के दृष्टिकोण की हमें कल्पना आती है। ऐसा कहकर डॉ. पवार पुणे प्रार्थना समाज के प्रारम्भिक काल में हुई संगोष्ठी का वृत्तान्त ही प्रस्तुत करते हैं। इससे इस प्रश्न पर प्रकाश पड़ता है। रावबहादुर रानडे के मतानुसार "जब तक अनेकों की समझ अपनी समझ से निराली है, तब-तक अपनी समझ के अनुसार आचरण करना उचित नहीं।" इससे विरुद्ध शिंदे का छात्रावस्था से ही कथनी और करनी में मेल एवं एकता ऐसा हमेशा कृतियुक्त सत्याग्रही आग्रह होता। इसी कारण कर्मवीर क्रोधित होते थे। जाति भेद के सम्बन्ध में अन्य सुधारक और प्रार्थना समाजीय, इनमें भेद करना शिंदे को मंजूर नहीं था।

शिंदे की कुछ स्नेही मंडली को भी उनका यह रवैया पसन्द नहीं था। इनमें से एक थे ब्राह्मण बापु कोरेगाँवकर। कोरेगाँवकर का दृष्टिकोण समाज में स्थित सदस्यों का प्रातिनिधिक दृष्टिकोण कहना होगा। प्रचारक का कार्य मुख्यतः धर्म-प्रचार और समाज का आनुष्ठानिक कार्य करना है। मिशन का समाजपयोगी कार्य करने को कोरेगाँवकर दोयम स्थान देते। शिंदे की राय से धार्मिक कार्य और अस्पृश्यता उन्मूलन कार्य, इसमें अन्तर नहीं था। कोरेगाँवकर ने शिंदे को लिखे खत में यह मुद्दा भी उठाया कि धर्म विषयक कार्य से ही मिशन का कार्य करने हेतु लोग आगे बढ़ेंगे। इस विषय में डॉ. गो.मा. पवार ने यथार्थ स्थिति बेबाकी से प्रस्तुत की है। प्रार्थना समाज के चालीस वर्ष के इतिहास में इस प्रकार का कार्य करने कोई व्यक्ति आगे न आया। महत्त्वपूर्ण बात यह कि सफेदपोश मानसिकता के सामाजिक सदस्यों के दिल में अस्पृश्यों की समस्या के सम्बन्ध में हमदर्दी ही नहीं थी। शिंदे के समाज से बाहर होने पर भी समाज से इस प्रकार का कार्य करनेवाली कोई व्यक्ति आगे न आया। यह मुद्दा डॉ. पवार ठोस रूप में प्रस्तुत करते हैं। मिशन स्थापित होते ही वह किसके नियंत्रण में रहे, इस सम्बन्ध में प्रश्न उपस्थित हुआ। तद्नन्तर सालभर में उठा विवाद सन् 1910 में तीव्र बना। प्रार्थना समाज के प्रथम प्रचारक के सुपुत्र डॉ. माधव केलकर ने तब तक मुम्बई समाज के तीनों मिशनरियों को समाज की कमेटी के सामने झुकना पड़ा, यह स्पष्ट किया।

कर्मवीर और प्रार्थना समाज में दूरी बनने का दूसरा कारण था—शिंदे की राजनीतिक भूमिका। समाजीय मंडली सभ्य, सफेदपोश तथा बहुसंख्य रूप में ब्रिटिशों के विचारों की कायल थी। लोकमान्य तिलक के मद्यपान निषेध आन्दोलन में सहभाग होने से उन्हें छह वर्षों की सजा होने पर शिंदे ने साप्ताहिक उपासना में तिलक के लिए की हुई प्रार्थना, नासिक के जिलाधीश जैक्सन की हत्या के बाद मिशन सम्बन्धी उठा सन्देह का भूत, इसी सन्दर्भ में खुद चन्दावरकर का शिंदे के प्रति खफा होना, शिंदे के कार्य का बढ़ता हुआ बोलबाला—इससे समाज की उनसे दूरी बढ़ती गई। ऐसी अवस्था में कर्मवीर ने एक लोकोत्तर, सत्याग्रही भूमिका ली। शिंदे स्पष्ट कहते हैं, "सामाजिक कार्य मैंने अपना आध्यात्मिक कार्य सोचकर स्वीकार किया था। किसी नौकरी जैसा लिखित रूप में इस्तीफा देकर उससे अपना पिंड छुड़ाना मुझे उचित नहीं लगा। जिस नौकरी के लिए मैंने अर्जी ही नहीं की थी, उसकी इतिश्री कैसी होगी?" डॉ. पवार बताते हैं कि इससे मुक्त होने का एक ही मार्ग उन्हें दिखाई देने लगा, वह यह कि समाज़ द्वारा मिलनेवाला अल्प वेतन लेना बन्द करें, परन्तु समाज की सेवा न छोड़ें। अन्ततः मुम्बई प्रार्थना समाज की कमेटी ने नवम्बर, 1910 में प्रस्ताव पारित कर शिंदे को प्रचारक के पद से हटा दिया।

सन् 1912 में कर्मवीर ने धर्म-प्रचारार्थ लिखे लेख व्याख्यान आदि को संकलित कर 'विट्ठल रामजी शिंदे के लेख, व्याख्यान और उपदेश' नामक पुस्तक बी.बी. केसकर ने सम्पादित की। इसी वर्ष 'भारतीय निराश्रित सहायकारी मंडली' का मुम्बई स्थित कार्यालय शिंदे ने पुणे में स्थापित किया। इसी वर्ष उन्होंने पुणे में मिशन की महाराष्ट्र परिषद् सफलता से आयोजित की। तकरीबन 400 स्पृश्य-अस्पृश्य जाति के नेतागण व प्रतिनिधियों का सहभोज हुआ। इस समय ब्राह्मण बावर्चियों ने काम बन्द आन्दोलन किया, तब मेहमान मंडली में से ब्राह्मण औरतों ने और स्वागत कमेटी के अस्पृश्य सदस्यों की स्त्रियों ने खाना बनाया। इस प्रसंग से पुणे की सुधार और सनातन-वृत्ति—इन दो प्रवृत्तियों का विशेष दर्शन हुआ, यह स्पष्ट करने को डॉ. पवार भूलते नहीं है। इसी परिषद् में उपस्थित महार मंडली मातंग समाज के साथ खाना खाने हेतु तैयार न थी। तब महार जाति की पार्वतीबाई जाधव ने स्पष्ट विचार प्रस्तुत कर इस प्रश्न का

समाधान किया। सन् 1913 के आरम्भ में कर्मवीर पूरे परिवार के साथ पुणे में बस गए। इस प्रकार उनके जीवन का तीसरा पर्व आरम्भ हुआ। यह समय सन् 1913 से 1923 तक का है।

इस पर्व में कर्मवीर का कर्तृत्व साधारणत: अस्पृश्यता उन्मूलन तथा उस सन्दर्भ में प्रधानत: भारतीय निराश्रित सहयोगी मंडली का कार्य, मराठा समाज के सामाजिक, सांस्कृतिक एवं राजनीतिक जागरण का कार्य और समग्र परिवर्तन हेतु अत्यावश्यक होनेवाली कुछ माँगें और आन्दोलन इनके इर्द-गिर्द केन्द्रित हुआ था, ऐसा कह सकते हैं। उसमें से प्रथम कार्य के सन्दर्भ में अक्टूबर, 1912 से 1914 इस काल में शिंदे ने अहिल्याश्रम की पूर्व तैयारी की। यह सात एकड़ की जमीन चुनने का महत्त्वपूर्ण कारण था। महात्मा फुले ने यही जगह अस्पृश्यों के लिए पाठशाला खोलने हेतु अपनी संस्था के लिए सरकार से ली थी, परन्तु बाद में वह जमीन सरकार की ओर से नगर निगम को सौंप दी। इस जगह की ऐतिहासिक परम्परा थी। उपर्युक्त परिषद् के निमित्त से मातंग लोगों के लिए एक खेतीहर देहात बसाने का अभूतपूर्व प्रयोग करने की कल्पना शिंदे के मन में आई। कड़ी धूप में निरीक्षण करते-करते आज के सांगली जिले के कुपवाड़ स्थित वन विभाग की हल चलाने योग्य बंजर जमीन चुन ली। यह गाँव कृषि-औद्योगिक स्वरूप का सिद्ध होता, परन्तु इसी समय प्रथम महायुद्ध का संकट आया। कर्मवीर, विट्ठल नामदेव काले और डॉ. मैन—इनके द्वारा इस सन्दर्भ में की तैयारी का लाभ सरकार को ही हुआ। सिपाहियों के परिवारजनों की मदद के नाम तथा तद्नन्तर वहाँ के कुछ हिस्से पर आज के विलिंग्डन कॉलेज की नींव डालने हेतु यह जमीन हाथ से निकल गई। "शान्त चित्त से सोचकर पाठक ही जो समझना है, वह समझ ले।" ऐसा कुछ हताश, किन्तु उतना ही विचार को गति देनेवाला वक्तव्य इस सम्बन्ध में शिंदे ने लिखा है। शिंदे ने अतीव विषाद एवं संयम से यह कहा है, "क्या कहें, यह कल्पना सच्चाई में उतरती तो अस्पृश्यों के भविष्य को अलग मोड़ मिलता।" ऐसी मार्मिक राय डॉ. गो.मा. पवार व्यक्त करते हैं। इस वजह से मुझे तो उन्नीसवीं शताब्दी में बिलकुल अलग सन्दर्भ में रॉबर्ट ओवेन ने बसाई इसी प्रकार की बस्ती के प्रयोग की याद आती है।

सन् 1913 से 1923 इस दशक में विट्ठल रामजी शिंदे ने अस्पृश्यता उन्मूलन कार्य में एड़ी-चोटी दाँव पर लगाई। सन् 1916 में अस्पृश्यों से सम्बन्धित जानकारी इकट्ठा करने का प्रारम्भ हिन्दुस्तान सरकार ने किया। इस सम्बन्ध में केन्द्रीय सरकार ने मिशन को खत भेजा। डॉ. गो.मा. पवार कहते हैं कि सरकार ने मिशन के कार्य को इस प्रकार से मान्यता दी थी। मिशन के निवेदन में अस्पृश्यों के लिए शिक्षा, औद्योगिक व नैतिक शिक्षा का प्रबन्ध कर उनके समग्र विकास हेतु अपने प्रयास कैसे चल रहे हैं, इसकी प्रथमत: जानकारी दी थी। तत्पश्चात् कई प्रकार की मौलिक सूचनाएँ की हैं। कुछ सूचनाएँ तो क्रान्तिकारी हैं तथा आज के सन्दर्भ में विस्फोटक है, ऐसा मुझे लगता है जैसे कि इस वर्ग के लिए सहकारी बचत बैंक का निर्माण। यह दूरदर्शिता की माँग विट्ठल रामजी ने मिशन के निवेदन में आग्रह से अन्तर्भूत की थी। इस निवेदन से शिंदे की अस्पृश्य वर्ग के प्रश्नों की समग्र और गहरी आकलन शक्ति का पता चलता है, ऐसा डॉ. पवार कहते हैं, जो बिलकुल सही है।

सन् 1917-18 में शिंदे की प्रेरणा से दो प्रमुख घटनाएँ घटित हुईं। सन् 1917 में ऐनी बेसेंट की अध्यक्षता में कोलकाता में सम्पन्न राष्ट्रीय सभा के अधिवेशन में उन्हीं के मार्गदर्शन से अस्पृश्यता उन्मूलन का प्रस्ताव मंजूर हुआ। यह पहली घटना अस्पृश्यता उन्मूलन कार्य में राष्ट्रीय सभा के बाद तीन महीनों में ही अर्थात् मार्च, 1918 में कर्मवीर के मार्गदर्शन से श्रीमन्त सयाजीराव गायकवाड़ की अध्यक्षता में मुम्बई में पहली 'अखिल भारतीय अस्पृश्यता उन्मूलन परिषद्' में सम्पन्न हुई। यह इस वर्ष 1917-18 की शिंदे के जीवन की दूसरी महत्त्वपूर्ण घटना है। इस परिषद् की अतीव रोचक व सर्वस्पर्शी जानकारी डॉ. गो.मा. पवार ने प्रस्तुत की है। उन्हीं के शब्दों में कहना हो तो "उधारी वसूलने आए साहूकार जैसे जिद पर उतर आने के कारण लोकमान्य तिलक की एक न चली और उन्हें परिषद् में शामिल होना ही पड़ा। उनका भाषण इस परिषद् के लिए उत्सुकता एवं आकर्षण का हिस्सा था। वाकई वह भाषण ऐतिहासिक महत्त्व का रहा। "मात्र केसरीकर्ता के रूप में नहीं, तो केवल तिलक के रूप में मैं परिषद् में आऊँगा", ऐसा बताना तिलक भूले नहीं थे। परिषद् में पहले से निश्चित एक घोषणा-पत्र तैयार कर उस पर हर प्रान्त के नेताओं के हस्ताक्षर प्राप्त करने की जिम्मेदारी शिंदे को सौंपी थी। इस सन्दर्भ में सबसे विसंगत बात लोकमान्य तिलक के बारे में हुई। उनकी प्रत्यक्ष मुलाकात के दौरान उनके हस्ताक्षर लेने का शिंदे का प्रयास सफल न हो पाया। परिषद् का एक पंक्ति का तक वृत्तान्त 'केसरी' में प्रकाशित नहीं हुआ। फिर भी सभी प्रान्तों से तकरीबन तीन सौ से ज्यादा महत्त्वपूर्ण नेताओं के हस्ताक्षर घोषणा-पत्र के लिए प्राप्त हुए थे, यह विशेष।"

तिलक के विचार का दूसरा पक्ष कुछ समय के बाद लोणावला में पुणे जिला राजकीय परिषद् में दिखाई दिया। यह बात अग्रक्रम से डॉ. पवार शब्दांकित करते हैं। उसी दौरान तिलक की द्विधा भूमिका के सन्दर्भ में शिंदे की सम्यक्, निग्रही एवं स्पष्ट भूमिका वे स्पष्ट करते हैं। इस परिषद् में तिलक ने शंकरराव लवाटे की धर्म विषयक वजह को दुर्लक्षित कर उन्होंने शिंदे की सत्याग्रही भूमिका का पक्ष लेते हुए अस्पृश्यता उन्मूलन का प्रस्ताव स्वराज्य के प्रस्ताव जैसा ही एकमत से पारित करवाया। यह अतीव कठिन कार्य शिंदे ने ही किया, ऐसा ही कहना पड़ेगा। डॉ. पवार का ऐसा कहना यथार्थ ही है। मुम्बई में हुई उपर्युक्त परिषद् के सन्दर्भ में डॉ. पवार और एक बात का जिक्र करते हैं, वह है—ब्राह्मणेतर पक्ष के नेता वालचन्द कोठारी ने कुछ मात्रा में अनपेक्षित लगेगी, ऐसी ली हुई आलोचक की भूमिका। आगे भी ब्राह्मणेतर पक्ष की भूमिका अस्पृश्यता उन्मूलन कार्य में सन्दिग्ध ही दिखाई देती है। यह बात भी डॉ. पवार इस निमित्त से स्पष्ट करते हैं। इस ग्रंथ में अन्तर्भूत 'अस्पृश्यता उन्मूलन परिषद्'—यह अध्याय डॉ. पवार की सर्वांगीण एवं सन्तुलित प्रस्तुति को फिर एक बार सिद्ध करता है।

27 जनवरी, 1919 में विट्ठल रामजी शिंदे की साऊथबरो कमेटी के सम्मुख गवाही हुई। उसी दिन डॉ. बाबासाहब आंबेडकर ने भी गवाही दी। इस सन्दर्भ में शिंदे की गवाही आज तक विवाद का कारण रही है। स्वयं डॉ. आंबेडकर ने इस सन्दर्भ में मिशन की कथित भूमिका सम्बन्धी अपनी गवाही में गम्भीर आक्षेप व्यक्त किए थे। डॉ. गो.मा. पवार इस विषय में शिंदे ने दिया लिखित निवेदन एवं प्रत्यक्ष कमेटी के सम्मुख दी गवाही ब्योरेवार तथा बारीकी से प्रस्तुत करते हैं। कमेटी वृत्तान्त में गवाही दिए व्यक्तियों का मत भी अन्तर्भूत होता है। पूछा गया प्रश्न उसमें अन्तर्भूत नहीं होता, यह बात वे सामने लाते हैं।

शिंदे की इस सन्दर्भ में ली भूमिका अस्पृश्य वर्ग के हित की रक्षा करनेवाली और राजनीतिक वातावरण एवं यर्थार्थता का एहसास दिलानेवाली थी। शिंदे और आंबेडकर, इन दोनों की गवाही में अन्तर नहीं तो समानता ही दिखाई देती है। साथ ही, कुछेक बातों में सरकार की भूमिका पहले से ही तय थी तथा कमेटी की अन्तिम सिफारिश पर सरकार की भूमिका का प्रभाव दिखाई देता है। केवल अस्पृश्यों के प्रश्नों के सम्बन्ध में इस कारण उठे विवाद से अस्पृश्य व सवर्ण समाज मन से करीब आने की प्रक्रिया में बाधा निर्मित हुई। शिंदे पर आलोचना करनेवाले अस्पृश्यवर्गीय नेताओं ने सरकार के इस निर्णय की कोई आलोचना नहीं की। यह बात जैसी आश्चर्यजनक वैसे ही शिंदे की आलोचना करनेवालों के हेतु पर यथार्थपरक रूप से प्रकाश डालनेवाले कहनी पड़ेगी। ऐसी राय अपने निष्कर्ष में डॉ. गो.मा. पवार प्रस्तुत अध्याय में यथास्थान प्रकट करते हैं। अस्पृश्यों की दुर्गत ध्यान में रख शिंदे ने अपनी भूमिका छोड़ अस्पृश्यों के लिए स्वतंत्र जातिपरक संघ की आग्रह से माँग की, इस बात को डॉ. पवार रेखांकित करते हैं।

विट्ठल रामजी शिंदे की साऊथबरो कमेटी के सम्मुख हुई गवाही के सन्दर्भ में जो गलतफहमी सन् 1919 के आरम्भ में निर्माण हुई, वह आज भी कायम है। यह बात वैयक्तिक रूप में शिंदे पर अन्याय करनेवाली एवं दुर्दैवी है। उसी प्रकार सामाजिक इतिहास यथार्थ रूप में समझने में बाधा डालनेवाली है, ऐसा डॉ. पवार को लगता है। अत: इस गलतफहमी की जड़ की खोजकर उसकी विस्तार से छानबीन वे अगले अध्याय में प्रस्तुत करते हैं। डॉ. बाबासाहब आंबेडकर के मिशन सम्बधी आक्षेप 'शायद केवल सुनी जानकारी' के कारण लिए होंगे, इसलिए उनकी इस सम्बन्ध में आलोचना पूर्णत: निराधार थी और उन्होंने लिए आक्षेप एक प्रकार की आशंका के कारण लिए होंगे, ऐसा डॉ. पवार को लगता है। डॉ. आंबेडकर की आशंका का मूल, अस्पृश्यता व जाति उन्मूलन, इस प्रश्न से जुड़ी अस्पृश्यों की राजनीति अस्पृश्य नेतृत्व में हो, ऐसी उनकी धारणा होना स्वाभाविक था। इस प्रकार अपना अभिप्राय डॉ. पवार प्रस्तुत करते हैं। इस बात को समझाने के लिए डॉ. पवार ने चां.भ. खैरमोड़े के डॉ. आंबेडकर चरित्र के प्रथम खंड से तथा डॉ. धनंजय कीर के डॉ. आंबेडकर चरित्र से विस्तृत परिच्छेद प्रस्तुत किए हैं। शिंदे के बारे में जो विपरीत चित्र प्रस्तुत किया; यह बात किसी को न्यायपूर्ण नहीं लगेगी, ऐसा अपना विशुद्ध मत वे व्यक्त करते हैं।

डॉ. पवार ने इसके बाद शिंदे पर उस काल में 'मूकनायक' में की आलोचना का विवेचन किया है। शिंदे की उपरोक्त गवाही को लेकर अभी गलतफहमी कायम है, ऐसा उन्हें लगता है। इसीलिए डॉ. धनंजय कीर, डॉ. पानतावणे, रा.ना. चव्हाण और सन्दानन्द मोरे जैसे विद्वानों के मत उन्होंने प्रस्तुत किए हैं, किन्तु डॉ. नागनाथ

कोत्तापल्ले ने अपने सन् 1995 में लिखे आलेख में शिंदे और आंबेडकर की गवाही का तुलनात्मक विचार कर दोनों की भूमिका में अधिक अन्तर नहीं है, ऐसा स्पष्ट निष्कर्ष प्रस्तुत किया है। वैसे ही सन् 1999 में लिखे अपने ग्रंथ में एडवोकेट पी.के. चौगुले-पारगाँवकर ने डॉ. आंबेडकर ने की शिंदे की आलोचना को लेकर उठाए आक्षेप भी दर्ज किए हैं।

शिंदे-आंबेडकर विवाद सम्बन्धी अपना मत प्रस्तुत न कर आगे बढ़ना मुझे उचित नहीं लगता। मेरी समझ के अनुसार अस्पृश्यों का प्रतिनिधित्व अस्पृश्य ही कर सकते हैं, यह मुद्दा तत्कालीन राजनीति में डॉ. आंबेडकर को तात्विक रूप से एवं व्यवहार्य रूप में विस्फोटक बनाना था। स्पष्ट परिस्थिति में उन्हें यह बात दलितों की सर्वोच्च, समग्र तथा राजकीय आवश्यकता लगती थी। दलित मुक्ति एवं जाति उन्मूलन इनके एकाकार हुए तत्त्व और रणनीति इनके सन्दर्भ में डॉ. आंबेडकर की भूमिका समर्थनीय तथा यथोचित ही थी। इतिहास-क्रम की इस परम्परा के कारण शिंदे बुरी तरह फँसे। इतिहास को गढ़नेवाली परस्पर प्रतिस्पर्धी शक्तियों के उदयास्त के सार्वजनिक निर्दयी खेल में कई बार इतिहास ज्ञानी व त्यागी व्यक्तियों को भी कीमत चुकाने को मजबूर करता है। विकास का इतिहास-क्रम ऐसा ही कठोर, व्यक्ति निरपेक्ष पद्धति से आगे बढ़ता जाता है। प्रश्न तत्कालीन नायकों पर हुए व्यक्तिगत न्याय-अन्याय का अथवा निर्गुण-निराकार स्तर से मूल्यांकन करने का नहीं होता, किन्तु सही जिम्मेदारी होती है आगामी पीढ़ियों की। उन्होंने ज्वलन्त समस्याओं को लाँघने की ऊर्जा इतिहास मंथन से प्राप्त करते समय पूर्वपीढ़ी के अन्तर्विरोधों के स्वरूप को समग्रता से जान लेना चाहिए तथा कालबाह्य ग्रह-पूर्वग्रहों पर जान-बूझकर रोक लगानी चाहिए अन्यथा उन्हीं का नुकसान होता रहेगा, पूर्वपीढ़ियों का नहीं। ऐसी भविष्योन्मुख क्रान्तिशील समझदारी की भूमिका ही विट्ठल रामजी शिंदे को बहिष्कृत न बनाकर उनका यथोचित सम्मान करती रहेगी, इसमें सन्देह नहीं।

सन् 1906 से शुरू हुए मिशन के कार्य का विस्तार इस काल में भी शिंदे करते रहे। एक ओर शिरोल, कुरुंदवाड़, बेलगाँव, हुबली, गोकाक इस क्षेत्र में, तो दूसरी ओर नागपुर और उससे भी आगे मध्य प्रान्त के हिन्दी जिलों का उन्होंने दौरा किया तथा संस्थाओं की नींव डाली।

सन् 1921 के मार्च तक अकाल की आपत्ति से उबारने के लिए मातंग लोगों को सभी प्रकार की मदद करने का कार्य पूर्ण हुआ तो प्रथम महायुद्ध के कारण दुर्लक्षित रही अहल्याश्रम की इमारत बनवाने का कार्य कर्मवीर ने आरम्भ किया, किन्तु मिशन के कार्य को स्थायी रूप प्राप्त होते समय सन् 1921 में 'मूकनायक' के प्रत्येक अंक से शिंदे पर 'अतीव निर्दयी' हमला होने लगा। स्वाभाविकता से उन्हें बड़ा दुख हुआ। वे स्वयं कहते हैं कि "जिनके लिए मैंने अपनी और परिवार की चिन्ता न की, वे ही मुझ पर असन्तुष्ट थे। वजह क्या? तो अब बड़ी-बड़ी इमारतें बनने लगी थी।" अहल्याश्रम का शिलान्यास 5 सितम्बर, 1921 को हुआ। उसी समय मिशन का कारोबार प्रमुखत: अस्पृश्यवर्गीय मंडली पर सौंप देने की महत्त्वपूर्ण घोषणा शिंदे ने की। फिर भी अस्पृश्यवर्गियों के विरोध के कारण ही मुम्बई स्थित मिशन की 'मातृसंस्था' और शिंदे इनके बीच अबोला उत्पन्न हुआ। प्रार्थना समाज तथा मिशन इनके कुछ सहकारी शिंदे पर खफा थे क्योंकि तिलक, मदनमोहन मालवीय आदि को कर्मवीर ने मार्च, 1918 की परिषद् में आमंत्रित किया था। उसी प्रकार उन्होंने मिशन के कार्यकारी मंडल पर उग्र मतवादी कांग्रेसी मंडली चुनकर आने दी अथवा ली। प्रत्यक्ष रूप में तिलक, गांधी और शिंदे के मतानुसार अस्पृश्यवर्गियों को सरकारी रियासतों की आवश्यकता होने के कारण मिशन को राजनीति में न खींचे, ऐसा ही मत था। प्रार्थना समाज की नेता मंडली ब्रिटिशों की नीति की कायल होने के कारण काफी भावुक बन गई थी, यह बात स्पष्ट है।

ऐसी अवस्था में कर्मवीर ने 29 मार्च, 1923 को समाचार-पत्र में एक जाहिर निवेदन दिया। मिशन की नियमावली बदलकर मिशन अस्पृश्यों को सौंपने का निर्णय उन्होंने इस निवेदन में व्यक्त किया। मूलत: पाँच मराठा, तीन ब्राह्मण व एक मुसलमान प्रार्थना समाजवादी ऐसे ब्राह्मधर्मीय सात पुरुषों और दो महिलाओं ने जाति भेद छोड़ अस्पृश्य बस्ती में सपरिवार रहकर कार्यारम्भ किया था। अब अस्पृश्यों की ओर मिशन की जिम्मेदारी सौंपने जैसी इतनी उन्नति हुई थी। इस निवेदन के कारण शिवराम जानबा कांबले तथा उनके अन्य महार, मातंग, रोहिदास समाज के मिशन अन्तर्गत सहयोगियों के मन में होनेवाली आशंका दूर हुई। उन्होंने ही जाहिर रूप में शिंदे का पक्ष लिया।

अपने वचन का पालन करते हुए कर्मवीर ने सन् 1923 में मिशन अस्पृश्य वर्ग के हाथ में सौंप दी तथा वे मिशन के कार्य से मुक्त हो गए। अपनी और जना बहन की अल्प वेतन की नौकरी भी उन्होंने छोड़ दी। उदर-भरण का नियमित कोई साधन अब न रहा था। स्वनिर्मित मिशन द्वारा और स्वनिर्मित धन से ही निवृत्ति वेतन लेना, यह विचार भी

शिंदे को असहनीय लगा, यह बात डॉ. गो.मा. पवार जान-बूझकर बताते हैं। "हम फिर एक बार निराधार बन गए।" ऐसे उद्‌गार कर्मवीर ने ही दर्ज किए हैं।

फिर भी दुर्भाग्य यह कि मिशन की ही 'मातृसंस्था' की आमसभा ने शिंदे को निष्कासित किया जाए, ऐसा निर्णय नवम्बर 1922 में लिया तथा इसे दो वर्षों तक गुप्त रखा। अतिरेक यह कि 'मातृसंस्था' ने शिंदे के खिलाफ ही दो वर्षों बाद मुकदमा दाखिल किया। सन् 1925 में हाईकोर्ट ने फैसला सुनाया जो शिंदे के पक्ष में था। 'कर्मवीर' नाम को बेवजह कलंक न लगा। जिस संस्था के लिए आजीवन स्वार्थ त्याग किया, उसी संस्था द्वारा शिंदे को गुनहगार समझकर मुकदमा दायर करना, इससे बढ़कर दुर्भाग्य क्या हो सकता है? मिशन सम्बन्धी उपर्युक्त आपदाओं का अपनी ऋषितुल्य वृत्ति एवं अपार क्षमाशीलता के कारण अण्णासाहब साहस के साथ मुकाबला कर पाए। डॉ. पवार का यह निष्कर्ष अचूक एवं संवेदनशील ही है। अस्पृश्यों की समस्याओं के सम्बन्ध में विट्‌ठल रामजी शिंदे ने मिशन द्वारा 'न भूतो न भविष्यति' ऐसा कार्य राष्ट्रीय स्तर पर किया। इसी प्रकार की सन् 1920 के पश्चात् स्थापित संस्थाएँ क्यों असफल हुईं तथा मिशन क्यों सफल हुआ, इसका डॉ. पवार द्वारा किया गया विश्लेषण साधार और मर्मस्पर्शी है। सन् 1920 में महात्मा गांधी के दांडी सत्याग्रह के समय नमक सत्याग्रह करने के पूर्व अस्पृश्यता के विरोध में गांधीजी सत्याग्रह करें, ऐसा आग्रह कर उसके लिए स्वयं सत्याग्रह करनेवाले कर्मवीर के साथी कृष्णराव गोविन्दराव पाताड़े और सूबेदार राघोराम सज्जन घाडगे का कार्य उद्‌बोधक एवं उल्लेखनीय है।

सन् 1913 से 1923 इस जीवन के चौथे पर्व में कर्मवीर ने अस्पृश्यता उन्मूलन तथा उस सन्दर्भ में मिशन के साथ मराठा समाज की सामाजिक, सांस्कृतिक और राजनीतिक जागृति का महती कार्य किया। ऐतिहासिक काल से स्वतंत्रता प्रेमी रहे मराठा समाज को राजनीतिक स्वतंत्रता की स्पृहा नहीं, यह गलतफहमी दूर करना महत्त्वपूर्ण लगने से तथा मराठा समाज और विशेषत: शिक्षित मराठा युवा इनमें राजनीतिक, सामाजिक व सांस्कृतिक संवेदना जाग्रत करने हेतु शिंदे ने इस काल में जो परिश्रम किया, उसका इतिहास डॉ. गो.मा. पवार ने कई अध्यायों में साधार एवं ब्योरेवार प्रस्तुत किया है।

सन् 1911 में स्थापित 'मराठा स्टूडेंट्स ब्रदरहुड' नामक संस्था ने अपने चौथे वार्षिक सम्मेलन में शिंदे को आमंत्रित किया। उसी समय विट्‌ठल रामजी शिंदे ने 'शिक्षित मराठों की नागरिक जिम्मेदारियाँ' नामक विषय को प्रस्तुत कर अपनी भूमिका तथा भविष्य में इस सन्दर्भ में कार्य की प्रस्तावना की थी। यह व्याख्यान केवल मराठा समाज के युवा वर्ग का ही मार्गदर्शक नहीं अपितु सम्पूर्ण युवा पीढ़ी के लिए मार्गदर्शक था। साथ ही, शिंदे का जाति व्यवस्था की ओर देखने का रवैया क्या था? मराठा समाज व अन्य जाति इनमें किस प्रकार के सम्बन्ध उन्हें अभिप्रेत थे, यह ज्ञात होने की दृष्टि से भी प्रस्तुत व्याख्यान महत्त्वपूर्ण था, ऐसा डॉ. गो.मा. पवार का कथन उचित ही है।

यह व्याख्यान आज भी बार-बार पढ़ा जाए इतना महत्त्वपूर्ण है। इस व्याख्यान में 'मराठा' इस शब्द का अन्वय प्रान्त, पेशा, भाषा, पीढ़ी और जाति—इन पाँच विषयों से सम्बन्धित है। मराठों के पतन के अन्तस्थ दो कारण हैं—एकता का अभाव और अपने नागरिक कर्तव्यों से मराठों की दूरी। आज विकल और पिछड़े इतने बड़े जनसमूह के हित सम्बन्ध राष्ट्रीय ही हैं। इसलिए उनकी उन्नति करना महत्त्वपूर्ण राष्ट्रीय कर्तव्य ही है। मराठा समाज के विकास के लिए प्राथमिक शिक्षा का प्रसार करो, बचकाने और झूठे झगड़े में मत उलझो, अपनी रुचि, लक्ष्य और साधनों को ध्यान में रख स्वयं का पथ खोजो, स्वयं से आत्मपरीक्षण के प्रश्न हर समय पूछो, स्त्रियों की शोचनीय अवस्था खत्म करो, सम्पूर्णत: आधुनिक बनो, मराठों के बच्चों जैसे रहन-सहन का चित्रण मराठी साहित्य में लाओ। इतिहास-लेखन की रेखा वक्र एवं सदोष न बने, इसलिए ब्राह्मणों के कन्धे से कन्धा मिलाकर इतिहास लेखन करो। मुख्यत: तलवार से युद्ध का समय बीत गया है। आगे चलकर नैतिक लड़ाई लड़नी होगी, यह जानकर कार्यारम्भ करो आदि मौलिक, सूक्ष्म, प्रेरक और गहरे तथा आत्मीय समाजशास्त्रीय अध्ययन से सिद्ध विचार कर्मवीर ने प्रस्तुत किए। मराठा स्टूडेंट्स ब्रदरहुड ने सन् 1914 में प्रकाशित की, किन्तु आज दुर्लभ बनी व्याख्यान पुस्तिका से यह मैटर प्राप्त कर डॉ. पवार ने प्रस्तुत कर ग्रंथ में चार चाँद लगाए हैं।

पूर्वकाल में दिए इन व्याख्यानों के प्रकाश में ही कर्मवीर ने उपर्युक्त सभी क्षेत्रों में अपूर्व कार्य कर दिखाया, इसमें कोई सन्देह नहीं है। उनके मतानुसार समाज कार्य, राजनीति, अर्थनीति आदि व्यवहार जनता के हित की दृष्टि से अलग-अलग हिस्से नहीं थे। राजा राममोहन राय के सम्बन्ध में उनके अपने आकलन से समग्र रूप में उनकी

भूमिका स्पष्ट होती है। "उनका (राय का) धर्म मतलब केवल एक विचार (मत) अथवा मनोवृत्ति न थी बल्कि साक्षात् जीवन होता और वह जीवन भी सर्वस्पर्शी होता। राजनीति और आर्थिक अभ्युदय, धर्म-सुधार और समाज-सुधार—इन सबके लिए उनका जीना, उनका प्रयास, उनकी मृत्यु भी हुई। इसलिए शिंदे ने अपने जीवन में अलग-अलग काल में आवश्यकतानुरूप जीवन के इन विविध क्षेत्रों में अग्रक्रम से कार्य किया, ऐसा डॉ. पवार कहते हैं।

इसी कारण शिंदे ने कभी राजनीति न छोड़कर सन् 1916-17 तक अपनी राजनीतिक भूमिका जाहिर नहीं की। उन्हें अस्पृश्यता उन्मूलन कार्य के लिए अंग्रेज सरकार, जागीरदार आदि की सहानुभूति आवश्यक लगती होगी, परन्तु सन् 1916-17 के दौरान राजनीतिक दृष्टि से अलग रहने की आवश्यकता उन्हें महसूस न हुई। अब तक हिन्दुस्तान के सामाजिक अन्त:प्रवाहों में काफी उल्टी-सीधी गतिशीलता आई हुई थी। प्रथम विश्वयुद्ध के कारण भारतमंत्री लॉर्ड मांटेग्यू द्वारा ब्रिटिश सरकार को नई रणनीति जाहिर करनी पड़ी। इस प्रकार भारतीय राजनीति का चित्र बदलते ही महाराष्ट्र की राजनीति अलग ही मोड़ लेने लगी। ब्राह्मण वर्ग की बहुजन समाज की ओर देखने की वृत्ति हीनभाव की अपमानजनक थी। वेदोक्त प्रकरण में स्वयं श्रीमन्त शाहू छत्रपति को इसकी कीमत चुकानी पड़ी। इसलिए राजनीतिक स्तर पर राष्ट्रवादी, तो सामाजिक स्तर पर सनातनी ब्राह्मण धर्म का पक्ष लेनेवाले तिलक पंथीय, राजनीति के विरोध में सत्यशोधक शक्ति और अंग्रेजी सत्ता को अनुकूल राजनीति कार्यान्वित होने लगी।

डॉ. गो.मा. पवार के प्रतिपादन के अनुसार, सन् 1905 के दौरान तिलक की जो परम्परावादी भूमिका रही, वह सन् 1916 में न रही। इतना ही नहीं तो मुसलमानों से हाथ मिलाने के लिए उन्होंने 1916 में ही लखनऊ सन्धिपत्र को स्वीकृति दी। ऐसे बदलते माहौल में राष्ट्रीय एकता की आवश्यकता बढ़ गई थी, तब नए से उभर रहा ब्राह्मणेतरवाद एकता के लिए हानिकारक होगा, ऐसा कर्मवीर को लगने लगा। शिंदे को भविष्य की आहट यथार्थता से हुई थी, ऐसा डॉ. पवार कहते हैं। शिवाजी उत्सव का राष्ट्रीय स्वरूप में आयोजन कैसा हो, इस सम्बन्ध में विट्ठल रामजी शिंदे को आमंत्रित किया था। उस समय उन्होंने अपनी राजनीतिक भूमिका स्पष्टत: प्रस्तुत की। उन्होंने प्रस्तुत किए विचारों से ही सन् 1917 में 'मराठा राष्ट्रीय संघ' नामक संस्था स्थापित हुई। इस संघटना द्वारा लखनऊ सन्धिपत्र को अनुमोदन देने के लिए पुणे में कर्मवीर की अध्यक्षता में 8 नवम्बर, 1917 को एक बड़ी सभा का आयोजन हुआ। "स्वतंत्रता की आस सबको समान रूप में है। उसे बार-बार दोहराने का कार्य इस मराठा संघ द्वारा होगा।" इस प्रकार की उद्घोषणा शिंदे ने अपने अध्यक्षीय भाषण में की। इस सभा में बोलते समय "अब हमें पहले वाली स्वतंत्रता नहीं पाश्चात्य ढंग की स्वतंत्रता चाहिए।" ऐसा लोकमान्य तिलक ने स्पष्ट रूप से कहा। मराठा समाज को, ब्राह्मणेतर समाज को राजनीतिक स्वतंत्रता के अनुरूप राष्ट्रीय प्रवाह में लाने की प्रक्रिया विट्ठल रामजी शिंदे के प्रयत्नों से प्रारम्भ हुई, ऐसा सही निष्कर्ष डॉ. पवार प्रस्तुत करते हैं।

परन्तु इस सभा के दिन जेधे मैंशन में मराठा समाज द्वारा एक अलग सभा का आयोजन हुआ। उसमें मराठा राष्ट्रीय संघ की भूमिका को कड़ा विरोध किया गया। इन दो सभाओं के कारण मराठा समाज में 'राष्ट्रीय मराठा' नाम से दो गुट, दो पक्ष बन गए। पहला पक्ष कांग्रेस में तथा दूसरा पक्ष ब्राह्मणेतर पक्ष में समाविष्ट हुआ। भविष्य में गोविन्द कृष्णाजी बोत्रे, त्रिम्बक हरी आवटे तथा विशेषत: केशवराव जेधे जैसे कर्तृत्ववान मराठा नेता कांग्रेस की ओर झुके। इसके लिए कर्मवीर का यह मराठा राष्ट्रीय संघ ही जिम्मेदार ठहरा।

नवम्बर 1920 में सरकारी योजना के अनुसार चुनाव होंगे, ऐसा ऐलान हुआ। इस योजना में आरक्षित तथा आम निर्वाचन क्षेत्र थे। विट्ठल रामजी शिंदे और भगवन्तराव पालेकर, इनकी भूमिका पहले से ही मराठा जाति के लिए स्वतंत्र अथवा आरक्षित जगह न हो, ऐसी थी। इस समय जेधे मैंशन में हमेशा एक-दूसरे पर नुक्ताचीनी करनेवाले, एक-दूसरे का विरोध करनेवाले मराठा राष्ट्रीय संघ और अ.भा. मराठा लीग, इन्होंने एकत्रित रूप में सभा आयोजित की। दोनों पक्षों की मंडली ने आग्रह किया, किन्तु शिंदे ने "मैं आरक्षित जगह पर खड़ा नहीं रहूँगा, मैं उसमें अन्तर्भूत जातिवाचक तत्त्वों के खिलाफ हूँ।" ऐसा दृढ़ता से कहा, लेकिन पुणे शहर की आम जगह के लिए सभी पक्षों ने मिलकर हाथ बढ़ाया तो चुनाव के लिए खड़ा रहने का फैसला किया। इस सन्दर्भ में अपना दृष्टिकोण विशद करने हेतु उन्होंने सितम्बर, 1920 को 'बहुजन पक्ष' नाम से अपना घोषणा-पत्र प्रकाशित किया।

इस घोषणा-पत्र की अलग पुस्तिका बनवाकर वह सर्वपरिचित हो, इतनी उसमें मौलिक विशेषताएँ हैं। वर्तमानकाल के सन्दर्भ में वह काल कवलित नहीं हुआ, अपितु अधिक वस्तुनिष्ठ तथा पथदर्शक बना है, यह

मेरी अपनी राय है। विट्ठल रामजी शिंदे की ऐतिहासिक दृष्टि की परिसीमा तथा गहराई उससे प्रकट होती है। वे वाकई क्रान्तिदर्शी समाज-सुधारक थे। घोषणा-पत्र कहता है कि आज के उग्रवादी अथवा नरम दल या राष्ट्रीय व प्रागतिक पक्ष केवल कार्यपद्धति की नींव पर ही टिके हैं। वे तात्विक भेदों पर खड़े नही हैं, परन्तु आगामी राजनीति में आजकल नए पक्षों के पुनर्गठन होने की सम्भावना है। उनमें से बहुजन पक्ष गठन की सम्भावना ही नहीं तो महत्त्व और आवश्यकता भी है।

इसके बाद कर्मवीर ने और एक मौलिक विचार प्रस्तुत किया, वह इस प्रकार है—हिन्दुस्तान की कुल जनसंख्या के केवल राजनीति की दृष्टि से दो मुख्य एवं स्पष्ट विभाग है। एक विद्याबल, द्रव्यबल या अधिकार बल से विकसित वर्ग और दूसरा, इसमें कोई से भी बल न होने के कारण पिछड़ा हुआ वर्ग अथवा बहुजन समाज। इस दूसरे वर्ग में ही तिरस्कृत ऐसे 'अस्पृश्य' वर्ग का समावेश होता है। राजनीतिक सुधार की पौ फटते ही इन दो गुटों में कड़ा विरोध दृश्यमान होने लगा। इस विरोध से बहुजन समाज अथवा पिछड़े वर्ग का तकरीबन एक नया पक्ष ही बन गया। इसे ही कभी-कभी 'ब्राह्मणेतर पक्ष' भी कहा जाता है, किन्तु असहायता और बलहीनता, ये जो पिछड़े वर्ग के मुख्य लक्षण हैं, इस वर्ग के पक्ष को 'ब्राह्मणेतर पक्ष' ऐसा केवल जाति विशेष नाम देने से बिलकुल सही पद्धति से सार्थक नहीं होते। इसलिए इस नए पक्ष को 'बहुजन पक्ष' या 'जनपद पक्ष' जैसा सार्थक और निर्विकल्प नामकरण किया है। यह पक्ष केवल ऐहिक हित सम्बन्धों की ठोस नींव पर रचा-बसा है। जाति, धर्म अथवा देश वैसे ही सामाजिक ताम-झाम एतद्विषयक द्वेष, इतना ही नहीं, प्रेम की खोखली भावनात्मक नींव पर नहीं।

कार्य पद्धति को लेकर बहुजन पक्ष अन्यों से स्वतंत्र रूप से समानता का दर्जा सँभालते, समान हित सम्बन्धों तक ही मदद करने के लिए तत्पर रहेगा, किन्तु उनमें शामिल नहीं होगा। अपने दुश्मनों का भी द्वेष करने को हम तैयार नहीं। बहुजन पक्ष के हित सम्बन्धों की व्याख्या करते हुए विट्ठल रामजी शिंदे कहते हैं, "वे सम्बन्ध मनोभाव पर नहीं अथवा किसी दार्शनिक सामान्य सिद्धान्त पर आश्रित नहीं। वे रोजमर्रा के व्यवहार से ऐहिक लाभ-हानि से सम्बन्धित हैं अर्थात् राजनीति यह व्यवहार शास्त्र होने के कारण वह उच्चतम कर्मयोगी-सा दाँवपेंच खेलेगा, परन्तु निभ्रान्त प्रामाणिकता से ही। इसके बाद शिंदे ने दूरदृष्टि रखकर किसान, चपरासी, अध्यापक, उद्यमी, दुकानदार, मजदूर, अस्पृश्य और स्त्री—इन आठ वर्गो में बहुजन पक्ष के हित सम्बन्धों की प्रस्तुति की है। इन सभी वर्गों की उन्होंने की हुई व्याख्या यथार्थ और अभिजात ऐसी है, जिनका वर्गीकरण कदापि हो नहीं सकता। ऐसे कतिपय हित सम्बन्धों के सन्दर्भ में जब प्रस्थापित पक्ष परास्त हो जाते हैं, तब बहुजन समाज को जागरूक कर उसे अपने पैरों पर खड़ा करने का कठिन कार्य नया एवं स्वतंत्र पक्ष करेगा। इस घोषणा-पत्र का जिक्र यह डॉ. गो.मा. पवार ने लिखी प्रस्तुत जीवनी का एक अतिमौलिक अविभाज्य हिस्सा है, इस विषय में दो राय नहीं होगी।

चुनाव प्रक्रिया शुरू होने पर प्राथमिक अवस्था में दोनों मराठा पक्षों ने पूरी ताकत से समर्थन दर्शाया, परन्तु यह चित्र अन्त तक टिक न पाया। इसमें दिखाई दिए मतभेदों और बदलावों का तथा उस सन्दर्भ में विशेष रूप से श्रीमन्त शाहू महाराज के दाँवपेंचों का ब्योरेवार इतिहास डॉ. पवार ने बाद में प्रस्तुत किया है। इस आपाधापी में शिंदे ने धर्मगुरु की निर्मिति की कल्पना का ही तात्त्विक विरोध किया। शिंदे को भविष्य की आहट यथार्थ में लगने से उन्होंने आर्थिक दृष्टि से हीन बहुजन समाज के लिए वैसे ही बहुसंख्य मराठा समाज की राष्ट्रीय स्वतंत्रता की इच्छा सिद्ध करने हेतु राजनीति की। यह नाम तक जब सामने न आया था तब शिंदे ने 'ब्राह्मणेतरवाद' नामक शब्द का प्रयोग किया था। 'सम्पूर्ण महाराष्ट्र का हित सम्बन्ध वही मराठा जाति का हित सम्बन्ध', ऐसी उनकी भूमिका थी, ऐसा डॉ. पवार लिखते हैं।

ब्राह्मणेतर आन्दोलन का सामाजिक सुधार का व्यापक अधिष्ठान कम होकर प्रखर ब्राह्मण विरोध जैसा कुछ स्वरूप इस आन्दोलन को प्राप्त हुआ, किन्तु विट्ठल रामजी शिंदे ने एक स्थान पर किए कथन के अनुसार "ब्राह्मणेतरों का जातिवाद यह ब्राह्मणों के जातिवाद की प्रतिक्रिया होती है।" परन्तु महात्मा फुले की सार्वजनिक सत्यधर्मीय उन्नत धर्मदृष्टि को छेद देकर सत्यशोधक और ब्राह्मणेतर पक्ष के नेताओं को, अस्पृश्यों को अस्पृश्यों का उद्धार करने की आत्मिक इच्छा न थी, इसलिए शिंदे उनसे सहमत नहीं हो सकते थे। उसी समय कर्मवीर लोकमान्य तिलक को नरम तथा ब्राह्मणेतर नेताओं की तरह पूर्णत: नहीं तो सामाजिक सन्दर्भ में तिलक का रवैया समता और स्वनिर्णय के तत्त्व को विघातक होने के कारण विरोध करते थे, यह समझना होगा। ब्राह्मणेतर पक्ष

को लेकर आत्मीयता एवं दूरी, ऐसा मानसिक संघर्ष शिंदे की भूमिका में दिखाई देता है। ब्राह्मणेतर समाज द्वारा विट्ठल रामजी शिंदे को 23 अप्रैल, 1925 को पुणे में मानपत्र दिया। इस समय दिया भाषण अधिकांश मात्रा में उद्धृत कर डॉ. पवार ने बड़ा औचित्य दिखाया है। यह भाषण भी मार्मिक, मौलिक तथा मूलगामी स्वरूप का है। 1913 से 1923 तक के पर्व में अस्पृश्यता उन्मूलन और मराठा जागृति, इन दो कार्यों के साथ ही कुछ समग्र माँगें व आन्दोलनों के लिए कर्मवीर ने काफी कार्य किया। लड़कियों की अनिवार्य शिक्षा हेतु तिलक पक्ष का भूमिका को कड़ा विरोध करते समय अण्णासाहब ने 'ज्ञानप्रकाश' में एक स्तम्भ का लेखन किया। 12 फरवरी, 1920 को हुई सभा का डॉ. पवार ने पूरा वृत्तान्त देकर तिलक का भाषण सुनने की मानसिकता में न होने से श्रोताओं ने सभा में हो-हल्ला मचाया। इसकी हकीकत आज भी रंजक तथा उद्‌बोधक साबित होती है।

सन् 1906-1907 से ही मद्यपान बन्दी के आन्दोलन की ओर विट्ठल रामजी का ध्यान गया। सन् 1922 में बसन्त व्याख्यानमाला में उन्होंने इस प्रश्न पर 'शराब का व्यापार, सरकार और बहुजन समाज' नामक विषय पर व्याख्यान दिया तथा सरकार की दोगली व पाखंडी भूमिका पर कड़ा प्रहार किया। वैसे ही सन् 1907 से ही कर्मवीर ने होली के समय की अनिष्ट प्रथा का विरोध दर्शानेवाला कार्य शुरू किया। उसे सुसंस्कृत कार्यक्रम का स्वरूप प्राप्त होने की दृष्टि से परिश्रम उठाया।

सन् 1920-21 के अकाल में अहमदनगर जिले के तकरीबन एक हजार मातंग लोग पुणे के मिशन के मैदान में उतरे। इस प्रसंग में अण्णासाहब ने सभी स्तर के व्यक्तियों की सहायता कुशलता से हासिल कर महत्त्वपूर्ण कार्य किया।

सन् 1913 से 1923 इस काल में कर्मवीर ने बहुमुखी कार्य किया। बाहरी आघातों को सहन किया और उसी समय सन् 1917 के बाद पाँच-छह वर्षों में पारिवारिक जीवन में भी रिश्तेदारों की मृत्यु का दुख उन्हें सहना पड़ा। अण्णासाहब के अनुज के नवजात बच्चे की मृत्यु हुई। कुछ दिनों बाद इन्फ्लुएंजा की बीमारी से भौजाई की भी मृत्यु हुई। 3 जनवरी, 1920 को कर्मवीर की छोटी बहन मुक्ताबाई काले का भी देहान्त हुआ। उसकी अंत्ययात्रा में अस्पृश्यों के साथ सभी जाति के लोगों ने कन्धा दिया। पां.न. भटकर के सम्पादन में प्रकाशित होनेवाले 'मूकनायक' ने कहा, "हिन्दू धर्म अथवा हिन्दुस्तान के इतिहास में यह पहला ही प्रसंग होगा। मुक्ताबाई के परिचित सभी को उनकी मृत्यु का तीव्र दुख हुआ।" आगे चलकर केवल छह महीने में ही अण्णासाहब की एकलौती छोटी बेटी की मृत्यु हुई। एक ओर शिंदे को मिशन की इमारतें साकार होने के सफलता की खुशी तो दूसरी ओर पारिवारिक दुखों को सहना पड़ा।

5

विट्ठल रामजी शिंदे मिशन से मुक्त हुए। उन्होंने निवृत्ति वेतन भी नहीं लिया। फिर एक बार उनका जीवन विस्थापित हुआ। जीवन को आत्मयज्ञ माननेवाले महर्षि ने जीवन के 1923 से 1944 इस अन्तिम पाँचवें पर्व में प्रवेश किया। आरम्भ में उन्हें ऐसा लगा होगा कि भविष्य का समय समाजशास्त्रीय व साहित्यिक लेखन के लिए ही अर्पित करें। 'इतिहास' नामक मासिक शुरू करें। उसमें भारत का प्राचीन और अर्वाचीन सामाजिक इतिहास प्रस्तुत करें। इस उद्‌देश्य से 27 अक्टूबर, 1922 में बड़ौदा रियासत के केन्द्रीय ग्रंथालय और बड़ौदा रियासत के 'क्यूरेटर' के रूप में काम मिले, इसलिए उन्होंने श्रीमन्त सयाजीराव के पास आवेदन किया। (मंगुडकर इत्यादि, पृ. 662)

लेकिन सन् 1923 के मध्य में कोलकाता के साधारण ब्राह्म समाज ने यह प्रस्ताव पारित किया कि अण्णासाहब मंगलौर के ब्राह्म समाज के आचार्य के रूप में कार्यभार स्वीकृत करें और 1924 के अप्रैल महीने में बहन जनाबाई और छोटा लड़का रवीन्द्र, इनके साथ वे मंगलौर पहुँचे। पत्नी तथा दो बच्चों को उन्होंने मुम्बई में अपने छोटे भाई के पास रखा।

मंगलौर में शिंदे ने अपनी उपक्रमशीलता और उत्साह से अनेकविध कार्यक्रम आरम्भ किए, लेकिन आरम्भ से ही इस कार्य में एक तनाव-सा रहा। ब्राह्म समाज के वहाँ के कतिपय सदस्य पहले अस्पृश्य समाज में गिनती होनेवाले, ताड़ी निकालनेवाले बिल्लव जाति के थे। ब्राह्मो वातावरण में दो-चार पीढ़ियों में उन्होंने स्वयं को शैक्षिक, आर्थिक एवं सामाजिक रूप में सम्पूर्णत: परिवर्तित किया था। इतना कि अब वे अस्पृश्य वर्ग से दूर रहने लगे थे। सरकारी नौकरी तथा बड़ी-बड़ी यूरोपियन कम्पनियों में अधिकार पदों पर होने से उनके मन में अंग्रेजी शासन के प्रति तीव्र एकनिष्ठता

का भाव था, लेकिन शिंदे तो राजनीति तथा धर्म, एक ही माननेवाले थे। इस सम्बन्ध में गांधीजी की भूमिका को पसन्द करनेवालों में से थे। उन्होंने अक्टूबर, 1924 के मंगलौर ब्राह्म समाज के वार्षिकोत्सव में प्रवचन करते समय कहा कि "गांधीजी राजा राममोहन राय, देवेन्द्रनाथ ठाकुर, केशवचन्द्र सेन, इनके बाद चौथे अवतारी पुरुष हैं। गांधीजी की कांग्रेस में अदृश्य रूप में ब्राह्म समाजरूपी ईश्वर की धर्म-संस्था बसती है।"

विशेषत: शिंदे ने भारतवर्ष में मार्च-अप्रैल महीने में हुए चर्चित रियासत अन्तर्गत वायकोम सत्याग्रह में ब्राह्म साधू शिवप्रसाद इस पूर्वाश्रम के अस्पृश्य के साथ मन्दिर प्रवेश हेतु सत्याग्रह किया। शिंदे की गांधी टोपी तक अच्छी न लगनेवाले मंगलौर समाज से मतभेद होने पर शिंदे ने मंगलौर समाज से तनख्वाह लेना रोक दिया। मंगलौर समाज से ब्राह्म समाज के ख्यातिप्राप्त बिल्लव नेता और शिंदे में तनाव बढ़ता गया। अन्तत: जहाँ जी-जान से कार्य किया, उस एक और संस्था से अलग होकर शिंदे पुणे वापस लौटे। इस प्रकार से उनके धर्म विषयक कार्य का एक आवर्तन मंगलौर में पूरा हुआ; ऐसा डॉ.गो.मा. पवार कहते हैं।

अप्रैल, 1925 में पुणे पहुँचते ही शिंदे ने सफेदपोश वर्ग में अटके प्रार्थना समाज का आन्दोलन बहुजन समाज में, विशेषत: स्त्रियों तथा बच्चों में पहुँचाने की दृष्टि से प्रयास शुरू किए। "धर्म यानी केवल मत नहीं। दर्शनशास्त्र अथवा बाह्यकर्मों का सिलसिला भी नहीं। धर्म अन्त:करण एवं भावनाओं से सम्बद्ध होता है। इसलिए धर्म का उदय और प्रसार परिवार द्वारा ही होना यथोचित है, ऐसा इतिहास बतलाता है।" महर्षि ने ऐसी भूमिका लेकर 16 जून, 1926 को पारिवारिक उपासना मंडल की स्थापना की। कोल्हापुर में भी दो वर्षों बाद मंडल स्थापित किया। उपासना मंडल का कार्य सन् 1930 तक पूरी तैयारी से शुरू था। अण्णासाहब की बीमारी और वृद्धावस्था के कारण यह कार्य 1940 के बाद कछुए की गति से चलने लगा। मंडल के कतिपय कार्यों का चित्ताकर्षक इतिहास डॉ. पवार ने प्रस्तुत किया है। गृहस्थीप्रिय लोग ही टाल-मटोल करनेवाले, नाराजगी का सुर अलापनेवाले तथा निराशावादी होते हैं। इसके विरुद्ध गौतम बुद्ध अथवा संत तुकाराम जैसे आनन्दवादी एवं आशावादी होते हैं। इसी भूमिका से ये सब कार्य शिंदे कर रहे थे।

मंगलौर वापसी के बाद सन् 1925-26 में विट्ठल रामजी शिंदे ने बौद्ध धर्म का विशेष अध्ययन किया। बौद्ध विहार में रहकर उस धर्म का रहस्य अनुभव करना और वहाँ की सामाजिक अवस्था का स्वरूप बारीकी से देखना, यह दोहरा उद्देश्य सामने रख उन्होंने 1927 के अप्रैल में ब्रह्मदेश का दौरा किया। सन् 1901-1903 में शिंदे ने मैनचेस्टर कॉलेज में पाली भाषा एवं बौद्ध धर्म का अध्ययन आरम्भ किया। पुणे में प्रा. धर्मानन्द कोसम्बी तथा प्रा. चिं.वि. जोशी इनके साहचर्य का लाभ उन्होंने उठाया। 1910 में पुणे में 'बौद्ध धर्म का पुनरुद्धार' नामक विषय पर व्याख्यान भी दिया तथा उसे अपनी अनमोल धरोहर कहकर उसको (बौद्ध धर्म) गौरवान्वित भी किया। सन् 1927 के कोलकाता ब्राह्म समाज के वार्षिकोत्सव में 'मैं बौद्ध हूँ' ऐसा कहकर उन्होंने बड़ी हलचल मचाई थी। बौद्ध धर्म के तीन शरण्य रत्नों में से केवल बुद्ध की ही शरण जाकर बौद्ध धर्म की दीक्षा लेने की प्रबलतम इच्छा बर्मा में पहुँचने पर शिंदे के मन में उत्पन्न हुई थी।

26 फरवरी को रंगून में कर्मवीर ने तानाजी मालुसरे का स्मृति दिन और रामदास नवमी के निमित्त से 'महाराष्ट्र धर्म' नामक विषय पर कीर्तन करते समय एक स्वरचित पद सुनाया। वह पूरा पद डॉ. गो.मा.पवार ने अपने ग्रंथ में उद्धृत किया है। यह पद शिंदे की प्रतिभा और सामाजिक जिम्मेदारी की अप्रतिम गवाही है। बर्मा स्थित महाराष्ट्र मंडल एवं ब्राह्म समाज के सामने शिंदे ने प्रस्तुत किए व्याख्यानों का उत्कृष्ट परिचय डॉ. पवार ने कराया है।

शिंदे की पैनी और बहुमुखी निरीक्षण शक्ति का प्रत्यय हमें हर पल आता है। वहाँ के प्रवास में वे ब्रह्मी पुरातत्त्व वास्तु सम्बन्धी स्थानीय नामचीन विद्वानों के साथ चर्चा करते। बर्मा में ऐहिक सन्दर्भ में स्त्रियों को पुरुषों से कुछ मात्रा में अधिक ही सम्मान दिया जाता है, परन्तु धार्मिकता के सम्बन्ध में नहीं। इस भेद नीति को बर्मा जिम्मेदार नहीं बल्कि हिन्दुस्तान से गया बौद्ध धर्म जिम्मेदार है, ऐसा शिंदे प्रस्तुत करते हैं। ऐतिहासिक दृष्टि से बुद्ध के प्रतिनिधि के रूप में बौद्ध धर्म में शास्ता यह पद नहीं होता, परन्तु वह अधिकार पद शिंदे को बर्मा में दिखाई दिया। बौद्ध भिक्खु व मठाधिपति इनकी पहुँच ध्यान में रख राजनीतिक नेताओं ने यह पद सोद्देश्य निर्माण किया होगा, ऐसा अन्दाजा शिंदे ने व्यक्त किया है। बर्मा की विवाह पद्धति स्वाभाविक और प्राकृत भाव से सुसंगत होने के कारण वहाँ वेश्या व्यवसाय के लिए अवसर ही नहीं, यह बात शिंदे को महसूस हुई।

बर्मा में जातिवाद नहीं हैं। अत: वहाँ अस्पृश्यता अथवा बहिष्कृत वर्ग नहीं होगा, ऐसी धारणा होती है। प्रत्यक्ष में पिछले हजार वर्षों से वहाँ पर अस्पृश्यता या बहिष्कृत वर्ग मौजूद है। अत: विट्ठल रामजी ने उस वर्ग का सुचारू रूप से अध्ययन करने का अवसर नहीं गँवाया। सन् 1903 से ही उनके लिए अस्पृश्यता यह आस्था का शोध विषय रहा। उसकी निर्मिति व प्रक्रिया समझ लेने की दृष्टि से बर्मा स्थित बहिष्कृत वर्ग का उन्होंने जो निरीक्षण किया, उसका शिंदे को खूब उपयोग हुआ, ऐसा यथोचित अभिप्राय डॉ. गो.मा. पवार देते हैं। शिंदे ने तद्नन्तर पुणे में 'ब्राह्म देश में स्थित बहिष्कृत वर्ग' इस शीर्षक के विस्तृत आलेख का इतिहास अनुसन्धान मंडल में वाचन किया। यह लेख पत्रिका में भी प्रकाशित किया। विट्ठल रामजी शिंदे का त्याग, उनका अपूर्व कार्य तथा उनके ऋषितुल्य व्यक्तित्व का गहरा प्रभाव बर्मा में स्थित मराठी एवं बंगाली मंडली पर हुआ। इस विषय में डॉ. पवार ने बड़ी आस्था से जानकारी प्रस्तुत की है।

सन् 1930 में पुणे शहर सत्याग्रही मंडलाधिकार के बालूकाका कानिटकर और हरिभाऊ फाटक, इन्होंने विट्ठल रामजी से मुलाकात की। अप्रैल में पुणे जिले में आयोजित बंग-भंग आन्दोलन का वे नेतृत्व करें, ऐसी विनती की। शिंदे ने यह विनती स्वीकार की। उसके अनुसार शिंदे, प्रो. धर्मानन्द कोसम्बी और केशवराव जेधे ने अप्रैल के तीसरे सप्ताह में हवेली के उपरान्त खेड, भीमाशंकर के कस्बों का दौरा किया। यह पूरा दौरा पैदल वैष्णव भक्तों की यात्रा के समान ही था। महर्षि ने इस प्रकार की भूमिका लेकर ही यह कार्य किया, "मैं शहर छोड़ देहात में पहुँचा। इसका कारण शहर में स्थित शिक्षित लोगों की रुझान देहात की ओर नहीं, नौकरशाही को मात देनेवाला एक ही वर्ग यानी किसान है।" देहात में रहनेवाले किसानों की मराठी हमें आनी चाहिए। स्वयं को अंग्रेजी अवगत होने के कारण ढंग से मराठी नहीं आती, यह उन्होंने स्पष्ट किया।

एक-दो स्थान पर सभा में जब अस्पृश्यों को अलग बिठाया जाता है, यह दिखाई दिया। तब उनके जत्थे ने अपना मोर्चा अस्पृश्य जमावड़े में ले जाकर स्पृश्यों को ही अलग कर दिया।

11 मई, 1930 को कानून-भंग आन्दोलन का सहभाग तथा तीव्र गति से प्रचार के कारण विट्ठल रामजी शिंदे को उनके अपने घर में ही कैद किया। आरोप-पत्र की पेशकश संयोग से उनके ही बालमित्र हुल्याल के सम्मुख हुई। वे दोनों फर्ग्युसन में थे तब विट्ठलराव ने महामारी के दिनों में उनकी सुश्रूषा की थी। प्रत्यक्ष में हुल्याल ने शिंदे को छह महीने सश्रम कारावास की सजा सुनवाई। अस्पृश्य वर्ग तथा ब्राह्मणेतरों के इस भीष्म पितामह को गिरफ्तार किया। इस सम्बन्ध में अखबारों में नाराजगी व्यक्त हुई। किसान वर्ग में उनका खूब आदर था। अत: उनका यह आन्दोलन सरकार को बड़ा ही तकलीफदेह लगने से उन्हें इतनी कठोर सजा सुनाई गई, ऐसा 'केसरी' समाचार-पत्र ने लिखा। केसरीकार तथा जागृतिकार, इन दोनों ने उन्हें 'क' वर्ग में रखने का निषेध किया। कैद करने के दूसरे ही दिन पुणे शहर ने बन्द का ऐलान कर उस पर अमल किया। इन सभी घटनाओं का वर्णन डॉ. गो.मा. पवार चित्रात्मक शैली में करते हैं।

जुलाई में नामदार भास्करराव जाधव जेल में पहुँचकर उनसे मिले। आन्दोलन में सहभागी न होने का आश्वासन देने पर रिहा करेंगे, ऐसा जाधव के बोलने का रुख था। उन्हें अण्णासाहब ने स्वाभिमान से ठोस भूमिका लेकर निडरता से उत्तर दिया, ऐसा पवार यथार्थ रूप में प्रस्तुत करते हैं।

इस कारावास में कर्मवीर ने तकरीबन सौ टंकलिखित पन्नों का आत्मचरित्र पर लेखन किया, परन्तु इस काल में ही उन्हें गाऊट अथवा उँगलियों का वात हुआ। उनका वजन भी दस-बारह पौंड कम हुआ। 13 अक्टूबर को उनकी रिहाई कुछ पहले ही अकस्मात् हुई। दो दिनों के बाद 'रे मार्केट' में उनके अभिनन्दनार्थ प्रचंड जाहिर सभा हुई। यह वृत्तान्त भी डॉ. पवार ब्योरेवार देते हैं।

अगले एक अध्याय में डॉ. गो.मा. पवार ने कर्मवीर शिंदे व महात्मा गांधी, इनके अन्तर्गत अस्पृश्यता उन्मूलन कार्य के सन्दर्भ में पारस्परिक सम्बन्धों का मार्मिक तथा गहरा विवेचन प्रस्तुत किया है। दोनों अपनी-अपनी भूमिका के प्रति एकनिष्ठ थे। अस्पृश्यता उन्मूलन के कार्य की जो आवश्यकता शिंदे को महसूस होती, उतनी और उस स्वरूप में गांधीजी को नहीं लगती थी। परन्तु इससे अधिक दोनों में होनेवाले अन्तर का अर्थ लगाना ठीक न होगा। 'सुबोध पत्रिका' का "दो उग्रवादी प्रवृत्ति के आदमी एक होने पर एक-दूसरे की तत्त्वप्रणाली छोड़ कार्य नहीं कर सकते" यह विधान बिलकुल सटीक कहना होगा, ऐसा निष्कर्ष डॉ. पवार ने साधार प्रस्तुत किया है। इन दोनों में संवाद तथा विसंवाद था। महात्मा गांधी का वर्णाश्रम धर्म का गर्व शिंदे को अच्छा नहीं लगता। दोनों के अग्रक्रमों में भी भिन्नता थी। गांधी के हृदय में अस्पृश्यता को तीसरा स्थान था, ऐसा शिंदे का मत था तो गांधीजी के मतानुसार अन्य बातों के

साथ ही अस्पृश्यता को भी समान स्थान था, किन्तु चतुराई में माहिर होनेवाले गांधीजी ने शिंदे को यह सुनाकर विवाद पर परदा गिराने का प्रयास किया कि "आप माहिर हैं क्योंकि आपकी दृष्टि में वही सर्वस्व है।"

इस सन्दर्भ में डॉ. पवार ने शिंदे और गांधीजी, इनके सम्बन्धों का विस्तृत आलेख ही प्रस्तुत किया है। सन् 1922 में शिंदे ने लिखा था, "गत तीन शतकों के अन्तर्गत दुर्दैवी हिन्दुस्तान में पुण्यश्लोक शिवाजी महाराज और महात्मा गांधी ये दो लोकोत्तर पुरुष निर्मित हुए।" किन्तु कांग्रेस में (अस्पृश्यता उन्मूलन यह कांग्रेस के मतानुसार) तृतीय दर्जे के कार्य को कुछ अपवाद छोड़ समय देने की आवश्यकता एवं फुरसत किसी के पास नहीं थी, ऐसा कर्मवीर का सप्रमाण एवं अचूक निदान था।

शिंदे काफी धर्मनिष्ठ थे, परन्तु वे विश्वधर्म के उपासक थे। किसी भी एक विशिष्ट धर्म की विशिष्ट पद्धति व विशिष्ट परम्परा उन्हें अमान्य थी। धर्म की चौखट में रहकर अस्पृश्यता निवारण करने की महात्मा गांधी की भूमिका शिंदे को सुसंगत नहीं लगती थी। उन्होंने प्रमाण माना हुआ धर्म विवेकनिष्ठ था। इसलिए इन दोनों में सूक्ष्म मतभिन्नता का दर्शन यथासमय होता था। विरोध भक्ति की कैंची में शिंदे फँस गए थे, ऐसा स्पष्ट निष्कर्ष डॉ. गो.मा. पावर दर्ज करते हैं, जो बिलकुल सही है।

इस सन्दर्भ में तर्कतीर्थ लक्ष्मण शास्त्री जोशी ने शिंदे-गांधी संवाद के बारे में प्रस्तुत किया और डॉ. पवार ने अपने इस ग्रंथ में उल्लेखित किया निवेदन विचार प्रवर्तक है। इस काल में दक्षिण भारत में पूरे के पूरे देहात धर्मान्तरण कर ईसाई बनाए जा रहे थे। तब कांग्रेस का और शिंदे के मिशन का कार्य अत्यन्त असंघटित है, इस बात से गांधीजी को परिचित कराने में भी कर्मवीर हिचकिचाते नहीं।

सन् 1926 से 1932 तक के काल में महर्षि किसान आन्दोलन में भी बड़ी उत्कटता से कूद पड़े। किसान वर्ग के प्रति स्वाभाविक आस्था होने के कारण उन्होंने यूरोप में वहाँ के किसान वर्ग की दशा के बारे में पूछताछ की थी। उपर्युक्त काल में ही उन्होंने किसानों को उनके शत्रु कौन है, इस सम्बन्ध में यथोचित विवेचन किया। कांग्रेस पक्ष की किसान विषयक खामियों की मार्मिकता से खबर ली। अस्पृश्यों की किसान परिषद् (1926), पुणे, मुम्बई इलाका किसान परिषद् (1928), पुणे, वालवा तहसील शेतकरी परिषद् (1931), बोरगाँव रियासत किसान परिषद् (1932), तेरदाल व चाँदवड तहसील किसान परिषद् (1932), वडणेर—इन परिषदों में कर्मवीर ने हिस्सा लेकर किसानों में जागृति लाने हेतु अमूल्य कार्य किया।

लगभग सभी प्रदेशों में अस्पृश्य समाज की अवस्था बेगार जैसी है। अस्पृश्य ये दंडकारण्य के मालिक हैं। उन्होंने एक होकर हाथ से छूटी जमीन फिर हासिल करनी चाहिए। ग्राम और कस्बों में मारवाड़ी-ब्राह्मणादि सफेदपोश जाति के लोग गँवार किसान को साहूकारी पाश में कैद कर मालिक बन गए हैं तथा किसान वर्ग मजदूर बनता जा रहा है। मुम्बई में बसे खेती-बाड़ी का थोड़ा-बहुत आधार होनेवाले मजदूरों का गाँव में होनेवाली खेती का आधार निकालकर उन्हें विवश करने का सरकार का उद्देश्य है। बारदोली जैसा महाराष्ट्र और कर्नाटक में किसान सत्याग्रह का आरम्भ करना होगा। सामन्ती अमल में किसान अधिक दुखी होता है तथा वहाँ परकीय प्रजा पर सत्ता से जुल्म होता है। लगान नगद रूप में न लेकर फसल-रूप में ली जाए। किसान आत्मनिर्भर होगा, तो ही स्वराज्य की आशा है। किसान उसे कहा जाता है जो अपने परिवार एवं आश्रितों के पोषण के लिए स्वकीयों या आश्रितों से उतनी ही जमीन लेता है जितनी उसके बस में हैं और जो श्रम से खेती करता है। अन्य साहूकार या दावेदार प्रतिस्पर्धी ही होंगे। तहसील निहाय किसान संघ इतना ही नहीं तो कामगार संघ होने चाहिए। तभी मेहनतकश बहुजन समाज छह महीने किसानी तथा उर्वरित छह महीने पूँजीवादी अर्थव्यवस्था पर रोक लगा सकेगा। स्वयं की आर्थिक स्वतंत्रता प्राप्त करो तथा सामाजिक रचना करो, अमीर सत्ताधीश किसानों का प्रतिकार करने हेतु जमीन पर हल चलानेवाले किसानों का एक संघ बनाओ। उपर्युक्त शास्त्रशुद्ध सत्याग्रही, प्रतिकार की ऊर्जा निर्माण करनेवाली दूरदर्शी तथा मूलगामी भूमिका लेकर विट्ठल रामजी शिंदे ने इस किसान आन्दोलन में दिन-रात कठोर परिश्रम किया।

ब्राह्म समाज के शतसावन्तसरिक उत्सव के लिए वे जब कोलकाता की ओर निकले, तब उन्होंने पुणे किसान परिषद् को धार्मिक कार्य मानकर अपनी यात्रा स्थगित की। अपने मार्गदर्शन में प्रचंड अनुशासित मोर्चे निकाले। दक्षिण महाराष्ट्र और उत्तर कर्नाटक, इनमे सामन्ती रियासतों की जागीरी के अन्तर्गत किसान तथा प्रजा में मौलिक एहसास एवं जागृति आई। दिनकरराव जवलकर ने 'कैवारी' द्वारा उन पर ब्राह्मणों के पक्ष में होने का जबरदस्त आरोप लगाया,

वह भी सह लिया। केशवराव जेधे ने चुप्पी साधकर बैठे शिंदे का जाहिर पक्ष लिया। किसी की भी परवाह न कर प्रत्यक्ष रूप में जमीन जोतनेवाले किसानों से एकाकार होकर महर्षि ने अपना सत्व एवं स्वतंत्र व्यक्तित्व कायम रखा। डॉ. पवार ने यह विषय विस्तार से एवं सप्रमाण प्रस्तुत किया है।

अपने जीवन के इस अन्तिम पड़ाव में विट्ठल रामजी ने वाई तथा उसके आसपास के ग्रामीण कस्बों में ब्राह्म समाज संघटित करने के लिए महत्त्वपूर्ण कार्य किया। प्रार्थना समाज और ब्राह्म समाज के मूल तत्त्व एक ही हैं, परन्तु बंगाल में तत्त्वानुरूप खूब आचरण होता है, वैसा महाराष्ट्र में नहीं होता। यह बात उन्होंने वाई निवासियों के सामने उपस्थित की थी। मराठों के स्वाभिमान तथा स्वच्छन्द वृत्ति का वर्णन करके वह अपने व्यवहार में और धर्म में भूपति या वर्णगुरु को पहचानता नहीं, ऐसा भी उन्होंने वाई निवासियों के सामने निर्देशित किया। सत्यशोधक समाज ने सतारा जिले की पथरीली जमीन पर हल चलाया। रूढ़ि-परम्पराओं का उच्चाटन किया। पुणे की उपासना मंडली ने बुआई की और अंकुरित होने पर मुम्बई एवं पुणे प्रार्थना समाज के नेताओं ने यथोचित समय पर सिंचा, ऐसा उन्हें लगा। वाई के कार्य में शिंदे के जो गुण प्रकट हुए, उनका ब्योरेवार तथा साधार विवेचन डॉ. गो.मा. पवार ने किया है। नवसमाज में एक ही जाति के लोग होने से काम नहीं चलेगा। इससे सम्बद्ध शिंदे की आग्रही एतद्विषयक भूमिका पत्राचार से स्पष्ट होती है।

अण्णासाहब शिंदे के जीवन का आखिरी हस्ताक्षर किया पत्र 11 मार्च, 1943 को उन्होंने वाई प्रार्थना समाज को ही भेजा था।

कर्मवीर भाऊराव पाटील और अण्णासाहब इनके नजदीकी सम्बन्ध थे। भाऊराव उन्हें गुरु मानते थे। सतारा में उन्होंने आरम्भ किए बोर्डिंग में अस्पृश्यता व जाति भेद को कोई स्थान न था। दोनों भी श्रेष्ठतम कर्मवीर थे। कर्मवीर पाटील ने रैयत शिक्षा संस्था के आजीवन सेवकों के शपथ ग्रहण समारोह में शिंदे को आग्रह से आमंत्रित किया। बीमारी की हालत में महर्षि सन् 1937 में इस समारोह में उपस्थित रहे तथा उन्होंने सबको शुभाशीष दिया।

अण्णासाहब शिंदे की वृद्धावस्था का राजनीतिक, सामाजिक स्वरूप का अन्तिम महत्त्वपूर्ण कार्य यानी उन्होंने चुनिन्दा 52 लोगों का अपने निवास स्थान पर स्नेह सम्मेलन आयोजित किया। यह स्नेह सम्मेलन 18 सितम्बर, 1937 को सम्पन्न हुआ। सन् 1937 में मुम्बई प्रान्त में अधिकारी पद पर आसीन कांग्रेस सरकार के मुख्यमंत्री तथा शिक्षामंत्री बालासाहब खेर ने शिक्षा विषयक पुनर्रचना के रूप में मुम्बई विभाग के 14 सरकारी हाईस्कूल जनता को सौंप देने की घोषणा की थी। ऐसा तुरन्त निर्णय लेना अण्णासाहब को खतरा मोल लेने जैसा लगता था। बहुजन समाज की शिक्षा के सम्बन्ध में अनास्था रखनेवाली शहरी शैक्षिक संस्थाओं के स्वाधीन यदि ये हाईस्कूल किए जाएँ तो यह बात बहुजन समाज के लिए अहितकर साबित होनेवाली था, ऐसा भी उन्हें लगता होगा। यह अचूक निष्कर्ष डॉ. गो.मा. पवार प्रस्तुत करते हैं।

निमंत्रण पत्रिका में होनेवाला क्रान्ति का उद्देश्य कृति में परिवर्तित नहीं होता, वैसे ही सम्मेलन की सफलता, वक्त का पालन एवं मुद्दे के साथ विचार-विमर्श पर आश्रित है, इतना कहने तक का अधिकार व स्पष्टता उनके पास थी। मंत्रीगण, विधिमंडल सचिव तथा शैक्षिक, सामाजिक क्षेत्र के कार्यकर्ता, विद्वान—ऐसे तकरीबन सौ लोग उपस्थित थे।

धनिकों से पूरा खर्चा प्राप्त कर प्राथमिक शिक्षा का यथाशीघ्र प्रबन्ध करना आवश्यक है। महाराष्ट्र विद्यापीठ स्थापित करते समय सभी जाति और स्तर के लोगों के हित सम्बन्धों की रक्षा का भरोसा आवश्यक है। बहुजन पक्ष के प्रतिनिधियों की सम्मति प्राप्त कर उनकी योजना के अनुसार 14 हाईस्कूल प्राइवेट संस्थाओं की ओर सुपुर्द करने चाहिए। शिक्षा का कुछ कार्य लोगों पर सौंप देना यह शुभंकर है, इस प्रकार का प्रस्ताविक शिंदे ने किया था। उनकी आन्तरिक व्याकुलता सब तक पहुँची होगी। नामदार खेर ने सभी जाति के हित सम्बन्धों का विचार कर हाईस्कूल निजी संस्थाओं को सौंप दिए जाएँगे, ऐसा स्पष्ट अभिवचन दिया।

महर्षि विट्ठल रामजी शिंदे इस कालखंड में पहले जैसे ही विविध परिषदों तथा सम्मेलनों में हिस्सा लेते रहे। सन् 1925 की प्रान्तीय सामाजिक परिषद् में उन्होंने महत्त्वपूर्ण विचार प्रस्तुत किए। विधायक कार्य करनेवाली संस्थाओं की ताकत न होते हुए ऐसी परिषदों का होना घंटनाद अथवा तूफान-सा सिद्ध होता है। सामाजिक सुधार यानी निरी कर्मठ धार्मिक भावना एवं परम्परा के विरुद्ध लड़ाई न होकर उसकी व्यापकता स्वास्थ्य संवर्धन, बालसंगोपन, मजदूर वर्ग का सुधार आदि विषयों में भी प्रसारित है, ऐसा शिंदे सही रूप में बताते थे। आगरकर-सी धर्म विन्मुख प्रवृत्ति समाज-

सुधारकों में होनी चाहिए, यह उन्हें अनुचित लगता था। डॉ. गो.मा. पवार को शिंदे का यह विचार अतीव मौलिक व वस्तुनिष्ठता से ओतप्रोत लगता रहा। इस सम्बन्ध में वे राय, फुले, शिंदे, शाहू महाराज, गांधी ओर आंबेडकर—इन धर्मनिष्ठ नेताओं का उल्लेख करते हैं।

सामाजिक सुधार के सन्दर्भ में शिंदे अस्पृश्यता उन्मूलन, ब्राह्मणेतरों का असन्तोष, हिन्दू-मुस्लिम एकता तथा हिन्दू संगठन इन्हें अलग नहीं समझते थे। बृहत् हिन्दू समाज से जुड़े काल्पनिक भेद इस एक ही अन्दरूनी बीमारी के विविध लक्षण मानते थे। इसीलिए तो अस्पृश्यवाद की समस्या धर्म ग्रंथों के आधार पर शास्त्री-पंडितों पर न सौंपें, ऐसा ठोस मत गांधीजी को विरोध दर्शाते हुए वे व्यक्त करते थे। स्त्री दास्य विमोचन, सहकारिता आन्दोलन आदि का समावेश वे इस कार्य में करते थे।

सन् 1933 के नागपुर में सम्पन्न महाराष्ट्र साहित्य सम्मेलन में ऐतिहासिक वस्तुओं की प्रदर्शनी का उद्घाटन विट्ठल रामजी शिंदे ने किया। अब्राह्मणी अथवा अस्पृश्यों की पत्रिकाएँ आपके इलाके से निकलती नहीं, यह ठीक नहीं। पेशवाई एवं मराठेशाही इतने पर ही शोधकार्य पूरा नहीं होता। केवल संस्कृत पर आश्रित न रहकर पाली, प्राकृत एवं द्राविड़ी भाषा का भी अध्ययन तथा उपयोग करना चाहिए। मराठों ने इतिहास लेखन किया तो विशेष उपलब्धि होगी, ऐसे विचार उन्होंने प्रस्तुत किए।

सन् 1935 को बड़ौदा में सम्पन्न मराठी साहित्य सम्मेलन में दर्शनशास्त्र और समाजशास्त्र, इन विभागों के सम्मेलन के अध्यक्ष पद पर शिंदे विराजमान हुए थे। उनका दृष्टिकोण हमेशा अन्यों की तुलना में अलग ही रहा। भाष्यग्रंथ लेखन करने का गौण पथ संतश्रेष्ठ ज्ञानेश्वर, एकनाथ इन दार्शनिकों ने स्वीकार किया। आगे चलकर केवल 'गीता' के (भगवद्गीता) इर्द-गिर्द ही अपने दार्शनिक विचार चक्कर काटते रहे। प्राचीन काल में संस्कृत से और आधुनिक काल में पाश्चात्य देशों से विचारों की माँग की जाती थी और आज भी वह कायम है। हमारे प्रोफेसर नए शोध न भी लगाएँ; परकीयों के सच्चे शोध का सीधी, सरल मराठी भाषा में रूपान्तरण कर हम गँवार मराठों को उसका परिचय कराएँ तो वह बड़ा कार्य होगा, ऐसे विचार महर्षि ने प्रस्तुत किए। 'पुणे की थोथी पंडिताई संस्कृति से शिंदे के मन में नाराजगी की भावना प्रकट हुए बिना नहीं रहती।' ऐसा पैना वक्तव्य इस निमित्त से डॉ. पवार व्यक्त करते हैं।

महर्षि विट्ठल रामजी शिंदे ने अपने जीवन के इस पाँचवें अन्तिम पर्व में अन्य जिम्मेदारियों को सँभालते हुए सन् 1933 में 'भारतीय अस्पृश्यता का प्रश्न' नामक विषय पर पहला स्तरीय अनुसन्धान ग्रंथ प्रकाशित किया। इस निमित्त से डॉ. गो.मा. पवार ने शिंदे का विचार विश्व, साहित्य सेवा तथा शोध कार्य—इन विषयों पर दो स्वतंत्र अध्याय लिखे हैं। शिंदे के बहुआयामी व्यक्तित्व की चिकित्सक एवं अभिनव प्रस्तुति का समग्र चिन्तन सार रूप में प्रस्तुत करने का परिश्रमपूर्ण प्रयास कर डॉ. गो.मा. पवार ने प्रस्तुत ग्रंथ को पूर्णत्व प्राप्त करा दिया तथा उपरोक्त द्वितीय खंड की जिम्मेदारी सूचित की है। इन दो अध्यायों का सार देने का साहस न करते हुए मैं शेष अध्यायों की ओर मुड़ता हूँ।

कर्मवीर शिंदे को जो अपमान के घूँट पीने पड़े, जो सम्मान प्राप्त हुआ, इन दोनों के सन्दर्भ में शिंदे की कठोर किन्तु शालीनता से भरपूर आत्मनिष्ठा कैसी प्रकट होती थी, यह डॉ. गो.मा. पवार ने यथोचित पद्धति से दर्शाया है। शिंदे मराठों के सिवा अन्य जाति से सम्बन्धित लोगों के लिए कार्य करते थे, इसलिए मराठा समाज के कई लोगों का उन पर रोष था। उन पर अस्पृश्य समाज की कई जिम्मेदार बुजुर्ग मंडली द्वारा हमेशा आघात हुए। पुणे जैसे शहर को लेकर तथा वहाँ नेतृत्व का डंका बजानेवाले नेताओं के सम्बन्ध में तो न बोलना ही अच्छा!

अण्णासाहब शिंदे आलोचना का परिमार्जन करने के फँदे में कभी पड़े, ऐसा दिखाई नहीं देता। प्रशंसा उन्हें बिलकुल पसन्द तथा सहन न होनेवाली चीज थी। प्रशंसा अथवा गौरव इससे पिंड छुडाकर ही उन्हें आराम मिलता। 'उनकी हास्य-व्यंग्य में पगी प्रतिभा ही ऐसे समय उनकी मदद करती', ऐसा मार्मिक विधान इस सन्दर्भ में डॉ. पवार करते हैं। शिंदे की अपनी भूमिका और कार्य पर अटल तथा उत्कट निष्ठा रहती। महर्षि शिंदे को प्राप्त कुछ विशेष सम्मान-पत्रों का उल्लेख कर 18 जून, 1934 को मुम्बई में कुल 41 संस्थाओं द्वारा उन्हें सम्मान-पत्र देकर जो भव्य रूप में यथोचित गौरव हुआ, उसका समग्र वृत्तान्त डॉ. पवार ने पाठकों के सम्मुख रखा है। कांग्रेस कार्यकारिणी की बैठक जल्दी पूरी न होने के कारण महात्मा गांधी उस समारोह में अध्यक्ष पद पर विराजमान न हो सके। इस समारोह को इतनी प्रतिष्ठा प्राप्त हुई। इस दौरान भी शिंदे ने अपनी नि:स्पृहता कायम रखी थी।

डॉ. गो.मा. पवार ने विट्ठल रामजी शिंदे के पारिवारिक वातावरण के सम्बन्ध में आत्मीयता से लिखा है। शिंदे की स्नेहिल वृत्ति, उसका व्यापक रूप में आविष्कार, बचपन के दोस्तों के प्रति समरसता का भाव, पारिवारिक सदस्यों के प्रति जबरदस्त आस्था एवं सबकी चिन्ता वहन करनेवाला आचरण, बच्चों के प्रति वात्सल्य भाव, उनकी हास्य-व्यंग्य प्रियता, व्यक्ति नहीं तो परिवार ही प्यार का मापदंड मानने का उनका गुण-विशेष, आर्थिक अभाव के समय भी मेहमान नवाजी और स्त्रियों के सम्बन्ध में हमेशा निर्मल, उदार तथा समझदारी से भरपूर आस्था—इन सभी बातों का लेखा-जोखा डॉ. पवार ने लिया है।

विट्ठल रामजी शिंदे के अन्तिम दिनों का हृदयस्पर्शी चित्रण डॉ. पवार ने अन्तिम अध्याय में प्रस्तुत किया है। हमेशा अर्थाभाव झेलना, असीम शारीरिक कष्ट, सार्वजनिक कार्य की आपाधापी से होनेवाली अनियमितता—इनके कारण अण्णासाहब को वृद्धावस्था के दौरान कतिपय शारीरिक व्याधियाँ जुड़ गई। सन् 1930 में यरवदा के कारावास में जुड़ी वात आदि व्याधियों से वे दिन-ब-दिन शारीरिक रूपसे विकल हो गए। पारिवारिक जीवन में आशा-निराशा का धूप-छाँव का खेल शुरू ही था।

सन् 1939 को अपने दूसरे पुत्र रवीन्द्र के आग्रह एवं सहायता के कारण अण्णासाहब अपना आत्मचरित्र पर लेखन जैसे-तैसे पूरा कर सके। इस दौरान उनसे मुलाकात करने आए पंडित मदनमोहन मालवीय ने उन्हें कहा, "आई एम अ डिफीटेड हीरो।" उस पर अण्णासाहब बोले कि "अ हीरो हैज टू बी डिफीटेड।" इस विधान द्वारा उनकी मानसिकता व्यक्त होती है, ऐसा डॉ. पवार सूचित करते हैं।

अपनी 'आठवणी व अनुभव' (स्मृतियाँ और अनुभूति) पुस्तक के प्रथम खंड को विट्ठल रामजी शिंदे ने लिखी प्रस्तावना में अपने सम्पूर्ण जीवन का सिंहावलोकन कर अपना मनोगत प्रकट किया है, "मेरे कार्य में अपने सहयोगियों का, अन्यों का, इतना ही नहीं जिनके लिए मैंने अपने घर की परवाह न कर सम्बन्धित कार्य करता रहा, उनकी भी मेरे सम्बन्ध में गलतफहमी, दुराग्रह की भावना, इतना ही नहीं खुलेआम विरोध भी हुआ। यही मेरी अनुभूति की कठोरता अथवा दारुणता है। इससे मेरी मन:शान्ति डाँवाँडोल हो गई और अचानक स्वीकृत कार्यों से विराम लिया। परन्तु धर्म-प्रचार के सच्चे कार्य से मेरा स्वीकार किया, यह सच न था क्योंकि मैंने धर्म का स्वीकार किया, यह सच न था, बल्कि धर्म ने ही मुझे स्वीकार किया, ऐसी मेरी धारणा होने के कारण इस शरीर से मुक्ति मिलने तक तो धर्म ने मुझे अपने आगोश में लिया है तथा आगे चलकर भी वह (धर्म) मुझसे दूर नहीं होगा, ऐसी मुझे आशा है, क्योंकि मैं मृदु बनने लगा हूँ।"

डॉ. गो.मा. पवार समापन में कहते हैं, "महर्षि ने किया आत्मचिन्तन तथा आत्मनिरीक्षण उनके पास होनेवाली अपूर्व सत्यनिष्ठा एवं विशुद्ध धार्मिक भावना के अनुकूल है, ऐसा कहना होगा। उनके ऋषितुल्य व्यक्तित्व का ही आविष्कार उनके इस प्रांजल निवेदन से छलकता है। अन्त में 2 जनवरी, 1944 के दिन पौ फटते ही विट्ठल रामजी शिंदे का चैतन्य तत्त्व अति कष्ट दिए शरीर को छोड़ अनन्त में विलीन हुआ।"

6

आधुनिक महाराष्ट्र और हिन्दुस्तान सुचारु रूप से गढ़ने में महान मराठी भाषिक शिल्पियों की गणना में महात्मा जोतिराव फुले, न्यायमूर्ति महादेव गोविन्द रानडे, लोकमान्य बाल गंगाधर तिलक, छत्रपति शाहू महाराज और डॉ. बाबासाहब आंबेडकर, इनकी बराबरी में महर्षि विट्ठल रामजी शिंदे का नाम सभी अध्ययनार्थियों और सर्जनशील शक्तियों को आज नहीं तो कल लेना ही पड़ेगा।

स्वतंत्रता, समता, न्याय, बन्धुत्व और शील—इस पर आधारित जीवन के समग्र प्रजातंत्र को जितनी गति मिलेगी और उसकी बराबरी से आज की विपरीत धार्मिक भावना के सिवा मानवधर्मी दृष्टि का स्वीकार जितना बढ़ता जाएगा उतनी मात्रा में उपर्युक्त अन्य महान समाज-सुधारकों की तुलना में उपेक्षित रहे विट्ठल रामजी शिंदे के महान कार्य का सार्थक गौरव वृद्धिगत होता रहेगा।

इन सभी इतिहास पुरुषों में संयोग से नहीं तो सायास एक समान तत्त्व मिलता है। उनकी वृत्ति, संस्कार, पसन्द-नापसन्द तथा राजनीति अलग थी। एक बात में उनकी धारणा समान दिखाई देती है। संवेदनशून्य एवं विकलांग बने

समाज में संजीवनी लाने हेतु तथा भविष्य में सचेतन, दृष्टि होनेवाला, जागरूक समाज निर्माण होने पर उसकी अखंडता कायम रखने के लिए उन्होंने धर्म-चिन्तन में गहराई और जागरूकता से ध्यान दिया।

समग्र जाति उन्मूलन यह संकल्पित मानव समाज का प्राण तत्त्व साबित होनेवाला है, यह उपर्युक्त सूची में से जिन्हें महसूस हुआ, उन्होंने इस सम्बन्ध में अधिक ही यथार्थ और क्रान्तिकारी सजगता अपनाई दिखाई देती है। महात्मा फुले ने सार्वजनिक सत्यधर्म निर्माण किया। न्यायमूर्ति रानडे ने नवभागवत् धर्म का समर्थन किया तो आंबेडकर ने धम्म का सिंहनाद किया।

विट्ठल रामजी शिंदे का सम्पूर्ण जीवन, व्यवहार जागरुकता से और प्रेम से गठित करनेवाला अखंड साधन धर्म ही था। प्रवृत्तिपरक रसिकता और प्रेम आदि समान बाते हैं। फिर भी ईश्वर कृपा करें न करें, प्रेम ही सच्चा और इसीलिए वह पर्याप्त है, ऐसी भूमिका से उन्होंने विशुद्ध धर्म का हमेशा श्रद्धा से चिकित्सक, वस्तुनिष्ठ जीवन दृष्टि से शोध कार्य किया। मैं ब्राह्म हूँ, बौद्ध हूँ ऐसा कृतिरूप उद्घोष करनेवाले शिंदे ब्राह्म समाज और सत्यशोधक समाज इनका अन्तस्थ तत्त्व एक ही है, ऐसा मानकर अपना धर्मशील जीवन स्थापन करते दिखाई देते हैं।

ईश्वरीय साक्षात्कार के रूप में रहस्य का वलय सोच-समझकर धिक्कारनेवाली विट्ठल रामजी की धर्म-दृष्टि मासूम, भेदातीत, बन्धुता की होने के कारण ही वर्ग-जातिनिष्ठ अन्धापन और समाज रचना के कारण ग्लानि आए अपने समाज में अस्पृश्यता उन्मूलन, यह आध्यात्मिक आचार धर्म की सर्वापरि अग्रक्रम की, शीघ्र अनिवार्य राह है ऐसी धारणा से उन्होंने जीवन का आत्मयज्ञ कितनी बड़ी कीमत चुकाकर सफल बनाया। "भारतवासियो! स्वार्थ, मानवजाति और ईश्वर का स्मरण कर यह बरबादी आत्म बहिष्कार नष्ट करो।" ऐसी सिंह गर्जना करनेवाले महर्षि शिंदे ने अपनी जवानी में कृति और उक्ति के बीच की दूरी मासूम धर्मनिष्ठा के साक्षात्कार की मदद से ही जान ली थी।

"सामाजिक सुधार और राजनीतिक सुधार इनमें साहचर्य नहीं, यह कहना जैसे थोथा एवं अर्थशून्य है, वैसे ही समाज-सुधार व धर्म के आद्य तत्त्वों का आचरण इनमें भी साहचर्य नहीं है, यह कहना उतना ही भ्रामक है।" ऐसी उनकी ठोस राय थी। सभी प्रकार के भावुक आन्दोलन आध्यात्मिक आन्दोलन ही होते हैं, परन्तु आध्यात्मिक दृष्टि एवं विवेकशीलता इनमें एकतानता प्रस्थापित करने से ही सभी काल्पनिक भेदों के विकार दूर होकर ऐहिक वैभव व सन्तोष मिलेगा, ऐसी शिंदे की धारणा थी। शिंदे की इस आध्यात्मिक वैचारिकता के कारण ही राष्ट्रनिष्ठा और प्रगतिशीलता, ब्राह्म समाज और सत्यशोधक समाज, तिलक और गांधी, फुले एवं आंबेडकर ऐसे भिन्न-भिन्न वृत्तियों को ऐहिक हित सम्बन्धों के सूत्र में उन्होंने पिरो दिया। उनका यह कार्य कभी व्यक्त रूप में दिखाई देता है तथा मान्य होता है तो कभी अव्यक्त एवं स्मृतिभ्रंश के कारण उपेक्षित रहता है, परन्तु कभी भी अपनी तेजस्विता एवं कठोरता गुम होने नहीं देता।

प्रेममयी आत्मज्ञान की अस्पृश्यता उन्मूलन और जाति उच्चाटन से कितनी घनिष्ठता है, यह समझने के लिए कर्मवीर की तुलना में महात्मा गांधी ने कितना दीर्घ समय कितने मोड़ लेकर लिया, यह समझ ले तो विट्ठल रामजी के उन्नत धर्म जीवन का मर्म हमें अधिक भाता है। सही धार्मिक संस्थापना और सामाजिक पुनर्गठन के लिए अस्पृश्योद्धार और जाति उन्मूलन को संस्थात्मक नींव पर संघटित रूप देनेवाले आधुनिक हिन्दुस्तान के पहले कर्मवीर के रूप में इतिहास उन्हें जानता रहेगा। स्त्री दास्य विमोचन के सम्बन्ध में भी उनकी भूमिका यही थी। इस प्रश्न की हमने टाल-मटोल की तो हमारी कुछ खैर नहीं, ऐसा वे समझाते। इस सन्दर्भ में बहुजन समाज की शहरी एवं ग्रामीण स्त्रियाँ सजग हो, इसलिए कर्मवीर ने जो आन्तरिक व्याकुलता और आत्मीयता से कार्य किया, वह अनमोल है।

विट्ठल रामजी के जीवन में उन्होंने किए किसान आन्दोलन का भी महत्त्वपूर्ण स्थान है। सफेदपोश और नेता अपने पर बोल्शेविक होने का आरोप करेंगे, इसकी परवाह न करते हुए किसानों में सजगता उत्पन्न कर उनका आत्मनिर्भर संघटन करने हेतु उन्होंने काफी कष्ट उठाए।

'एक दृष्टि से देखें तो हिन्दुस्तानी किसानों की अवस्था अस्पृश्य वर्ग से भी अधिक शोचनीय हुई थी,' ऐसा उनका स्पष्ट मत था। बलि राजा आत्मनिर्भर बनेगा तो ही स्वतंत्रता की आशा अन्यथा सब केवल नुक्ताचीनी, ऐसी उनकी भूमिका थी। पूँजीवादी किसी भी जाति का, स्तर का, स्वकीय अथवा परकीय या सामन्ती हो; जागीरदार हो या साहूकार हो, ये ही सारे किसानों के शत्रु हैं। अधिकांशत: ये किसानों के हितशत्रु और कई बार तो खुलेआम शत्रु होते हैं।

परन्तु किसान अपने देहात, जमीन से जुड़ा होता है। उसके सगे-सम्बन्धी दूर-दराज के देहातों में बिखरे होते हैं। उनका सम्बन्ध किसी एक पूँजीवादी से ही आता है, ऐसा नहीं। इस वजह से किसानों में सजगता एवं संगठन निर्माण करना कठिन बात है, इस बात की खबर कर्मवीर को थी।

ऐहिक हित सम्बन्धों की ठोस नींव पर रचा-बसा किसान आन्दोलन किसानों के बलबूते पर खड़ा रहकर उसी समय सिद्ध होगा, इस बात की खबर अण्णासाहब को थी। इसीलिए अपने पिछड़े एवं अनबन से सड़े देश में खेती की तरक्की का प्रश्न केवल अर्थशास्त्र के थोथे तत्त्वों पर अथवा प्रदर्शन प्रवृत्ति की परकीय जगमगाहट पर निर्भर न होकर वह सामाजिक शिक्षा व हित सम्बन्धों की सहकारिता पर अधिक निर्भर है, ऐसी शिंदे की धारणा थी। अत: किसान और मेहनतकश मजदूरों ने भी अन्यों का मुँह न ताकते हुए आत्मनिर्भर संयुक्त संघ की तैयारी करने के सिवाय अन्य सभी बातें व्यर्थ हैं, ऐसा अचूक निदान अण्णासाहब कर सके। इसीलिए सन् 1921 में चाँदवड तहसील परिषद् में उन्होंने सभी वर्गों के हित का विचार एवं कार्य करनेवाली कांग्रेस जैसी संस्था किसानों को आर्थिक आजादी तथा स्वयं निर्णय क्षमता आसानी से प्राप्त कराएगी, इतनी परिणामकारक सिद्ध होगी, ऐसा समझना अर्थात् निरी मूर्खता होगी; ऐसी यथार्थ, शास्त्रशुद्ध और कठोर भूमिका ली। साथ ही, किसान धनवान बना तो वह ही जमींदार बनता है। बाद में वह अन्य किसानों से अपना अलग चूल्हा जलाता है तथा अन्य अमीर सत्ताधीशों की पंक्ति में जा बैठता है, ऐसा कहकर अपने ऐतिहासिक व भविष्यदर्शी सत्यनिष्ठ प्रजा का आविष्कार प्रकट किया तथा आपसी अखंड एकता का मंत्र उन्होंने मेहनतकश किसानों को दिया। केवल मेहनत कर हल चलाने में समय न गँवाकर राष्ट्रीय अर्थनीति पर अंकुश रखने हेतु एक हाथ हमेशा मुक्त रखें, ऐसी चिरन्तन राह विट्ठल रामजी ने किसानों को दिखाई। मजदूर और मालिक, यह भेद ही नहीं तो देहात और नगर यह भेद भी भविष्य में दम तोड़ देगा। इस प्रकार का काफी दूर का भविष्य चित्रित करने की प्रज्ञा होनेवाले विट्ठल रामजी द्वारा किया किसान जागृति का कार्य उनके जीवन कार्य का अविभाज्य आयाम था।

बहुजन समाज और विशेषत: मराठा समाज के सम्बन्ध में भी कर्मवीर ने लक्षणीय तथा यथोचित कार्य किया। उनकी अपनी भूमिका यह थी कि "मुझे 'अन्य' मीमांसा नहीं चाहिए ब्राह्मण-ब्राह्मणेतर, मराठा-मराठेतर जैसी मीमांसा मुझे मंजूर नहीं है। मुझे जातियों की और जाति भेदों की घिन-सी आई है।"

फिर भी मराठा समाज महाराष्ट्र के रीढ़ की हड्डी है, यह पहचानने की गहरी समाजशास्त्रीय दृष्टि उनमें थी। उनका "खानदान मूल दक्षिण का मूल कर्नाटकी था। सादगी भरी रहन-सहन तथा पवित्र संस्कार का। इनका मराठापन पर्दानशीन नखरे का नहीं अथवा ब्राह्मणी शुचिता का भी नहीं।" इस कारण विट्ठल रामजी शिंदे को श्रेष्ठत्व के घमंड का डंका न बजाते मराठा समाज व विशेषत: खेती में मेहनत करनेवाले बहुसंख्य वर्ग के विषय में अपनापन तथा ममता महसूस होती थी। अपने पांडित्य और स्वतंत्र दृष्टि के कारण वे महाराष्ट्र के गठन में मराठा समाज के होनेवाले अहं स्थान को गहराई से जानते थे। इसलिए मराठा समाज ने इतिहास का अनुसन्धान तथा इतिहास लेखन आदि क्षेत्रों में कदम बढ़ाकर महाराष्ट्र का सही और प्रातिनिधिक इतिहास सम्मुख लाना होगा। मराठी साहित्य में मराठी परम्परा के चित्र मूल मराठी भाषा में आए, मराठा समाज ने प्राथमिक शिक्षा से लेकर उच्च शिक्षा तक उल्लेखनीय ऐसी संस्थात्मक प्रगति करनी चाहिए, मराठा समाज की स्त्रियों की शोचनीय अवस्था दूर हो और किसानों की चहुँमुखी तरक्की हो, इसलिए उन्होंने निरन्तर जी-जान से संस्थात्मक प्रयास किए।

इस सन्दर्भ में बा.ग. जगताप ने कृष्णराव भाऊराव बाबर द्वारा लिखित शिंदे के चरित्र में लिखी प्रस्तावना में इस प्रकार मार्मिक विवेचन किया था, मराठा यह बेहिसाबी है; ऐसा गुरुवर्य अण्णासाहब हमेशा मजाक में कहते रहे। यदि यही 'मराठा' शब्द की कसौटी होगी तो गुरुवर्य अण्णासाहब मराठा हैं, यह उनके चरित्र से सिद्ध होता है। जो कठिनतम कार्य हम स्वीकृत कर रहे हैं, उससे अपनी, अपने परिवार की क्या दशा होगी? जिस मराठा समाज का मैं प्रतिनिधि हूँ, उस समाज को क्या लगेगा वगैरह उनके मन में न आया। यदि आया भी तो उन्होंने उसकी परवाह न की। आज राष्ट्र को क्या जरूरत है, इसका विचार करके अपना ध्येय निश्चित किया एवं उसे हासिल करने का उन्होंने प्रयास किया। अन्य गृहस्थ मनुष्य जैसा धन बटोरने पर ध्यान नहीं दिया। इसलिए हम उन्हें 'कर्मवीर' कहते हैं।" (जगताप. पृ. 3)

गुरुवर्य अण्णासाब की "सत्याग्रह की आग्रही भूमिका यह विशेष थी। यह स्वभाव गुण न होता तो उन्होंने जो कार्य किया, यश सम्पादन किया, यह सब उन्हें हासिल न होता।" ऐसे मर्मस्पर्शी उद्‌गार बा.ग. जगताप ने व्यक्त किए थे। (उपरोक्त, पृ. 3) कन्नड़-मराठी संस्कृति का आदर्श फल होनेवाले शिंदे आज अपने बीच में नहीं हैं, परन्तु

शान्ताराम गरुड़ के कथनानुसार "परिवर्तन के क्षेत्र की कई कठिनतम चढ़ाइयाँ कैसे पार करें, कई आनेवाले मोड़ कैसे पार करें और अन्तिम लक्ष्य से अपनी नजर ओझल न होने पाए, इसका कृतिपाठ उन्होंने पीछे छोड़ा है। वर्तमान अवस्था में जोड़नेवाली ऐसी कोई भी सामूहिक कृति-योजना निश्चित करनी हो तो उसके लिए अपनी मानसिकता व्यापक, उदार और सुदृढ़ कैसी रखें, इसका पाठ केवल अण्णासाहब की स्मृतियों द्वारा हमें समय-समय पर प्राप्त होनेवाला है।" (गरुड़, पृ. 2)

महर्षि विट्ठल रामजी शिंदे ने ब्रह्मानन्द केशवचन्द्र सेन के कार्य का जो सार बताया है, वह शिंदे के कार्य पर हू-ब-हू खरा उतरता है, इसको लेकर मेरे मन में कोई सन्देह नहीं है। कर्मवीर ने कहा था, "यह सब क्योंकर हुआ? धर्म के दो हिस्से अन्त:साधना व ब्राह्म, सेवा इन दोनों को केशव ने अपने जीवन का सर्वस्व समर्पित किया था। हृदय में दूरी न रखी। अनासक्त भाव से गृहस्थ बने रहे। गृहस्थी में वे धर्म साधना हेतु, समाजोत्कर्ष हेतु रहे। अन्तिम समय यदि शारीरिक एवं मानसिक क्लेशकारी रहा तो भी उनका जो अन्त हुआ वह असमय हुआ, ऐसा कह नहीं सकते। उनके कार्य की इतिश्री हुई थी। आगे चलकर मनु में भी बदलाव आया।" (मंगुडकर (सं.) पृ. 250)

ऐसे महात्मा की इतनी प्रदीर्घ व्यापक, सप्रमाण एवं सरस जीवनी साकार करने हेतु डॉ. गो.मा. पवार का अभिनन्दन करके मैं अपनी कलम को विराम देता हूँ।

—प्रा. राम बापट

सन्दर्भ

1. कोलते, वि.भि.; प्रस्तावना, समाविष्ट शिंदे, वि.रा., *माझ्या आठवणी व अनुभव,* पुणे, लेखन वाचन भंडार, 1958, पृ. 1-14
2. गरुड़, शान्ताराम, 'आरम्भीचे निवेदन', समाविष्ट, पाटील, एन.डी., महर्षि *महर्षि रामजी शिंदे : एक उपेक्षित महात्मा,* कोल्हापुर, प्रबोधन प्रकाशन ज्योति, 1999, पृ. 2
3. गाडगिल, ध.रा., 'पुरस्कार', मंगुडकर, मा.प. (सं.), *शिंदे लेख संग्रह,* पुणे, ठोकल प्रकाशन, पृ. 7-10
4. चव्हाण, रा.ना., 'कर्मवीर शिंदे यांच्या जीवनाचे मर्म व वर्म', *नवभारत,* अक्टूबर 1974, पृ. 56
5. जगताप, बा.ग., 'प्रस्तावना', समाविष्ट, बाबर, कृष्णराव भाऊराव, *कर्मवीर विद्यार्थी,* सतारा, विद्यार्थी पुस्तकमाला, 1930, पृ. 3
6. पवार, गो.मा., (सं.), महर्षि विट्ठल रामजी शिंदे यांची *रोजनिशी,* औरंगाबाद, मराठवाडा साहित्य परिषद्, 1979, पृ. 126
7. पाटील, एन.डी., *महर्षि रामजी शिंदे : एक उपेक्षित महात्मा,* कोल्हापुर, प्रबोधन प्रकाशन ज्योति, 1999, पृ. 4
8. सावन्त, पी.बी., 'विट्ठल रामजी शिंदे : एक उपेक्षित महात्मा', *महाराष्ट्र टाइम्स,* 23/04/1983 समाविष्ट, दहातोंडे, भि.ना. (सं.), *महर्षि विट्ठल रामजी शिंदे विशेषांक* 2001, अहमदनगर, 2001, पृ. 6-8
9. शिंदे वि.रा., ब्रह्मानन्द केशवचन्द्र सेन इ, समाविष्ट मंगुडकर, मा.प. (सं.), *शिंदे लेख संग्रह,* पुणे, ठोकल प्रकाशन, 1963 पृ. 250

महर्षि विट्ठल रामजी शिंदे

महर्षि शिंदे की मातोश्री श्रीमती यमुनाबाई, पिताजी श्री रामजी शिंदे और बीच में चि. प्रताप

पत्नी रुक्मिणीबाई

भगिनी जनाक्का

श्रीमंत सयाजीराव गायकवाड

छत्रपति राजर्षि शाहू महाराज

डॉ. रा. गो. भांडारकर

प्रो. एस्लिन जे. कार्पेंटर

राजा राममोहन राय

महात्मा गांधी

मैंचेस्टर कॉलेज, ऑक्सफ़ोर्ड

मैंचेस्टर कॉलेज, ऑक्सफ़ोर्ड में अध्ययनरत

सिर पर साफा न होनेवाला महर्षि शिंदे का दुर्लभ फोटो

प्रार्थना समाज के प्रचारक शिंदे

मैंचेस्टर कॉलेज, ऑक्सफ़ोर्ड प्राध्यापक और सहपाठी

श्री विष्णुपंत देशपांडे

श्रीमती बहिणाबाई देशपांडे

श्री गणपतराव शिंदे और श्रीमती अहल्याबाई शिंदे

मुंबई प्रार्थना समाज और मिशन के कार्य में मार्गदर्शक और सहयोगी

श्री दामोदरदास गोवर्धनदास सुखडवाला

सर नारायणराव चंदावरकर

मुंबई प्रार्थना समाज और मिशन के सहयोगी

श्री वामन सदाशिव सोहोनी

डॉ. संतुजी रामजी लाड

श्री केरो रावजी भोसले

श्री द्वारकानाथ गोविंद वैद्य

मुंबई में धर्म कार्य और समाज कार्य के सहयोगी

श्री बाबण बापू कोरगावकर

श्री किसन फागूजी बनसोडे

श्री गणेश आकाजी गवई

श्री बी.बी. केसकर

श्री अब्दुल कादर सय्यद और श्रीमती कल्याणी सय्यद

श्री दामोदर नारायण पटवर्धन और श्रीमती अन्नपूर्णा दामोदर पटवर्धन

डॉ. हेरॉल्ड एच. मैन

श्री शिवराम जानबा कांबले

डॉ. एस. एस. मोदी

रैंगलर र. पु. परांजपे

प्रिं. केशवराव कानिटकर

श्री गोविंदराव सासने

डॉ. वासुदेवराव सुखटणकर

डॉ. कृष्णाबाई केलवकर

श्री कृष्णराव पाताडे

श्री बाबुराव जेधे

श्री केशवराव जेधे

गुरुवर्य बाबुराव जगताप

प्रो. धर्मानंद कोसंबी

शराबबन्दी आन्दोलन सभा में डॉ. भांडारकर, लोकमान्य तिलक, ह.ना. आपटे, डॉ. हेरॉल्ड मैन इनके साथ महर्षि शिंदे 1907

डी.सी.एम. सोसाइटी के अहिल्याश्रम की मुख्य पाठशाला की इमारत निर्माण का समारोह 1923

डी. सी. मिशन संस्था का एक पारितोषिक वितरण समारोह

बोरगाँव (तहसील वालवा) की किसान परिषद में भाषण, 1931

वाई ब्राह्म समाज के कार्यकर्ता

श्री नारायण राव चव्हाण

श्री रामराव बाबर

श्री रा.ना. चव्हाण

वाई ब्राह्म समाज की ओर से कोठावले बाग में वनोपासना, 1934

महाराष्ट्र के दो कर्मवीर-महर्षि शिंदे और कर्मवीर भाऊराव पाटील

रयत शिक्षा संस्था आजीवन सेवकों का शपथविधि समारोह, 1937

महर्षि के पुत्र रवींद्र, स्नुषा श्रीमती सुशिलाबाई, श्रीमती लक्ष्मीबाई और प्रतापराव

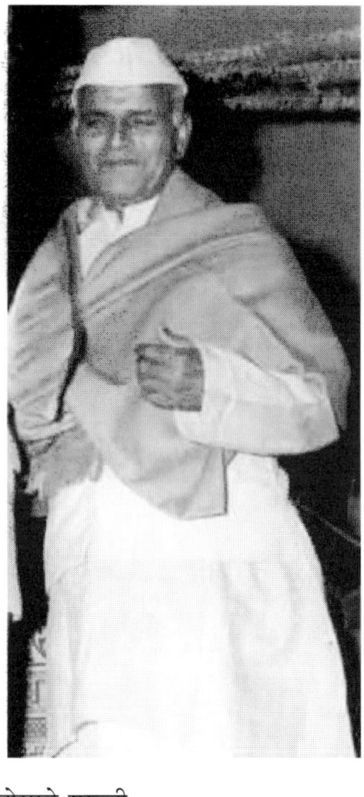

महर्षि के बंधु एकनाथराव, उनकी कन्या शुभाताई और दामाद श्री एकनाथराव घोरपडे गुरूजी

तीसरी पीढ़ी

श्री प्रतापराव और श्रीमती लक्ष्मीबाई के साथ महर्षि के नाती
पीछे : श्री दिलीप, श्री शंतनू, नवीनचंद, एअर कमांडर (अवकाशप्राप्त) अशोक
बैठी हुई : श्रीमती उर्मिला सालुंखे, श्रीमती सुजाता पवार, श्रीमती दमयंती बेंडाले

वाई का ब्राह्म समाज मंदिर

पुणे का निवासस्थान : रामविहार

महर्षि शिंदे को ब्रह्मदेश में मिले महाराष्ट्र के लोग

बाएँ सीढ़ी पर नीचे बैठे श्री महादेवराव मांडे, दाएँ कोने में श्री पायगुडे, ऊपर की सीढ़ी पर मांडे के बाएँ श्रीमती मांडे,
उसके ऊपरी सीढ़ी पर सिर पर पल्लू लिए श्रीमती पायगुडे, बिल्कुल ऊपर की सीढ़ी पर बैठे हुए सफ़ेद बाल के श्री नागवंशे,
उनके सामने नीचे की सीढ़ी पर श्रीमती राव और उसके नीचे की सीढ़ी पर तिरछी बैठी श्रीमती नागवंशे, बिल्कुल ऊपर बीच में भावे
बच्चों की कतार में दूसरे स्थान पर रत्नाकर नागवंशे, तीसरे स्थान पर विद्याधर मांडे, उनके बाएँ श्री राव (बो कोट पहने हुए)

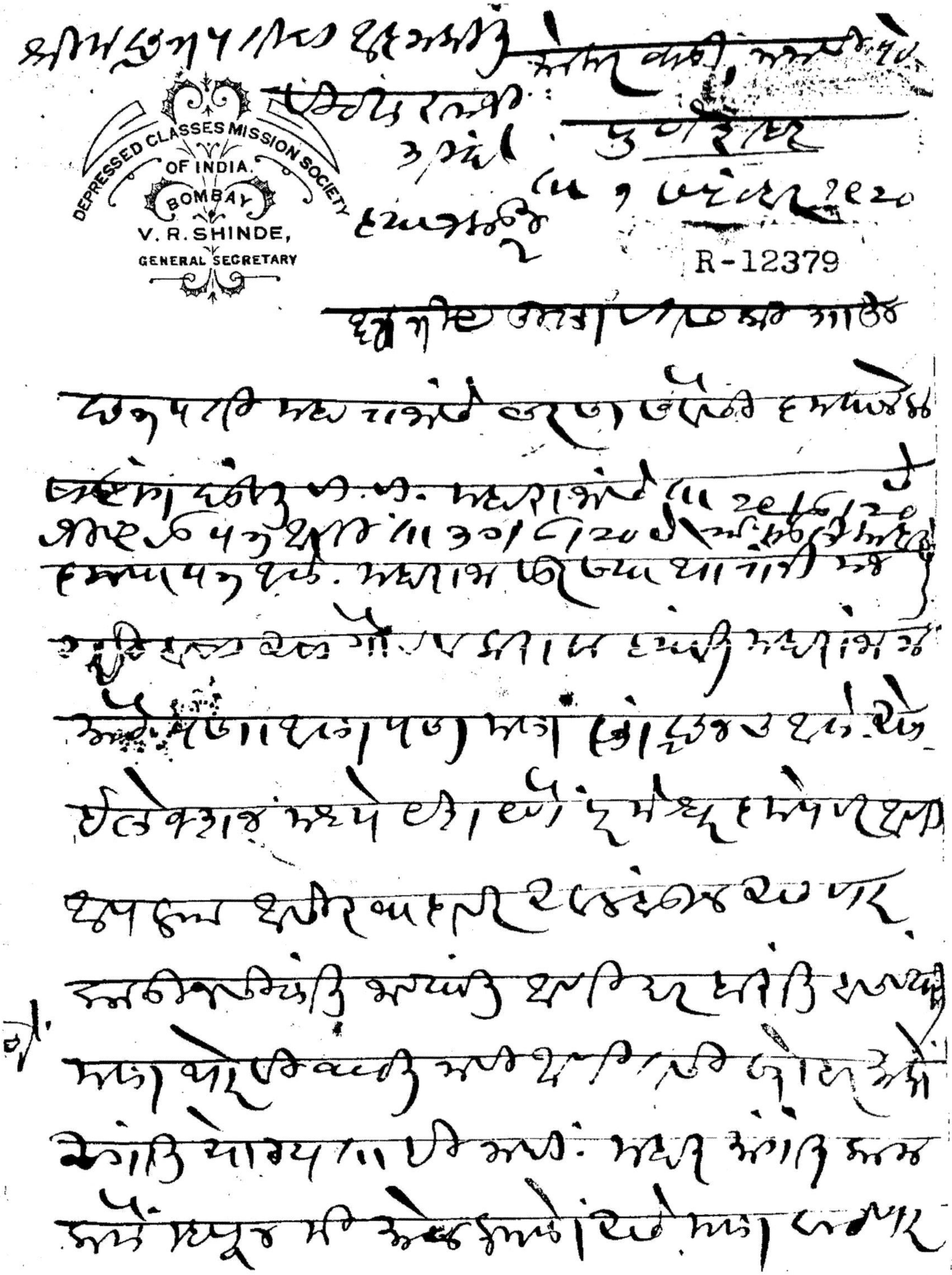

DEPRESSED CLASSES MISSION SOCIETY OF INDIA. BOMBAY

V. R. SHINDE,
GENERAL SECRETARY

R-12379

महर्षि की मराठी लिखावट

गौतम बुद्धाचा उदय म्हणजे भारतीय
[हिंदूंना आठवणाऱ्या इतिहासातील]
इतिहासांतील एक मोठी मुहूर्त मेढ होय. कोण-
त्याही तात्विक विषयाचें विवेचन करा-
वयाचें झाल्यास ह्या मेढीपासून पुढें
मागें व मागें पाठीकडे शोध करीत
जावें लागतें आणि आम्हांला ही अस्पृश्य-
तेच्या खऱ्या भावनेसाठी ह्या दोन भिन्न
दिशांनी ह्या मेढीपासून आगमागें गेलें
पाहिजे. म्हणून प्रथम प्रसिद्ध बुद्धोदयकाली
म्हणजे इ.स. पूर्वी ६०० वर्षांचे सुमारास अ-
स्पृश्यतेची उणीव निर्दिष्ट पायरीच्या दृष्टी-
नें किती प्रगति झाली होती तें पाहूं.
ह्या काळीं उत्तर भारतांत चार वर्णांची
आर्यांनी तर पूर्ण स्थापना केली होती-
च, परंतु ती वर्णव्यवस्था जन्मजन्य म्ह-
सिद्ध मानली जात असे. ब्राह्मण आणि क्षत्रि-
य ह्या दोन्ही जाती डोयीजड झाल्या असून
त्यांच्यांत परस्पर वर्चस्वा संबंधी तंटा चालू
होता. शूद्रच नव्हत तर वैश्य आणि स्त्रियांही
अध्यात्मांत अनधिकारी मानल्या जात होत्या.
चार वर्णांबाहेर पोट जाती व [illegible] बन-
ल्या होत्या.

Liberal Religion in India

Its i principles ii methods iii works.

History

Liberal Religion is an essential characteristic of modern civilized life. It is a reconciliation of the two apparently conflicting principles of human mind viz. Faith & Reason. No where in the whole civilized world, not even excepting England & America, is this paradoxical phenomena of the Spirit – this mysterious harmoney – showing more vivacity & vigour, than in India. It is there not a mere imported foreign product. It is decidedly & admittedly indigenous. Of course it would be ingratitude to say that India ows nothing in this respect. But what she owes to the West is only the purifying & fertilizing showers of Rationalism. The soil as well as the seeds of the vegetation are purely Indian & the whole growth is thriving in an Indian atmosphere. Long before the birth of Modern civilization

महर्षि की अंग्रेजी लिखावट

अन्त:प्रेरणा का निर्णय

पुणे प्रार्थना समाज में सन् 1900 के सितम्बर मास के तीसरे सप्ताह में संध्या समय एक विशेष उपासना का आयोजन किया गया था। समाज के बुजुर्ग एवं युवा धीरे-धीरे समाज के मन्दिर में इकट्ठा हुए। अक्सर आस्था और उत्साह से एक-दूसरे की पूछताछ करनेवाली और प्यार से मिलनेवाली मंडली आज चुप्पी साधकर बैठी थी। चेहरे पर हमेशा होनेवाला उत्साह नहीं था अपितु एक तरह की मायूसी छाई हुई थी। प्रार्थना समाज के ऋषितुल्य नेता डॉ. रा.गो. भंडारकर इस उपासना का संचालन करनेवाले थे। हमेशा कठोर और उग्र होनेवाले उनके चेहरे पर उदासी झलक रही थी। विशेष उपासना के आयोजन का कारण एक दुखद घटना थी। प्रार्थना समाज में दो साल पहले दीक्षित हुए मेधावी और कार्य तत्पर युवक मोतीबुलासा का ब्राह्म और प्रार्थना समाज ने ऑक्सफोर्ड के मैनचेस्टर कॉलेज में दो साल की धार्मिक शिक्षा हेतु चयन किया था। वे 15 सितम्बर को जहाज से विलायत रवाना हुए थे। यात्रा के दरमियान पोर्टसय्यद में वात ज्वर से पीड़ित होने से उनकी आकस्मिक मृत्यु हो चुकी थी। यह समाचार मिलने पर पुणे और मुम्बई के प्रार्थना समाजियों को अत्यन्त दुख हुआ था। इस घटना से डॉ. भंडारकर काफी आहत हुए थे। मोतीबुलासा के निधन के निमित्त यह विशेष उपासना आयोजित की गई थी।

डॉ. भंडारकर ने गमगीन मन से उपासना शुरू की। उस समय उनके हृदय से अत्यन्त व्याकुलतापूर्ण दुखोद्गार प्रकट हो रहे थे। इस उपासना में मोतीबुलासा के साथ ही प्रार्थना समाज में दीक्षित हुए एक निष्ठावान युवक विट्ठल रामजी शिंदे उपस्थित थे। मोतीबुलासा के वियोग से उनका मन पहले ही व्याकुल था। गुरुवर्य डॉ. भंडारकर के प्रति उनके मन में अतीव आदर था। उपासना के दौरान डॉ. भंडारकर की आँखों से लगातार आँसू बह रहे थे। इसका शिंदे के हृदय पर गहरा परिणाम हुआ। डॉ. भंडारकर मंच से नीचे आए तो वे उनके पास गए और बोले, "मोतीबुलासा के निधन से खाली हुई जगह पर गुरुवर्य मुझे लायक मानते हैं तो मैं विलायत जाने को तैयार हूँ।"[1] विट्ठल रामजी शिंदे ने अन्त:प्रेरणा के एक महत्त्वपूर्ण समय पर जीवन को मोड़ देनेवाला और जीवन का लक्ष्य तय करनेवाला निर्णय लिया। डॉ. भंडारकर ने यह सुना तो वे खुशी से फूले न समाए और उन्होंने उस युवा को गले लगाकर स्नेह से सहलाया।

वस्तुत: ऐसा निर्णय लेना विट्ठल रामजी शिंदे की दृष्टि से आसान बात नहीं थी। उनके बचपन में पैतृक अमीरी का अस्त हुआ था। दो जून की रोटी को मोहताज ऐसी दरिद्रता उन्हें भुगतनी पड़ी थी। अत्यन्त प्रतिकूल आर्थिक परिवेश में स्कॉलरशिप और ट्यूशन लेकर उन्हें अपनी शिक्षा का खर्चा चलाना पड़ता था। बी.ए. की उपाधि प्राप्त करने के पश्चात् लॉ की परीक्षा के दो टर्म्स पूरे होकर फाइनल परीक्षा नजदीक आ चुकी थी। उनके बूढ़े माता-पिता यह आस लगाए बैठे थे कि उनके मेधावी और कर्तृत्ववान बेटे को अच्छी नौकरी मिलेगी और वह घर की दरिद्रता दूर कर सुख-समृद्धि लाएगा। उनके जैसे उच्चशिक्षित मराठा युवक को बड़ौदा जैसी रियासत में अच्छे वेतन और ओहदे की नौकरी मिलने में कोई कठिनाई भी नहीं थी, लेकिन जिस पल विट्ठल रामजी शिंदे ने विदेश जाकर मैनचेस्टर कॉलेज में धार्मिक शिक्षा लेने की तैयारी दर्शाई, उसी पल उन्होंने इन सभी बातों से पीठ फेरकर आजीवन फकीरी अपनाने की तैयारी दिखाई थी। क्योंकि धार्मिक शिक्षा लेने के लिए जो कड़ी शर्तें थीं, इसकी उन्हें अच्छी तरह से कल्पना थी। हर साल सौ पौंड इस हिसाब से छात्रवृत्ति मिलनेवाली थी, लेकिन वह इतनी अत्यल्प थी कि उससे जैसे-तैसे उदर निर्वाह होता। इसके सिवा विदेश यात्रा के खर्चे का प्रबन्ध स्वयं उस छात्र को करना था। सबसे महत्त्वपूर्ण शर्त यह थी कि धार्मिक शिक्षा लेकर स्वदेश लौटने पर उस छात्र को आजीवन धर्म-प्रचार का कार्य करना होता। कम-से-कम इस उद्देश्य से विसंगत रोजी-रोटी की दूसरी राह नहीं अपना सकता। इन सभी शर्तों का, घर की कठिन आर्थिक स्थिति

का और समीप आई एल.एल.बी. की परीक्षा की मन में बाधा न लाकर अपनी अन्त:प्रेरणा से उसी पल उन्होंने यह निर्णय लिया और गुरुतुल्य ऐसे डॉ. भांडरकर के सामने उसे गम्भीरता से प्रकट किया। विट्ठल रामजी शिंदे के जीवन को मोड़ देनेवाली और जीवित-कार्य की निश्चिति करनेवाली इस घटना जैसी ही दूसरी एक घटना भी इसी अन्त:प्रेरणा के समय घटित हुई।

ऑक्सफोर्ड के मैनचेस्टर कॉलेज से धार्मिक शिक्षा का अध्ययन पूरा कर वापिस आने पर उन्होंने मुम्बई प्रार्थना समाज के प्रचारक पद की जिम्मेदारी सँभाली, जिसे डेढ़ वर्ष पूरा हुआ था। उन्होंने विविध स्थानों के प्रार्थना समाज अच्छा कार्य करें, इसलिए महाराष्ट्र के विविध स्थानीय समाज को भेंट देकर वहाँ का कार्य सुसंगठित करने की दृष्टि से प्रयास शुरू किए थे। इसी उद्देश्य से वे अहमदनगर समाज के वार्षिक उत्सव के लिए वहाँ गए थे।

शनिवार दिनांक 28 अक्टूबर, 1905 का दिन। अमावस की अँधेरी रात। कई जटिल काम निपटकर देर रात वे लेटने जा रहे थे। अचानक अस्पृश्य वर्ग का एक प्रतिनिधि मंडल रात बारह बजे के आसपास उन्हें मिलने आया। भिंगार, यह अहमदनगर से चार मील की दूरी पर बसा एक देहात। वहाँ की स्थानीय अस्पृश्य वर्ग की मंडली ने ऐसे समय एक जाहिर सभा आयोजित की थी। विट्ठल रामजी शिंदे इस सभा का अध्यक्ष पद स्वीकार कर मार्गदर्शन करें, इसलिए यह प्रतिनिधि मंडल आधी रात को उनसे मिलने आया था। शिंदे के साथ स्वामी स्वात्मानन्द थे। उन्हें कुछ सन्देह हुआ, लेकिन विट्ठल रामजी ने उनका समाधान किया तो वे भी उत्साह से सभा में जाने के लिए उनके साथ इक्के में बैठे। भिंगार गाँव की सीमा पर बसे महाराबाड़ा में वे उतर गए।

उन्होंने सामने जो दृश्य देखा, वह अपूर्व था। बड़ी-बड़ी मशालें सुलग रही थीं। छोटे-बड़े, स्त्रियों से गुँजित सभा अतिथियों की प्रतीक्षा कर रही थी। शिंदे और स्वात्मानन्द सभा स्थान पर पहुँचे तो तालियों की प्रचंड आवाज में उनका स्वागत हुआ। देहात के पिछड़े समाज की इतनी भीड़ देखकर स्वामीजी चकित हुए। उन्होंने आयोजकों से पूछा कि असमय यह सभा क्यों बुलाई? उन्होंने उत्तर दिया, "साहब, हम गरीब लोग। दिनभर कष्ट करना पड़ता है। हमारे लिए इसके सिवा और समय कहाँ? हम सब संचालक मंडली पड़ोसी जिले के गाँव में विदेशी साहबों के घरेलू काम में जुटे होते हैं। इस समय के अलावा हमें खाली समय नहीं मिलता। आपको कष्ट दिया, इसलिए माफी चाहते हैं।" विट्ठल रामजी शिंदे इस प्रसंग का वर्णन इस तरह करते हैं, "मेरे अन्त:करण में बिजली चमक गई। इन लोगों की हजारों साल की व्यथा जानकर मेरा मन भावुक हुआ था। ज्यादा विवरण अनावश्यक लगा।" इन अस्पृश्य मंडली की वेदना से उनका दिल पसीज गया। मन करुणा से भर आया। मन की इसी दशा में सभा का काम-काज शुरू हुआ।

नागपुर के समीप बसे मोहपा गाँव के किसन फागुजी बनसोडे नामक त्यागी युवक ने धर्म की नींव पर एक समाज स्थापित कर अस्पृश्य वर्ग के सुधार हेतु प्रयास शुरू किए थे। उनकी सूचना से अहमदनगर के अस्पृश्यों के नेता श्रीपतराव थोरात (बटलर), पांडुरंग लक्ष्मण डांगले (हेडमास्टर), रावजी सदोबा गायकवाड़ (नगर निगम में अध्यापक) आदि ने यह सभा आयोजित की थी। मोहपा की मंडली से आया मुद्रित जाहिर पत्र सभा को पढ़कर सुनाने हेतु शिंदे के हाथ में दिया गया। वे उद्देश्य एक-एक करके समझा रहे थे। शिंदे ने इस प्रसंग का वर्णन करते समय लिखा है, "हजारों सालों से उच्च जाति का जुल्म सहकर, 'उच्च वर्ग के मन को आहत न कर अपितु किसी भी तरह से उन्हें उकसाए बिना अस्पृश्य वर्ग अपने हित के लिए प्रयास करें' इस अर्थ का एक उद्देश्य मैं सभा को समझा रहा था। उस समय मुझे उद्धार का यह कार्य स्वीकार कर उसमें अपना भावी जीवन समर्पित करें, ऐसी प्रेरणा मिली। मुझे अच्छी तरह से याद है कि इसी रात के मुहूर्त पर मैंने अन्य सभी कार्य छोड़कर अविलम्ब इस कार्य को शुरू करने का संकल्प ईश्वर को साक्षी बनाकर तय किया।"[2]

इस सभा के अवसर पर अन्त:प्रेरणा के क्षण में विट्ठल रामजी शिंदे ने अपने जीवित कार्य का महत्त्वपूर्ण पहलू तय किया और अपना भावी जीवन अस्पृश्यता उन्मूलन कार्य और अस्पृश्य माने गए लोगों की उन्नति हेतु समर्पित करने का दृढ़ निश्चय किया। उनकी भूमिका के अनुसार अस्पृश्यता उन्मूलन का कार्य यह धार्मिक कार्य ही था। इसीलिए एक साल के अन्दर 18 अक्टूबर, 1906 के दिन उन्होंने 'डिप्रेस्ड क्लासेज मिशन सोसाइटी ऑफ इंडिया' या 'भारतीय निराश्रित सहयोगी मंडली' नामक संस्था स्थापित कर राष्ट्रीय स्तर पर अस्पृश्यता उन्मूलन कार्य का आरम्भ किया। इस कार्य का अपूर्व विस्तार कर अस्पृश्यता का प्रश्न हल करने हेतु पूरे भारत में जागृति लाए। उन्होंने सामाजिक

पुनर्गठन के अपूर्व कार्य को पूरा जीवन समर्पित किया। उन्होंने भावना के एक उत्कट क्षण में प्रबल अन्त:प्रेरणा से अपना जीवित कार्य तय करने का निर्णय लिया। विट्ठल रामजी शिंदे के जीवित लक्ष्य और जीवित कार्य का स्वरूप तय करनेवाली उनके जीवन की ये दो घटनाएँ रही हैं।

उन्होंने कहा है कि ये दोनों निर्णय उन्होंने भावना के एक उत्कट क्षण के दौरान अन्त:प्रेरणा से लिए, जो उचित लगता है। यहाँ हमें यह भी समझना होगा कि जीवन के निर्णायक पल में उनके अन्त:करण में भावना का स्फोट यह न अचानक हुआ न ही निर्णय को कारक बनी अन्त:प्रेरणा उनके अन्त:करण में अपरिचित रूप में अचानक निर्माण हुई थी। मूलत: भाव की उत्कट दशा और अन्त:प्रेरणा का आविष्कार, ये अकल्पित नहीं घटते। यह घटित होने के लिए अन्त:करण का भावुक गठन कुछ संस्कारों से ही होता है। ऐसे संस्कारों से मन की भावुक उत्कट दशा बने तो अन्त:प्रेरणा प्रबलता से प्रस्फुटित होती है। अन्त:करण की भावुकता और प्रेरणा का उगम संस्कारित मन की गठन से होता है। विट्ठल रामजी शिंदे ने अपने जीवन को अभूतपूर्व मोड़ देनेवाले, परस्पर सुसंगत जो दो निर्णय अन्त:प्रेरणा से लिए उनके मूल में विशिष्ट संस्कारों से हुई, उनकी गठन कारक बनी ऐसा कहना होगा। बीसवीं सदी के आरम्भ में अपना जीवन धर्म-प्रसार कार्य को समर्पित करने का और उस कार्य के एक हिस्से के तौर पर अस्पृश्यता उन्मूलन कार्य करने का विट्ठल रामजी शिंदे ने जो निर्णय लिया वह, लोकोत्तर कहना होगा। इस तरह का निर्णय लेनेवाले उनके मन की गठन कैसी हुई होगी और इस परिप्रेक्ष्य में उनका चरित्र कैसा बना, यह हम देखेंगे।

सन्दर्भ

1. विट्ठल रामजी शिंदे, *माझ्या आठवणी व अनुभव,* श्री लेखन वाचन भंडार, पुणे, 1958, पृ. 113
2. वही, पृ. 215-216

दादा-दादी और माता-पिता

विट्ठल रामजी शिंदे का बचपन कैसे बीता, इस सन्दर्भ की घटनाएँ देखे तो कालक्रम से उनके बचपन में क्या घटित हुआ, इतनी सामान्य जानकारी नहीं मिलती तो उनके बचपन के चरित्र का तफसील भी महत्त्वपूर्ण लगता है क्योंकि उनका जो व्यक्तित्व गठित हुआ और भविष्य में उन्होंने जो कार्य किया, इस तफसील का उनके बचपन से महत्त्वपूर्ण सम्बन्ध है, यह गहराई से देखे तो पता चलता है।

विट्ठल रामजी शिंदे का जन्म 23 अप्रैल, 1873 को आज कर्नाटक में होनेवाले जमखंडी नामक गाँव में हुआ। यह गाँव बीजापुर की पश्चिम दिशा में 36 मील पर बसा है। उन दिनों जमखंडी पटवर्धन के अमल में 524 चौरस मील रकबे की छोटी रियासत थी।[1] यह क्षेत्र कुछ समय कोण्णूर के देसाई के अधिकार में था। आगे सरदार गोपालराव पटवर्धन ने यह मुल्क अपने कब्जे में लिया। गोपालराव पटवर्धन ने रामचन्द्रराव आप्पासाहब को गोद लिया था। 1853 में उन्होंने राज्य के अधिकार की बागडोर सँभाली। तब से लगभग पचास साल तक उन्होंने अपनी रियासत में लोकमंगल की दृष्टि से कारोबार किया। विशेषत: उन्होंने जनता को मुफ्त शिक्षा की सुविधा मुहैया की। वाचनालय खोलने के लिए प्रोत्साहन दिया। पाश्चात्य सुधार की अच्छाइयाँ अपनी रियासत में लाई गईं। इस ब्राह्मणी रियासत में शिक्षा के लिए अनुकूल माहौल था।

विट्ठल रामजी शिंदे के पूर्वजों में से उनके दादाजी के पिता चन्द्रोजीराव बीजापुर के सुरापुर के जागीरदार होने की सम्भावना स्वयं शिंदे ने दर्ज की है। बारहवीं सदी में सौन्दत्ती में शिंदे खानदान की सत्ता थी। उस खानदान से सुरापुर के शिंदे खानदान का सम्बन्ध होने का मात्र अनुमान कर सकते हैं। चन्द्रोजीराव लड़ाई में शहीद हुए और उनके पुत्र अर्थात् शिंदे के दादाजी बसवन्तराव जमखंडी में अप्पा दफ्तरदार की खेती करते हुए स्वतंत्र रहने लगे। उनके व्यक्तित्व के रौब और हिकमती, हँसोड़ स्वभाव से छोटे विठू को बचपन से ही उनके प्रति आदर और आकर्षण था। उनके व्यक्तित्व का वर्णन करते समय उन्होंने लिखा है, "वे बड़े ही प्रतिष्ठित और कर्तृत्ववान पुरुष थे। इकहरा शरीर, गोरा वर्ण, लाल आँखें, तराशी हुई भौंहे—ऐसी उनकी आकृति थी। उनकी पोशाक एकदम दरबारी मराठेशाही की थी। तंग सफेद पाजामा, गोल कमीज, सफेद पगड़ी, बड़ी सफेद लम्बी गुच्छेदार मूँछें। उनका रौब आकर्षित करता था। पुरुष हिकमती और हँसोड़ था।[2] उनकी बातें बड़ी चुटीली और रंजक होतीं। अपने बेटे के वैश्य मित्र बसप्पा अथणी पर उन्होंने हास्यात्मक पद्य लिखा था। बसवन्तराव जमखंडी में सम्मान और सुख से रहते थे। वे लश्कर के सिपाही लगते लेकिन वे किसान थे। लोग उन्हें सूबेदार कहते थे। इसलिए विट्ठल रामजी शिंदे का अनुमान था कि उन्होंने लश्कर में सूबेदारी की होगी। उनकी मृत्यु सन् 1878-79 में हुई। विट्ठल रामजी के दादाजी बसवन्तराव की खानदानी शैली, स्वाभिमान और हँसोड़ स्वभाव, ये गुण विट्ठल रामजी में आए होंगे, ऐसा कह सकते हैं।

शिंदे की दादी का नाम संताबाई था। मुधोल के नजदीक बसा हुआ लिंगनूर नामक देहात, यह दादी का जन्म का गाँव था। तुलजापुर की भवानी देवी शिंदे खानदान की कुलदेवी थीं। यहाँ के पुजारी भाऊराव कदम उनके आश्रित थे। उनकी बही में लिखा विट्ठल रामजी के दादा का नाम बसवन्तराव और दादी का नाम संताबाई है ऐसा स्वयं उन्होंने विट्ठल रामजी शिंदे को बताया था। इस कानडी मुल्क में उनके दादा को 'बसप्पा' और दादी को 'सत्यव्वा' कहा जाता। उनकी दादी स्वभाव से स्वाभिमानी और कुछ मात्रा में तामसी थीं। उसका रंग काला, देह मजबूत लेकिन वह गृहस्थी में समझदार, उद्यमी और कर्तृत्ववान औरत थीं। उनकी दादी का मायका गरीब होगा। इसीलिए दादी का भाई व्यंकप्पा अपने बीवी-बच्चों को लेकर बसवन्तराव के घर ही रहने आया था। दादी के मायके की कुलदेवी

सौन्दत्ती की यल्लमा थी। दादी मेहनती और कर्तृत्ववान होने से दादाजी ने खेती, कुलाचार और घर का कारोबार उस पर सौंपा था। शिंदे ने कहा है कि अपने दादा में मराठा के तो दादी में कर्नाटक के काफी लक्षण दिखाई देते थे। दादी देहाती, मजबूत और कमानेवाली तो दादा नागरिक, दरबारी और मौजी दिखाई देते। दादी सौन्दत्ती के यल्लमा की भक्ति निष्ठा से किया करती थी। हर साल अगहन पूर्णिमा को जमखंडी के नेता यल्लमा की मूर्ति सौन्दत्ती ले जाते और मेला खत्म होने पर जुलूस निकालकर बड़ी शान से मूर्ति मन्दिर ले आते। इस सन्दर्भ में शिंदे लिखते हैं, "मीठा खाने को और मौज देखने को मिलती। इसलिए मुझे बचपन में यल्लमा ही नहीं तो उतने समय तक दादी भी खूब अच्छी लगती। मेरे कोमल मस्तिष्क पर धर्म के पहले संस्कार दादी की उस द्राविड़ी देवता के हुए। उसकी स्मृति मुझे आज भी रमणीय लगती है।"[3] तुलजापुर की भवानी देवी और सौन्दत्ती की यल्लमा के सिवा कुंचनूर के महादेव की वह भक्ति करती थी। इसके सिवा वह कर्नाटक की रस्म के आधार पर ताईबाई उर्फ येलमक्कल यानी सात बच्चों की माता नामक देवी की भी स्थापना करती थी। दादी के कारण छोटे विट्ठल को द्रविड़ संस्कृति और द्रविड़ देवताओं का परिचय हुआ। बड़ा होने पर द्रविड़ संस्कृति को लेकर अनुकूल मत बनने में बचपन के इन संस्कारों की मदद हुई होगी।

ननिहाल

विट्ठल रामजी पर जैसे उनके दादा-दादी के संस्कार हुए, उसी तरह नाना-नानी और ननिहाल के लोगों के भी संस्कार हुए। जमखंडी के पूर्व में छह मील पर कृष्णा नदी के किनारे बसा आलगूर नामक देहात शिंदे का ननिहाल था। उनकी माता का नाम था यमुनाबाई। उसकी माँ का नाम गंगाबाई और पिता कृष्णराव काले थे। युवावस्था में घुटने की बीमारी से उनका एक पैर घुटने में टेढ़ा हो गया था और वे हमेशा के लिए अपाहिज बन गए। इससे इस कानडी प्रदेश में उन्हें 'कुंट कृष्णप्पा' अर्थात् लंगड़ा कृष्णराव कहते थे। शिंदे के दादा-दादी बसवन्तराव और संताबाई के बिलकुल विरुद्ध विशेषताएँ उनके ननिहाल की गंगाबाई और कृष्णराव इस नाना-नानी की जोड़ी में मिलती थीं। इधर बसवन्तराव मराठी और संताबाई कानडी तो उधर गंगाबाई मराठी और कृष्णराव कानडी थे। कृष्णराव घुटने की बीमारी से सालभर बिस्तर पर पड़े रहे। तब गंगाबाई ने बड़े प्यार और श्रद्धा से उनकी दिन-रात सेवा की। आलगूर के कुलकर्णी गोविन्द आप्पा इस वैष्णव ब्राह्मण परिवार का शिंदे के ननिहाल के घर पर बड़ा स्नेह था। शिंदे की दादी संताबाई जैसी धार्मिक थीं वैसी नानी धार्मिक नहीं थीं, लेकिन वह स्वयं धर्म की मूर्ति थीं। लंगड़ा पति ही गंगाबाई का ईश्वर था। अपनी दादी और नानी में होनेवाले अन्तर स्पष्ट करते हुए शिंदे लिखते हैं, "मेरी दादी खुले माहौल में पली मजबूत औरत थी, लेकिन गंगाबाई छाँव की तुलसी थी। जिस कुलकर्णी के घर का दादा को आश्रय था, वह वैष्णव ब्राह्मण परिवार बड़ा धार्मिक था। वैष्णव तो कर्मठ होंगे ही। विधि, संस्कार, व्रत, गीत, रस्म-रिवाज आदि की वहाँ रेलपेल थी। इन सभी का जन्मजात संस्कार मेरी माँ पर हुआ था। वह किसी वैष्णव ब्राह्मणी की तरह दिखती थी, लेकिन मेरी नानी बिलकुल सीधी। उसमें प्रचलित धर्म का कोई लक्षण नहीं था। इतना ही नहीं तो उसमें धर्मभीरुता भी नहीं थी। फिर कर्मठता तो दूर की बात।"[4] अपनी नानी और माँ के बारे में शिंदे लिखते हैं, "मेरी नानी और उसकी आदर्श बेटी—मेरी माँ—ये दो पूरे आलगूर गाँव को सुहागन और हिन्दू स्त्रियों की भलाई का एक अनुपम आदर्श लगती थी।"[5] जमखंडी के दादा-दादी की मृत्यु के बाद जल्द ही लगभग 1882-83 में आलगूर के नाना कृष्णराव की मृत्यु हुई और लगभग 1901 में उनकी नानी गंगाबाई की जमखंडी में विट्ठल रामजी के घर में मृत्यु हुई। अलगूर का उनका इकलौता मामा रामजी मात्र उड़ाऊ, ऋणग्रस्त निकला। उसकी इकलौती बेटी मथुराबाई अनाथ बनी और जमखंडी में शिंदे के घर ही पली-बढ़ी। आगे उसका विवाह विट्ठल रामजी के छोटे भाई एकनाथराव के साथ हुआ।

विट्ठल रामजी के दादाजी बसवन्तराव की दो सन्तानें थीं। बड़ा बेटा रामजी बाबा और छोटी बेटी अम्बाबाई। रामजी बाबा का जन्म अन्दाजन सन् 1835 का। वस्तुतः बसवन्तराव पेशे से किसान थे, लेकिन रामजी बाबा खेती की ओर नहीं मुड़े। किसी एक शास्त्रीजी से उन्होंने लिखना और हिसाब सीखा। बसवन्तराव जिस अप्पा दफ्तरदार की खेती करते थे, उनके घर रामजी बाबा सबेरे फूल देने जाते। उनके बच्चों की संगत से उनमें भी शिक्षा की लगन पैदा हुई,

ऐसा विट्ठल रामजी की बहन जनाबाई ने अपने संस्मरण में लिखा है।[6] उन्होंने मुंशीगीरी की तालीम ग्रहण की। उनकी मोड़ी लिखावट बड़ी सुन्दर थी। मुलकी परीक्षा उत्तीर्ण होने पर उन्हें रियासत के बिद्री नामक गाँव में पहले अध्यापक की नौकरी मिली। बाद में देशी नरेश ने उन्हें रियासत के कारोबार में लिया। हिसाब में जमखंडी दरबार में उनका कोई सानी नहीं रखता था, ऐसी उनकी ख्याति थी। उन्होंने केवल मुंशीगीरी की ही शिक्षा नहीं ली थी तो धर्मशास्त्र, ज्योतिषशास्त्र, वैद्यकशास्त्र आदि तांत्रिक विषयों की भी उन्हें अच्छी जानकारी थी। उनका धर्मग्रंथों का वाचन अच्छा था। पोथियों तथा शास्त्रीय वाङ्मय का उनका निजी संग्रह भी था। विट्ठल के बचपन में उनके घर एक शास्त्री पुराण पढ़ने आते थे। इससे रामजी बाबा की गुणीजनों की कद्र करनेवाली और खानदानी लौकिक बनाए रखने की प्रवृत्ति दिखाई देती है। उनका रहन-सहन ब्राह्मणों जैसा था। उनकी वेशभूषा भी वैसी ही थी। दादाजी की तरह वे मराठेशाही वेशभूषा नहीं करते थे। उस समय की रूढ़ि के अनुसार वे दस हाथ लम्बी धोती पहनते थे। उनकी कमीज में मराठी बाना झलकता था। सभी जाति के प्रतिष्ठित लोगों से उनका स्नेह था।

विट्ठल रामजी की बहन जनाबाई ने अपने संस्मरण में एक बात बड़े अभिमान से दर्ज की है। वह यानी उनके पिता रामजी बाबा जमखंडी में पहली बार लड़कियों की पाठशाला शुरू करने में अगुआ रहे। रामजी बाबा की स्पष्टवादिता, निर्लोभता और खानदानी वृत्ति के कारण जमखंडी के लोग उनका आदर करते। देशी नरेश श्रीमन्त आप्पासाहब उनके बालसखा ही थे क्योंकि उनके बचपन के मित्र आप्पा यादवाडकर को ही गोपालराव पटवर्धन ने गोद लिया था जो आगे चलकर रियासत के अधिपति बने। रामजी बाबा ने श्रीमन्त का मन इस पाठशाला की स्थापना के लिए अनुकूल बनाया। यह पाठशाला सन् 1870 के आसपास स्थापित हुई होगी। पाठशाला स्थापित होने पर श्रीमन्त के रिश्तेदार रास्ते आदि की बेटियाँ पाठशाला में भेजी जाने लगीं। रियासत के अधिपति शिक्षा-प्रसार के लिए अनुकूल थे, लेकिन वह समय ही ऐसा था कि लड़कियों को पाठशाला में भेजने की माता-पिता की मानसिकता नहीं थी। ब्राह्मणेतरों की छोड़ो, ब्राह्मणों की तक लड़कियों को पाठशाला में भेजने हेतु अभिभावकों को मनाना पड़ता। रामजी बाबा ने यह काम अपने जिम्मे लिया। पाठशाला में लड़कियों की उपस्थिति सत्रह-अठारह होती थी। ब्राह्मणों की सात-आठ, मराठों की तीन-चार, मुसलमानों की दो-तीन, बुनकर, माली, धाँगड जैसी जाति की लड़कियाँ केवल रामजी बाबा के आग्रह से ही पाठशाला में आतीं। उस काल के चलते अस्पृश्यों की लड़कियों को बैठने के लिए अलग प्रबन्ध किया था, लेकिन वे कभी-कभार ही आतीं, ऐसा बहन जनाबाई ने दर्ज किया है। पाठशाला में पाँच-छह लड़कियाँ ही उपस्थित रहतीं।[7]

रामजी बाबा बड़े बातूनी थे। वे अपने मित्रों से बातें करते तो छोटे विठू को सुनने में बड़ा मजा आता। ऐसे समय वह पिता का भाषण सुनने को मिले, इसलिए आसपास ही रहता। वे मराठी, कन्नड़ ओर उर्दू सफाई से बोलते थे और सुननेवाला उससे प्रभावित होता था। उनकी बातों में कहावतों का काफी प्रयोग होता। विट्ठल रामजी शिंदे ने कहा है,"यदि मुझमें कुछ वक्तृत्व आया हो तो उसका प्रथम बीजारोपण पिता की अकृत्रिम, सीधी और प्रभावी बानी ने किया होगा।"[8]

रामजी बाबा स्वभाव से बड़े क्रोधी थे। "श्रीमन्त से झगड़ा कर, सरकारी नौकरी का इस्तीफा देकर जब वे घर बैठे तब कुछ मामलों में उन्होंने स्वयं 2,589/- (दो हजार पाँच सौ नवासी रुपये) रुपए खर्च किए थे। उन्होंने 15-16 साल तक उसकी माँग तक नहीं की। भयावह दरिद्रता के समय वह राशि वापिस मिले, इसलिए हिसाब कर उसकी माँग की, लेकिन श्रीमन्त आप्पासाहब से कौड़ी तक वापस नहीं मिली।"[9]

युवावस्था में रामजी बाबा के हाथ में काफी रुपये रहते। तब उन्होंने ऐशोआराम किया, लेकिन बाद में उनकी धर्म की ओर जो स्वाभाविक रुझान था, प्रबल बना। पंढरपुर के वारकरी सम्प्रदाय के प्रति उनके मन में अनन्य श्रद्धा निर्मित हुई। जमखंडी में पंढरपुर का भजनी सम्प्रदाय बढ़ाने में रामजी बाबा अगुआ थे। विट्ठल देवता का सप्ताह मनाने में भी वे अगुआ रहते। यह सप्ताह फागुन वद्य द्वितीया से यानी तुकाराम बीज से षष्ठी तक विट्ठल के मठ में मनाया जाता था। आरती का सम्मान रामजी बाबा का ही होता। विट्ठल रामजी ने अपने धार्मिक विकास में इस समारोह का बड़ा परिणाम होने की बात दर्ज की है।

रामजी बाबा ने अपने कर्तृत्व से अपना खानदान ऊपर उठाया था, लेकिन उनका घर दुर्भाग्य के फेरे में फँस गया। 1873 के आसपास जमखंडी के यजमान से झगड़ कर वे स्वयं ही घर बैठे थे। यजमान ने दो-तीन बार उन्हें

बुलाया, फिर भी वे गए नहीं। लगभग सोलह साल उन्होंने नौकरी-व्यवसाय के बिना व्यतीत किए। इस दौरान धर्म के नाम पर कर्मकांड बढ़ गया था। बबलादी के लिंगायत स्वामी का उनके घर आना-जाना बढ़ा था। बबलादी के लिंगायत स्वामी सिद्ध माने जाते थे। वे खुलेआम शराब पीते और मांस भी खाते और यह सब धर्म के नाम पर खुलेआम चलता। रामजी बाबा के घर भयावह दरिद्रता होने के बावजूद ये टिड्डी दल आठ-आठ दिन उनके घर डेरा डालता। इनकी मेहमान नवाजी के लिए कर्ज का बोझ मात्र बढ़ता था। अम्बाबाई, यल्लामा, विट्ठल, दत्तात्रेय, महालक्ष्मी इन ख्यातलब्ध दैवतों के सम्प्रदाय तो थे ही। उसके सिवा बबलादी के स्वामी, रामदासी पंथ, गोसाईं, बैरागी, अतिथि, अभ्यागत आदियों की भी उनके घर हमेशा रेल-पेल रहती थी। कमाई बिलकुल नहीं थी और खर्चे पर कोई नियंत्रण नहीं था। परिणाम यह हुआ की खेती, जानवर, घर, गहने—सब कुछ साहूकार के पास चला गया और एक दिन अपना बड़ा बाड़ा छोड़कर किराये के घर में जाकर रहना पड़ा। इस परिस्थिति में भयावह दरिद्रता में घर सँभालकर सबका जीना सम्भव व सुसह्य बनाने का श्रेय विट्ठल रामजी की माँ यमुनाबाई इस साध्वी की ओर जाता है। शिंदे ने कहा है, “इस पूरे करुण रस से भरे नाटक में मुख्य नायिका का पात्र मेरी माँ साध्वी यमुनाबाई का था।”[10]

विट्ठल रामजी की माँ का जन्म अन्दाजन 1840 में हुआ। विवाह के समय रामजी बाबा बारह साल के तो यमुनाबाई सात साल की होगी। यद्यपि वह पढ़ी-लिखी नहीं थी लेकिन वैष्णव ब्राह्मणी संस्कार, शालीन रहन-सहन, शाकाहार, गृहकार्य में मेहनती और होशियारी आदि गुण उसमें थे। इन दोनों खानदानों के संस्कार ब्राह्मणी थे। विट्ठल रामजी शिंदे की माँ की कन्नड़ भाषा शुद्ध वैष्णवी ब्राह्मणों की थी तो उनके पिता की मराठी भाषा देशस्थ ब्राह्मणों की थी। रहन-सहन भी ब्राह्मणी था। माँ गोपी-कृष्ण के कई सुन्दर कानडी गीत और पुरन्दर विट्ठल के भजन गाकर छोटे बच्चों को झूले में सुलाती थी। उसकी आवाज बड़ी मधुर थी और उसमें करुण रस झलकता था। शिंदे ने इस सन्दर्भ में लिखा है, “हम बड़े हुए तब भी वह ये गीत सुनाकर, गोपी-कृष्ण की कथाएँ बताकर हम भाई-बहनों की दरिद्रता की वेदना कम करती। ब्राह्मणों की तरह व्रत, उपवास और अन्य गृहकार्य करना माँ आलगूर में ही सीखी होगी।” केवल सम्पत्ति की दृष्टि से रामजी बाबा अपने पिता से भी ज्यादा सम्भावित और अमीर अवस्था में पहुँचे थे, लेकिन आगे स्थिति बदल गई। 1873 से यानी विट्ठल के जन्म से अगले पन्द्रह-सोलह वर्ष वे जमखंडी के यजमान से कलह कर घर में बैठे। आगे भांग पीनेवाले साधू-बैरागियों की चौकड़ी में फँस गए। उन्हें भी नशे की आदत लग गई। नौकरी जाने से आमदनी रुकी थी। खुलेआम मांसाहार करनेवाले और शराब पीनेवाले बबलादी लिंगायत साधु के भजन को भी वे जाते। ऐसी हरकतों से रामजी बाबा ने अपना घर बरबाद कर दिया। बच्चे अन्न को मोहताज हुए। शिंदे लिखते हैं, “माँ का बन्धन न होता तो बाबा हमें किसी के हवाले कर बैरागी बन जाते। इसलिए हम माँ के बड़े ऋणी हैं।” शिंदे ने अपनी माँ में दैवी पात्रता होने के तीन कारण दर्ज किए हैं। “एक, मायके की दरिद्रता और अपाहिज पिता तथा माँ कर्तृत्वहीन होने से उसकी माँ ने सहे कष्ट, दूसरा वैष्णव ब्राह्मणों के संस्कार और तीसरा उसे ससुरालवालों ने दिए कष्ट। हमारे बचपन में वह ससुरालवालों द्वारा दी गई पीड़ा का बार-बार जिक्र करती थी। उसे सुनकर हमारा कोमल दिल झुलस जाता।”[11] विट्ठल रामजी की दादी यानी माँ की सास संताबाई स्वभाव से दुष्ट, अड़ियल, संवेदनशून्य और पक्षपाती थी। गरीबी के कारण माँ की ननद अम्बाबाई भी रामजी बाबा के घर आकर रही थी। बड़ी गृहस्थी थी। आठ बैल, गाय, भैंस, बछड़ों की भरमार थी। गृहकार्य का बोझ उनकी माँ पर ही पड़ता था। ननद थी लेकिन वह अपना समय चुगलियाँ करने में ही बिताती। घर के पन्द्रह-बीस लोग और उनके सिवा अतिथि, बैरागी आदि की रेल-पेल। भोर के चार बजे अनाज पीसने का काम शुरू होता जो सुबह सात बजे तक चलता। फिर कुएँ से पानी लाना, भोजन बनाना, फिर बर्तन माँजना, कपड़े धोना और भोजन के बाद सूत कताई। फिर इतने बड़े जानवरों के गोबर के उपले पाथना और रात का भोजन बनाना। ऊपर से सासु माँ छल करती। सासुमाँ बहू की प्रशंसा करना तो दूर, लेकिन मानवता से पेश भी न आती। उनकी माँ को कुल बीस सन्तानें हुईं। इनमें से केवल पाँच बचीं यानी पन्द्रह बच्चों का शोक उनकी माँ को सहना पड़ा। दादा-दादी थे तब तक यानी 1880 तक माँ को अपने स्वतंत्र व्यक्तित्व की खबर ही नहीं थी, लेकिन दादी गई और उसके साथ घर की सम्पन्नता भी गई। माँ को स्वतंत्र व्यक्तित्व का एहसास हुआ और भयावह दरिद्रता से सामना करना पड़ा। विट्ठल रामजी माँ की पाँचवीं सन्तान और सातवीं सन्तान जनाक्का, यह घर की पहली बेटी। इसलिए वह सबकी लाड़ली थी। 1885 में विट्ठल रामजी के बड़े

भाई की हैजे से मौत हुई। वे जहाँ रहते थे, वह जगह स्वास्थ्य की दृष्टि से प्रतिकूल थी। उस पर बारीकी से गौर कर शिंदे लिखते हैं, "ऐसी स्थिति में इतने बच्चों की बचपन में ही मौत कैसी हुई, यह आश्चर्य न होकर आश्चर्य तो यह था कि हम पाँच-सात कैसे बचे?"[12]

हर दूसरे साल विट्ठल रामजी की माँ की प्रसूति निश्चित होती थी और तब तक पहला बच्चा जिन्दा नहीं रहता था। प्रसूति, बच्चों की बीमारी या मृत्यु से माँ पूरी तरह से दुर्बल हुई, लेकिन बच्चों का झंझट, गृहस्थी की घृणा या निराशा का एक शब्द तक उनकी माँ से बच्चों ने कभी नहीं सुना। अपनी माँ के बारे में शिंदे लिखते हैं, "दरिद्रता की असह्य वेदना, पति का गुस्सैला स्वभाव, कष्ट सहकर भी हम छोटे बच्चों को वह मायके के सुख-दुख की बातें रसिकता से बताकर हमें बहलाती थी। माँ की कथाएँ और गीत, यही हमारी मिठाई होती। उसकी खुशनुमा और हँसोड़ वृत्ति, यही हमारा आराम था। आगे उसकी कथाओं की हमें इतनी आदत लगी कि यदि हमें भूख लगती, भोजन बनने में समय होता, रोटी के साथ अच्छी सब्जी न होती तो हम भोजन बनाती माँ के पास बैठकर उसे कथा कहने को कहते। फिर वह हमें कथा में इस तरह उलझा देती कि भोजन कब बना, हमने कुछ खाया या नहीं, इसका भी हमें होश न रहता। एकाध बार बाबा देर रात आते तो हमारी कथा की मेजबानी लम्बी बनती। कभी-कभी हम 'वंसमोर' भी कहते। माँ ही हमारी खेल की साथी थी।"[13] बेहद दरिद्रता की प्रतिकूल परिस्थिति में अपनी आत्मसन्तुष्टता बनाए रखकर बच्चों में भी खुशी जीवन की मानसिकता निर्माण करने की महानता विट्ठल रामजी की माँ में थी। चाहे जितनी तकलीफ हो या कोई भी कठिन संकट हो, बाबा घर में हों या न हों, हम चार चूजों को वह एकाध मादा पक्षी की तरह अपने पंखों में सुरक्षित रखती और हम भी उसके पंखों के सिवा दूसरा आश्रय नहीं चाहते थे। विट्ठल रामजी के दादा-दादी थे तब तक जिस घर में बड़ी चहल-पहल रहती थी, वहाँ उनके पश्चात् कुछ ही सालों में पूरा वैभव झुलस गया। खेत-खलिहान नहीं, गोठ में जानवर नहीं, घर में लोग नहीं—ऐसी बंजर स्थिति हुई। बावजूद बाबा ने गृहस्थी की कोई चिन्ता नहीं की या माँ के स्वभाव में कभी कटुता नहीं झलकी। माता-पिता की इस सन्तुष्ट वृत्ति के संस्कार विट्ठल रामजी पर हुए। दरिद्रता के इस अत्यन्त पीड़ादायी दौर में विट्ठल रामजी और उनके भाई-बहनों की नैया माँ के संस्कार से ही पार हुई। यमुनाबाई की सास का स्वभाव कठोर और संवेदनशून्य होने से काफी छल हुआ। शिंदे बताते हैं, "बचपन में वह स्वयं भुगती हुई पीड़ा के प्रसंग बताती तो हमारा कोमल हृदय बैठ जाता।" विट्ठल रामजी ऐसा भी दर्ज करते हैं, "मुझमें आगे चलकर जो स्त्री-दाक्षिण्य और हिन्दू विवाह को लेकर हमेशा के लिए टेढ़ उत्पन्न हुई, उसका पहला बीज माँ का ससुराल में हुआ छल है।"[14] प्रकृति से भी पहले मैंने अपनी माँ को हृदयदान दिया, ऐसा वे कहते हैं। स्त्री वर्ग के प्रति उनमें जो अतीव आदर उत्पन्न हुआ, उसका उद्गम उनके मातृप्रेम में ही है। उन्होंने अपनी मातोश्री के आद्य श्राद्ध पर स्त्री की बहुमुखी महानता का वर्णन किया है। स्त्री की सहनशीलता उसकी अपूर्व शक्ति है। "इस सहनशीलता से स्त्री पति, पुत्र और पिता—इन तीनों की आज्ञा का पालन करती है। अपितु गहराई से देखें तो वह उनके लाड़ का पालन करती है।"[15] विट्ठल रामजी शिंदे ने स्त्री की महानता का इस तरह आकलन किया है। स्त्री की महानता केवल माता के नाते तक सीमित नहीं, वह हर समय पति, पिता, पुत्र आदि के अपराध सहन करती है, सेवा करती है और लाड़ पूरे करती है। इसलिए वह सभी की माता होती है। इसलिए वे कहते हैं, 'मातृदेवो भव' न कहकर 'स्त्रीदेवो भव' ऐसा कहना चाहिए। उन्हें अपनी माँ के कारण ही स्त्री की महानता का एहसास हुआ। इसी कारण विट्ठल रामजी के व्यक्तित्व-गठन में उनकी माँ का अहं योगदान है। समग्र स्त्री-जाति के प्रति उनमें जो अपार करुणा और कोमलता मिलती है, उसका उद्गम उनकी माँ के प्रति निर्मित आदर और भक्ति में है, ऐसा कह सकते हैं।

सन्दर्भ

1. रा.द. रानडे आदि (सं.), *जमखंडी के परशुराम भाऊ हाईस्कूल का सुवर्ण महोत्सव स्मारक ग्रंथ*, सचिव, सुवर्ण महोत्सव स्मारक ग्रंथ मंडल, जमखंडी, 1938, पृ. 260
2. विट्ठल रामजी शिंदे, *माझ्या आठवणी व अनुभव*, पृ. 2
3. वही, पृ. 7-8

4. वही, पृ. 13
5. वही, पृ. 11
6. जनाबाई शिंदे, 'स्मृतिचित्रे', साप्ताहिक, *तरूण महाराष्ट्र*, पुणे, 7.1.1949
7. वही, 7.1.1949
8. विट्ठल रामजी शिंदे, *माझ्या आठवणी व अनुभव*, पृ. 17
9. वही, पृ. 16
10. वही, पृ.18
11. वही, पृ. 20-21
12. वही, पृ. 24
13. वही, पृ. 24
14. वही, पृ. 11
15. विट्ठल रामजी शिंदे, *धर्म जीवन व तत्त्वज्ञान* (सं.) मा.प. मंगुडकर, समाज कल्याण विभाग, महाराष्ट्र शासन, मुम्बई, 1979, पृ. 391

बचपन

हाईस्कूल शिक्षा

विट्ठल रामजी के बचपन में ही उनके घर की सम्पन्नता का विलय होकर वे दरिद्रता में फँसे थे। बावजूद इसके इस दरिद्रता की काली छाँव उनके बचपन पर नहीं पड़ी। इसका प्रमुख कारण था—माँ का स्नेहिल हृदय। उसके स्वाभाविक खुशमिजाज की उन्हें निरन्तर अनुभूति मिलती थी। उसी तरह दूसरा कारण यानी उनके पिता ने प्रतिकूल परिस्थिति में भी बनाए रखी उदार मनोवृत्ति और प्रतिष्ठा। माता-पिता की स्नेहिल उदार छाँव में छोटे विठू का बचपन बीता और उसके व्यक्तित्व के विविध पहलुओं का पोषण हुआ।

विट्ठल पाँच-सात साल का होगा, तभी उसके दादाजी बसवन्तराव की मृत्यु हुई। तब से ग्यारह साल की उम्र तक यानी सन् 1879 से 1884 तक के पाँच साल प्राथमिक शिक्षा के थे। पिता ने छोटे विठू की शिक्षा के आरम्भ में एक छोटी विधि साढ़े तीन शुभ मुहूर्तों में से एक शुभ मुहूर्त पर सम्पन्न कराई। उसके लिए उन्होंने बाल काणे नामक अध्यापक को बुलाया। उन्होंने छोटे विठू का हाथ पकड़कर 'श्रीगणेशायनमः' का पहला पाठ पढ़ाया। प्राथमिक पाठशाला में छोटी उम्र के कारण स्वाभाविकतः उसका मन नहीं लगा। मराठी पाठशाला में चौथी के बाद पाँचवीं का एक साल उसे बिताना पड़ा। इससे उसे मराठी कविता और गणित में अच्छी गति हासिल हुई। उसे मोरोपंत की आर्या का अर्थ और व्याकरण अच्छी तरह समझता था। कोई पाठशाला देखने आता तो पंतोजी उससे कविता सुनाने को कहते और छोटा विठू सूर-ताल में कविता गाता।

विठू के जीवन में 1885 से 1891 तक के अन्तिम सात साल महत्त्वपूर्ण रहे। यह उसकी हाईस्कूल शिक्षा का काल था। 1885 की बरसात के प्रारम्भ में उसकी मानसिकता में परिवर्तन लानेवाली एक घटना घटित हुई। वह घटना यानी उसके बड़े भाई परशुराम की असमय मृत्यु। इससे विठू ही भाई-बहनों में बड़ा बना और उसके बचपन की ऊधमकूद कम होकर वह गम्भीर, विचारी और अध्ययनशील बन गया। उस समय उसने बारहवें वर्ष में प्रवेश किया था।

विट्ठल ने हाईस्कूल में प्रवेश किया तब त्रिम्बकराव खांडेकर को पुणे से प्रधानाचार्य पद पर लाया गया था। वे स्वभाव से सुशील, अनुशासनप्रिय, गम्भीर और धुन के पक्के थे। इससे गाँव और दरबार में उनका रौब था। पाठशाला को हाईस्कूल की श्रेणी मिलने पर वासुदेवराव चिरमुले बी.ए. पहले ग्रेजुएट अध्यापक पाठशाला को मिले। हाईस्कूल में दाखिला लेने पर विट्ठल को पहला साल कठिन महसूस हुआ, लेकिन दूसरे साल से उसे अंग्रेजी भाषा और अन्य विषयों में रुचि निर्माण हुई। अध्यापक सहानुभूति से पढ़ानेवाले थे। विट्ठल की होशियारी देखकर वे उसकी तारीफ करने लगे। मराठी पाठशाला से हाईस्कूल का माहौल अलग होने से तथा अध्यापकों से तारीफ के कारण वह हाईस्कूल के अध्ययन और माहौल में घुल-मिल गया।

अंग्रेजी के अध्ययन से विट्ठल के ग्रहणशील मन को एक नया विश्व मिला। तीसरी कक्षा से उसे अंग्रेजी रहन-सहन के पाठ पढ़ने को मिले। अंग्रेजी खेत, अंग्रेजी पेड़-पौधों के नाम, अंग्रेजी देहात, अंग्रेजी बाड़ पर की अलग-अलग लताएँ, फूल आदि नए चित्र उसके मन को अलग किस्म की खुशी देने लगे। आप्पा काले बड़ी रसिकता से पढ़ाते और विट्ठल समरस होकर पढ़ता। अंग्रेजी चौथी कक्षा में उसके पसन्दीदा अध्यापक आप्पा काले फिर पढ़ाने आए थे। उन्हें पाठयक्रम की 'सैंडफर्ड एंड मर्टन' नामक पुस्तक खूब अच्छी लगती। उसमें होनेवाले नए उदार विचार, सीधी भाषा, अंग्रेजी पोशाक, रहन-सहन और वनश्री के शब्दचित्र से उनका अंग्रेजी रहन-सहन के प्रति दिन-ब-दिन कौतूहल बढ़ने लगा। संयोग से युवावस्था में विट्ठल रामजी इंग्लैंड के सर्वश्रेष्ठ ऑक्सफोर्ड विश्वविद्यालय में दो साल

रहे। तब वहाँ के गाँव-देहात में जाकर खेत-जंगल में घूमकर उन्होंने जो नजारे देखे, उसके मानो पूर्वस्वप्न ही जमखंडी जैसे देहाती हाईस्कूल में पाठ्यक्रम की पुस्तकें पढ़ते समय पढ़ते थे। पाँचवीं कक्षा में 'लैंबस टेल्स' नामक पुस्तक से उनकी कविकुलगुरु शेक्सपियर से भेंट हुई। छठी कक्षा में चिरमुले सर ने उन्हें 'रीडिंग्ज फ्रॉम द स्पेक्टेक्टर' पुस्तक पढ़ाई। इससे उन्हें ऑडिसन की सरल अंग्रेजी भाषा और ताजा विचारों का नमूना समझ में आया। इस तरह संस्कारक्षम उम्र में ही उनके हृदय पर अंग्रेजी भाषा ही नहीं तो अंग्रेजी संस्कृति का अनुकूल परिणाम हुआ।

एकाध छात्र पाठ्यक्रम से उत्कट आनन्द ले सकता है, यह बात दुर्लभ ही कहनी होगी। विट्ठल रामजी शिंदे में उस उम्र में होनेवाली तरल संवेदनशीलता और तीव्र ग्रहणशीलता से वे पाठ्य-क्रम से अपूर्व आनन्द उठा सकते थे। उन्होंने स्वयं इस अनुभव का वर्णन किया है, "पाँचवीं कक्षा में संस्कृत, बीजगणित और रेखागणित तथा छठी कक्षा में रसायन, यंत्रशास्त्र, भूगोल, खगोल आदि आधुनिक शास्त्रों के मूलतत्त्वों का उपक्रम हुआ। किसी मीनार पर चढ़ते समय हर मंजिल से लिपटा क्षितिज अधिक विस्तृत होकर जैसे अधिक प्रदेश दृष्टिक्षेप में आता है और खुशी होती है उसी तरह मेरा यह हाईस्कूल का पाठ्य-क्रम मुझे काफी चित्ताकर्षक और बोधगम्य लगा। उससे मुझे घर की भयानक दरिद्रता की वेदना का एहसास नहीं हुआ। मेरी शैशव अवस्था की स्वाभाविक खुशी कभी बाधित नहीं हुई। मेरे इस निरन्तर उत्साह से मेरे माता-पिता का दुख भी हल्का हुआ।"[1]

यद्यपि विट्ठल पर अंग्रेजी का उत्कट प्रभाव रहा, लेकिन वह मराठी भाषा और संस्कृत साहित्य से वंचित न रहा। उसकी रसिकता में पक्षपात नहीं था अपितु व्यापकता थी। रघुनाथ पंडित के 'नल-दमयन्ती आख्यान' और 'नवनीत' की अन्य कविताओं का उसके मन पर अमिट प्रभाव पड़ा। वह उसमें जो कविताएँ थीं, वह अपनी माँ और बहन को सुनाता और बड़ी रसिकता से उसका अर्थ बताता। विट्ठल रामजी दर्ज करते हैं कि मराठी पर अकृत्रिम प्रेम बढ़ने के अधिकांश साधन घर में ही थे। उनके पिता स्वयं श्रीधर, महिपति, तुकाराम, ज्ञानेश्वर आदि मराठी कवि और संतों के ग्रंथों का पारायण करते थे। वे पढ़कर औरों को अर्थ भी बताते थे। विट्ठल भी अपने पिता का अनुकरण कर चौथी-पाँचवी कक्षा में ही हरि विजय-पांडव प्रताप जैसे ग्रंथ पढ़कर अपनी कक्षा के लड़कों को उसका अर्थ बताता था।

छठी कक्षा में उसका संस्कृत से परिचय हुआ। गणेश शास्त्री जोशी नामक पंडित उन्हें संस्कृत वाङ्मय पढ़ाते थे। अधिक वाचन करने के उद्देश्य से विट्ठल भी अन्य छात्रों के साथ शास्त्रीजी के घर जाता था। शास्त्रीजी गोंठ में गाय का गोबर जमा करते हुए मुँह में तमाखू रखकर बीच-बीच में पिचकारी मारते, इधर-उधर घूमते हुए इन लड़कों को 'रघुवंश' के श्लोक बताते। गणेश शास्त्री ने बाणभट्ट की 'कादम्बरी' और अन्य वाङ्मय इन छात्रों को बड़ी रसिकता से पढ़ाया। "मैं जाति से मराठा था इसलिए शास्त्रीजी ने कभी भेद नहीं किया", ऐसा विट्ठल रामजी उल्लेख करते हैं।

स्कूल में विट्ठल रामजी को अध्ययन में जो गति प्राप्त हुई, उसका श्रेय वे अपनी रसिकता को देते हैं, बुद्धि को नहीं। उन्होंने कहा है कि "गणित हो या शास्त्र, भाषा हो या व्याकरण, विदेशी अंग्रेजी हो, मृत संस्कृत हो या प्रचलित मराठी हो—मेरी गति अबाध रूप में चलती थी। पूरे हाईस्कूल की पढ़ाई में मुझे कभी अध्ययन कठिन नहीं लगा। इसका कारण मेरी बुद्धि का तेज न होकर मेरे हृदय की निर्मल रसिकता ही है, यह मैं दर्ज करना चाहता हूँ। यह रसिकता मुझे पाठशाला से अधिक घर में ही मिली, गुरु से अधिक माता-पिता से मिली यह विशेष। मेरे घर में जाति भेद नहीं था। उसी प्रकार मेरे हृदय में संस्कृति-भेद या पक्षपात की कृत्रिमता भी नहीं थी। सौन्दर्य जहाँ मिलेगा वहाँ उदार हाथों से स्वीकारने के लिए मैं बचपन से ही एक पैर पर तैयार हूँ फिर वह इंग्लैंड का हो या स्वदेश का, शहर का या देहात का, संस्कृत का हो या प्राकृत का, बस, वह सहज और स्वाभाविक हो। फिर मैं उसे अपनाने में सदैव तैयार रहता।"[2]

मित्र और खेल

विट्ठल का बड़ा भाई परशुराम अंग्रेजी पहली कक्षा में था तब उसकी असमय मृत्यु हुई। इसका विट्ठल के मन पर बड़ा आघात हुआ। जब तक यह बड़ा भाई जिन्दा था तब तक विट्ठल उसके पीछे लगा रहता। उन्हें सँभालनेवाले शान्त स्वभाव के बड़ा भाई परशुराम के अचानक जाने से विट्ठल को खालीपन महसूस होने लगा। भाई था तब तक भाई-बहन यही उसका मित्र मंडल था। दूसरी कक्षा में जाने पर और अध्ययन में गति दिखाई देने पर कक्षा में अक्सर

अव्वल रहने पर विट्ठल के इर्द-गिर्द दोस्तों का ताँता लगने लगा। आरम्भ में उसके मित्रमंडल में मराठा, लिंगायत, नाई, मुसलमान ऐसे लड़के थे। वह ऊपर की कक्षा में गया तो ब्राह्मणेतर मित्रों के स्थान पर ब्राह्मण मित्रों की संख्या बढ़ने लगी। विट्ठल रामजी के निवास स्थान में शान्ति थी। पढ़ाई के लिए काफी जगह थी। पुस्तकों का विपुल संग्रह था। पढ़ाई में दिक्कत आने पर वह सुलझाने के लिए विट्ठल हर समय तैयार रहता। विट्ठल के माता-पिता उसके मित्रों पर अकृत्रिम स्नेह करते। इससे विट्ठल के पास सदैव दोस्तों का ताँता लगा रहता। पढ़ाई के साथ खेल और खेल-खेल में पढ़ाई, ऐसा बच्चों का कार्यक्रम रहता। तीसरी कक्षा से लेकर सातवीं कक्षा तक के पाँच साल उनका घर यानी एक अनरजिस्टर्ड पाठशाला, एक मुफ्त वाचनालय, एक मुक्तद्वार छात्रावास, एक उछल-कूद का जिमखाना था, ऐसा उन्होंने वर्णन किया है। तीसरी-चौथी कक्षा में उनके मित्रों में दामू रानडे, सखाराम गोखले, वामन घारे—इनका इजाफा हुआ तो पाँचवी-छठी कक्षा से विष्णु देशपांडे, हणमन्त कुलकर्णी, रामू पाटील, अन्तू हनगंठी आदि नए मित्र मिले। मुधोल की पाठशाला से आए ये सभी बच्चे देशस्थ ब्राह्मणों के थे। उनके माता-पिता ने एक घर में उनके रहने का और भोजन का प्रबन्ध किया था। वे सभी विट्ठल रामजी के घर उनके भाइयो की तरह रहते थे। सातवीं कक्षा में कुन्दगोल से जनार्दन सखाराम करन्दीकर जमखंडी की पाठशाला में आए। आगे वे और विट्ठल रामजी बी.ए. तक साथ पढ़ते रहे। आखिर तक वे उनके स्नेही रहे। तेरदाल के विष्णुपंत देशपांडे तो विट्ठल रामजी के आजीवन आत्मीय मित्र रहे। हाईस्कूल के इन दिनों में ही इन मित्र मंडली की साथ-संगत में विट्ठल रामजी के नेतृत्व की क्षमता दिखाई देती है। उनकी औरों को साथ लेकर आगे बढ़ने की मानसिकता का निर्माण इसी काल में हुआ, ऐसा लगता है।

खेल

विट्ठल का स्वभाव एवं शील के निर्माण में मित्रों के साथ-संगत के साथ खेल का अहं योगदान था। उन्नीसवीं सदी के अन्तिम दौर में जमखंडी गाँव देहातनुमा ही था। खेलने के लिए बड़े-बड़े क्रीड़ांगण और खेल सिखानेवाले अध्यापक भी थे, लेकिन देहात की संस्कृति में साधनों पर निर्भर खेल खेलना असम्भव था, फिर भी बिना साधनों के खेल प्राकृतिक परिवेश में खूब खेले जाते थे। विट्ठल के बाबा स्वयं ज्यादातर बैठे खेल नहीं खेलते थे, लेकिन उन्होंने गंजीफा, शतरंज, चौसर की हस्तिदन्त के पाँसे आदि खेल के साधन घर में रखे थे। बचपन में विट्ठल चौसर खेलता था। उसका बड़ा भाई और वो दीपावली में चौसर का खेल बड़े जोर-शोर से खेलते। यह खेल ईर्ष्या का होता है। चिढ़कर कलह किए बगैर यह खेल खत्म नहीं होता। एक बाजू में दस-बारह साथी बैठे होते। खेल शाम को शुरू होकर भोर तक चलता। झगड़ा कभी-कभी हाथापाई तक पहुँचता। उनका आलगूर का मामा बड़े भाई से एक-दो साल बड़ा होगा। वह विरुद्ध पक्ष में होता। मामा खूब हँसोड़, बेईमान, चिढ़ाकर मजा लेनेवाला और पहलवान था। वह औरों को चिढ़ाता, मगर स्वयं शान्त रहता। झगड़ा-हाथापाई पर आता तो गुलिवर की देह पर के लिलिपुट की तरह विट्ठल और परशुराम, ये दोनों भाई मामा की पीठ पर चढ़कर लात-मुक्कों से एक-दूसरे को पीटते और मामा नीचे झुककर उन्हें और खिजाता रहता। रसोईघर से माँ आती और भाई को ही खरी खोटी सुनाकर यह मजाक का कलह मिटा देती। इसके सिवा आट्यापाट्या, (महाराष्ट्र का एक सामूहिक मैदानी खेल) कबड्डी, खो-खो आदि खुली जगह में खेले जानेवाले खेल भी लड़के खेलते। 'किर्र' नामक एक उज्जड़ खेल भी खेला जाता। इसके सिवा लपकड़ंडा जैसे निश्चित चोट पहुँचानेवाले, कपड़े फाड़नेवाले खेल बड़े साहस से खेले जाते। विट्ठल इन खेलनेवाले लड़कों की टोली का नायक होता। गाँव के लोग, विशेषत: अध्यापक मंडली लड़कों के इन खेल की तारीफ किया करती। विट्ठल इन खिलाडियों का गुट लेकर हर साल गर्मी तथा बरसात में नदी किनारे या पहाड़ पर वनभोजन को जाता था। उनमें लिंगायत, ब्राह्मण, मराठा, मुसलमान आदि सभी जाति के छात्र होते। जाति भेद से वे कोसों दूर थे। स्वयं को पवित्र माननेवाले कुछ लड़के इनसे दूर रहते थे। जनुभाऊ करन्दीकर इनमें से एक था। यह छात्र-दल हमेशा विट्ठल के घर में रहता। विशाल आँगन से लेकर रसोईघर और देवघर तक उनकी उछल-कूद चलती। विट्ठल की दो बहनें, जनाक्का और तान्याक्का छोटी और भोली थीं। वे भी लड़कों की उछल-कूद में शामिल होतीं। विट्ठल की माँ से कोई भी डरता नहीं था। उसे सभी अपने ही बच्चे लगते। कई बार रसोईघर के व्यंजनों पर हमला होता। तेरदाल का विष्णु और जमखंडी का सिनू—ये अमीर घर के लड़के उनके घर की रूखी-सूखी रोटी बड़े चाव से खाते। फिर विट्ठल की

माँ का उन पर असीम स्नेह होना स्वाभाविक था। ये विट्ठल रामजी के भावी चरित्र और समाज-सुधार के पूर्व संकेत थे। उनका चरित्र आँगन की ऐसी उछल-कूद में और साथियों के अकृत्रिम स्नेह में विकसित हो रहा था।

छोटे विट्ठल के व्यवहार का निरालापन, साहस और विक्षिप्तता उनकी छोटी-छोटी शरारतों में दिखाई देती (जमखंडी के श्रीमन्त अप्पासाहब ने 'रामतीर्थ' पहाड़ पर अपना डेरा डाला और रामतीर्थ को लोकप्रिय बनाने के लिए बसवन्ना इस लिंगायत देवता का मेला वहीं पर शुरू किया)। रामतीर्थ पर जाने के लिए दो रास्ते थे। एक ऊपर की पहाड़ से गुजरनेवाला और दूसरा गाड़ियाँ आदि जाने के लिए नीचे का सपाट रास्ता था। ये दोनों रास्ते छोड़कर विट्ठल ने पहाड़ के माथे से मेलगिरि लिंगाप्पा के मन्दिर के पीछे से रामेश्वर मन्दिर को जाने की एक नई राह खोजी। इसका कारण यह था कि बरसात के मौसम में पहाड़ की और बाजू के मैदानी क्षेत्र की प्रकृति बड़ी सुन्दर दिखाई देती थी।

विट्ठल के बचपन के व्यवहार में कभी-कभी साहस और बदमाशी झलकती थी। रामतीर्थ पहाड़ पर जहरीले काले बिच्छू काफी मात्रा में थे। इन बिच्छुओं के डंक मारने पर असह्य वेदना होती थी। यह मित्र मंडली ये बिच्छू पकड़कर उनकी लम्बी माला बनाने की बदमाशी करती। विट्ठल बिच्छू पकड़ने में साहसी और माहिर था। वह बिच्छू के काँटे से जहर निकालकर उसे हथेली पर लेकर बच्चों को चकित कर देता। बिच्छू दिखाई देने पर वह पहले अपना काँटा ऊपर उठाता है। विट्ठल बड़ी फुर्ती से वह काँटा अपनी उँगलियों से पकड़ता। फिर नख पर उसके काँटे की नोक घिस देता तो जहर की एक बूँद बाहर निकलती। फिर बिच्छू निस्तेज बनकर अनायास काँटा नीचे डाल देता। फिर उसे हाथ में लेने में कोई धोखा न होता। फिर भी बाकी लड़के ऐसा साहस न करते। विट्ठल मात्र यह साहस दिखाकर हाथ में बिच्छू लेकर शेखी बघारता। घर या पाठशाला में बिच्छू निकलता तो उसे पकड़ने की जिम्मेदारी विट्ठल पर ही होती थी। एकाध बार हड़बड़ी में बिच्छू के काटने पर भी विट्ठल अभिमान बचाने हेतु वह पीड़ा चुपचाप सहता था।

बीमार पड़ने पर या चोट पहुँचने पर विट्ठल कभी कराहता नहीं था। वह चुपचाप लेटा रहता। इस पर माँ कहती, "विठ्या, क्या तुम डाकू हो?" उनमें यह स्पार्टन सहनशीलता जन्मजात न होकर वह स्वाभिमान से अर्जित की, ऐसा उन्होंने दर्ज किया है। पाठशाला में अध्यापक से मार खाने की नौबत विट्ठल पर न आती, लेकिन अपने में सहनशीलता आए, इसलिए वह एकाध लड़के को अपनी हथेली पर जोर से छड़ी मारने को कहता। हथेली नीली होने पर भी वह मुँह से कराह नहीं निकलता। उसने जान-बूझकर अपने में ऐसी सहनशीलता अर्जित की थी। छठी-सातवीं कक्षा में विट्ठल ने अपनी सहनशीलता की आजमाइश करने के लिए भयावह प्रयोग किया। "मैं कितनी वेदना बर्दाश्त कर सकता हूँ," यह आजमाने के लिए व्यंकू कुलकर्णी को अपनी हथेली के पीछे जलती अगरबत्ती रखने को कहा। विट्ठल के मुँह से वेदना का कोई शब्द न निकला, उसके चेहरे पर या आँखों में वेदना के कोई निशान दिखाई नहीं दिए। अगरबत्ती ही बुझने लगी। अचानक वहाँ विठू की माँ आई और उसने यह दृश्य देखा। वह काफी गुस्सा हुई। उनकी दाईं हथेली के पीछे छोटा दाग आखिर तक था। भविष्य में उनके जीवन में साहस और विक्षिप्तता की लकीर कई बार दिखाई देती है। 1898 में वे फर्ग्युसन कॉलेज में थे तब उन्होंने पन्हालगढ़, विशालगढ़ का सफर किया था। तब दुर्ग की कठिन राह चढ़कर बैठना उन्हें भाता था। आगे इंग्लैंड जाने पर प्रो. कार्पेंटर के लेक डिस्ट्रिक्ट की 'लीथ्स कॉटेज' में अपने सहपाठियों के साथ प्रोफेसर के निमंत्रण पर वे छुट्टियाँ बिताने गए थे। सूर्योदय देखने रात को पहाड़ के शिखर पर जाना तय हुआ था। भोर के समय पहाड़ की कुछ राह चढ़ने के बाद बारिश हुई। बाकी लोग वापस लौटे, लेकिन विट्ठल रामजी मात्र अकेले आगे चले गए। काफी बारिश हुई और उन्हें सुबह तक का समय पहाड़ की एक छोटी गुफा में भूत की तरह गुजारना पड़ा। इसी छुट्टी में वे अपने मित्रों के साथ वनभोजन को गए थे। उस समय सभी स्वच्छन्दता से घूम रहे थे। विट्ठल रामजी को एक ऊँचे पेड़ पर चढ़ने की इच्छा हुई। पैर में जूते होने से वे जैसे-तैसे ऊपर तो चढ़े, लेकिन जूते फिसलने से नीचे उतरना मुश्किल हो गया। सभी के सामने जूते उतारना असभ्य लगा। अन्तत: वे एक टहनी पर गए और वहाँ से नीचे कूद पड़े। यह देख मिसेज कार्पेंटर जोर से चीख पड़ीं। उन्होंने गम्भीरता पूर्वक चेतावनी दी कि दुबारा ऐसी हरकत मत करना। स्कॉटलैंड के सरोवर प्रान्त में वे रोजाना बीस-पच्चीस मील पैदल चलकर ऊँचे पहाड़ पर जाकर अकेले घंटों बैठते। वे रॉवर डेनॉन नामक देहात में एक गरीब परिवार में ठहरे थे। वहाँ के छोटे बच्चों को लेकर एक बार वे लोमंड सरोवर की ओर घूमने गए। उनकी सरोवर में तैरने की इच्छा हुई। कपड़े उतारकर उन्होंने पानी में छलाँग लगाई। गर्मी के दिन थे, फिर भी सरोवर का पानी इतना ठंडा था कि उन्हें ठंड लगने लगी। हाथ-पैर जवाब देने लगे। बड़े प्रयास से वे किनारे आए। छोटे बच्चे घबरा गए। सौभाग्य से जान बच गई।

शरारती स्वभाव होने के कारण विट्ठल तथा उसके मित्रों को एक कठिन घटना से गुजरना पड़ा। होली के दिनों में लड़के रामजी बाबा की नजरें चुराकर आवारागर्दी करते हुए घूमते। वे ऐसा भी अतिरेक करते कि वेश्याओं की गली में व्यभिचारी लोगों के नाम लेकर अश्लील कहावतें और अभद्र आवाज निकालते और आधी रात गुजरने तक घूमते। एक बार विट्ठल कुछ लड़कों के साथ एक वेश्या के घर के पास बुरे गीत गाते हुए, शंख ध्वनि कर रहा था। लड़कों के साथ उसके दरवाजे के सामने धींगामुश्ती करने लगा। अन्दर से बाला काणे नामक एक युवा ब्राह्मण परेशान होकर आया और उसने विट्ठल को ही पकड़ लिया। इसी अध्यापक ने विट्ठल को पाठशाला में दाखिल कर पहला पाठ पढ़ाया था। यह अध्यापक काफी क्रोधी, मुस्टंडा और पाठशाला में लड़कों को जानवरों की तरह मारनेवाला था। उसने गुस्से से विठू का सिर पकड़ लिया। उसके हाथ में विठू का रूमाल आया और वह भाग गया। बाला काणे के हाथ से तो मुक्ति हुई, लेकिन रूमाल के बिना पिताजी के सामने कैसे जाए, यह चिन्ता उन्हें सताने लगी। अन्ततः बड़ा भाई परशुराम काणे की ओर गया। विठू, परशुराम ये रामजी बाबा के लड़के हैं, यह जानकर वह काफी डर गया। उसने रूमाल वापिस दिया और यह घटना पिता को मत कहना, ऐसी परशुराम से विनती करने लगा। विट्ठल रामजी ने वैयक्तिक और सामूहिक शरारतों के कई प्रकार किए। उनकी इन शरारतों से उनका कुछ अलग कर दिखाने का साहस दिखाई देता है। उसी प्रकार उनकी विलक्षण सहनशीलता भी दिखाई देती है।

एकान्त सैर

विट्ठल बचपन में अपनी मित्र मंडली के साथ खेल, धींगामुश्ती, शरारतें करने में मशगूल रहता था। बावजूद इस उम्र में प्रकृति में रमने की और आत्ममुग्धता की प्रवृत्ति उसमें दिखाई देती थी। इस दृष्टि से जमखंडी गाँव का परिक्षेत्र भी आकर्षित करनेवाला था। जमखंडी गाँव तीन पहाड़ों की गोदी में बसा था। दक्षिण में मुधोल रियासत के रास्ते पर लम्बी सुन्दर वादी थी। उसमें कट्टेगिरि नामक एक बड़ा-सा तालाब था। बरसात के दिनों में वह बहता तो उस क्षेत्र को सुन्दरता प्रदान कर देता। ऐसे में विठू को एकाध वादी से पहाड़ के माथे पर, पास के खेतों में या जमखंडी के मोतीबाग से अकेले घूमना खूब भाता था। उन्होंने स्वयं कहा है कि अपने हृदय का परिपोष इस एकान्त सैर के कारण विशेष रूप में हुआ। निर्जन पहाड़ और खाइयों में से घूमते समय वह स्वयं पढ़े उपन्यासों के नायक के स्थान पर अपने को रखकर उसमें खो जाता था। वह नायिका के सिवा विप्रलम्भ शृंगार की अनुभूति प्रकृति देवी के आविष्कार में करता था। वह प्रकृति की विभिन्न छटाओं में खो जाता, लेकिन विट्ठल रामजी लिखते हैं कि "सबसे पहले मुझे अपनी माँ ने ही हृदयदान दिया। उसके पुण्य प्रभाव से ही सभी जड़ रसों से मुक्त होकर मेरे हृदय का परिपाक पहले धर्म के भक्तिरस में और तत्पश्चात् तत्त्वज्ञान के शान्त रस में हुआ। प्रकृति-प्रेम की पूर्व तैयारी अपनी माँ ने खेत-वन की बताई मधुर कथाएँ और पिता की स्नेहिल साथ-संगत में हुआ, ऐसा मुझे लगता है।"[3] आगे चलकर उपन्यास और पौराणिक कथाओं से शब्द सम्पदा और जड़ रसों की उसमें वृद्धि हुई। दैवी कोमल भावनाओं का पहला प्रभाव माँ का ही था।

विट्ठल रामजी का प्रकृति प्रेम बढ़ने में उनके पिता की वनभोजन की रुचि यह दूसरा कारण था। जमखंडी गाँव के पश्चिम में सात-आठ सौ फुट ऊँचे पहाड़ पर मेलगिरि लिंगप्पा नाम से परिचित एक शिवालय है। बरसात के दिनों में यह ऊँचा पहाड़ हरियाली से महकता है। यह ऊँचा और एकान्त स्थान रामजी बाबा को खूब पसन्द था। रामजी बाबा साल में एक बार तो-विशेषतः बरसात के मौसम के अन्त में अपना पूरा परिवार और एक-दो आत्मीय मित्रों को साथ लेकर वनभोजन (जंगल में जाकर किया जानेवाला सहभोग) को यहाँ जाते। रामजी बाबा की यह उत्कटता उसी उम्र में विट्ठल के मन को भा चुकी थी। इससे प्रकृति-सौन्दर्य की रुचि और अवलोकन शक्ति के बीज बचपन में ही विट्ठल के संस्कारक्षम मन में विकसित हुए।

वाचन

व्यक्तित्व के गठन में मन का पोषण करनेवाला एक पहलू वाचन होता है। विट्ठल रामजी में कल्पकता और भावुकता होने के कारण पाठ्यक्रम से उनके मन पर कौन-से संस्कार हुए, यह हमने देखा है। पाठ्यक्रम कें सिवा वाचन से

उनके मन का पोषण होना स्वाभाविक था। उनमें होनेवाली कल्पकता और भावुकता के कारण उनका मन उपन्यास जैसे अद्‌भुत साहित्य विधा की ओर आकृष्ट होना स्वाभाविक था। सन् 1880-85 तक का काल ही ऐसा था कि उस समय श्रेष्ठ यथार्थवादी उपन्यासों की निर्मिति का प्रारम्भ भी नहीं हुआ था, लेकिन अद्‌भुत कथानक और खुले शृंगार का चित्रण करनेवाले उपन्यासों का लेखन विपुल मात्रा में होता था। बिलकुल बचपन से उन्हें कथा सुनने की बड़ी रुचि थी। फिर स्वयं पढ़ने लगे तो काल्पनिक उपन्यास की ओर उनका आकर्षित होना स्वाभाविक था। मराठी चौथी-पाँचवी कक्षा में ही उन्होंने 'बिक्रम-बेताल', 'गुलबकावली', 'शुकबहातरी' जैसी पुस्तकें पढ़ी थीं। अंग्रेजी पाठशाला में जाने के बाद 'विचित्रपुरी', 'मंजुघोषा', 'मदनमंजिरी', 'वसन्तकोकिला', 'शृंगार सुन्दरी' जैसी पुस्तकें कहीं से प्राप्त कर बड़े चाव से पढ़ीं। आगे छठी-सातवीं कक्षा में जाने के बाद 'अरेबियन नाइट्स' का अनुवाद 'नारायणराव और गोदावरी', 'बेशधारी पंजाबी' आदि पुस्तकें पढ़ीं। मराठी पाठशाला की बीभत्स कथाएँ और अंग्रेजी पाठशाला के शृंगार रस से सराबोर उपन्यास पढ़ने से उनमें अचानक शृंगार रस के प्रादुर्भाव का अनिष्ट परिणाम हुआ, ऐसा उन्हें लगा। समग्रतः करुण, शृंगार, वीर, रौद्र आदि रसों को समझने से उनकी बुद्धि और हृदय का विकास होना स्वाभाविक था। वे हाईस्कूल में पढ़ रहे थे तभी जमखंडी में अल्लुर्डुर्रर नाटक खेले जा रहे थे। ऊपरी कक्षा में जाने पर वाईकर संगीत मंडली का 'रत्नावली' और अण्णा किर्लोस्कर के 'शाकुन्तल' और 'सौभद्र' नाटक देखने को मिले। गरीबी के कारण नाटक देखना असम्भव होता, लेकिन उपन्यास पढ़ने में कोई बाधा न आती। निरन्तर आखिर तक अव्वल नम्बर बनाए रखने से उनकी उपन्यास पढ़ने की रुचि किसी को नहीं अखरती। उनका वाचन केवल हल्के उपन्यासों तक सीमित न होकर उसमें श्रीधर, मुक्तेश्वर, महिपति जैसे मराठी कवियों के पौराणिक ग्रंथों का भी समावेश था, ऐसा उन्होंने दर्ज किया है। उनके पिता के संग्रह में 'हरिविजय', 'रामविजय', 'पांडव प्रताप', 'करवीर माहात्म्य', 'गुरुचरित्र' आदि पोथियाँ थी। उसी तरह हस्तलिखित 'ज्ञानेश्वरी', तुकाराम की 'रूपावली', 'मनचर्या के अभंग', गौलण' आदि हस्तलिखित ग्रंथों का संग्रह था। इसके सिवा उनके पिता ने दत्त सम्प्रदाय के अष्टक, देवताओं की आरतियाँ, अनुभविक साधुओं के पद, भजन, भारुड आदि कानडी और मराठी पदों का उन्हें जैसे-जैसे शोध लगा, उसके अनुसार वे लड़कों से लिखवाकर रखते थे। इससे विट्‌ठल रामजी को धर्म बुद्धि के विकास में ही नहीं बल्कि मराठी और कानडी भाषा के अध्ययन में भी बड़ी मदद हुई।

बचपन की धार्मिक भावना

1891 के आखिर तक का अर्थात् विट्‌ठल रामजी की अठारह साल की उम्र तक का काल उनकी हाईस्कूल शिक्षा का था। उन्होंने जिस तरह अपने अध्ययन, खेल, शरारतें आदि सम्बन्धी स्मृतियाँ लिखी हैं, उसी तरह स्वयं की धार्मिक भावना सम्बन्धी स्मृतियाँ भी लिखी हैं। विट्‌ठल रामजी ने आगे चलकर ऑक्सफोर्ड में तौलनिक धर्मशास्त्र का अध्ययन किया। नृतत्वशास्त्र, समाजशास्त्र की अध्ययन पद्धति आत्मसात् की। धार्मिक भावना तो उनके चरित्र की आत्मा थी। अतः बचपन से लेकर स्वयं की धार्मिक भावना का उनके द्वारा आकलन, निवेदन करना स्वाभाविक ही था। यह निवेदन करते समय उनकी दृष्टि शास्त्रीय स्वरूप की थी। उनका धर्म विषयक विचार भी पारम्परिक रूढ़ धर्मनिष्ठा से अलग था। वे और बातों को धर्म से अलग नहीं मानते थे। उन्हें ऐसा लगता कि अन्य बातों की तरह ही मनुष्य प्राणी की धर्म की उपजत बुद्धि भी परिणति और विकास का विषय है। उनकी वैचारिकता में विकास के तत्त्व का महत्त्वपूर्ण स्थान है। खान-पान, वाचन, अध्ययन आदि बातें जिस तरह प्रकृति के नियम से घटित होती हैं, उन्हें ईश्वरीय प्रसाद या प्रेरणा की जरूरत नहीं होती, उसी तरह धर्म की जागृति और विकास को भी ईश्वरीय कृत्य की जरूरत नहीं, ऐसा वे मानते थे। इस एहसास से ही उन्होंने अपने बचपन की धार्मिक भावना का स्मरण, आकलन और निवेदन किया है। धर्म बुद्धि की अपेक्षा भाव का विषय है और वह विकसनशील भी है, ऐसी उनकी भूमिका होने से उन्होंने धर्म-सम्बन्धी स्मृति को बिलकुल बचपन से आरम्भ किया। आदिमानव से लेकर आज के विकसित मानव तक धर्म-सम्बन्धी कल्पना में जैसे एक विकासक्रम दिखाई देता है वैसे ही मानवी जीवन में भी बचपन से उसकी प्रौढ़ावस्था तक हो सकता है। उनकी भूमिका में धर्म-सम्बन्धी कल्पना के विकास-क्रम में होनेवाली समान्तरता पाई जाती है। वे धर्म-सम्बन्धी एहसास का आरम्भ झूले की एक स्पष्ट स्मृति से करते हैं। छोटा विठू झूले में लेटा होता तो उसकी नजर ऊपर होनेवाले बाँस की एक अजब गाँठ को निहारती। यह गाँठ उसे दाढ़ीवाले साधु के चेहरे जैसी लगती थी। वह जल्दी सोया नहीं या माँ उसे

जल्दी सुलाना चाहती तो वह उसे हौए का डर दिखाती थी। उसके कोमल मन में बाँस की गाँठ यानी हौआ ऐसा डर और आश्चर्य पैठ जाता और इस गाँठ को वे देखते तो उनका रोना रुक जाता। इस समय छोटे विठू की उम्र दो-ढाई साल की ही होगी। उनकी धार्मिक भावना का यह पहला आविष्कार। इस हौए का उन्हें हुआ दर्शन यानी उनका पहला ईश्वर का दर्शन है, ऐसा विवेचन उन्होंने प्रगल्भ अवस्था में किया है।

उनके बचपन में दादा तुलजापुर की भवानी देवी की भक्ति करते तो दादी यल्लमा देवी की। छोटे विठू को यल्लमा ज्यादा पसन्द आती क्योंकि उसकी चर्चा बहुत थी और पूजा में काफी मीठा खाने को मिलता।

दादी जिन्दा थी तब तक बाबा के द्वारा शुरू की गई ब्राह्मणी संस्कृति को विशेष बल नहीं मिला। देवगृह की श्रीयल्लमा की तुलना में बाहर कोने में बैठी ताईबाई का साल में एक बार इतना जोर-शोर होता कि इससे सभी हैरान हो जाते। क्योंकि दादाजी का अपवाद छोड़ें तो सभी शाकाहारी थे और केवल मनौती के लिए एक गाभिन भेड़ की बलि देकर ग्राम्य ताईबाई की दादी को तन्दूरी बनानी पड़ती। यल्लमा का छोटे विठू के मन पर अनुकूल परिणाम होता तो ताईबाई का प्रतिकूल परिणाम होता। वह गुस्सा इतना होता कि महाद्वार के दोनों ओर रखे और हल्दी-कुमकुम से पूजे जानेवाले दो-दो तिकोने पत्थर को ताईबाई के रिश्तेदार समझकर छोटा विठू उनकी पिटाई करता। उन्हें उलट-पुलट देता। वह जिन्दा भेड़ काटने का गुस्सा ताईबाई के इन आरोपित रिश्तेदारों पर निकालता।

छोटे विठू को घर में कई आरोपित देवताओं की पूजा करनी पड़ती। एक कमरे का ढहा खम्भा यानी रमाबाई नामक एक औरत का भूत होता। महापूजा के अवसर पर देवगृह के देवताओं की पूजा के बाद भँड़ोली की मटकियाँ की, लकड़ी की पादुकाओं की, खिड़की में रखी पोथियों की, रसोईघर के खम्भे की, बरामदे के गणपति की, गोंठ के ताईबाई की और पाखाने के पासवाले बाहर के खम्भे की अर्थात् रमाबाई नामक भूतनी की विठू को क्रमशः पूजा करनी पड़ती और मीठे व्यंजनों की आस से यह पूजा करना उसे अच्छा भी लगता।

विठू जब चौथी-पाँचवीं कक्षा में था तब पिताजी ने उसे घर का पुजारी बना दिया था। मूर्ति-पूजा में उसका मन लगता था, लेकिन सुबह की पाठशाला से वापिस घर लौटने पर नहाकर भूखे पेट घर की पूजा कर कड़ी धूप में हनुमान मन्दिर में पूजा के लिए जाना उसे नहीं भाता था। कभी-कभी उसे घर के दर्जनभर देवताओं पर गुस्सा आता। वह जल्दी से दूर से ही देवगृह की मूर्तियों पर पानी फेंककर उन्हें भिगो देता। घर के देवताओं की ऐसी संक्षिप्त खबर लेने के बाद हनुमान की पूजा का भी उसने विकल्प ढूँढ़ निकाला। घर से निकलते समय पंचपात्र, गंध, फूल, अक्षत लेकर वह निकलता, लेकिन पेट में चूहे दौड़ने के कारण वह हनुमान के मन्दिर तक क्यों जाता? आँगन के दूसरी ओर ही उसके पिता के मित्र म्हातारबा बढ़ई बढ़ईगीरी का काम करते। उनके पास ठीक होने को आई गाड़ियों में से एक गाड़ी के पहिये की पूजा कर वह जल्दी से घर पहुँचता। म्हातारबा ने अपनी गाड़ी के पहिये की पूजा कैसी होती है, इसके बारे में विठू के पिता को पूछताछ की और यह राज खुल गया। विठू ने अपनी हरकत ईमानदारी से कबूल की। उसके पिता ने उसे भोजन करने में देर होती है, इस पर और उसकी सच्चाई की तारीफ कर हनुमान की पूजा से उसे मुक्त किया। पिता ने उसे पूजा की जबर्दस्ती न करने से मूर्ति-पूजा से सम्बन्द्ध विठू की धर्म बुद्धि को हादसा नहीं पहुँचा।

बारह साल की अवस्था तक विठू की पूजा सम्बन्धी समझ और व्यवहार इस तरह का था, लेकिन उसके बाद मूर्ति-पूजा को लेकर उनकी मानसिकता और उत्साह अधिक बढ़ने लगा। उनके देवगृह का देवासन चार फुट चौड़ा, ऊँचा और गहरा कोना था। उसमें देवता की मूर्तियाँ, पितरों के ठप्पे, शालिग्राम, अलग-अलग नदियों के पत्थर आदि पूजनीय चीजें थीं और घंटी, धूप-आरती, निरांजन, पंचपात्र, शंख आदि पूजा के साधन भी थे। इच्छा होने पर विठू यह सब देवी-देवता और साधन धो-पोंछकर ढंग से रखकर उस पर गंध-अक्षत, कुमकुम, हल्दी, फूल रखकर पूजा करता। ऐसी पूजा करने से उसे बड़ा सुकून मिलता। पर्व-त्यौहार के दिन मीठा नैवद्य होता तो उसकी भक्ति उफन आती, लेकिन यह पूजा करने में मात्र नैवद्य के प्रति लोभ था, ऐसा नहीं। पिता ने उस पूजा की सख्ती नहीं की थी। इस छोटी उम्र में विट्ठल रामजी को अपने में एक तरह की कोमल आध्यात्मिकता होने का एहसास हुआ।

अंग्रेजी तीसरी-चौथी कक्षा में उम्र की चौदह-पन्द्रह साल की अवस्था में अपने भावुक अन्तःकरण में स्पष्ट रूप से भक्ति-भाव का उद्रेक होने का एहसास विट्ठल रामजी को हुआ। तब तक उन्होंने पौराणिक पोथियों का पूरा वाचन किया था। नहाने के बाद भोजन के पहले वे 'शिवलीलामृत' पोथी का खुशी से पारायण करते। सावन मास में

भक्ति-भाव से वे शिवलिंग को श्रद्धा सुमन अर्पित करते। शिव और विष्णु, इन दो प्रमुख देवताओं में से वे शिव की भक्ति करना अधिक पसन्द करते। शिवालय प्राचीन और शान्त होते हैं। वहाँ विष्णु के मन्दिर जैसा भजन-पूजन का और स्त्री-पुरुष का शोरगुल नहीं होता। उन्होंने 'हरिचरित्र' में कृष्ण की जो लीलाएँ पढ़ी थीं, उनकी तुलना में शंकर-पार्वती की कथाओं का सीधापन और भोलापन उन्हें अधिक भाता था।

हाईस्कूल के आखिरी दो-चार सालों में विट्ठल रामजी की बुद्धि के विकास के साथ भक्ति भावना भी विकसित हुई। विट्ठल अपने साथियों को जमा कर छुट्टी के दिन 'हरिविजय' का 'गोवर्धन आख्यान', 'रामविजय' का 'कुम्भकर्ण वध' या 'पांडव प्रताप' का 'हरिश्चन्द्र आख्यान' ऐसे भक्तिरस से पूर्ण अध्याय पढ़कर उनका अर्थ बताता था। वह हरिश्चन्द्र आख्यान तो इतना समरस होकर बताता कि श्रोता करुण रस से व्याकुल होकर रोते थे। पिता द्वारा पढ़े जानेवाले 'गुरुचरित्र' की कथाएँ करुण भक्ति का परिपोष करनेवाली होने से उसे विशेष पसन्द आने लगीं। विठू की बुद्धि के विकास के साथ ही उसकी धर्म-भावना का भी विकास होने लगा। सावन मास में अपने मित्रों की बन्दर-सेना पहाड़ों में ले जाकर लौटते समय जिन्दा बिच्छुओं की माला लाकर अपनी बहनों को डरानेवाले उद्दंड विठू में अब अचानक परिवर्तन हुआ था। सावन मास में नहाने पर भोजन के पहले 'शिवलीलामृत' का पारायण करने का, नामस्मरण का और व्रत रखकर डेढ़ मील दूरी पर के रामतीर्थ को जाने की उसे जो आदत लगी, वह अन्त:करण की सच्ची भक्ति थी। विठू में हुआ यह परिवर्तन देखकर उसके स्नेहिल माता-पिता को बड़ा कौतूहल लगता। विठू में हुआ यह परिवर्तन आकस्मिक नहीं था। इस परिवर्तन के पीछे भाई की मृत्यु, घर की दरिद्रता, माता-पिता की उदासी आदि स्वाभाविक कारण थे। कक्षा में मेधावी होने से मित्रों में और कक्षा में जो सफलता और नेतृत्व मिला, उसका भी यह सात्विक परिणाम था।

विट्ठल पाठशाला में जाने से पहले मूर्ति का दर्शन लेता था। बबलादी के सिद्ध पुरुष ने दिया प्रसाद और रामेश्वर, हनुमान, दत्त आदि की भस्म वह डिब्बे में रखता तथा पाठशाला में जाने से पहले यह मिश्र भस्म भाल पर लगाता। अपनी भक्ति के कारण कक्षा में औरों से ज्यादा अंक मिलते हैं और अव्वल नम्बर बना रहता है, ऐसी उसकी भावना थी। उसमें भोलापन था। पाँचवीं कक्षा में उसे खारिश की बीमारी होने से उसने यल्लम्मा के मेले में जाने की जिद की और उसके पिता ने उसकी यह जिद पूरी की। विट्ठल के भक्ति भाव के विकास के इस दूसरे पड़ाव में सकामता के अंश के बावजूद अधिकांश मात्रा में स्वाभाविक मधुरता थी।

संतों की संगत से विट्ठल को होनेवाली खुशी यह उसका इस उम्र के भक्तिभाव का और एक आविष्कार कहना होगा अर्थात् इस खुशी का स्वरूप धार्मिक था। इस काल में रामजी बाबा को पारिवारिक आपत्तियों से साधु-संतों की संगत लग गई थी। विट्ठल को भी ऐसे साधु-संतों का साथ अच्छा लगता था। उनके घर में पुराने धर्म के सभी आचार चलते थे, लेकिन केवल कर्मठता, धर्मभीरुता, दम्भ और दुराग्रह उनके माता-पिता के व्यवहार में कभी दिखाई न देता। किसी साम्प्रदायिक अतिथि में दाम्भिकता या स्वार्थ दिखाई देता तो रामजी बाबा क्रोधित होकर उसे घर से बाहर भेज देते। माता-पिता का धार्मिक भाव सीधा, सहज और निर्हेतुक था। उसी में उन्हें अपने भावी धर्म और समाज-सुधार का उगम होने का एहसास हुआ।

पारिवारिक परिवेश

विट्ठल रामजी शिंदे ने अपना जीवन उदार उन्नत ऐसे धर्म-प्रसार हेतु समर्पित करने का निर्धार बिलकुल युवावस्था में किया और इसके अनुसार उन्होंने ब्राह्म धर्म के प्रचारक के रूप में अपना जीवन समर्पित किया, यह सर्वश्रुत है। उन्होंने अस्पृश्यता उन्मूलन का कार्य यह धार्मिक कार्य मानकर अपनी जिन्दगी दाँव पर लगाई। देवदासी की विघातक प्रथा बन्द हो, लड़कों की तरह लड़कियों को भी अनिवार्य शिक्षा मिले, किसानों की दशा में सुधार आए, इसके लिए उन्होंने आत्मीयता से आजीवन प्रयास किए। सामाजिक सुधार के लिए अपनी जिन्दगी समर्पित कर फकीर बनकर आजीवन निष्ठा से उसका पालन करनेवाला व्यक्ति मराठा समाज में विट्ठल रामजी को छोड़कर कोई नहीं है। विट्ठल रामजी द्वारा भविष्य में अपवाद लगे, ऐसा जो मौलिक कार्य हुआ, उसकी तैयारी उनके पारिवारिक परिवेश में ही हुई थी। उसके लिए भी उनके माता-पिता का धर्म और शील ही कारक थे।

विट्ठल के दादा-दादी की प्राचीन देत्री-देवताओं की उपासना की परम्परा उनके माता-पिता ने आगे चलाई, लेकिन उनके पीछे वह बनी रहने का कारण नहीं था, क्योंकि माता-पिता थे तभी रामजी बाबा ने पंढरपुर के वारकरी सम्प्रदाय में प्रवेश किया था। इतना ही नहीं, वे उसका अनुसरण भी कर रहे थे। विट्ठल के बड़े भाई का नाम परशुराम रखा गया था। वह यल्लमा की भक्त होनेवाली दादी ने रखा होगा क्योंकि यल्लमा यह जमदग्नि ऋषि की पत्नी रेणुका देवी का तेलुगु या कन्नड़ नाम है। बाद के सभी बच्चों के नाम रामजी बाबा ने पंढरपुर के वारकरी सम्प्रदाय के आधार पर रखे मिलते हैं। विठू के जन्म के समय रामजी बाबा पंढरपुर की तीर्थयात्रा पर गए थे। विठू का झूले में रखा नाम 'तुकाराम' था, लेकिन पिता ने तीर्थयात्रा से लौटने पर वह बदलकर 'विट्ठल' रखा। विट्ठल उनकी पाँचवीं सन्तान थी। सातवीं सन्तान जनाक्का तो आठवीं तान्याक्का थी। तान्याक्का का नाम मुक्ताबाई रखा गया। अन्तिम लड़के का नाम एकनाथ रखा गया। रामजी बाबा पर वारकरी पंथ के सहज, उदार, भागवत् धर्म का प्रभाव पड़ चुका था।

विट्ठल रामजी शिंदे को लगता है कि अपने भविष्य के सामाजिक सुधार का उदय पिता के भागवत् धर्म से हुआ है।

विष्णुमय जग वैष्णवांचा धर्म।
भेदाभेदभ्रम अमंगल॥
कोणाही जीवाचा न घडो मत्सर।
वर्म सर्वेश्वर पूजनाचे॥

अर्थात् यह पूरा विश्व ईश्वरमय है। भेद नीति बरतना उचित नहीं है। किसी भी जीव से मत्सर नहीं करना चाहिए, यही सर्वेश्वर पूजन का उद्‌देश्य है। विठू के माता-पिता ने संत तुकाराम के इस अभंग की सीख उसके संस्कारक्षम हृदय पर अपने प्रत्यक्ष आचरण से प्रतिबिम्बित की। वे ब्राह्म समाज के प्रचारक बनने पर उसमें कोई वृद्धि हुई होगी, ऐसा उन्हें नहीं लगता। प्रार्थना या ब्राह्म समाज का मराठों पर ही नहीं तो अन्य महाराष्ट्रियों पर भी कोई विशेष परिणाम न होने के बावजूद विट्ठल रामजी मात्र उसके आजीवन प्रचारक बने। इसका श्रेय समाज से भी ज्यादा उनके पिता द्वारा किए संस्कार को देना पड़ता है।

उनके घर में पर्दा नहीं था या पवित्रता के नाम पर जाति भेद बरतना उन्हें पता नहीं था। कोई भी सभ्य, विश्वसनीय मेहमान या मित्र घर में आने पर घर के स्त्री-पुरुष और छोटे-बड़े—सभी उनसे खुला व्यवहार करते थे। उनके घर की स्वाभाविक सहजता और स्नेहिल व्यवहार से बाहरी लोगों को उनके घर के सभी का व्यवहार आदर्श लगता था। उनके घर की शान्ति, तृप्ति और प्रीति अनूठी लगती थी। उनके पिता अपनी बेटियों को 'माँ' कहकर बुलाते। यह छोटी-सी बात औरों के हृदय को छू लेती। विठू की दो छोटी बहनें उसके छोटे दोस्तों के साथ स्नेहपूर्ण और खुले मन से व्यवहार बरतती। माँ विठू के सभी मित्रों से अपने ही बच्चों जैसा बर्ताव किया करती। उनके घर के माहौल के 'वसुधैव कुटुम्बकम' का परिचय बाहरी लोगों को सहज ही होता था। अपने घर के बारे में लिखते समय विट्ठल रामजी शिंदे कहते हैं, "केवल पर्दा न करना इसमें कोई खास बात नहीं, लेकिन अन्त:करण में ही मूलत: पर्दे को स्थान न देना यह दैवी कृपा है। हमारा घर इस दैवी कृपा का देवासन था। गृहस्थी को लेकर कई विपत्तियाँ आईं—दरिद्रता, बीमारी, मृत्यु, ऋण का बोझ। ऐसे मन की परीक्षा लेनेवाले कई प्रसंग आए, लेकिन घर का शान्त माहौल कभी क्षुब्ध नहीं होता था। इससे भौतिक दरिद्रता में आत्मिक अमीरी का भोग हमारे घर में तथा घर के छोटे-बड़े व्यक्तियों में दिखाई देता। ऐसे घर में फिर जाति भेद को कहाँ से मौका मिलता? आधुनिक सुधारकों की तरह जाति भेद मिटाने की माथापच्ची हमें न करनी पड़ती क्योंकि हम पर जाति भेद का संस्कार ही नहीं हुआ था।"[4]

उस जनपद में शिक्षा को लेकर रामजी बाबा के घर का बड़ा लौकिक था। उस काल के हिसाब से उन्होंने प्राप्त की शिक्षा और बहुश्रुतता की लोग तारीफ करते थे। विट्ठल ने हाईस्कूल की शिक्षा में जो गति दिखाई, उसका अप्रत्यक्ष श्रेय उसके पिता को ही था, लेकिन रामजी बाबा की विशेष बात यह थी कि उन्होंने अपनी बेटियों को शिक्षित करने का उत्साह दिखाया था। उस काल के परिप्रेक्ष्य में और मराठा समाज के सम्बन्ध में यह अपवादात्मक बात कहनी होगी। इससे यह स्पष्ट होता है कि वे लड़के और लड़की में भेद नहीं करते थे। बहन जनाबाई ने तो अपने 'स्मृति चित्र' में यह दर्ज किया है कि जमखंडी में लड़कियों की स्वतंत्र पाठशाला शुरू हो, इस हेतु रामजी बाबा ने ही आरम्भिक प्रयास किए और रियासत के अधिपति का समर्थन प्राप्त कर जमखंडी में लड़कियों की पाठशाला शुरू की।

घर के इस खुले माहौल में विठू का स्वाभाविक विकास हुआ। विट्ठल रामजी में बचपन से ही स्वतंत्रता की रुचि, नए जीवन की अभिलाषा और सत्यान्वेषी दृष्टि दिखाई देती है। उसके स्वभाव विशेष के आविष्कार पर बचपन में माता-पिता ने कभी बन्धन न लगाए। माता-पिता की उन पर नजर तो थी, लेकिन दबाव नहीं था। वह एकाध अच्छी, लेकिन नई और प्रचलित परिपाटी के विरुद्ध कुछ बात करता तो वे उसकी तारीफ ही करते।

हाईस्कूल शिक्षा के दौरान विठू को अलग-अलग जातियों और संस्कृतियों के मित्र और सहपाठी मिलते गए और उसे अपने विचारों को व्यवहार में लाने का अवसर मिलने लगा। ब्राह्मण, लिंगायत जैसी जो जातियाँ मराठों के घर खाना नहीं खातीं, उस जाति के लोग उसके वैश्विक वृत्ति के परिवार में खाना खाते थे। नाई, धोबी तथा मुसलमान जैसे परधर्मियों से मराठा रोटी व्यवहार न रखते। उन जातियों के लोग भी उनके घर में खाना खाते। विट्ठल चौदह-पन्द्रह साल की अवस्था में था तब सय्यद मीरासाहब हथरूट यह बुजुर्ग मुसलमान सज्जन उसके प्रति बड़ा स्नेह रखते थे। मीरासाहब उसके घर और विट्ठल भी मीरासाहब के घर खुलेआम खाना खाते थे। उससे इस मुसलमान परिवार की स्त्रियाँ पर्दा न करती थीं। इतनी समरसता उस काल में इन दो परिवारों में हुई थी।

शिंदे के परिवार के सुधारवादी वर्तन की विशेषता यह थी कि उनके यहाँ समता और स्वतंत्रता, उदारता और स्वाभिमान के समतोल का स्वाभाविक रूप में पालन किया जाता था। आडम्बर छोड़कर समानता का रिश्ता बरतनेवाले ब्राह्मण, लिंगायत आदि जातियों के व्यक्तियों से और मुसलमान जैसे परधर्मीय मित्रों से समानता तथा स्वतंत्रता का हृदय से प्रेमपूर्ण रिश्ता होने पर ही भोजनादि व्यवहार साथ होता था। अन्त:करण की आत्मीयता, उद्देश्य की शुद्धता और अकृत्रिम प्रेम सभी सुधारों की अटल नींव होती है। लेन-देन के व्यापारी तत्त्व से अथवा आधुनिक सुधारक के शुद्ध बुद्धिवाद से सही सुधार नहीं होता। यह विट्ठल रामजी की जो राय आगे प्रकट होती रही, उसका वस्तुपाठ उनके बचपन में ही उन्होंने घर में सीखा था।

भविष्य में उनसे सामाजिक सुधार का कार्य हो, ऐसा उनके मन का गठन बचपन में उनके घर में किए गए संस्कारों से हुआ। "मैं प्रार्थना समाज में गया इसलिए सुधारक बना ऐसा, नहीं तो मैं सुधारक था इसलिए प्रार्थना समाज में गया" ऐसा विट्ठल रामजी ने उचित ही दर्ज किया है।

सन्दर्भ

1. विट्ठल रामजी शिंदे, *माझ्या आठवणी व अनुभव*, पृ. 44
2. वही, पृ. 45-46
3. वही, पृ. 64
4. वही, पृ. 82

कॉलेज के पहले दो वर्ष

विट्ठल रामजी शिंदे 1891 के नवम्बर-दिसम्बर में पुणे सेंटर से मैट्रिक्युलेशन की परीक्षा देकर उत्तीर्ण हुए। इस वर्ष जमखंडी के हाईस्कूल के पाँच छात्र मैट्रिक की परीक्षा में बैठे थे। उनमें से चार उत्तीर्ण हुए। उत्तीर्ण छात्रों में विट्ठल रामजी शिंदे अव्वल आए थे।

मैट्रिक परीक्षा उत्तीर्ण होने पर आगे क्या किया जाए, इसकी चिन्ता उन्हें सता रही थी। घर के आर्थिक हालात देखकर उन्होंने नौकरी करने का विचार पक्का किया। नौकरी की खोज में वे बेलगाँव में छह मास रहे, लेकिन नौकरी का कहीं जुगाड़ नहीं बैठ रहा था। उसी दौरान जमखंडी हाईस्कूल में अध्यापक की जगह खाली हुई। प्रधानाचार्य त्रिम्बकराव खांडेकर का विट्ठल रामजी के प्रति होनहार छात्र के रूप में अनुकूल मत था। उसमें वे मैट्रिक परीक्षा में अव्वल आए थे। इससे स्वाभाविक रूप में खांडेकर ने उन्हें जमखंडी बुलाया और खाली हुई अध्यापक की जगह पर उनकी नियुक्ति की। हाईस्कूल के सन् 1888 से नियुक्त अध्यापकों में 29 वे स्थान पर उनका 'विठू रामा शिंदे, असिस्टेंट मास्टर' ऐसा उल्लेख देखने को मिलता है।[1] हाईस्कूल में नया साहित्य, रसायनशास्त्र, खगोलशास्त्र आदि के अध्ययन से उनमें बुद्धिवाद का प्रादुर्भाव हुआ था। वे अध्यापक थे तब आगरकर की 'सुधारक' पत्रिका पढ़ने लगे थे। इससे उनमें बुद्धिवादी विचारों का जो निर्माण हुआ था, उसे गति मिलने लगी, लेकिन हाईस्कूल में अध्यापक के रूप में दीर्घकाल रहना उनके नसीब में नहीं था। अंग्रेजी दूसरी कक्षा को उन्होंने दो-तीन मास पढ़ाई होगी, तभी जमखंडीकर सरकार रामचन्द्रराव आप्पासाहब ने उन्हें रामतीर्थ के राजमहल में बुलाया। उन्होंने कहा कि मैं तुम्हें मुम्बई के वेटरनरी कॉलेज में पन्द्रह रुपए की छात्रवृत्ति देकर भेजने को तैयार हूँ। घर के संस्कार, साहित्य और शास्त्र के अध्ययन से उनमें आई सुसंस्कृतता के कारण उच्चतर आकांक्षा निर्माण होना स्वाभाविक था अर्थात् सरकार की सूचना उन्हें रास न आई। उन्होंने उत्तर दिया, "मैं जानवरों का डॉक्टर नहीं बनना चाहता। आट्‌र्स कॉलेज में जाने हेतु छात्रवृत्ति देंगे तो मैं जाने को तैयार हूँ।" विट्ठल रामजी के उत्तर से जमखंडीकर सरकार गुस्सा हुए और उन्होंने तुरन्त उन्हें नौकरी से निकाल दिया। दीपावली का वेतन तक नहीं दिया।[2] हाईस्कूल की अध्यापकी का इस तरह समापन हुआ।

आगे क्या किया जाए, इस चिन्ता में वे थे कि तभी उनकी शिक्षा को आगे की दिशा मिली। उनकी छठी कक्षा के अध्यापक वासुदेवराव चिरमुले ने उन्हें बताया कि पुणे में गरीब मराठा छात्रों को उच्च शिक्षा हेतु मदद करनेवाली एक संस्था है। विट्ठल रामजी शिंदे में नए निर्णय लेकर निर्धार से उस पर अमल करने की जबर्दस्त क्षमता थी। इसकी पड़ताल उनकी भविष्य की जिन्दगी में देखने को मिलती ही है। इस समय भी उन्होंने एक साहस का निर्णय लिया। घर में असीम गरीबी। किसी की जान-पहचान का सहारा नहीं। ऐसे में वे पुणे जैसे बड़े शहर में आ गए। उनकी फर्ग्युसन कॉलेज में प्रवेश लेने की इच्छा थी, लेकिन रुपयों की कोई व्यवस्था नहीं थी। पुणे में आने पर 1893 में विट्ठलराव का कोल्हापुर के गोविन्दराव सासने से परिचय हुआ। विट्ठलराव आरम्भ में, पहले सत्र में उन्हीं के कमरे में रहे, लेकिन कॉलेज की फीस और मेस के खर्चे की चिन्ता कायम थी। खांडेकर द्वारा दी गई जानकारी के अनुसार उन्होंने 'डेक्कन मराठा एज्युकेशन एसोसिएशन' संस्था के संस्थापक सचिव गंगाराम भाऊ म्हस्के की भेंट लेना तय किया।

गंगाराम भाऊ म्हस्के मराठा जाति के सुधारक वृत्ति के नेता और होशियार वकील के रूप में ख्यातलब्ध थे। रानडे, भंडारकर की तरह उस काल के सुधारक पक्ष में उन्हें अच्छी मान्यता थी। मराठा देशी नरेश और अन्य जातियों

के प्रगतिशील शिक्षाप्रेमी अमीर सज्जन उनका सम्मान करते। इन वर्ग से सहयोग प्राप्त कर उन्होंने और राजन्ना लिंगों नामक वकील ने गरीब मराठा छात्रों को मदद करने के उद्देश्य से 'डेक्कन मराठा एज्युकेशन एसोसिएशन' नामक संस्था शुरू की थी।

विट्ठलराव उन्हें मिलने उनके पुणे के लश्कर इलाके में मेन स्ट्रीट पर के भव्य घर गए। पाश्चात्य ढंग से सजे उनके घर का माहौल सुधारवादी ठाट-बाट का था। म्हस्के साहब की रहन-सहन और वर्तन पाश्चात्य शैली का और सुधारवादी था। उन्होंने विट्ठलराव को अपने नजदीक कुर्सी पर बिठाया और अंग्रेजी में पूरा भाषण दिया। उन्होंने बताया कि दस रुपयों की छात्रवृत्ति देना सम्भव है। जैसे-तैसे कॉलेज जाना सम्भव होगा, ऐसी आशा निर्माण हुई, लेकिन इसके सिवा अध्ययन की कोई दूसरी सुविधा देने में म्हस्के साहब ने असमर्थता जताई। एकाध यूरोपियन सभ्य व्यक्ति जैसे अन्य व्यक्ति से सीमित व्यवहार बरतता है वैसा ही विट्ठलराव को उनका आचरण महसूस हुआ। फिर भी म्हस्के साहब ने अच्छा व्यवहार किया और सहयोग किया, इसलिए विट्ठलराव उनके प्रति कृतज्ञ हुए।

म्हस्के साहब के द्वारा दी गई छात्रवृत्ति के कारण विट्ठलराव फर्ग्युसन कॉलेज में दाखिला ले पाए। उन दिनों फर्ग्युसन कॉलेज पुणे शहर की शनिवार पेठ में गद्रे के पुराने बड़े महल में था। डेक्कन कॉलेज जैसी महँगी संस्था में अल्प छात्रवृत्ति के आधार पर जाने का विचार तक करना उनके लिए असम्भव था। 1885 में फर्ग्युसन कॉलेज की स्थापना होने से उन जैसे गरीब छात्रों की सुविधा हुई थी। फर्ग्युसन कॉलेज के प्रिंसिपल, संस्कृत कोशकार वामन शिवराम आपटे की हाल ही में हुई मृत्यु के कारण वहाँ ख्यातलब्ध सुधारक गोपाल गणेश आगरकर की नियुक्ति हुई थी। वे गाँव में न रहकर आज की कॉलेज की इमारत के स्थान पर झोंपड़ी बनाकर रहते थे। आसपास बस्ती नहीं थी। विट्ठल रामजी को 'डेक्कन मराठा एसोसिएशन' से मिलनेवाली मासिक दस रुपए छात्रवृत्ति में खर्चा चलाना कठिन था, क्योंकि कॉलेज की मासिक फीस ही पाँच रुपये थी। इसलिए कॉलेज फीस में रियायत माँगने हेतु विट्ठलराव एक अर्जी लेकर प्रिंसिपल आगरकर से मिलने गए।

गंगाराम भाऊ म्हस्के को मिलने पर पुणे के सुधारक का जो चित्र उनके मन पर प्रतिबिम्बित हुआ था, उससे आगरकर की छवि मिलनेवाली नहीं थी। जाड़े के दिन थे। सुबह के नौ बजे थे। आगरकर अस्थमा के मरीज थे। वे झोंपड़ी के बाहर आँगन में खड़े थे। शरीर पर काफी फटा हुआ काला, गन्दा कोट, चितपावन शैली की धोती, छोटी-सी चोटी के बिखरे बाल, भौंहों के घने बाल, कुछ गहरी और बेधनेवाली आँखें—ऐसा उनका प्रथम दर्शन हुआ। उनकी अर्जी देखकर और उन्हें 'डेक्कन मराठा एसोसिएशन' की छात्रवृत्ति मिलती है, यह जानकर उन्होंने स्पष्ट ही बताया कि फीस माफ नहीं होगी। नाहक भ्रम में रखने की अपेक्षा उनका तुरन्त उत्तर यद्यपि उचित था, लेकिन उस समय विट्ठलराव की आगरकर के प्रति प्रतिकूल राय बनी। उनकी रुपयों की समस्या यथावत् बनी रही। गोविन्दराव सासने की थोड़ी-बहुत मदद मिलती रही। ऐसे हालात में उनका प्रीवियस का अध्ययन शुरू हुआ।

विट्ठल रामजी जमखंडी में प्राइमरी स्कूल से हाईस्कूल गए, तब उस समय का नया पाठ्यक्रम, आस्था और स्नेह से पढ़ानेवाला अध्यापक वर्ग इससे उनमें पढ़ाई का एक जोश संचारित हुआ था। उन्हें एक नई दुनिया का दर्शन हो रहा था, लेकिन कॉलेज में आने पर और यहाँ की शिक्षा पद्धति देखकर उनकी अनुकूल राय होना तो दूर बल्कि उनके मन पर प्रतिकूल परिणाम हुआ। उन दिनों प्रीवियस की दो कक्षाएँ होने पर भी हर कक्षा में लगभग पचहत्तर छात्र होते थे। उनकी कक्षा गद्रे बाड़ा के सामनेवाले दीवानखाने में होती। शिक्षा पद्धति में परिवर्तन हुआ था। व्याख्यान पद्धति कॉलेज शिक्षा की अलग विशेषता थी। सौ-पचास छात्रों का ऊँचे व्यासपीठ से अध्यापक का निरूपण सुनना उनकी दृष्टि में हाईस्कूल की निजी शिक्षा पद्धति से वंचित होना था। छात्रों की ज्यादा संख्या से अध्यापक का छात्रों से वैयक्तिक सम्बन्ध टूटता है और छात्र डोर टूटी पतंग की तरह अध्यापक से दूर जाता है, ऐसा एहसास विट्ठलराव को हो रहा था। उन्होंने अपनी स्मृतियों में हाईस्कूल के अध्यापकों के बारे में जैसे आत्मीयता और आदर से लिखा है, वैसा कॉलेज के किसी प्राध्यापक के बारे में नहीं लिखा है। उनकी आर्थिक समस्या के कारण भी वे कॉलेज के माहौल से समरस नहीं हुए होंगे, ऐसा लगता है। कॉलेज में जाने पर बहुसंख्य छात्रों में हम व्याख्यान सुननेवाले सभ्य गृहस्थ बने हैं, ऐसा घमंड निर्माण होता है, ऐसा उन्होंने दर्ज कर रखा है, लेकिन विट्ठलराव में मात्र ऐसा अहं निर्माण नहीं हुआ। इसके विपरीत उनमें एक तरह की शर्मिन्दगी, संकोच और निर्भीकता जैसे गुणों का अभाव था। वे कक्षा में सबसे पिछली बैंच पर बैठते थे। वे कॉलेज में बेहिचक समरस न हो सके, ऐसा दिखता है।

कॉलेज में दाखिला मिला। वहाँ का पाठ्यक्रम शुरू हुआ, लेकिन रुपयों की समस्या हल नहीं हुई थी। छात्रवृत्ति केवल मासिक दस रुपए। फीस माफी की अर्जी प्रिंसिपल साहब ने खारिज की थी। कॉलेज की मासिक फीस पाँच रुपये थी। पूरे सत्र के तीस रुपए अग्रिम जमा करने थे। कॉलेज की पुस्तकें और अन्य सामान लेना था। फिर कमरे का किराया और मेस के लिए क्या बचेगा? इस प्रश्न का उत्तर शिंदे देते हैं, "उस समय की सस्ती और उसकी अपेक्षा विशुद्ध उत्तर दें तो जरूरतें और अभाव सहने की मेरी असीम तैयारी थी। विशेषत: मेरे माता-पिता ने मेरी ऐसी तैयारी करवा ली थी जो मेरी जिन्दगी की आपूर्ति कर मेरे बच्चों को शेष रहती।"

1893 के आरम्भ में विट्ठलराव का कोल्हापुर के गोविन्दराव सासने से परिचय हुआ। उस समय गोविन्दराव पुणे इंस्टिट्यूशन हाईस्कूल के सातवीं कक्षा के छात्र थे। वे उम्र में विट्ठलराव से चार-छह मास बड़े थे। दिलदार स्वभाव के गोविन्दराव से विट्ठलराव का स्नेह बना और वे घर के आदमी जैसे आत्मीय लगने लगे। गोविन्दराव के घर की हालत अच्छी थी। उनके पिता कोल्हापुर में पुलिस अफसर थे। उनका खाता-पीता सुखी परिवार था। विट्ठलराव का उदार दृष्टिकोण और खुला स्वभाव गोविन्दराव को पसन्द आया। यद्यपि वे दोनों अलग कक्षाओं में पढ़ते थे, लेकिन एक-दूसरे की भलाई जानकर मित्रता के नजदीकी रिश्ते से परस्पर व्यवहार करते थे। 1893 के मार्च में गोविन्दराव के पिता की मृत्यु हुई। इससे उन्हें कोल्हापुर जाना पड़ा। इसलिए विट्ठलराव प्रीवियस के दूसरे सत्र में मुधोल के जनार्दन सखाराम करन्दीकर और जमखंडी के विश्वनाथ पोक्षे के साथ रहने गए। बरामदे में होनेवाला यह छोटा कमरा जमखंडी के तीन छात्रों को मुफ्त में रहने के लिए मिला। इस कमरे पर कभी-कभी पढ़ाई करने और विशेषत: पाठ्यक्रम में लगाया जेन ऑस्टेन का 'प्राइड एंड प्रेज्यूडिस' उपन्यास साथ पढ़ने हेतु वाई के केशव रामचन्द्र कानिटकर आते थे। ये आगे चलकर फर्ग्युसन कॉलेज के प्रिंसिपल बने। जमखंडी के दोस्तों को पुणे में मिला, लेकिन जो पुणे का नहीं था, ऐसा यह एकमात्र साथी और दोस्त। विट्ठलराव की और उनकी दोस्ती आखिर तक बनी रही। स्थानीय पुणे के एक भी छात्र ने उनसे आत्मीय सम्बन्ध नहीं बनाए।

निवास की सुविधा इस तरह हुई। मेस में साढ़े चार-पाँच रुपए देने पड़ते। उस समय के पुणे में गली-गली के हौजे में नहाने हेतु पर्याप्त ठंडा पानी मिलता। तीनों छुटपुट खर्चा प्रेम से बाँटकर करते। वह सस्ती का जमाना था, इसलिए पुणे में रहकर शिक्षा प्राप्त करना सम्भव हुआ, लेकिन एक पैसे को भी भारी मोल होता था, इसका विट्ठलराव ने अनुभव लिया था। इसलिए पैसे बचाने हेतु हर सम्भव शारीरिक कष्ट सहकर मितव्ययिता करने का उनका प्रयास होता। कॉलेज में हर साल दो बार लम्बी छुट्टियाँ होतीं। उस समय मेस के बचे खर्चे से वे गाँव जाने हेतु रेल के किराये का जुगाड़ बिठाते। जमखंडी जाने के लिए सदर्न रेल के कुडची स्टेशन से जमखंडी तक की दूरी तैंतीस मील थी। बैलगाड़ी से एक सवारी को चार आने से आठ आने तक का खर्चा आता, लेकिन विट्ठलराव कई बार बैलगाड़ी की यात्रा के चार-आठ आने बचाने के लिए पूरा बोझ सिर पर उठाकर पैदल यात्रा करते। उनकी इस मितव्ययिता और समझदारी का उनके पिता को बड़ा कौतूहल लगता। वे औरों के सामने इस बात का जिक्र भी करते। ऐसी मितव्ययिता में ही उनके कॉलेज के पहले तीन साल अर्थात् इंटरमीडिएट की परीक्षा में दूसरी बार बैठकर पास होने तक के दिन बड़े कष्ट में बीते।

प्रीवियस के आखिरी दिनों में पैसों की बड़ी जरूरत पड़ी। वे प्रीवियस की कॉलेज की प्रिलिमिनरी परीक्षा में उत्तीर्ण हुए। मुम्बई विश्वविद्यालय की प्रीवियस परीक्षा को बैठने के लिए उन्हें बीस रुपये परीक्षा फीस जमा करनी आवश्यक थी। परीक्षा फॉर्म भरने के दिन नजदीक आ रहे थे। बीस रुपये कहाँ से लाएँ, यह कठिन प्रश्न उनके सामने था। प्रीवियस की परीक्षा के पूर्व ही एक कठिन परीक्षा से उन्हें गुजरना पड़ा। वे चिन्ता में थे, तभी ताडपत्राकर के घर में पुरोहिती के लिए आनेवाले ब्राह्मण नरहर पंत ने उन्हें एक राह दिखाई। नरहर पंत उन्हें साथ लेकर रावबहादुर नवलकर नामक सज्जन के पास गए। उन्होंने विट्ठलराव को परीक्षा फीस के लिए दो रुपए दिए और उन्हें पैसों की बड़ी जरूरत है तुरन्त मदद करें, इस आशय की एक चिट्ठी उन्हें देकर अपने कुछ मित्रों के नाम बताए। इस तरह की याचना करना उन्हें अच्छा नहीं लग रहा था, लेकिन नरहर पंत ने उन्हें जबर्दस्ती रावबहादुर महादेव रानडे, डॉ. रामकृष्ण गोपाल भंडारकर, सरदार कुप्पुस्वामी मुदलियार, वकील राजन्ना लिंगो आदि बड़ी हस्तियों के पास भेजा। इन बड़ी हस्तियों के सामने खड़े रहना उनके लिए वेदनादायी था, फिर भी इन कुछ लोगों से मिलने के बाद केवल चौदह रुपए जमा हुए। फीस जमा करने की तारीख नजदीक आ चुकी थी। अन्तत: नरहर पंत ने उन्हें शुक्रवार पेठ के डॉ. शेलके के पास

भेजा। नवलकर की चिट्ठी उनके सामने रखते ही उन्होंने विट्ठलराव आजीवन न भूल पाए, इस तरह की भर्त्सना की, "मराठा कुल में जन्म लेकर इस तरह भिक्षापात्र लेकर घूमने में तुम्हें शर्म नहीं आती? पास में पैसे न हों तो जानवर चराओ। क्यों पढ़ाई कर रहे हो?" आदि-आदि। डॉ. शेलके की बात सुनकर वे काफी आहत हुए। उन्हें लगा कि इस मराठा जमदग्नि के सामने चिट्ठी और पैसे रखकर वहाँ से निकलें। डॉ. शेलके के सन्दर्भ में शिंदे ने लिखा है, "इसके बाद मैंने स्वयं के लिए कभी किसी को भीख नही माँगी, फिर भी मेरा और मुझ पर निर्भर होनेवाला योगक्षेम चल रहा है, इसका श्रेय डॉ. शेलके को देना उचित लगता है। आगे चलकर परोपकार के लिए लाखों रुपए जमा करने की पात्रता और इच्छा मुझ में आई। इसमें शायद डॉ. शेलके का यह विरोधी आशीर्वाद तो कारण नहीं बना होगा?"

अन्ततः पैसों का यह जटिल प्रसंग अनपेक्षित रूप में भावुकता से हल हुआ। तेरदाल के विष्णुपंत देशपांडे विट्ठलराव के बचपन से मित्र थे। विट्ठलराव की समस्या से वे परिचित थे। उनके घर में अमीरी थी, लेकिन छोटे होने के कारण तथा उनके हाथ में कारोबार न होने से उनके पास रुपए नहीं होते। विट्ठलराव की समस्या जानकर वे छटपटा रहे थे। उनकी स्नेहिल पत्नी बहिणाबाई उनकी यह स्थिति सह नहीं पाई। उन्होंने अपने मायके से भैयादूज में मिले बीस रुपए विष्णुपंत के मार्फत विट्ठलराव को पहुँचा दिए। पुराने संस्कारों की यह साध्वी स्त्री विट्ठलराव को अपने पति का बड़ा भाई समझकर भविष्य में कभी उनके सामने खड़ी न रही। बहिणाबाई दिखाई इस आत्मीयता का प्रसंग जितना अपूर्व उतना ही हृदय को छूनेवाला था। विट्ठलराव की शेष फीस और परीक्षा के दौरान मुम्बई के खर्चे का प्रश्न इस तरह हल हुआ।

प्रीवियस की परीक्षा के निमित्त विट्ठलराव को पहली बार मुम्बई का दर्शन हुआ। उन्होंने कांदेबाड़ी में खत्री की चाल के एक कमरे में परीक्षा के लिए निवास किया। पूरा समय अध्ययन और पेपर लिखने में ही जाता, इसलिए वे मुम्बई देख नहीं पाए, लेकिन मुम्बई की तंगदस्त भीड़वाली बस्ती, सागर किनारे की सीलन और लोगों का आत्मशून्य कृत्रिम स्वभाव देखकर उनके मन पर मुम्बई की इस पहली भेंट का अनुकूल परिणाम नहीं हुआ।

इंटरमीडिएट का वर्ष

प्रीवियस परीक्षा देने के बाद जब विट्ठलराव जमखंडी में थे तब वे परीक्षा में उत्तीर्ण होने की खबर मिली। कॉलेज की परीक्षा उत्तीर्ण होनेवाले पहले छात्र के रूप में उनकी जमखंडी में ख्याति फैल गई। पुणे वापिस आने पर मुम्बई इलाके में प्रीवियस को बैठे सभी छात्रों में अपना नम्बर कहाँ है, इसका पता चला तो वे नाराज हुए। वे पहली या दूसरी क्लास में नहीं थे, लेकिन तीसरे वर्ग में भी ऊपर नहीं थे। इससे वे अन्तर्मुख हुए। कॉलेज शिक्षा में निस्तेज होने का एक कारण था—घर की गरीबी का एहसास। माता-पिता से दूर पुणे में अकेले रहने से यह एहसास तीव्रता से होता था। कई कारणों से कॉलेज की शिक्षा में उनका मन नहीं लग रहा था। हाईस्कूल में होनेवाला जोश और मंशा तेजी से कम होने लगी। उसी दौरान जमखंडी के यजमान श्रीमन्त आप्पासाहब रामचन्द्रराव ने उनके पिता को नौकरी से निकाल दिया। विट्ठलराव ने श्रीमन्त द्वारा दी गई छात्रवृत्ति से वेटरनरी कॉलेज में जाने को इनकार किया था। अपनी इच्छा से आर्ट्स में दाखिला लेकर कॉलेज की पहले वर्ष की परीक्षा उत्तीर्ण की थी। इससे श्रीमन्त ने गुस्सा होकर उनके पिता को नौकरी से निकाला होगा।

प्रीवियस की परीक्षा उत्तीर्ण होने पर विट्ठलराव पुणे वापिस आए। गोविन्दराव सासने पिता की मृत्यु के बाद घर का इन्तजाम कर फिर पुणे पढ़ने आए। उन्होंने नारायण पेठ में केलकर के घर में कमरा लिया। विट्ठलराव का एक कमरा और गोविन्दराव का एक कमरा, ऐसा जोड़ कमरे का यह एक दालान था। दूसरे दालान में बीजापुर के गोविन्दराव कलकेरी और कोल्हापुर के तलाशीकर रहते थे। इस काल में पुणे में शिक्षा के निमित्त से उनके जमखंडी के बालसखा तेरदाल के विष्णुपंत देशपांडे और मुधोल के जनार्दन पंत करन्दीकर फिर इकट्ठा आए। प्रीवियस के प्रारम्भ में गोविन्दराव सासने से उनकी मित्रता हुई और वाई के केशव रामचन्द्र कानिटकर सहपाठी बने। इन चारों की विट्ठलराव से आखिर तक दोस्ती बनी रही।

विट्ठलराव ने मितव्ययिता के तौर पर मेस की अपेक्षा स्वयं भोजन बनाना तय किया और केवल उनकी इच्छा के कारण गोविन्दराव ने भी वह स्वीकार किया। दूसरे सत्र में परीक्षा नजदीक आने पर पढ़ाई के लिए अधिक समय

देने की जरूरत पड़ने पर उन्हें यह स्वयंपाक व्रत तोड़ना पड़ा। दूसरी बात यह भी थी कि एक चावल छोड़े तो दूसरा कोई पदार्थ बनाने का कौशल इन दोनों में आना असम्भव था। आर्थिक दुरावस्था और माता-पिता से दूर रहने के कारण विट्ठलराव की खुशी कम हुई। असमय प्रौढ़ता और प्रगल्भता आ गई। क्रीड़ाशीलता का लोप हुआ और औरों से मैत्री करने की इच्छा भी लुप्त होने लगी। इतना ही नहीं, निर्धारित कॉलेज की पढ़ाई में भी मन नहीं लग रहा था। सारांश में, तत्कालीन विश्वविद्यालय और वहाँ की चैतन्यशून्य शिक्षा पद्धति को लेकर उनके मन में एक प्रकार की विरक्ति बढ़ने लगी। इस मानसिकता में उनसे पढ़ाई को लेकर लापरवाही होने लगी।

अध्ययन में विट्ठलराव का मन नहीं लग रहा था, लेकिन उनके मन और बुद्धि का विकास रुका नहीं था। वे चैतन्ययुक्त अभ्यास-क्रम के अभाव की पूर्ति मानो अन्य वाचन के जरिये कर रहे थे। उनका वाचन उस काल के परिप्रेक्ष्य में ठीक चल रहा था। फर्ग्युसन कॉलेज में किताबें मिलने की कोई दिक्कत नहीं थी। प्रीवियस की कक्षा में ही उनका जॉन स्टुअर्ट मिल जैसे तत्त्ववेत्ता और मेकॉले जैसे निबन्धकार से परिचय हुआ था। मिल के लिबर्टी (स्वतंत्रता), यूटिलिटेरिअँनिजम (उपयोगितावाद, बहुजनहितवाद), सब्जेक्शन ऑफ वीमिन (स्त्रियों की दासता) जैसे मूल ग्रंथ उन्होंने पढ़े। उनमें जो विचारों की नवीनता थी, उससे विट्ठलराव काफी प्रभावित हुए। इंटरमीडिएट में आने पर उन्होंने हर्बर्ट स्पेंसर के 'एज्युकेशन' (शिक्षा), 'इंट्रोडक्शन ऑफ द स्टडी ऑफ सोश्योलॉजी' ये मूल ग्रंथ बारीकी से पढ़े। उन दिनों स्पेंसर का प्रभाव यूरोप-अमरीका में ही नहीं, हिन्दुस्तान व जापान जैसे पौर्वात्य देशों में भी बड़े पैमाने पर था। उस काल के कॉलेज के ज्यादातर अध्यापक स्पेंसर के अज्ञेयवाद से काफी प्रभावित थे। दाभोलकर ने स्पेंसर की पुस्तकों के किए अनुवाद भी विट्ठलराव पढ़ रहे थे। मिल-स्पेंसर का युगीन परिवेश पर पड़ा प्रभाव और स्वयं विट्ठलराव पर पड़े प्रभाव की परिणति नास्तिकता में कैसे हुई, यह स्पष्ट करते हुए वे लिखते हैं, "जहाँ हमारे गुरु ही उस नए विचार से हैरान हुए थे, वहाँ मुझ जैसे उतावले छात्र की अत्यवस्था हुई, ऐसा कहने को क्या हर्ज है? यद्यपि मैंने काफी पुस्तकें पढ़ी नहीं थीं, लेकिन जो पढ़ीं, वे तत्त्वज्ञान की दृष्टि से महत्त्वपूर्ण थीं, जिनका मुझमें काफी जोरदार अभिनिवेश हुआ। संक्षेप में कहें तो जमखंडी में हमारे घर के अँधेरे देवगृह में बैठकर शिवलीलामृत का पारायण कर शिवलिंग पर सावनी सोमवार को सहस्र फूल अर्पण किए बगैर मुँह में पानी तक ग्रहण न करनेवाला मैं पुणे में आने पर आगरकर के लेख और मिल-स्पेंसर के ग्रंथ पढ़कर पुणे के छात्रों में एक पक्का नास्तिक बन गया।"[3]

विट्ठलराव पढ़कर स्वस्थ बैठनेवाले युवक नहीं थे। जो अपने मन में आया, वह दूसरे को बताकर उस पर चर्चा करने की प्रबल ऊर्मि उनमें थी। वे कहते हैं, "पेट में कुछ पल जहर टिक पाएगा, लेकिन नया विचार या एकाध सुन्दर अनुभव का साक्षात्कार होने पर वह किसी आत्मीय मित्र या रिश्तेदार को बताए बगैर मुझे चैन न आता।" नए विचार और अनुभवों को लेकर विट्ठलराव में इस तरह का उत्साह होने से उन्होंने एक छोटा चर्चा मंडल स्थापित किया था। मैट्रिक की परीक्षा के बाद जमखंडी की बसन्त व्याख्यान माला में अभिव्यक्ति की स्वतंत्रता, व्यक्ति स्वतंत्रता, स्त्री-दाक्षिण्य जैसे वजनदार विषयों पर भाषण देना उनकी आदत बन गई थी। उसमें पुणे जैसे 'बातूनी' और मुम्बई जैसे 'शरारती' शहरों से सम्पर्क आने पर उन जैसे व्यक्ति का उत्साह बढ़ना स्वाभाविक था। मंडल की सभाओं से ही नहीं तो छात्रों से होनेवाले निजी संवाद से भी वे उन्हें अपनी 'नई अपर्याप्त नास्तिकता' सिखाने लगे। उसी दौरान लिखे एक छोटे अंग्रेजी निबन्ध में "ईश्वर ने मनुष्य का निर्माण नहीं किया अपितु मनुष्य ने ही ईश्वर का निर्माण किया।" ऐसी जोरदार भूमिका उन्होंने प्रस्तुत की थी।[4]

कई कारणों से परीक्षा के लिए नियुक्त पाठ्यक्रम में विट्ठलराव का मन नहीं लगा, यह ऊपर देखा ही है। इससे उनकी रुझान पाठ्येतर वाचन की ओर बढ़ गया। उसे जोर मिला, चर्चा मंडल के वाद-विवाद से। इन सभी के परिणामस्वरूप विट्ठलराव इंटरमीडिएट की परीक्षा में असफल हुए। उसमें भी विशेष बात यह कि वे उनके पसन्दीदा विषय तर्कशास्त्र में ही फेल हुए थे। उन्हें परीक्षा में अनुत्तीर्ण होने का जो अनुभव नहीं था, वह मिला, लेकिन विश्वविद्यालयीन परीक्षा के प्रति उनका आदर कम होने लगा। उनमें स्वयं के प्रति एक गहरा आत्मविश्वास था। इसी कारण वे परीक्षा में अनुत्तीर्ण होने का पूरा दोष स्वयं पर लेने को तैयार नहीं थे। कुछ मात्रा में वे नाउम्मीद हुए, फिर भी 1895 के जनवरी में जमखंडी से कॉलेज की पढ़ाई हेतु वे फिर पुणे के लिए निकले।

प्रथम सत्र खत्म होने पर मई की छुट्टी में विट्ठलराव जमखंडी गए। इस समय विट्ठलराव और गोविन्दराव, दोनों अपने परिवार से किसी को पुणे लाने के बारे में सोच रहे थे। पुणे में घर के किसी स्त्री-सदस्य को लाने

के पीछे स्वयं के घर का भोजन और मितव्ययिता, यही एकमात्र कारण नहीं था। घर के स्त्री सदस्यों को शिक्षा और यात्रा का लाभ मिले, ऐसा सुधार-कार्य हेतु उनके मन में निर्माण हुआ था। यह प्रत्यक्ष परिणाम हरी नारायण आपटे के उपन्यासों का है।[5] इसी समय विट्ठलराव की बहन जनाक्का कठिन प्रसंग से गुजर रही थी। जनाक्का के ससुराल में उसके साथ छल होना शुरू हुआ था। इस परिस्थिति में विट्ठलराव ने जनाक्का को मायके वापिस ले आने की जिद पकड़ी थी और 1895 के दूसरे सत्र में विट्ठलराव अपनी मातोश्री और बहन जनाबाई को साथ लेकर ही पुणे आए। जनाक्का को ससुराल छोड़कर वापस मायके जमखंडी क्यों आना पड़ा, यह उसकी दुखद गृहस्थी की कथा से समझ में आएगा।

सन्दर्भ

1. रा.द. रानडे (सं.), *जमखंडी के परशुराम भाऊ हाईस्कूल का सुवर्ण महोत्सव स्मारक ग्रंथ,* जमखंडी, 1938, परिशिष्ट 1, पृ. 2
2. विट्ठल रामजी शिंदे, *माझ्या आठवणी व अनुभव,* पृ. 86
3. वही, पृ. 99
4. वही, पृ. 100
5. वही, पृ. 103

जना बहन की गृहस्थी

विट्ठल रामजी शिंदे ने भावी जीवन में जो उन्नत धर्म-प्रसार और अस्पृश्यता निर्मलून का कार्य किया, उस कार्य में उनकी बहन जनाबाई ने आजीवन तहेदिल से सहयोग दिया। वस्तुत: बचपन में विवाहित जना बहन की जिन्दगी अपने ससुराल आसंगी देहात में विवाहित स्त्री की प्रचलित परिपाटी में बीतने की अपेक्षा थी। उसके बदले उन्होंने धार्मिक-सामाजिक कार्य करने का कर्तृत्व दिखाया। जना बहन के सामाजिक जीवन का पक्ष उदात्त तो निजी जीवन का पक्ष उतना ही करुण मिलता है। सामाजिक कार्य करने की दृष्टि से जना बहन के व्यक्तित्व का गठन उनके पुणे के निवास में ही हुआ। उनकी जिन्दगी को जो अचानक मोड़ मिला, उसका मूल उनके पूर्व जीवन की कर्म-कहानी में है। जनाक्का का जन्म सन् 1878 के कार्तिक मास में हुआ। वे विट्ठलराव से पाँच साल छोटी थी। बचपन से वे गोलमटोल थी और सभी भाइयो में उनका रंग उजला था। जमखंडी से 16 मील दूरी पर आसंगी गाँव के गोपालराव कामते रामजी बाबा के स्नेही थे। वे आसंगी के खुशहाल किसान थे। इसके सिवा वे साहूकारी भी करते थे। उनका ऐसा विचार था कि अपनी बेटी लक्ष्मीबाई विट्ठलराव की पत्नी बने और जना उनके बेटे कृष्णराव की बहू बने, लेकिन लक्ष्मीबाई की पत्रिका विट्ठलराव की पत्रिका से मिल न पाई। इसलिए यह विचार दोनों परिवारों को छोड़ना पड़ा, लेकिन कृष्णराव और जनाबाई का विवाह तय हुआ और भाऊ अण्णा, विट्ठलराव और जनाबाई का विवाह एक ही मंडप में सम्पन्न हुआ।

गोपालराव कामते शिक्षा की महत्ता को जानते थे। विट्ठलराव की शिक्षा में गति होने से वे उनकी बड़ी कद्र करते तो उनका बेटा—जना बहन का पति कृष्णराव शिक्षा के प्रति उदासीन था, इसका उन्हें अफसोस होता था। उनकी खूब इच्छा थी कि यदि लड़का पढ़ता नहीं है तो कम-से-कम बहू शिक्षा ग्रहण कर प्रगति करे। इसलिए उन्होंने कहा कि जना को पढ़ाया जाए। रामजी बाबा के नेतृत्व से और देशी नरेश श्रीमन्त आप्पासाहब पटवर्धन के सहयोग से जमखंडी में लड़कियों की पाठशाला शुरू हुई थी। इस पाठशाला में जना को भर्ती किया गया। छात्राओं की संख्या कम ही थी। जना पाठशाला में जाने लगी तब रोल कॉल पर छात्राओं की संख्या केवल सत्रह-अठारह थी। उसमें ब्राह्मणों की सात-आठ, मराठों की तीन-चार और मुसलमानों की दो-तीन लड़कियाँ थीं। छोटी जना की शिक्षा में रुचि पैदा हो, ऐसा रामजी बाबा के घर का माहौल था।

जना सात-आठ साल की हुई तो उसे ससुराल ले गए। जना मायके के खुले माहौल में पली थी। भाइयों की संगत में उसने पेड़ पर चढ़ना भी सीखा था। ससुराल जाने पर इमली, बेर, अमरूद आदि खाने में वे ननदों से भी आगे रहती। उसका पेड़ पर चढ़ना यह ससुराल में कौतूहल का विषय बन गया था। उजले रंग की, पढ़ी-लिखी और जमखंडी के प्रतिष्ठित रामजी बाबा की बेटी बहू के रूप में घर आई, इसका जना की सास औरों से गौरव के साथ उल्लेख किया करती।

जना बहन बारह साल की हुई तो उसकी ससुराल में विदाई हुई। उस समय उसने मराठी चौथी कक्षा तक की पढ़ाई पूरी की थी। पाठशाला में पढ़ाई गई कविताएँ उसे कंठस्थ थीं। पिता ने घर के धार्मिक ग्रंथ पढ़ने के संस्कार उस पर किए थे। इससे चौथी कक्षा के हिसाब से उसका वाचन काफी हुआ था। भाषा विषय में उसकी गति थी। उसे वाचन की इतनी रुचि थी कि वह विठू अण्णा की ऊपरी कक्षा की मराठी पुस्तकें भी सहजता से पढ़ती थी। ससुराल आने पर मात्र उसे पराए घर में आने का एहसास होने लगा। उस घर में कागज कहीं दिखाई न देता। पहले-पहल ससुराल के बुजुर्ग कौतुक के रूप में उसे कविता सुनाने को कहते। मराठी स्पष्ट बोलनेवाली, ढंग का रहन-सहन और स्वभाव से होशियार होने के कारण घर के सभी उसकी प्रशंसा करते। ससुर तो उसकी बड़ी तारीफ करते थे अपितु उस पर उन्हें

नाज होता। सास भी उसकी प्रशंसा करती। एक बार ननदों के साथ वह पानी लाने गई। उसे एक सरकारी कागज का टुकड़ा मिला तो वह उसे पढ़ने लगी। सभी ननदें उसके इर्द-गिर्द जमा होकर वह कैसे पढ़ती है, यह टकटकी लगाकर देखने लगीं। उसके ससुर उसके पीछे खड़े होकर ध्यान से सुन रहे थे। अपनी बहू सरकारी कागज पढ़ सकती है, यह देखकर उनका मन खिल उठा। उसे शाबासी देते हुए उन्होंने कहा, "मेरी बेटी! अब दीवानजी की क्या जरूरत है? मेरी बेटी ही घर का हिसाब-किताब रखेगी। कागजात का व्यवहार बाहर के आदमी से कराने की अपेक्षा घर के आदमी पर सौंपने में क्या बुराई है?"[1] ससुर ने ही इतनी तारीफ की तो बाकी सब उसमें शामिल हुए। हमेशा उससे ईर्ष्या करनेवाली उसकी ननद भी उसकी प्रशंसा करने लगी। दुर्भाग्य यह था कि जना बहन के ससुर और औरों से होनेवाली उसकी तारीफ में ही उसकी पारिवारिक जीवन की शोकान्तिका का बीज बोया गया। ससुर, सास, ननदें और पड़ोसी इस तेज बहू की तारीफ करते थे। उसकी तारीफ न करनेवाला एक ही व्यक्ति था, उसका पति कृष्णराव।

जना बहन के पति को उसके प्रति मत्सर हो, क्रोध आए, ऐसी ही स्थिति निर्माण हुई थी। कृष्णराव खुशहाल जमींदार के लाड़-प्यार में पले-बढ़े इकलौते बेटे थे। शिक्षा के प्रति वे उदासीन थे। पिता धमकाते तो माँ बीच-बचाव कर बेटे का ही पक्ष लेती। इससे कृष्णराव अक्षरशत्रु ही रहे। बाहर मित्र मंडली उनकी पत्नी के पढ़े-लिखे होने के कारण उनका मजाक उड़ाती। उसने शिक्षा नहीं ली, इसलिए पिता अक्सर व्यंग्यात्मक भाषा का प्रयोग करते। उसमें जना बहन के मोड़ी (एक लिपि) पढ़ने से उसके ससुर ने की तारीफ सर्वश्रुत हो गई थी। मित्र मंडली उस पर ताने कसने लगी, "अब क्या, तुम्हारी बीवी बरामदे में जमा-खर्च की बही लेकर दीवानजी का काम देखेगी और तू मात्र बुद्धू की तरह बैलों के पीछे घूमेगा।"[2] ऐसे मजाक से उसके पुरुष अहं को ठेस पहुँचती। पत्नी के प्रति उसके मन में जो विद्वेष निर्माण हुआ, वह आखिर तक बना रहा। जना बहन को किसी भी तरह का आराम नहीं था। किसान खुशहाल हो तो उसके घर में सभी औरतों को भोर से लेकर रात तक खटना पड़ता। जना बहन का ससुराल तो चालीस-बयालीस लोगों का बड़ा परिवार था। भोर से लेकर रात तक जना बहन को असीम कष्ट उठाना पड़ता। उसमें तसल्ली मिले, ऐसा स्नेहिल माहौल मात्र उसके हिस्से में न आया। पति का क्रोध उत्तरोत्तर बढ़ता गया। वे उससे बनाया गया खाना नकारने लगे अपितु वह सामने न आए, ऐसी सख्त ताकीद उन्होंने दी। एक तरह से घर के अन्दर ही पति द्वारा उसे बहिष्कृत किया गया। आरम्भ में जना बहन की तारीफ करनेवाली सास अपना बेटा उसके कारण दुखी है, यह देखकर जना बहन पर गुस्सा होने लगी।

जना बहन के पति तो कुछ ज्यादा ही फिसलते गए। जना बहन तेरह-चौदह साल की हुई, लेकिन उसमें स्त्रीत्व नहीं आया था। उसमें कृष्णराव पूरे बीस साल के जोशीले बड़े जमींदार के इकलौते पुत्र। कद-काठी से मजबूत, लेकिन साथ-संगत अशिक्षित दुर्व्यसनी लोगों की। इसके परिणामस्वरूप वे व्यभिचार करने लगे। पिता और पुत्र में झगड़ा होने लगा। कृष्णराव ने पिता को स्पष्ट ही बताया कि मैं उसे घर में नहीं रखूँगा। आप उसे उसके बाप के घर भेजिए। कृष्णराव के व्यभिचार के कारण घर पर विपरीत संकट आए। खानदानी परिवार का अध:पतन होने लगा। उससे सबक न लेकर कृष्णराव और भी बिगड़ गए। वे जिद करने लगे कि "मुझे दूसरी शादी करनी है।" इतना ही नहीं, वे जना बहन को जान से मारने की साजिश कर रहे थे, ऐसा सन्देह होने लगा। इस तनावपूर्ण स्थिति से सास के मन में जना बहन के प्रति दूरी पैदा हुई। वे उससे कटी-कटी रहने लगी। ननदें भी उससे रुखा व्यवहार करने लगीं। ऐसी परिस्थिति के आगे जना बहन के ससुर भी मजबूर हो गए। उसके सास-ससुर ने कुछ दिनों के लिए जना बहन को मायके भेजने का विचार किया। मायके भेजते समय उसके पति ने गहने तक साथ ले जाने को मना किया। इस तरह जना बहन हमेशा के लिए मायके आ गई।

जना बहन मायके आने पर एक-दो महीने में ही कृष्णराव ने एक व्यक्ति को काफी रुपये देकर उसकी बेटी से विवाह किया। उसने पिता के विरोध की परवाह नहीं की। इसी दौरान विट्ठलराव पुणे से इंटर की परीक्षा देकर घर लौटे थे। जना बहन की कर्म-कहानी से वे आहत हुए। रामजी बाबा का मत था कि जना बहन के पति ने यद्यपि दूसरा विवाह किया हो तो भी उसे ससुराल भेजना चाहिए क्योंकि हमारे समाज में इसके सिवा दूसरा विकल्प नहीं है। विट्ठलराव जना बहन को वापिस ससुराल भेजने के लिए तैयार नहीं थे। उनके पिता ने कहा, "अरे बेटा, हाथी पाल सकते हैं, लेकिन विवाहिता, जिसका पति जिन्दा है, ऐसी बेटी घर में रखना असम्भव है। तुम चार किताबें पढ़कर आए हो, इसलिए अपना दिमाग मत चलाओ। जिससे जन्म का पाला पड़ा है, उसके पास उसे भेज देंगे।" लेकिन विट्ठलराव ने पिता की बात नहीं मानी। उन्होंने कहा, "जना बहन को उसका पति रखना नहीं चाहता। आज लगभग

तीन साल उसके सास-ससुर ने उसे समझाने का प्रयत्न किया, फिर भी वह व्यर्थ साबित हुआ। दूसरे, उसका पति उसकी जान लेने पर उतारू है। स्वयं जना इस छल से परेशान होकर आत्महत्या करने जा रही थी। अब तो उसके पति ने दूसरा विवाह किया है। ऐसे हालात में मैं उसे ससुराल नहीं भेजूँगा। उसका पति स्वयं उसे लेने आएगा तभी मैं उसे भेजूँगा अन्यथा जब तक मैं जिन्दा रहूँगा तब तक उसकी जिम्मेदारी निभाऊँगा।" विट्ठलराव अपनी जिद पर बने रहे और जना बहन हमेशा के लिए मायके आ गई।

संयुक्त हिन्दू परिवार में स्त्री को क्या-क्या पीड़ा सहनी पड़ती है, इसका विट्ठल रामजी शिंदे ने अपनी माँ के उदाहरण से ही अनुभव लिया था। विवाहित स्त्री का किस तरह छल होता है, उसके हिस्से में कैसी दु:सह्य यातनाएँ आती हैं, उसे कैसे अपमानित जिन्दगी जीनी पड़ती है, यह बहन के उदाहरण से उन्होंने अनुभव किया। स्त्री के दुख ने उनके मन को उद्वेलित किया था। विट्ठल रामजी का स्त्री सम्बन्धी सहानुभूति, समानता और सुसंस्कृतता का जो दृष्टिकोण तैयार हुआ और भावी जीवन में उनके कार्य और विचार से जो प्रकट हुआ, उसके लिए उनका स्वयं के समाज निरीक्षण के साथ ही स्वयं के परिवार की माँ व बहन का अनुभव भी कारण बना।

सन्दर्भ

1. जनाबाई शिंदे, *स्मृतिचित्रे,* साप्ताहिक तरुण महाराष्ट्र, 4.2.1949
2. वही

जना बहन की शिक्षा

1895 के मई में विट्ठलराव और गोविन्दराव का पत्राचार चल रहा था। दोनों का यह विचार था कि घर के किसी स्त्री सदस्य को पुणे लाएँगे और उसे मूर्त रूप मिला। जना बहन के साथ ससुराल में हुए छल और विट्ठलराव के कठोर निश्चय से वह हमेशा के लिए मायके आ गई थी। जना बहन को मायके लाने का निर्णय विट्ठलराव की जिद से ही अमल में आया था। अत: उन्हें स्वाभाविकत: जना बहन के भावी जीवन की जिम्मेदारी अपने ऊपर लेना अपना नैतिक दायित्व लगा। अन्तत: सन् 1895 के दूसरे सत्र में मातोश्री और बहन जनाबाई को साथ लेकर विट्ठलराव पुणे आए। कोल्हापुर से गोविन्दराव भी अपनी पत्नी और बेटे को साथ लेकर आए। उन्होंने सदाशिव पेठ के नागनाथ चबूतरे के पास पालकर के घर में अपना डेरा डाला। इन दोनों के साथ विट्ठल रामजी के मित्र जनुभाऊ करन्दीकर और रामचन्द्र नारायण सावन्त भी रहने लगे।

आर्थिक दशा विकट होने के बावजूद विट्ठलराव को जना बहन की शिक्षा शुरू करना जरूरी था। उन्हें ऐसा लगता था कि आत्मनिर्भर बनकर स्वयं के बलबूते जिन्दगी जीनी है तो जना बहन को अधिक से अधिक शिक्षा प्राप्त करनी होगी। उन्होंने प्रथमत: जनाक्का को सदाशिव पेठ के चिमण्या गणपति के पास वाली अमरीकन ईसाई मिशन की पाठशाला में भर्ती किया, लेकिन वहाँ के संचालकां का छात्रों पर ईसाई धर्म मत का प्रभाव डालकर उन्हें ईसाई बनाने का उद्देश्य उन्होंने भाँप लिया। छह मास बाद उन्होंने उस पाठशाला से जनाक्का का नाम हटा दिया।

पंडिता रमाबाई के नाम की उन दिनों बड़ी ख्याति थी। सुधारक मंडली में उनका बड़ा सम्मान था। उन्होंने पुणे के लश्कर इलाके में 'शारदा सदन' नामक बोर्डिंग पाठशाला खोल दी थी। जना बहन का वहाँ दाखिला हो, इस उद्देश्य से विट्ठलराव उनसे मिले। उसकी निराधारता की व्यथा सुनकर वे एक-एक शर्त रखने लगी। लड़की उनके पास सौंपने पर पाँच वर्ष तक उसे छुट्टी नहीं मिलेगी क्योंकि लड़की की शिक्षा में बाधाएँ आएँगी, ऐसा उन्होंने बताया, लेकिन इस शर्त के पीछे जो अन्तस्थ हेतु था, वह तुरन्त विट्ठलराव की समझ में आ गया। उन्होंने इस सन्दर्भ में लिखा है, "लेकिन जिस नवमत का पानी पंडिता ने पी रखा था, उसकी चार बूँदें मैंने भी पी थीं। मैंने उत्तर दिया, "मैडम, शिक्षा में बाधा लाने के लिए मैं बहन को आपके पास भेजने को इनकार करूँगा, यह सही कारण नहीं है। उसके ईसाई बनने में हम बाधा पहुँचाएँगे, ऐसा डर आपको लगना स्वाभाविक है। लड़की को नियम के मुताबिक (विद्या विभाग) आपको सभी छुट्टियाँ देना अनिवार्य है। लड़की की भलाई की चिन्ता कम-से-कम इतनी तो मुझे और लड़की के माता-पिता को है ही और आपको इस पर विश्वास होना चाहिए। आपकी शिक्षा से लड़की स्वयं खुशी से और अक्ल से ईसाई होती है तो कम-से-कम मैं उसमें रोड़ा नहीं बनूँगा। उस पर उसके अपरोक्ष जबर्दस्ती तो छोड़ो, लेकिन सम्मोहन हो तो भी मैं सह नहीं पाऊँगा। बेहतर रहेगा, आपकी ऐसी शर्त पर मदद न मिले तो।"[1] विट्ठलराव की सीधी बात सुनकर पंडिता रमाबाई ने उनके बारे में पूछताछ की। वे फर्ग्युसन कॉलेज के छात्र थे, यह सुनकर उन्होंने टीका-टिप्पणी की कि उस कॉलेज के प्रोफेसर नास्तिक हैं। इस पर विट्ठलराव ने भी प्रत्युत्तर में ताना कसा कि "जकड़े हुए धर्म से खुली नास्तिकता बेहतर!"

ईसाई शिक्षा संस्था की यह दशा तो अण्णासाहब कर्वे के सुधारवादी कार्यक्रम का दूसरे ही ढंग का उन्हें अनुभव हुआ। प्रो. अण्णासाहब कर्वे ने हिंगणे में 1896 में 'अनाथ बालिकाश्रम मंडली' नाम से विधवा, परित्यक्ता और जरूरतमन्द महिलाओं को आधार देने के उद्देश्य से इस संस्था की स्थापना की थी। डॉ. रा.गो. भंडारकर इस संस्था के प्रथम अध्यक्ष थे। उनके आश्रम में उस समय दस-पन्द्रह विधवा लड़कियाँ थीं। "मेरी बहन को आपके आश्रम में

प्रवेश देंगे क्या?" विट्ठलराव के इस प्रश्न को "ब्राह्मणेतरों की लड़कियों को प्रवेश देने का यह काल नहीं।" ऐसा स्पष्ट उत्तर देकर प्रोफेसर कर्वे ने जनाक्का को आश्रम में प्रवेश देने को स्पष्ट इनकार दिया। कर्वे की इस नीति पर विट्ठल रामजी शिंदे ने अत्यन्त संयम से इस प्रकार अभिप्राय कथन किया है : "तत्कालीन महाराष्ट्र में एक सुधार करते समय दूसरे सुधार को कैसी बाधा आती है, इसका यह उदाहरण ही है।"[2] जनाक्का की शिक्षा के लिए उन्हें काफी दौड़-धूप करनी पड़ी। अन्ततः पुणे के ख्यातलब्ध हुजूरपागा नामक फीमेल हाईस्कूल में उसका दाखिला लिया। जमखंडी में उसने मराठी चौथी तक की पढ़ाई पूरी की थी। इसलिए अंग्रेजी पहली कक्षा में दाखिला मिलने में कोई हर्ज नहीं था। इस निमित्त से विट्ठलराव को हिन्दू स्त्री की दासता का और एक अनुभव आया। पाठशाला के अधिकारी जनाक्का की शिक्षा के लिए उसके पति की अनुमति माँगने लगे। शिंदे को अपनी बहन के जिन्दगी की कर्म-कहानी प्रधानाचार्य मिस हर्फर्ड और ख्यातलब्ध अध्यापिका मिस मेरी भोर को बतानी पड़ी। वे दोनों जनाक्का की कहानी सुनकर उसके प्रति हमदर्द हुईं। मिस मेरी भोर की ओर इन दोनों का आना-जाना शुरू हुआ। विट्ठलराव के सुधारवादी मत और व्यवहार की खुद्दारी से इन दोनों के प्रति उनका मत अनुकूल हुआ। पाठशाला ने जनाक्का के पति को भेजे पत्र का उन्होंने स्पष्ट उत्तर दिया, "मेरी पत्नी को पाठशाला में दाखिल करने को अनुमति नहीं।" इससे तो उन दो स्नेहिल अध्यापिकाओं को जनाक्का पर काफी तरस आया। जनाक्का की ससुराल की करुण दशा, विट्ठलराव का स्त्री-शिक्षा के प्रति रुख, प्रचलित प्रथा के विरुद्ध उसे मायके में रखने का उन्होंने दिखाया हुआ साहस और अपने सुधारवादी मतों को आचरण में लाने की आन्तरिक पीड़ा पर भी उन्होंने गौर किया। उन्होंने इससे एक राह निकाली। मिस हर्फर्ड और मिस भोर ने ऐसा सूचित किया कि जना बहन मायके का 'शिंदे' उपनाम लगाए तो पाठशाला में दाखिला मिलना आसान होगा और उसकी आगे की पढ़ाई में भी कोई बाधा नहीं आएगी। उसके अनुसार जना बहन ने ससुराल के महज नाम के लिए 'कामते' उपनाम का त्याग कर पाठशाला में शिंदे यह उपनाम लगाया और वही बना रहा। विट्ठलराव के प्रयास से जनाक्का को मुधोल रियासत की मासिक दस रुपयों की छात्रवृत्ति मिली। पाठशाला में दाखिला हुआ और जना बहन हुजूरपागा की छात्रा बनी।

महात्मा जोतिबा फुले ने स्त्री-शिक्षा का प्रारम्भ किया। उसे लगभग पचास वर्ष हुए थे, लेकिन पुणे के सांस्कृतिक परिवेश में उन्नीसवीं सदी के अन्त में विशेष सुधार नहीं हुआ था। पाठशाला में जानेवाली लड़कियों की बदनामी करने की शरारती वृत्ति अभी कायम थी। इसका अनुभव जना बहन को लेना पड़ा। जना बहन पालकर के घर से पाठशाला जाती तो रास्ते पर के लोग जान-बूझकर खुलेआम उसकी वेशभूषा, सिर पर पल्लू लेने के ढंग पर ताने कसते। इससे उसे बड़ी शर्म महसूस होती। जना बहन हाल ही में देहात से शहर आई थी। मराठा स्त्रियाँ गोल धोती पहनकर सिर पर पल्लू लेतीं, वैसे ही जना बहन धोती पहनती। पुस्तकें पल्लू में छाती पर पकड़कर पूरा शरीर धोती से लपेटकर, गर्दन झुकाए, नंगे पैर जानेवाली जनाक्का का वेश व आकृति देखकर ताने कसनेवाले बदमाशों को जोश आता। पाठशाला के स्थान पर पहले अश्वशाला थी, इसलिए ये बड़ी उम्र की लड़कियाँ पाठशाला जातीं तो वे सुनें, इस ढंग से ताना कसा जाता, "ये देखो, घोड़ियाँ जा रही हैं।" केवल पुरुष ही नहीं, बूढ़ी औरतें तक मुँह पर पल्लू लेकर ताने कसतीं। इससे परेशान जना बहन भाई विट्ठलराव से शिकायत करती। वे समझदारी, संयम और पिता के स्नेह से उसे समझाते।

सन्दर्भ

1. विट्ठल रामजी शिंदे, *माझ्या आठवणी व अनुभव*, पृ. 104
2. वही, पृ. 105

हुजूरपागा पाठशाला और शान्ता सुखटणकर की करुण कहानी

पुणे आने पर और विशेषतः फीमेल हाईस्कूल की पढ़ाई के दौरान जना बहन का एक नई जीवन-शैली से परिचय हुआ। हुजूरपागा एक आदर्श कन्या पाठशाला थी। यह फीमेल हाईस्कूल हुजूरपागा की जगह में होने से पाठशाला को 'हुजूरपागा' कहा गया। वहाँ की अध्यापिकाएँ निष्ठा से अपना काम करतीं। मिस हर्फर्ड को लगता कि लड़कियाँ शाम के समय नुक्ताचीनी करने के बजाय बोर्डिंग की सामनेवाली जगह में विविध खेल खेलें और उनकी कसरत हो। कभी-कभी वे स्वयं खेल में हिस्सा लेतीं। उन्हें मूलतः स्वच्छता, टीपटॉप, आधुनिक पाश्चात्य शैली की सभ्यता में रुचि थी। लड़कियाँ भी वैसा व्यवहार करें, ऐसी उनकी अपेक्षा थी। जना बहन अन्य लड़कियों की तुलना में उम्र से प्रौढ़ थी, लेकिन उनमें मन की उदारता और खिलाड़ी वृत्ति थी। भिमा मोरे दिखने में कुरूप, लेकिन बहुत मेधावी थी। जनाक्का को खिलाड़ी, मजाक करनेवाली लड़कियों के प्रति कौतुक था। गुलाब जवेरे, कृष्णाबाई केलवकर, यमुनाबाई केलवकर उनकी अन्य सखियाँ थीं। भविष्य में वे मिलतीं तो भिमा मोरे के मजाकिया स्वभाव को याद करतीं।

जना बहन को भिमा मोरे की तरह ही सई जोशी नामक लड़की का कौतुक लगता। यह तेरह-चौदह साल की इकहरे बदन की, होशियार, तेज, घाघरा पहननेवाली लड़की थी। हुजूरपागा के छात्रावास में अपनी माँ के साथ रहकर शिक्षा ले रही थी। यह अमरीका में पहली बार गई आनन्दीबाई जोशी की भतीजी थी। यही आगे चलकर ख्यातलब्ध रैंग्लर रघुनाथराव परांजपे की पत्नी बनी। सई जोशी मेधावी होने से पाठशाला की लड़कियों और अध्यापिकाओं में प्रिय थी। अक्सर खेल में रमनेवाली सई पढ़ाई में होशियार और अव्वल नम्बर पर बनी रहनेवाली लड़की थी। भिमा मोरे की तरह ही यह भी स्वभाव से हँसोड़ थी। एक बार तो उसने मदर को ही अप्रैल फूल करने की योजना बनाई और उसमें सफल भी हुई। सई की खिलाड़ी वृत्ति आगे भी बनी रही। रैंग्लर परांजपे के साथ विवाह होने पर उन्होंने जना बहन को अपने घर आमंत्रित किया था। उस समय वह बार-बार अप्पा का जिक्र कर रही थी। जना बहन ने पूछा "ये अप्पा कौन है?" इस पर सई ने मजाक में उत्तर दिया, "अप्पा? अप्पा मेरे मित्र हैं।" और उसने आगे कहा, "अप्पा, जरा अन्दर आओ।" और जो अन्दर आए, वे स्वयं रघुनाथराव ही थे। हुजूरपागा में जना बहन शिक्षा ले रही थी तब उसके स्वभाव का खुलापन, खुशी, खिलाड़ी वृत्ति प्रकट हो रही थी। इसके सिवा जना बहन के अन्दर व्यापक सहानुभूति, निरपेक्ष सेवाभाव और जिम्मेदारी की एक दूसरी गम्भीर वृत्ति भी थी। जना बहन की जिन्दगी में केवल करुण रस की मूर्ति आई, यह थी शान्ता सुखटणकर। उसके परिप्रेक्ष्य में जना बहन के व्यक्तित्व का दूसरा गम्भीर पहलू प्रकट होता है।

विट्ठलराव के मित्रों में से कोल्हापुर के वासुदेव अनन्त सुखटणकर एक थे। विट्ठलराव इंटर की कक्षा में थे तब उनकी मुलाकात हुई। उनके शिष्ट स्वभाव से विट्ठलराव और उनमें जल्द ही दोस्ती हुई। उनके घर में भी भयावह गरीबी थी। 1898 में अण्णा ने जना बहन को साथ लेकर मित्र मंडली के साथ कोल्हापुर, पन्हाला, विशालगढ़ की सैर की थी। विशालगढ़ जाते समय वासुदेवराव के आग्रह पर पन्हाला में उनकी बहन के घर एक-दो दिन प्रवास किया। वासुदेवराव की माँ सुन्दराबाई उसी समय बेटी की जचगी के लिए वहाँ आई थी। सुबह बाल बनाने, कपड़े बदलने हेतु जना बहन एक छोटे कमरे में गई तो वहाँ कोने में एक बिस्तर में उन्हें हलचल महसूस हुई और कराहने की क्षीण आवाज भी सुनाई दी। इतने में सुन्दराबाई माँड की कटोरी लेकर कमरे में आई और उनसे बात पता चली। यह बीमार लड़की यानी सुखटणकर की ग्यारह-बारह साल की बहन शान्ता थी। बुखार से वह बाल-बाल बच गई और पक्षाघात ने उस पर हमला किया। पक्षाघात से उसकी पूरी देह काँपती थी। गर्दन तक सीधी न कर पाने से माँ उसकी गर्दन को सहारा देकर माँड पिलाती थी। वह उठ-बैठ नहीं सकती थी। सिर के बाल पूरे झड़ गए थे। ढंग से बोल भी नहीं पाती

थी। इसके बावजूद जना बहन को लगा कि लड़की नाजुक देह की सुन्दर, गोरी और दस लड़कियों में अपनी पहचान रखनेवाली है। उसकी यह दयनीय दशा देखकर 'इस लड़की का आगे कैसा होगा' इस विचार से जना बहन का मन पसीज गया। उसके प्रति हृदय में दया उत्पन्न हुई। शान्ता का जना बहन को हुआ यह पहला दर्शन।

इसके दो साल बाद सन् 1900 के सितम्बर मास में जना बहन ने उसे जमखंडी के अपने ही घर में देखा। वासुदेव सुखटणकर सारस्वत सम्प्रदाय के थे। उनके पिता की अचानक मौत हुई। प्रचलित परम्परा के अनुसार रिश्तेदारों ने माँ का केशकर्तन करना तय किया, लेकिन वासुदेवराव भी विट्ठलराव की तरह सुधार के कट्टर समर्थक होने से उन्होंने माँ के केशकर्तन पर आक्षेप लिया। माँ को समझाकर उसे केशकर्तन से परावृत्त किया। फिर भी गाँव में रहकर लोक निन्दा सहने की बजाय कुछ दिन अन्यत्र रहे, इस विचार से विट्ठलराव की सम्मति से उन्होंने अपनी माँ, शान्ता और छोटा भाई राजाराम को जमखंडी के घर में रखा। सन् 1900 के सितम्बर मास में पिता काफी बीमार होने से जना बहन विट्ठलराव के साथ उन्हें देखने जमखंडी आई थी। इसी दौरान अण्णा को पुत्र हुआ था। जमखंडी आने पर जना बहन ने अपने ही घर में शान्ता को दूसरी बार देखा। उसने जैसे-तैसे साड़ी पहनी थी। न ढंग से खड़ी हो सकती थी न चल सकती थी। जैसे-तैसे बोलने की कोशिश करती। प्रताप के झूले की डोर खींचते समय झूले से पहले उसके हाथ ही काँपते थे। अधिक समय खड़ी नहीं रह पाती। अचानक नीचे बैठ जाती। उसका मुँह-हाथ धोना, नहाना आदि सभी काम उसकी माँ को ही करने पड़ते।

सुन्दराबाई ने अच्छा कार्य करनेवाले बेटे के आग्रह से केशकर्तन नहीं किया था, लेकिन उनके मन को इस बात ने चोट पहुँचाई थी। वे अन्दर-ही-अन्दर उदास रहती होगी। व्रत-उपवास के नाम पर स्वयं की तबीयत की चिन्ता न कर वह यथाशीघ्र इहलोक से विदा लेना चाहती थीं, ऐसा ही जना बहन को लगता था। पति गुजर गए थे और घर में भयावह गरीबी थी। केवल मजबूरी से छह-सात मास हम दूसरों के यहाँ रहते हैं इस एहसास से वे सभी से व्यवहार करती थी। सन् 1901 में विट्ठलराव शिक्षा हेतु विदेश गए तो उनके मित्र गोविन्दराव सासने और वासुदेवराव सुखटणकर बीच-बीच में जना बहन की पाठशाला में आते और पूछताछ करते। ऐसे ही एक बार वे आए तो वासुदेवराव ने जना बहन को अपनी माँ की मृत्यु होने की खबर दी। जना बहन को उनकी माँ की मृत्यु की अपेक्षा शान्ता के आगे के असाध्य, पराश्रित, शर्मनाक जीवन की भयावहता का अधिक एहसास होने लगा। कुछ दिन बाद वासुदेवराव की भेंट हुई तो उन्होंने शान्ता को हुजूरपागा स्कूल में रखने की सूचना दी। डॉ. भंडारकर से परिचय होने से और उनके ही स्कूल के प्रमुख होने से यह सम्भव होगा, ऐसा भी उन्होंने कहा। 'शान्ता की जिम्मेदारी कौन लेगा' इस प्रश्न का जना बहन ने ठोस रूप से से उत्तर दिया, "शान्ता को हुजूरपागा में रहने की अनुमति मिल जाए तो उसकी पूरी जिम्मेदारी मुझ पर रहेगी। आप बेफिक्र रहें। ऐसा समझो कि मैं ही उसकी माँ हूँ।" डॉ. भंडारकर ने अनुमति दी। लेडीज सुपरिंटेंडेंट मिस सोराबजी को यह मानना पड़ा और इस तरह शान्ता जना बहन के पास छात्रावास में आई।

वैसे तो जना बहन स्वयं ही दुखी थी, लेकिन शान्ता का जीवन कष्टमय, दुखद, पराश्रित और शर्मनाक होने का उन्हें एहसास हुआ। उन्हें लगता था कि यह लड़की तो मुझसे भी बदनसीब है। शान्ता के प्रति उनका मन असीम दया से भर आया। जना बहन का शान्ता की परवरिश करने का विचार किसी को भी पसन्द नहीं था। मिस सोराबजी तो उन पर गुस्सा ही थी, माता-पिता को तक जना बहन का निर्णय पसन्द न आया। सहेलियों ने तो उसे नादान ही करार दिया, लेकिन जना बहन ने शान्ता की पूरी जिम्मेदारी लेकर उसकी सेवा करने का पक्का ठोस रूप से किया था।

डॉक्टर की यह राय थी कि शान्ता के हाथ-पैर के दुर्बल स्नायु को काम करने से लाभ होगा। पहले-पहले जना बहन उसका मुँह धोने से लेकर सभी काम किया करती थी। समय मिलने पर वह शान्ता का हाथ पकड़कर उसे बाग में घुमाती, उसे साथ लेकर पत्थर की चक्की पर अनाज पीसती, मसाला आदि कूटती। ऐसा उपक्रम क्रमशः जारी रखा। थोड़े ही दिनों में उसमें सुधार दिखाई दिया तो जना बहन का उत्साह दुगुना हुआ। जना बहन उसे नहलाते समय उसकी देह को तेल लगाकर मालिश करती, रात को उसके हाथ की उँगलियों की तेल से मालिश करती। पहले-पहले उसे छोटे बच्चे की तरह कौर खिलाने पड़ते। कुछ ही दिनों में शान्ता की सेहत में सुधार होने लगा और जना बहन का श्रम सार्थक हुआ। वह अपना काम स्वयं करने लगी। बिना लड़खड़ाए चलने लगी। आगे चलकर तो उसमें इतना सुधार हुआ कि उसने अपनी होशियारी से कक्षा में काफी ऊपर का दर्जा पा लिया। शान्ता पढ़ाई में ही नहीं, अन्य कामों में भी निरन्तर प्रगति करने लगी। उसकी लिखावट तो बेहद सुन्दर थी। कक्षा-अध्यापक अन्य लड़कियों के सामने उसकी

सुन्दर लिखावट का नमूना पेश करते। अन्य कामों में भी उसकी प्रगति प्रशंसनीय थी। पूरी पाठशाला में उसका बोलबाला हुआ। लेडीज सुपरिंटेंडेंट मिस सोराबजी को शान्ता अपनी पाठशाला का भूषण लगती। प्रतिष्ठित और सम्माननीय सज्जन पाठशाला देखने आते तो उनके सामने शान्ता को खड़ा कर कहा जाता, "पक्षाघात के विकार से शारीरिक दुर्बल हुई लड़की ने हिम्मत न हारकर बड़े प्रयास से अध्ययन, शिक्षा, चित्रकला में अनपेक्षित प्रगति की है और इसकी प्रगति का पूरा श्रेय इस लड़की को है।" ऐसा कहकर जना बहन को भी शान्ता के साथ सभी के सामने सम्मानित करते। एक बार बड़ौदा के श्रीमन्त सयाजीराव महाराज ने पाठशाला को भेंट दी। उस समय लेडीज सुपरिंटेंडेंट ने शान्ता के साथ जना बहन का परिचय देते हुए कहा, "इस लड़की का भाई हाल ही में धर्म-अध्ययन की उच्च शिक्षा लेने विदेश गया है।" यह सुनकर महाराज कौतुक से जना बहन की ओर देखने लगे क्योंकि सयाजीराव महाराज ने ही विट्ठल रामजी को कॉलेज शिक्षा और विदेश जाने के लिए आर्थिक सहयोग किया था। जना बहन ने की सेवा से ही शान्ता बीमारी से उठी, यह जानकर सयाजीराव को बड़ी खुशी हुई। "हमने जिस होनहार छात्र को इंग्लैंड भेजने हेतु सहयोग किया, उसकी बहन भी लोकसेवा में तत्पर है तो!" प्रशंसा और गौरव से उन्होंने लेडीज सुपरिंटेंडेंट को कहा और उन्होंने बड़े कौतुक से जना बहन की पूछताछ की। साथ ही माँ, पिता, भाई इनके बारे में भी महाराज ने आत्मीयता से पूछताछ की।[1] शान्ता की ली हुई जिम्मेदारी अच्छी तरह निभाई, इसकी जना बहन को खुशी हो रही थी। शान्ता की सेवा करने की शक्ति यह जना बहन की सेवाभावी वृत्ति का और उदात्त मानवीयता का आविष्कार था। कुछ साल बाद विट्ठल रामजी द्वारा स्थापित 'भारतीय निराश्रित सहयोगी मंडली' के अन्तर्गत निराश्रित सेवा सदन की जिम्मेदारी जना बहन ने स्वयं ली और सेवाभाव से निभाई। शान्ता की सेवा में इसका पूर्वपाठ ही देखने को मिलता है। पुणे के निवास में जिस तरह विट्ठल रामजी के व्यक्तित्व का गठन हो रहा था वैसे ही शान्ता सुखटणकर की कहानी में जना बहन की सेवा के आविष्कार का एक पहलू देखने को मिलता है।

लेकिन शान्ता के बारे में विधिलिखित कुछ और ही था। उसकी जिन्दगी का अन्त शोकात्मक होनेवाला था और नियति जना बहन को सफलता का सम्मान नहीं देना चाहती थी। दुर्भाग्य से एक-दो साल के बाद ही शान्ता को क्षय रोग होने का पता चला। शान्ता को इलाज हेतु रास्ता पेठ के अस्पताल में रखना अनिवार्य हुआ। संसर्ग के कारण शान्ता को मिलने हेतु औरों को मना किया गया। शान्ता मिस सोराबजी की लाड़ली थी, लेकिन वे कठोर बनीं और उन्होंने औरों को भी उसकी ओर जाने को पाबन्दी लगाई। इतवार को वासुदेवराव सुखटणकर शान्ता को इक्के में बिठाकर प्रार्थना समाज में ले आते। ऐसी एक-दो बार ही शान्ता से जना बहन की भेंट हुई। जना बहन ने शान्ता को कहा, "शान्ता, हिम्मत न हार! तुम्हें मरना नहीं है। यदि मरोगी तो खूब पिटेगी।"[2] जना बहन के उद्‌गार सुनकर उसकी सहेलियाँ और शान्ता भी खूब हँसी। आगे शान्ता की तबीयत बिगड़ती ही गई। डॉक्टर की राय के अनुसार उसके बाल काटना तय किया गया। शान्ता की माँ की मृत्यु के बाद जना बहन ने ही उसके बाल को सहेजा-सँवारा था। वे रोजाना रात को उसके सिर पर तेल लगाकर मालिश किया करती। बाल जल्दी न उग पाए तो शान्ता ने यह इलाज छोड़ देने को कहा, लेकिन जना बहन ने हिम्मत न हारी और आगे चलकर शान्ता के सिर पर बाल उग आए। अन्ततः उसके बाल इतने सुन्दर आए कि उसकी सहेलियाँ तक ईर्ष्या करें। इतनी मेहनत के बाद बढ़े बाल काटना शान्ता को असह्य हो रहा था। बाल काटने पर उन्हें फेंकने से पहले जना बहन को दिखाने की शान्ता ने जिद की। शान्ता अब कुछ ही दिनों की मेहमान थी, यह सभी जान चुके थे। उसकी जिद के कारण वासुदेवराव पाठशाला में आकर लेडीज सुपरिंटेंडेंट को जना बहन को शान्ता के पास ले जाने की अनुमति माँगने लगे। काफी प्रयासों के बाद मिस सोराबजी ने केवल दस मिनट की अनुमति दी। जना बहन स्वयं प्लुरसी की मरीज होने से वे विशेष चिन्ता करती थी। उन्होंने सावधानी के हिसाब से पाठशाला के चपरासी को वापस लाने हेतु साथ में भेज दिया। जना बहन ने शान्ता से आखिरी बार भेंट की। उसके सामने एक टोकरी में उसके कटे हुए बाल रखे थे। वह देखकर जना बहन की आँखों में उसी क्षण आँसू आ गए। अतीव दुख के कारण दोनों की आँखों से आँसू बहने लगे। दोनों एक-दूसरे को देखकर रो रही थीं। शान्ता ने इशारे से जना बहन को पास आकर पीठ पर हाथ फेरने को कहा। वे हाथ फेरने लगी तो उसने धीमी आवाज में कहा, "जानक्का, आपने मुझे चेतावनी दी थी न कि मरना नहीं और मरोगी तू खूब मारेगी, लेकिन अब मैं आपकी बात नहीं मान सकती। अब आप मेरे मरने से पहले ही मुझे पीटो! अब तक मार-पीटकर मुझे इतना अच्छा बनाया, लेकिन मेरी तकदीर ही फूटी थी। अब आखिरी बार पीटो।"[3]

मृत्यु की दहलीज पर खड़ी शान्ता की यह बात सुनकर जना बहन का कलेजा टूट गया। उनके हृदय में वेदना का जो कोलाहल मचा होगा, उसकी केवल कल्पना ही कर सकते हैं। एक मासूम श्राप रहित जीव की जीने की छटपटाहट और उस जीव को जिलाने का सहारा बने, इसलिए दूसरी द्वारा उठाए अविश्रान्त श्रम और उत्कट सेवाभाव का संस्कार, शान्ता की यह करुण कहानी हमारे मन पर प्रतिबिम्बित कर देती है।

सन्दर्भ

1. जनाबाई शिंदे, *स्मृतिचित्रे,* साप्ताहिक तरुण महाराष्ट्र, 10/06/1949
2. वही, 10/06/1949
3. वही, 10/06/1949

इंटर का दूसरा वर्ष

पालकर के घर में विट्ठलराव और गोविन्दराव के घर के सदस्य संयुक्त परिवार की तरह रहते थे। दोनों परिवारों का खाना एकत्रित पकाया जाता। गोविन्दराव की पत्नी परम्परावादी, कुछ मितभाषी स्वभाव की थी। 'न ऊधो का लेना न माधो का देना' इस तरह उनका व्यवहार था। उनका स्वभाव विट्ठलराव की माँ और जना बहन से मिलता-जुलता था।

अपने परिवार की स्त्रियों को शहर के प्रेक्षणीय स्थान दिखाने का विट्ठलराव को प्रचंड उत्साह था। अपितु घर की स्त्रियों को शहर लाने के पीछे उनका यह भी एक सुधारवादी उद्देश्य था। उन्होंने घर के सभी सदस्यों को चतुःशृंगी, बंडगार्डन, एम्प्रेस गार्डन आदि स्थान बड़ी खुशी से दिखाए। मंडी के पासवाला बड़ा गणपति देखकर तो विट्ठलराव की माँ चकित हुई। इतना बड़ा गणपति कैसे बनाते होंगे, इसकी वे कल्पना भी नहीं कर सकती थी। यह गणपति दिखाते समय विट्ठलराव के वाई के मित्र केशवराव कानिटकर उनके साथ थे। माँ के चकित होने पर उन्होंने कहा, "माताजी, यह तो कुछ भी नहीं। कृष्णा के तट पर का हमारा वाई का गणपति देखोगी तो रात को नींद नहीं आएगी। इतना विराट बड़ा है।"[1] मंडी के गणपति की तरह ही उनकी माँ को बंडगार्डन के जलप्रपात की शोभा देखकर काफी सन्तोष हुआ।

प्रेक्षणीय स्थान और प्राकृतिक सौन्दर्य दिखाने में विट्ठलराव का जैसे उत्साह था वैसे उनकी यह भी इच्छा थी कि अपने परिवार की स्त्रियाँ शहरी जीवन-शैली से परिचित हों। पुणे में उस समय नई बनी रे मार्केट में विट्ठलराव अपनी माँ और चार-पाँच साल से छोटी बहन चन्द्राबाई को मंडी दिखाने ले गए। टमाटर, सावनी सेम, जिमीकन्द, फली ये सब्जियाँ देख दोनों को अचरज हुआ। ये सब्जियाँ वे पहली बार देख रही थी। टमाटर का नाम तो उन्होंने जमखंडी की निवास में सुना भी नहीं था। चन्द्राबाई ने दुकान के सामने रखे जिमीकन्द पर अपने पैर घिसते हुए विट्ठलराव से पूछा, "अण्णा, यह पत्थर जैसी काली सब्जी पुणे के लोग कैसे खाते हैं?"[2] बेचारे विट्ठलराव इन सभी के प्रश्नों का यथासम्भव विवरण कर उत्तर देते। मंडी में आए पक्के पुणेकर मात्र मंडी देखनेवाले इस देहाती परिवार को कौतूहल से देखते रहते। एक दिन विट्ठलराव पावरोटी लेकर घर आए। जना बहन ने पावरोटी कभी देखी नहीं थी। उन्हें लगा कि मेरा मजाक करने हेतु यह कपास जैसी चीज खाने को दी है, इसलिए उन्होंने बाजू में रख दी। उन दिनों पुणे में शायद ही साइकिल दिखाई देती थी। साइकिल पर बैठकर जानेवालों की ओर मैं वैसे ही टकटकी लगाकर देखती मानो वे सर्कस में काम करनेवाले लोग हैं। यह गिरेगा तो नहीं, ऐसा डर उनके मन में रहता था।

1895 के इंटर के वर्ष में विट्ठलराव की जिन्दगी में कुछ महत्त्वपूर्ण घटनाएँ घटित हुईं। 1895 के अन्त में पुणे में 'अखिल भारतीय राष्ट्रीय सभा' का अधिवेशन आयोजित किया गया। बंगाल के ख्यातनाम वक्ता और देशभक्त सुरेन्द्रनाथ बैनर्जी सम्मेलन के अध्यक्ष थे। इस राष्ट्रीय सभा के अधिवेशन में विट्ठलराव ने स्वयंसेवक के रूप में काम किया।[3] उनका राष्ट्रीय कार्य के प्रति होनेवाला रुझान इसी समय स्पष्ट हुआ। पुणे की प्रस्थापित मंडली ने सामाजिक परिषद् के निमित्त से अधिवेशन के पहले काफी कोहराम मचाया। प्रस्थापित वर्ग का रुग्ण दृष्टिकोण और उधम मचाने की वृत्ति विट्ठलराव को रास आना असम्भव था। वे आरम्भ से ही समाज-सुधार के समर्थक थे। इस अधिवेशन के दौरान वे राष्ट्रीय पक्ष के समर्थक बने। यह बात उनके स्वयंसेवक बनने की प्रत्यक्ष कृति से प्रकट हुई। यह राष्ट्रीय अभिमान अन्त तक उनमें उत्कटता से बना रहा।

इसी दौरान विट्ठलराव के चरित्र को प्रभावित करनेवाली और एक घटना हुई। अमरीकन यूनिटेरियन एसोसिएशन ने डॉ. जे.टी. संडरलैंड नामक एक संवेदनशील मिशनरी सज्जन को अपने प्रतिनिधि के रूप में भारत भेजा था। राष्ट्रीय सभा में विट्ठलराव को उनका जोशीला भाषण सुनने का मौका मिला। हिन्दुस्तान के ब्राह्म समाज या महाराष्ट्र के

प्रार्थना समाज से पहले उनका यूनिटेरियन पाश्चात्य धर्मपंथ से परिचय हुआ। विट्ठलराव ने डॉ. संडरलैंड की प्रत्यक्ष भेंट लेकर उनसे विचार-विमर्श किया। विट्ठलराव के नए बने मित्र वासुदेव अनन्त सुखटणकर भी इस भेंट में उनके साथ थे। वे यूनिटेरियन पंथ की अनेक छोटी-छोटी पोथियाँ संडरलैंड से पढ़ने हेतु ले गए। इसी वर्ष पुणे के प्रार्थना समाज में एकेश्वर पंथ की एक छोटी परिषद् का आयोजन हुआ था जो विट्ठलराव को आगे कई साल बाद पता चला। डॉ. संडरलैंड ने अपने देश की यूनिटेरियन सभा को अपना प्रतिवेदन प्रस्तुत करते समय एक विशेष सूचना दी। यह सूचना ऐसी थी कि हिन्दुस्तान के एकेश्वर पंथ का अर्थात् 'ब्राह्म' और प्रार्थना समाज का एक होनहार छात्र अमरीका-इंग्लैंड में धर्म को समर्पित कॉलेज में छात्रवृत्ति देकर बुलाया जाए। उनकी इस सूचना के अनुसार कोलकाता से हर दो साल बाद एक ऐसे तीन छात्र भेजने के बाद इसके लिए खुद विट्ठलराव का चयन किया गया। भविष्य में ऐसा कुछ होगा, इसकी कल्पना तक विट्ठलराव को उस समय नहीं थी।

विट्ठलराव रेवरंड जे.टी. संडरलैंड से प्रत्यक्ष मिले। उनसे चर्चा की। विट्ठल रामजी शिंदे जैसे धर्म के प्रति आस्था और उत्साह रखनेवाले भारतीय युवक से भेंट होने के कारण भी रेवरंड संडरलैंड के मन में ऐसा विचार आया होगा कि धर्म के प्रति जिज्ञासा रखनेवाले भारतीय युवक को इंग्लैंड-अमरीका में धार्मिक शिक्षा हेतु भेजने की व्यवस्था करें तो धार्मिक कार्य के प्रसार को अच्छी मदद हो सकती है। संडरलैंड ने विट्ठल रामजी को भलीभाँति याद रखा था, ऐसा दिखाई देता है क्योंकि ऑक्सफोर्ड के कॉलेज में धार्मिक शिक्षा लेनेवालों का चयन करनेवाली अन्तिम समिति के वे एक सदस्य थे।

विट्ठलराव की आर्थिक समस्या मात्र कायम थी। उन्हें दुबारा इंटर की परीक्षा में बैठना पड़ा। पुणे में वे और जनाक्का थे। इसके सिवा 1896 में वे पत्नी को भी पुणे ले गए और बहन के साथ उसे भी पाठशाला में दाखिल करवा दिया। पुणे में तीनों के खर्च की व्यवस्था उन्हें ही करनी पड़ती। इसके सिवा जमखंडी में उनके माता-पिता और तीन भाई-बहन के खर्चे की भी व्यवस्था देखनी पड़ती। विट्ठलराव और जनाक्का, दोनों की छात्रवृत्ति के हर मास बीस रुपए जमा होते। ट्यूशन के पाँच-सात रुपए उसमें जोड़ते थे। बाकी खर्चा चलाने हेतु कर्ज लेना पड़ता। इससे उन्हें खर्चे की चिन्ता सताती थी। विट्ठल रामजी शिंदे ने कहा है, "मेरी तीन सगी बहनें थीं, लेकिन गृहस्थी की चिन्ता यह चौथी मेरी आजीवन सगी बहन थी।" विट्ठलराव को रुपयों की समस्या दूर करने की एक राह सूझी। इस आर्थिक तंगहाली के दौरान विट्ठलराव इंटर की परीक्षा में उत्तीर्ण हुए। आगे बी.ए. के दो साल कैसे पार होंगे, यह चिन्ता बनी रही। इस परिस्थिति में उन्होंने बड़ौदा के श्रीमन्त सयाजीराव की भेंट लेना तय किया। बड़ौदा के लक्ष्मणराव माने और खासेराव जाधव, इन प्रतिष्ठित मराठा सज्जनों की सिफारिश से ही महाराज विट्ठलराव जैसे छात्र को मिले। महाराज ने उन्हें मासिक पच्चीस रुपए की छात्रवृत्ति दे दी। यह राशि उन्हें 'डेक्कन मराठा एसोसिएशन' की ओर से ही मिलनेवाली थी। यह मदद मिलने के कारण संस्था ने अपनी दस रुपयों की मदद देनी बन्द की, अर्थात् उन्हें केवल पन्द्रह रुपए ही ज्यादा मिलने लगे, लेकिन उनकी आर्थिक विवंचना दूर होने की दृष्टि से यह मदद भी काफी उपयुक्त थी। यह छात्रवृत्ति देते समय विट्ठलराव से स्टैंप पर एक कानून बाँड लिखवाकर लिया गया था। उसमें यह स्पष्ट लिखा था कि शिक्षा पूरी होने पर उन्हें बड़ौदा रियासत में नौकरी करनी होगी अन्यथा छात्रवृत्ति के रूप में प्राप्त राशि जमा करें।

सन्दर्भ

1. जनाबाई शिंदे, *स्मृतिचित्रे*, साप्ताहिक तरुण महाराष्ट्र, 25/03/1949
2. वही, 1/4/1949
3. विट्ठल रामजी शिंदे, *माझ्या आठवणी व अनुभव*, पृ. 106

पदवी परीक्षा का अध्ययन और उन्नीसवीं सदी के आखिर का पुणे

विट्ठलराव की रुझान वस्तुतः तत्त्वज्ञान के अध्ययन की ओर होने से बी.ए. में उनका तर्कशास्त्र और नीतिशास्त्र (लॉजिक और मॉरल फिलॉसफी) ये विषय रखना स्वाभाविक था, लेकिन उन्होंने इतिहास और कानून जैसे ऐच्छिक विषयों का चयन किया। अपनी रुचि के विषय उन्हें छोड़ने पड़े, इसके पीछे कुछ ठोस कारण थे। इंटर की परीक्षा में पहली बार वे अनुत्तीर्ण हुए और वह भी अपनी रुचि के तर्कशास्त्र विषय में। इससे अपनी रुचि के लॉजिक और मॉरल फिलॉसफी, ये विषय लेकर बी.ए. परीक्षा में उत्तीर्ण होने का उन्हें विश्वास नहीं हो रहा था। बी.ए. को कानून विषय लेकर उसमें साठ प्रतिशत से ज्यादा अंक मिलने पर उन्हें फर्स्ट एल.एल.बी. के समकक्ष माना जाता। दूसरे, शिक्षा पूरी करने के बाद वे सरकारी नौकरी में अटककर रहने की बजाय सार्वजनिक कार्य करना चाहते थे। उसके लिए स्वतंत्र रूप में वकालत करना उचित होता। केवल इस व्यावहारिक कारण से उन्हें तत्त्वज्ञान विषय छोड़ना पड़ा, इसकी कचोट उन्हें परेशान कर रही थी। अपनी डायरी में 2 अप्रैल, 1898 में विट्ठलराव ने जी.एच. लेविस के 'हिस्टरी ऑफ फिलॉसफी' नामक ग्रंथ के कुछ परिच्छेद लिखकर उस पर स्वयं का भाष्य लिखा। इसके अन्त में वे लिखते हैं, "अरेरे! मैंने अपना पसन्दीदा विषय छोड़कर ऐच्छिक इतिहास और कानून विषय रखकर कितनी बड़ी गलती की। डेक्कन कॉलेज में दो-तीन वर्ष अध्ययन कर मैं बी.ए. में फेल भी हो जाता तो भी ठीक होता, लेकिन पिछले साल का ही इतिहास और गन्दा कानून फिर से पढ़कर (केवल थोथी उपाधि के लिए) जैसे-तैसे इस यूनिवर्सिटी की एकाध मुहर लेकर इसके त्रासद शिंकजे से मैं मुक्त होना चाहता था, चाहता हूँ, लेकिन अपने पसन्दीदा ऐच्छिक विषय को लेकर मैं सफल बनूँगा, ऐसा साहस मुझमें न होना यह मेरा दुर्भाग्य और पौरुषहीनता थी। रुचि की अपेक्षा सुविधा को देखा, इसकी काफी कष्टप्रद सजा भुगतनी पड़ी।"[1] डायरी के इसी प्रसंग में कॉलेज में न जाने का ठोस कारण 'मेरी प्रिय जनाक्का की शिक्षा और उसको लेकर मेरी महत्त्वाकांक्षा' दर्ज किया है और उसमें यह भी उल्लेख है कि मुझे मन मुताबिक सिद्धि मिले तो यह सजा भुगतने को मैं तैयार हूँ।

डेक्कन कॉलेज में कानून पर व्याख्यान होते थे। उस समय विट्ठलराव जनुभाऊ करन्दीकर, माधवराव हुल्याल इन मित्रों के साथ शनिवार पेठ के जमखंडीकर के घर में रहते थे। वहाँ से फर्ग्युसन कॉलेज में जाकर फिर सप्ताह में दो बार पैदल डेक्कन कॉलेज जाना पड़ता था। ताँगे का किराया देने की स्थिति न होने से और उस समय साइकिल का प्रचलन न होने से विट्ठलराव को बारिश में भीगते और गर्मी में झुलसते हुए इतनी बड़ी दूरी पैदल पार करने में कुछ भी महसूस नहीं होता। संगम पर नौका चलती थी। उसमें बैठकर खेत के रास्ते जा सकते थे। वहाँ से डेक्कन कॉलेज जाने के लिए एक नजदीक का रास्ता था। एक बार तो ऐसा हुआ कि उन्हें कॉलेज से वापस लौटने में रात हुई और नौका बन्द हो चुकी थी। तब विट्ठलराव का साहस उफन आया। शरीर पर के कपड़े उतारकर उन्होंने सिर को लपेटे और तैरते हुए संगम तक आए। विट्ठलराव के मित्रों को उनके इस साहस का बड़ा आश्चर्य लगा।

1897 में पुणे में महामारी फैली। पाठशाला-कॉलेज बन्द हुए। विट्ठलराव को बी.ए. की परीक्षा देने मुम्बई जाना था। इसलिए उन्हें घर के सदस्यों को जमखंडी ले जाना पड़ा। इसी दौरान मुम्बई में हिन्दू-मुस्लिम दंगे शुरू हुए थे। पुणे में लोकमान्य तिलक ने राष्ट्रीयता की नींव पर सार्वजनिक गणेश उत्सव शुरू किया था। इससे सार्वजनिक जीवन अशान्त बन चुका था। पुणे में महामारी जोरों पर थी और उसके बन्दोबस्त हेतु अंग्रेज सरकार से शुरू किए इलाज का संसर्ग तो लोगों को ज्यादा ही हो रहा था। अंग्रेज सरकार ने सफाई हेतु बाहर से पठान और बलूची लोग बुलाए तो इन पठान और बलूची लोगों को रहने के लिए उन्हें जमखंडीकर का घर खाली करने का हुक्म हुआ और वह खाली

करना पड़ा। 1897 के अक्टूबर मास में सभी पुणे से जमखंडी गए। विट्ठलराव वहीं से बी.ए. की परीक्षा देने मुम्बई गए, लेकिन कुल मिलाकर दंगे, उत्सव, महामारी आदि कारणों से पूरे साल माहौल अस्वस्थ ही रहा। इस दौड़-धूप में विट्ठलराव का अध्ययन बाधित हुआ। वे तथा उनके कई मित्र 1897 में बी.ए. की परीक्षा में फेल हुए। 1898 में उन्हें दुबारा बी.ए. की परीक्षा का अध्ययन करना पड़ा। विशिष्ट पाठ्यक्रम से यद्यपि वे ऊब चुके थे, लेकिन उनके विचार और विकास की गति बिलकुल शिथिल नहीं हुई थी।

विट्ठल रामजी शिंदे मैट्रिक की परीक्षा पास कर कॉलेज शिक्षा हेतु 1893 में जमखंडी से पुणे आए। 1898 तक के छह साल उन्होंने पुणे में बिताए। इस अवधि में उनकी प्रार्थना समाज की ओर रुझान बढ़ा और उन्होंने विधिवत् प्रार्थना समाज की दीक्षा ली। उनकी बहन जनाबाई की अंग्रेजी शिक्षा का प्रबन्ध हुआ। वे स्वयं बी.ए. की परीक्षा उत्तीर्ण होकर एल.एल.बी. के आखिरी दो साल के अध्ययन हेतु पात्र बन गए। इसी काल में उनमें भविष्य में सामाजिक कार्य करने की प्रेरणा निर्मित हुई। विट्ठलराव के जीवन पर अनुकूल परिणाम करनेवाली महत्त्वपूर्ण घटनाएँ पुणे में घटित हुईं, लेकिन पुणे में विट्ठलराव के व्यक्तित्व गठन की दृष्टि से उन पर कुछ परिणाम हुआ, ऐसा दिखाई नहीं देता। अपितु ऐसा कह सकते हैं कि विट्ठलराव पुणे के सांस्कृतिक जीवन से कभी समरस नहीं हो पाए। पुणे में वे अक्सर पराए ही रहे।

वे पुणे में आए, तभी उनकी मानसिकता का अच्छा गठन हुआ था। घर के संस्कारों से उनके मन पर वारकरी सम्प्रदाय के उन्नत धर्म-विचार का संस्कार हुआ था और उनकी जाति भेद से परे उदार मतवादी सामाजिक भूमिका तैयार हुई थी। उस काल में पुणे का माहौल ही कुछ ऐसा था कि पुणे में अनुभूत बातों से उनके मन का मेल होने की बजाय सामान्यत: प्रतिकूल भावना निर्माण होती दिखाई देती है। पुणे से हुए इस विसंवाद से विट्ठलराव के व्यक्तित्व की प्रगल्भता ठोस रूप में दिखाई देती है।

महात्मा जोतिबा फुले ने सन् 1848 में पहली लड़कियों की पाठशाला शुरू की और सन् 1851 में अस्पृश्य जाति की लड़कियों की पाठशाला शुरू की। महात्मा फुले द्वारा अस्पृश्यों के लिए शुरू किया गया कार्य युगप्रवर्तक था, लेकिन सन् 1856 के बाद अस्पृश्यों की पाठशाला की जिम्मेदारी उन्हें अपने सहयोगी गावंडे, वालवेकर, परांजपे—इन पर सौंपकर बाहर होना पड़ा। कुछ समय बाद यह पाठशाला का कार्य बन्द हुआ। सन् 1870 के बाद न्यायमूर्ति रानडे ने पुणे के सामाजिक जीवन में प्रवेश किया। सार्वजनिक सभा के माध्यम से किसानों पर होनेवाला अन्याय दूर हो, इसलिए उन्होंने प्रयास किए और सार्वजनिक सभा के काम की पहचान बनाई, लेकिन बाल गंगाधर तिलक ने मूलत: रानडे और उनके जैसे नरम दल वालों का विरोध करने का पैंतरा अपना कर सार्वजनिक जीवन में प्रवेश किया और हर तरह से प्रयास कर रानडे के अधिकार में होनेवाली सार्वजनिक सभा स्वयं के हाथ में ली और शिवरामपंत परांजपे को सार्वजनिक सभा का सचिव बना दिया।

महात्मा जोतिबा फुले ने 1873 में 'सत्यशोधक समाज' की स्थापना की। बहुजन समाज में कम-अधिक मात्रा में उनका कार्य शुरू था, लेकिन उग्र राष्ट्रवादी विचारधारा रखनेवाले चिपलूणकर जैसे लोगों के विरोध से उनका शिक्षित वर्ग पर प्रभाव नहीं पड़ा। फुले की व्यापक विचारधारा की उपेक्षा हुई और फुले ब्राह्मणों के विरोध में ही काम करते रहें, ऐसा उन पर ठप्पा लगाया गया। फुले के बाद अस्पृश्य वर्ग में शिक्षा के प्रसार हेतु गाँव-देहात में पाठशालाएँ और छात्रावास चलाने का उपक्रम क्रियान्वित करनेवाले एकमात्र व्यक्ति बारामती के रामचन्द्र अण्णाजी कलसकर थे। कलसकर देहात में अस्पृश्यों के लिए शिक्षा प्रसार करनेवाली उस काल की एकमात्र संस्था चलाते थे। उन्होंने प्रथमत: सन् 1885 में 'वांगी विलेज एज्युकेशन सोसाइटी' नामक संस्था स्थापित कर अपने कार्य का प्रारम्भ किया। बाद में उसका कार्यालय बारामती में स्थानान्तरित कर संस्था का रूपान्तर 'महाराष्ट्र एज्युकेशन सोसाइटी' में किया। यह सोसाइटी कलस, अकोले, काजल, मेघली, कटफल, बारामती आदि गाँवों में कुल आठ पाठशालाएँ चलाती थी। इनमें से छह मराठी पाठशालाएँ देहात में चलाई जाती थीं। बारामती में एक अंग्रेजी और एक उद्योग पाठशाला चलाई जाती थी। इन आठ पाठशालाओं में से पाँच अतिशूद्रों के लिए चलाई जाती थीं। उनमें सन् 1898 में 146 छात्र पढ़ाई करते थे। न्यायमूर्ति रानडे इस संस्था को मार्गदर्शन और सहयोग करते थे, लेकिन अकाल की चपेट में इस संस्था की आर्थिक स्थिति कठिन बन गई थी। न्यायमूर्ति रानडे की तरह प्रार्थना समाज के अन्य सदस्यों की भी कलसकर के कार्य को सहानुभूति और प्रोत्साहन मिलता।[2] 'सुबोध पत्रिका' के माध्यम से संस्था को सहयोग करने का आह्वान आगे लगभग पन्द्रह साल बार-बार किए जाने के सन्दर्भ मिलते हैं।

1898 में विट्ठल रामजी शिंदे पर दुबारा बी.ए. की परीक्षा देने की नौबत आई। अध्ययन की उन्हीं पुस्तकों से वे ऊब चुके थे। अपठित विषय पर की पुस्तकें पढ़ना, नया ज्ञान प्राप्त करने हेतु व्याख्यान सुनना, पत्रिकाओं के ताजा अंक, समाचार-पत्र पढ़ना और उससे अपनी वैचारिकता विकसित करना, यह विट्ठलराव को अधिक भाता था। उन्होंने 1898-99 में लिखी डायरी में उन्नीसवीं सदी के अन्त में पुणे शहर की शैक्षिक, सांस्कृतिक, सामाजिक, धार्मिक स्थिति कैसी थी और इन विभिन्न क्षेत्रों में कार्यरत संस्थाएँ कौन-सी भूमिका लेकर कार्य करती थीं, इसकी जानकारी मिलती है। उसी तरह अनुभूतिजन्य घटनाओं के प्रति वे अपनी प्रतिक्रिया भी प्रकट करते नजर आते हैं। उनकी इन प्रतिक्रियाओं से उनका सामाजिक-सांस्कृतिक ही नहीं तो धार्मिक सन्दर्भ में भी टिपिकल पुणे की मंडली से अलग नहीं तो विरुद्ध दृष्टिकोण था, इसका एहसास होता है। किसी भी सन्दर्भ में अपनी राय बनाते समय प्रभावी मतों का या तथाकथित विभूतियों का उन पर दबाव दिखाई नहीं देता अपितु तथाकथित बड़ी हस्तियों का भी वे स्वतंत्र मूल्यांकन करते हैं। इन सभी प्रतिक्रियाओं से विट्ठलराव के मत की स्वतंत्रता का हमें एहसास होता है।

इस वर्ष उनका पाठ्येतर वाचन बड़े उत्साह से चल रहा था। तत्त्वज्ञान उनकी पढ़ाई का विषय न होते हुए भी वे लेविस के तत्त्वज्ञान के इतिहास का बारीकी से वाचन करते। मराठेशाही की अवनति का दोष एकमात्र बाजीराव पर न थोपकर उसके लिए सभी महाराष्ट्रीय जिम्मेदार थे, ऐसा बताकर अपनी ऐतिहासिक दृष्टि की निष्पक्षता का परिचय देते हैं। प्रो. बेन की अर्थशास्त्र की पुस्तक के विविध आयामों पर वे अभिप्राय देते हैं। उन्हें पसन्द आए हिस्से की तारीफ करते हैं, लेकिन प्रो. बेन द्वारा की गई सोशॅलिज्म की आलोचना उन्हें मंजूर नहीं। उन्हें लगता है कि पूँजीवाद का अतिरेक और मजदूर वर्ग की उपेक्षा इनकी विरोधी प्रतिक्रिया के रूप में सभी को सोशॅलिज्म का समर्थन करना चाहिए। डेविड लिविंगस्टन का चरित्र पढ़कर उसका दृढ़ निश्चय, स्वीकृत कार्य पर निष्ठा आदि नैतिक गुणों से वे प्रभावित होते हैं। प्रत्यक्ष अनुभूति का आधार न होनेवाले केवल कल्पना से रचित उपन्यासों को वे 'घर बैठे उपन्यासकारों ने लिखे झूठ-मूठ चरित्र' कहते हैं, लेकिन यथार्थ का सार्थक चित्रण करनेवाले और प्रसादयुक्त मराठी भाषा लिखनेवाले उपन्यासकार हरिभाऊ आपटे के प्रति उपन्यासकार के रूप में उनके मन में आदर है। लिविंगस्टन के चरित्र में अंग्रेजों के सुधार, दरियादिली, दृढ़ निश्चय और मानसिक तथा शारीरिक सामर्थ्य के स्पष्ट उदाहरण इस चरित्र नायक में दिखाई देते हैं, ऐसा वे उल्लेख करते हैं। लिविंगस्टन की असीम परार्थता, उद्योग में एकतानता और ईश्वर पर विशुद्ध श्रद्धा उन्हें प्रशंसनीय लगती है।

इतिहास तो उनका पसन्दीदा अध्ययन का विषय था। मल्हार रामराव चिटणीस की बखर (इतिहास सम्बन्धी ग्रंथ) पढ़कर वे ऐसा सन्देह प्रकट करते हैं कि चिटणीस ने उपलब्ध कागजात का ढंग से उपयोग नहीं किया। हर प्रसंग में उन्होंने की हुई पेशवाओं की तरफदारी उन्हें पक्षपातपूर्ण लगती है। "कहाँ शिवाजी ने किया हुआ महाराष्ट्रशाही का उदय और कहाँ दूसरे बाजीराव ने चलाया हुआ अँधेर नगरी का अन्त!!! लेकिन इस राक्षसी भेद की जिम्मेदारी न अकेले शिवाजी पर है न एक बाजीराव पर अपितु पूरे महाराष्ट्र पर है। इतना ढंग से समझे तो पर्याप्त है वरना बाजीराव को गालियों की माला और शिवाजी के महोत्सव, इसी में हम थक जाएँगे।"[3] ऐसा अपना मत वे दर्ज करते हैं। ऐतिहासिक घटनाओं की ओर निष्पक्षता से देखने का, विभूति पूजा से दूर रहने का समीचीन दृष्टिकोण विट्ठलराव में उनकी छात्रावस्था में ही तैयार हुआ था, ऐसा दिखाई देता है।

सन् 1898 में गिने-चुने समाचार-पत्र निकलते थे। सन् 1881 से तिलक का 'केसरी' शुरू हुआ था। सन् 1888 से आगरकर का 'सुधारक' शुरू हुआ था। प्रस्थापितों का साप्ताहिक 'पुणे वैभव' सन् 1880 से निकलता था। ऐसे में शि.म. परांजपे ने साप्ताहिक 'काल' शुरू किया। 'काल' को लेकर विट्ठलराव का कुछ प्रतिकूल मत निर्मित हुआ। 'काल' के आरम्भ के चार अंक पढ़ने पर विट्ठलराव ने स्पष्ट रूप में अपनी प्रतिक्रिया दर्ज की है। 'काल' यानी 'केसरी' की नकल ही है, लेकिन 'केसरी का स्वाभाविक पैनापन, जाज्वल्य अर्थ, गाम्भीर्य, शब्दों का निश्चित प्रयोग और सीधापन, नखरेबाज अलंकारों के प्रति नजरअन्दाजी आदि अच्छे गुण 'काल' में हू-ब-हू उतर नहीं पाए हैं, लेकिन 'केसरी' की कुत्सितता और व्यक्ति तथा पक्ष को चुभनेवाला लेखन करने की आदत मात्र कई स्थानों पर झलकती है।"[4] 'काल' पत्र को लेकर अभिप्राय दर्ज करते समय विट्ठलराव ने 'केसरी' की खूबियों और खामियों को मार्मिकता से स्पष्ट किया था। इस सन्दर्भ में उन्होंने समाचार-पत्र की भूमिका और नीति कैसी होनी चाहिए, इस सन्दर्भ में मार्मिक विचार प्रकट किए हैं। "'काल' के चार अंक पढ़े, लेकिन मन को छूनेवाला विचार

या विकार मुझे दिखाई नहीं दिया।" ऐसा वे कहते हैं। समाचार-पत्र में व्यापक विचार और उन्नत भाव प्रकट हों, ऐसी अपेक्षा ही वे एक तरह से अभिव्यक्त करते हैं। अपने समाचार-पत्रों की एकांगिता पर नाराजगी व्यक्त करते हुए वे लिखते हैं, "अधिकांश समाचार-पत्रों को पक्षाघात हुआ है।" उन्हें सही स्थिति का दिग्दर्शन करनेवाला और निर्भयता से अपनी राय प्रकट करनेवाला आगरकर का अवतार अपेक्षित था। सही स्थिति समझना, यह एक अड़चन और समझने पर ईमानदारी से और बेहिचक प्रस्तुत करना, यह कठिन अड़चन उन्हें लगती थी। वे 'नाइंटींथ सेंचुरी' मासिक के फरवरी, 1898 में प्रकाशित जी.एम. चेस्नी द्वारा की देशी समाचार-पत्रों की आलोचना का निर्देश करते हैं। प्रस्तुत लेख में यहाँ के लोगों की त्रुटियों और विसंगतियाँ स्पष्ट रूप में बताते हुए लिखा है, "हिन्दुस्तान के समाचार-पत्र केवल राजनीति तक सीमित होकर उसमें खेल, संगीत, शास्त्र आदि विषयों को स्थान नहीं देते। इतना ही नहीं, कृषिप्रधान देश होने के बावजूद ये कृषि विषय को भी जगह नहीं देते। यहाँ के लोग अंग्रेजी सत्ता को उलटना चाहते हैं, लेकिन उनके पास विकल्प नहीं हैं। दो व्यक्ति में से एक की अपेक्षा सरकारी नौकरी मिले, ऐसी होने से वे नौकरियाँ बढ़ाने की माँग करते हैं।" विट्ठलराव को उन्होंने दिखाई त्रुटियाँ मंजूर थीं और हिन्दुस्तान के समाचार-पत्रों को अपनी वृत्ति और नीति सुधारनी चाहिए, ऐसा उन्हें निश्चित रूप से लगता था।

इसी दौरान विट्ठलराव धर्म की ओर तन्मयता से आकर्षित हुए थे। 'धर्म' विषय पर केन्द्रित एकाध समाचार-पत्र हो, ऐसा उन्हें तीव्रता से लगता था। अपनी डायरी में 22 मई, 1898 को उन्होंने लिखा है, "आजकल देश में हर दिन समाचार-पत्रों का इतना कूड़ा पड़ता है, लेकिन उसमें धर्म के नाम से कुछ भी नहीं मिलता।" 4 मई, 1873 से प्रार्थना समाज का मुखपत्र 'सुबोध पत्रिका' निकलने लगी।

विट्ठलराव वाचन के साथ अलग-अलग विषय पर के व्याख्यान उत्साह से सुनते थे। कॉलेज की प्रासंगिक बसन्त व्याख्यान माला के साथ ही नए से शुरू हुए शिवजयन्ती उत्सव के भाषण वे नियमित सुनते थे। इनमें से अधिकांश भाषण उन्हें पसन्द नहीं आए। उन्हें पसन्द आए भाषणों में नामदार गोपाल कृष्ण गोखले का 'इंग्लैंड और हिन्दुस्तान की शिक्षा' नामक विषय पर अंग्रेजी में दिया गया भाषण था। एकाग्रता से भाषण सुनने की जिज्ञासा दबाकर उन्होंने इस भाषण के टिप्पण लिखे और उसी दिन अर्थात् 16 अप्रैल, 1898 को अपनी डायरी में उसका तीन-चार पन्नों में सारांश लिखा। गोखले ने बताए इंग्लैंड की शिक्षा के प्रकार, प्रसार और पद्धति को उन्होंने दर्ज किया। वहाँ सातवीं कक्षा से बच्चों को 'बोर्ड स्कूल' से अनिवार्य प्राथमिक शिक्षा मुफ्त मिलती है। शिक्षा के प्रसार से वहाँ ठेलेवाले मजदूर आदि खाली समय में समाचार-पत्र पढ़ते मिलते हैं। उच्च वर्ग के लोग बच्चों को 'पब्लिक स्कूल' में भेजते हैं। वहाँ की शिक्षा पद्धति चित्ताकर्षक होकर बच्चों पर शहरी गुणों का परिणाम करनेवाली होती है। वहाँ मानसिक शिक्षा के जितना ही खेल पर ध्यान दिया जाता है। कॉलेज में प्रोफेसर की विद्वत्ता और काबिलियत अव्वल दर्जे की होती है। उन्होंने वहाँ की शिक्षा के परिप्रेक्ष्य में अंग्रेजी लोगों की नैतिक शक्ति की मीमांसा की है। गोखले की वाणी में केवल चपलता नहीं थी अपितु उनमें हृदय की मार्मिकता और रसिकता भी थी, ऐसा कहकर वे यह सूचित करते हैं कि केवल भाषा पर अधिकार और बौद्धिकता होने से व्याख्यान अच्छा नहीं होता, लेकिन गोखले के व्याख्यान की तारीफ करके भी शिंदे अपना विवेचन, बहुश्रुतता और मूल्यांकन की स्वतंत्रता प्रकट करते हैं। व्याख्यान का सारांश देने पर अन्त में वे अपना अभिप्राय देते हैं, "गोखले ने वहाँ की शिक्षा पद्धति का किया वर्णन एकांगी ही दिखाई देता है क्योंकि खुद इंग्लैंड में भी वहाँ की पद्धति को लेकर शिकायत है। वह पूरी निर्दोष होगी, ऐसा बिलकुल नहीं लगता।"[5] इस एकांगिता की मीमांसा करते हुए वे कहते हैं कि यहाँ की पद्धति इतनी दुष्ट है कि इसके अभ्यस्त होनेवालों को इस पद्धति के अधिक दोष दिखाई देना असम्भव है।

शिवजयन्ती उत्सव के व्याख्यान तथा बसन्त व्याख्यानमाला के व्याख्यान पर शिंदे के अभिप्राय उनके व्यापक, उदार दृष्टिकोण, प्रगल्भता और परिष्कृत अभिरुचि के द्योतक हैं। तत्कालीन पुणे का शिक्षित समाज और विट्ठलराव के दृष्टिकोण व अभिरुचि में बड़ा अन्तर महसूस होता है। न्यायमूर्ति रानडे जैसे व्यक्ति सार्वजनिक सभा जैसी संस्था से अलग हुए थे। वहाँ भी लोकमान्य तिलक का प्रभाव था। इस वर्ष बसन्त व्याख्यानमाला के सचिव शि.म. परांजपे का होना उसी का द्योतक है। तत्कालीन पुणे का सामान्य सुशिक्षित समाज राष्ट्रवादी बना था, लेकिन सामाजिक दृष्टि से सुधार विरोधी, सनातनी रूढ़ धर्म का अर्थात् प्रस्थापित रूढ़ियों का ही समर्थक बन गया था। लोगों तक व्यापक और उन्नत धर्म कल्पना पर्याप्त मात्रा में पहुँच नहीं पाई थी। बहुजन समाज के हित और सुधार की ओर किसी का

भी अधिक ध्यान नहीं था। इतना ही नहीं तो उन्हें इसका एहसास भी नहीं था। तत्कालीन परिवेश और विट्ठलराव की संवेदनशीलता पुणे के लोगों से अलग होने के कारण उनका व्याख्यान तथा श्रोता वर्ग के प्रति प्रतिकूल अभिप्राय दिखाई देता है।

प्रो. जिंसिवाला के रूप में तत्कालीन प्रस्थापित वृत्ति का पुणेरी नमूना देखने को मिलता है। शिवजयन्ती उत्सव में प्रो. जिंसिवाला का व्याख्यान हुआ। अपने भाषण में उन्होंने छात्रों को सही उपदेश किया, लेकिन जो एक-दो उदाहरण उन्होंने दिए, वे कुत्सित और शरारती थे। एक सन्दर्भ में उदाहरण देते हुए प्रो. जिंसिवाला ने कहा, "आपने अपनी सुविधा देखी, लेकिन लोग मुझे हल्दी-कुमकुम को नहीं बुलाते, ऐसा एक पुनर्विवाहिता अपने नए पति को कहती है तो उसे पश्चात्ताप होता है।" यह उदाहरण सुनते ही कुछेक के चेहरे खिल गए और तालियाँ बजीं। इस प्रसंग पर भाष्य करते समय विट्ठलराव शिंदे ने लिखा है, "पुणे की सार्वजनिक सभा में एकाध वक्ता के भाषण को तालियाँ मिलें तो उसने कोई तो बचकानी हरकत की होगी, ऐसा समझें। ऐसी ही स्थिति निर्मित हुई है।"[6] यह प्रसंग पुणे के सामान्य श्रोतृ वर्ग और विट्ठल रामजी शिंदे के दृष्टिकोण और अभिरुचि का अन्तर स्पष्ट करनेवाला है। शिवजयन्ती उत्सव में प्रो. परांजपे का जो पुराण हुआ, उसके प्रति भी शिंदे की तीखी प्रतिक्रिया मिलती है। वे कहते हैं, "बेचारे में एक और एक ही गुण दिखाई दिया, वह यह कि वह 'सुधारक' नहीं! तालियाँ बटोरने के लिए इतना काफी है! लेख की तरह ही इनका भाषण भी ढीला, नि:सत्व, असम्बद्ध, अशुद्ध, खंडित, विपुल और पोले शब्दों से भरा होता है।"[7] बसन्त व्याख्यानमाला के व्याख्यानों से अधिकांश मात्रा में उनकी निराशा ही हुई। सेटलूर के विचारों में 'नव्यता या गहराई' न होने से शिंदे सन्तुष्ट नहीं होते। न.चिं. केलकर की सुधार को लेकर सन्दिग्धता रास न आने से वे उनके व्याख्यान के सन्दर्भ में कहते हैं, "कुछ भी दोगला, अधूरा भाषण कर समय काटने की और सींग कटाकर बछड़ों में घुसने की कला गुरु से चेले ने अच्छी तरह अवगत की है।" प्रो. परांजपे ने किया विधान तो भयानक ही था। उन्होंने कहा, "सती प्रथा बन्द होने से विधवा विवाह की समस्या उपस्थित हुई।" सेटलूर ने भी इस सन्दर्भ में कहा, "अब विधवा विवाह शुरू होगा तो पाश्चात्य समाज की अनिष्ट प्रथाएँ बढ़ेंगी।" शि.म. परांजपे बसन्त व्याख्यानमाला के सचिव बने थे। व्याख्यानमाला पर प्रस्थापित पक्ष ने अधिकार जमाया था। इसी कारण इस तरह के भाषण होते थे।

इस श्रृंखला के दस-बारह व्याख्यान सुनने पर इसके स्वरूप को लेकर वे गम्भीरता से विचार करते हैं और उसके उथलेपन के प्रति तीव्र नाराजगी प्रकट करते हैं, "मेरे मतानुसार ऐसी व्याख्यानमाला से लोगों को सच्ची विद्या का ज्ञान होना चाहिए। केवल अपने वक्तृत्व की शेखी बघारना या पाठशाला के चार लड़कों से तालियाँ बटोरना या सभी को परिचित वर्तमान आन्दोलन का फालतू चर्वण करना आदि के लिए यह व्याख्यानमाला नहीं है। महाराष्ट्र के चार विद्वान सालभर जिन विचारों से बेचैन रहते हैं, वे विचार इस वर्ष की व्याख्यानमाला की दिशा निश्चित मार्ग की ओर ही दिखाई देती है।" 'हमारा पहला सभी अच्छा था' यह स्वर उन्हें रास न आनेवाला था। व्याख्याता को इस बात का भी डर रहता था कि रास न आनेवाला स्वतंत्र विचार प्रकट करें तो सभा उग्र रूप धारण करेगी। "एक तो हम में स्वतंत्र विचारों की कमी और वह हो तो भी वह पुणे के लोगों के सामने खुलेआम आना असम्भव ही।" ऐसा अपना दोहरा निरीक्षण वे दर्ज करते हैं। वे व्यंग्य से यह भी कहते हैं कि कोई विद्वान ये सारे व्याख्यान प्रकाशित करेगा तो उनकी सही योग्यता समझ में आएगी।[8]

विट्ठलराव में स्वाभाविकता से राष्ट्र-अभिमान की वृत्ति का आविष्कार हो रहा था। सामाजिक तथा सामाजिक सुधार को लेकर प्रगतिवादी विट्ठल रामजी शिंदे राष्ट्रीय सन्दर्भ में उग्रवादी थे। 'नाइंटींथ सेंचुरी' के अंक में मेजर जी.जे. यंगहजबंड का 'भारतीय सरहद पर निरन्तर शान्ति' लेख पढ़कर 1 अप्रैल, 1898 को वे डायरी में संतप्त होकर इस पर लिखते हैं। सरहद की टोलियों के आदिवासियों को पूरी तरह नि:शस्त्र कर उन्हें सुसंस्कृत (कायम के गुलाम) बनाना और उनसे मुफ्त में सख्ती से पक्के रास्ते तैयार करवाना, यह यंगहजबंड द्वारा बनाई गई परिपाटी उन्हें संतप्त करती है और वे उसकी आलोचना करते हैं। ऐसी प्रतिक्रियाओं से उनका उग्र राष्ट्रवादी दृष्टिकोण प्रकट होता है।

समाज में आसपास घटित होनेवाली घटनाओं का उन पर तीव्र परिणाम होता है। समाज की जातीयता से उन्हें चिढ़ आती है। बुधवार पेठ में कोतवाल चबूतरे के पास एक रामदासी बुवा पृथ्वीच्छन्दी श्लोक लय में गाते जा रहे थे। तब वहाँ बैठे निठल्ले लोगों ने बुवा को रोककर उनसे जाति पूछी और वे गौड़ ब्राह्मण हैं, यह जानकर उद्दात्तता से पूछा कि वह नगर के रास्ते में ब्राह्मणों का प्रणाम क्यों स्वीकारते हैं? उनका मजाक उड़ाया गया। जाति का अहं होनेवालों

को दक्षिणी ब्राह्मण वानप्रस्थाश्रमी गौड़ ब्राह्मण का पैर छूना सहन नहीं हुआ। यह जाति मत्सर देखकर विट्ठलराव सन्तप्त हुए। 29 मई, 1898 को उन्होंने मुम्बई प्रार्थना समाज के बारे में अपने मन में निर्माण प्रतिकूल भावना दर्ज की है। समाज का उद्देश्य, भाषण और सदस्यों की कृति में होनेवाले विरोध से वे क्रोधित होते हैं। समाज में किसी भी तरह का जाति भेद नहीं होना चाहिए, ऐसी भूमिका होने के बावजूद समाज की मंडली खुलेआम जाति भेद त्यागने को तैयार नहीं है। इससे केवल सुधार की बात करनेवाले सुधारक और प्रार्थना समाज-मंडली उन्हें एक जैसी पाखंडी लगती है।

विट्ठल रामजी शिंदे की पृथकता अन्य एक सन्दर्भ में विशेषत: महसूस होती है। वे स्वयं लगभग ग्रामीण क्षेत्र के जमखंडी गाँव से आए थे। ग्रामीण क्षेत्र के किसानों, गरीबों, स्त्रियों के दुखों से वे परिचित थे। इससे उनका हृदय द्रवित होता था, लेकिन पुणे में सभा-सम्मेलनों से जो विचार प्रकट होते अथवा समाचार-पत्रों से जो विचार प्रसृत होते थे, उसमें उन्हें बहुजन समाज के हित का विचार दिखाई नहीं देता था। उन्हें लगता था कि व्याख्याता को नए शास्त्रीय शोध का ज्ञान बहुजन समाज को देना चाहिए। उन्हें प्रार्थना समाज के उच्च धर्म मत का सामान्य बहुजन समाज में प्रसार होना अत्यन्त जरूरी लगता था। इससे यह स्पष्ट होता है कि विट्ठल रामजी की वैचारिकता पुणे के तत्कालीन सुशिक्षित समाज से अलग थी। तत्कालीन व्याख्यान, समाचार-पत्रों से जो विचार प्रकट होते थे, वे सामान्यत: परम्परागत अभिमान से निकले प्रस्थापित या राष्ट्रवादी विचार होते थे। अत: उनका जो व्यापक दृष्टिकोण बना, उसके पीछे उनके घर में हुए उदारमतवादी संस्कार, उनका व्यापक अनुभव, स्वाभाविक भलापन और उन्होंने किया हुआ चिन्तन ही होगा। कलसकर जैसे उदारकर्ता पुरुष की उन्हें मिली सोहबत इस सन्दर्भ में सहयोगी बनी होगी। उनसे महात्मा फुले के अस्पृश्यता कार्य की जानकारी मिली होगी, ऐसी सम्भावना है।

विट्ठल रामजी शिंदे में प्रचंड उत्साह था। केवल विचार करके चुप रहना उनके लिए असम्भव था। कलसकर के उदाहरण से वे प्रभावित हुए थे। उन्हें लगता था कि स्वतंत्र मंडल स्थापित कर इस तरह का कार्य करना चाहिए। इस दृष्टि से वे अगुआ बनकर गोविन्दराव सासने, केशवराव कानिटकर, माधवराव हुल्याल—इन मित्रों से चर्चा करते थे। अपना भावी जीवन स्वार्थ का त्याग कर सार्वजनिक कार्य के लिए समर्पित करने की उनकी तैयारी इसी काल में हुई।

जीवन के सभी पहलुओं की ओर उनका रुझान था। उन्हें लगता था कि राजनीति में सक्रिय बनकर राष्ट्र कार्य करें। उनमें स्वार्थ त्यागकर समाज-सुधार का कार्य करने की भी प्रबल ऊर्मि थी। वे उन्नत स्तर का धार्मिक कार्य करना चाहते थे। उन्हें इन तीनों में विरोध नहीं लगता था अपितु उनके मन में ये तीनों बातें एकाकार हुई थीं।

सन्दर्भ

1. विट्ठल रामजी शिंदे, *रोजनिशी,* गो.मा. पवार (सं.) मराठवाडा साहित्य परिषद्, औरंगाबाद, 1977, पृ. 11-12
2. *सुबोध पत्रिका,* 24 दिसम्बर, 1899
3. विट्ठल रामजी शिंदे, *रोजनिशी,* पृ. 8-9
4. वही, पृ. 16
5. वही, पृ. 22
6. वही, पृ. 23
7. वही, पृ. 23
8. वही, पृ. 30

प्रार्थना समाज की दीक्षा

विट्ठल रामजी शिंदे द्वारा प्रार्थना समाज की दीक्षा लेना उनके जीवन की एक महत्त्वपूर्ण घटना है। मैट्रिक्युलेशन की परीक्षा पास करने के बाद आगरकर का 'सुधारक' उनके पढ़ने में आया। तब से उनकी रुझान सुधारवादी विचारों की ओर तीव्रता से बढ़ने लगी। साथ ही, बुद्धि को ही सर्वश्रेष्ठ मानकर उसी के जरिये ईश्वर और धर्म का विचार करना उन्हें समीचीन लगने से उनका रुझान नास्तिकता की ओर मुड़ने लगा था। फर्ग्युसन कॉलेज में आने के बाद मिल और स्पेंसर को पढ़ने से यह परिणाम तीव्र हुआ था। 1895 के अन्त में उनका रेवरंड जे.टी. संडरलैंड से परिचय होने पर उन्हें प्रथमतः पाश्चात्य यूनिटेरियन या एकेश्वर धर्म पंथ का ज्ञान हुआ। विट्ठलराव ने उनसे चर्चा भी की। यूनिटेरियन पंथ से परिचय होने पर प्रचलित हिन्दू धर्म की बुद्धि को रास न आनेवाली कल्पना और आचार इसके सिवा भी धर्म-विचार हो सकता है, इसका उन्हें प्रथमतः स्पष्ट एहसास हुआ होगा। स्पेंसर ने बताए उत्क्रान्ति के तत्त्व को अपना कर बुद्धिनिष्ठ पद्धति से धर्म का विचार किया जा सकता है, इसका उन्हें एहसास हुआ होगा। इसी कारण विट्ठलराव के मन में धर्म का पुनर्विचार शुरू हुआ। वह उनकी अन्दरूनी जरूरत भी थी क्योंकि उन्होंने स्वयं कहा है कि "मिल-स्पेंसर के विचार के कारण मुझमें जो विद्रोह उत्पन्न हुआ था, उसमें मेरी आत्मा को तृप्त करने की शक्ति नहीं थी। नास्तिकता के रेगिस्तान में मन की प्यास बुझाना असम्भव था।"[1] इस मानसिकता में उन्होंने प्रो. मैक्समूलर के ग्रंथ पढ़े। धर्म पर दिए उनके विस्तृत व्याख्यान, भाषाशास्त्र का अगाध ज्ञान और पूर्वी विचारों के प्रति उनकी सन्तुलित वृत्ति के कारण वे उन्हें आप्त पुरुष लगने लगे। इससे उनमें धर्म की ओर देखने की नई दृष्टि निर्मित हुई।

विट्ठलराव के मन की गठन ही ऐसी हुई थी कि उनके हृदय में धर्म का स्थान महान था। मूलतः उनकी धर्म प्रेरणा उत्कट और मजबूत थी। उनकी श्रद्धा पर कुछ समय के लिए स्पेंसर के विचारों की छाया रही, लेकिन वह अधिक समय न बनी रही। इस मानसिक संघर्ष के दौरान वे गम्भीरता तथा गहराई से धर्म चिन्तन कर स्वयं की धर्म कल्पना को स्पष्ट रूप दे रहे थे। 22 मई, 1898 को उन्होंने अपनी डायरी में लिखा है, "आज शाम कितने महान विचार मन में आए!...हमेशा की तरह मेरे धर्म मत की उत्क्रान्ति की परख शुरू थी। अब तक बात महज अज्ञेयवाद तक पहुँची थी, लेकिन आज विचारों की लहर में अत्युच्य ब्रह्म तत्त्व की कल्पना चित्तचक्षु के सामने परिष्कृत रूप में झलकने लगी। मैं स्वयं को वर्तमान शास्त्रीय दृष्टि से निहारने लगा तो मुझे ब्रह्म तत्त्व और अज्ञेयवाद में कोई अन्तर दिखाई न दिया।"[2]

इसी दौरान विट्ठलराव की बारामती के समाज-सुधारक रामचन्द्र अण्णाजी कलसकर से भेंट हुई। विट्ठलराव ने अपनी डायरी में 22 मई, 1898 को कलसकर के घर जाने का उल्लेख किया है। इस दौरान कलसकर ने बारामती परिक्षेत्र के छह गाँवों में पाठशाला और उद्योगशाला स्थापित कर महार, मातंग—इन जातियों में शिक्षा का प्रसार करने का और इस वर्ग में सुधार लाने का काम बड़ी आत्मीयता और त्याग से चलाया था। विट्ठलराव पर कलसकर की वृत्ति और व्यक्तित्व का जबर्दस्त प्रभाव पड़ा। कलसकर से बातचीत होने के उपरान्त उन्होंने उनके बारे में लिखा है," उनका साहस, कार्य और स्वार्थ त्याग तो सुनने में था ही। उनका भाषण सुनकर महार, मातंग—इन अति नीच जातियों के प्रति उनमें कितनी करुणा थी, उन्होंने जो किया और कितना करना शेष है, यह सब सोचकर मुझे अपने पर शर्म आने लगी।"[3] महात्मा फुले के बाद अस्पृश्यों के लिए निःस्वार्थ त्याग से काम करनेवाले कलसकर उन्नीसवीं सदी के अन्त में एकमात्र सज्जन दिखाई देते हैं। कलसकर के उदाहरण से छात्रावस्था में ही विट्ठलराव के मन में अस्पृश्यों के लिए काम करने की प्रबल प्रेरणा निर्मित हुई होगी। कलसकर इस कार्य में न्यायमूर्ति रानडे का सहयोग लेते थे। उनकी संस्था के लिए आर्थिक सहयोग प्राप्त करने हेतु रानडे का उपयोग होता था। रानडे के सम्पर्क से कलसकर भी

पुणे आने पर प्रार्थना समाज में जाते थे, ऐसा लगता है। विट्ठलराव ने 29 मई, 1898 में लिखी डायरी में निम्न बात दर्ज की है, "आज सुबह आठ बजे मान्यवर कलसकर, हुल्याल और मैं प्रार्थना समाज की उपासना देखने गए। पुणे के मन्दिरों में चलनेवाली उपासना मैंने आज पहली बार देखी। पिछले दिसम्बर में मुम्बई के मन्दिरों में भीड़ देखकर मुझे बिलकुल अच्छा नहीं लगा। तब पूज्यभाव दूर होकर मेरा समाज के प्रति कुछ मात्रा में दुराग्रह हुआ। समाज का उद्देश्य, भाषण और सदस्यों की कृति या आचरण में विरोध देखकर तो मुझे अब भी क्रोध आता है। समाज में किसी भी तरह का जाति भेद नहीं होना चाहिए। इसलिए सुधारक तथा समाज में मुझे कुछ अन्तर दिखाई नहीं देता अर्थात् दोनों फिलहाल खुलेआम जाति भेद तोड़ने को तैयार हैं, ऐसा दिखाई नहीं देता।" मुम्बई प्रार्थना समाज की तुलना में पुणे के मन्दिर की उपासना देखकर विट्ठलराव का मत अनुकूल बना। इसका कारण यह है कि मुम्बई के मन्दिर की तुलना में पुणे का मन्दिर सीधा-सादा था। मुम्बई के प्रार्थना मन्दिर में उनके पहली बार जाने से उन्हें वहाँ की प्रार्थना ईसाई चर्च की प्रेयर की हू-ब-हू नकल लगी। वहाँ की तड़क-भड़क भी उन्हें रास न आई। उन्होंने ऐसा कहा है, "मुझ जैसे गँवार को यदि नए सिरे से दीक्षा लेनी है तो मेरा विश्वास है कि वह मुम्बई के रंगमहल में कभी भी दीक्षा नहीं लेगा।"[4] विट्ठलराव के इस विधान से मुम्बई प्रार्थना मन्दिर के बारे में नापसन्द और पुणे के प्रार्थना मन्दिर के प्रति भाव प्रकट होता है। इसके सिवा दूसरी यह बात भी पता चलती है कि उसी समय उनके मन में प्रार्थना समाज की दीक्षा लेने का विचार शुरू था। उन्हें रावबहादुर का.बा. मराठे की पुणे प्रार्थना समाज की प्रार्थना और व्याख्यान काफी चित्ताकर्षक लगा। उनका मन श्रद्धा से भर आया और उन्होंने औरों के साथ मन से प्रार्थना के पद गाए। प्रार्थना समाज की इस उपासना में उन्हें हिन्दू धर्म का निर्मल और उज्ज्वल स्वरूप दीख पड़ा। गृहस्थी में बने रहकर परमार्थ कैसे करें, इसका मराठे के द्वारा किया गया विवरण उन्हें चित्ताकर्षक और उचित लगा। उन्हें ऐसा लगा होगा कि यह भूमिका तो वारकरी पंथ के आचार-विचार से मेल रखनेवाली है।

जना बहन अपनी सहेलियों के साथ उपासना को गई थी। वैसे तो वे विट्ठलराव के पहले ही कभी-कभार प्रार्थना समाज में जा रही थी। जना बहन पुणे आने के बाद प्रथमतः चार-छह मास ईसाई पाठशालाओं में ही जाती थी। वहाँ की ईसाई अध्यापिकाएँ हर समय हिन्दू देवी-देवता, धर्म-विचार—इतना ही नहीं तो वेशभूषा, रहन-सहन को भी हीन मानकर ताने कसती थीं। बाद में वे फीमेल हाईस्कूल अर्थात् हुजूरपागा में गई। डॉ. भंडारकर इस हाईस्कूल के संचालकों में से एक थे। शायद यह भी कारण हो सकता है कि हाईस्कूल की कुछ लड़कियों को प्रार्थना समाज में जाने की इच्छा हुई होगी। जना बहन को भी इच्छा हुई थी। विट्ठलराव से उन्होंने अनुमति माँगी। तब तक स्वयं उनकी रुझान प्रार्थना समाज की ओर नहीं हुई थी। बावजूद इसके, उन्होंने जना बहन को अनुमति दी। तब जना बहन, त्रिवेणीबाई भाटवडेकर, छोटूबाई तावडे, जानकीबाई पानसे, कावेरीबाई उल्लाल, लिम्बाबाई—ये प्रार्थना समाज में जाने लगीं। प्रारम्भ में तो वे धर्म साधना के उद्देश्य से नहीं अपितु नवीनता के रूप में प्रार्थना समाज में जाती थीं, लेकिन डॉ. भंडारकर जैसे विद्वान की उपासना से उनके मन में समाज के प्रति रुचि जाग्रत होने लगी थी। शिंदे की डायरी में यह उल्लेख मिलता है कि जनाक्का अपनी सहेलियों के साथ आई थी और उसे उपासना अच्छी लगी। वह हर इतवार जाना चाहती थी। उन्होंने ही अपनी भी हर इतवार को जाने की इच्छा होती थी, ऐसा कहा है। हुल्याल को मात्र प्रार्थना समाज रास नहीं आया। इस तरह विट्ठलराव का प्रार्थना समाज की ओर रुझान बढ़ रहा था।

29 मई, 1898 को कलसकर के साथ विट्ठलराव प्रार्थना समाज में उपासना देखने गए। तब से उनमें प्रार्थना समाज के प्रति रुझान बढ़ा और उसके बाद हर इतवार वे नियम से रुचि के साथ उपासना हेतु प्रार्थना समाज में जाने लगे। उनकी डायरी में 31 जुलाई, 1898 के पन्ने पर इसका जिक्र मिलता है। वे कहते हैं, "पिछले पाँच-छह इतवार मैं नियम से और बड़ी रुचि से जा रहा हूँ। जनाक्का में तो पहले ही दृढ़ भाव निर्माण हुआ है। वह प्रार्थना में मग्न होती है। आज तो वह ब्रह्मानन्द से डोल रही थी। इन दो घंटे तक मेरा भी ध्यान धार्मिक विचारों में ही उलझा होता है। गीत गाते और प्रार्थना सुनते समय कई बार मैं श्रद्धावान बन जाता हूँ। शुद्ध भाव से उपासना करनेवाले को देखकर मुझे बड़ी खुशी होती है। समग्रतः उस अवसर पर मेरे भाव कुछ विलक्षण बन जाते हैं। कल्पना शक्ति और उच्च मनोवृत्ति जोर से हिलोरें लेती है। अन्य बातों की तरह धर्म के बारे में भी केवल बुद्धि के बल पर विचरने का मेरा पहलेवाला आग्रह कुछ शिथिल पड़ रहा है और उसकी तुलना में श्रद्धा दृढ़ हो रही है, लेकिन इस धाँधली में मन की शान्ति बढ़ रही है।"[5] प्रार्थना समाज की उपासना को उपस्थित रहने के बाद विट्ठलराव में हुआ ठोस अन्तर इस तिथि को दर्ज किया है।

कलसकर के देहाती समाज तथा महार, मातंग अस्पृश्य समझे जानेवाले वर्ग की शिक्षा हेतु किए जानेवाले प्रयास विट्ठलराव के सामने थे। मुझे भी इस प्रकार के प्रयास करने चाहिए, ऐसी प्रबल इच्छा उनमें जाग्रत हुई थी। उनके नेतृत्व में स्थापित मंडल में वे चर्चा कर रहे थे। विट्ठलराव, माधवराव हुल्याल, गोविन्दराव सासने और केशवराव कानिटकर भविष्य में सामाजिक कार्य करने हेतु एकाध मंडल स्थापन करने के बारे में घंटों चर्चा करने लगे।[6]

विट्ठलराव की प्रार्थना समाज की ओर रुझान बढ़ने से वे समाज के उत्सव में रोजाना जाने लगे। वहाँ पर उनका गणपत भास्कर कोटकर नामक वृद्ध पेंशनर से घनिष्ठ परिचय हुआ। उनकी स्नेहिलता और आस्था के कारण विट्ठलराव को उनकी उपासनाएँ अच्छी लगने लगीं। बीच-बीच में समाज के प्रचारक शिवरामपंत गोखले के अनुभव सुनने को मिलते थे। उनका सीधापन अधिक प्रभावित कर देता। समाज के सचिव केशवराव गोडबोले की नियमितता और कार्य तत्परता खालिस थी। न्यायमूर्ति रानडे और डॉ. भंडारकर की भी भेंट होने लगी। विशेषत: डॉ. भंडारकर से विट्ठलराव सबसे अधिक प्रभावित हुए। समाज में गीत गाने में अगुआ रहनेवाले वृद्ध पेंशनर गणपतराव आंजर्लेकर की साथ-संगत होने लगी।

प्रार्थना समाज की इन सब मंडली का अपने पर कैसा परिणाम हुआ, यह बताते हुए विट्ठलराव लिखते हैं, "इन सभी वृद्ध मंडली ने मुझे प्रभावित कर मेरी युवावस्था की उज्जड्डता, विचारों की उच्छृंखलता और अनुभव की अपरिपक्वता के भँवर से मेरा छुटकारा करके मुझे शुद्ध, उदार धर्म के शान्त प्रवाह में ला छोड़ा।"[7]

उत्सव के अन्त में होनेवाला प्रीति भोज गणपतराव कोटकर के घर पर हुआ। कोटकर की बोटॉनिकल गार्डन के पास 'शान्ति कुटीर' नामक साधारण झोंपड़ी थी। विट्ठलराव प्रार्थना समाज के सदस्य न होने के बावजूद उन्हें आमंत्रण मिला। इस प्रीति भोज में पुणे समाज की सभी वृद्ध मंडलियाँ और मुम्बई समाज की सभी युवा मंडलियाँ इकट्ठा हुई थीं। दिनभर अल्पोपहार, भजन, प्रार्थना, उपदेश, भोजन, सम्भाषण और सैर आदि प्रकार हुए। इस प्रत्यक्ष अनुभूति से विट्ठलराव को लगा कि यह केवल रविवारीय सभा न होकर ईश्वर के कन्यापुत्रों का एक शुद्ध परिवार है। समाज के प्रति उनके मन में जो आशंका, सन्देह, मन-मुटाव था, वह दूर हुआ। गणपतराव कोटकर और सतारा समाज के सीतारामपंत जवेरे से समाज के इतिहास और तत्त्वों का परिचय हुआ।

प्रतापचन्द्र मजूमदार का अंग्रेजी में लिखा केशवचन्द्र सेन का चरित्र पढ़ने से विट्ठलराव के मन में प्रार्थना समाज की दीक्षा लेने की तीव्र इच्छा निर्माण हुई। यह चरित्र पढ़ने के बाद विट्ठलराव की चित्तवृत्ति काफी उत्तेजित हुई, विशेषत: इस चरित्र के अन्त में जोड़ दी केशवचन्द्र की 'जीवनवेद' नामक आत्मकथा के अंश का वाचन करते समय और उसमें से बैप्टिज्म ऑफ फायर (अग्नि स्नान) अध्याय पढ़कर तो उनमें प्रार्थना समाज का केवल सदस्य बनने की नहीं अपितु आजीवन समाज को समर्पित प्रचारक बनने की तीव्र इच्छा जाग्रत हुई।

केशवचन्द्र सेन की 'जीवनवेद' नामक आत्मकथा के प्रथम अध्याय में जीवन में प्रार्थना का महत्त्व विशद किया है। केशवचन्द्र ने कहा है, "मेरा जीवनरूपी वेद से पढ़ा हुआ पहला पाठ प्रार्थना है। उस समय मुझे किसी का सहयोग नहीं मिला। मैं किसी धार्मिक संस्था का सदस्य नहीं बना था या किसी धर्म व्यवस्था के गुणों का चयन नहीं किया था अथवा मैंने किसी भी धार्मिक संस्था का स्वीकार नहीं किया था अथवा किसी श्रद्धावान व्यक्ति या भक्त के पास नहीं गया था, ऐसी उस आध्यात्मिक जिन्दगी की भोर में मेरे अन्तकरण में एक ही आवाज गूँज उठी—वह थी 'प्रार्थना'। प्रार्थना का मेरे ऊपर बहुत बड़ा ऋण है क्योंकि एक समय मुझे प्रार्थना के सिवा अन्य किसी का सहयोग नहीं मिला। मुझे प्रार्थना के अन्त में स्फूर्ति के रूप में आदेश मिलते गए। मैं कौन-सा धर्म स्वीकार करूँ? मैं सभी व्यावहारिक कार्य छोड़कर मिशनरी बनूँ? पत्नी से मेरा सम्बन्ध किस तरह होना चाहिए, इन सभी प्रश्नों के उत्तर प्रार्थना से ही मिलते गए। मैं उस समय प्रार्थना के पीछे छिपा हुआ सिद्धान्त नहीं जानता था लेकिन मेरा यह विश्वास था कि जो कोई प्रार्थना करता है तो उसे प्रतिसाद मिलता है। प्रार्थना से मेरी बुद्धि साफ हुई। क्रमश: मैंने ब्रह्म धर्म स्वीकार किया और भक्त, मिशनरी और प्रचारक बना। सभी बातें यथासमय हुईं। मेरी प्रार्थना पर श्रद्धा होने से ही मेरी जिन्दगी को आज यह आकार प्राप्त हुआ।" केशवचन्द्र ने इस तरह आत्मकथा के पहले अध्याय में प्रार्थना का महत्त्व विशद किया है। विट्ठलराव के मन पर इसका परिणाम होना स्वाभाविक था, लेकिन अन्तिम और प्रखर परिणाम हुआ जीवनवेद के 'अग्नि स्नान' नामक तीसरे अध्याय के वाचन से।

जल स्नान से विधि संस्कार कर ईसाई धर्म की दीक्षा दी जाती है उसे 'बैप्टिज्म' अथवा 'बाप्तिस्मा' यह साम्प्रदायिक नाम है। केशवचन्द्र सेन ने जल स्नान के स्थान पर 'अग्नि स्नान' (Fire of Baptism) शब्द का प्रयोग कर 'अग्नि' शब्द उत्साह के अर्थ में प्रयुक्त किया है। उन्होंने लिखा है, "मैं जब मेरी आत्मा से पूछता हूँ कि जीवन के आरम्भ में

तुम्हें किस तरह धर्मदीक्षा दी गई, इस पर मेरी आत्मा कहती है, 'अग्नि स्नान से।' मैं अग्निधर्म का पूजक हूँ। मैं उत्साह सिद्धान्त का समर्थक हूँ। मेरी यह राय है कि निरन्तर अग्निपरीक्षा होनी चाहिए। उत्साहित अवस्था में रहना ही मोक्षावस्था का अनुभव है। यह अग्नि सम्प्रदाय क्या है? मुझे कइयों की जिन्दगी ऐसी दिखाई देती है। उसमें केवल ठंडापन होता है और अग्नि बिलकुल ही नहीं होती। पहले वर्ग के लोग शान्त, कृतिविन्मुख होते हैं। वे जो कुछ करेंगे, वह ठंडे दिमाग से करते हैं। उनकी गति धीमी होती है। उनके शब्दों में न ऊब होती है न हृदय में उत्साह। उत्साहरूपी अग्नि होनेवाले लोग इसके विरुद्ध प्रकृति के होते हैं। उत्साह से परिपूर्ण होना यह उनका जन्मजात स्वभाव होता है। वह क्षणिक बहादुरी का हिस्सा नहीं होता। यह उत्साहरूपी अग्नि आनेवाला और जानेवाला नहीं होता। धर्म के शब्दकोश की व्याख्या-ऊष्मा यानी जीवन, इस ऊष्मा का अभाव यानी मृत्यु। जब वैद्य को पता चलता है कि एकाध मनुष्य के शरीर की ऊष्मा नष्ट होकर वह ठंडा पड़ गया है तब वह बताता है कि इस मनुष्य की मृत्यु हुई है। धर्म-जीवन में भी यही होता है। इसी कारण मैं जिन्दगी की प्राथमिक अवस्था से अग्नि (उत्साह) का समर्थक हूँ। जब मुझे अपने में ठंडापन आने का सन्देह होता है उस समय मेरा हृदय डर से धड़कने लगता है। मैं पापी हूँ या नहीं, यह समझने में देर नहीं लगती। मैं ठंडा हूँ या मुझमें ऊष्मा है, इसे मैं तुरन्त तय कर सकता हूँ। मैं अग्नि में रहता हूँ, मैं अग्नि को गले लगाता हूँ, उसे ही उच्च मानता हूँ... जहाँ-जहाँ मुझे ऊष्मा दीखती है वहाँ-वहाँ आशा, आनन्द और साहस भी मिलता है। मैंने अपने हृदय के आसपास, मेरे समाज के ईर्दगिर्द निरन्तर उत्साह की अग्नि प्रज्वलित रखी है। समाज की एक इकाई की सेवा करने पर अन्य इकाइयों की सेवा करने की इच्छा मुझमें उत्पन्न होती है...मैं निरन्तर नवीनता के पीछे दौड़ता हूँ। नई बातें, नई खुशी, नई कल्पना की मैं अभिलाषा करता हूँ...इसे मेरा गुण समझो या दुर्गण, मुझे अक्सर ऊष्मा अच्छी लगती है। कृतिविन्मुख रहना मेरे लिए कठिन है। समाज से दूर रहकर स्वयं को छिपाना मेरे लिए केवल असम्भव है। मैं नख-शिखान्त अग्नि से परिपूर्ण हूँ। मैंने इसी पद्धति से धर्म साधना की है, धर्म सेवा की है। जो ठंडे होते हैं वे सामान्यतः डरपोक होते हैं। पाँच-दस साल काम करने पर वह आवेग है या नहीं, यह परख लें...आपके मुँह से निराशा के ठंडे शब्द कभी न निकलें। आप में इतनी अग्नि होनी चाहिए कि आपकी उँगलियों को स्पर्श करते ही वह मुझमें प्रविष्ट हो।"[8]

केशवचन्द्र सेन के ये विचार और मानसिकता विट्ठल रामजी शिंदे के हृदय को छूनेवाली थी। उनका हृदय भावुक और मनोवृत्ति उत्कट थी। उनमें जीवन-उत्साह की ऊर्जा प्रचंड मात्रा में थी। वह मानो प्रकट होने के लिए, कार्यप्रवण बनने हेतु राह ढूँढ़ रही थी। केशवचन्द्र के ये विचार और विट्ठलराव में होनेवाली जीवन-उत्साहरूपी ऊर्जा का संयोग होकर उन्हें अपने भविष्य का लक्ष्य स्पष्ट दिखाई देने लगा। उन्नत धार्मिक कार्य करने हेतु अपना जीवन प्रार्थना समाज को समर्पित करने की आस उन्हें लगी रही। रात-दिन उनके दिमाग में वही विचार आते रहे। वहाँ युवा और बुजुर्ग मंडली की बराबर भेंट होने से उन्हें समाज के सिवा कुछ सूझ नहीं रहा था। विट्ठलराव, डेक्कन कॉलेज के बी.ए. के छात्र नानालाल दलपतराय कवि, न्यू इंग्लिश स्कूल के मारवाड़ी जाति के स्नातक युवा अध्यापक मोतीबुलासा, भंडारकर के छोटे बेटे देवदत्त, वासुदेव अनन्त सुखटणकर, लक्ष्मणराव ठोसर आदि युवा समाज में बार-बार इकट्ठा होने लगे। उसी में कोटकर जैसी बुजुर्ग मंडली उनसे आत्मीय व्यवहार बरतती थी। परिणामतः पूरी युवा मंडली समाज की विधिवत् दीक्षा लेकर सदस्य बन गई। इस तरह विट्ठलराव ने प्रार्थना समाज की दीक्षा ली। वे विधिवत् ब्राह्म समाज के अनुयायी बने और जिन्दगी के एक नए मोड़ पर आए।

सन्दर्भ

1. विट्ठल रामजी शिंदे, *माझ्या आठवणी व अनुभव,* पृ. 109
2. विट्ठल रामजी शिंदे, *रोजनिशी,* पृ. 27
3. वही, पृ. 28
4. वही, पृ. 28-29
5. वही, पृ. 38
6. विट्ठल रामजी शिंदे, *माझ्या आठवणी व अनुभव,* पृ. 110
7. वही, पृ. 111
8. P.C. Muzumdar, *The Life and Teachings Keshub Chunder of Sen,* (3rd ed.), The Nababidhan Trust, Calcutta, 1931, P. 325-331

स्नातक परीक्षा

1898 का वर्ष विट्ठलराव के जीवन में अन्तर्गत और बाह्य संघर्ष का होने से आपाधापी में बीता। सार्वजनिक कार्य प्रत्यक्षत: कैसे शुरू किया जाए, इस सन्दर्भ में वे अपने मित्रों के साथ चर्चा कर रहे थे। गृहस्थी के नाजुक पेंच से उनके मन में खलबली मच गई थी। इससे उनका अन्तस्थ भाव-विश्व दोलायमान हो चुका था, लौकिक जीवन के इस प्रश्न जैसा ही अलौकिक जीवन का प्रश्न भी जटिल बन गया था। उन्होंने प्रार्थना समाज की विधिवत् दीक्षा लेकर अन्ततः वह प्रश्न मन के मुताबिक हल किया।

पिछले वर्ष बी.ए. की परीक्षा में विट्ठलराव असफल हुए थे। 1898 में परीक्षा का वही अध्ययन उन्हें दुबारा करना पड़ा। विट्ठलराव को निरन्तर नया पढ़ने की, नए विचारों से परिचित होने की उत्कट इच्छा थी। इससे वे अध्ययन की पुरानी पुस्तकें पढ़ने से ऊबने लगे, लेकिन एक बार इस परीक्षा के फेरे से मुक्त होने हेतु उन्होंने अध्ययन कर मुम्बई विश्वविद्यालय की परीक्षा दी। उन्हें इंटर तथा बी.ए. इन दो परीक्षा में असफलता सहनी पड़ी थी। इससे व्यावहारिक दृष्टि से उन्हें दुख हुआ, लेकिन स्वयं के प्रति होनेवाला आत्मविश्वास अभंग रहा। अपितु विश्वविद्यालय की परीक्षा की लागडाट की पद्धति से उन्हें घृणा होने लगी थी। इस पद्धति से जो स्कॉलर साबित होते हैं, वे भविष्य में विद्वत्तापूर्ण काम करते दिखाई नहीं देते, इसका उन्हें एहसास हुआ था। उसका कारण भी उन्होंने दर्ज किया है। "इसका कारण युवावस्था में उनका अस्वाभाविक शोषण होने से वे दुर्बल होते हैं। केवल प्रतियोगिता से कोई विद्वान कैसे होगा? विद्वत्ता यह प्राकृतिक विकास है। रेस का घोड़ा और इक्के का घोड़ा, इनकी तुलना करने पर किसकी अश्वशक्ति (Horse Power) क्यों ज्यादा होती है, यह समझ सकते हैं।"[1] बी.ए. की परीक्षा का अन्तिम पर्चा देने पर तो उनके मन में परीक्षा पद्धति के प्रति असीम घृणा निर्माण हुई। अन्तिम पर्चा हुआ तो वे यूनिवर्सिटी के मैदान की दीवार पर बैठकर यूनिवर्सिटी के राजाबाई टॉवर की ओर देख रहे थे। यह टॉवर उन्हें प्राचीन बेबिलोनिया शहर के बॉल मरढॉक नामक उग्र देवता के पुतले जैसा ही लगा। इस पुतले के हाथ में एक लाल तवा होकर गाँव की माताएँ अपने प्रथम बच्चे को उसमें डालकर आहुति देने की प्रथा थी। ऐसी ही प्रथा इस यूनिवर्सिटी की परीक्षा की खाई में अपने पेट के बच्चे को झुलसने की है, ऐसी उन्होंने उस समय बनी कटु और उग्र अनुभूति दर्ज की है।

विट्ठलराव ने 1898 के अन्त में बी.ए. की परीक्षा उत्तीर्ण की। कानून के प्रश्न-पत्र में प्रथम श्रेणी के अंक मिलने से वे एल.एल.बी. के प्रथम वर्ष की परीक्षा भी उत्तीर्ण हुए।

सन्दर्भ

1. विट्ठल रामजी शिंदे, *माझ्या आठवणी व अनुभव*, पृ. 109

अन्तस्थ भाव-विश्व की बेचैनी

विट्ठलराव के पुणे निवास के 1898 और 1899, ये वर्ष विशेष बेचैनी में बीत गए। सामाजिक क्षेत्र में कौन-सा कार्य करें और वह किस तरह करें, यह उनकी आस्था का विषय बन गया था। बुद्धिवाद का प्रभाव कम होकर प्रार्थना समाज की ओर उनका रुझान बढ़ गया था। वे इस परिस्थिति से गुजर रहे थे कि उसी समय उनके अन्तस्थ भावविश्व में एक अलग ही बेचैनी तीव्र रूप में चल रही थी। यह बेचैनी उनके वैवाहिक जीवन को लेकर थी। इस सन्दर्भ में उनकी शारीरिक, भावनात्मक अवस्था का चित्रण उनकी डायरी में देखने को मिलता है। 11 मई, 1898 से 19 अप्रैल, 1899 इस दौरान लगभग सालभर के चार-पाँच बार दर्ज सन्दर्भ से विट्ठलराव के शारीरिक विकार का उपशम न होने से शरीर की होनेवाली हानि, एकाकी अवस्था में होनेवाली भावनात्मक और शारीरिक पीड़ा खत्म होने की सुन्दर, अल्हाददायी वैवाहिक जीवन नए सम्बन्ध से निर्माण करने की आशा और अन्ततः इस सन्दर्भ में हुई निराशा ऐसा विट्ठलराव की मानसिक अवस्था का स्थूल आलेख है।

विट्ठलराव की पुणे निवास में सासने, हुल्याल, कानिटकर—इन मित्रों की प्रत्यक्ष साथ संगत थी। इसके सिवा तेरदाल (एक गाँव का नाम) के आत्मीय मित्र विष्णुपंत देशपांडे उनके हमदर्द थे। अपने अन्तरंग रहस्य केवल विष्णुपंत देशपांडे को बताना ही उन्हें ठीक लगता। इस सन्दर्भ में उन्होंने विष्णुपंत को कुछ पत्र लिखे तथा अपनी डायरी में भी विष्णुपंत को सम्बोधित कर कुछ मजमून लिखा है, "प्रिय विष्णु, मेरी विधुरावस्था मुझे बड़ा कष्ट दे रही है। मेरा अविवाहित रहने का विचार तो इस तूफान में टूटकर बिखरता है। कई दिनों से यह दशा मुझे त्रस्त कर रही है! मेरे हृदय में प्रेम का पहला अंकुर उगने से (जिस पर मेरे पत्नीत्व का केवल आरोप हुआ था) उसने उस पौधे को उखाड़ने तक मेरे हृदय में प्रेम की फसल के सिवा भविष्य के सुख की केवल घास ही बढ़ रही थी! और जब उस पौधे के साथ घास भी जलकर खाक हुई तब से मेरा हृदय दावाग्नि से जले चरागाह की तरह धधक रहा है...एक ओर मेरी उच्च नैतिक कल्पना और मानसिक विचार तो दूसरी ओर पाशविक राक्षसी वासना इनमें कभी-कभी भयावह संघर्ष होता है। यह द्वन्द्वरहित खुशी मुझे बहुत कम मिल रही है। धन्यता तो यही कि जिसमें अक्सर इनका Stable equilibrium होता है। उसके unstable equilibrium के मुझे जो एक-दो पल मिलते हैं, वे अनुपम सुख देते हैं। कभी-कभी अतृप्त वासना का प्रकोप होता है, देह तप्त होती है, बुखार चढ़ने का-सा आभास होता है। अब ऐसी ही स्थिति हुई थी, इसलिए बाग से ताजे अंजुलीभर चमेली के फूल लाकर सीने पर रखे और कुछ समय लेटा रहा। वाकई सीना ठंडा हुआ और संस्कृत कवियों द्वारा वर्णित उपाय की अनुभूति से कुछ शर्म हुई या रमा रहा।

अरेरे!!! यदि मेरी यह दशा है तो कुलीन विधवा का क्या होता होगा!!! सुख से उनकी पूर्ण निराशा हुई हो तो यथाशीघ्र उनकी हत्या करना यह कानूनन, नैतिक, सुविधाजनक, पुण्य का और प्रस्थापित धर्म का कृत्य है, यह शपथपूर्वक बताता हूँ। बेंटिक ने सती प्रथा बन्द कर बड़ी अधमता की ऐसा ये विधवाएँ क्यों न कहें?"[1]

इस वर्णन में उन्होंने अपनी विधुर अवस्था कैसे पीड़ा दे रही है तथा वासना का दाह कैसा त्रासद बना है, इसका उल्लेख किया है। वस्तुतः विट्ठलराव का विवाह नौ साल की अवस्था में हुआ था और उनकी पत्नी रुक्मिणीबाई जिन्दा थी। दोनों की उम्र में लगभग सात-आठ साल का अन्तर था। पत्नी के जिन्दा होते हुए उन्होंने अपनी अवस्था के लिए जो 'विधुरावस्था' शब्द प्रयुक्त किया है, वह साभिप्राय है। विट्ठलराव ने 1896 में अर्थात् यह लिखने

से दो साल पूर्व रुक्मिणीबाई को पुणे लाकर जनाक्का के साथ पाठशाला में दाखिल करने का प्रयोग किया था। विट्ठलराव की ऐसी इच्छा होगी कि रुक्मिणीबाई की शिक्षा होगी और अपने पारिवारिक जीवन की भी शुरुआत करेंगे, लेकिन दोनों सन्दर्भों में उनका उद्देश्य सफल दिखाई नहीं देता। रुक्मिणीबाई पहली बार पुणे आने के बाद पुणे में नहीं रही और उन्होंने अपनी पत्नी की भूमिका भी नहीं निभाई। उनका पत्नी होना महज नाम के लिए था क्योंकि विट्ठलराव ने उनका वर्णन किया है कि 'जिस पर पत्नी होने का केवल आरोप हुआ था।' विट्ठलराव की वृत्ति काव्यात्मक तथा रसिक थी। वे मन से भावुक थे। पत्नी उनसे संवाद करे और रसिकता से सहजीवन बिताए, ऐसी उनकी अपेक्षा होगी। काव्यात्मक स्तर का रसिक प्रतिसाद तो दूर, लेकिन उन्होंने पत्नी के नाते शारीरिक सुख की अपेक्षा पूर्ण करने में भी प्रतिसाद न दिया होगा, ऐसा लगता है। 'प्रेम का पहला अंकुर' और 'उसका छोटा पौधा उसने उखाड़ दिया' इस आलंकारिक वर्णन से यह अर्थ स्पष्ट होता है। पत्नी से हुए अपेक्षाभंग से शारीरिक वासना की पूर्ति नहीं होती थी। वे मानो अविवाहित जिन्दगी जी रहे थे। पत्नी यदि पत्नी के रूप में आचरण नहीं करती तो इसे 'अविवाहित' अवस्था ही कहा जाए, ऐसा उन्होंने तय किया था, लेकिन विकार क्षोभ से यह विचार नष्ट होता है, ऐसा उन्होंने दर्ज किया है। 'अतृप्त वासना का प्रकोप' इस शब्द प्रयोग से वासना पूर्ति के अभाव से निर्माण स्थिति सूचित होती है। स्वयं की इस शारीरिक अवस्था में कुलीन विधवाओं को किस तरह वेदना सहनी पड़ती है, इसका उन्हें एहसास होता है। इस तुलना से मुख्यत: उन्हें वासना की घुटन अभिप्रेत है। 19 जुलाई की नोट में जबर स्वप्नावस्था और शक्तिपात होने से तबीयत पर हुए असर का वर्णन है और "यह अपनी विधुरावस्था का परिणाम है' ऐसा अभिप्राय दिया है। "मेरे प्रेम की ऐसी घोर निराशा न होती तो ऐसी दिन अवस्था न होती।" ऐसा वे दर्ज करते हैं। "इसकी अपेक्षा मैं अनैतिक राह अपना कर अधिक सुखी होता?" ऐसा प्रश्न स्वयं को पूछकर वे उसका उत्तर देते हैं, "नहीं, मेरी शारीरिक यातना से ज्यादा मन की यातनाएँ कष्टप्रद बन जातीं।" इससे यही स्पष्ट होता है कि पत्नी ने उन्हें शारीरिक सुख देने से इनकार किया होगा और उनके केवल मन की ही नहीं तो शरीर की अवस्था भी विकल हुई थी। 'अपने असीम स्नेह को समझनेवाला कोई साथी न मिला तो मैं ज्यादा दिन रह नहीं पाऊँगा', ऐसा सन्देह उन्होंने दर्ज किया है।

पत्नी को लेकर ऐसी दोहरी निराशा होने से विट्ठलराव के दिमाग में एक अलग कल्पना आई। उन्होंने कोल्हापुर के मित्र गोविन्दराव सासने, वासुदेव सुखटणकर से कोल्हापुर के सुशिक्षित, सुसंस्कृत केलवकर परिवार के बारे में सुना था। डॉ. कृष्णाजी दादाजी केलवकर उर्फ दादासाहब थे मूल वसई के। वे मुम्बई के ग्रांट मेडिकल कॉलेज के स्नातक थे। अलीबाग में सरकारी अस्पताल में नौकरी करते थे। वे स्त्री-शिक्षा के समर्थक होने से उन्होंने अपनी निरक्षर पत्नी को स्वयं पढ़ाकर सुशिक्षित बनाया। उनकी पत्नी रखमाबाई को पुणे के फीमेल ट्रेनिंग कॉलेज का प्रमाण-पत्र मिला। 1883 में कोल्हापुर रियासत ने उनकी अध्यापिका के रूप में नियुक्ति की। डॉ. केलवकर ने बीमारी की वजह से नौकरी छोड़ दी। रखमाबाई की नौकरी के निमित्त से 1883 से केलवकर परिवार कोल्हापुर में बस गया। 1895 को रखमाबाई को लेडी सुपरिंटेंडेंट के रूप में पदोन्नति मिली।

केलवकर दम्पति को शिक्षा के प्रति रुचि होने से उन्होंने अपनी लड़कियों को लड़कों की तरह पढ़ाया। कृष्णाबाई यह इस दम्पति की द्वितीय कन्या थी। विट्ठलराव की डायरी में कृष्णाबाई (जन्म 1798), यमुनाबाई (जन्म 1882), और अहल्याबाई (जन्म 1886)—इन तीन कुमारिकाओं का उल्लेख मिलता है। कृष्णाबाई फर्ग्युसन कॉलेज की पहली छात्रा थी। उन्होंने 1894 में उम्र की चौदह साल की अवस्था में मुम्बई यूनिवर्सिटी की मैट्रिक्युलेशन की परीक्षा में दसवाँ स्थान प्राप्त किया था। उन्होंने 1895 में फर्ग्युसन कॉलेज में दाखिला लिया और प्रीवियस परीक्षा पास कर मुम्बई के ग्रांट मेडिकल कॉलेज से 1901 में एल.एम. एंड एस. परीक्षा प्रथम श्रेणी में कई पारितोषिक प्राप्त कर उत्तीर्ण की। यमुनाबाई, अहल्याबाई—ये कृष्णाबाई की बहनें भी सुन्दर और मेधावी थीं।[2]

वैवाहिक जीवन में निराशा आने से केलवकर परिवार की किसी एक सुशिक्षित लड़की से विवाह करने का विचार विट्ठलराव के मन में आया था। उम्र और शिक्षा देखें तो विट्ठलराव को तीन कुमारिकाओं में से कृष्णाबाई अभिप्रेत होगी, ऐसा लगता है। 1895 में कृष्णाबाई को फर्ग्युसन में प्रीवियस की कक्षा में विट्ठलराव ने देखा होगा। उनकी मैट्रिक परीक्षा में सफलता, बुद्धिमत्ता और फुर्ती से स्वाभाविकत: विट्ठलराव का उनके प्रति अनुकूल मत बना होगा। इस सन्दर्भ में गोविन्दराव विट्ठलराव की ओर से बात करें, ऐसा तय हुआ था, लेकिन वे ढंग से इसे निभा

न पाए। उन्होंने लगभग इस विषय पर फैसला करना तय किया था। कई बाधाओं के बावजूद पन्हाला की सफर करने के पीछे उनका यही उद्देश्य था, लेकिन गोविन्दराव ने इस सन्दर्भ में निराशा तथा उम्मीद हारने से विट्ठलराव काफी निराश हुए। बावजूद इसके सालभर चला यह विषय छोड़ देना उन्हें ठीक नहीं लगा। गोविन्दराव दो-तीन दिन पहले केलवकर दादा के पास जाकर उन्हें स्पष्ट रूप में विट्ठलराव की इच्छा बताएँ और आगे विस्तार से संवाद विट्ठलराव करें, यह भी तय हुआ। इसके अनुसार 18 व 19 अप्रैल, 1899 को विट्ठलराव दादा के साथ चार-पाँच घंटे बोलते रहे। इस परिवार के प्रति उनका मत अत्यन्त अनुकूल बना। "उनके (दादा के) पास बैठने पर उठने को मन नहीं करता, ऐसा जो गोविन्दराव और वासुदेवराव ने बताया था, उसका प्रत्यक्ष अनुभव आया। उनमें एक तरह की आकर्षित करनेवाली शक्ति है। पूरे परिवार में एक जादू भरा है। परिवार में एक भी ऐसी व्यक्ति नहीं जिसे देखकर मन द्रवित नहीं होता। इस घर में बुद्धि, सौन्दर्य, विनय, आदर आदि मोहक गुणों का सहज संयोग दृष्टिगोचर होता है।"[3] आगे विट्ठलराव ने यह भी लिखा है कि गहराई से देखें तो ये गुण कृत्रिमता के सुन्दर सम्पुट में मार्मिकता से गुँथे हैं। नागर सुसंस्कृतता से जान-बूझकर अर्जित किए ये गुण हैं। 19 अप्रैल, 1899 की प्रत्यक्ष भेंट में केलवकर दादा ने विट्ठलराव की वैवाहिक स्थिति के प्रति हमदर्दी जताई। गोविन्दराव ने विशिष्ट व्यक्ति के सन्दर्भ में बात नहीं की थी और विट्ठलराव को अपनी ओर से बात चलाना ठीक नहीं लगा। दोनों परस्पर तटस्थ रूप में बातें कर रहे थे। विट्ठलराव ने अन्तर्जातीय विवाह के सम्बन्ध में अपनी ठोस सुधारवादी भूमिका उन्हें बताई, लेकिन दादा में प्रत्यक्ष कृति करने का साहस विट्ठलराव को दिखाई न दिया। विट्ठलराव के सुधारवादी पद्धति के नए विवाह को उनकी वर्तमान वैवाहिक स्थिति यह दिक्कत है, यह दादा का मुद्दा विट्ठलराव ने कबूल किया। अन्य दिक्कतें मात्र उन्हें कबूल नहीं थीं, लेकिन विट्ठलराव ने महसूस किया कि दादा तैयार नहीं है। इतने दिनों से रखी अभिलाषा छोड़ना विट्ठलराव को काफी बुरा लगा।

विट्ठलराव के भाव-विश्व का यह अध्याय यानी उनकी युवावस्था के मन की चंचलता नहीं है। काव्य, उपन्यास पढ़कर उनके रोमांटिक मन का उच्छृंखल आविष्कार भी नहीं है। वे स्वयं पूरी युवावस्था की बहार में थे और उनकी विवाहित स्त्री पत्नीत्व की भूमिका नहीं निभा रही थी। इससे अपने मन में आई निराशा और वासना प्रकोप से शरीर की होनेवाली हानि के कारण वे नया वैवाहिक जीवन रचना चाहते थे। इसमें पत्नी की उपेक्षा, उसे महत्त्व न देना या अपने सुख का विचार करने की स्वार्थपरकता बिलकुल नहीं हैं। उन्होंने केलवकर की तीन कुँवारी कन्याओं में से किसी एक से बात करने का स्वतंत्र विचार तक नहीं किया अपितु उनके पिता से बात कर उनसे अनुमति लेकर ही विवाह करने की उनकी भूमिका थी। यह भी सच है कि उन्हें केलवकर के घर का सुसंस्कृत, नागर माहौल रास आया था। कुँवारी कन्याओं में होनेवाली बुद्धि, सौन्दर्य, भलापन—ये गुण उन्हें पसन्द आए थे। उन्हें ऐसा भी लगा होगा कि इनमें से कोई जीवनसाथी बनेगी तो अपना वैवाहिक जीवन खुशहाल होगा, लेकिन उन्होंने इस सन्दर्भ में नीति, व्यवहार, भलापन और सुसंस्कृतता की सीमा को कहीं भी तोड़ा नहीं। इस काल में उनकी आध्यात्मिक साधना जारी थी। समाज-सुधार के विचार शुरू थे। इस विवाह को लेकर वे जो विचार कर रहे थे, वह भी उच्च स्तर का ही था। उन्होंने 12 अप्रैल, 1899 को अपने आत्मीय मित्र विष्णुपंत देशपांडे को सम्बोधित कर लिखा है, "प्रिय मित्र, लगभग एक साल से मुझे इस विषय की आस लगी है। इस अवधि में विचार और विकार ने मुझे त्रस्त कर दिया है, लेकिन दोनों उच्च स्तर के हैं।"[4]

केलवकर दादा से अन्तिम बात होने पर उनकी तीव्र निराशा हुई। उन्हें दुख हुआ, यह सच है, लेकिन बाद में उन्होंने यह विषय अपने मन से निकाल दिया। गोविन्दराव, वासुदेव, जना बहन इनके साथ वे पन्हाला, पावनगढ़, विशालगढ़ की सैर पर गए और उसमें रम गए। इस सैर का वे वर्णन करते हैं, "सड़क पर फैलाई गिट्टी बिलकुल गेरुए रंग की थी। मुझे अत्यन्त प्रिय उषाकाल के हल्के अब्बासी रंग के काले पत्थर से और हरी झाड़ी से सड़क के मनोहर मोड़ देखकर बार-बार मन द्रवित होता था और अन्तरंग के अत्यन्त गूढ़ विषय की ओर जिद से खींचता था।"[5] इस सन्दर्भ में अगले दो-ढाई साल की घटनाओं पर यही गौर करते हैं। इस अवधि में विट्ठलराव की मनोदशा में परिवर्तन हुआ। वे बी.ए. की परीक्षा पास कर कानून के अध्ययन हेतु मुम्बई गए। उनका जमखंडी का छुट्टी का प्रवास बढ़ गया। उनकी पत्नी रुक्मिणीबाई की भी उम्र बढ़कर उन्हें समझ आई होगी। पति को नजदीक आने न देने का दुराग्रह बढ़ती उम्र और समझ के साथ दूर हुआ होगा। पति-पत्नी में क्रमश: सामंजस्य भाव की वृद्धि हुई होगी।

इसी के परिणामस्वरूप 9 सितम्बर, 1901 को रुक्मिणीबाई ने पहली सन्तान, प्रताप को जन्म दिया और विट्ठलराव का वैवाहिक जीवन सुचारू ढंग से शुरू हुआ।

सन्दर्भ

1. विट्ठल रामजी शिंदे, *रोजनिशी*, पृ. 26
2. श्रीमती संजीवनीबाई केलवकर, कोल्हापुर इनका साक्षात्कार और उन्होंने दिखाए पारिवारिक कागजात के आधार पर
3. विट्ठल रामजी शिंदे, *रोजनिशी*, पृ. 45
4. वही, पृ. 43
5. वही, पृ. 50

एकेश्वरवादी उदार धर्मपंथ

विट्ठल रामजी शिंदे ने बड़ी गम्भीरता से प्रार्थना समाज की दीक्षा ली थी। वे धर्म की ओर कितनी गम्भीरता से देखते थे, उनके सन् 1898 में अपनी डायरी में लिखे नोट से यह स्पष्ट होता है। इस दीक्षा से उनका और ब्राह्म धर्म का आजीवन अटूट सम्बन्ध बना। ब्राह्म धर्म के केवल अनुयायी बनकर जीवन बिताने से उनके मन को सन्तोष नहीं होनेवाला था। वे धर्म-प्रचारक के नाते अपना पूरा जीवन ही उन्नत धार्मिक कार्य को समर्पित करना चाहते थे, ऐसा उनके मित्र जनुभाऊ करन्दीकर के अभिप्राय से स्पष्ट होता है।[1] सन्1899 में विट्ठलराव कानून की पढ़ाई करने हेतु मुम्बई गए, तब प्रार्थना समाज और मुम्बई प्रार्थना समाज के पीठ से उपासना चलाने लगे। जिस उन्नत एकेश्वर उदारमतवादी धर्म पंथ की ओर उनका मन आकृष्ट हुआ, उस विश्व धर्म का हिन्दुस्तान के बाहर और हिन्दुस्तान में क्या स्वरूप था, इसका ऐतिहासिक और तात्त्विक दृष्टि से विचार करेंगे।

हिन्दुस्तान में उन्नीसवीं सदी से ब्राह्म समाज और प्रार्थना समाज, ये एकेश्वरवादी धर्म पंथ हिन्दू धर्म से विकसित होकर कार्य करने लगे तो यूरोप में सोलहवीं सदी में इंग्लैंड और अमरीका में सार्वत्रिक रूप में धर्म का कार्य करनेवाले ईसाई धर्म से विकसित यूनिटेरियन धर्म पंथ का उदय हुआ। आधुनिक विज्ञान, तत्त्वज्ञान और विचार प्रणाली से विरोध न कर अपितु आधुनिकता आत्मसात् कर धार्मिक कार्य करना इस धर्म पंथ की विशेषता है।

यूनिटेरियन धर्म पंथ

सोलहवीं सदी में ईसाई धर्म में व्यापक सुधार के बाद यूनिटेरियन नाम सामने आया। 'यूनिटेरियन' इस अंग्रेजी पद का अर्थ 'एकवादी' है। इस संज्ञा का अर्थ ईसाई धर्म के त्रयवाद के परिप्रेक्ष्य में समझना पड़ता है। परम्परागत ईसाई धर्म सिद्धान्त के अनुसार ईश्वर एक ही है, लेकिन उसका स्वरूप त्रिविध है। पिता होनेवाला ईश्वर, पुत्र होनेवाला ईश्वर (ईसा) और पवित्र चैतन्य, लेकिन ये तीन अलग व्यक्ति हों तो भी इन तीनों का त्रिकुट नहीं, समुदाय नहीं। इन तीनों व्यक्तियों का सत्व एक ही है। यह सिद्धान्त यानी ईश्वर के त्रितत्त्वों का (Trinity) सिद्धान्त[2] या त्रयवाद है। इस सिद्धान्त के अनुसार पिता के स्वरूप में होनेवाला ईश्वर यानी ईसा क्राइस्ट, यह अपना पालनहार है और पवित्र आत्मा के स्वरूप का ईश्वर अर्थात् चैतन्य यह अपनी शक्ति है।[3]

इस त्रयवाद (Trinity) पर विश्वास होना यानी ईसाई होना ऐसा कट्टर ईसाई लोगों का मत होता है। इस मत के विरुद्ध यूनिटेरियन लोग ऐसा मानते हैं कि ईश्वर सर्वत्र एक ही है और ईसा केवल अति पवित्र साधु पुरुष, लेकिन औरों की तरह मनुष्य ही था। ईसा के तीन सौ साल बाद त्रयवाद सिद्धान्त का निर्माण हुआ। सेंट पॉल ने ईसा की सीख यथार्थ रूप में प्रस्तुत करने के जोरदार प्रयास किए। बावजूद ईसा के पश्चात् तीन सदियों में ईसा और उसका उपदेश इन्हें लेकर कई परस्पर विरोधी मत और पंथ निर्माण होकर विविध मतों का हो-हल्ला हुआ। कॉन्स्टेंटाइन के यूरोपियन बादशाह ने सन् 325 में नायसिया में भव्य धर्म परिषद् आयोजित की। उसमें धर्म के अधिकारियों ने आधा मत और आधी जबर्दस्ती कर त्रयवाद स्थापन किया। उसके पश्चात् रोम के मठ का अधिकार बढ़कर धर्म के अधिकार और यूरोप की राजसत्ता का नियंत्रण पोप के अधिकार में गया। आगे यूरोप के एक हजार वर्षों के इतिहास के अन्धे युग में वही धर्म मत, सामाजिक कृत्रिम बन्धन और व्यक्ति के आचार अबाध रूप में जारी रहे।

सोलहवीं सदी में मार्टिन लूथर (1483-1546) और जॉन कैलविन (1509-1564) इन कर्तृत्ववान समाज-सुधारकों का उदय हुआ। उन्होंने पोप का प्रमाण, उनके दलालों का जुल्म, प्रायश्चित्त का बाजार आदि कई अधार्मिक बातों के विरुद्ध धर्मयुद्ध कर यूरोप का उद्धार करने के प्रयास किए, लेकिन लूथर या कैलविन पूर्ण सुधारक नहीं थे। उन्होंने

चौथी-पाँचवी सदी के कैथोलिक धर्म मत को यथावत् स्वीकार किया था, लेकिन उनके कारण धर्म के सन्दर्भ में जो स्वतंत्र विचार शुरू हुआ, वह आगे विकसित होता रहा। उन्होंने साधु-संतों की मूर्ति-पूजा बन्द की। प्रायश्चित्त बेचने की प्रथा बन्द की। बाइबल का भी नया संस्करण निकाला। इसके बाद कुछ विद्वानों ने प्रश्न उठाए कि ईसा मनुष्य है या ईश्वर? केवल उस पर विश्वास करने से मोक्ष मिलेगा या सत्कर्म करने से मिलेगा? मनुष्य प्राणी जन्मत: पापी है? क्या यह सच है कि ईश्वर ने पहले ही कुछ आत्माओं की गति और कुछ की अधोगति तय की है आदि प्रश्नों को लेकर फिर विचार शुरू हुआ। लूथर और कैलविन इस सन्दर्भ में पुराने मत का दुराग्रह करनेवाले थे। सन् 1553 में सर्विट्स नामक एक स्पैनिश डॉक्टर द्वारा 'ईसाई धर्म का उद्धार' नामक स्वतंत्र वैचारिक ग्रंथ लिखने से कैलविन ने उसे जिन्दा जलाने को कहा। सर्विट्स यह पहला उल्लेखनीय यूनिटेरियिन है।

पोलैंड में सेजिस्मंड उदार मतवादी राजा होने से और उसने धर्म को लेकर स्वतंत्रता देने से सन् 1565 में ब्लैंडॉटा नामक इतालियन वैद्य ने पहला यूनिटेरियन समाज स्थापन किया। पोलैंड के पड़ोसी ट्रांस स्लोवानिया, हंगरी—इन देशों में भी इस मत का गति से प्रसार हुआ और लगभग साढ़े चार सौ समाज स्थापित हुए। उदार मतवादी सेजिस्मंड राजा के कार्यकाल के बाद कैथोलिक सत्ता आई और लूथर तथा कैलविन के अनुयायी और कैथोलिक राज्यकर्ताओं ने यूनिटेरियनों का छल शुरू किया। इंग्लैंड के यूनिटेरियन के सहयोग से वे बने रहे और धीरे-धीरे बढ़ते गए। सोलहवीं-सत्रहवीं सदी में इंग्लैंड में प्रस्थापित ईसाई धर्म मत का विरोध करने से दो-तीन लोगों को जिन्दा जलाया गया, लेकिन यूनिटेरियन मत का प्रभाव बढ़ता रहा। पोलैंड से यूनिटेरियन पुस्तकें लाकर वह इंग्लैंड में छपवाकर उनका प्रसार किया जाता था। समाज की विधिवत् स्थापना न होने के बावजूद मिल्टन, लॉक, न्यूटन जैसे कवि, विद्वान और वैज्ञानिक यूनिटेरियन मत के बन गए थे।

सोलहवीं सदी में इंग्लैंड में प्रोटेस्टेंट धर्म की स्थापना हुई थी, लेकिन स्वतंत्र रूप में विचार और उपासना करने की सुविधा नहीं थी। राष्ट्र में प्रचलित धर्म का आचरण न कर उसका विरोध करनेवाले को 'नॉन-कन्फॉर्मिस्ट' या 'डिसेंटर्स' कहा जाने लगा। 1688 में इंग्लैंड के राजा स्ट्युअर्ट द्वितीय जेम्स को हराकर विल्यम ऑरेंजन को सिंहासन पर बिठाया। इस राज्यक्रान्ति से राजसत्ता ईश्वर प्रदत्त होती है, इस कल्पना पर आँच आई। पार्लियामेंट सार्वभौम हुआ। इंग्लैंड प्रजातांत्रिक राष्ट्र बना। धार्मिक क्षेत्र पर भी इसका स्वाभाविक परिणाम हुआ। सभी लोगों को उपासना की आजादी मिली। प्रेस्बिटर शाखा के लोगों ने अपने स्वतंत्र मन्दिर बनाए और उसमें उपदेश करनेवाले लोगों पर किसी भी धर्म मत का बन्धन नहीं डाला। उससे यूनिटेरियन मत का स्वतंत्र विचार गति से होने लगा। ख्यातलब्ध वैज्ञानिक जोसेफ प्रिस्टले ने यूनिटेरियन मत का खुलेआम समर्थन करना शुरू किया। यार्कशायर के एक धर्म-प्रचारक थिसोफिल्स लिंडसे ने अपना आचार्य पद त्याग दिया और लन्दन के एसेक्स स्ट्रीट में उपदेश हेतु एक पुरानी नीलामी की जगह किराये पर ली। इस तरह सन् 1773 में इंग्लैंड में पहले यूनिटेरियन समाज की खुलेआम स्थापना हुई। (इसी जगह पर आज भी यूनिटेरियन पंथ का कार्य शुरू है)। सन् 1786 में कोई भी मत की शर्त न लादकर धर्म की स्वतंत्र शिक्षा देने और उपदेशक तथा प्रचारक तैयार करने हेतु मैनचेस्टर कॉलेज की स्थापना हुई। देश के हर क्षेत्र में यूनिटेरियन समाज शुरू हुए। सन् 1825 में इंग्लैंड तथा अन्यत्र यूनिटेरियन मत का प्रसार करने 'ब्रिटिश एंड फॉरेन एसोसिएशन' की स्थापना की गई।

वैसे, अमरीका में खुला माहौल था। 1785 में बोस्टन के एक समाज ने खुलेआम यूनिटेरियन मत का स्वीकार किया। इधर इंग्लैंड में परम्परागत ईसाई मतवादियों ने डॉ. प्रिस्टले का काफी छल किया था। उसका बर्मिंग हैम का घर जलाया। उसे लन्दन में भी चैन से रहने नहीं दिया। इस पीड़ा से त्रस्त होकर वह अमरीका चला गया। वहाँ के लोगों ने उसका सम्मान किया और उसके कारण यूनिटेरियन मत के प्रसार को काफी मदद हुई। आगे चलकर लाँगफेलो, लोवेल जैसे कवि, एमर्सन जैसे लेखक और थियोडर जैसे उपदेशकों ने पूरे देश में यूनिटेरियन मत का प्रसार किया।

आरम्भ के दौर में डॉ. प्रिस्टले व लिंडसे जैसे यूनिटेरियन और बाद के दौर के डॉ. मार्टिन, रे. आर्मस्ट्रांग जैसे यूनिटेरियन इनके विचारों में काफी अन्तर आया था। प्रिस्टले आदि को ईसा का ईश्वरी रूप और धर्म के अन्य दुराग्रही मत स्वीकार नहीं थे, लेकिन उन्हें यह लगता था कि ईसाई धर्म एक अप्रतिम ईश्वरीय सत्य है। वर्तमान में कोई भी यूनिटेरियन बाइबल का अनादर नहीं करता, लेकिन उस पर सौ प्रतिशत भरोसा नहीं रखता। वह बाइबल की चिकित्सा करता है। धर्म यह सन्दर्भ शाब्दिक चिकित्सा का नहीं है, वह केवल मानसिक विश्वास का ही है और अन्तकरण की उच्च भावना का है, ऐसा उनका दृढ़ विश्वास होने लगा है। आज का यूनिटेरियन समाज-सुधारित पाश्चात्य विश्व का 'प्रबुद्ध अन्तर्याम' (Enlightened Conscience) है।[4]

उन्नीसवीं सदी में यूरोप में मानवी विचार और शोध की ज्ञान शाखा में अभूतपूर्व प्रगति हुई, जिसके फलस्वरूप बीसवीं सदी के आरम्भ में यूनिटेरियन धर्म पंथ को उदार और प्रकट रूप प्राप्त हुआ। यह वैचारिक गति चार अलग दिशाओं से प्राप्त हुई, ऐसा विट्ठल रामजी शिंदे इस प्रक्रिया का विवरण करते हैं—

1. अनुभूतिजन्य शास्त्र के विकास का प्रारम्भ उन्नीसवीं सदी के पहले हुआ, लेकिन उन्नीसवीं सदी में इन शास्त्रों को तात्त्विक दिशा मिली और डार्विन तथा स्पेंसर ने उत्क्रान्ति तत्त्व की उचित प्रस्तुति की।
2. जर्मनी में अनुभूतिजन्य ज्ञान के साथ तत्त्वज्ञान के स्तर का भी विकास हुआ। कांट, हेगेल और उनके शिष्यों ने ऐसा सिद्धान्त स्थापित किया कि विश्व के भौतिक, मानसिक और नैतिक चमत्कार के मूल में एक ही स्वयंसिद्ध शक्ति का कार्य अबाध गति से शुरू है।
3. शास्त्र और तत्त्वज्ञान के अभ्युदय से धर्म के ईश्वरप्रणित तत्त्व पर आघात हुआ। बाइबल के पुराने और नए करार के अलग-अलग अध्याय किसने, कब, किस स्थिति में लिखे; उसमें ऐतिहासिक हिस्सा कितना और कल्पित हिस्सा कितना आदि बातों की स्ट्रास, बॉवर, प्लीडरर आदि ने निष्पक्षता से मीमांसा शुरू की।
4. तुलनात्मक धर्मशास्त्र का और एक महत्त्वपूर्ण प्रयास हुआ। यूरोप में संस्कृत से अनेक नई और पुरानी भाषाओं का तुलनात्मक अध्ययन शुरू होने पर विश्व के प्रमुख धर्मग्रंथों का मूल भाषा से अध्ययन, अनुसन्धान शुरू हुआ। इतना ही नहीं तो ईसापूर्व तीन-चार हजार साल पहले के असीरियन, बेबिलोनियन, इजिप्शियन संस्कृति के धार्मिक शिलालेख उपलब्ध कर उनकी मीमांसा शुरू हुई।

इतनी व्यापक मात्रा में धर्मशास्त्र के नई इमारत की नींव डाली गई। इस तरह शास्त्र, तत्त्वज्ञान, मीमांसा और इतिहास—इन चारों कोणों से विचार करने पर यह सिद्धान्त स्थापित हुआ कि जंगली अवस्था की मानवी आत्मा में प्रथम जागृति आई, तब से अब तक निरन्तर धर्म बुद्धि का विकास हो रहा है। इन चारों पद्धति से हुए वैचारिक मंथन से यूनिटेरियन धर्म-विचार को वर्तमान विवेकशील स्वरूप प्राप्त हुआ है। यूनिटेरियनों में बुद्धिवाद अधिक और भक्ति कम ऐसा जो आक्षेप लिया जाता है, वह उचित नहीं। बुद्धिवाद के सन्दर्भ में ऐसा कह सकते हैं कि बुद्धि को अग्राह्य और आत्मा की बुद्धि को केवल अनावश्यक बातों की जहाँ पुराने लोग जिद करते हैं, वहाँ यूनिटेरियन उदासीन होते हैं। इसीलिए यूनिटेरियन सामान्यत: नकारात्मक भूमिका से बुद्धिवाद का जितना उपयोग करता है, उतना भाव रूप का नहीं करता। इसलिए यूनिटेरियन ईश्वर के गुण, उसके क्रियाकलाप, उसका महज स्वरूप, मानवी आत्मा की पूर्व और पश्चात् स्थिति आदि अनर्गल बातों पर अपना ठोस मत देने के झंझट में नहीं पड़ता। यूनिटेरियनों का बुद्धिवाद यह विचारों का हठवाद, कृति का आडम्बर और अन्ध परम्परा का निषेध करता है और विचार की अश्रद्धा, मत की उदासीनता और कृति के निरुत्साह पर विविध रूप में हमला करता है। यूनिटेरियन मन्दिर में विचार की पूर्ण स्वतंत्रता और उपासना का निरन्तर उत्सव होता है। उनमें उत्कट भक्ति होती है। यूनिटेरियन धर्म पंथ का वर्तमान रूप इस तरह है।

ब्राह्म समाज

पाश्चात्य जगत् में जिस तरह ईसाई धर्म से यूनिटेरियन धर्म पंथ उत्क्रान्त हुआ, उसी तरह हिन्दुस्तान में पारम्परिक हिन्दू धर्म से ब्राह्म समाज, प्रार्थना समाज, आर्य समाज—ये एकेश्वरवादी धर्म पंथ उत्क्रान्त स्वरूप में निर्मित हुए। पाश्चात्य जगत के ईसाई धर्म और हिन्दुस्तान के हिन्दू धर्म में इनके स्वरूप में मात्र काफी अन्तर है। हिन्दुस्तान में भूतकाल में तथा वर्तमान काल में भी विशिष्ट और विशेष मत के प्रति ज्यादा आग्रह दिखाई नहीं देता। कुछ धर्मग्रंथ यदि पूज्य माने जाते हैं, लेकिन 'बाइबल' या 'कुरान' जैसा एक ही धर्मग्रंथ विशुद्ध प्रमाण नहीं माना जाता। जिसे हिन्दू धर्म की प्रस्थानत्रयी माना जाता है, वे ग्रंथ संस्कृत में होने से धर्मवेत्ता उसके अलग ही नहीं तो परस्पर विरोधी अर्थ बताते मिलते हैं। इससे सामान्य मनुष्य के धार्मिक जीवन में धर्मग्रंथ अधिक बाधा नहीं बनते। सभी हिन्दुओं में उपासना का प्रकार भी समान नहीं मिलता। उसमें सामान्यत: स्थानीयता मिलती है। इतना ही नहीं तो हर घर में पूजनीय देवताओं का देवासन सजाया होता है। इससे हिन्दू धर्म की कभी संघसंस्था अर्थात् चर्च नहीं बन पाई। हिन्दू धर्म प्राचीन काल से चली आई एक परम्परा है। आजकल उसका संचालन असंख्य जाति से बने एक बड़े व्यूह के माध्यम से होता है और उसकी नींव आध्यात्मिक तत्त्व पर न होकर सामाजिक और पारिवारिक हित सम्बन्धों पर है। आठवीं सदी के आरम्भ में यहाँ

पहला बड़ा आचार्य पद स्थापित किया गया, लेकिन उसका कार्य लोगों की आध्यात्मिक जरूरतें जानकर वह दूर करने का नहीं अपितु जातीय बन्धनों के आधार पर हिन्दू धर्म की पुरानी मान्यताएँ और विधि, इनकी परम्परा कायम रखना इतना ही है। हिन्दुस्तान में सही जुल्मी सत्ता आचार्य, उपाध्याय या धर्मग्रंथ की न होकर प्रचलित व्यवस्था की होती है। बाहर से आए ईसाई और इस्लाम, इन धर्मों का प्रचलित हिन्दू धर्म पर अधिक परिणाम नहीं हुआ।[5]

आधुनिक काल में राजा राममोहन राय द्वारा 1828 में स्थापित ब्राह्म समाज भारत में घटित धर्म-सुधार का एक महत्त्वपूर्ण प्रयास है। राजा राममोहन राय आधुनिक भारत को गठित करनेवाले श्रेष्ठ आद्य पुरुषों में से एक थे। सती प्रथा पर रोक लगाना यह उनका सामाजिक दृष्टि से राष्ट्रीय स्तर का महत्त्वपूर्ण कार्य है। इसके सिवा उन्होंने अंग्रेजी शिक्षा, संस्कृत शिक्षा, स्त्री सुधार, जाति उन्मूलन के प्रयास आदि सुधारों में योगदान दिया। उन्होंने अंग्रेज सरकार से विरोध और सहयोग ऐसी दोहरी भूमिका अपना कर भारतीय जनता का कई आयामों से लोकमंगल करने का प्रयास किया। उन्होंने यदि सामाजिक-शैक्षिक सुधार का कार्य किया, लेकिन उन सभी की नींव धर्म थी। इस सन्दर्भ में विट्ठल रामजी शिंदे ने कहा है, "उनका धर्म यानी केवल एक मत या मनोवृत्ति न होकर प्रत्यक्ष जीवन था और वह जीवन भी बहुआयामी था। राजनीति और आर्थिक अभ्युदय, धर्म सुधार और समाज-सुधार—इनके लिए ही उनका जीवन समर्पित रहा।"[6]

राजा राममोहन राय ने अरेबिक भाषा सीखकर मूल कुरान पढ़ी। उन्होंने संस्कृत का भी अच्छी तरह अध्ययन किया। उम्र की चौबीस साल की अवस्था में उन्होंने अंग्रेजी भाषा सीखना आरम्भ किया और उसमें प्रवीण हुए। विश्व के महत्त्वपूर्ण धर्मग्रंथों का उन्होंने मूल ग्रंथो के आधार पर अध्ययन करने से उनकी धर्म कल्पना व्यापक, उदार और पूर्वग्रह रहित बनी। राजा राममोहन राय इस तुलनात्मक धर्मशास्त्र के विश्व के पहले अनुसन्धाता थे, ऐसा सर मैनियर विल्यम्स ने कहा है। मूर्ति-पूजा के कारण प्रचलित हिन्दू धर्म में कितने अनर्थ हो रहे थे, इसका उन्हें एहसास था। प्रचलित हिन्दू धर्म के नाम पर कई अनाचार शुरू थे। दुर्गापूजा के निमित्त से घिनौनी हिंसा हो रही थी। धर्म के नाम पर अघोरी पंथ के भयावह प्रकार चल रहे थे। नैतिक बन्धन शिथिल हो गए थे। व्यसनाधीनता बढ़ चुकी थी। समग्रत: समाज का नैतिक अध:पतन हुआ था। ऐसे काल में राजा राममोहन राय ने मूल हिन्दू धर्म के उज्ज्वल रूप पर गौर कर ब्राह्ममत की प्रस्तुति की और 1828 में ब्राह्म समाज की स्थापना की। ईश्वर एक है, हम सब उसकी सन्तान हैं, हमें परस्पर कोई भेद रखने की आवश्यकता नहीं, ईश्वर का मानसिक भजन-पूजन करना उसकी भक्ति की उचित राह है—ये ब्राह्म समाज के तत्त्व उन्होंने उद्घोषित किए। राजा राममोहन राय ने ब्राह्म मन्दिर के ट्रस्टडीड में भेद न करने के तत्त्व को प्रधानता दी है। उसमें 'ईश्वर अचिन्त्य, विश्व का कर्ता-धर्ता और किसी विशिष्ट नाम से पहचाना न जानेवाला' ऐसा वर्णन किया है। राजा राममोहन राय ने ट्रस्टडीड में सत्य, न्याय और सहिष्णुता का आदर किया है। अन्य किसी का उपास्य देवता होनेवाली सजीव या जड़-वस्तु की ब्राह्मोपासना में किसी भी तरह से निन्दा या मजाक न करें, ऐसा दर्ज किया है। राजा राममोहन राय को ब्राह्म समाज के कार्य का विस्तार करने को समय नहीं मिला। समाज की स्थापना के दो साल बाद अर्थात् 1830 में वे विदेश गए और वहीं उनकी मृत्यु हुई। राजा राममोहन राय के बाद के प्रमुख आचार्य पंडित विद्यावागीश का देवेन्द्रनाथ ठाकुर से परिचय हुआ। देवेन्द्रनाथ ठाकुर का धर्म चिन्तन पर पूरा विश्वास था। वे उपनिषद् के धर्म-विचार की ओर आकर्षित हुए थे। उन्होंने उपनिषद् के तत्त्वों की चर्चा और बोध कराने के उद्देश्य से 1839 में 'तत्त्वबोधिनी सभा' नामक संस्था की स्थापना की। संस्कृत भाषा के उपनिषदों के विचार सामान्य लोगों को बांग्ला भाषा से समझ में आए, इसलिए उन्होंने 'तत्त्वबोधिनी' पत्रिका शुरू की।

1841-42 के दौरान महर्षि देवेन्द्रनाथ ठाकुर ब्राह्म समाज में दाखिल हुए और वृद्ध पंडित विद्यावागीश ने ब्राह्म समाज की जिम्मेदारी उन पर सौंप दी। देवेन्द्रनाथ ने उपनिषद् के तत्त्व-विचार के आधार पर ब्राह्म मत की प्रस्तुति की। देवेन्द्र प्रणित ब्राह्म समाज को 'आदि ब्राह्म समाज' ऐसा अभिधान मिला। 'आदि ब्राह्म समाज' के तत्त्व निम्नानुसार प्रस्तुत किए गए—

1. पहले केवल एक परब्रह्म ईश्वर था, दूसरा कुछ नहीं था। उसी ने पूरी सृष्टि का निर्माण किया है।
2. वह ज्ञानरूप, अनन्त, मंगल, नित्य, नियन्ता, सर्वज्ञ, सर्वव्यापी, सर्वाश्रयी, निर्विकार, एकमेवाद्वितीय, सर्वशक्तिमान, स्वतंत्र और परिपूर्ण है। उससे किसी की भी तुलना नहीं की जा सकती।
3. केवल उसी की उपासना करने से इहलोक और परेलोक में सुख की प्राप्ति होती है।
4. उससे प्रेम करना और उसे प्रिय होनेवाले कार्य करना, यही उसकी सच्ची उपासना है।

1857 में केशवचन्द्र सेन ने ब्राह्म समाज में प्रवेश किया। केशवचन्द्र सेन की आध्यात्मिक आस्था और ब्राह्म समाज को नेतृत्व देने की क्षमता पर गौर करते हुए महर्षि देवेन्द्रनाथ ठाकुर ने सन् 1862 में उन्हें आचार्य पद सौंप दिया। उन्होंने सन् 1878 तक आचार्य की जिम्मेदारी निभाई। उन्होंने इस अवधि में ब्राह्म समाज के कार्य का अपूर्व विस्तार किया। ब्राह्म समाज की बारह स्थानों पर शाखाएँ थीं। केशवचन्द्र ने पन्द्रह सालों में हिन्दुस्तान के विभिन्न क्षेत्रों में और भाषाओं में शाखाएँ स्थापित कीं। केशवचन्द्र ने सुशिक्षित लोगों तक सीमित होनेवाले ब्राह्म समाज का बच्चों से लेकर बूढ़ों तक, स्त्री-पुरुष तथा स्वकीय-परकीयों में प्रसार किया। केशवचन्द्र सेन ने अपने प्रभावी वक्तृत्व से केवल भारत में ही नहीं तो इंग्लैंड के विद्वान सत्ताधीश और सामान्य लोगों को काफी मात्रा में प्रभावित किया। 1871 में विदेश से वापस लौटने पर उन्होंने ब्राह्म धर्म के प्रचार के साथ समाज-सुधार का कार्य भी जोर-शोर से शुरू किया। उन्होंने सस्ता साहित्य, स्त्री विमोचन, लौकिक शिक्षा, मद्यपान बन्दी और अपहिजों की सेवा इस पंचसूत्र के जरिये समाज-सुधार का कार्य शुरू किया। धर्म से सम्बन्धित यह दूसरा पक्ष उतना ही महत्त्वपूर्ण था। केशवचन्द्र के विरोध में। साधारण ब्राह्म समाज नामक अधिक विकसित तीसरा संस्करण निर्माण हुआ। ब्राह्म समाज की स्थापना से लेकर राजा राममोहन राय, देवेन्द्र अथवा केशवचन्द्र ऐसे किसी एक प्रभावी व्यक्ति की सत्ता चलती थी, लेकिन ब्राह्म समाज एक प्रजातांत्रिक संस्था थी। 'साधारण ब्राह्म समाज' की निर्मिति को केशवचन्द्र की चौदह साल से कम उम्र की लड़की का विवाह निमित्त बन गया। ब्राह्म समाज के वधू की उम्र न्यूनतम चौदह साल से कुछ कम होते हुए उसका कूचबिहार के राजकुमार से विवाह किया था। व्यक्ति कितना भी बड़ा क्यों न हो, समाज के मत के अनुसार उसका वर्तन होना चाहिए इस तात्त्विक भूमिका से और अनुष्ठान के मुद्दे पर केशवचन्द्र के प्रिय शिष्यों ने तक उनका नेतृत्व अस्वीकार किया और 'साधारण ब्राह्म समाज' की स्थापना की। इसके पश्चात् ब्राह्म समाज में स्त्रियाँ, युवा, छोटे बच्चे, वृद्ध, के विद्वान और मजदूर वर्ग—इन सभी का समान रूप में समावेश होने लगा। और पूरे भारत में साधारण ब्राह्म समाज की शाखाएँ शुरू हुईं।

पाश्चात्य यूनिटेरियन समाज हो या हिन्दुस्तान का ब्राह्म समाज, एकेश्वरवादी पंथ के निर्माण में कुछ समान तत्त्व मिलते हैं। विट्ठल रामजी शिंदे ने ब्राह्म तत्त्व के अनुरोध से इन समान तत्त्वों का विवरण बखूबी किया है। पहला तत्त्व यह खुला विश्वास है। जिस तरह हर मनुष्य में बुद्धि या विवेक रूप में एक शक्ति होती है उसी प्रकार उसमें श्रद्धा या विश्वास नामक एक शक्ति होती है। ब्राह्म धर्म का यह तत्त्व है कि इस विश्वास पर किसी भी तरह का प्रतिबन्ध अथवा दबाव न हो। स्वाभाविक रूप में विश्वास कम होता है या खत्म होता है तो हर्ज नहीं। अन्य किसी कारण से नया विश्वास उत्पन्न होता है या पुराना दृढ़ बनता है तो हर्ज नहीं, यह खुले विश्वास का लक्षण है। तो ब्राह्म का दूसरा तत्त्व यानी अपना ज्ञान निरन्तर बढ़ाने को दिया हुआ महत्त्व। अद्वैतवादियों का अद्वैत सिद्धान्त यह बढ़नेवाला ज्ञान नहीं। हर व्यक्ति को जो नए अनुभव आते हैं, आसपास के माहौल में जो नाना तरह के शोध होते हैं, उस सभी के सुसंस्कार से व्यक्ति की जो प्रज्ञा तैयार होती है वह प्रगमनशील ही होगी। ऐसा नया ज्ञान अक्सर आत्मसात् करने की वृत्ति ब्राह्म धर्म में महत्त्वपूर्ण है। शुद्ध प्रीति यह ब्राह्म का तीसरा तत्त्व है। यह प्रीति किसी भी लाभ की अपेक्षा के बिना होनी चाहिए। निरन्तर और निर्लोभ प्रेम, यह ब्राह्म धर्म का तीसरा अनिवार्य लक्षण है। ब्राह्म धर्म का चौथा लक्षण सात्विक सेवा है। अपेक्षारहित प्रेम भाव से सेवा करने पर निराशा और थकान की सम्भावना नहीं होती अपितु यह सात्विक सेवा करते समय प्रतिपल खुशी होती है।[7]

सन्दर्भ

1. *केसरी,* 12 नवम्बर, 1940
2. टो. ना. (आर.) ख्रिश्चन धर्म आणि आधुनिक विवेकवादाचा उदय, *नवभारत,* दिसम्बर, 1978, जनवरी, 1979
3. जे. डब्ल्यू. आयरन, ख्रिस्ती धर्म, *मराठी विश्वकोश,* खंड 4, पृ. 753
4. विट्ठल रामजी शिंदे, 'यूनिटेरियन समाज', *लेख, व्याख्याने व उपदेश,* पृ. 41, 47
5. विट्ठल रामजी शिंदे का सितम्बर, 1903 में एम्सटर्डम उदार धर्म सभा के सामने दिया भाषण, *लेख, व्याख्याने व उपदेश,* पृ. 156
6. वही, पृ. 157
7. विट्ठल रामजी शिंदे, 'ब्राह्म धर्म व ब्राह्म समाज', *वही,* पृ. 143-45

प्रार्थना समाज

मुम्बई प्रार्थना समाज को बंगाल के 'ब्राह्म समाज का भाई' कह सकते हैं। मुम्बई प्रार्थना समाज की स्थापना 31 मार्च, 1867 को फाल्गुन वद्य एकादशी अर्थात् पापमोचन एकादशी के दिन हुई। प्रार्थना समाज और ब्राह्म समाज, ये संस्थाएँ लगभग समान तत्त्वों का प्रतिपादन करती है। मुम्बई में प्रार्थना समाज की स्थापना के पीछे कौन-सी परिस्थिति कारक बनी; प्रार्थना समाज की स्थापना में ब्राह्म समाज का अस्तित्व कुछ मात्र में कारण बना आदि का संक्षेप में इतिहास देखते हैं।

सन् 1818 में महाराष्ट्र में पेशवाई का विलय होकर अंग्रेजी सत्ता का अमल शुरू हुआ। पेशवा दरबार में अंग्रेजों का वकील होनेवाला एल्फिंस्टन मुम्बई का पहला गवर्नर बना। अंग्रेजी अमल के साथ नई शिक्षा व्यवस्था आरम्भ हुई। मुम्बई शहर की आबादी बढ़कर उद्योग, व्यापार, सट्टे आदि से विपुल धन निर्माण होने लगा। बढ़ती सम्पत्ति के साथ वेश्याओं का नृत्य और दुर्व्यसनों के प्रकार शुरू हुए। उन्नीसवीं सदी के आरम्भ से ही ईसाई मिशनरियों ने महाराष्ट्र में घुसपैठ करने का प्रयास शुरू किया था। 1814 में उनके प्रयत्न सफल हुए और मुम्बई में निवास हेतु सरकार की अनुमति मिल गई। उसके बाद उन्होंने धीरे-धीरे धार्मिक विचार प्रस्तुत करना शुरू किया। उनका यह कार्य जोश से चल रहा था। 1852 में स्वधर्म त्याग कर ईसाई बननेवालों की संख्या एक लाख बारह सौ पच्चीस इतनी हुई। चर्च मिशनरी मंडल, लन्दन मिशनरी मंडल, वेस्लियन मिशन आदि संस्थाओं ने पाठशालाएँ खोलकर शिक्षा का काम धड़ल्ले से शुरू किया था। इन मिशन पाठशालाओं में लगभग पैंतालीस हजार से ज्यादा लड़के शिक्षा ले रहे थे। अंग्रेजी संस्कृति, उनका धर्म, उनकी जीवन-शैली का परिचय होने लगा। इससे यथार्थ और विचार का एक नया विश्व उनके सामने खुला। पाश्चात्य संस्कृति और विचारों का अप्रत्यक्ष परिणाम होने लगा तो मिशनरियों का आक्रमण स्पष्ट रूप में होने लगा। इसके परिणामस्वरूप स्वाभाविकत: नवशिक्षित पीढ़ी अपना धर्म, अपनी सामाजिक संस्थाएँ और अपनी जीवन-शैली को लेकर अन्तर्मुख होकर विचार करने लगी। उन्हें यह एहसास होने लगा कि प्रचलित हिन्दू धर्म के कई रस्म-रिवाजों का समाज पर अनिष्ट परिणाम हो रहा है। मूर्ति-पूजा और जाति भेद से समाज की अवनति हो रही है, इसका भी उन्हें प्रकर्षता से एहसास होने लगा। अंग्रेजी संस्कृति की ओर से अदृश्य रूप में होनेवाले तथा ईसाई मिशनरियों से खुलेआम होनेवाले आक्रमण का मुकाबला करने की, कृतिशील उत्तर देने की जरूरत निर्मित हुई। ऐसे दौर में महाराष्ट्र के तत्कालीन कर्तृत्ववान, जिम्मेदार पुरुषों ने प्रार्थना समाज की स्थापना कर धार्मिक, सांस्कृतिक आक्रमण को एक तरह कृतिशील उत्तर देने का प्रयास किया, ऐसा कहना उचित होगा।

एक ओर से मिशनरियों का आक्रमण शुरू थे तो दूसरी ओर नवशिक्षित वर्ग ने 'दर्पण', 'प्रभाकर' जैसे समाचार-पत्र और स्टूडेंट्स लिटररी एंड साइंटिफिक सोसाइटी, गुजराती व मराठी ज्ञान प्रसारक सभा जैसे उपक्रमों द्वारा लोकशिक्षा का कार्य आरम्भ किया। साथ ही, समाज का चिन्तक वर्ग प्रचलित धर्म की दृष्टि और विचित्र मान्यताओं से समाज का कैसे पतन हो रहा है, इस पर गौर कर रहा था। विशेषत: स्त्रियों पर होनेवाले अन्याय, जातियों में होनेवाली उच्च-नीचता की भावना और शुचिता से समाज की कैसे हानि होती है, इसे समझ रहा था। दादोबा पांडुरंग तर्खडकर, तुकाराम तात्या पड़वल, बाला भाऊ शिंत्रे, लक्ष्मण शास्त्री हलबे, भिकोबा लक्ष्मण चव्हाण—इन तत्कालीन कर्तृत्ववान सज्जनों के मन में इस तरह विचार आ रहे थे। इसी दौरान मुम्बई में पंडित ईश्वरचन्द्र विद्यासागर और बालकृष्ण की भेंट हुई। ईश्वरचन्द्र की समाज की समग्र उन्नति हेतु आस्था, उनकी विद्वत्ता और सत्यनिष्ठा का राम बालकृष्ण पर अनुकूल परिणाम हुआ। पंडित ईश्वरचन्द्र महर्षि देवेन्द्रनाथ की 'तत्त्वबोधिनी सभा' के सदस्य

थे। पंडित ईश्वरचन्द्र की राम बालकृष्ण और अन्य मंडलियों से ब्राह्म समाज के सम्बन्ध में बात हुई होगी, ऐसी सम्भावना है। कोलकाता ब्राह्म समाज जैसा व्यापक नहीं, लेकिन छोटा आन्दोलन शुरू करने का निश्चय करके इस मंडली ने राम बालकृष्ण को साथ लेकर 1840 में 'परमहंस मंडली' नामक संस्था स्थापित की। प्रथमत: यह मंडल गुप्त था। समाज को रास न आनेवाली बातों को लेकर आन्दोलन करने के लिए यह काल अनुकूल नहीं, यह समझकर 'परमहंस मंडली' का काम गुप्त रखा गया था। मूर्ति-पूजा का निषेध, एकेश्वर मत का समर्थन और जाति भेद उन्मूलन—ये 'परमहंस मंडली' के प्रमुख उद्देश्य थे। सभी के सामने डबलरोटी खाना जाति भेद तोड़ने का प्रमाण माना जाता। सभा के आरम्भ तथा अन्त में ईश्वर की प्रार्थना की जाती थी। दादोबा पांडुरंग का लिखा हस्तलिखित ग्रंथ सदस्यों को पढ़ने को दिया जाता। कोई भी एक धर्म ईश्वरप्रदत्त नहीं है, ऐसा उसमें विवेचन किया था। दादोबा पांडुरंग ने 'पारमहांसिक ब्राह्म धर्म' नामक छोटा पद्यमय अंश लिखा था। उसमें ईश्वर भक्ति, दया, विधि-निषेध आदि का विवेचन किया था। परमहंस मंडली की मुम्बई के बाहर पुणे, अहमदनगर, सतारा, बेलगाँव, रत्नागिरि आदि स्थानों पर शाखाएँ शुरू हुईं और सदस्य संख्या एक हजार हुई, लेकिन कोई एक सदस्य मंडल का दफ्तर लेकर भाग गया। सदस्यों के नाम प्रकाशित कर सभा के उद्देश्य का विपरीत अर्थ कर उस पर टीका की। यह सदस्य मंडली अमुक दिन ईसाई होनेवाली है, ऐसी अफवाह फैला दी। इसके परिणामस्वरूप सदस्यों की उपस्थिति कम हुई और धीरे-धीरे 'परमहंस सभा' का कार्य बन्द हुआ।

'परमहंस सभा' बन्द हुई, लेकिन उसके द्वारा हुई जागृति रुकी नहीं। 'परमंहस मंडली' के कुछ सदस्यों को धर्म की अत्यन्त आवश्यकता लगती थी। डॉ. आत्माराम पांडुरंग, भिकोबा दादा चव्हाण आदि मंडली एक-दूसरे से दूर नहीं हुई थी। आगे कौन-सी राह अपनाई जाए, इसको लेकर विचार-विमर्श शुरू था। स्टूडेंट्स लिटररी एंड साइंटिफिक सोसाइटी, ज्ञान-प्रसारक सभा, बॉम्बे एसोसिएशन इनके द्वारा तथा 'हिन्दू रिफॉर्मर', 'दम्भहारक', 'प्रभाकर', 'ज्ञानोदय', 'ज्ञानप्रकाश' आदि समाचार-पत्रों द्वारा अप्रत्यक्ष विमर्श हो रहा था। लोकहितवादी गोपाल हरी देशमुख, न्यायमूर्ति रानडे, जनार्दन सखाराम गाडगिल, विष्णुशास्त्री पंडित—ये सामाजिक विषय पर लक्ष्य केन्द्रित कर संस्था तथा लेखन के जरिये महत्त्वपूर्ण जिम्मेदारी निभा रहे थे। 1863 में 'इन्दुप्रकाश' प्रकाशित हुआ, जिसमें सामाजिक सुधार के अनुकूल लेख प्रकाशित होते थे। इस तरह जनजागरण का कार्य बड़े पैमाने पर शुरू हुआ था। पच्चीस साल की तुलना में समग्र सुधार के अनुकूल माहौल निर्माण हो रहा था।

लेकिन 1864 में मुम्बई के आर्थिक सन्दर्भ में अलग ही चित्र दिखाई दे रहा था। शेयर्स के सट्टे में हजारों लोग अमीर बने। पैसे के सिवा अन्य बातों पर लक्ष्य देने की किसी में इच्छा न रही। इस दौरान ब्राह्म धर्म के प्रभावशाली प्रचारक ब्रह्मानन्द केशवचन्द्र सेन मुम्बई में व्याख्यान देने आए थे। उनका अंग्रेजी भाषा पर होनेवाला अधिकार, प्रभावी वक्तृत्व, उदार विचार और अन्त:करण को स्पर्श करनेवाले उद्गारों का सम्पत्ति से उद्दाम बने मुम्बईवासियों पर कोई परिणाम नहीं हुआ, लेकिन अगले ही साल यानी सन् 1865 में सिविल वॉर खत्म हुआ। कपास की कीमतों में गिरावट आई और सैकड़ों व्यापारी दिवालिया बन गए। आर्थिक संकटों से हाहाकार मच गया। साम्पत्तिक स्थिति का यह घटाव-बढ़ाव देखने पर 'परमंहस सभा' की पुरानी मंडली फिर जोश से काम में जुट गई। 17 दिसम्बर, 1866 को डॉ. आत्माराम पांडुरंग के घर बाल मंगेश वागले, भास्कर हरी भागवत्, नारायण महादेव उर्फ मामा परमानन्द, सर्वोत्तम सखाराम मानकर, तुकाराम तात्या पड़वल, वासुदेव बाबाजी नवरंगे आदि मंडली उपस्थित रही। इस बैठक में सामाजिक सुधार सम्बन्धी विषयों पर विमर्श हुआ। साथ ही विधवा-विवाह, स्त्री-शिक्षा को बढ़ावा देना, बाल-विवाह की रोकथाम हेतु प्रयत्न करना, जाति भेद की प्रथा बुरी होने से खुलेआम प्रचार करने का विचार हुआ, लेकिन इसके बाद इस सम्बन्ध में हुई सभाओं में ऐहिक कल्याण पर विशेष ध्यान देकर कार्य करने की अपेक्षा मनुष्य का इस जन्म का प्रमुख कर्तव्य परमार्थ साधन पर विशेष ध्यान रखना चाहिए यह विचार पक्का हुआ और प्रार्थना समाज की स्थापना का निश्चय हुआ। फाल्गुन वद्य एकादशी शक-संवत् 1878 रविवार दिनांक 31 मार्च, 1867 को ईश्वरोपासना को प्रारम्भ हुआ। समाज स्थापित करते समय उद्देश्य और मूलतत्त्व निश्चित किए गए। ईश्वर एक और निराकार है, उसका मानसिक भजन, पूजन करना उचित तथा अपना कर्तव्य है, मूर्ति-पूजा यह असन्मार्ग होकर ईश्वर को अपमानकारक और मनुष्य को नीचत्व तथा दूराचार की ओर ले जानेवाली है। अत: इस असन्मार्ग से मुक्त होकर सन्मार्ग में लोगों की उन्नति हो यह इस समाज का उद्देश्य है। इसके सिवा मूलतत्त्व में 'मूर्ति-पूजा पर मेरी श्रद्धा नहीं', ऐसा स्पष्ट

अनुच्छेद दर्ज किया। समाज का सदस्य बननेवाले को ये तत्त्व स्वीकार करने पड़ते। साथ ही, उसे निम्न प्रतिज्ञा कहनी पड़ती, "मैं ईश्वर का चिन्तन करता रहूँगा। मैं सत्कर्म का आचरण कर असत्कर्मों से दूर रहने का प्रयास करूँगा। मुझसे स्वभाव दोष के चलते कोई बुरा कर्म होगा तो उसके पश्चात्ताप हेतु मैं ईश्वर की प्रार्थना करूँगा। हे ईश्वर, मुझे इस प्रतिज्ञा का पालन करने की सामर्थ्य दें।"

संस्था की स्थापना के समय उसे 'प्रार्थना समाज' नाम नहीं दिया था। एक सदस्य ने अक्टूबर, 1867 में एक टीका के उत्तर में इस मंडली का नाम प्रार्थना समाज है, ऐसा स्पष्ट विधान किया।

प्रार्थना समाज ने स्थापना के समय ब्राह्म समाज का आदर्श सामने रखा था, लेकिन मुम्बई की मंडली ने अपना निजत्व कायम रखकर तत्त्वों की रचना की। स्वयं देवेन्द्रनाथ यद्यपि मूर्ति-पूजा के कड़े विरोधी थे, लेकिन आदि ब्राह्म समाज के तत्त्वों में प्रतिमा पूजन को लेकर कड़ा विरोध दिखाई नहीं देता। देवेन्द्रनाथ के काल में ही ब्राह्म मन्दिर की वेदी के पीछे किया जानेवाला वेदमंत्रों का घोष, ट्रस्टडीड से विसंगत होनेवाले विचार का अनुभव लेकर 1844 में महर्षि देवेन्द्रनाथ ने बीस शिष्यों के साथ हम प्रतिमा पूजन का त्याग कर रहे हैं, ऐसी प्रतिज्ञा की और जो प्रतिमा पूजन के विरोधी हैं वे ही सच्चे ब्राह्म हैं, ऐसा जाहिर किया। बंगाल के इस अनुभव पर गौर कर मुम्बई प्रार्थना समाज ने आरम्भिक काल में मूर्ति-पूजा सम्बन्धी कड़ी भूमिका अपनाई होगी।

31 मार्च, 1867 को प्रार्थना समाज की स्थापना के बाद ईसाई धर्म मत के 'ज्ञानोदय' समाचार-पत्र में इसका समाचार प्रकाशित हुआ। ईसाई लोग प्रतिमा पूजन निषिद्ध मानकर ईश्वर की भक्ति करनेवालों की ओर अपेक्षा से देखते थे। वे आशा करते कि ये लोग आगे चलकर ईसाई धर्म का स्वीकार करेंगे। इससे ईसाई मंडली को उनके प्रति आत्मीयता थी। मुम्बई प्रार्थना समाज के प्रथम आचार्य भिकोबा दादा चव्हाण थे। 'ज्ञानोदय' के सम्पादक शाहूराव कुकडे ने 2 जून, 1867 को देखी उपासना का वर्णन किया है। उन्होंने डॉ. आत्माराम पांडुरंग के कांदेवाडी की पहली मंजिल के दीवानखाने में सौ से अधिक लोग इकट्ठा होने का निर्देश किया है। उन्होंने लिखा है, "हम गए, तब भिकाजी लक्ष्मण नामक एक भंडारी मनुष्य व्यासपीठ पर खड़ा होकर ईश्वर की प्रार्थना कैसी करें तथा प्रार्थना करनेवाले कैसा आचरण करें, इस विषय पर एक लेख पढ़ रहे थे...यह काम चलाने के लिए इस मंडली जैसा कोई विद्वान सुधारवादी, दबंग मनुष्य नियुक्त करें...कोई उचित मनुष्य मिलने तक पूर्वोक्त भंडारी मनुष्य को यह काम सौंपा, वह अच्छा किया, लेकिन वह इस मंडली में शोभा नहीं देता और पात्र नहीं...जो व्याख्यान देता है वह पोशाक, भाषा आदि से परिपूर्ण होना चाहिए।"[1] भिकोबा दादा चव्हाण 'मनी स्कूल' में मराठी अध्यापक का काम करते थे। उनका स्नेहिल स्वभाव, उत्कट ईश्वर निष्ठा, सीधापन इनकी जानकारी न होने से और उनका साफा, कमीज, धोती जैसी सीधी वेशभूषा देखकर ज्ञानोदयकार ने इस तरह का अप्रस्तुत गैर विधान किया है।

अपने मत की ईश्वर पर कितने अधिक रूप में निष्ठा हो सकती है, इसके उदाहरण के रूप में भिकोबा दादा चव्हाण की ओर निर्देश कर सकते हैं। दीनानाथ माडगाँवकर ने भिकोबा दादा के जीवन के एक प्रसंग का वर्णन किया है। भिकोबा दादा 'मनी स्कूल' से सेवानिवृत्त हुए थे। उन्हें मिलनेवाला अल्प वेतन बन्द हुआ। इसी में उनके पैंतीस-छत्तीस की अवस्था के इकलौते, साठ-सत्तर रुपये कमानेवाले बेटे की मृत्यु हुई। उनकी पत्नी और दो बच्चे थे। ऐसी विपन्नावस्था में भिकोबा दादा को गृहस्थी का बोझ उठाना पड़ा। भिकोबा दादा के बेटे की मृत्यु की खबर मिलने पर प्रार्थना समाज के छोटे-बड़े सभी उन्हें सांत्वना तथा धीरज देने उनके घर पहुँचे। उस समय कोमल हृदय के एक-दो सदस्य भिकोबा दादा को देखकर रो पड़े। अपने को मिलने आए मित्रों की दशा देखकर भिकोबा दादा कुछ समय दुख का आवेग कम होने तक मित्रों की ओर टकटकी लगाकर देखते रहे। अन्ततः उन्होंने कहा, "आपने यह क्या शुरू किया है? आपके आँसू मुझ पर दुर्धर प्रसंग आया इसलिए आपको अत्यन्त दुख हो रहा है, इसके गवाह हैं। आपको लगा कि ईश्वर मुझे ऐसा दर्द न दे, इसका प्रत्यक्ष प्रमाण है, ऐसा मुझे लगता है। वह गलत न हो तो आपकी इस मानसिकता पर मुझे खेद होता है। ईश्वर ही माँ-बाप है। वह कृपासागर, पतितपावन होकर न्यायी है, ऐसा माननेवाले और कहनेवाले हम सभी हैं। फिर ईश्वर के प्रति ऐसा लगना यह कितना अनुचित है, इस पर आप गौर करें। यह प्रसंग मुझ पर गुजरना उचित नहीं, ऐसा कहना करुणामय ईश्वर पर क्रूरता और अन्याय का दोषारोपण करना है। श्रद्धालु मनुष्य द्वारा ऐसा कहना अपितु मन में विचार लाना तक शोभा नहीं देता। यह प्रसंग असह्य तो है ही और ईश्वर कृपा से वह किसी पर न आए, लेकिन वह गुजरने पर ईश्वरी कृपा से एक

ही लेकिन सुशील, आज्ञाकारी और मेरा कभी भी मन न टूटे, इसलिए निरन्तर कष्ट उठानेवाले बेटे की देन है और मेरे कई ज्ञात-अज्ञात अपराध सहकर वह लड़का बड़ा होने तक मुझमें योग्यता आने तक राह देखी। अन्ततः मैं उसके अयोग्य ही बना और वह उसे वापिस ले गया, ऐसा ही मेरा विश्वास है। हम स्वेच्छा से व्यवहार करें और ईश्वर को दोष दें, यह ठीक है?"

भिकोबा दादा के उपदेश से अत्यन्त आस्था, निष्ठा और भक्ति प्रकट होती थी। प्रार्थना समाज के तीसरे वार्षिकोत्सव में उन्होंने इस तरह उपदेश किया, "अब हमारे प्रार्थना समाजीय भाइयो की सेवा में प्रस्तुत हूँ। सज्जनो, अपने सद्‌विवेक से अपने कर्तव्य से इस सत्कार्य का चयन किया, वह अच्छा किया। हम हर सप्ताह में संध्या के समय निश्चित स्थान पर इकट्‌ठा होकर बारी-बारी से ईश्वर की प्रार्थना कर गीत गाकर बोधपरक विषय पढ़ते हैं, यह अच्छा है, लेकिन क्या इतने से बात पूरी होती है? क्या हम में जगदीश्वर प्रभु की सेवा करने का अधिकार आया है? हमने दुर्गुणों का त्याग किया है? हमारे परिवार में एक ही ईश्वर की भक्ति करने का आसान क्रम शुरू हुआ है? हम अपने भाइयो से विश्वास, प्रीति, नम्रता से व्यवहार करते हैं? परस्पर सहयोग करते हैं? दीन-दलितों की खबर लेते हैं? परमार्थ हेतु लोक-निन्दा, छल, आर्थिक हानि सहने को तैयार है? ईश्वर का नाम दी मूर्ति वस्तु संग्रहालय के देवासन में रखने की तैयारी कर रहे हैं? यदि नहीं तो हम एक ईश्वर की भक्ति कैसे करते हैं? अच्छी बातों के प्रति मन में उत्कंठा न होने पर बाह्य रूप में मात्र हम दिखावे के लिए प्रार्थना करते हैं तो वह प्रार्थना नहीं आडम्बर समझना चाहिए। हम असमर्थता समझकर नम्रतापूर्वक हृदय से ईश्वर से जो कहते हैं, उसे प्रार्थना कहते हैं...सत्कर्मों की इच्छा रखना यह मानसिक प्रार्थना ही है। वह करें तो फिर कोई भी प्रार्थना न करेंगे तो भी चलेगा, लेकिन उसमें भी जो कोई सदाचार न भूलकर अपने स्वधर्म का दायित्व निभाते समय मानसिक और वाचिक प्रार्थना करते हैं वे सज्जन पुरुष इस लोक में श्रेष्ठ हैं।" भिकोबा दादा इस प्रकार के उन्नत विचार अपने उपदेश से प्रकट किया करते। प्रार्थना समाज की तत्कालीन सुशिक्षित मंडली ने भिकोबा दादा चव्हाण को आचार्य पद का सम्मान दिया, वह उचित ही कहना होगा। 'ज्ञानोदय' के सम्पादक ने केवल उनकी पोशाक और जाति देखकर उनकी जो मानहानि की, वह सर्वथा अनुचित कहनी होगी।

डॉ. रामकृष्ण गोपाल भंडारकर और न्यायमूर्ति महादेव गोविन्द रानडे ये प्रार्थना समाज का प्रारम्भिक दौर में गठन करनेवाले और समाज की निष्ठा से सेवा करनेवाले दो पुरोधा थे। डॉ. भंडारकर काम के निमित्त बाहर जाने से 1868 में न्यायमूर्ति रानडे स्थानान्तरित होकर मुम्बई आए। ये दोनों मुम्बई में इकट्‌ठे आए तो सभी लोगों से नजदीकी सम्बन्ध आने पर उन्होंने पाया कि प्रार्थना समाज के तत्त्व पर्याप्त उदार, स्पष्ट और व्यापक नहीं है। उसके सम्बन्ध में अधिक विवेचन होना जरूरी है। रानडे और भंडारकर को लगा कि अपने उद्‌देश्य की मीमांसा होनेवाला लेखन होना चाहिए। न्यायमूर्ति रानडे ने इसकी जिम्मेदारी लेकर 'ए थीइस्ट्स कन्फेशन ऑफ फेथ' अर्थात् 'एकेश्वरनिष्ठा की कैफियत' अथवा 'साधक का विश्वास' यह लेख अंग्रेजी में लिखकर 'हिन्दू रिफॉर्मर' समाचार-पत्र में प्रकाशित किया। रानडे के इस लेख में प्रार्थना समाज को स्वीकृत होनेवाली धार्मिक संकल्पनाओं का 39 अनुच्छेदों में विवेचन किया है। रानडे द्वारा प्रस्तुत 39 अनुच्छेदों से 1873 में भंडारकर ने सार रूप में छह तत्त्व प्रस्तुत किए।[2] प्रार्थना समाज के ये छह मूल तत्त्व इस प्रकार है—

1. ईश्वर ने इस ब्रह्मांड की निर्मिति की है। वही सच्चा ईश्वर है। वही एकमात्र नित्य, अनन्त, निराकार, आनन्दमय है।
2. केवल उसी की उपासना से इहलोक तथा परेलोक में मंगल की प्राप्ति होती है।
3. उसके प्रति पूज्यता बुद्धि और अनन्य भाव रखकर उसका मानसिक भजन-पूजन करना, उसको प्रिय होनेवाला कृत्य करना—यही उसकी सच्ची उपासना है।
4. प्रतिमा या प्रकृति में होनेवाले सृष्ट पदार्थों की पूजा-प्रार्थना या आराधना करना सही ईश्वर उपासना नहीं है।
5. ईश्वर शारीरिक रूप में अवतार नहीं लेता और कोई भी एक ग्रंथ ईश्वरप्राणित नहीं है।
6. सभी लोग ईश्वर की सन्तान हैं, इसलिए भेद न मानकर परस्पर बन्धुता से व्यवहार करना चाहिए। यह ईश्वर को प्रिय और मनुष्य का कर्तव्य है।

रानडे के 'साधक का विश्वास' लेख में प्रार्थना समाज की भूमिका भी प्रस्तुत की है। उसी तरह उनकी स्वयं की धर्मकल्पना के पहलू भी उसमें प्रकट होते हैं। उसमें से कुछ महत्त्वपूर्ण सन्दर्भ इस प्रकार हैं—प्रार्थना समाज की

मूल धारणा और श्रद्धा यह है कि मानवी स्वभाव में धार्मिक या आध्यात्मिक अंश होता है। आत्मा तो धर्म वासना और धर्म इन्द्रिय है और ईश्वर की ओर उसकी प्रवृत्ति होती है। सभी देशों में और सभी कालों में मानव जाति में ईश्वर की आराधना प्रचलित रही है यह धर्मवृत्ति के अस्तित्व का आधार है। इस यथार्थ का इस निबन्ध में उल्लेख किया है। धर्म के जो प्रश्न, दिशा और काल आदि असम्बद्ध वस्तु को लेकर होते हैं, उनका निर्णय नहीं हो सकता। यह बुद्धि की सीमा उन्होंने स्वीकार की है। मनुष्य ऐसे प्रश्नों को लेकर स्वयं के मन के विश्वास का आधार लेता है। ईश्वर के प्रति भक्ति और मनुष्य से प्रेम इन दोनों का उगम मनुष्य स्वभाव में है। हम दीन-पराधीन हैं, ऐसा लगने का प्रचलित अर्थ ईश्वर सर्वशक्तिमान है, इस कल्पना में होता है। ईश्वर और जड़ जगत् के परस्पर सम्बन्धों का यथावत स्वरूप साधक समझ नहीं सकता। जीवन चैतन्य रूप है, उसका पृथक् अस्तित्व है, ऐसा साधक का विश्वास होता है। इसी कारण वह ईश्वर से स्वयं को अलग मानकर उसकी भक्ति कर सकता है। मनुष्य जन्मत: पापी होता है और यह बिलकुल पहली दम्पति के पाप का फल है, यह ईसाई तत्त्व स्वीकार न होने का रानडे ने दर्ज किया है क्योंकि ऐसा मानना ईश्वर के न्याय रूप को शोभा देनेवाला नहीं। एक अनुच्छेद में रानडे ने अन्तकरण की उन्नति के लिए प्रार्थना के माध्यम से ईश्वर को शरण जाना आवश्यक माना है। यह प्रार्थना समाज का मूलतत्त्व ही है। एक अनुच्छेद में ईश्वर अवतार लेता है, यह साधक को स्वीकार न होने का उल्लेख मिलता है। प्रार्थना समाज द्वारा स्वीकृत छह तत्त्वों का स्पष्टीकरण ही 'साधक का विश्वास' इस लेख के 39 वें अनुच्छेद में देखने को मिलता है अर्थात् प्रार्थना समाज की जो धार्मिक-आध्यात्मिक नीति है उसकी नींव डालने का काम डॉ. भंडारकर और रानडे ने किया, ऐसा कहना उचित होगा। प्रार्थना समाज के तत्त्व केवल पुरुषों द्वारा स्वीकारना पर्याप्त नहीं। प्रार्थना समाज को मान्य होनेवाले धर्म तत्त्व परिवार के पुरुष की तरह स्त्रियों को मान्य होने पर प्रतिमा पूजन का त्याग आदि बातों का आचरण सम्भव है, यह एहसास डॉ. आत्माराम पांडुरंग, मामा परमानन्द, प्रो. रामकृष्णपंत भंडारकर, वासुदेवराव नवरंगे को हुआ था। इसी कारण 20 जुलाई, 1873 को सदस्यों की सभा में विचार-विमर्श होकर यह तय हुआ कि सभी सदस्य परिवार के लोग आते हैं तो उन्हें साथ लेकर ईश्वर उपासना की परिपाटी शुरू करें, लेकिन इस उपक्रम को पर्याप्त सफलता नहीं मिली। चूँकि न्यायमूर्ति रानडे ने स्वयं की पत्नी को शिक्षित किया था और उनके पश्चात् रमाबाई ने महान कार्य किया, लेकिन "रानडे ने तक ब्राह्म धर्म के अनुष्ठान के सम्बन्ध में दृढ़ता न दिखाई।"[3]

मुम्बई प्रार्थना समाज ने धर्म-सम्बन्धी कार्य तथा परोपकार कार्य की व्याप्ति बढ़ाने के उद्देश्य से प्रार्थना समाज के अन्तर्गत अथवा संलग्न संस्थाएँ स्थापन कर विविध उपक्रम शुरू किए।

मुम्बई की एकेश्वर उपासक मंडली

बाबू केशवचन्द्र सेन के सहयोगी और ब्राह्म धर्म के प्रभावी प्रचारक बाबू प्रतापचन्द्र मजूमदार 1872 में मुम्बई आए। उन्होंने छह मास मुम्बई में बसेरा किया और मुम्बई प्रार्थना समाज के कार्य को गति देने की पहल की। तब तक प्रार्थना समाज की केवल साप्ताहिक उपासना चलती थी। उपासना के लिए जो बाहर की मंडली आती, वह हर बार अलग ही होती। प्रार्थना समाज के कार्य को अधिक लोगों की सहानुभूति मिले, समाज की मंडली तथा बाहर की मंडली बार-बार इकट्ठा आकर उनमें विचार-विमर्श हो, दोनों मिलकर कुछ नया कार्य करें—इस उद्देश्य से बाबू प्रतापचन्द्र मजूमदार के प्रयास से 1872 में 'बॉम्बे थीइस्टिक एसोसिएशन' अथवा 'मुम्बई एकेश्वर उपासक मंडली' नामक संस्था की स्थापना हुई। प्रार्थना समाज के सभी सदस्य इस मंडली के सदस्य थे और बाहर के लोगों को सदस्य बनाने का प्रयास किया जाता। इस मंडली की ओर से उत्सव के समय स्त्रियों को विशेष रूप से आमंत्रित कर अलग-अलग विषयों पर व्याख्यान आयोजित किए जाते। इस संस्था की ओर से 'सुबोध पत्रिका', रात्रि पाठशाला और 'चीप लिटरेचर सोसाइटी' आदि कार्य शुरू हुए। 1877 साल के सूखे में इस संस्था ने सात-आठ हजार रुपयों का फंड जमा करने का महत्त्वपूर्ण कार्य किया, लेकिन सात-आठ साल बाद संस्था के काम में शिथिलता आकर वह मृतप्राय: हुई। अन्तत: 1899 में एक प्रस्ताव पारित कर यह संस्था बन्द की गई। रात्रि पाठशाला और 'सुबोध पत्रिका' की जिम्मेदारी सर्वत: समाज पर आ गई। प्रार्थना समाज ने स्वयं की जमीन खरीदकर सन् 1874 में लगभग छब्बीस हजार रुपए लगाकर प्रार्थना समाज मन्दिर की इमारत बनाई।

रात्रि पाठशाला

थीइस्टिक एसोसिएशन की ओर से रात्रि पाठशाला शुरू करना तय हुआ। तब प्रार्थना समाज के आद्य समर्थक और प्रथम आचार्य भिकोबा लक्ष्मण चव्हाण ने केशव गांगनाईक को साथ लेकर 1876 में चेऊलवाडी में पहली रात्रि पाठशाला शुरू की। ये पाठशालाएँ नगर निगम पाठशाला की इमारतों में चलती थीं और नगर निगम द्वारा किराया नहीं लिया जाता था। एसोसिएशन की ओर से 1890 में महार, चमार आदि अस्पृश्य माने गए लोगों के लिए मदनपुरा में एक स्वतंत्र पाठशाला शुरू की गई। बाबण बाबू कोरगाँवकर नगर निगम में अधिकारी थे। नगर निगम में कार्य करनेवाले एक अध्यापक पदोन्नति माँग रहे थे। इस पर कोरगाँवकर ने उन्हें सूचित किया कि यदि वे अस्पृश्य वर्ग के छात्रों को जमा कर एक स्वतंत्र पाठशाला चलाएँगे तो उन्हें अधिक वेतन मिलेगा। इस सज्जन ने बच्चे इकट्ठे किए और पाठशाला चलाना कबूल किया, लेकिन अपना नाम गुप्त रखने को कहा। समाज के उपाध्यक्ष सेठ दामोदर दास सुखड़वाला ने इस पाठशाला का एक वर्ष का खर्चा उठाया और अस्पृश्य वर्ग के छात्रों के लिए पहली पाठशाला शुरू हुई। इस काल में अस्पृश्यता का एहसास कितना तीव्र था, इसकी निदर्शक घटना इस पाठशाला के ही सन्दर्भ में घटित हुई। समाज के वार्षिक उत्सव में रात्रि पाठशाला के बच्चों को इकट्ठा किया जाता और उपदेश के बाद उन्हें मिठाई बाँटने का उपक्रम कुछ सालों से शुरू था। 1890 में मदनपुरा में अस्पृश्य लड़कों को वेदी के दाईं ओर बिठाया गया। स्पृश्य छात्रों में पहले थोड़ी कानाफूसी शुरू हुई। बाद में अन्य छात्रों के साथ ही जब अस्पृश्य लड़कों को मिठाई बाँट दी तो कुछ सवर्ण छात्रों ने मिठाई नहीं ली और कुछ ने लेकर फेंक दी। अक्टूबर, 1899 में थीइस्टिक एसोसिएशन बन्द होने पर पाठशाला की व्यवस्था समाज पर आ गई। समाज ने सन् 1900 से वामन सदाशिव सोहोनी को अधीक्षक के रूप में नियुक्त किया। सोहोनी अल्प वेतन पर एक इंस्पेक्टर को नियुक्त कर पाठशालाओं का प्रबन्ध देखते थे। सन् 1899 और सन् 1900 में विट्ठल रामजी शिंदे मुम्बई में कानून की शिक्षा हेतु रहे थे, तब उनके द्वारा इन रात्रि पाठशालाओं की जाँच करने का वृत्तान्त 'सुबोध पत्रिका' में देखने को मिलता है। सोहोनी के बाद विष्णु बल्लाल, वेलणकर रात्रि पाठशाला का प्रबन्ध देखते थे। समाज द्वारा चलाई रात्रि पाठशालाओं में से ब्राह्मण, मराठा, भंडारी, लोहार, वाणी, वैश्य, ईसाई, कोल, अस्पृश्य, मुसलमान—ऐसी अनेक जातियों और धर्म के छात्र पढ़ाई करते। दिन में विविध तरह के मेहनत के काम करनेवाले लोग इन पाठशालाओं में शिक्षा लेते। इन पाठशालाओं के कारण मेहनतकश वर्ग की अच्छी सुविधा हो गई। उन्नीसवीं सदी के अन्त में समाज की ओर से ऐसी छह पाठशालाएँ चलाई जाती थीं।

साप्ताहिक ईश्वरोपासना

मन्दिर में साप्ताहिक उपासना यह प्रार्थना समाज की स्थापना से अविराम जारी थी। सप्ताह में एक बार तो ईश्वरोपासना होनी चाहिए, ऐसा प्रार्थना समाज का नियम है। उपासना के पीछे यह भूमिका रही है, "ईश्वर सर्वशक्तिमान है। हम उस पर निर्भर हैं। वह हमारा मंगल करनेवाला है, ऐसा विश्वास उत्पन्न होकर उसके प्रति अन्तकरण में सहज प्रेम और पूज्य बुद्धि का उदय होता है। फिर प्रेम का विषय जो अपना मंगल करनेवाला है, उसके पास रहना, जिसके प्रति पूज्य बुद्धि है उसके सामने अपनी आत्मा में नम्रता उत्पन्न होकर मनुष्य ईश्वर का भजन, पूजन करने लगता है।"[4] प्रार्थना समाज शुद्ध भजन-पूजन की राह का प्रचार करता तो उस पर आक्षेप लेते कि वह ईसाई धर्म का अनुकरण करता है। यह आक्षेप कैसे अनुचित है, यह डॉ. भंडारकर ने उचित रूप में स्पष्ट किया है। उन्होंने यह प्रतिपादन किया है कि अंग्रेजी विद्या का प्रभाव और मिल्-स्पेंसर आदि के ग्रंथों के अध्ययन से फैलनेवाला अज्ञेयवाद और नास्तिकता को प्रतिबन्ध और सद्वृत्ति, धार्मिक भावना और सदाचार बढ़ाने का कार्य प्रार्थना समाज ने किया है।[5]

प्रार्थना समाज ने सामाजिक उपासना का महत्त्व स्वीकार किया है। व्यक्तिगत उपासना से केवल स्वयं की आध्यात्मिक उन्नति का विचार होता है, लेकिन सभी ने एक आकांक्षा से इकट्ठा आना, सभी के मंगल की दिशा एक है, यह भाव मन में जाग्रत होना, इन बातों का मनुष्य के मन पर अत्यन्त इष्ट परिणाम होता है। इस तरह एक लक्ष्य होनेवाले लोग बार-बार इकट्ठा होंगे और परस्पर विचार और संगत का परिणाम होगा उतना ही वह इष्ट है, यह जानकर सामाजिक उपासना को महत्त्व प्राप्त हुआ। भजन-प्रार्थना के समय ईश्वर का स्वरूप अविर्भूत हो और सर्वत्र

ईश्वर ही दिखाई दे तथा वृत्ति तन्मय हो, ध्यान के समय हृदय में ईश्वर का वास हो और चंचल मन स्थिर कर ईश्वर के प्रति दृढ़ता संलग्न करने का दूसरा उपाय सत्संगति है, यह जानकर सामाजिक उपासना को महत्त्व प्राप्त हुआ।[6]

प्रार्थना मन्दिर में होनेवाली सामाजिक उपासना के छह प्रकार होते हैं—1. उद्‌बोधन, 2. स्तवन और कृतज्ञता दर्शन, 3. ध्यान और प्रार्थना, 4. उपदेश, 5. प्रार्थना और 6. आरती।

उपासक द्वारा 'इकट्ठा मंडली' की वृत्ति उपासना को सन्मुख करने हेतु किया जानेवाला प्रस्ताविक भाषण यानी उद्‌बोधन। उद्‌बोधन के बाद ईश्वर का वैभव, पावित्र्य, तेज, सामर्थ्य, प्रेम आदि कई गुणों की स्तुति करना यानी स्तवन। इन गुणों का स्तवन करना यानी ये गुण अल्पमात्र में ही क्यों न हो, स्वयं में होने की गर्भित इच्छा रखना। व्यवहार में भी हम एहसान करनेवाले व्यक्ति के प्रति कृतज्ञता प्रकट करते हैं। फिर जिसने हमें इस सुन्दर सृष्टि में लाया और जो निरन्तर हमें सुख और उन्नति के साधन देकर हम पर कृपा रखता है। रात-दिन जो हम पर प्रेम, दया का वर्षाव करता है, उस जगदीश के प्रति कृतज्ञता दिखाना सर्वत्र अनिवार्य और अपनी मनुष्यता का द्योतक है। इस कृतज्ञता बुद्धि के योग से ईश्वर के प्रति हमारा प्रेम बढ़कर उसे अप्रिय लगे ऐसी बात न करने के लिए हमारी वृत्ति सफल होकर हृदय उन्नत होता है। कृतज्ञता दर्शन यह स्तवन का अन्दरूनी हिस्सा है।

स्तवन के बाद कुछ समय स्तब्ध रहकर ईश्वर का ध्यान करें और उसके बाद ईश्वर की प्रार्थना करें, ऐसा उपासना में अभिप्रेत होता है। प्रार्थना केवल अन्त में रखने से वह उपासक भूलने की सम्भावना होने से प्रार्थना का मध्य में और अन्त में समावेश किया है। न्यायमूर्ति रानडे ने प्रार्थना का महत्त्व ढंग से विशद किया है। ईश्वर पूर्णतः ज्ञानगम्य है, यह मत उन्होंने स्वीकार नहीं किया है और उसे सही मानें तो उनकी यह राय है, "केवल ज्ञान विषय जो ब्रह्म है, वह समझने पर अपने हृदय को पूरा सन्तोष होगा ऐसा नहीं। क्योंकि ज्ञान सम्पादन करने की इच्छा और बुद्धि इनका हम जो कृत्य करते हैं, उनसे कितना सम्बन्ध होता है, यह जाँच लें तो जिज्ञासा और बुद्धि इनकी तृप्ति से मन को शान्ति नहीं मिलती, ऐसा दिखाई देगा। ईश्वर प्राप्ति के लिए भक्ति से पहले उसके स्वरूप का हमारी सामर्थ्य के अनुसार ज्ञान होना चाहिए, यह सच है, लेकिन वह ज्ञान केवल बुद्धि से प्राप्त नहीं होता क्योंकि ईश्वर हृदयगम्य या हृदयस्थ वृत्तियों को ही गम्य होता है, इसमें सन्देह नहीं। वृत्ति पर ही हमारा आचरण निर्भर होता है। इसलिए वृत्तियों को और हृदय को सही सन्तोष हो और वह सदाचरण में प्रवृत्त हो। इसलिए ईश्वरीय वृत्तियों को अन्दर विकसित करने का प्रयत्न करना आवश्यक है...उपासना में प्रार्थना को मुख्य स्थान देने के लिए सभी धर्मों में साम्य है। निरूपण अथवा उपदेश यह उपासना का गौण हिस्सा और प्रार्थना, यही उसका सही स्वरूप कह सकते हैं।"[7] डॉ. भंडारकर ने भी प्रार्थना का महत्त्व अच्छी तरह स्पष्ट किया है। "ईश्वर की प्रार्थना करने की एक राह ईश्वर ने ही बताई है। जिसकी बुद्धि पर जैसे संस्कार होंगे, उसके अनुसार वह प्रार्थना करेगा। कोई हमें द्रव्य मिले, सन्तति प्राप्त हो, प्रतिष्ठा मिले, शत्रु का नाश हो—ऐसी प्रार्थना करेंगे; कोई ऐसी प्रार्थना न कर अहंकार, काम, क्रोध, मत्सर आदि से मुक्ति मिले; अपना अन्तकरण निर्मल हो, सभी के प्रति हृदय में प्रेम हो, द्वेष नष्ट हो, ईश्वर की भक्ति सार्थक बने, ईश्वर हृदय में वास करें, ऐसी प्रार्थना करेंगे। पहले प्रकार की प्रार्थना मूढ़ जन की तो दूसरी तुकाराम, नामदेव जैसे साधुजनों की। हमें उसी का अनुसरण करना चाहिए और दूसरे को भी करने का उपदेश करना चाहिए।"[8]

पहली प्रार्थना के बाद उपासक ने निरूपण अथवा भाषण करने का प्रघात है। उपदेश हेतु बहुधा भक्तिपरक विषय लिया जाता। यह उपदेश समग्र जीवन को सहायक हो, ऐसी अपेक्षा होती है। उपदेश में एकाध लौकिक बात का आध्यात्मिक ढंग से विवेचन हो सकता है, लेकिन उपदेश में परधर्म की निन्दा न हो इस सन्दर्भ में प्रार्थना समाज आग्रही होता है। प्रार्थना समाज की सभी प्रस्थापित धर्म के प्रति आदर रखने की भूमिका होती है। अन्ततः निरूपण के अनुसार छोटी प्रार्थना कर आरती के बाद साप्ताहिक उपासना पूरी होती है। प्रार्थना समाज ने नियुक्त किए प्रचारक ही अधिकांशतः उपासना चलाते, लेकिन अन्य अधिकारी व्यक्ति द्वारा उपासना चलाने का प्रचलन भी प्रार्थना समाज में है।

धर्म-प्रचार व्यवस्था

न्यायमूर्ति रानडे, डॉ. रामकृष्णपंत भंडारकर जैसी प्रार्थना समाज की बुजुर्ग मंडली को उदार एकेश्वर धर्म मत का परिणामकारक रूप में प्रचार हो, ऐसी आस्था थी। मुम्बई प्रार्थना समाज के प्रथम आचार्य भिकोबा दादा चव्हाण

कई बार प्रार्थना समाज के व्यासपीठ से उपासना चलाते और उपदेश करते। उनकी ईश्वर पर अडिग श्रद्धा थी और एकेश्वरवादी धर्म मत के प्रति प्रगाढ़ विश्वास था, इसका उल्लेख पहले आ चुका है, लेकिन भिकोबा दादा चव्हाण ये एकमात्र उपदेशक नहीं थे अपितु उपासना चलानेवाले अनेक व्यक्तियों का होना आवश्यक होता है। समाज की स्थापना के दस वर्ष बाद ऐसा भी दिखाई देता है कि सभी उपासक समविचारी नहीं थे। समाज के धर्म मत का प्रसार अविकृत रूप में निरन्तर होना अनिवार्य है, ऐसा भी महसूस होता था। डॉ. भंडारकर और रानडे को ऐसा लगता था कि किसी एक नेता द्वारा समाज प्रभावित होकर पूरा समाज उसके पीछे घसीटना उचित नहीं। क्योंकि बंगाल में ब्राह्म समाज के सन्दर्भ में ऐसा ही घटित हुआ था। केशवचन्द्र सेन ईसा से प्रभावित हुए और उनका ब्राह्म धर्म कइयों को ईसा से प्रभावित ईसाई धर्म का संस्करण लगने लगा और ब्राह्म समाज तो ईश्वर और भक्त में कोई मध्यस्थ न हो, इस सन्दर्भ में दक्ष था। उसकी यह पहचान धूमिल बनकर स्वयं केशवचन्द्र सेन मध्यस्थ होने का डर बना हुआ था। आखिर में देवेन्द्रनाथ के प्रभाव में ब्राह्म समाज को 'आदि ब्राह्म समाज' नाम मिला और केशवचन्द्र सेन से प्रभावित ब्राह्म समाज का अलग संस्करण 'नवविधान ब्राह्म समाज' नाम से सामने आया। प्रार्थना समाज को लेकर ऐसा न हो और प्रार्थना समाज को स्वीकृत होनेवाले तत्त्वों का सुसंगत और निरन्तर प्रसार हो, इसलिए धर्म-प्रसार की चिरन्तन कोई व्यवस्था हो, ऐसा विचार सन् 1870 में रानडे के मन में आ चुका था। तत्पश्चात् 1881 में वे मुम्बई में प्रेसिडेंसी मजिस्ट्रेट बनकर आए तो इस विचार को गति मिली। समाज को मान्य होनेवाले धर्म का प्रचार करने के लिए प्रचारक हो और उसके तथा समाज के अन्य खर्चे हेतु सदस्य अपनी आर्थिक परिस्थिति के अनुसार हर मास कुछ राशि दे, ऐसा विचार रानडे ने भंडारकर और कुछ मित्रों के सामने रखा। 31 जुलाई, 1881 में डॉ. भंडारकर की अध्यक्षता में समाज के सदस्यों की सभा आयोजित की गई और इस कार्य हेतु सदस्य अपनी आमदनी से हर मास दो प्रतिशत राशि दें, ऐसा सर्वानुमति से स्वीकृत हुआ। इस फंड में जमा होनेवाली राशि का उपयोग धर्म-प्रचारक के निर्वाह हेतु किया जाए; साथ ही पंढरपुर के अनाथ आश्रम, सस्ता साहित्य निर्मिति, पाठशाला खर्च आदि हेतु किया जाए, ऐसा तय हुआ। इस योजना के अनुसार 1 जनवरी, 1882 से सदाशिव पांडुरंग केलकर प्रार्थना समाज के प्रचारक का कार्य देखने लगे। उन्होंने 1894 तक अर्थात् बारह साल धर्म-प्रचारक की जिम्मेदारी भलीभाँति निभाई।

1889 से शिवराम नारायण गोखले पुणे प्रार्थना समाज के धर्म-प्रचारक का कार्य देखने लगे। मिशन फंड से उन्हें हर मास दस रुपए देने का प्रबन्ध किया गया। 1898 से शिवराम पंत ने अन्य कारोबार छोड़कर स्वयं को धर्म-प्रचार कार्य को समर्पित किया।

संगत सभा

नियमित होनेवाली साप्ताहिक उपासना से समाज के सदस्यों की धार्मिक भावना में वृद्धि होती, यह सही था, लेकिन सदस्यों के मन में निर्माण होनेवाले धर्म-सम्बन्धी अनेक प्रश्न या सन्देह के उत्तर मिलने की दृष्टि से उपासना की गुंजाइश न होती क्योंकि उपासना मन्दिर में ईश्वर स्तुति, प्रार्थना और धर्म-सम्बन्धी एकाध विषय पर व्याख्यान होता था। तब धर्म-सम्बन्धी विषयों पर विचार और चर्चा की दृष्टि से समाज में ऐसे माध्यम की जरूरत कुछ सदस्यों को लगती थी। 1860 में केशवचन्द्र सेन ने कोलकाता में अपने घर में एक सम्भाषणात्मक सभा की स्थापना की थी और वहाँ कुछ युवा मंडली धर्म, नीति, सामाजिक सुधार आदि विषयों पर बड़ी आस्था से विचार-विमर्श करती थी। इस सभा को ही पहले 'संगत सभा' नाम दिया गया। इस तरह की 'संगत सभा' की हकीकत जानकर पुणे के प्रार्थना समाज के सदस्यों ने 'संगत सभा' की स्थापना की थी। सन् 1880 में प्रोफेसर रामकृष्ण पंत भंडारकर ने पुणे में 'संगत सभा' स्थापित हुई है और वह उपयुक्त है, यह बताकर मुम्बई में भी इस तरह की संगत सभा स्थापित हो, ऐसी सूचना दी। डॉ. भंडारकर की सूचना से 14 अप्रैल, 1880 को मुम्बई प्रार्थना समाज में संगत सभा की स्थापना हुई। उस समय डॉ. भंडारकर, मोरोबा विनोबा और अन्य दस-बारह सज्जन उपस्थित थे। पहले प्रार्थना हुई, उसके बाद कुछ लोगों ने धर्म-सम्बन्धी सन्देह प्रकट किए और सदस्यों ने उस पर चर्चा की। हर बुधवार को नियमित चलनेवाली मुम्बई की संगत सभा को आरम्भ में प्रो. भंडारकर, रावबहादुर पंडित, काशीनाथ पंत तेलंग, न्यायमूर्ति रानडे, सदाशिव केलकर, गोविन्दराव काणे आदि उपस्थित रहते। इस सभा को समाज के तथा समाज के बाहर के कुल बीस-पच्चीस सज्जन

उपस्थित रहते। इस सभा में अनेक महत्त्वपूर्ण विषयों पर बहस और विचार-विमर्श होता। इस चर्चा का सारांश 'सुबोध पत्रिका' में प्रकाशित होता, लेकिन एक-डेढ़ साल संगत सभा का काम जोश से चलने पर संगत सभा के प्रति होनेवाला उत्साह कम होता गया। 'सुबोध पत्रिका' के 31 अक्टूबर, 1981 के अंक में सदस्य संगत सभा को उपस्थित रहे, ऐसा विनम्र आह्वान किया गया।

संगत सभा में डॉ. भंडारकर, तेलंग, रानडे, पंडित आदि मंडली हिस्सा लेती थी। उस समय होनेवाली चर्चा में कई विषयों पर महत्त्वपूर्ण विचार प्रकट किए जाते। यह 'सुबोध पत्रिका' में उस समय प्रकाशित सारांश से पता चलता है। उदाहरणार्थ, स्त्री और पुरुष—इनकी योग्यता समान है और कोई भी किसी को निम्न न समझे। डॉ. भंडारकर ने सही प्रार्थना को लेकर अपना मत प्रस्तुत किया। सही प्रार्थना करने पर चैतन्य परमात्मा का जीवात्मा को अनुभव होना और वह अनुभव होकर आत्मा परमात्मा को प्रेम-फल अर्पित करें और परमात्मा जीवात्मा को उन्नति रूप दैनिक वेतन दे, यह है। 'आत्मा व परमात्मा-ज्ञान के साधन' इस विषय पर एक बार पूर्वार्द्ध-उत्तरार्द्ध पक्ष के रूप में चर्चा होने का वृत्तान्त मिलता है। इसमें उत्तरार्द्ध में डॉ. भंडारकर ने विचार प्रस्तुत किए। पाप से मिलनेवाली शिक्षा का स्वरूप, बुजुर्गों की इच्छा और व्यक्ति का आचरण, ब्राह्म धर्म यह हिन्दू धर्म है या नहीं आदि विषयों पर डॉ. भंडारकर, न्यायमूर्ति रानडे, बलवन्तराव गोडबोले, शंकरराव पंडित आदि मंडली तथा अन्य संगत सभा में धर्म-सम्बन्धी और आनुषंगिक कई प्रश्नों का गहराई से विचार-विमर्श करते। ये चर्चाएँ 'सुबोध पत्रिका' में सारांश रूप में प्रकाशित होतीं।

आर्य महिला समाज

यद्यपि स्वयं प्रार्थना समाज ने स्त्रियों की शिक्षा हेतु स्वतंत्र संस्थाएँ स्थापित नहीं कीं, लेकिन प्रार्थना समाज की नेता मंडली बिलकुल प्रारम्भ से स्त्री शिक्षा के कार्य में अगुआ थी। इस मंडली के नेतृत्व से ही पुणे की लड़कियों की पाठशाला (फीमेल हाईस्कूल) शुरू हुई थी। पंडिता रमाबाई की 'शारदा सदन' संस्था की स्थापना में भी उनका सहयोग था। बाबू प्रतापचन्द्र मजूमदार जब 1877 में दूसरी बार मुम्बई आए तब उन्होंने स्त्री-शिक्षा का प्रश्न उठाया। प्रार्थना समाज की उपासना में स्त्रियाँ शायद ही आती थीं। इससे ब्राह्म धर्म केवल पुरुषों का धर्म होने की सम्भावना निर्मित हुई थी। स्त्रियों को ब्राह्म समाज की ओर आकर्षित करने के लिए उनका अज्ञान दूर करना होगा, जिससे वे पुरुषों के विचार से समरस होंगी, यह एहसास निर्माण हुआ। इसलिए स्त्रियों की सभा आयोजित कर दुनिया में क्या चल रहा है, नए ज्ञान से कितनी क्रान्ति हुई है यह स्त्रियों को समझाकर उनमें ज्ञानार्जन की रुचि बढ़ाने की योजना की। डॉ. सखाराम अर्जुन ने मराठी में पृथ्वी, सूर्य, चन्द्र, तारों की जानकारी दी। उन्होंने सूक्ष्मदर्शी यंत्र और मैजिक लैंटर्न की सहायता से जानकारी देने का उपक्रम जारी रखा। कुछ दिनों तक बड़े उत्साह से यह उपक्रम सप्ताह में दो या तीन बार आयोजित होने लगा। दो-ढाई साल बाद यह जोश ठंडा हुआ तो सदाशिव पांडुरंग केलकर ने सभा के कार्य को गति दी। रमाबाई रानडे, गंगूताई भंडारे ने सभा के कार्य में उत्साह दिखाया। 1 मई, 1982 को पंडिता रमाबाई ने पुणे प्रवास में 'आर्य महिला समाज' नामक संस्था की स्थापना की। उसके बाद 30 नवम्बर, 1882 को मुम्बई में 'आर्य महिला समाज' की स्थापना हुई। अत: पहली स्त्रियों की सभा का रूपान्तर 'आर्य महिला समाज' में हुआ, ऐसा कहना उचित होगा। रमाबाई रानडे मुम्बई में थीं तब वे सभा की अध्यक्षा थीं। आर्य महिला समाज के सचिव पद की जिम्मेदारी रमाबाई भंडारकर ने निष्ठा से निभाई। आरम्भिक दौर का जोश कम होने पर स्त्री-सदस्यों की पर्याप्त उपस्थिति न होने पर और कई बार व्याख्यान देने हेतु अधिकारी वक्ता न मिलने पर वे सभा में एकाध ग्रंथ का चुनिन्दा हिस्सा पढ़ती थीं, लेकिन सदी के अन्त में पुरुष की बराबरी में प्रार्थना समाज में स्त्रियाँ भी उपस्थित रहकर शामिल हों, यह उद्देश्य उतना सफल नहीं हो सका।

बालहत्या प्रतिबन्धक गृह और अनाथ बालकाश्रम

पंढरपुर का बालहत्या प्रतिबन्धक गृह और अनाथ बालकाश्रम मुम्बई प्रार्थना समाज की ओर से सामाजिक कार्य का एक प्रमुख उपक्रम था। जिन जातियों में विधवा विवाह का प्रचलन नहीं था, उन जातियों की स्त्रियों का पैर फिसलकर

वे समस्या में फँस जातीं। उनकी सुरक्षित मुक्ति हो और उन्हें होनेवाले बच्चे की परवरिश हो, इस उद्देश्य से सन् 1875 में रा.ब. लालशंकर उमियाशंकर ने यह संस्था स्थापित की। रावबहादुर लालशंकर उमियाशंकर—ये पंढरपुर में मुसिंफ थे तब एक दिन शाम को चन्द्रभागा नदी के किनारे घूमने गए थे। किसी मुलायम पदार्थ की ठेस लगी, इसलिए उन्होंने देखा तो उन्हें कपड़े में लपेटा एक जिन्दा शिशु दिखाई दिया। उस बच्चे को वे अपने घर ले आए और उनकी पत्नी ने उसकी परवरिश की। इस घटना से उन्हें बालहत्या प्रतिबन्ध गृह स्थापित करने की प्रेरणा मिली। पंढरपुर के कुछ घरों में ऐसी लाचार स्त्रियों की प्रसूति होती है और उसका बच्चा कहीं तो फेंक देते हैं, कई बार ऐसी स्त्रियों को ठगाया जाता है आदि बातें लालशंकर ने सुनी थीं। इसका अनुभव स्वयं उन्हें ही आ गया। ऐसे शिशु की जान बचे और पीड़ित स्त्री का दुख कम हो, इस उद्देश्य से ऐसी स्त्रियों की प्रसूति का प्रबन्ध एकाध गृह में किया जाए, इसलिए उन्होंने सन् 1875 में 'बालहत्या प्रतिबन्ध गृह' की स्थापना की। लालशंकर उमियाशंकर का जब पंढरपुर से तबादला हुआ तब सन् 1881 में यह संस्था मुम्बई प्रार्थना समाज की ओर सौंप दी गई।

पंढरपुर में बालहत्या प्रतिबन्ध गृह से जोड़कर अनाथ बालकाश्रम संस्था की स्थापना की गई। सन् 1876-77 में महाराष्ट्र में भयावह सूखा पड़ गया था। सोलापुर और कलादगी जिले में तो सूखे ने कहर ढाया था। ऐसे समय मुम्बई प्रार्थना समाज ने चन्दा जमा कर जरूरतमन्द लोगों को अन्न और कपड़े बाँटने का प्रबन्ध किया। सरकार की ओर से भी पंढरपुर में एक अन्नछत्र खोला गया था। सूखे की मार कम होने पर सरकार ने राहत कार्य बन्द किया। सभी लोग अपने-अपने गाँव गए, लेकिन माता-पिता, रिश्तेदार न होनेवाले बच्चे रास्ते पर आने की सम्भावना निर्मित हुई। माँगनेवालों के उद्देश्य की बिलकुल पूछताछ न कर सरकार से जो माँग करते, उन्हें ये निराश्रित बच्चे देने लगी। इस समय इन अनाथ बच्चों की परवरिश हो, इस हेतु से लालशंकर उमियाशंकर ने एक समिति स्थापित की और प्रार्थना समाज के सहयोग से अनाथ बालकाश्रम की स्थापना की। इस कार्य की उन्होंने सन् 1878 में शुरुआत की। उन्होंने डेढ़ सौ अनाथ बच्चों का प्रबन्ध किया। इस गृह में अलग-अलग जातियों के चौदह साल तक के बच्चे होते। 1879 में लालशंकर का गुजरात में तबादला हुआ, लेकिन पंढरपुर के अनाथ बालकाश्रम की ओर वे बड़ी आत्मीयता से ध्यान देते थे। आगे चलकर अनाथाश्रम के अधीक्षक केरो रावजी भोंसले आश्रम का कार्य बड़ी सजगता से देखकर बच्चों की प्यार से परवरिश करते थे।

पुणे प्रार्थना समाज

पुणे शहर में एकेश्वर मत की मंडली की स्थापना का पहला प्रयास 1862 में हुआ, ऐसा कह सकते हैं। 'मित्रमेला' (फ्रेंडली मीटिंग) नाम की मंडली 1862 में ही इकट्ठा होती थी अर्थात् केशवचन्द्र सेन की पहली मुम्बई भेंट के पूर्व ही पुणे में एकेश्वरवादी विचार और सुधार का दृष्टिकोण इस मंडली द्वारा प्रसृत होने को शुरुआत हुई थी। सन् 1870 को वामन आबाजी मोड़क रत्नागिरि से मुम्बई जा रहे थे। तब वे पुणे में ठहरे। इस प्रवास में उन्होंने विश्रामबाग में 'धर्म की आवश्यकता' इस विषय पर व्याख्यान दिया। मोड़क के व्याख्यान से 'मित्रमेला मंडली' का उत्साह वृद्धिगत हुआ और पुणे में केशव पांडुरंग गोडबोले के घर पर कुछ मंडली इकट्ठा हुईं और उन्होंने प्रार्थना समाज की स्थापना का निर्णय किया। इस मंडली में विश्वनाथ शास्त्री केलकर, रामचन्द्र दिनकर परांजपे, गणपत भास्कर कोटकर, गणपत गीर, रतन गीर, केशव पांडुरंग गोडबोले और अन्य कुछ लोग थे। 1870 के दिसम्बर मास के पहले इतवार को एकेश्वरवादी पंथ की उपासना की गई और यह दिन प्रार्थना समाज का स्थापना दिवस माना गया। पुणे प्रार्थना समाज ने मुम्बई प्रार्थना समाज के उद्देश्य और तत्त्व स्वीकार किए।

1872 में प्रार्थना समाज के सदस्यों के निमंत्रण पर स्वामी दयानन्द पुणे में व्याख्यान देने आए। तब समाज की स्वयं की इमारत न होने की कमी विशेष रूप से महसूस हुई। उसके बाद न्यायमूर्ति रानडे के प्रयत्न से बुधवार पेठ के पासोड्या विठोबा मन्दिर के पास जमीन खरीदकर वहाँ समाज के लिए अस्थाई इमारत बनाई गई। विट्ठल रामजी शिंदे को सन् 1898 में इस इमारत की सादगी भा गई।

पुणे प्रार्थना समाज में मुम्बई प्रार्थना समाज के एक वर्ष पूर्व ही संगत सभा की स्थापना हुई थी। संगत सभा में न्यायमूर्ति रानडे, डॉ. भंडारकर जैसी मंडली विचार-विमर्श करती थी। शिवराम नारायण गोखले ने कुछ समय तक

पुणे प्रार्थना समाज के प्रचारक का कार्य किया। गणपतराव कोटकर, शिवराम नारायण गोखले, न्यायमूर्ति रानडे, डॉ. भंडारकर इनकी उपासना काफी प्रभावी और परिणामकारक होती। गणपतराव आंजर्लेकर का प्रार्थना संगीत प्रेरक होता। केशवराव गोडबोले समाज के सचिव के रूप में निष्ठा और तत्परता से काम करते। आगे चलकर प्रार्थना समाज के धर्म-प्रचारक बने—मोतीबुलासा, विट्ठल रामजी शिंदे, वासुदेव अनन्त सुखटणकर। ये पुणे प्रार्थना समाज के ही सदस्य थे।

सन्दर्भ

1. द्वा.गो. वैद्य, *प्रार्थना समाजाचा इतिहास,* पृ. 38
2. *वही,* पृ. 56-82
3. *वही,* पृ. 94-95
4. *वही,* पृ. 215
5. *वही,* पृ. 216
6. *वही,* पृ. 216-217
7. *न्यायमूर्ति रानडे यांची धर्मपरक व्याख्याने,* चतुर्थ संस्करण, पृ. 13-14
8. डॉ. रा.गो. भंडारकर, *धर्मपरक लेख व व्याख्याने,* पृ. 154-155

धार्मिक शिक्षा हेतु चयन और विदेश गमन

1898 में विट्ठल रामजी शिंदे ने बी.ए. की परीक्षा उत्तीर्ण की और 1899 तथा 1900 ये दो साल वे सेकंड एल.एल.बी. की टर्म्स हेतु मुम्बई में प्रार्थना समाज के पड़ोस में होनेवाली रामजी पुरुषोत्तम चाल की तीसरी मंजिल पर रहते थे। उनके बचपन के मित्र जनुभाऊ करन्दीकर भी विट्ठलराव की तरह एल.एल.बी. के अध्ययन हेतु मुम्बई आए थे और वे दोनों साथ रहते थे।[1] इस काल में विट्ठलराव का एल.एल.बी. के अध्ययन में उत्साह नहीं दिखाई देता। इसके विरुद्ध उनका प्रार्थना समाज की ओर प्रबल रुझान दिखाई देता है। वे हर इतवार को मुम्बई प्रार्थना समाज में जाने लगे। वहाँ पर 'सुबोध पत्रिका' के नए सम्पादक बने द्वारकानाथ गोविन्द वैद्य, विल्सन हाईस्कूल के अध्यापक वामन सदाशिव सोहोनी और मुम्बई प्रार्थना समाज के कार्यकर्ता बाबण बापू कोरगाँवकर से परिचय हुआ। इनमें से वैद्य और सोहोनी ये युवा थे तो कोरगाँवकर बुजुर्ग थे। कोरगाँवकर के घर विट्ठलराव का आना-जाना था। विट्ठलराव की प्रार्थना समाज की ओर होनेवाले रुझान, उनकी धर्मविषयक आस्था और क्षमता देखकर पहली बार पुणे प्रार्थना समाज ने उन्हें उपासना हेतु बुलाया। उन्होंने पुणे के व्यासपीठ से प्रथम उपासना के समय उपदेश हेतु संत तुकाराम का पद ले लिया। डॉ. भंडारकर, रावबहादुर का.बा. मराठे, केशव गोडबोले, शिवरामपंथ गोखले आदि बुजुर्ग मंडली उपासना को उपस्थित थी। विट्ठलराव का उपासना चलाने का यह पहला ही प्रसंग था, लेकिन उन्होंने काफी बेहतरीन उपदेश दिया। डॉ. भंडारकर ने उन्हें शाबाशी देकर उनका अभिनन्दन किया। शिंदे उत्तम उपासना चलाते हैं और पुणे की उपासना के बाद डॉ. भंडारकर ने की उनकी तारीफ की, यह खबर मुम्बई में मिली तो वहाँ से विट्ठलराव को उपासना हेतु बुलाया जाने लगा। विट्ठलराव ने 30 जुलाई, 1900 को मुम्बई प्रार्थना समाज में उपासना चलाई। विवेचन हेतु उन्होंने संत तुकाराम का एक पद लिया था।

छुट्टी के दिनों में वे जमखंडी आने पर अपने घर में हर इतवार को जोर-शोर से उपासना करने लगे। इस उपासना के लिए बाहर की मंडली भी इकट्ठा होने लगी। रामजी बाबा और यमुनाबाई को अपने बेटे का प्रार्थना समाज का सदस्य बनना खूब अच्छा लगा। उन्हें ऐसा लगने लगा कि प्रार्थना समाज यह भागवत् धर्म का ही संशोधित संस्करण है। उपदेश के दौरान तुकाराम, एकनाथ, रामदास—इन संतों के पदों का निरूपण होता था। विट्ठलराव के बुजुर्ग मुसलमान मित्र मीरासाहब हाथरूट और उनके लिंगायत, ब्राह्मण मित्रों को प्रार्थना समाज की इस उपासना को लेकर कौतूहल था।

मुम्बई प्रार्थना समाज के अन्य कार्य में भी उनकी रुचि थी। थीइस्टिक मिशन की ओर से चलाई जानेवाली रात्रि पाठशाला के प्रबन्ध की जिम्मेदारी प्रार्थना समाज पर आई थी। ये रात्रि पाठशालाएँ चेऊलवाडी, भायखला जैसी अलग-अलग बस्तियों में थी। इसके सिवा डोंगरी नजदीक मदनपुरा में 1890 से महार, मातंग, चमार आदि अस्पृश्य मानी जानेवाली जातियों के लोगों के लिए एक पाठशाला चलाई जाती थी। इन पाठशालाओं के निरीक्षण एवं जाँच का कार्य विट्ठल रामजी शिंदे, वा.स. सोहोनी और ए.बी. ओलकर करते थे।[2] मुम्बई में शिंदे की आर्थिक दशा में सुधार हुआ, ऐसी बात नहीं थी। बावजूद इसके, वे अपनी कूवत के अनुसार प्रार्थना समाज के सूखा फंड की मदद करते थे। उन्होंने सूखा फंड को एक रुपया मदद देने का उल्लेख मिलता है।[3]

सितम्बर, 1900 में प्रार्थना समाज की दृष्टि से एक दुखद घटना घटी। न्यू इंग्लिश स्कूल के मेधावी, स्नातक अध्यापक मोतीबुलासा ने 1898 में प्रार्थना समाज की दीक्षा लेने का उल्लेख पहले आया ही है। रे. डॉ. जे.टी. संडरलैंड की सूचना के अनुसार ब्राह्म समाज के काबिल, होनहार व्यक्ति को ब्रिटिश एंड फॉरेन एसोसिएशन के आर्थिक सहयोग से धार्मिक शिक्षा हेतु दो वर्ष ऑक्सफोर्ड को भेजने की योजना शुरू हुई थी। इस योजना के अनुसार सन् 1900 में

प्रार्थना समाज की सिफारिश से कोलकाता ब्राह्म समाज समिति ने मोतीबुलासा का धार्मिक शिक्षा हेतु ऑक्सफोर्ड भेजने के लिए चयन किया था। प्रार्थना समाज की मंडली इस घटना से खुश हुई थी। 15 सितम्बर, 1900 को मोतीबुलासा धार्मिक शिक्षा के लिए विदेश जानेवाले थे, इसलिए उनके सम्मान में पुणे में तीन-चार जगह पर सभाएँ आयोजित की थीं। पुणे प्रार्थना समाज में 2 सितम्बर, 1900 को उनके लिए डॉ. भंडारकर ने एक विशेष उपासना रखी थी।[4] डॉ. भंडारकर ने इस अवसर पर दिए भाषण में धार्मिक शिक्षा को जाने का प्रयोजन और उसकी उपयुक्तता को लेकर बेहतरीन विवेचन किया। मोतीबुलासा को सफलता हेतु शुभकामनाएँ दीं। मोतीबुलासा 15 सितम्बर को जहाज से विदेश रवाना हुए, लेकिन उनके साथ एक हादसा हुआ। रास्ते में पोर्ट सय्यद में वात ज्वर होने से उनकी आकस्मिक मृत्यु हुई। यह खबर जानकर पुणे और मुम्बई की प्रार्थना समाज मंडली को काफी दुख हुआ। डॉ. भंडारकर ने पुणे प्रार्थना समाज में मोतीबुलासा के प्रति शोक प्रकट करने हेतु एक विशेष उपासना आयोजित की। इस अवसर पर विट्ठल रामजी शिंदे डॉ. भंडारकर के पास गए और कहा, "मोतीबुलासा की मृत्यु से खाली हुई जगह पर यदि गुरुवर्य मुझे योग्य समझते हैं तो मैं विदेश जाने को तैयार हूँ।" अपनी जिन्दगी को मोड़ देनेवाला यह निर्णय विट्ठलराव ने अन्त:प्रेरणा से कैसे लिया, इसका वर्णन आरम्भ के अध्याय में आया ही है।

शिंदे ने धर्म-प्रचार हेतु अपनी जिन्दगी समर्पित कर अलग राह क्यों चुनी होगी? उस काल में सुशिक्षित वर्ग में ईश्वर के अस्तित्व के प्रति सन्देह करनेवाला एक बड़ा अज्ञेयवादी वर्ग था। मिल, स्पेंसर, आगरकर—इन विद्वानों के प्रभाव से मुख्यत: शहरी सुशिक्षितों का जीवन की ओर देखने का दृष्टिकोण प्रधानत: इहवादी, उपयुक्तवादी और व्यक्तिवादी ही था। शहरी-शिक्षित वर्ग गाँव-देहात से कटा था। देहात के लोगों के दुख के प्रति आँच होना तो दूर अपितु उन्हें उनकी ढंग से जानकारी तक नहीं थी। इन शहरी सुशिक्षितों से शिंदे का आकलन, एहसास और दृष्टिकोण अलग था।

उन्होंने देहाती लोगों में धर्म का विकृत स्वरूप देखा था। गलत अर्थों में धर्म मान्यता, अन्धश्रद्धा और धर्म के नाम पर प्रचलित परम्पराओं से लोगों की कितनी हानि होती है, यह भी उन्होंने देखा था। धार्मिक प्रथा के नाम पर साधुत्व का ढोंग मच गया था। इससे देहात के लोगों की लूट-खसोट और शोषण होता था। कइयों का जीवन बर्बाद होता था। धर्म के नाम पर मद्यपान, पशु बलि का प्रचलन था। धर्म के नाम पर प्रचलित प्रथाओं से निम्न मानी गई जातियों से कई लड़कियाँ ईश्वर के नाम पर देवदासी बनाई जातीं। उन्हें आजीवन निन्द्य, वेश्या का अथवा वेश्या सदृश्य जीवन जीना पड़ता, यह शिंदे ने देखा था। धर्म को लेकर नीति पर आधारित सही संकल्पना का लोगों को पता न होने से कई अनर्थ होते थे, इसका शिंदे को उत्कटता से एहसास होता था। इसलिए शायद वे चिन्तन करते होंगे कि धर्म में होनेवाली हीनता निकालकर सामान्य मनुष्य को धर्म का उज्ज्वल स्वरूप जताने पर उनका जीवन उन्नत होगा।

उन्नत धर्म का सामान्य मनुष्य के मन में एहसास निर्माण कर धर्म सुधार करना यानी केवल मानवी जीवन के एक क्षेत्र में सुधार करना, ऐसा धर्म सुधार का सीमित अर्थ उन्हें अभिप्रेत नहीं था। शिंदे की यह राय थी कि जीवन के सभी क्रियाकलापों के मूल में उन्नत धर्म-विचार, नैतिक अधिष्ठान होना चाहिए। उन्होंने 1903 में एम्सटर्डम की 'उदार धर्म परिषद्' में 'धर्म जीवन के सभी पहलुओं में व्याप्त होता है' यह विचार राजा राममोहन राय के कर्तृत्व का आकलन करते हुए प्रस्तुत किया था। 1904 में उन्होंने नवसारी के वार्षिकोत्सव में दिए भाषण में कहा था कि धर्म-सुधार यह केवल एक सुधार न होकर वह सभी अच्छाइयों की जड़ है। इसीलिए उदार धर्म यह विश्वधर्म हो सकता है।

अत: धर्म के नाम पर प्रचलित रूढ़िग्रस्त समाज की विविध तरह की अनिष्टता दूर कर सामान्य मनुष्य के समग्र जीवन का स्तर बढ़ाकर उसे नैतिक अधिष्ठान देना हो तो उपाय है, ऐसी शिंदे की चिन्तन के पश्चात् मानसिकता बनी होगी। इसी कारण उन्होंने अन्त:प्रेरणा के एक विशिष्ट क्षण अपनी जिन्दगी धार्मिक कार्यों के लिए समर्पित करने का निर्णय लिया होगा।

विट्ठलराव धार्मिक शिक्षा लेने विदेश जाने को तैयार हैं, यह जानकर डॉ. भंडारकर काफी खुश हुए। मैनचेस्टर कॉलेज में छात्रों का चयन करते समय कुछ प्रमुख शर्तें होती थीं। ऐसे छात्रों की उच्च शिक्षा में प्रगति आवश्यक होती थी। उसी तरह उसमें ब्राह्म या प्रार्थना समाज का कार्य करने की योग्यता हो तथा उसने थोड़ा-बहुत कार्य भी किया हो। इन बातों पर गौर कर वह छात्र जिस क्षेत्र का हो, वहाँ के समाज के सदस्य तथा संचालकों को उसकी एक मत से सिफारिश करनी चाहिए। क्षेत्रीय समिति की सिफारिश कोलकाता के साधारण ब्राह्म समाज और नवविधान ब्राह्म समाज—इन शाखाओं की प्रतिनिधि ब्राह्म समाज की समिति को स्वीकार होनी चाहिए। चयनित छात्र को सालाना सौ

पौंड छात्रवृत्ति दो साल दी जाती, लेकिन यात्रा का खर्चा छात्र को उठाना पड़ता। उस छात्र को मैनचेस्टर कॉलेज की शिक्षा पूरी कर स्वदेश लौटने पर आजीवन ब्राह्म समाज का प्रचार कार्य करना पड़ता। कम-से-कम इस उद्‌देश्य से विसंगत उदर-पोषण की वह अन्य राह न अपनाए। इसके विरुद्ध इस छात्र की गुजर-बसर को लेकर ब्रिटिश कमेटी, कोलकाता की कमेटी या अन्य कोई कानून जिम्मेदारी न लेता। डॉ. भंडारकर को मोतीबुलासा की खाली जगह पर छात्रवृत्ति लेकर इंग्लैंड जाने की अपनी तैयारी है, यह बताते समय विट्ठलराव इन कड़ी शर्तों से परिचित थे। घर की आर्थिक दशा नाजुक थी। एल.एल.बी. की अन्तिम परीक्षा नजदीक आई थी। बड़ौदा रियासत में नौकरी मिलने की केवल सम्भावना ही नहीं थी अपितु उन्होंने नौकरी करने की शर्त स्वीकार की थी। इस शिक्षा के बलबूते वे आसानी से अच्छे वेतन की नौकरी प्राप्त कर सकते थे। इस सन्दर्भ में वे कहते हैं, "मन में कोई भी दिक्कत न लाकर अपितु उसका विचार न कर केवल ईश्वरीय आदेश मानकर मैंने गुरुवर्य भंडारकर की ओर अपना निश्चय गम्भीरता से प्रकट किया। गुरुवर्य ने भी वह तुरन्त स्वीकार किया।

"डॉ. भंडारकर की इच्छा होने से प्रान्तिक समाज, कोलकाता समिति, बाद में ब्रिटिश कमेटी और अन्ततः मैनचेस्टर कॉलेज की क्रमशः अनुमति मिल गई।" यह दर्ज करते समय शिंदे ने बीच में आई एक रुकावट का भी जिक्र किया है। वह रुकावट यह थी कि न्यायमूर्ति रानडे ने श्रीधर विष्णु परांजपे इस युवक की सिफारिश की थी। इस परांजपे के सन्दर्भ में लिखते समय ग. त्र्यं. माडखोलकर ने कहा है, "डॉ.भंडारकर और न्यायमूर्ति रानडे पर उनके विविध गुणों का इतना परिणाम हुआ कि इंग्लैंड-अमरीका के यूनिटेरियन पंथ द्वारा तुलनात्मक धार्मिक शिक्षा हेतु दी जानेवाली छात्रवृत्ति के लिए उन दोनों ने दिसम्बर, 1900 में उनकी सिफारिश की। प्रार्थना समाज के इन दो नेताओं को यह विश्वास था कि वे एकेश्वरवाद के प्रचारक के रूप में उत्तम कार्य करेंगे। उन्होंने सिफारिशी पत्र में उनके प्रति यह विश्वास व्यक्त किया था, लेकिन यूनिटेरियन पंथ के प्रमुख डॉ. संडरलैंड के कर्मवीर विट्ठल रामजी शिंदे पर होनेवाले स्नेह के कारण वह छात्रवृत्ति उन्हें मिली और श्रीधरराव का विदेश जाकर तौलनिक धर्मशास्त्र का अध्ययन करने का मौका चुक गया।"[5]

छात्रवृत्ति के लिए होनेवाली शर्तें, छात्र की चयन प्रक्रिया और विट्ठल रामजी शिंदे की योग्यता पर गौर करें तो ग. त्र्यं. माडखोलकर का उपर्युक्त मत उचित जानकारी पर आधारित है, ऐसा नहीं लगता। इस चयन को तीन साल पूरे होने से पहले ही अर्थात् 18 मई, 1903 को श्रीधर विष्णु परांजपे ने श्रीरामदासानुदास नाम धारण कर वर्धा शहर से लगभग एक मील दूरी पर होनेवाले टीले पर हनुमानगढ़ की स्थापना की। एक चबूतरा बनवाकर उस पर हनुमानजी की प्रतिमा प्रतिष्ठित की और अभिनव 'श्रीरामदास सम्प्रदाय' शुरू किया।[6] इससे उनकी ब्राह्म समाज, प्रार्थना समाज की धार्मिक संकल्पना पर अडिग श्रद्धा थी, ऐसा नहीं लगता।

शिंदे का चयन तो हुआ, लेकिन रुपयों की कठिन समस्या उनके सामने खड़ी थी। यात्रा के लिए कम-से-कम डेढ़-दो हजार रुपए आवश्यक थे। इसके सिवा कपड़े और वापस आने तक परिवार के उदर निर्वाह का इन्तजाम जैसे प्रश्न थे। इसके सिवा दूसरी महत्त्वपूर्ण अड़चन थी कि उन्होंने बी.ए. और एल.एल.बी. के खर्चे हेतु श्रीमन्त सयाजीराव गायकवाड़ से लगभग डेढ़ हजार रुपये की छात्रवृत्ति ली थी। इस उपलक्ष्य में उन्होंने बड़ौदा रियासत में नौकरी करने की शर्त स्वीकार की थी, लेकिन मैनचेस्टर कॉलेज की छात्रवृत्ति लेने पर वे बड़ौदा रियासत में नौकरी नहीं कर सकते थे और बड़ौदा रियासत में नौकरी न करने पर छात्रवृत्ति की राशि वापिस करने की कानूनन सन्धि थी। विट्ठलराव इस चिन्ता से परेशान थे कि तभी उन्हें एक राह सूझी कि पूरा माजरा श्रीमन्त सयाजीराव गायकवाड़ को बताकर उनसे मदद माँग ले। इसके अनुसार वे फरवरी, 1901 में महाराज को मिलने बड़ौदा गए। इस भेंट का वर्णन उन्होंने इस प्रकार किया है, "भेंट हुई। महाराज, वाकई दिलदार। उन्होंने हँसकर कहा, "शिंदे, हमारे रुपयों का क्या होगा?" मैंने अत्यन्त नम्रता से उत्तर दिया "महाराज जो कार्य स्वीकार किया है, वह ईश्वर का है और वह आपको पसन्द आए, ऐसा है। आप आज तक धर्म सुधार, समाज-सुधार आदि प्रगतिवादी विचारों का सन्देश सभी को देते आए हैं अब तो विदेश के यूनिटेरियन समाज ने मेरी अर्जी विश्वास से स्वीकृत करने पर आपके पास आया हूँ। मैं यह अवसर खोना नहीं चाहता। मुझे यात्रा के लिए लगनेवाले डेढ़ हजार रुपए आप उदारता से देंगे तो मै समझूँगा कि पिछला डेढ़ हजार रुपए का ऋण चुक गया।" ऋण चुकाने का यह अजब प्रकार सुनकर दयालु महाराज ने हँसकर कहा, "शिंदे, ठीक है। आप सफल बनकर आओ।" जाने का और वापसी का डेक का सेकंड क्लास का किराया देने का हुजूर ने आदेश दिया।[7]

श्रीमन्त सयाजीराव गायकवाड़ ने विट्ठलराव को इंग्लैंड की यात्रा का खर्चा तो मंजूर किया ही, इसके सिवा रियासत में नौकरी करने की शर्त से भी मुक्त किया। यह समाचार जानकर समाज की मित्र मंडली काफी खुश हुई। कोरगाँवकर उनकी यात्रा की तैयारी हेतु अगुआ हुए और अन्य मित्रों ने भी उदारता से मदद की। यह नवम्बर-दिसम्बर, 1900 की बात है। उनकी सेकंड एल.एल.बी. की चारों टर्म्स पूरी हुई थीं। कानून की पढ़ाई लगभग पूरी हुई थी। परीक्षा फॉर्म भरकर मुम्बई यूनिवर्सिटी की ओर फीस भी जमा की थी, लेकिन मूलत: विट्ठलराव को कानून में रुचि नहीं थी और अब तो परीक्षा देना भी उन्हें निरर्थक लग रहा था। इसलिए उन्होंने परीक्षा में न बैठने का निर्णय लिया।

अपने बूढ़े माता-पिता को अपना विदेश जाने का विचार और अपनी जिन्दगी धार्मिक कार्य हेतु समर्पित करने का निश्चय बताना विट्ठलराव की दृष्टि से एक कठिन प्रसंग था। उस समय की स्वयं की मानसिकता और माता-पिता की प्रतिक्रिया उन्होंने प्रस्तुत की है, "उच्च शिक्षा दुर्लभ होनेवाले उस काल में बी.ए. एल.एल.बी. होकर बड़ौदा जैसी रियासत में मेरी नौकरी लगने का समय नजदीक आने पर उन सभी पर पानी फेरकर मेरा दूर विदेश में ऐहिक स्वार्थ के लिए नहीं तो फकीरी स्वीकारने के लिए जाना! यह माता-पिता को गालूम हो तो उन्हें क्या लगेगा, इसका भयावह दृश्य मेरे सामने झलकने लगा। अन्तत: जब उन्हें सब कुछ बताया तो पिताजी को झटका लगा और कई सप्ताह वे बीमार पड़े, लेकिन मेरी माँ ने हिम्मत न हारी। वह उनका हौसला बढ़ाती रही। अपनी निराशा का दर्द भूलकर दोनों मेरे द्वारा स्वीकृत कार्य में मुझे सफलता मिले, ऐसी प्रार्थना करने लगे। इतना ही नहीं तो मुझे आश्वासन देने लगे कि तुम्हारे वापस आने पर तुमने जो व्रत स्वीकार किया है, उसमें हम भी शामिल होंगे। इससे मैं कृतार्थ हुआ।"[8]

मैनचेस्टर कॉलेज की टर्म 1901 के अक्टूबर में शुरू होनेवाली थी। अभी पाँच-सात मास का समय था। इस अवधि में विट्ठलराव ने पुणे के किबे बाड़ा के नूतन मराठी विद्यालय के हाईस्कूल में अंग्रेजी छठी और सातवीं कक्षा को इतिहास और अंग्रेजी पढ़ाने की जिम्मेदारी स्वीकार ली। पाठशाला के नजदीक ही होनेवाले जमखंडीकर के घर में उन्होंने बसेरा किया। इस अवधि में उनकी धर्म साधना उत्साह से चल रही थी। पुणे प्रार्थना समाज का तीसवाँ वार्षिकोत्सव 1901 में जनवरी के तीसरे सप्ताह में सम्पन्न हुआ। उसमें कार्यक्रमों की रेलपेल रही। इसका अवलोकन करने पर उस समय प्रार्थना समाज के वार्षिक उत्सव कैसे मनाए जाते थे, इसकी कल्पना आती है। डॉ. भंडारकर का 'धर्म को लेकर हमारी टालमटोल नीति' इस विषय पर अंग्रेजी में अत्यन्त आस्थापूर्ण भाषण हुआ। वहाँ की उपासना कितनी मन से और प्रेरक होती थी, इसकी कल्पना गणपतराव काटेकर ने चलाई उपासना से आ सकती है। गणपतराव आंजर्लेकर और उनके पुत्र ने आरम्भ में गाए भजन से सभी को मोहित कर लिया। बाद में गणपतराव कोटकर ने शान्त और गम्भीर भाव में उपदेश करने पर उनकी विश्वात्मा की कोमल और उदात्त प्रार्थना शुरू थी। तब सभी भाई-बहन तल्लीन हो गए थे। श्रोतावृन्द चित्र की तरह तटस्थ बैठा था। बाद में के 'पंडित वाद वदे सो झूठा' इस कबीर के पद तथा संत तुकाराम के पद के आधार पर उपदेश सम्पन्न हुआ। थोथे विधि संस्कार करने से या शुष्क वाद करके बड़े-बड़े सिद्धान्त, मत स्थापित करने से धर्म साधना नहीं होती तो प्रत्यक्ष अनुभव से अपने सभी भाव शुद्ध होकर उसके अनुसार अपनी कृति हो तभी धर्माचरण किया, ऐसा कह सकते हैं, इसका विस्तार से प्रतिपादन हुआ। आखिर में आरती हुई और साढ़े ग्यारह बजे उपासना सम्पन्न हुई। शाम चार बजे महाराष्ट्रीय ब्राह्म समाज में अर्थात् सातारकर जंगली महाराज के बंगले पर उपासना हुई। वह वि.रा. शिंदे ने चलाई। इसमें चालीस लोग उपस्थित थे। 'पहले भाव शुद्ध रखो' इस पद के आधार पर गृहस्थी में रहकर परमार्थ करो, इस सम्बन्ध में उपदेश किया।

उसी दिन डॉ. भंडारकर ने प्रार्थना समाज में साढ़े छह से रात साढ़े आठ बजे तक उपासना चलाई। एक अभंग के आधार पर उन्होंने निरूपण किया कि "हे ईश्वर, अब मेरे भाव को अन्तर मत देना।' उन्होंने यह भी जिक्र किया कि आज प्रार्थना समाज को तीस वर्ष पूरे हुए। अब उसकी शैशवावस्था समाप्त होकर उसने अपनी जड़ें पक्की बनाई है। हर सदस्य तुकाराम की तरह अपना भाव कायम रहे, इस अर्थ की ईश्वर से प्रार्थना करें और पूरा समाज भी एकरूपता से यही प्रार्थना करे। पहले समाज में आना हो तो चोरी-छिपे आना पड़ता। शर्म, संकोच, लोकनिन्दा आदि अड़चनें दुसह्य होतीं, लेकिन अब वह बात नहीं रही। समाज के बाहर के कई लोग उपासना सुनने आते हैं। तो अब ईश्वर से केवल निश्चय की शक्ति माँगो।"[9]

इस उत्सव में शिंदे ने 23 जनवरी को एक व्याख्यान दिया और एक बार उपासना चलाई। उन्होंने भवानी पेठ के ब्राह्म समाज में महात्मा राजा राममोहन राय पर व्याख्यान दिया। उनके चरित्र की ठोस बातों का निरूपण कर इस

विभूति का बड़प्पन किसमें है, उसने हिन्दुस्तान पर कौन-से एहसान किए हैं और उस दृष्टि से हर ब्राह्म ने अपना कर्तव्य कैसा निभाना चाहिए आदि का स्पष्टीकरण किया।

विट्ठल रामजी शिंदे ने शाम छह बजे प्रार्थना मन्दिर में माघोत्सव की वार्षिक उपासना चलाई। "hope in India, more than any where else, in the Brahm samaj sooner than in any other communion, the principle of historical evolution of all religious thought will be recognised" इस मैक्समूलर के ब्राह्म समाज सम्बन्धी विधान का ऐतिहासिक दृष्टि से विवरण कर सभी धर्मों का परिणत स्वरूप ब्राह्म धर्म में कैसे हुआ है, यह स्पष्ट किया। उन्होंने बताया कि बंगाल में ब्राह्म, मुम्बई में प्रार्थना और पंजाब में आर्य समाज इन नामों से केवल हिन्दुस्तान में ही नहीं तो यूनिटेरिॲनिज्म और यूनिवर्सालिज्म, इन नामों से इंग्लैंड, अमरीका आदि स्थानों पर गति से धर्म का अनुसन्धान हो रहा है। वह केवल प्रस्थापित ही नहीं तो आगे चलकर आम होने की सम्भावना है, इसे स्पष्ट किया।[10]

शिंदे ने दिए व्याख्यान और उपासना में किए निरूपण तथा विवेचन से उनका धर्म-सम्बन्धी गहरा अध्ययन और व्यापक दृष्टिकोण प्रकट हो रहा था।

इंग्लैंड को धार्मिक शिक्षा हेतु जाने से पहले लोकमान्य तिलक का आशीर्वाद लेकर उनके विचार जानने की विट्ठल रामजी शिंदे को इच्छा हुई। उनकी तिलक के प्रति विरोधपूर्ण भक्ति भावना छात्रावस्था से ही निर्मित हुई थी। अपनी डायरी में 'काल' इस समाचार-पत्र के बारे में लिखते हुए उन्होंने 'केसरी' के सम्बन्ध में जो लिखा है, उसमें 'केसरी' के गुण और अनुचित दोष मार्मिकता से दर्ज किए हैं।[11] यद्यपि उन्हें तिलक का सुधार को होनेवाला विरोध और प्रस्थापितों का समर्थन रास न आता, लेकिन तिलक का विशुद्ध राष्ट्रप्रेम, उनका जोश और निर्भयता आदि गुणों के प्रति उन्हें आदर था। विदेश जाने से पहले उनके विचार जानना विट्ठल रामजी शिंदे को महत्त्वपूर्ण लगा। तिलक की भेंट का वर्णन उन्होंने इस तरह किया है, "उस समय वे लोकमान्य हुए थे, लेकिन 'लोकमान्य' उपाधि प्रचारित न हुई थी। मैं एक छोटा-सा, ख्याति से दूर छात्र। आचार-विचार, उद्देश्य आदि में उनसे मेरा न साम्य था न सम्बन्ध। मुझे लगा, ऐसे में उनके पास जाने का मैं साहस ही कर रहा हूँ। मैं धर्म के अध्ययन हेतु विदेश जा रहा हूँ, यह सुनकर वे निश्चित नाक भौं चढ़ाएँगे, ऐसा मानकर मैं गया। उस समय वे परम्परागत पद्धति से जमीन पर ही बैठे थे मानो काफी दिनों का स्नेह है। ऐसी आत्मीयता से उन्होंने मुझे अपने पास बिठाया और सामान्यत: उदात्त धर्म और तुलनात्मक विवेचन पद्धति के सम्बन्ध में खुले मन और पांडित्य से अपने प्रगतिशिल विचार मेरे सामने प्रस्तुत किए। इतना ही नहीं तो प्रार्थना समाज के सम्बन्ध में कुछ बातों को लेकर अपनी गुणग्राहकता प्रकट की। हमारे हिन्दू तत्त्वज्ञान में द्वैत, अद्वैत, विशिष्टाद्वैत आदि के सामने जो बन्धन और उपासना में शैव, वैष्णव, शाक्त पंथ प्रचलित है, उससे अपनी दृष्टि विकृत न बनाकर उसका ऐतिहासिक महत्त्व कम न कर उपनिषद् काल में हिन्दू की जो निर्भय और स्वतंत्र दृष्टि थी उसे बनाए रखकर पौर्वात्य पाश्चात्य आचार-विचारों की तुलना करना सीखो, ऐसा स्नेहपूर्ण संकेत उन्होंने दिया। मैं सानन्द चकित हुआ।"[12]

लोकमान्य तिलक से हुई भेंट उन्हें उपयुक्त तथा प्रेरणाप्रद लगी होगी। लोकमान्य तिलक की प्रत्यक्ष भेंट से उन्हें उनके स्वभाव का दिलदार खुलापन और दृष्टिकोण की उदारता महसूस हुई होगी। इसी कारण विट्ठलराव ने भविष्य में चलाए सामाजिक तथा राजनीतिक कार्य में नि:संकोच लोकमान्य तिलक को सहयोग की माँग की या सहयोग किया।

पाठशाला का अध्यापन और प्रार्थना समाज के कार्य में विट्ठलराव के दिन गति से गुजर रहे थे। उनके जमखंडी के घर में उनके साथ माता-पिता, भाई एकनाथ, जना बहन और पत्नी रुक्मिणीबाई रहते थे। रुक्मिणीबाई ने 9 सितम्बर, 1901 को बच्चे को जन्म दिया। यही विट्ठलराव का बड़ा बेटा प्रताप था। विट्ठलराव का विदेश जाने का दिन नजदीक आने लगा। वे 21 सितम्बर को जहाज से निकलनेवाले थे।

विट्ठल रामजी शिंदे के विदेश में धार्मिक शिक्षा हेतु जाने के निमित्त डॉ. भंडारकर ने पुणे प्रार्थना समाज में एक विशेष उपासना चलाई। वैसे तो पिछले साल मोतीबुलासा इसी कार्य हेतु विदेश जानेवाले थे, इसलिए भंडारकर ने बड़ी खुशी से विशेष उपासना चलाई थी। इस बार मात्र उनके मन में मोतीबुलासा की मृत्यु का दुख था। शिंदे को शुभेच्छा देते समय मोतीबुलासा की अचानक मृत्यु की याद से उनका मन व्याकुल हुआ था। इस धार्मिक कार्य हेतु शिंदे आगे आए इससे उन्हें सांत्वना भी मिली। इस अवसर पर डॉ. भंडारकर ने कहा, "समाज का काम जोश से शुरू करने के उद्देश्य से पिछले साल एक युवा विद्वान व होनहार सज्जन विदेश में धर्म ज्ञान की प्राप्ति करने हेतु जा रहे थे। उनके वापिस आने पर समाज को खूब अच्छे दिन आएँगे, ऐसी आशा थी, लेकिन हमारे दुर्भाग्य से रास्ते में ही उनकी मृत्यु

हुई। इससे हिम्मतपस्त होकर निराशा ही होनेवाली थी, लेकिन यह अत्यन्त खेदजन्य समाचार मिलने पर तुरन्त दूसरे एक आस्था होनेवाले युवक इस कार्य हेतु तैयार हुए। अब वे जल्द ही विदेश जानेवाले हैं इसीलिए उनके अभिष्ट चिन्तन हेतु आज हम यहाँ इकट्ठा हुए हैं। यह बात प्रार्थना समाज में जोश है या नहीं, इसका प्रमाण है। ईश्वर उन्हें दीर्घायु दे। उनकी यात्रा मंगल हो और वापस आने पर उनसे हमारे मंगल कार्य हो। और आज के पद में बताया उसके अनुसार वे ईश्वर पर विश्वास रखकर अपना कार्य आस्था से करें।"[13]

इस तरह शिंदे का तहेदिल से अभिष्ट चिन्तन कर उन्होंने इस प्रसंग के अनुरूप विदेश को धर्म हेतु क्यों जाए, इस प्रश्न का भी विवेचन किया। पिछले साल किए विवेचन का भी उन्होंने सन्दर्भ दिया। डॉ. भंडारकर ने कहा, "हमारे देश में जब पाश्चात्य सुधार का आरम्भ हुआ तब नई पद्धति से शिक्षित पीढ़ी का पुराने रस्म-रिवाजों, आचार-विचारों पर विश्वास नहीं रहा। सभी पुराने बन्धन शिथिल हुए और अनैतिक आचरण शुरू हुआ। धर्म से सम्बन्धित बातों की भी यही स्थिति हुई। धर्म के नाम पर होनेवाली कई बातों में खोखलापन और पागलपन दृष्टिगोचर होने से धर्म पर का पूरा विश्वास नष्ट हुआ। इंग्लैंड की तरह यहाँ भी मिल, हक्स्ले, स्पेंसर आदि की प्रबलता बढ़ी और धर्म यानी शुद्ध पागलपन या आडम्बर बन गया। पाश्चात्य राष्ट्र की तरह स्वयं को कोई जड़वादी, कोई अज्ञेयवादी तो नास्तिक मानने में खुशी मानने लगा, लेकिन इंग्लैंड में यह स्थिति अधिक दिन न रही। वहाँ पर विवेक को अग्राह्य और नए शास्त्रीय शोध से विसंगत जो बातें धर्म में घुल-मिल गई थीं, वे हमेशा के लिए दरकिनार हुईं, लेकिन इसी शास्त्रीय ज्ञान से अधिक प्रगल्भ हुई विवेक शक्ति ने उच्चतर धर्म की राह दिखाई। भौतिक विज्ञान और धर्म में होनेवाला विरोध नष्ट होकर विवेकपूर्ण विचार को धर्म में स्थान मिला। भौतिक विज्ञान का ज्ञान यह धर्म ज्ञान अधिक प्रज्ज्वलित करने का एक साधन बन गया और सत्यधर्म का प्रकाश अधिक मात्रा में शिक्षितों के मन पर दिन-ब-दिन बढ़ता गया। इस तरह जहाँ नास्तिक स्वैर विचारों का उद्भव हुआ वहीं उसे नष्ट कर सत्यधर्म प्रस्थापित करने का उपाय मिला और उसे गति से सफलता मिल रही है। अत: हमारे देश में भी यह स्वैर विचारों की लहर रोकनी है तो हमें भी उन्हीं उपायों का अनुसरण करना चाहिए। इसलिए जहाँ वह प्रथम आस्तित्व में आया और जहाँ वह उपयोग में लाया जाता है, उसी स्थान पर जाकर उसका पूर्ण अध्ययन और अवलोकन करना चाहिए। इसलिए विदेश जाकर धर्म ज्ञान प्राप्त करना महत्त्वपूर्ण कार्य है।"[14]

दूसरा कारण दर्ज करते समय डॉ. भंडारकर ने कहा है, "हमें फिलहाल जो धर्म सुधार करना है, वह यथासम्भव उदार नींव पर करना चाहिए अर्थात् हमारे धर्म के तत्त्व अमुक एक काल के या अमुक लोगों के हो ऐसा न होकर वह सर्वदेशीय, सर्वकालिक और सभी लोगों पर समान रूप में लागू होने चाहिए...लेकिन जनसामान्य के लिए धर्म के तत्त्व ही बदलकर अलग करो, यानी एकाध पदार्थ को ईश्वर मानना अथवा एकाध विशिष्ट व्यक्ति को ईश्वर का अवतार मानकर उसकी पूजा करना। ऐसा करने पर उन्नति नहीं तो अवनति ही होगी। इसलिए जितने धर्म के उन्नत तत्त्व हैं, वे प्राप्त कर उन्हीं का प्रसार करना चाहिए...ये धर्म-तत्त्व सभी विश्व का ज्ञान और अनुभव देखकर जो मनुष्य स्वभाव में रचे-बसे हैं अर्थात् ईश्वर ने ही जिनका मनुष्य के लिए निवेदन किया है, वह लेकर उन्हीं का प्रसार करना उचित है। इसलिए जिस भाषा में, जिस स्थान पर विश्व के सभी धर्मों का तर्कपूर्ण विचार होता है, उसी भाषा में और उस स्थान पर जाकर योग्य व्यक्ति के निर्देशन में धर्म ज्ञान प्राप्त करें तो उदारता की नींव पर धर्म रचना की सिद्धि होगी।"[15]

डॉ. भंडारकर ने यह विवेचन करते समय और एक कारण का निर्देश किया। पाश्चात्य राष्ट्रों में सामान्यत: सभी मनुष्य ईश्वर की सन्तान हैं, ऐसा मानकर उनके ऐहिक और अलौकिक उन्नति के प्रयास हेतु उच्च तत्त्वों का प्रचार काफी मात्रा में पाया जाता है जो हमें सीखना चाहिए। पाश्चात्य जगत् के लोग असीम दिक्कतें सहकर अपने द्वारा स्वीकृत धर्म का प्रचार करते हैं। उसी तरह अनाथ बच्चों की परवरिश और अन्धे, अपाहिज, दुबले आदि को सहयोग करने हेतु असीम कष्ट उठाते हैं और रुपए खर्च करते हैं। उनके ये प्रचंड धर्मार्थ कार्य इतनी सहजता से और बिन दिक्कत कैसे जारी हैं, इसका सूक्ष्म अवलोकन कर कुछ मात्रा में तो वैसी स्थिति हमारे यहाँ निर्माण करने का प्रयास करना चाहिए। डॉ. भंडारकर ने और एक महत्त्वपूर्ण मुद्दे का जिक्र किया। "पाश्चात्य राष्ट्र की तरह विश्व के हर क्षेत्र में सुधार के प्रयास करने ही चाहिए, लेकिन साथ ही ध्यान, मनन, प्रार्थना आदि से ईश्वर की निकटता प्राप्त करनी चाहिए। वरना अहंकार, मत्सर जैसे दोष उत्पन्न होकर उधर के राष्ट्रों में जो स्थिति दिखाई देती है, एक मिशन का दूसरी मिशन से कलह, हमने इतना अपने धर्म में लाया, इतने काम किए, इस ओर पूरा लक्ष्य और अभिमान, यह हमारी ओर भी आने की सम्भावना है। इसलिए परोपकार के कार्य करते समय ईश्वर के निकट रहकर इस सकल ब्रह्मांड को चलानेवाले

उस सर्वशक्तिमान ईश्वर के सामने हम कैसे मामूली हैं, यह जानकर स्वयं में विनीत और पूज्य भाव रखना चाहिए।"[16] इस अन्तिम सूचना में उन्होंने पाश्चात्यों की परोपकारी कार्य उत्तम ढंग से करने की दृष्टि और क्षमता का गौरव किया है। साथ ही सही आध्यात्मिक दृष्टि के अभाव से अहंकार, मत्सर जैसे दोष कैसे आते हैं, यह भी मार्मिकता से बताया है। और हमें सही आध्यात्मिक बुद्धि के सहयोग से ये दोष टालने चाहिए, ऐसी सूचना भी की है।

इस तरह डॉ. भंडारकर ने शिंदे को शुभेच्छा देते समय अत्यन्त महत्त्वपूर्ण और उपयुक्त विचार प्रकट किए हैं। पिछले वर्ष मोतीबुलासा को शुभेच्छा देते समय उन्होंने जो विचार प्रस्तुत किए थे, वे विचार भी श्रोताओं के मन में तैरते होंगे। सर्वशक्तिमान ईश्वर की मूर्ति बनाकर तथा उसे अपने में से एक मानकर उसका मानुषीकरण करने से अपनी कैसी आध्यात्मिक अधोगति होती है, इसका उन्होंने उल्लेख किया था। उसी तरह सभी देश के धर्मों के उन्नत तत्त्वों का एकीकरण कर उनसे निकली टहनियाँ तोड़कर उन्हें अच्छी तरह विकसित करने हेतु 'हिस्टरी एंड फिलॉसफी ऑफ रिलिजन' का अध्ययन उपयुक्त होगा, इसका उन्होंने उल्लेख किया था।[17]

विट्ठल रामजी शिंदे 21 सितम्बर, 1901 को मुम्बई से इंग्लैंड जानेवाले 'पर्शिया' जहाज से जाएँगे ऐसा तय हुआ। उन्हें अत्यन्त आदरणीय होनेवाले डॉ. भंडारकर और अन्य बुजुर्ग और युवा प्रार्थना समाजियों ने उन्हें धार्मिक शिक्षा और विदेश गमन हेतु शुभकामनाएँ दीं। वे अपने माता-पिता, भाई एकनाथराव और जना बहन के साथ मुम्बई गए। हाल ही में प्रसूत हुई उनकी पत्नी को मात्र मुम्बई जाना असम्भव था।

मुम्बई में उनके मित्र बाबण बापु कोरगाँवकर के घर उन्हें बिदाई देने हेतु मित्र-मंडली जमा हुई थी। मुम्बई के दो वर्ष के निवास में विट्ठल रामजी शिंदे का कोरगाँवकर से विशेष स्नेह जुड़ गया था। उनके घर आना-जाना था। "पहले किसी-न-किसी निमित्त से बाबा के घर सामाजिक मेला आयोजित होता था। तुलनात्मक धर्मशास्त्र का अध्ययन करने हेतु जानेवाले प्रमोथलाल सेन, हेमचन्द्र सरकार, मोतीबुलासा...इन्हें शुभकामनाएँ देने हेतु उनके घर मेला आयोजित हुआ था। विट्ठल रामजी शिंदे के प्रति तो उन्हें विशेष स्नेह था। उन्हें बिदा करने और शुभकामनाएँ देने कोरगाँव के घर स्नेह मेला आयोजित किया था।"[18] 21 सितम्बर को साढ़े दस बजे विट्ठलराव ने कोरगाँवकर का घर छोड़ा और माँ, जना बहन, एकनाथ, केशवराव कानिटकर के साथ विक्टोरिया में बैठकर बैलार्ड पियर बन्दरगाह की ओर निकले। 'आज का दिन अपनी जिन्दगी का यादगार दिन है। अब तक के दिन बचपन, विचार, कल्पना, तैयारी में गुजर गए। आज अपने कृत्यात्मक या क्रियाशील जीवन का आरम्भ हुआ' आदि विचार उनके मन में आ रहे थे। विक्टोरिया में कानिटकर ने उन्हें बड़ी आस्था से कहा, "तुम्हारे विदेश जाने में समाज के बाहर के तथा समाज के कुछ लोगों को केवल तड़क-भड़क लग रही है। उनके सामने तुम किसी कोने के महज सामान्य मनुष्य हो। तुम असफल बनकर आओगे या वापस आने पर तुमसे कुछ न होगा अपितु तुम्हारा उपहास होगा, इसी का वे इन्तजार कर रहे हैं। वे केवल मजाक से तुम्हारी ओर देख रहे हैं। ऐसे में तुम पर बहुत बड़ी जिम्मेदारी है।"[19] कानिटकर द्वारा इस बात का एहसास करा देने से विट्ठलराव अधिक तनावग्रस्त हुए। आधे घंटे में वे बन्दरगाह पर पहुँचे।

विट्ठलराव को विदा करने आई मित्र मंडली और समाज के सदस्यों से बैलार्ड पियर खिल गया था। गोविन्दराव सासने, कोरगाँवकर, यशवन्त जामदार, आप्पा लिखते, कारखानीस, रामतीर्थकर, संत, पालेकर, शिवराम पंत गोखले, दीनानाथ माडगाँवकर, वासुदेवराव सुखटणकर आदि बुजुर्ग और मित्र मंडली तथा समाज के कई सदस्य उन्हें बिदा करने बैलार्ड पियर पर जमा हुए थे। कानिटकर ने विट्ठलराव को कहा, तब उनका गला भर आया था। वासुदेवराव और गोविन्दराव उदास होकर चुपचाप खड़े थे। माँ और जना बहन का चेहरा देख स्वयं विट्ठलराव का मन भर आया था। वे दोनों तो अपने में ही नहीं थीं। विट्ठलराव के माता-पिता ने अपने वियोग को बड़े संयम से काबू में रखा। वैसे तो उनके पिता ने एक मास पहले ही हिम्मत हारकर खाना छोड़ दिया था। बन्दरगाह पर मात्र उहोंने अपने वियोग का दुख प्रकट न होने दिया। वे खामोश रहकर सब कुछ मायूस चेहरे से देख रहे थे। विट्ठलराव को ले जानेवाला जहाज निकला तो काँपते हुए उनकी माँ ने धीमी आवाज में स्वयं से ही कहा, "बेटा, जा रहे हो, लेकिन तुम पेट में थे तब जैसे मेरे पेट में घूमता था वैसे ही अब मेरे पेट में कुछ तो हिल रहा है।"[20] अन्ततः पिता ने जब उन्हें खत भेजने को कहा तो वे गद्‌गद हो गए।

साढ़े बारह बजे तक ताऊन की जाँच के बाद वे जहाज की ओर जानेवाली छोटी नौका में बैठे, तब उनकी मानसिकता विलक्षण थी। उनके इर्द-गिर्द इतनी भीड़ होने के बावजूद उन्हें कोई परिचित चेहरा दिखाई नहीं दे रहा था।

उस समय की मानसिकता का उन्होंने अपनी डायरी में वर्णन किया है, "हे ईश्वर, दो मिनट में ही मुझे कितनी परेशानी सहनी पड़ी! मेरे साहस का कहीं अता-पता नहीं था। ऐसे में नौका गति से चल पड़ी। मैं घबराकर लोगों के चेहरे निहारने लगा। और क्या लिखूँ? मन में यह भी विचार आया कि सामान छोड़कर तुरन्त नौका से कूदें और दौड़कर माता-पिता के पास जाकर उनके गले लगें, लेकिन निर्दयी नौका मेरी दशा को बिलकुल नजरअन्दाज कर आगे चलती रही। मैं आतंकित हुआ कि अब लौटना तो असम्भव है, लेकिन इस भयावह स्थिति में मुझे दो साल बिताने होंगे। वे दो मिनट मुझे दो साल की तरह लगे तो उन दो सालों को मैं क्या उपमा दूँ? ऐसी हताश अवस्था में अन्तत: मुझे ईश्वर का स्मरण हुआ और इस शिकंजे से मुक्ति हेतु मैं उसकी प्रार्थना करने लगा। उसी ने मेरी बात सुनी। फिर भी इस वियोग के असह्य दर्द की वेदना मुझे जहाज पर पहुँचने पर भी काफी समय तक हो रही थी।"[21] ढाई बजे जहाज चल पड़ा तो वासुदेवराव सुखटणकर, विट्ठलराव की माँ, पिता, जनाबाई, एकनाथराव को राजाबाई टॉवर की ओर ले गए। जना बहन ने अपने 'स्मृतिचित्र' में लिखा है, "राजाबाई टॉवर से हम काफी देर अण्णा को ले जानेवाले जहाज की ओर टकटकी लगाकर देख रहे थे। सभी के हृदय भर आए थे।"[22] उधर विट्ठलराव का मन प्रार्थनामय हो गया। विरह कम होने लगी। मन की इस भावुक दशा में मुम्बई यूनिवर्सिटी और शिक्षा पद्धति पर होनेवाला क्रोध न जाने कहाँ लुप्त हो गया। वे भी तट से धीरे-धीरे दूर जानेवाले जहाज से मुम्बई यूनिवर्सिटी के राजाबाई टॉवर की ओर देखते रहे। उन्होंने सोचा, इस यात्रा की प्रेरणा होनेवाली मुम्बई यूनिवर्सिटी मानो हाथ ऊपर उठाकर आशीर्वाद दे रही है।[23]

इसी दौरान राजाबाई टॉवर से अपने बेटे को तट से दूर विदेश ले जानेवाले जहाज की ओर विट्ठलराव के माता-पिता देख रहे थे और मन-ही-मन अपने बेटे को आशीर्वाद दे रहे थे।

सन्दर्भ

1. *केसरी,* 12 नवम्बर, 1940, पृ. 4
2. *सुबोध पत्रिका,* 6 सितम्बर, 1901
3. वही, 22 जुलाई, 1900
4. वही, 9 सितम्बर, 1900
5. ग.त्र्यं. माडखोलकर, *श्रद्धांजलि,* नागपुर प्रकाशन, नागपुर, 1974, पृ. 167
6. वही, पृ. 162
7. विट्ठल रामजी शिंदे, *माझ्या आठवणी व अनुभव,* पृ. 114
8. वही, पृ. 115
9. *सुबोध पत्रिका,* 3 फरवरी, 1901
10. वही, 10 फरवरी, 1901
11. *महर्षि विट्ठल रामजी शिंदे की रोजनिशी,* पृ. 16
12. (सं.) स.वि. बापट, *लोकमान्य तिलक यांच्या आठवणी व आख्यायिका,* खंड 2, पृ. 200-206
13. *सुबोध पत्रिका,* 13 अक्टूबर, 1901
14. वही
15. वही
16. वही
17. वही, 9 सितम्बर, 1900
18. बी.वी. केसकर, *बाबण बापू कोरगाँवकर,* मुम्बई, 1943, पृ. 60
19. विट्ठल रामजी शिंदे, *रोजनिशी,* पृ. 61
20. जनाबाई शिंदे, *स्मृतिचित्रे,* सा. तरूण महाराष्ट्र, 17 जून, 1949
21. विट्ठल रामजी शिंदे की *रोजनिशी,* पृ. 62-63
22. जनाबाई शिंदे, *स्मृतिचित्रे,* 17 जून, 1949
23. (सं.) बी.बी. केसकर, *वि.रा. शिंदे यांचे लेख,* व्याख्याने व उपदेश, पृ. 2

मुम्बई से ऑक्सफोर्ड

'पर्शिया' जहाज ने साढ़े तीन बजे मुम्बई का तट छोड़ा और एक घंटे में विट्ठलराव की नजर से मुम्बई शहर ओझल हो गया। आधे घंटे बाद पहाड़ भी छिप गए। ऊपर आकाश और नीचे पानी ऐसा प्रकृति का बहुरंगी, लेकिन भव्य नजारा दिखाई देने लगा। विट्ठलराव का मन अभी स्वस्थ नहीं हो पाया था। जहाज के पीछे वाले हिस्से में बैठकर उन्होंने पौना घंटा चिन्तन किया।

'पर्शिया' जहाज काफी बड़ा था और उसमें 530 यात्रियों को वहन करने की क्षमता थी, लेकिन इस बार उसमें केवल 75 यात्री थे। उनमें से हिन्दुस्तान के 7 थे। विट्ठलराव की केबिन में कोलकाता के मित्र, मुम्बई के कोतवाल नामक पारसी सज्जन और लाहौर के जलालुद्दीन मिर्जा, ये मुसलमान सज्जन थे। हैदराबाद के नायडू, आगरा के और एक मुसलमान सज्जन तथा एक भारतीय ईसाई अन्य केबिन में थे। कोतवाल इस व्यापारी को छोड़ें तो अन्य पाँच कानून के अध्ययन हेतु जा रहे थे। इन सभी में व्यावहारिक दृष्टि से बिना लाभदायी धार्मिक शिक्षा हेतु जानेवाले लोकोत्तर सज्जन विट्ठल रामजी शिंदे एकमात्र थे।

विट्ठल रामजी में धर्म के प्रति तीव्र आस्था, नया ज्ञान लेने की उत्कट जिज्ञासा और चर्चा करने की जबर्दस्त इच्छा थी। उन्होंने शाम पाँच बजे अपनी केबिन में होनेवाले सहयात्री जलालुद्दीन मिर्जा से धर्म को लेकर एक घंटा चर्चा की। इस वार्तालाप से दोनों को सन्तोष हुआ।[1] दूसरे दिन अर्थात् 22 सितम्बर को सुबह ही पड़ोस के केबिन में ठहरे हुए हैदराबाद के नायडू के साथ विट्ठल रामजी शिंदे ने ब्राह्म धर्म के सम्बन्ध में विवेचन किया। 23 तारीख को सुबह उनकी मित्र के साथ धर्म को लेकर बातचीत हुई।

जहाज ने हिन्दुस्तान छोड़कर तीन दिन हुए थे, लेकिन परिवार के वियोग से उन्हें हुआ दुख कम नहीं हुआ था। 23 तारीख को शाम को वे सोए तब सपने में परिवार के लोग आए गए। जागने पर उन्हें उदास लगने लगा।[2]

जहाज पर का माहौल और अपनी मानसिकता के बारे में उन्होंने कहा है, "आसपास लोगों की इतनी भीड़ होने के बावजूद किसी से सुख-दुख के दो शब्द कहने को मन नहीं करता और अन्दर तो विरह घुमड़ता। ऐसे में, कवि बायरन ने एक जगह वर्णन किया है कि यह भीड़ का एकान्त निर्जन एकान्त से भी अधिक असह्य होता है, लेकिन यह स्थिति अधिकांशत: हमारे लोगों की ही होती है। गोरे लोग तुरन्त एक-दूसरे से घुल-मिलकर कई तरह के खेल खेलते हैं और दिन बिताते हैं। छोटे बच्चे, अधेड़ स्त्रियाँ और पुरुषों का दिनभर शोरगुल चलता रहता है। इन रंगीन मिजाज पाश्चात्य लोगों ने पूरे विश्व में, जमीन पर ही नहीं तो पानी पर भी अपना घर बनाया है जिससे वे कहीं भी जाएँ, उनका उल्लास कम नहीं होता। हमें मात्र पकड़कर ले जा रहे हैं ऐसा लगता। खैर! यह रजोगुण की स्थिति हुई, लेकिन मन की वृत्ति सात्विक होकर वह धर्म के उच्च वातावरण में विचरण करें तो यह स्थिति उसे अंत्यत अनुकूल लगती है। लहरों का निरन्तर उछलना, असीम आकाश मंडल की प्रभा आदि देखकर विश्व की अनन्तता, सृष्टि-व्यापार की निरन्तरता और आखिर में सभी में व्याप्त ईश्वर का मंगल रूप प्रत्यक्ष दृष्टिगोचर होता है।[3] विट्ठल रामजी ने अपने सामान में इकतारा लिया था। प्रार्थना समाज की दीक्षा ली तब से हाथ में इकतारा लेकर भजन गाने की उनकी परिपाटी थी। जहाज पर वे इकतारे पर भजन गाते।[4] उन्होंने रोजाना शाम को जहाज पर भजन और प्रार्थना करने का क्रम जारी रखा। 26 सितम्बर की सुबह को एडन के पासवाला टीला दिखाई देने लगा। पाँच दिन पत्थर और मिट्टी नजर न आने से दूर से यह टीला दिखाई दिया तो उन्हें काफी खुशी हुई। सात बजे जहाज बन्दरगाह में पहुँचा। फुटकर चीजें बेचनेवाले सोमाली शिट्टी बच्चे शोर कर रहे थे। विट्ठल रामजी ने उनसे एक शिलिंग में एक सीप की

माला और टिक्का खरीद लिया। साढ़े नौ बजे जहाज चल पड़ा। शिंदे को चर्चा में उत्साह होने से पाँच साथियों के साथ उनकी केबिन में सभा हुई। कोतवाल ने व्यापार की जानकारी दी तो विट्ठल रामजी शिंदे विश्वात्मक एकेश्वर धर्म पर बोले। 27 तारीख को सुबह सागर इतना शान्त था कि उन्हें लगा कि शाम के समय तालाब भी इतना शान्त न होगा। मन्द हवा बह रही थी। सागर का यह नजारा उन्हें रमणीय लगा। सभा का उपक्रम जारी ही था। दोपहर दो बजे फिर उनकी केबिन में छह साथियों की सभा हुई। मित्र और नायडू के भाषण हुए। नायडू ने अपने एक घंटे के भाषण में हैदराबाद रियासत का आधुनिक शिक्षा प्रसार, वहाँ के लोग, राजसत्ता, दरबार, नबाब साहब और प्रधान मंडल के बारे में विस्तार से अच्छी जानकारी दी।[5]

1 अक्टूबर को रात बारह बजे जहाज पोर्टसैद को पहुँचा। उस समय विट्ठल रामजी शिंदे गहरी नींद में थे। चार बजे वे जाग गए। अँधेरे में पोर्टसैद देखा। उन्हें मोतीबुलासा की याद आने से काफी दुख हुआ। सुबह छह बजे डेक पर जाने से पहले जहाज ने बन्दरगाह छोड़ा। जागने पर उन्होंने आसपास देखा तो जहाज पर कोयला लेने की हड़बड़ी शुरू थी। चमत्कृत भयावह नजारा था। विट्ठलराव ने सोचा, इस विदेश में हमारा मोती स्वस्थ सो गया।[6]

विट्ठल रामजी शिंदे में अनुशासन, निष्ठा और जिम्मेदारी का एहसास था। उन्होंने जहाज से पिता, जना बहन इन परिवारवालों को तथा प्रार्थना समाज और बाहर की मित्र मंडली को नियमित पत्र लिखना शुरू किया। द्वा.गो. वैद्य 'सुबोध पत्रिका' के सम्पादक थे। उन्होंने विट्ठलराव से पत्रिका के लिए नियमित लेख भेजना कबूल करवाया था। उसके अनुसार उन्होंने जहाज से पत्रिका के लिए यात्रा वर्णन सम्बन्धी लेख भेजना शुरू किया। इसमें समग्रतः सागर-यात्रा और एडन बन्दरगाह, सुएज जलमार्ग आदि का चित्रमय और सूचनापरक वर्णन किया है। 2 अक्टूबर को दोपहर उनका जहाज कैडिया और क्रीट द्वीप के पास आया। दो पुरसाभर ऊँची लहरों की वजह से उनका जहाज काफी हिलने लगा। दूसरे दिन दोपहर डेढ़ बजे उन्हें इताली का तट दिखाई देने लगा। इताली के तट पर बसे मेलिटो, रेजियो शहर दिखाई देने लगे। शाम के समय स्टंबोली का ज्वालामुखी पहाड़ दिखाई देने लगा। छह बजे के आसपास इस पर्वत शिखर से निकलनेवाले धुएँ के बादल भी दिखाई दे रहे थे। 4 तारीख को 'पर्शिया' जहाज ने कार्सिका और सार्डिनिया द्वीप के जलडमरूमध्य में प्रवेश किया और चौदह दिन की जलयात्रा के बाद उनका जहाज फ्रांस के मार्सिय बन्दरगाह में पहुँचा। विट्ठलराव तथा उनके साथियों ने सुबह का नाश्ता कर 'पर्शिया' जहाज से विदा ली और साढ़े नौ बजे यूरोप की जमीन पर कदम रखे।

विट्ठलराव और उनके पाँच साथी मिलकर ही लन्दन जानेवाले थे। मार्सेय में उन्हें बारह घंटे गुजारने थे। इन सभी ने थॉमस कुक कम्पनी से टिकट लिया था। उनके दुभाषिये बन्दरगाह पर इन यात्रियों का इन्तजार ही कर रहे थे। उन्होंने इन सभी यात्रियों का सामान उठाया। होटल का प्रबन्ध किया। विट्ठलराव और उनके साथी खाना खाकर शहर देखने हेतु बाहर निकले। मार्सेय—फ्रांस का दूसरे क्रमांक का ख्यातलब्ध शहर। फ्रांस में फ्रेंच भाषा के सिवा अन्य भाषा बोलने पर पाबन्दी थी। फ्रांस में किसी को अंग्रेजी का बड़प्पन रास नहीं आता। मि. कोतावाल को फ्रेंच भाषा थोड़ी-बहुत अवगत थी। इस सन्दर्भ में विट्ठल रामजी ने लिखा है, "हमारे व्यापारी पारसी साथी फ्रेंच भाषा में कुछ बोल पाते थे, इसका हमें काफी लाभ हुआ।"[7]

सफाई, सौन्दर्य, फ्रेंच नाजोअदा और शोखी से फ्रांस का लौकिक बढ़ानेवाला मार्सेय का रूप उन्हें दिखाई दिया। उन्हें स्वयं की वेशभूषा को लेकर प्रतिक्रिया का जो अनुभव यूरोप में आगे दो वर्ष आया, उसकी पहली झलक मार्सेय में ही मिल गई। यूरोप की आबोहवा की दृष्टि से कोट-पैंट आदि पाश्चात्य ढंग की वेशभूषा करना अनिवार्य था, लेकिन उन्होंने न्यूनतम देशीयता बची रहे, इसलिए सिर पर पाश्चात्य हैट न पहनकर साफा पहनना ही तय किया था। वे जब गुलाबी रंग का साफा पहनकर अपने साथियों के साथ मार्सेय के रास्ते से गुजरने लगे तो उन्हें देखने स्त्री-पुरुषों की भीड़ जमा हुई। महिलाएँ अपने छोटे बच्चों को गोद में उठाकर उनकी ओर निर्देश करतीं। युवतियाँ घर में दौड़तीं तथा औरों को बाहर बुलाकर उन्हें देखती खड़ी रहतीं। इस तकलीफ से उनके साथी भी भुनभुनाने लगे। वैसे तो उनके साफे को लेकर जहाज पर ही चर्चा आरम्भ हुई थी। मार्सेय बन्दरगाह पर जहाज से उतरते समय एक अंग्रेज सिविलियन ने उनके पास आकर बड़ी आस्था से पूछा, "आप सिर पर का यह बोझ लन्दन तक कायम रखनेवाले हो? लन्दन के बच्चे बड़े शरारती हैं। वे आपको तकलीफ देंगे।" इस पर शिंदे ने कहा, "विदेश में पुलिस का प्रबन्ध अच्छा है न?" इस पर वह सिविलियन निरुत्तर हुआ।

रास्ते से घूमते समय फ्रेंच लोगों का उत्साह और ऐशोआराम की वृत्ति समझ में आती थी। होटल के सामनेवाली साफ, सुन्दर, प्रशस्त जगह पर रास्ते से सटकर कुर्सियाँ डालकर लोग रास्ते का मजा देखते, गप्पें लड़ाते, उपहार लेते दिखाई देते। विट्ठल रामजी को दूसरा एक आल्हाददायी प्रकार दीख पड़ा। रास्ते के दोनों ओर लगाए पेड़ ऊँचे और घने होकर परस्पर इतने घुल-मिल गए थे कि भरी दोपहरी में तक चौड़े रास्ते में घनी छाँव थी। ऐसे स्थान को वहाँ 'बुलवर्ड' कहा जाता है। जगह-जगह पर आराम करने हेतु बेंच रखे हुए थे। इन रास्ते से लोग घूमते हुए या बेंच पर बैठे दिखाई देते।

विट्ठल रामजी और उनके साथी मार्सेय में 'नॉटर डेम द ला गार्ड' यह ऊँचे टीले पर होनेवाला ईसा की माँ मेरी का मन्दिर देखने गए। उस मन्दिर में ईसा बच्चे को खिला रहा है, पीड़ितों के आँसू पोंछ रहा है, ऐसी ईसा के जीवन की महत्त्वपूर्ण घटनाओं के सुन्दर चित्र लगाए थे। यह मन्दिर देखते समय उन्हें तुलजापुर की भवानी, सौन्दत्ती की यल्लमा, कोल्हापुर की महालक्ष्मी इन मन्दिरों का स्मरण हुआ और मन में कुछ विचार आए। ईसा ने हिन्दू को हीदन, ऑयडोलेटर (मूर्तिपूजक) आदि कहकर चाहे जितने ताने कसे हों, लेकिन यहाँ उसने अपनी आकारप्रियता पूर्णतः व्यक्त की है। उन्हें यह एहसास हुआ कि यह त्रुटि किसी विशेष धर्म या पंथ की न होकर उसका मूल मानवी स्वभाव में है। "पौर्वात्यों ने स्वयं को पूर्ण ब्रह्मज्ञानी, अद्वैतवादी आदि बड़ी संज्ञाएँ देकर भी उनकी लिंगपूजा अभी छूटी नहीं और इधर पाश्चात्य पैगन का ईसाई हुआ। फिर भी मूर्ति-पूजा और विभूति पूजा से किसी-न-किसी रूप में घिरा हुआ है।"[8] इस मन्दिर की अत्यन्त सुन्दर मूर्तियाँ और चित्र देखकर विट्ठल रामजी के मन में दूसरा एक विचार आया। "हमारे यहाँ के मन्दिर में गणेश, हनुमान और देवी की मूर्ति का सिन्दूर, तेल और बेढब वस्त्रालंकार के नीचे मूल रूप लुप्त हो जाता है। मन्दिर की दीवार पर होनेवाले चित्र गँवार जीनसाज ने निकाले होते हैं और उनके विषय हनुमान ने कुम्भकर्ण के सिर पर गदा मारी या कृष्ण ने राधा को आलिंगन दिया, इस तरह के होते हैं। धर्म साधना के सन्दर्भ में चित्रकार और शिल्पकार की मदद लेनी हो तो सौन्दर्यशास्त्री और नीतिशास्त्री की सलाह लेनी होगी। हमारे यहाँ कला-कौशल की कमी नहीं। हम नैतिकता में भी कम नहीं। हमारे पुराण, दंतकथा, इतिहास में उदात्त विषयों की कमी नहीं। अतः गौतम बुद्ध का त्याग, बाबा नानक का सुधार, कबीर का सत्य प्रेम और संत तुकाराम की भक्ति आदि कई सुबोध विषयों का चयन कर रविवर्मा जैसे मार्मिक चित्रकार उस पर अपना चातुर्य खर्च करें तो हमारे मन्दिरों के सौन्दर्य और पवित्रता में कितनी वृद्धि हो सकती है।"[9]

भोजन के उपरान्त उन्होंने टीले में पहले दो मंजिले पर तराशा और बाकी मंजिले उस पर बनाया 'पैलेस डी ला शांप' नामक महल देखा। सुन्दर और युवा स्त्रियों के चित्र और शिल्प देखकर वे प्रभावित हुए।

रात भोजन के बाद विट्ठल रामजी शिंदे और उनके साथी रेल से पेरिस को निकल पड़े। डी जॉन स्टेशन से पेरिस तक रास्ते में गाड़ी से खेत, नहर, खाई, सुरंग, गाँव आदि सुन्दर नजारे दिखाई दे रहे थे। उन्होंने यह महसूस किया कि फ्रेंच लोगों की सौन्दर्य दृष्टि उनकी खेती में तक दृष्टिगोचर होती है। इनके खेत यानी केवल बागान! सुबह के समय दौड़ती गाड़ी से फ्रांस की खेती पहली बार देखकर एकाध नए व्यक्ति को अन्यत्र राजा होने की अपेक्षा फ्रांस में किसान होना अच्छा लगे तो कोई आश्चर्य नहीं। सुबह दस बजे वे पेरिस पहुँचे। पेरिस में उनका प्रवास महज बारह घंटों का था। वे बड़े सुन्दर महल देखते हुए ऐतिहासिक राजपुरुषों की कब्र होनेवाली श्मशान भूमि देखने गए। वहाँ पर नेपोलियन का भव्य कब्रिस्तान देखा। 'द बिग व्हील' नामक प्रचंड राक्षसी पहिया देखा। वे ख्यातलब्ध एफेल टॉवर आधा चढ़े थे कि तभी धुआँधार बारिश और तूफान शुरू होने से उन्होंने ऊपर जाने का विचार रद्द किया। यह मीनार भी 1889 की प्रदर्शनी हेतु बनाई थी। यह मीनार गिराने के सन्दर्भ में उस समय विवाद शुरू था। मीनार गिराने का समर्थन करनेवालों के मत से वह बेढब हुई थी।

रात साढ़े नौ बजे विट्ठल रामजी ने पेरिस छोड़ा और जहाज से चल दिए। रात एक बजे कैले में पहुँचे। सात अक्टूबर को सुबह सात बजे लन्दन पहुँचे।

लन्दन पहुँचने पर विट्ठल रामजी टालबट रोड के 82 नम्बर के रोमेशचन्द्र दत्त के घर में ठहरे। रोमेशचन्द्र दत्त ये बंगाल के बिलकुल आरम्भ के आई.सी.एस. अधिकारी, महान लेखक और अध्ययनशील व्यक्ति थे। 1899 में वे राष्ट्रसभा के अध्यक्ष भी रह चुके थे। 1897 में आई.सी.एस. अधिकारी के रूप में सेवानिवृत्त होने पर वे लन्दन विश्वविद्यालय में भारतीय इतिहास के प्रोफेसर के रूप में कार्यरत थे। श्रीमन्त सयाजीराव गायकवाड़ उनके चहेते थे।

उनकी इच्छा से 1904 में दत्त रियासत की मुल्की सेवा में आए और 1909 में रियासत के दीवान के रूप में नियुक्त हुए।[10] रियासत के और रोमेशचन्द्र दत्त के स्नेहिल सम्बन्ध होने से प्रशासकों में से किसी ने शिंदे के लन्दन जाने पर उनका दत्त के घर रहने का इन्तजाम किया होगा। दत्त ये आबोहवा बदलने हेतु बाहर गए थे। उन्हीं के घर शिंदे उतरे थे। लन्दन प्रवास में उन्होंने यूनिटेरियन समाज के सचिव कोपलैंड बोवी की भेंट ली। 8 अक्टूबर का पूरा दिन यूनिटेरियन प्रॉविंशनल असेम्बली की वार्षिक सभा में बिताया। दो दिन लन्दन में प्रवास कर 11 अक्टूबर को दोपहर तीन बजे रेल से ऑक्सफोर्ड को रवाना हुए। एक घंटे बाद वे ऑक्सफोर्ड पहुँचे। मुम्बई से शुरू हुई उनकी यात्रा पूरी हुई। यात्रा सुखकर हुई, इसलिए उन्होंने मन-ही-मन ईश्वर के प्रति कृतज्ञता प्रकट की।

सन्दर्भ

1. शिंदे की सन् 1901 की छोटी डायरी, *शिंदे के कागजात*
2. वही
3. विट्ठल रामजी शिंदे, 'जलप्रवास', *लेख, व्याख्याने व उपदेश,* पृ. 5
4. शिंदे की सन् 1901 की छोटी डायरी, *शिंदे के कागजात*
5. वही
6. वही
7. विट्ठल रामजी शिंदे, 'मार्सेय शहर', *लेख, व्याख्याने व उपदेश,* पृ. 9
8. वही, पृ. 13-14
9. वही, पृ. 14-15
10. दा.ना. आपटे, लेखक और प्रकाशक, *श्री सयाजीराव गायकवाड़ यांचे चरित्र,* खंड 2, बड़ौदा, 1936, पृ. 740-745

मैनचेस्टर कॉलेज

11 अक्टूबर, 1901 को शाम चार बजे विट्ठल रामजी शिंदे ने ऑक्सफोर्ड रेल स्टेशन के प्लेटफॉर्म पर कदम रखा। जमीन से कुछ गहराई में होनेवाला ऑक्सफोर्ड शहर और विश्वविद्यालय उन्होंने देखा और उनका हृदय खुशी से भर आया। हिन्दुस्तान के जमखंडी जैसे गाँव का अपने जैसा गँवार लड़का विश्व के चर्चित विश्वविद्यालय में शिक्षा लेने आ सका, इससे उन्हें धन्यता की अनुभूति हुई। दूसरे, उन्हें जिस धार्मिक शिक्षा के प्रति रुझान था, वह लेने का मौका उन्हें मिला, इसका उन्हें सन्तोष हो रहा था। अपना पुराना ऐतिहासिक शानदार स्वरूप बनाए रखे इस ऑक्सफोर्ड नगर के संकरे रास्ते और तंग गली-कूचे पार करते हुए वे मैन्सफील्ड रोड पर होनेवाली मैनचेस्टर कॉलेज की भव्य इमारत के सामने आ गए। उन्होंने दरवाजे पर सुन्दर और सुबोध तराशा हुआ शिलालेख देखा 'सत्य, स्वतंत्रता और धर्म को समर्पित।' मैनचेस्टर कॉलेज की भव्य इमारत और शिलालेख में तराशे तेजस्वी शब्द देखकर उनका हृदय अतीव आदर से भर आया। चौकीदार उन्हें अन्दर ले गया। कुछ ही समय में "उम्र से और उससे भी ज्यादा विद्या से झुकी एक छोटी आकृति उनके सामने आई। वे कॉलेज के प्रिंसिपल डॉ. ड्रमंड साहब थे।" प्रिंसिपल साहब ने इस विदेशी छात्र का इतनी आस्था से स्वागत किया कि मानो उनका बहुत पहले से परिचय है। प्रिंसिपल ड्रमंड साहब की इस पहली भेंट से उनके मन का पराएपन का भाव नष्ट हुआ और मैं परिवार में ही आया हूँ, ऐसा भाव उनके मन में जाग्रत हुआ। विट्ठल रामजी शिंदे को उनकी भेंट काफी आश्वासक और आनन्दपूर्ण लगी। दूसरे दिन 12 अक्टूबर, 1901 को वे कॉलेज में गए। कॉलेज में दाखिला लिए छात्रों की पंजी होनेवाली एक बहुत बड़े पंजीबुक में उन्होंने स्वयं की पूरी जानकारी लिखकर हस्ताक्षर किए और वे विधिवत् मैनचेस्टर कॉलेज के छात्र बन गए।

भारत से कोई छात्र मैनचेस्टर कॉलेज में आकर धर्म क्यों सीखे और वह क्या सीखे, इस प्रश्न और सन्देह का उत्तर डॉ. भंडारकर ने दिया ही था। इस सन्दर्भ में विट्ठल रामजी की कल्पना स्पष्ट थी। उनके मतानुसार मूलतः धर्म यह प्रचलित शिक्षा की बात नहीं थी। यह ईश्वर ही गुरु, विश्व ही पाठशाला और प्रकृति ही पुस्तक थी। मनुष्य ही मनुष्य को क्या धर्म देगा? इस कॉलेज में धार्मिक आडम्बर तो बिलकुल पढ़ाया नहीं जानेवाला था। विट्ठल रामजी ने सोचा कि धर्म की देन तो ईश्वर ने पहले ही मनुष्य को प्रदान की है और वर्तमान में भी हर पल वह देता है, लेकिन इस बीजरूपी देन की बुआई करना यह मनुष्य का काम है। शुद्ध बुद्धिवादी दौर में उदार धर्म ने श्रद्धा का पक्ष काफी मात्रा में सहेज रखा है और यह कॉलेज शुद्ध बुद्धि की नींव पर धार्मिक शिक्षा देने का कार्य करता है। इतिहास, तत्त्वज्ञान, श्रुति ग्रंथ, तुलनात्मक टीका, धर्मोपदेश और शुद्ध निजी आचरण आदि से धार्मिक शिक्षा देने का कार्य यह कॉलेज निष्पक्षता, आस्था, दक्षता और शान्ति से कर रहा है।

हिन्दुस्तान से यहाँ धार्मिक शिक्षा हेतु आए विट्ठल रामजी शिंदे चौथे छात्र थे। उनके पूर्व बंगाल से प्रमथलाल सेन (1896), बिपीनचन्द्र पाल (1898) और हेमचन्द्र सरकार (1898)—ये तीन छात्र आए थे।[1] इस वर्ष जापान से टोयोसाकी नामक छात्र इस कॉलेज में धार्मिक शिक्षा हेतु दाखिल हुआ था। छात्र किसी भी वंश या देश का हो, इस कॉलेज के दरवाजे सभी के लिए खुले थे।

विट्ठल रामजी शिंदे ने धार्मिक शिक्षा देनेवाले इस कॉलेज की पृथकता और विशेषता का वर्णन इस तरह किया है।[2] अन्य धार्मिक कॉलेज के अध्यापक और छात्रों को भी ईसाई संवत् की तीसरी और चौथी सदी में मत की जो

पुरातन मान्यताएँ तय हुई हैं, उन पर अपना विश्वास है, ऐसी जाहिर प्रतिज्ञा लेनी पड़ती।" ऐसे फार्स में इस कॉलेज को कोई रुचि न होने से यहाँ वैसा नहीं होता। शिंदे ने कहा है, "इसका तेवर पक्का सुधारवादी होने से कोई भी बूढ़ी यूनिवर्सिटी इनका संसर्ग सह नहीं पाती और यह कॉलेज भी उसकी परवाह नहीं करता। इसी कारण कॉलेज के अध्ययन का यूनिवर्सिटी की परीक्षा से कोई सम्बन्ध नहीं है। पूरे यूरोप में सुधारवादी धर्म-विचार का मैनचेस्टर यह एकमात्र कॉलेज है, लेकिन धर्म सुधार का तकाजा इतना तीव्र है कि इस कॉलेज के उदार मत अनायस इंग्लैंड के सभी गिरजाघरों में पहुँचते हैं। आधुनिक शास्त्र और तत्त्वज्ञान को रास आए, इस तरह धर्म का उदार मत जाहिर रूप में प्रतिपादित कर समाज के सभी स्तरों में प्रसारित करने हेतु हर साल केवल इसी कॉलेज से समर्थ, युवा उपदेशक तैयार करने का कार्य होता है।

अठारहवीं सदी में यूरोप में आधुनिक शास्त्र का जब नए सिरे से उदय हुआ तब परम्परागत धर्म और नवीन शास्त्र में काफी संघर्ष छिड़ गया। इस आपातकाल में, 1757 में खुली वॉरिंग्टन अकादमी इस संस्था ने 1786 में अपनी संस्था रूपान्तरित कर मैनचेस्टर में मैनचेस्टर कॉलेज शुरू किया। 1882 में यूनिटेरियन समाज के प्रतिनिधियों की त्रैवार्षिक यूनिटेरियन परिषद् स्थापित की गई। इस परिषद् ने लिए एक निर्णय के अनुसार मैनचेस्टर कॉलेज ऑक्सफोर्ड में लाया गया। इस कॉलेज के संस्थापकों का धर्म और शास्त्र, दोनों पर समान विश्वास था अर्थात् इनका धर्म शास्त्रीय था और उनका शास्त्र धार्मिक था। वारिंग्टन अकादमी के धर्मशास्त्र के पहले अध्यापक डॉ. जॉन टेलर (1757-1761) वर्ष के आरम्भ में अपना व्याख्यान शुरू करने से पहले छात्रों को चार तत्त्व बताते थे—

1. सत्यदेवता के नाम से मैं आपको आगाह करता हूँ कि आप अब के और आगे के धार्मिक अध्ययन में, श्रुतिग्रंथ की अनुकूलता-प्रतिकूलता के अनुसार आप की स्वयं की विवेक बुद्धि की ओर दक्षता से, निष्पक्षता से और बारीकी से ध्यान दें; कल्पना की फुर्ती और निराधार तर्क से सावधानी बरतना।
2. मेरे द्वारा प्रस्थापित कोई भी तत्त्व या विचार का जो हिस्सा आपको सप्रमाण लगे, उससे ज्यादा मत स्वीकार करो।
3. मैंने आज पढ़ाया और आपने स्वीकार किया कोई भी तत्त्व आगे चलकर आपको कच्चा या झूठ लगे तो उस पर सन्देह करो या उसे त्याग दो।
4. अपना मन हमेशा खुला रखो, दुराग्रह और पक्षाभिमान मत रखना, अन्य ईसाई भाइयो से प्रेम और दोस्ती रखो, स्वयं विचार कर स्वयं निर्णय लेने का जो अधिकार आपको मिला है, वह किसी को मत देना और दूसरे के अधिकार को बाधा न पहुँचाना।

डॉ. मार्टेनी विवेक बुद्धि को महत्त्व देने की और नए विचारों का स्वागत करने की भूमिका का प्रतिपादन करते थे। 'धर्म के साथ ही सत्य और स्वतंत्रता' यह मोटो केवल कागज में न रखकर उस पर अमल करने की परम्परा होनेवाला यह एकमात्र आदर्श कॉलेज था।

प्रोफेसर जॉन टेलर (1757-61), डॉ. मार्टिनो (1827-1897) जैसे निष्ठावान, ईमानदार और आस्था होनेवाले अध्यापकों की परम्परा आगे भी जारी रही। विट्ठल रामजी ने दाखिला लिया तब जेम्स ड्रमंड प्रिंसिपल थे। वे विद्या, श्रद्धा और शील से बहुत बड़े सज्जन थे। अपनी आध्यात्मिक तेजस्विता से सुधारवादी-प्रस्थापित, नया-पुराना इनसे परे होनेवाले डॉ. ड्रमंड को देखकर विट्ठल रामजी को आदरणीय डॉ. भंडारकर का स्मरण हुआ। इस समय कॉलेज में पाँच स्थायी और दो अस्थायी अध्यापक थे। स्थायी पाँच अध्यापकों में से रेवरंड एडिस इतने पुराने विचार के थे कि वे यूनिटेरियन है या नहीं ऐसा सन्देह होता, लेकिन उन्हें कॉलेज से कोई उपसर्ग न होता। इसके विरुद्ध तत्त्वज्ञान के प्रो. सी.बी. एप्टन तुलनात्मक धर्म और पाली भाषा पढ़ानेवाले प्रो. जे.ई. कार्पेंटर सोलह आने सुधारक थे। प्रो. आर.बी. ऑजर्स ईसाई संघ का इतिहास पढ़ाते थे। 'हिबर्ट जर्नल' के संस्थापक और संचालक होनेवाले प्रो. जैक्स समाजशास्त्र पढ़ाते। प्रो. ड्रमंड बाइबल और धर्मशास्त्र पढ़ाते। सभी अध्यापक अपने विषय में पंडित थे। प्रो. कार्पेंटर विट्ठल रामजी के तुलनात्मक धर्म इस ऐच्छिक विषय के विशेष गुरु थे। उनके निर्देशन में उन्होंने पाली भाषा और बौद्ध धर्म इन विषयों का विशेष अध्ययन शुरू किया।

कॉलेज के अध्यापकों के विविध विषयों पर दिए जानेवाले व्याख्यान मन लगाकर सुनना, निर्धारित विषयों का

अध्ययन करना, हर पखवाड़े में लेख लिखना—ऐसा उनका कॉलेज का अध्ययन नियमित रूप में शुरू था। इसके सिवा उनका अन्य वाचन और धर्म साधना भी चल रही थी। वे पाश्चात्यों की जीवन-शैली, सामाजिक संस्थाओं की कार्य पद्धति का निरीक्षण कर रहे थे। एक नई संस्कृति का उन्हें नजदीक से परिचय हो रहा था।

सन्दर्भ

1. मैनचेस्टर कॉलेज, *ऑक्सफोर्ड की पंजीबुक*
2. *सुबोध पत्रिका,* 17 अगस्त, 1902

ऑक्सफोर्ड में पहले दो मास

विट्ठल रामजी शिंदे ऑक्सफोर्ड में पहुँचे तो पहले मिस्टर और मिसेस ग्रेडन नामक दम्पति के घर में 'पेइंग गेस्ट' के रूप में रहने लगे। इंग्लैंड में कुछ मध्यवर्गीय लोग मेहमान से रुपए लेकर उनका अपने घर रहने का प्रबन्ध करते हैं। ग्रेडन जैसे परिवार में रहने से अंग्रेजी जीवन-शैली और सभ्यता से परिचय होने से काफी लाभ होगा, ऐसा उन्हें लगा।

कॉलेज में सुबह दस से दोपहर एक बजे तक अध्यापकों के व्याख्यान होते। कभी-कभार शाम को जाहिर व्याख्यान का आयोजन होता। रात को चर्चा मंडल की सभा-सम्मेलन चलते। वर्ष में छह मास पढ़ाई और छह मास छुट्टी रहती। सप्ताह में चार दिन कॉलेज और शनिचर, इतवार, सोमवार को छुट्टी रहती। कोई भी चिन्ता न होने से सभी बातों में विट्ठल रामजी शिंदे को उत्साह लगता।

धर्म का अध्ययन यह केवल उनकी रुचि का ही नहीं तो आत्मीयता का विषय था। इससे निर्धारित पढ़ाई के साथ उनका पूरक वाचन जोश से शुरू था। वे और उनके मित्र मिलकर धर्म साधना करने लगे। वाद-प्रतिवाद और चर्चा हेतु वे अत्यन्त उत्साही रहते। कॉलेज में 'मार्टिनो क्लब', 'डिस्कशन क्लब' और 'पॉज क्लब' ऐसे तीन मंडल थे। पॉज क्लब केवल मैनचेस्टर कॉलेज के छात्रों का था। अन्य दो मंडलों में मैनचेस्टर कॉलेज के साथ ही अन्य कॉलेज के छात्र सदस्य के रूप में चयनित किए जाते। विट्ठल रामजी शिंदे तीनों मंडल के सदस्य चुने गए थे।

मैनचेस्टर कॉलेज के ख्यातलब्ध प्रोफेसर डॉ. जेम्स मार्टिनो (1805-1900) की स्मृति में 'मार्टिनो क्लब' शुरू किया था। उम्र की 94 साल की अवस्था में 11 जनवरी, 1900 को उनकी मृत्यु हुई। मैनचेस्टर कॉलेज के छात्र के रूप में बना उनका रिश्ता आगे सत्तर साल तक कायम रहा।[1] 1901-02 इस वर्ष के क्लब कमेटी के अध्यक्ष ए.एच. थॉमस और सचिव गॉर्डन कपूर थे। इस वर्ष मैनचेस्टर कॉलेज के आठ छात्र सदस्य के रूप में चुने थे। इनमें विट्ठल रामजी शिंदे एक थे। ऑक्सफोर्ड के बैलिओल, वैड हैम, एक्सिटर क्वींस आदि कॉलेज से प्रतिनिधियों का चयन किया था। चर्चा मंडल में कुल 28 सदस्य थे। इसमें जी.जी. राणे का भी नाम मिलता है।

7 नवम्बर, 1901 को प्रेसिडेंट के कमरे में मार्टिनो क्लब के कमेटी की बैठक आयोजित की थी। यह बैठक प्रधानतः नए सदस्यों के चयन हेतु बुलाई गई थी। इस बैठक के वृत्तान्त में इस बात का भी उल्लेख मिलता है कि स्त्रियों को चुनाव हेतु लायक माना जाए? इस पर चर्चा हुई और विचार-विमर्श के बाद ऐसा तय हुआ कि मैनचेस्टर कॉलेज की नियमित या विशेष छात्राओं को ही योग्य माना जाए, लेकिन इसी समय सभी उपस्थित सदस्यों ने कहा कि सोसाइटी की बैठक हेतु अन्य स्त्रियों को मात्र निमंत्रित न किया जाए। मिस जॉन्सन, मिस पेटजोल्ड—इन छात्राओं का तथा मैनचेस्टर कॉलेज के अन्य छह पुरुष छात्रों का सदस्य के रूप में चयन हुआ। उसमें विट्ठल रामजी शिंदे का सदस्य के रूप में चयन हुआ था। बारनेस, कॉक, टोयोसाकी—इन शिंदे के अन्य साथियों का भी सदस्य के रूप में चयन हुआ था।[2]

मार्टिनो क्लब के प्रेसिडेंट थॉमस ने पहले दिन घोषित किया। उसके अनुसार शुक्रवार दिनांक 8 नवम्बर को क्लब की बैठक हुई। विट्ठल रामजी शिंदे सदस्य के नाते बैठक को उपस्थित रहे। भोजन के उपरान्त शाम सात बजे वी.जे. चर्टकॉफ ने 'रशिया में धार्मिक शिक्षा' यह शोध लेख प्रस्तुत किया। "चर्टकॉफ ये ताल्सताय के मित्र और अनुयायी, पक्के सोशॅलिस्ट और अनार्किस्ट थे।"[3] टॉलस्टॉट के धर्म-विचार से प्रभावित होकर वे उनके कट्टर अनुयायी बने। सेना की अफसर की नौकरी और सम्पत्ति का त्याग कर किसान जैसा सामान्य जीवन जीने लगे। शोध आलेख प्रस्तुति के बाद प्रश्नोत्तर और चर्चा हुई। विट्ठल रामजी शिंदे ने उनसे चर्चा की। चार्टकॉफ ने उन्हें अपनी कुछ पुस्तकें और

स्वयं के बारे में जानकारी भेजना कबूल किया। दूसरी सभा 29 नवम्बर को हुई। मैनचेस्टर के रे. एनफिड डॉसन ने 'टेनिसन की कविता के कुछ पहलू' यह शोध-आलेख प्रस्तुत किया। वह विट्ठल रामजी को काफी अच्छा लगा। उस पर रंजक वाद-प्रतिवाद भी हुआ। टेनिसन सृष्टि को यथावत् चित्रित करता था, लेकिन वर्डस्वर्थ की तरह उसे सृष्टि में दैवी तत्त्व दिखाई न दिया, ऐसा आलेख का और प्रतिवाद का रुख था। शिंदे को यह विचार उचित लगा।[1]

विट्ठल रामजी शिंदे धर्म-सम्बन्धी वाचन और धर्म साधना जोश के साथ कर रहे थे। वे ऐनी बेसेंट की 'पुनर्जन्म' (Reincarnation) पुस्तक पढ़ रहे थे। उनका कॉलेज बन्धु मि. कॉक यह थियोसॉफिस्ट था। कॉक के प्रति शिंदे को स्नेह लगने लगा। 10 नवम्बर को शिंदे दोपहर से शाम तक कॉक के साथ बातें कर रहे थे। एक-दूसरे की हकीकत जान रहे थे। कॉक और उसकी बहन, ये दोनों ऑक्सफोर्ड में छात्रावस्था के दिन खुशी से बिता रहे थे। वे दोनों स्नेहिल, सात्विक और हिन्दू धर्म के तत्त्वज्ञान के चहेते थे। कॉक यह स्वयं कसाई का लड़का था और उसने कई दिन कसाई का काम कर वह और उसकी बहन शाकाहारी बने थे। उसने यह सूचित किया कि आध्यात्मिक भाव और भक्ति की वृद्धि करने हेतु नियत समय इकट्ठा आकर कुछ साधना करें। विट्ठल रामजी भी यही चाहते थे। उसके अनुसार उन दोनों ने हर शुक्रवार को धर्म साधना हेतु मिलना तय किया।

विट्ठल रामजी शिंदे हिन्दुस्तान में थे तब कभी-कभार मांसाहार करते थे, लेकिन वह पूरी तरह छोड़ दें, ऐसा उन्हें नहीं लगता था। लन्दन से लौटते समय उन्होंने शाकाहार का समर्थन करनेवाली कुछ पुस्तकें भी खरीद ली थीं। मि. कॉक के उदाहरण से पूर्णत: शाकाहारी बनने का उनका विचार दृढ़ हुआ। घर आने पर खाना खाते समय मिस्टर और मिसेस ग्रेडन से मांसाहार को लेकर कड़ा विवाद हुआ। दूसरे दिन से उन्होंने ग्रेडन मंडली का आग्रह न मानकर केवल शाकाहारी भोजन लेना शुरू किया।

अगले शुक्रवार यानी 15 नवम्बर को शिंदे, मि. शोन और मि. बार्न्स के साथ आध्यात्मिक साधना हेतु कॉक के घर जमा हुए। कॉक ने सूचित किया कि हर सप्ताह में कोई एक महान साधु का विचार पढ़कर सुनाए या उसकी विशेष चर्चा करे। शोन के साथ विट्ठल रामजी का यूनिटेरियन मत को लेकर थोड़ा विवाद हुआ। बार्न्स ने सूचित किया कि हम सभी जमा होने पर पाँच-दस मिनट स्वस्थ समाधि अवस्था में बैठेंगे और किसी को कोई स्फूर्ति या प्रेरणा मिले तो उसको लेकर सभी विचार-विमर्श करेंगे। इसके अनुसार 6 दिसम्बर तक चार साधना सभाएँ हुई। 6 दिसम्बर की सभा में प्रार्थना के बाद विट्ठल रामजी ने 'स्थितप्रज्ञस्य का भाषा समाधिस्थस्य केशव...' इस 'भगवद्गीता' के श्लोक के आधार पर विवेचन किया। बाद में अद्वैत, कर्म, पुनर्जन्म आदि पौर्वात्य सिद्धान्त के बारे में चर्चा हुई। इस सभा को लिंकन कॉलेज के रो नामक सदस्य उपस्थित थे। शोन ये कॉक की तरह ही थियोसॉफिस्ट थे। धर्म से सम्बन्धित मुद्दों पर चर्चा करने में उन्हें रुचि लगती थी।

शिंदे ऑक्सफोर्ड के अलग-अलग गिरजाघरों में उपासना देखने का और सर्मन सुनने का मौका गँवाते नहीं थे। एक तो उनकी धर्म के प्रति अत्यन्त आस्था थी। दूसरे, स्वयं की यूनिटेरियन उपदेशक के रूप में तैयारी करने की दृष्टि से जितनी उपासना देखने को मिले, उतनी वे देखना चाहते थे। इतवार 17 नवम्बर के दिन सुबह साढ़े दस बजे उन्होंने यूनिवर्सिटी के गिरजाघर में सर्मन सुना। बाद में उनके कॉलेज के मन्दिर में प्रोफेसर रेवरंड ऑडिस द्वारा चलाई उपासना में वे उपस्थित रहे और शाम को क्राइस्ट चर्च कॉलेज के मन्दिर में उपासना को गए। वहाँ की उपासना एपिस्कोपल चर्च जैसी थी। यह पंथ रोम के पोप के प्रभुत्व से अलग होकर बना पंथ था और उन्होंने पोप का धर्मगुरु नियुक्ति का अधिकार अस्वीकार किया था। इस तरह वे एक दिन में तीन उपासना को उपस्थित रहे।[1] दिसम्बर को उनके कॉलेज के मन्दिर में प्रो. कार्पेंटर का 'लिविंग प्रॉविडंस' या ' जीवन्त जाग्रत ईश्वर' विषय पर उपदेश हुआ। वह उन्हें अत्यन्त प्रेरणादायी और धार्मिक सुख का अनुभव देनेवाला महसूस हुआ।

विट्ठल रामजी को जिस तरह धर्म-अध्ययन और धर्म-चिन्तन में रुचि थी, उसी तरह लोकजीवन के प्रति भी आस्था थी। वे कभी-कभी गायकवाड़, मित्र, राणे, कॉक जैसे मित्रों की ओर घूमने, चाय पीने या गपशप करने जाते। एक बार श्यामराव गायकवाड़ के साथ वे शहर से दो-ढाई मिल दूर घूमने गए थे। एक खेत में एक मजदूर हल चला रहा था। उन्होंने उससे बातचीत की। उन्हें पता चला कि खेती में काम करनेवाले मजदूर को सप्ताह में बारह-पन्द्रह शिलिंग मजदूरी मिलती है। दिसम्बर के पहले सप्ताह में उन्होंने साइकिल चलाने का अभ्यास किया। 23 नवम्बर को शोन के साथ नदी पर घूमने गए और पहली बार नौका चलाई और डेढ़ मील सैर की।

मि. ग्रेडन के मध्यवर्गीय होने से उनके यहाँ मेहमानों का ताँता लगा रहता। एक छात्र की दृष्टि से उनके घर का निवास उतना सुविधाजनक नहीं था। दूसरे, मितव्ययिता की दृष्टि से भी विट्ठल रामजी को वहाँ रहना ठीक नहीं लगा। इसलिए उन्होंने अपना बसेरा बदलना तय किया।

मि. शोन और विट्ठल रामजी शिंदे ने एकत्र रहने का विचार किया और कमरा खोजने लगे। उन दोनों ने वुर्स्टर प्लेस इस मध्य बस्ती में पिअर्सन परिवार के 33 नम्बर घर के पहली मंजिल का कमरा किराये पर लिया। वे 16 नवम्बर से वहाँ रहने गए। वहाँ दोनों के लिए अलग बेडरूम थे और आवश्यक फर्नीचर सहित एक ड्रॉइंग रूम भी था।

पिअर्सन परिवार निम्न मध्यवर्गीय था। उनकी आर्थिक स्थिति सामान्य थी। गरीब परिवार पूरा घर किराये पर देकर स्वयं नीचे के तल्ले में रहकर अन्य मंजिल सभ्य व्यक्ति को किराये पर देकर अपना उदर-भरण करते। परिवार की मालकिन अर्थात् लैंड लेडी अतिथियों का खान-पान, स्नान, कपड़े धोने का प्रबन्ध देखती। मिस्टर पिअर्सन ऑक्सफोर्ड के एक बड़े होटल में वेटर की नौकरी करते थे। उन्हें दो बेटे और चार बेटियाँ थीं।

पिअर्सन परिवार अत्यन्त सीधा, गरीब और ईमानदार था। इंग्लैंड में ऑक्सफोर्ड का छात्र और उसमें भी धार्मिक शिक्षा लेनेवाले छात्र का बड़ा सम्मान करते हैं। पिअर्सन परिवार के छोटे-बड़े सदस्य स्वाभाविकत: विट्ठल रामजी शिंदे से नम्रता से पेश आए। पिअर्सन परिवार के आत्मीय व्यवहार से ऑक्सफोर्ड के निवास में उन्हें दुबारा कमरा बदलने की जरूरत न पड़ी। उनकी बड़ी बेटी अलाईस की ओर अतिथियों का पूरा प्रबन्ध देखने की जिम्मेदारी थी। अच्छा-खासा परिचय होने पर विट्ठल रामजी आगे चलकर कभी-कभार मिसेस पिअर्सन की ओर किचन में जाते। तब पूरे परिवार को लगता कि उसका सम्मान हो रहा है। अलाईस बाईस की अवस्था में थी। उससे छोटे विली और फ्रैंक आदि दो भाई और नेली, मेरी और मैगी—ये बहनें थी। मैगी तीन साल की थी। विट्ठल रामजी एकाध इतवार को सभी बच्चों को साथ लेकर घूमने जाते। नेली और मेरी से उनकी विशेष मैत्री हो गई थी।

विट्ठल रामजी शिंदे मनुष्य की ओर आध्यात्मिक दृष्टि से देखते। उन्होंने भविष्य में व्यक्तियों का किया आकलन-मूल्यांकन में यह विचार-दृष्टि पाई जाती है। उनमें यह विशेषता उनकी छात्रावस्था से ही पाई जाती है। पिअर्सन परिवार में रहने आए तो चार दिन बाद ही एक घटना घटित हुई। उन्होंने अपनी डायरी में 20 नवम्बर, 1901 में लिखा है : (मि. जैक्स के लेक्चर के बाद छात्र ने चलाई) "मैं आज की उपासना में बैठा नहीं। मैं घर आकर मिस पिअर्सन से बातचीत करता रहा। इस वार्तालाप से मुझे उपर्युक्त विशिष्ट व्याख्यान से अधिक ज्ञान प्राप्त हुआ। इतना ही नहीं तो मेरी आध्यात्मिक उन्नति हुई।"[5] विट्ठल रामजी द्वारा ऐसा विधान करने की स्पष्टता अन्तिम हिस्से में मिलती है, "आज कुछ समय अलाईस से बात हुई। यह कितनी सीधी है! सीधी वेशभूषा, सामान्य रूप, सामान्य बुद्धि और सीधा मन। दाँवपेंच से कोसों दूर। अपनी त्रुटियाँ छिपाने की उसमें कला नहीं है और इच्छा भी नहीं। इतना ही नहीं तो अपनी त्रुटियों को लेकर उसे असन्तोष भी नहीं। इसमें कोई नैतिक अभाव नहीं है। इसी कारण उसका भोला और मुग्ध स्वभाव उसे शोभा देता है। गरीब स्थिति में ऐसा निष्कलंक मत देखकर मेरी आध्यात्मिक शिक्षा में काफी वृद्धि हुई!!"[6]

विट्ठल रामजी ऑक्सफोर्ड में रम गए। नया ज्ञान मिल रहा था। नए विचारों से परिचय हो रहा था। पढ़ने के लिए काफी पुस्तकें थीं। आस्था से पढ़ानेवाले अध्यापक थे। आत्मीयता से चर्चा करनेवाले मित्र थे। सैर-सपाटे के लिए टेम्स नदी का किनारा था। नौका विहार की सुविधा थी। कमरे में शोन जैसे सहपाठी का साथ था। आतिथ्यशील, स्नेहिल पिअर्सन परिवार उनकी प्यार से देखभाल करता। ऑक्सफोर्ड के दिन खुशी में बीत रहे थे।

सन्दर्भ

1. *दि. इन्क्वायरर,* लन्दन, 20 जनवरी, 1900
2. *मिनट बुक ऑफ मार्टिनो क्लब,* मैनचेस्टर कॉलेज, ऑक्सफोर्ड, फरवरी, 1897 से लिखी हस्तलिखित बही, मैनचेस्टर कॉलेज ग्रंथालय, ऑक्सफोर्ड
3. विट्ठल रामजी शिंदे, *रोजनिशी,* पृ. 69
4. वही, पृ. 75
5. वही, पृ. 73
6. वही, पृ. 74

क्रिसमस की छुट्टी : लन्दन प्रवास

विट्ठल रामजी ने क्रिसमस की छुट्टी लन्दन में बिताना तय किया। उसके अनुसार 8 दिसम्बर को छुट्टी शुरू होते ही वे दोपहर एक बजे तुरन्त ऑक्सफोर्ड से निकले और दो घंटे में लन्दन पहुँचे। उन्होंने ग्रेज इन रोड पर एक कमरा किराये पर ले लिया। उनके बाजू के कमरे में ही राजाराम पानवलकर और नासिक के पंगे रहते थे। पानवलकर से उनकी तुरन्त मैत्री हुई। पानवलकर तीनों के लिए उत्तम, सात्विक शाकाहारी भोजन बनाते। इन साथियों के कारण उनका लन्दन दर्शन अच्छा हुआ।

विट्ठल रामजी मन में कुछ निश्चय कर छुट्टी बिताने के इरादे से आए थे। "हमारी पाठशाला, कॉलेज, गुरु जिस पाश्चात्य सुधार की तारीफ के पुल बाँधते हैं, इतना ही नहीं तो जो यह सुधार-चक्र खा-पीकर घर में स्वस्थ बैठकर राम नाम जपनेवाले हमारे सीधे-भोले राष्ट्र को आज लगभग सौ वर्ष चला रहे हैं, उसका कोई सूत्र इस अद्‌भुत शहर में दिखाई दे तो उसे देखने का एक उद्‌देश्य उनके मन में सुप्त रूप में था क्योंकि ऑक्सफोर्ड विश्वविद्यालय बड़े आश्रम जैसा है। वहाँ विद्या और अध्यावसाय के सिवा अन्य हवा नहीं बहती और आधुनिक सुधाररूपी चीज तैयार होनेवाला लन्दन जैसा बड़ा गोदाम तो दुनिया में कही नहीं।"[1]

पहली नजर में उन्हें लन्दन शहर की विशाल आबादी का जबरदस्त झटका लगा। छप्पन लाख आबादी के इस शहर में जाते ही उन्हें लगा," मानवी महासागर में डूब रहा हूँ। किसी भी यातायात के रास्ते से गुजरते समय स्त्री-पुरुषों के रेले पर रेले देखकर ऐसा लगता है कि दुनिया में मनुष्य जाति बड़ी सस्ती हो गई है।" उनके मन में ऐसा ही भाव पैदा हुआ। "सैंकड़ों मंडल, हजारो संस्थाएँ, कई झंझट और असंख्य आन्दोलन सार्वजनिक हित के लिए चल रहे हैं, इसका गाईड बुक से पता चलता है, लेकिन वे किस कोने में हैं और उनका इस जनसमूह पर क्या परिणाम होता है, इसका बोध नहीं होता।"[2] विट्ठल रामजी शिंदे की अपने लक्ष्य के प्रति आस्था थी। उन्होंने यह तय किया था कि भारत पहुँचने पर धार्मिक कार्य के साथ ही दीन-दलितों के सुधार का कार्य करना है। इसलिए उन्होंने अपने लक्ष्य के अनुरूप धार्मिक कार्य और सामाजिक कार्य करनेवाली संस्थाएँ विशेष रूप से देख लीं। इस तरह का कार्य करनेवाले व्यक्तियों से मिले। ज्ञान में वृद्धि हो, ऐसे म्यूजियम और चिड़ियाघर देखे। उसी तरह लन्दन शहर के सांस्कृतिक जीवन के आयामों का सौन्दर्य दृष्टि से निरीक्षण किया। वे 13 दिसम्बर को दोपहर मिस मैनिंग के घर गए। मिस एलिजाबेथ एडलेड मैनिंग नेशनल इंडियन एसोसिएशन की सचिव थीं।[3] शिंदे की भेंट से वे काफी खुश हुईं। मिस मेरी कार्पेंटर की तरह ही मिस मैनिंग सामाजिक सुधार और शिक्षा को लेकर कार्य करती थीं। वे चार्ल्स वायसे (1828-1912) कट्टर एकेश्वरवादी सुधारक की शिष्या थी। उन्होंने 17 तारीख को यूनिटेरियन सचिव बोवी की भेंट ली। उनके साथ 'यूनिटेरियानिजम' इस विषय पर चर्चा की। उनकी विनती पर शिंदे ने 'यूनिटेरियन वर्ल्ड' मासिक पत्रिका के लिए प्रार्थना समाज के सम्बन्ध में एक लेख लिखकर दिया।

शहर के मध्य में गिल्डफर्ड रास्ते पर स्थित 'बालहत्या निवारक गृह' उन्होंने बारीकी से देखा और उसके तफसील प्राप्त की। 1739 में टॉमस कोरम नामक एक उदार व्यापारी ने इस संस्था की स्थापना की। पार्लियामेंट और प्रस्तुत संस्था ने जो व्यापक औदार्य दिखाया, उसके परिणामस्वरूप पापाचरण को बढ़ावा मिला और गृह में दाखिल अनाथ बच्चों की संख्या पन्द्रह हजार तक पहुँची। यह देखकर संस्था ने कड़े नियम बनाए। गृह में रखा जानेवाला बच्चा एक साल से बड़ा न हो। बच्चे को दाखिल करने स्वयं माँ ही आनी चाहिए और उसे आपबीती बतानी होगी। ठगाई गई, लेकिन अच्छे वर्तन की स्त्री को भी गृह में सहारा दिया जाता और उस स्त्री को सही राह पर लाकर वह फिर समाज

में घुल-मिल जाए, ऐसा प्रबन्ध किया जाता। यह सभी नाजुक कार्य बुजुर्ग लोगों की समिति गहरी छान-बीन कर न्याय बुद्धि से करती है। फिलहाल गृह में 323 बच्चे हैं। अलग-अलग गाँवों में 229 छोटे बच्चे दाई के पास रखे हैं आदि जानकारी विट्ठल रामजी शिंदे ने हासिल की। उनके मन में स्वाभाविकत: यह बात आई होगी कि प्रार्थना समाज पंढरपुर में इसी तरह का गृह चलाता है।[4]

27 तारीख को विट्ठल रामजी और राजाराम पानवलकर खाना खाने अध्यक्षा मिसे टैगर्ट के घर गए। वहाँ पोस्टल मिशन की सचिव मिस फ्लॉरेन्स हिल्ल आ गई थीं। मागरिट टैगर्ट पैंसठ तो फ्लोरेन्स हिल्ल अठावन की अवस्था में थीं। अमरीका में पोस्टल मिशन का आन्दोलन शुरू करनेवाले रेवरंड रॉबर्ट स्पीअर्स ने इन दो सहेलियों को इंग्लैंड में यह कार्य करने की आग्रहपूर्ण सूचना की। उसके अनुसार 1886 में उन्होंने इंग्लैंड में पोस्टल मिशन का कार्य प्रभावी रूप में शुरू किया। इससे पोस्टल मिशन के कार्य से उन दोनों का नाम हमेशा के लिए जुड़ गया।[5] शिंदे ने इन दोनों से पोस्टल मिशन की जानकारी प्राप्त की। मिस हिल्ल के आमंत्रण पर वे 2 जनवरी को पोस्टल मिशन काउंसिल की सभा में उपस्थित रहे। उन्होंने इस सभा में मुम्बई इलाके में 'ब्राह्मो पोस्टल मिशन' की एक शाखा शुरू करने का विचार प्रस्तुत किया। कमेटी को यह प्रस्ताव पसन्द आया और उन्होंने पर्याप्त पुस्तकें मुहैया करने का आश्वासन दिया। लन्दन के पोस्टल मिशन का कार्य दस-बारह स्त्रियों की समिति देखती थी। पूरे देश में यूनिटेरियन साहित्य डाक द्वारा भेजकर पत्राचार द्वारा प्रसार का कार्य स्त्रियाँ ही करतीं। आगे चलकर विट्ठल रामजी शिंदे ने इसी तरह का कार्य अपने यहाँ की स्त्रियाँ करें, इस तरह का जाहिर आह्वान 'सुबोध पत्रिका' में 'सुशिक्षित धर्म-भगिनियों को अनावृत्त पत्र'[6] लिखकर किया। विट्ठल रामजी शिंदे ने मुम्बई में ब्राह्मो पोस्टल मिशन की स्थापना कर अपने मित्र वासुदेवराव सुखटणकर के जरिये इस कार्य को पहले ही आरम्भ कर दिया था।

शिंदे में अपनी छात्रावस्था से ही ऐतिहासिक और प्रेक्षणीय स्थान देखने की तथा नई जानकारी प्राप्त करने की तीव्र जिज्ञासा थी। एक नए देश में और अलग सांस्कृतिक परिवेश में आने से उन्हें यहाँ देखने लायक काफी कुछ था। 16 दिसम्बर को उन्होंने रोजंट पार्क का भव्य चिड़ियाघर देखा। इस चिड़ियाघर में विविध प्राणी अपने प्राकृतिक परिवेश में रहें, ऐसा प्रबन्ध किया था। यह देखकर वे चकित हुए। उन्होंने 21 और 24 दिसम्बर को ब्रिटिश म्यूजियम का 'नैचुरल हिस्टरी' विभाग दो दिन अत्यन्त बारीकी से देखा। उन्हें लगा कि डार्विन के विकास सिद्धान्त पर हजारों व्याख्यान सुनने के बजाय यह म्यूजियम एक बार बारीकी से देखें तो अधिक जानकारी प्राप्त होती है।[7]

वे विभिन्न मत के समाज की उपासना को जाकर उनकी कार्य शैली की विशेषताओं का निरीक्षण करते थे। पोर्टलैंड स्ट्रीट के यूनिटेरियन मन्दिर में उन्होंने स्टाफर्ड ब्रुक की उपासना सुनी। 29 तारीख को इतवार के दिन साउथ प्लेस के नैतिक समाज में उपासना सुनने गए। यह समाज ऑगस्त कोम्त इस फ्रेंच तत्त्ववेत्ता की 'पॉजिटिविजम' (प्रत्याक्षार्थवाद) विचार प्रणाली मानता है। यह सम्प्रदाय परमात्मा, आत्मा आदि अज्ञेय बातों को नहीं मानता। नीति के सिवा धर्म के रूप में किसी धार्मिक बन्धन का पालन करना उन्हें आवश्यक नहीं लगता। उपासना पद्धति ईसाई मन्दिर की तरह ही थी, लेकिन ईश्वर आदि का वहाँ उल्लेख नहीं होता। 'लोगों को जबर्दस्ती लड़ाई पर भेजना निन्द्य है' ऐसा मत उपासक ने प्रदर्शित किया। अर्थशास्त्री एडम स्मिथ, नीतिशास्त्रज्ञ सिजविक आदि के परिच्छेदों का वाचन हुआ। टेनिसन के कुछ पद गाए गए। जनवरी की शाम को शिंदे एसेक्स हॉल अर्थात् यूनिटेरियन समाज के दफ्तर की जगह थियोसॉफिकल सोसाइटी की कक्षा देखने गए। व्याख्याता ने 'पुनर्जन्म' इस विषय पर प्रतिपादन किया। प्रश्न-उत्तर और चर्चा शान्ति से सम्पन्न हुई। विट्ठल रामजी शिंदे ने व्याख्याता से ऐनी बेसेंट के सन्दर्भ में बातचीत की। व्याख्याता ने बताया कि बेसेंट मैडम ने हिन्दुस्तान में जो कार्य शुरू किया है, उसका विश्व में चलनेवाले थियोसॉफिकल आन्दोलन से कोई सम्बन्ध नहीं है। हिन्दुस्तान में वे जो कार्य कर रही है, वह स्वयं को हिन्दू कहकर कर रही हैं। इतवार, 5 जनवरी को वे संडे स्कूल एसोसिएशन के चेयरमैन इयन रिचर्ड के घर भोजन करने गए। बाद में मिस रिचर्ड ने उपासना मन्दिर में बच्चों के लिए एक उपासना चलाई। उनकी विनती पर विट्ठल रामजी शिंदे ने भी छोटा भाषण दिया। लगभग दो सौ लड़के उपस्थित थे। बीस वर्ष की अवस्था के ऊपर होनेवाले युवाओं की इतवार की कक्षा रिचर्ड स्वयं अपने घर पर लेते थे।

विट्ठल रामजी शिंदे को अपने स्वीकृत कार्य और लक्ष्य के प्रति जैसी आस्था थी, उसी तरह विविध प्रकार के कलात्मक सौन्दर्य का आस्वाद लेने की उनमें उत्कट लालसा थी। लन्दन पहुँचने पर दूसरे दिन उन्होंने ट्रफालगर स्क्वेअर का 'नेशनल पिक्चर गैलरी' चित्र संग्रहालय देखा। वहाँ राफील, रुबेन आदि ख्यातलब्ध चित्रकारों के सुन्दर

चित्र थे। वहाँ का एक-एक चित्र इतना सुन्दर लगता कि उनका उसे छोड़ आगे जाने को मन नहीं करता। यह चित्र देखते समय रसिकों की जो स्थिति होती है, यह बताते हुए उन्होंने लिखा है, "दालान के बीचोंबीच कुर्सियों की कतार है। उस पर बैठे कई रसिक प्रेक्षक दीवार की तसवीर की ओर काफी समय टकटकी लगाकर स्वयं भी चित्र की तरह ही तटस्थ दिखाई देते हैं।"[8]

20 तारीख की रात को उन्होंने 'शार्लाक होम्स' नाटक देखा। उसमें होनेवाले यथार्थ अभिनय का उन्हें कौतूहल हुआ। "ये लोग अभिनय पर काफी लक्ष केन्द्रित करते हैं। वह कला उन्होंने अच्छी तरह अर्जित की है। रंगमंच और रोजमर्रा के जीवन में बिलकुल अन्तर दिखाई न दिया, यही खूबी है।" लेकिन नाटक पर अभिप्राय देते समय उन्होंने दर्ज किया है कि यद्यपि इस नाटक की बेहतरीन नाटक में गिनती होती है, लेकिन मुझे कोई खास नहीं लगा।[9] नाटक को लेकर उनके इस अभिप्राय का यह कारण होगा कि एक तरह की आध्यात्मिकता हो तभी वह कला उन्हें सुन्दर लगती थी।

लन्दन प्रवास में शिंदे के मन पर परिणाम करनेवाली दो महत्त्वपूर्ण घटनाएँ रहीं। 22 तारीख को इतवार के दिन वे पोर्टलैंड स्ट्रीट पर के यूनिटेरियन मन्दिर में गए थे। रेवरंड हेनरी वुडस पेरिस का 'शान्ति' विषय पर व्याख्यान हुआ। यूनिटेरियन मन्दिर के व्यासपीठ से ज्वलन्त विषयों पर जो चर्चा होती है, वह उन्हें विशेष बात लगी। रेवरंड पेरिस ने अफ्रीका में जारी लड़ाई को लेकर जोरदार प्रतिकूल मत प्रस्तुत किया। अपनी भूमिका प्रस्तुत करते हुए उन्होंने कहा, "धर्म यदि व्यवहार में नहीं आता या कोई भी नीति या न्याय को व्यवहार धर्म नहीं माना जाता तो मैं आज ही अपने प्रचारक पद का इस्तीफा दे दूँगा।"[10] उनकी स्वयं की भूमिका ऐसी ही थी, यह उनकी फर्ग्युसन की डायरी में दर्ज राय से स्पष्ट होता है। पेरिस का यह मत विट्ठल रामजी को काफी पसन्द आया होगा। उन्नत स्तर से लौकिक जीवन में किया कार्य और धर्म, नीति और धर्म को एक मानने की शिंदे की भूमिका उनके भावी जीवन की कृति और विचार से दिखाई देती है। यह भूमिका दृढ़ बनने में रेवरंड पेरिस के विधान ने काफी प्रभावित किया होगा, ऐसा कह सकते हैं।

30 दिसम्बर को विट्ठल रामजी शिंदे ने डोमेस्टिक मिशन में से रेवरंड समर्स का जॉर्जेस रोम का मिशन देखा। रेवरंड समर्स उन्हें इस क्षेत्र के चार-पाँच गरीब लोगों के घर ले गए और उनकी दशा से रू-ब-रू किया। इनमें से तीन घरों में बूढ़ी औरतें काफी बीमार थीं। दो बीमार औरतों के पास बैठकर विट्ठल रामजी ने प्रार्थना की। उस दिन चाय-पान की पार्टी हुई। इस अवसर पर विट्ठल रामजी ने छोटा भाषण दिया। सभी मेहनतकश औरतों के दिनभर काम पर जाने पर उनके बच्चों को सँभालने का प्रबन्ध एक घर में किया था। उस घर में ऐसे 23 बच्चे रखे थे। इस कार्य के लिए माफिक मुआवजा लिया जाता। यूनिटेरियन एसोसिएशन की ओर से मिशन का खर्चा चलाया जाता था।

शिंदे ने इस डोमेस्टिक मिशन का कार्य देखकर उसका इतिहास जान लिया। डॉ. जोसेफ टकरमान (1778 से 1840) ने बोस्टन क्षेत्र के चेल्सी गिरजाघर की जिम्मेदारी पच्चीस साल निभाई। उनकी तबीयत बिगड़ गई और आवाज बैठ गई। इससे उन्हें सेवानिवृत्त होना पड़ा। उनमें मिशनरी वृत्ति से काम करने की रुझान कायम होने से उन्होंने अपने कार्य का नया क्षेत्र खोज डाला। गरीब बस्ती के दीन लोगों का दुख व्यक्तिश: सम्पर्क कर दूर करने के उद्देश्य से उन्होंने 1835 में 'लन्दन डोमेस्टिक मिशन सोसाइटी' नामक संस्था स्थापित की। 1879 में रेवरंड फ्रेडरिक समर्स ये जॉर्जेस रो मिशन में दाखिल हुए। युवावस्था में वे बर्मिंघम में उद्योग चलाते थे। उन्होंने काफी सम्पत्ति मिलनेवाला व्यवसाय छोड़ दिया और मिशनरी बनकर गरीबों की सेवा के लिए अपना जीवन समर्पित करने का निर्णय लिया। 1877 में उनकी लिवरपूल में मिशनरी के रूप में नियुक्ति हुई। लन्दन मिशन कमेटी ने उन्हें लन्दन बुलाया और 1879 से वे जॉर्जेस रो मिशन में मिशनरी बनकर कार्यरत रहे। गरीबों की सेवा में आस्था, प्रचंड कार्य-क्षमता और कार्य तत्परता ये विशेष गुण उनमें थे। साथ ही, उनमें कई सहकर्मियों का सहयोग लेकर मिशन के विविध कार्य करने का संगठन कौशल था। मिशन की ओर से इतवार की उपासना, इतवार की पाठशाला, बाइबल पठन, ग्रंथालय जैसे विविध उपक्रम चलाए जाते। इस सोसाइटी की ओर से स्पायटल फिल्ड मिशन, क्रिपल गेट मिशन, किंसिंगटाउन मिशन, नॉर्थ स्ट्रीट मिशन—ये डोमेस्टिक मिशन की शाखाएँ चलाई जातीं।

गरीब, दुखी, अक्षम और पतित लोगों में ऐहिक और आध्यात्मिक सुधार लाना, यह मिशन चलाने के पीछे उद्देश्य था। ऐसे दीन-दलितों के प्रत्यक्ष घर जाकर उन्हें सहयोग करना तथा उनमें आत्मविश्वास जगाना, ऐसी मिशन की कार्य पद्धति थी। इस कार्य के लिए अपना पूरा समय और शक्ति लगानेवाले वैतनिक मिशनरी नियुक्त करने की पद्धति संस्था ने शुरू की थी।[11] रेवरंड समर्स ने गरीबों का दुख दूर करने का कार्य मिशन की ओर से अत्यन्त सेवाभाव

तथा समर्पण से चलाया था। रेवरंड समर्स की सेवाभावी वृत्ति और कार्य-पद्धति ने शिंदे को काफी प्रभावित किया। कलसकर की भेंट होने पर अर्थात् 1898 से छात्रावस्था में ही विट्ठल रामजी शिंदे को अपने देश के दुर्भागी अस्पृश्य वर्ग में समग्र सुधार लाने हेतु कार्य करने की प्रेरणा मिली थी। उन्होंने अपने मित्र सासने, हुल्याल से कार्य करने हेतु एकाध मंडल स्थापित करने के सन्दर्भ में विचार-विमर्श किया था। रेवरंड फ्रेडरिक समर्स का जॉर्जेस रो मिशन का कार्य व कार्य-शैली देखने पर शिंदे ने सोचा कि हिन्दुस्तान वापस लौटने पर इस मिशन जैसी संस्था स्थापित कर अस्पृश्य वर्ग के लिए काम किया जाए। इसलिए विट्ठल रामजी शिंदे ने रेवरंड समर्स की मिशन को दी भेंट उनके जीवन की महत्त्वपूर्ण घटना साबित हुई।

विट्ठल रामजी शिंदे में उत्कट धर्म प्रेरणा थी। समाज-सुधार की आत्मीयता थी और देशप्रेम की उत्कट भावना थी। इसी कारण वे लन्दन में बने नए मित्र राजाराम भास्कर पानवलकर के साथ 14 दिसम्बर, 1901 को लन्दन इंडियन सोसाइटी की सभा को उपस्थित रहे। इस सोसाइटी की स्थापना सन् 1865 में दादाभाई नौरोजी ने की थी। सोसाइटी के अध्यक्ष दादाभाई ही थे। पानवलकर का 'अंग्रेजी अमल के हिन्दुस्तान में स्वराज्य की आवश्यकता' विषय पर एक घंटा व्याख्यान हुआ। उनके बाद और चार लोगों के भाषण हुए। उसमें विट्ठल रामजी शिंदे भी एक थे। शिंदे ने इस सभा का वर्णन इस प्रकार किया है, "बोलनेवाले सभी अजान और अननुभवी थे। बावजूद दादाभाई सभी की बातें शान्ति से सुन रहे थे और उनकी अपने नाती की तरह तारीफ कर रहे थे। व्याख्यान खत्म होने पर लड़कों ने उन्हें कई प्रश्न पूछे। उन्होंने बड़े जोश से उनके उत्तर दिए। बूढ़ा शरीर से वृद्ध है, लेकिन उसका जोश युवा से भी ज्यादा है। सभा के सचिव वाघले को बोलते हुए उन्होंने अधिकार से कहा, 'अरे तुम कितने मूर्ख हो? अब मैं तुम्हें गालियाँ दूँगा।"[12]

दादाभाई नौरोजी लन्दन इंडियन सोसाइटी का कार्य यद्यपि हँसी-मजाक में चलाते थे, लेकिन तत्त्वों को लेकर कोई समझौता नहीं करेंगे, इस पर वे अड़िग थे। वे अक्सर दूरदर्शिता से व्यापक देशहित का विचार किया करते। 1899 के जून में लन्दन इंडियन सोसाइटी की सभा आयोजित हुई और पुणे के 'काल' पत्र में प्रकाशित लेखों द्वारा राजद्रोह तो प्रकट नहीं होता, इस बारे में तथा रैंड तथा आमर्स्ट की हत्या पर चर्चा हुई। और हत्या की घटना का निषेध न करें इस पर इस पक्ष को एक ज्यादा वेट मिला। दादाभाई ने फिर बड़ी सभा बुलाकर उसमें विचार करने का निर्णय लिया। और उस सभा में वोट अपने विरुद्ध अर्थात् हत्या के पक्ष में हुआ तो मैं इस्तीफा दे दूँगा, ऐसा स्पष्ट बता दिया। उन्होंने कहा, "मैंने अपनी जिन्दगी देशहित में बिताई है और इससे कई अंग्रेज लोग मुझे दोष देते हैं, इसके बावजूद मैं हत्या जैसे दुष्ट राक्षसी कृत्य करनेवालों का पक्ष कभी नहीं लूँगा।" 'सुबोध पत्रिका' ने यह वृत्तान्त देकर कहा, "पुणे के झूठे देशाभिमान की हवा लन्दन तक एतद्देशियों में फैली है! दादाभाई सेटजी का निश्चय उनकी सच्ची देशभक्ति का द्योतक है।"[13] लन्दन इंडियन सोसाइटी की सभाएँ जिस प्रतिबद्धता से सम्पन्न होनी चाहिए, वैसी नहीं होती थीं। शनिवार, 4 जनवरी, 1902 को होनेवाली पाक्षिक बैठक को विट्ठल रामजी शिंदे गए थे। अध्यक्ष दादाभाई नौरोजी और अन्य केवल पाँच-सात लोग उपस्थित थे, लेकिन आखिर तक व्याख्याता और दोनों सचिव नहीं आए। इसलिए सभा अगली तारीख को तय की गई। स्वयं वक्त के पाबन्द होनेवाले शिंदे को यह बात रास न आई। इस सन्दर्भ में वे व्यंग्य से लिखते हैं, "इंडियन लन्दन में गया तो क्या हुआ? रहेगा तो इंडियन ही! इस सभा को कोई यूरोपीय नहीं आते, यह सौभाग्य ही था वरना यह हिन्दी व्यवस्था उनकी समझ में न आती।"[14]

आधी दुनिया को नचानेवाले अंग्रेज सुधारचक्र के सूत्र लन्दन शहर में देखने को मिलेंगे, इस उम्मीद से शिंदे वहाँ गए थे। उनकी अपेक्षा के अनुसार उन्हें निश्चित ही कुछ सूत्र देखने को मिले। लन्दन शहर का भौतिक रूप ही नहीं तो इस व्यापारी राष्ट्र का अन्तरंग भी उन्होंने भलीभाँति पहचाना। हमारे यहाँ के दुकान तथा दुकानदारों की मानसिकता में होनेवाला अन्तर वे मार्मिक ढंग से बताते हैं, "माल तो मोहक था ही, लेकिन वह दुकान में रखने की शैली उससे भी मोहक थी। हमारे यहाँ का दुकानदार अपने माल का ढेर दुकान में छिपाकर दरवाजे के पास बैठता है। किसी को ऐसा लगे कि वह मानो पहरा दे रहा है। इधर अलग ही स्थिति थी। दुकान यानी एक भव्य पारदर्शी बक्सा या वस्तु संग्रहालय अथवा एक छोटी प्रदर्शनी। रास्ते से दौड़ते समय तक दुकान की सभी चीजें कीमत के साथ दिखेंगी।"[15] "लेकिन इनका व्यापार मात्र प्रदर्शनी से बढ़ा, ऐसा नहीं। अनियंत्रित व्यापार और कानूनी स्पर्धा इन तत्त्वों का यहाँ के लोगों पर ऐसा लाभप्रद परिणाम हुआ है कि ग्राहक के साथ अनुशासन से पेश न आना, उद्दडंता, अविश्वास या कीमत में अफरातफरी करें तो व्यापारी जल्द ही अपनी पूँजी खो बैठेगा। समग्रतः सौन्दर्य, बुद्धि और नीति—इन तीन

प्रमुख तत्त्वों में समन्वय लाकर दीर्घ उद्योग, असीम साहस और निश्चल श्रद्धा की नींव पर इन लोगों ने अपने व्यापार शास्त्र की इमारत खड़ी की है। इसी कारण लन्दन शहर को आज यह वैभव प्राप्त हुआ है।"[16]

विट्ठल रामजी ने अंग्रेजों के स्वभाव का आत्मिक पहलू समझने का प्रयास किया। यहाँ का ऐशोआराम का जीवन देखकर ऐसा लगने की सम्भावना है कि ये लोग स्वार्थी सुखवस्तु और जड़वादी है। शिंदे को लगा, "पाश्चात्य सुधार का पूरा रहस्य केवल ऐशोआराम में नहीं। इन लोगों में दुनिया में रहकर सुख का उपभोग करने की अत्यन्त लालसा है, यह सच है लेकिन पृथ्वी पर रहकर आकाश के स्वर्ग की ओर देखने की बजाय वे यहीं पर स्वर्ग निर्माण करना चाहते हैं। ये लोग स्वार्थी हैं, यह सच है, लेकिन स्वार्थ सिद्ध होने पर वे परमार्थ कैसा करते हैं, यह हमें समझना होगा।"[17] शिंदे ने इसे न केवल समझा था अपितु कुछ आदर्श उदाहरणों द्वारा भविष्य के कार्य की प्रेरणा तक ली थी।

विट्ठल रामजी शिंदे का लन्दन में छुट्टी का प्रवास दौड़-धूप के साथ ही काफी लाभदायी और सुखकर हुआ। 5 जनवरी, 1901 को वे सात बजे लन्दन से ऑक्सफोर्ड हेतु रवाना हुए। साढ़े नौ बजे अपने ऑक्सफोर्ड के कमरे पर पहुँचे। उन्हें, काफी दिनों बाद घर लौटा हूँ, ऐसा लगा।[18]

सन्दर्भ

1. विट्ठल रामजी शिंदे, 'लन्दन शहर', *लेख, व्याख्याने व उपदेश,* पृ. 15
2. वही, पृ. 15-16
3. *दि. इन्क्वायरर,* लन्दन, 19 अगस्त, 1905, पृ. 531
4. विट्ठल रामजी शिंदे, 'लन्दन का बालहत्या प्रतिबन्धक गृह', *लेख, व्याख्याने व उपदेश,* पृ. 21-25
5. *दि. इन्क्वायरर,* 30 मई, 1925, 6 जून, 1925, 12 अक्टूबर, 1935
6. *सुबोध पत्रिका,* 9-8-1903
7. विट्ठल रामजी शिंदे, *रोजनिशी,* पृ. 84-86
8. वही, पृ. 78
9. वही, पृ. 83-84
10. वही, पृ. 84
11. वी.डी. डेविस, द *लन्दन डोमेस्टिक मिशन सोसाइटी : रेकॉर्ड ऑफ हंड्रेड ईयर्स-1835-1935,* द लिंडसे प्रेस, एसेक्स हॉल, लन्दन 1935, पृ. 9-10, 53
12. विट्ठल रामजी शिंदे, *रोजनिशी,* पृ. 80
13. *सुबोध पत्रिका,* 18 जून, 1899
14. विट्ठल रामजी शिंदे, *रोजनिशी,* पृ. 89
15. विट्ठल रामजी शिंदे, 'लन्दन शहर', *लेख, व्याख्याने व उपदेश,* पृ. 16
16. वही, पृ. 17
17. वही, पृ. 17
18. विट्ठल रामजी शिंदे, *रोजनिशी,* पृ. 89-90

पत्रों का दिल-बहलाव

लन्दन से ऑक्सफोर्ड पहुँचने पर विट्ठल रामजी ने लन्दन पर और एक लेख लिखकर 10 तारीख को 'सुबोध पत्रिका' को भेज दिया। उनकी तबीयत कुछ बिगड़ गई थी। कमजोरी महसूस हो रही थी। भूख नहीं लग रही थी। उन्होंने 11 नवम्बर से मांसाहार बिलकुल छोड़ दिया था। लन्दन से मिरोज नामक पौष्टिक अन्न मँगाया था जो न उन्हें पसन्द आया न हजम हुआ। उन्होंने मजबूरी और अनिच्छा से मांसाहार करना शुरू किया।[1] वे शारीरिक दृष्टि से ही नहीं तो मानसिक दृष्टि से भी अस्वस्थ थे। उनका मन नहीं लग रहा था। उदास लग रहा था। वे अपने परिवार से उत्कट प्रेम करते थे। इंग्लैंड आते समय अपने मन की जो अवस्था हुई थी, उसका वर्णन उन्होंने एक पद में किया था।

"युवा भार्या, छोटा शिशु
वृद्ध माता-पिता।
अनाथ भगिनी, भाई छोटा।
आश्रित बान्धव सारे।
छोड़कर आया। करो दया।।" [2]

घर के सभी सदस्यों को वे नियमित पत्र भेजते थे। अपने हृदय के भाव प्रकट करने का वही एक विकल्प था। घरवालों तथा मित्रों से आए पत्र पढ़ने से उनका अच्छा दिल-बहलाव होता। उन्होंने लन्दन पहुँचते ही सभी नजदीकी मुम्बई प्रार्थना समाजीय मित्रों को तथा कोरगाँवकर जैसे बुजुर्गों को, साथ ही घर के पिता, जना बहन को पत्र लिखे। अपने नजदीकी मित्र विष्णुपंत देशपांडे, सासने, केशवराव कानिटकर, ज.स. करन्दीकर को वे यथासमय पत्र लिखते थे। क्रिसमस की छुट्टी हुई तो उन्होंने अपनी छोटी बहन मुक्ता, जमखंडी में उनके घर होनेवाली वासुदेवराव सुखटणकर की बीमार बहन शान्ता को भेंट के रूप में चित्र भेज दिए। अपनी माँ और पत्नी को भी वे पत्र लिखते थे। और अचरज की बात यह कि उनकी वृद्ध माँ तथा पढ़ना-लिखना सीखने का प्रयास करनेवाली उनकी पत्नी विस्तार से घर का समाचार तथा स्वयं की मानसिकता आदि लिखती थी। उनकी माँ को अपने बेटे के कर्तृत्व पर काफी अभिमान था। उसका एक पत्र इस तरह मिलता है :

जमखंडी,
ता. 26/1/02

चि. विठू बेटा को ढेर आशीर्वाद,

तुम्हारे बचपन की सभी बातें याद आती हैं। तुम छोटे थे। तब एक बार मेरे साथ जकन कमत के (जगन कामत के?) खेत पर आए थे। तुम्हें एक आना दिया था। वह तुमसे कहीं तो खो गया। तब मैंने तुम्हें खेत से घर पहुँचने तक काफी कष्ट दिया और अब तुम्हारी कीर्ति पूरी दुनिया में फैलेगी। आगे तुम मेरे वजन इतना सोना भी बाँट दोगे, लेकिन तब कहें कटु वचन याद आते हैं। बेटा, तब तुम्हारी योग्यता की मुझे कहाँ कल्पना थी? अब बस करती हूँ। मेरा तुम्हें पूर्ण आशीर्वाद।[3]

तुम्हारी जननी,
श्रीमती यमुना

विट्ठल रामजी शिंदे की पत्नी रुक्मिणीबाई ने स्वयं लिखा पत्र इस तरह है :

जमखंडी,
ता. 29/1/1902

प्रिय प्राणनाथ,

अब रोज दो प्रहर के समय ननदजी के सामने वाचन-लेखन करती हूँ। वे अब मुझे संगीत के कुछ आसान गीत सिखाती है। मेरी भी कुछ सीखने की रुचि बढ़ रही है। तेरदाल से बहिणाबाई आ गई है। ननदजी उन्हें भी पढ़ाने जाती हैं। तब मैं भी वहीं पर जाऊँगी। मेरे लिए अच्छा साथ होगा।

आपकी,
रुक्मिणी

इसी पत्र से तीर्थरूप विठू आण्णा को सादर प्रणाम।[4]

आपकी बहन,
मुक्ताबाई

वासुदेवराव सुखटणकर की बहन इस दौरान विट्ठल रामजी के परिवार में रहती थी। बीमारी की वजह से उसकी तबीयत बड़ी नाजुक बन गई थी। जना बहन ने ही फालिज की बीमारी में शान्ता की जिम्मेदारी उठाई और सावधानी और स्नेहिल सेवा से शान्ता की सेहत में कुछ सुधार आया था। विट्ठल रामजी ने अन्य बच्चों को क्रिसमस की भेंट भेज दी। उसमें शान्ता को चित्रवाला भेंटकार्ड भेजा था। उस चित्र में एक छोटी बच्ची तितली को पकड़ रही थी। उसकी भयावह बीमारी, उसमें आया अल्प सुधार और जना बहन ने वर्णन किया, उसके अनुसार उसमें होनेवाली बुद्धि और संवेदनाशीलता को मद्देनजर रखते हुए उसका निम्न पत्र हृदय को छूता है।

प्रिय विठू भाई,

आज आपने हम बच्चों को जो क्रिसमस के चित्र भेजे हैं, वे सभी को यथायोग्य हैं। लेकिन मुझे जो भेजा है, वह मेरे लिए बिलकुल योग्य है। मेरे लिए योग्य चित्र खोजना और वह मिलना, यह बड़ा कठिन है। ऐसा उचित चित्र खोजने के लिए अपने काफी कष्ट उठाया होगा, लेकिन मुझे तितली पकड़ने इतनी अब शक्ति आई तब जनाक्का को आशा थी कि अपना चित्र होगा, लेकिन न होने का पता चला तो निराशा हुई।[5]

आपकी बहन,
शान्ता

जना बहन की मानसिकता एक अलग असाधारण कारण से नाजुक बन गई थी। उनके नसीब में परित्यक्ता की जिन्दगी आ गई थी। जना बहन की जान को उसके ससुराल में धोखा होने से विट्ठल रामजी ने उन्हें उधर न भेजने का जो निर्णय लिया था, वह माता-पिता को मानना पड़ा था, लेकिन इससे जना बहन की पूरी जिम्मेदारी विट्ठल रामजी पर आ पड़ी थी और उन्होंने वह स्वेच्छा से स्वीकार की थी। उन्होंने उसकी शिक्षा का प्रबन्ध किया था। वे उसकी आध्यात्मिक उन्नति का खयाल रखते थे। उसका दुनियादारी से परिचय करवाकर उसकी समझ विकसित कर रहे थे। जना बहन भी मेधावी थी। उन्हें साहित्य में रुचि थी। हरिभाऊ आपटे के सुधारवादी उपन्यास दोनों ने पढ़े थे। इसी कारण जना बहन के पत्र में स्वयं की मानसिकता तथा औरों का वर्णन मार्मिकता से मिलता है। जनवरी, 1902 को जना बहन ने भाई को पत्र लिखा। इस पत्र में विष्णुपंत देशपांडे की भेंट के वृत्तान्त का निवेदन किया है। उन्होंने लिखा, "बोलते हुए उन्होंने आगे कहा है कि अपनी शान्ति बनाए रखना" ऐसा क्यों कहा होगा? अण्णा को मुझ पर भरोसा नहीं है क्या? अण्णा, मैंने आज तक इन पाँच-छह सालों में तुम्हारे या अन्य किसी के सामने मेरी जिन्दगी की बातें कर आँखों में आँसू नहीं लाए थे। क्या तुम्हारे सामने कभी रो दिया? मुझे लगता है, कभी नहीं...तुम्हारी ही बातें चलीं। पाँच बज गए। सभी छोटे-बड़ों ने मिलकर भजन किया। फिर मुझे कुछ सन्तोष हुआ। अण्णा मेरी मानसिकता का तुम्हें डर तो नहीं है? तुम जाते समय मुझे एक बार उपदेश करोगे, ऐसी काफी उम्मीद थी। तुम्हारी जाने की हड़बड़ी में वह रह गया। आजकल मैं वसु अण्णा में तुम्हें देखती हूँ। तुम यहाँ नहीं हो, लेकिन मैं वसु अण्णा की अनुमति के बिना कोई

गलती न करूँगी। वसु अण्णा दूर का नहीं लगता। खैर, अब काफी रात हुई है। बारह बज गए। कल सुबह मैं मलली जा रही हूँ। इस बार तुम्हारे साथ घूमने नहीं आ पाऊँगी। तुम राह देखोगे, इसलिए बता दिया। अगली बार टेम्स में नौका विहार करेंगे! पहले बताते तो मैं लन्दन आ जाती। खैर, बीच में ही बता देती हूँ कि मेरी चिन्ता मत करना। और इधर माता-पिता को भी कुछ बता दो। मैं ही कितना समझा दूँ? अक्सर माँ यही कहती है कि 'मेरी जनाक्का को देखते ही मुझे पीड़ा होती है।' ऐसा कहकर झट-से खड़ी होती है और पागलों की तरह घूमती है। तब वह काफी त्रस्त दिखाई देती है। मैं उसे कैसे समझाऊँ? तुम ही समझा दो। उसका यह व्यवहार देखकर मैं उसके सामने बैठ नहीं सकती। माँ ऐसा क्यों करती होगी?"[6] पत्र के उत्तरार्द्ध में विट्ठल रामजी के साढ़े चार मास के प्रताप की बाल-लीलाएँ रंजकता से लिखी हैं। इस पत्र से यह पता चलता है कि जना बहन के हिस्से में आए दुर्भाग्य को लेकर सभी किस तरह चिन्तित थे। इस पत्र से यह भी स्पष्ट होता है कि जनाक्का ने अपना भविष्य विठू अण्णा पर सौंप दिया था।

मुधोल से जनुभाऊ करन्दीकर ने 27 नवम्बर, 1901 को विट्ठल रामजी शिंदे के नाम इंग्लैंड को पहला पत्र लिखा। उसमें पूरी प्रांजलता झलकती है। यह पत्र अंग्रेजी भाषा में और सुन्दर लिखावट में हैं। उसमें उन्होंने कहा है :

"आपका पत्र पढ़ने पर 'हमारा एक मित्र इंग्लैंड गया है' इस विचार से बड़ी खुशी हुई। दूसरे, मन में ईर्ष्या (इस पापी मन को क्या कहा जाए!) उत्पन्न हुई। ईर्ष्या इसलिए हुई कि आपने मार्सेय, पेरिस, लन्दन और काफी कुछ देखा। मन में तीसरा विचार यह आया कि अब आप हिन्दुस्तान का और जो कुछ हिन्दुस्तान में है, उसका तिरस्कार कर रहे होंगे। अपनी संस्थाएँ, उद्योग, अपनी बौद्धिक, नैतिक और शारीरिक सामर्थ्य के सन्दर्भ में वहाँ के जायंटस के आगे इधर की सब बातें पिग्मी लग रही होंगी। शायद आपका विचार अलग हो सकता है, लेकिन मुझे मात्र भरोसा है कि यदि मैं यूरोप के तट पर पैर रखूँगा तो हमने इस भूमि में जन्म नहीं लिया, इसका मुझे निश्चित पछतावा होगा या दूर के ढोल सुहावने, ऐसा यथार्थ है?

"आपका अध्ययन कैसा चल रहा है? प्रोग्रेस कैसा है? मुझे ऐसा लगता है कि वहाँ आपको परायापन महसूस होता होगा।

"अपने मित्र सिनियर रैंग्लर परांजपे को सेंट जेम्स कॉलेज की फेलोशिप मिली है। उनके इंग्लैंड छोड़ने से पहले आपकी और उनकी भेंट होने की सम्भावना है?

"शेक्सपियर, बेकन, हॉवर्ड, मार्टिनो, ग्लैड्स्टन आदि की भूमि देखने में कितनी खुशी? इस सन्दर्भ में मैं आपके स्वार्थ को क्षम्य नहीं मानता। इसके बावजूद क्या आपको भारतीय डाक मिलने का दिन अत्यन्त खुशनुमा नहीं लगता? हम सब कुशल है। आशा है, आप स्वस्थ एवं सानन्द होंगे।"[7]

आपका मित्र,
जनार्दन एस. करन्दीकर

जनुभाऊ करन्दीकर को लगा, वैसा इंग्लैंड के प्रति अत्यन्त गौरवास्पद और भारत के प्रति तिरस्कार का भाव विट्ठल रामजी के मन में बिलकुल निर्माण नहीं हुआ। पूरी यात्रा और यूरोप निवास में सामान्यत: भारतीय यात्रियों में उस समय मिलनेवाला न्यूनता का भाव उनमें बिलकुल दिखाई नहीं देता। रावजी भवानराव पावगी को विदेश जाते समय अपनी जहाज यात्रा में यूरोपियन लोगों से सेवा लेना कठिन लगता था क्योंकि साहब कहें तो वरिष्ठ समझकर उसे सम्मान देने की आदत जो लग गई थी, ऐसा उन्होंने अपने यात्रा साहित्य में दर्ज किया है। विट्ठल रामजी मात्र जहाज पर के गोरे और काले सेवक की मानसिकता का अन्तर उन दोनों को सेवक मानकर ही करते हैं। शिंदे ने उपद्रव सहने के बावजूद सिर पर साफा बाँधने की देशीयता की जिद बिलकुल नहीं छोड़ी। उनके धर्म और संस्कृति सम्बन्धी विचारों में इस सन्दर्भ में दूराभिमान या न्यूनता दिखाई नहीं देती। उनकी भूमिका हमेशा निरामय, सत्यनिष्ठा की थी, ऐसा दिखाई देता है।

विट्ठल रामजी शिंदे ने स्कॉटलैंड का लॉखलोमंड सरोवर देखने पर वहाँ से लिखे पत्र को जनुभाऊ करन्दीकर ने 10 सितम्बर, 1902 को उत्तर लिखा है। उसके आरम्भ में एक गहरा विचार प्रकट होने के बावजूद समग्रत: उससे उनकी व्यावहारिक दृष्टि ही विशेष रूप में प्रकट होती है। अंग्रेजी में लिखे इस पत्र में उन्होंने कहा है, "आपका लॉखलोमंड से भेजा पत्र पढ़कर काफी खुशी हुई। आपका पत्र केवल काव्यमय कल्पना से सराबोर है। मैं दूसरे शब्दों में उसका वर्णन कर ही नहीं सकता। आपका फिलहाल जो मूड है, वह देखकर मेरा यह विश्वास हुआ है कि उच्च

धार्मिक विचार और कवि की उत्कट कल्पनाशीलता, इन दोनों में अपरिहार्य रिश्ता होता है। और मुझे ऐसा भी लगता है कि कवि कभी नास्तिक नहीं हो सकता।

"खैर। आप पावन ऐसे सरोवर प्रान्त में छुट्टी बिता रहे हैं, इसकी मुझे बड़ी खुशी हुई। अपने पत्र में व्यावहारिक दृष्टि से अब तक के अध्ययन की प्रगति और अगले दो वर्ष अभिप्रेत अध्ययन की जानकारी बताते तो मुझे आपका पत्र अधिक अच्छा लगता।

"क्या आपको पाठ्यक्रम आसान लगता है? उदात्त लगता है? आपने चयन किए अभ्यास-क्रम से आपको पूर्ण शान्ति प्राप्त हुई है? ये तथा इसी तरह के प्रश्न मुझे और आपके माता-पिता को, मित्रों को सताते हैं। इसका निर्णायक स्वीकार्य उत्तर ही मेरे मन को सन्तोष दे सकता है। आपकी सुखकर छुट्टी के यात्रा वृत्तान्त से सन्तोष नहीं होगा क्योंकि मैं एक व्यावहारिक मनुष्य हूँ और आपके रिश्तेदार और मित्र भी वैसे ही है। आपने पाठ्यक्रम के सन्दर्भ में बिलकुल नहीं लिखा है।

"अभी मेरा कानून की परीक्षा का अध्ययन पूरा नहीं हुआ है। इस वर्ष परीक्षा देने का मेरा विचार नहीं है।

"1894 में इंटर कक्षा में थे तब अर्नोल्ड के सोहराब और रूस्तुम पढ़ते समय किसी ने सपने में तक देखा न होगा कि आठ साल बाद आपको उसका मूल हस्तलिखित देखने का सौभाग्य प्राप्त होगा अथवा उसके पहले, 1890 में अंग्रेजी छठी कक्षा में 'लेडी ऑफ द लेक' काव्य पढ़ते समय किसी ने सोचा था कि आप प्रत्यक्ष लॉख कैटेन देखनेवाले हैं? जिसकी कल्पना तक नहीं की जाती, वे बातें काल की करतूत से घटित होती हैं!

" आशा है कि आपको नियमित छात्रवृत्ति मिलती होगी और आपको कोई असुविधा नहीं होगी।

"स्वीकृत कार्य में आपको सफलता प्राप्त हो ऐसी हृदय से इच्छा प्रकट कर पत्र को विराम देता हूँ"[8]

आपका मित्र,
जनार्दन सखाराम करन्दीकर

जनुभाऊ करन्दीकर के इन पत्रों से इन दो मित्रों में कैसा स्नेह था तथा दोनों की वृत्ति में कैसा विरोध था, यह स्पष्ट होता है।

विट्ठल रामजी शिंदे के दूसरे मित्र केशव रामचन्द्र कानिटकर ने उन्हें पत्र लिखकर मुख्यतः फर्ग्युसन कॉलेज, रैंग्लर परांजपे की प्रिंसिपल के रूप में नियुक्ति और उन्होंने गैदरिंग में खेले 'त्राटिका' नाटक की आद्यन्त हकीकत बताई है। कानिटकर का यह पत्र सांस्कृतिक दृष्टि से भी महत्त्वपूर्ण है।[9]

मुम्बई
कुलाबा ऑब्जर्वेटरी
24/2/02

सप्रेम नमस्कार।

काफी दिनों से पत्राचार नहीं हुआ। आपने लिखा पत्र प्राप्त हुआ, लेकिन इधर कुछ विशेष न होने से इतने दिन पत्र नहीं लिखा। आपने दस-बारह दिन पहले पत्र लिखने की खबर मिली, लेकिन पत्र नहीं मिला। जनाबाई आदि ठीक हैं। अपने कॉलेज की कुछ हकीकत बताने हेतु यह पत्र लिख रहा हूँ। यहाँ माननीय परांजपे आए। उनका उचित सम्मान हुआ और श्रीमान गोले छुट्टी पर होने से उनकी एक्टिंग प्रिंसिपल के रूप में नियुक्ति हुई। वे यहाँ पाँच-सात साल पहले जैसे थे वैसे ही हैं। इसलिए कुछेक को अच्छा लग रहा है तो कुछेक को बुरा लग रहा है। इस वर्ष ताऊन की बीमारी होने के बावजूद कॉलेज जनवरी से अप्रैल तक अव्यवहत शुरू था। श्रीमान परांजपे ने कॉलेज में सुचारूता लाने का काफी प्रयास किया है। अब उसका क्या परिणाम होगा, यह देखना है। इस वर्ष कॉलेज की गैदरिंग यह विशेष रही है। उसका पूरा प्रबन्ध मेरी ओर ही था। सभी पूर्व छात्रों को आमंत्रण पत्र भेजे थे और विशेष बात यह कि हमने 'त्राटिका' नाटक खेला। 'त्राटिका' नाटक कहते ही आपको शायद एक साथ अच्छा और बुरा लगेगा। हमने रेसिडेंसी चौराहे पर स्टेज तैयार किया था। उसकी लम्बाई-चौड़ाई स्टेज से भी बड़ी थी। इस नाटक मंडली का विशेष यह था कि एक-दो स्त्री पात्र और वरिष्ठ बी.ए. की कक्षा के छात्र थे। इससे नाटक की सभी खूबियाँ और रहस्य समझने में ज्यादा दिक्कत नहीं आई। नाटक के लिए प्रो. भानू ने विशेष कष्ट लिए। एक-दो रिहर्सलों के बाद 27 मार्च को नाटक

रंगमंच पर खेला गया। लगभग एक हजार प्रेक्षक जमा हुए थे, क्योंकि गाँव की मंडली को भी हमने पासेस दिए थे। नाटक अच्छा ही हुआ, इसलिए गाँव में और एक बार प्रयोग हो, ऐसी सूचनाएँ आईं। 'हाँ-न' करते हुए नाटक का प्रयोग तय हुआ। उस समय मैं धोमा गया था क्योंकि मेरे छोटे भाई बाबा का विवाह था। आपको पता होगा ही कि उसकी पहली पत्नी को आँखों की बीमारी थी, वह अब अन्धी हो चुकी है। अत: उसका दूसरा विवाह किया है। बहू बारह-तेरह साल की है। खैर, समाचार मिलने पर मैं पुणे आया और 10 अप्रैल को हमने नाटक का प्रयोग किया। यह प्रयोग काफी बेहतरीन हुआ। इसकी खबर 'केसरी' और 'सुधारक' पत्र में आ गई। उसकी कतरनें साथ में भेज रहा हूँ। उस दिन हमें 400 रुपये की कमाई हुई। खर्चा छोड़कर बाकी रुपये कॉलेज के जिमखाने को देने हैं। प्रो. गोखले भी उस समय उपस्थित थे। उन्हें तो काफी खुशी हुई। प्रो. राजवाड़े, पानसे भी बेहद खुश हुए। चौथा अंक खत्म होने पर एक सज्जन ने हम और एक बार प्रयोग करें, ऐसी सूचना कीं, लेकिन 'लोकआग्रह' पर प्रयोग करने के झंझट में न पड़कर हम पढ़ाई में जुटे हैं। प्रो. गोखले ने कहा कि 'प्रतापराव त्राटिका' यह शाहू नगरवासी नाटक मंडली इतना रंग नहीं लाई, होने के बावजूद प्रयोग उनसे बेहतर हुआ। कई छात्रों ने कहा कि इस समय प्रो. केलकर होने चाहिए थे। प्रो. गोखले के मतानुसार हम एक हजार रुपये जमा कर जिमखाने के लिए फंड तैयार करें। जून-जुलाई में वे हमें प्रयोग करने को कहेंगे, ऐसा डर है। फिर भी सभी मंडली ने यह निश्चय किया है कि दिसम्बर के सिवा कुछ नहीं करेंगे। इस मास में मात्र मुम्बई, पुणे और कोल्हापुर जाना है। इस नाटक में मैंने भी सम्भाजी के झूठे बाप का किरदार निभाया। इससे (उसकी पूरी हकीकत से) तुम्हें पता चलेगा कि हम क्या कर रहे हैं? सब कुछ छोड़कर नाटक खेल रहे हैं।(?) खैर!

फिलहाल मैं मुम्बई की कुलाबा में ऑब्जर्वेटरी में मशीन देखने पाँच-छह दिन के लिए आया हूँ। पिछले इतवार आ गया। शायद काम हुआ है। एक-दो दिन बाद फिर पुणे वापिस पहुँचूँगा तो मेरा पता कॉलेज का ही रहेगा।

—केशव कानिटकर

सन्दर्भ

1. विट्ठल रामजी शिंदे, *रोजनिशी,* पृ. 90
2. विट्ठल रामजी शिंदे, 'जलप्रवास', *लेख व्याख्याने व उपदेश,* पृ. 1
3. वि.रा. शिंदे का पत्र संग्रह
4. वही
5. वही
6. वही
7. वही
8. वही
9. वही

दक्षिण तट पर पखवाड़ा

मैनचेस्टर कॉलेज में सप्ताह के चार ही दिन अध्ययन हुआ करता। शनिचर, इतवार और सोमवार को छुट्टी रहती। लगातार तीन दिनों की छुट्टी के पीछे यह उद्देश्य हुआ करता था कि अन्य किसी गाँव के यूनिटेरियन समाज में उपासना चलानेवाले आचार्य उपलब्ध न हों तो मैनचेस्टर कॉलेज के छात्रों को उपासना चलाने के लिए भेजा जाता था। इस कार्य के लिए उस छात्र को यात्रा-व्यय के साथ मानदेय के रूप में दो पौंड दिए जाते थे। विट्ठल रामजी शिंदे को इस प्रकार की उपासना चलाने का अवसर दिया जाता था। विशेषत: उनका चयन ब्राह्म समाज के प्रतिनिधि होने के कारण होता था।

15 मार्च, 1902 से उनके कॉलेज को छह सप्ताह के लिए ईस्टर की छुट्टियाँ शुरू हुईं। 16 मार्च को उन्हें ब्रिडपोर्ट के यूनिटेरियन चर्च में उपासना का निमंत्रण मिल गया था। उसी क्षेत्र में अन्य जगहों पर भी उन्हें उपासना चलाने और व्याख्यान देने के लिए निमंत्रण मिल चुके थे। इंग्लैंड के दक्षिण तट पर स्थित डेवनशायर विभाग के ब्रिडपोर्ट शहर को जाने के लिए वे 15 मार्च को सुबह नौ बजे की ट्रेन से निकले। उनके मित्र जे. वॉल्टर कॉक के परिचित मि. कॉर्निक, ब्रिडपोर्ट के एक दुकानदार उन्हें लेने डेढ़ बजे स्टेशन पर आए थे। वे परम्परावादी मेथॉडिस्ट पंथ के थे। विट्ठल रामजी शिंदे के साथ वे बड़े स्नेहभाव से पेश आए।

ब्रिडपोर्ट इंग्लैंड के दक्षिण तट पर बसा एक शानदार शहर है। कभी रस्सी और जल के लिए ख्यातलब्ध यह शहर मूलत: दो गाँवों से बना हुआ है। शहर में ईस्ट स्ट्रीट पर यूनिटेरियन मन्दिर की 1794 में बनाई सुन्दर इमारत है।[1] शिंदे ने शाम को यूनिटेरियन मन्दिर के आचार्य मि. सॉली से मुलाकात कर उपासना-क्रम समझ लिया। दूसरे दिन रविवार को सुबह उपासना चलाई। उपासना के पश्चात् मि. कॉलफॉक्स नामक रईस यूनिटेरियन सज्जन से भेंट हुई। मि. कॉलफॉक्स यूनिटेरियन कॉलेज के अध्यक्ष थे। उनसे मिलकर शिंदे शहर से डेढ़ मिल दूर स्थित कॉर्निक के माता-पिता के घर गए। उनकी फलों की खेती थी। खेती के सन्दर्भ में विट्ठल रामजी शिंदे की जिज्ञासा होने के कारण उन्होंने फलोत्पादन और जमीन कसने के लिए कितना किराया देना पड़ता है, इस सन्दर्भ में पूछताछ की।

शिंदे के लिए ब्रिडपोर्ट के यूनिटेरियन मन्दिर की उपासना और व्याख्यान ब्रिडपोर्ट शहर का स्मरणीय प्रसंग सिद्ध हुआ। मैनचेस्टर कॉलेज के भारतीय छात्र मि.वी.आर. शिंदे रविवार 16 तारीख को शाम की उपासना चलाएँगे, यह दो सप्ताह पहले ही घोषित हो चुका था। इसी कारण वहाँ के यूनिटेरियन समाज में बड़ा कौतूहल था। 'ब्रिडपोर्ट न्यूज' में इस उपासना के सन्दर्भ में जो वृत्त आया, उसका मुख्य अंश कुछ इस तरह था—उपासना के लिए बड़ा जनसमुदाय उपस्थित था। हिन्दुस्तान से आए शिंदे काले वर्ण के व्यक्ति होते हुए भी गुलाबी रंग की पगड़ी पहनने से बड़े आकर्षक लग रहे थे। उन्होंने आठवीं उपासना बड़े ही प्रभावी ढंग से प्रस्तुत की। उपासना के पश्चात् उन्होंने ब्राह्म धर्म पर व्याख्यान दिया। ब्राह्म समाज की स्थापना 1830 में राजा राममोहन राय ने की तथा केशवचन्द्र ने इसका प्रचार-प्रसार किया। शिंदे स्वयं ब्राह्म धर्म के उपासक हैं। इस एकेश्वरवादी पंथ को भारत का यूनिटेरियन धर्म कह सकते हैं। शिंदे ने अपने भाषण में कहा कि ईश्वर कुछ विशिष्ट लोगों के लिए अवतरित हुआ, ज्यू लोग ईश्वर के चुने हुए खास लोग थे ऐसा समझना, इन बातों पर विश्वास करना अज्ञानता का प्रतीक है। हम कुछ खास लोग हैं, ऐसा समझने का प्रकार अन्य धर्मों में भी दिखाई देता है। उदाहरणार्थ, ईसाई धर्म के लोग दूसरों को धर्मभ्रष्ट समझते हैं। हिन्दू धर्म के लोग स्वयं को उच्च और दूसरों को नीच समझते हैं। प्रारम्भ में ब्राह्म समाज यहाँ के यूनिटेरियन जैसा ही छोटा-सा पंथ था। ब्राह्म और यूनिटेरियन, ये दोनों पंथ दो प्यारी बहनों जैसे और उत्तरोत्तर विकसित होनेवाले हैं। कोई भी एक

पंथ दूसरे की ओर हीनता से नहीं देखता। हिन्दुस्तान के ब्राह्म धर्म को ईसाई धर्म-प्रचारकों के कार्य का फल मानना तर्कसंगत नहीं होगा क्योंकि ब्राह्म धर्म का अपना अलग अस्तित्त्व है और वह पारम्परिक हिन्दू धर्म का विवेकपूर्ण तरीके से घटित हुआ आन्तरिक विकास है। केशवचन्द्र सेन जब इंग्लैंड आए थे तब उन्होंने विविध धर्मों और पंथों के श्रद्धा स्थान के सन्दर्भ में कहा था, "जबसे मैं इंग्लैंड में आया हूँ तब से देख रहा हूँ कि विविध नाम धारण किए हुए धर्म-पंथ अपने ईसाई होने का दावा करते हैं। मुझे लगता है कि मैं एक बहुत बड़े बाजार में आया हूँ। प्रत्येक पंथ जैसे छोटी-सी दुकान है और वहाँ विशिष्ट प्रकार का ईसाई धर्म बिक्री हेतु उपलब्ध है। मैं जब एक दुकान से दूसरी दुकान में और एक दरवाजे से दूसरे दरवाजे पर जाता हूँ तब प्रत्येक धर्म पंथ आगे बढ़कर अपनी बाइबल का विशिष्ट अर्थ और अपनी विशिष्ट ईसाई श्रद्धा मुझे देना चाहता है। मेरा यह पक्का विश्वास है और मैं स्पष्टत: यह कहना चाहता हूँ कि कोई भी ईसाई धर्म पंथ सच्चा और परिपूर्ण ईसा सामने नहीं ला रहा है, बल्कि वह बहुत-सी जगहों पर विविध रूपों में प्रस्तुत किया जा रहा है और इससे भी बड़ी लज्जास्पद बात यह है कि कहीं-कहीं तो नकली ईसा सामने लाया जा रहा है, लेकिन मैं यह स्पष्ट करना चाहता हूँ कि मैं इंग्लैंड में ईसा को खोजने नहीं आया हूँ। यह ईश्वर की कृपा है कि मेरा ईसा मेरे पास है।" उपदेशक ने कहा, "ब्राह्म को प्रेषितों की आवश्यकता नहीं रही है क्योंकि वे प्रत्यक्ष ईश्वर से संवाद स्थापित कर सकते हैं। ब्राह्मों का और यूनिटेरियनों का पिछले सात-आठ सालों से घनिष्ठ सम्बन्ध है, परन्तु ब्राह्मों का सच्चा बल ईश्वर के अदृश्य धर्मसंघ में संगठित है।"[2]

शिंदे ने आठवीं उपासना का पठन लिटनी पद्धति से किया। इस पद्धति में आचार्य और उपासक बारी-बारी से कुछ वाक्य दोहराते हैं। इस कारण दोनों का ध्यान उपासना में लगा रहता है। यूनिटेरियन के अलावा भी बहुत से लोग उपासना के लिए जमा हुए थे। कुल मिलाकर साढ़े तीन सौ लोग थे। शिंदे का ब्राह्म समाज के सन्दर्भ में जो व्याख्यान हुआ वह उनके स्पष्ट प्रतिपादन की वजह से सबको अच्छा लगा।[3]

विट्ठल रामजी शिंदे की ब्रिडपोर्ट भेंट का स्मरण करनेवाली एक महिला 1983 में जीवित थी। रे. बेसिल शॉर्ट ने अपनी परिचित 89 वर्षीय स्त्री के पास विट्ठल रामजी शिंदे की 1902 की ब्रिडपोर्ट भेंट का उल्लेख किया तब उस महिला ने कहा, "हाँ, मुझे याद है कि मि. शिंदे ब्रिडपोर्ट आए थे। उस समय संडे स्कूल में एक सभा का आयोजन हुआ था। उस सभा में मि. शिंदे पहली पंक्ति में बैठे थे और उन्होंने मुझे अपनी गोद में लिया था।"[4]

"उस महिला का वर्तमान नाम मिसेस फुलर। विवाहपूर्व उनका नाम हेनरी एटा एबट था। इस महिला की माताजी मन्दिर की देखरेख करती थीं और पिता कंस्ट्रक्शन के ठेकेदार थे।"[5]

यह उपासना चलाते मैं बहुत तल्लीन हुआ था, ऐसा शिंदे ने बताया है। उपासना का और उनके व्याख्यान का वृत्त अन्य समाचार-पत्रों में भी आया। शिंदे ने कुछ व्यंग्यात्मक स्वर में कहा, "हर रविवार की वेशभूषा की तरह उस दिन भी मेरे सिर पर गुलाबी पगड़ी थी। समाचार-पत्रों में जो रिपोर्ट आई, उसमें ब्राह्म समाज की अपेक्षा मेरी पगड़ी और विशेषत: पगड़ी के तुर्रे का ही वर्णन अधिक था।"[6]

दूसरे दिन प्रात: साढ़े दस बजे विट्ठल रामजी शिंदे रेवरंड सॉली के साथ वार्तालाप करते-करते समुद्र तट पर घूमने गए। वेस्ट बे के टीले की डेढ़ सौ फुट ऊँची कगार टूटी थी। यह इंग्लैंड का मनोहर सागर तट माना जाता है। शिंदे को यह नजारा बहुत ही उदात्त एवं रमणीय लगा।[7]

गाँव और शिक्षक, ये दोनों शिंदे की आस्था के विषय थे। ब्रिडपोर्ट जैसे स्थान पर आकर अंग्रेजी गाँवों की शिक्षा व्यवस्था देखने की उत्कट इच्छा उन्होंने मिस्टर कॉर्निक के पास व्यक्त की। उसके अनुसार उन्हें ब्रिडपोर्ट के पूर्व में तीन मील पर स्थित लगभग 700 की आबादीवाले बर्टन गाँव की पाठशाला देखने को मिली। गाँव के बाहर एक पुरानी, किन्तु स्वच्छ इमारत में यह पाठशाला थी। छात्रों की संख्या 71 तथा छात्राओं की संख्या 67 थी। इंग्लैंड में सात वर्ष से ज्यादा और चौदह वर्ष से कम उम्र के हर बच्चे को पाठशाला में भेजने का कानून था। इस कानून का भंग करने पर बच्चों के माता-पिता को जुर्माना अथवा जेल की सजा दी जाती थी। यह अनिवार्य शिक्षा बच्चों को मुफ्त में दी जाती थी। सरकार का यह निर्णय विट्ठल रामजी शिंदे को महत्त्वपूर्ण लग रहा था। पाठशाला में एक छोटा-सा म्यूजियम था। बच्चों की पूरी पढ़ाई पाठशाला में ही करवाई जाती थी। घर में पढ़ाई करने का बोझ बच्चों के सिर पर नहीं होता। बच्चों को फीस देनी नहीं पड़ती थी बल्कि उन्हें छात्रवृत्तियाँ दी जाती थीं। पाठशाला का अनुशासन भी उल्लेखनीय था। हेडमास्टर के सन्दर्भ में शिंदे लिखते हैं, "मि. मिलबोर्न इस काम के लिए बहुत ही योग्य लगे। बच्चों में उनकी प्रतिमा

ऐसी थी कि कभी न देखी हुई मेरी पगड़ी की ओर ज्यादा ध्यान न देते हुए हमेशा देखे हुए उनके चेहरे की ओर बच्चे सावधानी से देख रहे थे।"[8] समुद्र तट के पहाड़ी इलाके के एक छोटे गाँव की पाठशाला को देखकर विट्ठल रामजी शिंदे के मस्तिष्क में विचारों की तथा मन में विकारों की आँधी उठी। "इधर इतना धन व ज्ञान खर्च होते हुए भी राष्ट्रीय शिक्षा का स्तर निम्न है, ऐसा समाचार-पत्रों सभाओं में सुनाई देता है। हमारे यहाँ तो 100 में से 7 को पढ़ने-लिखने को आते हुए भी नौकरी नहीं मिलती, इसलिए शिक्षा सस्ती हुई, ऐसा सुनने में आता है।"[9]

शिंदे का बी.ए. में इतिहास यह अध्ययन का विषय था। रोम साम्राज्य का इतिहास उन्होंने विशेष रुचि से पढ़ा था। इसी कारण ब्रिडपोर्ट से छह-सात मिल पर एग्गार्डन टीले पर रोमान छावनी के अवशेष मिलते हैं, यह पता चलने पर 18 मार्च को प्रात: नौ बजे मि. कॉर्निक एवं रेवरंड बुइंटर के साथ वे यह टीला देखने गए। एग्गार्डन टीले की ऊँचाई समुद्रतट से 812 फिट है। इस टीले के शिखर से पुराने रोमन काल की एक सड़क सीधे तीर जैसी नीचे जाती है। सड़क सीधी बनाना यह रोमन पद्धति है। टीले के शिखर पर स्थित अवशेष उन्होंने देखे। बीच में दो पुरसा गहरा गड्ढा और दोनों ओर समान्तर तट ऐसा एक बड़ा-सा सर्कल टीले के शिखर पर स्थित होने की बात उन्होंने लिखी है।[10]

एग्गार्डन हिल से वापस आते समय मि. कॉर्निक उन्हें एक गाँव के मेथॉडिस्ट चर्च में ले गए। तत्पश्चात् दो लोगों के घरों में जाकर उन्होंने उनकी दशा देखी। उनमें से एक महिला 10 सालों से बीमार थी और पिछले पाँच-छह सालों से बहुत ही अस्वस्थ थी। शिंदे उस महिला से मिले एवं उसके लिए प्रार्थना की। उस बीमार महिला को बहुत खुशी हुई। मेथॉडिस्ट समाज की गरीब लोगों में ढंग से तथा सेवाभाव से कार्य करने की वृत्ति उन्हें बहुत भा गई। सप्ताहभर अपना अध्ययन करनेवाले युवक रविवार को उत्साह से गाँवों में उपासना के लिए जाते। मि. कॉर्निक भी इन्हीं लोगों में से थे। हर इतवार को वे दो-तीन गाँवों में जाते।

ब्रिडपोर्ट में मि. वाईट नामक मेथॉडिस्ट सज्जन से विट्ठल रामजी शिंदे का परिचय हुआ। ये व्यापारी सज्जन बड़े ही हँसोड़ स्वभाव के थे। गौतम बुद्ध के बारे में उन्हें काफी जानकारी और आदर था। शिंदे को उन्होंने 19 तारीख को भोजन के लिए आमंत्रित किया। उनके परिवार के सदस्यों ने शिंदे के प्रति स्नेहभाव दर्शाया।

ब्रिडपोर्ट में बिताया यह सप्ताह शिंदे के लिए बहुत ही विशेष सिद्ध हुआ। उनकी उपासना के वृत्त समाचार-पत्रों में आ रहे थे। ब्रिडपोर्ट के पास ही डेवनपोर्ट में भी उपासना के लिए उन्हें निमंत्रण मिल चुके थे। 22 मार्च को वे ब्रिडपोर्ट से क्रुकर्न स्टेशन जाने के लिए जान-बूझकर बस से निकल पड़े। उद्देश्य यह था कि रमणीय क्षेत्र ढंग से देखने मिले। खाई में दिखाई देनेवाले खपरैल के मकान बहुत ही सुन्दर लग रहे थे। दोपहर साढ़े तीन बजे वे डेवनपोर्ट पहुँचे। स्टोक नामक गाँव के चार नम्बर मकान में उन्होंने प्रवास किया।

डेवनपोर्ट, प्लीमथ और स्टोन हाऊस—ये तीनों शहर एक-दूसरे से सटे होने से अब दो लाख आबादी का एक ही शहर बना है। ये गाँव पहाड़ों में बसे होने के कारण एक भी सड़क समतल नहीं थी, किन्तु पहाड़ों में बसे होने के कारण पूरे शहर का सौन्दर्य बढ़ गया था।

ब्रिडपोर्ट के यूनिटेरियन और ईसाई लोगों में धर्म के प्रति जो उत्साह उन्हें दिखाई दिया, वह डेवनपोर्ट में नहीं दिखाई दे रहा था। यह बढ़ती आबादी और नगरीय जीवन का परिणाम हो सकता है। डेवनपोर्ट के यूनिटेरियन मन्दिर में प्रात: 11 बजे शिंदे की उपासना हुई। विषय था, 'लौकिक और धार्मिक जीवन'। शिंदे को यहाँ का मन्दिर तो बड़ा दिखाई दिया, परन्तु यूनिटेरियन आन्दोलन शिथिल लगा।[11] उपासकों की संख्या भी तीस से ज्यादा नहीं थी। सायंकालीन उपासना में 'ब्राह्म समाज' विषय था। लगभग 50 उपासक उपस्थित थे। मंगलवार को यूनिटेरियन मन्दिर में उनका लिटररी सोसाइटी की ओर से 'पाश्चात्यों का हिन्दू समाज पर परिणाम' विषय पर व्याख्यान हुआ। यूनिटेरियनों में हिन्दुस्तान के लिए आस्था है, ऐसा उन्हें महसूस हुआ। 26 तारीख को शिंदे ने प्लीमथ में ऑक्सफोर्ड स्ट्रीट पर स्थित बोर्ड स्कूल देखा। यह स्कूल शहर में होने के कारण काफी बड़ा था। यहाँ 364 छात्र थे और विशेषत: ये सभी छात्र मजदूर वर्ग के बच्चे थे। इससे शिंदे को लगा कि यहाँ की शिक्षा अनिवार्य, मुफ्त और ढंग से चल रही है। 27 तारीख को वे जान-बूझकर डेवनपोर्ट के दक्षिण में स्थित गरीब लोगों की बस्ती देखने गए। यहाँ के मकान और रास्ते गन्दगी से भरे पड़े थे। गरीबों की बस्ती और अमीरों के मोहल्ले में शिंदे ने काफी अन्तर महसूस किया।

डेवनपोर्ट प्रवास में ही 28 मार्च को 'गुड फ्रायडे' का दिन आया। इसी दिन ईसा को सूली पर लटकाया गया, इसलिए यह दिन सोमवार शाम तक धार्मिक लोग, विशेषत: रोमन कैथोलिक व्रत के रूप में पालते हैं। शुक्रवार शाम

को विट्ठल रामजी शिंदे रोमन कैथोलिक कैथेड्रल में उपासना के लिए गए। गुड फ्रायडे की उपासना कितनी कर्मठता से की जाती है, इसका पूरा कर्मकांड उन्होंने ध्यान से देखा। उपासना के तुरन्त बाद मन्दिर के सभी गैस के दिए बन्द किए जाते हैं और अँधेरा किया जाता है क्योंकि बाइबल में लिखा गया है कि ईसा को सूली पर चढ़ाए जाने के बाद सर्वत्र अँधेरा छा गया और भूकम्प महसूस हुआ। अन्त में भूकम्प का एहसास दिलाने के लिए एक कोने में धड़धड़ जैसी आवाज की जाती है, आदि का शिंदे ने निरीक्षण किया। प्रॉटेस्टेंट मन्दिरों में इस प्रकार कोई आयोजन नहीं होता, किन्तु व्याख्यानों का स्वर इसी प्रकार होता है। यूनिटेरियन मन्दिर 'गुड फ्रायडे' के दिन बन्द था और ईस्टर के रविवार को अर्थात् 30 मार्च, 1902 को विट्ठल रामजी शिंदे ने वहाँ की दोनों उपासनाएँ कीं।

मैनचेस्टर कॉलेज में प्रवेश लेकर विट्ठल रामजी शिंदे को छह महीने पूरे हो गए थे। इंग्लैंड के दक्षिण तट पर स्थित ब्रिडपोर्ट और डेवनपोर्ट, इन दोनों जगहों पर उन्होंने ईस्टर की 15 दिनों की छुट्टी में निवास किया। ब्रिडपोर्ट और डेवनपोर्ट में उन्होंने चार उपासनाएँ और दो स्वतंत्र व्याख्यान दिए थे। उपासना चलाने की उनकी अच्छी तैयारी हो गई थी, यह उपासकों की प्रतिक्रिया से स्पष्ट था। इस बात ने शिंदे के आत्मविश्वास में वृद्धि की और उन्हें सुकून मिले, ऐसी थी। बर्टन गाँव के प्लीमथ शहर के गरीब एवं पिछड़े इलाके में प्राथमिक शिक्षा देनेवाले स्कूलों को देखने के पश्चात् छात्र-छात्राओं को प्राथमिक शिक्षा अनिवार्य एवं मुफ्त होनी चाहिए, इस बात ने उन्हें प्रभावित किया (आगे 1819 में पुणे नगर निगम में सिर्फ छात्रों के लिए अनिवार्य और मुफ्त शिक्षा का प्रबन्ध किया जाए, यह बात चल रही थी तब विट्ठल रामजी शिंदे ने छात्रों के साथ छात्राओं के लिए भी यह प्रबन्ध हो, इसलिए आन्दोलन किया और इस समस्या को जड़ से मिटाया)। मि. वाईट, मि. कॉर्निक आदि मेथॉडिस्ट धर्मपंथ के लोगों को उन्होंने बहुत ही नजदीक से देखा और जाना। इन लोगों की गरीबों के प्रति सहानुभूति और समर्पित होकर कार्य करने की प्रवृत्ति शिंदे ने अनुभव की। ब्रिडपोर्ट, डेवनपोर्ट की 15 दिनों की यात्रा पूरी कर वे से ऑक्सफोर्ड पहुँचे।

सन्दर्भ

1. बेसिल शॉर्ट, *ए रिस्पेक्टेबल सोसाइटी, ब्रिडपोर्ट, 1593 से 1835,* मून रेकर प्रेस, ब्रैडफर्ड-ऑन-ॲवान, 1976, पृ. 8-9
2. *ब्रिडपोर्ट न्यूज,* ब्रिडपोर्ट, शुक्रवार, 21 मार्च, 1903
3. विट्ठल रामजी शिंदे, *रोजनिशी,* पृ. 92
4. रेवरंड बेसिल शॉर्ट का मुझे और मेरी पत्नी को लिखा 16 अक्टूबर, 1983 का पत्र। शिंदे के सन्दर्भ में अनुसन्धान करने हेतु मैं सितम्बर, 1983 को सपत्नीक ब्रिडपोर्ट गया था तब रेवरंड शॉर्ट हमें 'ब्रिडपोर्ट न्यूज' के दफ्तर में ले गए और अन्य आवश्यक जानकारी दी।
5. गो.मा.पवार, 'महर्षिंच्या पावलांमागे इंग्लडमध्ये: ब्रिडपोर्ट मध्ये एक दिवस', *सिंहासन,* दीपावली, 1984, पृ. 61
6. विट्ठल रामजी शिंदे, *माझ्या आठवणी व अनुभव,* पृ. 138
7. वेस्ट बे के तट पर की बालू यानी विविध रंग, आकार के, चपटे, लम्बे वर्तुलाकर पत्थर थे। कुछ बड़े तो कुछ उँगली के नाखून से छोटे। उनका स्पर्श भी मुलायम था। वेस्ट बे पर हमे ले जानेवाले हमारे साथी मि. लेस्ली ने बताया कि इस बालू से बढ़िया बटन बनते है। इसलिए फैक्टरीवाले उसे ट्रक से भर-भरकर ले जा रहे हैं। तट नष्ट हो रहा है। इससे अब कानूनन बालू ले जाने को मनाही की गई है।
8. विट्ठल रामजी शिंदे, *रोजनिशी,* पृ. 96
9. वही, पृ. 97
10. वही, पृ. 97

    प्रस्तुत जीवनीकार ने 1983 में यह स्थान देखा कि शिंदे द्वारा वर्णित की गई खाई अब दो पुरसाभर नहीं रही। पाँच-छह फुट गहरी थी।
11. 4 और 5 अक्टूबर, 1983 में मैं डेवनपोर्ट में था तब यूनिटेरियन मन्दिर की खोज ली, लेकिन अब वहाँ यूनिटेरियन मन्दिर अस्तित्व में नहीं है। उसका एक सार्वजनिक मनोरंजन के पब में रूपान्तर हुआ है, ऐसा वहाँ जाने से पहले सुना था, जो सही है।

प्रोफेसर के परिवार में : सरोवर प्रान्त में

मई से कॉलेज की दो महीने की टर्म शुरू हो गई। विट्ठल रामजी शिंदे का अध्ययन और अन्य वाचन शुरू था। उन्हें नए विचार सुनने को मिल रहे थे और इन नए विचारों को ग्रहण करने में उन्हें मजा आ रहा था। कॉलेज के मन्दिर में हर इतवार को प्रोफेसर वर्ग की भी उपासना होती थी। 20 मई, 1902 के इतवार को हुई प्रो. रेवरंड ऑजर्स की उपासना उन्हें बहुत अच्छी लगी। प्रोफेसर्स यहाँ सुधारक और यूनिटेरियन धर्म मतों पर टीका करने की स्वतंत्रता सहजता से ले लेते थे।

प्रो. ऑजर्स ने धर्म की सत्यता व आवश्यकता यह उपयुक्तता, नीति आदि बाह्य कार्य-व्यापारों से परे और आत्मा के अनिर्वचनीय व्यापार में निगूढ़ है, ऐसा कहते हुए उदात्त धर्म एवं सुधार को धर्म का यह श्रेष्ठ स्वरूप नहीं समझता, ऐसा उपदेश दिया।[1]

शिंदे धर्म और ईश्वर के बारे में अनेक मत सुन रहे थे और इस सन्दर्भ में उनका चिन्तन भी चल रहा था। उनके मन में अध्यात्म के सन्दर्भ में उलझन चल रही थी। इस दिन उन्हें शरीर अस्वस्थ लगा तो उन्होंने रात साढ़े नौ बजे इकतारे पर 'संकट कोण निवारी प्रभूविण' (ईश्वर के सिवा संकट कौन दूर करेगा) यह पद गाकर देर तक भजन किया। तत्पश्चात् रीस डेविड की 'बुद्ध धर्म' पुस्तक के लगभग तीस पन्ने पढ़े। रात के साढ़े बारह बज चुके थे, साफ आसमान तारों से भरा था, चारो ओर शान्ति थी। यह दृश्य शान्त और गम्भीर लग रहा था। थोड़ी देर घूमने के बाद शिंदे बिस्तर पर लेट गए। अपने मन की थाह ली। पिछले तीन चार सालों से अन्तर्मुख होकर स्वयं के मन की थाह लेने की उनकी आदत बनी थी। ईश्वर पर उनका प्रगाढ़ विश्वास था, किन्तु जीव का रहस्य क्या है, वह कभी सुलझेगा? ऐसी प्रार्थना वे ईश्वर से कर रहे थे।[2]

उनके प्रबल आध्यात्मिक चिन्तन का ही परिणाम होगा जो उन्हें ईश्वर दर्शन की अनुभूति हुई। अपनी 1902 की छोटी डायरी में 30 मई को उन्होंने इस अनुभूति को शब्दबद्ध किया है। "मैं 'अमरीकन जर्नल ऑफ थियोलॉजी' का 'जपान की वर्तमान धार्मिक स्थिति' आलेख पढ़ते समय तल्लीन हो गया था। मैंने नजर उठाई और एक अभूतपूर्व दृश्य देखा। मैं मैनचेस्टर कॉलेज की लाइब्रेरी में बैठा था और वहाँ के सारे ग्रंथ जीवित हो उठे। डॉ. मार्टिनो के वचन दाहिनी ओर, झिनो-सॉक्रेटिस के वचन सामने। इन भूतपूर्व विभूतियों से मेरा संवाद शुरू हुआ। बाहर संध्या की लालिमा पिघलकर अँधेरा हो रहा था। और अचानक अँधेरा छा गया, मैं सुधबुध खोकर गूढ़ ध्यानावस्था में चला गया। मैंने ईश्वर को देखा।"[3] इन दिनों ऐसी आध्यात्मिक अनुभूति की आस उन्हें लग रही थी। जल्द ही दूसरे एक अनिर्वचनीय आनन्द का आध्यात्मिक अनुभव सरोवर प्रान्त में प्रो. कार्पेंटर के घर में निवास के दौरान आया।

प्रो. कार्पेंटर ने लेक डिस्ट्रिक्ट के बॉरोडेल में अपनी पन्द्रह दिनों की छुट्टियाँ बिताने के लिए विट्ठल रामजी शिंदे तथा उनके छह सहपाठियों को बुलाया था। मैनचेस्टर कॉलेज मानो एक बड़ा परिवार ही था। कॉलेज में पन्द्रह-बीस छात्र, पाँच-सात प्रोफेसर, उनकी बेटियाँ, नातिन एवं बृहत् परिवार था। वरिष्ठ प्राध्यापक छात्रों को बारी-बारी से अपने घर सप्ताह का एक दिन निश्चित कर जल-पान के लिए आमंत्रित करते थे। प्रो. कार्पेंटर ने प्रकृति सौन्दर्य में बसे सरोवर प्रान्त के बॉरोडेल गाँव में लीथस कॉटेज यह घर छुट्टियों में किराये पर लिया था। इस ग्रीष्मावकाश में हर पखवाड़े में पाँच-छह छात्रों को बुलाकर सभी छात्रों की मेहमान नवाजी करना प्रो. कार्पेंटर ने तय किया था। 14 जुलाई, 1902 को सुबह 9:30 बजे ऑक्सफोर्ड से शिंदे रेल से निकले। उनके साथ उनके मित्र मि. कॉक और मि. बार्न्स थे। मि. फर्ग्युसन, मि. लॉकेट, मि. लमिस और मि. टिंडेल उनसे पहले ही प्रो. कार्पेंटर के यहाँ पहुँच चुके थे।

हाईस्कूल में ही उन्होंने वर्डस्वर्थ जैसे कवियों की कविताओं में सरोवर प्रान्त के प्रकृति सौन्दर्य का चित्रण पढ़ा था। वह रमणीय सरोवर प्रान्त प्रत्यक्ष रूप से देखने को मिलेगा, इससे शिंदे अति उत्साहित थे। उनकी गाड़ी 70 किमी. की गति से निकली और यात्रा के आरम्भ में ही मन पर प्रतिकूल परिणाम करनेवाला दृश्य उन्हें देखना पड़ा। रास्ते में बर्मिंघम से, स्टैफर्ड, शेफिल्ड, मैनचेस्टर ऐसे फैक्टरी वाले गाँव लैंकस्टर तक थे। फैक्ट्रियों से भरा यह प्रान्त 'ब्लैक कंट्री' नाम से जाना जाता है। "बाहर धुआँ और धूल के कारण धुँधलापन छा गया था। गोद में पड़े समाचार-पत्र पर दो-चार मिनट में ही कोयले की राख जमा होती थी। सीना तानकर गर्दन बाहर निकालते ही चारों ओर सिर्फ धुआँ-धुआँ-सा नजर आता था। घर, मन्दिर और रास्ते—सभी धुँधले लग रहे थे।" यह दृश्य देखकर विट्ठल रामजी शिंदे को लगा कि ऐसे परिवेश में अष्टप्रहर रहनेवाले अचेत, यंत्रवत जीवन जीनेवाले मजदूरों की क्या दशा होगी? हमारे कवियों ने मात्र कल्पना में ही बवंडर के चित्र उपस्थित किए हैं और यहाँ यह चक्र प्रत्यक्ष घूमता दिखाई दे रहा है। विकास का यह काला-कलूटा रूप और उसके दोनों पहलू देखकर वे अन्तर्मुख हुए। विकास की बाह्य चमक और उसके पीछे की मेहनत। पसीना कैसे होता है, यह उन्हें देखने को मिला। यह कितने दुर्भाग्य की बात है कि यहाँ खुली हवा भी नसीब नहीं होती। विकास के नाम पर उन्होंने मन-ही-मन में कहा, "बदहाली और श्रम की तो बात रहने दो, किन्तु दुनिया में रहने की कला अपने को अच्छी तरह अवगत हो, ऐसा तुम कितनी बार कहते हो, लेकिन नहीं, विकास! तुम्हें और भी विकसित करना होगा।"[4]

शिंदे के मन में इस तरह के विचार आएँगे, ऐसा ही बाहर का नजारा था। दो घंटे बीत चुके थे। फिर भी तीव्र गति से चलनेवाली गाड़ी की खिड़की से अभी भी खुला प्रदेश दिखाई दे रहा था। "व्यापार के क्रियाकलाप और उद्योग की धड़धड़ से दूर रहने की कोशिश के बावजूद वह पीछे छूट नहीं रही थी। एकाध मैदान नजर आने पर उसमें धुँआसी और गर्म हवा तथा कोयले की राख में गरीब बच्चों की चहल-पहल नजर आई। घर देखे तो कबूतरों के घर जैसे एक पंक्ति में। सुविधा और शान्ति से मनुष्य इतने सस्ते कि बेचारों को रहने को जमीन कम पड़ रही थी।"[5] इस प्रकार की विचार शृंखला में काला प्रदेश खत्म होकर गाड़ी पैनिर्थ स्टेशन पर पहुँची। मनुष्य द्वारा दूषित किए गए प्रान्त को लाँघकर प्रकृति के अकृत्रिम प्रदेश में उन्होंने प्रवेश किया। पैनिर्थ से केसिक तक सरोवर प्रान्त में जाने के लिए 18 मील के रास्ते से वे तीनों रेल से केसिक को शाम छह बजे पहुँचे। केसिक पहुँचने पर केवल प्रकृति की क्रोड में आने पर विट्ठल रामजी शिंदे का मन हर्षित हुआ। उन्होंने कहा, "केसिक में पहुँचते ही विकास का एक मात्र चिह्न रेल उसे भी सलाम किया, मायके आने पर ससुराल की गाड़ियों को विदा करते समय कितना दुख होता है, यह तो गृहस्वामिनी ही जानती है।"[6] शिंदे का प्रकृति एवं यांत्रिक विकास की ओर देखने का दृष्टिकोण उनके द्वारा दी उपमा से स्पष्ट होता है।

प्रो. कार्पेंटर और फर्ग्युसन उन्हें घर ले जाने के लिए आए थे। ऑक्सफोर्ड विद्यालय में हमेशा विद्यार्जन में व्यस्त प्रोफेसर साहब की प्रतिमा यहाँ कुछ और ही लग रही थी। देह पर पहाड़ी पोशाक, हाथ में देहाती लाठी, कन्धे पर जनेऊ जैसी लटकती चमड़े की रस्सी से बँधी छोटी-सी दुर्बिण की थैली, चेहरे पर स्मित हास्य, जबान पर सूचनाओं का अम्बार, भाषण में हास्य-व्यंग्य वाली अपने गुरु की अपूर्व प्रतिमा उन्हें दिखी। उन्होंने सामान बस से भेजा और बोट से डरवेंट वॉटर सरोवर एवं डरवेंट नदी से बारी-बारी नैया खेते चल निकले। "बोट में वजन ज्यादा होने पर पहले शिंदे को बोट से धकेल देंगे", ऐसा प्रो. कार्पेंटर ने मजाक किया। बहुत ही शोरगुल के प्रदेश से शान्त जगह पर आने से शिंदे विलक्षण रूप से खुश थे। सरोवर का पानी स्थिर और स्वच्छ था। ऐसे लग रहा था मानो बड़ा दर्पण हो। दोनों ओर ऊँचे पर्वत की ऊँचाई 3,000 फिट। यह सरोवर बॉरोडेल नामक खाई में जाता है, एक ओर 1,000 फुट ऊँचाई की टूटी चट्टान तो दूसरी ओर घास से लदी हुई पहाड़ी। ऐसे रम्य स्थान से वे नौका खेते हुए लीथस कॉटेज के पास पहुँचे। बोट को पेड़ की जड़ों से बाँधकर उन्होंने जमीन पर कदम रखा ही था कि मिसेस कार्पेंटर ने झोंपड़ी की खिड़की से बाहर झाँककर रूमाल हिलाते हुए बड़े प्रेम से उनका स्वागत किया।

इंग्लिश सरोवर प्रान्त यह पूरे यूरोप में प्रेक्षणीय पर्यटन स्थल और उसमें वॉटर यह सुन्दर सरोवर एवं उसके किनारे पर बॉरोडेल यह अतिसुन्दर स्थान है। शिंदे के गुरुजी की कुटिया बॉरोडेल खाई के सामने, डरवेंट नदी के किनारे, पहाड़ी की गोद में, जहाँ से सम्पूर्ण सरोवर आँखों में समाया जा सकता था, ऐसी जगह पर थी। इसी कारण इस कुटिया से उठते-बैठते प्रकृति सौन्दर्य नजारा दिखाई देता था। इस कुटिया में आने पर सभी शाम का भोजन होने के बाद प्रोफेसर साहब के साथ खाई में घूमने गए।

दूसरे दिन सुबह 8 बजे अल्पाहार के बाद विट्ठल रामजी शिंदे अपने मित्र कॉक, बार्न्स, फर्ग्युसन व लॉकेट इनके साथ नौका विहार करने चले गए। वे डरवेंट नदी से डरवेंट वॉटर सरोवर में दो मील दूरी पर स्थित हर्बर्ट नामक छोटे द्वीप तक गए। दोपहर को वे प्रोफेसर साहब के साथ स्किडो पहाड़ी पर घूमने गए और डरवेंट सरोवर से नौका से रात आठ बजे सभी लोग वापस आए। नौ बजे भोजन के बाद विट्ठल रामजी शिंदे कॉक के साथ बॉरोडेल खाई में घूमने निकले।

इधर कई दिनों से शिंदे की आध्यात्मिक आस्था बढ़ रही थी। कुछ दिन पहले वे मैनचेस्टर कॉलेज की लाइब्रेरी में बैठे थे, उस समय उन्हें आध्यात्मिक अनुभूति हुई थी, जिसका उल्लेख पहले किया जा चुका है। आज जब वे बॉरोडेल खाई में घूमने गए तब प्रकृति के सान्निध्य में उन्हें दुर्लभ अनुभूति हुई। इस अनुभव का चित्र उन्होंने इस प्रकार प्रस्तुत किया है :

"इस चहलकदमी को कभी भूला नहीं जा सकता! इन पहाड़ों की सड़क भी चौड़ी, प्रशस्त और साफ थी। दोनों ओर से हजार फिट ऊँचे टीले कहीं-कहीं नजदीक आते और फिर पीछे हट जाते। उन पर विविध प्रकार के पेड़ उगे थे, फूल थे, लताएँ लटक रही थीं। भारतीय सौन्दर्य का प्रमुख लक्षण रंगीनी और फूलों की सुगन्ध मात्र यहाँ नहीं थी फिर भी सौन्दर्य में कोई कमी नहीं थी। दाईं ओर की चट्टान सीधी कटी हुई थी, बाईं ओर से डरवेंट नदी पहाड़ से उतरती हुई मन्द मधुर स्वर में गीत गा रही थी। उस स्वर को 'प्रकृति राग' कहते हैं, ऐसा मुझे मेरे मित्र ने बताया।

चारों ओर इतनी शान्ति थी कि पत्ता तक नहीं हिल रहा था। शान्ति का साम्राज्य जैसे आँखों से निहार रहा था। उसने विकास का रौरव जैसे कोसों दूर भगाया था। विकास, सुधार आदि की यहाँ बात भी नहीं होती। बाह्य शान्ति के कारण अन्तर्मन की आवाज स्पष्ट सुनाई दे रही थी। रात के साढ़े नौ बजे थे, फिर भी सायं प्रकाश ऐसा था कि सहजता से पढ़ा जा सके। सामने ही कैसल कैरग के मीनार की चोटी पर दशमी का चन्द्रमा झूल रहा था। हम दोनों साथ-साथ चल रहे थे, फिर भी दोनों निःशब्द थे। स्वयं तारीफ करने का समय भी बीत गया था। अतः संवाद के लिए कोई गुंजाइश नहीं रही। जैसे-जैसे आगे बढ़ रहे थे, वैसे-वैसे खाई सिकुड़ती जा रही थी। अनायास ही प्रकृति हमें अन्तःपुर में ले गई, जहाँ अपनों की स्मृतियाँ भी शेष नहीं रहीं। नजदीकी विषयों का ज्ञान तक खत्म हुआ। हम लौकिक जगत् में रहे ही नहीं!"

"ऐसा कौन जादूगर इस अन्तःपुर में था, जिसने देखते-देखते हमें ऐसा पराधीन कर दिया। ऊपर जो लय पकड़ी, उसे नीचे लाने का सामर्थ्य भी नहीं रहा।

क्या हमें हर्ष हो रहा था?
व्यक्त नहीं कर सकता, लेकिन हुआ था कुछ देर पहले।
क्या हम कुछ देख रहे थे?
नहीं! दीख रहा था कोई मगर!
माँगा कुछ?
जी नहीं! क्या माँगना?
दिल में क्या चल रहा था?
बीच-बीच में सिसक रहा था!
वह क्यों?

"कौन बताए? कुछ तो अन्दर से बाहर आ रहा था और कुछ बाहर से अन्दर जा रहा था। छोड़ो, मैं कुछ पगलाये जैसा वर्णन कर रहा हूँ। कुल मिलाकर यह क्या था? और वह कौन?..." ...मैं अब समझ गया कि उपर्युक्त जो घटना घटित हुई, वह मेरी प्रार्थना थी और ईश्वर के अलावा आसपास कोई नहीं था। मतलब, प्रार्थना आसान है? हाँ...ईश्वर! ऐसी प्रार्थना करने के लिए और ईश्वर से मिलने के लिए क्या सरोवर प्रान्त में ही आना जरूरी है? नहीं। जहाँ कोई उपाधि नहीं, ऐसी किसी भी खाली जगह और खुली हवा में उपासना हो सकती है। ईश्वर! मनुष्य की भीड़ में भी तुम मिल सकते हो। नहीं कैसे कहूँ? घर में माँ की ममता, बहन का प्रेम, पत्नी का अनुराग, पुत्र का वात्सल्य, समाज में पड़ोसियों की सहानुभूति, मित्रों का स्नेह, राष्ट्र में देशभक्तों की चिन्ता एवं संतों का अनुग्रह और अन्ततः विश्व में महात्माओं की निरपेक्ष अनुकम्पा आदि के दर्शन तुम्हारे सिवा जनसामान्य को तुम्हारा ऐसा दर्शन होता है,

किन्तु कितना विरल। बावजूद इसके कठिन अनुभव ही ज्यादा आते है! किन्तु यहाँ तुम्हारा रूप कितना अगाध और अखंड है! ऊपर की यह आसमान रूपी छत कभी फटेगी क्या? यह नीचे का सरोवररूपी दर्पण कभी टूटेगा या मैला होगा? इन पंछियों की आवाज कभी बन्द होगी? हे ईश्वर! यह पहाड़ो के तट, वायु के पंख, वृक्ष, लताएँ, पाषाण, जल, आकाश के मेघ इनसे ज्यादा 'तुम्हारा कुशलधाम नाम' रेखांकित है! छोटे बच्चे भी उसे पढ़कर हर्षित होते हैं। फिर हम क्यों ऐसे बार-बार विमुख होते हैं? हे मंगलदाता, हम स्वयं के असापास जो यह शूद्र चिन्ताओं का जाल बुनते हैं, उसे तुम ही सुलझाओ और इसी प्रकार बार-बार हमें अपनी कृपा से अपनी ओर खींच लो। हम में अपनी इच्छा से तुम्हारी ओर आने की शक्ति नहीं है! इत्यादि प्रार्थना हम ईश्वर की अनुभूति के बाद करते हुए कुटिया में आ पहुँचे।"[7]

सवा दस बजने पर भी वे वापस आना नहीं चाहते थे। पूर्णिमा की रात को उपासना के लिए इसी जगह आकर पूरी रात यहीं बिताएँगे और पर्वत शिखर से दर्शन लेकर घर पहुँचेंगे, ऐसा उन्होंने निश्चय किया था। मन-ही-मन वे प्रार्थना कर रहे थे—ईश्वर, बार-बार ऐसे ही दर्शन देना!

शिंदे ने स्वयं को होनेवाली आध्यात्मिक अनुभूति के स्वरूप को अन्तर्मुख होकर देखा। इस प्रकार के अनुभव का विवेचन कर मानवी अनुभूति का हिस्सा कैसे हो सकता है, यह भी उन्होंने सिद्ध किया। लीथ्स कॉटेज से साधारणत: तीन हफ्तों बाद वे स्कॉटलैंड के सरोवर प्रान्त में गए। बेनलोमंड नामक 3,000 फुट ऊँची पहाड़ी पर वे जब गए तब उन्हें असीम शान्ति का अनुभव हुआ। इस अनुभव को व्यक्त करते हुए उन्होंने 'समाधि' शब्द का प्रयोग अनायास ही किया। इस आध्यात्मिक स्वरूप के अनुभव को व्यक्त करते हुए शिंदे कहते हैं, "उपर्युक्त पत्र में मैंने अपने निजी अनुभवों को 'प्रार्थना', 'अनुभूति', 'समाधि' जैसे बड़े-बड़े शब्दों का प्रयोग किया है। इससे पाठकों को यह अहं भाव लग सकता है और किया गया सम्पूर्ण चित्रण अतिशयोक्तिपूर्ण है ऐसा आरोप हो सकता है, किन्तु बात वह नहीं है। उपर्युक्त अवस्था होना स्वाभाविक है। उदाहरणार्थ, निम्न किसी भी प्राणी में जहाँ-जहाँ चैतन्य का अधिक विकास दिखाई पड़ता है, वहाँ-वहाँ सौन्दर्य दर्शन के प्रसंग में उपर्युक्त समाधि का अर्थात् चैतन्य के एकीकरण का प्रकार सहज होता है। बसन्त में कोयल गा-गाकर स्तब्ध होती है। 'सर्प भुलोनी गुंतला नादा। गारूडिये फांदा घातलासे।' अर्थात् तुकाराम महाराज कहते हैं कि बीन की धून पर झूम-झूम कर साँप स्थिर हो जाता है और सपेरा उसे पकड़ लेता है। अगर यही सृष्टि का नियम सर्वत्र है तो उसके लिए मेरा मन कैसे अपवाद हो सकता है।"

आगे वे यह भी स्पष्ट कर देते हैं कि इस प्रकार का अनुभव सामान्यत: सभी मनुष्यों को आ सकता है, किन्तु ऐसा अनुभव आने पर भी कुछ लोग उसे नजरअन्दाज करते होंगे या फिर अनुभव करते हुए भी उस अनुभव का अर्थ न लगाते हो तो वह उनकी इच्छा। परन्तु इस बाह्य आनन्द की अलगता से आन्तरिक स्वाभाविक अनुभव में बाधा या भिन्नता नहीं आती। इस प्रकार का आध्यात्मिक अनुभव इस विश्व में कुछ गिने-चुने अधिकारी धर्मपुरुषों को आनेवाला अनुभव है, ऐसा बिलकुल नहीं, बल्कि सभी मनुष्यों को इस प्रकार का अनुभव आ सकता है अथवा अनुभव आता है ऐसा बताकर मात्र वृत्ति भिन्नता के कारण कुछ लोग उस अनुभव की ओर आकर्षित होते हैं, तो कई नजरअन्दाज करते हैं। वस्तुत: आत्मा को आनेवाले अनुभव का स्वरूप एक ही होता है। स्वयं को विश्व में स्थित चैतन्य का अनुभव होना, आन्तरिक चैतन्य और विश्व में स्थित चैतन्य एक रूप है, इस प्रकार का अनुभव आध्यात्मिक स्वरूप का अनुभव है, ऐसी शिंदे की राय है।[8] इंग्लैंड और स्कॉटलैंड के सरोवर प्रान्त में जो अनुभव आए, उसी परिप्रेक्ष्य में विट्ठल रामजी शिंदे ने जो चिन्तन किया शायद उसी कारण अध्यात्म को लेकर उनका अस्वस्थ मन शान्त हो गया।

विट्ठल रामजी शिंदे प्रकृति के उत्कट प्रेमी थे। 'मैंने बाल्यावस्था में ही प्रकृति को अपना हृदय सौंप दिया' ऐसा उन्होंने कहा है। स्वयं का प्रकृति के प्रति जो प्रेम था वह परिपूर्ण हो, प्रकृति के विविध रूपों का अनुभव हो, इस दृष्टि से सरोवर प्रान्त का निवास उनके लिए सुनहरा मौका था। प्रोफेसर के ये छात्र और उनका परिवार हर दिन प्रकृति सौन्दर्य से ओतप्रोत नई जगहों की यात्रा करते थे और प्रकृति सौन्दर्य का, दिशाहीन भटकने का एवं पैदल चलने के परिश्रम का जी भरकर अनुभव लेते थे। 16 जुलाई को दो घोड़ों की बड़ी गाड़ी से परिवार के सभी सदस्य (कुल मिलाकर 11 लोग) बटमियर नामक सरोवर की यात्रा करने निकले, तो 17 जुलाई को विट्ठल रामजी शिंदे नाव से डरवेंट वॉटर से आगे 4 मील पर बसे केसिक जाकर आए। 18 जुलाई को प्रो. कार्पेंटर, उनके पाँच छात्र और रेव लीमस—ये सात लोग अल्सवॉटर सरोवर देखने चले गए। यह सरोवर विट्ठल रामजी शिंदे को डरवेंट वॉटर सरोवर से अधिक सुन्दर लगा। लगभग 2,000 फुट ऊँचाई पर चढ़ने के बाद आधा मील चट्टान दिखाई दी, दूसरी ओर से

वे थर्लमियर सरोवर में उतरे। 23 जुलाई को वे ग्रासमियर सरोवर से सटे ग्रासमियर गाँव में वर्डस्वर्थ की समाधि देखने चले गए। स्कॉफेल यह इंग्लैंड का 3,210 फिट ऊँचाई का सबसे ऊँचा पर्वन्त है। 24 जुलाई को वे अन्य तीन मित्रों के साथ इस पर्वत पर गए। वहाँ उन्होंने डरवेंट नदी का उगम देखा। सरोवर प्रान्त में ऐसे एक से बढ़कर एक प्राकृतिक स्थानों को देखने का उपक्रम वे उत्साह से चला रहे थे।

प्रोफेसर साहब के यहाँ शायद हर दिन सुबह 11 बजे पारिवारिक उपासना होती थी। 20 जुलाई की पारिवारिक उपासना विट्ठल रामजी शिंदे को बहुत पसन्द आई। प्रार्थना के पश्चात् प्रोफेसर कार्पेंटर ने हर्फर्ड ब्रुक का एक व्याख्यान सुनाया और उसके तुरन्त बाद मैथ्यू ऑर्नल्ड की एक कविता प्रस्तुत की।

इस कविता को पढ़ते समय उनकी आँखें भर आई थीं। प्रोफेसर के विविध रूपों की विट्ठल रामजी शिंदे को अनुभूति हो रही थी। वे पसन्द आ रहे थे। उनके सम्पन्न व्यक्तित्व का अनुकूल परिणाम शिंदे के मन पर हो रहा था।

इंग्लैंड में धर्मिक उत्सव किस प्रकार मनाए जाते हैं, यह देखने का मौका शिंदे को मिला। 20 जुलाई को रविवार से केसिक में शुरू होनेवाले एक सप्ताह के कन्वेंशन (धर्म मेला) को शिंदे शाम के समय गए थे। बॉरोडेल से लगभग 14 मील की दूरी पर केसिक यह रमणीय स्थान स्थित है। सन् 1875 में प्रथमत: इस उत्सव की शुरुआत रेवरंड कैनन बट्र्सबाय ने की। आरम्भ में दो सालों तक यह उत्सव एस्किन स्ट्रीट पर किराये के टेंट में मनाया जाता था। उसमें लगभग छह सौ लोग बैठते थे। अब यह मेला केसिक कन्वेंशन के काउंसिल टेंट में आयोजित होता है। उसके लिए हर साल हजारों लोग उपस्थित रहते हैं। 1902 में सम्पन्न मेला अट्ठाइसवाँ था। इस उत्सव के आयोजक पुराने ईसाई मतों के होने के बावजूद भी उनमें किसी प्रकार का पंथाभिमान नहीं है, ऐसा शिंदे को महसूस हुआ। जॉन मैकलिन का प्रभावी व्याख्यान हुआ। समाज के पिछड़े और दलित वर्ग का ध्यानाकर्षण ईसाई धर्म की ओर करने के उद्देश्य से इस उत्सव का आयोजन किया जाता था।[9] (वर्तमान समय में भी इस उत्सव का आयोजन केसिक में दो सप्ताह के लिए किया जाता है। इसके अलावा देश के अन्य दस-बारह स्थानों पर भी यह उत्सव 'काउंसिल कन्वेंशन' के नाम से मनाया जाता है। केसिक के इस धार्मिक उत्सव में सम्पन्न व्याख्यानों की पुस्तक भी धर्मसंघ की ओर से प्रकाशित की जाती है।[10]

22 जुलाई, मंगलवार के दिन लगातार बरसात हो रही थी। सैर के लिए कहीं जाना सम्भव नहीं था। अपने अतिथि छात्रों ने आज का पूरा दिन केसिक कन्वेंशन में बिताना चाहिए, ऐसा प्रोफेसर कार्पेंटर ने सुझाव दिया। विट्ठल रामजी शिंदे सुबह ग्यारह बजे से रात साढ़े आठ बजे तक तीनों बैठकों में उपस्थित रहे। लन्दन के रेवरंड एफ.आर. मेयर ने अच्छा उपदेश किया। लगभग 2,000 लोग समाए, ऐसे दो तम्बू खड़े किए थे। यहाँ का माहौल संगीत, भक्ति, उदात्त और करुण रस से ओतप्रोत था। उपासना के पश्चात् रेवरंड मेयर ने ऐसी प्रभावी प्रार्थना की जिससे उपस्थित जनसमुदाय तल्लीन होकर ईश्वर चरण में लीन हुआ। "क्या आपको पश्चात्ताप होता है? अपने पाप याद आते हैं? आप अन्य किसी के ऋणी हैं? अगर है तो उसे चुकाना नहीं चाहिए, ऐसा लगता है? क्या आजकल किसी से ईर्ष्या होती है? ईश्वर की कृपा का कभी अनुभव किया है? क्या आप ईश्वरी कृपा के लायक हैं, ऐसा लगता है?" ऐसे अनेक प्रश्न जो हृदय को चीर देने की क्षमता रखते हों, उपासक धीरे-धीरे शान्त और मृदु भाषा में पूछ रहे थे। रेवरंड मेयर की प्रार्थना का दलित एवं पिछड़े वर्ग पर विलक्षण परिणाम हो रहा था। प्रार्थना समाप्त होने पर तो एक युवती सिसक-सिसककर रो रही थी और एक वृद्ध सज्जन उसे समझा रहा था, ऐसा दृश्य शिंदे को दिखाई दिया।

केसिक का यह धार्मिक उत्सव देखने के पश्चात् शिंदे उसकी अपने यहाँ के मेलों से मन-ही-मन तुलना करने लगे। अपने यहाँ काशी, रामेश्वर आदि स्थानों के कर्मठ उत्सव उच्च वर्ग के होते हैं तो जोतिबा, जेजुरी, सौन्दत्ती के उत्सव निम्न वर्ग के होते हैं। अपने यहाँ के उत्सव का दूसरा प्रकार पंढरपुर, आलन्दी में लगनेवाला भक्तों का जमवाड़ा। इस केसिक कन्वेंशन की गणना शिंदे अपने यहाँ के भक्तिमार्ग के उत्सव से करना चाहते हैं। किसी एक पंथ का अभिनिवेश करने की अपेक्षा बहुजन समाज में भक्ति का प्रचार-प्रसार और आत्मशुद्धि की दृष्टि से शिंदे को यह उत्सव महत्त्वपूर्ण लगा।[11]

प्रोफेसर के अतिथि छात्र यहाँ के निवास के दौरान जिस प्रकार प्रकृति सौन्दर्य में रम गए; पारिवारिक, सार्वजनिक उपासना का अनुभव ले रहे थे, उसी प्रकार पारिवारिक माहौल में हँसी-मजाक में भी रम गए थे। तहेदिल से चर्चा कर थे।

छुट्टियों में मनोरंजन के उद्देश्य से छात्रों ने 'पॉज' मैग्जीन नामक एक हस्तलिखित पत्रिका निकाली। इसकी सम्पूर्ण सामग्री हास्य-व्यंग्यपरक होती थी। अपने आदरणीय प्रोफेसर वर्ग को भी व्यंग्य का विषय बनाने की स्वतंत्रता

इस लेखन में नि:संकोच लिया जाता था। प्रो. कार्पेंटर को 'चिप', प्रो. रेवरंड ॲप्टन को 'अपी' और प्रिंसिपल ड्रमंड को 'डमी'—ऐसे व्यंग्यपरक उपनाम देकर उनके नाम के सम्मुख व्यंग्यात्मक कविताओं का लेखन करने की स्वतंत्रता ली जाती। धार्मिक शिक्षा प्राप्त करनेवाले यह छात्र उच्छृंखलता में भी कम नहीं थे। प्रिंसिपल ड्रमंड की पाँच सुन्दर युवा बेटियाँ थीं, उनके नाम के आगे निम्न वचन थे :

Happy is the man whose quiver is full.

'ये पाँच युवतियाँ अर्थात् तूणीर के पाँच मदनबाण' ऐसा व्यंग्यार्थ इसमें सूचित किया था। प्रो. कार्पेंटर के नाम के आगे निम्न कविता थी :

Each day he dose a mountain climb
A ten mile row, three meals, a witticism.
And fills the intervening time
with pail Texts and Hebrew criticism.

शिंदे पर लिखी कविता इस तरह थी :

A meek and modest Indian
who will, unless he faints,
Some day duly be worshipped
Among his country saints.
He is no vulgur fraction
As single student be
But he and Mrs.Shinde
From one integrity.

17 जुलाई का अंक प्रो. कार्पेंटर ने ही पढ़ा। एक लेख के अन्त में पाँच लोगों के व्यंग्यचित्र निकाले थे और नाम दिया था 'कॉलेज ब्यूटी'। उसमें विट्ठल रामजी शिंदे का पगड़ी पहना, मूल से बड़ी लम्बी नाक दर्शाता हुआ, एक ओर से रेखांकित किया गया व्यंग्यचित्र है।[12]

रात के भोजन के पश्चात् कभी-कभी बरामदे में किसी विषय पर गम्भीर चर्चा होती थी। 19 जुलाई की रात को जेन ऑस्टिन के उपन्यास पर चर्चा हुई। विट्ठल रामजी शिंदे ने प्रो. कार्पेंटर से इस विषय पर गम्भीर चर्चा की। प्रो. कार्पेंटर को ऑस्टिन इस महिला लेखिका के उपन्यास बहुत महत्त्वपूर्ण नहीं लगे। उनका कहना यह था कि ऑस्टिन के उपन्यासों की नायिकाओं और अन्य युवतियों की मुख्य चिन्ता विवाह है। इससे यह स्पष्ट नहीं होता कि वह उनके जीवन चिन्तन की महान कल्पना हो। कोई भी चित्र हू-ब-हू उतार देने से अप्रतिम नहीं ठहराया जा सकता। अन्तरात्मा को झकझोर देनेवाला और कुछ सीख देनेवाला चित्र हो तभी वह अप्रतिम हो सकता है, ऐसी भूमिका कार्पेंटर ने प्रस्तुत की। विट्ठल रामजी शिंदे का मानना था कि उपन्यासकार की यथार्थवादी और काल्पनिक (रियलिस्टिक एवं आयडियलिस्टिक), ये जो दो प्रजातियाँ हैं, उनमें यथार्थवादी उपन्यासकारों में ऑस्टिन पहले क्रम पर हो सकती हैं।

20 जुलाई की रात को एक व्यंग्यात्मक और सरस सम्भाषणात्मक प्रसंग घटित हुआ। केसिक से लौटते समय विट्ठल रामजी शिंदे को अनेक प्रेमी युगल अँधेरे में प्रेम करते दिखाई दिए। यहाँ बार-बार दिखाई देनेवाला यह मानवी जीवन से सम्बद्ध चित्र बहुत ही मनमोहक एवं पवित्र लगता था। सामान्य लोगों के घरों में स्वतंत्र कमरें एवं बगीचे न होने के कारण वे अक्सर सार्वजनिक स्थलों पर ही प्रेम में रत दिखाई पड़ते थे, इसलिए वे कभी भी शर्मिन्दगी महसूस नहीं करते, यह शिंदे समझ गए थे। घर वापस आने के पश्चात् इस विषय को लेकर 'प्रोफेसर एवं अन्य सभ्य लोग क्या इसी प्रकार प्रेम करते हैं?' शिंदे का यह प्रश्न सुनकर सभी लोगों को आश्चर्य हुआ। कार्पेंटर मैडम सोने को जाते समय शिंदे के कानो में कह गई, "मुझे एक राज की बात बतानी है, वह यह कि प्रोफेसर भी इसी प्रकार प्रेम करते हैं।"

ऐसे खुले पारिवारिक माहौल में यहाँ का निवास आनन्दमयी हो गया था। इन पन्द्रह दिनों में "ज्यादातर सुबह आठ बजे नाश्ता कर शाम आठ बजे के भोजन तक नाश्ते का सामान कन्धों पर लेकर जंगल में भटकते, पानी पर तैरते और पहाड़ो से फिसलते हुए समय व्यतीत किया।" और घर पहुँचने पर काफी मजाक और कभी-कभी गम्भीर चर्चा, ऐसे दैनिक कार्यक्रमों में ये पन्द्रह दिन गुजर गए। विट्ठल रामजी शिंदे ने अगले कार्यक्रम के रूप में स्कॉटलैंड शहर और वहाँ के सरोवर देखना तय किया था। 28 जुलाई, 1902 को सुबह ग्यारह बजे उन्होंने अपने स्नेहिल, आदर्श गुरु-गुरुपत्नी के साथ-साथ सहपाठियों से विदा ली और स्कॉच सरोवर देखने के उद्देश्य से एडिनबरो जाने के लिए प्रस्थान किया।

सन्दर्भ

1. शिंदे की 1901-02 की *छोटी डायरी*
2. विट्ठल रामजी शिंदे, *रोजनिशी,* पृ. 103-104
3. शिंदे की 1901-02 की *छोटी डायरी*
4. विट्ठल रामजी शिंदे, 'जनान्तून वनात व परत'; *सुबोध पत्रिका,* 1 फरवरी, 1903, अन्तर्भूत—*विट्ठल रामजी शिंदे यांचे लेख, व्याख्याने व उपदेश,* पृ. 58-59
5. वही, पृ. 59
6. वही, पृ. 60
7. वही, पृ. 62-63
8. वही, पृ. 68-69
9. विट्ठल रामजी शिंदे, *रोजनिशी,* पृ. 114
10. डेविड पोर्टर (सं.) *गॉस्पेल, दि स्पिरिट, दि चर्च,* केसिक कन्वेंशन काउंसिल, ब्राम्ले, केंट, इंगलैंड, 1978, पृ. 7
11. विट्ठल रामजी शिंदे, *रोजनिशी,* पृ. 115
12. *पॉज मैगजिन,* हस्तलिखित पांडुलिपि, मैनचेस्टर कॉलेज ग्रंथालय, ऑक्सफोर्ड

एडिनबरो और स्कॉच सरोवर

एडिनबरो जाने के पूर्व विट्ठल रामजी ने कार्लाईल शहर में रेवरंड आर्लाश के घर तीन दिन प्रवास किया। रेवरंड आर्लाश कार्लाईल शहर से कुछ दूर पर स्थित 'ईगलवुड' नामक पुरानी हवेली में रहते थे। यहाँ के निवास में उन्होंने कार्लाईल का कैथेड्रल किला देखा और ऐतिहासिक तथ्यों का संकलन किया। 31 जुलाई को दोपहर साढ़े तीन बजे वे एडिनबरो पहुँचे। सफर के दौरान जहाज पर परिचय हुए हैदराबाद के मित्र नायडू ने विट्ठल रामजी शिंदे के लिए मार्चमाँट क्रेसेंट नम्बर 46 में मिसेस सॉमर्वील इस लैंडलेडी के यहाँ ठहरने का प्रबन्ध किया था।

सागर तट पर पहाड़ों में बसा स्कॉटलैंड की राजधानी का यह शहर विट्ठल रामजी शिंदे को पूरे ग्रेट ब्रिटेन में सुन्दर लगा। इस शहर की बुनावट उन्हें किसी पंछी की तरह तराशी हुई एवं अपने आप में अनूठी लगी। इसके विपरीत उन्हें लन्दन शहर बेतरतीब फैला लगा।

शाम को वे 'ब्लैकफर्ड हिल' नामक शहर के नजदीक घास-फूस से ढकी ऊँची पहाड़ी पर घूमने चले गए। गर्मी के दिन होते हुए भी ठंडी हवा चल रही थी। पहाड़ी से एडिनबरो का नजारा शान्त और सुन्दर दिखाई दे रहा था। युवक-युवतियों को यह पसन्दीदा पहाड़ी सुहावनी लग रही थी। वे लिखते हैं, "पहाड़ी की पगडंडियों में, खाई में, पेड़ों के नीचे, घास में, प्रेम में बद्ध युवक-युवतियाँ पूरी दुनिया को भूलकर अपने आप में मग्न थे। रास्ते से जाते हुए अचानक अनपेक्षित जगहों पर युवक-युवतियों को देखकर आश्चर्य होता था। अनजाने ही कोई पाँव के नीचे न आ जाए, इसलिए सावधानी से चलना पड़ा। मानवी प्रेम का यह स्वाभाविक प्रदर्शन देख जिसे विषाद हो वह हतभागी, उत्साहहीन, झूठे तत्त्वज्ञान से बिगड़ा हुआ, नीति की झूठी कल्पनाओं से सड़ा हुआ कहना होगा। मि. फर्ग्युसन नामक हमारे कॉलेज के सीनियर छात्र ने एक बार कहा था, "दुनिया में इस दृश्य से ज्यादा सुख मुझे किसी और दृश्य से नहीं मिलता। मुझे उसके कथन का रस समझ में आया।"[1] प्रेम चाहे वह किसी भी रिश्ते से प्रकट हुआ हो, शिंदे को हमेशा आनन्ददायी लगता था। शायद उसमें वे एक प्रकार की आध्यात्मिकता का अनुभव करते थे। जीवन का सारभूत तत्त्व प्रेम ही है, "इस प्रेम के बिना तो जीवन को मूल्य ही नहीं और पीछे मात्र अस्तित्त्व रह जाता है," ऐसा उन्होंने महर्षि देवेन्द्रनाथ ठाकुर की मृत्यु के पश्चात् दो-तीन साल बाद किए उपदेश में कहा है।[2]

एडिनबरो के एक सप्ताह के निवास में उन्होंने कई प्रेक्षणीय स्थल देखे। एडिनबरो का किला एवं चित्र प्रदर्शनी देखी। सिविल सर्विस के लिए बेलगाँव से आए हुए भाटे से मुलाकात हुई।[3] वे उग्रवादी लगे। भाटे के उत्साही स्वभाव के कारण शिंदे के साथ उनकी घनिष्ठ मित्रता हुई। नायडू एवं भाटे के साथ शिंदे ने कई प्रेक्षणीय स्थल देखे। भाटे के साथ 'होलीरूड' राजमहल देखा। प्रिंसेस स्ट्रीट पर स्थित स्कॉट का आकर्षक स्मारक देखा। एक दिन एडिनबरो से नौ मिल दूरी पर स्थित एक मील से ज्यादा लम्बा, मजबूत लोहे का फोर्थ ब्रिज देखा। इस पुल से समुद्र का, हरे-भरे पहाड़ों का नजारा देखा। शिंदे इस तरह के रम्य स्थल देख रहे थे, उसी प्रकार यथासम्भव विविध चर्च में उपासना के लिए जाते थे।

इतवार, 3 अगस्त को सुबह वे कथबर्ट चर्च और शाम को फ्री सेंट चर्च में उपासना को गए। रेवरंड ब्लैक नामक युवा उपदेशक का उपदेश शिंदे को बहुत पसन्द आया। उनके प्रतिपादन में दुराग्रह नहीं था, न ही उन्होंने कर्मठ मतों को प्रस्तुत किया। पुराने धर्म के उपदेश अगर इस तरह दिए जाए तो यूनिटेरियन आन्दोलन का प्रसार तीव्र गति से नहीं होगा और उसकी आवश्यकता भी महसूस नहीं होगी, ऐसे विचार उनके मन में आ गए। उनका धर्म के प्रति नजरिया उदार और निरपेक्ष बना था, यह इससे स्पष्ट होता है।

शिंदे ने एडिनबरो का सार्वजनिक मुफ्त वाचनालय देखा और उससे प्रभावित हुए। एडिनबरो सेंट्रल लाइब्रेरी की इमारत जॉर्ज चतुर्थ के स्मारक के पास है। विट्ठल रामजी शिंदे ने जब यह सार्वजनिक वाचनालय देखा तब यहाँ लगभग 48,000 पुस्तकें उपलब्ध थीं। नीचे की मंजिल पर समाचार-पत्र एवं पत्रिकाएँ पढ़ने की व्यवस्था थी और लगभग सौ मजदूर वहाँ पढ़ते हुए दिखाई दिए। काम न मिलने पर मजदूर यहाँ आकर पत्र-पत्रिकाएँ पढ़ते थे। उन्हें इमारत भव्य, सुन्दर एवं साफ सुथरी लगी। इस मुफ्त वाचनालय की उत्कृष्ट व्यवस्था एवं गरीब लोगों के लिए वहाँ मुफ्त पढ़ने की व्यवस्था देखकर "यह सच्ची जनशिक्षा है" ऐसे विचार शिंदे के मन में आए।[4]

अपनी एडिनबरो की यात्रा पूरी कर विट्ठल रामजी शिंदे 8 अगस्त को शाम चार बजे ग्लासगो फैक्टरी तथा मजदूरों की बस्ती वाले शहर पहुँचे। उन्होंने वहाँ वाई.एम.सी. क्लब में जाकर लखनऊ के अजीम अहमद सज्जन से भेंट की। अहमद ने एक अंग्रेजी महिला से विवाह कर धर्मान्तरण किया था, किन्तु उनके विचार और मत ब्राह्म थे। उन्होंने बच्चों के नाम इस्लाम धर्म के अनुरूप हैदरी, सकीना और उस्मान रखे थे। इस परिवार के सभी सदस्यों का स्वभाव शिंदे को बड़ा अच्छा लगा। अहमद इस शहर में जो हिन्दुस्तानी मजदूर आते थे, उन्हें मदद करना, यहाँ के रीति-रिवाज और परम्पराओं के बारे में जानकारी देना आदि सहयोग किया करते।

9 अगस्त बादशाह के राज्याभिषेक का दिन था। इस उपलक्ष्य में होनेवाली उपासना के लिए वे कैथेड्रल गए और वहाँ उन्हें पहली पंक्ति में जगह मिली। उपदेशक पहले मद्रास में बिशप थे। हिन्दुस्तान के बारे में बोलते समय उन्होंने शिंदे का विशेष उल्लेख किया। "हमेशा की तरह पगड़ी के कारण मुझे सम्मान मिला", ऐसा कहते हुए शिंदे ने मजाक में लिखा है, "मैं इस पगड़ी का आभारी हूँ।" राज्याभिषेक के उपलक्ष्य में ग्लासगो शहर रात को रौशनाई से जगमगा रहा था और लोगों का उत्साह भी शिंदे को देखने को मिला। दूसरे दिन इतवार को सुबह वे वहाँ के यूनिटेरियन मन्दिर में उपासना के लिए गए। ग्रेट ब्रिटेन में लन्दन के बाद जनसंख्या होनेवाले, फैक्टरी की भीड़-भाड़ वाले इस शहर का अपना तीन दिन का प्रवास पूरा कर वे 11 अगस्त को सुबह लाख लोमंड सरोवर जाने के लिए निकले।

ग्लासगो की एक धूसर सुरंग से शिंदे की रेल निकली और सुबह वे क्लाईड नदी की खाड़ी में पहुँचे, तब जाकर उनके मन को तसल्ली मिली। शान्ति के लिए व्याकुल शिंदे को यहाँ भी भीड़-भाड़ से छुटकारा नहीं मिला। उन्हें लगा, इतनी देर काम में व्यस्त भीड़ में था; तो अब आराम करनेवालों की भीड़ में आ फँसा। जिस जहाज पर वे चढ़े थे, वह पहले से ही भरा था। उन्होंने पहाड़ों के हर कोने में ऐशोआराम की हर सुविधा देनेवाले होटल दिखे। यात्रा का किराया कम कर, मनमोहक वृत्तान्तवाले गाइडबुक लिखकर एवं भड़कीले प्रचार कर यहाँ व्यापारी लोगों को घर से बाहर निकालते हैं। उसमें भी फैशन देवता की मन्नतें पूरी करना यहाँ जरूरी हो गया है। जिस जगह बसन्त बिताया, उसी जगह ग्रीष्म बिताना यहाँ के लोगों को शोभा नहीं देता, ऐसे भीड़ के कई कारण उनके मन में आए। उन्हें आश्चर्य इस बात का था कि इन लोगों की आराम करने की पद्धति भी भाग-दौड़वाली ही थी।

उनका जहाज क्लाइड नदी की चौड़ी खाड़ी से लॉख लाँग नामक सुन्दर, सँकरे सरोवर में गया और पश्चिम भाग के हायलैंड नामक पहाड़ी प्रदेश में ऊपर जा रहा था। हर मोड़ पर नया दृश्य दिखाई पड़ता था। अब सरोवर समाप्त हुआ। सामनेवाली शीला पर अब उतरेंगे, ऐसा सोच ही रहे थे कि अचानक पानी और पहाड़, घास और लताएँ—इनका अकल्पित नया मनोहर दृश्य दिखाई पड़ता। अन्ततः लॉख लाँग के किनारे ॲरोखर नामक बन्दरगाह पर जहाज खाली हुआ। वहाँ वे बैरडस होटल में ठहरे।

जिसे 'स्कॉच सरोवर की रानी' कहते थे, वह लॉख लोमंड सरोवर उनके होटल से डेढ़ मील दूर था। दूसरी ओर चार-पाँच मील पर सर वॉल्टर स्कॉट के 'लेडी ऑफ द लेक' इस काव्य का मुख्य स्थान लॉख कैट्रेन था। सरोवर के बीच की चोटी पर ट्रोसॉक नामक मनोहर खाई की ओर जाते समय इस काव्य की नायिका का सुन्दर स्थान एलनस आइल लगता है। इस स्थल से नौका से जाते समय विट्ठल रामजी शिंदे गद्गद हुए। उनके मन में आया, "जब तक यह पहाड़, यह सरोवर और खाई पृथ्वी पर रहेगी तब तक स्कॉट के नाम और उसके सीधे सरल वचनों को बाधा नहीं आएगी, यह सिद्ध होता है। मैं खाई में उतरा तब :

"All in the Trossak's glen Was Still,
Noon tide Was sleeping on the Hill."

कवि के इस दृष्टान्त की मुझे अनुभूति हुई। यहाँ से वापस जाने को मन नहीं कर रहा था!"[5]

1890 में जमखंडी की पाठशाला में छठी कक्षा में उन्होंने अपने मित्रों के साथ स्कॉट का 'लेडी ऑफ द लेक' नामक काव्य बड़ी रुचि से पढ़ा था। इस काव्य में वर्णित लॉख कैट्रेन सरोवर आज उन्होंने प्रत्यक्ष देखा। जमखंडी के छात्रावस्था के वे दिन उन्हें फिर याद आए। मन भावविभोर हो गया। कमरे पर पहुँचने पर उन्होंने अपने उस समय के सहपाठी मित्र जनार्दन सखाराम करन्दीकर को एक सुन्दर, काव्यात्मक पत्र लिखा। स्कॉच सरोवर प्रान्त के प्रवास के दौरान वे एक दिन 3,192 फुट ऊँचाई का बेन लेमंड पहाड़ चढ़े। उस पर विरले ही एकाध भेड़ दिखाई दे रही थी। 25 मील लम्बा तिकोना लोमंड सरोवर क्लाइड नदी को जा मिला था। जैसे कोई बहुत बड़ा पीपल का पत्ता कहीं से टूट कर इस व्यापक प्रदेश में आ गिरा हो, ऐसी कल्पना उनके मन में आ गई। अद्भुत एकान्त, दोपहर बारह बजे का समय, खामोश हवा, न ठंड थी न गर्मी। एक ओर खाई, ऊपर आकाश की छत, दूर नजर डालने पर 40 मील दूरी पर स्थित ग्लासगो शहर की धूल और धुआँ दिख रहा था। नीचे लोमंड सरोवर में कभी-कभार एकाध नौका तैरती हुई छोटी हंसिनी जैसी दिखाई देती। इस प्रकृति के संग में वे रम गए। समाधि कहा जाए, ऐसे अपूर्व एकान्त का अनुभव उन्हें हुआ।

प्रकृति सौन्दर्य से ओतप्रोत स्कॉच सरोवर प्रान्त में विट्ठल रामजी शिंदे ने लगभग नौ दिन प्रवास किया। टार्बेट, राउर्डेना में उन्हें गरीब परिवारों की झोंपड़ी में रहने को जगह मिली। इसी कारण वे आसपास का प्रदेश घूम सके और फिर होटल में रहनेवाले लोगों के संसर्ग से भी थोड़ी देर के लिए ही सही राहत मिली, यह उन्हें फायदेमन्द ही लगा। गरीब परिवारों के छोटे बच्चों का साथ उन्हें अच्छा लगा। शिंदे को छोटे बच्चे प्रकृति का ही अंश लगते थे। इसी कारण हमेशा की तरह यहाँ के छोटे बच्चों का साथ उन्हें आनन्ददायी लगा। सरोवर प्रान्त छोड़ने से एक दिन पहले उन्होंने लॉख लोमंड सरोवर में स्नान किया। ठंडे पानी में, खुली हवा में विदेश में किया गया यह पहला और आखिरी स्नान था।

21 अगस्त, 1902 को इस रम्य सरोवर प्रान्त से विदा लेकर वे रास्ते ग्लासगो में थोड़ा रुककर रात आठ बजे मैनचेस्टर पहुँचे। वह रात एक टेम्परेंस होटल में बिताई। दूसरे दिन मिस्टर होल्स इस यूनिटेरियन आचार्य से भेंट हुई। इस सज्जन के निमंत्रण पर मैनचेस्टर में उनके यहाँ एक हफ्ता प्रवास किया। इनकी कपड़ों की छपाई की फैक्टरी थी।

मैनचेस्टर शहर से दस-ग्यारह मील दूर हेल गाँव के यूनिटेरियन मन्दिर में शिंदे ने सुबह-शाम दो उपासनाएँ चलाईं। मैनचेस्टर के ओवेन्स कॉलेज, रायलैंड लाइब्रेरी और टेक्निकल स्कूल, ये प्रेक्षणीय स्थल देखे। होल्ट की दो बेटियों, कॉन्स्टेंस और एथेल ने ये स्थल दिखाए। मैनचेस्टर विलर्ट स्ट्रीट डोमेस्टिक मिशन के यूनिटेरियन मिशनरी रेवरंड बिशप के साथ वे गन्दी बस्तियों के अत्यन्त गरीब आठ-दस घरों में गए। फटेहाल घरों में दीवारों पर कुछ चित्र लगाए गए थे, यह बात शिंदे की नजरों से छूट न सकी। कुल मिलाकर उन लोगों की स्थिति बहुत ही बदहाल दिखाई दी। मिशन में शिंदे ने छोटा भाषण दिया।

शिंदे प्राइमरी स्कूल, छोटे बच्चों की पाठशालाएँ देखने को उत्साहित रहते थे। मैनचेस्टर की किंडरगार्डन पद्धति की पाठशाला देखने के लिए वे समय निकालकर गए। इस पाठशाला की युवा अध्यापिका उन्हें अत्यन्त ज्ञानी और उत्साही लगी। पाठशाला में लगभग 500 छात्र थे। उन्हें प्रत्यक्ष मूर्तियाँ दिखाकर माटी की मूर्ति बनाने को कहना; फूल, पौधों के रंगभरे चित्र सिखाने की अध्यापन पद्धति उन्हें बहुत आकर्षक लगी। उन्होंने मैनचेस्टर से 5 मील दूर एक पत्थर की खदान देखी जो जमीन के नीचे लगभग 444 यार्ड गहरी थी। इसके अन्दर मनुष्य, घोड़े गाड़ियाँ काम करती थीं। अन्दर वायु एवं प्रकाश की उत्तम व्यवस्था थी। मैनचेस्टर जैसे उद्यमी शहर में धरती के पेट में भी उद्योग चलता है, यह शिंदे ने देख लिया। इस कोयले की खदान का यथातथ्य एवं मनोरंजक वर्णन करनेवाला लेख उन्होंने बच्चों के लिए लिखकर 'सुबोध पत्रिका' में भेज दिया।[6]

28 अगस्त को वे मैनचेस्टर से लिवरपूल आए। यहाँ उन्हें लिवरपूल डोमेस्टिक मिशन का कार्य देखना था। पूरी यात्रा के दौरान उनके मन में लिवरपूल डोमेस्टिक मिशन का गरीब बस्तियों में चलनेवाला कार्य देखना एक उद्देश्य रहा था। रेवरंड लॉईड जोन्स के घर में उन्होंने पाँच दिन प्रवास किया। रविवार शाम को डोमेस्टिक मिशन में उपासना चलाई। गरीब बस्तियों का निरीक्षण किया और मिस्टर कॉक नामक मित्र के पास कुछ दिनों के लिए वे कॉर्नवॉल चले गए।

27 सितम्बर, इतवार को उन्होंने क्रूकर्न मन्दिर में 'हार्वेस्टर फेस्टिवल' सम्बन्धी सुबह और शाम वार्षिक उपासना चलाई। यह उत्सव खेती की उपज घर आने के पश्चात् ईश्वर के प्रति आभार प्रकट करने के लिए मनाया जाता है।

मन्दिर फूल, फल, पौधों आदि से अत्यन्त कुशलता से सजाया गया था। लोगों में आदर, उत्साह और आस्था दिखाई दी। सुबह तथा शाम की उपासना के लिए मन्दिर में काफी भीड़ थी। मिस्टर कॉक के साथ उन्होंने बॉस कैसल का सागर तट देखा। टेनिसन के 'एडिल्स ऑफ किंग' में वर्णित समुद्र के अन्दर का ऑर्थर का किला देखा। टर्नब्रिज वेल्स में मिस्टर जॉय के यहाँ चार दिन प्रवास कर वे वापस ऑक्सफोर्ड पहुँचे। 2 नवम्बर को वे फ्री चर्च में उपासना चलाने के लिए गए। वहाँ उन्होंने ब्राह्म समाज के सन्दर्भ में व्याख्यान दिया। व्याख्यान के पश्चात् एक महिला ने कोलकाता की ब्राह्मो छात्राओं की पाठशाला की बिल्डिंग फंड के लिए एक पौंड दिया। यह रकम उन्होंने मिस्टर प्रिचर्ड के मार्फत कोलकाता भेज दी।

1902 के अक्टूबर में विट्ठल रामजी शिंदे के द्वितीय वर्ष का प्रथम सत्र शुरू हुआ। फार्ले, इवर्ट, लॉकट—ये तृतीय वर्ष के तथा बार्न्स, डॉटि, हैकिंसन, जोन्स और मिस. जी वॉन पेटझोल्ड—ये द्वितीय वर्ष के छात्र इस वर्ष भी उनके सहपाठी थे। जपान के जेड. टोयोसाकी भी विट्ठल रामजी शिंदे की तरह ब्रिटिश एंड फॉरेन एसोसिएशन की छात्रवृत्ति प्राप्त कर आए विशेष छात्र इस वर्ष भी उनके सहपाठी थे। मिस्टर जे. पार्क डेविस, ऑर्थर गोलैड, अल्बर्ट थॉर्नहिल और सी.एम. राईट, ये प्रथम वर्ष में दाखिल नए सहपाठी थे।[7] शिंदे और टोयोसाकी—ये दोनों बाहर से आए छात्र यहाँ के परिवेश में घुल-मिल गए थे। एक वर्ष की संगत में सभी छात्रों में अच्छी मित्रता हुई थी। शिंदे का अध्ययन एवं अतिरिक्त वाचन उत्साह से चल रहा था। उपासना में दिए जानेवाले व्याख्यान वे लिखकर रखते थे। वे हिन्दुस्तान से आए छात्र थे, इसलिए हिन्दुस्तान के ब्राह्म धर्म ऐसे सुधारवादी, उदार धर्मपंथ के सन्दर्भ में सुनने को मिलें, ऐसी श्रोताओं की उनसे अपेक्षा रहती थी और वह शिंदे पूरी करते थे, ऐसा दिखाई देता है। कभी-कभी वे 'लौकिक और धार्मिक जीवन' (वर्ल्डलिनेस एड गॉडलिनेस) जैसे विषयों पर व्याख्यान देते थे। पिछले छह महीनों की अवधि में उपासना चलाने के लिए उन्हें बहुत-से निमंत्रण मिले थे और शिंदे ये उपासनाएँ आत्मविश्वास से चलाते थे। उनकी उपासना प्रभावी होती थी, उनका धर्म चिन्तन शुरू था। कभी सहपाठियों के साथ तो कभी एकान्त में वे ध्यान करते थे। मानसिकता के अनुसार घर में इकतारे पर भजन गाते थे अथवा प्रकृति के सान्निध्य में एकान्त स्थल पर भक्ति के पद गाते रहते थे। उनकी धार्मिक शिक्षा और धर्म साधना गम्भीरता से चल रही थी, उनका मन प्रसन्न था।

मैनचेस्टर कॉलेज के छात्र प्रौढ़, स्नातक होकर आए हुए थे एवं आगे धर्मोपदेशक का कार्य करनेवाले थे। मगर उनका आचरण हमेशा गम्भीर नहीं रहता था। वे कभी हँसी-मजाक और धींगामुश्ती भी किया करते थे।

जापान से आए टोयोसाकी बौने और मजाकिया स्वभाव के थे। अन्य छात्र भी उनका मजाक उडाते। वे कॉलेज के छात्रावास में ही रहते थे। एक बार यह तय हुआ कि सभी का कद नापा जाए। टोयोसाकी को दीवार के पास खड़ा किया गया। उनके कद की लकीर खींचने के बहाने से ऊपर का नल शुरू किया गया। टोयो घबराकर भाग खड़े हुए और सभी हँसने लगे। हर इतवार को टोयो लाँग कोट, टॉप हैट—ऐसी सभ्य पोशाक कर शहर की मुख्य सड़कों से घूमकर आते थे। एक बार उनके साथियों ने उनके पीछे कोट पर 'चेस मी गर्ल्स' ऐसा बड़े अक्षरों में लिखा कागज चिपका दिया। हमेशा की तरह ऑक्सफोर्ड की मुख्य सड़कों पर घूमकर जनाब वापस आए, फिर भी उन्हें इस बात का पता न चला। यह देखकर पूरे छात्रावास में हँसी छा गई।

कॉलेज की इमारत में छात्रों के लिए जो कॉमन रूम था, उसमें सिगरेट, मस्ती—यह सब चलता था। विट्ठल रामजी शिंदे अन्य छात्रों की तरह मस्ती नहीं करते थे, इसलिए उन्हें 'मीक इंडियन' कहा जाता था। उनका शान्त स्वभाव ही जैसे औरों की शान्ति भंग करता था। इसलिए उनका मजाक उड़ाने के उद्देश्य से एक बार उन्हें गोल मेज पर लिटाकर कोल्हू के बैल जैसा गोल-गोल घुमाया। एक बार तो कक्षा में प्रोफेसर ड्रमंड के व्याख्यान के समय इवर्ट नामक स्कॉच छात्र ने शिंदे के साफे का पीछे छूटा हुआ छोर धीरे-धीरे खींचा। अन्ततः शिंदे के सिर पर साफे का मात्र एक ही चक्कर बचा तो पूरी कक्षा में तो हँसी फैल गई थी। प्रिंसिपल ड्रमंड को तक उसे अनदेखा कर व्याख्यान देना कठिन हो गया।

सिगरेट न पीनेवाले शिंदे एकमात्र छात्र थे। उनका बैठने का कमरा साफ-सुथरा होता था। कॉलेज बन्धुओं की नजर में यह अपराध था। एक बार उनके यहाँ चार-पाँच छात्र चाय के लिए बिन बुलाए आ टपके। अपने साथ सभी लोग सिगरेट के पैकेट लेकर आए और शिंदे के कमरे में धुआँ छोड़ने लगे। लैंडलेडी जब चाय देने के लिए कमरे की ओर आई तो आग लगने की आशंका से चिल्ला उठी।

गम्भीरता से धार्मिक शिक्षा लेनेवाले छात्रों के स्वभाव का यह दूसरा पहलू था।

अब तक की सभी छुट्टियाँ शिंदे नवीन प्रदेश, नए स्थल, अलग-अलग शहर देखने के लिए बिताते आए थे। इंग्लैंड, स्कॉटलैंड के लगभग सभी रम्य स्थल उन्होंने देख लिए थे। इसलिए वे 1902 के दिसम्बर की क्रिसमस की पूरी छुट्टी लेखन-वाचन में ऑक्सफोर्ड में ही व्यतीत करने का निश्चय कर चुके थे।

सन्दर्भ

1. विट्ठल रामजी शिंदे, *रोजनिशी,* पृ. 118-119 एक सप्ताह बाद शिंदे दुबारा ब्लैकफर्ड हिल पर घूमने गए तो वहाँ एक पुलिस से मुलाकात हुई। सार्वजनिक जगह पर जब कुछ अवांछित घटित होता है तो उसे प्रतिबन्धित करने की जिम्मेदारी उस पर थी, यह पूछताछ करने पर पता चला। प्रस्तुत लेखक के अक्टूबर, 1983 में वहाँ जाने पर पुलिस का यह प्रबन्ध अभी वहाँ जारी होने की जानकारी एक पुलिस अधिकारी ने दी।
2. विट्ठल रामजी शिंदे, *लेख, व्याख्याने व उपदेश,* पृ. 173
3. विट्ठल रामजी शिंदे, रोजनिशी पृ. 120
   यहाँ उल्लेखित भाटे यानी प्रो. गणेश सदाशिव भाटे (1880-1927) हैं। वे आई.सी.एस. हेतु इंग्लैंड गए थे। उन्हें इस परीक्षा में सफलता नहीं मिली। बाद में उन्होंने एडिनबरो विश्वविद्यालय की एम.ए. की उपाधि प्राप्त की। बड़ौदा रियासत में अधिकारी और बाद में भारत सरकार के शिक्षा विभाग में प्रोफेसर के रूप में कार्य किया। मराठी में समीक्षा लेखन। नृत्य विशारद रोहिणी भाटे के पिता। सन्दर्भ (सं.) वसन्त पाटणकर, *ग.स. भाटे : एक वाङ्मय समीक्षक,* मराठी विभाग, मुम्बई विद्यापीठ, मुम्बई और प्रतिभा प्रकाशन, पुणे, 1995
3. शिंदे द्वारा अपनी डायरी में उल्लेखित यह सार्वजनिक ग्रंथालय यानी एडिनबरो के जॉर्ज चतुर्थ ब्रिज के पास की एडिनबरो सेंट्रल लाइब्रेरी है। प्रस्तुत लेखक ने अक्टूबर, 1983 में यह ग्रंथालय देखा। ग्रंथालय में एडिनबरो की पूरी जानकारी मिले, ऐसा एक एडिनबरो रूम है और प्रस्तुत लाइब्रेरी की समग्र जानकारी देनेवाला प्रबन्ध भी वहाँ उपलब्ध था।
5. *सुबोध पत्रिका,* 1 फरवरी, 1903
6. वही, 18 जनवरी, 1903
7. मैनचेस्टर कॉलेज, ऑक्सफोर्ड, *एन्युअल रिपोर्ट्स, 1904-1918*

हिन्दू समाज-पारिवारिक एवं सामाजिक स्थिति : व्याख्यान व नाट्य प्रयोग

ऑक्सफोर्ड निवास के अन्तिम दिनों में विट्ठल रामजी शिंदे ने जो विशिष्ट कार्य किया, वह था—यूनिटेरियन समाज के सामने दिया व्याख्यान और उसके अनुरूप की नाट्य प्रस्तुति। ऑक्सफोर्ड के सभी यूनिटेरियन समाज के स्त्री-पुरुषों से परिचय, विचार-विमर्श हो, इस उद्देश्य से वर्ष में कम-से-कम एक बड़ा स्नेह सम्मेलन आयोजित किया जाता था। मार्च के प्रथम सप्ताह में आयोजित ऐसे ही एक स्नेह सम्मेलन में शिंदे ने 'हिन्दुस्तान की परिवारिक एवं सामाजिक स्थिति' विषय पर आलेख पढ़ा एवं वह किस प्रकार होती है, यह दिखाने के लिए एक मध्यवर्गीय परिवार का नाट्य प्रवेश तैयार कर प्रस्तुत किया।

व्याख्यान के आरम्भ में ही उपस्थित श्रोता वर्ग के सामने इस विषय पर बोलना कैसे कठिन है, यह उन्होंने स्पष्ट कर दिया। "इस आधुनिक और सुसंस्कृत समझे जानेवाले समाज के स्त्री-पुरुष जब ऐसे विषयों पर आयोजित व्याख्यान सुनने आते हैं तब यहाँ उनका मनोरंजन हो, ऐसी अपेक्षा होती है। कुछ उद्‌बोधक विचार सुनने को मिलें, यह उनकी अपेक्षा नहीं होती। हिन्दुस्तान में रह चुके ईसाई मिशनरी एवं सूक्ष्म निरीक्षण और अच्छी सहानुभूति रखनेवाले अन्य लोगों ने इस प्राचीन गौरवशाली देश के बारे में जो ज्ञान आत्मसात् कर अनुभूत सत्य का चित्र प्रस्तुत किया है, वह सराहनीय नहीं है और इस बारे में भारतीय लोग अनभिज्ञ हैं, ऐसी बात नहीं है। ऐसे में अपने ही एक भारतीय पुत्र द्वारा अपनी पवित्र पारिवारिक एवं सामाजिक स्थिति को विदेशियों के सामने नंगा कर देना उन्हें पसन्द आनेवाला नहीं था क्योंकि इन विदेशियों की सहानुभूति का उन्हें भरोसा नहीं था। दरअसल, इस वर्तमान युग में हम अपने पूर्वजों की अपेक्षा एक दूसरे को ओर अच्छी तरह समझ सकते हैं ऐसा मेरा विश्वास है। फिर भी हमें यह नहीं भूलना चाहिए कि यह इस युग का आरम्भ है। हिन्दू जीवन का संगीत पाश्चात्यों तक नहीं पहुँचता। भारतीय लोगों की वेशभूषा, घर, सामान आदि बहुत-सी चीजें इन लोगों को विलक्षण प्रेक्षणीय लगती हैं। जो बात सौन्दर्य कल्पना के सन्दर्भ में है, वही औचित्य कल्पना के सन्दर्भ में भी है। यह मतभेद मात्र आपके यहाँ है, ऐसा नहीं है। पिछले राज्याभिषेक के समय यहाँ मोरक्को का प्रतिनिधि आया था। उसके बारे में कहा जाता है कि वापस जाते समय उसने कहा था, "इंग्लैंड यह बड़ा देश है, किन्तु मुझे अच्छा लग रहा है कि मैं संस्कृति की ओर वापिस जा रहा हूँ।" इससे यह स्पष्ट होता है कि दुनिया का सौन्दर्यशास्त्र उसी प्रकार नीतिशास्त्र परम्परा और राष्ट्रीय पक्षपात के चंगुल से अभी मुक्त नहीं हुआ है।

मेरा यह प्रस्तुत प्रयोग मेरे देशवासियों को अप्रयोजनीय लगने की आशंका है और मैंने यह खतरा भी मोल नहीं लिया होता, परन्तु आप लोगों के बीच रहकर भी मैं आप लोगों के लिए पराया हूँ, ऐसा एहसास किसी भी प्रसंग में नहीं हुआ है। मुझे आप लोगों से मिले सौहार्द एवं आश्वस्ति के कारण मेरे देशवासियों के जीवन के सन्दर्भ में बात करने में संकोच नहीं होता।" इस प्रकार की प्रस्तावना के बाद शिंदे ने अपने व्याख्यान में प्रतिपादन किया, "हिन्दुस्तान यह केवल एक भौगालिक नाम है, ऐसा कई बार जिक्र किया जाता है। मैं कहना चाहूँगा कि ऐसा मानना उचित नहीं है। जो देश भौगोलिक स्थिति से आधे यूरोप जितना बड़ा है, उसमें आपके इंग्लैंड की तरह राजनीतिक एकात्मता, उसी प्रकार जीवन पद्धतियों के बीच बाह्य समानता की अपेक्षा कैसे की जा सकती है? 'इंग्लैंड' शब्द से मेरा आशय आपका 'छोटा-सा इंग्लैंड' है, अंग्रेजी साम्राज्य नहीं। हिन्दुस्तान ने अपने इतिहास में बड़ी उथल-पुथल का अनुभव किया है, यह भी समझना होगा। चीनी लोगों का अपवाद छोड़ें तो विश्व में भारतीयों की तरह भूतकाल में जीनेवाले लोग दुनिया में कहीं नहीं मिलेंगे। दूसरे, यह भी सच है कि हिन्दुस्तान ने जितने वंश और धर्म अपने में समाए हैं, उतने अन्य किसी देश ने नहीं। संक्षेप में, हिन्दुस्तान नृतत्त्वशास्त्र के लिए परिपूर्ण भंडार है। इतनी सारी विविधताओं के

बावजूद हिन्दुस्तान मात्र एक भौगोलिक नाम है, ऐसा समझना उचित नहीं है। इस खंडप्राय देश में एक छोर से दूसरे छोर तक पारिवारिक और सामाजिक जीवन के समान तत्त्व सहजता से खोजे जा सकते हैं। हिन्दुस्तान की आधी से ज्यादा जनसंख्या हिन्दू और जैन, सिक्ख, शैव एवं बौद्धों की है। बावजूद इसके, उनकी धार्मिक श्रद्धा और उपासना के प्रकार का उनके दैनिक जीवन से सम्बन्ध नहीं होता। सामाजिक दृष्टि से वे सभी हिन्दू ही हैं। कुल आबादी का पाँचवाँ हिस्सा होनेवाले मुसलमान भी उनके रहन-सहन की दृष्टि से अन्य देशवासियों की तरह ही हैं। अन्य देशों के मुसलमानों जैसे नहीं है। इसलिए जिस किसी गाँव अथवा नगर पर पाश्चात्यों का प्रत्यक्ष प्रभाव नहीं पड़ा है, वहाँ के हिन्दू परिवार का या किसी भी समाज के परिवार का चित्रण हो सकता है।"

भारतीय पारिवारिक स्थिति का वर्णन करते हुए उन्होंने कहा, "भारतीय परिवार मूलत: एक विशाल वृक्ष के समान होता है। माता-पिता इसका मुख्य आधार अर्थात् जड़ होते हैं। उससे ही बेटे और पोते के परिवार की अनेक टहनियाँ निकलती हैं। मात्र उनमें सजीव एकता होती है। यह सब मिलकर एक ऑर्गेनिक होल बनता है। कर्तृत्ववान बेटे और पोते स्वयं कमाने के बावजूद इस व्यवस्था से विभक्त नहीं होते। परिवार की वृद्धि यह बरगद के पेड़ की तरह होती है। शाखा से निकलनेवाली जड़ें जमीन से मिलती हैं और कालान्तर से ये जड़ें तना बन जाती हैं और मूल वृक्ष की शक्ति और विस्तार बढ़ाती हैं। कभी-कभी परिवार विभक्त होने के उदाहरण मिलते हैं, लेकिन वे यहाँ की तरह हमेशा का प्रकार न होकर अपवाद होता है। इसी कारण कभी-कभी एकाध परिवार में चालीस-पचास लोग खुशी से जीवनयापन करते मिलते हैं। ऐसे घर को 'ईश्वर की बस्ती' कहा जा सकता है। सख्य भाव नष्ट होने पर अथवा विपरीत परिस्थिति में घर से अलग रहने की नौबत आने पर अलग हुआ परिवार मूल घर के सामने ही रहता है। कभी-कभी ऐसे परिवार एकाध गली का मुख्य हिस्सा बनते हैं और वह गली उस परिवार के नाम से पहचानी जाती है।

"ऐसे परिवार की सत्ता राजशाही पद्धति की होती है और परिवार का बुजुर्ग पुरुष एक राजा की तरह सत्ता चलाता है, लेकिन अपनी पत्नी की सौम्य और मधुर इच्छा के अनुसार अपने निर्णय में बदलाव करता है या खारिज करता है। यह सत्ताधीश जब बूढ़ा होता है तब सामान्यत: अपने अधिकार अपने बड़े बेटे को सुपुर्द करता है और यह बड़ा भाई और भाइयो को पिता के स्थान होता है। इतना ही नहीं तो उसकी पत्नी को भी माँ जैसा सम्मान मिलता है, अर्थात् इस पुराने आदर्श का वर्तमान काल में यथावत् पालन किया जाएगा, ऐसा नहीं, लेकिन जहाँ इसका पालन नहीं होता वहाँ भी मूल आदर्श का एहसास निश्चित होता है।"

इसके पश्चात् शिंदे ने परिवार में बहू की स्थिति कैसी होती है, इसका मार्मिक चित्र खींचा है। "ऐसे हिन्दू परिवार में घर की बहू करुणा का अतुलनीय आस्था केन्द्र होती है। यह बहू दुख और स्वार्थ त्याग की प्रतिमा होती है। वह हिन्दुस्तान के स्त्री वर्ग की आत्मा ही होती है। परिवार में उसका स्थान सबसे निम्न और उपेक्षित होता है। कभी-कभी छली गई यह बहू क्रमश: स्वयं का सामर्थ्य बढ़ाती भविष्य की पालनहार बनती है। उसमें दैवी लगनेवाले जैसे पारिवारिक सद्गुण होते हैं। माता-पिता से इस छोटी का लाड़-प्यार होता है, तभी समझ आने से पहले उसका विवाह होता है और वह अपरिचित लोगों में आती है। वह स्वयं के सुख से वंचित होती है। घर के छोटे से लेकर बड़ों तक खुश रखने की जिम्मेदारी मात्र उस पर होती है। वह सबके अन्त में सोती है और उसे सबसे पहले जागना पड़ता है। अन्य लोग खड़े हों तो वह नीचे नहीं बैठ सकती। पराये लोगों के सामने घर के किसी पुरुष सदस्य से बात नहीं कर सकती। उसका पति के साथ दिखना माता-पिता तथा अन्य बुजुर्गों को अपना अपमान लगता है। वह ऐसा कभी नहीं कर सकती। पत्नी को नाम से पुकारना बुजुर्गों को उजड्डता लगती है। घर की भावी रानी को इस दिव्य से गुजरना पड़ता है।" हिन्दू परिवार की बहू का वर्णन करते समय शिंदे के सामने अपनी करुणा-मूर्ति माँ होगी।

इसके पश्चात् शिंदे ने हिन्दू परिवार में लड़की का विवाह कैसे महत्त्वपूर्ण होता है और विवाह का उत्सव कैसे चलता है, इसका मार्मिक वर्णन किया है। उन्होंने कहा, "छोटी लड़की का विवाह पूरे परिवार का लक्ष्य आकर्षित करनेवाली घटना होती है। कभी-कभी यह बात चिन्ता की भी हो सकती है। लड़की की उम्र काफी बढ़ जाती है अर्थात् बारह साल से ज्यादा होती है। इससे माता-पिता कैसे चिन्तित होते हैं, इसका मराठी नाटकों में भी वर्णन मिलता है।

"और अन्त में विधिलिखित कहें या मध्यस्थ के माध्यम से विवाह तय होता है। और फिर पन्द्रह दिन तक चलनेवाले विवाह के आनन्दोत्सव का वर्णन क्या करें? नजदीक और दूर के सैकड़ों लोग इस दूल्हे-दुल्हन के पास

जमा होते हैं। और उस बेचारे दूल्हे-दुल्हन का इस उत्सव में अपना क्या स्थान है, इसका एहसास तक नहीं होता। मैं हिन्दू विवाह पद्धति की सच्चाई का निर्देश करता हूँ कि हिन्दू विवाह पूर्णतः संस्कार युक्त होता है। विवाह एक सामाजिक सन्धि होती है। व्यक्तिगत सुख की बात होती है, इसका हिन्दू विवाह से दूर से भी सम्बन्ध नहीं होता। वह धार्मिक भूमिका से किया एक स्वार्थ त्याग होता है। व्यावहारिक वृत्ति के पाश्चात्य जगत् द्वारा इस पर विश्वास करना कठिन है, लेकिन यह हिन्दुस्तान में हजारों सालों से विद्यमान यथार्थ है। उसका पीड़ादायी अंश यह है कि यह विवाह पद्धति पुरुष वर्ग को लेकर पक्षपात करती है। यह पद्धति स्त्री जाति के लिए कोई भूषण नहीं है।"

आगे वे बताते हैं कि विवाह समारोह के मंडप के चारों ओर केले के पौधे खड़े किए जाते हैं, जो स्वार्थ त्याग, स्त्रियों में होनेवाले सद्गुणों के प्रतीक होते हैं। इस विवेचन के बाद वे यह दर्ज करते हैं कि इस विवाह विधि से कल तक जो एक नासमझ बच्ची थी, उसका रूपान्तर मर्यादाशील व्यवहार करनेवाली पत्नी में हो जाता है।

"हिन्दू परिवार में पुत्र जन्म दूसरा खुशी का प्रसंग होता है। बेटे के जन्म से खुशी तो बेटी के जन्म से निराशा। बेटे के लिए संस्कृत में जो 'पुत्र' शब्द है उसका मूल अर्थ ही पूर्वजों को नरक में जाने से बचानेवाला होता है। यह समझ मानव जाति में जो वंश निरन्तरता की स्वाभाविक इच्छा होती है, उसे दृढ़ बनाती है। जन्म लेनेवाला बेटा जितनी जायदाद का वारिस बनेगा, उसकी ज्यामितीय श्रेणी से यह खुशी बढ़ती है। मैं हिन्दुस्तान की एक रियासत की राजधानी में पुत्र जन्मोत्सव के समय उपस्थित था। आगे रियासत का हाथी और पीछे से घोड़े तथा हाथी जैसी शोभयात्रा निकली थी। हाथी की पीठ पर चाँदी की एक बड़ी थाली चीनी से भरी थी। उससे रास्ते के दोनों ओर के घरों में कटोरी भर शक्कर भेजी जा रही थी। यह शोभायात्रा पन्द्रह दिन तक चली।"[1]

आलेख के आरम्भ में प्रस्ताविक में शिंदे ने कहा है कि हिन्दू जीवन संगीत यूरोपियों तक पहुँचता नहीं। आलेख में मात्र इसका विवेचन नहीं मिलता। इस आलेख का 'सम पिक्चर्स इन ए हिन्दू होम' इस शीर्षक के अन्तर्गत कुछ मद्दों में टिप्पण देखने को मिलता है।[2] उसमें उन्होंने यह विधान किया है कि "अज राजा और राम (गृहिणी सचिवः) ने पत्नी वियोग के बाद किए विलाप से, उनके विरह और रुदन से हिन्दू प्रेम का सर्वोत्तम आविष्कार देखने को मिलता है।" यह व्याख्यान उन्होंने केवल पढ़ा नहीं होगा तो बीच-बीच में उस पर भाष्य किया होगा। आलेख में न होनेवाला विवरण जोड़ा होगा, ऐसा लगता है।

व्याख्यान के उत्तरार्द्ध में शिंदे ने हिन्दुस्तान की सामाजिक स्थिति, वहाँ के सुधार और अंग्रेज सरकार तथा लोगों की उसको लेकर भूमिका सम्बन्धी विचार प्रस्तुत किए। उन्होंने कहा, "पिछली सदी में हिन्दुस्तान का चेहरा बदल गया है। धर्म, समाज, राजनीति, उद्योग मानो एक प्रचंड कढ़ाई में फेंकने से खदबदा रहे हैं। वहाँ जारी पुनर्गठन को गति देने का अन्तिम श्रेय ब्रिटेन को मिलनेवाला है, लेकिन वर्तमान विकास इतना प्रचंड है कि उसका श्रेय ब्रिटेन जैसी मानवी यंत्रणा को फिर वह चाहे जितनी बड़ी हो देना उचित नहीं होगा। इस सनातन देश के लोगों की धारणा धीरे-धीरे अथवा मेरी राय से तो गति से पुनर्गठित हो रही है। केशवचन्द्र सेन जैसे धर्मनिष्ठ व्यक्ति को उसके पीछे दैवी योजना महसूस होती है। "आज हिन्दुस्तान की सामाजिक स्थिति पर बोलने का अर्थ सामाजिक सुधार को लेकर बोलना है। सभी लोकनेता और विद्रोही पुरुष ये मूलतः सामाज सुधारक ही है—फिर वे स्वीकार करें या न करें।"

आरम्भिक काल में ब्रिटिश सरकार ने राजा राममोहन राय और ईश्वरचन्द्र विद्यासागर जैसे आद्य सुधारकों को सती प्रथा बन्दी, विधवा पुनर्विवाह को मान्यता देने हेतु कानून पारित कर सहयोग किया, लेकिन जल्द ही उन्हें अपनी सीमाओं का एहसास हुआ और फिलहाल वे इस सन्दर्भ में उदासीन हैं। राष्ट्रीय स्तर पर शिक्षा का प्रसार करना, यह सुधार की प्रभावी राह है और केवल सरकार ही इस सन्दर्भ में बहुत कुछ कर सकती है, लेकिन इस सन्दर्भ में वह अपनी जिम्मेदारी टाल रही है जो गम्भीर बात है।"

तत्पश्चात् शिंदे ने ऐसा विधान किया कि "विश्व के कई बड़े आन्दोलनों की तरह हिन्दुस्तान के सामाजिक सुधार का आरम्भिक काल यह अत्यन्त रोमांटिक रहा।" ब्राह्म समाज के ख्यातलब्ध नेता पंडित शिवनाथ शास्त्री ने प्रकाशित किए साहित्य को लेकर दो महत्त्वपूर्ण घटनाओं का उन्होंने जिक्र किया। उनमें से पहली घटना 1862 में बंगाल के बारीसाल में रहनेवाले एक युवा ब्राह्म वकील की है। उनके पिता ने पहली पत्नी की मृत्यु के बाद अपनी माँ के आग्रह पर उस समय की परम्परा के अनुसार नौ साल की लड़की से विवाह किया। उनकी मृत्यु के बाद इस छोटी सौतेली माँ की जिम्मेदारी युवा ब्राह्म वकील पर आ गई। अपनी सौतेली माँ की करुण दशा देखकर इस ब्राह्म वकील ने

अपनी पत्नी के सहयोग से कई आपत्तियों का मुकाबला कर अपनी सौतेली माँ का विवाह अपने एक मित्र के साथ कर दिया। यह दिल दहलानेवाली हकीकत उन्होंने बताई।

दूसरी हकीकत सन् 1870 की, एक सत्रह साल की कुलीन यानी उच्चवर्णीय लड़की की बताई। उसके कर्मठ चचेरे दादा ने उसका विवाह पहले ही तेरह विवाह कर चुके एक धर्मनिष्ठ ब्राह्मण से करना तय किया था। इस युवा कुलीन लड़की ने ब्राह्म होनेवाली अपनी दो चचेरी बहनों को पत्र लिखकर बताया कि इससे मेरी मुक्ति नहीं करोगी तो मैं आत्महत्या करूँगी। इन ब्राह्म चचेरी बहनों ने युवा छात्रों के सहयोग से उसे इस संकट से छुड़ाया। विशाल पद्मा नदी में बाढ़ आई थी, इसके बावजूद उन्होंने नाविक को नदी पार करने को कहा और उसे कोलकाता में उसकी ब्राह्म बहन के पास पहुँचाया। कुछ समय बाद उसका एक प्रतिष्ठित ब्राह्म से विवाह सम्पन्न हुआ।

सुधार के पहले पर्व की इस तरह की अजब घटनाओं का शिंदे ने विवेचन किया और आज इस तरह का रोमांस-अद्‌भुत घटनाएँ जोरों पर होने की बात बताई। उन्होंने इस बात को भी स्पष्ट किया कि सुधार की सफलता बहुजन समाज में होनेवाले शिक्षा के प्रचार-प्रसार पर निर्भर है।

तत्पश्चात् शिंदे ने हिन्दुस्तान की जाति व्यवस्था और वहाँ के अंग्रेजों के बारे में कहा, "हिन्दुस्तान में लगभग तीन सौ मुख्य जातियाँ और लगभग उतनी ही उपजातियाँ हैं। हिन्दुस्तान के राष्ट्रीय स्वास्थ्य को जाति व्यवस्था अत्यन्त घातक बाधा है। इस सन्दर्भ में सुधारकों को अत्यन्त जटिल संघर्ष से गुजरना पड़ता है।"

"हिन्दुस्तान की सामाजिकता को एक ऐसा पहलू है कि जिसका सम्बन्ध वहाँ रहनेवाले अंग्रेजों से हैं। ये लोग वहाँ कि जाति-व्यवस्था का निषेध करने में बिलकुल पीछे नहीं है, लेकिन उनका स्वयं का आचरण इस निषेध से कितना संगत है? एंग्लो-इंडियन की अलगता जितनी रखी जाती है और उन्हें जितनी सुरक्षा मिलती है उतनी अन्य किसी जाति को नहीं मिलती। ब्राह्मण और शूद्र एक थाली में खाना नहीं खाएँगे। यह सच है कि वे अन्तर्जातीय विवाह नहीं करेंगे लेकिन शेष बातों में उनके सम्बन्ध सौहार्दपूर्ण होते हैं। अंग्रेज लोग सौ साल पहले जितने पराए थे, उतने ही आज भी पराये हैं। इतना ही नहीं तो भविष्य में भी उनका वैसा ही रहने का निर्धार दिखाई देता है। हिन्दुस्तान के कमांडर इन चीफ लॉर्ड रॉबर्ट्स अक्सर कहा करते कि हिन्दुस्तान तलवार के बल पर जीता है, तलवार के बल पर बना कर रखेंगे। लॉर्ड रॉबर्ट्स लश्कर के पुरुष हैं और उनसे अच्छी अपेक्षा नहीं कर सकते, लेकिन ऑक्सफोर्ड विश्वविद्यालय के इतिहास के ख्यातलब्ध प्रोफेसर मिस्टर टाऊड इस विधान का पुनरुच्चार करते हैं और ऊपर से कहते हैं कि हार की बदनामी स्वीकारें बिना हिन्दुस्तान छोड़ेंगे, ऐसा कहना यानी जान-बूझकर प्रचंड भ्रम में रहने जैसा है। यदि ऐसा है तो एंग्लो-भारतियों ने हिन्दुस्तान में अपनी एक अलग ही रुग्ण जाति तैयार की तो इसमें आश्चर्य कैसा? इस अप्रिय बात का उल्लेख करना मुझे अच्छा नहीं लगता। इस बात से यदि अन्य गम्भीर प्रश्न उलझे न होते तो मैं इस अप्रिय बात का उल्लेख टाल देता। ये प्रश्न राष्ट्रीय नहीं बल्कि अन्तरराष्ट्रीय स्वरूप के हैं। इनका सम्बन्ध अखिल मानव जाति से है। केवल भारत में ही प्राचीन और आधुनिक विश्व एकत्र आ रहे हैं। प्राचीन धर्म और प्राचीन तत्त्वज्ञान, पुरानी आकांक्षाएँ और विशेषताएँ उसके शुद्ध रूप में वहीं पर सहेजी मिलती हैं। अब वही पर आधुनिक विचार और आधुनिक जीवन प्रणाली धीरे-धीरे अतीत की भूमि पर गहरी जड़ें जमा रही है। इतिहास में अनन्य साधारण होनेवाले ऐसे आपातकाल में हिन्दुस्तान के अंग्रेज संकुचित राजनीतिक और व्यापारी एहसास से ऊपर न उठ सके। हिन्दुस्तान में जो दैवी घटना घट रही है, उसे न समझकर हिन्दुस्तान जीतने का गौण प्रसंग वे भूल न पाए तो मानवी सुसंवाद और एकात्मता के सिवा यदि वे स्वयं की एकांगी श्रेष्ठता प्रस्थापित करने की जिद पर अड़े रहे और केवल 'हार की बदनामी स्वीकारनी पड़े तभी हिन्दुस्तान छोड़ेंगे' ऐसी अहं की भाषा बोलते रहे तो वहाँ शुरू दैवी प्रयोग का वे अनायास साधन हो गए हैं। उस प्रयोग को उन्होंने ही जान-बूझकर बाधा पहुँचाई, ऐसा होगा।"

इस मुद्‌दे का समापन करते हुए शिंदे ने कहा, "शायद कोई पूछेगा कि जिन विदेशियों के विरोध में एकाध राष्ट्र है, उसमें कैसे मेलजोल? मैं परसों हाल ही में गुजरे ब्रिटिश एंड फॉरेन यूनिटेरियन एसोसिएशन के हिन्दुस्तान के प्रतिनिधि रेवरंड फ्लेचर विल्यम्स का स्मारक सम्बन्धी वृत्तान्त पढ़ रहा था। मैंने स्वयं को ही प्रश्न किया कि इनका स्मारक क्यों? और कोलकाता के ब्राह्म तथा ब्राह्मेतर उनकी स्मृति में तहेदिल से और एकमत से क्यों उत्सव मनाते हैं? इसका उत्तर मुझे मिला। उन्होंने इंग्लैंड का प्रतिनिधित्व अत्यन्त सफलता से निभाया। उनकी सफलता का रहस्य यह रहा है कि वे भारतीय लोगों में रहे, उनमें घुल-मिल गए, उन्हीं में से एक बन गए। हिन्दुस्तान के हृदय में स्थान

प्राप्त करनेवाला एक फ्लेचर विल्यम्स उनकी दृष्टि में सरहद पर जंगली टोलियों से लड़नेवाले आधा दर्जन लॉर्ड रॉबर्ट से ज्यादा मूल्यवान है। राजनीतिक हिन्दुस्तान यह ब्रिटिश साम्राज्य के इतिहास की एक अवस्था है तो सामाजिक इंग्लैंड से जुडनेवाला और संवादी होनेवाला सामाजिक हिन्दुस्तान, यह विश्व के इतिहास की एक अवस्था होगी।"

मार्च, 1903 के पहले सप्ताह में शिंदे द्वारा ऑक्सफोर्ड में दिया यह व्याख्यान कई दृष्टियों से महत्त्वपूर्ण है। इससे एहसास होता है कि उनका व्यक्तित्व अनेक आयामों से प्रगल्भ बना था। उनकी मानसिकता और विचार को एकेश्वरवादी धर्म का उदात्त, व्यापक अधिष्ठान प्राप्त हुआ था। इस भूमिका से ही वे समग्र विश्व के इतिहास और संस्कृति का अवलोकन करते हैं। इससे सतही भेद दूर होकर वैश्विक स्तर पर सही बन्धुत्व स्थापित हो, ऐसा आध्यात्मिक एहसास प्रकट होता है। इस उन्नत स्तर से अंग्रेजों की त्रुटियाँ उनके सामने निर्भीकता से बताने का आत्मविश्वास भी उनमें था। इस व्याख्यान से उनमें जो राष्ट्रीयता दिखाई देती है, वह एकांगी या पक्षपाती नहीं है। उनकी राष्ट्रीय भूमिका को आध्यात्मिक अधिष्ठान था। आगे चलकर जिस समानधर्मिता से महात्मा गांधी उन्हें आदरणीय लगने लगे, उसी प्रकार की विशेषताएँ और आध्यात्मिकता शिंदे के व्याख्यान से प्रकट होती हैं।

उन्होंने यह व्याख्यान ऑक्सफोर्ड के यूनिटेरियन स्नेह सम्मेलन के अवसर पर दिया, यह बात भी औचित्यपूर्ण है। विश्वात्मक स्वरूप के एकेश्वरवादी धर्म के अनुयायी होनेवाले अंग्रेज स्त्री-पुरुष शिंदे की भूमिका समझने की सम्भावना थी। उन्होंने यह व्याख्यान अन्यत्र दिया होता तो उसे पूर्णतः राजनीतिक रंग प्राप्त होने की सम्भावना थी। यह व्याख्यान उचित मंच से देने से उसे उचित ख्याति भी मिली। 14 मार्च, 1903 को इंग्लैंड के यूनिटेरियन समाज के मुखपत्र 'दि इनक्वायरर' में वह प्रकाशित हुआ। मिस्टर हॉजसन पैट नामक सज्जन ने उसका फ्रेंच भाषा में अनुवाद कर 16 अप्रैल, 1903 के 'ला पेक फ्रांस' नामक समाचार-पत्र में प्रकाशित किया। शिंदे ने स्नेह सम्मेलन के अवसर पर यह व्याख्यान पढ़ा। इतना ही नहीं तो हिन्दू पारिवारिक और सामाजिक स्थिति कैसी होती है, यह प्रत्यक्ष दिखाने हेतु एक मध्यवर्गीय परिवार पर छोटा नाट्य प्रयोग भी प्रस्तुत किया।[3] शिंदे में मूलतः एक प्रकार की रसिकता थी। यह आलेख लिखते समय वे 'संगीत शारदा' नाटक से प्रभावित थे। उन्होंने उसकी कुछ घटनाओं का निर्देश भी अपने आलेख में किया है। उन्हें स्वाभाविकतः ऐसा लगा होगा कि केवल आलेख से हिन्दू समाज की पारिवारिक और सामाजिक स्थिति का वर्णन करने की बजाय इससे सम्बद्ध कुछ दृश्य प्रस्तुत करें तो वे अधिक प्रभावी होंगे। इसके अनुसार उन्होंने योजना भी की। ऑक्सफोर्ड में ही विविध वस्तुओं का संग्रह करनेवाले कराची के एक व्यापारी की उन्हें जानकारी मिली। उससे उन्होंने हिन्दू घरों में होनेवाली वस्तुएँ, फर्नीचर, वैसी ही वेशभूषा, नकली गहने आदि प्राप्त कर हिन्दू घर के अनुसार उसकी सजावट की। कुछ अंग्रेज युवा-युवतियों की हिन्दी पद्धति से वेशभूषा कर उन्हें हिन्दू पद्धति से बिठाया था। नई ब्याहता बहू कोने में दीवार की ओर मुँह कर कैसी बैठती है, दूसरे कोने में परीक्षा नजदीक आने से उसका पति जोर-जोर से कैसे रटता है, अचानक कोई बुजुर्ग आने पर दोनों उठकर कैसे नमस्कार करते हैं आदि दृश्य साभिनय दिखाए गए। शिंदे का व्याख्यान और नाट्य प्रयोग काफी सफल हुआ। समारोह खत्म होने पर अनेक श्रोता शिंदे से मिले और उनका सुन्दर आलेख और कष्ट उठाकर प्रस्तुत किया प्रयोग पसन्द आने की बात कहकर उनको बधाई दी और आभार प्रकट किए। कुछ सप्ताह बाद 'दि इन्क्वायरर' के सम्पादक ने शिंदे को उनके निबन्ध का फ्रेंच में हुआ अनुवाद कई लोगों को पसन्द आने की बात बताई।

सन्दर्भ

1. विट्ठल रामजी शिंदे, *रोजनिशी,* पृ. 44, शिंदे ने शाहू महाराज को पुत्र होने पर कोल्हापुर में हुआ आनन्दोत्सव देखा था, उसी का वर्णन प्रस्तुत व्याख्यान में किया है।
2. *शिंदे के कागजात*
3. Domestic and social Life in India यह आलेख लिखी हुई शिंदे की कॉपी। इस आलेख के अन्त में शिंदे ने इस नाट्य प्रयोग की जानकारी देनेवाली नोट 23 मार्च, 1926 को पुणे में लिखी।

पेरिस में एक मास

विट्ठल रामजी शिंदे ने दूसरे वर्ष की ईस्टर की छुट्टी पेरिस में बिताना तय किया। उसके अनुसार 13 मार्च, 1903 को वे पेरिस जाने हेतु रात साढ़े दस बजे न्यू हेवन से जहाज से निकले। सागर शान्त था और आकाश में चाँदनी छिटकी होने से यात्रा सुखकर हुई। वे सुबह सात बजे पेरिस पहुँचे और उन्होंने शॉब्राल होटल में प्रवास किया।

पेरिस प्रवास में उन्होंने यथासम्भव ऐतिहासिक वास्तु, प्रेक्षणीय स्थान, उत्तम शिल्प देखे। वहाँ की धार्मिक, सामाजिक स्थिति का निरीक्षण और विद्वानों से मिलकर जानकारी प्राप्त करने का, चर्चा करने का उनका उद्देश्य था। उन्होंने लग्जमबर्ग राजमहल, पैंथियोन व सोबान अथवा पेरिस यूनिवर्सिटी देखी। पैंथियोन की इमारत देखने पर उन्हें यह एहसास हुआ कि फ्रेंचों की कला, कल्पना, कारगिरि और सौन्दर्य अभिरुचि ग्रीक लोगों की तरह ही है। उन्होंने ट्रायंफल आर्क, प्लेस डी कंकॉर्ड, पेती-पैलेस, त्राकोदेरो पैलेस आदि भव्य इमारतें और प्रेक्षणीय स्थल देखे। 'म्युजी दि गिमे' यह धार्मिक म्यूजियम देखा। नॉत्रा दाम नामक पेरिस के भव्य मन्दिर में उपासना को गए। यह मन्दिर इतना विशाल है कि उसमें बीस हजार लोग बैठ सकते हैं। सां व्हिनसां द पाल, मा दिलेन चर्च, सां रोक चर्च आदि मन्दिरों में भी वे उपासना के लिए गए।

24 मार्च को शिंदे की जहाज पर बने मित्र मि. कोतवाल से अचानक भेंट हुई। वे शिंदे को शहर के बाहर बो द बलोन उपवन देखने ले गए। नियोजनबद्ध बनाया यह उपवन शिंदे को रास नहीं आया। "एकाध सिंह के दाँत और नख निकालकर उसे दब्बू बनाकर किसी अमीर के बच्चे को खेलने को देने जैसी पेरिस के पासवाले इस उपवन की दशा हुई है, ऐसा उन्हें लगा। पेड़ दुकान में रखे, जैसे एक ही नमूने के। कुल नजारा इतना फालतू की उसे उपवन कहने की बजाय प्रदर्शन कहना अधिक तर्कसंगत लगता।" शिंदे को जैसे पेरिस का उपवन पसन्द नहीं आया उसी तरह पेरिस के मनोरंजन के साधन और वहाँ आनेवाले लोगों का व्यवहार भी पसन्द नहीं आया।

26 मार्च की रात को वे कोतवाल के साथ बेहतरीन माने गए 'ओलम्पिया' म्यूजिक हॉल में गए। उन्हें लगा कि 'नए पाश्चात्य प्रभाव से इन लोगों की रुचि बिगड़ती जा रही है।' युवा लड़कियों को तंग पोशाक पहनाकर उनसे अलग-अलग कसरतें करवाने का इन लोगों का मनोरंजन का प्रकार भी उन्हें पसन्द नहीं आया। वे इस म्यूजिक हॉल के लोगों का निरीक्षण कर रहे थे। नाट्यगृह में काफी नगरवधुएँ खुलेआम पूछती हुई घूम रही थीं। ऐसी औरतें अपने धन्धे के लिए नाटक देखने आती है। उनसे बोलने में, उनके साथ घूमने में किसी को संकोच नहीं लगता ऐसा शिंदे को दिखाई दिया। नाटक खत्म होने पर नाट्यगृह के नीचे होनेवाले भव्य होटल में ऐसी औरतों की और पुरुषों की भीड़ जमा होती है और वे अनैतिक आचरण करते हैं। यह स्थल देखने के बाद कोतवाल शिंदे को 'मैक्जिमस' नामक अमीर शैली के बदफैली होटल में ले गए। शिंदे वहाँ अधिक समय नहीं ठहरे। रात दो-चार बजे तक यहाँ का समां रंगीन होता है। प्रत्यक्ष में ऐसे स्थान पर कोई गैर कृत्य नहीं होता, लेकिन कुमार्गी स्त्री-पुरुष वहाँ एक साथ बैठते हैं, घूमते हैं। कुछ काफी सुन्दर और अमीर औरतें दिखाई दीं। रात घर वापस लौटती सभी औरतें कुमार्गी मिलती हैं। पेरिस में नित्य चलनेवाला यह प्रकार देखकर शिंदे का दिमाग चकरा गया। नैतिकता का प्रश्न जटिल होने के बावजूद उसका विचार या उल्लेख नहीं होता। अपितु लोग वैवाहिक नीति का फिलहाल अनुभव पद्धति से विचार नहीं करते, इसका शिंदे को आश्चर्य हुआ। 'नीतिशास्त्री अवश्य पेरिस के व्यवहार के निरीक्षण करें और उसके आधार पर नीति के लक्षण तय करें और समाजशास्त्र की नीति भी तय करें।' आदि विचार उनके मन में आए।

दूसरे दिन रात को कोतवाल ने शिंदे को 'बॉई बॉला' नामक सार्वजनिक नाच का स्थान दिखाया। यहाँ एक फ्रैंक देकर चाहे जब अन्दर मनोरंजन को जा सकते हैं। वायलिन का सुन्दर संगीत यहाँ बराबर शुरू रहता है। जब चाहे तब किसी भी स्त्री के साथ नाच सकते हैं, घूम सकते हैं, बोल सकते हैं या कॉफी पी सकते हैं। यहाँ की शौकीन स्त्रियाँ बिलकुल खुलेआम पूछती थीं। लगभग एक हजार लोग यहाँ मौज कर रहे थे।

यह दृश्य देखकर शिंदे का विचार बदल गया। उनका मन क्षमाशील बन गया। इतना ही नहीं तो इस स्थिति को लेकर उनके मन में सहानुभूति निर्मित हुई। उन्होंने मन-ही-मन सोचा, "वर्तमान उद्योग की दौड़-धूप में मनुष्य को किसी-न-किसी मनोरंजन की जरूरत है। धर्म के अधिकारी शुद्ध मनोरंजन मुहैया नहीं करते तो यहाँ की तरह अशुद्ध और कभी-कभी घातक मनोरंजन का प्रचलन होता है। इंग्लैंड में आजकल धर्म को लेकर प्रयास करनेवाले मिशनरी विशुद्ध मनोरंजन से मजदूर वर्ग का लक्ष्य धर्म की ओर खींचने का प्रयास करते हैं, इसको लेकर शिंदे का मत अनुकूल नहीं था। सच्ची धार्मिकता के लिए निवृत्ति आवश्यक होती है। कम-से-कम सन्तोष आवश्यक होता है। पहले उनका यह मत था कि मनोरंजन से धर्म प्रवृत्ति को बाधा पहुँचती है। आज भी इस मत में अधिक परिवर्तन करना ठीक न लगा। फिर भी उन्होंने यह निश्चित किया कि "शुद्ध मनोरंजन मुहैया न करें तो कैथोलिक धर्म की तरह फाजिल पवित्रता का दम्भ मचाएँ तो पेरिस जैसे दृश्य दिखेंगे ही।"[1]

विट्ठल रामजी शिंदे ने पेरिस में देखे प्रेक्षणीय स्थलों में से एक विशेष स्थल वहाँ का कब्रिस्तान था। उन्होंने 27 मार्च को मो मांट कब्रिस्तान देखा। 5 अप्रैल को मों पार्नार्द बन्द होने से वह देख नहीं पाए, लेकिन दोपहर को उन्होंने सबसे बड़ा होनेवाला 'पेर ला शाज' कब्रिस्तान देखा। वहाँ प्रवेश करने पर जिनके लिए कब्रिस्तान नहीं, ऐसे सभी लोगों के लिए एक बड़ा स्मारक दीवार में तराशा था जो उन्हें वेधक लगा। "मृत पति-पत्नी दीवार के दरवाजे से अज्ञेय प्रदेश की ओर जा रहे हैं। दोनों ओर से कई मृत विन्मुख होकर उनके पीछे जा रहे हैं। नीचे वही दम्पति अन्ततः निद्रावस्था में पड़े हैं। उन पर उनका शिशु पड़ा है। आशादेवी ने कब्र पर की शिला उठाई है।" यह शिल्प उन्हें काफी प्रभावी लगा।

समग्रतः उन्हें कब्रिस्तान प्रेक्षणीय लगा। वहाँ की अधिकांश कब्रें यानी छोटे-छोटे मन्दिर ही हैं..."कब्रिस्तान में स्वच्छ और सुन्दर रास्ते। दोनों ओर ऊँचे पेड़। उनके नीचे एक-दूसरे सटे कब्रवाले मन्दिर। ऐसा नजारा देखकर हम पाताललोक के मृतों के स्तब्ध शहर में हैं, ऐसा लगता है। यहाँ की करुण रस से सराबोर शिल्पकला भी दर्शनीय है। कवि, वक्ता, योद्धा, नीतिज्ञ, चित्रकार, गायक—इन सभी की मिट्टी यहाँ मिट्टी में मिल गई है। इन छोटे मन्दिरों में एक परिवार के सभी सदस्य दफनाए जाते हैं। परिवारजन भेंट देने पर उन्हें वहाँ बैठकर प्रार्थना करने हेतु कुर्सियों की व्यवस्था होती है। मृतकों की अस्थियाँ रखने के लिए एक गैलरी बनाई होती है। उसमें अस्थियाँ रखकर ऊपर ताबदान या संगमरमर का पत्थर बिठाया जाता है। ऊपर मृतक की तसवीर या छोटा मुखौटा लगाया जाता है, आदि का उन्होंने बारीकी से निरीक्षण किया। ऐसे लगभग दो हजार छोटे स्मारक होने की बात उन्होंने दर्ज की है जहाँ तीस लाख लाशें दफनाई गई है। ऐसा विशाल कब्रिस्तान देखकर और वहाँ के माहौल का अनुभव कर शिंदे अन्तर्मुख हुए। वे लिखते हैं, "यहाँ पुष्पमालाओं के काफी सूखे फूल-पत्ते जमा हुए हैं। जली हुई राख पर भी पीछेवालों की ममता देखकर मन द्रवित होता है। वैसे ही इस तरह स्मारक बनाने की प्रथा बिलकुल जंगली अवस्था से यूरोप के वर्तमान सुधारित काल तक अविराम जारी देखकर ऐतिहासिक दृष्टि से विस्मय होता है। समग्रतः तत्त्वज्ञान, नीति, काव्य और धर्म आदि कई गहन विषयों पर गम्भीर चिन्तन करने के लिए पेरिस के ये कैथोलिक कब्रिस्तान अत्यन्त अनुकूल हैं।[2]

आजकल इस स्थान को भेंट देने पर सम्पूर्ण कब्रिस्तान का नक्शा मिलता है। इस नक्शे में कब्रिस्तान के सभी रास्ते और दफनाए गए प्रमुख व्यक्तियों के स्थान का निर्देश मिलता है। इस कब्रिस्तान में ऑगस्त डी. कोम्त, राफेल, मोलियर, बालजैक आदि फ्रांस के ख्यातलब्ध व्यक्तियों की समाधियाँ हैं।[3]

पेरिस के प्रेक्षणीय स्थल देखने के साथ ही वहाँ के विद्वान लोगों से मिलकर धार्मिक-सामाजिक परिस्थिति का आकलन करने का शिंदे का दूसरा एक महत्त्वपूर्ण उद्देश्य था। इस उद्देश्य से उन्होंने अपने गुरु कार्पेंटर से पेरिस यूनिवर्सिटी के कुछ विद्वान और अन्य उदार, धार्मिक अनुयायियों के नाम सिफारिश पत्र लिए थे। उसके अनुसार वे प्रथमतः बॉनेमोरी इस बूढ़े प्रोफेसर से मिले। वे उन्हें डॉ. भंडारकर की तरह कुछ कड़े और उग्र लगे। शिंदे ऑक्सफोर्ड

कॉलेज के ब्राह्म समाज के एक प्रतिनिधि हैं और प्रोफेसर कार्पेंटर ने उन्हें सिफारिशी पत्र दिया है, यह देख उनका शिंदे के प्रति अनुकूल मत बना। प्रोफेसर साहब ने उन्हें सलाह दी कि यदि आपको सही पेरिस देखना है तो यहाँ की सुन्दर इमारतों के भुलावे में न आकर उनकी छत पर जाकर देखो। यहाँ के फटेहाल, चोर और गुंडे लोग छेद के चूहे की तरह चोरी छिपे रात को आश्रय लेते हैं, उसके कारण भी खोजना।

प्रोफेसर जाँ रेवील विश्वविद्यालय में आधुनिक धर्म का इतिहास पढ़ाते थे। शिंदे ने उनसे मिलकर फ्रांस की धार्मिक परिस्थिति की जानकारी ली। 1789 तक यानी राज्य क्रान्ति तक प्रोटेस्टेंट को धार्मिक स्वतंत्रता नहीं थी। अब कैथोलिक, प्रोटेस्टेंट और यहूदी—इन तीनों संघों को समान आश्रय मिल रहा है। सोशलिज्म का सामाजिक आन्दोलन जोर से शुरू है, लेकिन सोशलिस्ट लोग धर्म के सन्दर्भ में नास्तिक हैं। कैथोलिक मत के जुल्मों से थककर ये सभी धर्म के विरुद्ध विद्रोह करने को तैयार हुए हैं। इस तरह एक ओर कैथोलिक धर्म की अज्ञता, धार्मिक पागलपन और जुल्म तो दूसरी और सुधारकों की बौद्धिक अन्धता, उदासीनता और विद्रोह के बीच उदार धर्म का कार्य कठिन बन गया है। यह यथार्थ प्रो. जाँ. रेवील से चर्चा करने पर उनकी समझ में आया। शिंदे यह दर्ज करते हैं कि पेरिस में धर्म का नाम लेने पर कइयों को हँसी आती है।

विट्ठल रामजी शिंदे का इंग्लैंड तथा अन्य यूरोपीय देश के परिवार में स्वागत होता था। कई परिवारों में उन्हें भोजन तथा जलपान का आमंत्रण मिलता। सज्जन मंडली कई बार उन्हें अपने परिवार में रहने को बुलाती, ऐसा दिखाई देता है। एकाध भारतीय के साथ इंग्लैंड, यूरोप में ऐसा व्यवहार दुर्लभ ही कहना होगा। शिंदे की इस तरह की मेहमान नवाजी का एक कारण यह था कि वे धर्मोपदेशक की शिक्षा ले रहे थे और इस वर्ग के लोगों का वहाँ अच्छा सम्मान होता आया है। दूसरा कारण शिंदे का प्रभावित करनेवाला व्यक्तित्व और उनके स्वभाव की शालीनता और प्रगल्भता रहा होगा।

21 मार्च को शिंदे प्रोफेसर जाँ रेवील से मिले और उनसे चर्चा की। प्रो. रेवील ने उन्हें 30 मार्च को रात के भोजन पर बुलाया था। उन्होंने काफी सभ्य स्त्री-पुरुष मेहमानों को भोजन हेतु आमंत्रित किया था। इस अवसर पर शिंदे को एक विशेष प्रकार देखने मिला। दीवानखाने से भोजन की मेज पर जाने से पहले रेवील मैडम ने अतिथियों की एक-एक जोड़ी बनाई। उसमें एक का पति और दूसरे की पत्नी, ऐसी जोड़ियाँ बना दीं। ऐसी जोड़ियाँ हाथ में हाथ डालकर टेबल के पास गईं। ऐसी जोड़ियाँ बनाने में अतिथियों में स्नेह बढ़े, भोजन के समय अच्छा वार्तालाप हो, अपरिचितों से अच्छा परिचय हो, ऐसे कई उद्देश्य उन्हें समझ में आए।

25 मार्च, 1903 को मोस्यू रोज ने शिंदे को भोजन पर आमंत्रित किया। शिंदे आनेवाले हैं, इसलिए उन्होंने मादाम रोज के माता-पिता और बहनों को भी भोजन के लिए आमंत्रित किया। मादाम रोज के प्रति उनका अनुकूल मत बना। वह उन्हें 'अच्छी' और 'कुशल' स्त्री लगी। वह अंग्रेजी सीखती थी, इसका उन्होंने मजाक में वर्णन किया है। उससे कोई अंग्रेजी में बोले तो वह परेशान होकर आतुरता से पति को देखती तो इसका शिंदे को बड़ा कौतूहल लगता। उन्हें बातचीत से यह समझ में आया कि फ्रेंच युवती को अंग्रेजी युवती की तुलना में इतनी स्वतंत्रता नहीं है। माता-पिता ही लड़की का विवाह उसकी सम्मति से तय करते हैं। इधर के दस वर्षों में स्त्री शिक्षा की अधिक सुविधा और मानसिकता विकसित हो रही है। यहाँ स्त्रियों की प्रगति के सन्दर्भ में अंग्रेजों का अनुकरण शुरू हुआ है, यह दर्ज कर वे फ्रेंच और अंग्रेजों के सम्बन्ध में अपना निरीक्षण लिखते हैं, "फ्रेंच अंग्रेजों की दुनियादारी सीखते हैं और अपने फैशन उन्हें सिखाते हैं। अंग्रेजों की तुलना में उन्हें फ्रेंच अधिक खुले दिल के लगे।

मोस्यू रोज पेरिस से आठ मील दूरी पर होनेवाले सोक देहात में रहने गई। 7 अप्रैल को शिंदे फ्रांस का देहात देखने के उद्देश्य से उनके यहाँ गए। दोपहर के भोजन के बाद रोज परिवार के साथ खेत में घूमने गए। उन्हें पेरिस के आसपास का यह हिस्सा भी पेरिस की शोभा के अनुकूल लगा। हर छोटे गाँव में तक एक प्लास अथवा पार्क यानी घूमने हेतु खुली जगह होती है। उसके चारों ओर समान ढंग के पेड़ होते हैं। उसकी टहनियाँ काटकर उसका आकार समान बनाया मिला। बाद में सभी मंडलियाँ रॉबिन्सन पहुँचीं। वहाँ केवल चालीस-पचास विश्रामालय यानी रेस्तरां ही थे। इतवार को मनोरंजन हेतु वहाँ चार-पाँच हजार लोग जमा होते। पुराने पेड़ की टहनियों पर दो या चार मंजिल के घर बनाए थे और खान-पान की चीजें पहिये से ऊपर खींचते थे। लगभग साठ साल पहले एक समझदार आदमी ने यहाँ पहला होटल शुरू किया। वह रॉबिन्सन क्रूसो की तरह जंगल में अकेला ही आकर रहा था, इसलिए इस स्थान को 'रॉबिन्सन' कहा जाने लगा। इस फायदेमन्द उद्योग का अनुकरण हुआ और आज वह मनोरंजन का बड़ा स्थान

बन गया। बड़े-बड़े मेले और क्षेत्र कैसे बनते हैं, इसका यह एक उदाहरण है, ऐसा शिंदे को लगा। उन्हें फ्रेंच लोगों के सामाजिक व्यवहार का, उनकी उत्साही वृत्ति का नमूना ही देखने को मिला।

पेरिस प्रवास के दौरान 1 अप्रैल, 1903 को मैडेमोजील (कुँवारी) दुगार नामक स्त्री से हुई भेंट महत्त्वपूर्ण रही। वे कॉलेज मोलिएर महिलाओं के कॉलेज में साहित्य और तत्त्वज्ञान विषय की प्रोफेसर थी। शिंदे पेरिस की स्त्री शिक्षा सम्बन्धी जानकारी प्राप्त करने हेतु इस महिला से मिले। उन्हें यह महिला अत्यन्त गरीब, सभ्य और सीधी लगी। उनके सन्दर्भ में शिंदे का अभिप्राय बड़ा मार्मिक है, "इनकी वेशभूषा और व्यवहार इतना सीधा लगा कि वह पेरिस शहर में रहने के लिए लगभग अयोग्य ही लगी।" शिंदे ने स्त्रियों के प्राथमिक और दोयम शिक्षा सम्बन्धी पूछे प्रश्नों के उन्होंने समर्पक और साधार उत्तर दिए। दोनों में खुले मन से वर्तालाप हुआ। उसकी यह समझ थी कि हिन्दुस्तान के लोग गहन विषय में उलझे और वैरागी वृत्ति के होते हैं। शिंदे की प्रवृत्ति पर, प्रगतिशील, शुद्ध बुद्धिवादी सुधारक मत देखकर उसे आश्चर्य लगा और वैसा कहने के लिए उसने माफी माँगी। शिंदे को उनका भाषण और व्यवहार खूब पसन्द आया। दूसरे दिन उन्होंने शिंदे को भोजन का आमंत्रण दिया।

दूसरे दिन की भेंट में उन्होंने उच्च शिक्षा पर बातचीत की। फ्रेंच विवाह पद्धति को लेकर उनकी बात हुई। अंग्रेजों की तरह यहाँ भी धीरे-धीरे स्वयंवर का प्रचलन बढ़ रहा था। फ्रांस की युवती को अंग्रेजी युवती जैसी आजादी नहीं होती। पेरिस की नैतिकता के आधार पर उन्होंने खुले मन से जानकारी देकर अपने विचार बताए। ब्रिटिशों की तुलना में फ्रेंच लोगों में वैवाहिक नीति कम होने की राय भी उन्होंने बताई। नैतिकता के पतन का एक कारण यह था कि युवकों को एक्कीस साल बाद कानूनन दो साल लश्कर में नौकरी करनी पड़ती। दूसरे, पेरिस यह विश्व में मनोरंजन का स्थान होने से यहाँ विदेशी विलासी लोगों के काफी नखरे चलते हैं। शिंदे को समग्रतः स्त्रियों के प्रश्नों को लेकर विशेष आस्था थी। स्त्री को पुरुष की बराबरी का स्थान मिलना चाहिए, ऐसा उन्हें मन से लगता था। इस सम्बन्ध में उन्होंने दुगार मैडम से बात की। उन्होंने बताया कि स्त्रियाँ उच्च शिक्षा में थोड़ी-बहुत शिरकत कर रही हैं और आन्दोलन में भी हिस्सा ले रही हैं। समग्रतः स्त्रियों को लेकर फ्रांस यह अमरीका और इंग्लैंड से पीछे है, यह उन्होंने स्वीकार किया। उन्होंने स्वयं के अनुभव से यह बताया कि स्त्री शिक्षा में कैथोलिक धर्म से कैसी बाधा पहुँचाई जाती है।

दुगार मैडम के दो दिन के संवाद के बाद स्त्रियों की उन्नति हेतु कष्ट उठाकर प्रयास करनेवाली इस विद्वान विदुषी के प्रति शिंदे को आदर और स्नेह लगा। मैडम को भी शिंदे के प्रति और उनके धर्म को लेकर आस्था उत्पन्न हुई। भेंट की स्मृति की रूप में उन्होंने शिंदे को एमर्सन सम्बन्धी एक पुस्तक भेंट दी। दुगार मैडम की भेंट का, उनकी संगत का शिंदे के मन पर अत्यन्त अनुकूल परिणाम हुआ। उनसे विदा लेकर जाते समय बनी मानसिकता उन्होंने सहृदयता से प्रकट की है। "ग्यारह बजे मैं घर की ओर वापस निकला। ट्राम से सेन नदी के किनारे से गुजरते हुए वह रात का नजारा देखते हुए, हाल ही में घटित शुद्ध संगत से मेरे मन में कई मीठे विचार-तरंग उठने लगे। एक आत्मा दूसरी आत्मा पर लुब्ध हुई थी। इसलिए वियोग होने पर भी सुख ही मिल रहा था। शरीर के सभी सुख-दुख पर्यवसायी हैं। आत्मा की पर्यवसान ही नहीं क्योंकि आत्मा अनन्त है इसलिए वृत्ति अखंडित रहती है।"[4]

1931 में मॅडमोजील दुगार की मृत्यु हुई। उनकी स्मृति में उनके सहकर्मियों ने एक छोटी पुस्तिका निकाली। पेरिस में स्त्री शिक्षा के उद्‌देश्य से खुला यह कॉलेज आज भी मौजूद है।[5]

पेरिस के एक मास के प्रवास में शिंदे ने जो अन्तिम महत्त्वपूर्ण प्रेक्षणीय स्थल देखा, वह था पेरिस से लगभग चौदह मील दूरी पर होनेवाला वर्साय का चौदहवें लुई का भव्य और शाही राजमहल। वे 12 अप्रैल, 1903 को दोपहर वहाँ पहुँचे। राजमहल के चौक में चौदहवें लुई का घोड़े पर बैठी धातु की बड़ी मूर्ति है। इस स्थान पर ऐतिहासिक चित्रों और पुतलों का अपूर्व संग्रह है। फ्रेंच के ऐतिहासिक प्रसंगों पर ख्यातलब्ध चित्रकारों ने निकाले चित्र हैं। इधर शिंदे ने इतने बेहतरीन चित्र देखे थे कि नए चित्र उन्हें आकर्षित नहीं करते थे। फिर भी उन्हें शार्लमन साँ लुई के चित्र देखने की इच्छा हुई। क्रूसेड्स से सम्बन्धित चित्र एक स्वतंत्र हॉल में लगाए थे। दूसरी मंजिल की गैलरी में 1797 से 1835 तक नेपोलियन की बहादुरी रेखांकित करनेवाले कई चित्र उन्हें वीर और करुण रस की महत्ता प्रतिबिम्बित करनेवाले लगे।

अलग-अलग दीवानखानों में असीम सम्पत्ति देखकर वे चकित हुए। समय कम होने से पूरा राजमहल देखना उन्हें सम्भव नहीं हुआ। राजमहल की खिड़कियों से दिखाई देनेवाला सुन्दर बगीचा और उपवन की शोभा उन्हें अनुपम लगी। बाग में पहुँचने पर वहाँ के ऊँचे पेड़, वीथिका, पुष्पवाटिका, गुफा, तालाब, छोटे-बड़े फव्वारे, राजमहल से

उतरती हुई सपाट, आगे दूर तक दिखाई देनेवाली चौड़ी और प्रशस्त नहर, उसमें होनेवाली नौका क्रीड़ा—यह नजारा देखकर उन्हें सन्तोष हुआ। ईस्टर का त्यौहार होने से वहाँ हजारों स्त्री-पुरुष और छोटे बच्चे घूमने आए थे। एक सभ्य महिला, उसका भाई और छोटा भतीजा—इस परिवार के साथ शिंदे घूम रहे थे। शाम छह बजे यह मंडली घर वापस लौटी। शिंदे मात्र अकेले नहर के किनारे से उपवन में घूमने लगे। यहाँ के नजारे ने उनका मन आकर्षित किया था। इस समय की मानसिकता के बारे में वे लिखते हैं, "लगभग आठ बजे उपवन बन्द होने का समय हुआ, लेकिन मेरा मन बाहर निकलने को तैयार न था। राजमहल के सामनेवाली सीढ़ियों पर, पीछे राजमहल, आगे बगीचा, सामने क्षितिज तक फैली हरियाली को निहारता मैं चित्र की तरह काफी देर से अकेला बुत बना था। आकाश में पूर्णिमा का चाँद ऊपर आ रहा था। राजमहल के सामनेवाला रंगीन फोटो जैसा सुबक और तराशा हुआ चित्र आँखों में बस गया। स्वतंत्रता और सुधार के परिवेश में इकट्ठा हुआ ऐसा मानवी ऐश्वर्य और सौन्दर्य अब तक मेरे देखने में नहीं आया और भविष्य में भी दिखाई देने की सम्भावना नहीं। इसलिए आठ बजने पर बाहर निकलते समय कुछ पीड़ा हुई।"[6]

14 मार्च, 1930 के आसपास शिंदे ने लगभग एक मास पेरिस में निवास किया। इस एक मास के निवास में उन्होंने विश्व के एक विकसित और सुसंस्कृत माने जानेवाले फ्रांस देश का अन्तरंग समझने का प्रयास किया। उन्होंने स्थापत्य कला के अद्भुत और भव्य नमूने, अप्रतिम शिल्प, उच्च स्तर के चित्रकारों के चित्रों का काफी बारीकी से निरीक्षण किया। नृत्य-गीत की शैलियाँ देखीं। उन्होंने जैसे भव्य ईसाई मन्दिर देखे वैसे ही नृत्य-गीत के रंग बिखेरनेवाले स्वच्छन्द होटल देखे और वहाँ के लोगों का निरीक्षण किया। उन्होंने महसूस किया कि फ्रांस में समग्रतः कैथोलिक धर्म का प्रभाव दिखाई देता है, लेकिन आधुनिक फैशन का केन्द्र होनेवाले यूरोप के इस महत्त्वपूर्ण शहर में धर्म पिछड़ रहा है तथा अधिकांश लोगों में विलासी जीवन की आस लगी है, ऐसा आधुनिक विश्व का प्रतीक रूप उन्हें यहाँ देखने को मिला, लेकिन इस माहौल में भी निष्ठा से अध्ययन करनेवाले बॉन मोरी, जॉन रेवील जैसे प्रोफेसर उन्हें मिले। फैशन की चकाचौंध में भी अत्यन्त सादगी से जीवन व्यतीत करनेवाली, नैतिक निष्ठा के जरिये स्त्री शिक्षा का प्रयास करनेवाली मॅडमोजील दुगार जैसी एकाध स्त्री देखने को मिली। इसी से शिंदे के मन को कुछ सांत्वना मिली होगी।

सन्दर्भ

1. वि.रा. शिंदे, *रोजनिशी,* पृ. 140-141
2. वही, पृ. 142-143
3. प्रस्तुत लेखक को पेर ला शाज में यहाँ के कब्रिस्तान का वहीं पर उपलब्ध हुआ नक्शा।
4. वि.रा. शिंदे, *रोजनिशी,* पृ. 145-147
5. मिसेस मारी क्लॉद महियास, पेरिस ने प्रस्तुत लेखक को 30 जुलाई, 1983 को लिखा पत्र।
6. वि.रा. शिंदे, *रोजनिशी,* पृ. 148

लिवरपूल की त्रैवार्षिक यूनिटेरियन परिषद्

विट्ठल रामजी शिंदे पेरिस से लौटने पर 21 से 24 अप्रैल तक लिवरपूल में आयोजित त्रैवार्षिक यूनिटेरियन परिषद् में उपस्थित रहे। इस परिषद् का शिंदे को काफी लाभ हुआ। धर्म-प्रसार कार्य हेतु केन्द्रीय संस्था स्थापित कर उसके जरिये यह काम परिणामकारक रूप में किया जा सकता है, इसका उन्हें एहसास हुआ। उसी तरह ऐसी बड़ी परिषद् कैसे आयोजित की जाती है और उसका कार्य कैसे चलता है, इसका आदर्श स्वरूप वे देख पाए।

सन् 1813 में यूनिटेरियन लोगों को कानूनन पूरी आजादी मिली। 1825 में ब्रिटिश एंड फॉरेन एसोसिएशन की स्थापना हुई। उदार मतवादी धर्म का कार्य करने को इच्छुक होनेवालों ने बड़े जोश से यूनिटेरियन मत के प्रसार को जोरदार शुरुआत की। सन् 1840 के दौरान इंग्लैंड, स्कॉटलैंड और आयरलैंड में साढ़े तीन सौ से भी ज्यादा यूनिटेरियन मन्दिर बनाए गए, लेकिन इसके साठ साल बाद बीसवीं सदी के आरम्भ में इन तीनों देशों में मिलकर यूनिटेरियन मन्दिरों की कुल संख्या 364 यानी पहले जितनी ही रही। जगह-जगह पर होनेवाले यूनिटेरियन समाज की पूरी अन्तर-बाह्य व्यवस्था वहाँ के स्थानीय सदस्यों द्वारा प्रजातांत्रिक रूप में चलाई जाती है, लेकिन ब्रिटिश एंड फॉरेन एसोसिएशन समिति केवल कुछ व्यक्तियों के सदस्यों की बनी होती है। उसके पीछे स्थायी रूप में कोई संस्था नहीं होती। इससे इस एसोसिएशन के कार्य को गति नहीं मिलती, ऐसी वहाँ के विद्वानों की राय बनी। इससे यह विचार सामने आया कि पूरे यूनिटेरियन समाज की एक केन्द्रीय संस्था स्थापित कर उसके जरिये केन्द्रीय प्रबन्धन और प्रसार का कार्य करना परिणामकारक होगा। इसके अनुसार सन् 1882 में पूरे यूनिटेरियन समाज के प्रतिनिधियों की यह परिषद् स्थापित की गई। हर तीन साल बाद उसकी एक सभा आयोजित होती। इस परिषद् ने अपनी स्थापना के बाद बीस सालों में उपदेशकों का वेतन बढ़ाना, उन्हें पेंशन देना, मैनचेस्टर कॉलेज ऑक्सफोर्ड में लाना आदि कार्य हेतु बड़ा फंड जमा करने का कार्य किया था। इस परिषद् की आठवीं सभा 21 से 24 अप्रैल तक आयोजित किया जाना तय हुआ था। इस सभा के सामने एक महत्त्वपूर्ण प्रश्न था। परिषद् की अब तक समिति होती थी। सभा में कई प्रस्ताव मंजूर होते, लेकिन उन पर सन्तोषजनक अमल नहीं होता था। इसलिए समिति का रूपान्तर कार्यकारी संस्था में किया जाए। उसके सचिव नियमित रुप से पूरे देश में घूमकर तमाम समाज को प्रत्यक्ष भेंट दें और उन्हें आवश्यक सहयोग करें, इस कार्य के लिए वह स्वयं को समर्पित करें। उसे पूरा वेतन दिया जाए। संक्षेप में यूनिटेरियन का एक बड़ा संघ स्थापित किया जाए, इन विषयों पर पूरे वर्ष चर्चा हो रही थी। उसका वृत्तान्त भी 'दि इनक्वायरर' पत्र में प्रकाशित होता था। अन्ततः परिषद् की सभा का दिन आ गया।

लिवरपूल इंग्लैंड का अत्यन्त अमीर और विकसित शहर है। परिषद् के प्रबन्धकों ने बाहर से आए छह सौ प्रतिनिधियों का अपने खर्चे से अत्यन्त बढ़िया प्रबन्ध किया। टाउन हॉल में चार दिन सुबह दस बजे से लेकर रात दस बजे तक सभा का कार्य चलता। सभागार में नियमित एक हजार श्रोता शान्ति से बैठकर विचार सुनते थे। मध्यांतर में नजदीक के बड़े होटल में सभी प्रतिनिधि और अतिथि एक ही स्थान पर बड़े समारोह के रूप में भोजन किया करते। तीसरे प्रहर चाय-पान के दौरान अलग-अलग क्षेत्र से आनेवाले भाई-बहनों का परस्पर परिचय होकर उनमें वार्तालाप होता। समाज में स्त्री-पुरुषों की संख्या का अनुपात समान था। मुख्य दिन का कार्य महत्त्वपूर्ण और काफी वादग्रस्त होने के बावजूद अच्छी तरह वाद-प्रतिवाद हुआ। परिषद् के प्रारम्भ का वर्णन करते हुए शिंदे ने लिखा है, "पहले दिन परिषद् की उपासना के समय फिलामोर्निक (Philharmonic) हॉल नामक एक अत्यन्त भव्य सार्वजनिक मन्दिर में लगभग तेरह सौ स्त्री-पुरुष जमा हुए थे। प्रार्थना के आरम्भ में जब तेरह सौ कंठों से 'Awake our souls! Away our fears!' इस पद्य की आवाज गूँज उठी तो इमारत के पत्थरों में तक मानो जोश आया और वे हमारी प्रतिध्वनि को आवाज देने लगे। जाहिर सभा में सोलह सौ से ऊपर श्रोता उपस्थित थे। मैंने पीछे एक बार कहा था कि यूनिटेरियन समाज-सुधारित विश्व का 'प्रबुद्ध अन्तर्याम' है, इसकी मुझे यहाँ सही अनुभूति हुई। राजनीतिक, सामाजिक और धार्मिक—इन सभी आयामों पर यदि उग्र सुधारवादी भाषण हुए बावजूद चारों ओर से तालियाँ गूँज उठी मानो यह मन में उदित अन्तर्यामी देवता का ही गर्जन था।[1]

विट्ठल रामजी शिंदे के गुरु रेवरंड जे. एस्लिन कार्पेंटर इस परिषद् के अध्यक्ष थे। प्रोफेसर जाँ रेवील (पेरिस), प्रो. सी.एच. टॉय (हॉर्वर्ड), इनके सिवा रेवरंड आर.ए. आर्मस्ट्रांग, जोसेफ वूड, एल.पी. जैक्स, डब्ल्यू.एच. ड्रमंड आदि अनेक ख्यातलब्ध विद्वान व निष्ठावान यूनिटेरियन उपस्थित थे। प्रो. जाँ. रेवील और प्रो. टॉय का अध्यक्ष ने अत्यन्त आदर से स्वागत किया। यूनिटेरियन परिषद् के लिए अधिक निधि जमा करें, इसलिए सभा के अध्यक्ष प्रो. कार्पेंटर ने अत्यन्त आस्था से आह्वान किया। उन्होंने कहा, "विविध यूनिटेरियन समाज से मानो वर्ष में पचास हजार पौंड निधि जमा होती है तो हम पाँच-छह सालों में इतना निधि जमा नहीं कर सकते? जो वर्ष में पचास पौंड देते हैं, वे साठ पौंड दें। जो दस पौंड देते हैं, वे बारह पौंड दें जिससे देनेवाले पर आर्थिक बोझ नहीं आएगा। एक लक्षाधीश जितना देता है, उतना चन्दा मैं नहीं दे पाऊँगा लेकिन और चार-पाँच साल नौकरी होनेवाला मेरे जैसा धर्मशास्त्र का व्याख्याता एक वर्ष में सौ पौंड की मदद पाँच-छह साल खुशी से कर सकता है, इसका मुझे विश्वास है क्योंकि यह योजना अपनी शक्ति एकत्रित करनेवाली, सामूहिक कार्य करनेवाली, सहानुभूति और गलतफहमी की खाई पाटनेवाली, नई चेतना, नई शक्ति का निर्माण कर अपने साझा लक्ष्य की ओर आगे बढ़ने में प्रवृत्त करनेवाली है।"[2]

सभा का मुख्य कार्य केन्द्रीय संघ स्थापित करने के सन्दर्भ में सभी समाजों के मत के अनुरूप विस्तार से विचार कर अन्तिम निर्णय का अधिकार परिषद् की समिति को सौंपा गया। यूनिटेरियन परिषद् के उत्सव की अनुभूति और प्रो. कार्पेंटर जैसे विद्वानों के आस्था से सराबोर व्याख्यान सुनकर शिंदे अन्तर्मुख हुए। उनकी आँखों के सामने अपने देश के ब्राह्म और प्रार्थना समाज के आन्दोलन का यथार्थ चित्र मूर्त हुआ। इस सभा का वृत्तान्त कथन करने के बाद लेख के अन्त में उन्होंने कहा है, "पाठकगण और विशेषत: ब्राह्म भाइयो, सात सागर पार, सात हजार मील दूर की विदेशी बातें आपको बताने के पीछे क्या तात्पर्य है? आज हम ब्राह्म बन्धु यूनिटेरियन की तरह ही समान नौका में बैठकर एक साथ एक ही किनारे की ओर जा रहे हैं। उनके जैसी ही अपितु सौ गुना दिक्कतें हमारे सामने हैं। उनके जैसी ही अधिक जिम्मेदारी हमारे ऊपर है, लेकिन वे जो प्रयास कर रहे हैं, यह देखकर लगता है कि हम उनकी तुलना में कुछ भी प्रयास नहीं करते, इसे क्या कहें! यहाँ कोई नए पंथ का हो, पुराने पंथ का हो, मानवी प्रगति के सन्दर्भ में वह हर ढंग से आगे ही बढ़ता है। क्या हम ऐसा कर रहे हैं?...हर कोई प्रयास करे तो हमारे बोझिल राष्ट्र की गाड़ी हिलेगी या नहीं, इसका डर होने के बावजूद हमारे प्रयास में निरन्तरता नहीं है। हमारे समाज अल्प, हमारे सदस्य कम—इसका रंज न हो। जो समाज हैं, उनमें परस्पर सम्बन्ध सन्तोषप्रद नहीं है, जो सदस्य हैं, उनके कर्तव्य का विभाजन न्याय नहीं इसको लेकर मात्र खेद होना चाहिए और खेद न हो तो सदस्यों की संख्या कैसे बढ़ेगी और बढ़कर भी क्या लाभ?"[3]

लिवरपूल की यह परिषद् देखने से शिंदे को एकाध परिषद् का सुचारू आयोजन कैसे करें, इसका वस्तुपाठ ही मिला। हिन्दुस्तान वापिस आने पर अखिल भारतीय स्तर पर राष्ट्र सभा के अधिवेशन के साथ आयोजित होनेवाली उदारमतवादी धर्म परिषद् के कार्य में जो शिथिलता आई थी, उसे गति देने का और धर्म परिषद् में नवचेतना लाने का उन्होंने आगे जो प्रयास किया, उसकी प्रेरणा उन्हें इस परिषद् से ही मिली होगी।

सन्दर्भ

1. *सुबोध पत्रिका,* 24 मई, 1903
2. *दि इन्क्वायरर,* लन्दन, 25 अप्रैल, 1903
3. *सुबोध पत्रिका,* 24 मई, 1903

ऑक्सफोर्ड की अन्तिम टर्म

ऑक्सफोर्ड विश्वविद्यालय की अन्तिम तीसरी टर्म 1 मई से 30 जून तक दो मास की होती। सन् 1903 के मई और जून, ये दो मास शिंदे की मैनचेस्टर कॉलेज के अध्ययन की अन्तिम टर्म थी। इस टर्म के अन्त के साथ उनका ऑक्सफोर्ड का प्रवास भी खत्म होनेवाला था। कॉलेज के प्रोफेसर और मित्र तथा विश्वविद्यालय से विदाई के दिन जैसे नजदीक आने लगे, वैसे शिंदे की बेचैनी बढ़ने लगी।

पुणे में महाविद्यालयीन शिक्षा के दौरान हर्बर्ट स्पेंसर, मैक्समूलर, डॉ. मार्टिनो आदि अत्यन्त नामचीन लोगों के ग्रंथ पढ़कर शिंदे उनके प्रति श्रद्धा रखने लगे थे। वे जब इंग्लैंड गए तब उनमें से कोई जीवित नहीं थे। प्रो. मैक्समूलर का घर यूनिवर्सिटी पार्क के पास ही था। वहाँ वे मिसेज मैक्समूलर को मिलने गए। अपने पति का एक हिन्दी चहेता और अनुयायी उन्हें मिलने को आया, इसका उन्हें काफी सन्तोष हुआ। शिंदे जल्द ही इंग्लैंड छोड़नेवाले थे, इसलिए उन्होंने शिंदे से स्वदेश का पता पूछ लिया। शिंदे के स्वदेश पहुँचने पर इस महिला ने प्रो. मैक्समूलर के सभी प्रकाशित लेक्चर्स, तुलनात्मक धर्म पर की पुस्तकें और हिन्दू षड्दर्शन की पुस्तकें भेंट स्वरूप भेज दीं।

ऑक्सफोर्ड से डेढ़-दो मील के अन्तर पर बेंजी नामक एक बिलकुल छोटा देहात था। वहाँ एक पुराना उजड़ा हुआ उपासना मन्दिर था। शिंदे कभी-कभी आराम करने वहाँ जाते। आखिरी एकान्त हेतु वे वहाँ गए और दो वर्ष का सिंहावलोकन किया। ऑक्सफोर्ड छोड़ने की कल्पना से उन्हें उदासी महसूस हो रही थी, लेकिन इसी दौरान ऑक्सफोर्ड शहर में खुशी की बड़ी चहल-पहल शुरू थी। टर्म के इस सप्ताह में ऑक्सफोर्ड में दो महत्त्वपूर्ण बातें होतीं। उनमें से एक होती नौका की रेस और दूसरी, ऑक्सफोर्ड यूनिवर्सिटी का वार्षिक दीक्षान्त समारोह।

टर्म के अन्तिम सप्ताह को 'एट्स वीक' कहा जाता। इस सप्ताह में अलग-अलग कॉलेज की आठ नौकाओं की टेम्स नदी में प्रतियोगिता (Regatta) होती। ऑक्सफोर्ड के पास वाले टेम्स नदी के किनारे को ऑएसिस कहा जाता है। आठ कॉलेज के आठ छात्र एक-एक नौका में बैठते। कॉलेज के अधिकांश छात्र अपनी नौका की बाजू में किनारे पर खड़े रहते। नौकाएँ गति से दौड़ने लगतीं तो किनारे पर की मंडली जोश से चीखती, इशारे करती दौड़ती थी। इसमें कभी-कभार कॉलेज के अध्यापक भी शामिल होते। यह शोरगुल एक सप्ताह चलता।

विट्ठल रामजी शिंदे जिस दौर में ऑक्सफोर्ड में शिक्षा प्राप्त कर रहे थे तब इस कर्मठ विद्यापीठ ने स्त्रियों को उपाधि देने की उदारता नहीं दिखाई थी। तब स्त्रियों के कॉलेजेस उर्फ हॉल्स थे। वहाँ स्त्रियों को शिक्षा लेने की अनुमति थी, लेकिन परीक्षा में उत्तीर्ण होनेवाली छात्राओं को विश्वविद्यालय की ओर से उपाधि नहीं दी जाती थी। उत्तीर्ण छात्राओं को उपाधि मिले, ऐसा विचार सामने आया तो पुरुष छात्रों ने कोहराम मचाया। कॉलेज की खिड़कियों के ताबदान तोड़ डाले। शिंदे को खिड़कियों के टूटे ताबदान देखते हुए ऐसा लगा कि वह छात्राओं की भग्न आशाएँ ही देख रहे हों।

उपाधि देने के सन्दर्भ में कर्मठ होनेवाला यह विद्यापीठ स्त्रियों की शिक्षा मात्र जारी रखता था और उन्हें सामाजिक जीवन में प्रतिष्ठा भी देता था। इस विश्वविद्यालय की जबर्दस्त प्रतिष्ठा थी। इन विद्यालयों में अमीर-उमराव के बच्चे सामाजिक और सम्भावित संस्कार हो, इसलिए आते थे। शिंदे के समय ऑक्सफोर्ड के सत्रह-अठारह कॉलेज से चार-पाँच हजार छात्र पढ़ते थे। छात्र इस सप्ताह में होनेवाली नौका प्रतियोगिता, अन्य सम्मेलनों और दीक्षान्त समारोहों के लिए अपने स्त्री रिश्तेदारों को बुलाते। इस अवसर पर सभा, सम्मेलन, पार्टी आदि के बड़े पैमाने पर आयोजन होते। अंग्रेजी विवाह स्वयंवर पद्धति का होने से यह काल परस्पर परिचय के लिए अनुकूल साबित होता। अंग्रेजी समाज का लक्ष्य अक्सर व्यवहार से समान्तर होता है, ऐसा निरीक्षण भी शिंदे ने दर्ज किया है।[1]

24 जून, 1903 को ऑक्सफोर्ड यूनिवर्सिटी का भव्य वार्षिक दीक्षान्त समारोह सम्पन्न हुआ। इस समय शेल्डोनियन थिएटर दो हजार लोगों से खचाखच भरा था। उसमें तीन-चौथाई से ज्यादा स्त्रियाँ ही थीं। नौका प्रतियोगिता के सप्ताह की तरह ही यह सप्ताह भी बड़ा ऐशोआराम का होता। इस समय परीक्षा खत्म होने से छात्र खाली होते। चहुँओर नृत्य, दावतें और खेल चलते। छात्र जान-बूझकर आमंत्रित की बहनों और सालियों का आदर-सम्मान करने को उत्सुक होते हैं।

बारह बजे सिनेट की शोभायात्रा अन्दर आ गई। सम्मान की उपाधि लेने के लिए बोअर युद्ध के सफल वीर सर जॉर्ज व्हाइट उपस्थित थे। समारोह के सभी भाषण लैटिन भाषा में हुए। यह पुराणप्रियता शिंदे को उस समय भी हास्यापद लगी। अंडर ग्रेज्युएट के छात्र शोर करते थे, इसलिए उनके प्रवेश को सीमित रखने के बावजूद वे अन्दर प्रवेश करते थे। इस दीक्षान्त समारोह के गम्भीर अवसर पर एक ने स्त्री जैसी आवाज निकाली तो दूसरे ने बिल्ली की आवाज निकाली। व्हाइट साहब ने तीन-चार मिनट धुआँधार भाषण दिया। उनका भाषण जल्द खत्म नहीं हो रहा था, इसलिए छात्रों ने शोर और कोलाहल मचाना शुरू किया। दीक्षान्त समारोह जैसे गम्भीर अवसर पर दुनिया में दंगई छात्र उत्पात मचाना अपना अधिकार मानते हैं। उसे ऑक्सफोर्ड जैसे ख्यातलब्ध विश्वविद्यालय में सौ साल पुरानी परम्परा है, ऐसा कह सकते हैं। चाहे जो हो, पूरा वर्ष जिस विश्वविद्यालय में गम्भीरता से अध्ययन-अध्यापन होता, वहाँ का यह प्रसंग यानी कुछ पल का रंजन का हिस्सा लगे, इतना गौण कहना होगा।

शिंदे के विदेश से वापस लौटने के दिन नजदीक आ रहे थे। उनकी यात्रा के खर्च को लेकर एक अनपेक्षित संकट उपस्थित हुआ। विदेश आते समय शिंदे को जहाज की यात्रा का खर्च श्रीमन्त सयाजीराव महाराज ने दिया था और उसी समय वापसी का खर्च देना भी मान्य किया था। उसके अनुसार, उनके कॉलेज अध्ययन की रपट कॉलेज अधिकारियों से मँगवाने का महाराज ने हुक्म किया था। उसके अनुसार, मैनचेस्टर कॉलेज के प्रिंसिपल डॉ. जेम्स ड्रमंड और शिंदे के विशेष गुरु डॉ. जे. एस्लिन कार्पेंटर ने उनके अध्ययन सम्बन्धी रिपोर्ट महाराज की ओर भेज दी। दोनों की रिपोर्ट काफी सन्तोषप्रद थीं। प्रिंसिपल ड्रमंड ने 4 मार्च, 1903 को लिखे प्रमाण-पत्र में कॉलेज कमेटी को जून, 1902 में शिंदे के सन्दर्भ में प्रस्तुत रिपोर्ट उद्धृत की है। उसमें ऐसा कहा है कि उन्होंने 'सेल्फ रिलाइजेशन', 'जेनेसिस ऑफ फ्री वुइल' ऐसे दो तत्त्वज्ञान से सम्बन्धित आलेख लिखकर उसमें अपने विचारों की स्वतंत्रता दिखाई है। 'हिन्दुस्तान के धर्म का इतिहास' विषय पर उन्हें जो हर पन्द्रह दिन बाद निबन्ध लिखने थे, वे भी अच्छे ढंग से लिखे हैं। उन्होंने गर्मी की टर्म में प्रो. कार्पेंटर के साथ पाली का अध्ययन किया है और संस्कृत की पूर्व तैयारी से उसमें उत्तम प्रगति की है। शैव और बौद्ध धर्म की अवतार कल्पना से सम्बन्धित उन्होंने विचार प्रवर्तक आलेख लिखा है। प्रो. जे एस्लिन कार्पेंटर ने 1 मार्च को लिखे प्रमाण-पत्र में ऐसा कहा है कि दो सालों में शिंदे ने धर्म का इतिहास विषय पर लिखे आलेखों में उनकी उद्यमशीलता, दक्षता और आकलन की आन्तरिक दृष्टि दिखाई देती है। दूसरे साल उनसे जो कार्य करवा लिया है, वह स्वाभाविकत: विक्षिप्त स्वरूप का है और उन्होंने वह अत्यन्त सन्तोषप्रद ढंग से किया है। उन्होंने पूर्ण किए अध्ययन में हिन्दू धर्म, इस्लाम, जरथ्रुष्ट का धर्म और चीन के धर्म का समावेश है। हर सप्ताह में उन्होंने मेरे साथ पाली भाषा के बौद्ध ग्रंथ पढ़े हैं और उन्हें होनेवाले संस्कृत ज्ञान के अधार पर वे उत्तम प्रगति कर सकते हैं, यह साबित कर दिया है।[2]

मैनचेस्टर कॉलेज से महाराज की ओर ये रिपोर्टें जाने पर शिंदे ने यात्रा के खर्च हेतु उनकी ओर अर्जी भेजी तो उनके प्राइवेट सेक्रटरी का उन्हें पत्र मिला। उसमें लिखा था कि वे स्वदेश लौटने पर बड़ौदा रियासत में नौकरी करने का इकरारनामा लिखकर देंगे, तभी यह खर्चा मिलेगा। शिंदे ने 1 मई, 1903 को महाराज को स्वतंत्र रूप में पत्र लिखा। उसमें उन्होंने कहा, "मुझे जो यूनिटेरियन छात्रवृत्ति मिली थी, उसमें एक शर्त ऐसी थी कि मैं आजीवन समर्पित होकर धर्म-प्रसार करूँगा। यद्यपि मेरे उदर-भरण की कोई जिम्मेदारी न ले तो इस प्रचार को प्रतिकूल न होनेवाला काम कर अपनी जीविका चलाऊँगा, लेकिन प्रचार नहीं छोड़ूँगा और महाराज ने यह सब स्वीकार किया था। इसलिए अब कोई आपत्ति न उठाकर वे स्वदेश लौटने हेतु मुझे सहयोग ही करेंगे।"[3] शिंदे द्वारा प्रेषित इस पत्र से यह अनपेक्षित बाधा दूर हो गई और उनकी यात्रा व्यय की चिन्ता भी हल हो गई। श्रीमन्त सयाजीराव महाराज को यह पत्र पहुँचने पर उन्होंने थॉमस कुक कम्पनी को टेलिग्राम भेजकर टिकट देने का आदेश देने की खबर उनके प्राइवेट सेक्रेटरी ने दी।

शिंदे यात्रा व्यय की अड़चन में व्यस्त थे कि तभी कोलकाता के ब्राह्म समाज के सचिव हेमचन्द्र सरकार ने उन्हें एक महत्त्वपूर्ण वार्ता बताई। 'एम्सटर्डम में 1 से 4 सितम्बर, 1903 के दौरान आयोजित 'अन्तरराष्ट्रीय उदार धर्म

परिषद्' के लिए ब्राह्म समाज ने हिन्दुस्तान के प्रतिनिधि के रूप में उनका चयन किया गया। अन्यथा कॉलेज की गर्मी की टर्म जून के अन्त में खत्म होते ही विट्ठल रामजी शिंदे हिन्दुस्तान आ सकते थे। अब उन्हें एम्सटर्डम की परिषद् में उपस्थित रहना था और वह सितम्बर में होने से उन्हें तीन मास का खर्च और यात्रा व्यय की चिन्ता सताने लगी। इस अतिरिक्त खर्चे का प्रबन्ध करने हेतु मुम्बई प्रार्थना समाज के उनके मित्र बाबण बापू कोरगाँवकर ने चन्दा इकट्ठा करने के कष्ट उठाए। उन्होंने 25 जुलाई, 1903 को डाक से 13 पौंड, 6 शिलिंग, 8 पेन्स अर्थात् दो सौ रुपए का धनादेश भेज दिया। कोलकाता से उतनी ही राशि मिलेगी, ऐसा सन्देश हेमचन्द्र सरकार ने शिंदे को भेजा। इससे उनके अतिरिक्त खर्चे की समस्या दूर हो गई।

कॉलेज की गर्मियों की टर्म समाप्त हुई और विट्ठल रामजी शिंदे को जल्द ही ऑक्सफोर्ड छोड़ना पड़ेगा, इस एहसास से पीड़ा होने लगी। वैसे देखा जाए तो उनका ऑक्सफोर्ड निवास का काल ऐश्वर्य का नहीं था। उन्हें मिलनेवाली वार्षिक सौ पौंड छात्रवृत्ति अपर्याप्त ही थी। छुट्टी में वे अन्य स्थान से मिलनेवाले उपासना के आमंत्रण स्वीकारते। उससे मिलनेवाली राशि खर्चे की पूर्ति हेतु उपयोग में आती। उनकी मितव्ययिता के कारण उन्हें आर्थिक अड़चन का एहसास ही नहीं हुआ। ऑक्सफोर्ड निवास में अध्ययन के रूप में उन्हें जो मिला, वह काफी मौलिक व मूल्यवान था। एक तरह की आन्तरिक धर्म प्रेरणा से उन्होंने अपनी जिन्दगी धार्मिक कार्य को समर्पित करने का निर्णय लिया था। भविष्य में यह धार्मिक कार्य सन्तोष से निभाने का आत्मविश्वास उन्हें यहाँ के वास्तव्य, इंग्लैंड में किए निरीक्षण से आ चुका था। मूलतः व्यापक होनेवाली उनकी धर्म दृष्टि साफ बन गई थी। यहाँ के प्रवास से उनकी धर्म बुद्धि को कई नए आयाम मिले और उनका धार्मिक एहसास समृद्ध बना। जीवन के सभी कार्य का अधिष्ठान धार्मिक होना चाहिए, ऐसी स्पष्टता उनके धर्म-विचार में आ गई। यह सब यहाँ के अध्ययन, गुरुजनों के उपदेश, अन्य विद्वान और धर्मनिष्ठा से, परोपकारी कार्य करनेवाली संस्थाओं के निरीक्षण से प्राप्त हुआ था। इन सभी के प्रति उनके मन में कृतज्ञता का एहसास हुआ। उनकी जिन्दगी का दो वर्ष का यह सुख-स्वप्न अन्ततः समाप्त हुआ। टर्म खत्म होते ही जुलाई के आरम्भ में गर्मी की छुट्टियाँ शुरू होते ही उन्होंने भारी हृदय से हमेशा के लिए ऑक्सफोर्ड छोड़ दिया।

सन्दर्भ

1. विट्ठल रामजी शिंदे, *माझ्या आठवणी व अनुभव,* पृ. 140-141
2. वही, पृ. 146
3. वही, पृ. 142, शिंदे ने सयाजीराव महाराज को भेजा मूल पत्र अंग्रेजी में हैं, *शिंदे के कागजात*।

एम्सटर्डम की अन्तरराष्ट्रीय उदार धर्म परिषद्

एम्सटर्डम की धर्म परिषद् में अभी अवधि होने से विट्ठल रामजी शिंदे को जुलाई-अगस्त ये दो मास अलग-अलग स्थानों पर उपासना चलाने, परिचितों के यहाँ रहने और कुछ स्थान देखने को मिलनेवाले थे। ऑक्सफोर्ड छोड़ने पर वे प्रथमत: चेल्टनडैम में रेवरंड जोन्स जे. फिशर के यहाँ एक सप्ताह रहने गए। वहाँ बेंज हिल चर्च में उन्होंने इतवार को शाम की उपासना चलाई। चेल्टनहैम गाँव उन्हें सुन्दर लगा। वहाँ एंग्लो इंडियंस और आई.सी.एस. पेंशनरों की बस्ती थी। बाद में 31 जुलाई को सेवन स्प्रिंग्ज नाम से ख्यातलब्ध होनेवाला टेम्स नदी का उद्गम स्थान देखा। अगस्त के पहले सप्ताह में वे कार्डिफ गए। वहाँ की वेस्ट ग्रुप चर्च में सुबह-शाम उपासना चलाई।

वहाँ पर उन्होंने ब्राह्म समाज विषय पर उपदेश दिया। यह उपदेश बाद में अंग्रेजी में पुस्तक रूप में प्रकाशित हुआ। कार्डिफ में वे फ्रेडरिक चाइल्ड के मेहमान बनकर रहे। उन्होंने 16 अगस्त इतवार को न्यूटन एबेट गाँव के यूनाइटेड फ्री चर्च में शाम की उपासना चलाई। इस तरह भ्रमण कर वे लन्दन वापस पहुँचे।

इंग्लैंड से हिन्दुस्तान वापसी के खर्चे को लेकर उपस्थित समस्या दूर हो गई थी। यूरोप में बढ़े हुए प्रवास से अतिरिक्त खर्चे का प्रबन्ध हुआ था। उनकी अर्थिक समस्या का बोझ दूर हो चुका था। परिषद् में प्रस्तुत किया जानेवाला आलेख उन्होंने पहले ही प्रेषित किया था। सभी बातें मन मुताबिक होने से विट्ठल रामजी शिंदे खुशी से एम्सटर्डम चल पड़े।

31 अगस्त, 1903 को सुबह होबर्न से निकलनेवाले जहाज से इंग्लैंड की प्रतिनिधि मंडली भी निकलनेवाली थी। शिंदे उन्हीं के साथ इस जहाज से चल दिए। लन्दन और इंग्लैंड को उन्होंने अन्तिम प्रणाम किया। जर्मन सी से यात्रा कर यह जहाज एम्सटर्डम पहुँचा।

1 सितम्बर को परिषद् का प्रारम्भ हुआ। वह गर्मियों का एक खुशनुमा दिन था। एम्सटर्डम की शोभा इन्हीं दिनों में सर्वोत्तम होती है। एम्सटर्डम को यद्यपि 'उत्तर यूरोप का वेनिस' कहा जाता है, लेकिन वह एक अतुलनीय शहर है। सागर के उच्छ्वास क्षेत्र में सूर्य प्रकाश से शोभायमान होनेवाली सड़कें और रंगीन घर, कई नहरों के वर्तुल होनेवाली एमस्टेल नदी और पेड़ों से आच्छादित अनेक गलियाँ, इससे एम्सटर्डम शहर की शोभा बढ़ी है। नदी के किनारे पर होनेवाले सुन्दर एमस्टेल होटल में कुछ अतिथियों का प्रबन्ध किया था। विट्ठल रामजी शिंदे वहीं पर ठहरे थे।

परिषद्

'हॉल ऑफ द कांग्रेगेशन' नामक भव्य इमारत में परिषद् का कार्य शुरू हुआ। वहाँ ईसा के साथ कई ईसाई संतों, उसी तरह इधर हुए समाज-सुधारकों और विद्वानों के भव्य चित्र लगाए थे। 1 सितम्बर की शाम को ओल्ड वैलून गिरजाघर इस फ्रेंच प्रॉटिस्टेंट चर्च में रेवरंड जे. वॉन लोयनेन मार्टनेट ने डच भाषा में अत्यन्त प्रभावी उपासना की। इस उपासना के बाद फ्री कांग्रेगेशन नीदरलैंड समिति की ओर से प्रतिनिधियों का स्वागत समारोह हुआ। डॉ. वुर्ट समारोह के अध्यक्ष थे। उन्होंने और मि. ह्यूजेनहोल्ड ने अंग्रेजी, जर्मन और फ्रेंच भाषा में विविध देशों के प्रतिनिधियों का तहेदिल से स्वागत किया। अमरीका, इंग्लैंड, फ्रांस, जर्मनी, बेल्जियम, स्विट्जरलैंड, डेनमार्क, हंगरी, हिन्दुस्तान और जापान—इन देशों के प्रतिनिधियों में से एक-एक ने उत्तर के रूप में भाषण दिया।[1]

'डी हरवोमिंग' (दि रिफॉर्म) नामक साप्ताहिक पत्रिका ने 29 अगस्त, 1903 के अंक में अर्थात् परिषद् शुरू होने से पहले सभी महत्त्वपूर्ण प्रतिनिधियों की जानकारी उनके छायाचित्रों के साथ प्रकाशित की थी। उसमें विट्ठल रामजी शिंदे का पाश्चात्य ढंग की वेशभूषा का, लेकिन सिर पर साफा होनेवाला फोटो छपा था और उनके जीवन, चरित्र सम्बन्धी महत्त्वपूर्ण बातों का परिचय दिया था। उसमें उनकी जन्म तिथि, उनकी शिक्षा, हिन्दू धर्म की रूढ़ियों के कारण उन्हें हुआ असन्तोष, उनके उदार धर्म की ओर रुझान आदि का मार्मिकता से निर्देश किया था। साथ ही उल्लेख किया था कि वे जल्द ही हिन्दुस्तान लौटकर उदार धर्म का विवेचन करनेवाले हैं।

उदार धर्म की इस अन्तरराष्ट्रीय परिषद् में उपस्थित रहने लगभग एक हजार प्रतिनिधि आए थे। उनमें से लगभग ढाई सौ प्रतिनिधि अन्य देशों से थे। प्रो. जे.ई. कार्पेंटर, प्रो. जाँ रेवील, प्रो. आर्मस्ट्रांग जैसे कई निष्ठावान यूनिटेरियन और नामचीन विद्वान आए थे। 2 सितम्बर अर्थात् परिषद् के दूसरे दिन प्रो. क्रैमर, आर्मस्ट्रांग, ब्रुइनिंग, होकार्ट, शिलर और शिंदे के व्याख्यान हुए। 'न्यू रॉटरडैमकरंट' नामक डच समाचार-पत्र ने अन्य महत्त्वपूर्ण वक्ताओं के साथ शिंदे के व्याख्यान का सम्पूर्ण प्रतिपादन संक्षेप में प्रस्तुत करनेवाला वृत्तान्त दिया।[2]

विट्ठल रामजी शिंदे ने वर्तमान काल में उदित उदार सुधारक धर्म पंथ के स्वरूप की जानकारी देकर उसका वस्तुनिष्ठ विवेचन अपने व्याख्यान में किया। व्याख्यान के आरम्भ में उन्होंने हिन्दुस्तान के पारम्परिक हिन्दू धर्म का स्वरूप बिना चूके विशद किया, "धर्म यह संकल्पना मनुष्य के हृदय से सम्बद्ध होने से आस्तिक मनुष्य का सही धर्म सब ओर समान ही होगा और मनुष्य के सुधार के साथ धर्म की प्रगति की दिशा भी समान ही होगी।" ऐसी गृहित भूमिका रखकर उन्होंने ऐसा विधान किया कि इस दृष्टि से देखें तो पाश्चात्य देश के ख्यातलब्ध विद्वानों ने हिन्दू धर्म के तत्त्व और आदर्श जितनी मात्रा में समझे हैं, उतनी मात्रा में पाश्चात्य देश के धर्मशास्त्रियों ने नहीं समझे हैं।

"हिन्दुस्तान के नए, उदार धर्म के आन्दोलन का वर्णन करने से पहले वहाँ के पुराने धर्म की स्थिति बताना मुझे आवश्यक लगता है," ऐसा कहकर उन्होंने हिन्दुस्तान में प्रस्थापित हिन्दू धर्म की ठोस विशेषताएँ आरम्भ में ही दर्ज कीं। "पीछे या अब हिन्दुस्तान में धर्म ग्रंथ को प्रमाण माना जाता है, लेकिन मृत भाषा के इन धर्मग्रंथों के अर्थ की खींचातानी चाहे जैसी की जाने से सामान्य मनुष्य के लिए धर्म ग्रंथ अधिक बाधा नहीं बनते। उपासना एक स्थानीय सन्दर्भ बन चुकी है अर्थात् कुछ विशिष्ट स्थानों और प्रतिमाओं को ही महत्त्व प्राप्त हुआ है। प्राचीन काल से पवित्र माने गए क्षेत्र हैं। शहर-शहर में सुन्दर, भव्य मन्दिर हैं। इतना ही नहीं तो हर घर में देवासन का एक स्वतंत्र कमरा होता है और उसमें चुनिन्दा देवताएँ होते हैं...पाश्चात्य देशों की तरह हिन्दू धर्म की संघ संस्था चर्च कभी नहीं बनी।" यह बताकर उन्होंने कहा, "हिन्दू धर्म यानी प्राचीन काल से चली आई एक परम्परा है और आजकल उसका शासन और नियमन असंख्य जातियों का जो एक बड़ा व्यूह बना है, उसके द्वारा होता है और उसकी नींव आध्यात्मिक तत्त्व पर न होकर सामाजिक और पारिवारिक हित सम्बन्धों पर खड़ी है...हिन्दुस्तान में सही मायने में जिनका जुल्मी साम्राज्य शुरू हैं, वे आचार्य, उपाध्याय या धर्मग्रंथ इनमें से कोई न होकर प्रचलित परिपाटी ही हैं।"

ईसाई और इस्लाम, ये दो धर्म बाहर से आए हैं। उनका रुझान सहयोग करने की अपेक्षा विजय प्राप्त करने में विशेष होने से वे आध्यात्मिक क्षेत्र में कुछ नहीं कर पाए। उन्होंने कहा कि आत्मा के विशेष उत्पत्ति स्थान से उद्गम होकर पूरी मनुष्य जाति का जो एक साधारण धर्म बनेगा, उसी से हिन्दू धर्म की शुद्धि और उद्धार होनेवाला है। आगे उन्होंने कहा कि इस साधारण धर्म की राह प्रशस्त करनेवाली ब्राह्म समाज यह हिन्दुस्तान की एक बड़ी वैभवशाली शक्ति है। ब्राह्म धर्म के संस्थापक राजा राममोहन राय की महानता का मार्मिक वर्णन करते हुए उन्होंने कहा, "उनका धर्म यानी एक मत या मनोवृत्ति न होकर साक्षात् जीवन होता है और वह जीवन भी बहुआयामी होता है। राजनीति और आर्थिक अभ्युदय, धर्म सुधार और सामाजिक सुधार—इन्हीं के लिए वे जिए, उन्होंने प्रयास किए और उनकी मृत्यु हुई।" ब्राह्म समाज में सत्य, न्याय और सहिष्णुता इनमें संगति है। राजा राममोहन राय ने यह देखा कि विश्व के अधिकांश मुख्य धर्मग्रंथों में अपने सनातन धर्म के बीज मिलते हैं। विश्व का सभी पवित्र वाङ्मय यह ईश्वर प्रदत्त सामाजिक देन मानी जाए, ऐसा ब्राह्म धर्म का एक तत्त्व है। ब्राह्म यह निरन्तर अपनी विवेक शक्ति का उपयोग करता है। धर्म-अध्ययन के सभी क्षेत्रों में वह आधुनिक शोध का महत्त्व मानता है। उसका शास्त्र, धर्म विवेक और विश्वास—इनमें विरोध नहीं होता अथवा ये दोनों एक दूसरे से अन्तर नहीं रखते। ब्राह्म के एहसास का मुख्य उद्गम और आधार, यह चैतन्य होता है, उनका मन नहीं। धर्म के सन्दर्भ में भाव और

भक्ति ये तत्त्व प्रधान लगते हैं। ब्राह्म धर्म की और एक विशेषता बताते हुए शिंदे ने कहा, "पूर्ण ब्राह्म बनना है तो केवल विचार और मानसिकता से काम नहीं चलेगा। पहले स्वयं को और बाद में विश्व को प्रत्यक्ष सेवा से अपने धर्म की महत्ता दिखानी होती है।"

ब्राह्म धर्म की कार्य पद्धति के सन्दर्भ में उन्होंने कहा, "ब्राह्म अपने तत्त्वों से सुलह कर कर्मठ लोगों से समझौता करने की भूमिका स्वीकार नहीं करता। मूर्ति-पूजा और आडम्बर का दुर्भेद्य बख्तर तोड़कर उसके अन्दर फँसा धर्म बीज खुला करने का वह निरन्तर प्रयास करता है। ब्राह्म अच्छी तरह जानता है कि जड़ शास्त्रों का अत्यधिक नकार और धर्मशास्त्र का अत्यधिक स्वीकार, दोनों धर्म की राह में समान बाधाएँ होती हैं। ब्राह्म जड़ पंथ नहीं है। ब्राह्म समाज के दरवाजे सभी को हर समय खुले होते हैं।"

हिन्दुस्तान में सौ से ज्यादा समाज हैं, यह बताकर उन्होंने ब्राह्म समाज की कार्य पद्धति की जानकारी दी। ब्राह्म समाज में पेशेवर पुरोहित नहीं होते। समाज के प्रमुख व्यक्ति ही उपासना चलाते हैं। जाति भेद का उन्मूलन, स्त्री शिक्षा का प्रसार, बाल विवाह रोकना, विधवा विवाह को बढ़ावा देना आदि सामाजिक सुधारों का ब्राह्म मंडली समर्थन करती है। इस तरह की जानकारी देकर, विवेचन कर उन्होंने ब्राह्म धर्म का स्वरूप विशद किया। आलेख सीधा न पढ़कर वे बीच-बीच में विवेचन करते। ब्राह्म मन्दिर कैसा होता है, वहाँ की वेदी कैसी होती है आदि की जानकारी भी उन्होंने बताई।

तत्पश्चात् शिंदे ने आर्य समाज और थियोसॉफिकल सोसाइटी, इन अन्य दो उदार धर्म पंथों का परिचय दिया। स्वामी दयानन्द सरस्वती ने सन् 1875 में 'आर्य समाज' की स्थापना की। चार वेदों को प्रमाण मानने की बात छोड़ें तो वे मूर्ति-पूजा का निषेध, एकेश्वरवाद, ईश्वर का शुद्ध स्वरूप और सामाजिक सुधार के सभी आयामों को लेकर ब्राह्म जितनी ही जोरदार और प्रांजल भूमिका लेते हैं।

पच्चीस साल की अल्प अवधि में विचार, संगठन और प्रचार के सन्दर्भ में आर्य समाज ने अचम्भित कर देनेवाली प्रगति की है और आज दो सौ पचास आर्य समाज हैं, ऐसी जानकारी उन्होंने दी।

हिन्दुस्तान का तीसरा उदार धर्मपंथ यानी थियोसॉफिकल सोसाइटी। अमरीका में उद्भव हुए इस आन्दोलन का हिन्दुस्तान मुख्य स्थान बन गया है। अनेक धर्मों की मंडली ने इस आन्दोलन में प्रवेश किया है। इस पंथ का रहस्यवादी हिस्सा छोड़ दें तो काशी का सेंट्रल हिन्दू कॉलेज, मद्रास की पारिया अस्पृश्य जाति के बच्चों के लिए शुरू की पाठशालाएँ यह उनके प्रयास आदरणीय हैं, ऐसा उन्होंने बताया।

हिन्दुस्तान के इन तीनों आन्दोलनों में से ब्राह्म समाज की दिशा प्रस्तुत यूनिटेरियन महासभा की नीति से बिलकुल अनुकूल लगती है, ऐसा अभिप्राय शिंदे ने दिया। भविष्य में हिन्दुस्तान के अन्य दो आन्दोलनों से हमारा ऐक्य होगा, ऐसी अपेक्षा भी उन्होंने जताई। भविष्य में होनेवाला युद्ध अमुक वाद या अमुक धर्म को लेकर नहीं होगा अपितु सभी पुराने धर्म, धर्म की शुष्क हड्डियाँ और दूसरे धर्म का रसभरा उमड़नेवाला जीवन इनमें होगा और प्रस्तुत महासभा (काउंसिल) आनेवाले युग का बड़ा झंडा है, ऐसा विश्वास उन्होंने व्याख्यान के अन्त में प्रकट किया। सभी उदार धर्म नजदीक आकर समान उद्देश्य से प्रगति करें, ऐसी आस्था ही उनके व्याख्यान से प्रकट हुई।

सभी यूनिटेरियन समाचार-पत्रों ने इस परिषद् अत्यन्त सफल होने का अभिप्राय दिया। 'द इनक्वायरर' के सम्पादक ने "इस परिषद् से उदार धर्म-विचार की मंडली को प्रोत्साहन मिला। धर्म-सम्बन्धी प्रश्नों को कुछ मात्रा में नई अन्तर्दृष्टि मिली" ऐसा अपना अभिप्राय दर्ज किया। प्रो. जाँ रेवील ने 'प्रोटेस्टेंट' इस समाचार-पत्र में परिषद् का फलित दर्ज किया। "परिषद् का उद्देश्य किसी एक पंथ का हित देखना न होकर सभी उदार पंथों को नैतिक और धार्मिक तत्त्व के अनुरोध से एकत्र करना, यह होकर कर्मठ धर्म मत की असहिष्णुता के विरोध में खड़ा रहने का आत्मविश्वास उसने निर्मित किया।"[3] डॉ. एच.एच कर्ट ने लिखी लेखमाला के अन्त में यह मत प्रकट किया, "अनेक विद्वानों में मतभिन्नता हुई, लेकिन एकता को हानि न पहुँची। सत्य और बन्धुत्व के भाव की अनुभूति हो रही थी।"[4] 'डी हरवोर्मिंग' के सम्पादक ने कहा, "दुनिया के विविध क्षेत्रों से आए प्रतिनिधि देखकर उदार जीवन का प्रवाह कितना पुख्ता है, इसका एहसास हुआ।"[5]

कर्मठ धर्म मत वाली मंडली से इस परिषद् की आलोचना होना स्वाभाविक ही था। एम्सटर्डम का तत्कालीन 'दि तीज' (De Tijd) नामक कैथोलिक समाचार-पत्र उदारवादी और प्रजातांत्रिक विचार के खिलाफ था। इसके 2 सितम्बर, 1903 के अंक में 'बर्रानेवाली जिव्हाएँ' (Beble of tongues) नामक शीर्षक का प्रतिकूल लेख लिखा

गया। इसके अन्त में कहा है, "यहाँ जो व्याख्यान हुए, वह एक तरह बर्राहट थी। सभी ईसाई विश्वास, ये जड़ अन्धश्रद्धाएँ हैं। इसलिए त्याग देना, सभी सनातन परम्पराओं पर भ्रम के जंजाल की मुहर लगाना, श्रद्धा के बिना ईसाइयत की सीख देना और परम्परा को न मानकर केवल ईसाई नाम ही स्वीकारना—इससे ये आधुनिक धर्मवेत्ता भी अड़चन में आते हैं, इसमें आश्चर्य नहीं। कई तरह की विसंगतियों को सत्य मानकर कैसे स्वीकार सकते हैं? ईसा का ईशत्त्व नकारना, ईसाई धर्म की तब्दीली करना, ईसाई धर्म कल्पना समाज से और लोगों के हृदय से निष्कासित करना और बावजूद स्वयं को ईसाई मानना, गुमराह करनेवाली यह दाम्भिकता नहीं है? इस समाचार-पत्र के 3 और 5 सितम्बर के अंक में भी परिषद् की आलोचना की है, लेकिन उसकी खूबियाँ भी स्वीकार की हैं। 5 सितम्बर के अंक में कहा है, "बावजूद इसके उसमें अपने हृदय और आत्मा को स्पर्श करनेवाला कुछ अंश है। सैंकड़ों विद्वानों की उपस्थिति में यद्यपि देवत्त्व के प्रति आदर नहीं दिखाया, लेकिन ईसाई धर्म में होनेवाली अमानवीय श्रेष्ठता के लिए ईसाई संज्ञा प्रयुक्त करने में उनके आदर भाव का सबूत मिलता है। वे अश्रद्धा और अश्रद्ध व्यक्तियों को स्थान नहीं देते और स्थूल भौतिकवादियों को अशास्त्रीय, ऐसा जाहिर प्रमाण-पत्र देते हैं, यह सन्तोष की बात है।" लेख के अन्त में मात्र सम्पादक ने शापवाणी ही कही है। उन्होंने इस यूनिटेरियन लोगों के सम्बन्ध में कहा है, "इन दुराग्रही लोगों का ईश्वर दैवी न्याय करेगा ही। सामान्य, नम्र और सीधे लोगों के लिए ईश्वर जो प्रकट करेगा, वह इन दुराग्रही लोगों से मात्र छिपाकर रखेगा।"[6]

कर्मठ धर्म मत की कट्टरता कैसे प्रकट होती है, यह शिंदे को इस परिषद् के निमित्त से भलीभाँति समझ में आया होगा।

'डी हरहोर्मिंग' के 12 सितम्बर, 1903 के अंक में परिषद् के अध्यक्ष प्रो. वुर्ट का पूरी परिषद् का सिंहावलोकन करनेवाला एक लेख प्रकाशित किया गया है। इस लेख में उन्होंने परिषद् के कौन-से प्रसंग विशेष उल्लेखनीय रहे, इसका पद्यात्मक निवेदन किया है। इसमें उन्होंने शिंदे के प्रभावी भाषण का विशेष उल्लेख किया है। वे कहते हैं, "प्रो. फ्लेडरर हारलेम्स स्ट्रीट के परिषद् के सभागार में जब वह समझा रहे थे कि हारमैक का मूल ईसाई धर्म का विवेचन कितना दूरदर्शी है, उस समय की उनकी जर्मन ठसक मेरे कानों में आज भी गूँजती है। सुघड़ चेहरे का, अजीब पगड़ी पहने, सुसंस्कृत हिन्दू युवक मेरी आँखों के सामने फिर खड़ा होता है। और वह जब अपने देश में धार्मिक उपासना कैसे चलती है; व्यासपीठ पर बाइबल, वेद, कुरान जैसे धर्म ग्रंथ कैसे होते हैं, वैसे ही वहाँ क्रूस, चन्द्र और विष्णु का प्रतीक कैसे होता है और वह एक ही अनन्त तत्त्व के वर्तुल में कैसे एकात्म होते हैं, इस सन्दर्भ में बता रहा था, उस समय की उसकी आवाज मुझे दुबारा सुनाई देती है।"[7]

एम्सटर्डम की परिषद् में कई मान्यवर निष्ठावान, विद्वान यूनिटेरियनों ने अपने विचार प्रस्तुत किए। उसमें शिंदे के गुरु जे.ई. कार्पेंटर थे। पेरिस में जिन्हें शिंदे विशेष रूप में मिले, वे प्रो. जाँ. रेवील थे। लिवरपूल के डॉ. आर.के. आर्मस्ट्रांग, बेल्जियम के जेम्स होकार्ट, बोस्टन के डॉ. एस.के. इलियट और एम्सटर्डम के प्रो. एस. क्रैमर, प्रो. ए. ग्रेनिंग आदि बुजुर्ग विद्वानों की धर्मनिष्ठ मंडली थी। उनके साथ शिंदे को वार्तालाप करने का तथा अपने विचार प्रस्तुत करने का मौका मिला। और विशेषत: इधर के दो साल में उन्होंने हिन्दू, ईसाई, इस्लाम आदि पारम्परिक धर्मों का और यूरोप के यूनिटेरियन तथा भारत के ब्राह्म समाज, आर्य समाज, थियोसॉफी आदि सुधारवादी धर्म पंथो का जो अध्ययन-चिन्तन किया था, वह अपने भाषण से प्रगल्भता, स्पष्टता और निर्भीकता से प्रस्तुत किया। समाचार-पत्रों के विस्तृत वृत्तान्त तथा परिषद् के अध्यक्ष प्रो. वुर्ट ने उनका जो विशेष उल्लेख किया, उससे यह स्पष्ट होता है कि शिंदे का आलेख, उनका व्याख्यान और उनकी परिषद् में उपस्थिति प्रभावी साबित हुई।

इस अन्तरराष्ट्रीय उदार धर्म परिषद् में ब्राह्म समाज ने हिन्दुस्तान का प्रतिनिधित्व करने विट्ठल रामजी शिंदे का जो चयन किया था, वह सर्वत: उचित था, इसका प्रमाण शिंदे ने दिया।[8]

सन्दर्भ

1. *दि. इन्क्वायरर*, लन्दन, 12 सितम्बर, 1903
2. *न्यू. रॉटरडैम करंट*, एम्सटर्डम, 3 सितम्बर, 1903

3. *दि. इन्क्वायरर,* लन्दन, 19 सितम्बर, 1903
4. *न्यू. रॉटरडैम करंट,* एम्सटर्डम
5. *डी. हरवोमिंग,* एम्सटर्डम, 12 सितम्बर, 1903
6. *दि. तीज़,* एम्सटर्डम, 5 सितम्बर, 1903
7. एमस्टरडैम के युवा अनुसन्धाता वैन ह्यूब वेर्ख (Van Hub Versch) ने प्रस्तुत परिषद् के डच समाचार-पत्रों में आए सभी सन्दर्भ एम्सटर्डम के सम्बन्धित समाचार-पत्र के दफ्तर में ले जाकर प्रस्तुत जीवनीकार को दिखाए। साथ ही, सभी आवश्यक सन्दर्भ चुनकर उनका अंग्रेजी अनुवाद उपलब्ध करा दिया।
8. विट्ठल रामजी शिंदे, *लेख, व्याख्यान व उपदेश,* पृ. 155-160 शिंदे के भाषण के उद्धरण और प्रतिपादन उन्होंने स्वयं मराठी में किए उपर्युक्त अनुवाद से लिए हैं।

वापसी यात्रा

हॉलैंड के गाँव विशेष और आदर्श होते हैं, ऐसा सुनने से परिषद् को आए मेहमानों की एकाध गाँव देखने की इच्छा थी। प्रबन्धक मंडली ने इसका आयोजन भी किया था। इसके अनुसार 4 सितम्बर को एम्सटर्डम से नजदीक होनेवाला वोलंदाम नामक एक पुराना देहात देखने अलग-अलग राष्ट्रों के लगभग दो सौ लोग दोपहर को पहुँचे। सागर तल से यह गाँव चार फुट नीचे होगा। इतने मेहमानों को एक साथ देखकर गाँव के लोग कौतूहल से उन्हें देखने दरवाजे में खड़े रहे। सफाई को लेकर डच लोगों की अपनी पहचान है। शिंदे ने यह दर्ज किया है कि उनके घर का सीधापन, सफाई और टीप-टाप देखकर मुझे बड़ी खुशी हुई। इस खुशनुमा समारोह से मानो परिषद् का समापन हुआ।

दूसरे दिन अर्थात् 5 सितम्बर, 1903 को शिंदे एम्सटर्डम शहर से विदा लेकर सुबह जर्मनी के कलोन शहर में पहुँचे। वे वहाँ होटल एविग लैंप में ठहरे। कलोन का कैथेड्रल विश्व के अजूबों में से एक है। सुबह चाय-पान कर वे तुरन्त कैथेड्रल देखने गए। शिंदे को लगा कि इतनी सुदर ऐतिहासिक वास्तु बाजार के भीड़-भाड़ वाले इलाके में फँस गई है। कैथेड्रल की भव्यता से वे स्तम्भित हुए और चौक से उसकी ओर देखते रह गए। उन्होंने अपनी इस समय की मानसिकता का वर्णन व्यंग्यात्मक रूप से किया है, "हाथ में कैमरा था, लेकिन चित्र की तरह काफी समय बुत बने रहने से कई लोग मुझे ही देखकर गए होंगे।" आश्चर्य का आवेग कम हुआ तो इमारत के अन्दर जाकर उन्होंने उसका निरीक्षण किया। इमारत गॉथिक शैली की थी। उसके लिए काला पत्थर उपयोग में लाया गया था। एक के ऊपर एक ऊँची कमानें थीं। कैथेड्रल उन्हें गॉथिक कला का चरमोत्कर्ष लगा।

सोमवार 7 तारीख को रात आठ बजे शिंदे स्विट्जरलैंड और जर्मनी की सरहद पर बसे बाजल (बाल) शहर में पहुँचे। वहाँ कुछ देर रुककर वे वहाँ से चल पड़े। रात ग्यारह बजे वे ऑल्प्स पर्वत के ल्यूसर्न नामक अत्यन्त रमणीय गाँव में पहुँचे। यह गाँव ल्यूसर्न सरोवर तट पर बसा है। इस रमणीय स्थान पर उन्होंने चार दिन आराम से एकान्त में बिताए। यहाँ के गरीब मजदूर किस हालात में रहते हैं, इस कौतूहल से एक गरीब स्विस मजदूर के घर जाकर जानकारी ली। चार दिन बाद 11 सितम्बर को वे ल्यूसर्न छोड़कर इटली के जिनोवा शहर पहुँचे। दूसरे दिन वहाँ का 'कैम्पो सैंटो' नामक सुन्दर कब्रिस्तान देखा।

शिंदे जब मुम्बई विश्वविद्यालय में अध्ययन करते थे, तब रोम का प्राचीन इतिहास यह उनका पसन्दीदा विषय था। उन्होंने वापसी यात्रा में रोम देखना तय किया। इसलिए वे ल्यूसर्न से निकलकर रोम पहुँचे। उन्होंने रोम के प्रेक्षणीय स्थान, आदमकद प्रतिमाएँ, चित्र आत्मीयता से देखने में पाँच दिन बिताए। ये पाँच दिन उन्हें काफी बोधप्रद लगे। तीसरे दिन उन्होंने और लोगों के साथ पोप पायस का दर्शन किया।

जिनका केवल वर्णन ही सुना था, ऐसे विश्वख्यात शिल्प और वास्तु उन्होंने देखी। सिस्टाइन चैपेल में माइकेल एंजेलो इस प्रतिभावान शिल्पकार ने चालीस साल कष्ट उठाकर अपनी प्रतिभा से तराशा सेंट मोजेस की प्रतिमा देखी। उन्हें लगा कि इतालियन लोगों की शिल्पकला और चित्रकला का वैभव इस शहर में चरमोत्कर्ष पर पहुँचा है। उन्होंने दो हजार वर्ष पूर्व के एम्फी थिएटर जैसी प्राचीन वास्तु के अवशेष बड़ी उत्सुकता से देखे। प्रेक्षणीय स्थलों के चित्र खरीद लिए। उन्होंने रोम में पाँच दिन खुशी से बिताए।

18 सितम्बर को वे नेपल्स नामक अत्यन्त सुन्दर शहर में आए। सागर किनारे के टीले से ऊँचा जानेवाला रास्ता देखकर उन्हें मुम्बई के मालाबार हिल की याद आई। अब तक केवल भूगोल की पुस्तक में जिसका वर्णन पढ़ा था, उस वेसुवियस ज्वालामुखी का धधकनेवाला भीषण नजारा उन्होंने अपने होटल की खिड़की से देखा।

दो हजार साल पहले भूकम्प और ज्वालामुखी पर्वत के लावारिस-से दफनाए गए पॉपी शहर का सन् 1885 में उत्खनन हुआ और अब उसे प्रेक्षणीय स्थान का रूप प्राप्त हुआ था। नेपल्स से चार-पाँच मील दूरी पर बसा यह शहर देखने शिंदे 19 तारीख को गए। यहाँ पर फर्ग्युसन कॉलेज में पढ़ा इतिहास याद आने से खुशी से उनके रोंगटे खड़े हुए। शिंदे किसी बात का अवलोकन इतिहास, नृतत्त्वशास्त्र, समाजशास्त्र, धर्म, नीति के परिप्रेक्ष्य में करते और इस से परे उनकी दृष्टि विविध तरह के सौन्दर्य का आस्वाद लेनेवाले रसिक की होती। उन्होंने पॉपी में किए निरीक्षण से उनके विविध पहलू प्रकट होते हैं। "उत्खनन किए पॉपी शहर के रास्ते मजबूत पक्के फर्श के थे। उस पर इक्के की गहरी लकीर दिखाई दी...एक चार चौरस फुट पत्थर पर उभाड़दार तराशा हुआ एक चित्र देखा। उसमें वर्तुल के आकार को एक साँप ने लपेटा कुरेदा हुआ चित्र है। इससे ऐसा लगा कि वहाँ सर्प पूजा होती थी। शराब की दुकान और शराब रखने की हांडी पर नक्काशी थी। लोगों के इक्के में बैठकर जानेवाले शिल्प दिखाई दिए। चित्रों में मुर्गों की लड़ाई, नरमेध आदि के चित्र थे। एक घर के दीवानखाने में गेरुई राख का बिलकुल ताजा रंग दिखाई दिया। इतिहास बताता है कि अन्ततः रोमन लोगों की नीति में काफी बिगाड़ आया। मैंने तो इस घर की दीवार के अन्तर्गृह में काफी बीभत्स चित्र देखे...प्रकृति के विरुद्ध मैथुन के स्पष्ट चित्र हैं। यहाँ के म्यूजियम में उत्खनन में मिली 15 मानवी ढाँचे की प्रतिकृतियाँ प्लस्तर ऑफ पेरिस से हू-ब-हू बनाई हैं।" वेसुवियस की राख में जब यह शहर दफना गया तब जो लोग जिस हालत में दब गए, उनका स्पष्ट नजारा उन्होंने तफसील से देखा। कमोरा (पानी जमा करने के लिए मिट्टी का बड़ा बर्तन), हौज आदि पत्थर-मिट्टी की घरेलू चीजें देखकर तथा बाजार का बड़ा चौराहा, अर्धगोलाकार मंडी, सार्वजनिक मंच, भव्य चबूतरे आदि तत्कालीन पारिवारिक और सामाजिक परिस्थिति आजमाने के साधन हैं, इस भूमिका से उन्होंने निरीक्षण किया।[1]

शिंदे की इन दो सालों की यात्रा का नेपल्स और पाँपी यह अन्तिम पड़ाव था। नेपल्स से ही वे हिन्दुस्तान की वापसी यात्रा करनेवाले थे। वे इंग्लैंड में केवल धर्म की पुस्तकी शिक्षा लेने नहीं गए थे। "मुख्यतः तुलनात्मक पद्धति से विश्व के सभी धर्मों के इतिहास का, उनके विकास का अध्ययन कर स्वयं की धर्म बुद्धि विशद कर धर्म-प्रचार की तैयारी करना तो मुख्य उद्‌देश्य था ही। इसके सिवा यूरोप के कुछ प्रमुख देशों के रस्म-रिवाज देखना, अलग-अलग वर्ग की विशेषतः निम्न व शोषित वर्ग की अन्तस्थ स्थिति का निरीक्षण करना, उनमें रहना, सुन्दर और प्रेक्षणीय स्थान देखना आदि अन्य उद्‌देश्य भी थे।"[2] उनके उद्‌देश्य अधिकांश मात्रा में सफल हुए थे।

शिंदे ने दो वर्ष की यात्रा में स्कॉटलैंड, फ्रांस, हॉलंड, जर्मनी, स्विट्‌जरलैंड और इटली—ये सात देश कम-अधिक मात्रा में देखे। शिंदे स्वयं इन दो वर्ष की अवधि में इंग्लैंड तथा अन्यत्र खुले रूप में और स्वाभाविकता से पेश आए। उनमें न्यूनता का भाव बिलकुल दिखाई नहीं देता। उनके वर्तन-व्यवहार को अपनी परम्परा का दूराभिमान स्पर्श नहीं करता। इसी कारण वे अन्य राष्ट्र के लोगों की ओर स्वाभाविकतः वस्तुनिष्ठ रूप से देख सकते थे। इन दो वर्ष के इंग्लैंड निवास और अन्य देशों की यात्रा से उनके कुछ मत बन गए थे। समग्रतः उन्हें अंग्रेज लोग अच्छे लगे। फ्रेंच अधिक उत्साही और इतालियन मात्र मन से उतर गए। ऑलप्स पर्वत और राइन नदी भव्य रमणीय लगी, लेकिन इंग्लैंड में विशाल नजारा ही नहीं। सब कुछ छोटा और मनोहारी लगा। अंग्रेज लोग घुन्ने, लेकिन व्यावहारिक दृष्टि से समझदार लगे। अमीरी और दरिद्रता यहाँ समान रूप में घुल-मिल गई है, लेकिन इस छोटे द्वीप में उन्हें सन्तोष और शान्ति का एहसास हुआ। शहरों में व्यसनाधीनता और यौन व्यभिचार मच गया है, लेकिन गाँव-देहात पवित्र हैं। कृषि का स्तर गिर रहा है। उन्हें यह भी एहसास हुआ कि अभी भावी विनाश के चिह्न स्पष्ट दिखाई नहीं देते, लेकिन साम्राज्य के पाप का परिणाम भुगते बिना उनको मुक्ति नहीं। आधुनिक विकास और यंत्र के आक्रमण का कृष्ण पक्ष भी उन्हें विशेष रूप में महसूस हुआ, लेकिन अभी हिन्दुस्तान यूरोप से बहुत कुछ सीख सकता है, इसका भी उन्हें एहसास था। स्वयं शिंदे मात्र काफी कुछ सीखकर हिन्दुस्तान की वापसी यात्रा के लिए तैयार हुए।

21 सितम्बर, 1903 को उन्हें हिन्दुस्तान वापस ले जानेवाला 'रुबातिनो' नामक इतालियन जहाज नेपल्स से रवाना हुआ।

दो साल पहले अर्थात् 21 सितम्बर को ही वे मुम्बई से इंग्लैंड जाने जहाज से निकल पड़े थे। उस समय नई दुनिया देखने की, नए अनुभव लेने की उत्सुकता उनके मन में थी। वापसी में वह उत्सुकता और कौतूहल शान्त हुआ था। वे मानसिक दृष्टि से शान्त और प्रगल्भ बन चुके थे। जहाज की यात्रा में कोई नवीनता नहीं रही थी। बाहर देखने

की बजाय अब वे अन्तर्मुखी हो गए थे। मन की इस अवस्था में उन्हें हुआ कि एक उच्च आध्यात्मिक अनुभव उन्होंने दर्ज करके रखा है। इस तरह का अनुभव उन्हें इंग्लैंड में बॉरोडेल की खाई में चाँदनी रात में चहलकदमी करते समय तथा स्कॉटलैंड में बेन लोमंड के शिखर पर आया था। ऐसे अनुभव को शिंदे गूढ़ता का वलय नहीं देते। वे ऐसा मानते हैं कि इस प्रकार का आध्यात्मिक अनुभव यह आत्मा की स्वाभाविक अवस्था है। 'ईश्वर दिखाई देता है?' इस छोटी टिप्पणी में उन्होंने उसे देखने के साधन दर्ज किए हैं। वह कारण रूप से, सौन्दर्य अथवा प्रेम रूप से या नीति रूप में प्रकट होता है। दूसरे एक स्थान पर उन्होंने दर्ज किया है कि सौन्दर्य, सत्त्व, सत्य—इनसे साक्षात्कार होता है और यह साक्षात्कार ही अनन्त का दर्शन होता है।[3]

'रुबातिनो' जहाज नेपल्स से चला। उसे चले हुए पाँच दिन हो गए थे। इस अवधि में शिंदे ने अपनी डायरी में कुछ भी नहीं लिखा है। 26 सितम्बर को मात्र उन्होंने 'लाल समुद्र पर संध्या वन्दन' शीर्षक से एक नोट लिखकर स्वयं को आए आध्यात्मिक अनुभव को प्रस्तुत किया है। शिंदे ने लिखा है :

सात बजे भोजन लेने डेक पर एक कोने में बैठा। मंडली आरामकुर्सियों पर बैठी थी। आसपास बच्चे खेल रहे थे। मांझी खुश थे। अधिकारी स्वस्थ। धूम्रभक्त धूम्रसेवन में मशगूल। सागर शान्त। चतुर्थी का चन्द्रमा क्षितिज पर चमक रहा था। यह महम्मद की निशानी। हम ईसा के राज्य से महम्मद के राज्य में आ गए। चाँदनी विरल, सागर सौम्य। परसों ही इतना क्रुद्ध हुआ था कि हमारा शूद्र जहाज ऊपर-नीचे होता था। हम हिल रहे थे, लेकिन बाजू में देखने पर मेरे सिवा पूरी दुनिया हिल रही है, ऐसा भ्रम होता था। लहरें, क्षितिज, चन्द्रमा, आकाश—इनके तत्त्व हिल रहे थे। स्वयंप्रेरित मनुष्य को अक्सर ऐसा ही भ्रम होता है। तभी मैंने जहाज की ओर देखा तो पता चला कि हम ही हिल रहे हैं, बाकी सब स्थिर है।

इस तरह अन्तर्मुखी होने पर विचारों में गम्भीरता आ गई। छोटी-बातों से बड़ी बातों की ओर मुड़ गया। आसपास का शोर कम सुनाई देने लगा। दृष्टि चन्द्र किरणों से क्षितिज में गहराई तक गई। ठंडी हवा। मन्द गति। जहाज का गीत। सागर की आवाज। आकाश की मिश्र छवि। ऐसे गूढ़ सौन्दर्य से मन को ठंडक पहुँची। प्लेटो का Bealife Viasu या कुरान में 'दे सी द फेस ऑफ गॉड' अथवा हमारी दूसरी मुक्ति 'समीपता' घटित हुई।

जीवन का वह अत्यन्त दुखी क्षण जब हम जबर्दस्ती मृत्यु का वरन करते हैं, लेकिन वह अत्यन्त सुखी क्षण कि जब हम मृत्यु से खुश होते हैं। 'दृष्टं दृष्टव्य: श्रुतं श्रोतव्य' होने पर ऐसे पल आते हैं। यह वही क्षण था। ऐसे समय मृत्यु यानी कालिदास की भाषा में प्रकृति है। गूढ सौन्दर्य खुले सौन्दर्य से ज्यादा सुन्दर। 'Heard melodies are sweet but unheard are sweeter-keats' ऐसी ही मेरी अवस्था हुई। मेरे सामने दृश्य चमत्कार थोड़े ही थे। ऑलप्स के शिखर, ल्यूसर्न सरोवर, ह्राईन नदी का तट, कैथोलिक धर्म के भव्य सुन्दर मन्दिर, इतालियन चित्र आदि अनेक सुन्दर रचनाएँ देखीं, लेकिन आजकल (इस पल) मेरे सामने थोड़ा प्रकाश और काफी अँधेरा था। इसमें आनन्दधाम सुन्दरता की जो झलक दिखाई दी, उसमें पल में सामीप्य मुक्ति मिली क्योंकि अब का अनन्त रूप वाच्य कम, व्यंग्य अधिक। क्योंकि मैं बहिर्मुख नहीं था। मुझे ऊपर के काले आकाश में विरल तारे टिमटिमाते दिखाई दे रहे थे। पानी में टिका चन्द्रमा। उसके पास का थोड़ा ही क्षेत्र दिखाई देता है। उसके धुँधले प्रकाश में थोड़ी लहरें दिखतीं। इस दृश्य से आप, तेज, आकाश आदि पाँच तत्त्व उन सभी के पीछे का आधारभूत महातत्त्व, यह विराट् तत्त्व अब दिखाई देने लगा। इतना कि दो प्रहर में सब खुला था, तब यह दर्शन हुआ नहीं। इसलिए मैंने वन्दन भी नहीं किया। अब इस शाम के समय सब छोटी बातों का अस्त हुआ, दूर के गहन सूर्य भी जो धुँधले तारे के शूद्र रूप से दिखाई देने लगे तब 'अणोरणियान् महतो महियान महाभूत' सामने दिखाई दिया। जो दूर था, वह नजदीक बना। मैं उसे बार-बार वन्दन, शतश: वन्दन करने लगा। सत्यं ज्ञानं अनन्तम्।"[4]

इंग्लैंड से वापिस लौटते समय वे एक तरह की सफलता का एहसास महसूस कर रहे थे। वृत्ति शान्त और अधिक प्रगल्भ बनी थी। अध्ययन, चिन्तन और अनुभव से मन अधिक अध्यात्मप्रवण बन गया था। इसी कारण वे ऐसी उच्च स्तर की आध्यात्मिक अनुभूति सहजता से प्राप्त कर सकते थे।

इंग्लैंड के दो वर्ष के प्रवास में उन्होंने 'सुबोध पत्रिका' को विविध तरह के लेख भेजे थे। उसमें उन्होंने यात्रा के अपने अनुभव, वहाँ की परोपकारी संस्थाओं की कार्य प्रणाली का वेधक रेखांकन करनेवाले और चिन्तनगर्भ विचार प्रवर्तक पत्र भेजे थे। उससे उनकी धर्म निष्ठा, धर्म-प्रचार के प्रति आस्था संगठन की दृष्टि तो प्रकट होती ही है, साथ

ही श्रेष्ठ स्तर का वाङ्मयीन आनन्द देने की क्षमता होनेवाली उत्तम मराठी गद्य शैली प्रकट होती थी। इन कारणों से प्रार्थना समाज के बन्धुओं को विट्ठल रामजी शिंदे की योग्यता और गुणवत्ता का अधिक अनुभव हुआ था। समाज बन्धुओं को यह विश्वास हुआ था कि शिंदे का आगमन मुम्बई प्रार्थना समाज के लिए प्रेरणादायी साबित होगा। उनके उस समय के समाज बन्धु वामनराव सदाशिव सोहनी ने लिखा है, "श्रीमान विट्ठलराव से मेरा परिचय विदेश में धर्म का तुलनात्मक अध्ययन करने को जाने से पूर्व मुम्बई निवास में हुआ। विदेश से वापस आने पर वे प्रार्थना समाज का कार्य करेंगे, ऐसा हमारा विश्वास होने से हम उनके विदेश से लौटने का पपीहे की तरह इन्तजार कर रहे थे। उनके 'सुबोध पत्रिका' को लिखे कई पत्र उनके प्रति आदर वृद्धिगत होने में कारक बने।"[5] इसलिए सभी समाज बन्धु विट्ठल रामजी शिंदे का स्वागत करने को उत्सुक थे।

शिंदे को लेकर आनेवाला 'रुबातिनो' जहाज 6 अक्टूबर, 1903 को मुम्बई बन्दरगाह में पहुँचा।

सन्दर्भ

1. विट्ठल रामजी शिंदे, *रोजनिशी,* पृ. 153-154
2. वही, पृ. 154
3. शिंदे की 1901 से 1903 इस यात्रा की छोटी डायरी, *शिंदे के कागजात*
4. वही
5. विट्ठल रामजी शिंदे, *माझ्या आठवणी व अनुभव,* पृ. 234

स्वदेश आगमन, बड़ौदा भेंट और प्रचार कार्य का आरम्भ

नेपल्स से निकला 'रुबातिनो' जहाज 6 अक्टूबर को शाम चार बजे मुम्बई बन्दरगाह पहुँचा। विट्ठल रामजी शिंदे का स्वागत करने बड़ी संख्या में समाज की छोटी-बड़ी मंडलियाँ उत्साह से जमा हुई थीं। मातृभूमि में आने से, मित्रों से मिलने से स्वाभाविकत: उन्हें खुशी हुई। शिंदे विदेश से धार्मिक शिक्षा लेकर आने पर मुम्बई प्रार्थना समाज के प्रचारक के रूप में कार्य करनेवाले थे। अत: उनके रहने का स्वतंत्र प्रबन्ध हो तथा समाज में अन्य प्रान्तों से, बाहर से आनेवाले अतिथियों के निवास की व्यवस्था हो, इस उद्देश्य से प्रार्थना समाज के उपाध्यक्ष सेठ दामोदरदास गोवर्धनदास सुखड़वाला ने प्रार्थना मन्दिर के मैदान में 'राममोहन रॉय आश्रम' नामक तीन मंजिल की इमारत बनवाई थी। प्रार्थना समाज की मंडली शिंदे के आगमन का उत्साह से इन्तजार कर रही थी। 4 अक्टूबर, 1903 के 'सुबोध पत्रिका' के अंक में होलकर नाम से एक चमत्कारपूर्ण स्वागतपरक पद्य रचना प्रकाशित हुई थी। इसमें शिंदे के गुणों का उल्लेख कर उनसे विविध तरह के कार्य हों तथा उनका साथ मिले, ऐसी आशा की गई है। यह पद्य-रचना 'आर्यावृत्त' में होकर उसके बीच अंग्रेजी अक्षर में श्रीमान विट्ठल रामजी शिंदे, बी.ए. यह अक्षर आए, ऐसी कलात्मक शब्द-योजना की है।[1]

दूसरे दिन बुधवार शाम को शिंदे के स्वागत में समाज बन्धुओं का एक सम्मेलन हुआ। प्रार्थना मन्दिर के पास ही भगवानदास माधवदास नामक समाज बन्धु रहते थे। उनके बंगले पर यह सम्मेलन आयोजित होगा, ऐसी सूचना भी 'सुबोध पत्रिका' के रविवारीय अंक में प्रकाशित की थी। इस स्वागत समारोह में समाज की छोटी-बड़ी मंडलियाँ बड़ी संख्या में उपस्थित थीं। डॉ. भंडारकर, न्यायमूर्ति चन्दावरकर, दीनानाथराव माडगाँवकर ने उपस्थित रहकर बड़ी खुशी से स्वागत पर भाषण किए। इस अवसर पर शिंदे के स्वागत में गाए तीन गीत 'सुबोध पत्रिका' में प्रकाशित हुए हैं। जब शिंदे विदेश जा रहे थे तब उनकी विदाई के अवसर पर उनके वृद्ध मित्र दीनानाथराव माडगाँवकर ने एक कविता लिखी थी। अब उनके आगमन के प्रसंग पर भी उन्होंने एक गीत लिखकर गाया।

युवा होकर स्वार्थत्याग।
आप हैं भले।
प्रभु कृपा से धर्माभ्यास।
आप सफल बनें॥
अब आपके हाथों
धर्म-प्रचार हो।
आपका तन-मन
ईश्वर से जुड़ा रहे॥

शिंदे के स्वागत के निमित्त न्यायमूर्ति चन्दावरकर ने उपासना चलाई।[2]

विट्ठल रामजी शिंदे से समाज बान्धवों के मन में बड़ी अपेक्षाएँ लगी हुई थीं। इन अपेक्षाओं के अनुकूल उनमें योग्यता है, इसकी अनुभूति समाज बान्धवों को हुई थी। 'सुबोध पत्रिका' के 11 अक्टूबर, 1903 के अंक में सम्पादकीय के बजाय शिंदे के नाम एक अनावृत्त पत्र प्रकाशित किया है। इसमें शिंदे में होनेवाली योग्यता का सही निर्देश कर उनसे समाज बान्धवों की क्या अपेक्षा है, यह प्रकट किया है।[3] मुम्बई समाज और आपकी मित्र मंडली आपका स्वागत क्यों करना चाहती है, ऐसा प्रश्न उपस्थित कर पत्र लेखक ने कहा है, "आपने एक उदार मत की प्रचारक पाठशाला में दो

वर्ष सही ढंग से धर्म का अध्ययन किया, इसलिए समाज ने आपका स्वागत किया, ऐसा मुझे नहीं लगता। उसी तरह विदेश में आपने जो स्थान देखे, आपको जो अनुभव प्राप्त हुआ, जो नई बातें सीखीं, उससे सम्बन्धित आपने 'सुबोध पत्रिका' के वाचकों को मधुर और काव्यप्रचुर भाषा में लम्बे पत्र लिखे। आपके पत्र पढ़नेवाले कई वाचकों को वे स्थान हम ही देख रहे हैं, उन लोगों से अपना प्रत्यक्ष परिचय हो रहा है या वह नई बातें हम ही सीख रहे हैं, अनुभव कर रहे हैं, ऐसा एहसास होता है। इसलिए भी यह स्वागत समारोह नहीं हुआ होगा। विदेश में आपने छुट्टी के दिनों में अलग-अलग स्थानों पर उपासना चलाई, अपने देश के पुरातन उन्नत धर्म का उन लोगों को ज्ञान दिया, इसलिए आपका सम्मान नहीं हुआ। तो आप हमारे समाज को एक उत्तम बागबान मिले हैं और आपने एक अमृतबेल का पौधा लगाया है, ऐसा अनुभव होने से और ऐसे बागवान के सिवा और उसकी अमृतबेल के सिवा समाज का कार्य ढंग से होना असम्भव है, ऐसी अनूभुति होने से आपका वह जोश में उगा पौधा देखकर आपका स्वागत करना, आपको उस पौधे का एक प्रचंड वृक्ष बनाने के कार्य में प्रेरणा देना, यह अपना कर्तव्य है, ऐसा समाज को लगने से यह समारोह हुआ होगा।"

पत्र लेखक ने अपने समाज के धर्म-प्रचार कार्य को एक प्रचंड नहरी जमीन कहकर वहाँ ज्ञान प्रसार, धनदाता की बेल और विद्वत्ता का पौधा मिलेगा, ऐसा कहा है, लेकिन उसका सही संवर्धन न होने से शिंदे को कहा है, "आपके द्वारा स्वार्थ-त्याग की अमृतबेल का पौधा उस जमीन में बोने से ही आप हमारे आदरणीय बने हैं। उस पौधे का बड़ा वृक्ष बनना चाहिए। उसकी जोरदार कलमें जहाँ-तहाँ लगाकर उनके भी बड़े वृक्ष बनने चाहिए।" आगे यह अपेक्षा प्रकट की है कि आप अपने आदर्शों से हम युवाओं में स्वार्थ-त्याग की रुचि उत्पन्न करेंगे।

प्रस्तुत अनावृत्त पत्र में शिंदे ने धर्म-प्रचार कार्य हेतु जो अपूर्व स्वार्थ-त्याग किया, उसका यथार्थ एहसास प्रकट किया है। हमारे इस बाग में स्वार्थ-त्याग की अमृतबेल का पौधा औषधि के लिए भी नहीं मिलेगा। आज तक उस अमृतबेल का पौधा लगाने का प्रयास किसी ने नहीं किया। वह आपने किया, इसलिए आपका अभिनन्दन करना पत्र लेखक को अपना दायित्व लगा। आपके द्वारा स्वीकृत कार्य करने की आपको निरन्तर स्फूर्ति मिले, ऐसी पत्र लेखक ने आखिर में प्रार्थना की है।

विट्ठल रामजी शिंदे को हिन्दुस्तान में लौटने पर श्रीमन्त सयाजीराव महाराज से मिलना महत्त्वपूर्ण लगा था। शिंदे के विदेश से प्रस्थान करने के पूर्व उन्हें महाराज का पत्र मिला था कि वह स्वदेश लौटने पर प्रथम उन्हें मिलें। उसके अनुसार वे अविलम्ब महाराज से मिलने बड़ौदा गए। वे आदर से श्रीमन्त सयाजीराव महाराज को मिले। उस समय बड़ौदा में महाराज ने अस्पृश्यों के लिए दिन में चलनेवाली चार प्राथमिक पाठशालाएँ शुरू की थीं। शिंदे को उन पाठशालाओं की जाँच करने को कहा। उसको लेकर कोई सूचना देनी हो तो प्रत्यक्ष महाराज को कहने को कहा। महाराज ने विद्याधिकारी को पाठशाला की जाँच करने का प्रबन्ध करने को कहा। शिंदे ने बड़ी तत्परता से उन पाठशालाओं का निरीक्षण किया। सभी पाठशालाएँ सुचारू ढंग से चल रही थीं। बावजूद अस्पृश्य वर्ग के बच्चों के लिए स्कूली शिक्षा के प्रयास चाहे जितने सोद्देश्य हों, लेकिन इन प्रयासों की सीमाएँ समझ में आईं। पाँचवी कक्षा तक मराठी या दूसरी-तीसरी कक्षा तक अग्रेजी पढ़ने के बाद ये बच्चे पाठशाला में आना बन्द कर घूमते थे क्योंकि उन्हें आगे नौकरी, व्यवसाय में कोई गुंजाइश न होती। किताबी शिक्षा से वे अपने पिता का हल्का काम करने से उदासीन रहते। अपनी जाति के परम्परागत अशोभनीय काम करने की बजाय वे आलस्य में दिन बिताना पसन्द करते। मराठी छठी कक्षा उत्तीर्ण महार लड़के रास्ते से खाली घूमते हुए शिंदे ने स्वयं देखे थे। प्रत्यक्ष भेंट में महाराज ने शिंदे को पाठशाला के निरीक्षण के बारे में पूछा तो उन्होंने महाराज को यथार्थ बयान किया। इस पढ़े-लिखे लड़कों की नौकरी का कोई प्रबन्ध कर सकते हैं तो कीजिए, ऐसी सूचना की। उन्होंने महाराज का ध्यान इस ओर भी आकर्षित किया कि इन लड़कों को आगे नौकरी में मौका न मिले तो उनकी पाठशालाओं की वृद्धि होना तो दूर अपितु वे शुरू रहेंगी या नहीं, इसका मुझे सन्देह है। महाराज ने जनमत अनुकूल न होने से फिलहाल यह असम्भव है, ऐसा कहा, लेकिन छात्रवृत्ति देकर आगे की शिक्षा का प्रबन्ध किया जा सकता है, ऐसा उन्होंने कहा।[4]

शिंदे को कुछ दिन बाद ही समाचार-पत्र में यह पढ़ने को मिला कि महाराज ने अस्पृश्य वर्ग के छात्रों के लिए बड़ी राशि की छात्रवृत्तियाँ उपलब्ध कराई है।

बड़ौदा प्रवास में ही विट्ठल रामजी शिंदे को एक जटिल प्रसंग का मुकाबला करना पड़ा। शिंदे बड़ौदा आ रहे हैं, यह खबर मिलने पर शहर की प्रमुख मंडली ने उनके स्वागत हेतु चाय-पान का एक समारोह आयोजित किया।

खासेराव जाधव इसमें अगुआ थे। समारोह में वक्ताओं के जो भाषण हुए, उससे प्रतिकूल स्वर ही निकलने लगा। शिंदे की पूरी शिक्षा मराठा समाज के खर्चे पर हुई है, विदेश में जाने-आने का खर्चा भी महाराज से मिला है। बावजूद इसके उनका मराठा समाज की सेवा न कर प्रार्थना समाज में जाना उचित नहीं है। इस तरह के भाषण कर यह मंडली जब शिंदे को पुष्पमाला अपर्ण करने लगी तो शिंदे ने कहा, "यदि ऐसा है तो मैं यह पुष्पमाला हाथ में ही ले रहा हूँ। प्रार्थना समाज सभी के लिए है और उसके लिए मुझे तैयार किया, इसका मराठों को विशेषत: महाराज को भूषण ही है। स्वयं महाराज केवल मराठों के नहीं हैं तो मैं उनका अनुयायी इससे अलग कैसे हो सकता हूँ?"[5] शिंदे मूलत: जाति भेद रहित पारिवारिक संस्कारों में पले थे। अब तो वे जाति, परम्परागत धर्म से परे होनेवाले एकेश्वरवादी उदार विश्वधर्म के सेवक बन गए थे। बड़ौदा की मराठा मंडली को उनका इस तरह उत्तर देना उनकी वृत्ति और भूमिका से संगत था। इस उत्तर से उनके मत की व्यापकता और उनके निश्चय का ठोस रूप प्रकट होता है। बड़ौदा से वापस लौटते समय विट्‌ठल रामजी शिंदे सन्तुष्ट हुए होंगे। श्रीमन्त सयाजीराव महाराज के प्रति उन्हें अतीव आदर था। उन्हें महाराज से केवल आर्थिक सहयोग ही नहीं मिला था अपितु उनके द्वारा स्वीकृत धार्मिक कार्य को प्रोत्साहन भी मिला था। इस भेंट में शिंदे उनके प्रति कृतज्ञता प्रकट कर सके और अस्पृश्य लड़कों की पाठशाला का निरीक्षण कर सके। जीवन में उन्होंने दूसरे महत्त्वपूर्ण माने गए कार्य का प्रारम्भ इस तरह हुआ था।

बड़ौदा से लौटने पर मुम्बई प्रार्थना समाज के बुजुर्ग स्नेही और युवा मित्रों से भेंट-चर्चा में शिंदे के चार-छह दिन बीत गए। अपने वृद्ध, स्नेहिल माता-पिता को मिलने वे स्वाभाविकत: उत्सुक होंगे। वे मुम्बई से जमखंडी गए। कुछ दिन उनके साथ बिताकर अक्टूबर की 27 तारीख को वे कोल्हापुर आए। कोल्हापुर से शिंदे के बारे में लिखे और 'सुबोध पत्रिका' में प्रकाशित मजमून से उनमें होनेवाली धर्म-प्रचार की उत्कट आस्था, उनका प्रचंड उत्साह और उनके कार्य की गति का परिचय मिलता है। उसमें कहा है, "इंग्लैंड से आकर दस-पन्द्रह दिन भी नहीं हुए होंगे तो उन्होंने इधर कोल्हापुर में हिन्दुस्तान के अपने धर्म-प्रचार कार्य को शुरुआत की, ऐसा कह सकते हैं। यहाँ के प्रवास के तीन-चार दिनों में वे अपने मित्रों से ब्राह्म समाज के सिवा अन्य विषय पर नहीं बोलते थे।"[6]

कोल्हापुर के तीन-चार दिन के प्रवास में पहली रात को उन्हें राजारामीय क्लब में आमंत्रित किया था। वहाँ जमा हुई विद्वान मंडली से उन्होंने संवाद किया। दूसरे दिन नेटिव जनरल लाइब्रेरी में 'धर्म का विशुद्ध स्वरूप' विषय पर व्याख्यान दिया। उन्होंने व्याख्यान में यह स्पष्ट किया कि हर धर्म मूल रूप में अत्यन्त शुद्ध होता है। परिस्थिति के अनुसार उसका स्वरूप अशुद्ध होता है। साथ ही, उन्होंने आजकल विशुद्ध धर्म स्थापित होने के लिए विकसित विश्व में तथा हिन्दुस्तान के ब्राह्म समाज, प्रार्थना समाज जैसी संस्थाओं के जो प्रयास शुरू हैं, उनकी जानकारी देकर बताई हुई बातों पर आस्था से विचार करने की विनती की। तीसरे दिन उपासना चलाई। उपदेश हेतु संत तुकाराम का पद लिया था।

पत्र लेखक ने अन्त में शिंदे में आन्तरिक उत्साह होने से काम गति से करने की जबरदस्त उम्मीद है, ऐसा अभिप्राय प्रकट कर आत्मीयता से यह कहा है कि "लेकिन इस उम्मीद में वे अपनी तबीयत का खयाल रखें, ऐसी विनती करना आवश्यक लगता है।"

'शिंदे में धर्म-प्रचार का कार्य करने का उत्साह और कार्य गति से करने की उम्मीद जबरदस्त है' ऐसा जो कहा है, वह बिलकुल उचित है। उन्होंने आगे चलकर मुम्बई प्रार्थना समाज का और भारतीय स्तर पर जो बहुमुखी कार्य किया, उसे देखकर इस अभिप्राय की सत्यता महसूस होती है। शिंदे कोल्हापुर से निकले और 1 तारीख को भोर 4 बजे सतारा पहुँचे। पूर्वनियोजन के अनुसार उन्होंने सुबह 8 से 10 बजे तक प्रार्थना समाज में उपासना चलाई। सतारा प्रार्थना समाज के वरिष्ठ सदस्य सीतारामपंत जवेरे ने उन्हें आमंत्रित किया था। सतारा की उपासना की विशेष बात यह थी कि उसके लिए अंत्यज जाति की भी काफी मंडली जमा हुई थी। उद्‌बोधन, स्तवन, प्रार्थना ढंग से सम्पन्न होने पर संत तुकाराम के 'बुद्धि झाली साध्य परि नाही बल। अवलोकितो जल वाहे नेत्रा' अर्थात् बुद्धि सहयोगी बनी लेकिन बल नहीं, आँखों से बहनेवाले आँसू देख रहा हूँ। इस पद के आधार पर अन्त में उपदेश किया। शाम पाँच बजे रा.ब. काले के घर संगत सभा में कुछ समय धार्मिक विषय का विवेचन किया। उसके बाद नियोजन के तहत शिंदे का साढ़े छह से साढ़े सात तक भाषण हुआ। डेढ़ सौ से ज्यादा श्रोता उपस्थित थे। क्लब की नीति के अनुसार अंत्यज मानी मंडली को भी आमंत्रित किया था। सभी को व्याख्यान दिलचस्प लगा। अध्यक्ष रावबहादुर नाडकर्णी ने व्याख्याता की तारीफ की। श्रीमान जवेरे ने भी व्याख्याता के सीधे व्यवहार आदि गुणों की तारीफ की। सोमवार की दोपहर हुई

थी, लेकिन शिंदे उत्साह से कार्यक्रम में सहभाग ले रहे थे। चार से छह बजे तक शहर के चिरमुले, काले, डॉ. बासु, रावबहादुर जोशी आदि मंडलियों से अलग-अलग स्थान पर चर्चा और संवाद हुआ। शाम सवा छह से साढ़े सात बजे तक उन्होंने एक अंत्यज के घर में उपासना चलाकर उपदेश किया। बीवी-बच्चों के साथ लगभग पचास-साठ अंत्यज आदि मंडली उपस्थित थी। शिंदे के कार्यक्रमों से उदार धर्म के तत्त्वों का यथार्थ परिपालन दिखाई देता है। कोल्हापुर के पत्र लेखक ने दर्ज किया कि शिंदे में होनेवाला उत्साह और गति से कार्य करने की प्रचंड उम्मीद का प्रत्यय उनके कार्यकाल के आरम्भ से ही मिलता है।

विट्ठल रामजी जमखंडी में माता-पिता से मिलकर कोल्हापुर, सतारा की यात्रा पूरी कर 4 नवम्बर को मुम्बई पहुँचे। इतवार 8 नवम्बर को उन्होंने प्रार्थना मन्दिर में 'कर्मयोग' विषय पर धर्म-सम्बन्धी व्याख्यान दिया।[7] 'भगवद्गीता' के 'यस्तिन्द्रियाणि मनसा' इस तीसरे अध्याय के श्लोक और संत तुकाराम के 'प्रेमसूत्र दोरी नेतो तिकडे जातो हरी' (जिधर प्रेमसूत्र की डोर है उधर ईश्वर जाता है) इस अभंग (मराठी काव्य का प्रकार) का सूत्र लेकर उन्होंने व्यापक और सुलभ विवेचन किया। ज्ञान के बाद और यथार्थ ज्ञान के बाद दो तरह की यानी वेदान्त की और भक्तों की निष्काम वृत्ति कैसी निर्मित होती है, इसका सुलभ विवेचन दृष्टान्त के आधार पर किया। "ज्ञानयोग प्राप्त कर गृहस्थी से उठें और प्रकृति का दास्य स्वीकार करें या कर्मयोग प्राप्ति से ईश्वर का मित्र बनकर पृथ्वी पर स्वर्ग लाएँ, इन दोनों से कर्मयोग की सिद्धि हमारे समाज का धर्म है। गृहस्थी में खुश रहकर और उसके अनुरूप पारिवारिक, सामाजिक, राजनीतिक आदि जो अनेक सत्कर्म होंगे, वे केवल जड़हित प्राप्ति हेतु से नहीं तो ईश्वरीय योजना मानकर उसकी जान-बूझकर सेवा करना उपर्युक्त कर्मयोग है।" इस तरह उन्होंने कर्मयोग का विवेचन किया है। प्रार्थना समाज के इस बिलकुल प्रारम्भिक व्याख्यान में उन्होंने गृहस्थी में रहकर जो कर्म करने हैं, उनमें पारिवारिक कर्मों के साथ सामाजिक-राजनीतिक कर्मों का निर्देश किया था। शिंदे की स्वयं की राय भी ऐसी ही बन चुकी थी। प्रार्थना समाज ने धार्मिक कार्यों के साथ सामाजिक कार्यों को प्रत्यक्ष आरम्भ किया ही था। राजनीति से उन्हें परहेज नहीं था।

शिंदे की अभी धर्म-प्रचारक के रूप में विधिवत् नियुक्ति नहीं हुई थी। 15 नवम्बर, 1903 को न्यायमूर्ति चन्दावरकर की अध्यक्षता में मुम्बई प्रार्थना समाज की साधारण सभा हुई और उसमें सर्वसम्मति से शिंदे को समाज के धर्म-प्रचारक के रूप में नियुक्त किया जाना तय हुआ।[8]

शिंदे ने पहले ही धर्म-प्रचारक के कार्य आरम्भ कर दिया था। अपनी अन्त:प्रेरणा से उन्होंने धार्मिक कार्य के प्रति समर्पित होने का निश्चय किया था। औपचारिक नियुक्ति की राह वे क्यों देखते?

सन्दर्भ

1. होलकर नाम से यह पद्य रचना आत्माराम सदाशिव केलकर ने की है, ऐसी जानकारी बी.बी. केसकर की हस्तलिखित टिप्पणी में है। आत्मारामपंत ये सदाशिवराम केलकर के पुत्र थे। इस समय केलकर परिवार का निवास इन्दौर में था। इसलिए होलकर यह उपनाम। *शिंदे के कागजात*।
2. बी.बी. केसकर का हस्तलिखित टिप्पण, *शिंदे के कागजात*
3. *सुबोध पत्रिका,* 11 अक्टूबर, 1903, यह अनावृत्त पत्र एक युवा सदस्य से आया, इसलिए छाप दिया है।
4. वि.रा. शिंदे, 'इलेवेशन ऑफ दि डिप्रेस्ड क्लासेज' *सुबोध पत्रिका,* 17 दिसम्बर, 1905
5. विट्ठल रामजी शिंदे, *माझ्या आठवणी व अनुभव,* पृ. 189
6. *सुबोध पत्रिका,* नवम्बर, 1903
7. वही, 15 नवम्बर, 1903
8. वही, 22 नवम्बर, 1903

मद्रास की परिषदें और हिन्दुस्तान यात्रा

विट्ठल रामजी शिंदे ने कार्य का आरम्भ किया। उस समय प्रार्थना समाज के आद्य संस्थापकों में से डॉ. भंडारकर को छोड़कर कोई जीवित नहीं था। डॉ. आत्माराम पांडुरंग (1998), भास्कर हरी भागवत (1894), तुकाराम तात्या पड़वल (1898), शंकर पांडुरंग पंडित (1894), मामा परमानन्द और वामन आबाजी मोड़क (1897) और न्यायमूर्ति रानडे (1909) यह मंडली परलोक सिधारी थी। डॉ. भंडारकर पुणे में रहते थे। इससे सर नारायण चन्दावरकर की ओर ही मुम्बई प्रार्थना समाज का नेतृत्व था। चन्दावरकर में पुरानी और नई पीढ़ी का सन्तुलन रखने में कौशल था, लेकिन उन्हें युवा पीढ़ी का प्रतिनिधि कहना ही उचित था।

दो साल पहले विट्ठल रामजी शिंदे मुम्बई प्रार्थना समाज में एक युवक के रूप में कार्यरत थे। प्रार्थना समाज की रात्रि पाठशालाओं का निरीक्षण आदि कार्य वे उत्साह से करते थे। अपवाद के रूप में प्रार्थना समाज के व्यासपीठ से उपासना चलाते थे। बावजूद इसके, युवावस्था और स्वमत के अभिनिवेश से वे प्रार्थना समाज की आलोचना करने से भी बाज न आते। अब उसी प्रार्थना समाज के वे निष्ठावान सेवक बन गए थे। बीच के काल में नियोजनबद्ध शिक्षा, यूरोप की धर्मसंस्थाओं का कार्य देखने से और प्रधानत: धर्मोपदेशक की जिम्मेदारी स्वीकारने से उनमें एक तरह की वैचारिकता और प्रगल्भता आ गई थी। उनके पहले सदाशिवराव केलकर ओर शिवरामपंत गोखले, इन दोनों ने यह प्रचार कार्य किया था, लेकिन शिंदे के समय प्रचारक पद का स्वरूप अलग था। प्रचार कार्य के लिए योग्य संस्था से सक्षम बनकर आने पर उसे जीवित कार्य के एकमात्र उद्देश्य के रूप में स्वीकारना, अपनी गुजर-बसर के लिए समाज जो प्रबन्ध करेगा, उसी पर निर्वाह करना, कार्य का जैसे विस्तार होता है वैसे साधन सामग्री कैसे मिलेगी, इसकी अनुभूति लेना आदि बातें नई थीं। हिन्दू, ईसाई, मुसलमान, बौद्ध—इनके तत्त्व और उद्देश्य जैसे अलग-अलग हैं उसी तरह उनके प्रचार-कार्य में भी अलगता है, यह समझकर ब्राह्म समाज ने इन विविध कार्य पद्धतियों का समन्वय किया था। ब्राह्म समाज को ऐसा समन्वय करना अनिवार्य था। मुसलमान पद्धति लोकसत्तात्मक तो ईसाई पद्धति पितृ वात्सल्य की। हिन्दू प्रचार पद्धति भिन्न जाति और वर्ग इनमें विभाजित, तो बौद्धों की नि:संग उदासीन वृत्ति की। वस्तुत: देवेन्द्रनाथ द्वारा प्रस्तुत ब्राह्म समाज की उपासना पद्धति ईसाई ढंग की है। इस प्रकार जो टीका की जाती थी, वह शिंदे को उचित नहीं लगती थी। केशवचन्द्र पर चैतन्य का, भक्तिमार्ग का प्रभाव होने से करताल, मृदंग और पताका का कल्लोल ब्राह्म समाज में मच गया था। उपासना पद्धति का विचार परे रखे तो भी ईसाई लोगों की प्रचार पद्धति में दिखाई देनेवाली प्रबलता, सहानुभूति और व्यावहारिकता—ये गुण शिंदे को स्तुत्य लगते थे। यदि हम व्यापार का अनुकरण करते हैं तो धर्म-प्रचार को लेकर उसकी उपेक्षा नहीं करनी चाहिए, ऐसा उनका मत था।

1903 के आखिर में प्रत्यक्ष प्रार्थना समाज का कार्य संगठित रूप में कैसे किया जाए, यह शिंदे के सामने प्रश्न था। वे यदि एक प्रान्तिक समाज के प्रचारक बन गए थे, लेकिन मुम्बई प्रार्थना समाज का कार्य केवल मुम्बई शहर में ही चल रहा था। पुणे, नगर, सतारा—इन स्थानों पर यद्यपि समाज थे, लेकिन ये समाज आर्थिक दृष्टि से मुम्बई समाज से स्वतंत्र थे। परस्पर सहयोग था, लेकिन केन्द्रीय नियमावली नहीं थी और वह बनाने में कोई अनुकूल नहीं था, ऐसा शिंदे को दिखाई दिया।

ब्राह्म धर्म का विश्वरूपी कार्य मुम्बई प्रान्त के असंघटित क्षेत्र से राह निकालने का प्रश्न उनके सामने था। उन्होंने निजी स्तर पर उपासना चलाने, धर्म-सम्बन्धी व्याख्यान देने का कार्य आरम्भ भी किया था। इतने में दिसम्बर मास नजदीक आया। मद्रास में कांग्रेस का अधिवेशन आयोजित होनेवाला था।

भारतीय राष्ट्रसभा (कांग्रेस) की निर्मिति के पीछे न्यायमूर्ति रानडे की प्रेरणा थी। राजनीति उसका प्रमुख उद्देश्य था, लेकिन न्यायमूर्ति रानडे की दृष्टि समग्र सुधार की थी। राजनीतिक विषय के विमर्श हेतु जैसे हिन्दी राष्ट्रीय सभा है, उसी तरह सामाजिक प्रश्नों पर विचार करने और सामाजिक सुधार को गति देने हेतु राष्ट्रीय सभा के साथ ही उसका अधिवेशन लेने का प्रचलन शुरू किया। न्यायमूर्ति रानडे को लगा कि राष्ट्रीय आन्दोलन को उदार धर्म का समर्थन मिलना चाहिए। इसलिए उन्होंने राष्ट्रसभा के चौथे अधिवेशन से अर्थात् इलाहाबाद में 1888 में आयोजित अधिवेशन से 'भारतीय ऐकेश्वरवादी धर्म परिषद्' का आयोजन किया। उसके अध्यक्ष न्यायमूर्ति सर नारायण चन्दावरकर थे तो 'एकेश्वरवादी धर्म परिषद्' के अधिवेशन के सदस्य सदाशिवराव केलकर थे। विट्ठल रामजी शिंदे को ब्राह्म धर्म-प्रचारक प्रतिनिधि के रूप में इस परिषद् को उपस्थित रहने का मौका मिला था। भारत की 'एकेश्वरवादी धर्म परिषद्' के कार्य को लेकर उनके दिमाग में कुछ योजनाएँ थीं। शिंदे हाल ही में आधा यूरोप घूमकर आए थे, लेकिन महाराष्ट्र के सिवा उन्होंने भारत नहीं देखा था। उन्हें वह देखकर वहाँ के लोकजीवन की अजमाइश करना आवश्यक लगता था। हिन्दुस्तान के अलग-अलग प्रान्तों में होनेवाली ब्राह्म धर्म की स्थिति का अवलोकन करना उन्हें जरूरी लगता था। अतः इस राष्ट्रीय परिषद् के निमित्त से उन्हें भारत की यात्रा करने का जो मौका मिला, वह उन्होंने खुशी से स्वीकार किया और खर्चे की परवाह न कर उन्होंने मद्रास जाना तय किया। "जो तत्त्व से बेहोश होता है उसे तफसील की फिक्र नहीं होती, इन्हीं में से मैं एक था।" ऐसा उन्होंने इस प्रसंग के निमित्त अपने बारे में कहा है।

दिसम्बर 1903 के पहले सप्ताह में शिंदे मद्रास को निकल पड़े। 'सुबोध पत्रिका' में विदेश से लिखे अपने पत्रों के कारण महाराष्ट्र में वे भलीभाँति परिचित हो चुके थे। वे खानापुर, बेलगाँव, हुबली, धारवाड़, मंगलौर, कालीकट में व्याख्यान देने, उपासना चलाने जानेवाले थे।

ब्राह्म समाज के धर्म-सम्बन्धी अलग विचार के कारण विशेषतः इस धर्म में मूर्ति-पूजा को स्थान न होने से कुछ लोगों को यह बात रास नहीं आएगी, इसकी शिंदे को कल्पना थी। कर्मठ ईसाई लोगों द्वारा ब्राह्म मत को होनेवाले विरोध का अनुभव उन्हें मुम्बई में ही हो चुका था। 30 नवम्बर, 1903 को उन्होंने मुम्बई प्रार्थना समाज में "तुकाराम जैसी अपने मन की विकल स्थिति होनी चाहिए।" इस तरह उपदेश किया था। इस पर एक ईसाई व्यक्ति ने 'ज्ञानोदय' में शिंदे की आलोचना की थी। 'सुबोध पत्रिका' में इस आलोचना का जोरदार खंडन किया गया था। उसमें ऐसा लिखा था, "हिन्दू धर्म के भक्ति मार्ग में जो अनुयायी हुए, उनमें भक्त तुकाराम शिरोमणि हैं। उनकी ईश्वर के प्रति निष्ठा, उनका प्रेम, उनकी श्रद्धा, उनकी भक्ति की नाप-तौल मराठी बाइबल के शुष्क अर्थरहित वाक्यों से नहीं होती होगी। जो सच्चा भक्त है उससे मैं अत्यन्त मलिन हूँ, अत्यन्त कुटिल हूँ, ऐसा अक्सर लगता है।"[1] और समय अत्यन्त संयम बरतनेवाली 'सुबोध पत्रिका' ने "हमने श्रीमान शिंदे का वकालतनामा नहीं लिया है और इस तरह की आलोचना पर गौर करने का हमारा विचार नही" ऐसा कहकर ईसाई दासों पर कठोर शब्दों में आलोचना की है। संयत वृत्ति की 'सुबोध पत्रिका' ने राजनीतिक दृष्टि से गरम दल की मंडली और कर्मठ ईसाई उपदेशक, इन दोनों को लक्ष्य कर आलोचना की है, ऐसा लगता है।

खानापुर में विवाद या मतभेद के प्रसंग उपस्थित हुए, लेकिन उनका स्वरूप अलग था। खानापुर प्रवास में 10 दिसम्बर को शिंदे ने 'ब्राह्म समाज और उसकी आवश्यकता' विषय पर व्याख्यान दिया। सभा के अध्यक्ष तेलंग थे। शिंदे ने शान्त और सौम्य भाषा में भाषण दिया जो सभी को पसन्द आया। एक-दो लोगो ने मूर्ति-पूजा के सम्बन्ध में प्रश्न पूछे। विवाद की परिस्थिति निर्मित हुई थी। अध्यक्ष तेलंग ने व्याख्याता का पक्ष लिया। उन्होंने बताया कि वेदोपनिषद् काल में मूर्ति-पूजा बिलकुल नहीं थी। मूर्ति-पूजा हिन्दू धर्म की अवनत दशा की द्योतक है। इससे विशेष विवाद नहीं हुआ।[2]

शनिवार 12 दिसम्बर को बेलगाँव में एक वृद्ध क्लब की ओर से शिंदे का व्याख्यान आयोजित किया। सभा के अध्यक्ष रावजी खोत थे। शिंदे ने 'ब्राह्म धर्म' विषय पर व्याख्यान दिया। उस पर काफी विवाद हुआ। नातू वकील ने "'ब्राह्म धर्म यह धर्म है?', 'आपका तत्त्वज्ञान क्या है'?" आदि प्रश्न पूछे। फिर सोमवार 14 दिसम्बर को शिंदे ने ब्राह्म समाज के सभी आयामों पर विस्तार से व्याख्यान दिया। इस व्याख्यान पर किसी ने आपत्ति नहीं उठाई। उन्होंने ब्राह्म धर्म के सिद्धान्त कैसे द्वैत वाद के अनुरूप है, इसका विवेचन किया। साथ ही, उन्होंने आधुनिक काल में तौलनिक धर्म के अध्ययन से वैचारिक विश्व में क्या अन्तर आया है, यह सप्रमाण और विस्तार से बताया। इस व्याख्यान पर किसी ने आपत्ति नहीं उठाई। नातू वकील ने कृतज्ञता ज्ञापित करते समय अपनी सभी गलतफहमियाँ दूर हुईं ऐसा कहा।

खानापुर-बेलगाँव के व्याख्यान से मराठी श्रोता वर्ग को धर्म-सम्बन्धी विचारों की प्रस्तुति किस ढंग से करने पर हजम होती है और पसन्द आती है, इसकी शिंदे ने कल्पना की थी, ऐसा लगता है।

तत्पश्चात् हुबली, धारवाड़, मंगलौर, कालीकट में व्याख्यान देते और उपासना चलाते हुए वे बैंगलोर पहुँचे। बैंगलोर में उन्हें भाषा और संस्कृति में परिवर्तन होने का एहसास हुआ। आर्य संस्कृति से भिन्न होनेवाली द्रविड़ संस्कृति और उस पर पाश्चात्य संस्कृति का सतही प्रभाव, ऐसा विचित्र दृश्य उन्हें दिखाई दिया। "बाजार में सब्जी बेचनेवाली कुंजड़िन अंग्रेजी के टूटे-फूटे शब्द बोलती है; कॉलेज का एकाध अंडरग्रेज्युएट युवक अंग्रेजी भाषा तमिल स्वर में बोलता है; पतलून पहनकर नंगे पैर चलता है; गले में टाई बाँधकर सिर पर कुछ न लेकर बड़ी चोटी गर्दन पर झुलाता है, ऐसे कई दृश्य देखकर मेरी निरीक्षण शक्ति तनाव महसूस करने लगी।" ऐसा उन्होंने व्यंग्य से कहा है।[3]

क्रिसमस के आरम्भ में शिंदे मद्रास पहुँचे। वे जॉर्ज टाउन इलाके के ब्राह्म मन्दिर में ठहरे। ब्राह्म समाज की एकेश्वरवादी धर्म परिषद् को आए तमिल, तेलुगू, मलयालम भाषिक ब्राह्मबन्धुओं से मुलाकात हो गई। आंध्र साहित्य सम्राट् वीरेशलिंगम पंतलू, कैलासम पिल्ले आदि महानुभावों से उनकी भेंट हुई। सामाजिक परिषद् का अधिवेशन काफी बेहतरीन ढंग से सम्पन्न हुआ। परिषद् के लिए न्यायमूर्ति चन्दावरकर आए थे। उनका वक्तव्य और भूमिका प्रभावी साबित हुई। न्यायमूर्ति रानडे के पश्चात् परिषद् का नेतृत्व चन्दावरकर की ओर आया था। यह जिम्मेदारी वे उत्तम रूप में निभा रहे थे, यह इस अधिवेशन में दिखाई दिया। राष्ट्रीय सभा के मुख्य अधिवेशन के समय मात्र धुआँधार बेमौसमी बारिश हुई। सभा मंडप को हानि पहुँची । ऐन वक्त पर दूसरा प्रबन्ध करना असम्भव होने से राष्ट्रीय सभा का कोई कार्य न हो पाया।

दक्षिण प्रान्त में ब्राह्म समाज का कार्य ढंग से नहीं हो रहा है, वह काफी बिखरा हुआ है, इसका शिंदे को एहसास हुआ। इससे अपने प्रथम राष्ट्रीय कार्य के रूप में एकेश्वरवादी परिषद् पुनर्गठित करने की प्रेरणा उन्हें मद्रास में मिली। अगली कांग्रेस मुम्बई में होनेवाली थी, यह बात शिंदे के लिए अनुकूल बन गई।

मद्रास की परिषद् पूरी होने पर मुम्बई वापस न आकर उन्होंने आंध्र, उड़ीसा आदि प्रान्तों की यात्रा कर, बंगाल पहुँचकर वहाँ के ब्राह्म समाज का वार्षिकोत्सव देखना तय किया।

उनका मद्रास प्रवास निजी दृष्टि से सुखकर नहीं रहा। यूरोप के दो वर्ष के निवास में उनकी तीखा खाने की आदत नहीं रही थी। बताने के बावजूद वहाँ की गृहस्वामिनी से तेज मिलनेवाला भोजन उन्हें असह्य होता था। इससे उन्हें भरपेट खाना नसीब न हुआ। वहाँ का जाड़ा तक उन्हें यूरोप की गर्मी से कड़ा महसूस होता था। यूरोप से वापस आने पर स्वदेश के अनुकूल नए कपड़े लेने के लिए रुपये न होने से कुछ समय तक उन्हें वे ही कपड़े पहनने पड़े। अपनी इस दशा का वे वर्णन करते हैं, "इससे ऊपर से हालाँकि मैं बड़ा साहब दिखाई देता था, लेकिन अन्दर अक्सर अगली यात्रा के खर्चे और सेहत को हजम न होनेवाले अन्न की चिन्ता से त्रस्त एक कंकाल फकीर था।"

3 जनवरी, 1904 को शिंदे मद्रास से बेजवाड़ा की ओर निकले। शिंदे के मन में निरन्तर ब्राह्म समाज, उदार धर्म के कार्य का विस्तार करने का विचार शुरू था। उत्तर मद्रास में आठ-दस वर्षों में कुछ नए समाज स्थापित हुए हैं और वहाँ के छात्रों में समाज धर्म के प्रति विशेष आस्था है, यह शिंदे को थिइस्टिक कॉन्फ्रेंस को आए कुछ युवाओं से हुए संवाद से पता चला था। इसलिए वे यह समाज देखने, वहाँ व्याख्यान देने और युवा मंडली को कुछ धीरज, सलाह देने के उद्देश्य से बेजवाड़ा जा रहे थे। उनके मन में और एक विशेष उद्देश्य था। अगले साल मैनचेस्टर कॉलेज में जो ब्राह्म छात्र जानेवाले था, वह मद्रास इलाके से जाना अत्यन्त आवश्यक था। इस सन्दर्भ में दो काबिल युवक उनके सामने थे। उनमें से एक थे मसुलीपट्टम के रामकृष्णराव और दूसरे बेजवाड़ा के राजगोपालराव। इन दोनों को प्रत्यक्ष मिलकर उन्हें अपने मैनचेस्टर कॉलेज के अनुभव बताकर एक को तैयार करना उनका उद्देश्य था। बेजवाड़ा तक की यात्रा में रामकृष्ण साथ में थे। उन्होंने उससे संवाद कर उसकी काफी शंकाओं का समाधान किया। दूसरे दिन सुबह राजगोपालराव से अत्यन्त आस्थापूर्ण संवाद हुआ। वे दोनों युवक उन्हें होनहार लगे। उनमें से एक मैनचेस्टर कॉलेज में जाने को तैयार होगा, ऐसी उम्मीद जगी।

शाम को लाइब्रेरी में उपासना के लिए दस-बारह छात्र जमा हुए थे। शिंदे ने 'ब्राह्म समाज क्या है?' इस विषय पर युवा छात्रों के सामने विवेचन किया। दूसरे दिन सुबह वे वहाँ से निकले और नौ बजे गुंटूर पहुँचे। वहाँ पर शाम

को अमरीकन एवांजेलिकल कॉलेज में उपासना चलाकर 'अनुष्ठान' विषय पर उपदेश किया। दूसरे दिन शाम को वहीं पर 'रिफॉर्म ऑन रिलिजस लाइंस' विषय पर व्याख्यान दिया।[4]

इस यात्रा में उन्होंने जगन्नाथपुरी और कोलकाता के मन्दिरों में अपने तीर्थस्थानों और मन्दिरों का कितना मनहूस, गन्दा और बीभत्स रूप आया है, यह नजदीक से अनुभव किया। जगन्नाथपुरी के पंडे उन्हें अत्यन्त स्वार्थी, कठोर, रुपए लूटने में माहिर लगे। जगन्नाथपुरी के भोग के लिए रोजाना एक मन चावल पकाए जाते थे। कमोर (मिट्ट का एक पात्र) में रखे बासी चावल में ताजा चावल मिलाकर वह भक्तों को खपरैल में बेचा जाता। जगन्नाथ का प्रसाद कहकर जोर-शोर से बेचा जानेवाला यह चावल खाने लायक न होता। मन्दिर के फर्श पर गिरे हुए चावल से फिसलन बनी हुई थी, ऐसा मनहूस दृश्य सब ओर देखने को मिलता था। गर्भागार के ईश्वर की मूर्ति तो अत्यन्त भयावह, महिला-बच्चों के दिल में डर पैदा करनेवाली लगी। जगन्नाथजी का मन्दिर यद्यपि सुन्दर नहीं था, लेकिन यहाँ भी द्रविड़ संस्कृति के मदुराई आदि मन्दिरों की तरह सभी दीवारों पर कोने में, नीचे से ऊपर तक बीभत्स चित्र तराशे थे। मन्दिर में अश्लील, बीभत्स चित्र तराशने के पीछे उन्होंने द्रविड़ों की एक कल्पना दर्ज की है। कुछ बुरे लोगों की दृष्टि में सुन्दर वस्तु को भंग करने की शक्ति होती है, इसलिए उसकी दृष्टि की लालसा कुरूप वस्तु में विलय होकर सुन्दर वस्तु सुरक्षित रही।

मन्दिर देखकर मन पर हुए प्रभाव को दूर करने के उद्देश्य से शिंदे सागर तट पर गए। अनन्त तत्त्व में ईश्वर का अस्तित्व महसूस करनेवाले शिंदे के मन में आया, 'विश्व का नाथ कहाँ और नकली जगन्नाथ कहाँ?'

जनवरी के मध्य में शिंदे कोलकाता पहुँचे। वहाँ माघोत्सव चल रहा था। बंगाली वर्ष का माघ हमारे यहाँ के पूस मास में आता है। पूरे माघ मास में यह उत्सव चलता है। साधारण, नवविधान और आदि यह ब्राह्म समाज के तीनों दल स्वतंत्र रूप में यह उत्सव होड़ के साथ मनाते हैं। मुख्य उत्सव सामान्यत: चौबीस तारीख को होता है। बंगाल के छोटे-बड़े स्थानीय समाज, ब्राह्म परिवार बड़ी श्रद्धा से इस उत्सव के लिए कोलकाता आते हैं। सभी का प्रबन्ध एक साथ होने से उन्हें परस्पर परिचय का लाभ होता है। मुख्य दिन को तड़के भजन शुरू होता है। करताल-मृदंग गूँजते हैं। पहले दिन से ही लता, फूलों से मन्दिर सजाने का काम चलता है। तीन घंटे भजन होने पर प्रधान आचार्य वेदी पर आकर बैठते हैं। एक घंटा उद्बोधन, एक घंटा प्रार्थना और दो घंटे प्रवचन चलता है। कुल सात घंटे मुख्य उपासना चलती है। इस वर्ष मुख्य उपासना पंडित शिवनाथ शास्त्री ने चलाई। वह भक्ति रस से सराबोर थी। शिंदे उससे काफी प्रभावित हुए। शास्त्री महोदय का वक्तृव अत्यन्त प्रभावपूर्ण था। शिंदे के साथ ख्यातलब्ध ब्राह्म नेता बैरिस्टर आनन्दमोहन बोस बैठे थे। उनकी आँखों से निरन्तर आँसू बह रहे थे। शिंदे को कोलकाता के ब्राह्मोत्सव का मौका मिला।

महर्षि देवेन्द्रनाथ ठाकुर और प्रतापचन्द्र मजूमदार से भेंट, यह शिंदे की दृष्टि से कोलकाता प्रवास की दो स्मरणीय घटनाएँ थीं। 30 जनवरी, 1904 को तीसरे प्रहर पंडित शिवनाथ शास्त्री, शिंदे और लाहौर के प्रचारक भाई प्रकाशदेव को महर्षि देवेन्द्रनाथ की ओर ले गए। देवेन्द्रनाथ ब्राह्म समाज की तीन विभूतियों में से एक माने जाते थे (कवीन्द्र रवीन्द्रनाथ ठाकुर यह महर्षि देवेन्द्रनाथ के पुत्र)। ये तीनों जब उन्हें मिलनें गए तब वे अपने घर की दूसरी मंजिल के कोच पर बैठे थे। पंडित शिवनाथ शास्त्री ने शिंदे का गौरवपूर्ण परिचय कराया और मुम्बई में राममोहन आश्रम की स्थापना की हकीकत बताई। इस तरह मुम्बई में नवचेतना निर्मित होने की बात सुनकर देवेन्द्रनाथ गद्‌गद हुए और उन्होंने शिंदे की पीठ पर हाथ फेर दिया। इस महापुरुष के दर्शन से वे धन्य हुए। महर्षि देवेन्द्रनाथ ने शिंदे को कहा, "मैं अब काफी थक चुका हूँ। शिवनाथ और तुम हमारा कार्य आगे जारी रखो।"[5]

दूसरी महत्त्वपूर्ण भेंट ब्रह्मानन्द केशवचन्द्र सेन के शिष्य प्रतापचन्द्र मजूमदार की हुई। बाबू प्रतापचन्द्र मजूमदार द्वारा लिखी केशवचन्द्र सेन की अंग्रेजी जीवनी शिंदे ने बी.ए. के पाठ्यक्रम में पढ़ी थी। उस समय शिंदे पर इस जीवनी का विलक्षण प्रभाव पड़ा। शिंदे ब्राह्म मन्दिर में पहुँचे तब बाबू प्रतापचन्द्र मजूमदार उपासना के लिए बैठे थे। सफेद ऊन की शॉल, उस पर उनकी सफेद और लम्बी दाढ़ी, भव्य माथा, चमकदार आँखें—ऐसा उनका दर्शन शिंदे को बड़ा प्रेरक लगा। प्रतापबाबू का अंग्रेजी भाषा पर होनेवाला जबरदस्त अधिकार उन्हें महसूस हुआ। 'ओ गॉड ऑफ ऑल नेशंस!' इन शब्दों से उन्होंने अंग्रेजी में अपनी गम्भीर प्रार्थना शुरू की। उसमें आत्मा को झकझोर कर जाग्रत करने का उन्हें एहसास हुआ। इन दो महापुरुषों की अगले साल ही गुजरने की दुखद खबर शिंदे को प्राप्त हुई। इस दुख में शिंदे को इतना ही सन्तोष हुआ कि कोलकाता यात्रा में उनसे मिलने का सौभाग्य प्राप्त हुआ। उनके प्रेरक शब्दों को सुनने का मौका मिला।

जगन्नाथपुरी के मन्दिर से भी ज्यादा घिनौना नजारा उन्हें कोलकाता के काली माता के मन्दिर में देखने को मिला। नारियल की दुकान की तरह वहाँ छोटे-छोटे बकरे दुकान पर रखे थे। कई दिन खाने को न मिलने से वे कृशकाय दिखाई दे रहे थे। यह मन्दिर हुगली नदी के तट पर है। कालीमाता की मूर्ति अत्यन्त भयावह होकर, उसके मुँह से लपकती लम्बी जीभ देखकर नया व्यक्ति घबरा जाए, ऐसा वह दृश्य था। भक्त लोग बकरे को नदी में डुबोकर, स्वयं नहाकर गीले कपड़ों से वधस्थल के पास आते। वहाँ का ब्राह्मण पुजारी दो लकड़ियों के बीच उस बेचारे की गर्दन डालकर झट-से उसका सिर काट देता और गर्म खून का तिलक भक्त के माथे पर लगाकर उसकी मनौती पूरी करता। शिंदे ऐसे लगभग चालीस बलि दिए बकरे ने प्रांगण में अस्त-व्यस्त पड़े देखे। प्रांगण में खून और मांस का कीचड़ जमा हुआ था। जगन्नाथ के मन्दिर की वैष्णव शोभा हो या कालीमाता के मन्दिर की भक्तों की लीला, हिन्दू धर्म की प्राचीन काल से चली आई यह अखंड दुर्गति देखकर शिंदे का मन उद्विग्न हुआ। हिन्दू धर्म का उज्ज्वल पक्ष स्वीकारने के बावजूद मूर्ति-पूजा के नाम पर चलनेवाला यह भयावह चलन उन्हें पीड़ादायी लगा। इस क्षेत्र में हिन्दू धर्म में सुधार करनेवाले महात्माओं को अभी सनातन लोगों से होनेवाले विरोध का यथार्थ उन्हें कचोटने लगा।

शिंदे ने अपने जीवन में आगे के कार्यकाल में भी भारत के विविध क्षेत्रों की यात्रा की, लेकिन इस पहली यात्रा में प्रथमत: उन्हें भारतीय जीवन का, लोगों की मानसिकता का जो रूप देखने को मिला, वह निश्चित ही बोधप्रद लगा होगा। सामान्य लोग धर्म और मूर्ति-पूजा के बारे में क्या सोचते हैं, इसका व्याख्यान के दौरान पता चला। वह हिन्दुस्तान के लोकजीवन में हुए विविध संस्कृतियों का मिश्रण और उस पर पड़े पाश्चात्य संस्कृति के आवरण को समझ सके। हिन्दुस्तान के ब्राह्म धर्म आन्दोलन का बिखराव महसूस हुआ और उसे संगठित करने की आवश्यकता लगी। ब्राह्म धर्म के प्रचार हेतु उत्साहित कुछ युवक मिले। वैष्णव-शाक्तों की रूढ़ उपासना के क्षोभकारी प्रकार देखने को मिले और उदार धर्म मत का प्रचार जोरों से करने की जरूरत महसूस हुई। महर्षि देवेन्द्रनाथ और बाबू प्रतापचन्द्र मजूमदार की भेंट उत्साहवर्धक और प्रेरक लगी। अपनी कोलकाता यात्रा पूरी कर वे सीधे मुम्बई पहुँचे।

सन्दर्भ

1. *सुबोध पत्रिका*, 6 दिसम्बर, 1903
2. वही, 13 दिसम्बर, 1903
3. विट्ठल रामजी शिंदे, 'बंगलूरच्या रस्त्यातील एक फेरी', *लेख व्याख्याने व उपदेश*, पृ. 69-71
4. *सुबोध पत्रिका*, 7 फरवरी, 1904
5. विट्ठल रामजी शिंदे, *माझ्या आठवणी व अनुभव*, पृ. 158

जमखंडी-मुधोल में प्रचार कार्य

कोलकाता से लौटने के पश्चात् शिंदे मुम्बई के कार्य-नियोजन में जुट गए। धार्मिक कार्य के दो प्रमुख पहलू थे—एक आचार्य कार्य तथा दूसरा, प्रचार कार्य। जिन लोगों ने धर्म की दीक्षा ली हो, उन्हें योग्य धर्माचार का पाठ पढ़ाना होता है। प्रचार कार्य की प्रमुख भूमिका यानी नियमित साप्ताहिक उपासना चलाना इस कार्य का महत्त्वपूर्ण अंग हुआ करता था। अन्य उपक्रमों में सदस्यों के घर जाकर उनके पारिवारिक धर्माचरण का निरीक्षण करना, उसके लिए सहायता देना, नामकरण, यज्ञोपवीत संस्कार, विवाह, अंत्यविधि आदि विधि चलाना, सदस्यों का आपसी परिचय बढ़ाकर सामाजिक दृढ़ता के लिए समायोजित स्नेह सम्मेलनों का आयोजन करना आदि। हर हफ्ते शनिवार को स्त्रियों के लिए आर्य महिला समाज, बच्चों के लिए इतवार को धर्म-नीति के पाठ, युवाओं के लिए ब्राह्म मंडल, वृद्धों के लिए संगत सभा और बाहर से आनेवालों के लिए व्याख्यानों का आयोजन आदि पूरे हफ्ते का भरपूर कार्यक्रम हुआ करता था। इन कार्यक्रमों को गति देकर उनका विस्तार कर उन्हें सक्षमता से चलाना शिंदे का प्रमुख उद्देश्य था। इसके साथ ही शिंदे ने भविष्य में और तीन संस्थाओं की स्थापना की।

पोस्टल मिशन

विदेश निवास के दौरान शिंदे ने मिस टैगर्ट और मिस हिल नामक महिलाओं का यूनिटेरियन पोस्टल मिशन का कार्य नजदीक से देखा था। उस समय उनके मित्र वासुदेव सुखटणकर पुणे में रहते थे।

विदेश से अपनी वापसी के पूर्व शिंदे ने सुखटणकर की सहायता से 'ब्राह्म पोस्टल मिशन' की स्वदेश में स्थापना कर उसके कार्य की शुरुआत की थी। ब्राह्म धर्म के तत्त्व और उपासना पद्धति पर आधरित छोटी पुस्तकें तैयार कर डाक से लोगों तक पहुँचाकर उस पर पाठकों की प्रतिक्रियाएँ अथवा प्रश्नों के सन्दर्भ में पुनश्च: पत्र-व्यवहारों के द्वारा उनसे संवाद कर, समय मिलते ही उनसे प्रत्यक्ष वार्तालाप की पद्धति के कारण इस प्रचार कार्य को 'पोस्टल मिशन' के नाम से जाना गया। इस कार्य के लिए उन्हें यूनिटेरियन लोगों की तरफ से पुस्तकें एवं आर्थिक सहयोग मिला। शिंदे स्वदेश आए, तभी सुखटणकर धार्मिक शिक्षा के लिए मैनचेस्टर कॉलेज में गए। तत्पश्चात् इस कार्य को मुम्बई में लाकर शिंदे ने उसका विस्तार किया। उनके मित्र तथा समाज के सदस्य सय्यद अब्दुल कादर ने इस कार्य में उनको काफी सहयोग दिया। सात-आठ वर्षों की अवधि में ब्राह्म धर्म पर आधारित तकरीबन 3,438 पुस्तकें, 12,700 छोटी-बड़ी पत्रिकाएँ, 633 यूनिटेरियन पुस्तकें तथा 5,000 यूनिटेरियन पत्रकों का वितरण किया। मुम्बई तथा आसपास के इलाकों की शिंदे ने दो बार यात्रा कर व्याख्यान दिए।

उदात्त धर्म ग्रंथ पाठक कक्षा (लिबरल रिलिजस रीडिंग क्लास)

शिंदे ने उपरोक्त पाठक कक्षा का इसलिए आयोजन किया ताकि स्कूल और कॉलेज का युवा वर्ग बुनियादी धर्म ग्रंथ पढ़े। इस कक्षा में महाराष्ट्र के साथ गुजराती, ईसाई, मुसलमान जैसे भिन्न भाषी छात्रों की उपस्थिति होने के कारण इसे अंग्रेजी माध्यम से चलाया गया। हर बुधवार को शाम के वक्त प्रार्थना मन्दिर में इस कक्षा का आयोजन होता था। डॉ. आर्मस्ट्रांग की 'गॉड एंड सोल', इमर्सन की पुस्तकें, डॉयसन की 'फिलॉसफी ऑफ उपनिषद्'

जैसी पुस्तकों का यहाँ अध्ययन होता। इस अध्ययन के लिए सहायक अंग्रेजी पुस्तकें समाज के डॉ. भंडारकर की लाइब्रेरी से भी उपलब्ध कराई जाती थीं।

युवा ब्राह्म संघ (यंग थीइस्टस यूनियन)

ब्राह्म धर्म के तत्त्वों के अनुसार, गद्य संस्कार एवं विधि चलाने को 'अनुष्ठान' कहा जाता है। मुम्बई में हुए ब्राह्म धर्म के प्रसार की तुलना में अनुष्ठान कम ही मात्रा में होता था। युवाओं में अनुष्ठान की रुचि बढ़े तथा वे अनुष्ठान कार्य कर सकें, इस उद्देश्य से सन् 1905 में दशहरे के मंगल दिन शिंदे ने इस संस्था की नींव डाली। उनके इस उपक्रम को काफी सफलता मिली। धर्म-प्रचार के अलावा लोकशिक्षा एवं समाजसेवा हेतु प्रार्थना समाज के माध्यम से अन्य संस्थाएँ भी कार्यरत थीं। केवल मुम्बई में मजदूरों के लिए दस-बारह रात्रि पाठशालाएँ चलाई जाती थीं। उनमें से दो अस्पृश्यों के लिए थीं अर्थात् उसका प्रबन्धन स्वयं शिंदे ही देखते थे। पंढरपुर में 'बालहत्या प्रतिबन्धक गृह' नामक आदर्श संस्था भी चलाई जाती थी। समाज की ओर से मराठी और अंग्रेजी भाषा में 'सुबोध पत्रिका' नामक साप्ताहिक चलाया जाता था। शिंदे उसके लिए लेखन करें, ऐसा आग्रह होता था जिसकी पूर्ति शिंदे करते थे। मुम्बई में ये कार्य करते हुए वे बाहर भी धार्मिक कार्य के लिए यात्रा करते थे।

इस तरह शिंदे ने नियोजनबद्ध तरीके से अपने कार्य का आरम्भ किया। अब तक उनके निवास की सुविधा नहीं हो पाई थी। वे परिवार से दूर ही रहते थे। बूढ़े माता-पिता और पत्नी रुक्मिणीबाई जमखंडी में रहते थे। जनाक्का, तान्याक्का और चन्द्राक्का—ये तीन बहनें पुणे की हुजूरपागा में पढ़ रही थीं। छोटा भाई एकनाथ कोल्हापुर में गोविन्दराव सासने के यहाँ रहकर पढ़ाई कर रहा था। गोविन्दराव की बेटी सुशीला और शिंदे के आलगूर के मामा की बेटी मथुरा, दोनों जमखंडी में शिंदे के घर में रहकर पढ़ाई कर रह थीं। उनका अपना बेटा प्रताप तीन-चार साल का हुआ था। ऐसे बिखरे परिवार की जिम्मेदारी शिंदे पर थी। उन्हें अपने कार्यों की वजह से पूरे देश का भ्रमण करना पड़ता था। इसीलिए पूरा परिवार साथ रहे, इस सन्दर्भ में माता-पिता से चर्चा करने का उन्होंने विचार किया। इसी साल अर्थात् 1904 के फरवरी में मुम्बई में ताऊन जैसी भयावह बीमारी का फैलाव हो गया था। इससे मुम्बई में चलनेवाला कार्य कुछ दिनों के लिए स्थगित कर उन्होंने जमखंडी और मुधोल की यात्रा की योजना बनाई। समाज में कार्यरत पुणे के बुजुर्ग शिवरामपंत गोखले को भी साथ लेने का उन्होंने निश्चय किया। गोखले की बुजुर्गी तथा भजन की तैयारी इस यात्रा में उपयुक्त होगी, ऐसा भी उन्हें लगा।[1] फरवरी के चौथे सप्ताह में वे जमखंडी चले गए।

ब्राह्म धर्म-प्रचार जमखंडी के लिए नया नहीं था। शिंदे के विदेश जाने से पूर्व उनके घर में ब्राह्मोपासना होती थी। उनके जाने के बाद माता-पिता ने वह जारी रखी थी। इस बार उन्होंने दो हफ्ते जमखंडी में बिताकर समाज के बुनियादी छह तत्त्वों की छानबीन करने के उद्देश्य से छह स्वतंत्र व्याख्यान दिए। इसके लिए नगर निगम की दूसरी मंजिल का दीवानखाना नामक स्थान चुना गया था। इस नए उपक्रम का अनुभव लेने के लिए भारी भीड़ जमा होती थी। शिंदे के साथ आए हुए शिवरामपंत ब्राह्मण होकर भी उनके घर में खाना खाते हैं, इसकी चर्चा हो रही थी। जमखंडी गाँव पुराने रीति-रिवाजों में जकड़ा हुआ था। यह यातायात की सुविधा से दूर पिछड़ा देहात था। ऐसे वातावरण में शिंदे के व्याख्यान उनके लिए मानो एक सांस्कृतिक संकट ही था। भले ही शिंदे गाँव के प्रिय रहे हों, लेकिन उनके सुधारवादी तत्त्वों को अमल में लाना लोगों को आसान नहीं लगता था। यह एक दुःसाहस ही था। धीरे-धीरे जनमानस में विरोध बढ़ने लगा। हाईस्कूल के एक अध्यापक ने इसे हवा देने का दुष्कर्म किया। व्याख्यान के समय बच्चों को शोर मचाने के लिए प्रेरित कर वे स्वयं सुनने के बहाने पहली पंक्ति में आकर सज्जन की तरह बैठ जाते। 'जाति भेद' नामक विषय पर व्याख्यान चल रहा था, तब बच्चों की मर्कट सेना ने कोलाहल तक सीमित न रहकर रंगमंच की ओर पत्थर, कूड़ा-करकट फेंकना शुरू किया। शिंदे ने एक स्थान पर इसका वर्णन किया है, "इस प्रकार की अन्तिम आरती के साथ सभा समाप्त हो गई।" नए धर्म-सुधार के विचारों का कर्मठ जमखंडीवासियों ने इस तरह प्रतिसाद दिया। जमखंडी के लोगों का क्रोध इस घटना के बाद भी शान्त नहीं हुआ। वृद्ध शिवरामपंत को उन्होंने निशाना बनाया। माधवराव गाडगिल नामक एक सरकारी अफसर थे। उन्हें समाज के

तत्त्व अच्छे लगे। उन्होंने ब्राह्मोपसाना के लिए शिवरामपंत को अपने घर आमंत्रित किया। घर से कुछ दूरी पर स्थित शौचालय में शिवरामपंत गए तो कुछ शरारती लड़कों ने बाहर से दरवाजा बन्द कर दिया। यह शरारत उस छलिया अध्यापक के कहने पर ही लड़कों ने की थी। वे होली के दिन थे। रात को होनेवाले होली का हल्लाबोल विट्ठलराव के घर पर भी होने लगा। होलिका के दिन तो इन लोगों ने कहर ही ढाया। शिंदे के पिता ने पुलिस की मदद ली। इतनी हद तक बात बिगड़ने के कारण उनके परिवारवालों का वहाँ रहना खतरे से खाली नहीं रहा था। इसलिए उन्हें अपने साथ मुम्बई ले जाने का निर्णय उन्होंने सहजता से लिया। उस पर चर्चा-विमर्श की गुंजाइश ही नहीं रही। इस सामाजिक असन्तोष के पीछे एक और घटना भी थी। जमखंडी के स्कूल में पढ़नेवाली दस वर्षीय लड़की को देवदासी के रूप में छोड़ा गया था। विट्ठलराव को यह पता चलने पर वे उसे अपने घर ले आए और उसके माता-पिता को उसे आगे पढ़ाने की बात समझाई। वह कम-से-कम देवदासी न बने, ऐसी सूचना दी। विट्ठलराव ने अपना सुधारवादी सामाजिक कार्य मात्र व्याख्यान देने तक सीमित न रखकर उसे कृति में ढालना शुरू किया। यह देखकर सनातन मत के लोगों ने उनके घरवालों का जीना दूभर कर दिया। जिस रामजी बाबा शिंदे ने जाति पंचायत का नेतृत्व बड़े सम्मान के साथ किया था, उन पर ऐसे हालात में गाँव छोड़ने की नौबत आई। अपनी छोटी नौकरी की पेंशन लेकर उन्होंने बोरिया-बिस्तर समेट लिया और मुम्बई जाने का निश्चय किया। स्वाभिमानी रामजी बाबा पर अपनी जन्मभूमि, सगे-सम्बन्धी एवं दोस्तों के स्नेह को आखिरी सलाम करते समय क्या गुजरी होगी, इसकी कल्पना भी नहीं कर सकते।

उदात्त धर्म-प्रचार के लिए अपना जीवन समर्पित करने की विट्ठलराव ने ठान ली थी। उसके लिए हर संकट का मुकाबला करने की हिम्मत उन्होंने रखी थी। मानसिक सन्तुलन का ध्यान रखा था। जमखंडी के इस आहत अनुभव के बाद उन्होंने मुधोल में अपना प्रचार कार्य शुरू किया।

मुधोल जमखंडी से बारह मील दूरी पर श्रीमन्त घोरपड़े की छोटी रियासत थी। मुधोल के एक अंग्रेजी स्कूल के हेडमास्टर जनुभाऊ करन्दीकर शिंदे के कॉलेज के दिनों के मित्र थे। करन्दीकर और दत्तोपंत मिरजकर—इन दोनों ने मिलकर वहाँ की लाइब्रेरी में 5 मार्च की शाम शिंदे के व्याख्यान का आयोजन किया था। अध्यक्ष के रूप में रामदुर्ग के मुन्सिफ रावसाहेब चिप्पलकट्टी थे। शिंदे ने प्रथमत: एक-डेढ़ घंटा व्याख्यान के पूर्वार्द्ध में अपनी यूरोप यात्रा का सामान्य परिचय दिया। उत्तरार्द्ध में इंग्लैंड और यूरोप के धार्मिक आन्दोलन का विवेचन किया। जिस तरह हिन्दुस्तान में ब्राह्म, आर्य समाज हिन्दू धर्म का शुद्ध स्वरूप बताकर सार्वत्रिक धर्म स्थापना का प्रयास कर रहे थे, उसी तरह इंग्लैंड, यूरोप के यूनिटेरियन लोग ईसाई धर्म का सुधरा हुआ स्वरूप बताकर उदात्त धर्म स्थापना की कोशिश करने लगे हैं। यह व्याख्यान सुनने मुधोल में अधिक श्रोता वर्ग नहीं था। केवल पचास-साठ श्रोता ही उपस्थित थे।

दूसरे दिन 6 मार्च रात साढ़े आठ बजे लाइब्रेरी में आठ-दस लोग जमा हो गए। प्रार्थना-भजन होने के बाद शिंदे ने प्रार्थना समाज के तत्त्वों के बारे में जानकारी दी। इसके पूर्व मूर्ति-पूजा एवं जाति भेद के सन्दर्भ में शान्ति से चर्चा हुई थी। तीसरे दिन 7 मार्च रात 9 से 11 बजे तक शिंदे का भाषण हुआ। यह आस्तिकता-नास्तिकता के सन्दर्भ में था। तत्पश्चात् ग्रंथ प्रामाणिकता एवं अवतारवाद का भी विस्तार से स्पष्टीकरण किया। अन्त में दत्तोपंत मिरजकर ने छोटा भाषण देकर पूछा कि समाज के तत्त्व मान्यता के योग्य हैं, लेकिन कुछ लोगों को मूर्ति-पूजा से अगर सुख का अनुभव होता है तो उसका त्याग करने का आग्रह समाज की ओर से है अगर राम की मूर्ति को देखकर उनकी पितृभक्ति, एक पत्नी-व्रत, समाज वात्सल्य आदि आदर्श गुणों का भक्त पर अधिक प्रभाव पड़ता है। शिंदे ने अपने उत्तर में कहा कि समाज की उपासना लोककल्याण के उद्देश्य से ही होती है। मूर्ति-पूजा से अगर किसी को सुख की अनुभूति होती है, तो उसका त्याग करने का आग्रह समाज बिलकुल नहीं करेगा, लेकिन एक बात द्रष्टव्य है कि जो व्यक्ति धर्म का वास्तविक स्वरूप समझ पाएगा, वह अपने आप ही मूर्ति-पूजा को आवश्यक नहीं मानेगा।

दो दिन शिंदे के व्याख्यान को तीस-पैंतीस लोग उपस्थित थे। रियासतदार तथा उच्य सरकारी नौकर वर्ग का इसमें समावेश था। इन लोगों ने ध्यान से शिंदे को सुना एवं अपनी आशंकाएँ भी पूछीं। विट्ठलराव वालम्बे नामक वकील ने 'पोस्टल मिशन' के द्वारा समाज की पुस्तकें मँगवाकर ज्ञान हासिल करने का उत्साह भी दर्शाया।[2] जमखंडी

की अपेक्षा मुधोल का श्रोतावर्ग काफी समझदार था। उन्होंने इस विषय में आस्था दिखाई। एक महीने की यात्रा और प्रचार कार्य पूर्ण कर माता-पिता को साथ लेकर मुम्बई जाना विट्ठलराव ने पक्का किया। जनाक्का और चन्द्राक्का, इन दो बहनों की पुणे के स्कूल में जाकर पढ़ने की इच्छा देखकर उन्हें भी साथ लिया। मार्च के दूसरे हफ्ते में वे पुणे से मुम्बई वापस लौटे।

सन्दर्भ

1. *सुबोध पत्रिका,* 21 फरवरी, 1904, अंग्रेजी खंड में शिंदे की रपट
2. *सुबोध पत्रिका,* 10 अप्रैल, 1904

काठेवाड़ की यात्रा

विट्ठलराव शिंदे जमखंडी से आने के बाद अप्रैल 1904 में उन्हें काठेवाड़ की यात्रा करने का मौका मिला। गुजरात में रहनेवाले उनके मित्र नानालाल कवि उस समय सादरा में सरकारी सेवा में थे। गर्मी के दिनों में उन्होंने शिंदे के साथ काठेवाड़ी समाज के प्रचार कार्य हेतु यात्रा करना तय कर शिंदे को आमंत्रित किया। स्टेशन से सादरा गाँव तक उन्हें ऊँट पर बैठकर जाना पड़ा था। यह यात्रा बहुत कठिन थी। सादरा से वे दोनों पहले अहमदाबाद के प्रार्थना समाज में गए। समाज के अध्यक्ष पंढरपुर के अनाथाश्रम के संस्थापक लालशंकर उमियाशंकर से प्रथमत: परिचय करवा लिया। प्रार्थना मन्दिर विस्तृत और सुन्दर था। शिंदे और नानालाल, दोनों वहाँ से अहमदाबाद चले गए। अहमदाबाद में वे शंकर पांडुरंग पंडित के घर ठहरे। राजकोट का राजकुमार कॉलेज एवं दूसरा रईसी ठाठ-बाट का एक स्कूल भी देखा। शिंदे राजकोट से भावनगर चले गए। वहाँ के कॉलेज में व्याख्यान हुआ। वे जूनागढ़ में दीवान वेचरदास के यहाँ ठहरे। व्याख्यान तथा महत्त्वपूर्ण व्यक्तियों से भेंट के बाद गिरनार पर्वत पर चार दिन प्रवास करना तय किया। दीवान की अच्छी जान-पहचान होने के कारण वहाँ पर रहने का अच्छा-खासा इन्तजाम हो गया।

गिरनार पर्वत की ऊँचाई लगभग 4,000 फीट है। उसकी तलहटी के पास सम्राट् अशोक का शिलालेख है। गिरनार की पश्चिम दिशा में गिर सिंह के लिए ख्यात जंगल है। चिड़ियाघर में दस-बारह सिंहों का दर्शन भी हुआ। पर्वत की चोटी पर प्राचीन धर्म के कई मन्दिर हैं। वहाँ से नीले आसमान का जादुई नजारा देखकर शिंदे मुग्ध हो गए। वहाँ अनेक बड़ी-बड़ी गुफाएँ भी हैं। नानालाल और शिंदे एक गुफा में अन्दर तक चले गए, तब उन्होंने विस्मयकारी दृश्य देखा जिसका वर्णन वे करते हैं, "उस गुफा में अनेक नि:संग और विरक्त साधुओं का डेरा था। जलती हुई धूनी के उजाले में उनकी गम्भीर एवं प्रसन्न मुद्राएँ दिख रही थीं। वे शरीर से काफी तगड़े थे। उनके चेहरे कान्तिमान थे। उनमें से अधिकांश नंगे थे और उनके शरीर राख से लथपथ थे। हम सोच रहे थे, ऐसी सुनसान जगह पर इन लोगों की खाने-पीने की सुविधा क्या होगी? हमें बड़ा आश्चर्य हुआ। गुफा के आसपास शुद्ध जल के अनेक कुम्भ थे। जाहिर था, उसका उपयोग जंगल के हिंस्र पशु तथा ये साधु ही करते होंगे। एक के बाद एक कुम्भ पर इन लोगों के आने-जाने का सिलसिला लगा रहता था। उनसे मुलाकात कर वहाँ पर क्या घटित होता होगा, यह जान लेना असम्भव था।"[1]

गिरनार पर्वत पर चार दिन का बसेरा इन लोगों के लिए अविस्मरणीय रहा। उनके मन को शान्ति, एकाग्रता मिली। धर्म चिन्तन एवं मनन से काफी सन्तुष्ट हुए। जूनागढ़ वापस आने के बाद मियागाँव के ठाकुर से उनकी भेंट हुई। उन्होंने अपनी रियासत में आने के लिए स्नेहपूर्वक शिंदे को आमंत्रित किया। शिंदे ने उनके स्नेह को स्वीकार किया। वहाँ पर उन्हें पुराने शाहिरों से इकतारे पर गाए सुश्राव्य भजन सुनने को मिले। तेजा भगत नामक शाहिर के दो-तीन पद उन्होंने लिखकर लिए। भविष्य में कीर्तन के समय उन्हें उसका अच्छा उपयोग हुआ। नानालाल कवि से विदा लेकर शिंदे अहमदाबाद से मुम्बई लौट आए।

सन्दर्भ

1. विट्ठल रामजी शिंदे, *माझ्या आठवणी व अनुभव*, पृ. 165

मुम्बई में बसेरा और प्रार्थना समाज में नवचेतना

सन् 1904 में वर्षा ऋतु के पहले ही शिंदे के पिता रामजी बाबा जमखंडी से सपरिवार मुम्बई आ गए। प्रार्थना समाज के उपाध्यक्ष सेठ दामोदरदास सुखड़वाला की प्रेरणा और आर्थिक सहायता से राममोहन रॉय आश्रम यह चार मंजिलोंवाला भवन खड़ा हो गया था। उसकी दूसरी मंजिल पर लकड़ियों की दीवार से कमरे बनवाकर शिंदे के परिवार की रहने की व्यवस्था की गई। नीचे के तल्ले पर भंडारकर लाइब्रेरी थी।

तीसरी मंजिल के एक विस्तृत सभागृह में संगोष्ठियाँ आयोजित की जाती थीं। चौथी मंजिल पर सामने थोड़ी खुली जगह छोड़कर एक कमरा तैयार किया गया। बाहर से आनेवाले मिशन के कार्यकर्ताओं की वहाँ रहने की व्यवस्था की जाती थी। रसोईघर और स्नानगृह के अलग कमरों का इन्तजाम किया गया। इस तरह से शिंदे का परिवार वहाँ इत्मीनान से रह सकता था।

शिंदे और उनके परिवार को रहने की चिन्ता से निजात मिल गई थी, लेकिन दस-बारह सदस्यों का परिवार होने के कारण दैनिक खर्चे की समस्या अब सताने लगी थी। समाज के प्रचारक के रूप में शिंदे की नियुक्ति की गई थी। उनका मासिक वेतन साठ रुपए था। प्रचार कार्य के लिए आवश्यक रुपए उन साठ रुपयों में से ही लेने पड़ते थे। समाज के अन्य कार्य अचानक आन पड़े तो वह जिम्मेदारी भी शिंदे ही उठाते थे। आरम्भ में निश्चित किया गया साठ रुपए वेतन भविष्य में कभी बढ़ाया नहीं गया। राममोहन अनाथालय में आने-जानेवालों का ताँता लगा रहता। इन लोगों में समाज के सदस्य, प्रगतिशील विचारों के सम्माननीय नेता और विदेश जाने और आनेवाले मानद सदस्य होते थे। उनकी मेहमान नवाजी का भी शिंदे को ही खयाल रखना पड़ता। आर्थिक हालात से जूझनेवाले शिंदे और उनका परिवार बिना शिकायत से इस जिम्मेदारी का वहन करता।

मुम्बई प्रार्थना समाज के लोगों ने शिंदे परिवार को स्नेह, अपनापन दिया। जमखंडी जैसे पिछड़े देहात से आए सीधे-सरल लोगों को प्रारम्भ में महानगरीय वातावरण में अनेक मुश्किलों का सामना करना पड़ा, लेकिन प्रार्थना समाज के उच्चवर्गीय परिवारवालों ने शिंदे के परिवार के साथ अच्छा बर्ताव किया। भंडारकर, माडगाँवकर, चन्दावरकर के घर की स्त्रियाँ शिंदे की बूढ़ी माताजी से मिलनसार रहतीं। उन्होंने मुम्बई के वातावरण का अजनबीपन एवं अलगाव कभी उन्हें महसूस होने नहीं दिया। वासुदेव बाबाजी नवरंगे, सदाशिवराव केलकर, द्वारकानाथ वैद्य, लक्ष्मीबाई रानडे के परिवार और शिंदे का परिवार एक-दूसरे से मिल-जुलकर रहते। एक-दूसरे के साथ बड़े स्नेहिल सम्बन्ध बन गए थे। बाबणराव कोरगाँवकर पहले से ही शिंदे का खयाल रखते थे। वामनराव सोहोनी तथा सय्यद अब्दुल कादर के साथ दोस्ताना था। डॉ. काशीबाई नवरंगे, डॉ. वैकुंठ कामत जैसे युवा उनके घर की समस्याओं को तुरन्त सुलझाने का प्रयास करते। ऐसा अजीज दल-बल होने के कारण मुम्बई में शिंदे के कार्य में आर्थिक समस्या का संकट कभी आया नहीं । उनके घर के भाई-बहन उन्हें 'अण्णा' नाम से पुकारते। इसीलिए उनके नजदीकी सगे सम्बन्धी मित्र परिवार भी उन्हें 'अण्णा' ही कहते। बाहर के समाज में वे 'अण्णासाहब शिंदे' नाम से परिचित थे।

शिंदे ने मुम्बई प्रार्थना समाज के स्थानीय कार्यक्रमों की रूपरेखा तैयार की थी। उसके अनुसार कार्य का आरम्भ भी हुआ। दिनभर के काम-काज निपटकर सदस्यों के साथ भेंटवार्ता, रात्रि पाठशाला का प्रबन्धन आदि देखकर उन्हें घर पहुँचने रात के बारह बजते। मुम्बई इलाके में सदस्यों के घर दूर-दूर थे। रात्रि पाठशालाओं के बीच का अन्तर भी अधिक होता था। वक्त पर काम पूरे नहीं होते थे। आरम्भ में कार्य का नियोजन दूभर होता, लेकिन साथ चलनेवाले युवाओं का उत्साह उसे आसान बना देता।

बीसवीं सदी के आरम्भ में मुम्बई प्रार्थना समाज में क्रान्तिकारी परिवर्तन हुआ। वृद्धों की पीढ़ी के स्थान पर युवाओं का दल आ गया। समाज की पुरानी संस्थाओं का कार्य जोर-शोर से चलने लगा। उनके साथ कई नई संस्थाएँ भी जुड़ गईं। परिणामस्वरूप, समाज के माहौल में एक नवचेतना का निर्माण हुआ। द्वारकानाथ वैद्य ने 'सुबोध पत्रिका' की जिम्मेदारी उठाई। वामनराव सोहोनी ने रात्रि पाठशाला का प्रबन्धन सँभाला। समाज के जमा-खर्च का महत्त्वपूर्ण कार्य कोरगाँवकर ध्यान से देखने लगे। अलग-अलग कार्य पूरा करने के लिए अनेक युवाओं ने उत्साह प्रदर्शित किया। समाज का बदला हुआ, लेकिन सकारात्मक चित्र प्रत्येक वार्षिक स्नेह सम्मेलन के समय दिखाई देने लगा। दूर-दूर के प्रदेशों में रहनेवाले परिवारों के स्नेह सम्मेलन होने लगे। अलग स्तर पर जीनेवाले विभिन्न परिवार एक-दूसरे के करीब आने लगे। उपासनाएँ होने लगीं। सारा समाज यानी एक परिवार, ऐसा भाव पनपने लगा। समाज की ओर बाहर के लोग आकर्षित होने लगे। गिरिजाशंकर त्रिवेदी जैसी गुजराती मंडली तक सदस्य बनने लगी। कराची के डॉ. रुबेन और स्वामी स्वात्मानन्दजी, ये आर्य समाजी थे। प्रचार कार्य में उनका सहयोग मिलने लगा। सय्यद अब्दुल कादर और उनकी बहन हाजराबाई, इनसे तो शिंदे के पारिवारिक सम्बन्ध थे। सय्यद अब्दुल कादर ने प्रार्थना समाज की दीक्षा ले ली और वे शिंदे के कार्य में सहयोग देने लगे। केरो रावजी भोंसले नामक मराठा युवक ने प्रार्थना समाज की दीक्षा ही नहीं ली बल्कि पंढरपुर के अनाथ आश्रम की जिम्मेदारी तक उठाई और आगे चलकर उसे बेहतर बनाया।[1] नए उपक्रमों को प्रार्थना समाज के उपाध्यक्ष सेठ दामोदरदास गोवर्धनदास सुखड़वाला आर्थिक सहयोग करते रहे। डॉ भंडारकर जैसी विभूतियों का सान्निध्य मुम्बई वासियों को करवाकर उनके उन्नत आध्यात्मिक विचार सुनने को मिलते। शिवरामपंत गोखले नामक बुजुर्ग प्रचारक का रसीला उपदेश महिलाओं-बच्चों को तक पसन्द आने लगा। मुम्बई प्रार्थना समाज में अवतरित इस नवचेतना के पीछे विट्ठल रामजी शिंदे का प्रेरक, उत्साही व्यक्तित्व था। विट्ठलराव शिंदे के प्रभाव को लेकर वामनराव सोहनी ने लिखा है, "प्रार्थना समाज के प्रचारक बनने के बाद वह समाज के अन्दर और समाज के बाहर के कई युवाओं को एकत्रित कर प्रार्थना समाज में नवचेतना लाए।"[2] उनमें धार्मिक कार्य के प्रति अत्यधिक निष्ठा, असीम उत्साह था तथा उसमें कुशल योजना बनाने सुसंस्कृत व्यवहार बनाने का संयोग था। समाज के अध्यक्ष सर नारायण चन्दावरकर मुम्बई के प्रतिष्ठित नागरिक थे। सरकार और समाज में उन्हें अच्छी मान्यता प्राप्त थी। उनके नेतृत्व एवं मार्गदर्शन का समाज को काफी लाभ हुआ। पूर्व पीढ़ी की श्रेष्ठ हस्तियों ने समाज को उच्च स्तर प्रदान किया। उसे कायम रखने का कार्य बाद की पीढ़ी के डॉ. भंडारकर, चन्दावरकर जैसे लोगों ने किया।

सन् 1905 के अड़तीसवें वार्षिक स्नेह सम्मेलन में समाज के उत्साह का स्पष्ट प्रदर्शन हुआ। स्त्री-पुरुष, छोटे-बड़े, युवा-वृद्ध सदस्य, हितैषी—सभी इस उत्सव में जोश के साथ सम्मिलित हुए। प्रो. गोपाल कृष्ण गोखले, प्रिंसिपल र.पु. परांजपे, बंडोपंत भाजेकर जैसे कई सम्माननीय शुभचिन्तकों ने सामूहिक प्रीति भोज किया। विशेषत: अछूत सदस्यों ने भी साथ बैठकर खाना खाया। इससे अन्दर-बाहर चर्चा की खलबली मची, लेकिन एक नई स्वस्थ प्रथा का प्रचलन हो रहा था, यह अहम बात थी।

इसी दौरान उपासना पद्धति में महत्त्वपूर्ण परिवर्तन हुआ। सिन्ध प्रान्त से डॉ. रुबेन तथा लाहौर से रामरखामल भजन के रसिकजन आश्रम में आकर रहने लगे। कोलकाता के ब्राह्म समाज से ख्यातलब्ध गायक प्रबोधकुमार दत्त मुम्बई में शिक्षा के लिए आए थे। समाज को वे अपना योगदान देते रहे। इन सभी लोगों के शिंदे और उनके परिवार से आत्मीय सम्बन्ध बन गए। उनकी संगति के कारण समाज में एक अच्छी प्रथा प्रचलित हुई। साप्ताहिक प्रार्थना से पहले वेदी के नीचे बैठकर आधा घंटा भजन गाए जाते। इसमें अधिकांश सिन्ध प्रदेश के हिन्दी भजन और रवीन्द्रनाथ ठाकुर के बांग्ला पद गाए जाते। उपासना के समय भगिनी मंडल ब्राह्म संगीत गाने के लिए उत्सुक रहता था। इस मंडल में द्वा.गो. वैद्य की पत्नी गुलाबबाई, सीतारामपंत जवेरे की दूसरी कन्या कृष्णाबाई और अण्णासाहब की बहन जनाबाई हमेशा आगे रहतीं। सत्येन्द्रनाथ ठाकुर जब सतारा में न्यायाधीश थे, तब सीताराम पंत जवेरे की गुलाबबाई, कृष्णाबाई, इन्दिराबाई इन बेटियों ने बंगाली पद लिखकर लिए थे। प्रार्थना संगत में उनका मराठी अनुवाद समाविष्ट किया जाता था। प्रबोधकुमार की आवाज बहुत मधुर और सुरीली थी। ब्राह्म संगीत पर उनका अधिकार था। जना बहन ने बांग्ला भाषा और संगीत की जानकारी उनसे प्राप्त की तथा इधर के संगीत के द्वारा उसका प्रसार भी किया।

रात्रि पाठशाला के छात्रों के लिए तथा बहुजन समाज में ब्राह्मोपासना का प्रसार करने हेतु 'ब्राह्मो पोस्टल मिशन' द्वारा 'सुलभ संगीत' नामक छोटी-सी पुस्तिका प्रकाशित की गई। इस काम में सदाशिव राव केलकर के चिरंजीव

माधवराव केलकर ने बड़ा सहयोग दिया। उपासना के समय महिला मंडल वे गीत गाए और उससे पहले युवा कोई भजन सुनाए, ऐसी पद्धति शुरू हो गई। 'सुलभ संगीत पुस्तिका' काफी लोकप्रिय हो गई। डॉ. रुबेन के कारण सिन्ध प्रान्तीय गीत इधर के लोगों को पसन्द आने लगे। उन गीतों की खास पुस्तक 'प्रेम लहरी' नाम से प्रकाशित की गई। परिणामस्वरूप, उपासना और संगीत के कारण प्रार्थना समाज और भी लोकप्रिय होने लगा था।

सन्दर्भ

1. *सुबोध पत्रिका,* 26 जून, 1904
   शिंदे ने विशेष उपासना का आयोजन कर सय्यद अब्दुल कादर और केरो रावजी भोंसले को 21 जून, 1904 को ब्राह्म समाज की दीक्षा दी। इस अवसर पर दिए भाषण में पंडित शिवनाथ शास्त्री ने सय्यद को सम्बोधित कर कहा कि वह अपने पुराने सम्बन्ध और परम्परा से जान-बूझकर दूर न रहें बल्कि महमद का एक धर्मप्रेषित के रूप में आदर सम्मान करें।
   किसन फागुजी बनसोडे और गणेश अकाजी गवाई जैसे अस्पृश्य वर्ग के लोग भी शिंदे के कारण प्रार्थना समाज की ओर आकृष्ट हो गए। इस प्रकार प्रार्थना समाज का सफेदपोश स्वरूप कुछ मात्रा में बदलने के लिए शिंदे कारक बने।
2. विट्ठल रामजी शिंदे, *माझ्या आठवणी व अनुभव,* पृ. 33

धर्म-प्रचार का विस्तारित कार्य

विट्ठल रामजी शिंदे ने धर्म-प्रचार के सन्दर्भ में एक और उपक्रम की शुरुआत की। प्रार्थना समाज की ओर से छह रात्रि पाठशालाएँ चलाई जाती थीं। उसमें तीन सौ बारह छात्र थे जिसमें से सत्तावन छात्र निम्नवर्गीय थे। इन पाठशालाओं में बीच-बीच में धार्मिक शिक्षा देने का भी प्रयास किया गया था, लेकिन उसमें रुकावट आ गई थी। 17 जुलाई, 1904 से समाज की रात्रि पाठशाला में बच्चों के मन पर धार्मिक संस्कार करने का उपक्रम शिंदे ने चलाया। रात्रि पाठशाला में पढ़नेवाले छात्र दिन में फैक्टरी, मिल तथा कार्यालयों में चपरासी, मजदूर आदि का काम करते थे। सफेदपोश वर्ग के छात्रों की अपेक्षा इन निम्नवर्गीय लोगों के लिए धार्मिक शिक्षा का पाठ पढ़ाना शिंदे अधिक आवश्यक मानते थे। दिनभर वे पापी पेट का सवाल सुलझाते रहते, जिसके कारण वे धर्मबोध से उपेक्षित रहते। ऐसी परिस्थिति में उनसे एक अच्छा इनसान बनने की अपेक्षा व्यर्थ थी। उन्होंने रात्रि पाठशाला में इन प्रौढ़ छात्रों की धार्मिक शिक्षा का प्रबन्ध किया।

शिंदे स्वयं पन्द्रह दिन के बाद हर पाठशाला में जाते थे। वहाँ पर एकाध संत के पद का अर्थ छात्रों को समझाते। वह एक प्रकार का व्याख्यान ही होता। तत्पश्चात् स्कूल के अध्यापक हर दिन वह पद छात्रों से याद करवाते। कुछ छात्रों को इकट्ठा कर धर्म अथवा नीति पर व्याख्यान दिया जाता। उदाहरण के तौर पर, एक बार मद्यपान निषेध करनेवाली संस्था के सचिव मि. गिल्डर ने शराब पीने से स्वास्थ्य पर होनेवाले जानलेवा परिणामों के छायाचित्र दिखाए तथा एक व्याख्यान भी दिया।

रात्रि पाठशाला में धार्मिक शिक्षा का यह उपक्रम शुरू करने के बाद तीन माह के बाद 5 अक्टूबर, 1904 को रात्रि पाठशाला में एक विशेष कार्यक्रम का आयोजन किया गया था। अब तक दी गई धार्मिक शिक्षा सम्बन्धी एक परीक्षा लेकर उसमें जो छात्र उत्तीर्ण हुए, उन्हें पारितोषिक दिए। इस कार्यक्रम के अध्यक्ष सर भालचन्द्र कृष्ण भाटवडेकर थे। इस प्रसंग में शिंदे ने रात्रि पाठशाला में धार्मिक शिक्षा की आवश्यकता तथा उसके लिए उपयोग में आनेवाली पद्धति की जानकारी दी। कमाठीपुरा के स्कूल में अध्यापन का काम करनेवाले जोशी अंत्यज छात्रों से अत्यन्त मिलनसार रहते थे। गावदेवी के स्कूल के हेडमास्टर सावे बहुत ही अनुशासनप्रिय थे। स्कूल के छात्रों को सफाई और नियमों का पालन वे अनिवार्य करते थे। शिंदे इन दोनों अध्यापकों की उदारता से प्रशंसा करते।

शिंदे के भाषण के पश्चात् सीताराम नामदेव (शिवतरकर) तथा सीताराम महादेव, इन दो अंत्यज छात्रों के बीच मद्यपान निषेध के सन्दर्भ में बहुत सुन्दर संवाद हुआ। सर भालचन्द्र ने छात्रों को पारितोषिक देने के बाद धार्मिक शिक्षा उपक्रम तथा मद्यपान विरोधी जनजागृति के अभियान का महत्त्व बताकर धर्म-प्रचारक शिंदे तथा उनके सहयोगी अध्यापकों को धन्यवाद दिया।[1]

प्रार्थना समाज की रात्रि पाठशाला के सन्दर्भ में एक उत्साहवर्धक घटना घटित हुई। श्रीमन्त सयाजीराव गायकवाड़ के हाथों पारितोषिक वितरण समारोह सम्पन्न हुआ। सन् 1904 के क्रिसमस के दिन मुम्बई में कांग्रेस का अधिवेशन हुआ। सामाजिक संगोष्ठी का अध्यक्ष पद इस वर्ष महाराज को दिया गया। उसी समय एकेश्वरवादी धर्म परिषद् का पुनर्गठन कर उसका अधिवेशन मुम्बई में आयोजित करने का उपक्रम शिंदे के नेतृत्व में हुआ। प्रार्थना समाज को भेंट देकर रात्रि पाठशाला के पारितोषिक वितरण समारोह के अध्यक्ष पद का न्योता देने शिंदे स्वयं श्रीमन्त सयाजीराव गायकवाड़ से मिलने बड़ौदा गए। महाराज ने इस न्योते को स्वीकार किया। इस निर्धारित कार्यक्रम के अनुसार 30 दिसम्बर, 1904 को सयाजीराव गायकवाड़ ने रात्रि पाठशाला के छात्रों को पारितोषिक दिए। उन्होंने धर्म-सम्बन्धी अपने

स्पष्ट विचार लोगों के सामने रखे। इस अवसर पर सयाजीराव महाराज ने प्रार्थना समाज को भेंट दी। इस अवसर पर डॉ. भंडारकर ने उन्हें पुष्पमाला पहनाई तो न्यायमूर्ति चन्दावरकर ने स्वागत परक भाषण दिया।

12 फरवरी, 1904 को ब्रिटिश एंड फॉरेन यूनिटेरियन एसोसिएशन के सचिव का पत्र मिला। उसमें सेंट्रल पोस्टल मिशन, लन्दन की इस संस्था ने प्रार्थना समाज के मार्फत मिशन का कार्य सफलता से चलाया। इस उपलक्ष्य में शिंदे और सुखटणकर के अभिनन्दन प्रस्ताव पारित करने की सूचना दी थी। इसके बाद इसी संस्था के सचिव से 11 अक्टूबर, 1904 को और एक पत्र मिला। उसमें "पोस्टल मिशन के कार्य का विस्तार करने की दृष्टि से उदार धर्म वाचन ग्रंथ की एक विशेष कक्षा चलाकर उन छात्रों की परीक्षा लेकर पारितोषिक देने का प्रबन्ध करते हैं तो फिलहाल सौ रुपये का चन्दा भेज दूँ क्या?" ऐसा पूछा था। शिंदे की तैयारी हो तो ऐसा साहित्य जरूरत के अनुसार उपलब्ध कराने की और उसके लिए जो भी खर्चा आएगा, वह समय-समय पर नगद भेजने की तैयारी दर्शाई थी। शिंदे ने उत्तर लिखा, "मैंने यह विशेष कक्षा चलाने का कार्य पहले ही शुरू किया है। इस कक्षा में लगभग 30 अंडरग्रेज्युएट छात्र उपस्थित हैं। फिलहाल छात्र यूनिवर्सिटी की परीक्षा में व्यस्त होने से यह कक्षा बन्द रखी है। उचित समय हर साल वह आगे भी शुरू रहेगी।"

सन्दर्भ

1. *सुबोध पत्रिका,* 9 अक्टूबर, 1904

पारिवारिक समस्याएँ, पुणे प्रार्थना समाज का कार्य

पुणे प्रार्थना समाज के कार्य में नवचेतना आई थी। शिंदे स्वयं समाज के कार्य में घुल-मिल गए थे, लेकिन उनके घर के सदस्यों की दशा सन्तोषजनक नहीं थी। वे जमखंडी की खुली हवा के आदी थे। मुम्बई का सीलनभरा माहौल वे सह नहीं पा रहे थे। 1904 के अक्टूबर में शिंदे की पत्नी रुक्मिणीबाई ने तीसरे बेटे विश्वास को जन्म दिया। इस प्रसूति से उनकी सेहत बिगड़ गई। उसमें शिंदे की बहनें पाठशाला में जा रही थीं, जिससे घर के कामों का बोझ रुक्मिणीबाई को उठाना पड़ता। इसी में शिंदे की बहन चन्द्राक्का को क्षय रोग की समस् हुई। 1901 को शिंदे अपने मित्र वासुदेवराव सुखटणकर की बहन शान्ताबाई को क्षय रोग होने से आबोहवा बदलने हेतु जमखंडी के घर ले आए थे। चन्द्राबाई के हमेशा उसके सम्पर्क और सुश्रूषा में होने से क्षय रोग के रोगाणु उसके शरीर में प्रविष्ट हो गए और मुम्बई की सीलभरी हवा के कारण चन्द्राबाई को वही बीमारी हो गई। शिंदे के वृद्ध माता-पिता के सामने एक नई चिन्ता खड़ी हुई।

1905 की गर्मियों के आरम्भ में शिंदे के पिता चन्द्राबाई को लेकर खंडाला में रहने लगे। फिर उन्होंने पुणे में रहना तय किया और वेताल पेठ के भाजेकर के घर में रहने लगे। विट्ठल रामजी शिंदे पुणे में रहकर मुम्बई के चक्कर लगाते थे। इस वर्ष शिंदे पुणे में ही अधिक निवास कर पुणे के प्रार्थना समाज के कार्य में सहयोग देने लगे।

शिंदे ने पुणे के इस प्रवास में एक महत्त्वपूर्ण कार्य किया। 1898 में वे पुणे के फर्ग्युसन कॉलेज के छात्र थे। उसी समय वे अस्पृश्य वर्ग के लिए कुछ कार्य करने के बारे में सोच रहे थे। मुम्बई प्रार्थना समाज ने बिना किसी ताम-झाम के अस्पृश्य वर्ग को रात्रि पाठशाला के जरिये शिक्षा देना आरम्भ किया था। शिंदे को स्वाभाविकत: यह एहसास हुआ कि प्रार्थना समाज के एक कार्य के रूप में वह अस्पृश्य वर्ग के लिए पाठशाला शुरू कर सकता है। इसीलिए शिंदे ने 1905 को रामनवमी के दिन मीठगंज पेठ में अस्पृश्यों के लिए एक रात्रि पाठशाला शुरू की। मीठगंज पेठ महात्मा फुले का निवास स्थान था। उसी स्थान पर शिंदे द्वारा पाठशाला शुरू करना यह घटना फुले का खंडित कार्य शिंदे द्वारा नए जोश से शुरू करने की द्योतक कह सकते हैं।

यह पाठशाला शुरू होने के दौरान हुजूरपागा में पढ़नेवाली शिंदे की बहनें, जनाक्का और तान्याक्का गर्मी की छुट्टियों के लिए घर आई थीं। पाठशाला का उद्‌घाटन समारोह सम्पन्न हुआ। उसमें स्वाभाविकत: जनाक्का और तान्याक्का की हुजूरपागा की कई सहेलियाँ उपस्थित थीं। सभी को दाल और गन्ने का रस दिया गया। यह समारोह भाजेकर के घर में ही हुआ। आगे चलकर यह पाठशाला प्रार्थना समाज को सौंप दी गई और आखिर में शिंदे द्वारा शुरू की 'डिप्रेस्ड क्लासेज मिशन' नामक संस्था में विलीन की गई।

शिंदे का पुणे में अधिक प्रवास होने से वे प्रार्थना समाज के पुणे के कार्य को गति दे पाए। 'सुबोध पत्रिका' के अंग्रेजी खंड में शिंदे के विविध कार्यों की जानकारी मिलती है। उसमें कहा है कि वि.रा. शिंदे के यहाँ के प्रवास से पुणे प्रार्थना समाज में नई चेतना आ रही है। यहाँ के अपने चन्द दिनों के निवास में उन्होंने संगत सभा शुरू की है जो हर बुधवार को शाम 6 से 7 **बजे होती** है। वे स्वयं हर शुक्रवार शाम को उदार धर्म ग्रंथ वाचन कक्षा चलाते हैं और फिलहाल वे आर्मस्ट्रांग की 'ईश्वर और आत्मा' नामक पुस्तक छात्रों के साथ पढ़ते हैं। इस कक्षा में फर्ग्युसन, डेक्कन और साइंस कॉलेज से लगभग सोलह छात्र उपस्थित रहे। शिंदे ने इस प्रकार की वाचन कक्षाएँ फर्ग्युसन और डेक्कन कॉलेज में भी शुरू कीं। इसके सिवा उनके प्रयास के कारण डॉ. भंडारकर की अध्यक्षता में 'तुकाराम सोसाइटी' की बैठकें नियमित हो रही हैं।[1] पुणे प्रार्थना समाज को शिंदे की कार्य के प्रति होनेवाली आस्था, गति और संगठन कौशल का निश्चित ही लाभ हुआ।

इस दौरान शिंदे की पारिवारिक दिक्कतें खत्म नहीं हुई अपितु बढ़ गईं। चन्द्राबाई की सेहत में सुधार न आने से उसे अहमदनगर की आबोहवा में रखना पड़ा। उसके साथ उसके वृद्ध माता-पिता थे। मुम्बई में उनकी पत्नी की तबीयत पहले से भी अधिक खराब हो चुकी थी। ऐसे में अक्टूबर मास में उनके तीसरे बेटे विश्वास की मृत्यु हो गई। इससे जनाक्का को मुम्बई जाना पड़ा। दुर्भाग्य से उसे भी उसी समय प्लुरसी की बीमारी हो गई।

पारिवारिक चिन्ता से शिंदे परेशान थे। उसी में और एक नई समस्या का उन्हें सामना करन पड़ा। शिंदे के प्रचार कार्य को नियंत्रित करने हेतु कुछ स्वतंत्र नियम बनाने की बात चल रही थी। उसके तहत एक उपसमिति गठित कर प्रचारक उसकी सूचना का पालन करें, ऐसा तय हो रहा था। शिंदे के स्वतंत्र व्यक्तित्व को यह रास नहीं आया। पहले कार्य करें, अनुभव लिया जाए और फिर यथासमय नियम बनाए जाएँ, ऐसा स्वाभाविक क्रम उन्हें उचित लगता था। शिंदे को प्रार्थना समाज की व्याप्ति का अभी अन्दाजा नहीं आ रहा था। पैसों की पर्याप्त मात्रा नहीं थी। ऐसे में नियमों की जल्दबाजी शिंदे को अनावश्यक लगती थी। वे अपने कार्य की डायरी रखें, समय-समय पर प्रतिवेदन दें, ऐसा तकाजा शुरू हुआ। वैसे शिंदे पहले से स्वयंस्फूर्ति से ये कार्य करते थे, लेकिन अमुक समय और अमुक पद्धति से वह हो, नियमों का ऐसा तकाजा उन्हें रास नहीं आ रहा था।

पुत्र की मृत्यु से शिंदे का मन व्यथित हुआ था। अत: इससे उबरने और मन:शान्ति हेतु उन्होंने महाराष्ट्र और कर्नाटक की यात्रा की।

सन्दर्भ

1. *सुबोध पत्रिका,* 19 मार्च, 1905

धर्म-प्रचारार्थ यात्रा

19 अक्टूबर, 1905 की शाम विट्ठल रामजी शिंदे, रुबेन और स्वामी स्वात्मानन्द ने राम मोहन आश्रम में कुछ समय प्रार्थना की और महाराष्ट्र की यात्रा हेतु प्रस्थान किया। वे शाम साढ़े पाँच बजे ठाणे के दत्तात्रेय मार्तंड गुप्ते वकील के घर पहुँचे। गुप्ते वकील मुम्बई समाज के सदस्य थे। उन्होंने इस मंडली का बड़ी खुशी से स्वागत किया और अगला कार्यक्रम तय किया। मुम्बई समाज के छह सदस्य, सात हितैषी तथा और कुछ मित्र मिलकर बीस लोग समाज के प्रति आस्था रखते हैं, यह सुनकर शिंदे को सन्तोष हुआ। भोजन के बाद गुप्ते के घर रात को दस-बारह लोग जमा हुए। रुबेन ने इकतारे पर लगभग एक घंटा भजन किया। रुबेन का इकतारा बजाना विलक्षण चित्ताकर्षक होता था। इकतारा बजाते समय रुबेन उसमें पूरी तरह खो जाते और सुननेवाला भी नाद ब्रह्म में डूब जाता। रुबेन के भजन और प्रार्थना के बाद शिंदे ने इकट्ठा हुई मंडली को कुछ सूचनाएँ दीं। उन्होंने बताया कि बीस साल पहले यहाँ सद्धर्म समाज था। ब्राह्म धर्म का कार्य यहाँ नया नहीं है। आप इतने आस्थावादी हैं तो पूर्व के प्रयासों का जीर्णोद्धार करें। अन्त में शिंदे ने आह्वान किया कि महत्त्वाकांक्षा या अतिकांक्षा न रखकर मंडल की स्थापना करें। उन्होंने आखिरी प्रार्थना की और रुबेन ने आशीर्वचनपरक पद गाया। रुबेन किस तरह के पद गाते थे, इसका अन्दाजा उन्होंने उस समय गाए निम्न पद से लगाया जा सकता है—

लाज मेरी राखो, श्रीहरी लाज मेरी राखो।
आशीर्वाद करो, कृपाहस्त शीष धरो॥
कौन योग्यता, प्रभुजी कौन योग्यता।
रखाऊ जो मैं नहीं करूँ, तुम्हारी भिक्षुता॥
तुम्हारा काज है, हरीजी तुम्हारा काज है।
जो करूँ मैं इसलिए, तुम्हीं की लाज है॥ [1]

दूसरे दिन रात आठ बजे शिंदे का जाहिर व्याख्यान हुआ। तत्पश्चात् गुप्ते वकील के घर प्रार्थना समाज की स्थापना हुई। गुप्ते वकील को समाज के सचिव के रूप में चुना गया। इस तरह इस यात्रा के आरम्भ में ठाणे में नए प्रार्थना समाज की स्थापना का शुभारम्भ हुआ।

दूसरे दिन तीनों नासिक को चल दिए। पहले नासिक में न्यायमूर्ति रानडे, लालशंकर उमियाशंकर के समय एक प्रार्थना समाज था और वह अच्छी तरह चला था। रानडे वहाँ एक उपासना मन्दिर बनाना चाहते थे। रानडे-लालशंकर के पीछे समाज की जिम्मेदारी ख्यातलब्ध देशभक्त और ईश्वर-भक्त गंगाधर नृसिंह केतकर पर आ गई। केतकर के गुजरने पर इधर के पाँच-सात वर्षों में उनके पीछे प्रार्थना समाज का कोई कार्य शेष नहीं रहा था।

नासिक में बापूसाहब केतकर के चिरंजीव अप्पासाहब के यहाँ ठहरने के इरादे से ये तीनों वहाँ पहुँचे, लेकिन वे मुम्बई जा रहे थे। इससे वे सभी नीलकंठराव पाटणकर वकील के यहाँ ठहरे। पाटणकर ने बड़ी आत्मीयता से उनकी मेहमाननवाजी की। शहर में जोर-शोर के साथ स्वदेशी का आन्दोलन चल रहा था। राम मन्दिर में छात्रों ने विदेशी कपड़ों की होली जलाई। इस शहर में एक मिल खोलने की योजना थी और एक नए सहकारी देशी दुकान की तैयारी जोरों से चल रही थी, यह सुनकर शिंदे काफी खुश हुए।

दूसरे दिन शाम को पाटणकर वकील के घर पर कुछ मंडलियों को विशेष रूप में आमंत्रित किया। रुबेन के भजन के बाद शिंदे का व्याख्यान हुआ। उन्होंने संक्षेप में बताया कि आजकल विश्व में धर्म-सम्बन्धी आचार-विचारों का कैसे

गति से विकास हो रहा है। उदार धर्म-आन्दोलन में शामिल होने से पूर्व और शामिल होकर प्रयास करते समय आधुनिक मनुष्य ने बुद्धि, सहृदयता और शक्ति—इन तीनों से अपना शील-सम्पत्ति कैसी वृद्धिगत करनी चाहिए, इसका उन्होंने विस्तार से विवेचन किया। फिर हरेक ने अपनी व्यक्तिगत स्वतंत्रता कायम रखकर सामाजिक कार्य करना कैसे आवश्यक है, यह बताया और अन्त में प्रार्थना समाज के तत्त्वों का दिग्दर्शन किया। यह विवेचन करते समय शिंदे ने अन्यत्र आए अनुभवों से पहले ही आगाह किया कि रूढ़ धर्म का शुद्ध स्वरूप और प्रार्थना समाज के मतों में पर्याप्त मात्रा में एकवाक्यता हो सकती है और समाज द्वारा चलाए अनेक सत्कृत्यों का उल्लेख कर सकते हैं। कुछ मंडलियों द्वारा उसकी उपेक्षा होने की और केवल भूली-भटकी या गौण बातों पर अड़े रहने से नाहक विवाद होने की सम्भावना है।

स्वात्मानन्द का भाषण हुआ और जैसा शिंदे ने अन्दाजा लगाया था, वैसा विवाद खड़ा हुआ। कुछ मंडलियाँ नाहक विरोध का पक्ष लेकर प्रतिमा पूजन के सन्दर्भ में ब्राह्म समाज पर आक्षेप करने लगीं। इकट्ठा हुई मंडलियों में विवाद शुरू हुआ। दूसरे दिन जाहिर व्याख्यान होनेवाला था। वहाँ मूर्ति-पूजा जैसे रूढ़ धर्म पर आधारित बातों का उल्लेख न करने की शर्त भी कुछ मंडलियों ने रखी। इस पर शिंदे ने यह स्पष्ट बताया, "हम अपनी नीति के अनुसार हमेशा व्याख्यान देंगे। जगह-जगह होनेवाली मनमौजी वृत्ति के अनुसार हमें रंग बदलना नहीं आता।" दूसरे दिन 'धर्म की सामान्य भूमिका' विषय पर व्याख्यान हुआ। स्वामी स्वात्मानन्द ने इसी विषय को केवल हिन्दू धर्म ग्रंथ और संस्थाओं के आधार पर प्रस्तुत किया। पाटणकर वकील ने उचित ढंग से इसका समापन किया।

24 तारीख की शाम फिर पाटणकर वकील के घर पर कुछ मंडलियाँ इकट्ठा हुईं। कृष्णाजी पंत जोशी प्रार्थना समाज के सदस्य बन गए। उन्होंने प.वा. बापूसाहब केतकर की तरह नियमित समाज की उपासना चलाना कबूल किया। इकट्ठा हुई मंडलियों से समाज को कुछ हितैषी मिले। शिंदे को लगा कि समाज का कोई प्रचारक यहाँ आकर दो-तीन मास रहकर कार्य करे तो काफी सफलता मिलेगी।[2]

पाटणकर वकील की सूचना से यह मंडली नासिक जिले के आसवले गाँव में रहनेवाले अस्पृश्य वर्ग के एक अमीर नेता के पास गई, लेकिन इस नेता ने इनसे मिलना टाल दिया।

उनका अगला पड़ाव अहमदनगर में था। वे आसवले गाँव से दोपहर की गाड़ी में बैठे और रात साढ़े बारह बजे अहमदनगर के सहदेवराव बागडे के घर पहुँचे। येवला में अहमदनगर समाज के एक बड़े आस्थावान सदस्य देशपांडे रहते थे। उनके सहयोग से वहाँ काफी कार्य होने की सम्भावना थी, लेकिन ताऊन रोग की वजह से लोग गाँव के बाहर रहने गए थे। इसलिए येवला जाना निरर्थक था।

उन्होंने नासिक में स्वदेशी के आन्दोलन की गर्मजोशी अनुभव की थी, लेकिन यहाँ मात्र स्वदेशी को लेकर पूरी उदासीनता ही दिखाई पड़ी। नगर में कपास का बड़ा बाजार है। आसपास की कपास यहीं से बाहर जाती है। यहाँ कपास के गट्ठर बनाने की एक फैक्टरी भी है। ऐसे में यहाँ कपास की एकाध मिल क्यों न निकाली जाए? लेकिन नगर में पीने के पानी की किल्लत है तो मिल कैसे चलेगी? फिलहाल देशी कौन-कौन-सी चीजें मिलेंगी, यह लोगों को समझाने हेतु जगह-जगह पर प्रदर्शनी लगाएँ तो क्या हर्ज है आदि विचार शिंदे ने स्वदेशी के पुरस्कर्ताओं से जान लिए। नगर की तीस हजार आबादी में छह हजार ईसाई हैं। इसके सिवा जिले में सात हजार के ऊपर ईसाई हैं। यह नगर महाराष्ट्र का ईसाई मिशन का प्रमुख केन्द्र है। मि. चर्चहिल नामक अमरीकी व्यक्ति ने साठ हथकरघों की फैक्टरी और कालीन बनाने की फैक्टरी काफी अच्छी तरह चलाई थी जो शिंदे ने पहले ही देखी थी। उन्होंने देखा कि अब उसमें सवा गुना वृद्धि हुई है। अपने लोग मात्र कुछ भी नहीं करते, इसका शिंदे को एहसास हुआ।

दूसरे दिन सुबह प्रार्थना समाज के सचिव अभ्यंकर की अनुमति से आगे के कार्यक्रम सम्पन्न हुए। शिंदे ने जो अनुभव पाए, उनके आधार पर प्रचार कार्य की नीति तय की। जिस स्थान पर समाज का पहली बार कार्य करना हो, वहाँ विवादास्पद विषय पर व्याख्यान या निषेधात्मक चर्चा यथासम्भव टालनी चाहिए। ऐसे स्थान पर विश्व के विकसित क्षेत्र में धर्म को लेकर जारी प्रयास के उद्देश्य कैसे निष्काम और अहंरहित हैं, उनके रास्ते में कौन-सी बाधाएँ हैं और उन्हें कितनी सफलता मिली, उनमें परस्पर संगति, सहानुभूति और सहयोग कैसे चलता है और इस सनातन सार्वत्रिक धार्मिक कार्य को लेकर स्वदेशी आन्दोलन ब्राह्म अथवा प्रार्थना समाज ने आज कितने सालों से कैसे चलाया है आदि सामान्य विषयों पर केवल जानकारीपरक व्याख्यान देने और संवाद की नीति अपनाई। इससे अधिकांश स्थानों पर विवाद को मौका नहीं मिलता, ऐसा उनका अनुभव था।

अहमदनगर का प्रार्थना समाज तीस साल पुराना होने से यहाँ सामान्य पद्धति से प्रचार का कार्य न कर कुछ विशेष मत या उद्देश्य का विवेचन करना शिंदे को जरूरी लगा। यह काम सन्तुलित ढंग से करना आवश्यक है, लेकिन कार्य में उत्तरोत्तर विशेषता और नवीनता आनी चाहिए, इसलिए इस बार समाज के सन्दर्भ में अत्यन्त विवादास्पद होनेवाली मूर्ति-पूजा और जाति भेद आदि विषय लिए। मूर्ति-पूजा का अन्त मानसपूजा में होता है और जातिविषयक विचारों में बन्धुत्व और समता की नींव महत्त्वपूर्ण होती है। छुआछूत का बन्धन मानना नहीं, यह धारणा रखकर इस विषय पर शान्ति से विवेचन करना हितकर और अनिवार्य है, ऐसे शिंदे के विचार थे। इसलिए नगर के 'आनन्द विहार' नाट्यगृह में 26 और 27 अक्टूबर की शाम को 'मानसपूजा' और 'बन्धुत्व', इन विषयों पर प्रथम स्वामी ने और बाद में शिंदे ने व्याख्यान दिए।

शुक्रवार 27 तारीख को सुबह समाज मन्दिर में उपासना हुई। उस समय शिंदे ने धार्मिक भूमिका के आधार पर दिए व्याख्यान में पूरे भारत का एक राष्ट्र होना कैसे आवश्यक है, इसका प्रतिपादन किया। वर्तमान स्वदेशी आन्दोलन के दौर में लोग जाग्रत हुए हैं। ऐसे में राष्ट्रीय संविधान के सात्विक अर्थ और दैवी उद्देश्य का उन्होंने अपने व्याख्यान में विवेचन किया। जिस तरह परिवार के नियम, छोटी-मोटी जाति की नियमावली ईश्वरी योजना से हुई, उसी तरह राष्ट्रों का संविधान होना, यह भी विश्व निर्माता की ही योजना है। केवल शिशु विकास और विषयासक्ति से परिवार नहीं बनता। सन्तान प्रेम और स्वार्थ त्याग से ही बनता है। उसी तरह केवल स्वार्थ और शोषण से कभी राष्ट्र निर्माण होना असम्भव है। यदि राष्ट्र ईश्वरीय योजना में बाधक बनेंगे तो चोरों की टोलियों की तरह उनका अन्ततः विनाश होता है। अतः हमें विश्व के विकास की एक सीढ़ी चढ़ने के उदात्त उद्देश्य से हमारी छोटी-छोटी जातियाँ और प्रान्तिक राष्ट्रों का एक भारतीय महाराष्ट्र बनाना, यह ब्राह्म धर्म का आदेश है, ऐसा प्रतिपादन शिंदे ने व्याख्यान द्वारा किया।

शनिवार, दिनांक 28 अक्टूबर को रात ग्यारह बजे भिंगार गाँव में प्रखर सुधारक मंडली की पाक्षिक सभा आयोजित की थी। शिंदे और उनके दो सहयोगी निमंत्रण के अनुसार इस सभा में उपस्थित रहने हेतु जा रहे थे। सभा के स्थान से आधा मील दूर रास्ते पर लगभग सौ बच्चे-बूढ़े लोग भजन की पूरी तैयारी किए बैठे थे। शिंदे अपने सहयोगी के साथ वहाँ आ पहुँचे तो मशालें जलाकर वारकरी भक्तों जैसी शोभायात्रा निकली। वह बाजार से होकर साढ़े ग्यारह बजे सभा स्थान पर पहुँची। उस स्थान पर आधी रात के समय निम्न मानी गई जाति के लगभग तीन सौ स्त्री-पुरुष अच्छी वेशभूषा में बड़े उत्साह से इकट्ठे हुए थे। सभा के लिए सुन्दर मंडप खड़ा किया था।

10 जून, 1905 को इस मंडली की प्रथम सभा हुई थी। शिंदे इस मंडली की स्थापना के समय उपस्थित थे और उसके बाद भी इस सभा में व्याख्यान देने हेतु एक बार आए थे। छह मास की अवधि में इस मंडली ने अपने कार्य में हुई प्रगति देखकर शिंदे काफी खुश हुए।

शोभायात्रा में सातगाँव के वृद्ध पाटील, पंढरपुर के वारकरी भक्त बड़ी आस्था से शामिल हुए थे। नीची मानी गई जाति को सुधारने का काम पुराने मत के बूढ़े लोग करते हैं और उच्च जातियों में मात्र वह केवल युवा नौसिखियों पर होता है, यह विरोधाभास शिंदे को मनोरंजक लगा। पहले यह सभा हर मास में एक बार और एक ही स्थान पर आयोजित की जाती थी। अब वह हर पन्द्रह दिन बाद महारों की हर गली में बारी-बारी से होती है। उसके खर्चे के लिए हर पन्द्रह दिन में हर घर से पाव आना चन्दा वसूल किया जाता था। सभा के आरम्भ में पांडोबा डांगले मास्टरजी ने सभा के नियम पढ़े। शराब न पीना, खान-पान और वेशभूषा में सफाई रखना, सभी छोटे बच्चों को पाठशाला में भेजना और विशेषतः उच्च वर्णियों को किसी भी प्रसंग पर ताने न कसना अपितु उनका सम्मान करना आदि अत्यन्त सन्तुलित नियम सुनकर शिंदे और उनके सहयोगी गद्गद हो गए। विशेषतः अन्तिम नियम सुनकर तो शिंदे को लगा कि जिन्हें नीच कहा जाता था, उन्होंने स्वयं को उच्च माननेवालों को सभ्यता का अच्छा पाठ पढ़ाया था, इसमें कुछ नीचों को छोड़कर अन्यों को सन्देह नहीं होगा।[3]

भिंगार गाँव में इस मंडली द्वारा अपनी जाति के लिए एक पाठशाला शुरू करने की नगर निगम से अनुमति प्राप्त की गई। नगर शहर और भिंगार गाँव में इनके लिए दो ग्रंथालय स्थापन होने की बात भी शिंदे को पता चली। इस मंडली द्वारा अल्पकाल में की हुई प्रगति देखकर शिंदे को सन्तोष हुआ। स्वामी स्वात्मानन्द जी ने उत्तेजक, पर अत्यधिक दर्याद्रता से भाषण दिया। इससे प्रेरित होकर नगर शहर के मालीवाडा की महार मंडली ने भी अपनी जाति की उन्नति के लिए हर पन्द्रह दिन के बाद सभा का काम चलाया। 29 तारीख को रात के समय इस सभा के लिए

शिंदे अपने सहयोगियों के साथ उपस्थित रहे। प्रार्थना समाज ने इस मंडली को हर तरह से मदद करना आवश्यक है, ऐसा शिंदे ने जाहिर तौर पर 'सुबोध पत्रिका' में आह्वान किया।

सभा समाप्त होने के बाद रात की गाड़ी से शिंदे अपने सहयोगियों के साथ बारामती को निकले। 30 तारीख को दोपहर 11:30 बजे के आसपास शिंदे, स्वामी स्वात्मानन्द जी और डॉक्टर रुबेन बारामती पहुँच गए। उसी दिन शाम को कई लोगों से मुलाकात की। डॉक्टर रुबेन ने सब रजिस्ट्रार रामकृष्ण बलवन्त लोटलीकर के घर पर इकतारे पर भजन किया।

इस ग्रामीणों क्षेत्रों में और अछूत वर्ग को भी शिक्षण देनेवाली संस्था 'महाराष्ट्र विलेज एजुकेशन सोसाइटी' की स्थापना रामचन्द्र अन्नाजी कलसकर ने की थी। उनका कार्य बारामती और आसपास के वांगी कलस आदि गाँव में शुरू था। शिंदे जब बी.ए. के छात्र थे तब 1898 में उनका कलसकर से परिचय हुआ था। कलसकर की कार्य के प्रति होनेवाली आस्था और लगन देखकर शिंदे के मन में उनके प्रति अतीव आदर निर्मित हुआ। दलितों के लिए हम भी कुछ कार्य करें, यह प्रेरणा प्रथमत: कलसकर के परिचय के पश्चात् शिंदे के मन में निर्मित हुई। शिंदे को बारामती की यात्रा में कलसकर द्वारा स्थापित पाठशाला देखने का और उनकी कार्यशैली परखने का अवसर मिला, लेकिन कलसकर जी का हाल ही में निधन हो चुका था। इसका शिंदे को अफसोस हुआ। उस समय 'महाराष्ट्र विलेज एजुकेशन सोसाइटी' के सेक्रेटरी के तौर पर श्री विष्णु रघुनाथ करमरकर कार्य देखते थे।

31 अक्टूबर को सुबह विट्ठल रामजी शिंदे ने सोसाइटी के कागजात देखे। उद्यम पाठशाला के लड़कों की ड्राइंग, कार्पेटरी आदि कार्य देखा और अन्य अध्ययन करनेवाले लड़कों की परीक्षा ली।

शाम को 7:00 से 9:00 तक बारामती के क्लब में शिंदे और स्वामी स्वात्मानन्द जी ने वेद और उपनिषद् पर आधारित मानस पूजा ही मुख्य है, इस मुद्दे पर व्याख्यान दिया। रात को 2 घंटे लोटलीकर के घर पर भजन किया और बुधवार को सुबह उन्हीं के घर ईश्वर उपासना की।

'महाराष्ट्र विलेज एजुकेशन सोसाइटी' के सोलहवें वार्षिक समारोह के लिए शिंदे 1 नवम्बर 1905 की शाम को 6:00 से 9:00 बजे तक उपस्थित रहे। यह समारोह सोसाइटी के प्रेसिडेंट मालेगाँव के राजा साहब शंभू सिंह जाधवराव के न आने से रेवरेंड अलेक्जेंडर रॉबर्टसन की अध्यक्षता में हुआ। इस अवसर पर विट्ठल रामजी शिंदे ने भाषण दिया और शिक्षा सम्बन्धी इस सोसाइटी का महत्व, उसकी उपयुक्तता और लोकाश्रय की उसको होनेवाली आवश्यकता आदि का मार्मिक विवेचन किया। इस अवसर पर स्वामी स्वात्मानन्द जी ने हिन्दुस्तान की व्यावसायिक शिक्षा को लेकर भाषण दिया।

बारामती के प्रवास का अच्छा फलित यानी वहाँ हुई प्रार्थना समाज की स्थापना। 1 नवम्बर को रात 10:00 बजे से 12:00 बजे तक सब रजिस्ट्रार श्री लोटलीकर के घर पर उन्हीं की अध्यक्षता में हुई। 'महाराष्ट्र एजुकेशन सोसाइटी' के सुपरिंटेंडेंट श्रीमान नारायण मारुतिराव नवले को प्रार्थना समाज के सेक्रेटरी के रूप में नियुक्त किया गया। आठ-दस व्यक्ति समाज के सदस्य बन गए। इस तरह कार्य पूरा होने पर शिंदे और उनके सहयोगी रात 1:30 बजे पंढरपुर रवाना हुए।[4] यह यात्रा उन्होंने बैलगाड़ी से की।

पंढरपुर में वे तीनों प्रार्थना समाज द्वारा चलाए जानेवाले बालहत्या प्रतिबन्धक गृह में आ गए। बारामती का कार्य पूरा होने के बाद डॉ. रुबेन ने विदा ली और उनके स्थान पर लक्ष्मण मनकू सत्तूर दाखिल हुए। इस तरह के प्रचार कार्य में किसी की शरारत से फजीहत होना या चमत्कृत वाकया होना, यह शिंदे ने जमखंडी के प्रसंग से अनुभव किया था। पंढरपुर में उन्हें एक ऐसे ही प्रसंग से गुजरना पड़ा। वहाँ के हाईस्कूल के संचालक मोड़क शिंदे के परिचित थे। मोड़क ने अपनी पाठशाला में शिंदे और स्वात्मानन्द के व्याख्यान आयोजित किए थे, लेकिन मोड़क महोदय की कुछ अलग ही साजिश थी जो व्याख्यान के समय शिंदे और स्वात्मानन्द की समझ में आई क्योंकि व्याख्यान के समय से आधा घंटा बीतने के बावजूद पाठशाला में एक भी श्रोता उपस्थित नहीं रहा। प्रधानाध्यापक द्वारा अपने छात्रों के माध्यम से जगह-जगह पर नाकाबन्दी करने से व्याख्याता फँस गए थे। उनके सामने खाली बेंच थे, लेकिन स्वामी स्वात्मानन्द धुन के पक्के थे। उन्होंने कहा, "शिंदे जी, आज हम व्याख्यान देंगे, आप सुनिए। कल आप देंगे और मैं सुनूँगा।" और उन्होंने पूरा व्याख्यान दिया। दूसरे दिन शिंदे ने वही किया। इस 'पंढरी माहात्म्य' के अनुभव से शिंदे को संत तुकाराम का वचन याद आया, "हा तो काही नव्हे निराशेचा ठाव। भले पोटी वाव राखि लिया।"[5] अर्थात् किसी भी परिस्थिति में निराश न होकर अपना कार्य जारी रखना चाहिए।

शिंदे को सोलापुर में मात्र अच्छा अनुभव मिला। शिंदे वहाँ के सरकारी वकील नागेश पै के यहाँ ठहरे। 18 तारीख को रिपन क्लब की ओर से रिपन हॉल में उनका व्याख्यान हुआ। युवराज के सम्मानार्थ रौशनी की जगमगाहट की थी। इस निमित्त से शिंदे का 'देशभक्ति और ईश्वरभक्ति' विषय पर व्याख्यान हुआ। इस व्याख्यान में शिंदे ने कहा कि हम में होनेवाली आध्यात्मिक कमी से ही राष्ट्रीय एकता का अभाव है। सुख-दुख के अवसर पर राष्ट्र का व्यवहार एकाध व्यक्ति के व्यवहार जैसा होना यह राष्ट्रीयता निर्माण होने का द्योतक होता है और देशसेवा का आद्य तत्त्व राष्ट्रीय एकता बढ़ाना होता है। व्याख्यान के बाद अच्छी चर्चा हुई। उसके बाद वे बीजापुर चले गए। वहाँ के एक थिएटर में उन्होंने व्याख्यान दिया और 'ब्राह्मो पोस्टल मिशन' की सामग्री बाँट दी। बीजापुर से वे हुबली गए। वहाँ के म्युनिसिपल हॉल में उनका व्याख्यान हुआ। तत्पश्चात् उन्होंने धारवाड़, बेलगाँव की यात्रा कर वहाँ धर्म-प्रचार के व्याख्यान दिए और यात्रा पूरी कर मुम्बई लौटे।

इस अवधि में शिंदे की पत्नी रुक्मिणीबाई की बीमारी कम होने की बजाय बढ़ गई थी। इसी में मुम्बई प्रार्थना समाज ने काशी में आयोजित भारतीय एकेश्वरवादी धर्म परिषद् के लिए शिंदे को प्रतिनिधि के रूप में भेजने का निर्णय लिया था। यह जिम्मेदारी उन्हें स्वीकारनी पड़ी। धर्म परिषद् का कार्य पूरा होने पर वे बंगाल, बिहार, आसाम की लम्बी यात्रा पर निकले। बारीसाल में उनका जाहिर व्याख्यान शुरू था कि तभी उन्हें घर से एक टेलिग्राम मिला। उसमें यह मजमून था कि रुक्मिणीबाई का मुम्बई में एक जटिल ऑपरेशन हुआ है और अहमदनगर में उनकी बहन चन्द्राबाई काफी अस्वस्थ हैं। यात्रा अधूरी छोड़कर शिंदे को वापस आना पड़ा। वे अहमदनगर पहुँचकर आपनी लड़ली बहन से मिले और 'वापस आता हूँ', ऐसा आश्वासन देकर पत्नी को मिलने मुम्बई पहुँचे, लेकिन चन्द्राबाई की यह भेंट अन्तिम साबित हुई। दूसरे दिन अर्थात् 3 फरवरी, 1907 को उन्हें चन्द्राबाई की मृत्यु की खबर मिली। बहन की गम्भीर बीमारी के समय और आखिरी दिनों में उसके पास न होने का शिंदे को काफी दुख हुआ।

धर्म-प्रचार कार्य हेतु उनकी अविरत दौड़-धूप जारी थी।

सन्दर्भ

1. *सुबोध पत्रिका,* 22 अक्टूबर, 1905
2. वही, 5 नवम्बर, 1905
3. वही, 12 नवम्बर, 1905

   भिंगार की अस्पृश्य वर्ग की प्रस्तुत सभा का अपने मन पर कैसा भावनात्मक परिणाम हुआ और उसकी परिणति किस प्रकार 'डिप्रेस्ड क्लासेज मिशन' की स्थापना में हुई, इसका विवेचन शिंदे ने अपनी आत्मकथा में किया है। उसका उपयोग इस जीवनी के प्रथम अध्याय में किया है।
4. *सुबोध पत्रिका,* 12 नवम्बर, 1905, विष्णु रघुनाथ करमरकर द्वारा भेजा पत्र।
5. वि.रा. शिंदे, *माझ्या आठवणी व अनुभव,* पृ. 174

यात्रा के अनुभव

अण्णासाहब शिंदे ने ब्राह्म धर्म का प्रसार और अस्पृश्यता का उन्मूलन कर अस्पृश्य माने गए वर्ग में सुधार लाना अपना जीवित कार्य मान लिया था और पूरी जद्दोजहद के साथ वे इस कार्य में जुटे थे। इन दोनों कार्यों का स्वरूप ही ऐसा था कि उसके लिए उन्हें निरन्तर यात्रा करना अनिवार्य था। प्रचारक के रूप में उन्हें हर मास साठ रुपये जितना अल्प वेतन मिलता था। इस वेतन में ही प्रचारक अपना यात्रा व्यय वहन करें, ऐसी अपेक्षा थी। निराश्रित सहयोगी मंडली का कार्य तो उन्होंने अन्त:प्रेरणा की आवाज मानकर शुरू किया था। उसका अवैतनिक सम्माननीय जनरल सचिव का पद स्वीकार किया था। परिवार चलाने का खर्चा भी कम नहीं था। बावजूद इसके, स्वीकृत कार्य में खर्चे की परवाह न कर वे निरन्तर यात्रा करते थे। उन्होंने स्वयं एक जगह पर कहा है, "जो तत्त्वों के लिए होश खोते हैं, उन्हें तफसील की परवाह नहीं होती। ऐसे में ही मैं एक हूँ।"[1] इससे उनकी यात्रा अक्सर रेल के तीसरे दर्जे से ही होती। होटल में ठहरने का ऐशोआराम बस से बाहर होता। इसलिए जिस गाँव में जाते, वहाँ परिचय निकालकर किसी के घर ठहरने और भोजन का प्रबन्ध करवाना पड़ता। कभी-कभी सर नारायण चन्दावरकर के हुबली के समधी श्रीमान सिरूर, डॉ. रा.गो. भंडारकर के बड़ौदा में हाईकोर्ट में जज होनेवाले भाई वासुदेव गोपाल भंडारकर अथवा काठेवाड़ी के मियागाँव के ठाकुरसाहब जैसे बड़े यजमानों के यहाँ शाही मेहमाननवाजी होती तो कभी खान-पान के लाले पड़कर भूखे रहने की नौबत आती। इतना ही नहीं तो कई बार अपमान तक सहना पड़ता। इन दोनों की ओर समभाव से देखने की वृत्ति उन्होंने आत्मसात् की थी। उनमें अपमान, फजीहत के अनुभव की ओर देखने का सामंजस्य तथा खिलंदड़ी और विनोद वृत्ति थी। इसी कारण वे स्वीकृत कार्य हेतु आजीवन इस तरह का भ्रमण कर पाए।

1903 में यूरोप से वापस लौटने पर वे तुरन्त दिसम्बर में सामाजिक परिषद् और ब्राह्म समाज एकेश्वरवादी परिषद् के लिए मद्रास चल निकले। तीखे, मसालेदार खान-पान की आदत छूटने से दक्षिण क्षेत्र में उन्हें काफी परेशानी सहनी पड़ी। "हर स्थान पर, मेरे लिए फीका भोजन बनाओ, ऐसा हर गृहस्वामिनी को बताने के बावजूद उन्हें मिर्च-मसाले के बिना खाना बनाना अपनी अपकीर्ति ही लगती।" अत: उनका थोड़ा-सा तीखा भी अण्णासाहब को असह्य होता। इसी से दक्षिण प्रवास में वे कभी भरपेट खाना न खा पाए। इस यात्रा में उन्हें और एक मुसीबत सहनी पड़ी। मद्रास का जाड़ा उन्हें यूरोप की गर्मी से भी कड़ा महसूस हो रहा था, लेकिन यूरोप से वापस लौटने पर अपने देश के अनुकूल नए कपड़े लेने तक की उनकी आर्थिक स्थिति नहीं थी। इसलिए उन्हें कुछ समय तक यूरोपियन कपड़े ही पहनने पड़े। अपनी इस दशा का वे वर्णन करते हैं, "मैं ऊपर से साहब दिखाई देता, लेकिन अन्दर से यात्रा का खर्चा और तबीयत को हजम न होनेवाले अन्न से आतंकित एक कंगाल फकीर था।"[2]

विट्ठल रामजी शिंदे 1904 में गर्मी के मौसम में काठेवाड़ की यात्रा पर थे। जूनागढ़ में दीवान की कोठी में बड़ौदा सरकार के मंडलिक मियागाँव के ठाकुर की भेंट हुई। ठाकुर साहब ने प्रार्थना समाज के कार्य के प्रति आस्था दिखाई। अपनी जागीर होनेवाले मियागाँव में दो दिन आने का आग्रहपूर्ण निमंत्रण दिया। उसके अनुसार विट्ठल रामजी शिंदे बी.बी.सी.आई. रेल के मियागाँव स्टेशन पर उतर गए। दोपहर के बारह बजे थे। गाड़ी पकड़ने की दौड़-धूप में पहले दिन उनको उपवास रखना पड़ा था। उन्हें लेने आया कोई दिखाई नहीं दे रहा था। गाड़ी ने स्टेशन छोड़ा तो दो-चार मिनट में स्टेशन पर पूरी खामोशी फैल गई। स्टेशन मास्टर-पोर्टर कहाँ गए, इसका पता न चला। डेढ़ दिन के उपोषण से उनके पेट में चूहे दौड़ने लगे थे। सन्दूक और बोरिया-बिस्तर प्लेटफॉर्म पर छोड़कर वे रोटी की खोज में निकल पड़े। आधा मील पर एक कुग्राम था। बहुत कम लोग दिखाई दे रहे थे। वे एक ब्राह्मण के घर में गए। पता चला कि उनके घर

बरसी है। दो प्रहर बीते, लेकिन यह सज्जन बाल ही कटवा रहे थे। शिंदे ने पूछा, "भोजन मिलेगा क्या?" इस पर उसने कहा, "क्या आप ब्राह्मण हैं?" शिंदे ने 'नहीं' कहा तो उसने शिंदे को बाहर का रास्ता दिखाया। अन्ततः हिम्मतपस्त होकर वे एक दर्जी की दुकान पर गए और उसे अपनी परेशानी बताई। दर्जी को उन पर तरस आया। उसकी पत्नी पनघट पर पानी लाने गई थी। दर्जी ने उन्हें सांत्वना दी कि पत्नी के लौटने पर घर में कुछ बचा है क्या, देखता हूँ। उसकी स्त्री शैवाल चढ़ा गन्दे पानी का घड़ा सिर पर लेकर आ गई। उसने एक थाली में बासी चावल और बासी कढ़ी परोस दी। विट्ठल रामजी ने देखा कि उसमें चार-पाँच मक्खियाँ गिरी हुई थीं। उन्होंने चुपचाप मक्खियाँ निकालकर लोलुपता से वह खाना खाया, लेकिन पानी उनसे पिया न गया। उन्होंने हाथ धोकर बाहर दर्जी के पास चबूतरे पर चटाई पर बैठकर पानी पिया। उनके पास उसी चटाई पर एक मुसलमान सज्जन बैठे थे। उसकी कोई परवाह न कर यह अतिथि पानी पी रहा है, यह देख दर्जी गुस्सा हो गया। उसने कोई मुरव्वत न रखकर शिंदे को दुकान से नीचे उतरने को कहा। इससे मुसलमान का अपमान होने से वह भी नीचे उतर गया। वह पुलिस का सिपाही था। उसने शिंदे से पूछताछ कर पूरा वाकया जान लिया। "मैं जाति न माननेवाला एक मराठा हूँ।" यह उनसे सुनते ही उस भले सिपाही ने यहाँ पर मराठा दारोगा साहब हैं, ऐसा कहकर उनको थाने पर पहुँचा दिया और उनका सामान भी लेता आया। वे दारोगा शिंदे कोल्हापुर के ही थे और शिंदे के परिचित थे। इससे चित्र ही बदल गया। उनके यहाँ अच्छा प्रबन्ध हो गया। उन्होंने पुलिस द्वारा ठाकुर साहब को सन्देश भिजवा दिया। उन्होंने शिंदे को लिवाने एक सुन्दर गाड़ी भेज दी। नानालाल कवि द्वारा भेजे पत्र में गफलत से आने का समय एक दिन देर से बताने से यह गड़बड़ हुई, ऐसा उन्होंने बताया। शिंदे को तकलीफ सहनी पड़ी, इसलिए ठाकुर ने माफी माँगी। उनके यहाँ एक दिन शाही मेहमाननवाजी हुई और शिंदे मुम्बई वापस आए।

1905 के गर्मी के दिनों में शिंदे ने महाराष्ट्र और कर्नाटक की यात्रा की। उनके साथ स्वामी स्वात्मानन्द और डॉ. रुबेन भी थे। उन्होंने नासिक का काम पूरा किया। आसवले में नीलकंठराव पाटणकर वकील के परिचित अस्पृश्य वर्ग के एक अमीर नेता थे। पाटणकर की सूचना से वे उन्हें मिलने आसवले गए, लेकिन इन तीनों की विचित्र वेशभूषा उस अस्पृश्य सज्जन ने देख ली। लम्बी दाढ़ी वाले शिंदे और हाथ में इकतारा लिये रुबेन। इन तीनों को उस रूप में देखकर उस नेता को लगा कि कुछ माँगने के लिए भिखारी-बैरागी ही आए हैं और वह घर से बाहर मिलने नहीं आए। अन्ततः थककर उन्होंने नदी पर स्नान किया। शिंदे लिखते हैं, "हमारे पास खाने के लिए धूप के सिवा कुछ भी नहीं था।" उन्होंने चुपचाप गाँव का रास्ता पकड़ लिया।

1990 के क्रिसमस में इलाहाबाद में राष्ट्रीय सभा का अधिवेशन आयोजित किया था। उसी समय होनेवाली 'भारतीय एकेश्वरवादी धर्म परिषद्' के लिए विट्ठल रामजी शिंदे आधी रात को इलाहाबाद पहुँचे। जाड़े के दिन थे। वे प्रो. बाबू रामानन्द चटर्जी के यहाँ ठहरनेवाले थे, लेकिन गाड़ीवाले को वह स्थान पता नहीं था। आधी रात दो घंटे इधर-उधर भटकने पर उसने मजबूरी से विट्ठल रामजी का सामान म्यूर कॉलेज के विशाल मैदान में रखा और चला गया। बहुत कड़ा जाड़ा था। अण्णासाहब शिंदे को सामान का तकिया बनाकर उस वीराने में जाड़े की वह रात बितानी पड़ी।

हमेशा की ऐसी दौड़-धूप की यात्रा में भी विट्ठल रामजी शिंदे घर के सदस्यों को—कभी पिताजी, कभी पत्नी, तो कभी जना बहन को नियमित पत्र लिखकर अपनी खुशहाली बताते और उनकी खबर लेते। उत्तर हेतु अगले प्रवास का पता देते। आगे दिया पत्र उन्होंने अपने बहन को लिखा है।[3]

जयपुर

ता. 19. दि. 1909

प्रिय जनाक्का,

कल रात बारह बजे स्टेशन पर पहुँचा, लेकिन वह स्टेशन ठहरा त्रोतायुग का। रात नौ बजे ही नगर द्वार के सभी दरवाजे बन्द होते हैं। अतः वेटिंग रूम में ही सोना पड़ा। चार यूरोपियन यात्री, हम दोनों और एक कोई बड़ा अमलदार ऐसे सात बहिष्कृत लोग उस कमरे में खर्राटे लेते रहे, लेकिन कौन सोया, किसे पता? जयपुर काफी सुन्दर, साफ-सुथरा और पुराना शहर है। हम जिनके घर पर ठहरे हैं, वे सनातन हैं। उन्होंनें मुझे स्नानगृह के पास खाने को बिठाया। मैंने खूब खाना खाया। कल आगरा जाकर ताज देखूँगा।

आपका,
विट्ठल

शिंदे समंजस और हँसोड़ वृत्ति के थे। इसी कारण वे स्नानगृह के पास बैठकर खाना खाने का साहस कर सकते थे। इसके सिवा खाना खाते समय अगले दिन देखे जानेवाले ताजमहल का आगामी सुख उनकी आँखों में था।

अण्णासाहब शिंदे की वेशभूषा के कारण आसवले गाँव में जैसा अजब अनुभव सामने आया था, वैसा ही अनुभव 1911 में बेलगाँव में उन्हें आया। हुबली में 'डिप्रेस्ड क्लासेज मिशन' की कर्नाटक शाखा शुरू की थी। उस शाखा के लिए फंड जमा करने हेतु वे अपने सहयोगी सय्यद के साथ बेलगाँव गए थे। सय्यद उन्हें अपने परिवार के सदस्य जितने ही आत्मीय थे। अण्णासाहब से प्रभावित होकर उन्होंने उर्दू हाईस्कूल का इस्तीफा देकर मिशन में आजीवन सेवक की जिम्मेदारी स्वीकार की थी। वे दाढ़ी नहीं रखते थे। अण्णासाहब शिंदे ने मात्र सन् 1900 से दाढ़ी रखी थी।

बेलगाँव के एक परिचित सारस्वत सज्जन को उन्होंने अपने आने की खबर दी थी और उनका भी 'हमारे यहाँ ठहरो', ऐसा उत्तर मिला था। शिंदे सय्यद को साथ लेकर बेलगाँव पहुँचे। दोपहर बारह बजे का समय था। उस सारस्वत सज्जन के घर जाकर पूछताछ की तो घर की महिला और नौकर से पता चला कि वे महत्त्वपूर्ण कार्य हेतु बाहर गए हैं। इस पर अण्णासाहब ने बताया कि हम आनेवाले हैं, ऐसा मालिक को बताया था और उन्होंने अपने घर ठहरने के लिए कहा था। अण्णासाहब की दाढ़ी देखकर उन महिलाओं को लगा कि ये मुसलमान सज्जन हैं, इसलिए उन्हें सामान बरामदे में ही रखने को कहा। दोपहर का समय था। उन्हें काफी भूख लगी थी। ऊपर से यात्रा की थकान थी, लेकिन काफी समय होने पर भी खान-पान का कोई ठिकाना दिखाई नहीं दिया। तब खाना नहीं तो नहीं, चाय का कहीं जुगाड़ हो सकता है क्या, इसका सय्यद ने अन्दाजा लगाया। घर के सामने ही एक होटल था। वहाँ के बच्चे को चाय लाने को कहकर सय्यद वापस आ गए, लेकिन काफी समय होने के बाद भी चाय नहीं आई। यह देखकर सय्यद ने ऊँची आवाज में होटल के बच्चे को चाय लाने को कहा, लेकिन वह मालिक का मुँह ताकने लगा। इस पर मालिक ने उस बच्चे को झल्लाकर कहा, "अरे, बता दो न? उसमें क्या डरना? तुरन्त बता दो।" तब वह बच्चा सय्यद के पास आकर बोला, "साहब, आपको चाय देने में हमें कोई हर्ज नहीं।" और चमत्कृत नजर से अण्णासाहब की दाढ़ी की ओर देखकर कहा, "आपके साथ होनेवाले मुसलमान को मात्र हम चाय नहीं दे सकते। हम केवल हिन्दू को ही चाय-नाश्ता देते हैं।" सय्यद पूरी स्थिति समझ गए। मालिक सुन पाए, इतनी ऊँची आवाज में उन्होंने कहा, "अरे, तुम्हें पता नहीं, ये तो हिन्दू है। केवल दाढ़ी बढ़ाई, इसलिए वे मुसलमान नहीं होते। उनका नाम शिंदे है और वे कर्नाटक के ही निवासी हैं।" यह सुनकर मालिक तुरन्त सय्यद के पास आया और बोला, "अजी, हमें क्या पता? आप बेहिचक चाय पीना।" शिंदे अच्छी तरह कन्नड़ जानते हैं, इसका बाद में उसे पता चला तो वह बड़ा शर्मिन्दा हो गया।[4] बाह्य लक्षणों से अन्दाजा लगाना कैसे विपर्यास करता है, किसी नाटक में शोभा देनेवाली ऐसी ही यह घटना थी।

सन्दर्भ

1. विट्ठल रामजी शिंदे, *माझ्या आठवणी व अनुभव*, पृ. 153
2. वही, पृ. 155
3. शिंदे का पत्राचार
4. जनाबाई शिंदे, साप्ताहिक, *तरूण महाराष्ट्र*, पुणे, 31 दिसम्बर, 1948

जना बहन पनवेल में अध्यापिका

जनाक्का अंग्रेजी छठी कक्षा में थी तब बीमार पड़ी। खाँसी से वह काफी परेशान हुई थी। चन्द्राबाई हाल ही में क्षय से गुजर गई थी। सभी को यह सन्देह हुआ कि उसे शान्ता सुखटणकर का संसर्ग हुआ होगा। जनाक्का उससे संक्रमित तो नहीं हुई, ऐसा सभी को डर था, लेकिन डॉक्टर ने बताया कि उन्हें क्षय की नहीं तो प्लूरसी की बीमारी है। इस बीमारी से उन्हें तीन मास तक बिस्तर पकड़ना पड़ा। पढ़ाई बाधित हुई थी। परीक्षा नजदीक आ रही थी। परीक्षा में अच्छे अंक लेकर उत्तीर्ण न होने पर छात्रवृत्ति नहीं मिलेगी, इसलिए जनाक्का डॉक्टर की बात नजरअन्दाज कर पास होनेवालों की नजर बचाकर रात को पढ़ाई करती। वे तन्दुरुस्त हुई और अंग्रेजी छठी कक्षा की परीक्षा अच्छे अंकों में उत्तीर्ण हुई, लेकिन फिर बीमार पड़ी। माता-पिता और अण्णा के विरोध के बावजूद जिद करके उन्होंने मैट्रिक की कक्षा में प्रवेश लिया, लेकिन उनकी तबीयत काफी कमजोर हुई थी। इसलिए डॉक्टर वाडिया ने मदर को स्पष्ट ही बताया था कि इस लड़की को पूरे आराम की जरूरत है। इसे पढ़ने देना ठीक नहीं है। डॉक्टर मोदी ने भी जनाक्का को पाठशाला में न भेजने की सलाह दी।

छोटी बहन चन्द्राबाई की असमय मृत्यु से अण्णासाहब पहले ही भावुक बन गए थे। ऐसे में जनाक्का को लेकर डॉक्टर की सलाह न मानकर खतरा मोल लेने को वे तैयार नहीं थे। अन्ततः 1906 के प्रथम सत्र से जनाक्का को अपनी प्रिय हुजूरपागा पाठशाला ही नहीं तो आगे की पढ़ाई भी हमेशा के लिए छोड़नी पड़ी। सेहत में घूमने लायक सुधार हुआ तो वे अपने बड़े भाई के साथ नगर, सतारा, कोल्हापुर जाती। उन्हें अण्णासाहब का धर्म-प्रचार का कार्य नजदीक से देखने का मौका मिला। इस निमित्त से कई लोगों से परिचय हुआ। डॉ. भंडारकर, चन्दावरकर जैसी बड़ी हस्तियों को समाज के उत्सवों के अवसर पर नजदीक से देखने का मौका मिला।

मुम्बई आने पर जनाक्का की बलभीमराव केसकर से भेंट हुई। केसकर विट्ठल रामजी के आत्मीय मित्र और प्रार्थना समाज के निष्ठावान सदस्य थे। मुम्बई की घुटनभरी हवा जनाक्का की तबीयत के लिए अनुकूल नहीं थी। इसलिए केसकर ने जनाक्का को बताया कि वे पनवेल नगर निगम पाठशाला में अध्यापिका की नौकरी स्वीकार करें। पनवेल की हवा शुष्क होने से वह उनकी तबीयत को सूट करेगी और काम में समय भी बीतेगा। जनाक्का ने अण्णासाहब से चर्चा कर अपनी सहमति जताई। पनवेल के तहसीलदार तेंडुलकर केसकर के परिचित थे। वे म्युनिसिपल बोर्ड के चेयरमैन होने से जनाक्का को अध्यापिका के रूप में नियुक्त कर सकते थे। जनाक्का अंग्रेजी छठी कक्षा तक पढ़ी हुई थी। इसके सिवा उन्हें गायन, सिलाई आदि विषय अवगत थे। जनाक्का की योग्यता को देखकर उनकी लड़कियों की पाठशाला में हेडमिस्ट्रेस की जगह पर मासिक 25 रुपए वेतन पर अध्यापिका के रूप में नियुक्ति की गई। इस पाठशाला में लड़कियों की संख्या लगभग साठ थी। पाठशाला में हेडमिस्ट्रेस और एक अध्यापक—इतना ही अध्यापक वर्ग था। पाठशाला की इमारत के पास ही उनका रहने का प्रबन्ध हुआ। केसकर की विधवा बहन भागीरथीबाई अपने पाँच-छह साल के बेटे को लेकर वहाँ रहती थी और अपनी पढ़ाई भी कर रही थी। जना बहन के साथ पिता रामजी बाबा पाँच-छह साल के पोते प्रताप को लेकर रहते थे।

जनाक्का पर घर से जाति भेद के संस्कार नहीं हुए थे। इससे पनवेल के परिचित मुसलमान परिवार में उनका उठना-बैठना, उनके शादी-ब्याह में शरीक होने से और उनके सुधारवादी व्यवहार से पनवेल की कर्मठ मंडली उन पर खफा हुई। विट्ठल रामजी शिंदे को लगा कि पनवेल जाकर सुधार सम्बन्धी व्याख्यान देने पर अपनी बहन पर होनेवाला वहाँ की मंडली का रोष कम होगा। इसलिए वे स्वामी स्वात्मानन्द को साथ लेकर व्याख्यान देने के उद्देश्य से पनवेल पहुँचे।

शिंदे के इंग्लैंड से विद्याविभूषित होकर आए व्याख्याता होने से उनके प्रति एक तरह का आदरयुक्त कौतूहल निर्मित होने से बड़ी संख्या में श्रोता उपस्थित रहे, लेकिन व्याख्याताओं ने उस समय अस्पृश्य वर्ग की उन्नति हेतु हाल ही में स्थापित की गई संस्था की जानकारी दी और अस्पृश्यता उन्मूलन कार्य की जरूरत बताई तो पुराने मत के लोगों की व्याख्याता और व्याख्याता के बहन के प्रति प्रतिकूलता ही बढ़ गई। इसी दौरान रामजी बाबा ने सेना से सेवानिवृत्त गंगारामभाऊ सूबेदार नामक महार व्यक्ति को अपने घर चाय को बुलाया। इससे पनवेल का जनमत जनाक्का के विरोध में काफी प्रक्षुब्ध बना। गाँव की प्रस्थापित मंडली ने उनके घर पर लगभग बहिष्कार ही कर डाला। पाठशाला में काम करनेवाली सेविका अधिक रुपए लेकर जना बहन के घर पर पानी लाने आदि का काम करती थी। उसने स्पष्ट बताया कि इसके बाद आपके घर का काम नहीं करेगी क्योंकि गाँव के लोग यह जानकर कि वह आपके यहाँ काम करती है, इसलिए उसे परेशान करते हैं। इतना ही नहीं तो रामजी बाबा को बाल कटाने के लिए नाई तक मिलना कठिन हो गया। उन्हें मुम्बई में आकर बाल कटाने पड़े। सार्वजनिक नल पर पानी भरने के लिए उन्हें मनाही की जाने लगी। समंजस होनेवाली घर मालकिन ने मात्र उनका सहयोग किया। उसने जना बहन को कहा, "आप चिन्ता मत कीजिए। अपने घर में होनेवाले कुएँ का पानी मैं स्वयं लाकर दूँगी। यह ऐसा ही चलेगा। संत एकनाथ को भी इसी तरह कष्ट उठाने पड़े थे। कुछ दिन बाद सब कुछ ठीक होगा। औरत जात होने से हिम्मत न हारना।"[1]

जना बहन और अपने पिता को पनवेल में छल सहना पड़ता है, यह समझ में आने पर विट्ठल रामजी शिंदे ने जनाक्का को सन्देश भेजा, "तुम मुम्बई वापस आओ, तुम्हारा वहाँ नौकरी करना जरूरी नहीं अपितु मिशन की संस्था में तुम्हारी जरूरत है। अस्पृश्य वर्ग की स्त्रियों में जागृति लाने का बड़ा काम तुम्हें करना होगा।" आदि।

जनाक्का ने अपने बड़े भाई का पत्र म्युलिसिपल बोर्ड के चेयरमैन तेंडुलकर को दिखाया। उन्होंने सलाह दी, "वार्षिक परीक्षा नजदीक आ गई है। वह होने पर आपका नौकरी छोड़ना ठीक रहेगा। इससे आप जनमत के डर से नौकरी छोड़कर चली गईं, ऐसा भी न होगा।" जनाक्का को उनकी सलाह उचित लगी। अण्णा को यह बताकर वे पाठशाला के कार्य में पहले की तरह व्यस्त रही।

पाठशाला की वार्षिक परीक्षा सम्पन्न हुई। जनाक्का द्वारा पढ़ाई दूसरी से चौथी कक्षा तक की लड़कियों की उत्तर पुस्तिकाएँ गाँव के एक हेडमास्टर की ओर जाँचने गई। वे सज्जन जना बहन के विरोधी थे। फिर भी सभी लड़कियाँ अच्छी तरह उत्तीर्ण हुईं। जना बहन को तो खुशी हुई ही, तेंडुलकर तथा जना बहन को पानी पहुँचानेवाली ब्राह्मण मालकिन को भी खुशी हुई। अन्ततः जना बहन पाठशाला छोड़कर मुम्बई आ गई। बारिश के दिनों में यातायात बन्द रहता था। छोटी नौका में बैठकर मुम्बई जाना पड़ता था। उस समय यही हेडमास्टर नौका में उनके साथ रहे और उन्होंने उन्हें मुम्बई पहुँचा दिया।

जनाक्का ने विरोधी माहौल में रहकर एक साल तक अध्यापिका की भूमिका सफलता से निभाई। अब वे अपने भाई द्वारा आरम्भ किया गया अस्पृश्यता उन्मूलन का जो अपूर्व कार्य था, उसमें सहयोग करने हेतु सिद्ध हुई।

सन्दर्भ

1. जनाबाई शिंदे, *स्मृतिचित्रे,* तरुण भारत, 24-06-1949

विविध प्रार्थना समाज में सहभाग

मुम्बई में विट्ठल रामजी शिंदे का धर्म-प्रचार का कार्य जोर-शोर से चल रहा था। इसके सिवा अन्य स्थानों पर भी स्थानीय समाज के निमंत्रण पर उन्हें जाना पड़ता। महाराष्ट्र में मुम्बई शहर के अलावा पुणे, सतारा, अहमदनगर, गुजरात, अहमदाबाद, बड़ौदा, नवसारी में और मध्य प्रदेश के इन्दौर मे प्रार्थना समाज की शाखाएँ थीं। उनके वार्षिक उत्सव सप्ताहभर चलते थे। उसमें हिस्सा लेने शिंदे को जाना पड़ता। शिंदे इसे ब्राह्म धर्म के प्रसार का मौका मानकर बड़े उत्साह से जाते। ऐसे उत्सव के अवसर पर शिंदे ब्राह्म समाज के मूल तत्त्वों का व्याख्यान द्वारा विवेचन करते। इसके सिवा धर्म-प्रसार का कार्य जोश से चले, इसलिए नित नए विचार प्रस्तुत कर कार्य को प्रेरणा देते।

27 और 28 अगस्त, 1904 को बड़ौदा रियासत के नवसारी में प्रार्थना समाज का वार्षिक उत्सव सम्पन्न हुआ। 27 तारीख को नवसारी के लक्ष्मण हॉल नामक प्रशस्त सार्वजनिक इमारत में गुजराती भाषा में उपासना हुई। 28 तारीख को सुबह शिंदे ने 'अहमदाबाद प्रार्थनामाला' नामक पुस्तक से उपासना चलाई और बाद में हरि-कीर्तन किया। शाम को फिर उन्होंने उसी पुस्तक से उपासना चलाई और उसके बाद व्याख्यान दिया। उनके व्याख्यान का विषय 'उदार धर्म आन्दोलन की आवश्यकता' था। उन्होंने इस सन्दर्भ में यह बताया कि नवसारी का प्रार्थना समाज इसमें क्या योगदान दे सकता है। उपासना तथा व्याख्यान को सुननेवाले गाँव के नागरिक और पारसी धर्म के श्रोता बड़ी संख्या में उपस्थित थे। सभा के अध्यक्ष नवसारी के जिला अधिकारी सुभासाहब रावबहादुर खासेराव जाधव थे। शिंदे ने व्याख्यान के आरम्भ में ही स्पष्ट किया कि नवसारी, सोनगढ़ जैसे स्थानों पर रियासत के अधिकारी धार्मिक कार्य में हिस्सा लेते हैं। यह बात रियासत के अधिपति का धार्मिक कार्य सम्बन्धी दृष्टिकोण आगे ले जाने की द्योतक है। व्याख्यान के प्रवाह में उन्होंने यह स्पष्ट किया कि धर्म सुधार केवल एक सुधार न होकर वह सभी अच्छाइयों की जड़ है। विश्व का आधुनिक उदार धर्म-सम्बन्धी आन्दोलन यह विवेचक और समावेशक स्वरूप का है। उन्होंने अन्त में यह भी बताया कि अब यह उदार धर्म विश्व धर्म होने जा रहा है।

अध्यक्ष सुभासाहब रावबहादुर खासेराव जाधव ने बेहतरीन भाषण कर धार्मिक शिक्षा की आवश्यकता का प्रतिपादन किया। शिंदे ने समाज का एक ग्रंथालय हो, ऐसी सूचना दी। उसके लिए उन्होंने मुम्बई से कुछ पुस्तकें भेज दीं। इससे वहाँ ग्रंथालय की स्थापना हुई।[1]

नवसारी जिले के जंगल में होनेवाले सोनगढ़ गाँव में प्रार्थना समाज का कार्य सुचारू ढंग से चल रहा था। 1905 को शिंदे ने सोनगढ़ के समाज को भेंट दी। इस इलाके में ढाणके नामक आदिवासी जाति रहती थी। श्रीमन्त सयाजीराव ने उनकी शिक्षा का अच्छी तरह से प्रबन्ध किया था। लड़के तथा लड़कियों के लिए अलग छात्रावास बनाए थे। हर छात्रावास में 50 छात्रों को रहने की सुविधा थी। श्रीमन्त सयाजीराव गायकवाड़ ने पिछड़ी जातियों के लड़कों के साथ लड़कियों की शिक्षा का भी प्रबन्ध किया था। इससे उनका उदात्त दृष्टिकोण दिखाई देता है। फत्ते खाँ नामक मुसलमान बड़ी आस्था से छात्रावास के अधीक्षक की जिम्मेदारी निभा रहे थे।

27 मार्च, 1904 से इन्दौर के प्रार्थना समाज का उत्सव शुरू हुआ। शिंदे इस उत्सव में उपस्थित रहकर सक्रिय रहे। शिंदे की उपस्थिति प्रार्थना समाज के कार्य को प्रेरक, उत्साहवर्धक और दिशा देनेवाली साबित हुई। शिंदे कितने अलग-अलग स्तर से और उचित दृष्टिकोण से धर्म का प्रसार कर रहे थे, इसकी कल्पना उनके सहभाग से आती है। इस उत्सव में उन्होंने प्रौढ़ मंडली और अमराठी श्रोताओं का विचार कर दो व्याख्यान अंग्रेजी में दिए। उनके व्याख्यान के विषय 'प्राच्य और पाश्चात्यों की आधुनिक उदार धर्म की कुछ कार्य पद्धतियाँ' और 'ब्राह्म

समाज और विश्व के संत' आदि थे। उन्होंने सामान्य श्रोताओं के लिए वर्डस्वर्थ की जीवनी मराठी भाषा में बताई। उनकी कुछ कविताएँ सुनाईं। सीधी, सहज भाषा में उसका अर्थ बताया। विशेषत: 'वी आर सेवन' नामक कविता का सीधा लेकिन महत्त्वपूर्ण उद्देश्य—आत्मा की अमरता—काफी सरसता से बताया। पूजा के बाद फिर उन्होंने सदस्य, हितैषी, सज्जन, महिलाओं को बेलगाँव, मद्रास, कोलकाता में हाल ही में की गई यात्रा के अनुभव रंजक शैली में बता दिए। समाज के बच्चों का मेला आयोजित किया। अक्सर सत्य बोलना चाहिए, इस सन्दर्भ में उन्हीं की भाषा में छोटी कथाएँ बताईं और ईसा तथा कन्फ्यूशियस का मनुष्य ने कैसा वर्तन करना चाहिए, इस सन्दर्भ में सुबोध उपदेश किया। बड़ी उम्र के बच्चों को टेनिसन के वचन के अनुसार उपदेश किया कि "ज्ञान अधिक बढ़े, लेकिन उसके साथ अन्त:करण में पूज्य बुद्धि का अधिक विकास हो।" स्त्रियों की सभा में भी शिंदे ने भाषण दिया। कृतज्ञता ज्ञापन के समय श्रीमती उमाबाई केलकर ने कहा, "श्रीमान शिंदे की तरह हर एक की समझ होगी तो स्त्रियों की दशा सुधारने के सन्दर्भ में कुछ हो सकता है।" शिंदे का स्त्री सम्बन्धी दृष्टिकोण उमाबाई केलकर को अत्यन्त महत्त्वपूर्ण लगा। उत्सव के अन्त में नगर संकीर्तन के बाद रात दस बजे शिंदे ने समाजबन्धुओं को अत्यन्त आस्था से, सजल नयनों से, बड़े निश्चय से उपदेश किया कि हर साल नगर संकीर्तन का उत्सव आयोजित करें और छोटे-बड़े सभी लज्जा त्याग कर आज की तरह ही भक्ति रस में लीन हों। उसके पश्चात् उन्होंने ईश्वर-प्रार्थना की और सभा का समापन हुआ।[2]

सतारा का प्रार्थना समाज महाराष्ट्र में सुचारू ढंग से कार्यान्वित समाज था। सीतारामपंत जवेरे समाज का काम अत्यन्त निष्ठा से चलाते थे। रावबहादुर काले, मोरोपंत जोशी और उनकी कन्या मथुराबाई आदि उन्हें सहयोग करते थे। 1905 के अप्रैल मास के अन्त में समाज का वार्षिक उत्सव बड़े उत्साह से सम्पन्न हुआ। विट्ठल रामजी शिंदे उसमें शरीक हुए। उनका 'निवृत्ति और प्रवृत्ति तथा अवतार और विकास' नामक विषय पर अत्यन्त उद्बोधक और प्रेरक व्याख्यान हुआ।[3] उन्होंने अपने व्याख्यान में प्रवृत्तिवाद का जोरदार समर्थन किया। मनुष्य को अपने अहं का दायरा वैश्विक बनाना चाहिए, ऐसा उन्होंने प्रतिपादन किया। व्यक्ति को स्वयं की समग्र उन्नति करना अनिवार्य है। उसमें ऐसी क्षमता आने के लिए विभूति के अवतार पर निर्भर नहीं रहना चाहिए। अवतार के प्रभाव से व्यक्ति के ऊपर उठने की अपेक्षा उसका स्वाभाविक, क्रमिक विकास होना महत्त्वपूर्ण है, ऐसा बताया। शिंदे की भूमिका व्यक्ति की प्रतिष्ठा, उसके प्रयास और स्वाभाविक विकास को महत्त्व देनेवाली थी। आध्यात्मिक विकास में भी वे इसी भूमिका का समर्थन करते दिखाई देते हैं।

उत्सव की समाप्ति के समय सीतारामपंत जवेरे द्वारा दिए समापन भाषण में शिंदे के 'अहंकार छोड़ना चाहिए' नामक मुद्दे का विशेष रूप में उल्लेख किया। उन्होंने सतारा प्रार्थना समाज की एक विशेष बात का जान-बूझकर उल्लेख किया कि हमारे समाज में उपासना को आने के लिए महार मंडली को मुक्त प्रवेश है और यह भी बताया कि इन लोगों के सन्दर्भ में अपना जो दायित्व है, वह निभाना अनिवार्य है।

उत्तर के रूप में शिंदे का भाषण हुआ। उन्होंने आह्वान किया कि प्रार्थना समाज के कार्य सम्बन्धी तीव्र स्वरूप की आत्मीयता सभी में होनी आवश्यक है। अन्यत्र न मिलनेवाली सतारा प्रार्थना समाज की दो बातों का शिंदे ने विशेष उल्लेख किया—महार जाति का प्रार्थना समाज में कुछेक मात्रा में हुआ प्रवेश और एक कुँवारी स्त्री मथुराबाई जोशी का समाज में शरीक होकर उपासना चलाकर अपने धर्म अनुभवों का भाई-बहनों को मुक्त रूप से लाभ पहुँचाना।[4]

अस्पृश्य माने गए वर्ग को लेकर कुछ कार्य हो और अपनी समाज व्यवस्था में स्त्री को पुरुष की बराबरी का स्थान मिले, इन दो विषयों के प्रति शिंदे को बड़ी आस्था थी। ये दोनों बातें सतारा में दिखाई देने से शिंदे को स्वाभाविकत: खुशी हुई।

उत्सव समाप्त होने पर शहर के लश्कर इलाके में शिंदे का अस्पृश्य वर्ग के सैनिकों के लिए 'धर्म जागृति' नामक विषय पर विशेष व्याख्यान हुआ। "आज यदि अंग्रेजी सत्ता में हिन्दू, मुसलमान, ईसाई इस तरह का धार्मिक भेद नहीं माना जाता तो फिर ईश्वरी राज्य, जो निश्चित ही अधिक पवित्र होगा, उसमें क्यों माना जाए?" ऐसा प्रश्न उपस्थित कर उन्होंने सभी धर्मों के मूल में होनेवाले तत्त्वों का निर्देश किया। इस व्याख्यान पर लोगों के इकट्ठा करने की और सभा के स्थान का प्रबन्ध करने की जिम्मेदारी एक मुसलमान पेंशनर सज्जन और उनकी जाति की कुछ मंडलियों ने उठाई थी। व्याख्यान का स्थान लोगों की चहल-पहल होनेवाले नुक्कड का पुलिस थाना था और रास्ते में बेंच रखे

गए थे। पुलिस थाने के खम्भे फूलों से सजाए थे और मराठा लाइट इन्फेंट्री के सूबेदार, जमादार अमलदार, हवालदार, सिपाही, पारसी और अन्य लोगों का ऐसा सर्वधर्मीय श्रोता वर्ग था।

शिंदे के लिए निजी दृष्टि से एक महत्त्वपूर्ण घटना घटित हुई। सतारा के नजदीक होनेवाले वर्णे देहात के सब रजिस्ट्रार बापूजी बच्चाजी शिंदे के बड़े सुपुत्र गणपतराव शिंदे ने विट्ठल रामजी को जान-बूझकर अपने गाँव बुलाया था। गाँव के लोगों के लिए शिंदे ने भजन किया और उपासना चलाई। शिंदे ने इन लोगों को पोस्टल मिशन का साहित्य भेजना स्वीकार किया और बाद में वैसा प्रबन्ध किया।

शिंदे जब बी.ए. में पढ़ रहे थे तभी से उनकी यह राय बनी थी कि गाँवों में उदार धर्म का प्रसार होना अधिक आवश्यक है। इस निमित्त से उनकी आस्था के कार्य को आरम्भ किया। शिंदे की निजी दृष्टि से यह लाभ हुआ कि गणपतराव शिंदे नामक कवि मित्र से जो आत्मीय सम्बन्ध बना, वह आखिर तक बना रहा।

1905 से विट्ठल रामजी शिंदे अहमदनगर के प्रार्थना समाज को बार-बार भेंट देते थे। वहाँ के जुलाहा समाज के नेता सहदेवराव बागडे प्रार्थना समाज का कार्य बड़ी आस्था से चलाते थे। उनकी प्रतिष्ठा से जुलाहा समाज के अनेक लोग प्रार्थना समाज में आते। शिंदे 1906 में अहमदनगर समाज के उत्सव को गए थे। हमेशा की तरह उत्सव अच्छी तरह सम्पन्न हुआ। 1905 से शिंदे का वहाँ के अस्पृश्य वर्ग के नेताओं से सम्पर्क था। उन्होंने सहदेवराव बागडे के सहयोग से सवर्ण बच्चों के लिए एक और अवर्ण बच्चों के लिए एक, ऐसी दो रात्रि पाठशालाएँ शुरू कीं। मुम्बई में जिस तरह समाज की रात्रि पाठशालाएँ शुरू थीं, उसी के आधार पर शिंदे ने पुणे नगर में इस तरह की रात्रि पाठशालाएँ शुरू कर समाज ने शुरू किए इस कार्य का विस्तार किया।

1904 के बाद फिर 1907 में शिंदे इन्दौर के प्रार्थना समाज के वार्षिक उत्सव के लिए गए। उनके साथ पत्नी रुक्मिणीबाई और सहयोगी स्वात्मानन्द भी थे। इन्दौर के प्रार्थना समाज का कार्य जोर-शोर से चल रहा था। डॉ. प्रभाकरपंत भंडारकर, होलकर कॉलेज के प्रोफेसर देसाई, वहाँ के ख्यातलब्ध पाटकर-जाधव परिवार, चित्रकार रामचन्द्र मिटबाँवकर आदि का उत्तम सहयोग था। इसके सिवा प्रार्थना समाज के पहले प्रचारक सदाशिव केलकर भी वहीं पर थे। उत्सव में नगर संकीर्तन बड़ा अच्छा हुआ और नगर के बाहर वनोपासना में प्रीति भोज भी अच्छी तरह सम्पन्न हुआ। शिंदे अस्पृश्य वर्ग के लिए कुछ कार्य करना चाहते थे।

24 अप्रैल, 1907 को यहाँ के कुछ नेताओं की मदद से एक कमेटी स्थापित कर 5 मई, 1907 को अस्पृश्यों के लिए एक संस्था शुरू की।

उत्सव का समापन होने के बाद शिंदे ने जाधव मंडली और पत्नी के साथ धार, मांडवगढ़ के प्रेक्षणीय स्थानों का सफर किया। उन्होंने अपनी पत्नी रुक्मिणीबाई को नर्सिंग की शिक्षा लेने हेतु कुछ मास जाधव मंडली के यहाँ रखा। उनकी यह धारणा थी कि अस्पृश्य वर्ग की सेवा के लिए उन्होंने शुरू किए निराश्रित सेवासदन में इस शिक्षा का उनकी पत्नी को लाभ होगा।

1907 के अक्टूबर मास के अन्त में मंगलौर शहर के ब्राह्म समाज की ओर से व्यंकटाप्पा कान्तप्पा नामक सदस्य उन्हें मंगलौर ले जाने हेतु मुम्बई आए। शिंदे अपनी बहन जनाबाई को साथ लेकर जहाज से मंगलौर रवाना हुए। उनके स्वागत के लिए बन्दरगाह में काफी बड़ा समूह जमा हुआ था, जो कड़ी धूप सहते हुए उनका इन्तजार कर रहा था। अपना यह हार्दिक स्वागत देखकर शिंदे गद्‌गद हो गए। इस समाज के अध्यक्ष वृद्ध रघुनाथय्या और सचिव के. रंगराव थे। इसके सिवा समाज में कोषाध्यक्ष कृष्णराव गांगुली, कर्नल सदाशिवराव और कुछ सारस्वत खानदान थे। शेष बड़ा वर्ग बिल्लव जाति का था। यह जाति पहले अस्पृश्य मानी जाती थी। ब्राह्म समाज में प्रवेश करने के बाद ये सभी सदस्य उच्च वर्ग में गिने जाने लगे थे। ब्रह्मानन्द केशवचन्द्र सेन के काल में प्रतापचन्द्र मजूमदार मंगलौर ब्राह्म समाज की स्थापना में अगुआ हुए थे। बिल्लव जाति के आलसप्पा दबंग नेता थे। उनके नेतृत्व में बिल्लव जाति के लगभग पाँच हजार लोग दीक्षा लेने को तैयार हुए थे।

बाबू प्रतापचन्द्र मजूमदार ने अंग्रेजी वक्तृत्व और स्नेहिल प्रचार के बलबूते पर जल्द ही उच्च और निम्न वर्ग को प्रभावित कर ब्राह्म समाज की स्थापना की। विट्ठल रामजी शिंदे और जनाक्का को कन्नड़ भाषा अवगत होने से समाज की मंडली को इन दोनों के प्रति काफी आत्मीयता जाग्रत हुई। प्रार्थना समाज के जोशीले सचिव के. रंगराव को अस्पृश्य वर्ग की उन्नति के प्रति आस्था होने से शिंदे की मुम्बई की मिशन से पहले उन्नीसवीं सदी के अन्त में, 1897

में उन्होंने अस्पृश्य वर्ग के उद्धार हेतु पाठशाला शुरू की थी। शिंदे के मिशन-कार्य से अवगत होने पर के. रंगराव उनके प्रति विशेष आस्थावान हुए। उन्होंने शिंदे को मंगलौर आमंत्रित किया। के. रंगराव अस्पृश्य वर्ग की उन्नति के लिए अकेले ही खटते थे। शिंदे ने उन्हें इस कार्य में सहयोग दिया। शिंदे ने उस कार्य का पुनर्गठन किया। गाँव के पाँच प्रमुख नेताओं की एक समिति नियुक्त की। उसे के. रंगराव के साथ कर दिया और 'अखिल भारतीय निराश्रित सहयोगी मंडली' की यह मंगलौर शाखा उससे संलग्न की। आगे चलकर इस संस्था का गति से विकास हुआ।

ब्राह्म बने शहर में रहनेवाले बिल्लव जाति के लोगों की दशा में अन्तर आया था, लेकिन जंगल में रहनेवाले बिल्लव अभी जंगली अवस्था में ही थे। इन लोगों की स्थिति का निरीक्षण करने हेतु शिंदे ने यात्रा की और उनकी दशा का अवलोकन किया। बड़ी जमीन पर ये लोग वंशपरम्परागत कुल के रूप में खटते थे। उन्होंने पाया कि इन लोगों की दशा लगभग जानवरों जैसी थी। इन लोगों के बच्चे दिनभर कहीं तो इमली, बेर या पत्ते खाकर पेट भरते थे। रात को थोड़ी-सी कांजी मिले तो पेटू की तरह खाते थे। ऐसे लोगों की उन्नति हेतु के. रंगराव का मिशन शुरू करना स्वाभाविक ही था। मंगलौर के आत्मीय माहौल में अण्णासाहब शिंदे और जनाक्का ने एक मास बिताया और समाज की अपनी हैसियत के अनुसार सेवा की।

विदेश से लौटने पर शिंदे ने कोल्हापुर में धर्म-प्रचार कार्य की शुरुआत की थी। कोल्हापुर के प्रति उन्हें विशेष लगाव था क्योंकि उनके मित्र गोविन्दराव सासने कोल्हापुर के ही थे। विदेश जाने से पहले भी वे उनके यहाँ जाते थे। केलवकर से भी उनका स्नेह जुड़ गया था। कृष्णाबाई केलवकर प्रार्थना समाज की सदस्या बन गई थीं। इंग्लैंड में 1902 में उनकी कृष्णाबाई से भेंट हुई थी और उन्हें मिले राजा राममोहन राय के बाल उन्होंने कृष्णाबाई के साथ कोलकाता ब्राह्म समाज की ओर पहुँचाने को दिए थे।[5] श्रीमन्त शाहू छत्रपति से भी उनका स्नेह जुड़ गया था। शाहू महाराज द्वारा उन्हें विदेश जाने के लिए तीन सौ रुपए की मदद मिली थी। इस पार्श्वभूमि के चलते शिंदे को कोल्हापुर में प्रार्थना समाज की स्थापना कर वहाँ समाज का कार्य शुरू हो, ऐसा लगना स्वाभाविक ही था। शाहू महाराज भी इस कार्य के लिए तैयार थे। उन्होंने आर्य समाज को काफी सहयोग दिया था और अपने समाज कार्य में वे प्रार्थना समाज का भी प्रयोग करना चाहते थे। इसलिए उन्होंने शिंदे को सूचना दी थी कि प्रार्थना समाज के कुछ ख्यातलब्ध नेताओं को साथ लेकर कोल्हापुर आएँ और प्रचार कार्य करें। इसके अनुसार सन् 1909 के अक्टूबर में शिंदे सिन्ध के प्रोफेसर टी.एन. वासवानी, भक्त डॉ. रुबेन, कोलकाता के प्रथमलाल सेन और मुम्बई के प्रो. वेलिनकर—इन चारों को साथ लेकर कोल्हापुर गए। वहाँ के वकील गणपत कृष्णाजी कदम प्रार्थना समाज की ओर आकर्षित हुए थे। राजाराम कॉलेज के दीवानखाने में प्रो. वासवानी और वेलिनकर के व्याख्यान, बाबू प्रथमलाल सेन की उपासना और शिंदे का हरि-कीर्तन आदि कार्यक्रम सम्पन्न हुए। डॉ. रुबेन के इकतारे के भजन ने सामान्य लोगों को आकर्षित किया।

कदम ने बलवन्त कृष्णाजी पिसाल नामक युवक को साथ लेकर धीरे-धीरे प्रार्थना समाज के कार्य को शुरुआत की। बैरिस्टर खंडेराव, बागल, डॉ. कृष्णाबाई केलवकर, गोविन्दराव सासने आदि की इस कार्य के लिए प्रेरणा मिली।

आगे 1911 के मई में शिंदे दुबारा गणपतराव कोटकर, गणपतराव आंजर्लेकर आदि मंडली के साथ कोल्हापुर आए। उन्होंने कोल्हापुर प्रार्थना समाज के कार्य में हिस्सा लिया। दरबार से प्रार्थना समाज को पर्याप्त मदद मिली। इस प्रवास में करवीर मठ के पुराने शंकराचार्य ने अपने मठ में शिंदे का हरि-कीर्तन आयोजित किया। शंकराचार्य स्वयं कीर्तन सुनने के लिए उपस्थित थे। शिंदे का हरि-कीर्तन उन्हें पसन्द आया। उन्होंने नारियल और धोती देकर शिंदे का सम्मान किया। बैरिस्टर बागल और उनके रिश्तेदार बाबासाहब सावन्त वकील के घर पारिवारिक उपासना हुई। डॉ. कृष्णाबाई केलवकर के नेतृत्व में शहर के बाहर प्रकृति के सान्निध्य में वनोपासना हुई। पिसाल ने कुछ साल 'विश्वबन्धु' नामक साप्ताहिक चलाया और पोस्टल मिशन का काम भी किया।

सन्दर्भ

1. *सुबोध पत्रिका,* 4 सितम्बर, 1904
2. वही, 10 अप्रैल, 1904
3. वही, 21 मई, 1905 और 28 मई, 1905

4. वही, 7 मई, 1905
5. (अ.) वि.रा. शिंदे, *माझ्या आठवणी व अनुभव,* पृ. 137
   (आ.) डॉ. सरोजिनी वैद्य का पत्र संग्रह
   शिंदे जब इंग्लैंड में थे तब उन्होंने ब्रिस्टल जाकर राजा राममोहन राय के वहाँ होनेवाले स्मारक का भक्ति-भाव से दर्शन किया। राय को बचपन में देखी मिस कैसल नामक वृद्धा ने शिंदे को राय के बाल होनेवाला लॉकेट भेंट दिया। वह उन्होंने कृष्णाबाई की भेंट होने पर उनके पास दिया। डॉ. कृष्णाबाई ने इस सन्दर्भ में 7 फरवरी, 1957 को मुम्बई में प्रार्थना समाज के ग.ल. चन्दावरकर को पत्र लिखा और बाद में वह लॉकेट भी उन्हें भेज दिया। आज वह पत्र और लॉकेट डॉ. सरोजिनी वैद्य के संग्रह में है।

भारतीय एकेश्वरवादी धर्म परिषद्

विट्ठल रामजी शिंदे ने मुम्बई समाज का कार्य जोर-शोर से शुरू किया। उसी तरह मुम्बई के बाहर भी कई स्थानीय प्रार्थना समाज के कार्य को बढ़ावा देने की कोशिश की, लेकिन वे इतने से सन्तुष्ट नहीं हुए। उनका लक्ष्य ब्राह्म धर्म के विश्वव्यापक तत्त्व की ओर और उस अधिष्ठान से ब्राह्म धर्म के भारतीय कार्य की ओर हमेशा लगा रहता था। इस कार्य का मुख्य हिस्सा 'एकेश्वर धर्म परिषद्' थी।

1885 में हिन्दी राष्ट्रीय सभा का पहला अधिवेशन मुम्बई में सम्पन्न हुआ। उसमें न्यायमूर्ति रानडे ने अप्रत्यक्ष अगुआई की। उनके सामने समग्र भारत का भविष्य था। उन्होंने राष्ट्रसभा के द्वारा सामाजिक सुधार का कार्य सामाजिक परिषद् के जरिये किया। उन्होंने इलाहाबाद के चौथे अधिवेशन के समय उदार धर्म परिषद् का अधिवेशन लेने का निश्चय किया। न्यायमूर्ति रानडे इस धर्म परिषद् के अध्यक्ष थे और पंडित शिवनाथ शास्त्री को सेक्रेटरी के रूप में नियुक्त किया।

ब्राह्म संघ

दरअसल इस कार्य की शुरुआत सन् 1889 से हुई थी। मुम्बई में 'थीइस्टस यूनियन' नाम से एक केन्द्रीय संस्था स्थापित हुई। ब्राह्म समाज के अलग-अलग पक्षों की एक साथ उपासना एवं सभा हो, प्रचार के लिए एक साथ कोशिश हो आदि बातें तय की गईं। इस संघ में नवीनचन्द्र राय को सेक्रेटरी के रूप में चुना गया। कोलकाता में आदि ब्राह्म समाज, नवविधान एवं साधारण ब्राह्म समाज जैसे अलग-अलग गुट बनाकर ब्राह्म समाज के कार्य में दरार पैदा हुई। इस नए संघ से यह दरार मिटने के आसार थे। इस कार्य के लिए न्यायमूर्ति रानडे ने नेतृत्व किया था। यह सभा 1895 में पुणे कांग्रेस में पुणे प्रार्थना मन्दिर में हुई। उस समय अमरीका के यूनिटेरियन धर्म के ख्यातलब्ध प्रचारक रेवरंड, जे.टी. संडरलैंड उपस्थित थे। 1903 तक तो इस परिषद् की सभाएँ हुईं, फिर भी उसका काम धीमी गति से चलता था। 1903 के क्रिसमस में इस परिषद् की स्थिति विश्रृंखलित हुई है, यह शिंदे ने जान लिया और उन्होंने अगले साल यानी मुम्बई में हुई राष्ट्रीय सभा के समय धर्म परिषद् अच्छी तरह संगठित कर बुलाने का निश्चय किया। उसी तरह शिंदे ने एक-दो अधिवेशन छोड़े तो कराची में हुई 1913 साल की अन्तिम सभा तक सेक्रेटरी के रूप में सभी कार्यों की जिम्मेदारी स्वयं स्वीकार ली और उन्हें ईमानदारी से निभाया। धर्म परिषद् के कार्य की कल्पना आगे दी हुई तालिका से आ सकती है।

स्थल	समय	अध्यक्ष	सेक्रेटरी
दिसं., 1888	इलाहाबाद	न्यायमूर्ति रानडे	पंडित शिवनाथ शास्त्री
दिसं., 1889	मुम्बई	—	पंडित नवीनचन्द्र राय
दिसं., 1890	कोलकाता	न्यायमूर्ति रानडे और हरदयाल	पंडित शिवनाथ शास्त्री
दिसं., 1891	नागपुर	—	रा.वा.आ. मोड़क एवं सं.पा. केलकर
दिसं., 1892	इलाहाबाद	—	रा.वा.आ. मोड़क एवं सं.पा. केलकर
दिसं., 1893	लाहौर	परिषद् नहीं हुई	—
दिसं., 1894	मद्रास	डॉ. रा.गो. भंडारकर	—
दिसं., 1895	पुणे	—	—

दिसं., 1896	कोलकाता	न्यायमूर्ति रानडे	—
दिसं., 1897	अमरावती	परिषद् नहीं हुई	—
दिसं., 1898	मद्रास	न्यायमूर्ति रानडे	—
दिसं., 1899	लखनऊ	परिषद् नहीं हुई	—
दिसं., 1900	लाहौर	परिषद् नहीं हुई	—
दिसं., 1901	कोलकाता	सर नारायण चन्दावरकर	—
दिसं., 1902	अहमदाबाद	डॉ. रा.गो. भंडारकर	रा. रमणभाई महिपतराव
दिसं., 1903	मद्रास	स.पां. केलकर, रा. कैलासम् पिल्ले	—
दिसं., 1904	मुम्बई	डॉ. रा.गो. भंडारकर	श्री. वि.रा. शिंदे
दिसं., 1905	वाराणसी	पंडित शिवनाथ शास्त्री	श्री. वि.रा. शिंदे
दिसं., 1906	कोलकाता	श्री. व्यंकटरत्नम नायडू	श्री. हेमचन्द सरकार आणि श्री. प्रथमलाल सेन
दिसं., 1907	सूरत	श्री. सत्येन्द्रनाथ ठाकुर	श्री. वि.रा. शिंदे
दिसं., 1908	मद्रास	श्री. अविनाशचन्द्र मजूमदार	श्री. वि.रा. शिंदे
दिसं., 1909	लाहौर	प्रो. विनएन्द्रनाथ सेन	श्री. वि.रा. शिंदे
दिसं., 1910	इलाहाबाद	पंडित शिवनाथ शास्त्री	श्री. वि.रा. शिंदे
दिसं., 1911	कोलकाता	श्री. उल्लाल रघुनाथय्या	श्री. हेमचन्द्र सरकार
दिसं., 1912	बाँकीपुर	सर नारायण चन्दावरकर	श्री. हेमचन्द्र सरकार
दिसं., 1913	कराची	रेवरंड जे.टी. संडरलैंड	श्री. वि.रा. शिंदे

सन् 1903 के आखिर तक मद्रास, बंगाल की यात्रा के दौरान उन्होंने हिन्दुस्तान के ब्राह्म समाज के बारे में काफी जानकारी हासिल की थी। सन् 1904 में मुम्बई में सम्पन्न एकेश्वर धर्म परिषद् के अध्यक्ष डॉ. भंडारकर थे तो सेक्रेटरी शिंदे थे। इस परिषद् में उनकी मुलाकात अलग-अलग प्रान्त के प्रमुख नेताओं से हुई। कोलकाता के साथ-साथ मुम्बई प्रार्थना समाज का भी महत्त्व होने के कारण धर्म परिषद् के कार्य में मुम्बई के प्रचारकों का नेतृत्व करना उचित ही था। मुम्बई में सन् 1904 में राष्ट्रसभा के अधिवेशन में सम्पन्न होनेवाली सामाजिक परिषद् की अध्यक्षता सयाजीराव गायकवाड़ करनेवाले थे। उसी समय होनेवाली धर्म परिषद् को श्रीमन्त सयाजीराव गायकवाड़ को आमंत्रित करना तय हुआ। धर्म परिषद् के अध्यक्ष डॉ. भंडारकर थे और स्वागताध्यक्ष सर नारायण चन्दावरकर थे। इसीलिए धर्म परिषद् का कार्य अच्छी तरह से सम्पन्न हुआ।

प्रार्थना समाज के आमंत्रण के अनुसार सयाजीराव गायकवाड़ दावत के लिए उपस्थित थे। आर्य समाज के लोगों ने भी दावत का आमंत्रण स्वीकार किया था, पर कुछ अन्य मुस्लिम सज्जन लोगों को प्रार्थना समाज की दीक्षा दी है, इस बात का पता चलने पर उन्होंने दावत में उपस्थित रहने का निर्णय बदल दिया और यह मिसाल भी दी कि वे प्रत्यक्ष कृति के समय किस प्रकार पीछे हटते हैं। आर्य समाज के सज्जनों में गुजरातियों की तादाद अधिक थी, लेकिन श्रीमन्त सयाजीराव ने इस दावत में शामिल होकर एक उच्च धर्मनिष्ठ आचरण का आदर्श सामने रखा। अगली परिषद् बनारस में कांग्रेस अधिवेशन के दौरान होनेवाली थी। सभी की अनुमति से यह तय हुआ कि ऐसी परिषद् के जनरल सेक्रेटरी का पद विट्ठल रामजी ही स्वीकार करें।

अगले वर्ष यानी सन् 1905 की धर्म परिषद् पंडित शिवनाथ शास्त्री की अध्यक्षता में काशी में सम्पन्न हुई। शिंदे सेक्रेटरी थे। काशी में स्थानीय ब्राह्म समाज नहीं था और गाँव पुराने विचारों का और तीर्थक्षेत्र था। इससे शिंदे को स्वागत मंडल की स्थापना करना मुश्किल लगा, लेकिन इस परिषद् का महत्त्व हर प्रान्त के नेताओं की समझ में आने के कारण शिंदे द्वारा निकाले हुए परिपत्रक के सकारात्मक उत्तर आए और साथ ही चन्दे की राशि भी दी। वाराणसी परिषद् में पंडित शिवनाथ शास्त्री ने अध्यक्ष की जिम्मेदारी बखूबी निभाई। परिषद् का कार्य एकाध स्थानीय समाज के वार्षिक समारोह के अनुरूप 24 से 31 दिसम्बर तक बड़े ठाट-बाट के साथ सम्पन्न हुआ। उपासना, भजन, व्याख्यान, नाम संकीर्तन एवं अन्त में दावत आदि कार्यक्रम निर्विघ्न सम्पन्न हुए। अलग-अलग प्रान्तों से लगभग 75 जगहों से

ब्राह्म समाज के प्रतिनिधि आए थे। इस ब्राह्म धर्म परिषद् के लिए लन्दन ईसाई मिशन के विशाल हाईस्कूल के अलावा काशी क्षेत्र में दूसरी ओर कहीं जगह नहीं मिली, यह भी गौर करने की बात है। शिंदे को दो-तीन साल के तजुर्बे से हिन्दुस्तान जैसे खंडप्राय देश के ब्राह्म समाज की पूरी तरह जानकारी लेकर उसकी सूची तैयार करने की जरूरत महसूस होने लगी। उनकी तरह समाज कार्य करने के लिए यात्रा करनेवाले लोगों को यह कमी विशेष रूप में नजर आई। काशी की परिषद् में शिंदे ब्राह्म धर्म सूची ग्रंथ तैयार कर उसे प्रकाशित करें, ऐसा प्रस्ताव सर्वानुमति से पारित हुआ।

30 तारीख, परिषद् का प्रमुख दिवस था। बाबू प्रथमलाल सेन ने सुबह की उपासना चलाई। "सच्ची प्रार्थना यानी जिस तरह हम ईश्वर से प्रेम करते हैं, उसी प्रकार सभी मनुष्य जाति पर प्रेम करना यही भगवान की सच्ची भक्ति और उपासना है। भगवान के प्रति मन में प्रेम की भावना आत्मसात् करने से आत्मा में परिवर्तन होता है और जैसा कि हमें एक जीवन ही मिलता है" ऐसा उन्होंने प्रतिपादन किया।[1]

परिषद् के लिए कई मान्यवर उपस्थित थे। इनमें न्यायमूर्ति चन्दावरकर, बाबू सत्येन्द्रनाथ ठाकुर, मि. नटराजन, प्रो. रुचिराम साहनी, बाबू हेमचन्द्र सरकार आदि लोग थे। शिंदे ने प्रस्ताविक भाषण दिया। उन्होंने कहा कि पिछले साल सम्पन्न परिषद् में केवल समाज के 60 नाम थे, पर अब हमें समाज के 150 नामों का पता चला है। पिछले साल जो पत्राचार किया था, उसमें 100 पत्र लिखने पड़े। इस साल लगभग 500 पत्र लिखे गए। 47 समाजों से खर्चे के लिए 343 रुपए मिले हैं। लगभग 100 प्रतिनिधियों की आवास योजना बनाई गई है। शिंदे द्वारा किए प्रस्ताविक से धर्म परिषद् आयोजन करने का उद्देश्य, प्रचार की लगन और कार्यकुशलता की कल्पना कर सकते हैं।

परिषद् में अध्यक्ष पंडित शिवनाथ शास्त्री का काफी प्रेरक भाषण हुआ। उन्होंने कहा कि धर्म को अबाध रखने के लिए मनुष्य को स्वतंत्रता, समीचीनता, व्यापकता और आध्यात्मिकता या सात्विकता भाव—इन चार बातों की जरूरत होती है। ब्राह्म धर्म और भक्ति पंथ एक ही हैं। सिर्फ मूर्ति-पूजा और जातीय बन्धन का इनमें अन्तर है। प्रचार के धर्म का विचार करें तो उसका नाम 'आध्यात्मिक धर्म' के बजाय 'सामाजिक धर्म' ही अधिक उचित है। उन्होंने ऐसा प्रतिपादन करने के बाद ब्राह्म धर्म को सनातनी लोग विरोध क्यों करते है, इस सन्दर्भ में वस्तुनिष्ठ विवेचन किया।

सब्जेक्ट कमेटी की सभा में कई प्रस्तावों पर निर्णय हुआ। एक प्रस्ताव में शिंदे को परिषद् कमेटी में समाविष्ट किया गया और दूसरे एक प्रस्ताव में शिंदे हिन्दुस्तान के सभी समाजों की संक्षिप्त जानकारी की एक पुस्तिका (डायरेक्टरी) तैयार कर प्रकाशित करने की जिम्मेदारी लें, ऐसी परिषद् ने उन्हें विनती की।

ब्राह्म धर्म का प्रसार बढ़ाने की जरूरत को लेकर न्यायमूर्ति चन्दावरकर का प्रभावी भाषण हुआ। श्रीमती हेमन्त कुमारी चौधरी ने ब्राह्म धर्म का प्रसार महिलाओं में होना जरूरी है, इस सन्दर्भ में काफी आस्था से भाषण दिया। दूसरे एक सज्जन ने एक छात्र का शिंदे को पत्र आने का और उसमें छात्रों के लिए धर्म-सम्बन्धी समाचार-पत्र चलाने का सुझाव होने का जिक्र किया है।[2]

कुल मिलाकर वाराणसी धर्म परिषद् का यह अधिवेशन सफल हुआ। शिंदे ने इस अधिवेशन को सफल बनाने के लिए काफी कष्ट उठाए, ऐसा दिखाई देता है। उसी तरह उनकी दूरदृष्टि और संगठन कुशलता भी इस अधिवेशन में स्पष्ट रूप से दिखाई देती है। वाराणसी परिषद् में बंगाल के तीनों ब्राह्म समाजों की एक-दूसरे के प्रति हमदर्दी बढ़ी। अलग-अलग प्रान्त के ब्राह्मों में स्नेह बढ़ा। इस धर्म परिषद् का लाभप्रद एवं हौसला बढ़ानेवाला समाचार अन्यत्र पहुँचाया जाए, मुम्बई प्रार्थना समाज की जानकारी दूर-दूर के समाज तक पहुँचे, कुछ प्रमुख सदस्यों का परिचय किया जाए, प्रमुख स्थानीय समाज देखे जाएँ—इन उद्देश्यों को सामने रखकर शिंदे ने बंगाल, बिहार, आसाम में एक लम्बी यात्रा करना तय किया। शिंदे को ब्राह्म समाज की अखिल भारतीय स्तर पर संघटना बनाने की दृष्टि से एवं उनकी कार्य-क्षमता बढ़ाने की दृष्टि से ऐसी यात्रा करने की जरूरत महसूस हुई।

2 जनवरी, 1906 में वे सर्वप्रथम बिहार की राजधानी बाँकीपुर गए। प्रमुख ब्राह्म समाज नवविधान मत का था और उसके नेता भाई प्रकाशचन्द्र राय थे। वहाँ पर साधारण ब्राह्म समाज का राममोहन रॉय नामक स्कूल था और वहीं पर साधारण ब्राह्म समाज की उपासना होती थी। शिंदे ने 4 तारीख को प्रमुख लोगों को इकट्ठा कर मुम्बई की हकीकत बयान की। समारोह में ब्राह्म समाज के दोनों पक्ष इकट्ठे आकर कार्यसूची बनाएँ, एक-दूसरे की उपासना के समय बारी-बारी से उपस्थित रहें, ऐसा तय हुआ। बैरिस्टर दास के घर में 5 तारीख को दोनों पक्ष की महिलाओं की सभा हुई। शिंदे ने पोस्टल मिशन, डोमेस्टिक मिशन, सामाजिक उत्सव आदि कार्य महिलाएँ कैसे कर सकती हैं,

यह बताया। काशी परिषद् को श्रीमती हेमन्त कुमारी चौधरी सिल्होट से जान-बूझकर आई थी। उन्होंने हिन्दी में भाषण दिया। ब्राह्म धर्म-प्रचार कार्य में महिलाओं को शामिल करना चाहिए, ऐसी शिंदे की हमेशा सोच एवं कोशिश रही। शिंदे बाँकीपुर के बाद एक दिन मौंघीर गए और 7 जनवरी को भागलपुर पहुँचे। वहाँ के समाज में बड़े, प्रमुख एवं बुजुर्ग लोग कम ही थे। शिंदे ने लगभग 5-6 स्नातक युवा ब्राह्म मंडली के सामने मुम्बई युवा ब्राह्म मंडल के नियम पढ़े और वहाँ पहले जैसी युवकों की संस्था फिर से स्थापित करने का आह्वान किया।

शिंदे ने काठीहार में चल रहे समाज मन्दिर की अधूरी इमारत देखी, लेकिन वहाँ समाज अस्तित्व में नहीं था। शिंदे ने पूर्णिया जाने पर वहाँ के प्रतिष्ठित लोगों के सहयोग से काठीहार की इमारत पूरी करने का एवं वहाँ समाज शुरू करने का प्रयास किया। पूर्णिया की भेंट के पश्चात् कूचबिहार की भेंट समाज-कार्य की दृष्टि से महत्त्वपूर्ण रही।

भूतान रियासत की सीमा के पास कूचबिहार रियासत है। वहाँ के मूल निवासी कुचकोल नामक जंगली लोग हैं। वहाँ का राजा भी इसी जंगली जाति का था, लेकिन अफसर वर्ग सिर्फ बंगाली लोग थे। यहाँ पर एम.ए. तक पढ़ाई की सुविधा वाला एक अच्छा कॉलेज था। "सुधार के कुछ आसार छोड़कर कूचबिहार नगर पर और वहाँ की आम जनता पर अभी तक हिमालय का ही पुरातन जंगली साम्राज्य है। राजमहल, चार बड़े लोगों के घर छोड़ दे तो पूरी तरह से झोपड़ियाँ ही! गाँव की ओर नजर उठाकर देखने पर ऐसा लगता है कि केले और सुपारी के पेड़ों के सुन्दर बगीचे में खाली जगह देखकर आधुनिक सुधार के प्लेग से तंग आकर एक सेग्रिगेशन कैम्प ही बनाया है।" ऐसा शिंदे ने कूचबिहार का वर्णन किया है।[3]

बंगाल के ब्राह्म समाज में दो गुटों के निर्माण होने का जिम्मेदार कूचबिहार था। सन् 1878 में केशवचन्द्र सेन की बड़ी बेटी का विवाह कूचबिहार के राजा नृपेन्द्रनारायण भूपबहादुर से हुआ। उस समय केशवचन्द्र की बेटी की उम्र 14 साल से कम थी। इसीलिए केशवचन्द्र के नवविधान समाज में दो गुट बनकर नया साधारण ब्राह्म समाज निर्मित हुआ। शिंदे जब वहाँ पर गए तो उस समय नवविधान समाज के ग्यारह आनुष्ठानिक परिवार थे। उसमें कुल मिलाकर 70 लोग थे। इसके सिवा 40 शुभचिन्तक थे। राजा स्वयं समाज के अध्यक्ष थे, लेकिन पूरा कारोबार रानीसाहिबा यानी केशवचन्द्र सेन की बेटी ही देखती थी।

शिंदे कूचबिहार के ब्राह्म मन्दिर के सन्दर्भ में कहते हैं, "इतना बढ़िया ब्राह्म मन्दिर मेरी नजर में अब तक कहीं नहीं आया।" इतवार को उनकी वहाँ पर उपासना हुई और 13 तारीख को टाउन हॉल में 'रिलिजन एट दि बेसिस ऑफ लाइफ' (धर्म ही जीवन का मूल) विषय पर अंग्रेजी में व्याख्यान हुआ। कूचबिहार में वहाँ के कॉलेज युवकों ने जो जिज्ञासा, तत्परता, उत्कटता दिखाई, उससे शिंदे का हौसला बढ़ गया। यह देखकर शिंदे के मन में यह खयाल आया कि कूचबिहार में एकाध जोशीला प्रचारक भेजा जाए तो काफी काम हो सकता है, लेकिन तुरन्त ही समाज में अन्तर्गत होनेवाली राजनीति के कारण यह आसान नहीं था, इसका भी यकीन हो गया। वे वहाँ का कार्यक्रम पूरा करके 15 जनवरी को ब्रह्मपुत्र के तट पर बसे डुब्री गाँव में दाखिल हुए।

शिंदे आसाम प्रान्त के ब्रह्मपुत्र नदी की गोद में बसे डुब्री गाँव में नदी के तट पर खड़े थे। साथ में ब्राह्म समाज के प्रतिष्ठित समर्थक बाबू उपेन्द्रनाथ बोस थे। शिंदे सनातन ब्राह्म समाज की शुभमहिमा मन-ही-मन में महसूस कर रहे थे। उन्हें आसपास का गम्भीर नजारा और साक्षात ब्रह्मपुत्र का विराट् दर्शन हुआ। उस समय उनके मुँह से निकला, "मुझे ब्राह्म धर्म का प्रचारक होने में जो सार्थकता एवं सन्तोष लग रहा है, उसके सामने राजसुख हीन है।" विट्ठल रामजी शिंदे यह विराट्, गम्भीर नजारा देखने के बाद कुछ पल गहरे चिन्तन में खो गए।

यहाँ समाज के लोगों में उन्हें एकता एवं एक-दूसरे के प्रति आस्था दिखाई दी। उन्हें यह देखकर बेहद खुशी हुई। विशेषत: महिलाओं में उपासना के सन्दर्भ में विशेष रुचि दिखाई दी। शिंदे ने उनके लिए हिन्दी में उपासना की। दूसरे दिन शाम को समाज में 'आधुनिक औरत के लिए कुछ आदर्श' नामक विषय पर अंग्रेजी में व्याख्यान दिया। आसपास की रम्य प्रकृति, ब्रह्मपुत्र का विशाल दर्शन, ब्राह्म बन्धुओं में होनेवाला स्नेह भाव और ब्राह्म बहनों की आस्था—यह सब देखकर एवं अनुभव करने से शिंदे का डुब्री का प्रवास बहुत ही आनन्दायी हुआ।

शिंदे डुब्री से 18 तारीख को मैमनसिंग गाँव में आए। वहाँ नवविधान समाज और साधारण समाज, ऐसे दो समाज के लोग थे। मैमनसिंग की विशेषता यह थी कि साधारण समाज के आचार्य श्रीनाथ चन्दा ने गाँव के बाहर काफी जगह लेकर वहाँ ब्राह्म लोगों का एक गाँव बसाया था।

ढाका जो पूर्व बंगाल की राजधानी थी, वहाँ के समाज की गिनती कोलकाता के बराबर होती थी। शिंदे ने अब तक की यात्रा से हुए असर को ढाका में विशेष रूप से महसूस किया। बंगाल के मीठे खाने एवं सरसों के तेल से उकताहट होने से उनकी सेहत पर बुरा असर हुआ था। मैनचेस्टर कॉलेज से उच्च धार्मिक शिक्षा लेकर आए धर्म-प्रचारक युवक का व्याख्यान होनेवाला है, यह मालूम होने पर शिंदे के व्याख्यान को लेकर वहाँ के समाज की भारी भीड़ जमा हो गई थी। अंग्रेजी में दस-पन्द्रह मिनट भाषण देने के बाद उन्हें चक्कर आए और वे कुर्सी में गिर पड़े। सभा के रंग में भंग हो गया। 2 दिन आराम करके वे ब्रह्मपुत्र नदी से नौका में सवार होकर बारीसाल पहुँचे। जल-यात्रा का सेहत पर अच्छा असर हुआ। उनका बारीसाल का व्याख्यान असरदार हुआ। व्याख्यान पूरा कर मंच से नीचे उतरते ही उनके हाथ में टेलिग्राम थमाया गया। मुम्बई में उनकी पत्नी बहुत बीमार है और अहमदनगर की बहन चन्द्राक्का अन्तिम साँसें ले रही है, ऐसा उसमें लिखा था। इसीलिए उन्हें आगे की यात्रा बीच में ही छोड़कर मुम्बई वापस लौटना पड़ा, लेकिन इस वजह से उन्हें बंगाल, बिहार, आसाम जैसे प्रदेशों में ब्राह्म समाज की हालत कैसी है, वहाँ की स्थानीय समस्याएँ क्या हैं, ब्राह्म समाज की नियमावली का संशोधन करने के आसार किस हद तक हैं आदि के सन्दर्भ में सीधी जानकारी मिली और समाज के कई प्रतिष्ठित नेताओं से सीधी मुलाकात हुई। अखिल भारतीय स्तर पर धर्म परिषद् का कार्य करने की दृष्टि से उन्हें यह लाभ ही हुआ। शिंदे ने एकेश्वर धर्म परिषद् आयोजित करने का कार्य जोश के साथ जारी रखा। सन् 1906 के क्रिसमस में 'भारतीय एकेश्वर धर्म परिषद्' कोलकाता में बड़े जोश के साथ हुई। काकानाडा के डॉ. व्यंकट रमण नायडू अध्यक्ष थे। ब्रिटिश एंड फॉरेन एसोसिएशन के प्रतिनिधि मि. जी. ब्राउन परिषद् के लिए आए थे। प्रि. बाबू उमेशचन्द्र ने आरम्भिक उपासना चलाई। ख्यातलब्ध गायक त्रैलोक्यनाथ संन्याल का भजन हुआ।

इस समय शिंदे अपने मित्र बिपिनचन्द्र पाल के घर पर ठहरे थे। बिपिनचन्द्र पाल भी शिंदे जैसे ही मैनचेस्टर कॉलेज से ब्राह्म प्रचारक बने थे, लेकिन स्वदेश में आने के पश्चात् राजनीति की ओर झुके, किन्तु वे ब्राह्म समाज के कार्य में हिस्सा लेते थे। शिंदे को बिपिनचन्द्र पाल ने कोलकाता में बूढ़े एवं जवान ब्राह्म समाज में होनेवाले झगड़ों की जानकारी दी। विवाद का विषय यह था कि ब्राह्म युवक रंगमंच पर काम करें या न करें। हेरबचन्द्र मैत्री जैसे बूढ़े नेताओं ने इसके प्रति अपना विरोध दर्शाया तो कविवर रवीन्द्रनाथ ठाकुर ने अपनी सहमति दर्शाई थी। अन्त में रवीन्द्र बाबू के मत की जीत होकर आगे सन् 1911 में ब्राह्म समाज के समारोह में युवा लड़के-लड़कियों ने एक बढ़िया नाटक पेश किया। शिंदे को ब्राह्म समाज की दो पीढ़ियों के बीच संघर्ष के विषय कौन-से हो सकते हैं, इसकी यह नई जानकारी मिली। अगले साल यानी 1907 में सूरत में क्रिसमस के दिनों में धर्म परिषद् सम्पन्न हुई। इस परिषद् के अध्यक्ष रवीन्द्रनाथ ठाकुर के बड़े भाई और हिन्दुस्तान के पहले आई.सी.एस. सत्येन्द्रनाथ ठाकुर थे। अहमदाबाद समाज के अध्यक्ष लालशंकर उमियाशंकर स्वागत समिति के अध्यक्ष थे। सूरत में ब्राह्म समाज न होने के बावजूद भी यह सभा सुचारू ढंग से सम्पन्न हुई। स्वामी स्वात्मानन्द ने आरम्भिक उपासना चलाई। जाहिर सभा में डॉ. भंडारकर, गुजरात के मशहूर कवि नानालाल, लाहौर के प्रोफेसर रुचिराम साहनी आदि के भाषण हुए। परिषद् में लाहौर के अविनाशचन्द्र मजूमदार के नेतृत्व में अकाल से मुकाबला करने हेतु एक कमेटी की स्थापना की गई, लेकिन सन् 1907 की राष्ट्रीय सभा के अधिवेशन में ऊधम मचा। नरम दल और गरम दल के बीच झगड़ा बढ़ गया था। लोकमान्य तिलक ने नरम दल के हाथों में होनेवाली इस सभा को तितर-बितर कर दिया था और अगले कुछ सालों में वह अपने अधिकार में ले ली।

शिंदे ने अक्टूबर 1906 को मुम्बई में 'डिप्रेस्ड क्लासेज मिशन' नामक संस्था की स्थापना कर अस्पृश्यता उन्मूलन एवं उनकी उन्नति के लिए अखिल भारतीय स्तर पर संस्थात्मक कोशिश की। उन्होंने सूरत में मिशन की जाहिर सभा का आयोजन किया। शिंदे मुम्बई के स्थानीय समाज में प्रार्थना समाज का कार्य करते समय उसे धार्मिक कार्य का हिस्सा मानकर अछूत वर्ग के लिए छोटा-मोटा कार्य कर रहे थे। उनको इस परिषद् की वजह से मिशन का कार्य अखिल भारतीय स्तर पर करने का मौका मिला।

1908 के क्रिसमस में मद्रास में धर्म परिषद् का अधिवेशन हुआ। इस परिषद् के अध्यक्ष लाहौर के अविनाश मजूमदार थे। स्वागताध्यक्ष मंगलौर समाज के अध्यक्ष उल्लाल रघुनाथय्या का शानदार भाषण हुआ। इस सभा में सरोजिनी नायडू, अहमदाबाद के रमणभाई नीलकंठ, लाहौर के धर्मदास सूरी और शिंदे आदि के भाषण हुए। ब्रिटिश एंड फॉरेन एसोसिएशन के प्रतिनिधि प्रो. डेविस जान-बूझकर परिषद् में उपस्थित रहे थे।

शिंदे ने 30 दिसम्बर को 'डिप्रेस्ड क्लासेज मिशन' की जाहिर सभा रावबहादुर एम. आदिनारायण्णा की अध्यक्षता में आयोजित की। शिंदे ने ही मुख्य भाषण दिया। इसी समय यहाँ पर मिशन का एक उपविभाग भी शुरू किया। इस कार्य के लिए वे परिषद् सम्पन्न होने पर भी वह पाँच-छह दिन मद्रास में ही रहे।

सन् 1909 की एकेश्वर धर्म परिषद्, लाहौर में आयोजित की गई। कोलकाता के विनएन्द्रनाथ सेन अध्यक्ष थे। पंजाब के आदि, नवविधान एवं साधारण—इन तीनों ब्राह्म समाजियों ने मिल-जुल कर कार्य किया। इस परिषद् के लिए बड़ौदा के श्रीमन्त सयाजीराव महाराज ने अपना प्रतिनिधि भेजा।

परिषद् सम्पन्न होने के पश्चात् भी मुम्बई के गिरिजाशंकर त्रिवेदी लाहौर के पूरे सफर में शिंदे के साथ रहे। उन्होंने अहमदाबाद, पालनपुर, आगरा, मथुरा, वृन्दावन और दिल्ली आदि शहर देखे। उन्होंने परिषद् सम्पन्न होने पर अमृतसर का सिक्खों का स्वर्ण मन्दिर भी देखा। उन्होंने वापसी में अजमेर के पास आबू के पहाड़ों में दो दिन धर्म चिन्तन में बिताए। वहाँ का मशहूर जैन मन्दिर दिलवाड़ा और दर्शनीय स्थल देखे।

यात्रा को निकलने से पहले शिंदे की माताजी कैंसर से पीड़ित थीं। उन्हें माँ को छोड़कर यात्रा पर जाना मुश्किल लग रह था और जाना तो जरूरी था। ऐसी दुविधा उनके सामने आ पड़ी। "जब तक तुम वापस लौटकर नहीं आओगे तब तक मैं तुम्हे छोड़कर नहीं जाऊँगी।" ऐसा वचन माँ ने दिया और यात्रा पर जाने की अनुमति दी। शिंदे वापस आने के पश्चात् 8 फरवरी में उनकी प्यारी माँ का 70 साल की अवस्था में स्वर्गवास हुआ।

लाहौर की धर्म परिषद् का वृत्तान्त देते समय 'सुबोध पत्रिका' में लिखा है, "परिषद् के जनरल सेक्रेटरी वि.रा. शिंदे ने धर्म परिषद् के सामने अपने प्रस्ताविक भाषण में कहा कि सन् 1903 में हुई मद्रास सभा में परिषद् की धीमी हालत देखकर सन् 1904 में मुम्बई सभा में इसका पुनर्गठन किया। तब से मुम्बई, काशी, कोलकाता, सूरत, मद्रास और लाहौर—इन छह जगहों पर परिषद् होने से भारत में उसकी एक परिक्रमा पूरी होकर उसके विकास का एक चरण खत्म हुआ है यानी ब्राह्म समाज की साधारण जरूरतें अलग-अलग प्रान्त के नेताओं द्वारा एक-दूसरे की समझ में आ गईं। इसके आगे शिंदे ने परिषद् की बाकायदा नियमावली हो, केन्द्रवर्ती कचहरी, निधि और कार्यवाह नियुक्त कर उसके द्वारा समय-समय पर पारित प्रस्तावों की कार्यान्विति हो, ऐसी आस्था से प्रार्थना की। इस पर दो घंटे तक काफी बहस हुई और अन्त में परिषद् की नियमावली बनाने का समय आया नहीं, ऐसा बहुमत से निर्णय लिया गया। इस निराशा का कारण कोलकाता ब्राह्म समाज के उपविभागों के मन में अब तक एक-दूसरे के प्रति पूर्वग्रह होने के कारण इकट्ठा कार्य करना आसान नहीं था।[4]

इंग्लैंड में केन्द्रवर्ती संस्था यूनिटेरियन पंथ का कार्य कैसे करती है, यह शिंदे ने देखा था। लन्दन के एसेक्स हॉल में यूनिटेरियन पंथ का कार्यालय था। वहाँ गाँव-गाँव की यूनिटेरियन संस्थाओं के बारे में जानकारी संग्रहीत की थी। वहाँ व्याख्यान आदि कार्यक्रम होते थे। लिवरपूल की यूनिटेरियनों की त्रैवार्षिक धर्म परिषद् में उस पंथ की घटना कैसी बनानी है, इस सन्दर्भ में विमर्श करके फैसला लिया गया था और केन्द्रीय पद्धति से यूनिटेरियन समाज के कार्य को प्रेरणा मिली थी। उन्होंने वहाँ के कार्य की परिणामकारक पद्धति को देखा था। इसका उपयोग यहाँ पर भी हो, इसीलिए उन्होंने धर्म परिषद् की घटना बनाने सम्बन्धी लाहौर परिषद् में आस्था से विनती की थी, लेकिन कोलकाता के ब्राह्म समाज के तीनों पक्षों के मन एक-दूसरे के प्रति साफ न होने के कारण यह नहीं हो पाया, ऐसा उन्हें लगा।

मुम्बई में 'प्रार्थना समाज', 'भारतीय एकेश्वर धर्म परिषद्' और 'डिप्रेस्ड क्लास मिशन' का कार्य गति से चल रहा था। उसी समय नवम्बर 1910 में वि.रा. शिंदे के जीवन में एक बहुत ही अप्रिय घटना घटी। शिंदे ने 1906 में हरिजन वर्ग का विकास करने के उद्देश्य से 'डिप्रेस्ड क्लासेज मिशन' की स्थापना की और वह कार्य जोरों से शुरू किया। वे मुम्बई प्रार्थना समाज के वैतनिक प्रचारक थे और समाज का कार्य पूरी लगन से करते थे। इसके बावजूद उन्हें मिशन के कार्य के लिए काफी समय लगता होगा। इस तथा अन्य कुछ कारणों से प्रार्थना समाज के वरिष्ठजनों में शिंदे के प्रति नाराजगी बढ़ती गई और अन्त में इसके परिणामस्वरूप शिंदे को प्रार्थना समाज के प्रचारक पद से हटाया गया अर्थात् सन् 1910 के अन्त में शिंदे का प्रार्थना समाज या ब्राह्म समाज से औपचारिक रूप का भी कोई सम्बन्ध नहीं रहा, लेकिन उन्होंने इन बातों को स्वीकार कर 'भारतीय एकेश्वर धर्म परिषद्' के संगठन कार्य पर या कुल धार्मिक कार्य पर जरा भी असर नहीं होने दिया क्योंकि उन्होंने धार्मिक कार्य को जीवन का एकमात्र उद्देश्य स्वीकार किया था। इससे अवकाश ग्रहण करना उनके लिए आसान नहीं था। 1904 में उन्होंने 'भारतीय एकेश्वर धर्म परिषद्' का पुनर्गठन किया था और यह धर्म परिषद् हर साल नियमित रूप से सम्पन्न होने लगी। शिंदे ने अखिल भारतीय स्तर पर धर्म परिषद् का कार्य जारी रखा।

1910 के क्रिसमस में इलाहाबाद में यह परिषद् लेना तय हुआ। इस प्रदेश के जानकार के रूप में लाहौर के अविनाशचन्द्र मजूमदार शिंदे के साथ सेक्रेटरी के रूप में नियुक्त किए गए। परिषद् का अध्यक्ष पद पंडित शिवनाथ शास्त्री ने स्वीकार किया।

परिषद् के एक हफ्ता पहले शिंदे इलाहाबाद पहुँचे। उन्हें हर परिषद् से पहले सभी ब्राह्म और प्रार्थना समाजों को परिपत्रक निकालकर खर्चे का इन्तजाम करने का काम करना पड़ता था। कभी जितनी जरूरत होती, उतने पैसे मिलते तो कभी नहीं मिलते। उन्हें यात्रा के खर्चे की हमेशा दिक्कत होती थी। उन्हें प्रार्थना समाज से जो तनख्वाह मिलती थी, वह प्रचारक पद त्यागने के कारण बन्द हो चुकी थी। वे क्रिसमस की सर्दी में रेल की तूफानी भीड़ और थर्ड क्लास की तकलीफें सहते हुए इलाहाबाद पहुँचे।

इलाहाबाद परिषद् के सामने एक विशेष कार्य यह था कि परिषद् संगठन का मसौदा तैयार करके स्वीकृत कर लेना। इस मसौदे को तैयार करने के लिए हेमचन्द्र सरकार, नृत्यगोपाल राय, लाहौर के लाला रघुनाथ सहाई और स्वयं शिंदे आदि की एक उपसमिति नियुक्त की गई। मसौदे में निम्नलिखित मुद्दे थे—

1. नाम : थीइस्टिक कॉन्फ्रेंस होनी चाहिए।
2. उद्देश्य : एकेश्वर धर्म का प्रसार।
3. एकेश्वर धर्म का कोई भी विधिवत् चुना सदस्य, एक या दो सेक्रेटरी आदि की स्टैंडिंग कमेटी का चुनाव हर साल परिषद् में होगा।
4. पूरे साल के कार्य का अन्त में विवरण पूरा करना।
5. प्रस्तावों पर अमल करना आदि स्टैंडिंग कमेटी के कार्य।
6. परिषद् की जगह स्थानीय सदस्यों की स्वागत कमेटी नियुक्त कर अपना आवश्यक अधिकार स्टैंडिंग कमेटी ने इस स्थानीय स्वागत कमेटी को अस्थायी रूप में देना। इन नियमों में परिवर्तन करना हो तो परिषद् की जाहिर सभा में दो तिहाई सदस्यों की अनुमति की आवश्यकता।

वस्तुतः ये नियम संघटना चलाने की दृष्टि से काफी महत्त्वपूर्ण थे, परन्तु इस पर सभी का जल्दी एकमत नहीं हो रहा था। इसीलिए यह मसौदा अलग-अलग ब्राह्म एवं प्रार्थना समाज के अभिप्राय के लिए पूरे देश में भेजा जाए और कोलकाता की अगले वर्ष की परिषद् में सारा मामला पेश किया जाए, ऐसा प्रस्ताव पारित करने के बाद यह सम्मत हुआ।

प्रचार का जो कार्य चल रहा था, वह सन्तोषप्रद नहीं था। तत्कालीन प्रचारक बाहर जाते ही नहीं थे। इसीलिए शिंदे ने ऐसा प्रस्ताव रखा कि देश के मुख्य ब्राह्म समाज अपने प्रचारकों को चुनिन्दा प्रान्तों में कम-से-कम तीन महीने तक भ्रमण के लिए भेज दें, लेकिन इस प्रस्ताव को बंगाल के प्रतिनिधियों ने खारिज कर दिया। बंगाली लोगों की मानसिकता के सन्दर्भ में शिंदे अपने अनुभव के आधार पर कहते हैं, "मिलकर काम करो, ऐसा कहें तो उन्हें सिरदर्द होता है।" शिंदे ने 1910 की इलाहाबाद परिषद् में दूसरा प्रस्ताव प्रस्तुत किया, "बहुजन समाज में ब्राह्म धर्म का प्रचार किया जाए।"[5] इस प्रस्ताव के सन्दर्भ में एकमत हुआ क्योंकि प्रस्ताव काफी सन्दिग्ध था। इस प्रस्ताव के पीछे उनकी एक नीति थी। ब्राह्म धर्म का उज्ज्वल स्वरूप समझ में आने के बाद वे सन् 1898 से प्रार्थना समाज में जाने लगे। उस समय उन्हें लगा कि इस धर्म का प्रचार देहातों में होना जरूरी है। शिंदे की दृष्टि छात्रावस्था से बहुजन समाज के लोकमंगल का विचार करनेवाली थी। शिंदे को मुम्बई, पुणे के प्रार्थना समाज और बंगाल एवं शेष प्रदेशों के ब्राह्म धर्म का अनुभव लेने के पश्चात् स्वाभाविक रूप से एहसास हुआ होगा कि ब्राह्म समाज का प्रसार सिर्फ पढ़े-लिखे वर्ग और उच्च जाति तक ही सीमित था। उन्हें यह प्रार्थना समाज की कमी महसूस हो रही थी। क्योंकि अपने देश में जो बहुसंख्य समाज है, उसमें इस उन्नत धर्म का प्रसार करने से ही धर्म का असली कार्य होनेवाला है, ऐसा उन्हें लग रहा था।

अगले वर्ष के लिए विट्ठल रामजी शिंदे, अविनाशचन्द्र मजूमदार, विनएन्द्रनाथ सेन, व्यंकटरत्नम नायडू, गुरुदास चक्रवर्ती और नृत्यगोपाल राय आदि की स्टैंडिंग कमेटी नियुक्त की गई। अगला अधिवेशन कोलकाता में होने के कारण हेमचन्द्र सरकार को जनरल सेक्रेटरी के रूप में चुना गया।

सन् 1911 के क्रिसमस में कोलकाता सिटी कॉलेज में यह परिषद् हुई। मंगलौर ब्राह्म समाज के अध्यक्ष उल्लाल रघुनाथय्या अध्यक्ष के रूप में नियुक्त किए गए। जर्मनी के गॉटिंजन यूनिवर्सिटी के ख्यातलब्ध डॉ. रुडॉल्फ ऑटो परिषद् के लिए उपस्थित थे। पहली उपासना सत्येन्द्रनाथ ठाकुर ने संस्कृत में चलाई। अलग-अलग जगह के कई ख्यातलब्ध

सदस्यों ने महत्त्वपूर्ण भाषण करके निवेदन पढ़े। पिछले साल की परिषद् के सन्दर्भ में संघटना का मसौदा और समाज के अभिप्राय, प्रतिवेदन को पढ़ने के पश्चात् संघटना के बारे में प्रस्ताव काफी कम मतों से पारित हुआ। विट्ठल रामजी शिंदे द्वारा चलाई 'डिप्रेस्ड क्लासेज मिशन' का कार्य महत्त्वपूर्ण था। इसका प्रमाण कोलकाता के अधिवेशन में देखने को मिलता है। बाबू अविनाशचन्द्र मजूमदार ने ऐसा प्रस्ताव रखा, "मुम्बई, कोलकाता, मद्रास, मंगलौर और ढाका तथा अन्य जगहों पर चलाए गए 'डिप्रेस्ड मिशन क्लासेज' का जो कार्य है, उसे देश के सभी ब्राह्म और प्रार्थना समाज हमदर्दी जताकर सहायता करें।" बाबू ललित मोहन सेन ने इस प्रस्ताव का समर्थन किया। बाद में वह सर्वानुमति से स्वीकृत हुआ।

उदार धर्ममतवादी लोगों ने अब तक यूरोप और अमेरिका में वैश्विक परिषद् ली थी। यूनिटेरियन लोगों के नेतृत्व में होनेवाली यह धर्म परिषद् हिन्दुस्तान में आयोजित करने की कोशिश की जाए, ऐसा प्रस्ताव कोलकाता अधिवेशन में पारित किया गया। स्वयं विट्ठल रामजी शिंदे सन् 1903 की एम्सटर्डम में हुई वैश्विक परिषद् में हिन्दुस्तान के प्रतिनिधि के रूप में उपस्थित थे। ऐसी धर्म परिषद् हिन्दुस्तान में लेने से धार्मिक कार्य को अच्छी प्रेरणा मिलेगी, ऐसा शिंदे को लगा। कोलकाता में यह अधिवेशन बड़े जोश के साथ सम्पन्न हुआ। बाद में मेरी कार्पेंटर हॉल में समाजियों का प्रीति सम्मेलन हुआ। उसमें प्रो. रुडाल्फ ऑटो का सहानुभूतिपूर्ण भाषण हुआ। अगली परिषद् बाँकीपुर में लेने का निर्णय हुआ। सन् 1912 की परिषद् सर नारायण चन्दावरकर की अध्यक्षता में बाँकीपुर में सम्पन्न हुई। वहाँ साधारण और नवविधान ब्राह्म समाज होने से और हेमचन्द्र सरकार सेक्रेटरी होने से शिंदे को पूर्व तैयारी में उतनी परेशानी नहीं हुई। परिषद् सुचारू ढंग से सम्पन्न हुई।

शिंदे का लक्ष्य 'डिप्रेस्ड क्लासेज मिशन' का कार्य बढ़ाने की ओर था। उन्होंने सन् 1908 की धर्म परिषद् के साथ 'डिप्रेस्ड क्लासेज मिशन' की भी सभा लेना शुरू किया। इस समय 'डिप्रेस्ड क्लास मिशन' के प्रति आत्मीयता रखनेवाले कार्यकर्ता अमृतलाल ठक्कर शिंदे के साथ बाँकीपुर गए थे। वहाँ राष्ट्रीय सभा के अध्यक्ष नामदार आर. एन. मुधोलकर की अध्यक्षता में मिशन की एक जाहिर सभा सम्पन्न हुई। अमृतलाल ठक्कर ने हरिजनों के सन्दर्भ में पूरी जानकारी तैयार रखी थी। उसी के आधार पर उन्होंने प्रभावी भाषण दिया। उनकी सहायता से मिशन की सभा अच्छी तरह से सम्पन्न हुई।

अगला अधिवेशन कराची में लेने का निर्णय हुआ और वहाँ नवविधान दल का जोश होने के कारण जनरल सेक्रेटरी के रूप में शिंदे को नियुक्त किया गया।

सन् 1913 के क्रिसमस में कराची खालिकदिना हॉल में परिषद् हुई। अमरीका के जे.टी. संडरलैंड परिषद् के लिए आए थे और उन्हें ही अध्यक्ष के रूप में चुना गया। सन् 1911 की कोलकाता परिषद् में उदार धर्म मतवादी लोगों की वैश्विक परिषद् का अधिवेशन जल्द ही हिन्दुस्तान में हो, ऐसा प्रस्ताव पारित किया गया था और उस दृष्टि से अमरीका के यूनेटेरियन एसोसिएशन के डॉ. संडरलैंड को वैश्विक परिषद् हिन्दुस्तान में लेने की पूर्व तैयारी के लिए जान-बूझकर भेजा था। डॉ. संडरलैंड भारत के एकेश्वर धर्मपंथ से परिचित थे। वे 1895 में पुणे के राष्ट्रीय सभा के अधिवेशन में उपस्थित थे और उसी समय उन्होंने वहाँ के प्रार्थना समाज में हुई एकेश्वर धर्म परिषद् में हिस्सा लिया था। उन्हें हिन्दुस्तान के प्रति आस्था थी। सन् 1897 में हिन्दुस्तान में अकाल पड़ा तब उन्होंने इंग्लैंड में 600 पौंड इकट्ठा कर अकाल फंड के लिए मदद भेजी थी।[6] उनका शिंदे से अच्छा परिचय हुआ था।

रेवरंड संडरलैंड इस दौरान अपनी बेटी को भी साथ लाए थे और उनके रहने का इन्तजाम कराची के यूरोपियन होटल में किया गया था। शिंदे को इस होटल के सन्दर्भ में एक अजीब अनुभव हुआ और अपनी साफगोई दिखाने की नौबत आई। रेवरंड संडरलैंड परिषद् के नियोजित अध्यक्ष के रूप में आए थे। शिंदे को सेक्रेटरी के नाते एक जरूरी काम के लिए होटल में मिलने के लिए जाना पड़ा। उनको होटल के मैनेजर ने संडरलैंड साहब से मिलाने को मना किया। शिंदे ने होटल के मैनेजर से कहा, "हम नहीं जा सकते तो साहब को हमें मिलने बाहर बुलाना पड़ेगा।" इस जिद पर वे अड़े रहे। डॉ. संडरलैंड उन्हें मिलने के लिए बाहर आए और जो कुछ हुआ, उसके लिए उन्होंने खेद प्रकट किया। शिंदे ने उन्हें आगाह किया, "मुझे काम के सन्दर्भ में बार-बार आना पड़ेगा। अगर दुबारा ऐसा हुआ तो यहाँ की मेहमान नवाजी छोड़कर हम जहाँ इन्तजाम करेंगे, वहाँ पर आपको रहना होगा। साहब अब अमरीका के खुले वातावरण में नहीं है, हमारे देश में हम जैसे ही पराधीन हैं।"[7] लेकिन बाद में इसकी आवृत्ति नहीं हुई। ब्राह्म परिषद् का पूरा कार्य अच्छी तरह से सम्पन्न हुआ।

सर नारायण चन्दावरकर और अन्य प्रान्त के सम्माननीय लोग इस परिषद् में उपस्थित थे। अगली वैश्विक परिषद् हिन्दुस्तान में होने के कारण उसकी पूर्व तैयारी के सन्दर्भ में चर्चा करने के लिए एक सभा बुलाई गई। हिन्दुस्तान की बड़ी हस्तियों को ध्यान में रखकर सिर्फ इस अधिवेशन में वैश्विक परिषद् की पूर्व तैयारी करना मुश्किल था।

इसलिए 1914 में कोलकाता, मद्रास, मुम्बई और लाहौर जैसे प्रमुख चार स्थानों पर अधिवेशन लेने का आयोजन किया गया। अमरीका, यूरोप और हिन्दुस्तान—इन तीन देशों के उदार धर्म के लोगों ने चन्दा जमा करने की जिम्मेदारी ली। अधिवेशन के लिए कोलकाता में हेमचन्द्र सरकार, मद्रास में व्यंकटरत्नम् नायडू, मुम्बई में शिंदे और लाहौर में प्रो. रुचिराम साहनी—इन चारों को अपने-अपने प्रदेश में अधिवेशन के सेक्रेटरी नियुक्त किया गया।

शिंदे ने प्रस्तावित वैश्विक परिषद् के लिए बड़ौदा के श्रीमन्त सयाजीराव महाराज से हमदर्दी एवं सहायता लेने का विचार किया॥ इस दृष्टि से शिंदे ने श्रीमन्त सयाजीराव महाराज और डॉ. संडरलैंड की मुलाकात हो, इस दृष्टि से महाराज के प्राइवेट सेक्रेटरी से मिलकर पूर्व तैयारी की। डॉ. संडरलैंड, उनकी बेटी और शिंदे महाराज के अतिथि के रूप में दो-तीन दिन रहे। महाराज ने अन्तरराष्ट्रीय धर्म परिषद् के अधिवेशन को मदद करने का वादा किया और राजमहल में डॉ. संडरलैंड का व्याख्यान आयोजित किया। डॉ. संडरलैंड ने 'इमर्मन' विषय पर व्याख्यान दिया। उसके बाद डॉ. संडरलैंड हिन्दुस्तान के प्रमुख शहरों में जाकर वहाँ के नेताओं से मिलकर वैश्विक परिषद् की योजना उन्हें समझाकर अमरीका लौट गए।

विट्ठल रामजी शिंदे वैश्विक परिषद् के कार्य में जुटे। उन्होंने जाहिर विनती करनेवाली एक पुस्तिका छपवाकर उसे हिन्दुस्तान, यूरोप और अमरीका के परिचित सज्जनों में बाँटकर पत्राचार शुरू किया। उसके काफी सन्तोषजनक उत्तर मिले। यूरोप के उस समय के ख्यातलब्ध और श्रेष्ठ जर्मन दार्शनिक प्रो. रुडाल्फ ऑयकेन का "परिषद् में सम्मिलित होता हूँ।" ऐसा मुआफिक उत्तर आया। वे अगले साल जापान जानेवाले थे। इसलिए हिन्दुस्तान की परिषद् में उपस्थित रहना उन्हें सुविधाजनक लगा। शिंदे की पूर्व तैयारी जोरों से चल रही थी, लेकिन विधिलिखित कुछ और ही था। सन् 1914 के अगस्त महीने में अचानक विश्वयुद्ध शुरू हुआ। यह विश्वयुद्ध सिर्फ यूरोप के ही नहीं तो हिन्दुस्तान के भविष्य पर भी असर करनेवाला साबित हुआ। नियोजित वैश्विक एकेश्वर धर्म परिषद् तो हिन्दुस्तान में हुई ही नहीं, लेकिन शिंदे ने जिस 'भारतीय एकेश्वर धर्म परिषद्' को सुसंघटित रूप दिया था और हर साल उसके अधिवेशन नियमित रूप से हो रहे थे, वह परिषद् भी विश्रृंखलित हुई और उसके वार्षिक अधिवेशन भी बाधित हो गए।

शिंदे का मुम्बई प्रार्थना समाज का प्रचारक के रूप में होनेवाला औपचारिक रिश्ता सन् 1910 में ही खत्म हुआ, लेकिन 'डिप्रेस्ड क्लासेज मिशन' का कार्य मुम्बई में होने के कारण अगले तीन साल तक उन्हें मुम्बई में ही प्रवास करना पड़ा। इस प्रवास में वे धर्म-प्रचारक का कार्य अपने ढंग से करते थे। उन्होंने नवम्बर 1911 में मुम्बई में हुए प्रार्थना समाज के वार्षिक समारोह में 'आत्मा की यात्रा' नामक विषय पर मुख्य व्याख्यान दिया तो नवम्बर 1912 के वार्षिक समारोह में 'आत्मा का निवास' विषय पर व्याख्यान दिया। उनका 'भारतीय एकेश्वर धर्म परिषद्' का कार्य जारी था, लेकिन इस कार्य में भी विश्वयुद्ध से रुकावट पैदा हुई। इधर उनके द्वारा स्थापित किया गया मिशन का कार्य गति से बढ़ रहा था। इसलिए वह मिशन का मुख्य थाना मुम्बई से पुणे लाए। उनका प्रार्थना समाज का प्रचारक के रूप में होनेवाला औपचारिक रिश्ता खत्म हुआ था, लेकिन अछूत वर्ग के विकास के लिए जो कार्य शुरू किया, वह उनकी दृष्टि से धार्मिक कार्य ही था। उन्होंने मिशन की पाठशालाओं में धार्मिक संस्कार का कार्य शुरू किया। उनका स्वयं का जीवन और कार्य धर्ममय था, वह एक अलग सन्दर्भ है।

सन्दर्भ

1. *सुबोध पत्रिका,* 7 जनवरी, 1906
2. वही, 7 जनवरी, 1906 वा.गो. संत ने भेजा वृत्तान्त ।
3. विट्ठल रामजी शिंदे, *माझ्या आठवणी व अनुभव,* पृ. 191-192
4. वही, पृ. 199
5. वही, पृ. 200
6. *सुबोध पत्रिका,* 8 अप्रैल, 1900
7. विट्ठल रामजी शिंदे, *माझ्या आठवणी व अनुभव,* पृ. 202

ब्राह्म धर्म सूची ग्रंथ

थीएस्टिक डाइरेक्टरी (ब्राह्म धर्म सूची ग्रंथ) का निर्माण शिंदे द्वारा ब्राह्म धर्म को लेकर अखिल राष्ट्रीय स्तर पर किया गया एक महत्त्वपूर्ण कार्य है। शिंदे मुम्बई प्रार्थना समाज का कार्य कर रहे थे तब उन्हें ऐसे ग्रंथ की कमी महसूस हो रही थी। ऐसा ग्रंथ तैयार करना जरूरी है, ऐसा उन्होंने अन्य लोगों को भी समझाया। प्रतापचन्द्र मजूमदार ने 1872 के आसपास भारत के अलग-अलग ब्राह्म समाज का कार्य और विकास की जानकारी हर साल संकलित करके प्रकाशित करना शुरू किया। आगे सात-आठ सालों के पश्चात् मिस. एम.डी. कॉलेट नामक कार्य तत्पर अंग्रेजी महिला ने 1876 से 87 तक ब्राह्मो ईयर बुक नाम से यह कार्य विधिवत् चलाया, लेकिन इस कार्य से देश में कई जगह के ब्राह्म समाज की जानकारी एकत्रित नहीं मिल सकती थी। इंग्लैंड के लन्दन में एसेक्स स्ट्रीट पर होनेवाले यूनिटेरियन पंथ के केन्द्रीय कार्यालय में हर तरह के यूनिटेरियन पंथ की जानकारी मिल सकती है। उस केन्द्रीय संस्था ने ऐसा साहित्य प्रकाशित किया है, इसकी शिंदे को जानकारी थी। हिन्दुस्तान जैसे खंडप्राय देश में ऐसे कार्य की अधिक जरूरत थी। इसीलिए सन् 1905 के काशी अधिवेशन में यह प्रस्ताव पारित हुआ। हिन्दुस्तान के ब्राह्म एवं प्रार्थना समाज की जानकारी वाला ग्रंथ तैयार करने का प्रस्ताव परिषद् ने पारित किया और इस कार्य की जिम्मेदारी शिंदे पर सौंप दी।

शिंदे ने परिषद् सम्पन्न होते ही विविध ब्राह्म समाज की जानकारी प्राप्त करने के लिए बंगाल, आसाम की यात्रा करना तय किया। इस सन्दर्भ में जाहिर परिपत्रक जारी किए। पत्राचार के बावजूद भी सन्तोषजनक जानकारी न मिलने की वजह से यह कोशिश छोड़ दें, ऐसा उन्होंने दो बार तय किया। उन्होंने सन् 1912 में फिर से पुरजोर कोशिश की। वे इस कार्य का महत्त्व भलीभाँति जानते थे, इसलिए इसे पूरा करना जरूरी है, इसका उन्हें एहसास हो रहा था। उन्हें कुछ स्थानीय समाजों की जानकारी मिली थी। इसीलिए ब्राह्म समाज का कार्य करनेवाले कार्यकर्ताओं को मिली असफलता भी उद्‌बोधक लग रही थी। विदेश में रहनेवाले उनके परिचितों एवं दोस्तों ने एकेश्वर धर्म के बारे में जरूरी जानकारी लिखकर भेजी। इसीलिए शिंदे ने सन् 1912 के अन्त में काफी प्रयास से 300 पृष्ठों का यह ग्रंथ तैयार किया और दिसम्बर, 1912 में प्रकाशित किया। सर नारायण चन्दावरकर ने इस ग्रंथ की महत्त्वपूर्ण प्रस्तावना लिखी। उन्होंने इसमें कहा है, “भारत में ब्राह्म और प्रार्थना समाज के सदस्यों एवं शुभचिन्तकों को ही नहीं तो जो कोई इस आन्दोलन को आलोचक की दृष्टि से देखते हैं, उन्हें भी यह जानकारी काफी लाभदायक होगी। आधुनिक पढ़े-लिखे हिन्दू लोग धर्म के बारे में काफी लापरवाह है। ऐसा ऐतराज बार-बार किया जाता है, लेकिन यह पूर्ण सत्य नहीं है। हिन्दू महामंडल, आर्य समाज, थियोसॉफी और शेष धर्मिक आन्दोलनों को कोई गौर से देखे तो नई चेतना की गवाही सहज ही समझ सकते हैं। विश्व में आधुनिक सोचवाली दो भिन्न प्रमुख शक्तियों का कार्य जारी है। एक धर्मकारण और दूसरा, अर्थकारण। इन दो शक्तियों ने सुधारित विश्व को चौंका दिया है। केवल अर्थ के पीछे लगे मनुष्य या संस्था नहीं होती। जैसे-जैसे अमीरी बढ़ती है वैसे-वैसे गरीबी भी बढ़ती है, उसके पीछे युद्ध तय होता है। दूसरा सत्य यह कि मतभिन्नता का शोरगुल शुरू रहता है। तब उसमें से एक मूल सामान्य तत्त्व सामने आता है। बंगाल के राममोहन रॉय, महर्षि देवेन्द्रनाथ, ब्रह्मानन्द, केशवचन्द्र और हमारे यहाँ के सर रामकृष्ण पंत, भंडारकर आदि इस सामान्य तत्त्व का स्वीकार कर उसका पूरे विश्व में जोश से प्रसार कर रहे हैं। उनकी जिम्मेदारी कितनी बढ़ी है, यह सूची ग्रंथ से पता चलता है। इस ग्रंथ में बयान की परिस्थिति पढ़कर हमेशा खुशी ही होगी, ऐसा नहीं है। तथापि ब्राह्म धर्म का प्रचार अधिक हिम्मत से करना किस प्रकार जरूरी है, यह भी समझ में आता है और ब्राह्म धर्मानुयायी बनना यह कितनी बड़ी खुशी और भाग्य की बात है, इसका विश्वास होता है।[1]

शिंदे के इस ग्रंथ का उद्देश्य प्रमुखत: हिन्दुस्तान के अलग-अलग प्रान्त के स्थानीय ब्राह्म समाज की जानकारी देनेवाली सूची बनाना रहा। बावजूद वे ग्रंथ का स्वरूप बढ़ाकर उसे उपयोगिता की दृष्टि से अधिक मौलिक बनाना चाहते थे। इसीलिए ग्रंथ के एक हिस्से में सिर्फ भारत के ही नहीं तो विश्व के उदार धर्म के विचार एवं उनका कार्य आदि से सम्बन्धित लेख अन्तर्भूत करने चाहिए, ऐसा उन्हें लगा। इसीलिए ग्रंथ के नाम में भी 'ब्राह्म धर्म सूची' इस मुख्य नाम के आगे 'और सुधारित विश्व के उदार धर्म के विचार और कार्य का सिंहावलोकन' नामक शीर्षक दिया गया। इसीलिए स्वाभाविकता से उदार धर्म की भूमिका का वैश्विक स्तर पर स्वरूप क्या है, इसकी तस्वीर पाठकों के सामने आ सकती हैं। शिंदे ने इस उद्देश्य से ही ग्रंथ को दो खंडों में विभाजित किया है। पहले खंड में भारत और विश्व के उदार धर्म के अलग-अलग पंथों के कार्य सम्बन्धी लेखों का भी समावेश किया है। उसी प्रकार भारत के उदार धर्म पंथों ने जो परोपकारी कार्य किए हैं; उनसे सम्बन्धित लेखों का समावेश किया है। स्वयं पंडित शिवनाथ शास्त्री ने पहले खंड में ब्राह्म समाज के सन्दर्भ में लेख लिखा है। शिंदे के मैनचेस्टर कॉलेज के सहयोगी झेनो सुके टोयासाकी ने 'जापान का उदार धर्म' नामक अध्याय लिखकर भेजा। लाला रघुनाथ साहनी ने 'पंजाब का ब्राह्म समाज' लेख तो वी. पद्मराज नायडू ने 'दक्षिण भारत का ब्राह्म समाज' यह टिप्पणी लिखकर भेजी, लेकिन पहले खंड के कई प्रमुख अध्याय स्वयं शिंदे ने लिखे। शिंदे ने पश्चिम हिन्दुस्तान के प्रार्थना समाज का आन्दोलन, एकेश्वर धर्म परिषद्, भारतीय निराधार सहायक मंडली, ईरान के बहाई धर्म का आन्दोलन, यूरोप और अमरीका के यूनिटेरियन और समाज आदि अध्याय स्वयं लिखे हैं। हिन्दुस्तान और विश्व के उदार धर्म आन्दोलन का इतिहास स्पष्ट हो, इसी उद्देश्य से प्रथम खंड के अध्याय लिखे हैं।

प्रस्तुत ग्रंथ के दूसरे खंड में प्रत्यक्ष गाँवों में होनेवाले समाजों की जानकारी प्रस्तुत की है। इसमें बंगाल, बिहार और ओडिशा जैसे प्रान्तों के 111 ब्राह्म समाज, मद्रास प्रान्त के 32 ब्राह्म समाज, मुम्बई के 16 प्रार्थना समाज, पंजाब और संयुक्त प्रान्त के 18 ब्राह्म समाज और इसके सिवा लन्दन के रे चार्ल्स वायसे की थीइस्टिक चर्च आदि कुल 168 संस्थाओं की विस्तृत जानकारी का विस्तार से इतिहास दिया है। हर जगह के स्थानीय समाज सेक्रेटरी का नाम एवं पता, सदस्यों की संख्या, इसमें आनुष्ठानिक कितने और शुभचिन्तक कितने आदि का जिक्र, हफ्ते में सभा कितनी बार होती है, उपसंस्थाओं का ब्यौरा, अलग मन्दिर है या नहीं, मुखपत्र के रूप में समाचार-पत्र, पत्रिका आदि जानकारी संकलित कर ग्रंथ में अन्तर्भूत की है। कुल मिलाकर यह ग्रंथ समाज का प्रचार कार्य करनेवाले, अध्ययनकर्ता और आम जिज्ञासु पाठकों के लिए बहुत ही उपयुक्त साबित हुआ है।

ग्रंथ तैयार करने और मुद्रण में आया खर्चा 'ब्राह्मो पोस्टल मिशन' और बनारस परिषद् से बची राशि से पूरा किया गया। किसी भी स्थानीय समाज पर खर्चे का बोझ नहीं डाला गया, लेकिन शिंदे के मन में इतने कष्ट उठाकर बनाए ग्रंथ के बारे में एक टीस हमेशा रही। यह ग्रंथ ब्राह्म धर्म-प्रचारकों को मुफ्त मिलेगा, डाक व्यय भी नहीं होगा, सिर्फ वे माँग करें, ऐसा बार-बार घोषित करने के बावजूद भी किसी ने भी माँग नहीं की। शिंदे को ग्रंथ को लेकर ब्राह्म धर्म-प्रचारकों से होनेवाली अनास्था स्वाभाविक रूप से चिन्ताजनक लगी, लेकिन पाश्चात्य जगत के कार्यकर्ताओं को यह ग्रंथ बहुत महत्त्वपूर्ण लगा। उन्होंने उसकी तहेदिल से तारीफ की। इस किताब की सैकड़ों कॉपियाँ मुम्बई प्रार्थना समाज में धूल खा रही थीं। इसे याद कर शिंदे ने कहा, "ब्राह्म धर्म यह प्रार्थना करनेवाली संस्था है, कोशिश करनेवाली नहीं, ऐसा कभी-कभी मजाक से कहना पड़ता है, लेकिन उसमें सत्य का भी अंश है, ऐसा यह ग्रंथ जोर से पुकारता है।"[2]

सन्दर्भ

1. वी.आर. शिंदे, *दि थीइस्टिक डाइरेक्टरी एंड रिव्यू ऑफ दि लिबरल रिलिजस थॉट एंड वर्क इन दि सिविलाइज्ड वर्ल्ड*, मुम्बई, 1912
2. विट्ठल रामजी शिंदे, *माझ्या आठवणी व अनुभव*, पृ. 206

अस्पृश्य वर्ग की उन्नति की प्रारम्भिक कोशिश

भारत और महाराष्ट्र में अंग्रेजी सत्ता के दौरान राजनीतिक व्यवस्था में परिवर्तन हुआ। इसके साथ ही इस नए अंग्रेजी शासन का प्रहार यहाँ की सनातन धार्मिक संस्था और समाज व्यवस्था पर भी होने लगा। अंग्रेजी शिक्षा ग्रहण की हुई नई पीढ़ी अन्तर्मुख होकर अपने धार्मिक, सामाजिक जीवन का पुनर्विचार करने लगी और उसमें दिखाए दोषों को दूर करने की कोशिश में लगी। सामाजिक सन्दर्भ में भी सबसे महत्त्वपूर्ण बात यह रही कि अछूतों को लेकर जो दृष्टिकोण था, उसमें परिवर्तन आने लगा। बंगाल में राजा राममोहन राय ने सन् 1828 में ब्राह्म समाज स्थापित कर आद्य उन्नति का झंडा फहराने के बावजूद अस्पृश्यता उन्मूलन कार्य का प्रथम सम्मान जोतिबा फुले के कारण महाराष्ट्र को मिला है, ऐसा शिंदे ने जो दर्ज किया, वह उचित ही है। जोतिबा फुले ने 1848 को लड़कियों की और 1852 के आरम्भ में हरिजन-मातंग लड़कों के लिए प्रथम पाठशाला शुरू की। यह पाठशाला मुम्बई इलाके में ही नहीं तो भारत के इतिहास में अछूतों के लिए एक हिन्दू द्वारा शुरू की गई प्रथम पाठशाला है। सरकारी इंस्पेक्टर मेजर कैंडी साहब ने इस पाठशाला का निरीक्षण कर जो अभिप्राय दिया, वह 21 मार्च, 1852 के 'ज्ञान प्रकाश' में प्रकाशित हुआ। इस पाठशाला के बच्चों ने इस समय अचूक लेखन एवं वाचन आदि बातों में विश्रामबाग के उच्च वर्ग के कई बच्चों से भी अच्छी परीक्षा दी, ऐसा मेजर साहब ने कहा।" 5 दिसम्बर, 1852 के 'ज्ञानप्रकाश' में पहली वार्षिक रिपोर्ट के सम्बन्ध में सम्पादक ने अपनी राय दी है, "उन्होंने लड़कियों की पाठशाला अपने घर के पास शुरू की। उन्हें उस समय और आगे भी उनकी बिरादरी से काफी तकलीफ सहनी पड़ी। अन्त में उनके पिताजी ने इसी वजह से उन्हें घर से बाहर निकाला। उन्होंने अपने नीच समझे जानेवाले भाइयो को अज्ञान की खाई से निकालकर ज्ञानामृत पिलाने के लिए कई मुसीबतों का सामना किया। उनका यह कार्य उस जाति पर काफी बड़ा एहसान है। हम उनके आभारी हैं।" स्वयं जोतिबा और उनकी पत्नी सावित्रीबाई इस पाठशाला में चमार लड़कियों को बहुत आस्था से पढ़ाती थीं। इस सन्दर्भ में एक पत्र 'ज्ञानप्रकाश' में प्रकाशित हुआ है, "जोतिबा के तीन दोस्तों—मोरो विट्ठल वालवेकर, सदाशिव बल्लाल गोवंडे और सखाराम यशवन्त परांजपे आदि की काफी मदद होती थी। हरिजन मातंगों की पाठशाला में काफी भीड़ होती थी। उन्होंने इन लोगों को अपने मकान के कुएँ का पानी भरने की अनुमति दी।[1] अछूत माने गए वर्ग के बच्चों को शिक्षा देने और अपने घर के कुएँ का पानी भरने की इन लोगों को अनुमति देकर सामाजिक अस्पृश्यता उन्मूलन की महात्मा जोतिबा फुले की यह पहल हिन्दुस्तान की समाज व्यवस्था में क्रान्तिकारी परिवर्तन लाने की युगप्रवर्तक कोशिश है, ऐसा मानना होगा।

बंगाल में अस्पृश्यता उन्मूलन का सूत्रपात बाबू शशिपाद बैनर्जी ने किया। सन् 1864 में बैनर्जी की प्रेरणा से बंगाल के हावड़ा जिले के बारानगर में ब्राह्म समाज की स्थापना हुई। उनका जन्म सन् 1840 में कुलीन ब्राह्मण जाति में हुआ। उन्होंने बारानगर के मजदूरों के लिए दिन की और रात्रि पाठशालाएँ शुरू कीं। शशिपाद बैनर्जी का इस कार्य से बढ़कर एक और महत्त्वपूर्ण कार्य यह था कि स्वयं के बर्ताव से अस्पृश्यता हटाने की उन्होंने की हुई कोशिश। वे अस्पृश्य माने जानेवाले लोगों में खुलेआम घुल-मिल जाते। वे मेहतर जैसी जाति के अछूतों की प्रत्यक्ष सेवा करते थे। उन जैसे ऊँचे वर्ग के ब्राह्मण उस समय अछूत माने गए अपने जैसे आदमियों के घर में अपने साथ खाना खाते हैं, बातचीत करते हैं, इसलिए उस वर्ग के लोगों को अपना सम्मान लगता। पंडित शिवनाथ शास्त्री ने साधारण ब्राह्म समाज के सन् 1878 के प्रतिवेदन में साथ ही मिस कॉलेट ने सन् 1880 की वार्षिक पुस्तिका में बाबू शशिपाद बैनर्जी ने बारानगर के ब्राह्म समाज ने शुरू किए कार्य की जानकारी दी है। सामाजिक सुधार मंडल, सार्वजनिक वाचनालय

और रात्रि पाठशाला आदि संस्थाओं का प्रबन्धन, जूट मिल्स कम्पनी की ओर होने के बावजूद भी ब्राह्म समाज द्वारा और बाबू शशिपाद की कोशिशों की वजह से यह संस्था अस्तित्व में आई होगी।"[2]

सन् 1870 में ब्रह्मानन्द केशवचन्द्र सेन विदेश से वापस लौटे और उन्होंने मुम्बई के फ्रामजी कावसजी इंस्टिट्यूट में एक व्याख्यान दिया। उन्होंने व्याख्यान में निम्न जाति की उन्नति के लिए मुम्बई प्रार्थना समाज को कुछ कार्य करने की हिदायत दी। इस हिदायत के अनुरूप मुम्बई के थीइस्टिक एसोसिएशन ने रात्रि पाठशाला शुरू की। मुम्बई प्रार्थना समाज के नेताओं ने एसोसिएशन के इस कार्य में सहयोग दिया। प्रार्थना समाज के प्रथम आचार्य भिकोबा दादा चव्हाण के नेतृत्व में सन् 1876 को चेऊलवाडी में मजदूरों के लिए पहली रात्रि पाठशाला शुरू की थी। ऐसी पाँच पाठशालाएँ एसोसिएशन की ओर से चलाई जाती थीं। सन् 1890 में हरिजन-चमार जैसे अछूत माने जानेवाले लोगों के लिए मदनपुरा में एक अलग पाठशाला शुरू की गई। सन् 1899 में थीइस्टिक एसोसिएशन बन्द होने के कारण इन पाठशालाओं का प्रबन्धन प्रार्थना समाज की ओर आया। भायखला में प्रार्थना समाज द्वारा अछूत वर्ग के लिए दूसरी पाठशाला चलाई जाती थी।[3]

काल-क्रम के अनुसार श्रीमन्त सयाजीराव महाराज का अस्पृश्यता उन्मूलन की कोशिश में तीसरा नम्बर आता है। सन् 1883 से सयाजीराव महाराज ने अछूतों के लिए अलग मुफ्त पाठशालाएँ चलाई थीं। उन्हें हिन्दू अध्यापक न मिलने के कारण मुस्लिम अध्यापकों पर जिम्मेदारी सौंपनी पड़ी। सन् 1906 तक बड़ौदा रियासत में अछूतों के लिए 22 पाठशालाएँ चलाई गईं। छात्रावास में 50 छात्रों का इन्तजाम किया और कुल मिलाकर 1,500 अछूत छात्रों को शिक्षा देने का प्रबन्ध किया गया। सन् 1910 में तो सयाजीराव महाराज ने शिक्षा सम्बन्धी कड़ा कानून बनाया और इस वजह से चित्र बदल गया। अछूत पाठशालाओं का आँकड़ा 22 से 225 हुआ। अछूत छात्रों का आँकड़ा 15 हजार तक पहुँचा। संयोग से आर्य समाज के कार्यकर्ता पंडित आत्माराम ने जिम्मेदारी स्वीकार की। अछूत वर्ग के धार्मिक कार्य करनेवाले गरोडा नामक पुरोहित जाति के लोग धार्मिक कार्य संस्कृत में कर पाएँ, इसलिए संस्कृत पाठशाला शुरू की। बड़ौदा, अमरेली, पाटना में अछूतों के साथ ही लड़कियों के लिए अलग छात्रावास शुरू किए। भीमराव आंबेडकर को अमरीका के कोलम्बिया यूनिवर्सिटी में पी-एच.डी. का अध्ययन करने के लिए छात्रवृत्ति दी। महाराज ने जनमत और विरोध से न घबराकर यह काम जीवटता से किया। सयाजीराव गायकवाड़ न सिर्फ अछूत छात्रों को सिर्फ शिक्षा देने तक ही रुके बल्कि उन्हें अलग विभागों में नौकरियाँ भी दीं। सन् 1911 में शिक्षा विभाग में 200, लश्कर में 19, नगर निगम में 10, पुलिस में 7, सर्वे विभाग में 3 और अन्य 3 ऐसे कुल मिलाकर 342 अछूत व्यक्तियों को सरकारी नौकरियाँ दीं। विट्ठल रामजी शिंदे सन् 1903 के अन्त में विदेश से वापस लौटे तो अछूत वर्ग की पाठशालाओं का निरीक्षण कर अभिप्राय देने का विशेष कार्य महाराज ने उन पर सौंपा था, इसका जिक्र पहले भी आया है। महाराज द्वारा शुरू किया यह कार्य शिंदे को प्रेरणा देनेवाला साबित हुआ और उन्हें अछूत भारत का ब्राह्म धर्म-प्रचार कार्य करते समय अलग-अलग प्रान्त के अछूत वर्गों की स्थिति देखने की प्रेरणा इस कार्य से मिली, ऐसा उन्होंने स्वयं दर्ज किया है।[4]

थियोसॉफिकल सोसाइटी के अध्यक्ष कर्नल अल्फॉट ने अस्पृश्यता उन्मूलन और उस वर्ग का विकास करने की एक अच्छी राह बताकर सन् 1894 में मद्रास शहर में अछूत वर्ग के लिए पहली पाठशाला एक झोंपड़ी में शुरू की। सन् 1898 और 1899 में और दो पाठशालाएँ शुरू कीं। सन् 1900 तक सभी स्कूलों में 384 लड़के, 150 लड़कियाँ पढ़ती थीं और 16 अध्यापक अध्यापन करते थे। चौथी कक्षा तक बच्चों को हिसाब एवं व्यावहारिक अंग्रेजी जैसे विषय पढ़ाए जाते थे। सन् 1903 के अन्त में विट्ठल रामजी शिंदे ने मद्रास शहर सोसाइटी द्वारा चलाई जा रही चार आदर्श पाठशालाएँ देखीं।

के. रंगराव भारत के अछूत वर्ग में शिक्षा एवं उनकी उन्नति के लिए कार्य करनेवाले एक महान सज्जन थे। केरल प्रान्त में अछूत वर्ग को काफी तकलीफें सहनी पड़ती थीं। मंगलौर ब्राह्म समाज के सेक्रेटरी के. रंगराव ने मंगलौर में 1897 में पहली पाठशाला शुरू की। के. रंगराव स्वयं सारस्वत जाति के सज्जन थे। अछूत वर्ग के लिए उनके द्वारा किए जानेवाले कार्य से लोगों में विरोध था, लेकिन इसकी परवाह न कर उन्होंने अपनी संस्था के लिए विस्तृत जमीन लेकर इमारत बनाई। साथ ही, पाठशाला के साथ उद्योगशाला भी शुरू की।

ब्रिटिश और ईसाई मिशन ने अछूतों की स्थिति में सुधार लाने हेतु कुछ प्रयास किए, लेकिन सरकार की कोशिश नौकरशाही से बाधित होती थी और धर्मान्तरण करने के बावजूद भी उन्हें ईसाई धर्म ने निम्न अवस्था में ही रखा। उन्हें ईसाई गिरजाघर में जाने की पाबन्दी थी। ईसाई मिशनरियों का कार्य उदात्त उद्देश्य से प्रेरित होने के बावजूद भी उनके

अछूतों से सम्बन्धित कार्य की ओर हिन्दू धर्म के लोग विश्वास से नहीं देख सकते थे और अछूतों का धर्मान्तरण करने के बावजूद भी लौकिक स्तर पर लाभ दिखाई नहीं दे रहा था।

सवर्ण वर्ग के नेताओं ने अछूत वर्ग की स्थिति में सुधार लाने की कोशिश का ऊपर उल्लेख किया है। इस सन्दर्भ में स्वयं अछूतों ने भी आत्मोद्धार का आन्दोलन किया। ऐसे आन्दोलनकर्ताओं में कोंकण के गोपाल बाबा कृष्णाजी वलंगकर आरम्भ के प्रमुख नेता थे। वे सन् 1886 में सेना से हवलदार के ओहदे से अवकाश ग्रहण कर चुके थे। वे महात्मा जोतिबा फुले के शिष्य थे। उन्होंने अवकाश ग्रहण करने के पश्चात् दापोली में 'अनार्थदोष परिहार समाज' स्थापित किया। अपने आप को आर्य समझनेवाले हिन्दुओं ने अछूतों पर कैसे बन्धन लगाए हैं, इस पर धर्मग्रंथ और पुराण आदि का आधार लेकर लेख लिखकर, भाषण कर वे जागृति करते थे। उन्होंने इसी विषय पर 'अशौच विध्वंस' या 'विनतीपत्र' नाम की पुस्तकें लिखीं।[5] गोपाल बाबा वलंगकर 1893 या 1894 में लिखी अर्जी से विशेष मशहूर हुए। अंग्रेज सरकार ने हरिजन समाज के लोगों को सेना में प्रवेश पर पाबन्दी लगाई थी। उन्होंने सेना में प्रवेश फिर से शुरू करने के लिए न्यायमूर्ति रानडे की सहायता से एक लम्बी अर्जी तैयार की थी, लेकिन सेना से अवकाश प्राप्त हरिजन अफसरों के हस्ताक्षरों के अभाव में वह भेजी नहीं गई।[6] सदियों के दबाव से इस वर्ग की मानसिकता कितनी डरपोक थी, इसका यह एक स्थूल उदाहरण है। उच्चवर्णीय हिन्दू हो या विदेशी शासक अंग्रेज हो, इस वर्ग के लोग डरे-सहमे रहते थे। सदियों की रूढ़ियों का उनके दिमाग पर गहरा असर था। मोहपा (नागपुर) के अछूत वर्ग के नेता किसन फागुजी बनसोडे पोस्टल मिशन की पुस्तकें पढ़कर प्रार्थना समाज की ओर आकर्षित हुए। सन् 1905 में वे समाज के समारोह में आए थे। उन्हें पन्द्रह दिनों की मेहमान नवाजी में यहाँ की मंडलियों के उद्देश्य एवं कोशिशों की जानकारी मिली। उत्सव के अन्त में आयोजित प्रीति भोज में भी वे उपस्थित थे। उन्होंने 'सोमवंशीय हितचिन्तक समाज' नामक संस्था अस्पृश्यों की उन्नति के लिए स्थापित की और पूरे महाराष्ट्र में ऐसे प्रयास हों, इस दृष्टि से कार्य शुरू किया। अपने वर्ग का उद्धार करने का कार्य ऊँचे वर्ग के मन को ठेस न पहुँचाकर करते हुए उन्होंने इस भूमिका से अछूत वर्ग का उद्धार करने की कोशिश की। अहमदनगर के अछूत नेता श्रीपतराव थोरात (बटलर), पांडुरंग लक्ष्मण डांगले (हेडमास्टर), रावजी सदोबा गायकवाड़ (अध्यापक), पुणे के अछूत वर्ग के नेता शिवराम जानबा कांबले—ये मोहपा के सोमवंशी हितैषी समाज संस्था से प्रेरणा लेकर अपने समाज के उद्धार का कार्य करते थे। अछूत वर्ग के नेताओं ने अपने वर्ग की उन्नति का जो कार्य शुरू किया था, वह प्रधान रूप से शिक्षा देना और अपने लोगों की शराब की आदत दूर कर उनमें अच्छे नागरी गुण लाने की यह कोशिश प्रमुखता से स्थानीय स्तर पर थी। समाज में अस्पृश्य मानने के कारण इस वर्ग पर जो अन्याय होता है, जो पीड़ा सहनी पड़ती है, इसके खिलाफ यानी सामाजिक अस्पृश्यता के खिलाफ आन्दोलन करने का साहस मात्र अब तक इन लोगों में निर्मित नहीं हुआ था और बीसवीं सदी के शुरू में धार्मिक रूढ़ि का काफी प्रभाव और उस वजह से अस्तित्व में होनेवाले सामाजिक दबाव के वातावरण को देखकर अछूत माने जानेवाले वर्ग से हिम्मत वाले नेता का उदय होना नामुमकिन था।

बहुसंख्य सवर्ण वर्ग के मन में परिवर्तन लाने का कार्य इस समय सवर्ण वर्ग के बहादुर व्यक्ति ने ही हाथ में लेना जरूरी था।

विट्ठल रामजी शिंदे इस कार्य के लिए आगे बढ़े। सवर्णों के मन की अस्पृश्यता की भ्रामक कल्पना को नष्ट कर, विकल्प से सामाजिक स्तर की अस्पृश्यता दूर कर, दोनों वर्ग को एक ही स्तर पर लाकर उन्हें न्याय, धर्म, समता और मानवता की दृष्टि से काफी जरूरी महसूस हो रहा था।

सन्दर्भ

1. अ.ए. गवंडी, फुले चरित्र, पृ. 8
2. वी.आर. शिंदे, *दि थीइस्टिक डाइरेक्टरी,* डिप्रेस्ड क्लासेज मिशन, मुम्बई, 1912, पृ. 16
3. द्वा.गो. वैद्य, *प्रार्थना समाजाचा इतिहास,* पृ. 113
4. विट्ठल रामजी शिंदे, *माझ्या आठवणी व अनुभव,* पृ. 210-211
5. गोपाल बाबा वलंगकर, *विटाल विध्वंसन,* प्रथम संस्करण मौजे, रावढूल, जि. कुलाबा, 1889 (सं.) रोजॉलिंड ओ' हैन्लन, डॉ. बाबा आढाव, अध्यक्ष महात्मा जोतीराव फुले, समता प्रतिष्ठान, पुणे, प्रस्तावना, पृ. 4
6. वसन्त मून ने रोजॉलिंड ओ' हैंलन को पत्र के द्वारा भेजी जानकारी, उद्धृत, वही, पृ. 8

मिशन की स्थापना का संकल्प

18 अक्टूबर, 1906 को राष्ट्रीय स्तर पर अस्पृश्यता उन्मूलन और अस्पृश्य माने गए वर्ग का विकास करने के लिए विट्ठल रामजी शिंदे ने अगुआ होकर भारतीय निराश्रित सहायकारी मंडली (डिप्रेस्ड क्लासेज मिशन सोसाइटी ऑफ इंडिया) संस्था की स्थापना की। संस्था की स्थापना सिर्फ अस्पृश्य वर्ग की दृष्टि से ही नहीं बल्कि भारतीय समाज का पुनर्गठन करने की दृष्टि महत्त्वपूर्ण घटना थी। शिंदे ने यह संस्था स्थापित करने हेतु पूर्व तैयारी कैसी की और अन्त में उनमें प्रेरणा कैसे निर्मित हुई, यह देखते हैं।

विट्ठल रामजी शिंदे पर घर के उदारमतवादी माहौल के संस्कार बचपन में ही हुए थे। छात्रावस्था में इन संस्कारों को बुद्धिवादी विचारों का मेल मिला, लेकिन विट्ठल रामजी का व्यक्तित्व केवल वैचारिक स्तर पर रुकनेवाला नहीं था। उनमें विचारों को व्यवहार में लाने की सच्चाई और हिम्मत थी। उन्होंने सन् 1893 में अस्पृश्य लोगों में सुधार का पहला कार्य किया। विट्ठलराव फर्ग्युसन कॉलेज में प्रीवियस कक्षा की पढ़ाई के दौरान मई की छुट्टियों में जमखंडी आए। उस वक्त उन्होंने देखा कि अस्पृश्य जाति की एक पाँच-छह साल की लड़की को देवदासी बनाया है। उसका जीवन देवदासी बनकर बरबाद न हो, उसे मानवता का जीवन मिले, इसीलिए उन्होंने लगन से कोशिश करना तय किया। उन्होंने उसे पाठशाला में दाखिल करने की कोशिश की, लेकिन उस समय अछूत लड़की को जमखंडी जैसी रियासत की पाठशाला में दाखिला मिलना आसान नहीं था। इसीलिए वे उसे अपने घर में ही पढ़ाते थे। विट्ठलराव की माता भी उस लड़की से बड़े प्यार से बर्ताव करती थी। बाद में यह लड़की जमखंडी की अस्पृश्य लड़कियों की पाठशाला में अध्यापिका बनी।[1] उन्होंने अस्पृश्य वर्ग के लिए यह पहला कार्य किया।

अस्पृश्य वर्ग की उन्नति हेतु कुछ कार्य करें, इसका एहसास उनमें निर्मित हुआ। बारामती के कलसकर और विट्ठलराव की मुलाकात हुई। उन्होंने 22 मई, 1898 को इसका वृत्तान्त अपनी डायरी में लिखा है। उनकी इस टिप्पणी से उनमें हरिजन, मातंग जैसी अछूत मानी गई जातियों के सन्दर्भ में होनेवाली आस्था कितनी प्रबल थी और इन लोगों के विकास के लिए हमें कुछ करना चाहिए, इसका एहसास कितना तीव्र था, इसकी कल्पना कर सकते हैं।[2]

उन्होंने दो साल के इंग्लैंड प्रवास में यूनिटेरियन धर्ममत के लोगों ने चलाई 'डोमेस्टिक मिशन' जैसी संस्था लन्दन, मैनचेस्टर आदि औद्योगिक शहरों में दीन-दुखी, अपाहिजों, बच्चों और बूढ़ों को लिए परोपकार के काम करती हैं और दीन-दुखियों के दुःख कम करने की कोशिश करती है, यह गौर से देखा था। इस तरह के मिशन चलानेवाले लोग यह कार्य लगन से और समर्पण से करते हैं। इसीलिए ऐसे मिशन के काम लगातार एवं लाभदायी रूप से चल सकते हैं, यह भी उन्होंने अनुभव किया था। दीन-दुखियों की सेवा करना धार्मिक कार्य ही है, ऐसी सोच इन लोगों के कार्य की जड़ थी।

विट्ठल रामजी शिंदे पर इंग्लैंड में देखे मिशन का विलक्षण असर हुआ।[3] ऐसे कार्य की सबसे अधिक जरूरत अस्पृश्य वर्ग को ही है, ऐसा उन्हें लगा होगा। शिंदे दिसम्बर, 1901 को लन्दन में क्रिसमस की छुट्टियाँ बिताने गए थे। उस समय 22 तारीख को पोर्टलैंड स्ट्रीट के यूनिटेरियन मन्दिर में रेवरंड पेरिस का अफ्रीका की लड़ाई पर प्रतिकूल मत व्यक्त करनेवाला व्याख्यान सुना था। उन्हें रेवरंड पेरिस की भूमिका भा गई। उन्होंने भाषण में कहा था, "धर्म यदि व्यवहार में नहीं आता या कोई भी नीति या न्याय का बर्ताव धर्म में गिना नहीं जाता तो मैं आज ही प्रचारक के पद से इस्तीफा दूँगा।"[4]

विट्ठल रामजी शिंदे वहाँ के मिशन के कार्य को गौर से देखकर हिन्दुस्तान वापस आए। उन्हें लोकोपयोगी कार्य की कृतज्ञ भावना और धार्मिक कार्य आदि की एकरूपता भा गई थी। श्रीमन्त सयाजीराव महाराज द्वारा चलाया कार्य कितना महान है, यह उन्होंने महसूस किया, लेकिन उन्हें महाराज के इस उदात्त कार्य को रूढ़ि की वजह से होनेवाली सीमा भी समझ में आई। ये बच्चे मराठी की पाँचवीं या अंग्रेजी दूसरी-तीसरी कक्षा के बाद पाठशाला छोड़ देते हैं क्योंकि कष्ट उठाकर शिक्षा प्राप्त करने के बावजूद भी उन्हें फल की प्राप्ति की कोई भी सुविधा नहीं होती थी। "हिन्दू समाज उन्हें अपना मानकर स्वीकार नहीं करते थे। नौकरी के सन्दर्भ में भी औरों की तरह समान अवसर नहीं मिलते। इसीलिए महाराज की राजसत्ता और असीम हमदर्दी होकर भी हिन्दू समाज की हमदर्दी के अभाव में इन पाठशालाओं का ज्यादातर विकास नहीं हो सकता है।"[5] ऐसा अभिप्राय उन्होंने बता दिया।

विट्ठल रामजी शिंदे बड़ौदा के सयाजीराव महाराज ने अस्पृश्यों के लिए चलाया गया शिक्षा कार्य देखकर प्रभावित हुए। इस वर्ग की समग्र उन्नति के लिए कार्य करने की जरूरत है, इसका उन्हें तीव्र एहसास हुआ। यहाँ की पाठशाला में पढ़नेवाले बच्चे भविष्य के अवसर के अभाव में विफलता से शिक्षा बीच में ही छोड़ते हैं और अशोभनीय पारम्पारिक कारोबार करने की प्रवृत्ति न होने के कारण वे आलस्य को ज्यादा प्रतिष्ठित मानने लगते हैं, ऐसा उन्होंने देखा। उन्होंने इसी समय अपने मन में ठान लिया होगा कि इन बच्चों को सिर्फ स्कूली शिक्षा देने के साथ में औद्योगिक शिक्षा देना भी जरूरी है।

इन बातों को गौर से देखने, अनुभव करने से एवं अस्पृश्य वर्ग के प्रति उनमें होनेवाली आन्तरिक आस्था की वजह से इन लोगों के सुधार के लिए कुछ करने की जबरदस्त इच्छा शिंदे के मन में निर्मित हुई। इसी दौरान सन् 1903 के अन्त में उनके सम्पर्क में नागपुर के पास के मोहपा गाँव के हरिजन युवक किसन फागुजी बनसोडे आए। उन्होंने एक मराठी युवक की प्रेरणा से मोहपा में सोमवंशीय हितचिन्तक मंडली इस संस्था की स्थापना की।[6] तब से इस संस्था ने व्याख्यान, चर्चा, पन्द्रह दिनों के बाद धार्मिक ग्रंथ का पठन और भजन सभा के रूप में आत्मोन्नति का कार्य चलाया। मोहपा के शूद्र लोगों द्वारा आत्मोन्नति की प्रेरणा से स्थापित की गई यह संस्था मिल-जुलकर कार्य कर रही थी। इस संस्था के सेक्रेटरी किसन फागुजी बनसोडे का 'पोस्टल मिशन' के द्वारा मुम्बई प्रार्थना समाज से सम्बन्ध आया था। वि.रा. शिंदे ने 24 दिसम्बर, 1905 की 'सुबोध पत्रिका' में लिखे लेख में एक मराठी सज्जन की प्रेरणा से मोहपा में संस्था शुरू करने का सेक्रेटरी से पता चलता है, ऐसा लिखा है। यह मराठी सज्जन दूसरे कोई न होकर स्वयं वि.रा. शिंदे ही होंगे। अगर प्रेरणा देनेवाले सज्जन उनके सिवा और कोई होते तो शिंदे उस व्यक्ति का नाम उचित श्रेय देने के उद्‌देश्य से जरूर देते। वि.रा. शिंदे के व्यक्तित्व की विशेषताओं को देखकर ऐसा मत प्रस्तुत कर सकते हैं।

शिंदे धार्मिक कार्य और अछूत वर्ग के सुधार कार्य को एक ही मानते थे। वे प्रार्थना समाज के कार्य के लिए यात्रा करते समय धर्म-प्रचारक के साथ गरीबों के लिए और अस्पृश्यों के लिए क्या कर सकते हैं, यह विचार एवं कोशिश हमेशा करते थे। उन्होंने सन् 1905 के आरम्भ में पुणे में प्रार्थना समाज का कार्य करते समय मीठगंज मोहल्ले में अस्पृश्यों के लिए रामनवमी के दिन एक पाठशाला शुरू की। वे आगे भी धर्म-प्रचारर्थ यात्रा में अछूत वर्ग के लिए हमेशा प्रयास करते नजर आते हैं।

जिस काल में विट्ठल रामजी शिंदे के मन में अस्पृश्यता उन्मूलन एवं अस्पृश्य वर्ग की उन्नति के सन्दर्भ में आस्था निर्मित हो रही थी और उस दृष्टि से कोशिश शुरू हुई थी, उस समय जाति भेद और उच्च-नीचता की सख्त पाबन्दी समाज के हर स्तर में मानी जाती थी। जाति भेद के सन्दर्भ में यह पाबन्दी देहाती या अनपढ़ लोग ही मानते थे। ऐसा नहीं तो अंग्रेजी शिक्षा प्राप्त किए राष्ट्र कार्य करने को प्रेरित राष्ट्र सभा के ब्राह्मण नेता भी इनका सावधानी से पालन करते थे।" राष्ट्रसभा के अधिवेशन में सम्मिलित प्रतिनिधि अपने साथ खाने-पीने की चीजें लेकर आते थे अथवा खुद का खाना अलग बनाते और अपने सहप्रतिनिधियों की अशुभ नजर न लगे, इसलिए दरवाजा बन्द करके खाना खाते थे।"[7] कुछ अमीर लोग तो अपने लिए ब्राह्मण रसोइया अभिप्रेत उपजाति का ही होना चाहिए, ऐसी जिद करते थे। इलाहाबाद कांग्रेस के पहले 11 अप्रैल, 1908 को आर. सप्रू ने नामदार गो.कृ. गोखले को लिखा है, "आप ज्यादातर ब्राह्मण रसोइया देने का इन्तजाम करें, लेकिन अभिप्रेत उपजाति का ब्राह्मण रसोइया चाहिए, ऐसी अगर उनकी जिद होगी तो वे अपने साथ स्वयं रसोइया लेकर आएँ, ऐसा आप तय करें तो उचित होगा।"[8]

सप्रू द्वारा गोखले को दी इस सूचना में सुधार की सीमा भी कितनी हद तक थी, इसकी कल्पना कर सकते हैं। ऐसे समय में सवर्णों का जाति भेद लाँघने का सवाल ही नहीं था। हजारों साल से जिस जाति के लोगों को अछूत मानने का चलन सैंकड़ों साल से चला आ रहा था, उसे तोड़कर उनसे सिर्फ स्पर्श का व्यवहार नहीं तो उनसे रोटी व्यवहार करना कितना साहस कहना होगा। उन्होंने इस जाति में सुधार लाने के लिए पाठशाला शुरू करना आदि उपक्रम शुरू किए थे, लेकिन व्यक्तिगत स्तर पर अस्पृश्यता न मानकर इन लोगों से खाने-पीने का व्यवहार स्वयं के घर में अत्यन्त स्वाभाविकता से शुरू किया था। बड़ौदा के 'जागृति' के सम्पादक भ.ब. पालेकर ने लिखा है, "सन 1905 में ख्यातलब्ध अस्पृश्योद्धारक वि.रा. शिंदे उस समय प्रार्थना समाज के राममोहन आश्रम में रहते थे। मेरा उनसे परिचय हुआ। एक बार उनके पास नागपुर अस्पृश्य समाज के प्रमुख कार्यकर्ता किसन फागुजी बनसोडे, गणेश अक्काजी गवई आदि लोग खाना खाने आए थे। शिंदे ने मुझे और मेरी पत्नी को भी खाने पर बुलाया था। यह सन् 1906 की बात है। मेरी पत्नी को भी उस काल में अछूत जाति के साथ खाना खाने से अधर्माचरण कर रहे हैं, ऐसा नहीं लगा।"[9] वि.रा. शिंदे की वृत्ति और आचरण राष्ट्रसभा के उच्चवर्णीय प्रतिनिधि से बढ़कर कितना आगे था, इसकी कल्पना इस घटना से कर सकते हैं।

वि.रा. शिंदे ने दिसम्बर 1903 से ही राष्ट्रीय सभा के वार्षिक अधिवेशन के दौरान होनेवाली धर्म परिषद् के कार्य के सिलसिले में भारत के विविध प्रदेशों की लगातार यात्रा शुरू की थी। भारत के विविध प्रान्तों में अस्पृश्यता का कठोरता से पालन किया जाता है और अस्पृश्य लोगों पर भयानक अन्याय किया जाता है, इसकी स्पष्ट तसवीर उन्हें देखने एवं सुनने को मिलती। शिंदे ने पुराने मालाबार प्रान्त में अछूत वर्ग को पशुओं एवं गुलामों की तरह जीवन व्यतीत करना पड़ता है, यह देखा था। वहाँ के खेतों में जी-तोड़ मेहनत करनेवाली चेरूमा जाति के लोग वंश परम्परा से उस जमीन पर झोंपड़ियाँ बनाकर रहते थे। एकाध जमीन बेची गई तो उस जमीन पर होनेवाले पेड़, पत्थर, मिट्टी जिस प्रकार कानूनन नए मालिक के कब्जे में जाती हैं, उसी प्रकार इन चेरूमा के भी अधिकार उस नए मालिक की ओर जाते थे। खेती में खटनेवाले ये लोग जानवरों की तरह किराए पर भी दिए जाते थे। इतना ही नहीं तो ऐसे गुलामों का विधिवत् लेन-देन भी होता था और ऐसे मुकदमे कोर्ट में भी पेश किए जाते थे। कर्नल अल्फॉट ने अपनी 'पुअर पारिया' पुस्तक में 22 मई, 1900 के एक ऋण-पत्र की प्रतिलिपि दी है। इसमें परिवार का मुखिया, अपने बीवी और बच्चों को कर्ज के खातिर गिरवी रखकर उन पर कर्जा लेता था, ऐसा दर्ज किया है।"[10] धर्मान्तरण करने के बावजूद भी इन लोगों के हालात में परिवर्तन नहीं हुआ था। उन्हें वे पहले जैसी ही हीन दशा में है, ऐसा दिखाई दिया। उन्हें त्रिचनापल्ली शहर में एक भयानक दृश्य दिखाई दिया। एक दिन वे बड़े रास्ते से गुजर रहे थे। सामने से नगर निगम का भारी कचरे का एक्का घिसटता हुआ आता दिखाई दिया। उस एक्के के एक ओर बूढ़ा भैंसा जोता गया था और दूसरी ओर एक युवा मजदूर ने अपनी गर्दन लगाई थी। शिंदे ने बड़ी करुणा से उसकी जाति की पूछताछ की तो उसने बड़े घमंड से स्वयं को रोमन कैथोलिक ईसाई कहा। उन्होंने काफी हमदर्दी से उसकी पहली जाति की पूछताछ की तब उसने पारिया बताया। उन्हें केरल या मालाबार प्रान्त से धर्मान्तरित पारियों के हालात पशु जैसे दिखाई दिए।[11]

काठेवाड़ा की रेलगाड़ी में डोम लोगों को आरक्षित डिब्बा रखा जाता था। उन्हें अन्य डिब्बों में प्रवेश करने की मनाही थी, यह शिंदे ने स्वयं देखा था।

वि.रा. शिंदे सन् 1905 में गुजरात के नवसारी प्रान्त के जंगल में स्थित सोनगढ़ गाँव गए थे। श्रीमन्त सयाजीराव महाराज ने ढाणके नामक जंगली जाति के लड़कों और लड़कियों के लिए अलग-अलग छात्रावास बनाए थे। इस छात्रावास के अधीक्षक प्रार्थना समाज के फत्ते खाँ नामक मुस्लिम सज्जन थे। उन्होंने इन लोगों के सन्दर्भ में एक मजेदार किस्सा सुनाया। श्रीमन्त सयाजीराव महाराज इन लोगों के हालात देखने स्वयं जंगल में गए तो उन्हें कोई भी आदमी दिखाई नहीं दिया। इस रहस्य की छानबीन करने पर मर्द, औरतें, बच्चे—सभी पेड़ पर ऊँचे बैठे दिखाई दिए। महाराज और उनके परिवार को देखकर कि वे हमें पकड़कर ले जाएँगे, इस डर से उन बेचारों ने ऐसा किया था। महाराज ने यह दृश्य देखकर इन लोगों को सुधारना चाहिए, यह तय किया। शिंदे को इस हकीकत से यह एहसास हुआ कि ये लोग मानव सभ्यता से कोसों दूर हैं।

हिन्दुस्तान के अलग-अलग प्रान्त के अस्पृश्य वर्ग के हालात देखकर शिंदे के मन की छटपटाहट बढ़ रही थी। इस वर्ग के लोगों की स्थिति में सुधार लाने के लिए कुछ तो करना चाहिए, ऐसा दवाब उनके मन पर था। उनके मन

की इस अवस्था में जीवित कार्य की दिशा तय करनेवाली एक घटना घटित हुई। अहमदनगर निवास में 28 अक्टूबर, 1905 को अमावस की रात में भिंगार गाँव के अस्पृश्य लोग उनसे मिलने आए और उनसे सभा में आने की विनती की। इस सभा में जाने के पश्चात् भाषण देते समय अपना पूरा जीवन इन लोगों की उन्नति के लिए एक पल भी न गँवाते समर्पित करें, ऐसी उन्हें अन्त:प्रेरणा से लगा और उन्होंने उसी रात वैसा संकल्प किया। इस घटना का वर्णन आरम्भ में ही किया है। वि.रा. शिंदे को भिंगार की सभा के पश्चात् प्रार्थना समाज का कार्य करते समय अछूत वर्ग की समग्र उन्नति कैसे होगी, इसकी लगन लगी। उन्होंने 17, 24 और 31 दिसम्बर, 1905 के 'सुबोध पत्रिका' के अंक में 'अस्पृश्य वर्ग की उन्नति' विषय पर अंग्रेजी में एक विस्तृत लेख लिखा। उन्होंने इस लेख में शूद्र वर्ग की उन्नति और प्रयासों की बहुमुखी गहरी चर्चा की। ईसाई मिशनरियों ने इन जाति के लिए जो कार्य किया, वह व्यापक और उदात्त स्वरूप का है, यह उन्होंने खुलेआम स्वीकार किया, लेकिन उनका परायापन और धर्मान्तरण का उद्देश्य इस कार्य में दो बड़ी रुकावटें पैदा करता है, यह भी दर्ज किया है। ब्रिटिश सरकार ने कभी जो अलिप्तता की आसान राह या ईमानदार निठल्ला दृष्टिकोण अपनाया था, उसी पर वे अभी अड़े बैठे हैं, ऐसी कड़ी अलोचना उन्होंने की है। ईसाई मिशनरी और अंग्रेज सरकार, दोनों के सन्दर्भ में वि.रा. शिंदे की राय प्रार्थना समाज से अलग और विरुद्ध थी। ईसाई मिशनरियों के सन्दर्भ में हमेशा 'सुबोध पत्रिका' में कड़े विरोध का स्वर दिखाई देता। उनके अच्छे कार्यों के सन्दर्भ में कभी भी जिक्र दिखाई नहीं देता, लेकिन प्रार्थना समाज से अंग्रेज सरकार के सन्दर्भ में ज्यादातर विरोधी स्वर दिखाई नहीं देता। जहाँ विरोध प्रकट करना उचित है, वहाँ पर भी प्रार्थना समाजी मौन रखते दिखाई देते हैं। शिंदे का दृष्टिकोण इन दोनों के बारे में शेष प्रार्थना समाज के लोगों से कैसे अलग है, यह उन्होंने अस्पृश्यता के प्रश्न के सन्दर्भ में ली हुई स्पष्ट भूमिका से दिखाई देता है।

उन्होंने इन लोगों की भलाई के लिए दो महत्त्वपूर्ण प्रयासों में सयाजीराव गायकवाड़ के कार्य का एवं प्रार्थना समाज के द्वारा किए जानेवाले प्रयासों का निर्देश किया है। उन्हें अस्पृश्य वर्ग में सजगता के जो आसार दिखाई देने लगे थे, वे भी महत्त्वपूर्ण लगे। ईसाई मिशनरी, अंग्रेज और जो कुछ शिक्षित हुए थे—उसका असर उस वर्ग की युवा पीढ़ी पर दिखाई दे रहा था और कुछ बूढ़े और पुराने जमाने के लोग युवा पीढ़ी की मदद कर रहे थे। ये लोग अपनी नई आकांक्षा से मिलती-जुलती पुरानी धार्मिक प्रथाओं से सम्बन्ध रखते थे।

उन्होंने इस लेख के अन्त में यह प्रतिपादन किया है कि उदार व्यक्तियों से इन निराश्रित लोगों के सुधार के लिए किए जा रहे प्रयासों और स्वयं उस वर्ग के लोगों द्वारा अपनी आत्मोन्नति हेतु किए जानेवाले प्रयास, ये आज की तरह अलग रूप में चलते रहे तो रुक सकते हैं। इसीलिए मुम्बई की 'सोशल रिफॉर्म एसोसिएशन' और प्रार्थना समाज इन दो संस्थाओं ने साझा विचार-विमर्श कर इन दोनों कोशिशों में सहयोग निर्मित हो, ऐसी तरकीब का आयोजन करने की जरूरत है।"[12]

वि.रा. शिंदे की अस्पृश्य वर्ग की उन्नति के सन्दर्भ लगन जानकर मुम्बई के सामाजिक मंडल, बॉम्बे प्रेसिडेंसी सोशल रिफॉर्म एसोसिएशन के अध्यक्ष सर नारायणराव चन्दावरकर ने मंडल के सामने उनका इसी विषय पर व्याख्यान आयोजित किया। उन्होंने व्याख्यान में हिन्दुस्तान के बहिष्कृत वर्ग के क्षेत्रीय आँकड़े, उनकी समस्याएँ, उन्हें दूर करने के लिए वरिष्ठ वर्ग द्वारा की कोशिशों और स्वयं उन लोगों से आत्मोन्नति के प्रयासों आदि को पहली बार उचित ढंग से प्रस्तुत किया। उनके दक्षिण कनाडा के मित्र ने दी हुई जानकारी के आधार पर उन्होंने बताया कि वहाँ पर पंचम जाति की दशा काफी बदतर है। उन्हें दिनभर मजदूरी करने के बावजूद भी एक बार ही खाना मिलता है और उन्हें दोपहर की भूख ताड़ी पीकर मिटानी पड़ती है। यूरोपियन अधिकारी इस वर्ग के लोगों को नौकरी में नियुक्त कर हिन्दुओं का असन्तोष क्यों मोल लें, इसीलिए उन्हें निचले दर्जे की भी नौकरी नहीं देते।

उन्होंने इस आलेख में आगे कहा है, "सदियों से ऐसी दुरावस्था में रहने के बावजूद भी ये लोग देश का उद्धार करनेवाले राजनीतिज्ञ उनके प्रश्न पर ध्यान देते दिखाई नहीं देते। ऐसी परिस्थिति में जीनेवाले ये लोग कम हैं, ऐसा नहीं है। जनगणना के आँकडों से इन लोगों की संख्या कितनी प्रचंड है, इसकी कल्पना कर सकते हैं। 1901 की जनगणना के आधार पर अस्पृश्य माने गए चमार, मोची, डोम, मेहतर, होलिया, मातंग, हरिजन, पारिया आदि मुख्य अस्पृश्य जातियों की जनसंख्या चार करोड़, छप्पन लाख, निन्यानवे हजार, दो सौ साठ है। हिन्दुस्तान की कुल जनसंख्या 29,43,61,056 में से इस वर्ग की जनसंख्या साढ़े चार करोड़ से अधिक है। इसका अर्थ यह है कि हर सात हिन्दुस्तानी

आदमी में एक दुर्भागी अस्पृश्य होता है। वह सवर्ण हिन्दुओं से बात करने के नजदीक तक भी नहीं जा सकता। कुल मिलाकर जनसंख्या में ब्राह्मण 4.7 प्रतिशत है तो शूद्रों की संख्या 15 प्रतिशत है। कुल हिन्दू 19,04,33,969 हैं। इस दुर्भागी बहिष्कृत जाति जितनी जनसंख्या अन्य किसी भी जाति की नहीं है। विश्व के इस बड़े देश के एक सप्तमांश लोगों को निम्न मानकर बहिष्कृत किया है। इस खंडप्राय देश में विदेशी, आक्रमण, राजनीतिक क्रान्तियाँ, धार्मिक सुधार और सामाजिक उत्क्रान्तियाँ हुईं, फिर भी बीसवीं सदी में आज भी इन साढ़े चार करोड़ लोगों को अस्पृश्य मानकर उनके छूने से मनुष्य अपवित्र होता है, ऐसा मानना कहाँ तक उचित है? इतिहास से चले आ रहे इस राष्ट्रीय पाप और राष्ट्रीय दुष्कृत्य की व्याप्ति और कितनी गहरी, कितनी भयानक है, इसकी हम कल्पना कर सकते हैं।"

विट्ठल रामजी शिंदे के प्रस्तुत लेख में हिन्दुस्तान के अछूत जातियों की कुल जनसंख्या की व्याप्ति कितनी बड़ी है, यह पहली बार प्रस्तुत किया गया। देश का उद्धार करने को प्रेरित राजनीतिज्ञ इस प्रश्न की ओर ध्यान नहीं देते, उन्होंने ऐसी स्पष्ट शिकायत की है। उन्होंने इस अस्पृश्यता का जिक्र 'राष्ट्रीय पाप' और 'राष्ट्रीय दुष्कृत्य इन तीखे शब्दों में किया है। प्रस्तुत लेख में ईसाई मिशन ने जो कार्य किया, उसका कृतज्ञतापूर्वक जिक्र करने के बावजूद "अपनी बढ़ती राष्ट्रीय एकात्मता में एक बेचैनी पैदा करनेवाला पराया सन्दर्भ, ऐसा उसका यथार्थ स्वरूप समझना होगा।" ऐसा भी कहा है।

अछूत लोगों की समग्र उन्नति सिर्फ उनमें शिक्षा प्रसार करने से नहीं होगी, तो उनके लिए देशी मिशन की जरूरत है, इसका उन्हें एहसास हो रहा था। उन्होंने प्रस्तुत लेख में आगे कहा है, "इन लोगों का उद्धार करने के लिए सिर्फ शिक्षा संस्था फिर वह कितनी भी बड़ी क्यों न हो, स्थापित करने से काम नहीं चलेगा तो जिसमें जीवित व्यक्ति का नेतृत्व हो, ऐसे मिशन की जरूरत है और दूसरी इससे भी अधिक महत्त्वपूर्ण बात यह है कि मिशन पराया होकर भी नहीं चलेगा तो वह देशी होना चाहिए और इस मिशन ने ईसाई मिशन की तरह तुरन्त क्रान्ति न कर अपना धर्म, परम्परा और सामाजिक जीवन में यथाक्रम विकास यानी उत्क्रान्ति निर्मित करनी चाहिए।"[13]

शिंदे ने इस लेख के अन्त में ऐसा भी मत प्रदर्शित किया है कि "ऐसा मिशन स्थापन करने के लिए मुम्बई शहर और मुम्बई प्रार्थना समाज ऐसा मिशन चलाने के लिए उचित संस्था है। उदारमतवाद के अनुसार कार्यरत दूसरी संस्था यानी 'दि प्रेसिडेंसी सोशल रिफॉर्म एसोसिएशन' यह होकर वह प्रार्थना समाज को उचित सहायता कर सकेगी।" शिंदे के मन में मिशन की आरम्भिक रूपरेखा इसी समय तैयार थी। उन्होंने कहा है, "दिन की एक माध्यमिक पाठशाला और गाँव से आए अस्पृश्य बच्चों के लिए एक छोटा-सा छात्रावास—यह मिशन का अच्छा केन्द्र बन सकता है। इस पाठशाला के अध्यापक ऐसे ही चुने जाने चाहिए और उन्हें प्रशिक्षित करना चाहिए, जो इन बच्चों के घर जाकर परिवार से मिलकर अभिभावक का काम करेंगे।" पाठशाला के सिवा बाकी समय साधारण धर्म की उपासना करना, नैतिक शिक्षा के उद्देश्य एवं आम विषयों पर व्याख्यान देना, आस-पास की बस्ती में सभा का आयोजन कर इस वर्ग की आत्मिक उन्नति की कोशिश करना आदि बातें उनके मन में थीं। उन्होंने ऐसा कार्य प्रार्थना समाज शुरू करें, इसलिए हिन्दुस्तान के परोपकारी एवं देशप्रेमी नगरवासियों को आर्थिक सहायता करने का आह्वान इस लेख के अन्त में किया।

वि.रा. शिंदे द्वारा ऐसे मिशन की स्थापना करने का संकल्प कर एक कठिन कार्य को प्रारम्भ करना तय किया होगा, ऐसा कहना पड़ेगा।

शिंदे ने इंग्लैंड में दीन-दुखियों के लिए कार्य करनेवाली संस्थाएँ, मिशन देखी थीं, लेकिन इंग्लैंड जैसे ईसाई धर्मियों के देश से दीन-दुखियों के लिए यहाँ पर कार्य करना कठिन था। वहाँ के दीनों का दैन्य और दुख प्रमुखतः पूँजीवादी अर्थव्यवस्था की विषमता की वजह से और शोषण से पैदा होनेवाला था, लेकिन पीड़ितों का दुख दूर करें, उनके आँसू पोंछने के लिए ईसाई सीख में कालानुरूप परिवर्तन करना, यह ईसाई धर्म की मूल संरचना से सुसंगत था। हिन्दुस्तान की स्थिति इससे विपरीत थी। हिन्दू धर्म ही यहाँ के अस्पृश्य वर्ग की हीन-दीन स्थिति का, उन पर डाले अस्पृश्यतारूपी बहिष्कार को जिम्मेदार था। यहाँ की समाज व्यवस्था, धर्माधिष्ठित समाज रचना अपरिवर्तनीय है, ऐसी ही सभी की मान्यता थी यानी अस्पृश्य वर्ग की हालात में सुधार करना हो, यहाँ की अस्पृश्यता का उन्मूलन करना हो तो धर्म ने निर्मित का इन कमियाँ को दूर करना, रूढ़ि की वजह से माने जानेवाले आचार बन्द करना जरूरी था यानी कि एक तरह से धर्म के नाम पर निर्मित हुई भ्रामक अन्धश्रद्धा और अन्ध विश्वास के समान दूर

कर लोगों के मन में परिवर्तन लाने का कार्य यहाँ करना होगा और यह काम बहुत ही कठिन स्वरूप का था। वि.रा. शिंदे ने ऐसे कार्य का सूत्रपात करना और अपना जीवन अस्पृश्य वर्ग की उन्नति और अस्पृश्यता उन्मूलन के लिए समर्पित करना तय किया था।

सन्दर्भ

1. कृ.भा. बाबर, *कर्मवीर विद्यार्थी,* पुणे, 1930, पृ. 24
2. विट्ठल रामजी शिंदे, *रोजनिशी,* पृ. 28
3. *दि क्रिश्चन लाइफ,* लन्दन, 10 मई, 1993, पृ. 267
4. विट्ठल रामजी शिंदे, *रोजनिशी,* पृ. 84
5. *सुबोध पत्रिका,* 18 दिसम्बर, 1905
6. वही, 24 दिसम्बर, 1905
7. बलराम नन्दा, *गोपाल कृष्ण गोखले,* अनु. वसन्त पलशीकर, विश्वकर्मा साहित्यालय, पुणे, 1986, पृ. 132
8. वही, पृ. 152
9. भ.ब. पालेकर, जागृतिकार पालेकर, आत्मवृत्त आणि लेख संग्रह, बड़ौदा, 1961, पृ. 23, समाविष्ट, (सं.) सदानन्द मोरे, *जागृतिकार पालेकर,* डॉ. बाबा आढाव, अध्यक्ष महात्मा जोतिराव फुले समता प्रतिष्ठान, पुणे, 1996, पृ. 55
10. विट्ठल रामजी शिंदे, *भारतीय अस्पृश्यतेचा प्रश्न,* पृ. 129-132, मूल सन्दर्भ, हेनरी एस.. ऑल्कॉट, दि पुअर पारिया, थियोसिफिकल सोसाइटी, अड्यार, मद्रास, पृ. 5
11. वही, पृ. 133
12. वी.आर. शिंदे 'ए मिशन फॉर दि डिप्रेस्ड क्लासेज ' *सुबोध पत्रिका,* 17, 24, और 31 दिसम्बर, 1905
13. वी.आर. शिंदे 'ए मिशन फॉर दि डिप्रेस्ड क्लासेज : ए प्ली', *इंडियन सोशल रिफॉर्मर,* 29 जुलाई, 1906

    प्रस्तुत अंग्रेजी लेख में शिंदे ने उन्हें अभिप्रेत होनेवाले मिशन का स्वरूप ईसाई मिशन जैसा न हो, तो वह देशी होना चाहिए ऐसा निर्भयता से कहा।

    "What is Wanted therefore is not merely a machinery of education however grand but a real mission i. e. an organization in which the personal element presides over and energizes the mechanism; and 2ndly, which is still more essential, a mission which is not exotic but indigenous or in other words a mission which is bent upon working an evolution but not a revolution, as christian missions are, in the relligion, traditions and social life of these people."

    शिंदे के आत्मचरित्रपरक '*माझ्या आठवणी व अनुभव,*' नामक ग्रंथ के अन्तिम वाक्य का आशय गलती से बिलकुल विपरीत मिलता है। जो इस तरह है : 'ऐसे मिशन ने ईसाई मिशनरियों की तरह इन लोगों के जीवन में क्रान्ति और विकास करना चाहिए।' (*माझ्या आठवणी व अनुभव,* पृ. 217) वस्तुत: यह वाक्य ऐसे मिशन ने ईसाई मिशनरियों की तरह इन लोगों के जीवन में क्रान्ति नहीं, तो उन्नति करनी चाहिए, ऐसा होना चाहिए था। शिंदे के हस्तलिखित में यह इसी प्रकार मिलता है।

मिशन की स्थापना

अस्पृश्यता उन्मूलन एवं अस्पृश्यों के हालात में सुधार लाने के उद्देश्य से वि.रा. शिंदे एक मिशन शुरू कर अस्पृश्य वर्ग के लिए ऐसा कार्य बड़े पैमाने पर शुरू करना चाहते हैं, यह समाचार प्रसृत हुआ। इस कार्य को प्रार्थना समाज के उदार उपाध्यक्ष सेठ दामोदरदास गोवर्धनदास सुखड़वाला से अनुकूल प्रेरणा मिली। सेठ दामोदारदास ने 16 अक्टूबर, 1906 को ऐसी मंडली स्थापित करने के लिए हजार रुपए का चन्दा दिया। शिंदे ने दो दिन के पश्चात् दीपावली के शुभ अवसर पर 18 अक्टूबर, 1906 अर्थात् कार्तिक वद्य प्रतिपदा को इस कार्य का प्रारम्भ करना तय किया। मुम्बई के एल्फिंस्टन रोड की ओर सुबह 9 बजे मुरारजी वालजी के बंगले पर भारतीय निराश्रित सहयोगी मंडली की पहली पाठशाला में प्रार्थना समाज के अध्यक्ष न्यायमूर्ति चन्दावरकर ने जमा हुए बच्चों को पहला पाठ पढ़ाया और निराधार सहयोगी मंडली के कार्य का शुभारम्भ किया। इस समारोह में रावबहादुर नारायण त्रियम्बक वैद्य, बालकृष्ण नारायण भाजेकर जैसे समाज के कई शुभचिन्तक उपस्थित थे। 'सुबोध पत्रिका' में इस सन्दर्भ में खबर देते हुए कहा है, "नीच माने जानेवाले तथा अन्य गरीब लोगों के लिए यहाँ के प्रार्थना समाज से नजदीकी रिश्ता होनेवाले कुछ लोगों ने इस पाठशाला की नींव डाली।" इस शब्द प्रयोग से पाठशाला प्रार्थना समाज ने नए से स्थापित न कर एक अलग मंडल की ओर से यह पाठशाला शुरू करना सूचित होता है। इस समाचार के शीर्षक में भी 'नीच माने गए लोगों के लिए नई पाठशाला' ऐसा उल्लेख किया है।[1]

रावबहादुर काशीनाथ बालकृष्ण मराठे ने समारोह के प्रारम्भ में मंगलायरण के पश्चात् प्रार्थना कर प्रसंगानुरूप भाषण दिया। उस पर समाज के धर्म-प्रचारक श्रीमान विट्ठलराव शिंदे ने नीच मानी जानेवाली जाति के सन्दर्भ में कुछ जानकारी दी। उन्होंने जनगणना के आधार पर देश की कुल प्रजा में से एक सप्तमांश प्रजा इस वर्ग की है, इसका हाल ही में प्रकाशित लेख के आधार पर जिक्र किया। उन्होंने कहा कि हम इन लोगों को शिक्षित करने की कोशिश कर रहे हैं, लेकिन उन्हें ऊपर उठाने के लिए लोग तैयार होने चाहिए। इस समय भाजेकर और सदाशिव पांडुरंग केलकर आदि के भाषण हुए। अन्त में न्यायमूर्ति चन्दावरकर ने भाषण दिया। उन्होंने कहा, "इन लोगों को निचले लोग (डिप्रेस्ड क्लासेज) ऐसा बार-बार कहा जाता है, लेकिन दरअसल देखा जाए तो हम सब ऐसे नीच स्तर तक पहुँचे हैं, तब हम उच्च और आप नीच, ऐसा किसी ने किसी को कहना नहीं चाहिए। हम सभी को अपनी नीचता सुधारने की कोशिश करनी चाहिए।" इस समय न्यायमूर्ति चन्दावरकर ने अपने भाषण में जो सूत्र वाक्य बताया, वह काफी महत्त्वपूर्ण है। उन्होंने कहा, "इन नीच माने गए लोगों को ऊपर उठाने की कोशिश करने से हम स्वयं को ऊपर ला रहे हैं। यह पवित्र कार्य करते समय इन लोगों का हम उद्धार करेंगे, यह घमंड हमारे मन में न आए और हम सभी का इस गहन अन्याय की वजह से जो पतन हुआ है, वह दूर होकर सभी का उद्धार होनेवाला है, ऐसा सीधा और सात्विक भाव हम में निरन्तर जाग्रत रहे।"[2]

शिंदे ने कार्य आरम्भ किया तो मिशन के कार्य का ठीक से नियोजन किया। उन्होंने एक केन्द्रीय संस्था निर्धारित कर उसका उद्देश्य और रचना आदि सम्बन्धी जरूरी नियम बनाने की नीति तय की। मुम्बई में 'मातृसंस्था' की स्थापना की गई। प्रारम्भिक और दोयम शिक्षा की पाठशाला, उद्योगशाला, छात्रावास, मुफ्त अस्पताल, धार्मिक शिक्षा और नीति शिक्षा की साप्ताहिक पाठशाला सिर्फ धर्म का अनुकरण करना यानी जाति भेद और मूर्ति-पूजा को छोड़कर चलाए जानेवाले उपासनालय इतने तो कम-से-कम इस केन्द्रवर्ती संस्था का हिस्सा हों, यह निर्धारित किया। आगे कार्य का जैसे-जैसे तजुर्बा आएगा, उसी तरह अलग-अलग प्रान्त से भाषा के अनुसार प्रान्तीय उपविभाग और जिला

एवं तहसील के अनुसार उपसंस्था स्थापित करना तय किया। शिंदे ने स्थानीय कार्य पर ध्यान केन्द्रित कर उसे उचित तरीके से करने को 'सुवर्णकार पद्धति' कहा है और बड़े पैमाने पर सब लोगों में एहसास उत्पन्न करने के स्वरूप को 'मेघवृष्टि कार्य पद्धति' कहा है। मेघवृष्टि का कार्य जाहिर व्याख्यानों द्वारा किया जाए, यह तय हुआ। इसलिए जनमत बनाना और उसके जरिये सहायता प्राप्त करना आसान था। शिंदे द्वारा स्वयं प्रचारक की जिम्मेदारी स्वीकारने के बावजूद सुवर्णकार पद्धति के कार्य के लिए आजीवन कार्यवाहक की जरूरत थी।

शिंदे ने मिशन के कार्य के लिए लोग इकट्ठा करने का प्रयोग स्वयं के घर से ही किया। अपने घर के लोगों को लेकर कुछ कार्य करने के बाद अपना आध्यात्मिक घर यानी प्रार्थना समाज से सहयोग मिलेगा, ऐसी उनकी प्रबल श्रद्धा थी। मिशन के केन्द्रीय विभाग के पदाधिकारी ही प्रार्थना समाज के पदाधिकारी थे। अध्यक्ष सर नारायण पंडित, उपाध्यक्ष सेठ दामोदारदास सुखड़वाला, कोषाध्यक्ष नारायणराव चन्दावरकर, सुपरिंटेंडेंट डॉ. सन्तुजी रामजी लाड और मिशन के जनरल सेक्रेटरी स्वयं शिंदे थे। उन्होंने कार्यवाहक के रूप में पनवेल नगर निगम की लड़कियों की पाठशाला में प्रधानाचार्य होनेवाली बहन जनाबाई को बुलाया। वह प्रार्थना समाज के कार्य में उपासना के समय भजन करना, किसी विशेष प्रसंग में गरीबों की सेवा करना आदि कार्य पहले से ही करती थी। जना बहन ने अण्णासाहब की मिशन के कार्य में सक्रिय होने की सूचना से पनवेल की पाठशाला के प्रधानाचार्य पद से इस्तीफा दिया और वे मिशन के कार्य में शामिल हुई। अण्णासाहब के माता-पिता भी अपने बच्चों के साथ आए और मिशन के कार्य में यथासम्भव मदद करने लगे। उनके स्नेही सय्यद अब्दुल कादर मैट्रिक पास युवक मुम्बई के इस्लामिया स्कूल में अध्यापक की नौकरी करते थे। उन्होंने शिंदे से प्रभावित होकर प्रार्थना समाज की दीक्षा ली थी। उन्होंने भी अपनी नौकरी से इस्तीफा दिया और वे मिशन के आजीवन कार्यवाहक बने। मुम्बई प्रार्थना समाज के दूसरे वफादार सदस्य वामनराव सदाशिव सोहनी विल्सन हाईस्कूल में नामचीन अध्यापक थे। वे प्रार्थना समाज का कार्य और विशेषत: रात्रि पाठशाला का कार्य देखते थे। वे भी शिंदे की मिशन के लिए कार्य करने लगे। इन सभी लोगों को मिशन के कार्यों के लिए नि:स्वार्थ रूप से तैयार हुआ देखकर शिंदे का हौसला बढ़ने लगा।

मिशन का उद्देश्य पहले से ही निम्न रूप में निर्धारित किया गया—

1. हिन्दुस्तान के हरिजन, मातंग, चमार, पारिया आदि विशेषत: पश्चिम हिन्दुस्तान के अस्पृश्य माने जानेवाले वर्गों और इसी तरह के निराश्रित लोगों में शिक्षा का प्रसार करना।
2. नौकरियाँ मुहैया करना।
3. सामाजिक कठिनाइयाँ दूर करना।
4. व्यापक धर्म, व्यक्तिगत शील और नागरिकता आदि गुणों का गरीब जनता में प्रसार करना।

इस वर्ग में शिक्षा का प्रसार करने की कोशिश कुछ मात्रा में स्थानीय स्तर पर की जाती थी, लेकिन अन्तिम तीन उद्देश्य सिर्फ मिशन की वजह से साकार होनेवाले थे। मिशन का कार्य उदार धर्म की नींव पर किया जाता था। उसके लिए हर शनिवार व्याख्यान और कीर्तन आयोजित होते थे। इतवार को सुबह धार्मिक शिक्षा वर्ग और शाम को उपासना होती। शुरू में स्वयं शिंदे और उनकी बहन जनाबाई यह काम करते थे। उन्होंने त्यौहार के दिन सामाजिक उत्सव के आयोजन को शुरुआत की। अस्पृश्य वर्गीय स्त्री-पुरुष उच्च वर्ग के स्त्री-पुरुषों में समानता के साथ शामिल होते थे। पहले वर्ष में नौ जाहिर व्याख्यान, चार कीर्तन, नौ पुराण वाचन आदि कार्यक्रम हुए।

प्रथम वर्ष में ही मिशन के कार्य को गति मिली। शिंदे ने जनरल सेक्रेटरी के रूप में मिशन का त्रैमासिक प्रतिवेदन तैयार किया जो 9 जुलाई, 1907 में प्रकाशित हुआ। वह 'इंडियन सोशल रिफॉर्मर' ने प्रकाशित किया।

मिशन के आरम्भिक कुछ प्रतिवेदनों में मिशन का उद्देश्य स्पष्ट करते हुए कुछ आँकड़े दिए जाते थे। प्रथम प्रतिवेदन में दिए आँकड़े इस प्रकार हैं—

हिन्दुस्तान की जनसंख्या कुल मिलाकर 29 करोड़, 71 लाख 47 हजार 20 में से अस्पृश्य लोगों की संख्या 5 करोड़ 32 लाख 6 हजार 632 है। ये आँकड़े देकर आगे ऐसा कहा है कि "हर सात हिन्दुस्तानी के पीछे एक दुर्भागी अस्पृश्य व्यक्ति है जोकि बात करने को नजदीक तक नहीं आ सकता।" मुम्बई इलाके में अस्पृश्य माने जानेवाले लोगों की जनसंख्या 17 प्रतिशत है। मुम्बई शहर की जनसंख्या 9 लाख 82 हजार इतनी है, लेकिन पाठशाला में जानेवाले अस्पृश्य छात्रों की संख्या सिर्फ 300 है। इन आँकड़ों से अस्पृश्य माने गए वर्ग की हालत में सुधार लाना कितना

महत्त्वपूर्ण है, यह समझ में आता है, ऐसा दर्ज किया है। शिंदे ने इस प्रतिवेदन के साथ मिशन शुरू करने की जरूरत इस विषय पर अंग्रेजी में लेख प्रकाशित किया।

मिशन ने निम्न संस्थाएँ शुरू कीं :

1. लड़कों के लिए एक और लड़कियों के लिए एक ऐसी मुफ्त पाठशालाएँ (मराठी पाँचवीं कक्षा और अंग्रेजी तीसरी कक्षा तक)
2. नौकरीपेशा लोगों के लिए रात्रि पाठशाला
3. धर्मार्थ अस्पताल
4. वाचनालय और ग्रंथालय
5. लड़कों के लिए कुश्ती का अखाड़ा
6. महिलाओं के लिए सिलाई वर्ग, प्रार्थना और व्याख्यान।

इसी प्रतिवेदन में लड़के और लड़कियों के लिए माध्यमिक पाठशाला, उद्योगशाला, देहात से आए गरीब होनहार लड़कों के लिए छात्रावास आदि नए उपक्रम शुरू करने की मंशा व्यक्त की।

28 फरवरी, 1907 को परेल में ग्लोब मिल के पास पाठशाला के सामने होली के अवसर पर एक समारोह का आयोजन किया गया। इस समारोह के लिए सेठ दामोदरदास सुखड़वाला, गोकुलदास पारेख, श्रीमती रमाबाई भंडारकर, काशीताई नवरंगे आदि स्त्री-पुरुष मंडली उपस्थित थी। इस समय शिंदे का 'होली त्यौहार के अच्छे और बुरे प्रकार' नामक विषय पर उद्‌बोधक भाषण हुआ। सर भालचन्द्र कृष्ण भाटवडेकर शाम 6 बजे प्रमुख अतिथि के रूप में उपस्थित रहे। शिंदे ने स्वागत भाषण में मिशन के कार्य का ब्यौरा प्रस्तुत किया। फिलहाल मिशन में दो पुरुष और दो महिला अध्यापक होकर उसमें से अध्यापिकाएँ अवैतनिक कार्य करती हैं, यह जानकारी दी।

फरवरी 1907 के अन्त तक दिन की पाठशाला में निम्नानुसार छात्र आते थे—

दिन की पाठशाला : आरम्भ 18 अक्टूबर, 1906

छात्र	हरिजन	मातंग	चमार	अन्य हिन्दू	कुल छात्र
लड़के	77	5	23	37	—
लड़कियाँ	18	0	4	8	—
कुल	**95**	**5**	**27**	**45**	**172**

दिसम्बर 1906 से मिशन की ओर से एक रात्रि पाठशाला शुरू की गई। उसी तरह हर इतवार को सुबह धार्मिक और नैतिक शिक्षा देने के लिए लड़कों की कक्षाएँ ली जाती थीं। इसमें लगभग 25 छात्र उपस्थित रहते थे। 18 अक्टूबर, 1906 में यह नीति शिक्षा की पाठशाला शुरू की गई। 22 नवम्बर, 1906 से मिशन की ओर से मुफ्त अस्पताल शुरू किया गया। चार मास की अवधि में हरिजन, चमार, अन्य हिन्दू, मुस्लिम और ईसाई वर्ग के 109 मरीजों ने अपना इलाज करवाया। डॉ. सन्तुजी रामजी लाड हर दिन सुबह ठाणे से आकर चार घंटे मरीजों की जाँच करते थे। डॉ. लाड सिर्फ अस्पताल में काम करते थे, ऐसा नहीं तो आसपास की गरीब बस्तियों के घरों में जाकर मरीजों का मुफ्त इलाज करते थे। उनके साथ डॉ. एस.पी. नासिककर भी मिशन के अस्पताल का कार्य देखते थे।

सेठ तुकाराम जावजी, बाबजी सखाराम तथा कम्पनी और मनोरंजन प्रसारक ग्रंथ मंडल द्वारा पुस्तकें मुहैया करने की वजह से मिशन की ओर से जनवरी 1907 में एक ग्रंथालय शुरू किया। ग्रंथालय में 232 पुस्तकें जमा हुईं। मिशन में दो हरिजन छात्र बुक-बाइडिंग का काम सीखने लगे।

होली के दिन होनेवाले दुर्व्यवहार पर पाबन्दी लगे, इस उद्देश्य से मिशन की भायखला और परेल की उपपाठशालाओं में मैजिक लैटर्न की सहायता से शराब से होनेवाले दुष्परिणामों पर व्याख्यान दिए गए। तीन चाँदनी रातों में मिशन की पाठशाला के बच्चे एवं इलाके के आदमी देशी खेल खेल रहे थे। इस खेल का संयोजन प्रार्थना समाज के कुछ युवकों ने किया था।

जनरल सेक्रेटरी शिंदे ने प्रतिवेदन में दर्ज किया है कि सर भालचन्द्र कृष्ण भाटवडेकर ने लड़के-लड़कियों को पारितोषिक दिए और मिशन द्वारा चलाए कार्य की तहेदिल से तारीफ की। उन्होंने कहा कि अन्य जगहों पर बुरी आदतों में लीन होकर काफी कोलाहल के बावजूद भी यहाँ बड़े पैमाने पर बुरी आदतों से दूर रहकर बच्चे-आदमी खेल में शामिल हो रहे हैं, यह दृश्य मुझे काफी आशाजनक लगा। समारोह के पश्चात् सर भालचन्द्र ने पैर से फुटबॉल उछालकर मैदान क्लब का उद्घाटन किया।

मिशन के कार्य का चारों ओर नाम होने लगा। संवाददाता इस नए कार्य की अनुकूल-प्रतिकूल राय छापने लगे। इसी समय राष्ट्रीय स्तर की अन्य संस्थाएँ शुरू होने लगी थीं। गोपाल कृष्ण गोखले ने 'भारत सेवक समाज' की स्थापना की थी। धांडोपंत कर्वे ने पहले ही अनाथ महिलाश्रम की स्थापना की थी। इसी दौरान मिशन का कार्य शुरू हुआ था। इस समय मुम्बई में किसी भी तरह का हंगामा न करते हुए परोपकार करनेवाले दो दानवीर सज्जन थे। एक मालाबारी नाम के पारसी और दूसरे दयाराम गिडुमल।

एक दिन शिंदे को दयाराम गिडुमल की 'मिलने आओ', ऐसी चिट्ठी मिली। उन्होंने मिलने आए शिंदे को अपनेपन से गले लगाया। उनकी आँखों में आँसू आ गए। उन्होंने पूछा कि यह अपूर्व मिशन निकालने की कल्पना आपको कैसे सूझ गई? इस कार्य में क्या आपने इस अस्पृश्य वर्ग की महिलाओं के लिए कुछ इन्तजाम किया है? इस पर शिंदे ने स्पष्ट रूप से कहा, "इस दुर्दैवी भारत में पुरुषों से भी महिलाओं की दशा काफी दुर्बल और दयनीय है, इससे मैं वाकिफ हूँ। मेरी तरह मेरे परिवार के लोगों को भी इसका एहसास होने के कारण मेरी त्यागमूर्ति बहन और पूज्य माताजी ने सहयोग दिया है।"[3] यह बात दयाराम पहले से ही जानते थे। इसलिए उन्होंने शिंदे से मुलाकात कर उनका आस्था से स्वागत किया। शिंदे ने अस्पृश्य महिलाओं की सेवा के लिए मिशन के केन्द्रीय आश्रम में 'निराश्रित सेवासदन' नामक एक अलग विभाग बनाने की तैयारी दिखाई। इस कार्य के लिए दयाराम से हर मास सौ रुपए की मदद मिलने लगी और सदन बना। मिशन के त्रैमासिक प्रतिवेदन में 'सेवासदन' शुरू होने का उल्लेख होकर एक दानवीर सज्जन इस सदन के लिए हर मास सौ रुपए की मदद कर रहे हैं, ऐसा जिक्र है। दयाराम ने शिंदे को अपना नाम गोपनीय रखने के लिए कहा होगा।

'निराश्रित सेवासदन' की महिला प्रचारकों को कई तरह के काम करने पड़ते थे। अस्पृश्य वर्ग के बच्चों के लिए सिर्फ पाठशाला खोलने से कोई लाभ नहीं था क्योंकि इन बच्चों को रोज पाठशाला जाने की आदत नहीं होती और अभिभावकों को हर दिन स्कूल भेजने का महत्त्व नहीं समझ आता था। सदन की महिला प्रचारकों को शिक्षा में रुचि निर्माण करने के लिए घर-घर में जाकर मुलाकातें करनी पड़ती थीं। यह काम करनेवाली महिलाएँ ईसाई प्रचारक ही होनी चाहिए, ऐसी कई लोगों की गलतफहमी होने लगी। वह दूर करने के लिए इन महिला प्रचारकों ने 'भारत', 'भागवत्', 'रामायण' जैसे हिन्दू धर्म ग्रंथों का घर-घर में पठन शुरू किया। सदन की महिलाओं को मरीजों की सेवा और प्रसूति में मदद करने के लिए प्रशिक्षण देकर तैयार किया गया। श्रीमती वेणूबाई, द्वारकाबाई और श्रीमती कल्याणी बाई सय्यद—ये तीन महिलाएँ सदन में रहकर भी उचित ढंग से काम करती थीं। शिंदे की बहन जनाबाई सदन के घरेलू काम किया करती थी। सय्यद अब्दुल कादर ने बाहर के कार्य की पूरी जिम्मेदारी स्वयं पर ली थी। जना बहन ने इस कार्य के लिए 'निराश्रित महिला समाज' नामक संस्था की अलग से स्थापना की। श्रीमती लेडी लक्ष्मीबाई चन्दावरकर की अध्यक्षता में इस महिला समाज का पहला वार्षिकोत्सव सम्पन्न हुआ। इस समय श्रीमती कल्याणी बाई सय्यद द्वारा प्रस्तुत रिपोर्ट की जानकारी इस प्रकार है—"घरों में ली गई कक्षाएँ लगभग छह मास चलीं। पिछले साल कुल मिलाकर 13 महिलाओं की प्रसूति की गई। कइयों को अस्पताल का लाभ मिला। घर-घर में जाकर खबर लेने का कार्य सालभर चल रहा था। पुलिस कमिश्नर की ओर से लावारिस बच्चे और महिलाएँ, ऐसे कुल पाँच व्यक्ति आए, जिनकी देखभाल की।"[4] त्रैमासिक तीसरे प्रतिवेदन में छात्रों की संख्या बढ़ने का जिक्र है तथा शुरू किए कार्य जोश से चल रहे हैं, ऐसा दर्ज किया है। मिशन में विल्सन हाईस्कूल में नए रहने आए गणेश आकाजी गवई नामक हरिजन छात्र का निर्देश कर 'सेवासदन' में उसके रहने-खाने का प्रबन्ध मुफ्त कर उसकी मैट्रिक परीक्षा में बैठने की जानकारी मिलती है। प्रस्तुत छात्र यानी आगे चलकर मध्यप्रदेश कानून काउंसिल के सदस्य बने ख्यातलब्ध हरिजन नेता थे।

24 मार्च, 1907 में अस्पृश्य लोगों ने ही स्वयं की उन्नति के हेतु धार्मिक और सामाजिक सुधार करने के उद्देश्य से पुरुषों के लिए 'सोमवंशीय मित्र समाज' नामक संस्था भायखला की इम्प्रूवमेंट बस्ती में स्थापित की। शुरू में इसके

14 नियमित सदस्य थे। ये लोग हर शनिचर की रात को मदनपुरा की पत्थर बस्ती में किराए पर लिए एक कमरे में आसपास के इलाके के लोगों को इकट्ठा करते। शुरू में भोजन के बाद एकाध उपयोगी विषय पर भाषण होता। बीच-बीच में मिशन के प्रतिनिधि वहाँ जाते थे। मिशन को देवनार की म्युनिसिपल कॉलोनी में रहनेवाले 500 शूद्र वर्ग के लोगों के लिए एक दिन की और एक रात्रि पाठशाला खोलने की जरूरत महसूस होने लगी। कुछ विशेष मौकों पर यह मंडली परेल की पाठशाला में आती थी।

मिशन का वार्षिक व्यय लगभग तीन हजार रुपए हुआ। शिंदे ने मिशन के बढ़ते कार्य को ध्यान में लेकर अमीर, उदार देशभक्तों तथा निराधार समाज के मित्र वर्ग से मिशन ने चलाए उदात्त कार्य के लिए खुले मन से सहयोग करने का आह्वान प्रतिवेदन के अन्त में किया है। 'इंडियन सोशल रिफॉर्मर' ने यह पूरा प्रतिवेदन छपवाकर अमीर वर्ग एवं नगरवासियों ने मदद करने की जरूरत क्यों है, यह अन्त में दर्ज किया।[5]

मिशन ने स्थापना से लेकर तीन वर्षों में अपने कार्य का काफी विस्तार किया।

शिंदे ने 17 अक्टूबर, 1909 को त्रैवार्षिक प्रतिवेदन प्रकाशित कर उसमें तीन वर्ष के कार्य का अवलोकन किया। मुम्बई केन्द्रीय शाखा की निम्न संस्थाएँ थीं :

1. **परेल की पाठशाला :** मराठी चौथी कक्षा और अंग्रेजी चौथी कक्षा, अध्यापक 7, उपस्थित बच्चों की संख्या 275, जिल्दसाजी और सिलाई कक्षा।
2. **देवनार की प्राथमिक पाठशाला :** मराठी चौथी कक्षा, 2 अध्यापक, 47 छात्र।
3. **मदनपुरा प्राथमिक पाठशाला :** मराठी चौथी कक्षा, 4 अध्यापक, 150 छात्र।
4. **कमाठीपुरा की गुजराती पाठशाला :** यह मेहतर लोगों के लिए मुम्बई की पहली पाठशाला है। अध्यापक मिलना मुश्किल था। फिर भी एक अध्यापक और 51 छात्र।
5. **इतवार की पाठशाला :** एक परेल में और दूसरी मदनपुरा में। हर इतवार को धार्मिक शिक्षा और नीति शिक्षा दी जाती है।
6. **भजन समाज :** एक परेल और दूसरा मदनपुरा में। बड़े लोग भजन और उपदेश के लिए इकट्ठा होते और उपासना करते।
7. **व्याख्यान :** समय-समय पर उपयुक्त विषय पर अलग-अलग जगह पर व्याख्यान आयोजित किए जाते।
8. **परस्पर पूरक फैक्टरी :** शशिभूषण रथ और दूसरे जर्मन तज्ञों के नेतृत्व में नई पद्धति के जूते बनाने की फैक्टरी शुरू की। आरम्भिक पूँजी 2 हजार रुपए।
9. **निराधार सेवासदन :** 2 युवा सज्जन और 3 महिलाएँ। ये 3 महिलाएँ गरीबों के घर जाकर सेवा करतीं। मरीजों की सेवा करतीं। बेसहारा लोगों को सदन में लातीं और सिलाई वर्ग चलातीं। 2 युवा सज्जन पूरी संस्था पर नजर रखते। परेल विभाग में लगभग 12 बच्चों के रहने 4 बच्चों के खाने का इन्तजाम सदन के कार्यकर्ताओं की निगरानी में होता था। हर महीने की 15 तारीख को 'प्युरिटी सर्वेंट' नाम से मिशन का मुखपत्र प्रकाशित होता था। उसमें मिशन के सारे समाचार प्रकाशित होते और शराब पीने के खिलाफ और अन्य सामाजिक विषयों पर लेख दिए जाते थे। मिशन के विविध विभागों के साथ ही भारत के निराधार वर्ग के सन्दर्भ में जानकारी आती थी। उसके सम्पादक वा.स. सोहोनी थे।

   सेक्रेटरी : वा.स. सोहनी

मिशन की अन्य शाखाएँ

1. **पुणे :** 1. एक दिन की पाठशाला 2. दो रात्रि पाठशालाएँ 3. भजन समाज 4. चर्चामंडल। पाठशाला में उपस्थित संख्या क्रमश: 149, 25 और 33। भजन समाज और चर्चा मंडल की औसत उपस्थिति 50।

   सेक्रेटरी : ए.के. मुदलियार, बी.ए. रास्ते पेठ।
2. **मनमाड :** एक रात्रि पाठशाला!, छात्रसंख्या 45। शराब निषेध मंडल कार्यरत। बुजुर्गों ने शराब पीने के लिए प्रवृत्त किया तो भी हम शराब नहीं पिएँगे, ऐसी कसम इस मंडल के सदस्यों ने ली थी।

3. **इगतपुरी :** एक दिन की पाठशाला, 68 छात्र। दो हरिजन युवकों ने शुरू की। मुम्बई प्रार्थना समाज के नेतृत्व में चलाई। इतवार को नीति-शिक्षा की कक्षा और भजन समाज भी शुरू है।
सेक्रेटरी : जी.वी. भाटवडेकर
4. **इन्दौर :** एक रात्रि पाठशाला, 28 छात्र, एक अध्यापक।
सेक्रेटरी : आर.जी. मिटबाँवकर, ब्राह्म समाज।
5. **अकोला :** दो रात्रि पाठशालाएँ, 72 छात्र, एक भजन समाज।
सेक्रेटरी : एस.जी. होसल्ली, बार-एट-लॉ।
6. **अमरावती :** दो रात्रि पाठशालाएँ, 53 छात्र।
सेक्रेटरी : जी.एन. काणे, वकील।
7. **दापोली :** एक दिन की पाठशाला, 37 छात्र। यह शाखा जरूरतमन्द बच्चों के लिए स्कॉलरशिप, पुस्तकें एवं कपड़े मुहैया करती है।
सेक्रेटरी : डॉ. वा.अ. वर्टी।
8. **मंगलौर :** सन् 1897 से ब्राह्म समाज के नेता के. रंगराव पारिया जाति के लोगों के हालात सुधारने के लिए अकेले कोशिश करते हैं। एक दिन की पाठशाला, 49 छात्र, 6 करघों की बुनाई संस्था 6, 7 बच्चों का छात्रावास। सब छात्रों को दोपहर में खाना दिया जाता है। के. रंगराव ने 20 गरीब पारिया परिवारों की मंगलौर के नजदीक सुन्दर टीले पर बस्ती बसाई है। यह मंगलौर की संस्था मिशन से संलग्न की है।
सेक्रेटरी : के. रंगराव।
9. **मद्रास :** पारिया जाति के अछूतों के लिए एक दिन की पाठशाला, 23 छात्र एवं चमार जाति के लड़कों की पाठशाला, छात्र 29; नीति शिक्षा की कक्षा एवं भजन कक्षा नियमित चलती है।
सेक्रेटरी : वी. गोविन्दन

नई शाखाएँ

10. **महाबलेश्वर :** मई 1909 में लेडी म्यूर मैकेंजी के सहयोग से गवर्नर के बंगले में मिशन के शुभचिन्तकों की सभा हुई। मेजर जेम्सन अध्यक्ष थे। पहले जमा हुआ 900 रुपए का चन्दा मिशन को दिया गया और यह शाखा शुरू हुई। यहाँ मोटी रस्सी बनाना, बाँस की बुनाई आदि काम होते हैं।
11. **नासिक :** सन् 1909 के सितम्बर में मिशन के जनरल सेक्रेटरी शिंदे इगतपुरी, मनमाड से नासिक में आने के पश्चात् वहाँ जाहिर सभा लेकर जिला कमेटी नियुक्त कर अध्यक्ष के रूप में जिला कलेक्टर मि. जैक्सन को नियुक्त किया।

इस तरह तीसरे साल के अन्त में मिशन का कार्य तेज गति से बढ़ने लगा। मिशन की 12 शाखाएँ, 16 प्राथमिक पाठशालाएँ शुरू थीं। उसमें 1,018 छात्र शिक्षा लेने लगे। 6 रविवारीय पाठशालाएँ, 5 भजन समाज, धार्मिक शिक्षा और नीति शिक्षा का काम कर रहे थे। 4 उद्योगशालाएँ शुरू थीं। मिशन के कार्य को अपना माननेवाले 7 कार्यवाहक मिले और मिशन का एक मुखपत्र शुरू हुआ। तीन साल में इतना व्यापक कार्य देखकर स्वयं शिंदे और उनके दोस्तों को यह बात निश्चित ही प्रेरक लगी। मिशन का कार्य देखकर कुछ नामचीन व्यक्तियों ने इस कार्य के सन्दर्भ में प्रोत्साहन पर अभिप्राय व्यक्त किए। "धार्मिक और परोपकारी लोगों द्वारा देश में चलाया यह बहुत ही पवित्र कार्य है।" ऐसा लाला लाजपत राय ने कहा है। डॉ. भंडारकर कहते हैं, "विवेकशीलता यह अन्धश्रद्धा और पूर्वग्रह, इन पर हमला करने का जो साम्प्रत समय है, उसकी दिग्दर्शक यह संस्था है।" 'टाइम्स ऑफ इंडिया' के सम्पादक सैटेंले रीड कहते हैं, "संस्था की ओर से चलाई पाठशालाओं का कार्य विशेष प्रशंसनीय है। 'अस्पृश्य वर्ग' नामक शब्द प्रयोग से अधिक भयानक शब्द प्रयोग भाषा में हो ही नहीं सकता। मिशन द्वारा चलाया यह उदात्त कार्य दिल को छूनेवाला है।"

जनरल सेक्रेटरी शिंदे ने प्रतिवेदन के अन्त में कहा, "मिशन का कुल वार्षिक व्यय 10 हजार है जो बढ़ता ही जा रहा है। मिशन की इमारतें, प्रशिक्षित अध्यापक और कार्यकर्ता उच्च वर्ग से पाने के लिए, उसी प्रकार अस्पृश्य माने

जानेवाले वर्ग से होनहार बच्चों को चुनकर उन्हें स्कॉलरशिप देकर उनकी शिक्षा पूरी करने के लिए, उन्हीं में से मिशन के भावी कार्यकर्ता बनाने के लिए मिशन को बड़े चन्दे की जरूरत है।

कार्य का अनुभव

दयाराम गिडुमल ने तीन साल पहले ही 'निराधार सेवासदन' के खर्चे का प्रबन्ध किया था। इस दौरान मिशन के कार्यकर्ताओं को ऐसे कार्य और मनुष्य स्वभाव के जो अनुभव आए, वे बहुत ही महत्त्वपूर्ण थे। स्वयं शिंदे ने छोटे बच्चों और बुढ़ापे से बिस्तर पर लेटे आदमियों को कितनी तकलीफें सहनी पड़ती हैं, यह देखा था। कारखानों में बारह घंटे काम करनेवाले आदमियों को अपने बच्चों, बीमार बूढ़े माता-पिता की परवरिश करने के लिए समय नहीं मिलता था। इसीलिए इनकी सेवा करना सदन का प्रमुख कार्य था। शिंदे ने इंग्लैंड के डोमेस्टिक मिशन को ऐसा कार्य करते देखा था। शिंदे के माता-पिता और दो बहनें सदन खुलने पर ग्लोब मिल की गन्दी बस्ती में जाकर रहे। शिंदे ने पहले से ही मिशन के कार्य का एक नियम बनाया था कि मिशन में कार्य करनेवालों ने जहाँ अस्पृश्य लोग रहते हैं, वहाँ उनके साथ रहना होगा। इसी उद्‌देश्य के अनुरूप ग्लोब मिल के पास की बस्ती में मिशन ने अपना थाना बनाया और शिंदे की बहन एवं माता-पिता ग्लोब मिल की बस्ती में जाकर रहने लगे।

शिंदे ने इस कार्य के सन्दर्भ में आए अनुभव दर्ज किए हैं। उसमें एक किस्सा यह है, "बच्चों को पाठशाला में भेजने के लिए हम पर विश्वास करें, इसलिए सदन में मेरे माता-पिता के पास बच्चे भेजने का प्रयोग करके देखा। एक समझदार हरिजन जमादार सज्जन सेना से अवकाश ग्रहण कर चुके थे। उनकी आठ साल की लड़की और छह साल का लड़का था। वे हमारे सदन में बच्चों को आठ दिन तक रखने को तैयार हुए। मेरी माँ भी अपने बच्चों की तरह उन्हें सँभालने के लिए तैयार हुई। माँ को मेरी बड़ी बहन चन्द्राबाई की मृत्यु का गहरा सदमा पहुँचा था। उस घटना से थोड़ा-सा दिल बहलाव हो, इसीलिए उसने परवरिश का कार्य स्वीकारा। एक दिन सदन में मीठा पकवान बना था। नन्ही गंगू ने (बच्ची का नाम) जरूरत से ज्यादा खाना खाया। माँ गंगू को अपने ही बिस्तर में लेकर सोती थी। ऐसा प्यार जताए तो बच्चे घर छोड़कर जाने को तैयार न होते। आधी रात में ही गंगू को बिस्तर में ही दस्त होने लगे। बेचारी माँ ने सारा बिस्तर धोकर बच्ची को साफ किया, इलाज किया। सुबह होने से पहले सब कुछ ठीक किया। मैं क्रोधित हो जाऊँगा, यह सोचकर इस बारे में मुझे नहीं बताया। फिर भी मुझे पता चला तो मैंने माँ को प्रणाम किया।

धीरे-धीरे लोग हम पर विश्वास करने लगे। आगे जल्द ही हमारी प्राथमिक और दोयम पाठशाला और एक बड़ा छात्रावास काफी ख्यातलब्ध हुआ।"

अण्णासाहब शिंदे की बहन जनाबाई को भी कई कठिन अनुभवों से गुजरना पड़ा।

1. एक घर में बूढ़ी औरत काफी बीमार थी। हमेशा बिस्तर पर लेटे रहने से उसकी पीठ पर घाव हो गए थे। जना बहन हर रोज उसकी पीठ सेंकने के लिए जाती थी। जना बहन पीठ सेंकने का पानी गर्म करने के लिए चूल्हे के पास जाने लगी तब उस औरत ने कहा, "बहन, आपके काफी एहसान हैं, लेकिन आप मेरे चूल्हे को मत छूना। आप ईसाई लोगों से चूल्हा भ्रष्ट होने पर ये लोग मुझे बदनाम कर बिरादरी से बहिष्कृत कर देंगे।" जना बहन अपने घर से स्टोव लाई और उस पर पानी गर्म कर उसकी पीठ सेंक दी। यह बात दूसरी दृष्टि से भी उद्‌बोधक साबित होती है। इन ईसाई लोगों ने अब तक कुछ गरीब अछूतों की सेवा की थी। हिन्दुओं में ऐसी सेवा करने का कार्य सिर्फ मिशन के कार्यकर्ता ही करते थे।
2. राही नामक बूढ़ी औरत को गहरे जख्म हुए थे। इसीलिए काफी कोशिश कर उसे जे.जे. अस्पताल में भर्ती कराया गया। जना बहन दूसरे दिन बूढ़ी औरत को देखने अस्पताल पहुँची तो उसे पता चला कि उस बूढ़ी औरत को उसका बेटा घर ले गया है। वह उसके घर उसे मिलने चली गई तो उसके बेटे ने उन्हें गालियाँ दीं। बेटे ने बूढ़ी माँ को घर ले जाकर उसे तमाचा मारने की घटना का भी पता चला। वह शराब के नशे में था, इसीलिए ऐसा हुआ था। जना बहन काम खत्म होने के पश्चात् उसे मिलने के लिए घर गई। वह लड़का रेल-मजदूर था। उसकी शराब के नशे में रेल की पटरी पार करते समय मौत हुई। तब उसकी माँ, "बेटा,

मुझे मुँह पर तमाचा मारने के लिए तो वापस आओ" ऐसा चिल्लाने लगी। इसी गम में बूढ़ी का उसी रात अन्त हुआ और जना बहन का यह दिल दहला देनेवाला काम भी खत्म हुआ।

3. उन दिनों निचले वर्ग में देवदासी बनाने का काफी प्रचलन था। मदनपुरा पाठशाला की एक बच्ची को देवदासी बनाया जानेवाला है, यह पता चलने पर सदन की बहनें बच्ची की माँ को समझाने लगीं, लेकिन उसने अपने धर्म में दखल लेने से क्रोधित होकर उन्हें 'दुबारा हमारे आँगन में मत आना' ऐसा कहकर धमकाया और बच्ची को पाठशाला से निकाला।

4. पुणे के डॉ. मैन ने देवदासी बनी एक लड़की को सदन में भेजा। बच्ची को बुरी बीमारी हुई थी। डॉ. मैन ने उसका कहीं भी प्रबन्ध न होने के कारण अन्तिम इलाज के रूप में सदन भेजा, लेकिन सदन अन्य बच्चों से भरा होने के कारण लड़की को वहाँ रखना खतरनाक था, इसीलिए जना बहन उसे भायखला की पाठशाला के पास एक अलग कमरा लेकर वहाँ रहने गई। यह लड़की काफी जिद्दी स्वभाव की थी। उसने काफी दिनों तक परेशान किया। तथापि जना बहन ने उसे पढ़ाकर तन्दुरुस्त बनाया और पढ़ाई के पश्चात् उसका उचित जगह विवाह किया। यह लड़की हरिजन जाति की थी। आगे चलकर वह हैदराबाद में अध्यापिका बनी।

काफी महिलाओं को गर्भावस्था और प्रसूति में नाज़ुक इलाज की जरूरत होती थी। मिशन के शुभचिन्तकों में बड़े-बड़े डॉक्टर थे। वे दवा-दारू बताते, पर सेवा करने का काम सदन की महिलाओं पर आता। एनीमा जैसे नए इलाज पुराने विचारों के मरीजों पर करना काफी मुश्किल होता था। वे काफी बीभत्स गालियाँ देकर चले जाते। अस्पृश्य होने के कारण बाकी अनाथालयों में जिन्हें प्रवेश मिलना आसान नहीं होता, ऐसे बच्चों को पंढरपुर आश्रम अथवा दयाराम गिडुमल सेठ के मलाड आश्रम में भेजा जाता।

ऐसे दयार्द्रता के काम करने के लिए महिलाओं की सहायता मिलना जरूरी है, इसका अण्णासाहब को एहसास हुआ। उनके मिशन में सभी तरह के कामों में संगठन कुशलता दिखाई देती है। उनके समाज के सभी स्तर के प्रतिष्ठित व्यक्तियों की मिशन के कार्य में सहयोग लेने की कोशिश होती और उन्हें इस कार्य में सफलता भी मिलती थी, ऐसा दिखाई देता है। सन् 1908 में जैसा आगे जिक्र किया है, उसके मुताबिक महिलाओं के सन्दर्भ में ऐसे काम करने के लिए प्रतिष्ठित महिलाओं की एक समिति नियुक्त की गई।

लेडी म्यूर मैकेंजी — अध्यक्ष

लेडी चन्दावरकर — उपाध्यक्ष

मिसेस स्टेनले रीड — चेयरमैन

श्रीमती सीताबाई सुखटणकर और श्रीमती लक्ष्मीबाई रानडे — ज्वाइंट सेक्रेटरी

सुश्री. एस.के. काब्राजी — कोषाध्यक्ष

इनमें से डॉ. वासुदेवराव सुखटणकर की पत्नी श्रीमती सीताबाई मैनचेस्टर डोमेस्टिक मिशन के बिशप की बेटी थी। इन्होंने इंग्लैंड में रहते समय स्वयं मिशन का कार्य किया था और मुम्बई में अण्णासाहब शिंदे ने शुरू किए मिशन को इंग्लैंड यूनिटेरियन लोगों की हमदर्दी प्राप्त कर कुल 700 रुपए इकट्ठा कर उन्हें भेजे थे। उन्होंने हिन्दुस्तान में आने के पश्चात् महिला कमेटी का सेक्रेटरी पद स्वीकारा, लेकिन बाद में डॉ. सुखटणकर को मुम्बई छोड़कर लाहौर जाना पड़ा और इस महिला का मिशन से सम्बन्ध टूट गया। कमेटी की महिलाएँ बड़े खानदानी परिवार से थीं और उनके पति अथवा सम्बन्धित पुरुष अच्छे ओहदे पर काम करते थे। इन महिलाओं की अनुकूल भूमिका से मिशन को उनकी बड़ी सहायता मिली। उन्होंने निजी स्तर पर मिशन के कार्य में सावधानी बरती और मिशन के लिए बड़े चन्दे जमा किए। लेडी म्यूर मैकेंजी ने उनके पति कुछ दिनों तक एक्टिंग गवर्नर थे, तब सन् 1909 में महाबलेश्वर की शाखा खोलने के लिए गवर्नर बंगले में सभा लेकर प्रत्यक्ष सहयोग किया। सन् 1909 के सितम्बर में लेडी म्यूर मैकेंजी ने पुणे पाठशाला के बख्शीश समारोह का अध्यक्ष स्थान स्वीकार कर प्रभावी भाषण कर अमीर वर्ग का मिशन की ओर ध्यान खींचा। अपने मालाबार हिल के बंगले पर महिला कमेटी की सभा आयोजित की। चन्दा इकट्ठे करने के कई तरीके सुझाए। 'टाइम्स ऑफ इंडिया' के सम्पादक सर स्टैनले रीड की पत्नी ने सन् 1909 में मिशन के सभी बच्चों का एक मेला आयोजित कर मिठाइयाँ बाँटीं। न्यायमूर्ति रानडे के भाई डॉ. श्रीधर और उनकी पत्नी श्रीमती लक्ष्मीबाई रानडे यह तो दिन-रात मिशन के कार्य में हाथ बँटाते थे। उनमें बड़ा साहस था। लेडी लक्ष्मीबाई चन्दावरकर हमेशा निराधार सदन

में मिठाइयाँ ले आतीं और छात्रों में बाँटती थीं। दादाभाई नौरोजी की पोती श्रीमती पी. कैप्टन, (मुम्बई के असिस्टेंट पोस्टमास्टर की पत्नी) नामक ख्यातलब्ध देशप्रेमी महिला ने श्रीमती सुखटणकर के पश्चात् महिला कमेटी का सेक्रेटरी पद सँभालकर कार्य किया। बाद में मिशन की पुणे में शाखा शुरू होने के पश्चात् तलेगाव-दाभाडे में रात्रि पाठशाला और दिन की पाठशाला शुरू की। उसका पूरा खर्चा इन पति-पत्नी ने उठाया। पुणे शाखा को एक सिलाई मशीन और एक हार्मोनियम दान स्वरूप दिया। प्रतिष्ठित महिलाओं द्वारा मिशन के कार्य में हिस्सा लेने का बड़ा लाभ हुआ।

सदन के कार्य से साकार हुआ सबसे महत्त्वपूर्ण कार्य यानी मुम्बई शाखा में परेल का छात्रावास है। अस्पृश्य वर्ग की उन्नति सिर्फ बड़ी-बड़ी शिक्षा संस्था खोलने से नहीं होगी। उनके जीवन में क्रमश: उत्क्रान्ति एवं परिवर्तन लाने के लिए जीवित व्यक्तिगत अगुआई करने की जरूरत है, ऐसी शिंदे की राय थी और उन्होंने सन् 1905 में 'मिशन की स्थापना की जरूरत' इस निवेदन में वह प्रस्तुत किया था क्योंकि पाठशाला में अस्पृश्य वर्ग के बच्चे दिन में ज्यादातर पाँच घंटे तक काम करते। बाकी बचा पूरा समय अपने पिछड़े वर्ग में ही बिताते हैं, तब तक उनके नैतिक जीवन का विकास नहीं होगा, इसका उन्हें एहसास था। उन्हें साफ, पर्याप्त जगह में 24 घंटे रहने की सुविधा हो और इस कार्य को तैयार कुलपति की वैयक्तिक निगरानी में 24 घंटे ये सब बच्चे रहें, इसलिए छात्रावास की जरूरत थी, लेकिन शुरू में इस लक्ष्य तक पहुँचना मुश्किल था, लेकिन जहाँ पर सिर्फ दिन की पाठशाला में आने को बच्चे तैयार नहीं थे, वे अपना गाँव और माता-पिता छोड़कर मुम्बई जैसे शहर में रहने को कैसे आएँगे? लेकिन निराधार सदन का कार्य तीन साल चला। तब यह उद्देश्य सफल होने के आसार दिखाई देने लगे। इन तीन सालों में मिशन की पाठशाला की वृद्धि दोयम पाठशाला यानी अंग्रेजी चौथी कक्षा तक फरवरी 1909 में, पाठशाला के आस-पास जिनके घर थे, ऐसे बच्चों के लिए सदन में छात्रावास शुरू किया। आस-पास में रहनेवाले इन चुनिन्दा बच्चों को घर में सिर्फ दो बार खाना खाने के लिए जाने दिया जाता और बाकी समय सदन में बिताने की उनमें आदत डाली गई। उन्हें सदन में ही कपड़े आदि देकर नहाने का इन्तजाम किया गया। उन्हें खेल के साधन, पुस्तकें और खेल की सुविधा देकर घर की बजाय पाठशाला ही प्रिय लगे, यह कोशिश की गई। बच्चों के खाने-पीने का इन्तजाम सितम्बर महीने में किया गया। दिसम्बर के अन्त तक 21 बच्चे छात्रावास में रहते थे। उनमें 3 लड़कियाँ थीं।

मिशन अस्पृश्यों के लिए शुरू करने के बावजूद कुल संख्या में से एक चौथाई बच्चे सवर्ण वर्ग के रखने की सुविधा थी। शिंदे का ऐसा करने के पीछे दोहरा उद्देश्य था। अस्पृश्य वर्ग के बच्चे सवर्ण बच्चों से घुल-मिलकर रहें, उनसे पढ़ाई में प्रतियोगिता कर उनकी आदतों का अनुकरण कर लाभ उठा सकें; दूसरे अस्पृश्यों के सन्दर्भ में जो नफरत सवर्णों में होती है, वह निराधार है, यह उनके साथ रहने से ही सवर्ण जानेंगे और उनका अस्पृश्यों की ओर देखने का नजरिया बदल जाएगा। सिर्फ बच्चों के बर्ताव में ही नहीं, तो बड़े आदमियों में प्रचार करते समय विकसित एवं पिछड़े समाज से बर्ताव करते समय, व्याख्यान, मंच से बात करते समय प्रचारकों को यह दोहरा उद्देश्य सँभालना पड़ता है, यह शिंदे की समझ में आया। इतना ही नहीं तो अस्पृश्यों से बढ़कर सवर्ण को ही शिक्षा देने का कार्य कई बार कठिन होता है, इसका भी उन्हें अनुभव आता था।

छात्रावास के बच्चों का प्रतिदिन का कार्यक्रम तय था। सुबह पाँच बजे उठना, साढ़े पाँच बजे प्रार्थना। छह बजे उन्हें कांजी दी जाती। सुबह साढ़े छह बजे एक घंटे तक बुक बाइडिंग का काम दिया जाता था। उसके बाद दस बजे तक का समय पढ़ाई, नहाना और नाश्ते के लिए रखा जाता था। सुबह दस बजने के बाद और एक बार बुक बाइडिंग का काम बच्चों को दिया जाता था। ग्यारह से पाँच बजे तक पाठशाला होती थी। उसमें एक से डेढ़ तक का समय खाना खाने के लिए रखा जाता था। पाठशाला खत्म होने के पश्चात् पाँच से छह तक का समय कसरत के लिए होता। शाम छह बजे भोजन के पश्चात् बच्चे अपनी पाठशाला की पढ़ाई करें, ऐसी चाह होती थी। सोने का समय रात के दस बजे तय था।

इसके सिवा इतवार सुबह को बच्चों के लिए नैतिक शिक्षा का प्रबन्ध किया जाता था। तीसरे प्रहर छात्रों का चर्चा मंडल और शाम को साप्ताहिक उपासना होती थी। एक महिला खाना बनाती थी, लेकिन बाकी घरेलू कामों के लिए एक भी नौकर जान-बूझकर नहीं रखा जाता था। बच्चे अपना काम स्वयं कर कामों का बँटवारा भी चुपचाप करते। छात्रावास में अस्पृश्य और सवर्ण वर्ग के अलग-अलग जाति के बच्चे थे, लेकिन किसी भी समय जाति भेद नहीं किया जाता था। इस सन्दर्भ में कभी किसी ने शिकायत नहीं की। हरिजन, मातंग, ढोर आदि अस्पृश्य जाति में

माना जानेवाला जाति भेद छात्रावास के बच्चों ने खत्म कर दिया था। खाना हमेशा शाकाहारी बनता था और वह बच्चों के लिए सेहतमन्द होता। छात्रों के बर्ताव को सफाई और नैतिकता की दृष्टि से बारीकी से देखा जाता था।

मिशन द्वारा मुफ्त अस्पताल चलाने का प्रयोग नवम्बर 1906 से 1908 तक किया गया। डॉ. सन्तुजी लाड ठाणे से आकर बीमार आदमियों की दवा-दारू करते, इसका जिक्र पहले भी हुआ है। यह अस्पताल शुरू करने के पीछे मिशन का सम्बन्ध अस्पृश्य माने हुए लोगों से जुड़ें, उसी तरह उन्हें दवा-दारू की आदत लगे, लगभग दो साल में 1,239 मरीजों को मिशन के अस्पताल का लाभ हुआ। मिशन के अस्पताल का लाभ लेनेवालों में मराठा, हरिजन, मोची, मातंग, मेहतर, मुस्लिम, ईसाई, ज्यू आदि जाति की महिला, पुरुष एवं बच्चे थे।

मिशन का दूसरा प्रमुख कार्य यानी शिक्षा। इसके लिए पाठशाला विभाग स्वीकृति दे, ऐसे विद्वानों की जरूरत थी। 'निराधार सेवासदन' का कार्य देखकर और उससे जुड़े त्यागी लोगों की तैयारी देखकर विशेषत: शिंदे की आस्था और त्याग देखकर वामनराव सोहोनी काफी प्रभावित हुए थे। अण्णासाहब की हिदायत से वे अपनी विल्सन हाईस्कूल की अध्यापक की नौकरी का त्यागपत्र देकर मिशन में सन् 1908 के शुरू में दाखिल हुए और उन्होंने पाठशाला की जिम्मेदारी स्वीकार ली। सोहोनी विल्सन हाईस्कूल के नामवर अध्यापक थे। उन्होंने मिशन में दाखिल होने पर परेल की प्राथमिक पाठशाला का माध्यमिक पाठशाला में परिवर्तन किया। उन्होंने पाठशाला विभाग की सारी शर्तों का पालन कर यह कार्य बहुत ही कुशलता एवं ईमानदारी से किया। परेल की पाठशाला में सन् 1909 को मराठी विभाग में 14 लड़के-लड़कियाँ थीं तो अंग्रेजी चौथी कक्षा तक 27 बच्चे थे। देवनार कचरापट्टी की रात्रि पाठशाला में 40 बच्चे थे। मदनपुरा की दिन की पाठशाला में 97 लड़के और 25 लड़कियाँ, कुल 122 छात्र थे। कमाठीपुरा में मेहतर लोगों के लिए एक दिन की पाठशाला शुरू की। इस पाठशाला को जगह और अध्यापक मिलने से दिक्कतें आईं। अन्त में ढेंढ़ जाति के एक सज्जन बड़ौदा से तैयार हुए। यहाँ चौथी कक्षा तक शिक्षा दी जाती थी और प्रतिदिन की उपस्थिति लगभग 66 थी।

मुम्बई मिशन ने ऐसे कई कार्य प्रबलता से शुरू किए। इस कार्य की चर्चा होने लगी। धीरे-धीरे जनमत में परिवर्तन होने लगा और सामाजिक जीवन में हृदय-परिवर्तन के आसार लोगों को दिखाई देने लगे।

सन्दर्भ

1. *सुबोध पत्रिका,* 28 अक्टूबर, 1906
2. विट्ठल रामजी शिंदे, *माझ्या आठवणी व अनुभव,* पृ. 220
3. वही, पृ. 226
4. वही, पृ. 227-228
5. *दि थर्ड क्वार्टली रिपोर्ट ऑफ दि डिप्रेस्ड क्लासेज मिशन,* 9 जुलाई, 1907

मिशन की घटना और पुणे की अन्तर्गत शाखा

9 जुलाई, 1910 को 'डिप्रेस्ड क्लासेज मिशन सोसाइटी इंडिया' नामक संस्था को संवैधानिक स्वरूप देने की दृष्टि से संस्था का ट्रस्टडीड रजिस्ट्रेशन किया गया और 1860 के कानून से यह संस्था धर्मादाय संस्था के रूप में नवम्बर 1910 में पंजीकृत की गई। यह संस्था किसी भी ब्राह्म या प्रार्थना समाज से संलग्न नहीं हुई तो भी उसके उद्देश्य प्रार्थना समाज से सम्बद्ध हों और कार्य आध्यात्मिक स्तर पर धर्म निरपेक्ष (सेक्युलर) भूमिका से हो, यह तय किया गया था।

मिशन की घटना में संस्था के उद्देश्य के रूप में निम्न बातें दर्ज की थीं। अस्पृश्य माने जाते हुए लोग, जैसे हरिजन, चमार, पारिया, नामशूद्र, ढेढ़ और ऐसी ही शेष अस्पृश्य मानी जातियों की सामाजिक और आध्यात्मिक स्थिति सुधारने के उद्देश्य से कार्य करनेवाली मिशन चलाना। ये उद्देश्य थे :

1. इस वर्ग में शिक्षा का प्रसार करना
2. उन्हें रोजगार उपलब्ध करना
3. उन पर होनेवाले सामाजिक अन्याय दूर करना
4. उनमें उदार धर्म का प्रसार कर तथा उनकी वैयक्तिक नैतिकता और नागरिकता का संवर्द्धन कर सफल बनाया जाएगा।

संस्था की घटना में मिशन के कार्य को समर्पित मिशनरी को महत्त्वपूर्ण स्थान दिया गया। पाँच साल से अधिक समय तक संस्था में मिशनरी के रूप में कार्य करनेवाले व्यक्ति को आजीवन सदस्य के रूप में स्वीकृति देने की व्यवस्था की गई। मिशनरियों को प्रतिष्ठा दी गई। चूँकि मिशनरी ही संस्था की रीढ़ थे, इसका एहसास संस्था की नियमावली तैयार करते समय रखा गया।[1]

शिंदे द्वारा प्रस्तुत की योजना के मुताबिक मिशन का स्वरूप देशी था। मिशन का कार्य ब्राह्म समाज और प्रार्थना समाज के तत्त्व के मुताबिक चलेगा, ऐसा दर्ज किया और उसे धर्मातीत (सेक्युलर) भी कहा गया है। इन दो कथनों में विरोध नहीं, यह समझ लेना जरूरी है। हमने जिस धर्म में जन्म लिया है, उस धर्म का त्याग न कर उसे पार कर आध्यात्मिक स्तर के कुछ मतों का स्वीकार करना प्रार्थना समाज का लक्ष्य है। उसमें ईसाई मिशन की तरह धर्म-प्रचार का हेतु व्यापक नहीं था।

मुम्बई में केन्द्रीय संस्था का कार्य ढंग से शुरू होकर एक बेहतर 'मातृसंस्था' का निर्माण हुआ। 'मातृसंस्था' का निर्माण होने के पश्चात् जनरल सेक्रेटरी के नाते वि.रा. शिंदे प्रत्यक्ष शासित प्रधान शाखा तैयार करने में जुटे। मिशन संस्था के रूप में विधिवत् पंजीकृत की गई थी। सर नारायण चन्दावरकर अध्यक्ष, सेठ दामोदरदास सुखड़वाला उपाध्यक्ष और शिंदे जनरल सेक्रेटरी थे। संस्था के ट्रस्टी सेठ दामोदरदास सुखड़वाला, हरी सीताराम दीक्षित और विट्ठल रामजी शिंदे थे। मिशन की नियमावली के मुताबिक मिशन की शाखा के तीन प्रकार तय किए थे।

पहला प्रकार अन्तर्गत शाखाओं का था। ये शाखाएँ मिशन की जो केन्द्रीय कार्यकारी कमेटी थी, उसके प्रत्यक्ष अमल में चलानी थीं। आय-व्यय की पूरी जिम्मेदारी और अन्य कारोबार मिशन की केन्द्रीय कमेटी की अनुमति से चलाए जाते। प्रान्तीय शाखाओं का प्रधान संचालक और सहयोगी समिति के सदस्य केन्द्रीय कमेटी की सम्मति से नियुक्त किए जाते। संचालक समर्पित होकर कार्य करनेवाले हों तो उसके वेतन की जिम्मेदारी केन्द्रीय कमेटी पर होती। प्रधान संचालक और कमेटी पर बाकी खर्चों की जिम्मेदारी होती। केन्द्रीय कमेटी पर आय-व्यय की स्वीकृति की जिम्मेदारी होती। जनरल सेक्रेटरी प्रान्तीय शाखाओं की और उनकी सहायता से चलाई जा रही अन्य शाखाओं की

जाँच करते। वर्ष के अन्त में इन शाखाओं की शेष राशि अधिक से अधिक एक हजार रुपए केन्द्रीय कमेटी के द्वारा 'मातृसंस्था' को दी जाती और विशेष उद्‌देश्य से स्थायी निधि हो तो वह ट्रस्ट फंड के नाते ट्रस्टी की ओर आती।

दूसरा प्रकार संलग्न शाखाओं का था। इन शाखाओं के आय-व्यय की जिम्मेदारी प्रत्यक्ष रूप में केन्द्रीय कमेटी पर नहीं होती, लेकिन कार्य मिशन के उद्‌देश्य के मुताबिक चल रहा है कि नहीं, इसकी जाँच जनरल सेक्रेटरी यथासमय करते। मिशन के वार्षिक सामान्य प्रतिवेदन में शामिल करने के लिए ऐसी शाखाओं के आय-व्यय की तालिका और कार्य का प्रतिवेदन जनरल सेक्रेटरी की ओर संलग्न शाखा समय पर भेजे, ऐसी अपेक्षा होती।

तीसरा प्रकार सहकारी शाखाओं का था। बहुधा यह स्वतंत्र रूप में चलती। आम नीति और परस्पर सहानुभूति होने पर ऐसी शाखा को मिशन अनुमति देती। 1 जनवरी से 13 दिसम्बर तक मिशन के कार्य का अकादमिक वर्ष तय होता।

'मातृसंस्था' के आद्य टस्ट्री थे :

1. नामदार गोकुलदास कहानदास पारेख
2. सेठ दामोदारदास गोवर्धनदास सुखड़वाला और
3. विट्‌ठल रामजी शिंदे।

शिंदे कारोबार के सन्दर्भ में सजग और हिसाब में काफी ईमानदार थे। मिशन का कारोबार बढ़नेवाला है अपितु वह बढ़ाना है, ऐसी उनकी कल्पना और चाह थी। इसीलिए उन्होंने मिशन की अचूक नियमावली तैयार कर पारित करवाई थी।

शिंदे ने प्रार्थना समाज के कार्य हेतु किए प्रचार दौरों में पुणे में रात्रि पाठशाला शुरू की। प्रार्थना समाज की ओर से दो पाठशालाएँ चलाई थीं। पुणे प्रार्थना समाज की निगरानी में होनेवाली इन पाठशालाओं का कारोभार ए.के. मुदलियार देखते थे। इन पाठशालाओं में अस्पृश्य वर्ग के छात्रों को मुफ्त में शिक्षा दी जाने लगी। यदि इन बच्चों के अभिभावकों की महीने में एक आने जितनी फीस भरने का सामर्थ्य भी नहीं, यह जानने पर उनके लिए मुफ्त शिक्षा का प्रबन्ध किया गया।

विट्‌ठल रामजी शिंदे ने मुम्बई में 'डिप्रेस्ड क्लासेज मिशन' की स्थापना कर अस्पृश्य माने वर्ग के बच्चों को शिक्षा देने का कार्य जोरों से शुरू किया है, इसका काफी बोलबाला हुआ। दूसरे, शिंदे की प्रेरणा से ही पुणे में रात्रि पाठशाला में अस्पृश्य वर्ग के बच्चों को शिक्षा का प्रबन्ध किया है, यह बात पुणे के कुछ अस्पृश्य वर्ग के नेताओं की समझ में आ गई। इसीलिए पुणे में मिशन की शाखा स्थापित हो और अपने वर्ग के बच्चों को शिक्षा मिले, ऐसा पुणे के अस्पृश्य वर्ग के नेताओं को तीव्र एहसास हुआ। तब यही उद्‌देश्य मन में रखकर मिशन के जनरल सेक्रेटरी के नाते विट्‌ठल रामजी शिंदे पुणे गए। उन्होंने वहाँ के अस्पृश्य वर्ग के नेताओं के साथ ही प्रार्थना समाज की मंडलियों के साथ विचार-विमर्श किया। मिशन की घटना में अन्तर्गत शाखा स्थापित करने का प्रबन्ध किया गया। इसी के अनुसार पुणे में मिशन की पहली अन्तर्गत शाखा हो, ऐसा तय किया गया। शिंदे ने आगे दो मास अपने सहयोगी अब्दुल कादर को इस कार्य हेतु पुणे भेजा। उन्होंने 22 जून, 1908 को पुणे में सेना के सेंटर स्ट्रीट के एक मकान में पुणे शाखा की पहली पाठशाला शुरू की। पैसों का इन्तजाम अस्थायी ही था। पाठशाला का कोई सामान नहीं था। ए.के. मुदलियार पर आगे की जिम्मेदारी सौंप दी थी। मुदलियार ने पाठशाला का काम लगन से किया। समाचार-पत्रों में इश्तिहार दिए गए। एक महीने में 577 रुपए जमा किए गए। बैरिस्टर एच.ए. वाडिया ने 100 रुपए का चन्दा दिया। मध्य विभाग के कमिश्नर डब्ल्यू.टी. मॉरिसन, डेक्कन कॉलेज के प्रोफेसर वुडहाऊस आदि ने प्रति 30 रुपए देकर आरम्भिक जरूरतें पूरी कीं। अध्यापक मिलना कठिन होने के कारण 'मातृसंस्था' की ओर से मुम्बई के ए. वी. गुर्जर को भेजा गया। पाठशाला में पढ़ाई-लिखाई के साथ-साथ संवाद, गीत, चित्रकला, सिलाई के काम और कसरत की शिक्षा दी जाती। इसके सिवा सफाई रखने की शिक्षा और नीति शिक्षा भी दी जाती। पाठशाला का मासिक खर्चा लगभग 200 रुपए होता था। उसमें से बड़ी मुश्किल से 50 रुपए चन्दे के रूप में सेक्रेटरी को मिलते थे। इस अत्यन्त उपयोगी पाठशाला के लिए देशवासी सहायता करें, इसीलिए अस्पृश्य छात्रों द्वारा हस्ताक्षर किया एक पत्र 'ज्ञानप्रकाश' में प्रकाशित हुआ है। इसमें निराश्रित सहयोगी मंडली की पाठशाला के छात्र साधू सखाराम वापजारे (हरिजन, पाँचवीं कक्षा), सुकाजी नारायण कांबले (हरिजन, पाँचवीं कक्षा), राधा दगडू (चमार, तीसरी कक्षा), लक्ष्मी श्रीपती थोरात (हरिजन, तीसरी कक्षा) इन छात्रों ने प्रस्तुत पत्र के नीचे हस्ताक्षर किए।[2] हिन्दू लेडीज सोशल क्लब की ओर से पुणे शाखा को प्रासंगिक स्वरूप

में मदद मिलनी देखने को मिलता है। 'ज्ञानप्रकाश' के वृत्तान्त में लिखा है, "निराश्रित लोगों की उन्नति हेतु जीवन समर्पित करनेवाले शिंदे की बहन श्रीमती जना बहन एक बार हमारे क्लब में आई थीं। वह काफी पढ़ी-लिखी हैं और उन्होंने स्वयं को इस कार्य के लिए समर्पित किया है। फिलहाल वे ए.के. मुदलियार ने बड़ी मेहनत से पुणे में चलाई निराश्रित लोगों की पाठशाला में कार्य करती हैं। उनके कार्य को मदद के रूप में हमारे सदस्यों ने 14 रुपए की राशि दी है।"[3] इस तरह कई जगहों से मिशन की पुणे शाखा की पाठशाला के लिए मदद लेने की कोशिश की जाती थी, लेकिन बढ़ते कार्य के लिए खर्चे का इन्तजाम कैसे किया जाएगा, इसकी फिक्र हमेशा ए.के. मुदलियार को सताती रहती थी। इसीलिए उन्होंने एक अलग कोशिश की। मुम्बई के तत्कालीन गवर्नर सर जॉर्ज क्लार्क को 19 जुलाई, 1908 में विनती पत्र भेजा। मिशन के संचालक कौन है और मिशन का कार्य कैसे शुरू है, इसकी उचित जाँच करने पर गवर्नर के प्राइवेट सेक्रेटरी का मुदलियार को 18 अगस्त, 1908 को निम्नलिखित उत्तर मिला, "आपका मिशन मदद के काबिल है और वह कामयाब हो, ऐसी गवर्नर साहब की मंशा है। मदद के सन्दर्भ आपको सूचित किया जाता है कि गवर्नर साहब ने अपनी बेटी मिस वायोलेट क्लार्क को अगले महीने में एक गीत की महफिल करने की अनुमति दी है। उस महफिल से मिशन को काफी राशि प्राप्त होगी, ऐसी आशा है।"[4]

सितम्बर, 1908 में पुणे में गीत-संगीत की महफिल सम्पन्न हुई। प्रत्यक्ष गवर्नर साहब और पुणे के सेना विभाग के कमांडर मेजर आल्डरसन का सहयोग था, इसलिए इस इलाके के राजा-महाराजा और सेठ, साहूकारों ने तहेदिल से मदद की। मिशन को सारे खर्चे निकलने के बाद 3 हजार 467 रुपए 13 आना 6 पैसे प्राप्त हुए। यह राशि 'मातृसंस्था' के अध्यक्ष के पास मुम्बई भेजी गई। इस महफिल के असर से इलाके के राजा-महाराजा और प्रतिष्ठित नेताओं को मिशन के कार्य का पता चला, जो महत्त्वपूर्ण रहा। महफिल के अवसर पर निम्न प्रमुख लोगों से चन्दा मिला—श्रीमन्त सर सयाजीराव गायकवाड़ 500 रुपए, श्रीमन्त शाहू छत्रपति 200 रुपए, नामदार आगाखान 500 रुपए। भोर के अधिपति आदि से भी चन्दा प्राप्त हुआ।

शिंदे ने पुणे शहर और आस-पास के गाँव के अस्पृश्य लोगों की एक बड़ी सभा बुलाकर गवर्नर साहब और मिस क्लार्क, इन लोगों के प्रति हमदर्दी जताकर उनके विकास हेतु सही कोशिश की, इसलिए उनके प्रति आभार व्यक्त करने का प्रस्ताव पारित कर उनके पास भेजा।[5] 'मातृसंस्था' की अनुमति से डेक्कन कॉलेज के प्रिंसिपल एफ. जी. सेल्बी, पुणे शाखा के अध्यक्ष और ए.के. मुदलियार, सेक्रेटरी और मि. अर्जुनराव आर. मुदलियार, कोषाध्यक्ष—ऐसी कमेटी नियुक्त की गई। इस कमेटी ने गति से कार्य किया। 1908 के अन्त में पुणे शाखा की निम्नलिखित संस्थाएँ कार्य कर रही थीं—

1. पुणे सेना विभाग में दिन की पाठशाला
2. सेना विभाग में रात्रि पाठशाला
3. सेना में वाचनालय
4. गंज पेठ में रात्रि पाठशाला और
5. मंगलवार पेठ में रात्रि पाठशाला।

जून, 1910 के अन्त तक एक साल में पुणे शाखा के कार्य का काफी विस्तार हुआ। नई कमेटी में डॉ. हेरॉल्ड, एच. मैन, कृषि कॉलेज के प्रिंसिपल व अध्यक्ष, रैंगलर र.पु. परांजपे उपाध्यक्ष थे। इस समिति में कैप्टन एच.सी. स्टीव, दि.ब.वी.एम. समर्थ, एम.डी. लोटलीकर आदियों का सहभाग था। ए.के. मुदलियार सेक्रेटरी के रूप में कार्य देखते।

1912 के पश्चात् मुदलियार को पारिवारिक दिक्कतों की वजह से मिशन के कार्य से अवकाश ग्रहण करना पड़ा और अण्णासाहब शिंदे पुणे शाखा का कार्य देखने लगे। बहन जनाबाई पर सुपरिंटेंडेंटट की जिम्मेदारी सौंपी। पूरा शिंदे परिवार मिशन के कार्य में किस तरह मशगूल था, इसका वर्णन उस समय की मशहूर लेखिका आनन्दीबाई शिर्के ने एक स्थान पर किया है।

सन् 1917 की एक घटना आनन्दीबाई शिर्के ने दर्ज की है। पुणे के प्रा.मा.का. देशपांडे की बहन द्वारकाबाई उनकी सहेली बनी थी। देशपांडे कायस्थ। उनकी मकान मालकिन ब्राह्मण। आनन्दीबाई बच्चे को लेकर हवेली के विट्ठल मन्दिर के बरामदे में बैठी थी। उनका ढाई-तीन साल का लड़का शरद सीढ़ियाँ चढ़कर मन्दिर के बरामदे में प्रवेश करनेवाला था कि इतने में ही एक महिला चिल्लाई, "अरे! अन्दर मत जाना। वह ब्राह्मणों का ईश्वर है।"

आनन्दीबाई ने आगे लिखा है, "मुझे सदाशिव पेठ, पुणे का प्रथम दर्शन जो हुआ, वह इस प्रकार था। मैंने शरद का हाथ पकड़कर खींचा और कहा, "अरे बेटा, वह ब्राह्मणों का विठोबा ब्राह्मणें के पास रहने दो। हम अपने हरिजन विठोबा के पास जाएँगे।"

"और चमत्कार यह हुआ कि एक हफ्ते के अन्दर ही मुझे हरिजनों के विठोबा के दर्शन हुए।" और उसके पश्चात् आनन्दीबाई ने विट्ठल रामजी शिंदे से परिचय कैसे हुआ, इसका निवेदन किया है। वह उनसे बड़े भाई की तरह पेश आते। कुछ दिनों के लिए वे उन्हें स्वयं के घर में रहने को ले गए। अण्णासाहब की पत्नी रखमाबाई और बहन जनाबाई के पढ़े-लिखे स्वभाव की अच्छाई का वर्णन कर उन्होंने यह सब संस्था के अस्पृश्य बच्चों से किस तरह से पेश आते थे, इस सन्दर्भ में लिखा है, "यह शिंदे मंडली अस्पृश्योद्धार का कार्य करती थी और भोकरबाड़ी की संस्था की इमारत में रहती थी। अण्णासाहब शिंदे का तो ठीक था, लेकिन ये महिलाएँ? वे इन हरिजन, मातंग बच्चों को नहलातीं, उनकी जूएँ निकालतीं और उन्हें पढ़ातीं, वे यह अन्दर-बाहर सफाई और सुधार करते न थकतीं, न घृणा करतीं। यह देखकर उनके प्रति मेरा मन सम्मान से भर आता और लगता कि हम तो पकाया हुआ भोजन परोसना, झूठा साफ करना, इतना ही जानते हैं। हमारे जीने को कोई भी मूल्य अथवा अर्थ नहीं और ये आदमी निम्न स्तर के आदमियों से एकाकार होते हैं। मैं धन्य हो गई। एक बार दावत का अवसर आया। तब अण्णासाहब शिंदे, गणपतराव शिंदे और बाबूराव जगताप के घर के बीवी-बच्चे और मराठा परिवार इस दावत में बिना हिचकिचाते शामिल होते हैं, यह देखकर मुझे खुशी के साथ अचम्भा हुआ।

दावत यानी एक जगह खाना बनाकर पंक्ति में खाना—यह न होकर हरिजन, मातंग, चमार आदि अस्पृश्य मानी मंडलियों ने और बाकी सवर्ण मंडली ने अपनी-अपनी हैसियत और पसन्द के अनुरूप बनाकर लाए हुए शाकाहारी व्यंजन इकट्ठा कर सबको प्रसाद की तरह परोसना और वह बड़े चाव से खाना। सच में उन्होंने वह साफ-सफाई से बनाया होगा कि नहीं, यह सन्देह प्रथम मेरे मन में निर्मित हुए बगैर नहीं रहा, लेकिन सामने बैठा स्त्री-पुरुष समाज अच्छे कपड़े पहने, साफ-सुथरा देख मैं सन्देह छोड़कर उस समारोह में शामिल हुई। मुझे अण्णासाहब शिंदे और उनके परिवार के लोगों का कार्य देखकर सच में हरिजनों के विट्ठल के दर्शन हुए, ऐसा लगा!"[6]

सन्दर्भ

1. वी.आर. शिंदे, *दि 'डिप्रेस्ड क्लासेज मिशन' सोसाइटी ऑफ इंडिया - वॉट इट इज़् ॲण्ड वॉट इट डज,* मुम्बई, 1912
2. *ज्ञानप्रकाश,* 7 मई, 1910
3. वही, 9 जुलाई, 1909
4. विट्ठल रामजी शिंदे, *माझ्या आठवणी व अनुभव,* पृ. 236
5. डी.सी. मिशन सोसाइटी ऑफ इंडिया, पुणे ब्रैंच, फर्स्ट हाफ ईयरली रिपोर्ट, जून 1908, दिसम्बर 1908, ॲपेंडिक्स 4, पृ. 24
6. आनन्दीबाई शिर्के, *सांजवात,* मौज प्रकाशन, मुम्बई 1972, पृ. 190-192

मिशन के दो समारोह

मिशन का पहला पारितोषिक समारोह

26 सितम्बर, 1909 में श्रीमन्त सयाजीराव महाराज की अध्यक्षता में पुणे विभाग का प्रथम पारितोषिक समारोह बड़े उत्साह के साथ सम्पन्न हुआ। इस समय डॉ. भंडारकर, नामदार गोखले, लेडी म्यूर मैकेंजी, भोर के अधिपति, सरदार नौरोजी पद्मजी आदि मान्यवर लोग समारोह में विशेष रूप से उपस्थित थे। यह समारोह इस्लामिया स्कूल के हॉल में सम्पन्न हुआ। उपस्थित जनों की काफी भीड़ थी। कमेटी के अध्यक्ष डॉ. मैन ने अतिथियों का स्वागत किया।

समारोह के अवसर पर एक विवादग्रस्त प्रश्न खड़ा हुआ था। हरिजन जाति के नेता शिवराम जानबा कांबले के नेतृत्व में श्रीमन्त सयाजीराव महाराज को एक मानपत्र देने का विचार उन लोगों ने किया था और यह मानपत्र सिर्फ हरिजन जाति की ओर से दिया जाए, ऐसा उनका अनुरोध था। बाकी अस्पृश्य जातियों के लोग भी उसमें हिस्सा लेना चाहते थे। समारोह का दिन नजदीक आया तो भी यह विवाद खत्म होने के आसार नजर नहीं आ रहे थे। इसीलिए मुम्बई से जनरल सेक्रेटरी विट्ठल रामजी शिंदे को बुलाया गया। उन्होंने सभी वर्ग के नेताओं से कहा, "मिशन का रजिस्टर्ड ट्रस्टडीड है। उसके अनुसार मिशन को इस तरह का जाति विशिष्ट काम करने का अधिकार नहीं। मिशन के कार्य में जो वरिष्ठ वर्गीय लोग हैं, वे सभी जाति और धर्म के हैं, लेकिन उन्हें भी सार्वत्रिक उदार धर्म की नींव पर ही मिशन का कार्य करना पड़ता है। स्वयं महाराज सरकार को भी जाति विशिष्ट मानपत्र नहीं जँचेगा। इसके बावजूद हरिजनों की जिद ही होगी और महाराज ऐसा मानपत्र स्वीकारेंगे तो इस पंडाल के बाहर दूसरी जगह और अन्य समय कोई भी मानपत्र दे। इसी समारोह में देना है तो सभी अस्पृश्य वर्ग एकत्रित रूप में दें। उन्होंने यह एकता नहीं दिखाई तो उनके लिए कार्य करने में वरिष्ठ वर्ग को भी कठिनाई आ सकती है।"[1]

यह प्रसंग कई आयामों से विशेष है। उस समय अस्पृश्य मानी हुई अलग-अलग जाति में अलग गुट बनाने की वृत्ति अधिक थी। उसी प्रकार मिशन का कार्य व्यापक नींव पर और जातिनिरपेक्ष भूमिका से होना चाहिए, ऐसी शिंदे की जिद निश्चित थी। अन्त में सभी को समझाकर, मिल-जुलकर समारोह सम्पन्न हुआ। उसके पश्चात् सेक्रेटरी मुदलियार ने प्रतिवेदन प्रस्तुत किया। लेडी म्यूर मैकेंजी का बढ़िया और प्रभावी भाषण हुआ। अन्त में महाराज ने उचित भाषण देकर एक हजार रुपये का चन्दा दिया। श्रीमन्त सयाजीराव महाराज को मानपत्र दिए जाने पर हरिजन, मातंग और चमार जातियों की महिलाओं ने महाराज की आरती उतारी। तब महाराज ने हर एक की थाली में एक-एक रुपए का सिक्का डाला।

मिशन का जन्मदिन

सितम्बर-अक्टूबर, ये दो महीने पुणे विभाग की दृष्टि से दौड़-धूप में गुजरे। पारितोषिक समारोह के पश्चात् अगले महीने में अर्थात् 18 अक्टूबर, 1909 में 'डिप्रेस्ड क्लासेज मिशन डे' मनाने के लिए पुणे शहर के किर्लोस्कर थिएटर में एक बड़ी जाहिर सभा हुई। पुणे शहर में ऐसी पहली जाहिर सभा थी। मिशन को सभी ओर से सहायता मिलने के बावजूद भी पुणे जैसे पुराने विचारों के शहर की सहायता मिलना अब तक शेष था। शिंदे ने मिशन के कार्य को पुणेवासियों की हमदर्दी और सहायता पाने के उद्देश्य से समारोह का आयोजन किया। प्रि. र.पु. परांजपे ने अध्यक्ष स्थान स्वीकार किया। समारोह में हरिजन नेता श्रीपतराव थोरात, ख्यातलब्ध वकील ल. ब. भोपटकर, मुस्लिम नेता इस्माइल बहादुर, हम्पी के शंकराचार्य के प्रतिनिधि हरकारे, न.चिं. केलकर, प्रो. धर्मानन्द कोसम्बी जैसे कई जाति-धर्म

के नेताओं के प्रभावी भाषण हुए। अध्यक्ष के प्रति आभार व्यक्त करते हुए प्रो. धोंडो केशव कर्वे ने अपनी और से सौ रुपए का चन्दा दिया। हरकारे ने अपने भाषण के अन्त में हम्पी के शंकराचार्य को इस कार्य के प्रति हमदर्दी होने की बात बताकर उनकी आज्ञा के अनुसार चन्दे में 300 रुपए दिए। अण्णासाहब शिंदे को इस सभा का ऐतिहासिक और सांस्कृतिक महत्त्व विशेष लग रहा था। उन्होंने कहा, "इस सभा की वजह से ऐतिहासिक शहर के दरवाजे खुले।"[2] पहले छह महीने के प्रतिवेदन के अन्त में मासिक चन्दा देनेवालों की जो सूची प्रकाशित हुई है, उसे देखें तो शिंदे की राय उचित थी, ऐसा लगता है। प्रिं. सेल्बी, प्रो. वुडहाउस, सी.ए. किंकेड जैसे यूरोपियन लोगों ने हर महीने चन्दा देने की शुरुआत की थी। साथ ही प्रा. एच.जी. लिमये, प्रो. वी.के. राजवाड़े, गो.चिं. भाटे, जी.वी. लेले, ह.ना. आपटे आदि लोग भी चन्दा देनेवालो में से थे। प्रिं. र.पु. परांजपे, रावबहादुर का.ब. मराठे, श्रीमती रमाबाई रानडे, ल.म. सत्तूर, प्रो. के.आर. भातखंडे, प्रो. गो.कृ. देवधर जैसे लोगों को तो प्रार्थना समाज और प्रार्थना समाज द्वारा चलाए ऐसे कार्यों के प्रति पहले से ही हमदर्दी थी। अण्णासाहब शिंदे फर्ग्युसन कॉलेज के छात्र थे। छात्रावस्था से उनके मित्र होनेवाले केशवराव कानिटकर अब वहीं प्राध्यापक थे। प्रिं. र.पु. परांजपे जैसे अन्य प्राध्यापक भी उदारमतवादी थे। इसीलिए शिंदे को अस्पृश्यता उन्मूलन के कार्य में फर्ग्युसन कॉलेज के लोगों से हमेशा सहयोग मिलता दिखाई देता। कुल मिलाकर शिंदे को मिशन के कार्य के लिए पुणे शहर के ब्राह्मण, मराठा, अस्पृश्य जाति के नेताओं के साथ-साथ अंग्रेजी सनदी और सेना अफसरों की भी सहायता मिलने लगी।

यहाँ पर शिंदे के दृष्टिकोण और कार्य पद्धति की खासियत पर गौर करेंगे।

विट्ठल रामजी शिंदे ने अस्पृश्य वर्ग का समग्र विकास करने के उद्देश्य से स्थापन की 'डिप्रेस्ड क्लासेज मिशन' के लिए भारत में उग्र और नरम दल के राजनीतिक नेता, छोटी-बड़ी संस्थाओं के अधिपति और अस्पृश्य वर्ग की विविध जाति के नेताओं की सहायता ली। इसके सिवा कलेक्टर, कमिश्नर, गवर्नर जैसे स्थानीय अंग्रेज अफसरों के साथ ही अंग्रेज अधिकारियों और यूरोपीय ईसाई मिशनरियों की सहायता ली, यह विशेष है, ऐसा कहना पड़ेगा।

महात्मा फुले और केशवचन्द्र सेन की विवेक बुद्धि को लेकर शिंदे ने कहा है, "अपने देश में उद्धार के कठिन संग्राम में उन्होंने ईसाई मिशनरियों के उदार सरकारी सत्ताधीशों का सहयोग लेने में तुनक मिजाज कभी नहीं जताया।"[3] भले ही शिंदे के राजनीतिक मत उग्र थे, लेकिन अंग्रेजों के प्रति ईर्ष्या करने की भावना उनके मन में कभी नहीं थी। अस्पृश्य वर्ग की उन्नति का कार्य देश उद्धार व राष्ट्र निर्माण का कार्य है, इसका उन्हें एहसास था। इसिलिए स्वयं की प्रतिष्ठा बनाए रखकर मनुष्यता के स्तर पर व्यवहार करना शिंदे को अनिवार्य लगता था। प्रार्थना समाज का मुखपत्र होनेवाली 'सुबोध पत्रिका' में पाश्चात्य मिशनरी और यहाँ के उग्र राजनीतिज्ञों के प्रति कड़ा रुख था। शिंदे का ऐसा नहीं था। उन्होंने आत्मभिमान से राष्ट्र निर्माण करने में अंग्रेजों की सहायता लेने की भूमिका 1906 से ही रखी थी। अंग्रेजों के बारे में ऐसी भूमिका रखनेवाले राजा राममोहन राय, जगन्नाथ शंकर सेठ, महात्मा फुले, केशवचन्द्र सेन और महात्मा गांधी जैसे महापुरुषों के बारे में उनके मन में आदर भाव था, उसका यह भी एक कारण था।

सन्दर्भ

1. विट्ठल रामजी शिंदे, *माझ्या आठवणी व अनुभव,* पृ. 237-238
2. वही, पृ. 238
3. विट्ठल रामजी शिंदे, महात्मा फुले व केशवचन्द्र सेन, *शिंदे लेख संग्रह,* पृ. 237, 1926 में श्री. शिवाजी हाईस्कूल, पुणे में दिया व्याख्यान

मिशन की स्थापना और परिस्थिति में परिवर्तन

विट्ठल रामजी शिंदे ने 'डिप्रेस्ड क्लासेज मिशन' की स्थापना करने के पश्चात् अस्पृश्यता उन्मूलन कार्य को तीव्र गति देने की दृष्टि से कई स्तरों पर जोरदार कोशिश की। उन्होंने अस्पृश्यता उन्मूलन और अछूत वर्ग के सुधार का प्रश्न राष्ट्रीय स्तर का प्रश्न है, यह जानकर महाराष्ट्र के साथ अन्य प्रान्तों में भी इस कार्य का प्रचार करने की दृष्टि से नियोजन किया। इस कार्य का एक हिस्सा मानकर दिसम्बर 1907 के सूरत राष्ट्रीय सभा अधिवेशन से राष्ट्रीय सभा का अधिवेशन शुरू किया। उनकी इस नीति से पूरे देश के नेताओं में अस्पृश्यता उन्मूलन कार्य की जरूरत का एहसास होने लगा। उनके द्वारा आयोजित की गई इन परिषदों के अध्यक्ष सत्येन्द्रनाथ ठाकुर (सूरत, 1907), रावबहादुर मुधोलकर (बाँकीपुर, 1908), गोपाल कृष्ण गोखले (मद्रास, 1910), लाला लाजपत राय (कराची, 1912), सयाजीराव गायकवाड़ (मुम्बई, 1918), महात्मा गांधी (नागपुर, 1920) आदि मान्यवर थे।

मिशन की स्थापना के पश्चात् दो-तीन वर्षों में ही अस्पृश्यों के प्रश्न के सन्दर्भ में जनमत जाग्रत होने लगा। इस कार्य के सन्दर्भ में उचित दृष्टिकोण निर्माण होने लगा। अस्पृश्य मानी गई जातियों की उन्नति के बारे में लाला लाजपत राय ने पंजाब पत्र के 6 मई, 1909 के अंक में एक लेख लिखा। और इन लोगों से सभ्य लोग आजकल अन्याय और निर्दयता से पेश आते हैं। यह गैर होकर देश का एक हिस्सा लूला-लंगड़ा रखना देश की उन्नति में हानिकारक है, ऐसा बताया। अस्पृश्यता बनाए रखना राजनीतिक दृष्टि से हानिकारक है ही, लेकिन राष्ट्रीय दृष्टि से अपनी सुरक्षा अस्पृश्यता के प्रश्न पर निर्भर है। राष्ट्र की उन्नति नीचे से ऊपर होनी चाहिए, फालतू राजनीतिक लाभ के बजाय राष्ट्र निर्माण की दृष्टि से अस्पृश्यता उन्मूलन करना जरूरी है, ऐसा लाला लाजपत राय ने प्रतिपादन किया। राष्ट्रीय स्तर पर नेताओं की भूमिका कैसी बन रही थी, इसकी कल्पना लाजपत राय के लेख से स्पष्ट होती है।[1] अक्टूबर 1909 के तीसरे सप्ताह में मुम्बई के टाउन हॉल में अस्पृश्यता के सन्दर्भ में श्रीमन्त सयाजीराव गायकवाड़ की अध्यक्षता में सभा हुई। इस सभा में न्यायमूर्ति चन्दावरकर, ना. गोखले के भाषण हुए। दोनों ने अपने भाषण में शूद्रों पर आरोपित अस्पृश्यता ही अस्पृश्यता के सन्दर्भ में तकलीफदेह बात है, ऐसा कहकर अस्पृश्यता का प्रश्न हल करने की दृष्टि से मिशन को सभी ने सहायता करने का आह्वान किया। ना. गोखले ने अस्पृश्यता का प्रश्न हल करने की दृष्टि से उदार धर्म तत्त्व का आधार लेना चाहिए, ऐसा प्रतिपादित किया। यह बात भी विशेष महत्त्वपूर्ण माननी चाहिए, क्योंकि ना. गोखले अपनी भूमिका सामान्य धर्मनिरपेक्ष भूमिका से स्पष्ट करते थे। उन्होंने कहा, "उनका समाज में स्तर बढ़ाकर, उन्हें शिक्षा देकर, उनकी भौतिक उन्नति का प्रबन्ध करने पर संस्कारित प्रतिभा को उचित उदार धर्म तत्त्व पढ़ाने चाहिए और ऐसे तत्त्व प्रार्थना समाज के धर्म में हैं।" मिशन के कार्य में सहयोग करने का आह्वान करते हुए उन्होंने कहा, "यह तीव्र देशप्रेम और उदार मनोवृत्ति का प्रश्न है। अपनी मातृभूमि पर जिसका सही प्रेम है और सभी ओर न्याय हो, ऐसी जिसकी उदार बुद्धि होगी, उन्हें इस कार्य में यथासम्भव सहयोग करना चाहिए, ऐसा लगेगा और ऐसा महसूस करनेवाला हर आदमी थोड़ी-बहुत सहायता कर सकता है। शिंदे की जरूरतें काफी और कई तरह की हैं। इस कार्य में अपना पूरा जीवन समर्पित करनेवाले ऐसे आस्थावान मिशनरी मिलने चाहिए। बाद में समाज की ओर से आर्थिक सहयोग मिलना चाहिए...मेरी स्वयं की राय यह है कि अपने समाज की विवेक बुद्धि में चेतना आई है। अँधेरा खत्म होकर नए सवेरे की प्रथम किरण हमें दिखाई दे रही है।"[2] ना. गोखले ने प्रस्तुत भाषण में मिशन के कार्य को सहायता करने की आस्था से विनती की। मिशन ने शुरू किया कार्य यह शिंदे का ही कार्य है, ऐसा उन्होंने स्वाभाविकत: दर्ज किया। श्रीमन्त सयाजीराव गायकवाड़ ने अस्पृश्यता के प्रश्न के सन्दर्भ में जो सहायता पहले से की, इसलिए उनके

आभार व्यक्त किए। लाला लाजपत राय, ना. गोखले, ऐनी बेसेंट, श्रीमन्त सयाजीराव गायकवाड़ आदि नेताओं का विट्ठल रा. शिंदे ने अस्पृश्यता उन्मूलन कार्य में सफलता से सहयोग प्राप्त किया।

शिंदे को अस्पृश्यता उन्मूलन कार्य के सन्दर्भ में सरकार की विकल्प से सरकारी अफसरों की सहायता और हमदर्दी जरूरी लग रही थी। अंग्रेज अफसरों से सहायता मिलने का असर समाज के उच्च स्तर के लोगों, अफसर वर्ग, साथ ही रियासत आदि पर बड़े पैमाने पर हो सकता है, यह शिंदे ने आजमाया था। सरकारी स्तर पर इस सन्दर्भ में कोशिश करनी हो तो कलेक्टर, कमिश्नर जैसे बड़े अंग्रेज अफसरों की हमदर्दी पाना फायदेमन्द होनेवाला था। स्वयं शिंदे ने इंग्लैंड में धार्मिक शिक्षा ली थी। शिंदे ईसाई धर्म की उदार सीख जानते थे। शिंदे को ईसाई धर्म के उदार मानवतावादी संस्कारों की वजह से अंग्रेज अफसरों से हमदर्दी पाना आसान था। मिशनरी के रूप में शिंदे के प्रति अंग्रेज अफसरों को आदर मिलना स्वाभाविक था। शिंदे ने इस कार्य का प्रसार करते समय हर जिले में जाकर अंग्रेज कलेक्टर की अध्यक्षता में स्थानीय प्रतिष्ठित लोगों की कमेटी स्थापित करने की पद्धति शुरू की। शिंदे ने सिर्फ कलेक्टर स्तर पर ही नहीं, तो गवर्नर से भी इस कार्य हेतु सम्बन्ध स्थापित किए और सर जॉर्ज क्लार्क जैसे गवर्नर की इस कार्य में हमदर्दी हासिल की। सर क्लार्क ने उनके कार्य का महत्त्व जानकर अपनी बेटी को मिशन को आर्थिक सहायता करने के लिए गाने की महफिल का आयोजन करने की अनुमति दी, यह हमने देखा ही है।

मिशन की अलग-अलग शाखाओं को कलेक्टर, अंग्रेज अफसर भेंट देकर सहायता करते और प्रेरणा देते। 1 मई, 1909 को नासिक जिले के कलेक्टर मि. जैक्सन ने इगतपुरी की मिशन की पाठशाला के खर्चे के लिए दस रुपए का चन्दा दिया।[3] 24 मई, 1909 को मुम्बई में प्रो. देवल अपने सर्कस की एक दिन के प्रदर्शन की कमाई मिशन को देने को तैयार हुए। पुलिस कमिश्नर मि. एड्वर्ड और सर भालचन्द्र इस प्रदर्शन पर उपस्थित रहे। दापोली में मिशन पाठशाला को फरवरी, 1909 में दक्षिण इलाके के कमिश्नर मि. एस.सी. गिब ने अपनी पत्नी के साथ भेंट दी और संस्था को दस रुपए का चन्दा दिया। कलेक्टर ए. एफ. मेकॉनिकी ने भी इस पाठशाला को भेंट देकर दस रुपए का चन्दा देकर अपनी हमदर्दी जताई।[4] वि.रा. शिंदे ने धारवाड़ में कलेक्टर की अध्यक्षता में स्थानीय प्रतिष्ठितों की कमेटी स्थापित की।

मिशन के कार्य की शुरुआत होने पर सामाजिक सुधार को अनुकूल होनेवाले उदार स्त्री-पुरुषों की हमदर्दी कार्य से महसूस होने लगी। मिशन की ओर से पुणे में शिविर में ही दिन की पाठशाला, शिविर में मुफ्त वाचनालय, गंजपेठ और मंगलवार पेठ में रात्रि पाठशाला शुरू की थी। 1909 में शिविर में दिन की पाठशाला के छात्र-छात्राओं की संख्या 127 थी। पाठशाला में होनेवाले उपक्रमों को शहर के प्रतिष्ठित स्त्री-पुरुष उपस्थित रहते थे और यथोचित भाषण देते थे। इन प्रतिष्ठित व्यक्तियों में का.बा. मराठे, श्रीमती रमाबाई रानडे, प्रो. धोंडो केशव कर्वे, प्रिंसिपल परांजपे, प्रो. केशवराव कानिटकर, प्रो. वा.ब. पटवर्धन आदि लोगों का समावेश था। इन लोगों ने पाठशालाओं को भेंट दी और चन्दे के रूप में आर्थिक सहयोग किया। बच्चों के सामने उपदेशपरक भाषण किए। 1909 के फरवरी, मार्च, अप्रैल—इन तीन महीनों में 158 रुपए आर्थिक सहायता के रूप में प्राप्त हुए। पुणे शहर तो परम्परानिष्ठ लोगों की राजधानी ही थी। उपर्युक्त उदार व्यक्तियों ने मिशन को सहायता करना, यह स्वाभाविक था, लेकिन परम्परानिष्ठ प्रतिष्ठित व्यक्ति भी पूर्वग्रह दूर रखकर अस्पृश्य वर्ग से स्नेह और बराबरी के रिश्ते से पेश आने लगे, ऐसी स्थिति दिखाई देने लगी। 8 अगस्त, 1909 की 'सुबोध पत्रिका' में 'भारतपुत्र' उपनाम से लिखा एक पत्र प्रकाशित हुआ है। उसमें किसन फागुजी बनसोडे-पाटील और गणेश आकाजी गवई पुणे आए, तब वे 'केसरी' ऑफिस में लक्ष्मण रामचन्द्र पांगारकर से मिले। उनका उस समय अस्पृश्यता का भेद न बरतकर बाकी हिन्दुओं की तरह स्नेह से पेश आने का पता चलता है। 28 जुलाई, 1909 में नरसिंह चिन्तामण केलकर की अध्यक्षता में सार्वजनिक सभा के दीवानखाने में 'शूद्र जाति की उन्नति' नामक विषय पर बनसोडे और गवई के भाषण हुए। उस समय अध्यक्ष केलकर ने हिन्दुओं ने आप लोगों को अस्पृश्य और नीच माना है, यह उचित नहीं, इस आशय का भाषण दिया और भालाकार भोपटकर ने अध्यक्ष के प्रति आभार प्रकट किए।[5]

पुणे में ल.रा. पांगारकर जैसे कर्मठ, सनातनी सज्जन के स्वभाव में भी बदलाव हुआ, यह विशेष बात माननी पड़ेगी। ल.रा. पांगारकर की 1897 की डायरी में निम्नलिखित मजमून मिलता है, "तिथि 27-2-97, माँ को काफी बुखार होने की वजह से बड़ी हिम्मत से इक्के में बिठाकर दिन में ही पुणे के बाहर भेजा। इक्केवाले को पाँच रुपए इनाम दिया। रैंड की चहल-पहल शुरू थी। लोग डरे-सहमे थे। हरिजन, मातंग का माँ को स्पर्श नहीं होगा, ऐसा सोचकर काफी सन्तुष्ट हुआ। माँ को सुरक्षित पौड ले आया।[6] ऐसे कर्मठ मनोवृत्ति के पांगारकर में हुआ यह बदलाव काफी विशेष मानना पड़ेगा।

शिंदे ने अस्पृश्यता उन्मूलन कार्य के साथ ही संयुक्त रूप के दूसरे कार्य की शुरुआत की थी। यह कार्य यानी देवदासी प्रथा पर पाबन्दी लगे, इसके लिए सरकार से सहायता लेकर पश्चिम हिन्दुस्तान के बच्चों की रक्षा करनेवाली संस्था स्थापित करना था। सरकार ने इस संस्था के उद्देश्य और कार्य पर गौर कर इस अनिष्ट प्रथा के खिलाफ कानून बनाया। शिंदे द्वारा 1907 में शुरू किए गए इस आन्दोलन को अच्छी सफलता मिल रही थी। शिंदे ने मूलतः देवदासी बनी लड़कियों को समाज में प्रतिष्ठा मिले, इसलिए ऐसी लड़कियों की शादी रचाकर समाज में उनका पुनर्वास करने की दृष्टि से कार्य की शुरुआत की थी। उन्होंने 18 अप्रैल, 1909 में खडकी में गणपतराव हणमन्तराव गायकवाड़ नामक सम्पन्न युवक का शिवूबाई नामक देवदासी के साथ ब्याह रचाने में अगुआई की। अस्पृश्य समाज की कई जातियों की लड़कियाँ प्रधानतः देवदासी के रूप में ईश्वर को पेश की जाती थीं, इसीलिए कई अस्पृश्य जाति के लोगों का इस प्रथा के विरुद्ध जनमत संगठित करना और देवदासी बनाई गई लड़कियों की शादी रचाकर उन्हें समाज में फिर से इज्जत की जिन्दगी जीने में मदद करना, यह शिंदे को जरूरी लगता था। इस दृष्टि से अस्पृश्य वर्ग को जाग्रत करने की कोशिश की जा रही थी। 5 जून, 1909 को कोल्हापुर में वि.रा. शिंदे का 'मिस वायोलेट क्लार्क निराश्रित छात्रावास' में गोविन्दराव सासने की अध्यक्षता में भाषण हुआ। इस सभा में सभी की सहमति से निम्न प्रस्ताव पारित किया गया। "दिनांक 18-04-1909 में खडकी के गणपतराव गायकवाड़ का शिबूबाई नामक देवदासी के साथ हुए विवाह को कोल्हापुर के अस्पृश्य यानी हरिजन, मातंग, ढोर, चमार आदि जातियों के लोगों की स्वीकृति है और उसे उनकी स्वीकृति है।" यह प्रस्ताव चोखा नरसिंग ने प्रस्तुत किया और सखाराम राणोजी मातंग ने उसका समर्थन किया। समर्थन करनेवालों में चमार और बाकी जातियों के लोग भी थे। इस सभा की जानकारी गणपत कृष्णाजी कदम ने पत्र लिखकर 'सुबोध पत्रिका' में प्रकाशित की।[7]

हरिजन नेता शिवराम कांबले ने इस प्रश्न पर गम्भीरता से गौर किया। जेजुरी के खंडोबा मन्दिर में हर साल मेले में देवदासियाँ अर्पित की जाती थीं। 1909 में कांबले ने इस प्रथा के विरुद्ध जागृति के लिए जेजुरी में हरिजन लोगों की बड़ी परिषद् आयोजित कर लोगों को अपनी लड़कियाँ देवदासी मत बनाओ और जो लोग देवदासी के साथ शादी करने को तैयार होंगे, उन्हें बिरादरी की ओर से रुकावट नहीं आएगी, ऐसा गाँव के सभी हरिजनों से प्रस्ताव पारित किया। अगले वर्ष देवदासी प्रथा के विरुद्ध जो जनमत जाग्रत हो रहा था, उसका असर जेजुरी के खंडोबा मेले के दरमियान दिखाई दिया। उस साल एक भी लड़की देवदासी नहीं बनी।[8] लेकिन ऐसी प्रथा बन्द करने के सुधार को सभी की स्वीकृति मिलना, यह बात भी मुश्किल ही थी। शिवूबाई देवदासी की शादी गायकवाड़ से होने पर येसूबीन काशीराम बटलर (हरिजन गोसावी) नामक सज्जन क्रोधित हुआ। वह गायकवाड़ के घर गया। वह शिवूबाई को पकड़कर रास्ते पर लाया और जब गायकवाड़ बीवी को बचाने आया तो उसकी भी पिटाई की। येसूबीन काशीराम पर गुनाह दाखिल कर खडकी कॅंटोनमेंट मजिस्ट्रेट ने उसे डेढ़ मास सश्रम कारावास की सजा सुनाई, यह बात अलग।[9] पारम्परिक रूढ़ि के विरुद्ध किए सुधार को विरोध करनेवाले येसूबीन काशीराम जैसे सिर्फ अस्पृश्य वर्ग के ही पुरुष थे, ऐसा नहीं था। शिंदे द्वारा शुरू किए अस्पृश्यता उन्मूलन आन्दोलन को शिक्षित वर्ग और विशेषतः ब्राह्मण वर्ग से समर्थन मिलने के बावजूद भी अस्पृश्य वर्ग के बारे में पारम्पारिक घृणा की भावना बनाए रखनेवाले सनातनी वृत्ति के लोग भी समाज में थे। सीताराम पंत जवेरी ने सतारा में निराश्रितों की उन्नति के सन्दर्भ में लगन से कार्य शुरू किया था। अछूत वर्ग की उन्नति के बारे में विचार-विमर्श हेतु नवम्बर 1909 में एक सभा में लोकमान्य तिलक के सहयोगी, मशहूर नेता दादासाहब करन्दीकर ने भाषण दिया। उनके भाषण में ब्राह्मणों के प्रति अहं और अस्पृश्य वर्ग के प्रति हीन भाव तीव्रता से व्यक्त हो रहा था। उन्होंने कहा, "हम जाति से ब्राह्मण, हम श्रेष्ठ, तब हम ब्राह्मण आपको (निराश्रितों को) गले लगाएँगे, ऐसा कुछ नहीं होगा। आपको पढ़ाना, आपकी उन्नति का विचार करना यह उचित है और श्रीमान जवेरे तो ठहरे ब्राह्मणेतर। वे जाति से सुनार हैं, यह आपको पता न हो तो बताता हूँ। उन जैसों ने आपसे छुआछूत का भेद न माना तो उनकी बात अलग और हम ब्राह्मणों की बात अलग।"[10]

अस्पृश्य वर्ग की उन्नति के आन्दोलन को लेकर गलतफहमी हो, ऐसी कृति कुछ परम्परानिष्ठ लोग कर रहे थे। 1909 में पुणे शहर में अस्पृश्यता उन्मूलन कार्य का काफी बोलबाला था। 1905 में वि.रा. शिंदे की प्रेरणा से गंज पेठ आदि इलाकों में अस्पृश्य वर्ग के लिए रात्रि पाठशाला शुरू की थी। 1908 में मिशन की पुणे में विधिवत् शाखा स्थापित हुई और ए.के. मुदलियार की लगन के कारण पुणे के कार्य को काफी प्रेरणा मिली। 1904 में श्रीमन्त

सयाजीराव गायकवाड़ की अध्यक्षता में बड़े उत्साह से पारितोषिक समारोह सम्पन्न हुआ। प्रो. धोंडो केशव कर्वे, प्रो. वा.ब. पटवर्धन, रैंगलर र.पु. परांजपे जैसे प्रतिष्ठित लोगों ने अस्पृश्यता उन्मूलन आन्दोलन को क्रियाशील सहयोग देने को शुरुआत की। इस तरह अस्पृश्यता उन्मूलन कार्य का असर पुणे के सामाजिक, सांस्कृतिक परिस्थिति पर बड़े पैमाने पर हुआ था। इसको नजरअन्दाज करना परम्परानिष्ठों के लिए असम्भव था, लेकिन मन से आन्दोलन नापसन्द करनेवाले लोग इस आन्दोलन के बारे में समाज मन की प्रतिकूल राय बने, ऐसा चालाकी से बर्ताव कर रहे थे, यह दिखाई देता है। 'ज्ञानप्रकाश' ने लिखे स्फुट में वक्तृत्वोत्तेजक सभा में इस सम्बन्ध में जो विषय दिया है, उसकी आलोचना की है। इसमें कहा है, "इस साल पुणे की वक्तृत्वोत्तेजक सभा में निराश्रितों से सम्बद्ध एक विषय है, लेकिन उसका आयोजन करते समय पुणेवासियों की सावधानी और चालाकी ध्यान में आती है।" निम्नलिखित वाक्य देखिए। "ऊँची जाति ने नीच जाति के साथ अचानक व्यवहार शुरू करना आज की परिस्थिति में हितकर होगा या क्रमश: उनकी शिक्षा, आचार-विचार इनमें सुधार कर बाद में वह राह अपनाना हितप्रद होगा। साथ ही, इस विकास आन्दोलन का दुरुपयोग होने के आजकल आसार कैसे हैं और उन्हें रोकने का इलाज क्या है, इसका भी दिग्दर्शन करें।" नीच जाति ऐसा जिस वक्तृत्वोत्तेजक सभा में कहा, उनसे अचानक व्यवहार शुरू करो, ऐसी आज किसकी जिद है? ऐसा किसने प्रतिपादन किया है? जिसने ऐसा प्रतिपादन नहीं किया तो इन लोगों को डराने से क्या हासिल होगा? दूसरे जगह-जगह के ऊँची जाति के पढ़े-लिखे लोग आज इस आन्दोलन में अपनी हमदर्दी जताते हैं। कम-से-कम प्रस्तुत आन्दोलन के हम शुभचिन्तक नहीं हैं, ऐसा तो नहीं कहते। ऐसे समय विकास आन्दोलन का दुरुपयोग होने के आसार हैं, ऐसी एक बार लोगों की राय बनी तो उससे बचने का कोई इलाज नहीं। इसी सावधानी से चलती गाड़ी को बेवजह रोका जाएगा और दुर्भाग्य से ऐसा हुआ तो उसका सारा फल पुणेवासियों को बिना कष्ट से मिलनेवाला है।"[11]

अस्पृश्यता उन्मूलन कार्य को शिक्षित वर्ग का पुणे, सतारा जैसे शहरों में बड़े पैमाने पर समर्थन मिलने के बावजूद भी इस आन्दोलन के बारे में अहं बुद्धि से, खुले मन से नाराजगी व्यक्त करनेवाले दादासाहब करन्दीकर जैसे बड़े लोग भी समाज में थे तो आन्देलन के बारे में गलतफहमी निर्मित होकर कार्य पर पाबन्दी लगेगी, ऐसा चोरी-छिपे कार्य करनेवाले वक्तृत्वोत्तेजक सभा के बुद्धिमान भी थे। सन्तोष की बात यह थी कि इस कार्य को खुलेआम और छिपकर विरोध करनेवाले लोगों की संख्या सौभाग्य से कम थी। कुल मिलाकर भारतीय निराश्रित लोगों ने अपने कार्य को प्रारम्भ करने पर तीन-चार साल में ही सांस्कृतिक वातावरण में बड़े पैमाने पर हड़बड़ी मच गई। अस्पृश्यता उन्मूलन के विचार तथा अछूत वर्ग में शिक्षा प्रसार कार्य को बड़े पैमाने पर गति मिली और अस्पृश्य वर्ग के बारे में आत्मीयता का क्षेत्र बड़े पैमाने पर फैला।

सन्दर्भ

1. *सुबोध पत्रिका,* 16 मई, 1909
2. वही, 24 अक्टूबर, 1909
3. वही, 16 मई, 1909
4. वही, 23 मई, 1909
5. वही, 8 अगस्त, 1909
6. ल.रा. पांगारकर *चरित्रचन्द्र,* नासिक, 1938, पृ. 96
7. *सुबोध पत्रिका,* 16 जून, 1909
8. *ज्ञानप्रकाश,* 5 मई, 1910
9. वही
10. *सुबोध पत्रिका,* 14 नवम्बर, 1909
11. *ज्ञानप्रकाश,* 27 अप्रैल, 1910

चन्दे की योजना

मिशन के बढ़ते कार्य को अक्सर पैसों की कमी महसूस होती थी। दयाराम गिडुमल हर महीने मिशन को जो सौ रुपए का चन्दा देते थे, वह सिर्फ तीन सालों के लिए ही था। सन् 1910 में जून के अन्त में यह चन्दा बन्द होनेवाला था। मिशन के कार्यों का विस्तार हुआ था, लेकिन पैसे नहीं थे, ऐसी मिशन पर मुसीबत आई थी। शिंदे ने इस परिस्थिति का मजाक में वर्णन किया है, "गरीबों की शादी करने में लोग बड़ा परोपकार मानते हैं, लेकिन शादी की वजह से मायाजाल बढ़ने से गरीबों को काफी तकलीफ सहनी पड़ती है। वैसे ही मिशन का हुआ।"[1] निराधार सेवासदन निधि के अभाव में बन्द कर कार्यकर्ताओं को अन्य कार्यों में लगाना पड़ा। सय्यद अब्दुल कादर और अन्य कार्यकर्ताओं की तनख्वाह बन्द करना असम्भव था, लेकिन पनवेल की नौकरी छोड़ आई जना बहन की कम तनख्वाह मात्र उन्हें रोकनी पड़ी। गवर्नर सर जॉर्ज क्लार्क की बेटी के जलसे से जमा की जो राशि मिली, उसमें और रुपए डालकर 5 हजार रुपयों की राशि मुम्बई ट्रस्टी के पास स्थायी चन्दे के रूप में रखी गई थी। उसका नियमित खर्चे के लिए इस्तेमाल नहीं कर सकते थे। इसीलिए शिंदे ने रूपी फंड, चावल, कपड़ा, सन्दूक निधि ऐसी कई तरकीबें सोचीं। इससे मिशन के कार्य का प्रचार होकर खर्चे का जुगाड़ बिठाना संस्था के लिए कुछ मात्रा में सम्भव हुआ।

18 अक्टूबर, 1909 में मिशन का स्थापना दिवस मनाने और पाठशाला के बच्चों के पारितोषिक समारोह के लिए मुम्बई के टाउन हॉल में भव्य जाहिर सभा हुई। श्रीमन्त सयाजीराव महाराज गायकवाड़ ने अध्यक्ष के स्थान को विभूषित किया। मिशन के अध्यक्ष नामदार चन्दावरकर, नामदार गोपाल कृष्ण गोखले, मि. विमा दलाल, बड़ौदा के पंडित आत्माराम आदि लोगों के भाषण हुए। गाँव के प्रमुख महिला-पुरुषों से टाउन हॉल खचाखच भरा था। श्रीमन्त सयाजीराव महाराज ने दो हजार रुपयों की राशि छात्रवृत्ति के रूप में घोषित की। मिशन के उपाध्यक्ष सेठ दामोदरदास सुखड़वाला ने पाँच हजार रुपए का चन्दा दिया। यह राशि स्थायी चन्दे में जाने के कारण प्रतिदिन के खर्चे की चिन्ता यथावत् रही।

मिशन को आर्थिक सहायता मिले, इस उद्देश्य से श्रीमती लक्ष्मीबाई रानडे और अन्य दो-तीन सहयोगी महिलाओं ने एक अलग ही तरकीब अपनाई। उन्होंने टाउन हॉल के सामनेवाले तीनों दरवाजे अवरुद्ध कर दिए और एक-एक दरवाजे पर दो-दो महिलाएँ शॉल फैलाकर उस भीड़ से बाहर जानेवाले हर एक को कुछ-न-कुछ चन्दा देने की विनती करने लगीं। पूरी भीड़ जैसे बन्दी हो, ऐसा दृश्य दिखाई देने लगा, लेकिन श्रोता कोई भी शिकायत न करते हुए इन महिलाओं की तारीफ करते हुए अपनी मर्जी से चन्दा देने लगे। मुम्बई के पुलिस कमिश्नर भी इस कैद में अटक गए। पर्स जाँचने पर उससे कुछ भी न मिलने के कारण कमिश्नर साहब विनती करने लगे। लक्ष्मीबाई ने उनके हाथ में पेंसिल और कागज का टुकड़ा थमाया। "झोली में आँकड़ा लिखकर दे दो, तब जाकर छुटकारा मिलेगा अन्यथा नहीं" ऐसा कहा। कमिश्नर साहब ने दूसरे दिन चन्दे की राशि शिंदे के पास भेजी। "यह मेरी फिरौती लेकर मुझे छोड़ दो।"ऐसी उन्होंने विनती की थी। इस तरह चन्दे की काफी राशि जमा हुई थी।

मिशन के कार्य का काफी बोलबाला हो रहा था। इसीलिए कभी-कभी अचानक चन्दा मिलता था। मिशन के कार्य की चर्चा हिन्दुस्तान के वायसरॉय लॉर्ड हार्डिंग और उनकी पत्नी लेडी हार्डिंग तक पहुँची। इसीलिए लेडी हार्डिंग ने बिना माँगे ही बड़ी उदारता से दो हजार रुपए भेजे। मिशन के कार्य का अच्छा प्रचार हो रहा था और मिशन द्वारा चलाए गए कार्य का महत्त्व समाज के हर स्तर को महसूस हो रहा था। उसी तरह सभी अंग्रेज अफसरों को भी महसूस हो रहा था।

विट्ठल रामजी शिंदे ने अस्पृश्यता उन्मूलन कार्य को बढ़ावा देने के लिए इस कार्य का महत्त्व लोगों को समझाने, जहाँ आसान है वहाँ मिशन की नई शाखा खोलना और मिशन के कार्य में शामिल कर लेना, उसी प्रकार मिशन के बढ़ते कार्य के लिए ज्यादा-से-ज्यादा चन्दा इकट्ठा करने के उद्देश्य से लम्बी यात्रा का नियोजन किया।

उन्होंने अप्रैल 1911 से व-हाड, काठेवाड़, कर्नाटक और कोंकण पश्चिम जैसे इलाकों की यात्रा शुरू की। अण्णासाहब शिंदे द्वारा इस यात्रा में व्याख्यानों के जरिये अस्पृश्यता उन्मूलन कार्य का महत्त्व समझाना, इस कार्य में हमदर्दी जतानेवाले गाँव के बड़े प्रतिष्ठित लोगों को शामिल कर सभा लेना, स्थानीय बड़े नेताओं की कमेटी नियुक्त करना, अस्पृश्यों की बस्तियों को देखकर वहाँ के लोगों से सम्पर्क बनाना, 'डिप्रेस्ड क्लासेज मिशन' के कार्य की जानकारी देकर, उसका महत्त्व समझाकर मिशन के लिए चन्दा इकट्ठा करना आदि इस यात्रा के उद्देश्य एवं कार्य पद्धति निर्धारित की थी।

शिंदे ने अकोला, अमरावती, थुगाँव में लगभग दो हफ्ते यात्रा की। अकोला के थियेटर में व्याख्यान दिया। जानोजी ने डिप्रेस्ड क्लास छात्रावास में उपासना की। हरिजनों की बस्ती में रात्रि पाठशाला में अस्पृश्य महिलाओं के लिए व्याख्यान दिया और हरिजन बस्ती में कीर्तन किया। अकोला का जानोजी छात्रावास मिशन की ओर से चलाया जाता था। उन्होंने स्थानीय कमेटी के सदस्यों से मुलाकात कर उनसे बातचीत की और छात्रावास की कार्य-क्षमता कैसे बढ़ेगी, इस सन्दर्भ में चर्चा की। वे एक दिन अमरावती में रहकर थुगाँव गए। वहाँ पर चार दिन रुके। अण्णासाहब की प्रेरणा से गणेश आकाजी गवई ने वहाँ प्रार्थना समाज स्थापित किया। अण्णासाहब के वहाँ के निवास में अस्पृश्यों की बड़ी परिषद् हुई। परिषद् में आसपास के 80 गाँव से लगभग चार हजार लोग आए थे। यह परिषद् दो दिन चली। अण्णासाहब शिंदे ने थुगाँव के प्रार्थना समाज में उपासना की। वहाँ का भजन समाज बढ़िया काम करता है, यह उनकी समझ में आया। समाज के लगभग बीस हरिजन सदस्य सामाजिक और धार्मिक सन्दर्भ में प्रगतिवादी हैं, यह भी उनकी समझ में आया। इसीलिए उन्होंने यह भी सोचा कि मुम्बई शाखा को भजन समाज की ओर ज्यादा ध्यान देना जरूरी है। वे थुगाँव का कार्य पूरा कर अमरावती वापस आए।

विट्ठल रामजी शिंदे की प्रेरणा से ही अमरावती में कार्य की शुरुआत हुई। सन् 1911 में प्रकाशित मिशन के सन् 1908-1910 के त्रैवार्षिक प्रतिवेदन में अमरावती विभाग के प्रतिवेदन का समावेश किया है। उसमें जी.एन. काने और एन.एस. डोंगले, इन सेक्रेटरियों ने अमरावती विभाग का पूर्व इतिहास बताते हुए कहा है, "मई 1907 में जिस समय डी.सी. मिशन सोसाइटी के जनरल सेक्रेटरी अमरावती को भेंट देने गए तो उन्होंने अस्पृश्य वर्ग की उन्नति हेतु नगर वाचनालय में डिस्ट्रिक्ट जज मि. प्रिदों (Pridauxe) की अध्यक्षता में व्याख्यान दिया, उस समय शहर में अस्पृश्य वर्ग की पहली बार चर्चा की गई।"[2] इस मुलाकात में रायबहादुर आर. एन. मुधोलकर और मिशन के स्थानीय सेक्रेटरी जी.एन. काने ने मिशन की सहायता करने का आश्वासन देने की वजह से इस प्रदेश में एक बार फिर से भेंट दी जाए, ऐसा उन्होंने सोचा। स्थानीय लोगों के जोश की वजह से व-हाड में डी.सी.एम. की प्रमुख केन्द्रीय शाखा बनाना उचित है, उन्हें ऐसा लगा। वे व-हाड की यात्रा खत्म कर 23 अप्रैल को मुम्बई वापस लौटे।

विट्ठल रामजी शिंदे मुम्बई आने के पश्चात् उसी दिन यानी 23 अप्रैल को काठेवाड़ा की यात्रा पर निकले। इस यात्रा में वे राजकोट, भावनगर, मांगरोल, जूनागढ़, वाडिया गए और फिर राजकोट आकर 18 मई को मुम्बई वापस लौटे। राजकोट के राजा ठाकोर साहब को डोम लोगों के सुधार के सन्दर्भ में हमदर्दी थी और उनकी प्रेरणा से इन लोगों के लिए एक पाठशाला चल रही थी। अण्णासाहब शिंदे का ठाकोर साहब की अध्यक्षता में कैनॉट हॉल में व्याख्यान हुआ। राजकोट की स्थानीय कमेटी मिशन से जुड़ी न होने के बावजूद उसके सदस्यों ने हर तरह से मदद कर मिशन के लिए 299 रुपयों की राशि इकट्ठा की। शिंदे ने इसमें से आधी राशि कमेटी के स्थानीय उपयोग के लिए वापस लौटाई। शिंदे दो दिन राजकोट में रहने के पश्चात् गोंडल गए। उन्होंने वहाँ के दीवान की अध्यक्षता में स्थानीय कॉलेज में एक व्याख्यान दिया। गोंडल के ठाकोर साहब के इंग्लैंड जाने के गड़बड़ी में होने की वजह से विशेष काम न हो सका। शिंदे गोंडल से भावनगर गए। सामलदास कॉलेज में दीवान साहब प्रभाशंकर पट्टणी की अध्यक्षता में उनका व्याख्यान हुआ। उन्होंने वहाँ की डोम लोगों की बस्ती का निरीक्षण किया। भावनगर के पाँच दिनों के प्रवास की सफलता के रूप में शिंदे वहाँ मिशन की स्थानीय कमेटी की स्थापना कर सके। डॉ. देव को अध्यक्ष और एल.बी. वैद्य को सेक्रेटरी के रूप में नियुक्त किया गया। इस कमेटी ने एक पाठशाला शुरू

करने का निर्णय लिया और आगे ऐसी पाठशाला शुरू की। शिंदे ने शुरू किए कार्य के सन्दर्भ में दीवान प्रभाशंकर पट्टणी ने आर्थिक सहयोग किया और उनका संस्था की ओर से उचित सम्मान किया। वहाँ मिशन के लिए 405 रुपए का चन्दा इकट्ठा हुआ।

मंगलौर यह मुस्लिम रियासत थी। वहाँ के चीफ साहब हिज हायनेस शेख साहब और दीवान अली मुहम्मद देहलवी ने मिशन के कार्य को उचित सहायता करने का आश्वासन दिया। वहाँ के प्रवास में हंटर स्कूल में शिंदे का दीवान साहब देहलवी की अध्यक्षता में जाहिर व्याख्यान हुआ। मंगलौर के चीफ साहब, साथ ही पॉलिटिकल एजेंट मि. ई. मैकना से मुलाकात की। वहाँ के डोम लोगों की बस्ती देखी। डॉ. रविशंकर अंजारी को सम्माननीय सेक्रेटरी बनाकर एक नई कमेटी स्थापित की और इस कमेटी की ओर से दिन की पाठशाला शुरू की गई।

जूनागढ़ में अण्णासाहब शिंदे ने 12 और 13 मई को प्रवास किया। शिंदे ने जूनागढ़ के एडमिनिस्ट्रेटर मि. रेडॉल से मुलाकात कर उनकी हमदर्दी हासिल की। वहाँ के स्थानीय हाईस्कूल में जूनागढ़ के शिक्षाधिकारी मि. तर्खड की अध्यक्षता में व्याख्यान हुआ। वहाँ स्थानीय कमेटी की स्थापना कर तर्खड को अध्यक्ष और मि. पी. नानावटी को सेक्रेटरी बनाकर अछूतों के लिए पाठशाला खोली। मि. रेडॉल ने स्वयं तो मदद की ही, इसके अलावा अस्पृश्यों की पाठशाला का पूरा खर्चा रियासत की ओर से देने का वादा किया। जूनागढ़ में मिशन के लिए 350 रुपयों का चन्दा इकट्ठा हुआ। शिंदे ने वाडिया में 14 मई को वहाँ के चीफ की अध्यक्षता में प्राथमिक पाठशाला में जाहिर व्याख्यान दिया। वे वहाँ से राजकोट वापस आए। लिमडी के महाराज से 250 रुपए और पोरबन्दर के एडमिनिस्ट्रेटर से 100 रुपए का चन्दा मिला। अण्णासाहब शिंदे को व-हाड की यात्रा में 275 रुपयों का चन्दा मिला था तो काठेवाड़ी की यात्रा में 1,429 रुपए का चन्दा जमा हुआ। कार्य विस्तार की दृष्टि से शिंदे की काठेवाड़ी यात्रा सफल हुई, ऐसा दिखाई देता है।

इसके पश्चात् अण्णासाहब शिंदे 12 अगस्त को कर्नाटक प्रान्त और पश्चिम किनारे की यात्रा पर निकले। वे लगातार साढ़े तीन मास से यात्रा पर थे। वे 12 अगस्त को पुणे आ गए। मिशन की पुणे अन्तर्गत शाखा बढ़िया कार्य कर ही रही थी। उन्होंने मिशन की पाठशाला की जाँच की। उन्हें बढ़ईगीरी की कक्षा में काफी परिवर्तन दिखाई दिया। यह शाखा बढ़िया काम करेगी, इसका यकीन हुआ। उन्होंने फर्ग्युसन कॉलेज के प्रो. लिमये की अध्यक्षता में जॉन स्मॉल हॉल में जाहिर व्याख्यान दिया। उन्होंने फर्ग्युसन कॉलेज में व्याख्यान दिया और छात्रों के साथ रुपी फंड (धन के सम्बन्ध में) के सन्दर्भ में बातचीत की।

15 अगस्त को वे सतारा आए और वहाँ सात दिन प्रवास किया। डिस्ट्रिक्ट जज की अध्यक्षता में ऑर्थर हॉल में जाहिर व्याख्यान दिया। सतारा में अस्पृश्य वर्ग की ओर से एक प्रार्थना समाज चलाया जाता था। अण्णासाहब शिंदे ने उस समाज में उपासना की। रावबहादुर वी.एन. पाठक के घर में उच्च वर्ग की महिलाओं की सभा ली। रावबहादुर काले की अध्यक्षता में सतारा की स्थानीय कमेटी की नियमावली बनाई। वहाँ मिशन को 594 रुपए का चन्दा जमा हुआ। शिंदे को सतारा में एक विशेष बात दिखाई दी। वहाँ के स्थानीय भजन समाज के हरिजन सदस्य मातंग लोगों से खुलेआम आपसी व्यवहार करते थे। ऐसी घटना अन्यत्र दिखाई नहीं देती थी। हरिजन सदस्यों को मिशन के कार्य के प्रति आदर एवं सहानुभूति थी।

विट्ठल रामजी शिंदे सतारा से सांगली, मिरज, बुधगाँव—इन रियासतों के गाँव में गए। उन्होंने सांगली के राजा साहब से मुलाकात की। हाईस्कूल में व्याख्यान दिया। वहाँ की हरिजन बस्ती देखी। सांगली में 10 रुपए चन्दा मिला। मिरज के चीफ साहब से मुलाकात हुई। 24 अगस्त को बुधगाँव में चीफ साहब से मुलाकात हुई। उन्होंने वहाँ की अस्पृश्यों की पाठशाला देखी। मिरज और बुधगाँव में मिशन को चन्दा मिलने का जिक्र दिखाई नहीं देता।

शिंदे 27 अगस्त को बेलगाँव गए और वहाँ पाँच दिन रहे। वहाँ के कलेक्टर को मिशन के कार्य के प्रति हमदर्दी थी। शिंदे ने उनसे मुलाकात की। म्युनिसिपल ऑफिस में एक व्याख्यान हुआ। साथ ही, हरिजन बस्ती में भी व्याख्यान हुआ। वहाँ स्थानीय कमेटी स्थापित कर गोविन्द रामचन्द्र ओक को सेक्रेटरी के रूप में नियुक्त किया। मिशन को 210 रुपए का चन्दा प्राप्त हुआ।

वे बेलगाँव से धारवाड़ गए और 1 से 5 सितम्बर तक धारवाड़ में रहे। उन्होंने मि. रोड्डा की अध्यक्षता में सोशल क्लब में व्याख्यान दिया। लड़कियों की पाठशाला में अस्पृश्यता उन्मूलन के सन्दर्भ में प्रतिष्ठित वर्ग की महिलाओं से बातचीत की। पुरुष और स्त्रियों के ट्रेनिंग कॉलेज को भेंट देकर वहाँ प्रिंसिपल और लेडी सुपरिंटेंडेंट से अस्पृश्य समाज

के सन्दर्भ में बातचीत की। साथ ही, वे डोम बस्ती में गए और वहाँ अस्पृश्यों के साथ उनके हालात, समस्याओं और उसके समाधान को लेकर चर्चा की। रोड्डा सामाजिक सुधार की कोशिश करनेवाले धारवाड़ के प्रतिष्ठित सज्जन थे। उनकी अध्यक्षता में वहाँ पर एक नई कमेटी स्थापित कर एन.आर. देशपांडे वकील को सेक्रेटरी के रूप में नियुक्त किया। धारवाड़ की अस्पृश्य वर्ग की पाठशाला में लड़कियों की संख्या लड़कों से ज्यादा थी, लेकिन अधिकतर लड़कियाँ यल्लमादेवी की देवदासी थीं। शिंदे ने यह बात डॉ. मैन को बताई। डॉ. मैन देवदासी प्रथा के विरुद्ध काम करनेवाले बाल सुरक्षा मंडल के अध्यक्ष थे।

शिंदे ने अगले हफ्ते हुबली में निवास किया। नगर निगम के अध्यक्ष मि. कुदन की अध्यक्षता में म्युनिसिपल हॉल में व्याख्यान हुआ। साथ ही, लिंगायत समाज की महिलाओं से चर्चा की। शूद्र वर्ग की दो पाठशालाओं का निरीक्षण किया। कर्नाटक प्रान्त के लिए एक बड़ी अन्तर्गत शाखा शुरू करने के लिए हुबली अच्छी जगह थी, यह उनकी समझ में आया क्योंकि वह रेल जंक्शन होने के कारण व्यापार का प्रमुख केन्द्र था। वहाँ अस्पृश्य मिल मजदूरों की संख्या भी काफी थी और उनमें से कई लोगों को शिक्षा के प्रति आस्था थी यह अण्णासाहब की समझ में आया। इसीलिए वहाँ रायबहादुर कृष्णराव वालवेकर की अध्यक्षता में एक नई कमेटी नियुक्त की। मि. वागले वकील और तिम्माप्पा मुदरड्डी को सेक्रेटरी नियुक्त किया गया। मिशन को 475 रुपयों का चन्दा प्राप्त हुआ। उनकी सोच के मुताबिक हुबली में जल्द ही मि. सय्यद की अध्यक्षता में अन्तर्गत शाखा कार्यरत हुई। तत्पश्चात् अण्णासाहब शिंदे अपने गाँव जमखंडी गए। 14 और 15 सितम्बर को वहाँ रुके। शूद्रों की पाठशाला को भेंट दी। रियासत के अधिपति से मुलाकात की और वे जिस हाईस्कूल में पढ़े थे, वहाँ रियासत के कार्यवाहक बापट की अध्यक्षता में 'अस्पृश्यता उन्मूलन' नामक विषय पर व्याख्यान दिया। यहाँ रुपए 29.80 रुपए इतना ही चन्दा मिला।

शिंदे जमखंडी से नजदीक के मुधोल नामक रियासत के गाँव गए और वहाँ दो दिन निवास किया। हाईस्कूल के वाचनालय में हेडमास्टर की अध्यक्षता में व्याख्यान दिया। शूद्रों की पाठशाला की जाँच की। मुधोल के अधिपति से मुलाकात की। परांजपे के घर में उच्च वर्ग की महिलाओं की सभा ली। मुधोल विकसित गाँव नहीं था। फिर भी कार्य की आवश्यकता ध्यान में रखकर दत्तोपंत मिरजकर को सेक्रेटरी बनाकर नई कमेटी स्थापन की।

अण्णासाहब शिंदे मुधोल से तेरदाल गए। उनके बचपन के आत्मीय मित्र विष्णुपंत देशपांडे मिशन के सदस्य थे और गाँव में उनका नेतृत्व था। अण्णासाहब शिंदे ने तहसीलदार की अध्यक्षता में वहाँ के बाजार में व्याख्यान दिया। शूद्रों की पाठशाला जाँच कर हरिजनों की बस्ती को भेंट दी। वहाँ नई कमेटी की स्थापना कर रावबहादुर दुर्वास वकील को सेक्रेटरी बनाया। वे तेरदाल में दो दिन रहकर कर्नाटक की यात्रा समाप्त कर 22 सितम्बर को मुम्बई लौटे। उनकी कर्नाटक यात्रा लगभग 40 दिन तक चली। इस यात्रा के दौरान मिशन के लिए कुल मिलाकर 1,435 रुपयों का चन्दा जमा हुआ।

शिंदे ने मुम्बई में दस दिन रहने के पश्चात् पश्चिम किनारे की यात्रा आरम्भ की। पहले वे मंगलौर गए। 2 अक्टूबर से 10 अक्टूबर यानी आठ-नौ दिन वहाँ निवास किया। वहाँ पर रावबहादुर के. रंगराव ने शुरू की हुई पाठशाला और उद्योगशाला चलानेवाली संस्था चार साल पहले ही मिशन से संलग्न की थी। उन्होंने इस निवास में वहाँ की पाठशाला उद्योगशाला और अछूतों की बस्ती की जाँच की। वहाँ की अस्पृश्य बस्ती यह कार्य का महत्त्वपूर्ण अंग थी।

वे मंगलौर से 14 अक्टूबर को वेंगुर्ला गए। उन्होंने वहाँ के वाचनालय में सामन्त वकील की अध्यक्षता में व्याख्यान दिया। हरिजन बस्ती को भेंट देकर वहाँ के लोगों से चर्चा की। शूद्रों की पाठशाला की जाँच की। स्थानीय कमेटी की स्थापना कर आर.वी. रांगणेकर को सेक्रेटरी के रूप में नियुक्त किया।

सावन्तवाड़ी रियासत के गाँव के हाईस्कूल में एक व्याख्यान दिया। शूद्रों की पाठशाला की जाँच की। वहाँ के पॉलिटिकल एजेंट मि. एस. पॉर्टिजर से मुलाकात की। मि. पॉर्टिजर ने अस्पृश्यों के औद्योगिक विकास के लिए एकाध योजना बनाकर भेजने पर रियासत की ओर से मदद करने का आश्वासन दिया। शिंदे ने 17 अक्टूबर को अम्बोली में उनसे मुलाकात कर चर्चा की। फिर शिंदे सावन्तवाड़ी, मालवण गए। उन्होंने भंडारी हाईस्कूल में रावबहादुर एम.एस. मोरे की अध्यक्षता में व्याख्यान दिया। साथ ही दत्त मन्दिर में ओर एक व्याख्यान दिया और कीर्तन किया। मालवण में मिशन का कार्य शुरू करने के उद्देश्य से एक नई कमेटी स्थापित की। रावबहादुर एस.जे. केणी और आर.डी. वैद्य को सेक्रेटरी बनाया। इतिहास के प्रति रुचि होने के कारण अण्णासाहब शिंदे ने मालवण का जंजिरा दुर्ग

देखा। दुर्ग में स्थित शिवाजी की मूर्ति देखी। वेंगुर्ला, सावन्तवाड़ी, मालवण में मिशन के लिए कुछ भी चन्दा मिला दिखाई नहीं देता। उन्हें अम्बोली घाटी का मोहक नजारा देखने को मिला। प्रकृति से स्वाभाविक प्रेम करनेवाले अण्णासाहब को यह नजारा भी सुन्दर लगा होगा। उन्होंने 'घाटी का नजारा देखा' ऐसा दर्ज किया है।

शिंदे मालवण से रत्नागिरि गए। वहाँ हरिजन बस्ती और उद्योगशाला देखी। वहाँ की उद्योगशाला में अस्पृश्यों को पाबन्दी है और अछूतों के लिए म्युनिसिपैलिटी ने कोई भी उद्योगशाला शुरू नहीं की है, इसका अण्णासाहब को पता चला। उन्होंने कलेक्टर मि. क्लेटन से मुलाकात कर यह बात उन्हें बताई। कलेक्टर ने इस सन्दर्भ में तुरन्त ही लिखित उत्तर भेजने का आश्वासन शिंदे को दिया।

पश्चिम किनारे की यात्रा में अन्तिम मंजिल दापोली थी। दापोली में मिशन की शाखा कार्यरत थी। वहाँ दिन की पाठशाला में लगभग 40 छात्र थे। बच्चों को विद्यावेतन भी मिलता था। उन्होंने दापोली की स्थानीय कमेटी के सदस्यों से मुलाकात की। कादरी विला में व्याख्यान दिया और हरिजन बस्ती में कीर्तन किया। वहाँ के चमार लोगों से सेना के पेंशनधारकों के बच्चों के लिए कार्य हो रहा था। मि. कादरी नामक मुस्लिम सज्जन कमेटी के अध्यक्ष थे और लगन से काम करते थे। विट्ठल रामजी शिंदे लगभग 4 हफ्तों की पश्चिम किनारे की यात्रा समाप्त कर 29 अक्टूबर को मुम्बई वापस लौटे।

अण्णासाहब शिंदे ने अप्रैल 1910 में व-हाड, काठेवाड़, कर्नाटक और पश्चिम तट—इन प्रदेशों में लगभग चार मास यात्रा की। उन्होंने इस लम्बी यात्रा के दौरान अपने उद्देश्यों की पूर्ति पर्याप्त मात्रा में की हुई दिखाई देती है। वह समय ही ऐसा था कि अस्पृश्य वर्ग के विकास और अस्पृश्यता उन्मूलन के लिए जान-बूझकर कोशिश करना जरूरी था। शिंदे की कार्य करने की दृष्टि दोहरी थी। शिंदे अस्पृश्य वर्ग के विकास हेतु उस वर्ग के लिए पाठशाला, उद्योगशाला शुरू कर उन्हें शिक्षित बनाना और नौकरी के काबिल बनाकर उन्हें स्वाभिमानी बनाना, उनमें आत्मविश्वास जगाना, उच्च धार्मिक और नैतिक विचारों के द्वारा उनमें जागृति निर्मित कर उनकी स्थिति में बहुमुखी सुधार लाना अपने कार्यों का एक अंग मानते थे। उनके शब्दों में कहना हो तो यह कार्य सुवर्णकार पद्धति का था। कार्य का दूसरा हिस्सा भी काफी महत्त्वपूर्ण था। वह यह कि स्वयं को ऊँचे वर्ग का माननेवालों ने अपनी कल्पना से गढ़ी एक भ्रामक बात थी। सच्चे धर्म का इस अस्पृश्यता से कोई सम्बन्ध नहीं था। अस्पृश्यता नष्ट करने के लिए इन सवर्णों के मन से गलतफहमी निकालना जरूरी था। अपने जैसे कुछ मनुष्यों को बहिष्कृत समझना, यह बात मनुष्यता और हिन्दू समाज पर कलंक है, उसका सवर्ण वर्ग को एहसास करा देना जरूरी था। सर्वण वर्ग ने सदियों से अस्पृश्यता और हीनता इस वर्ग पर लादने के कारण वे निम्न दशा को पहुँचे थे। उनकी इस निम्नावस्था को दूर कर उनमें सुधार लाना यह भी सवर्ण वर्ग की नैतिक जिम्मेदारी और कर्तव्य है, ऐसा एहसास अपने को ऊँचा समझनेवाले वर्ग में निर्माण करना शिंदे ने अपने कार्य का दूसरा हिस्सा माना था। उन्होंने ऐसे कार्य को 'मेघवृष्टि पद्धति' नाम दिया है। यह कार्य व्याख्यान, परिषद्, लेख आदि के द्वारा होनेवाला था। शिंदे की यात्रा के दौरान ये दोनों कार्य करने की हमेशा कोशिश रहती। स्थानीय अंग्रेज अफसरों और समाज के प्रतिष्ठित नेताओं का कुल असर ज्यादा होने के कारण उनकी सहायता से इस कार्य को गति देना अधिक आसान था। इसीलिए शिंदे इस दृष्टि से इस वर्ग की प्रतिष्ठित मंडलियों की हमेशा सहायता लेते थे। किसी भी सामाजिक सुधार में महिलाओं की शिरकत जरूरी थी। उनकी शिरकत से सामाजिक, धार्मिक कार्य गति से एवं असरदार हो सकता है, ऐसी अण्णासाहब शिंदे की पहले से ही सोच थी। इसीलिए वे प्रचार यात्रा में जहाँ पर आसान था, वहाँ प्रतिष्ठित वर्ग से सम्पर्क बनाते तथा वे जिनके लिए यह कार्य करनेवाले थे, उनसे जान-बूझकर मिलते। इसीलिए वे हर गाँव की हरिजन बस्ती में जाते थे। उनसे बातचीत कर उनके हालात, दिक्कतें समझ लेते थे, उनमें स्वयं उद्धार की प्रेरणा जाग्रत करना जरूरी है, ऐसा उन्हें जरूरी लग रहा था।

अस्पृश्य वर्ग के लिए जो पाठशालाएँ और संस्थाएँ चलाई जा रही थीं, उनकी वे जाँच करते थे। किसी गाँव में नए कार्य की शुरुआत हो सकेगी, इसका अन्दाजा लेकर वहाँ के काबिल आदमी को चुनकर नए कार्य की शुरुआत करते थे।

विट्ठल रामजी शिंदे इस कार्य के लिए महीनों तक लगातार यात्रा कर कितना कष्ट उठाते थे, इसकी कल्पना उनकी इस यात्रा से स्पष्ट होती है। वे सफर में कई तरह की तकलीफें सहते थे। खुद पर रुपए खर्च नहीं करते

थे। जो कुछ खर्चा होता था, वह सिर्फ सफर के किराये का। उन्होंने लगभग चार मास इन चार प्रान्तों की यात्रा में अस्पृश्यता उन्मूलन कार्य के सन्दर्भ में जागृति का कार्य बड़े पैमाने पर किया। कई नई शाखाएँ स्थापित कर काठेवाड़ा के भावनगर से केरल के मंगलौर तक कार्य का विस्तार किया। उन्होंने इन चार यात्राओं में मिशन के लिए 3 हजार 210 रुपए का चन्दा जमा किया। वे इस लम्बी यात्रा में 27 गाँवों में गए और उनके सफर का खर्चा सिर्फ 198 रुपए 8 आना 3 पैसे इतना हुआ। इससे वे अस्पृश्यता उन्मूलन कार्य के लिए कितने असीम कष्ट उठाते थे, इसका पता चलता है। उसी प्रकार स्वयं काफी मितव्यय कर संस्था के पैसे कैसे बचाते थे, यह भी स्पष्ट होता है।

मिशन के कार्य का विस्तार हो रहा था, साथ ही खर्चा भी बढ़ रहा था। शिंदे को जमा और खर्चे का जुगाड़ बिठाने की हमेशा चिन्ता लगी रहती। उन्होंने यात्रा में कुछ चन्दा इकट्ठा किया तो भी पैसों की जरूरत यथावत् थी। इसीलिए मिशन के लिए चन्दा जमा करने के लिए कुछ अन्य कार्य शुरू किए गए। सन् 1911 के जुलाई में ऐसे कार्यों में डी.सी.एम. रुपी निधि नाम की एक नई योजना चलाई। इस निधि को प्राप्त करने के लिए लगभग दस स्वयंसेवक और उन पर एक कप्तान और ऐसे दस कप्तानों के गुट बनाने की योजना बनाई गई। प्रति स्वयंसेवक एक रुपया चन्दा इकट्ठा कर साल के अन्त में 100 रुपए जमा करे, ऐसी योजना थी। इस योजना के पीछे यह उद्देश्य था कि मिशन चन्दे के लिए सिर्फ बड़ा चन्दा देनेवालों पर आश्रित न रहे। आम आय होनेवाले लोगों से भी अल्प मात्रा में चन्दा लेकर निधि की राशि बढ़ाई जाए, यह उद्देश्य था। इस उपक्रम की वजह से आम आय होनेवाले लोगों को भी मिशन को मदद करना आसान हो, ऐसा भी एक उद्देश्य एक रुपया माँगने के पीछे था। वह राशि कम हो तो भी देनेवाले व्यक्ति का भाव उसमें होता है, यह सोच निधि जमा करने के पीछे रखी गई। इस उपक्रम की वजह से मिशन के कार्य की ज्यादा-से-ज्यादा लोगों को जानकारी देकर उनकी हमदर्दी इस कार्य में प्राप्त करने की कोशिश थी। स्वयंसेवकों को यह कार्य कप्तान की अध्यक्षता में ही करना होगा, यह भी निर्धारित किया गया। स्वयंसेवक को हर महीने के अन्त में अपने कप्तान के पास जमा राशि का हिसाब देना आदि कड़े नियम इस निधि के सन्दर्भ में निर्धारित किए गए थे।

चन्दे के बोर्ड पर निम्नलिखित 6 कप्तान नियुक्त किए—

1. श्रीमती लक्ष्मीबाई रानडे के मार्गदर्शन में 15 स्वयंसेवक
2. पी.बी. गोठोस्कर के मार्गदर्शन में 16 स्वयंसेवक
3. अमृतलाल वी. ठक्कर के मार्गदर्शन में 11 स्वयंसेवक
4. वि.रा. शिंदे के मार्गदर्शन में 11 स्वयंसेवक
5. सय्यद अब्दुल कादर के मार्गदर्शन में 11 स्वयंसेवक
6. एल.बी. नायक के मार्गदर्शन में 10 स्वयंसेवक।

एल बी. नायक को जनरल कप्तान नियुक्त किया।

इस तरह 80 स्वयंसेवकों द्वारा 21 दिसम्बर, 1911 में 6 महीने के भीतर हर एक के द्वारा 100 रुपए जमा करना तय किया गया, लेकिन अगस्त 12 से 31 दिसम्बर, 1911 तक सभी स्वयंसेवक कुल सिर्फ 1,471 रुपए जमा कर पाए। अपेक्षित चार हजार रुपयों से यह राशि काफी कम थी। बोर्ड की सभा डॉ. एच.जी. रानडे के ठाकुद्वार के अस्पताल में होती थी। बोर्ड की एक आम सभा और दो सामाजिक मेले पहले 6 महीने में हुए। स्वयंसेवकों का एक-दूसरे से परिचय होकर स्नेहभाव बढ़ाने के काम में उस मेले और सभा का काफी उपयोग हुआ। सन् 1911 में मिशन को 1,316 रुपयों का घाटा हुआ, ऐसा मिशन के जनरल सेक्रेटरी के नाते सन् 1911 के वार्षिक प्रतिवेदन में शिंदे ने दर्ज किया है। अगले साल यानी सन् 1912 के अन्त में 12 महीनों में कुल मिलाकर 1,016 रुपए निधि के रूप में जमा हुए। अपेक्षित 5 हजार रुपयों से जमा राशि काफी कम थी। इस साल अण्णासाहब शिंदे की पत्नी श्रीमती रुक्मिणीबाई ने स्वयंसेविका के रूप में कार्य किया और कुल मिलाकर 560 रुपए जमा किए। उन्हें इस कार्य में बहन जनाबाई से काफी मदद प्राप्त हुई।[3]

रुपी फंड (धन के सम्बन्ध में) उपक्रम को चन्दा जमा करने की दृष्टि से अपेक्षित सफलता नहीं मिली तो भी हमदर्दी की परिधि बढ़ाने में इस उपक्रम का काफी लाभ हुआ।

चावल निधि

निराश्रित 'सेवासदन' संस्था से मिशन का परेल में छात्रावास शुरू किया था। सन् 1912 में निवासी छात्रों की संख्या 40 थी। संस्था का मुम्बई जैसे शहर में काफी खर्चा होने लगा। नगद निधि इकट्ठा करने का कार्य पूरा नहीं हो रहा था। इसीलिए चावल निधि के रूप में एक तरकीब सोची। इस योजना के तहत बहनें प्रतिदिन मुट्ठीभर चावल रखने के लिए घर-घर से चावल और अन्य धान की थैलियाँ रखकर गई थीं। हर हफ्ते स्वयंसेवकों के जरिये छात्रों के साथ यह अनाज छात्रावास में लाया जाता। सन् 1912 में 34 फरे (लगभग 38 क्विंटल) चावल, ढाई फरे (लगभग 3 क्विंटल) गेहूँ और 8 फरे (लगभग 9 क्विंटल) दाल जमा की गई। कीमत की दृष्टि से मदद ज्यादा नहीं हुई तो भी मुट्ठी भर चावल के पीछे एक महिला का मानवी हृदय था। इस दृष्टि से देखें तो रुपी फंड से भी इस निधि से हमदर्दी की परिधि अधिक बढ़ गई। अस्पृश्यता उन्मूलन कार्य में जनमत तैयार करने का मिशन का सबसे प्रमुख कार्य इन तरकीबों की वजह से चुपचाप चल रहा था।[4]

कपड़ा फंड और सन्दूक निधि

छात्रों को खाने के अलावा नए-पुराने कपड़ों, बिस्तर, बर्तन, साबुन, दवा, पुस्तकों आदि कई घरेलू चीजों की जरूरत महसूस होती थी। ये जरूरतें पूरी करने के लिए कपड़ा और सन्दूक फंड की योजना बनाई। इस योजना के तहत लकड़ी की छोटी-छोटी सीलबन्द सन्दूकें, प्रमुख कचहरियों, विशेषतः अस्पताल, वकीलों के घर आदि लोगों की चहल-पहल काफी हो, ऐसी जगहों पर रखी गईं। विट्ठल रामजी शिंदे ने विदेश में ऐसे बक्से रखे जाते हैं, यह देखा था। क्रुकर्न स्टेशन की वेटिंग रूम में परोपकारी मंडलियों के धर्मार्थ बक्से देखने का उन्होंने जिक्र किया है।[5]

मिशन की ओर से रखी गई ऐसी सन्दूकों की जिम्मेदारी हमेशा वहाँ होनेवाले शुभचिन्तकों पर सौंपी गई। हर महीने के अन्त में स्वयंसेवक शुभचिन्तकों के सामने उसे खोलकर अन्दर की राशि की रसीदें देकर मिशन के कोषाध्यक्ष को हिसाब देते थे। श्रीमती रुक्मिणीबाई शिंदे ने रुपी निधि जमा करने के कार्य में स्वयंसेवकों के रूप में सहयोग किया था। उसी प्रकार उन्होंने चावल और कपड़ा फंड जमा करने के कार्य में भी सहयोग किया और बड़े पैमाने पर यह निधि जमा करने में सफलता हासिल की।

छात्रावास और उद्योगशाला चलाना, यह काम भाग-दौड़ का था, उसी प्रकार खर्चीला भी था, लेकिन मिशन के छात्रों का छात्रावास जिस तरह सहेतु चलाया जाता था, उसी प्रकार उद्योगशाला भी चलाई जाती थी। इस कक्षा के बच्चों को औद्योगिक शिक्षा देने के पीछे मुख्य कल्पना यह थी कि छात्रों के हाथों और आँखों को व्यावहारिक आदत पड़े और उसके द्वारा छात्र आनेवाली जिन्दगी में कुछ कर पाएँ, इसलिए ऐसे कारोबार की तैयारी बचपन से ही नहीं की तो आगे खाली पंडित बनकर माँ-बाप और स्वयं की निराशा को छात्र जिम्मेदार होंगे।[6]

मुम्बई की परेल पाठशाला में बुक बाइडिंग और सिलाई काम, मंगलौर में बुनाई का काम, महाबलेश्वर में नारियल की रस्सी और बेंत की टोकरियाँ आदि बनाने के औद्योगिक काम शिंदे ने पहले से ही शुरू किए थे। उन्हें सन् 1912 में परेल पाठशाला में अलग उद्योगशाला जोड़ने की जरूरत महसूस होने लगी। उन्होंने उद्योगशाला का आरम्भ काफी दूरदर्शिता से शुरू किया था, ऐसा वर्तमान हालात देखकर कहा जा सकता है।

उद्योगशाला चलाने के लिए पर्याप्त निधि उपलब्ध हो, इस उद्देश्य से मुम्बई के ट्रस्टी एन. एम. वाडिया के पास अर्जी दी गई। उस निधि के प्रमुख ट्रस्टी सर जमशेदजी जीजीभाई और बैरिस्टर एच.ए. वाडिया को मिशन की परेल माध्यमिक पाठशाला दिखाई गई। पाठशाला के सभी कार्य बारीकी से देखने के पश्चात् मिशन औद्योगिक पाठशाला चलाने के काबिल है, ऐसा इन ट्रस्टियों को यकीन हुआ और उन्होंने हर साल 6 हजार रुपयों का चन्दा तीन साल तक यानी 18 हजार रुपए देना कबूल किया। इस तरह नई उद्योगशाला शुरू की गई। इसमें बढ़ई काम, चित्रकला और रंग काम, सिलाई काम और बाइंडिंग—ऐसी चार अलग-अलग कक्षाएँ पाँच अध्यापकों की निगरानी में शुरू की गईं। स्कूल के सभी बच्चे और विशेषतः छात्रावास के सभी छात्र किसी-न-किसी कक्षा में दिन में दो घंटे तक औद्योगिक

शिक्षा जरूर लेंगे, ऐसी योजना बनाई गई। पुणे विभाग में भी छात्रावास की पूर्व तैयारी सन् 1912 के अन्त तक करने के पश्चात् वहाँ भी ऐसे अध्यापकों का इन्तजाम किया गया।

सन्दर्भ

1. विट्ठल रामजी शिंदे, *माझ्या आठवणी व अनुभव*, पृ. 241
2. *दि फोर्थ ॲन्युअल रिपोर्ट ऑफ दि 'डिप्रेस्ड क्लासेज मिशन' सोसाइटी ऑफ इंडिया*, बॉम्बे, 1911, पृ. 37
3. वही, 31 दिसम्बर, 1911
4. विट्ठल रामजी शिंदे, *माझ्या आठवणी व अनुभव*, पृ. 256-57
5. विट्ठल रामजी शिंदे, *रोजनिशी*, पृ. 99
6. विट्ठल रामजी शिंदे, *माझ्या आठवणी व अनुभव*, पृ. 257-258

मुम्बई प्रार्थना समाज से अनबन एवं अलगाव

विट्ठल रामजी शिंदे ने अस्पृश्यता उन्मूलन और अस्पृश्य माने गए वर्ग की उन्नति का कार्य धार्मिक कार्य के रूप में ही शुरू किया था। इस उद्देश्य से स्थापित 'डिप्रेस्ड क्लासेज मिशन' का कार्य जोश से चलाते समय शिंदे के जीवन में पहली दुखद घटना घटी। वह यह थी कि जिस प्रार्थना समाज के वे आन्तरिक प्रेरणा से प्रचारक बने थे, उससे उनकी क्रमशः दूरी बढ़ती गई और अन्ततः उनका प्रार्थना समाज से होनेवाला रिश्ता टूट गया। उन्होंने जिस प्रार्थना समाज का धर्म-प्रचारक पद कम तनख्वाह लेकर आजीवन निभाने का निर्णय त्याग भाव से लिया था, उससे उनका प्रचारक के नाते होनेवाला सम्बन्ध हमेशा के लिए खत्म हुआ। इतना ही नहीं तो आगे विट्ठल रामजी शिंदे की दखलअन्दाजी मुम्बई प्रार्थना समाज ने बन्द की। उन्होंने प्रार्थना समाज से अलग होने की घटना धीरज से बर्दाश्त की। इसके मुख्यतः दो कारण सम्भव हो सकते हैं। एक, उनकी ईश्वर पर होनेवाला आस्था और दूसरा, अस्पृश्यता उन्मूलन का जो कार्य वे कर रहे हैं, वह ईश्वर का ही कार्य है, यह धार्मिक कार्य ही है यह उनकी पक्की श्रद्धा होना।

मुम्बई प्रार्थना समाज और विट्ठल रामजी शिंदे में निर्मित दूरी के कारण मुख्यतः मुम्बई प्रार्थना समाज के लोगों का सामाजिक सुधार के सन्दर्भ में होनेवाला दृष्टिकोण उनकी कार्य पद्धति में देख सकते हैं। शिंदे ने अस्पृश्य वर्ग के सुधार कार्य में जो हिम्मत दिखाई और स्वयं को जिस कार्य में समर्पित किया, वह प्रार्थना समाज के लोगों को रास आनेवाला नहीं था। वस्तुतः अस्पृश्य माने वर्ग के लिए प्रार्थना समाज के लोगों में आस्था थी और उनका सुधार हो, उनमें शिक्षा का प्रसार हो, उनमें उन्नत धर्म बुद्धि जाग्रत करें, ऐसा प्रार्थना समाज के लोगों को लगता था। यह सच है, लेकिन इस सन्दर्भ में प्रत्यक्ष कृति करने के सन्दर्भ में उनकी राय नरम और सजग थी। अन्य लोगों को कोई ऐतराज न हो, विवाद पैदा न हो, इसकी वे हमेशा सावधानी बरतते थे। मुम्बई प्रार्थना समाज ने सन् 1876 में दिन में नौकरी करनेवालों के लिए कुछ रात्रि पाठशालाएँ शुरू कीं। सन् 1890 में हरिजन, चमार आदि जातियों के लोगों के लिए मदनपुरा में एक अलग पाठशाला शुरू की गई थी। बाबण बापू कोरगाँवकर की प्रेरणा से यह पाठशाला स्थापित की गई। मुम्बई नगर निगम के ड्रेनेज विभाग में काम करनेवाले एक व्यक्ति को पदोन्नति चाहिए थी। इसीलिए उसे पदोन्नति का लालच दिखाकर कोरगाँवकर ने उसके जरिये यह पाठशाला चलाई थी। उस समय पाठशाला के सवर्ण बच्चे अछूत वर्ग के बच्चों के साथ मिठाई स्वीकारने को भी तैयार नहीं थे। इस घटना से उस समय की परिस्थिति का अन्दाजा लगाया जा सकता है। समाज के वार्षिक समारोह में रात्रि पाठशाला के बच्चों को पारितोषिक समारोह के दिन सबको इकट्ठा कर उन्हें उपदेश देकर मिठाई बाँटने का प्रचलन था। अस्पृश्यों की पाठशाला के छात्रों को वेदी की दाईं ओर बिठाया गया था। रात्रि पाठशाला के सवर्ण बच्चों को वेदी की बाईं ओर बिठाया गया था। हमेशा की तरह उपदेश के पश्चात् मिठाई बाँटने की शुरुआत की। वेदी की बाईं ओर बैठे कुछ सवर्ण छात्रों ने मिठाई नहीं ली तो जिन्होंने ली थी, उन्होंने फेंक दी। यह सन् 1890 की घटना है।[1] इस घटना से अस्पृश्यों की ओर देखने का सवर्णों का दृष्टिकोण कैसे अनादार का था, इसकी कल्पना कर सकते हैं। अस्पृश्यों के साथ रोटी व्यवहार रखना, उन्हें छूना—ये बातें तो अमल में लाने की कोई कल्पना भी नहीं कर सकता।

उन्नत धर्म-प्रसार कार्य में अस्पृश्य वर्ग को शामिल कर उन तक ब्राह्म धर्म का सन्देश पहुँचाया जाए, ऐसा सतारा प्रार्थना समाज के पुराने कार्यकर्ता सीताराम यादवराव जवेरे को मन से लगता था और इन लोगों को ब्राह्म समाज की उपासना में शामिल करने में उनकी कोशिश सराहनीय थी। इस दृष्टि से सतारा के जवेरी का कार्य मुम्बई प्रार्थना समाज के कई स्थानीय समाज से महत्त्वपूर्ण था, लेकिन अस्पृश्यों को धार्मिक प्रवचन सुनाने के लिए इकट्ठा करने

के आगे सतारा प्रार्थना समाज अस्पृश्यता उन्मूलन में कुछ नहीं कर पाया था। कुल मिलाकर मुम्बई प्रार्थना समाज द्वारा अस्पृश्य वर्ग के सुधार के लिए चलाया कार्य चींटी की गति से चल रहा था, ऐसा कहना होगा। इसकी वजह अस्पृश्यता के प्रति तत्कालीन जनमत और इस जनमत का आदर करने की प्रार्थना समाज के लोगों में होनेवाली वृत्ति थी। अपने विचारों से समाज को प्रभावित कर अपने विचारों की ओर आकर्षित करना, उन्हें अपना अनुयायी बनाना और समाज में परिवर्तन लाने की कोशिश करने की हिम्मत इन लोगों में नहीं थी।

न्यायमूर्ति रानडे जैसे लोकात्तर पुरुष की सामाजिक सुधार के सन्दर्भ में समग्र मानसिकता क्या थी, यह देखा जाए तो प्रार्थना समाज के दृष्टिकोण की भी हम कल्पना कर सकते हैं। पुणे प्रार्थना समाज की ओर से धर्म के सन्दर्भ में तथा अन्य महत्त्वपूर्ण प्रश्नों को लेकर चर्चा करने के लिए संगत सभा होती थी। सन् 1880-81 में इस संगत सभा में हुई चर्चा का निम्न वृत्तान्त द्वा.गो. वैद्य ने 'प्रार्थना समाज का इतिहास' में उद्धृत किया है—

पिता के नाते और आपसी सम्बन्ध से कर्तव्य आदि

बलवन्तराव गोडबोले : अमुक एक बात ऐसी है, उस सम्बन्ध से हम उस तरह पेश आएँ या न आएँ, यह हमारा कर्तव्य है और वैसे पेश आने या न आने से हम ईश्वर के दोषी होंगे, ऐसा हमारा यकीन होने पर अपने पिता की सोच हमसे अलग है, इसीलिए अपने ऐसे पेश आने या न आने से उन्हें बुरा लगनेवाला है। ऐसी मुसीबत के समय हम सिर्फ पिता को खुश रखने के लिए अपनी सोच के विरुद्ध उनकी पसन्द के मुताबिक पेश आना, यही हमारा धर्म है?

रा.ब. रानडे : यदि हमारी सोच एक तरह की हुई है तो भी हम अचानक वैसा बर्ताव न करें। उस समझ के मुताबिक हमारी सोच है, ऐसा कहें। हमारी तरह हमारे पिता और दूसरों के विचार बनाने की कोशिश करें और अपने विचारों की तरह कई विचार होने पर औरों ने कहा वैसा बर्ताव कारणवश नहीं किया तो हम करेंगे, लेकिन जब तक कइयों की सोच हमारी सोच से अलग है तब तक हमारी सोच जैसा बर्ताव करना उचित नहीं है।

कई[2] **:** हर कोई अपनी सोच के मुताबिक व्यवहार करे। हमसे दूसरों की सोच अलग होगी तो वह बदलने की हम कोशिश करें, लेकिन उनकी सोच बदलने का इन्तजार करने की जरूरत नहीं। ऐसा इन्तजार करने से सुधार एक कदम भी आगे नहीं बढ़ेगा। हर व्यक्ति ईश्वर से अपने तक ही जुड़ा हुआ है।

प्रश्न : अमुक बात जनसमूह के हित की है, ऐसा हमें दिखाई देने पर और वह न करना ईश्वर की आज्ञा के विरुद्ध है, ऐसा लगने पर जो वह कई लोगों की सोच के खिलाफ या रूढ़ि के खिलाफ हो तो वह करें या नहीं?

रा.ब. रानडे : जो करेंगे वे अच्छे, लेकिन जो नहीं करेंगे वे दोषी नहीं।

कई : लोगों के खिलाफ होगी तो भी कोशिश करने पर वह बात साध्य है कि ऐसे हालात होने पर वह करना यह धर्म की दृष्टि से हमारा कर्तव्य, साध्य होने पर वह प्राप्त होने तक के समय को नजदीक लाने की कोशिश करना यह कर्तव्य है।[3]

न्यायमूर्ति रानडे का सामाजिक सुधार के प्रति जो दृष्टिकोण था, वह इस चर्चा से स्पष्ट होता है, वही सामान्यतः प्रार्थना समाज के नेताओं का था।

हमें जो उचित लगता है वहीं कहें और हम जो बोलते हैं वैसा आचरण करें, ऐसा विट्ठल रामजी शिंदे का निश्चित स्वरूप का दृष्टिकोण था। इसीलिए उनका छात्रावास से ही 'कथनी और करनी में मेल हो' ऐसा अनुरोध हमेशा दिखाई देता है। जहाँ पर वह दिखाई नहीं देता वहाँ वे नाराजगी प्रकट करते हैं। 28 मई, 1898 में मुम्बई प्रार्थना समाज से सम्बन्धित अभिप्राय डायरी में दर्ज करते हुए उन्होंने कहा है, "समाज का (प्रार्थना समाज के) उद्देश्य, भाषण और सदस्यों की कृति या बर्ताव में प्रतिरोध देखकर तो मुझे अब भी गुस्सा आता है। (प्रार्थना) समाज में किसी भी तरह का जाति भेद नहीं होना चाहिए। ऐसा हुआ तो बाकी सुधारक और (प्रार्थना) समाज में मुझे कोई अन्तर दिखाई नहीं देता यानी कि दोनों अभी तक जाति भेद को खुलेआम त्याग देने को तैयार हैं, ऐसा दिखाई नहीं देता।"[4] विचार को कृति का जोरदार समर्थन न हो तो सुधार का कदम आगे नहीं बढ़ेगा, कर्मवीर अण्णासाहब शिंदे की यह भूमिका अन्त तक कायम थी। उन्होंने सन् 1937 में वाई प्रान्त की परसणी की सभा के भाषण में महात्मा ज्योतिराव फुले के कृतिपूर्ण सुधार का सम्मान करते हुए कहा, "वे बुराई-अपमान सहकर हिम्मत से, कृति से समाज में सुधार लाए। सिर्फ व्याख्यान

देकर या बड़े ग्रंथ लिखकर उसमें विचार प्रस्तुत करने से सुधार नहीं होते हैं। असल में सोच के मुताबिक कृति होनी चाहिए, तभी सुधार हो सकता है।"

घर का जाति भेद विरहित वातावरण, वारकरी सम्प्रदाय के उदारमतवादी संस्कार तथा उनमें होनेवाली विवेकशीलता के कारण अस्पृश्य वर्ग के समग्र विकास के सन्दर्भ में शिंदे के मन में छात्रावस्था से ही आस्था निर्मित हुई थी। उनकी इस मानसिकता को आगे चलकर धर्म मत का भी आधार मिला।

"सभी मनुष्य एक ही ईश्वर की सन्तान हैं, इसीलिए भेद न रखते हुए एक-दूसरे से भाईचारे से पेश आना, यही ईश्वर को प्रिय है और यही मनुष्य का कर्तव्य है।" यह प्रार्थना समाज का एक तत्त्व है। शिंदे को लगता कि यह तत्त्व सत्य के रूप में हमने स्वीकारा है तो उसके अनुरूप भेद न करते हुए औरों से पेश आना चाहिए। जाति भेद ही नहीं तो अस्पृश्यता पालन यह भी इस तत्त्व से असंगत है, ऐसी उनकी श्रद्धा थी। इस भूमिका के आधार पर ही उन्हें अस्पृश्यता उन्मूलन और अस्पृश्य भाइयों का विकास करना, यह धार्मिक कार्य ही लगता था। उनकी सत्य और ईश्वर पर बहुत अधिक श्रद्धा थी। उन्होंने सन् 1908 में मुम्बई प्रार्थना समाज के वार्षिक समारोह में 'ईश्वर और विश्वास' विषय पर दिए भाषण में कहा है, "ईश्वर सत्यप्रवर्तक है, ऐसी सिर्फ राय होने से नहीं चलता। वह सत्य और शुभ का प्रवर्तक है, इसीलिए सत्य का अनुरोध करते हुए मेरा कितना भी नुकसान हुआ तो भी वह नुकसान मेरा या किसी का भी बिलकुल नहीं होगा, ऐसा विश्वास होना चाहिए। इस विश्वास से ईश्वर एवं हमारे बीच जो सच्चा और नजदीकी रिश्ता बन जाता है, वह बुद्धि से नहीं बनता।"[5]

महात्मा गांधी का सत्य के प्रति होनेवाला अनुरोध उनके जीवन कार्य से जिस तरह दिखाई देता है, उसी प्रकार सत्य के प्रति अनुरोध और धार्मिक कार्य के रूप में स्वीकृत कार्य पर निष्ठा शिंदे के कार्य एवं विचारों में दिखाई देती है। शिंदे में कार्य और ईश्वर के प्रति अडिग निष्ठा एकरूप हुई थी। उन्होंने अस्पृश्यता उन्मूलन का कार्य धार्मिक कार्य के रूप में स्वाभाविकता से अपनाया था। यह कार्य अधीरता से करें, ऐसी बेचैनी उन्हें लगी रहती थी। समाज क्या कहेगा, ऐसा विकल्प उनके मन में नहीं आया अपितु उन्हें समाज मन में परिवर्तन कर अस्पृश्यता नष्ट करना जरूरी लगता था। इसीलिए उन्होंने यह कार्य जोश से किया।

विट्ठल रामजी शिंदे द्वारा मुम्बई प्रार्थना समाज का प्रचारक पद स्वीकारने के पश्चात् धार्मिक कार्य का गति से विस्तार किया। प्रान्तीय कार्य में अलग-अलग शहरों के स्थानीय प्रार्थना समाज में उत्साह निर्माण किया। मुम्बई प्रार्थना समाज में कार्य की व्याप्ति बढ़ाने की दृष्टि से शिक्षित वर्ग, ब्राह्मण युवक संघ जैसे आन्दोलन और संस्थाएँ शुरू कीं, यह हमने देखा ही है। इसके परिणामस्वरूप प्रार्थना समाज के कार्य के प्रति जोश की भावना बड़े पैमाने पर निर्मित हुई। सन् 1906 में शिंदे द्वारा मिशन की स्थापना करने के पश्चात् उस कार्य का भी गति से विस्तार किया। महाराष्ट्र में अस्पृश्यता के प्रश्न पर अपूर्व जागृति लाने में उनके कार्य की परिणति हुई। वे मिशन की स्थापना के पश्चात् अलग-अलग शहरों में जब यात्रा करते तब प्रार्थना समाज के प्रचार कार्य के साथ स्वाभाविकता से मिशन का भी कार्य करते। अन्तर इतना ही आया कि मुम्बई शहर के प्रार्थना समाज के प्रासंगिक विधि संस्कार जैसे कार्यों के लिए वे जितना समय दे सकते थे, उतना समय दे पाना सम्भव नहीं था। प्रार्थना समाज के वेतन लेनेवाले प्रचारकों ने मिशन के कार्य का प्रसार कर उनमें अपनी कार्यशक्ति और समय नष्ट करने से प्रार्थना समाज के कुछ लोगों के मन में असन्तोष निर्मित हुआ। वस्तुतः विट्ठल रामजी शिंदे और मुम्बई प्रार्थना समाज में जो दूरी निर्मित हुई, उसके कारण मुम्बई प्रार्थना समाज की नरम और सफेदपोश नीति में ही दिखाई देते हैं। उन्होंने अपनी डायरी में 17 जनवरी, 1935 को दर्ज किया है, "मेरा और मुम्बई प्रार्थना समाज का सहयोग आज लगभग 20-25 साल से बन्द हुआ था। इसके कारण थे—

1. राजनीति
2. मेरा अस्पृश्यों के लिए शुरू किया अलग मिशन
3. मेरी स्वतंत्र एवं सीधी वृत्ति।"[6]

प्रार्थना समाज के कुछ नेताओं के असन्तोष के परिणामस्वरूप शिंदे के धर्मविषयक प्रचार कार्य पर पाबन्दी लगे, इसलिए प्रार्थना समाज की मैनेजिंग कमेटी ने एक उपसमिति नियुक्त कर स्वतंत्र कानून तैयार किया और उसके मुताबिक वे बर्ताव करें, ऐसा निर्णय लिया गया। शिंदे की स्वतंत्र प्रकृति को यह रास नहीं आया। वैसे तो रुपए का कोई प्रबन्ध न होते हुए भी उन्होंने जोश से धार्मिक कार्य का विस्तार शुरू किया था। उन्हें पहले कार्य करना फिर अनुभव

लेना और फिर यथासमय नियम बनाना, यह स्वाभाविक क्रम अच्छा लगता था। एक ओर पैसों की तजवीज नहीं, दूसरी ओर कार्य का ठीक अन्दाजा नहीं, ऐसी परिस्थिति में शाब्दिक नियमों की पाबन्दी उन्हें अप्रस्तुत लगने लगी।

शिंदे के मित्र वासुदेवराव सुखटणकर सन् 1907 के दौरान जर्मनी के बॉन विश्वविद्यालय में पी-एच.डी. का अनुसन्धान कर रहे थे। शिंदे उन्हें यहाँ की वर्तमान स्थिति बताकर उनसे राय माँगते थे और सुखटणकर भी खुले दिल से अपनी राय उन्हें बताते थे। प्रचारक ने बताया कि सदस्यों के घर गृह्य संस्कार निर्धारित संस्कार के आधार पर ही करने चाहिए, ऐसा एक नियम था। ब्राह्म समाज की स्वतंत्रता को यह नियम बाधा पहुँचानेवाला था, इसीलिए वह न हो, ऐसी सुखटणकर की राय थी। शिंदे को तो यह नियमों का झंझट अनावश्यक और चलती गाड़ी को रोकनेवाला लगने से वे परेशान हुए। शिंदे से अपने कार्य की डायरी रखें, बार-बार प्रतिवेदन दें आदि अपेक्षाएँ की जाने लगीं। शिंदे स्वयं डायरी रखने का कार्य स्वाभाविक रूप में और कार्य के अंग के रूप में पहले से ही करते थे। धार्मिक कार्य हेतु की प्रचार यात्रा, उसमें व्याख्यान देना, उपासना चलाना आदि धार्मिक कार्य सम्बन्धी हिस्सा 'सुबोध पत्रिका' में बार-बार प्रकाशित होता था। उनके इस प्रकाशित होनेवाले वृत्तान्त से शिंदे प्रचार कार्य कितनी गम्भीरता से व्यापक स्तर पर और स्तरीय रूप में चला रहे थे, इसका अन्दाजा कर सकते हैं, लेकिन शिंदे के मिशन के कार्य से नाराज होनेवाले प्रार्थना समाज के लोग असन्तुष्ट थे। शिंदे स्वयं जोश से बढ़िया कार्य करते हुए भी उन्हें यह कार्य अमुक समय और अमुक तरह से किया जाए, इस नियम की तकलीफ होने लगी। उनमें और समाज के लोगों में मतभेद बढ़ने लगे।

शिंदे के नजदीक न होनेवाले समाज के लोग तो नाराज थे ही, लेकिन उनके कुछ आत्मीय लोगों को भी उनकी नीति पसन्द नहीं थी। बाबण बापू कोरगाँवकर शिंदे के नजदीकी मित्र एवं सच्चे शुभचिन्तक थे और वे एकनिष्ठ ब्राह्म थे। उन्होंने भी शिंदे को अपनी राय खत के जरिये बताई। मार्च 1907 से कोरगाँवकर स्वास्थ्य के लिए नासिक के सैनिटेरियम में रहे थे। 19 मई, 1907 को शिंदे को लिखे पत्र में वे कहते हैं, "'डिप्रेस्ड क्लास मिशन' के कार्य का मुझे कोई महत्त्व नहीं लगता, ऐसा आप कहते हैं, वह मुझे कबूल नहीं हैं, लेकिन आप अपना समय बरबाद कर रहे हैं, ऐसा मुझे लगता है। आप जो कहते हैं वह सच है। मनुष्य का बल असीम न होकर काफी कम और समाजोन्नति के कार्य एक से बढ़कर एक हैं। कोई भी मनुष्य अकेला एक कार्य ठीक से नहीं कर सकेगा। अपने प्रार्थना समाज ने जो कार्य पहले से ही शुरू किए हैं, वे करतबी मनुष्य की मात्रा में अधिक हैं। स्वीकृत कार्य सन्तोषजनक शुरू रहने पर उसके सदस्यों ने अपनी ताकत दूसरी ओर लगाना ठीक नहीं है, ऐसी मेरी राय है। कर्वे, वेलीणकर का कार्य जैसे गति से शुरू है वैसे अपने समाज का हो रहा है, ऐसा आपको लगता है? अपनी रात्रि पाठशाला, बच्चों की कक्षा, महिलाओं की सभा, साप्ताहिक उपासना और उनमें से गायन, प्रेस आदि संस्थाओं में जान है, ऐसा कह सकते हैं? उसमें सुधार की जरूरत नहीं है? आपको 'डिप्रेस्ड क्लास मिशन' का कार्य अधिक महत्त्वपूर्ण एवं प्यारा लग रहा होगा, लेकिन आपने पहले ही एक सर्वश्रेष्ठ और अन्य सब कार्यों को बढ़ावा देनेवाले कार्य में अपने आप को न्योछावर किया है, उसका क्या होगा? आपने ब्राह्म धर्म जैसे सर्वव्यापी धर्म-प्रचारक का जो कार्य स्वीकृत किया है, वह ठीक से किया तो मुझे लगता है, आपकी 'डिप्रेस्ड क्लास मिशन' का कार्य करने को दूसरे लोग निर्माण होंगे और वे होने चाहिए। फिलहाल आपका रास्ता घोड़े के आगे गाड़ी रखने जैसा दिखाई देता है। खैर, आपको समाज ने जिस कार्य के लिए नियुक्त किया है और आपने जो कार्य स्वीकारा है, उस कार्य की ओर आपका जितना समय और ध्यान चाहिए, उतना नहीं है, ऐसा मुझे ही नहीं तो लगभग अधिकांश सदस्यों को लगता है। मुझे समाज का कार्य काफी महत्त्वपूर्ण लगता है। इसीलिए मैं ऑफिस जाकर ऑफिस के कार्य में लापरवाही कर समाज का कार्य करूँ तो आप मुझे कामचोर नहीं कहेंगे और मेरा ऐसा करना ईश्वर को पसन्द आएगा? अब आपको ऐसा लग रहा होगा कि 'डिप्रेस्ड क्लास मिशन' यह समाज का ही एक कार्य है, लेकिन मैं कहता हूँ कि इसका फैसला समाज को करना चाहिए। आपको ऐसा लगने से कोई उपयोग नहीं। खैर!"[7]

कोरगाँवकर का दृष्टिकोण समाज के सदस्यों का प्रातिनिधिक दृष्टिकोण कह सकते हैं। प्रचारक का कार्य यह मुख्यत: धर्म-प्रचार करना और समाज के आनुष्ठानिक कार्य करना है और मिशन जैसे लोकोपयोगी कार्य को कोरगाँवकर गौण स्थान देते हैं, लेकिन शिंदे के मतानुसार धार्मिक कार्य और अस्पृश्यता उन्मूलन कार्य में भेद नहीं है। इसीलिए मिशन का कार्य यह धार्मिक कार्य ही है, ऐसी उनकी शुरू से अन्त तक दृढ़ श्रद्धा थी। कोरगाँवकर ने अपने पत्र में एक मुद्दा यह प्रस्तुत किया था कि धार्मिक कार्य से ही मिशन का कार्य करने के लिए लोग आगे आएँगे। कोरगाँवकर का

आशावाद यथार्थ की नींव पर खडा है, ऐसा नहीं लगता। मुम्बई प्रार्थना समाज की स्थापना सन् 1867 में हुई, लेकिन शिंदे ने 40 साल की अवधि में मिशन का कार्य शुरू किया। ऐसे कार्य के लिए शिंदे के अलावा और कोई पुरुष आगे आया दिखाई नहीं देता। उल्लेखनीय बात यह कि प्रधानत: सफेदपोश मानसिकता के समाज के सदस्यों के अन्तकरण में अस्पृश्यों के प्रश्नों के प्रति सही निष्ठा नहीं थी। इसके अभाव में ऐसा कार्य करनेवाला पुरुष कैसे निर्माण होगा? शिंदे समाज के प्रचारक पद से मुक्त होने के पश्चात् भी समाज से ऐसा कार्य करनेवाला कोई भी पुरुष आगे आया नहीं, यह बात इसकी द्योतक कह सकते हैं।

इस सन्दर्भ में वासुदेवराव सुखटणकर की राय थोड़ी अलग थी। मिशन की स्थापना के साथ ही मिशन प्रार्थना समाज के अधीन हो या समाज से अलग हो, ऐसा प्रश्न उठ खड़ा हुआ था। 25 अक्टूबर, 1907 को बॉन को लिखे पत्र में वे कहते हैं, "मिशन समाज के अधीन है। समाज उस पर आपको मिशनरी के रूप में नियुक्त करे। ऐसा होने पर नाराजगी की गुंजाइश नहीं रहेगी। मिशन का कार्य आपका प्रमुख कर्तव्य होगा, लेकिन उसके लिए आप समाज को जिम्मेदार रहें। जैसे रात्रि पाठशाला या पंढरपुर का ऑरफेनेज वैसे ही मिशन भी समाज की एक संस्था है।"[8] उन्होंने दी हुई हिदायत निश्चित सोद्देश्य थी, लेकिन उसे यथार्थ का आधार था, ऐसा नहीं कहा जा सकता। शिंदे में अछूतों के लिए चलाए मिशन का कार्य करने की जो वृत्ति, दृष्टि एवं हिम्मत जरूरी होती है, वह थी। वह बाकी सफेदपोश प्रार्थना समाजीय सदस्यों में पहले से ही दिखाई नहीं देती थी और पूर्वानुभव पर गौर करें तो आगे दिखाई देने के असार नजर नहीं आते थे। मिशन प्रार्थना समाज के एक हिस्से के रूप में चलाए या नहीं, यह सिर्फ तकनीकी प्रबन्धन की बात नहीं थी। उसका अन्तकरण से सम्बन्ध था, अछूत वर्ग का सुधार करना और सवर्णों के मन से अस्पृश्यता की भावना नष्ट करना, इस सन्दर्भ में शिंदे जैसे बेचैन होनेवाले लोग समाज में नहीं थे।

मिशन की स्थापना के साथ ही वह किसके अधिकार में होनी चाहिए, यह प्रश्न उपस्थित हुआ। वह मुम्बई प्रार्थना समाज अपने अधिकार में रखकर अपनी जिम्मेदारी के तहत एक अन्तर्गत कार्य के रूप में चलाए या वह पूरे राष्ट्र का कार्य है, इसीलिए सभी की सहायता लेकर जितना आसान है, उतनी उसे बाहर से ही मदद करें, ऐसे दो मत थे। डॉ. भंडारकर का मत आरम्भ में पहले पक्ष में था। शुरू में मिशन की केन्द्रीय समिति पर सभी अधिकारी और सदस्य प्रार्थना समाज के नेता ही थे। प्रार्थना समाज के अध्यक्ष नारायण चन्दावरकर और उपाध्यक्ष सेठ दामोदरदास गोवर्धनदास, इन दोनों द्वारा विट्ठल रामजी शिंदे को मिशन शुरू करने की कल्पना और कोशिश को समर्थन एवं बढ़ावा मिला था। शिंदे ने उनकी सहायता से मिशन के कार्य की शुरुआत की। शुरू में मिशन के अध्यक्ष एवं उपाध्यक्ष ये दोनों ही थे। मिशन का सामाजिक उद्देश्य प्रार्थना समाज को पूर्णत: स्वीकृत था और मिशन का कार्य धार्मिक नींव पर ही चलाना था। यह नींव भी प्रार्थना समाज को स्वीकृत थी, लेकिन अस्पृश्य वर्ग से समाज को सदस्य मिले, ऐसा उद्देश्य समाज ने कभी भी नहीं रखा और मिशन ने भी ऐसी कोशिश कभी नहीं की। मिशन के जरिये प्रार्थना समाज को अस्पृश्य वर्ग से सदस्य मिलते हैं, ऐसी शिकायत करने का किसी को कभी अवसर नहीं मिला। बावजूद इसके प्रार्थना समाज द्वारा मिशन चलाने के बजाय वह अलग रखना ही शिंदे को उचित लग रहा था। इसका कारण मिशन का काम बढ़नेवाला था। अस्पृश्यता उन्मूलन का प्रश्न हिन्दुओं तक सीमित होने के बावजूद भी अस्पृश्यता उन्मूलन की जिम्मेदारी ब्रिटिश सरकार और हिन्दुस्तान में रहनेवाली हर जाति और धर्म की है, यह शिंदे की भूमिका थी। उन्हें लगता था कि आर्थिक सहयोग सभी से लेना है तो उसका उपयोग और सभी कार्य की जिम्मेदारी खुशी से जो लेना चाहते हैं, उन्हें सौंपने की नीति उचित रहेगी। सर नारायणराव चन्दावरकर और कमेटी के अन्य सदस्य उनकी राय से सहमत थे। इससे मिशन के कार्य में स्वतंत्रता हो, यह नीति अन्तत: डॉ. भांडरकर को भी रास आई और उसके मुताबिक मिशन के कार्य की शुरुआत हुई, लेकिन मिशन के आरम्भ में शुरू हुई कलह सन् 1910 के दरमियान तीव्र बनी और शिंदे प्रार्थना समाज के कार्य पर ही ध्यान दें, ऐसी पाबन्दियाँ लगाई जाने लगीं और शिंदे को तो 'जनता की सेवा यही ईश्वर सेवा' ऐसा ब्राह्म समाज और प्रार्थना समाज हमेशा प्रतिपादन करता था, वही प्रमाण लगता था और अछूत वर्ग की सेवा में हम प्रार्थना समाज की सेवा विशेष उत्कटता से करते हैं, ऐसी उनकी राय थी। शिंदे अपनी मानसिकता का वर्णन करते समय लिखते हैं, "लेकिन मैं मिशन में समय न गँवाते हुए समाज से ही चिपककर रहूँ, ऐसा व्यक्तिश: मेरे सन्दर्भ में विवाद शुरू हुआ तो मेरी दशा नाजुक बनी। भाग-दौड़, चिन्ता रहती थी। उसमें आत्मसमर्थन का जिम्मा मुझ पर आ पड़ा, वह भारी लगने लगा। मिशन और समाज, दोनों कार्य मैं सँभाल रहा था।"[8]

मुम्बई प्रार्थना समाज के नेताओं की नीति के सन्दर्भ में कुछ आस्थावान युवा समाजियों के मन में तीव्र स्वरूप की नाराजगी थी। इनमें से प्रार्थना समाज के पहले प्रचारक सदाशिव पांडुरंग केलकर के बेटे डॉ. माधव एक थे। सन् 1910 में उन्होंने 'महिलाओं की गुलामी से मुक्ति' नामक पुस्तक में सदस्यों के दोष सामने रखे थे। बाद में पाँच साल पश्चात् लिखी 'पागल समाजिस्ट की बर्राहट' या 'महाराष्ट्र के प्रार्थना समाज का अन्तरंग' नामक पुस्तिका में उन्होंने दर्ज किया है कि उन दोनों में से एक भी बात में इन पाँच सालों में सुधार नहीं हुआ अपितु वह पुस्तक जब प्रकाशित हुई, उसी दिन श्रीमान शिंदे को मिशनरी नहीं कहा जाएगा, ऐसा प्रस्ताव साधारण सभा में पारित हुआ। उन्होंने इसे दुर्भाग्य की बात कहा है। मुम्बई प्रार्थना समाज की नीति का रहस्य उन्होंने निम्नलिखित ढंग से बताया है, "समाज का धर्म यानी अवकाश-फुरसत का धर्म है, यह महासूत्र समझे बगैर समाज के सन्दर्भ में कुछ पता नहीं चलेगा।"[9] शिंदे के सन्दर्भ में प्रार्थना समाज ने अपनाई नीति को परम्परा कहकर स्पष्ट करते हुए डॉ. माधव केलकर ने यह भी कहा है, "मुम्बई समाज के आज तक तीन मिशनरी हुए और तीनों को ही समाज कमेटी के सामने पस्त होना पड़ा।"[10]

शिंदे द्वारा अस्पृश्य वर्ग के लिए चलाया मिशन का कार्य मुम्बई प्रार्थना समाज को जँचता नहीं था और समाज उन पर नाराज था। इसका मुख्य कारण प्रार्थना समाज का सफेदपोश स्वरूप ही था, ऐसा कहा जा सकता है। जे.वी. नाईक ने प्रार्थना समाज का सफेदपोश स्वरूप कैसा था, यह सदस्यों की जातीय संख्या, सदस्यों के कारोबार आदि की जानकारी देकर साधार स्पष्ट किया है। प्रार्थना समाज की सदस्य संख्या किसी भी साल में दो सौ से अधिक नहीं थी। ब्राह्मण और सारस्वत, इन ऊँची जाति के ही सदस्य अधिक मात्रा में होते थे और वे अध्यापक, वकील, डॉक्टर आदि सफेदपोश थे। सन् 1907 तक दो पारसी, दो मुस्लिम और एक इस्रायली ज्यू—ऐसे पाँच हिन्दुओं के सिवा अन्य धर्म के सदस्य बने थे। अस्पृश्य वर्ग के गणेश आकाजी गवई और किसान फागुजी बनसोडे एवं सय्यद अब्दुल कादर नामक मुस्लिम सज्जन शिंदे के प्रभाव की वजह से समाज में आए थे। जे.वी. नाईक कहते हैं, "प्रार्थना समाज के निर्माण में सिर्फ अल्पसंख्यक उच्च वर्ण के हिन्दुओं का ही सहभाग था, इस सच्चाई को नजरअन्दाज नहीं किया जा सकता। ये सब नागरी या तत्सम विभाग के बुद्धिजीवी शिक्षित थे।" आगे उन्होंने यह भी कहा है, "प्रार्थना समाज के नेता मंच पर जाति भेद के बुरे असर के सन्दर्भ में कहते रहे, लेकिन जाति भेद से खोखली बनी हिन्दू समाज की सामाजिक गुलामी के खिलाफ विद्रोह कर अपना मानवी भाईचारे का बुनियादी तत्त्व प्रत्यक्ष में लाने की ठोस कोशिश प्रार्थना समाज नामक संस्था ने नहीं की।"[11] नाईक का कहना उचित ही है। विट्ठल रामजी शिंदे द्वारा चलाई अस्पृश्यता उन्मूलन की कोशिश प्रार्थना समाज की सफेदपोश संवेदनशीलता को रास नहीं आई।

मुम्बई प्रार्थना समाज के दो प्रचारक हों, ऐसा तय हुआ था। सन् 1907 में शिंदे के मित्र वासुदेवराव सुखटणकर जर्मनी से पी-एच.डी. प्राप्त कर वापस लौटे तो उन्होंने प्रार्थना समाज के प्रचारक पद की जिम्मेदारी स्वीकारी, लेकिन संयोग से उन्हें 6-8 मास की अवधि में उन्हें यह काम छोड़कर सिन्ध प्रान्त के हैदराबाद में जाना पड़ा। इसका अर्थ था कि प्रार्थना समाज के बढ़ते कार्य का जिम्मा शिंदे को ही उठाना पड़ता था, लेकिन समाज के पदाधिकारी यानी अध्यक्ष, उपाध्यक्ष और बाकी सदस्यों को पता चला था कि मिशन के कार्य से शिंदे को छुटकारा मिलना असम्भव था। शिंदे और प्रार्थना समाज में मिशन के सन्दर्भ में एक तनाव पैदा हुआ था। इसका दूसरा भी एक कारण था।

यह दूसरा कारण यानी शिंदे की राजनीतिक भूमिका। सन् 1907-08 के दौरान हिन्दुस्तान की राजनीति में राष्ट्रीय पक्ष और प्रागतिक पक्ष अर्थात् नरम दल या गरम दल, ऐसे दो पक्ष प्रमुख थे। नरम दल के लोगों का ध्यान समाज-सुधार और सरकार से मिल-जुलकर काम करने की ओर अधिक था, लेकिन गरम दल के लोगों का ध्यान सरकार से संघर्ष कर ज्यादा-से-ज्यादा राजनीतिक अधिकार हासिल करना था। सरकार के खिलाफ होना यह तो जैसे उनकी मानसिकता का हिस्सा बन गया था, लेकिन शिंदे को प्रार्थना समाज के कार्य में और विशेषत: मिशन के कार्य में जितनी हो सके, उतनी सहायता की जरूरत थी और इस नीति से काम करते समय कोई भी मुसीबत आए तो भी उन्होंने अपनी राय स्वतंत्र और अभिव्यक्ति स्वतंत्रता अबाध रखने की तैयारी हमेशा दिखाई थी। राजनीति में अपनी राय और कार्य के लिए कोई भी त्याग करने की और मुसीबतों का सामना करने की तैयारी हमेशा दिखाई थी। राजनीति में उनकी राय और रुझान पूरी तरह एकाकार नहीं हुई क्योंकि ऐसी एकरूपता की वजह से स्वयं के मतों को दबाना पड़ता है। शिंदे की भूमिका में यह बात अनुचित थी। उदाहरण के तौर पर, कह सकते हैं कि सामाजिक सुधार के सन्दर्भ में राष्ट्रीय पक्ष के लोग उदासीन थे और यथाप्रसंग खिलाफ भी। शिंदे ने मात्र सामाजिक

सुधार के कार्य में स्वयं को पूरी तरह से समर्पित किया था, लेकिन उन्होंने अपने राजनीतिक मतों को प्रार्थना समाज पर थोपने की कोशिश कभी नहीं की।

सन् 1907 में लोकमान्य तिलक ने शराबबन्दी आन्दोलन बड़ी धूमधाम से शुरू किया। उसमें कई दलों और ईसाई मिशनरियों ने भी सहभाग लिया। शिंदे का गरम दल और कांग्रेस के विधायक कार्य की ओर झुकाव था। उन्होंने सन् 1895 के कांग्रेस में स्वयंसेवक के रूप में कार्य किया था, इसका जिक्र हुआ ही है। तिलक की शराब विरोधी सभा में पुणे में 23 अप्रैल 1907 को शिंदे शामिल भी हुए थे। डॉ. भंडारकर, हेरॉल्ड एच. मैन आदि सभा में शामिल हुए थे। इस दौरान सरकार को तिलक के प्रति रोष था। इसकी वजह तिलक ने कांग्रेस अधिवेशन को तितर-बितर कर दिया था और कांग्रेस को अपने पक्ष में खींचा था। तिलक के इस बढ़ते प्रभाव की वजह से और शराब विरोधी आन्दोलन से दिखाई देनेवाले आक्रमण से सरकार का गुस्सा बढ़ा था। परिणामत: शराब विरोधी एक जाहिर सभा में सरकार के खिलाफ बात करने की वजह से सरकार ने उन्हें 6 साल की कड़ी सजा सुनाई। सजा के बाद शिंदे ने इतवार की साप्ताहिक उपासना चलाते समय गद्गद होकर लोकमान्य का जिक्र किया।[11] "जनता के नेता को इतने लम्बे कारावास में स्वास्थ्य मिले। शरीर को आराम और मन को शान्ति मिले। इतना ही नहीं तो उनकी जहाँ पर गलती हुई हो तो उन्हें उदात्त सत्य की राह मिले।" ऐसी उन्होंने स्पष्ट शब्दों में प्रार्थना की। इस सन्दर्भ में समाज में खलबली मची। सर नारायण चन्दावरकर और डॉ. भंडारकर आदि ने इस सन्दर्भ में शिंदे को बुलाकर स्पष्टीकरण माँगा। उन्होंने नम्रता से कहा, "मुझे आपने विश्वास़ से आचार्य एवं प्रचारक नियुक्त किया है। समाज में सभी मत और सभी स्तर के मनुष्य हैं, यह मैं पूरी तरह से जानता हूँ। ईश्वर के सामने खड़ा होकर प्रार्थना करते समय भारत का समग्र भविष्य जानकर प्रार्थना करना मेरा आवश्यक एवं पवित्र कर्तव्य है। इसमें ब्रिटिश सरकार की योग्यता पहचान कर मेरा आध्यात्मिक कर्तव्य निभाना जरूरी है। इसमें मैंने हिम्मत हारी तो खुद काबिल नहीं रहूँगा। आपका विश्वास हो तभी मुझे इस पद पर रखना, लेकिन मेरे कार्य में मुझे और मेरे ईश्वर को जिम्मेदार रहने दीजिए।" उनका यह अन्तिम उत्तर सुनकर चन्दावरकर और भंडारकर ने उचित विचार किया। शिंदे के ऊपर इस सन्दर्भ में कोई भी कार्रवाई करना उचित नहीं होगा, यह उन्होंने मन-ही-मन जान लिया था। अपनी भूमिका समझाने से शिंदे के मन में उनके प्रति कृतज्ञता निर्मित हुई।

इस घटना के पश्चात् महाराष्ट्र में बड़ा कहर मचा। सन् 1908 में नासिक शहर में एक दु:खद घटना घटी। वहाँ के लोकप्रिय कलेक्टर जैक्सन की हत्या हुई। जैक्सन की हत्या की खबर से महाराष्ट्र के प्रगल्भ विचारों के लोकनेताओं को हादसा पहुँचा और ब्रिटिश अफसरों में एक तरह का असन्तोष और असुरक्षा की भावना पैदा हुई। विट्ठल रामजी शिंदे ने अस्पृश्यता उन्मूलन कार्य सम्बन्धी जो नीति अपनाई थी, वह थी कि समाज के सभी वर्ग के जिम्मेदार नेता एवं लोगों को इस कार्य में शामिल कर लेना। इस नीति के अनुरूप अछूत वर्ग के नेता, सवर्णों में से नरम-गरम दल के नेताओं के साथ ही रियासतें आदि को वे अपने कार्य में शामिल कर लेते थे। साथ ही और एक महत्त्वपूर्ण इकाई यानी अंग्रेजों की राजसत्ता को चलानेवाला प्रभावी वर्ग यानी यहाँ के स्थानीय और लश्कर शासक थे। शिंदे को यदि किसी जिले में अस्पृश्यता उन्मूलन कार्य के लिए एकाध नई समिति गठित करनी हो तो पहले वहाँ के कलेक्टर से मुलाकात करते थे। मिशन के कार्य और उद्देश्य की उन्हें उचित जानकारी देकर उन्हें इस कार्य में शामिल होने की विनती करते थे। धारवाड़ में उन्होंने ऐसे ही कलेक्टर को शामिल कर कमेटी का अध्यक्ष पद उन्हें सौंपा था। नासिक के कलेक्टर जैक्सन को भी मिशन की स्थानीय कमेटी में शामिल कर इस कार्य में उनकी सहायता ली थी। यह नीति शिंदे ने सर्वत्र अपनाई थी। शिंदे ने अंग्रेज अफसरों के साथ उदार ईसाई मिशनरियों को भी इस कार्य में शामिल किया था। शिंदे ने सिर्फ कलेक्टर ही नहीं तो मुम्बई राज्य के गवर्नर को भी इसका महत्त्व समझाया था और उस समय के गवर्नर सर जॉर्ज क्लार्क ने अपनी बेटी मिस वायोलेट को मिशन की सहायता के लिए गाने की महफिल करने की अनुमति दी थी। पुणे विभाग में डॉ. हेरॉल्ड एच. मैन, कर्नल स्टीन, मि. सिजवीक जैसे स्थानीय और सेना अफसर सदस्य बनकर चन्दा जमा करने में मदद किया करते थे। बाकी नेताओं के साथ ही ब्रिटिश अफसरों की बहुमूल्य सहायता लेते समय अंग्रेज अफसर की हत्या जैसी निन्दनीय घटना इस कार्य में मनहूस साबित होनेवाली थी। ब्रिटिश अफसर और देशीय समाज में दूरी और अविश्वास का वातावरण निर्माण करनेवाली थी। इस घटना की वजह से मिशन के स्थानीय पदाधिकारियों में असन्तोष निर्मित हुआ, खासकर इस हत्या का मिशन के कार्य से बिलकुल सम्बन्ध नहीं

था अपितु इस घटना के परिणाम के रूप में मिशन के स्थानीय विभाग में असन्तोष निर्मित हुआ और पुणे विभाग की ओर से शिंदे और अध्यक्ष चन्दावरकर को तत्काल पत्र भेजे गए। चन्दावरकर को चिन्ता सताने लगी। शिंदे उन्हें मिले और 'मैं पुणे जाकर वहाँ के लोगों से मिलकर सन्देह दूर कर वापस आता हूँ' ऐसा वचन उन्होंने चन्दावरकर को दिया और वे पुणे गए। उस समय सर जॉन म्यूर मैकेंज़ी मुम्बई सरकार कार्यकारी मंडल में मुख्य सदस्य थे। उनकी पत्नी लेडी म्यूर मैकेंजी इस मिशन की महिला कमेटी की अध्यक्षा थी। इन दोनों को मिशन की नीति और मिशन के कार्यों के प्रति अच्छी जानकारी थी। शिंदे ने इन दोनों को मिशन की पवित्रता के बारे में यकीन दिलाया। इस मुलाकात में शिंदे को सर जॉन म्यूर मैकेंजी ने स्पष्ट बताया, "सर नारायण चन्दावरकर का नाम और आपके कार्य के तफसील से आपके बारे में रत्तीभर भी सन्देह हमारे मन में नहीं आएगा, यह पक्का ध्यान में रखिए और अपना कार्य अविराम आगे जारी रखें। जो गुनाह हुआ है, उसका सरकार उचित इन्तजाम करेगी। आप तक उसकी आँच नहीं आएगी।" सर मैकेंजी का विश्वास के साथ हिम्मत देनेवाले वाक्य सुनकर शिंदे निश्चिन्त हो गए। कमेटी के अध्यक्ष डॉ. मैन पुणे शाखा के कार्य में स्वयं ध्यान देते थे। उन्हें कोई सन्देह नहीं था। शिंदे पुणे में भेंट देकर उचित वातावरण निर्मित कर मुम्बई वापस लौटे। वापस लौटने पर उन्हें अपने टेबल पर सर नारायणराव का इस्तीफा मिला। शिंदे शीघ्र ही चन्दावरकर के पास गए। सर जॉन म्यूर मैकेंजी, डॉ. मैन या और किसी ब्रिटिश अफसर के मन में मिशन के प्रति मैल नहीं आदि बातें स्पष्ट कीं। ऐसी भाग-दौड़ के समय नामदार गवर्नर से मिलना उचित नहीं होगा। यह हवा कम होने पर मिशन का एक शिष्टमंडल गवर्नर के पास जाएगा, घटी हुई शोचनीय घटना से किसी भी तरह का सम्बन्ध न दिखाते मिशन की जरूरतें उनके सामने रखकर उनकी हमदर्दी और सहायता प्राप्त करने की कोशिश करें, ऐसी परिपक्व सलाह सर जॉन म्यूर मैकेंजी ने दी। उन दोनों में हुई बातचीत का ब्यौरा सर नारायण चन्दावरकर को उन्होंने बताया। शिंदे की यह पूरी बात सुनने पर उन्होंने इस्तीफे की जिद नहीं की, लेकिन इस सन्दर्भ में उनके मन में शिंदे को लेकर मैल रहा होगा अर्थात् शिंदे का अत्याचारी राह पर भरोसा है, ऐसा उन्हें कभी भी लगना सम्भव नहीं था। यह बात सच हो तो भी शिंदे का गरम दल की ओर होनेवाला झुकाव, उनका लोकमान्य तिलक से सम्बन्ध, ये बातें चन्दावरकर को निश्चित ही पसन्द नहीं आई होंगी। शिंदे लोकमान्य तिलक के साथ शराब विरोधी सभाओं में हिस्सा लेते थे। डॉ. भंडारकर भी शराब विरोधी आन्दोलन से सहमत थे, चन्दावरकर भी इससे सहमत होंगे ही, लेकिन शिंदे का प्रत्यक्ष सभा में तिलक के साथ शामिल होना चन्दावरकर को जँचनेवाला नहीं होगा। इसीलिए शिंदे के गरम दल के राजनेताओं से होनेवाले सम्बन्ध की वजह से हम कभी भी मुसीबत में आएँगे, यह सन्देह चन्दावरकर को हुआ होगा। वैसे चन्दावरकर जैसी भूमिका होनेवाले प्रार्थना समाज के बाकी लोगों को भी शिंदे की राजनीतिक भूमिका पसन्द नहीं थी। प्रार्थना समाज के नेताओं की शिंदे से दूरी बढ़ने का यह और एक कारण था।

कुल मिलाकर शिंदे ने अस्पृश्यों के लिए शुरू किया मिशन और वह स्वतंत्र रूप में चलाने की उनकी भूमिका, मिशन के कार्य के लिए दिया जानेवाला समय, उनका राजनीति के सन्दर्भ में स्वतंत्र और गरम दल की ओर झुकाव और वक्त आने पर राजकीय नेताओं ने चलाए आन्दोलन में उनका सहभाग आदि ऐसे कई कारणों की वजह से मुम्बई प्रार्थना समाज की मंडलियों के मन में शिंदे के प्रति धीरे-धीरे दूरी बढ़ने लगी। सन् 1907-08 के पश्चात् एक दो साल में यह दूरी बढ़ती ही गई। शिंदे का मिशन का कार्य गति से बढ़ रहा था। उन्हें इस कार्य में बड़ी सफलता और सम्मान प्राप्त हो रहा था।

सर जॉन म्यूर मैकेंजी के दिए सुझाव के अनुसार एक प्रतिष्ठित शिष्टमंडल मुम्बई इलाके के गवर्नर सर जॉर्ज क्लार्क के पास भेजना तय किया और उसके अनुसार यह शिष्टमंडल 25 अगस्त, 1910 को पुणे गवर्मेंट हाऊस में गवर्नर से मिला। प्रस्तुत शिष्टमंडल में श्रीमती सईबाई परांजपे (प्रिंसिपल र.पु. परांजपे की पत्नी) डॉ. हेरॉल्ड एच. मैन, बैरिस्टर एच.ए. वाडिया, दि.ब. गोडबोले, प्रो. धोंडो केशव कर्वे और स्वयं शिंदे आदि मंडली थी। प्रथम श्रीमती सईबाई ने भाषण दिया। बाद में शिंदे ने भाषण कर मिशन की ओर से लिखित अर्जी प्रस्तुत की। इस अर्जी में निम्नलिखित माँगें प्रस्तुत की थीं :

1. ना. गवर्नर मिशन के संवैधानिक नियमों के मुताबिक मिशन को पैट्रेन के रूप में 5,000 रुपए देकर उदार आश्रयदाता बने।
2. मुम्बई सरकार 'मातृसंस्था' को उदार अनुदान (ग्रांट इन एड) दें।

3. मिशन की स्वतंत्र निधि से शासकीय अनुमति की पाठशाला से अस्पृश्य छात्रों को छात्रवृत्ति देना तय किया है। उसमें से खर्चे का तीसरा हिस्सा सरकार ग्रांट के रूप में दे। इस निधि को 'मिस वायोलेट क्लार्क मेमोरियल छात्रवृत्ति' यह नाम देने की अनुमति दी जाए (मिस वायोलेट क्लार्क ने गाने की महफिल से मिशन को बड़ी आर्थिक मदद की थी। उनका एक साल पूर्व अचानक दुर्भाग्य से अन्त हुआ था)।
4. मुम्बई इलाके के शिक्षा विभाग की दोयम पाठशालाओं से इलाके के अस्पृश्य छात्रों का ज्यादा प्रवेश हो और
5. उस सन्दर्भ का विस्तार से प्रतिवेदन शिक्षा विभाग में प्रकाशित किया जाए, ऐसा आदेश उस विभाग को दिया जाए। इलाके में नगर निगम और बाकी स्थानीय संस्थाओं को अस्पृश्यों के लिए नई पाठशाला खोलने के लिए और पुरानी पाठशालाओं में उपस्थिति बढ़ाने की सूचना दी जाए।

गवर्नर साहब ने उपर्युक्त माँगों के उचित उत्तर दिए। मिशन का जनमत पर असर सबसे महत्त्वपूर्ण है और शिक्षा के सन्दर्भ में सिर्फ वाङ्मयीन शिक्षा न देकर औद्योगिक शिक्षा की ओर ध्यान देना होगा, यह अभिप्राय व्यक्त किया। गवर्नर साहब ने शिष्टमंडल का उचित आतिथ्य किया और सभी सदस्यों का आस्था से स्वागत किया।

मिशन के शिष्टमंडल की गवर्नर सर जॉर्ज क्लार्क से हुई मुलाकात महत्त्वपूर्ण तथा मिशन के कार्य को काफी फायदेमन्द साबित हुई। मुम्बई सरकार ने शीघ्र ही यह प्रस्ताव स्वीकृत किया। मुम्बई सरकार ने मिशन की माँगों की अर्जी और गवर्नर ने दिए उचित उत्तर की अलग प्रतियाँ छपवाकर हर जिला अफसर के पास भेजी जाएँ और मिशन की माँगों पर जिला नगर निगम का ध्यान केन्द्रित किया जाए, ऐसा प्रस्ताव पारित किया। मुम्बई सरकार के प्रस्ताव की वजह से अस्पृश्यों के प्रश्नों की ओर सरकार आस्था से ध्यान दे रही है, इसका एहसास निर्मित होकर इस सन्दर्भ के कार्यों में बढ़ावा मिलने से सहायता मिली। स्वयं गवर्नर मिशन के कार्य से प्रभावित हुए थे। इस दौरान उन्होंने फर्ग्युसन कॉलेज को भेंट देने के पश्चात् जो भाषण दिया, उस भाषण से युवा छात्रों का ध्यान मिशन के कार्य की ओर खींच लिया। उन्होंने कहा, "हिन्दुस्तान की अलग-अलग जातियों को इकट्ठा करके हिन्दुस्तान में एक राष्ट्र निर्माण करना, यह सरकार का उद्देश्य और कर्तव्य है। फिलहाल यह कार्य सभी ओर शुरू होने के आसार दिखाई दे रहे हैं। उसमें भारतीय निराधार सहायकारी मंडली के यानी डी.सी. मिशन के कार्य से हिन्दुस्तान में विश्वबन्धुत्व निर्माण हो रहा है। उसका मैं यहाँ विशेष जिक्र करता हूँ। इंग्लैंड के कई कॉलेजों में ऐसे मिशन के लिए मिशनरियों की पूर्ति हो रही है। इस सन्दर्भ में आप भी आपको जितना समय सम्भव है, उसकी पूर्ति कर पुणे के कार्य में मदद करेंगे तो अच्छा होगा।"

मिशन के चौथे पारितोषिक समारोह के अवसर पर पाँच दिवसीय समारोह सम्पन्न हुआ। इस समय गवर्नर के दिए भाषण में भी मिशन के कार्य की नीति एवं महत्त्व की ओर उच्च वर्ग का ध्यान अछूत वर्ग के दुख की और खींचना, दूसरी ओर अस्पृश्यों में शिक्षा का प्रसार कर उन्नति करना आदि का जिक्र किया। गवर्नर सर जॉर्ज क्लार्क ने मिशन के कार्य की खुलेआम तारीफ की और इसका महत्त्व समझाया। पिछले साल कलेक्टर जैक्सन की हत्या की वजह से मिशन सम्बन्धी कुछ अफसरों के मन में नाहक गलतफहमी हुई थी। गवर्नर जॉर्ज क्लार्क का इस प्रान्ताधिकारी द्वारा किया मिशन का सम्मान देखकर मिशन सम्बन्धी सन्देह का खंडन हुआ।

मिशन सम्बन्धी राजनीतिक स्वरूप के सन्देह का माहौल जैक्सन की हत्या के पश्चात् निर्माण हुआ था जो एक-दो साल में दूर हुआ। गवर्नर जैसे जिम्मेदार अफसर ने मिशन के कार्य का बड़प्पन और विश्वसनीयता खुलेआम व्यक्त की। इसके पश्चात् भी मुम्बई प्रार्थना समाज मंडलियों के मन में शिंदे के प्रति निर्माण हुई दूरी कम होने के बजाय बढ़ती ही गई। शिंदे द्वारा शुरू किए गए अस्पृश्यता उन्मूलन कार्य का आन्दोलन बड़े पैमाने पर फैला। उसका बोलबाला बड़े पैमाने पर होने लगा। इस कार्य को सभी ओर से बढ़ावा मिलने लगा और माँग बढ़ने लगी, ऐसा दृश्य दिखाई देने लगा। इस समय महाराष्ट्र के सामाजिक-सांस्कृतिक वातावरण में विट्ठल रामजी शिंदे की तसवीर प्रभावी दिखाई देने लगी। वह प्रधानत: उनके द्वारा शुरू किए अस्पृश्यता उन्मूलन के कार्य की वजह से थी। मिशन यानी शिंदे ऐसा ही सूत्र उस समय महसूस होने लगा था। अनजाने ही इसका मुम्बई प्रार्थना समाज के नेताओं पर प्रतिकूल असर हुआ होगा। शिंदे के उग्र स्वरूप के मत तो इन लोगों को कभी जँचनेवाले नहीं थे, तिस पर शिंदे के मिशन के कार्य का बढ़ता बोलबाला। इस वजह से उनके प्रति प्रार्थना समाज में दूरी बढ़ती गई होगी। एक तरह से उसका विरोध में ही परिवर्तन हुआ। उसकी परिणति के रूप में प्रचारक फलाने-फलाने नियम के मुताबिक पेश आएँ, समय पर कार्य का प्रतिवेदन भेजें, डायरी रखें, ऐसी जिद शुरू हुई। शिंदे वर्ष के अन्त में प्रतिवेदन तो लिखते ही थे। यथासमय अखबार में प्रकाशित

करते थे। नियमित उपासना चलाते थे। उसमें ब्रह्म मत के अनुरूप परिपक्व विचारों को सरलता से प्रस्तुत कर धर्म जागृति का कार्य करते थे। उनके कार्य का प्रतिवेदन और व्याख्यानों के वृत्तान्त अखबारों में प्रकाशित होते थे क्योंकि उनके कार्य को प्रसिद्धि की जरूरत भी होती थी बल्कि यह प्रसिद्धि ही उनके कार्य विस्तार का हिस्सा थी। शिंदे द्वारा प्रार्थना समाज का कार्य जिम्मेदारी से निभाने के बावजूद उन्हें अपना कार्य नियमों में बिठाए, यह जिद जँचनेवाली नहीं थी और पसन्द भी नहीं थी। इस समय की अपनी मानसिकता का वर्णन उन्होंने इस तरह किया है, "मैं इस वजह से हर बार परेशान होने लगा। मैंने समाज का कार्य आध्यात्मिक कार्य मानकर स्वीकारा था। मुझे एकाध ऐहिक नौकरी की तरह लिखित इस्तीफा देकर उससे मुक्ति पाना अच्छा नहीं लग रहा था। मैंने जिस नौकरी के लिए अर्जी की ही नहीं थी, वह खत्म कैसे होगी?" उन्होंने अन्त:प्रेरणा से प्रचारक के रूप में समर्पित होने का निर्णय लिया था। उन्हें इस स्थिति से मुक्त होने का एक ही रास्ता दिखाई देने लगा कि समाज की ओर से दी जानेवाली छोटी-सी तनख्वाह लेना बन्द करना, लेकिन समाज की नौकरी न छोड़ना। क्योंकि धर्म-प्रचार करना उनकी जिन्दगी का एक हिस्सा बन चुका था। वे धर्म-प्रचारक का कार्य करते समय हमेशा यात्रा पर होते। उन्होंने घर पर पत्र लिखा कि मेरे घर में न होने के पश्चात् अगर किसी ने तनख्वाह लाकर दी तो घर का कोई भी व्यक्ति उसका स्वीकार न करे।

अन्त में इस दूरी का असर यह हुआ कि सन् 1910 के नवम्बर में मुम्बई प्रार्थना समाज की कमेटी ने यह प्रस्ताव पारित किया कि वि.रा. शिंदे को यहाँ से आगे मुम्बई प्रार्थना समाज का प्रचारक न कहा जाए। इस तरह नवम्बर, 1903 से मुम्बई प्रार्थना समाज के प्रचारक के रूप में सात सालों से अविराम और अथक कार्य करने के पश्चात् मुम्बई प्रार्थना समाज से प्रचारक के रूप में होनेवाला रिश्ता खत्म हुआ। शिंदे के जीवन की यह एक अन्तिम घटना है। वि.रा. शिंदे ने जिस कार्य से कोई भी लौकिक स्पृहा मन में न रखकर स्वयं को समर्पित किया, उस संस्था से बाहर होने के, उससे दूर होने के भयावह शोकात्म प्रसंग शिंदे के जीवन में आते रहे। उसमें से यह शिंदे पर गुजरी पहली घटना थी। उन्हें यह चोट सहने के लिए वाकई अपनी आध्यात्मिक शक्ति को समेटना पड़ा होगा। उन्हें इस घटना का मुकाबला करने के लिए सच्चाई पर होनेवाली अटल श्रद्धा ही उपयोग में आई होगी।

सन्दर्भ

1. द्वा.गो. वैद्य, *प्रार्थना समाजाचा इतिहास,* पृ. 114
2. इन कई लोगों में कौन था यह समझने का प्रमाण नहीं, ऐसी टिप्पणी द्वा.गो. वैद्य ने दी है।
3. द्वा.गो. वैद्य, *प्रार्थना समाजाचा इतिहास,* पृ. 148-49
4. विट्ठल रामजी शिंदे, *रोजनिशी,* पृ. 28-29
5. विट्ठल रामजी शिंदे, *धर्म, जीवन व तत्त्वज्ञान,* पृ. 187
6. शिंदे की 1935 की छोटी डायरी, *शिंदे के दस्तावेज*
7. शिंदे का पत्राचार
8. विट्ठल रामजी शिंदे, *माझ्या आठवणी व अनुभव,* पृ. 265
9. माधव केलकर, *एका वेड्या समाजिस्टाचे बरलणे अथवा महाराष्ट्रातील प्रार्थना समाजाचे अन्तरंग,* पृ. 5
10. वही
11. जे.वी. नाईक, प्रार्थना समाजाची जडणघडण, *लोकसत्ता,* दीपावली अंक, 1995

पुणे में स्थानान्तरण

विट्ठल रामजी शिंदे ने अपनी आत्मकथात्मक रचना में उनके जन्म के पश्चात् ज्योतिषी द्वारा बताई जन्मपत्री यथावत् दी है। उन्होंने इस जन्मपत्री के सन्दर्भ में लिखते समय कहा है, "उपर्युक्त अशुद्ध लिखावट से पुरोहित बाबा बहुत बड़े भाषा पंडित थे, ऐसा दिखाई नहीं देता। उनका ज्योतिषशास्त्र का ज्ञान कितना गहरा था, मुझे यह कहने का अधिकार नहीं।" फलश्रुति जाँचने के पश्चात् कुंडली में बताया योग घटित न हुआ, ऐसा उन्होंने दर्ज किया है, लेकिन आलोचना करते हुए उन्हें अपने जीवन-सम्बन्धी एक विशेषता की बात महसूस हुई कि उनके जीवन में हर दस साल बाद एक व्यापक परिवर्तन होता रहा। उनका जन्म सन् 1873 में हुआ। सन् 1882-83 में उनके जीवन में पहला परिवर्तन यह हुआ कि उनका विवाह हुआ। पिताजी ने शादी के लिए पुरखों का घर गिरवी रखकर ऋण लिया। इसके तहत गरीबी का सामना करना पड़ा। उनके बड़े भाई की मृत्यु हुई और उनकी प्राथमिक शिक्षा पूरी हुई। दूसरा परिवर्तन सन् 1892-93 में घटित हुआ। मैट्रिक्युलेशन परीक्षा पास होने के पश्चात् जमखंडी की पाठशाला में उन्हें जो अध्यापक की पहली नौकरी मिली थी, वह छूट गई और वे कॉलेज की पढ़ाई के लिए पुणे गए। तीसरा परिवर्तन सन् 1903 में हुआ। वे विदेश से धार्मिक शिक्षा पूरी कर मुम्बई वापस लौटे। प्रार्थना समाज के प्रचारक के रूप में सार्वजनिक कार्य की शुरुआत की। चौथा परिवर्तन 1912-14 के आसपास घटित हुआ। उनका प्रार्थना समाज से प्रचारक के नाते होनेवाला रिश्ता खत्म हुआ। भारतीय निराधार सहायकारी मंडलियों के कार्य की आधी तपस्या खत्म हुई। मुम्बई शहर छोड़कर उन्होंने पुणे शाखा का प्रबन्ध अपने अधिकार में लिया और उसके लिए पुणे में आकर रहे।

शिंदे द्वारा दर्ज किए उनके दशकीय परिवर्तन में एक महत्त्वपूर्ण बात नहीं बैठती। उनके जीवन में शायद सबसे महत्त्वपूर्ण सामाजिक कार्य यानी सन् 1906 में उनके द्वारा की गई भारतीय निराधार साहयकारी मंडली की स्थापना अर्थात् शिंदे की भूमिका के मुताबिक यह कार्य धार्मिक कार्य के अन्तर्गत आनेवाला था।

सन् 1910 के पश्चात् मुम्बई निवास के दो साल शिंदे की दृष्टि से बड़ी मुसीबत और दुख में बीते। उन्हें जिनके प्रति काफी श्रद्धा थी, जिनका सहारा था, उन माता-पिता का देहान्त इसी दौरान हुआ। उनका मुम्बई प्रार्थना समाज का प्रचारक के नाते होनेवाला सम्बन्ध भी खत्म हुआ, यह तो दुख की बात थी ही साथ ही, उस वजह से उनके उदर निर्वाह का जो अपर्याप्त साधन था वह भी छूट गया। घर के लोग बीमार पड़े। अण्णासाहब शिंदे इन तकलीफों की वजह से काफी परेशान हुए, लेकिन उन्होंने मिशन के कार्य के लिए और दो साल मुम्बई में बड़ी हिम्मत से बिताए। मिशन का विस्तार तेजी से हो रहा था। सिर्फ मुम्बई में ही नहीं तो गुजरात, कर्नाटक में भी मिशन की शाखाएँ शुरू हुई थीं। मुम्बई की तरह पुणे में भी मिशन का कार्य जोरों से चल रहा था। शिंदे ने मुम्बई में मिशन के कार्य की व्याप्ति बढ़ाने की दृष्टि से तरकीबें सोचना शुरू किया, लेकिन उन्हें मुम्बई जैसे बड़े शहर में मिशन को आवश्यक जगह मिलने के आसार नजर नहीं आ रहे थे। सरकार को ही दफ्तरों के लिए जगह की कमी महसूस हो रही थी। मुम्बई शहर की बस्ती लम्बरेखा में फैलने लगी। मुम्बई की ऐसी बस्ती में मिशन के लिए ज्यादा जगह मिलना उन्हें मुश्किल लगने लगा। साथ ही, उन्हें मुम्बई का खर्चा भी मिशन के विस्तार की दृष्टि से स्वीकार नहीं था। तब उनके मन में मिशन का थाना सभी प्रकार के आन्दोलनों का केन्द्र होनेवाले पुणे शहर में हो ऐसा खयाल आने लगा और पुणे में स्थानान्तरण करना आवश्यक है, ऐसी परिस्थिति निर्मित हुई।

एक ओर मुम्बई शाखा का कार्य उनके सहयोगी वामनराव सोहोनी ढंग से निभाते थे, इसीलिए उन्हें मुम्बई के कार्य की कोई चिन्ता करने की जरूरत नहीं थी। वामनराव सोहोनी विल्सन हाईस्कूल में अध्यापक थे। उन्हें प्रार्थना

समाज के कार्य में लगन थी। सन् 1906 में अण्णासाहब शिंदे होली के दिन वामनराव सोहोनी को अपने साथ परेल इलाके के अस्पृश्यों की दशा दिखाने के लिए ले गए। वहाँ सोहोनी ने अस्पृश्य वर्ग की जो दशा देखी, उसका गहरा असर उनके मन पर हुआ और उनके मन में इस दीन वर्ग के लिए करुणा निर्मित हुई। उसी वर्ष अक्टूबर मास में अण्णासाहब शिंदे ने 'भारतीय निराधार साह्यकारी मंडल' की शुरुआत की। उस समय वामनराव सोहोनी विल्सन हाईस्कूल में अध्यापक होने के बावजूद भी उनके कहने के मुताबिक उनका हृदय 'निराधार साह्यकारी मंडली' में था। शिंदे ने वामनराव सोहोनी की लगन और कार्यकुशलता को ध्यान में लेकर वे भा. नि.सा. मंडल में आजीवन सेवक के रूप में शामिल हों, ऐसी अपनी मंशा उनके सामने जाहिर की। सय्यद अब्दुल कादर, बहन जनाबाई जैसे लोग अपनी-अपनी नौकरियाँ त्यागकर मिशन के आजीवन सेवक पहले ही बने थे। उन्हीं के मुताबिक सोहोनी ने भी निर्णय लिया और मुम्बई शाखा के कुलाधिपति के रूप में मिशन के आश्रम में हमेशा के लिए आकर रहे। मुम्बई शाखा का केन्द्र परेल के पोयबावडी नाके के सामने घडियाली हॉल नामक एक विशाल पुराने बंगले में था। यह बंगला दो मंजिलोंवाला था और इसके आसपास होटल थे। यह बंगला इम्प्रूवमेंट ट्रस्ट की ओर से सहूलियत से किराए पर मिला था। मुम्बई शाखा का ऐसा बढ़िया इन्तजाम होने से और वामनराव सोहनी जैसे जिम्मेदार हाथों में वहाँ का कारोबार होने के कारण अण्णासाहब अन्यत्र जाने की सोच सकते थे।

सन् 1908 में पुणे में मिशन की शाखा की स्थापना हुई थी और इस शाखा का कारोबार सम्माननीय सेक्रेटरी के रूप में ए.के. मुदलियार काफी जिम्मेदारी से निभाते थे। इस शाखा के कार्य को मार्गदर्शन करने एवं निगरानी के लिए प्रतिष्ठित मंडलियों की स्थानीय कमेटी भी बनाई गई थी। कृषि कॉलेज के प्रिंसिपल डॉ. हेरॉल्ड एच्. मैन अध्यक्ष, प्रिंसिपल र.पु. परांजपे उपाध्यक्ष तो ऑ.बी.एस. कामत, एस.वाई. जवेरी और म.ह. घोरपड़े सदस्य थे। इस दौरान मुदलियार एक घरेलू मुसीबत में आ फँसे। उनकी पत्नी श्रीमती सीताबाई का अचानक देहान्त हुआ। वे मुदलियार को इस कार्य में बड़ी सहायता करती थीं। मुदलियार को इस मुसीबत की वजह से मिशन के कार्य का इस्तीफा देना पड़ा। अगस्त 1912 में पुणे शाखा ने प्रस्ताव पारित किया कि जनरल सेक्रेटरी यानी शिंदे प्रबन्ध देखें और वह पूरा होने तक स्वयं पुणे में रहकर इस कार्य की जिम्मेदारी लें। पुणे शाखा द्वारा की हुई विनती के अनुसार पुणे शाखा के सेक्रेटरी के रूप में शिंदे ने जिम्मेदारी को स्वीकार किया और मिशन के जनरल सेक्रेटरी के रूप में अपनी जिम्मेदारी निभाने लगे।

इसी दौरान मिशन के कार्य का फिर से प्रबन्धन करना पड़ा। सेठ दामोदरदास सुखड़वाला की मदद बन्द होने के कारण मुम्बई निराधार सेवासदन बन्द करना पड़ा और वहाँ पर काम करनेवाली बहन जनाबाई को अन्यत्र भेजना पड़ा। जना बहन व-हाड और मध्य प्रान्त की परिस्थिति देखने के लिए वहाँ गई और यवतमाल में छोटा छात्रावास शुरू कर वह चलाने लगी। इसी समय हुबली में कर्नाटक शाखा शुरू कर उसकी जिम्मेदारी सय्यद अब्दुल कादर पर सौंप दी। सय्यद अब्दुल कादर जमखंडी के थे। विट्ठल रामजी शिंदे उम्र में छोटे थे तब सय्यद अब्दुल कादर के पिता से उनकी दोस्ती हुई थी। ऐसा घरेलू रिश्ता सय्यद के मन में विट्ठल रामजी के प्रति आदर होने के कारण पोर्ट ट्रस्ट की अपनी नौकरी छोड़कर वे मिशन के आजीवन कार्यवाहक बने थे। उन्होंने अण्णासाहब के प्रभाव से ब्राह्म समाज की दीक्षा ली थी और पहली पत्नी की मृत्यु के पश्चात् कल्याणी बाई नामक सारस्वत लड़की से सन् 1909 में शादी की थी। सय्यद के जमखंडी के होने के कारण और उन्हें कन्नड़ मातृभाषा की भाँति आने के कारण वे हुबली की कर्नाटक शाखा का काम सुचारू ढंग से कर सके। उन्हें कल्याणी बाई की इस कार्य में सहायता मिलती थी। मिशन की सहयोगी संस्था का ऐसा नया प्रबन्ध करने के पश्चात् सन् 1913 के शुरू में पुणे शाखा के पुनर्गठन के लिए शिंदे ने पुणे आना तय किया। रहने का इन्तजाम होने तक कुछ समय वे अपने मित्र प्रा. केशवराव कानिटकर के फर्ग्युसन कॉलेज के इलाके में स्थित बंगले में सपरिवार आकर रहे।[1]

सन्दर्भ

1. प्रा. केशवराव कानिटकर के बड़े बेटे नरहर से पुणे में 16 मई, 1974 द्वारा लिया गया साक्षात्कार।

मिशन की महाराष्ट्र परिषद्

सन् 1912 की एक महत्त्वपूर्ण घटना यानी 'डिप्रेस्ड क्लासेज मिशन' की अक्टूबर महीने में पुणे में आयोजित महाराष्ट्र परिषद्। सन् 1906 में मिशन की स्थापना के पश्चात् मिशन के कार्य का कई तरह से प्रचार करने की शिंदे ने जोरदार कोशिश की। अलग-अलग गाँव में जाकर वहाँ के शुभचिन्तक नेताओं की राय लेकर जनमत तैयार करने के लिए उस गाँव में बड़ी-बड़ी सभाएँ लेना, कई जगह शाखा स्थापित कर चन्दा जमा करने के लिए यात्रा निकालना तथा मिशन की विशेष सभा लेना, यह एक अस्पृश्यता उन्मूलन कार्य की और उस वर्ग का विकास करने की दूसरी असरदार राह थी।

शिंदे द्वारा मुम्बई प्रार्थना समाज के प्रचारक के नाते काम करते समय राष्ट्रीय स्तर पर राष्ट्रसभा के अधिवेशन के बजाय एकेश्वर धर्म परिषद् लेने का कार्य शुरू किया था, यह हमने देखा ही है। सन् 1906 में डिप्रेस्ड क्लासेज की स्थापना के पश्चात् राष्ट्रसभा के अधिवेशन के दौरान शिंदे मिशन की परिषद् भी लेने लगे। सन् 1907 को सूरत में, 1908 को मद्रास में, 1909 को लाहौर में, 1910 को इलाहाबाद में, 1912 को बाँकीपुर और 1913 में कराची में राष्ट्रसभा के दौरान ये परिषदें ली गईं। बाँकीपुर में कांग्रेस के अध्यक्ष अमरावती के नामदार मुधोलकर वकील मिशन की परिषद् के भी अध्यक्ष थे। लाला लाजपत राय कराची की परिषद् में मिशन परिषद् के अध्यक्ष थे। मिशन की ऐसी परिषदों की वजह से हिन्दुस्तान के अलग-अलग प्रान्त में आए नेताओं का ध्यान मिशन के इस कार्य की ओर जाता था। अस्पृश्यता उन्मूलन के कार्य के प्रति हमदर्दी बढ़ती थी। सिवाय शिंदे को उस प्रदेश में मिशन के कार्य करने हेतु जानकारी और सहायता मिलना आसान होता था। शिंदे ने कांग्रेस के कार्य में अस्पृश्यता उन्मूलन का समावेश हो इस दौरान ऐसी हमेशा कोशिश की, लेकिन यह प्रश्न धार्मिक है। उसका मेल राजनीति में न हो, यह कारण बताकर तत्कालीन गरम दल और नरम दल के राजनेता इस प्रश्न को नजरअन्दाज करते थे, लेकिन शिंदे ने मिशन की परिषद् लेकर अनुकूल प्रचार का यह कार्य जीवटता से शुरू किया था। वे मिशन की पुणे शाखा का कार्य जाँचने के लिए अगस्त 1912 में पुणे गए तो उनके मन में पुणे शाखा के ही शुभचिन्तकों की एक छोटी परिषद् ली जाए, ऐसा विचार आया था। आगे सीताराम पंत जवेरे, ल.म. सत्तूर, जी.एन्. सहस्त्रबुद्धे, दा.ना. पटवर्धन आदि से बातचीत कर परिषद् का कार्य कैसे चलाया जाए, इस सन्दर्भ में बातचीत हुई, लेकिन आगे विचार-विमर्श के उपरान्त सिर्फ पुणे शाखा के शुभचिन्तकों की छोटी परिषद् लेने की बजाय बड़े पैमाने पर मिशन के महाराष्ट्र के शुभचिन्तकों की एक बड़ी परिषद् ली जाए, ऐसा तय हुआ। यह परिषद् 4, 5, 6 और 7 अक्टूबर को सर रामकृष्ण पंत भंडारकर की अध्यक्षता में आयोजित की जाए, ऐसा तय हुआ। साथ ही, परिषद् के लिए पुणे के फर्ग्युसन कॉलेज के एम्फी थिएटर का स्थान निश्चित किया गया। उसके मुताबिक परिषद् की कार्य समिति तय की गई। कार्य समिति की रचना में सभी अस्पृश्य जातियों के चुनिन्दा प्रतिनिधि लिए गए। पुणे के अलावा कई संस्थाओं के प्रतिनिधियों का भी समावेश किया गया।

महाराष्ट्र के निराधार वर्ग की उन्नति को लेकर व्यावहारिक विषयों की उनके शुभचिन्तकों में ठीक से बातचीत हो, नि.सा. मंडली ने चलाए कार्य की शेष शैक्षिक और परोपकारी संस्था चलानेवालों को जानकारी देकर उनसे सहायता लें और आम जनसमूह में इस कार्य के बारे में हमदर्दी बढ़े, ये उद्देश्य परिषद् लेने के पीछे निर्धारित किए गए। उपरोक्त उद्देश्य के परिप्रेक्ष्य में परिषद् में होनेवाली चर्चा हेतु निम्नलिखित विषय तय किए गए—

1. मिशन को समर्पित लोगों की जरूरत
2. पुणे शाखा में छात्रावास की जरूरत
3. निराधार वर्ग की औद्योगिक शिक्षा की दिशा

4. निराधार वर्ग की समस्याएँ
5. निराधार वर्ग की वाङ्मयीन शिक्षा की दिशा
6. मुम्बई और पुणे की मंडलियों को इमारत की जरूरत
7. नगर निगम, निजी शिक्षा संस्था और परोपकारी शिक्षा संस्थाओं से मंडली का सहयोग
8. सरकारी विश्वविद्यालय एवं देशी रियासतों से शिक्षा के सन्दर्भ में मंडली का सहयोग और
9. आध्यात्मिक तथा सामाजिक सन्दर्भ में अलग-अलग धर्म, पंथ के अनुयायियों से मंडली का सहयोग।

डॉ. हेरॉल्ड एच. मैन की अध्यक्षता में परिषद् की स्वागत समिति की रचना की गई। उनमें प्रो. के.रा. कानेटकर, प्रो. गो.चि. भाटे, प्रो. द.ल. सहस्त्रबुद्धे, ल.म. सत्तूर, ए.के. मुदलियार, सीताराम जवेरे, मा.ह. घोरपड़े के साथ स्थानीय निराधार वर्ग के प्रतिनिधि के रूप में शिवराम जानबा कांबले, श्रीपतराव नांदणे, रखमाजी कांबले, अनन्ता दा. खांडेकर, नुरासिंग पिरू मेहतर, वजूर मलू आदि अलग-अलग जाति की मंडलियों को लिया गया। परिषद् के सेक्रेटरी का कार्य विट्ठल रामजी शिंदे और दा.ना. पटवर्धन देखेंगे, यह तय किया गया। स्वयंसेवक मंडलियों में वी.आर. मुदलियार, रा.ना. राजाज्ञा इनके साथ एग्रिकल्चर कॉलेज के छात्र बसानी जडेला, भाटकर, बेंडीगिरि, माने आदि थे। डॉ. मैन की मिशन के कार्य में हमेशा सहायता मिलती थी। उन्होंने परिषद् की स्वागत समिति का अध्यक्ष पद स्वीकार किया।

विट्ठल रामजी शिंदे ने इंग्लैंड में यूनिटेरियन लोगों की लिवरपूल की त्रैवार्षिक परिषद् का सुचारू ढंग से किया गया आयोजन प्रत्यक्ष देखा था। एम्सटर्डम की विश्व परिषद् में उन्होंने स्वयं हिस्सा भी लिया था। इसीलिए उनके सामने महाराष्ट्र परिषद् की बढ़िया योजना थी और परिषद् सफल बनाने के लिए निरन्तर प्रयास करनेवाली दा.ना. पटवर्धन जैसी सहयोगी मंडली थी। उन्होंने आरम्भ से परिषद् की इतिश्री होने तक का कामकाज काफी सावधानी से किया। एक बेहतरीन परिषद् उस समय आयोजित की गई थी, ऐसा कहना होगा।

स्वागत मंडल की पहली बैठक 7 सितम्बर में हुई। उस समय परिषद् के प्रबन्ध का टिप्पण बनाया और प्रबन्धक ने कार्य का विभाजन कर उसके अनुसार कार्य की जोरदार शुरुआत हुई। परिषद् के लिए बाहर से आए अस्पृश्य वर्ग के प्रतिनिधि, मिशन शाखा के प्रतिनिधि और बाकी शुभचिन्तक विद्वान वक्ताओं को आमंत्रित करना तय किया और यह सब मंडली परिषदों के आने पर आवास, भोजन आदि इन्तजाम परिषद् की स्वागत मंडली ने किया। परिषद् के लिए रुपयों की जरूरत थी ही। यह जिम्मेदारी सहस्त्रबुद्धे, भाटे और शिंदे ने ली और इस कार्य में प्रो. धर्मानन्द कोसम्बी, प्रो. भाटे, रा. हिवरगाँवकर, भारत सेवक समाज के आपटे ने काफी कष्ट उठाकर निभाई। परिषद् के खर्चे का प्राथमिक अन्दाजा 500 रुपए था, लेकिन कुल मिलाकर परिषद् का खर्चा 731 रुपए हुआ।

परिषद् में शामिल होने हेतु बाहर के अस्पृश्य वर्ग के साथ ही ऊँची जाति के व्यक्तियों को परिषद् कमेटी के सेक्रेटरी ने लगभग 2 हजार पत्र भेजे और उनके उत्तर भी प्राप्त हुए। यह पूरा कार्य डेढ़ महीने के अन्दर करना पड़ा। सेक्रेटरी ने बाहर से परिषद् के आनेवाले आमंत्रितों को रेल और जहाज में सहूलियत मिले, इसकी कोशिश की, लेकिन उन्हें उसमें सफलता नहीं मिली। परिषद् की कल्पना को समझाने के लिए स्थानीय अछूतों की बस्ती में जाकर सभा ली गई। भवानी पेठ, गंज पेठ, कसबा पेठ, भांबुर्डा, हडपसर और वानवडी जैसे स्थानों पर कुल मिलाकर आठ सभाएँ ली गईं। इन सब जगहों पर इकट्ठा हुई मंडलियों को सभा में आने को आमंत्रित किया गया और कई लोग परिषद् को उपस्थित भी रहे।

परिषद् के लिए स्वयंसेवकों के गुट तैयार किए गए थे। स्वयंसेवकों के अलावा सर्वेंट्स ऑफ इंडिया के सदस्य वजे ने परिषद् के कार्य में दिन-रात सहायता की। पुणे के कृषि कॉलेज के साथ ही बाकी कॉलेज के युवा छात्रों ने स्वयंसेवक के रूप में दिन-रात कष्ट उठाए। परिषद् के लिए आए सभी जाति के दूर-दूर के मेहमानों के रहने और खाने का प्रबन्ध मिशन की पुणे की सेना पाठशाला की इमारत में किया था। परिषद् के लिए उपस्थित मेहमानों का पुणे में आने के पश्चात् पंजीकरण होता। इस पंजीकरण में नाम, जाति और वह कौन-से गाँव से आए हैं, इसका जिक्र किया जाता था। प्रतिनिधियों का सुबह नहाने-धोने के पश्चात् जलपान होता और बाकी लोगों से परिचय एवं चर्चा होती थी। खाने के लिए विशाल मंडप खड़ा किया था। विविध जातियों से 260 अतिथि आए थे। तीन दिनों तक उनका भोजन एक साथ होता था।

परिषद् के दूसरे दिन यानी इतवार को परिषद् में विविध स्थानों से आए प्रतिनिधि, अतिथि, स्वयंसेवक और ऊँची जातियों की शुभचिन्तक मंडलियों का सहभोज हुआ। दावत के समय डॉ. मैन ने स्वागत समिति के अध्यक्ष के रूप में प्रमुख अतिथि के नाते मेहमानों की बड़े प्यार से आवभगत की और स्वयं भी औरों की तरह देशी परम्परा के अनुरूप

जूते निकालकर जमीन पर सबके साथ खाना खाने बैठे। बड़े पैमाने पर सम्पन्न यह दावत उस समय अद्‌भुत थी और अस्पृश्यता उन्मूलन की आस्था रखनेवाले और इस कार्य में समर्पित मंडलियों को यह नजारा बेजोड़ खुशी का लगा।

उस समय सहभोज के दिन एक मुसीबत खड़ी हुई। परिषद् के मेहमानों का खाना दो दिन तक ब्राह्मण रसोइयों ने खुशी से बनाया था, लेकिन इतवार को बड़ी दावत के दिन शहर के काफी ब्राह्मण लोग खाना खाने आनेवाले हैं, यह जानकर सुबह दस बजे हड़ताल कर बड़ी रुकावट पैदा की। संचालकों ने उन्हें तुरन्त ही पंडाल से जाने को कहा। बाहर से आए मेहमानों से ब्राह्मण महिलाओं ने और स्वागत समिति के अस्पृश्य सदस्यों की महिलाओं ने खाना बनाने की जिम्मेदारी उठाई और उचित समय पर 12 बजे पूरी तैयारी की। इस कार्य में अण्णासाहब शिंदे की पत्नी श्रीमती रुक्मिणीबाई ने अगुआई कर तैयारी की और अचानक निर्मित हुई मुसीबत टली। इस घटना से पुणे का सुधारवाद और सनातनी वृत्ति, इन दोनों का एक ही समय विशेष दर्शन हुआ।

इस परिषद् के लिए महाराष्ट्र और बाहर से बड़े नेता आए थे। परिषद् के अध्यक्ष डॉ. भंडारकर थे। उपस्थित लोगों में सर चन्दावरकर, भावनगर रियासत के दीवान प्रभाशंकर पट्टणी, ना. मौलवी रफीउद्दीन, इचलकरंजी के अधिपति श्रीमन्त बाबासाहब घोरपड़े, कोल्हापुर के भास्करराव जाधव, पुणे से गोपालराव देवधर, बी. एस. कामत, प्रो. धोंडोपंत कर्वे, रेवरंड रॉबर्टसन, तेलुगू समाज के नेता डॉ. कोरेज, अस्पृश्यों में सूबेदार मेजर भाटणकर, नगर से डांगले, पुणे से कांबले, चुहड़ों के नेता नाथा महाराज, सतारा के मातंग नेता श्रीपतराव नांदणे आदि कई नेता थे।

अमरावती, अकोला जैसे दूर से आए मेहमानों में श्रीमान भांगले, श्रीमान परचुरे थे। भावनगर से वैद्य सपरिवार आए थे। अहमदनगर, बेलगाँव, सतारा, मुम्बई, नासिक, कोल्हापुर आदि स्थानों से अस्पृश्य वर्ग के साथ ही उच्च वर्ग के लोग आए थे। विशेष उल्लेखनीय बात थी, परिषद् में होनेवाली महिलाओं की उपस्थिति। अमरावती से श्रीमती मांगले, अकोला से श्रीमती इन्दिराबाई परचुरे और श्रीमती बेन्द्राबाई, श्रीमती लक्ष्मीबाई रानडे, जनाबाई शिंदे, भावनगर से श्रीमती चम्पुताई वैद्य और सतारा, मिरज से कई अस्पृश्य बहनें परिषद् के लिए उपस्थित रही थीं। इन बाहर से आई बहनों ने साथ ही श्रीमती रुक्मिणीबाई शिंदे और श्रीमती कांबले, श्रीमती थोरात, श्रीमती सदाफले आदि बहनों ने प्रबन्धन में मदद कर और वक्त आने पर खाना बनाने की जिम्मेदारी उठाकर बड़ी सहायता की।

शनिवार 5 अक्टूबर, 1912 को दोपहर में फर्ग्युसन कॉलेज के एम्फी थिएटर में परिषद् की शुरुआत हुई। डॉ. भंडारकर ने अध्यक्ष पद का स्थान ग्रहण किया।

परिषद् के लिए बड़ी संख्या में सवर्ण और अवर्ण वर्ग इकट्ठा हुआ था। विट्ठल रामजी शिंदे ने अपने प्रस्ताविक भाषण की बड़ी खुशी और जोश से शुरुआत की। उन्होंने कहा, "आज का दिन महत्त्वपूर्ण है। उपस्थित जनसमूह की ओर सिर्फ देखें तो भी सहृदय मनुष्य को खुशी होगी। हमें विश्वबन्धुत्व का लक्ष्य स्पष्ट दिखाई देता है। हम आज उसकी चढ़ाई की एक महत्त्वपूर्ण सीढ़ी चढ़नेवाले हैं। हमारे देश के जाति भेद की वजह से कई टुकड़े हुए हैं। हमने इसके लिए कई बार दुख जताया है, लेकिन आज उनमें से कई टुकड़े इकट्ठे और एक साथ मिले हैं, यह दिखानेवाला हमारे सुख का दिन आया है। पहले इस सन्दर्भ में हम विश्वजनक के प्रति आभार प्रकट करते हैं।"[1] उन्होंने अपने भाषण में अस्पृश्यता उन्मूलन कार्य का आन्दोलन संक्षेप में बताकर मिशन ने चलाई आधुनिक ढंग की कोशिशों की वजह से हुआ कार्य विस्तार निम्नलिखित रूप में बताया—

	स्थान		**संस्था**
1.	मुम्बई	-	5 पाठशालाएँ और 1 रात्रि पाठशाला 500 छात्र, 1 छात्रावास और उसमें 26 बच्चे, 2 भजन समाज, 1 व्यवसाय शिक्षा की पाठशाला।
2.	पुणे	-	200 छात्रों की पाठशाला, 1 भजन समाज, 1 वाचनालय, क्रिकेट क्लब आदि।
3.	हुबली	-	1 पाठशाला, 1 रात्रि पाठशाला, 1 छात्रावास।
4.	सतारा	-	1 रात्रि पाठशाला, 1 भजन समाज।
5.	ठाणे	-	गरीब छात्रों की मदद करनेवाली स्थानीय मंडली।
6.	दापोली	-	गरीब छात्रों की मदद करनेवाली स्थानीय मंडली।
7.	मालवण	-	गरीब छात्रों की मदद करनेवाली स्थानीय मंडली।
8.	मंगलौर	-	1 पाठशाला, 1 रात्रि पाठशाला, 1 छात्रावास, 1 करघा कक्ष।

9. मद्रास - 2 दिन की और 2 रात्रि पाठशालाएँ कुल मिलाकर 130 छात्र।
10. अकोला - 3 रात्रि पाठशालाएँ, 1 छात्रावास।
11. उमरावती - 2 रात्रि पाठशालाएँ।
12. इन्दौर - 1 रात्रि पाठशाला।
13. भावनगर - 1 रात्रि पाठशाला।
14. कोल्हापुर - 1 छात्रावास।

फिलहाल कुल मिलाकर 14 स्थानों पर 23 पाठशालाएँ, 55 अध्यापक, 1,100 बच्चे, 5 छात्रावास, 12 अन्य संस्थाएँ और 5 प्रचारक हैं। खर्चा कुल मिलाकर 24, 485/- रुपए है।

उन्होंने कहा, "ऐसी अलग चार भाषाओं में 7 प्रदेशों में मिशन को कोशिश करनी है। उसके लिए हाल ही में हुई परिषद् जैसी अलग-अलग स्थान पर प्रान्तिक परिषद् लेना जरूरी है।" उन्होंने प्रस्तुत परिषद् में कार्य का विस्तार प्रभावी पद्धति से किया जाए, इसके लिए कौन-से प्रश्न हैं और कौन-से उपाय आवश्यक है आदि बातों का प्रमुखतः व्यावहारिक दृष्टि से विचार करने की जरूरत होने का प्रतिपादन किया।

प्रस्तुत परिषद् की पृथकता बताते हुए शिंदे ने कहा कि आजकल अपने देश में उपेक्षित जातियों की कई परिषदें आयोजित होती है, लेकिन उन परिषदों से यह परिषद् अलग है। परिषद् में कई जातियाँ इकट्ठा आने पर अन्त में सरकारी रियासत, नगर निगम और परोपकारी संस्थाएँ, सभी जाति और सभी धर्म, कुल इस बड़े देश की सभी शुभशक्तियों का केन्द्र इस कार्य में जितनी मात्रा में अधिक हासिल होगा, उतनी ही मात्रा में अधिक सफल होगा।"[2] ऐसा आशावाद व्यक्त किया।

डॉ. मैन ने डॉ. भंडारकर का उचित परिचय श्रोता वर्ग को देकर अध्यक्ष स्थान का स्वीकार करने की सूचना रखी और उसे रखमाजीराव कांबले और पांडुरंगराव डांगले से समर्थन एवं पुष्टि मिलने पर वे अध्यक्ष स्थान पर विराजमान हुए।

परिषद् की तीन दिन की अवधि में अलग-अलग व्यक्तियों ने निम्नलिखित विषय पर अभ्यासपूर्ण और सूचनाप्रद व्याख्यान दिए। इन व्याख्याताओं की सूची से सामाजिक स्तर के कितने व्यक्तियों ने परिषद् में आस्था से हिस्सा लिया, इसकी कल्पना की जा सकती है।

वक्ता		विषय
1. गणेश आकाजी गवाई	-	व-हाड में ईसाई मिशन ने अस्पृश्यों के सन्दर्भ में किया कार्य और उसकी मिशन के कार्य से तुलना
2. बी.एस. कामत	-	गुरुकुल की जरूरत
3. श्रीमती लक्ष्मीबाई रानडे	-	उपर्युक्त
4. गोपालराव देवधर	-	उपदेश की जरूरत
5. केशव रामचन्द्र कानिटकर	-	औद्योगिक शिक्षा की दिशा
6. भास्करराव जाधव	-	उपर्युक्त
7. नाथ महाराज (चूहड़ नेता)	-	उपर्युक्त
8. नामदार बाबासाहब इंचलकरंजीकर	-	अस्पृश्यों ने उद्धार के कार्य में उच्च वर्ग से मिलजुलकर पेश आना चाहिए। उन्होंने 50 रुपए का चन्दा घोषित किया।
9. प्रो. गो.चिं. भाटे	-	सभी को अनिवार्य शिक्षा दी जाए।
10. न.चिं. केलकर	-	नगर निगम निर्वाचित हो और उसमें अस्पृश्य प्रतिनिधि हो।
11. आर.जी. प्रधान	-	उपर्युक्त
12. प्रो. हरिभाऊ लिमये	-	नगर निगम में अस्पृश्य प्रतिनिधि के आने का इन्तजार न करते हुए उनकी उन्नति की राह प्रशस्त करें।
13. भास्करराव जाधव	-	अस्पृश्यों ने सरकारी नौकरी में शिरकत करने की जरूरत और कोल्हापुर रियासत में कोशिश। महाराज ने हाथी पर अस्पृश्य महावत नियुक्त करने का उदाहरण।

14.	जोग-इंचलकरंजीकर के सचिव	-	इचलकरंजी रियासत की कोशिश।
15.	वि.रा. शिंदे	-	मुम्बई, पुणे मिशन को स्वयं की इमारत की जरूरत।
16.	एल.बी. नायक	-	उपर्युक्त।
17.	श्री. महाभागवत् (भावी शंकराचार्य)	-	संस्कृत में, मिशन के धार्मिक प्रयास की योग्यता। ये प्रयास समन्वय के आधार पर होने चाहिए। मिशन को धन्यवाद दिया।
18.	प्रो. लक्ष्मण शास्त्री लेले	-	वेदोपनिषदों के उद्धरण, वेदकाल में ऐसी अस्पृश्यता नहीं थी। वर्तमान भयानक स्वरूप नष्ट हो।
19.	अध्यक्ष भंडारकर	-	समारोप और वि.रा. शिंदे के आभार।

प्रस्तुत परिषद् में हुए भाषणों के कुछ मुद्दों का जिक्र करना आवश्यक लगता है। गणेश आकाजी गवई कुछ दिन मुम्बई में मिशन के निराधार सदन के छात्रावास में छात्र के रूप में रहे थे। उन्होंने प्रार्थना समाज की दीक्षा ली थी और अमरावती के पास अपने थुगाँव में अस्पृश्य वर्ग का सुधार करने की दृष्टि से कार्य चलाया था। उन्होंने वहाँ पर प्रार्थना समाज भी चलाया था। अपने भाषण में उन्होंने बताया, "व-हाड में रोमन कैथोलिक मिशन के ईसाई मिशनरियों ने हरिजन लोगों के लिए पाठशाला शुरू कर अहम् योगदान दिया था। उसकी तुलना में भारतीय निराधार सहयोगी मंडलियों का काम कितनी कम मात्रा में है, यह महसूस होता है, लेकिन इसका अर्थ निराधार सहयोगी मंडलियों की कोशिशों का मूल्य कम है, ऐसा नहीं।" यह बताकर उन्होंने कहा, "स्वार्थ को लात मारकर गले में झोली लटकाकर संस्था के लिए अर्थात् हमारे लोगों के लिए संस्था के जो संचालक भिक्षा माँगते दर-दर घूमते हैं और उसमें कितनी भी कम सफलता मिली तो भी उसकी वे फिक्र नहीं करते। चन्दन की भाँति स्वयं घिसकर दूसरों को खुशी देने के लिए, हमारे हालात सुधारने के लिए अपनी कोशिश जारी रखते हैं, उन संतों का मूल्य आज तक हुए किसी भी संत से कम नहीं है। कइयों को वह ज्यादा लगेगा।"[3]

मुम्बई में निराधार सहायोगी मंडलियों के सेवासदन में गवई स्वयं रहने के कारण वि. शिंदे और उनके सहयोगी कितने त्याग से निरन्तर कोशिश करते थे, यह उन्होंने प्रत्यक्ष देखा था। इसीलिए उनकी जुबान में उनके प्रति ऐसे प्रशंसनीय उद्गार स्वाभाविकता से आए। "मेरे द्वारा की हुई यह तुलना हमारे विकास का प्रश्न हिन्दी राष्ट्र ने ही नहीं हमारे स्वधर्मीय हिन्दू लोगों ने भी अभी तक नहीं हल किया, यह स्पष्ट करने के उद्देश्य से की है", ऐसा उन्होंने बताया। नि.सा. मंडलियों के उद्देश्य का विपर्यास कैसे करते हैं, यह भी उन्होंने बताया और मंडली के लिए कई प्रचारक मिलने की जरूरत का प्रतिपादन किया। गवई के भाषण के पश्चात् एस.बी. कामत, श्रीमती लक्ष्मीबाई रानडे, गोपालराव देवधर—इन वक्ताओं ने अपने भाषण में अस्पृश्य वर्ग के छात्रों के लिए छात्रावास की जरूरत और गुरुकुल पद्धति के इस छात्रावास में रहने से उस वर्ग के बच्चों को अच्छी शिक्षा मिलकर उनका शील सुधारने में मदद होगी, ऐसा प्रतिपादन किया। प्रो. केशवराव कानिटकर ने निराधारों को औद्योगिक शिक्षा की जरूरत बताई। औद्योगिक शिक्षा लेने के पश्चात् उसकी सहायता से निराधार लोगों ने कारखाने आदि शुरू किए तो अपने अधिकार में सफेदपोश लिपिक रखने की उनकी सामर्थ्य होगी, लेकिन वे अपना उद्योग छोड़कर लिपिक बनने का लालच न रखें, ऐसा उन्होंने बताया।

कोल्हापुर के भास्करराव जाधव ने भी गाँव और हरिजन बस्ती अलग होना उचित नहीं, यह बताकर निराधारों की व्यावसायिक शिक्षा को प्रधानता देनी चाहिए, ऐसी राय प्रस्तुत की। दूसरे दिन हुए भाषण में नामदार बाबासाहब इचलकरंजीकर ने जाति भेद नष्ट करने की दृष्टि से आज की परिस्थिति काफी प्रतिकूल है, ऐसा बताकर अनिवार्य प्राथमिक शिक्षा शुरू करने से निराधार वर्ग के बच्चों को बड़ा लाभ होगा, यह बताया। जहाँ पर आसान है वहाँ पर अलग पाठशाला शुरू न कर उच्च वर्ग के बच्चों के साथ उस वर्ग के बच्चों को भी एकत्रित शिक्षा देना अभिलक्षणीय होगा, ऐसा कहा। उन्होंने उच्च वर्ग को सम्बोधित करते हुए कहा, "यदि एक राष्ट्रीयत्व प्राप्त करना है तो आपको निराधारों की उन्नति के कार्य में सहायता करनी चाहिए।" उन्होंने निराधार वर्ग को सम्बोधित किया, "अपना विकास होना चाहिए, ऐसी आपकी मंशा हो तो उच्च वर्ग से रुखाई के साथ पेश आने से वह होना आसान नहीं है। जो हुआ सो हुआ। बार-बार वही रटने से क्या लाभ? इस सम्बन्ध में समाज में जो दोष दिखाई देते हैं, वे वर्तमान पीढ़ी के न होकर पिछली पीढ़ी के हैं, यह ध्यान में रखिए। हमें भी आपकी हमदर्दी की जरूरत है तो नाहक सिर्फ दिक्कतें पैदा न कर आज की दिक्कतों से राह निकालने की दृष्टि रखनी चाहिए।"[4] उन्होंने अपने भाषण के पश्चात् परिषद् के खर्चे के लिए 50 रुपए का चन्दा देने की घोषणा की।

न.चिं. केलकर ने अपने भाषण में कहा कि नगर निगम और लोकल बोर्ड में निराधार वर्ग के प्रतिनिधि होने चाहिए। निराधार सहायकारी मंडली, नगर निगम और लोकल बोर्ड एवं निजी संस्थाओं में सहयोग बढ़ाना चाहिए, ऐसा मत व्यक्त किया।

कोल्हापुर के भास्करराव जाधव ने अपने भाषण में कहा, "निराधारों को सरकारी नौकरी में प्रवेश मिलना जरूरी है। अंग्रेज सरकार को वह कठिन लग रहा होगा तो रियासतें यह कर सकती हैं।" उन्होंने कोल्हापुर के श्रीमन्त शाहू छत्रपति ने अपने हाथी पर हरिजन महावत नियुक्त करने का जिक्र किया।

कुर्तकोटी के भावी शंकराचार्य महाभागवत् विद्याभूषण का संस्कृत में भाषण हुआ। उन्होंने उच्च वर्ग के हिन्दू और पिछड़े अस्पृश्य एक ही हिन्दू समाज की इकाई होकर उनके हित सम्बन्धों का एकत्रित विचार होना चाहिए, ऐसा कहकर समन्वय की भूमिका प्रस्तुत की। उसके पश्चात् लक्ष्मण शास्त्री लेले ने अपने भाषण में 30 करोड़ हिन्दी लोगों में से 6 करोड़ हिन्दू लोगों पर धार्मिक और सामाजिक बहिष्कार होना बड़े दुख की बात है, ऐसा कहा। किसी भी जगह कोई भी व्यक्ति अबाध रूप में जो धर्म आचरण करता है, उसे सनातन धर्म कहते हैं। ऐसी सनातन धर्म की व्यापक संकल्पना उन्होंने प्रस्तुत की। हम सब ईश्वर की सन्तान हैं, इस दृष्टि से हमारे बीच भाईचारे का रिश्ता होता है। इस रिश्ते की दृष्टि से हम सब एक जैसे हैं। इसमें ऊँच-नीच भाव और जाति भेद नहीं, ऐसे उन्नत विचार लक्ष्मण शास्त्री लेले ने व्यक्त किए।

न.चिं. केलकर, महाभागवत् और प्रो. लक्ष्मण शास्त्री लेले जैसे संनातन हिन्दू धर्म समर्थकों ने भाषण कर अस्पृश्यता उन्मूलन और उस वर्ग का विकास करने के कार्य को पुष्टि दी और इस सन्दर्भ में निराधार सहायकारी मंडली का कार्य उल्लेखनीय माना और उस कार्य में सहयोग देने की भूमिका व्यक्त की, यह इस परिषद् की एक विशेष बात माननी पड़ेगी।

तीसरे दिन श्रीमती रमाबाई रानडे की अध्यक्षता में मिशन की लश्कर स्थित पाठशाला में महिलाओं की सभा हुई। इस सभा में उच्च वर्ग की लगभग 50 और अस्पृश्य समाज की लगभग 200 महिलाएँ उपस्थित थीं। मिसेस हारकर, श्रीमती लक्ष्मीबाई रानडे, श्रीमती सीताबाई भंडारकर, श्रीमती काशीबाई कानिटकर, श्रीमती जनाबाई शिंदे, श्रीमती रुक्मिणीबाई शिंदे आदि उपस्थित थीं। शुरू में श्रीमती जनाबाई शिंदे ने इकट्ठा हुई महिलाओं का स्वागत करके नि.सा. मंडल की जानकारी दी। उसके पश्चात् उनके भाई अण्णासाहब शिंदे ने अध्यक्ष श्रीमती रमाबाई रानडे और श्रीमती काशीबाई कानिटकर का श्रोता वर्ग को परिचय करा दिया। श्रीमती रमाबाई रानडे ने अध्यक्षीय भाषण में कहा, "ऐसे कार्य की हम महिलाओं को आदत नहीं, लेकिन वह होने तक कार्य में वाकई जोश नहीं आएगा। मैंने निराधार वर्ग की महिलाओं की उन्नति के सम्बन्ध में पुणे, मुम्बई, यवतमाल, अकोला, अमरावती आदि स्थानों पर जो कोशिश हो रही है, वह देखी है। अकोला की श्रीमती बेन्द्राबाई ने अपनी हरिजन जाति के 14-15 बच्चों का एक अलग छात्रावास शुरू किया है। उसमें इतनी सफाई दिखाई देती है कि यह बच्चे निम्न जाति के हैं, ऐसा कोई पहचान नहीं पाता है।"[5] उन्होंने शिक्षा की तरह निराधार वर्ग के लोगों को सफाई की ओर ध्यान देना चाहिए, ऐसा बताया। अन्त में उच्च वर्ग के लोगों को निराधारों की अन्तकरण से सहायता करने का उपदेश देकर अपना अध्यक्षीय भाषण पूरा किया। उसके पश्चात् मिरज की अध्यापिका, हरिजन जाति की महिला श्रीमती पार्वतीबाई जाधव का भाषण हुआ। उन्होंने भाषण के आरम्भ में कहा, "इस कॉन्फ्रेंस को आने पर कहाँ ठहरना है आदि के बारे में काफी चिन्ता लग रही थी, लेकिन यहाँ मेहमानों के लिए जो शिविर हैं, वहाँ आने पर 5-6 के मिनट के बाद 3-4 महिलाएँ मेरे पास आईं और मुझे जहाँ उठना-बैठना उचित लगेगा, ऐसी जगह का उन्होंने मेरे लिए इन्तजाम किया। मेरे जैसी बाकी जो महिलाएँ आई हैं, उन्हें भी किसी तरह की दिक्कत महसूस होने नहीं दी अपितु वे हमसे जिस खुले मन और प्यार से पेश आईं, उसकी पूर्ति शरमा कर पूरी करने के सिवा हमारे पास कुछ नहीं।" उन्होंने ऐसे शब्दों में उच्च वर्ग की महिलाओं ने किस तरह से बर्ताव किया, यह बताया। आगे उन्होंने कहा, "वहाँ हरिजन, मातंग, चमार, ब्राह्मण इनमें से सभी थे। कइयों को यह सन्देह भी हो रहा था कि अब सभी जातियों का खाना एक ही जगह होगा क्या? हरिजन लोग मातंगों के साथ खाना खाने को बैठने को तैयार नहीं थे।" इस सन्दर्भ में श्रीमती पार्वतीबाई ने कहा, "आपको ब्राह्मणों की पंक्ति में बैठने में मजा आता है और मातंगों की पंक्ति में बैठने से आप नाराज होते हैं। जैसे कुछ विवाद होकर अन्त में सभी कोई हिचकिचाहट महसूस न करते हुए एक ही पंक्ति में बैठे, यह बात आश्चर्य की थी, ऐसा मुझे तो लगता है। उन्हें वैसा

करने का किसी ने अनुरोध या जुल्म नहीं किया था, लेकिन मुझे लगता है कि ब्राह्मण हरिजनों को जितना अस्पृश्य मानते हैं, उतना ही हरिजन लोग मातंगों को अछूत मानने के बावजूद आज अलग-अलग जगह के कम-से-कम 300 हरिजन और मातंगों को साथ खाना खाते देखकर किसी को भी अचरज हुए बगैर नहीं रहा होगा।"

इस परिषद् के निमित्त से वातावरण बदला था। उच्च वर्ग की महिलाएँ हरिजन, मातंग इन जातियों की महिलाओं के साथ प्यार से भेद न मानते हुए पेश आ रही थीं। साथ ही, अस्पृश्य वर्ग की जातियों में होनेवाली उच्च-नीचता की दूरी कम होकर उनमें एकता निर्मित होने की शुरुआत हुई। ऐसा अस्पृहणीय दृश्य परिषद् में दिखाई दिया। श्रीमती पार्वतीबाई जाधव के कथन से आगे सुधार की गति कैसे बढ़ेगी, इसका अन्दाजा लगाया जा सकता है।

विट्ठल रामजी शिंदे के मार्गदर्शन से परिषद् का संयोजन बेहतरीन हुआ। परिषद् में प्रस्तुत करने हेतु अस्पृश्य और सवर्ण जैसी कई जाति के लोगों से आलेख मँगाए गए थे। इन आलेखों में अस्पृश्य वर्ग की कई जातियों की कौन-सी समान दिक्कतें और कौन-सी कुछ विशेष जाति की दिक्कतें है, इसका हम अन्दाजा लगा सकते हैं। राजाराम नारायण राजाझे इस हरिजन सज्जन ने गाँव की पाठशाला में निराधार बच्चों को लेते नहीं, ऐसी शिकायत दर्ज करके नई पाठशाला बनाते समय उसमें अस्पृश्य बच्चों को लेने में हमें कोई ऐतराज नहीं, ऐसा गाँववाले लिखित स्वीकृति दें और इसके विरुद्ध किसी का बर्ताव हुआ तो पाठशाला बन्द की जाए अथवा अस्पृश्यों के लिए बच्चों की संख्या देखकर अलग पाठशाला दें और उसका खर्चा लोकल बोर्ड की ओर से या गाँववालों से ले, ऐसी सूचना दी है। सी.ना. शिवतरकर ने 'मराठी भाषा बोलनेवाले चमारों की स्थिति' नामक आलेख में देशी एवं कोंकण की चमार जाति के बच्चों की शिक्षा तीन-चार कक्षा के पार नहीं जाती, यह कहकर इस जाति में शिक्षा की मात्रा बढ़ानी चाहिए, ऐसा कहा। देश की काफी पाठशालाओं में हमारे बच्चों को दाखिला नहीं दिया जाता। उन्हें बाहर बैठना पड़ता है, ऐसी हालत दर्ज की है। शिक्षा का प्रसार बढ़ाने के लिए व्याख्यान, पुराण आदि के द्वारा मंडलियों ने उपदेश देने चाहिए और इन जाति के बच्चों के लिए बड़े पैमाने पर स्कॉलरशिप रखनी चाहिए, ऐसा सूचित किया। पुणे हरिजन समाज के नेता शिवराम जानबा कांबले ने 'निराधारों की उन्नति की प्रमुख दिक्कतें' नामक आलेख में अस्पृश्यता ही इन लोगों की उन्नति की राह में दिक्कत है और वह दूर करने का कार्य सरकार का न होकर हमारे हिन्दू समाज का है, ऐसा प्रतिपादन किया। अहमदनगर के निराधारों की पाठशाला के अनुभवी हेडमास्टर पांडुरंगराव डांगले ने 'अछूत जाति के लोगों के लिए अनिवार्य शिक्षा की जरूरत' शीर्षक वाले आलेख में दयालु अंग्रेज सरकार नामदार गोखले ने ऊँचे सरकारी काउंसिल में रखी शिक्षा के कड़े कानून की कार्यान्विति कम-से-कम अस्पृश्य जाति में तो करें, क्योंकि सख्ती के बजाय सरकार ने दया से हमारे लिए अलग पाठशाला दी तो भी उन पाठशाला में अस्पृश्य लोग अपने बच्चे नियमित भेजते नहीं। इसका कारण उन्हें ज्ञान का मूल्य नहीं समझ आता। इसीलिए सरकार कम-से-कम 4 से 14 साल के बच्चों को आवश्यक रूप से शिक्षा देने का नियम बनाए, ऐसा अनुरोध किया।

अहमदनगर के असिस्टेंट टीचर नरसू शिदू सूर्यवंशी ने अपने निबन्ध में गरीबी की वजह से माता-पिता को बच्चों को पाठशाला से निकालना पड़ता है, इसीलिए मेधावी और होनहार बच्चों की शिक्षा आगे जारी रहने के लिए हर जिले में अस्पृश्य बच्चों के लिए एक फ्री छात्रावास शुरू करें, ऐसी 'निराधार सहायकारी मंडली' को विनती की। जनक साधू शेलार नामक लोणावला के केबिनमैन होनेवाले हरिजन सज्जन ने गाँव की पाठशाला में अस्पृश्य बच्चों को अलग बिठाते हैं और उन बच्चों की पढ़ाई की ओर अध्यापक आस्था से ध्यान नहीं देते, साथ ही अस्पृश्य लोगों को सरकारी नौकरियाँ भी नहीं मिलतीं, संयोग से मिली तो उच्च जाति के हिन्दू उसे टिकने नहीं देते, यह यथार्थ दर्ज किया है। वे अपना लोणावला का अनुभव दर्ज करते हुए कहते हैं कि लड़के के 8-9 साल के होने के पश्चात् उनके माता-पिता उन्हें किसी साहब के पास या रेल वर्कशॉप में क्लीनर की नौकरी लगवाते हैं और इन बच्चों को अज्ञानता और बुरी संगत की वजह से जुआ, चोरी करना, शराब पीना आदि आदतें बचपन से ही लगती हैं। फिर भी इन बच्चों के लिए रेल अफसर एवं नि.सा. मंडली मिलकर रात्रि पाठशाला और भजन समाज शुरू कर उनका सुधार करें, ऐसा सूचित किया।

सतारा के मातंग समाज के श्रीपतराव चाँदणे ने मातंग जाति का यथार्थ 'मातंग लोगों की जरूरतें' नामक आलेख में प्रस्तुत किया है। उन्होंने कहा, "हमारे मातंग लोगों की संख्या लगभग 20 लाख है, लेकिन बाक़ी जातियाँ यानी हरिजन, मातंग, चमार, कुम्हार आदियों की मूल जमीन और इनाम जमीन है, लेकिन मातंग लोगों की बिलकुल ही नहीं। वन विभाग से स्थानीय विभाग की ओर गई बाकी जमीन मातंग लोगों को देने का अंग्रेज सरकार इन्तजाम करे।

साथ ही, मातंग लोगों को वह जहाँ पर भी हो, उसे थाने में उपस्थिति देने की तकलीफ भी है। सरकार द्वारा वह पूरी जाति पर न लगाकर कम-से-कम अच्छे आदमियों को वह माफ करे, ऐसी सूचना भी की। मातंग लोगों को पटसन की बुआई कैसे करें, यह सिखाया जाए और पटसन की रस्सी बनाने की मशीन देकर उनकी दशा सुधारे।" उन्होंने इसके लिए कुछ तरकीबें सोचने की सरकार से विनती की। पुणे के गंज पेठ के विश्वनाथ विष्णु सालवे मातंग सज्जन ने अपने आलेख में छात्रावास, पाठशाला और रात्रि पाठशाला शुरू करने का सुझाव दिया तो पुणे के गंज पेठ के सीताराम लांडगे इस नगर निगम की पाठशाला के अध्यापक ने अपने आलेख में अस्पृश्य लोग गन्दा रहना एवं बुरी आदतें छोड़ दें, ऐसा सूचित किया।

पुणे के भवानी पेठ के नाथा महाराज मेहतर ने अपने आलेख में पुणे के मेहतर लोगों की दिक्कतें दर्ज की हैं। मेहतरों की तनख्वाह काफी कम होती है। इस वजह से कर्जा बढ़ता है। इसलिए नगर निगम तनख्वाह बढ़ाए, ऐसी विनती की है। साथ ही, यह कहा है कि हमारे बच्चों को दोपहर 12 बजे तक काम करना पड़ता है, इसीलिए उनकी पाठशाला का अलग इन्तजाम किया जाए। पुणे में ड्रेनेज का काम शुरू होने से हम लोगों को हमारा धन्धा डूब जाएगा, इसकी काफी चिन्ता सताती है। तो सरकार, नगर निगम और उच्च जाति के लोग हमारे बारे में उदार बुद्धि से सोचकर राह दिखाएँ, ऐसी विनती की।

अस्पृश्य वर्ग के विद्वान नेता लोगों ने अपने लिखे आलेखों से उस वर्ग की तत्कालीन दुरावस्था की तस्वीर हमारे सामने रखी है। काफी लोगों ने अन्तर्मुख होकर अपने वर्ग में सफाई की कमी, बुरी आदतें जैसे दोषों पर टिप्पणी की तो पाठशाला जैसी सार्वजनिक जगहों पर अस्पृश्यता का पालन करने से अपने बच्चों को शिक्षा में कैसी रुकावटें पैदा होती हैं, यह बताया है। व्यावसायिक शिक्षा की जरूरत भी समाज के लोगों को महसूस हुई, यह भी दिखाई देता है। सिर्फ मातंग जाति में जन्म लेने के कारण सतारा के मातंगों पर जन्म से ही अपराधी की मुहर लगने से वह कहीं भी हों तो भी थाने में हाजिरी देना जरूरी था। उन पर जाति विशेषता के कारण ज्यादा ही अन्याय हो रहा था। मैला ढोनेवाले पुणे के मेहतर समाज को ड्रेनेज की सुविधा होने पर पेट कैसे भरेंगे, यह चिन्ता लगी थी। गन्दा मैला लेकर जानवाले पुणे के मेहतर समाज का धन्धा बना रहे, ऐसा मेहतर समाज को लगना, यह कितना भयावह दुर्भाग्य है? कुल मिलाकर नए सिरे से जाग्रत अस्पृश्य माने गए इस समाज में स्वयं का उद्धार करने की कोशिश उनके दिए भाषण एवं पढ़े हुए आलेखों से स्पष्ट होती है।

समग्रत: परिषद् का उद्देश्य सफल रहा। उच्च वर्ग के कई वक्ताओं ने अस्पृश्यता का पालन करना कैसे अन्यायकारक है, यह बताया। इस तरह अस्पृश्य वर्ग के लोगों ने भी भूतकाल में हुए अन्याय को न रटते हुए उच्च वर्ग के बारे में समझौते एवं एकता की भावना रखना कैसा जरूरी है, इसका जिक्र किया। प्रस्थापित लोगों में भी अस्पृश्यता नष्ट करके इस वर्ग के लोगों से भाईचारा और प्यार से बर्ताव करें, ऐसा एहसास निर्माण करने के अच्छे आसार दिखाई देते हैं। भारतीय निराधार सहायकारी मंडली ने बड़े पैमाने पर अस्पृश्यता दूर करने की और अस्पृश्य वर्ग का विकास करने के लिए जो कार्य शुरू कर आगे बढ़ाया था, उसकी उचित दखलअन्दाजी सवर्ण एवं अस्पृश्य, दोनों वर्ग के व्यक्तियों ने स्पृहणीय रूप में समझ ली, ऐसा दिखाई देता है। इतना ही नहीं तो निराधार सहायकारी मंडली को सभी स्तर से ज्यादा-से-ज्यादा मदद करने की जो भावना दिखाई देती है, उसी प्रकार नि.सा. मंडली के प्रति कार्य के सन्दर्भ में अपेक्षा बढ़ी थी, ऐसा दिखाई देता है। नि.सा. मंडली के कार्य को महाराष्ट्र ने दिया यह अच्छा सहयोग कहना पड़ेगा।

इस परिषद् से कुछ महत्त्वपूर्ण नए कार्य हुए यह भी परिषद् का बढ़िया फल कहना होगा।

सन्दर्भ

1. *भारतीय निराश्रित सहायकारी मंडल की महाराष्ट्रीय परिषद्*, 1912, पृ. 9-10
2. विट्ठल रामजी शिंदे, *माझ्या आठवणी व अनुभव*, पृ. 261
3. महाराष्ट्र परिषद् रपट, पृ. 23
4. वही, पृ. 31
5. विट्ठल रामजी शिंदे, *माझ्या आठवणी व अनुभव*, पृ. 2

तुकोजीराव महाराज का चन्दा और मातंगों का कृषि-देहात बसाने की कोशिश

सन् 1912 का वर्ष मिशन के लिए आर्थिक दृष्टि से अच्छा रहा। एन. एम. वाडिया ट्रस्ट ने तीन सालों के लिए 6 हजार रुपयों का वार्षिक चन्दा देना शुरू किया। फिर भी मिशन के बढ़ते विस्तार की वजह से बड़े पैमाने पर राशि की जरूरत थी। मिशन को मुम्बई में सदन बनवाने के लिए 40 हजार, पुणे के सदन हेतु 20 हजार और 5 नए समर्पित कार्य करनेवाले सेवकों के लिए 5 सालों के इन्तजाम के रूप में 25 हजार रुपए—ऐसे कुल 85 हजार रुपए जमा करने की जरूरत थी। 29 अगस्त, 1912 में हुई कार्यकारी मंडल की सभा में इन बातों पर विचार कर मिशन को आर्थिक सहयोग करें, इसीलिए प्रतिष्ठित लोगों ने हस्ताक्षर किया पत्रक निकाला गया। इस पत्रक में डॉ. भंडारकर, सर चन्दावरकर, सर चिनुभाई माधवलाल, मि. रतन जे. टाटा आदि मंडलियों ने हस्ताक्षर कर आह्वान किया था। इसमें कहा गया था, "भारतीय नि.सा. मंडल ने छह साल के कम समय में अस्पृश्यता का प्रश्न जहाँ कठिन बनकर रहा है, ऐसे हिन्दुस्तान के पश्चिम, मध्य और दक्षिण में इस कार्य का विस्तार किया है। मंडल को आमतौर पर साल में 25 हजार रुपए व्यय करने पड़ते हैं और इतनी राशि सिर्फ मध्य वर्ग से चन्दे के रूप में मिलना कठिन था। पैसों की कमी महसूस होने से स्वाभाविक असर होता है कि मंडल के कार्यवाहकों को आर्थिक मदद प्राप्त करने के लिए काफी मेहनत एवं समय खर्च करना पड़ता है। इसीलिए समाज के अमीर वर्ग को हमारा आस्थापूर्ण आह्वान है कि वह मिशन को ठोस आर्थिक सहयोग करे ताकि मिशन के कार्यकर्ता अस्पृश्य वर्ग के सुधार कार्य के लिए पर्याप्त समय दे सकें।"[1]

मिशन की परिषद् लेते समय पुणे की इमारत के लिए कुछ आर्थिक सहायता इस परिषद् से प्राप्त हो, ऐसा भी एक उद्देश्य था। परिषद् में आवश्यक निधि जमा न होकर लगभग 260 रुपए कम जमा हुए, लेकिन शिंदे ने दर्ज किया, "लेकिन सचिव पटवर्धन के ईमानदार कष्ट को दूसरी ओर से सफलता मिलनेवाली थी।"[2] परिषद् समाप्ति के पश्चात् परिषद् के सभी कार्यों की विस्तार से जानकारी देनेवाला परिषद् का प्रतिवेदन छाप दिया। ऊपर दर्ज किया नि.सा. मंडली का आह्वान और मंडल परिषद् का प्रतिवेदन इन्दौर के महाराज श्रीमन्त तुकोजीराव होलकर के पास भेजा गया था। परिषद् का यह प्रतिवेदन पढ़कर और नि.सा. मंडलियों ने चलाए कार्य की जानकारी पाकर श्रीमन्त तुकोजीराव काफी प्रभावित हुए। उन्होंने मुम्बई के निवास में मिशन के जनरल सेक्रेटरी के नाते वि.रा. शिंदे को सन् 1912 के दिसम्बर में ताजमहल होटल में बुलाकर मिशन की पुणे इमारत के लिए 20 हजार रुपए का धनादेश उनके हाथ में थमा दिया। पुणे की इमारत को अपने पुरखों का अहिल्याबाई होलकर का नाम दिया जाए, यह मंशा श्रीमन्त तुकोजीराव ने व्यक्त की। इस चन्दे की खुशी जाहिर करने के लिए मुम्बई और पुणे की पाठशालाओं को छुट्टी दी गई थी।

इसी राशि में आगे मुम्बई सरकार से मिली 87 हजार रुपए की राशि का इजाफा हुआ और पुणे के भोकरबाड़ी में 'अहल्याश्रम' नामक मिशन की इमारत निर्मित हुई।

पुणे में हुई महाराष्ट्र परिषद् से दूसरा एक कार्य सफल हुआ। परिषद् के लिए सतारा से मातंग लोगों के नेता श्रीपतराव नांदणे आए थे और उन्होंने आलेख पढ़ा था, यह हमने देखा ही है। उनसे शिंदे का परिषद् के दौरान अच्छा परिचय हुआ। सतारा जिले के मातंग लोगों के पीछे अंग्रेज सरकार ने प्रतिदिन हाजिरी देने का झंझट लगाया था। उन्होंने मातंग लोगों पर होनेवाला यह अन्याय दूर हो, ऐसी परिषद् में जोरदार माँग की थी। इसके सिवाय उन्होंने बाकी अस्पृश्य जातियों को जिस तरह जमीन है वैसी मातंगों की नहीं है, तब बंजर जमीन में से कुछ जमीन मातंगों को मिले, यह माँग भी आगे प्रस्तुत की थी। मातंग लोगों पर होनेवाला यह अन्याय दूर होना काफी जरूरी है, ऐसा अण्णासाहब शिंदे को

तीव्रता से लगने लगा। इसी के तहत उन्हें इन मातंगों के लिए एक कृषि देहात बसाए जाए, ऐसा अद्भुत प्रयोग करने की कल्पना सूझी। उन्होंने डॉ. हेरॉल्ड एच. मैन के नेतृत्व में गवर्नर के पास शिष्टमंडल ले जाना तय किया और इस शिष्टमंडल में श्रीपतराव नांदणे को जान-बूझकर साथ लिया। नांदणे ने गवर्नर साहब के सम्मुख निम्नलिखित शिकायतें प्रस्तुत कीं और माँगें रखीं—

1. मातंग लोग गरीब होकर उनका स्वयं का ऐसा विशेष व्यवसाय नहीं।
2. सभी मातंगों को गुनहगार समझा जाना उन पर अन्याय है।
3. सतारा जिले में काफी बंजर जमीन है और वह किफायती दामों पर मातंगों को दी जाए।
4. मातंगों के लिए कृषि-कार्य अधिक सुविधाजनक है।
5. सतारा जिले में कहीं तो जमीन लेकर मातंगों के लिए एक कृषि देहात (बस्ती) डी.सी. मिशन की ओर से बसाया जाए।

गवर्नर साहब ने मातंगों की इन माँगों को लेकर सहमति जताई। उसके पश्चात् मिशन की केन्द्रीय समिति ने इस विषय की जाँच के लिए पुणे में विशेष कमेटी नियुक्त की। उसने 26 जून, 1914 में निम्नलिखित प्रस्ताव पारित किया—

1. लगभग 100 परिवारों का प्रबन्ध हो सके, ऐसी एक बस्ती का प्रयोग सतारा जिले में हो।
2. शिंदे उसके लिए काबिल मनुष्य नियुक्त करें।
3. शिंदे सरकार की ओर से पुणे और सतारा जिले के वन विभाग से जोतने के लिए चुनी गई जमीन की सूची मँगवाएँ और उनमें से 400 एकड़ जमीन का चयन करें।

शिंदे इस प्रस्ताव के पश्चात् इस कार्य के समर्थन में लगे रहे। उन्होंने मध्य प्रान्त के कमिश्नर मि. मेकॉनकी की डॉ. मैन के साथ मुलाकात की। शिंदे ने जमाबन्दी विभाग के मुख्य काउंसिलर मि. लैंब और पुलिस विभाग के इंस्पेक्टर जनरल मि. केनेडी से मुलाकात की और नांदणे को ले गए। उनकी इस कार्य में हमदर्दी और मदद का आश्वासन मिलने पर शिंदे और डॉ. मैन प्रत्यक्ष जमीन की जाँच के लिए सतारा जिले की तहसीलों के गाँव देखने गए। खेती के प्रश्न पर जाँच कार्य में मदद हो, इसलिए विट्ठल नामदेव नामक जानकार सज्जन को साथ में लिया। शिंदे और काले ने सतारा जिले में कुल तीन बार यात्रा की और तीन गाँव बस्ती के लिए केन्द्र बनाने की दृष्टि से चुने—

1. **एरंडोली :** मिरज के पश्चिम में 9 मील दूरी पर।
2. **कुपवाड़ :** बुधगाँव स्टेशन के दक्षिण में तीन मील दूरी पर और सांगली, मिरज और बुधगाँव रियासत की सीमा में। इसी गाँव में लगभग 1,200 एकड़ जमीन वन विभाग की ओर से मिलेगी और उनमें से 150 एकड़ जमीन जोतने के लिए स्तरीय और 300 एकड़ जमीन सामान्य थी।
3. **पलूस :** कुंडल रोड स्टेशन से तीन मील की दूरी पर सांगली और औंध रियासत में।

यह तीन केन्द्र देखने से पहले एवं तय करने के लिए शिंदे ने काले के साथ सतारा जिले की कड़ी धूप में एक हजार मील की यात्रा की। उस दौरान सतारा में बैलगाड़ी के रास्ते अच्छे नहीं थे। इसीलिए उन्हें कई बार पैदल जाना पड़ा। तीसरी यात्रा में शिंदे के साथ कमेटी के चेयरमैन डॉ. मैन भी थे। उन्हें खेती का बढ़िया अनुभव था और वे स्वयं शिंदे के साथ कई जगह पैदल भी गए थे। इसीलिए जाँच कार्य में कोई भी कमी नहीं रही थी। यह देहात खेती और व्यवसाय की दृष्टि से बसाया जानेवाला था। उसके मुताबिक खर्चे का शुरू का अन्दाजा 20 हजार रुपए जितना था। अन्त में कुपवाड़ केन्द्र चुना गया और उसके लिए सरकार के पास विधिवत् अर्जी भेजी गई।

लेकिन दुर्भाग्य यह कि इसी दौरान विश्वयुद्ध की मुसीबत आ पड़ी। शिंदे, काले और डॉ. मैन ने की हुई जाँच का लाभ सरकार को हुआ क्योंकि विश्वयुद्ध में शहीद सिपाहियों के परिवार को मदद के रूप में कृषि जमीन की जरूरत पड़ेगी, इसीलिए फिलहाल हम यह दे नहीं सकते, ऐसा सरकार की ओर से मिशन को उत्तर मिला। मातंगों के मुँह का निवाला सिपाहियों के लिए रोका गया था। शिंदे ने इसके बारे में कहा, "लेकिन अन्त में जो हुआ सो हुआ। कुपवाड़ की जमीन के कुछ हिस्से पर आजकल डेक्कन एज्युकेशन सोसाइटी के विलिंग्डन कॉलेज की इमारत नजर आती है। कड़ी धूप में जाँच कर भाग-दौड़ किसने की? वह किसलिए की? और अन्त में नसीब ने सफलता की माला किसके गले में डाली? बारीकी से सोच कर पाठक ही जो समझना है, समझे।"[3] शिंदे की मातंग कृषि देहात की संकल्पना अस्तित्व में आ जाती तो शायद अस्पृश्य वर्ग के भविष्य को नया मोड़ मिल जाता।

अण्णासाहब शिंदे का मातंग-कृषि देहात योजना जैसा विचार उसके पन्द्रह साल पश्चात् बाबासाहब आंबेडकर ने प्रस्तुत किया। बाबासाहब आंबेडकर ने हरिजन इनाम (बख्शीश के रूप में दी जानेवाली जमीन) की वजह से सवर्णों की गुलामी में अटकी प्रजा को अपनी रिहाई कर आर्थिक स्वतंत्रता प्राप्त कर सम्मान का जीना प्राप्त हो, इसलिए सन् 1927 में हरिजनों के लिए ऐसा विचार प्रस्तुत किया। उन्होंने हरिजन इनाम का त्याग करके वन विभाग के अधिकार में होनेवाली जमीन सरकार से प्राप्त कर वहाँ स्वतंत्र बस्ती बनाकर खेती करें, जिसके कारण इनाम जाने के नुकसान की पूर्ति होगी। ऐसी बस्ती में सभी हरिजनों को खेती पर जीविका चलाए, इतना क्षेत्र मिलना कठिन। इसीलिए खादी बुनकर बेचने का कारोबार वे करें और बाकी हरिजन मंडली खादी का इस्तेमाल करना तय करें, यह राह आंबेडकर ने हरिजनों की सामाजिक और आर्थिक स्वतंत्रता के लिए सुझाई।[4] लेकिन आंबेडकर के इन विचारों को अमल में लाने की दृष्टि से किसी ने मेहनत या कोशिश की हुई दिखाई नहीं देती। उनकी यह सूचना सिर्फ विचार तक ही सीमित रही।

शिंदे की योजना अगर अमल में लाई होती तो गाँव में अस्पृश्य माने गए लोगों के जीवन को आत्मनिर्भरता का सकारात्मक रुख मिलता और उनके जीवन में उल्लेखनीय परिवर्तन होता।

सन्दर्भ

1. *दि सिक्स्थ अॅन्युअल रिपोर्ट ऑफ दि 'डिप्रेस्ड क्लासेज मिशन' सोसाइटी ऑफ इंडिया,* 1913, पृ. 10-11
2. विट्ठल रामजी शिंदे, *माझ्या आठवणी व अनुभव,* पृ. 263-64
3. वही, पृ. 282-283
4. भीमराव रामजी आंबेडकर, 'अस्पृश्योन्नतीचा आर्थिक पाया', अग्रलेख, *बहिष्कृत भारत,* 23 दिसम्बर, 1927

अहल्याश्रम की पूर्व तैयारी

विट्ठल रामजी शिंदे द्वारा शुरू किए अस्पृश्यता उन्मूलन कार्य का स्वरूप ऐसा था कि उसके लिए समाज के सभी स्तरों से सहयोग की आवश्यकता थी और अण्णासाहब शिंदे स्वभाव से अक्खड़, साफगो, अपने तत्त्व के खातिर किसी का लिहाज न रखनेवाले स्वतंत्र वृत्ति के पुरुष थे। इसके बावजूद अस्पृश्यता उन्मूलन कार्य को लेकर वे अत्यन्त भावुक थे और इस कार्य के लिए उन्होंने सभी स्तर की महत्त्वपूर्ण व्यक्तियों का सहयोग प्राप्त किया था। राजनीतिक दृष्टि से अण्णासाहब शिंदे उग्रवादी थे, लेकिन मिशन के कार्य के सन्दर्भ में उनका राजनीतिक रवैया कभी बाधा नहीं बना। अपना राजनीतिक मत इस कार्य में बाधा न बने, इसके प्रति वे सजग रहते थे। इस कार्य में सवर्ण हिन्दू वर्ग के गरम-नरम दल के नेता, अस्पृश्य समझी जानेवाली विभिन्न जातियों के नेताओं का सहयोग लेना जैसे उन्हें आवश्यक लगता था, उसी तरह रियासतें, अंग्रेज राज्यकर्ता का सहयोग लेना भी उन्हें महत्त्वपूर्ण लगता था। उन्होंने दो वर्ष इंग्लैंड में निवास करने से, वहाँ के सार्वजनिक कार्य का निरीक्षण किया होने से यहाँ के अंग्रेज अधिकारियों के साथ कैसा व्यवहार करें, उनका सहयोग कैसे लें, इसकी सही कल्पना उनके मन में होगी। इसीलिए वे मुल्की और लश्करी अंग्रेज अधिकारियों का उत्तम ढंग से सहयोग ले सके। ईसाई धर्म के ये ब्रिटिश अधिकारी अस्पृश्यता उन्मूलन कार्य का और इस वर्ग की उन्नति के कार्य का महत्त्व तुरन्त पहचानते थे। गवर्नर सर जॉन क्लार्क ने अपनी बेटी मिस वायोलेट क्लार्क को संगीत का जलसा करने की और उसके जरिये मिशन को आर्थिक सहयोग करने की अनुमति दी थी।

विट्ठल रामजी शिंदे जब पुणे आकर रहे, उस दौरान मुम्बई के गवर्नर के रूप में लॉर्ड विलिंग्डन की नियुक्ति हुई। उनकी पत्नी लेडी विलिंग्डन ने मिस वायोलेट क्लार्क की हकीकत सुनी होगी। लेडी विलिंग्डन पुणे में आई तब उन्होंने मिशन का कार्य प्रत्यक्ष देखने की इच्छा व्यक्त की। उसके अनुसार उन्होंने लेडी विलिंग्डन की भेंट का आयोजन किया।

शिंदे ने मिशन की एक जाहिर सभा बुलाई। बड़ा शामियाना खड़ा किया। अस्पृश्य स्त्रियों-बच्चों और इस कार्य को मदद करनेवाली गाँव की प्रतिष्ठित स्त्रियों को भी बुलाया। ठीक समय पर लेडी विलिंग्डन सभा मंडप में पहुँची। स्त्री-पुरुषों का बड़ी संख्या में उपस्थित मिश्र समाज देखकर उन्हें खुशी हुई और आश्चर्य भी हुआ। उन्हें पाठशाला की टीम-टाम, हँसमुख छात्र, ताल-सुर के साथ हुई कवायद चित्ताकर्षक लगी। पुणे शाखा की पाठशाला के बच्चों को कवायद सिखाने अस्पृश्य वर्ग के लश्करी पेंशनर मिलते थे। इससे इन बच्चों की कवायद बड़ी चित्ताकर्षक होती थी। बच्चों की कवायद से प्रभावित होने के कारण लेडी विलिंग्डन ने अण्णासाहब के कान में मजाक में कहा, "मिस्टर शिंदे, आगे चलकर ये गरीब लोग हिन्दुस्तान के राजा बनेंगे।" उतने ही मजाक से शिंदे ने प्रत्युत्तर दिया, "मेमसाब, आपका आशीर्वाद सही होगा, इसमें मुझे कोई सन्देह नहीं लगता, लेकिन इन लोगों के राजा बनने पर आप अपनी तशरीफ कहाँ ले जाएँगे?" इस पर वे दिल खोलकर हँस दीं। आगे चलकर लॉर्ड विलिंग्डन ने मिशन को यथासमय सहयोग किया और मिशन के संचालकों से सौहार्दता रखी।

शिंदे चाहते थे कि पुणे शाखा की अपनी स्वतंत्र इमारत होनी चाहिए। इस उद्देश्य से उन्होंने अक्टूबर, 1912 में व्यापक स्तर पर मिशन की महाराष्ट्र परिषद् का आयोजन किया था। उसी के परिणामस्वरूप इन्दौर रियासत के अधिपति श्रीमन्त तुकोजीराव होलकर से बीस हजार रुपये का नगद चन्दा प्राप्त हुआ था, यह प्रसंग हमने पहले देखा ही है। पुणे शाखा की ओर से इस चन्दे से जो इमारतें बननेवाली थीं, उन्हें 'अहल्याश्रम' नाम देना तय हुआ था। विट्ठल रामजी शिंदे इस इमारत के लिए जगह प्राप्त करने के प्रयास में जुट गए। उन दिनों पुणे की नाना पेठ में भोकरबाड़ी नामक अस्पृश्यों की कंगाल बस्ती थी। यह जगह अत्यन्त गन्दी थी। बस्ती के अड़ोस-पड़ोस में दो फर्लांग

का खुला मैदान था। यह पूरा स्थान उजाड़ और भयावह दिखाई देता था। गड्ढे-काँटे, इतना ही नहीं तो जानवरों की बड़ी हड्डियाँ, चिथड़े, टूटे डिब्बे आदि 'कंगालों की सम्पत्ति' का यह मैदान खुला भंडार ही था। नजदीक ही पुलिस थाना था, लेकिन यहाँ का रास्ता अक्सर खराब और गन्दा रहता। आसपास मरे हुए प्राणियों के अवशेष होने से बाजू के पुराने बरगद के पेड़ पर भयावह सफेद गिद्धों के झुंड रहते थे। वहाँ पर हत्या-मारपीट भी होती थी। इस स्थिति में होनेवाला सात एकड़ का यह मैदान शिंदे ने अपने भावी अहल्याश्रम की उचित जगह है, ऐसा मन-ही-मन तय किया। पुणे नगर निगम को इस जगह की माँग की तो उसने संकल्पित अहल्याश्रम के लिए 99 वर्ष की सन्धि पर दो अलग सनद कर यह जगह मिशन को दे दी। पहले 22-05-1915 को पहला पट्टा दो एकड़ तीस वर्ग गज का वार्षिक एक रुपये किराये पर दिया गया। आगे चलकर यह जगह कम पड़ सकती है, ऐसा लगने से 13-04-1922 को शेष तीन एकड़ तेईस वर्ग गज जगह भी ले ली अर्थात् कुल सात एकड़ मैदान 99 वर्ष की सन्धि पर वार्षिक दो रुपये किराये पर मिशन ने पुणे नगर निगम की ओर से लिया। किराए के ये दो रुपये केवल स्वामित्व के अधिकार हेतु तय किए थे।[1]

अस्पृश्य वर्ग की उन्नति और अस्पृश्यता उन्मूलन का कार्य करनेवाली मिशन के लिए प्रस्तुत जगह का चयन करने के पीछे अण्णासाहब शिंदे की दृष्टि से एक महत्त्वपूर्ण कारण था। महात्मा जोतिबा फुले ने यह जगह अस्पृश्य वर्ग के लिए पाठशाला चलाने के उद्देश्य से अपनी संस्था को सरकार से ली थी। आगे उस पर सरकार का अधिकार हुआ और नगर निगम स्थापित होने पर उसके अधिकार में आ गई। महात्मा जोतिबा फुले का कार्य चलाने के लिए मिशन को ऐसी ऐतिहासिक परम्परा सिद्ध करने पर पुणे नगर निगम ने इतनी बड़ी जगह मिशन को देने के लिए आनाकानी नहीं की और सरकार ने भी इस कार्य का महत्त्व जानकर इसे सहजता से मंजूर किया।[2]

श्रीमन्त तुकोजीराव होलकर से आरम्भ में मिला बीस हज़ार रुपए का चन्दा और उसके बाद पुणे नगर निगम से मिली जगह के बाद इमारत बनाने के लिए सरकार से आर्थिक सहयोग प्राप्त करना आवश्यक था। अण्णासाहब शिंदे ने इमारत के नक्शे और खर्चे का बजट आदि जोड़कर सरकार के शिक्षा विभाग की ओर आवेदन प्रस्तुत किया। जुलाई, 1913 में लॉर्ड विलिंग्डन की ओर एक विशेष डेप्युटेशन प्रस्तुत किया। उससे संकल्पित अहल्याश्रम की इमारत के लिए बीस हजार रुपयों का सहयोग करने का प्रस्ताव भी सरकार ने पारित किया, लेकिन आगे 1914 में अचानक विश्वयुद्ध की आपत्ति से परिस्थिति बदल गई। सरकार फिलहाल इमारत के लिए आर्थिक सहयोग नहीं कर सकती थी। इसलिए इमारत बनाने का कार्य बाद में करने का निर्णय लिया, लेकिन उपर्युक्त प्रतिनिधि मंडल ने मुम्बई, पुणे, हुबली की शाखाओं के छात्रावास का कार्य कैसे चल रहा है, यह लॉर्ड विलिंग्डन को अच्छी तरह से समझाया। उन्हें मिशन के कार्य का महत्त्व रास आने से उन्होंने मिशन को विशेष सुविधा का 'ग्रांट इन एड' देने का आश्वासन दिया और छात्रावास के सहयोग हेतु वार्षिक दो हजार रुपये की मदद युद्ध तथा अन्य कोई कारण न देकर हर साल करना स्वीकार किया। यह मदद आगे हर साल मिलती रही।[3]

सन्दर्भ

1. विट्ठल रामजी शिंदे, *माझ्या आठवणी व अनुभव*, पृ. 279
2. वही, पृ. 279
3. वही, पृ. 280

मराठों की सांस्कृतिक जिम्मेदारी

बीसवीं सदी के पहले आठ-दस वर्षों में महाराष्ट्र के राजनीतिक और सामाजिक माहौल में उथल-पुथल हुई थी। लोकमान्य तिलक के उग्र और प्रभावी नेतृत्व से अभूतपूर्व राजनीतिक जागृति हुई थी। ब्रिटिश सरकार के विरुद्ध संतप्त भाव निर्माण हुआ था। तीव्र रूप में स्वतंत्रता की आकांक्षा निर्मित होने लगी थी, लेकिन राजनीतिक दृष्टि से उग्र, राष्ट्र प्रेमी होनेवाला तिलक दल सामाजिक सन्दर्भ में हिन्दुओं के रूढ़ अन्धविश्वास सहेजनेवाला, शूद्रों पर अन्याय करनेवाले परम्परागत समाज रचना की चौखट को बनाए रखनेवाला और प्रगति के लिए कदम आगे बढ़ानेवाली अवरुद्ध स्थिति में ही रहा था। इस राजनीतिक गरम दल में स्वतंत्रता की तीव्र आस थी, लेकिन सामान्य बहुजन समाज, किसानों के हित की चिन्ता बिलकुल दिखाई नहीं देती थी अपितु वेदोक्त जैसी घटना से तिलक पक्ष की ब्राह्मण मंडली का बहुजन समाज की ओर देखने का दृष्टिकोण तिरस्कारपूर्ण ही था, ऐसा लगता था। इस वेदोक्त मामले की प्रतिक्रिया के रूप में प्रधानत: छत्रपति शाहू महाराज की प्रेरणा और आश्रय से महाराष्ट्र में सत्यशोधक समाज के विचार का प्रबलता से फैलाव हुआ। वेदोक्त मामले में प्रकट ब्राह्मणी श्रेष्ठता के अहंकार की प्रतिक्रिया के रूप में सत्यशोधक विचार को ब्राह्मण विरोधी धार प्राप्त हुई। इतना ही नहीं तो तिलक दल का विरोध करने हेतु निर्मित बहुजन समाज के नेतृत्व को अंग्रेजी सत्ता नजदीक की लगने लगी और वे अंग्रेजी सत्ता के गुणों का समर्थन करनेवाले समर्थक बन गए।

इस यथार्थ का एक अलग ही अर्थ लिया जाने लगा। बहुजन समाज के और विशेषत: मराठा जाति के नेताओं की नीति और मानसिकता, यह सामान्य मराठा समाज की है और मराठा समाज को मानो राजनीतिक स्वतंत्रता की अभिलाषा नहीं है। उन्हें अंग्रेजी अमल में रहना ही भाता है। इससे विट्ठल रामजी शिंदे को तीव्रता से ऐसा लगा कि इतिहास में स्वतंत्रता प्रेमी होनेवाले मराठा समाज के प्रति होनेवाली यह गलतफहमी दूर होनी आवश्यक है। इतना ही नहीं तो समग्र मराठा समाज में, मराठा नेताओं में और शिक्षित मराठा युवा वर्ग में उचित राजनीतिक तथा सामाजिक और सांस्कृतिक एहसास जाग्रत होना अनिवार्य है। उनकी यह धारणा थी कि मराठा समाज महाराष्ट्र में बहुसंख्य है और उसकी उन्नति पर महाराष्ट्र की उन्नति भी निर्भर है। ऐसे समाज ने राजनीतिक दृष्टि से परिपक्व होना चाहिए, साथ ही सामाजिक, सांस्कृतिक दृष्टि से उचित दिशा में कार्यरत होना समग्र राष्ट्र-कार्य की दृष्टि से आवश्यक है, ऐसा शिंदे को लगता था।

सन् 1922 से अण्णासाहब शिंदे पुणे में रहने लगे। पुणे के मराठा समाज को उनका जोश से भरा अस्पृश्यता उन्मूलन कार्य, उनकी विद्वत्ता और व्यासंग, वैचारिकता और सन्तुलित दृष्टि का नजदीक से परिचय होने लगा। शिक्षित मराठा युवा वर्ग को उनका मार्गदर्शन मिले, ऐसी इच्छा निर्मित होना स्वाभाविक था। पुणे में हाल ही में स्थापित 'मराठा भ्रातृ मंडल' के पदाधिकारियों ने विट्ठल रामजी शिंदे को मंडल के स्नेह सम्मेलन के अवसर पर भाषण करने की विनती की। मराठा समाज की समग्र उन्नति को लेकर अपनी राय प्रस्तुत करने का यह अच्छा मौका है, ऐसा मानकर उन्होंने इस आमंत्रण को स्वीकारना तय किया।

1910 के आसपास पुणे के स्कूल कॉलेज में पढ़नेवाले युवा मराठा छात्र कुछ निमित्त से इकट्ठा होते, उनमें चर्चा होती। इन छात्रों में से लक्ष्मणराव ठोसर, बाबूराव जगताप आदि युवाओं के मन में ऐसा विचार आया कि गरीब मराठा छात्रों की मदद करें, उन्हें सहविचार हेतु प्रवृत्त करने के उद्देश्य से एक संस्था स्थापित की जाए। वैसे देखा जाए तो सन् 1910 के आसपास बाबूराव गणपतराव जगताप हाईस्कूल के छात्र थे और लक्ष्मणराव ठोसर कॉलेज में पढ़ते थे, लेकिन उन्होंने बिलकुल युवावस्था में अगुआ होकर मराठा भ्रातृ मंडल (मराठा स्टूडेंट्स ब्रदरहुड) नामक संस्था की स्थापना की। इस दौरान श्रीमन्त छत्रपति शाहू महाराज बार-बार पुणे आते थे। उसी तरह शाहू महाराज के

देवास के दामाद श्रीमन्त तुकोजीराव पवार और उनके भाई श्रीमन्त भाऊसाहब भी पुणे आते थे। लक्ष्मणराव ठोसर का उनसे परिचय हुआ था। उस समय पांडुरंग चिमणाजी पाटील पुणे के कृषि कॉलेज में प्रोफेसर थे। जगताप, ठोसर इन युवकों को उनका मार्गदर्शन भी मिला। कृषि कॉलेज के प्रिंसिपल हेरॉल्ड एच. मैन ने 'मराठा भ्रातृ मंडल' संस्था का अध्यक्ष बनना स्वीकार किया। उसी तरह जगदेवराव पवार, भाऊसाहब महाराज (देवास) ने और फर्ग्युसन कॉलेज के प्रिंसिपल रैंग्लर रघुनाथ पुरुषोत्तम परांजपे ने उपाध्यक्ष बनने की स्वीकृति दी। लक्ष्मणराव ठोसर और सोपान नामाजी कु-हाडे नामक इस संस्था के सचिव बन गए। पां.चि. पाटील, रामचन्द्रराव बंडेकर और अन्य प्रतिष्ठित मंडली इस संस्था की सदस्य बन गई। फरवरी 1911 में 'मराठा स्टूडेंट्स ब्रदरहुड' संस्था की स्थापना हुई।[1] उसमें 15 मार्च, 1913 को तीसरे वार्षिक सम्मेलन के अवसर पर पां.चि. पाटील का 'विदेश यात्रा' नामक विषय पर व्याख्यान हुआ। अगले वर्ष 20 जून, 1914 को संस्था के चौथे वार्षिक सम्मेलन के अवसर पर विट्ठल रामजी शिंदे ने 'शिक्षित मराठों के नागरिक कर्तव्य' नामक विषय पर व्याख्यान दिया।[2]

विट्ठल रामजी शिंदे का प्रस्तुत व्याख्यान मराठा समाज को ही नहीं अपितु समग्र युवा वर्ग को उत्तम मार्गदर्शन करनेवाला और महत्त्वपूर्ण था। इसके सिवा विट्ठल रामजी का जाति संस्था की ओर देखने का दृष्टिकोण क्या था, मराठा समाज और अन्य जातियों में उन्हें कैसे सम्बन्ध अभिप्रेत थे, यह समझने की दृष्टि से भी प्रस्तुत व्याख्यान महत्त्वपूर्ण था। व्याख्यान के आरम्भ में शिंदे ने 'मराठा' यह जाति-विशेष नाम धारण करनेवाले मंडल के सामने उनका भाषण करना कितना उचित है, इसकी चर्चा की और समग्र समाज की जाति संस्था को लेकर भूमिका प्रस्तुत की। आरम्भ में ही उन्होंने कहा, "स्थूल रूप में देखें तो आपकी सभा केवल एक विशेष जाति तक सीमित है और मैं स्वयं जाति भेद माननेवालों में से नहीं हूँ। इतना ही नहीं तो उसका पालन भी नहीं करता। अपितु इस पुरातन संस्था के चलते आज भी जो दुष्परिणाम होते हैं, उन्हें यथाशीघ्र और सही ढंग से नष्ट करने का नम्रता से प्रयास करनेवालों में से मैं एक हूँ। इसलिए मुझे आपकी सभा में व्याख्यान देने का अधिकार है या नहीं, इसको लेकर मैं पशोपेश में था, लेकिन आपकी संस्था के उद्‌देश्य और निबन्धन देखने पर पता चला कि वह उतनी जातीय नहीं है अध्यक्ष डॉ. हेरॉल्ड एच. मैन और आपकी संस्था के कुछ सदस्य इनका मराठों से जातिगत सम्बन्ध न होने पर भी उनका संस्था में समावेश हुआ है, ऐसा उन्होंने निर्देश किया। जाति सम्बन्ध कौन-से होते हैं और होने चाहिए, इसका विवेचन करते हुए उन्होंने कहा, "लेकिन मैं आपके सामने केवल हितैषी के रूप में खड़ा नहीं हूँ। मैं स्वयं मराठा जाति का होने से स्वाभाविकत: मुझमें उस जाति से सम्बन्धित दो तरह का अभिमान है, वह मैं प्रस्तुत करूँ, यह आवश्यक नहीं। जातीय अभिमान तीन प्रकार का होता है। अपनी जाति कैसी भी हो, वह हमें प्रिय है। उसका अन्य से कोई सम्बन्ध न जोड़कर उसे 'पवित्र' रखना, कम-से-कम वैसा बहाना करना, उसी के हित सम्बन्ध देखना, इतना ही नहीं तो अन्य जातियों का द्वेष करना यह एक प्रकार होता है। यह तामसी प्रकार है। अपनी जाति महान, इतिहास में ख्यात और वैभव प्राप्त हो तो इससे अन्य किसी जाति का द्वेष न कर या उनसे दूर न रहकर सन्तुष्ट रहना यह दूसरा प्रकार है। यह राजसी प्रकार है। इसके सिवा तीसरा एक अभिमान ऐसा है कि अपनी जाति को अत्यन्त उच्च माना गया हो या अत्यन्त नीच माना गया हो, इस बाह्य गणना को नजरअन्दाज कर दूसरी छोटी-बड़ी जाति की रत्ती मात्र ईर्ष्या न कर या उसके हित सम्बन्ध जानकर उसे कोई हानि न पहुँचे, ऐसी सावधानी बरतकर अपनी जाति के हित के प्रति कर्तव्य बुद्धि जाग्रत रखना, यह सात्विक प्रकार है। पहला प्रकार गृहणीय, दूसरा क्षम्य और तीसरा स्तुत्य है। जाति भेद का विरोध करनेवालों को केवल पहले प्रकार को फेंक देना चाहिए और जब तक अन्तिम दो प्रकार के अभिमान मुझसे नष्ट नहीं हुए हैं, तब तक मुझे यह व्याख्यान देने में दिक्कत नहीं है, ऐसा मानकर मैंने आपके सम्माननीय सचिव के आमंत्रण को स्वीकार किया।

'मराठा' शब्द का अन्वय प्रान्त, पेशा, भाषा, पीढ़ी और जाति—इन पाँच विषयों से होने के बावजूद उसके सन्दर्भ में तात्त्विक और ऐतिहासिक मीमांसा करना उनका उद्‌देश्य नहीं था। वह केवल व्यावहारिक और आजकल आवश्यक राष्ट्रीय दिशा से सम्बन्धित है ऐसा बताकर उन्होंने जनगणना प्रतिवेदन में जिन्हें मराठा कहा है, वह वर्गीकरण स्वीकार किया। इस जाति ने अपने कर्तृत्व से एक विशिष्ट प्रदेश को स्वयं का नाम देने के बावजूद आजकल इन लोगों को पिछड़े कहकर पहचाना जाता है और वे वाकई पिछड़े हुए हैं। इन लोगों के समूह की जातीय दृष्टि से हुई अवनति के उन्होंने दो अन्तर्गत कारण बताए। पहला, इस जाति में एकता (सॉलिडैरिटी) नहीं और दूसरा, इस जाति ने अपने नागरिक कर्तव्य से लगभग अलगाव ही बनाए रखा है। उन्होंने बताया कि इनमें से दूसरे कारण का विचार प्रस्तुत व्याख्यान में अभिप्रेत है।

इस जाति की रहन-सहन ब्राह्मणी संस्कृति से अलग दिखाई देती है। महाराष्ट्र की निम्न स्तर की अन्य कुछ जातियाँ इनके रहन-सहन से प्रभावित हैं। विट्ठल रामजी शिंदे ने नागरिकत्व पर विचार करते समय सन् 1910 की जनगणना का अत्यन्त उचित उपयोग किया है। उन्होंने कुल जनसंख्या के सन्दर्भ में पेशा, शिक्षा, शिक्षा में स्त्री-पुरुषों की प्रगति आदि से सम्बन्धित आँकड़ों पर गौर किया है। मराठा वाणी, मराठा अहीर, मराठा नाई आदि से सम्बन्धित संख्या का उन्होंने उपयोग किया है। उन्होंने दिए कोष्ठक में मुम्बई इलाके में मराठा और तत्सम जातियों की जनसंख्या लगभग 50 लाख तो ब्राह्मणों की 10 लाख और लिंगायतों की 13 लाख बताई है। मराठों की जनसंख्या की अधिकता पर गौर कर उन्होंने कहा है, "महज संख्या की दृष्टि से देखें तो भी मराठों का काफी महत्त्व है क्योंकि इस इलाके में उनकी संख्या किसी भी जाति से अधिक है और इतने बड़े जनसमूह के हित सम्बन्ध को राष्ट्रीय मानकर राष्ट्र का इतना महत्त्वपूर्ण और बड़ा अवयव पिछड़ा रहना यानी पर्याय से राष्ट्रपुरुष का पिछड़ा रहना है और उसे सहयोग करना यह किसी विशिष्ट जाति पर मेहरबानी न होकर एक महत्त्वपूर्ण राष्ट्रीय दायित्व निभाना है। इस उदात्त भावना से ही मराठेतर सज्जन आपकी संस्था के सदस्य बने होंगे, ऐसी मेरी समझ है।" ऐसा कहते हुए उन्होंने कहा कि कम-से-कम मैं तो इसी भावना से आज का व्याख्यान दे रहा हूँ।

उन्होंने 'नागरिकता' इस संज्ञा का राष्ट्रीयता के सन्दर्भ में अर्थ स्पष्ट किया। राष्ट्रीयता यह मानव जाति के सामाजिक विकास की आज की अन्तिम सीढ़ी है। इस राष्ट्रीय संघटना की प्रथम इकाई नगर नहीं हो सकती। व्यक्ति, परिवार, जाति या गाँव—यह इकाई नहीं हो सकती। जिस स्थान पर कुछ स्वतंत्र, कर्तृत्ववान, जिम्मेदार, विद्या से सम्पन्न लोग रहते हैं और छोटी ही सही स्वतंत्र बाजार की पैंठ होती है, ऐसे स्थान को गाँव या नगर की संज्ञा दे सकते हैं। ऐसे कई नगरों की जो एक स्वसत्तात्मक संघटना बनती है, उसे 'राष्ट्र' कहा जाता है और स्वसत्तात्मकता राष्ट्र का प्रमुख लक्षण है, ऐसा उन्होंने बताया। स्वसत्तात्मकत्व यह प्रमुख लक्षण हमेशा के लिए नष्ट होने पर उस राष्ट्र की राजनीति, उद्योग, व्यापार, साहित्य, कला आदि पर ही नहीं तो अन्ततः उसके शील पर परिणाम होकर वह विशिष्ट समूह राष्ट्र को ही गाँव मान बैठता है, ऐसा प्रतिपादन कर उन्होंने राष्ट्र में स्वसत्तात्मकत्व को अत्यधिक महत्त्व होने की बात कही है। आगे उन्होंने यह भी कहा है कि जिस अर्थ में राष्ट्र की प्रथम इकाई नगर है, उस अर्थ में नगर की भी स्थानीय ही क्यों न हो, लेकिन स्वसत्तात्मकता जरूरी है। ऐसे स्वसत्तात्मक नगर का केवल निवासी होनेवाले को यह नागरिक संज्ञा नहीं मिलेगी तो उस नगर की संघटनात्मक जिम्मेदारी और जो अधिकार होंगे, वह जिसमें पूर्णतः है, वही व्यक्ति नागरिक नामक संज्ञा के योग्य होगा। इस तरह का विचार प्रस्तुत कर उस नगर का कारोबार चलानेवाले अधिकारी संस्था के कारोबार में सक्रिय हों अथवा किसी-न-किसी निर्णय व्यवस्था में उसे अधिकार हो, उस व्यक्ति को ही सही अर्थ में नागरिक कह सकते हैं, ऐसा ही उन्होंने सूचित किया। ऐसी व्यक्ति प्रौढ़, स्वतंत्र, आत्मनिर्भर, जिम्मेदार और हकदार हो। इन आवश्यक होनेवाले पाँच गुणों में से एक भी गुण कम होनेवाली व्यक्ति को नागरिक नहीं कह सकते बल्कि उसे केवल निवासी कहना होगा, यह भी उन्होंने स्पष्ट किया।

इस विवेचन में उन्होंने राष्ट्रीयत्व को महत्त्व दिया है। राष्ट्रीयता के सार के रूप में स्वसत्तात्मकता या स्वयं का कारोबार स्वयं चलाना एक विशेषता बताई है। इस राष्ट्रीयता को सहेजने या स्वयं में राष्ट्रीयता आत्मसात् करने हेतु प्रथमतः नागरिकत्व का होना आवश्यक है। उसी के द्वारा राष्ट्रीयता का आविष्कार कर सकते हैं और इस राष्ट्रीयता के लिए मत तथा वृत्ति की स्वतंत्रता, सभी तरह के निर्णय लेने में आत्मनिर्भरता, जिम्मेदारी का यथार्थ एहसास और नागरी कारोबार की निर्णय प्रक्रिया में अधिकार प्राप्त करने की योग्यता ये आवश्यक गुण उन्होंने प्रतिपादित किए हैं। उनके इस प्रतिपादन से जैसे उनकी राष्ट्रीय वृत्ति प्रकट होती है, उसी तरह मराठा और अन्य पिछड़ी जातियाँ कौन-सी योग्यता प्राप्त करें, कौन-सी वृत्तियाँ आत्मसात् करें और नागरिक बनें और पर्याय से राष्ट्र निर्माण में राष्ट्रीय स्तर पर कर्तव्य अदा करें, यही तात्त्विक स्वरूप के विवेचन द्वारा सूचित किया है।

इस तरह अपनी बात प्रस्तुत कर मराठों के नागरिक कर्तव्य कौन-से हैं, यह बताते हुए उन्होंने कहा कि वे अन्य जातियों के कर्तव्यों से अलग नहीं हैं। इस चमत्कारपूर्ण देश में विद्याचार सम्पन्नता की दृष्टि से देखें तो महत्त्वपूर्ण जातियों में भी अन्तर दिखाई देता है। इसलिए नागरिक कर्तव्य निभाने को स्वयं को योग्य बनाने से पहले अलग-अलग जातियों को अलग-अलग आयामों से तैयारी करनी होगी, ऐसा उन्होंने बताया। इस कर्तव्य की तैयारी से पहले मराठा जैसी विकल और पिछड़ी जाति को पहले कौन-सी बड़ी पूर्व तैयारी करनी होगी, इसका उन्होंने प्रतिपादन किया। यह

पूर्व तैयारी यानी प्रथमत: बहुजन समाज में सामान्य प्राथमिक शिक्षा का प्रसार करना है। केवल पुस्तकीय ज्ञान का राष्ट्रीय तेज से, व्यक्ति की दृष्टि से यद्यपि उतना साहचर्य नहीं, लेकिन आधुनिक राष्ट्र निर्माण में जनता में कम-से-कम कुछ मात्रा में तो प्राथमिक शिक्षा की अनिवार्यता है। व्यक्ति को जैसे भाषा के सिवा कोई व्यवहार करना सम्भव नहीं, वैसे ही जनता को सार्वत्रिक प्राथमिक शिक्षा के बिना कोई भी राष्ट्रीय व्यवहार करना असम्भव है, ऐसा बताकर उन्होंने प्राथमिक शिक्षा का महत्त्व रेखांकित किया। उनके द्वार कोष्ठक में दी जानकारी केवल उद्बोधक ही नहीं तो हर किसी को अन्तर्मुखी बनानेवाली थी। सन् 1910 की जनगणना के आधार पर उन्होंने जो शिक्षा का सैंकड़ा अनुपात दिया है, उसमें पढ़ाई-लिखाई जाननेवाले इस प्रकार हैं—ब्राह्मण पुरुष 59, स्त्रियाँ 7, लिंगायत पुरुष 13, स्त्रियाँ 2/9 और मराठा पुरुष 4.3/5 और स्त्रियाँ 1/7। अंग्रेजी पढ़-लिख सकनेवालों का सैंकड़ा अनुपात ब्राह्मण पुरुष 1, स्त्रियाँ 1/3, लिंगायत पुरुष 1/5, स्त्रियाँ 1/918 और मराठा पुरुष 1/7 और स्त्रियाँ 1/239। इन आँकड़ों से मराठा और लिंगायत आदि ब्राह्मण वर्ग की तुलना में कितने पिछड़े थे, इसका अन्दाजा लगता है। विट्ठल रामजी शिंदे ने आगे चलकर 1921 में लड़के तथा लड़कियों के लिए अनिवार्य प्राथमिक शिक्षा की जिद क्यों की, इसकी कल्पना इन आँकड़ों से आ सकती है।

लेकिन प्राथमिक शिक्षा अत्यन्त महत्त्वपूर्ण होने के बावजूद वह नागरिकत्व की प्राथमिक तैयारी ही है, मानो यह सार्वत्रिक शिक्षा मराठा जाति को प्राप्त हुई है, ऐसा मानकर विट्ठल रामजी शिंदे ने आगे का विचार प्रस्तुत किया। सामने बैठे युवा कॉलेज के छात्रों को सम्बोधित करते हुए उन्होंने कहा, "विश्वविद्यालय से सफलता प्राप्त कर बाहर की दुनिया में आप प्रवेश करेंगे तो आपको पहले यह सावधानी बरतनी होगी कि पहले राजनीतिक कर्तव्य या सामाजिक कर्तव्य? हमारे देश की उन्नति के लिए उद्योग व्यवसाय की जरूरत है या उदार धर्म-प्रसार की जरूरत है। जो सामाजिक सुधार करना है, वह सींग तुड़वाकर या सींगों पर धूल लेकर करना है। मैं अपनी जाति के कल्याण को समर्पित बनूँगा या नि:स्वार्थ परोपकार के लिए समर्पण करूँ, ऐसे झंझट में आप बिलकुल मत पड़ना। यह विवाद केवल बचपना ही नहीं तो निरा झूठ है...आगे कार्य का विभाजन अच्छे ढंग से हो रहा है। इसलिए आप अपनी रुचि, सामर्थ्य, साधन—इन सभी का विचार कर राष्ट्र कार्य के विशाल और आपत्तियों से भरे क्षेत्र में अपनी स्वयं की राह ढूँढ़कर यथासम्भव आजीवन उससे जुड़े रहो।" यह सावधानी सभी शिक्षित युवा नागरिकों को बरतनी होगी, ऐसा बताकर विशेषत: मराठा नागरिकों को क्या करना आवश्यक है, इस सन्दर्भ में विचार प्रस्तुत करते हुए शिंदे ने कहा, "आज तक मराठा सज्जन हाईस्कूल और कॉलेज की शिक्षा पूरी कर अपने ढंग से उदर-पोषण और देश की सेवा कर रहे हैं, लेकिन राजनीति, समाज-सुधार, समाज सेवा, धर्म-प्रसार, उद्योग वृद्धि, साहित्य सृजन, ललित कलाओं का उत्कर्ष, विदेश गमन, पिछड़े वर्ग का नेतृत्व, हीन जातियों की सेवा, परोपकार तथा इससे उसके समान और जो नागरिकत्व के परस्पर भिन्न आयाम हैं उसमें शिक्षित मराठा वर्ग का उनकी संख्या की तुलना में कितना सहभाग है? 'राजनीतिक आन्दोलन यानी कुछ विशिष्ट जातियों की भरमार' ऐसा विदेशी हम पर क्यों आरोप करते हैं? सामाजिक परिषद् के रंगमंच पर अक्सर कुछ विशिष्ट लोग ही क्यों दिखाई देते हैं? आज स्वदेशी बैंक, अन्य बड़े उद्योग जो शुरू हैं, उनमें वकील, डॉक्टर और अन्य उसके समान प्रतिष्ठित, लेकिन स्वतंत्र व्यवसाय करनेवाले कितने मराठा हैं? ब्राह्मण, लिंगायत, जैन, पारसी, मुसलमान इनके जैसा स्वयं की मेहनत से रुपए कमाकर लौकिक प्राप्त किए लक्ष्मीपुत्र मराठों में कितने हुए और अब कितने हैं? लेखक, अनुसन्धाता, पसन्द से यात्रा करनेवाले, स्वदेश में सामाजिक छल सहनेवाले या विदेश में राजनीतिक अपमान सहनेवाले आजकल जो कोई हिन्दी नागरिक हैं, उनमें शिक्षितों की दृष्टि से अव्वल होने के बावजूद कितने मराठा हैं? यह और ऐसे कई आशय निवेदनात्मक और आत्म-परीक्षणात्मक प्रश्न आप स्वयं को बार-बार पूछो।" यह बताने का उद्देश्य मराठा जाति को शर्मिन्दा करना बिलकुल नहीं है। यह इशारा देते समय अपना उद्देश्य "भावी नागरिकत्व की तैयारी हेतु आप जो शिक्षा ले रहे हैं, उसमें आपकी तैयारी को आवश्यक पोषक द्रव्य है, यह विचार करो, ऐसा आह्वान करने का है। और वे नहीं है तो शिक्षा अधिक प्रभावी कैसी हो, इसका विचार करना चाहिए यह बताने का है" ऐसा वे स्पष्ट करते हैं। शिंदे ने व्याख्यान के अन्त में मराठों के सामाजिक और साहित्यिक कर्तव्य सम्बन्धी विचार प्रस्तुत किए। राजनीतिक, धार्मिक, औद्योगिक आदि मराठा होने के नाते अन्य शिक्षितों से कुछ अलग विशेष कर्तव्य हैं, ऐसा मुझे नहीं लगता, लेकिन सामाजिक दृष्टि से मराठों के कर्तव्य अन्यों से अलग है, ऐसा प्रतिपादन उन्होंने किया। सच कहें तो 'पिछड़े' नामक शर्मनाक विशेषण से हमें चिढ़ आनी चाहिए। इस घिनौने विशेषण की पूँछ केवल पुस्तकीय शिक्षा के प्रसार से नहीं झड़ पाएगी। उसके लिए शिक्षा की अपेक्षा सामाजिक सुधार एक विशेष परिणामकारक उपाय

है, ऐसा मुझे लगता है। समाज का आधा हिस्सा होनेवाले स्त्री-समाज की मात्र हम में अत्यन्त शोचनीय स्थिति है। पर्दा प्रथा तथा दूसरे कुछ नई-पुरानी रस्में आज भी हम में विद्यमान हैं। मराठों को सही नागरिकत्व का निर्वाह करना है तो औरों की तरह उसे पूर्ण आधुनिक बनना चाहिए। प्रगति की राह में झिझककर या कराहते हुए चलने से नहीं चलेगा। निष्ठा और नम्रता कायम रखकर कड़े प्रयास करने चाहिए, ऐसा आह्वान उन्होंने किया। अब तलवार से युद्ध का जमाना गुजर गया, लेकिन युद्ध खत्म नहीं हुआ है। आगे नैतिक युद्ध चलेगा।

उन्होंने भावी साहित्यकारों के लिए एक-दो सूचनाएँ दीं। मराठों की एक सहज-सीधी परम्परा है जो ब्राह्मणी परम्परा या नए पाश्चात्य प्रभाव की सम्मिश्रित परम्परा से अभी दबी नहीं है। मराठी भाषा में जो कुछ उल्लेखनीय उपन्यास और नाटक लिखे हैं, वे अधिकांश प्रतिभावान ब्राह्मण लेखकों ने ही लिखे हैं। उसके नायक और नायिका मराठा है और उसके अनुरूप उन्होंने अधिकांश सामाजिक और पारिवारिक दृश्य मराठों की परम्परा के चित्रित किए हैं, लेकिन ये ब्राह्मण लेखक मराठों की परम्परा का निर्दोष छायाचित्र रेखांकित नहीं कर पाए हैं। इसकी पूर्ति करनी हो तो आप में से साहित्यकार निर्माण होने चाहिए, ऐसा उन्होंने कहा, लेकिन उन्होंने यह भी दर्ज किया कि प्रतिभासम्पन्न साहित्यकार निर्मित होने में मानवी प्रयास की अपेक्षा ईश्वरीय देन पर अधिक निर्भर होना पड़ता है।

इतिहास-लेखन को लेकर मात्र यह बात नहीं है। महाराष्ट्र का गरिमामय इतिहास यह ब्राह्मण और मराठा—इन दो वीर भाइयों की संयुक्त रचना है। जैसे इन दोनों ने मिलकर तलवार से तलवार और कलम से कलम भिड़ाकर यह इतिहास निर्मित किया, वैसे अब आगे चलकर उसका शब्दचित्र भी दोनों जातियों के विद्वानों को कलम से कलम भिड़ाकर रेखांकित करना चाहिए। प्रत्यक्ष इतिहास लेखन का काल अभी आया नहीं है, लेकिन इतिहास के अनुसन्धान का समय तो आज व्यर्थ बीत रहा है, ऐसा उन्होंने बताया। इस सन्दर्भ में ब्राह्मण अनुसन्धाता जिस तरह और जितने प्रयास करते हैं वैसे मराठा करते हैं, ऐसा दिखाई नहीं देता। यह समझकर आपने अभी से अपने ब्राह्मण भाइयों से और ब्राह्मण गुरु से केवल सात्विक प्रतियोगिता करनी चाहिए। आज जैसे साधन प्राप्त होंगे, वैसे कल इतिहास ग्रंथ आकार लेगा। आगे चलचित्र की रेखाएँ वक्र न हों और रंग में मिलावट न हो, इसलिए अभी से दोनों (ब्राह्मण और मराठा) सजगता बरतने में और कष्ट उठाने में कोताही न करें, ऐसी अपेक्षा उन्होंने प्रकट की।

उन्होंने मराठी साहित्य के अयथार्थ चित्रण की कमियों पर उँगली उठाई। सहित्य सृजन में मराठा अभाव से ही दिखाई देते हैं, उसी तरह ऐतिहासिक अनुसन्धान के क्षेत्र में उनकी अनुपस्थिति का विशेष रूप में एहसास होता है। भविष्य में यथार्थ इतिहास लेखन हेतु ब्राह्मण और मराठा, इनके ऐतिहासिक अनुसन्धान के संयुक्त प्रयास होने चाहिए, इसका उन्होंने उल्लेख किया। व्याख्यान के अन्त में उन्होंने शिक्षित मराठों को जिम्मेदारी का एहसास करा दिया कि जिस तरह अपने बारे में और अपने परिवार के बारे में कर्तव्य निभाना जरूरी है, उसी तरह अपने नागरिक कर्तव्य निभाना जरूरी है। 'भगवद्गीता' के तीसरे अध्याय का बारहवाँ श्लोक उद्धृत कर उन्होंने कहा, "हम नगर में रहकर नागरिक कर्तव्य के रूप में सुख का जो उपभोग लेते हैं, उसका हमारे सिर पर ऋण होता है। हम नागरिक कर्तव्य के रूप में वह ऋण न चुकाकर केवल नागरिक सुख का उपभोग लेते हैं तो वह शुद्ध चोरी होगी। यह अपश्रेय आपको न लगे और आप सभी से मातृभूमि की सेवा हो।" ऐसी शुभेच्छापरक प्रार्थना कर उन्होंने अपने भाषण को विराम दिया।

सन्दर्भ

1. पांडुरंग चिमणाजी पाटील, *माझ्या आठवणी,* मौज प्रकाशन, मुम्बई, 1964, पृ. 123-24
2. *तीन व्याख्याने,* मराठा स्टूडेंट्स ब्रदरहुड, पुणे, प्रकाशक : ल.दे. ठोसर, पुणे, 1941
   प्रस्तुत पुस्तिका में मराठा भ्रातृ मंडल के वार्षिक सम्मेलन के अवसर पर पांडुरंग चिमणाजी पाटील ने 'विलायत यात्रा' (15 मार्च, 1913) नामक विषय पर दिया व्याख्यान, विट्ठल रामजी शिंदे ने 'शिक्षित मराठों के कर्तव्य' इस विषय पर 20 जून, 1914 को दिया व्याख्यान और श्रीमती गंगाबाई खेडकर (डॉ. विश्राम रामजी घोले की कन्या) ने 'छात्रों के कर्तव्य' (21 जून, 1914) नामक विषय पर दिया व्याख्यान, ऐसे तीन व्याख्यान संकलित किए हैं। प्रस्तुत अध्याय के उल्लेख विट्ठल रामजी शिंदे के व्याख्यान की पुस्तिका के पृ. 18 से 35 से लिए गए हैं।

कांग्रेस में अस्पृश्यता उन्मूलन का प्रस्ताव

सन् 1916 से हिन्दुस्तान की राजनीति की हवा स्वराज्य की दिशा में गति से बहने लगी। डॉ. ऐनी बेसेंट ने बड़े जोर-शोर से 'होमरूल आन्दोलन' आरम्भ किया। इधर महाराष्ट्र में भी लोकमान्य तिलक ने 'होमरूल आन्दोलन' जोश के साथ शुरू किया। इस आन्दोलन को सभी जातियों और धर्मों का समर्थन मिलना आवश्यक था। इस समर्थन के लिए विविध जाति-धर्म के लोगों में होनेवाला भेद दूर होकर उनमें एकता का निर्माण होना आवश्यक था। राजनेताओं द्वारा स्वराज्य का यह व्यापक उद्देश्य सामने रखने से समाज में होनेवाले विविध भेद अनायास गौण बन रहे थे और एकता निर्माण करने के विशेष प्रयास शुरू हुए थे। हम ही हमारा राज्य चलाएँगे, यह बात ब्रिटिश सरकार के गले उतारनी हो तो इस स्वदेशी अमल में एकता अनिवार्य थी। राजनीतिक आन्दोलन के इस दबाव का लाभ अस्पृश्यता उन्मूलन कार्य को भी हुआ।

सन् 1906 में 'डिप्रेस्ड क्लासेज मिशन' की स्थापना हुई, तब से विट्ठल रामजी शिंदे को लगता था कि यह प्रश्न राष्ट्रीय बनने हेतु राष्ट्रसभा के सामने रखना आवश्यक है। वे हर राष्ट्रसभा के अधिवेशन के समय सम्पन्न होनेवाली सामाजिक परिषद् में उपस्थित रहते थे। साथ ही, राष्ट्रसभा के अधिवेशन के साथ आयोजित ब्राह्म धर्म परिषद् की जिम्मेदारी सेक्रेटरी के नाते वे ही निभाते थे। सामाजिक परिषद् के अधिवेशन को राष्ट्रसभा के नाते उपस्थित रहते और वहाँ इस प्रश्न पर चर्चा होने से राजनेता डी.सी. मिशन का कार्य और शिंदे के प्रयास से भलीभाँति परिचित थे। बिपिनचन्द्र पाल, लाला लाजपत राय, पंडित मदनमोहन मालवीय, लोकमान्य तिलक, डॉ. ऐनी बेसेंट आदि नेताओं से विट्ठल रामजी शिंदे का अच्छा परिचय हुआ था। 1917 के अन्त में कोलकाता में होनेवाले राष्ट्रसभा के अधिवेशन की अध्यक्षा डॉ. ऐनी बेसेंट थीं। डॉ. ऐनी बेसेंट को मिशन के कार्य का नजदीक से परिचय था। मुम्बई और पुणे में जारी मिशन का कार्य उन्होंने स्वयं देखा था और अस्पृश्य वर्ग की उन्नति को लेकर उन्हें आस्था थी। सन् 1907 से अर्थात् लगभग आठ-नौ वर्ष विट्ठल रामजी शिंदे राष्ट्रसभा अस्पृश्यता उन्मूलन का प्रस्ताव पारित करें, इसलिए हर साल मिशन की ओर से राष्ट्रसभा को प्रार्थना करते आए थे, लेकिन अब तक राष्ट्रसभा ने इस प्रस्ताव पर गौर नहीं किया था। कोलकाता अधिवेशन के समय मात्र स्थिति में परिवर्तन हुआ था। 'होमरूल आन्दोलन' जोश में था। इस आन्दोलन की प्रवर्तक डॉ. ऐनी बेसेंट कांग्रेस की अध्यक्षा थीं और सौभाग्य से मिशन का कार्य अच्छी तरह से जानती थीं। इन सभी के संयोग से शिंदे की आठ-नौ साल की तपस्या फलित हुई थी। शिंदे की जिद से मिसेज बेसेंट राष्ट्रसभा के अधिवेशन में अस्पृश्यता उन्मूलन प्रस्ताव कांग्रेस के कार्यक्रम में शामिल कर पारित करा सकीं।[1]

26 दिसम्बर, 1917 को राष्ट्रसभा का बत्तीसवाँ अधिवेशन ऐनी बेसेंट की अध्यक्षता में कोलकाता में शुरू हुआ। अस्पृश्यता उन्मूलन सम्बन्धी प्रस्ताव पन्द्रहवें क्रम पर था और वह मद्रास के ख्यातलब्ध नेता जी.ए. नटेशन ने प्रस्तुत किया। यह प्रस्ताव ऐसा था : "यह राष्ट्रीय सभा हिन्दुस्तान के सभी लोगों को ऐसी जाहिर विनती करती है कि अस्पृश्य वर्ग पर आज तक जो असीम जुल्म हो रहा है, जिससे इस वर्ग को विविध तरह का छल और असुविधाओं का मुकाबला करना पड़ता है। ऐसी अस्पृश्यता की रूढ़ि, न्याय, भलेपन का अनुसरण कर तुरन्त बन्द की जाए।"

इस प्रस्ताव पर भाषण करते समय जी.ए. नटेशन ने कहा, "आज तक यह प्रश्न अन्य मंचों पर प्रस्तुत किया गया। राष्ट्रसभा की विशेषता को समझकर यह प्रश्न यहाँ भी प्रस्तुत करने की आवश्यकता पर गौर किया। हमने स्वदेशी योजना बनाई है। हम अपना राज्य चलाएँ, इसलिए यह योजना आवश्यक है। हमारा पहला कर्तव्य हर तरह की विषमता और अन्याय दूर करना है। इस प्रस्ताव का मुख्य लक्ष्य इस वर्ग पर लाद दी गई जटिल निकृष्टता दूर करना है। हम एक ओर ब्रिटिश नागरिकत्व के सभी अधिकार माँगते हैं, उस समय अपने ही कुछ लोगों को मनुष्यता

के अधिकार का इनकार कैसे कर सकते हैं? लोगों की धार्मिक भावना को ठेस न पहुँचाकर अपनी धार्मिक परम्परा में जो अच्छा है, उसे बरकरार रखकर कांग्रेस ने निश्चित रूप से इस वर्ग पर जो चामत्कारिक निर्बन्ध लगाए हैं, उन्हें हटाने को कह सकती है। इस देश के कुछ क्षेत्रों में इन लोगों को अन्य गाँववालों के साथ कुएँ से पानी लेने का तक अधिकार नहीं है। इस तरह का निर्बन्ध दूर होना चाहिए। हमें यह समझना होगा कि इसी छह करोड़ लोगों के समाज से नन्द, चोखामेला, रविदास जैसे संत हुए हैं। इस तरह की सुप्त सामर्थ्य, उच्च स्तर की नैतिकता होनेवाले लोगों पर कठोर निर्बन्ध लगाना उचित है? इसलिए मुझे विश्वास है कि आप यह प्रस्ताव पारित कर उस पर निश्चित रूप में अमल करेंगे। इन लोगों की उन्नति करने से हम अपने हिन्दुस्तान की मनुष्यता की ही उन्नति कर रहे हैं और जब हमें जिम्मेदार स्वयंशासन प्राप्त होनेवाला है तब हम विश्वास से कह सकेंगे कि यह स्वयं शासन हिन्दुस्तान के सभी वर्गों के लिए, सभी जातियों के लिए हैं और सभी को समान सामाजिक अधिकार हैं।"

इस प्रस्ताव को समर्थन देते समय बैरिस्टर भूलाभाई देसाई ने कहा, "मैं गुजरात का ब्राह्मण हूँ और इस प्रस्ताव को समर्थन देते हुए मैं अभिमान महसूस करता हूँ। हमारे भाइयों में से कुछ के साथ हम जो बर्ताव करते हैं, वह हमारी बन्धुत्व की सीख के बिलकुल विरुद्ध है। हम यदि अपने भाइयों की उन्नति नहीं कर सकते तो हमने आज सुबह जो होमरूल का प्रस्ताव पारित किया है, उसकी ब्रिटिश सरकार से माँग करने का हमें क्या अधिकार है? वे कहेंगे कि आपके लोगों को सामाजिक अध:पतन से बचाना आपके हाथ में होते हुए आप वह क्यों नहीं करते? इस वर्ग की उन्नति केवल हम ही कर सकते हैं इसके लिए किसी अन्य सत्ता की ओर जाने की जरूरत नहीं। इसलिए ऐसा प्रस्ताव आगे लाने में कांग्रेस ने एक कदम उठाया है। लॉर्ड जॉर्ज ने कुछ दिन पहले इंग्लैंड की जनता को ऐसा बताया कि इंग्लैंड का मजदूर वर्ग यह विश्वयुद्ध जीत सकता है। मैं भी ऐसा कहता हूँ कि हम सामाजिक न्याय का अनुसरण करें तो हमें अभिप्रेत होनेवाला स्वराज्य प्राप्त कर सकते हैं और उच्च स्तर से कहना हो तो मैं ऐसा कहूँगा कि श्रीकृष्ण ने ऐसा कहा था, "मैं हर व्यक्ति के हृदय में रहूँगा।" यदि ऐसा है तो छह करोड़ लोगों को मनुष्यता के सामान्य अधिकारों से वंचित रखने का हमें क्या अधिकार है? यह हानिकारक प्रथा हिन्दुत्व का अपमान है। इसलिए आवश्यकता है न्याय और उसी तरह भलेपन का अनुसरण कर इस प्रस्ताव में जो माँग की है, उसे मान्यता देना। और यदि हम इसे मान्य नहीं करते तो हम किस मुँह से स्वराज्य की माँग कर सकते हैं?" बैरिस्टर भूलाभाई देसाई के भाषण का श्रोताओं ने तालियाँ बजाकर स्वागत किया। उसके बाद राम अय्यर ने अपने भाषण में कहा, "बहिष्कृत किए और निम्न माने जानेवाले इस समाज की शृंखला तोड़कर उनकी सामाजिक स्वतंत्रता की आकांक्षा इस प्रस्ताव से प्रकट होने को मेरा समर्थन है।" राम अय्यर ने 'यदि हमें स्वराज्य प्राप्त करना है तो निम्न माने वर्ग पर के बन्धन हमें दूर करने चाहिए' इस मुद्दे का पुनरूच्चार किया। उन्होंने कहा, "हम राजनीतिक दृष्टि से उदार और सामाजिक सन्दर्भ में मात्र परम्परानिष्ठ तानाशाहीवादी नहीं बन सकते। जो मनुष्य सामाजिक दृष्टि से गुलाम होता है, वह राजनीतिक दृष्टि से कभी स्वतंत्र नहीं हो सकता, यह समझ लो। हम यहाँ पर सच्चे एकात्म भारत का सपना देखने के लिए इकट्ठा हुए हैं। केवल राजनीतिक दृष्टि से एक होनेवाले भारत का दृश्य देखने के लिए नहीं...हमारी अध्यक्षा से हमें स्फूर्ति लेनी चाहिए। वे हमें आजाद करने के लिए स्वदेशी लोगों के साथ संघर्ष कर रही हैं। इसलिए मैं पूरे ब्राह्मण वर्ग तथा उच्च जाति के लोगों को आह्वान करता हूँ कि अपने गाँव जाकर निम्न माने गए लोगों पर लाद दिए बन्धन तोड़ दो।" राम अय्यर के भाषण के बाद डॉ. ऐनी बेसेंट ने श्रोताओं को सम्बोधित करते हुए कहा, "राम अय्यर मालाबारी ब्राह्मण है और उन्होंने अब जो कहा, उसके अनुसार वे व्यवहार भी करते हैं।" इस पर श्रोताओं ने खुश होकर तालियाँ बजाईं। उसके बाद आसफ अली ने प्रस्ताव को समर्थन दिया। उन्होंने कहा, "अस्पृश्यों के साथ निष्ठुर व्यवहार करनेवाले उच्च वर्गियों की तरह वे भी इसी मातृभूमि के लोग हैं। उनके जैसा ही अस्पृश्य वर्ग के शरीर में लाल खून बहता है। उन्हें मनुष्य के रूप में जीने का जो मूलभूत अधिकार है, उससे उन्हें वंचित नहीं रख सकते। अस्पृश्यता का अस्तित्व भारतीयों के लिए कलंक है और उसे अविलम्ब नष्ट करना आवश्यक है।" इस भाषण के साथ कोलकाता के एस.आर. बोम्मनजी, पुणे के एस.के. दामले द्वार समर्थन देने पर यह प्रस्ताव सर्वानुमति से पारित हुआ।[2] इस प्रस्ताव के समर्थन में जो भाषण हुए, उसमें जैसे तत्कालीन स्वदेशी आन्दोलन का तीव्र एहसास होता है वैसे ही यह दिखाई देता है कि इस मंडली की अस्पृश्यता उन्मूलन कार्य के प्रति सही आस्था थी। राष्ट्रसभा में यह प्रस्ताव पारित हो, ऐसा शिंदे को उत्कटता से लगता था क्योंकि कांग्रेस द्वारा यह प्रस्ताव पारित होने पर कांग्रेस की प्रान्तीय परिषद्, जिला स्तर की

सभा—इन सभी में यह प्रस्ताव पारित होगा और अस्पृश्यता उन्मूलन कार्य के प्रति पूरे देश में एक सार्वत्रिक एहसास निर्मित होगा। शिंदे के अनुमान के अनुसार इस प्रक्रिया की महाराष्ट्र में शुरुआत भी हुई। लोणावला में प्रान्तीय स्तर पर यह प्रस्ताव एकमत से पारित हुआ। लोकमान्य तिलक जैसे परम्परानिष्ठ माने जानेवाले नेता का भी इस प्रस्ताव को समर्थन मिला। अस्पृश्यता उन्मूलन का कार्य और उसकी आवश्यकता का एहसास राष्ट्रीय स्तर पर ले जाने का शिंदे का उद्देश्य सफल होने में राष्ट्रसभा के इस प्रस्ताव का काफी लाभ हुआ।

सन्दर्भ

1. श्री. व्यं. केतकर (सं.) *महाराष्ट्रीय ज्ञानकोश मंडल,* पुणे, 1924, पृ. (अ) 347
2. जितेन्द्रलाल बैनर्जी, *रिपोर्ट ऑफ दि थर्टी सेकंड ऑफ दि इंडियन नेशनल कांग्रेस,* कोलकाता, 1918, पृ. 128-31

अस्पृश्य वर्ग की उन्नति की दिशा

सन् 1916-17 से अर्थात् मोंटेगू चेम्सफोर्ड सुधार जाहिर होने के बाद हिन्दुस्तान की राजनीति में व्यापक परिवर्तन दिखाई दे रहा था। विट्ठल रामजी शिंदे ने 'डिप्रेस्ड क्लासेज मिशन' के कार्य को धार्मिक कार्य मानकर उस पर ध्यान केन्द्रित किया था। मिशन के कार्य का विस्तार गुजरात से मद्रास इलाके तक बढ़ाया था। उन्होंने अस्पृश्य वर्ग की समग्र उन्नति करना, यही प्रधान उद्देश्य रखा था। इसी कारण उन्होंने इस कार्य में रुकावट न आए, बाधा न पहुँचे, ऐसी कार्य प्रणाली का अनुसरण किया था। स्वाभाविकत: उन्होंने गरम दल, नरम दल के नेता, रियासतकार तथा लश्कर और मुल्की ब्रिटिश अधिकारियों से सौहार्द सम्बन्ध रखकर अस्पृश्य वर्ग की उन्नति हेतु उनका निरन्तर सहयोग प्राप्त करने की कोशिश की। मुम्बई इलाके के कलेक्टर, कमिश्नर, गवर्नर ही नहीं तो हिन्दुस्तान के वायसरॉय तक मिशन को भेंट देकर वहाँ के कार्य का निरीक्षण कर चुके थे। विट्ठल रामजी शिंदे अस्पृश्य वर्ग के सुधार कार्य में ब्रिटिश सरकार की सहानुभूति और सहयोग प्राप्त करने में भलीभाँति सफल हुए। इतना ही नहीं तो अस्पृश्यों की उन्नति हेतु प्रयास करनेवाली डी.सी. मिशन राष्ट्रीय स्तर पर कार्यरत अग्रणी संस्था है, इसका एहसास सार्वत्रिक स्तर पर हुआ था। 'मिशन का कार्य और दृष्टिकोण महत्त्वपूर्ण है' ऐसी मान्यता हिन्दुस्तान सरकार से मिशन को मिलने के सन्दर्भ में एक घटना घटित हुई। वह इस प्रकार थी : 16 मार्च, 1916 को मध्यवर्ती विधान सभा नागपुर के सदस्य नामदार मि. दादाभाई ने मध्यवर्ती विधिमंडल के सामने अस्पृश्य वर्ग के सुधार सम्बन्धी एक प्रस्ताव प्रस्तुत किया। विट्ठल रामजी शिंदे ने सन् 1904-05 से ही विदर्भ के अमरावती, नागपुर—इन शहरों में प्रयास शुरू किए थे। विदर्भ के लिए नागपुर में मिशन की शाखा शुरू करके अस्पृश्य वर्ग की उन्नति के प्रयास शुरू किए थे। गणेश आकाजी गवई जैसी विदर्भ की अस्पृश्य वर्ग की मंडली ने उनके मुम्बई मिशन में रहकर शिक्षा प्राप्त की थी। वे शिंदे के उदार दृष्टिकोण के कारण उनकी ओर आकर्षित थे। आगे चलकर वे शिंदे के मिशन के संस्थात्मक प्रयास में शामिल हुए थे। विदर्भ में शिंदे के प्रयासों और मिशन के कार्यों का काफी बोलबाला हो चुका था। इसके परिणामस्वरूप ना. दादाभाई को मध्यवर्ती विधानसभा में अस्पृश्य वर्ग की उन्नति का प्रस्ताव रखने की प्रेरणा होने की सम्भावना है।

हिन्दुस्तान सरकार ने दादाभाई के प्रस्ताव के अनुरोध से अस्पृश्य वर्ग को लेकर सम्पन्न कार्य की जानकारी लेने की शुरुआत की। उसके अनुसार अलग-अलग प्रान्त की सरकारों ने अब तक अस्पृश्य वर्ग के लिए क्या किया है और आगे क्या करनेवाले हैं, इसकी जानकारी मँगवाई। साथ ही, इस सन्दर्भ में मिशन की क्या राय है और सरकार इस वर्ग की उन्नति हेतु क्या करे, इस सम्बन्ध में मिशन की सूचनाएँ क्या हैं, इस सम्बन्धी पत्र भेजा। मिशन को ऐसा पत्र भेजकर उनसे इस कार्य सम्बन्धी सूचना मँगवाना यानी प्रान्तीय और मध्यवर्ती सरकार ने एक तरह मिशन के कार्य को मान्यता देना ही था।

विट्ठल रामजी शिंदे ने 30 अक्टूबर, 1916 को मिशन की ओर से मुम्बई सरकार के सचिव के मार्फत हिन्दुस्तान सरकार को उत्तर भेजा। इसमें यह सूचित किया कि अस्पृश्य वर्ग के लिए अनिवार्य मुफ्त शिक्षा जरूरी है ही, लेकिन उसकी सफलता के लिए आकर्षक योजनाओं का प्रयोग किया जाए तथा सरकार मिशन जैसी संस्थाओं का सहयोग ले। शिंदे की अस्पृश्य वर्ग की उन्नति को लेकर जो दृष्टि थी, उसमें स्कूली शिक्षा के साथ औद्योगिक शिक्षा देना भी महत्त्वपूर्ण माना गया था। औद्योगिक शिक्षा को लेकर अस्पृश्य वर्ग उदासीन था। इसका एक कारण यह हो सकता है कि इस जाति ने सदियों से केवल शारीरिक कष्ट के काम किए थे। इससे स्वाभाविकत: उन्हें इस तरह के कार्य करने में और उसमें प्रवीणता प्राप्त करने में उत्साह नहीं था। अन्य सामाजिक बन्धनों की भी उनके औद्योगिक उपक्रमों में बाधा थी। अस्पृश्य होने के कारण उनके द्वारा उत्पादित माल की खरीद न होती होगी। इसलिए यह कार्य अत्यन्त लगन से एक-दो

पीढ़ियों तक करना आवश्यक है, ऐसा शिंदे ने दर्ज किया। शिंदे को यह एहसास था कि इस वर्ग की नैतिक शिक्षा हेतु प्रयत्न करना अत्यन्त आवश्यक है। उसके बिना उनकी शिक्षा का कार्य पूरा नहीं होगा, लेकिन नैतिक शिक्षा का कार्य यह स्कूली और औद्योगिक शिक्षा से भी अधिक जटिल है, ऐसा दर्ज करते हुए वे कहते हैं, "स्वाभिमान, आत्मसंयम, आत्मविश्वास—ये तत्त्व उनमें स्थापित किए बगैर उनकी समग्र उन्नति असम्भव है। यह जानकर मिशन पिछले दस सालों से यह कार्य नींव के रूप में करती आई है। अलग-अलग स्थानों पर छात्रावास की स्थापना कर इस वर्ग के होनहार बच्चों को मिशन सीधा, उदात्त और घरेलू माहौल मुहैया करती आ रही है। मिशन लड़कों के साथ लड़कियों को भी सुविधा उपलब्ध कराती है। ये लड़के बड़े होने पर वे अलग-अलग फैक्ट्रियों में जिम्मेदारी के काम कर सकें, इसलिए सरकार ने उन्हें अलग-अलग फैक्ट्रियों में नियुक्त करने का प्रबन्ध करना चाहिए। अस्पृश्य वर्ग में से महार और चमार—इन दो जातियों ने इसके पूर्व ब्रिटिश लश्कर में अपना नाम कमाया था। इधर उनका लश्कर में प्रवेश बन्द किया है। इससे इन जातियों में असन्तोष पैदा हुआ है। इस वर्ग के युवाओं को नियोजनबद्ध लश्करी शिक्षा देकर उन्हें लश्कर में जिम्मेदारी के पद पर नियुक्त किया जाए तो उनका स्वाभिमान जाग्रत होगा, जिससे उनकी सही उन्नति का प्रारम्भ होगा।"

इस वर्ग के बच्चों को अलग स्वतंत्र पाठशालाएँ न हों, ऐसी राय शिंदे ने प्रस्तुत की क्योंकि इसमें अनेक दिक्कतें आती हैं। ऐसी पाठशालाओं में काबिल अध्यापक नहीं मिलते। इस वर्ग की जातियों में पुराने कलह हैं। उसका परिणाम पाठशालाओं पर होता है। उच्च वर्ग के लड़कों से मेल-जोल का मौका न मिलने से उनमें आत्मविश्वास निर्मित नहीं होता। इसलिए सरकार अस्पृश्य बच्चों को अन्य सामान्य पाठशालाओं में उन्हें अधिकार से प्रवेश मिलने हेतु प्रयास करे।

इस वर्ग की उन्नति के लिए सरकार ने क्या करना चाहिए, इस सन्दर्भ में शिंदे ने और कुछ महत्त्वपूर्ण सूझाव दिए, जो इस प्रकार हैं :

1. देहात और नगर के छात्रों के लिए बड़े पैमाने पर पर्याप्त पाठशालाएँ शुरू की जाएँ।
2. जिले में कम-से-कम एक पाठशाला से औद्योगिक शिक्षा संलग्न हो।
3. नैतिक आचरण हेतु प्रमुख केन्द्रों में छात्रावास शुरू किए जाएँ।
4. ट्रेनिंग कॉलेज तथा उच्च स्तरीय औद्योगिक पाठशालाओं में उदार रूप में छात्रवृत्ति देकर वह ढंग से जाहिर की जाए।
5. हमारी मिशन जैसी निजी संस्थाओं को पर्याप्त मदद कर उनसे सहयोग लिया जाए।
6. ऐसी विशेष पाठशालाओं के लिए सरकार स्वतंत्र इंस्पेक्टर नियुक्त करे और उन पर विशेष जिम्मेदारी सौंप दी जाए।
7. इन लोगों के लिए को-ऑपरेटिव बैंक खोलकर उनमें परस्पर सहयोग बढ़ाने का प्रयत्न करे।
8. सरकार इस कार्य के लिए नगर निगम, लोकल बोर्ड की संयुक्त समितियाँ स्थापित करे और यथासमय उनकी बैठकें आयोजित कर उनसे सूचनाएँ मँगवा ले।
9. लोकमत अनुकूल बनाने हेतु ये संयुक्त समितियाँ समय-समय पर परिषदों का आयोजन करें।[1]

मिशन की ओर से हिन्दुस्तान सरकार को यह जो निवेदन प्रस्तुत किया, उसमें मिशन ने आज तक किए कार्य की जानकारी, इस कार्य के पीछे होनेवाला दृष्टिकोण, कार्य करते समय आनेवाली समस्याओं आदि की उपयुक्त जानकारी दी। साथ ही, अस्पृश्य वर्ग के लड़कों को स्कूली शिक्षा, औद्योगिक और नैतिक शिक्षा देकर उनमें समग्र सुधार लाने हेतु अपना जो प्रयास चल रहा है, यह भी उन्होंने जताया है। आर्थिक बल से मध्यवर्ती और प्रान्तिक सरकार कर सकते हैं, ऐसे पहलू की ओर सरकार का ध्यान आकर्षित कर सरकार को क्या कार्य करना चाहिए, इस सन्दर्भ में भी उन्होंने उचित सूझाव दिए हैं। उन्होंने इस वर्ग के आर्थिक विकास के प्रति सजगता दर्शाई है। इस निवेदन में अस्पृश्य वर्ग की उन्नति हेतु परिषदें आयोजित करने का सुझाव दिया है। समग्रत: इस निवेदन के जरिये मिशन को अब तक आए अनुभव से महत्त्वपूर्ण सूचनाएँ दी हैं। इस निवेदन से शिंदे का अस्पृश्य वर्ग के प्रश्न का समग्र और गहरा आकलन प्रकट होता है तथा उनकी इस कार्य के प्रति होनेवाली आस्था और लगन भी प्रकट होती है।

सन्दर्भ

1. विट्ठल रामजी शिंदे, *माझ्या आठवणी व अनुभव*, पृ. 297-99

अस्पृश्यता उन्मूलन परिषद्

विट्ठल रामजी शिंदे को प्रेरणा देनेवाली सन् 1917-18 में अस्पृश्यता उन्मूलन कार्य को गति देनेवाली दो प्रमुख घटनाएँ मिलती हैं। उनमें से एक घटना थी, सन् 1917 के अन्त में कोलकाता में आयोजित कांग्रेस अधिवेशन में अस्पृश्यता उन्मूलन का प्रस्ताव पारित होना। उसके पश्चात् मार्च, 1918 में राष्ट्रीय स्तर की मुम्बई में आयोजित 'अस्पृश्यता उन्मूलन परिषद्' इस सन्दर्भ में दूसरी महत्त्वपूर्ण घटना थी।

अण्णासाहब शिंदे द्वारा 'डिप्रेस्ड क्लासेज मिशन' स्थापित कर शुरू किए अस्पृश्यता उन्मूलन कार्य को एक दशक पूरा होने जा रहा था। इन दस-बारह सालों की अवधि में शिंदे के अविराम प्रयास से राष्ट्रीय स्तर पर इस प्रश्न के सन्दर्भ में कितनी जागृति आई थी, इसका अन्दाजा उपरोक्त दो घटनाओं से लगाया जा सकता है। पूरे देश के विविध नेताओं को सम्मिलित करने के साथ ही मुम्बई के तीन-चार हजार अछूत वर्ग के लोगों के उपस्थित रहने की इच्छा जगानेवाली यह परिषद् यानी अस्पृश्यता उन्मूलन कार्य का एक प्रमुख पड़ाव कही जाएगी।

शिंदे की यह मान्यता थी कि सवर्णों के मन में परिवर्तन लाकर उनके मन में होनेवाले अस्पृश्यता का एहसास कम करने की दृष्टि से 'अस्पृश्यता उन्मूलन परिषद्' काफी लाभदायी हो सकती है। मिशन की स्थापना से लेकर ही इस दृष्टि से वे छोटे-मोटे प्रयास कर रहे थे। उन्होंने पुणे में सन् 1912 में एक सफल परिषद् का आयोजन किया था। राष्ट्रसभा द्वारा अस्पृश्यता उन्मूलन का प्रस्ताव पारित होने से इस प्रश्न को राष्ट्रीय स्तर पर महत्त्व प्राप्त हुआ था। परिणामस्वरूप, इस तरह की परिषद् राष्ट्रीय स्तर पर आयोजित करना कार्य प्रसार की दृष्टि से उपयुक्त होगा, ऐसा उन्हें लगना स्वाभाविक था। शिंदे द्वारा राष्ट्रीय स्तर पर ऐसी 'अस्पृश्यता उन्मूलन परिषद्' के आयोजन का निर्णय लेने के पीछे दूसरा एक तात्कालिक कारण भी था।

करवीर पीठ के शंकराचार्य डॉ. कुर्तकोटी अण्णासाहब शिंदे के मित्र थे। अण्णासाहब के आत्मीय मित्र विष्णुपंत देशपांडे तेरदालकर ने डॉ. कुर्तकोटी की छोटी बहन शारदा को बहू के रूप में पसन्द किया था और विष्णुपंत के बड़े बेटे गणपतराव के साथ शारदा का विवाह सम्पन्न हुआ था। इस रिश्तेदारी से डॉ. कुर्तकोटी से शिंदे का स्नेह जुड़ा था। शंकराचार्य होने के बावजूद उनके प्रगतिशील विचारों के कारण स्नेह सम्बध वृद्धिगत हुआ था।

एक बार डॉ. कुर्तकोटी मुम्बई आए थे। तब अपने लवाजिमा के साथ छत्रपति शाहू महाराज के निवास स्थान पन्हाला लॉज पर रुके थे। उस समय डॉ. कुर्तकोटी ने मित्र के नाते अण्णासाहब शिंदे को भेंट हेतु बुलाया। औपचारिक वार्ता के बाद डॉ. कुर्तकोटी ने शिंदे को सूचित किया कि वे एक भव्य 'अस्पृश्यता उन्मूलन परिषद्' आयोजित कर हिन्दुस्तान में इसके प्रति होनेवाला जनमत आजमा लें और उन्होंने आश्वासन दिया कि यदि जनमत अनुकूल होगा तो हम शंकराचार्य के नाते 'हिन्दू अस्पृश्यता का पालन न करें' ऐसा आदेश जारी करेंगे। साथ ही, उन्होंने यह भी सलाह दी कि वे इस कार्य में लोकमान्य तिलक का सहयोग लें। वैसे तो शंकराचार्य के आज्ञा-पत्र से देशस्थ और कोकणस्थ ब्राह्मणों के बीच रोटी-बेटी व्यवहार का जो निर्णय हुआ, उसकी शिंदे को पूरी जानकारी थी। इसलिए उन्हें ऐसे आज्ञा-पत्र का महत्त्व नहीं लगता था। लोकमान्य के सहयोग को लेकर उन्हें कोई सन्देह नहीं था। इस निमित्त से प्रस्थापित हिन्दुओं के हृदय में अस्पृश्यता उन्मूलन के विचार की चेतना जगे तो बेहतर ही रहेगा, ऐसा विचार शिंदे के मन में आया। शिंदे काफी दिनों से यह चाहते थे कि एक भव्य 'अस्पृश्यता उन्मूलन परिषद्' का आयोजन कर एक ठोस अखिल भारतीय घोषणा-पत्र पर देश के सभी प्रान्तों के, सभी जातियों के प्रमुख सज्जनों के हस्ताक्षर लिए जाएँ। इस निमित्त से ऐसी परिषद् का आयोजन करना निश्चित कर शिंदे कार्य करने लगे।[1]

इस निमित्त से शिंदे को लोकमान्य तिलक के एक अलग रूप का दर्शन हुआ। उस दौरान वे इंग्लैंड जाने की दौड़-धूप में थे। बावजूद इसके, वे समय निकालकर शिंदे के साथ पन्हाला लॉज में श्री के दर्शन को गए। श्री के सामने दो-तीन दर्जन नारियल से भरी थालियाँ रखकर श्रद्धा से बैठे लोकमान्य को देखकर शिंदे को कुतूहल लगा। तीनों के विचार से परिषद् का आयोजन किया जाए, ऐसा तय हुआ। शंकराचार्य कुछ कारणवश परिषद् में सहभाग न ले सके। अण्णासाहब शिंदे ने परिषद् की बढ़िया तैयारी की।[1] शनिवार 23 मार्च, 1918 को दोपहर में फ्रेंच पुल के नजदीक बनाए मंडप में 'अखिल भारतीय डिप्रेस्ड क्लासेज मिशन' की ओर से आयोजित 'अस्पृश्यता उन्मूलन परिषद्' के अधिवेशन की शुरुआत हुई। अधिवेशन में उपस्थित रहकर परिषद् के कार्य में सहानुभूति दिखानेवाले लोगों में परिषद् के सम्माननीय अध्यक्ष श्रीमन्त सयाजीराव महाराज के अलावा स्वागत मंडल के अध्यक्ष सर नारायण चन्दावरकर, नामदार सी.वी. मेहता, ना.वी.जे. पटेल, ना. बेलवी, बाबू बिपिनचन्द्र पाल, एस.आर. बम्मनजी, जमनादास द्वारकादास, पी.के. तैलंग, आर.जी. प्रधान, लक्ष्मीदास तेरसी, बैरिस्टर भूलाभाई देसाई, डॉ. साठे आदि बड़ी-बड़ी हस्तियाँ उपस्थित रही थीं। सभा के लिए लगभग पाँच हजार से भी ज्यादा स्त्री-पुरुष प्रेक्षक इकट्ठा हुए थे। महाराज ठीक तीन बजे मंडप के दरवाजे के पास आ पहुँचे। वहाँ पर सर नारायणराव, ना. पटेल और अण्णासाहब शिंदे ने उनका स्वागत किया। श्रोता वर्ग की विशेष बात थी कि अस्पृश्य समझे जानेवाले वर्गों में से बहुत-से लोग अपने परिवार के साथ उपस्थित थे। महाराज का स्वागत करने के लिए 'डिप्रेस्ड क्लासेज मिशन' की स्थानीय शाखा के बच्चों का एक गुट उपस्थित था। एक स्थान पर मिशन की उद्योग पाठशाला के छात्रों द्वारा तैयार किए बढ़ई कार्य, सिलाई कार्य और अन्य कला के नमूने रखे थे। मिशन के सचिव विट्ठल रामजी शिंदे ने महाराज को वह प्रदर्शनी दिखाई। उसके बाद महाराज मुख्य उच्चासन पर स्थानापन्न हुए। परिषद् के कार्य की शुरुआत होने से पहले 'डिप्रेस्ड क्लासेज मिशन' के कुछ बच्चों ने अध्यक्ष और प्रमुख आतिथि के लिए स्वागत पर गीत गाए। परिषद् के स्वागताध्यक्ष सर नारायण चन्दावरकर ने बहुत ही संवेदनशील भाषण दिया। उन्होंने कहा, "जिस परिस्थिति में आज हम यहाँ पर इकट्ठा हुए हैं, उसी पर अस्पृश्य वर्ग का भविष्यकाल उज्ज्वल है, ऐसा लग रहा है, लेकिन वह भविष्य सचमुच उज्ज्वल बनाना है या नहीं, यह बात आज यहाँ पर उपस्थित लोग जिस जोश से इस आन्दोलन को गति देंगे, उसके ऊपर निर्भर है।" अस्पृश्य वर्ग के सुधार के कार्य का श्रेय देते समय डी.सी. मिशन के नेताओं को और प्रमुखतः विट्ठल रामजी शिंदे को आँखों के सामने रखकर सर नारायण चन्दावरकर ने आगे कहा, "इतिहास हमें ऐसा बताता है कि जिससे राष्ट्र का विकास होता है, ऐसे सभी प्रकार के प्रगतिशील आन्दोलन का उद्‌गम थोड़े-बहुत लोगों के कार्य में ही मिलता है। प्रस्तुत सन्दर्भ में वे व्यक्ति अर्थात् जिनकी पहले उपेक्षा हुई, वे 'डिप्रेस्ड क्लासेज मिशन' के गृहस्थ थे। उनके कार्य से व्यापक हिन्दू समाज की विवेक बुद्धि जाग्रत हुई। अस्पृश्य लोगों को नीचे धकेलने से अखिल समाज का एक षष्ठांश हिस्सा समाज से दूर होगा, इसका एहसास लोगों को होने लगा।" सर नारायणराव ने आगे कहा, "जब तक आप उन्हें निम्न दशा में रखेंगे तब तक ईश्वर भी आपको (ऊपर के वर्गों को) निम्न दशा में ही रखेंगे। घटिया समझे जानेवाले इस वर्ग में तीन प्रकार के भेद हैं। एक अस्पृश्य वर्ग, दूसरा नजदीक जाने के भी अयोग्य और तीसरा वर्ग अर्थात् निर्देश करने के लिए भी अयोग्य। यह हिन्दुस्तान पर सैकड़ों सालों से लगा हुआ कलंक है और अब पूरे हिन्दुस्तान को आखिरी प्रार्थना करके उसे साफ करने की कोशिश करनी चाहिए। हमें यह भलीभाँति याद रखना चाहिए कि आज का यह युग जनतंत्र का अर्थात् आम आदमी का है।" अपने व्याख्यान के अन्त में उन्होंने अलग-अलग देशी नरेशों खासकर गायकवाड़ सरकार का अपनी रियासत में अस्पृश्य वर्ग की तरक्की के लिए की कोशिश और उनकी आस्था का आभारपूर्वक निर्देश किया।

इसके बाद सर नारायणराव ने परिषद् के अधिवेशन का अध्यक्ष पद श्रीमन्त सयाजीराव महाराज स्वीकार करें, ऐसी विनती की। इस सूचना को जमनालाल द्वारकादास ने गुजराती में समर्थन देने के बाद तालियों की गूँज में सभी ने सम्मति दी। इसके बाद मिशन के सचिव के नाते विट्ठल रामजी शिंदे ने बताया कि सभा के कार्य के लिए पूरे हिन्दुस्तान से शुभेच्छा के टेलीग्राम और खत आए हैं। उसमें महात्मा गांधीजी की 'अस्पृश्यता का समूल नाश होना ही चाहिए' इस आशय की तथा डॉ. रवीन्द्रनाथ की परिषद् की सफलता की कामना का टेलीग्राम था। साथ ही, करवीरपीठ के शंकराचार्य, सतारा के दादासाहब करन्दीकर और पुणे के डॉ. मैन, इनके प्रमुख सन्देश थे।

सन्देश पठन के बाद अधिवेशन के अध्यक्ष श्रीमन्त सयाजीराव महाराज ने तालियों की गूँज में अपने अध्यक्षीय भाषण को आरम्भ किया। उन्होंने कहा, "अस्पृश्यता उन्मूलन आरम्भ से ही मेरी आत्मीयता और लगन का विषय रहा है और इस सन्दर्भ में हमने बड़ौदा रियासत में कई उपाय किए हैं। इस सम्मेलन के अध्यक्ष के रूप में मेरा चयन होना मैं अपना गौरव समझता हूँ। आपने इतने बड़े साहस के साथ यह जो उपक्रम आयोजित किया है, उसके प्रति सद्भाव व्यक्त करने के लिए मैं अपने विचार प्रस्तुत कर रहा हूँ।" भारत में अस्पृश्यता का प्रश्न कितना जटिल है, यह श्रीमन्त सयाजीराव ने आरम्भ में स्पष्ट किया। उन्होंने कहा, "पाँच करोड़ लोगों की मुश्किल दशा का प्रश्न अपने सामाजिक तत्त्वज्ञान से सम्बद्ध है। इसलिए लोगों का अन्त:करण में परिवर्तन हुए बगैर यह प्रश्न हल हो नहीं सकता। वैज्ञानिक विचार और सामाजिक पुनर्गठन की ताकतवर प्रेरणा ही हमारी जीवनदृष्टि और मनोवृत्ति में बदलाव ला रही है। उसके आगे अज्ञानी पूर्वग्रह और वर्ण का दुराभिमान नहीं रहेगा, परन्तु हिन्दुस्तान के सन्दर्भ में एक खास स्थिति पर गौर करना होगा। राजनीतिक और धार्मिक दृष्टि से हिन्दुस्तान में समरूपता न होने के कारण जापान जैसे देश में सम्राट् के हुक्म पर जो सुधार सम्भव हुए, वैसा हमारे यहाँ नहीं हो सकता। कल जापान में नए संविधान का निर्माण हुआ। सामुराई जैसे क्षत्रिय वर्ग को अपने सभी पुश्तैनी हक और अधिकार छोड़ने पड़े और उन्हें किसान, कारीगर, दुकानदार—इस प्रकार के व्यावसायिकों का जीवन प्राप्त हुआ। जापान के हिनइन और हिन्दुस्तान के अतिशूद्र, इनमें साम्य है। ये दोनों वर्ग अस्पृश्य माने जाते हैं। जापान के युवा सम्राट् ने 1871 में एक हुक्म निकालकर वहाँ पर होनेवाली अस्पृश्यता एक पल में खत्म की। वह हुक्म ऐसा था, इटा और हिनइन, ये संज्ञाएँ खत्म की जा चुकी हैं। इनके अन्दर पैदा हुए लोगों का समावेश अब आम जनसंख्या में किया जाएगा और उनका सामाजिक स्तर, जीवन-निर्वाह के साधन भी अन्य लोगों के जैसे ही रहेंगे।

"इस प्रकार की स्थिति हिन्दुस्तान में केवल असम्भव है। शिक्षा और जन जागरण के द्वारा जनमानस को आह्वान करके ही इस प्रश्न को हल करना पड़ेगा। अंत्यज समझी जानेवाली जातियाँ बौद्धिक और मानसिक दृष्टि से बिलकुल कमजोर नहीं हैं। भारत के सभी प्रान्तों में अंत्यज वर्ग में से राष्ट्रीय ख्याति के संत पुरुष निर्मित हुए हैं और ब्राह्मण जैसी जाति में भी वे आदरणीय माने जाते हैं। उदाहरण के तौर पर, दक्षिण हिन्दुस्तान के नाणंद, उत्तर प्रदेश के रविदास, महाराष्ट्र के चोखामेला, बंगाल के रोहिदास ठाकुर। वर्तमान काल में भी विश्वविद्यालयों में चमकनेवाले बहिष्कृत वर्ग के बच्चों के ढेर सारे उदाहरण दिखाई देते हैं।"

इसके बाद श्रीमन्त सयाजीराव ने भारत में अस्पृश्य वर्ग पर कितनी विभिन्न पद्धतियों से अन्याय होता है, इसके उदाहरण बताए। 'भगवद्गीता' जैसे दर्शनशास्त्र के ग्रंथ में भी ईश्वर ने सभी प्राणी समान हैं और 'मेरी ओर आने का सभी को समान अधिकार है' इसका जिक्र किया है। उन्होंने यह बताया कि अपनी रियासत में अंत्यज वर्ग के बच्चों के लिए पाठशाला चलाते समय कैसी कठिनाइयाँ आईं और यह भी बताया कि उसका किस प्रकार समाधान कर सकते हैं। अस्पृश्यता नष्ट करने से सब गोल होनेवाला है, यह डर व्यर्थ है। अस्पृश्यता खत्म करने से इस वर्ग के लोगों को हम केवल स्वाभाविक इनसान के रूप में जीने का अधिकार दे रहे हैं। आज तक इस वर्ग के बारे में हमें जो करना चाहिए था, वह किया नहीं है। इसके आगे कथनी और करनी से उनके साथ योग्य प्रकार का बर्ताव करेंगे, उनके साथ इनसानियत का बर्ताव करेंगे, इस प्रकार का आह्वान उन्होंने अन्त में किया। श्रीमन्त सयाजीराव गायकवाड़ के अध्यक्षीय भाषण के बाद अस्पृश्यता खत्म करने के बारे में और इस वर्ग की उन्नति के सम्बन्ध में विभिन्न प्रस्ताव प्रस्तुत हुए और उस पर चर्चा हुई।

पहला प्रस्ताव बैरिस्टर मुकुन्दराव जयकर ने प्रस्तुत किया :

"निम्न वर्ग पर लादी गई अस्पृश्यता इसके बाद तुरन्त बन्द कर दी जाए और इस कार्य के लिए हर प्रान्त के बड़े और विद्वान कार्यकर्ता नेता एक अस्पृश्यता निवारक घोषणा-पत्र निकालकर निम्न वर्ग को अस्पताल, पाठशाला, अदालत, सार्वजनिक खर्चे से चलाई जानेवाली संस्थाओं, साथ ही कुओं, तालाब, सार्वजनिक पनघट, व्यवहार और मनोरंजन के स्थान तथा मन्दिर जैसे सार्वजनिक स्थान आदि स्थानों पर किसी भी प्रकार की पाबन्दी न लगाकर प्रवेश दिया जाए, ऐसा इस परिषद् का मत है।" प्रथम श्री विट्ठल रामजी शिंदे और उनके साथ काम करनेवाले कार्यकर्ताओं का इस प्रकार की विशिष्ट परिषद् का आयोजन कर उसे गंतव्य तक पहुँचाकर सफल बनाने के लिए अभिनन्दन करके बैरिस्टर जयकर आगे कहने लगे, "हमें राजनीतिक, सामाजिक और धार्मिक—ऐसे सभी प्रकार के विचार रखनेवाले

नेताओं की ओर से सहानुभूति हासिल हुई है, यह प्रस्तुत कार्य के लिए एक शुभ संकेत ही समझना चाहिए। स्वतंत्रता की पहली सीढ़ी आत्मज्ञान ही है।" इस प्रस्ताव को आर्य समाज की मुम्बई शाखा के पंडित बालकृष्ण शर्मा ने हिन्दी में और लक्ष्मीदास तेरसी ने गुजराती में समर्थन दिया। उन्होंने कहा, "मैं जिस प्रस्ताव पर बोलने के लिए खड़ा हूँ, वह अत्यन्त सीधा और सरल है। उस पर कोई भी किसी भी प्रकार का आक्षेप नहीं लेंगे, इस स्वरूप का है। इस प्रस्ताव को समर्थन देने से समर्थन देनेवालों के दिल की गहराई केवल प्रकट होती है, ऐसा बिलकुल नहीं है क्योंकि उस संयोग से हम निम्न वर्ग को (मैं 'अस्पृश्य' इस शब्द का इस्तेमाल नहीं करता) उनके पैदाइशी हक के अलावा कुछ भी अधिक नहीं देते। निम्न वर्ग भी जनता का एक अंग है और इसलिए उसको सभी प्रकार की सार्वजनिक संस्था में स्थान मिलने का दूसरे किसी भी वर्ग इतना या व्यक्ति इतना ही हक है क्योंकि इस प्रकार की संस्था सार्वजनिक धन से ही चलाई जाती है और अगर वे अपने न्याय हक को जताने का आग्रह करें तो किसी भी कानूनी उपाय योजना से उनका निवारण नहीं किया जा सकता, किन्तु रूढ़ि यह अक्सर प्रबल ही रहती है।" इस प्रकार का प्रतिपादन करके लक्ष्मीदास तेरसी ने बैरिस्टर जयकर ने रखे हुए प्रस्ताव को समर्थन दिया। बड़ौदा के पंडित बालकृष्ण शर्मा और पुणे के प्रो. गोविन्द चिमणाजी भाटे के भी समर्थन पर भाषण हुए।

इस प्रस्ताव के बाद प्रस्ताव के आशय के अनुरूप घोषणा-पत्र का प्रारूप बनाकर उस पर राष्ट्रीय नेताओं के हस्ताक्षर लेने का अधिकार मिशन के सचिव को दिया गया। प्रारूप के अन्त में प्रस्ताव में जिस प्रकार बताया गया है कि अस्पृश्यता उन्मूलन के कार्य में घोषणा-पत्र के नीचे हस्ताक्षर करेनवालों ने व्यक्तिगत जिम्मेदारी लेने की धारा मुख्य और महत्त्वपूर्ण थी। परिषद् की फलश्रुति का यह एक प्रकार से कार्यरूप हिस्सा था।

समर्थन भाषण के बाद महाराज ने सभा के सामने यह प्रस्ताव विचारार्थ रखा और वह सभी की अनुमति से तालियों की गूँज में पारित हुआ। इस समय महाराज ने तबीयत ठीक न होने के कारण घर जाने की अनुमति माँगी। सर नारायण चन्दावरकर ने महाराज को पुष्पमाला पहनाई। एस.आर. बम्मनजी ने प्रस्ताव को समर्थन देकर महाराज के प्रति कृतज्ञता प्रकट की। महाराज के चले जाने के बाद सर नारायण चन्दावरकर की सभा के अध्यक्ष के रूप नियुक्ति की और सभा का कार्य आगे जारी रहा।

जमनादास द्वारकादास ने दूसरा प्रस्ताव निम्न प्रकार प्रस्तुत किया, "निचले वर्ग पर लादे गए धार्मिक निर्बन्ध जिस समय खत्म होंगे, उसी समय उनकी तरक्की अत्यन्त तेजी से और सफलता से होगी, ऐसी इस सभा की राय है और इसीलिए यह सभा हिन्दू धार्मिक संस्था के अधिपति को अनुरोध करती है :

1. अस्पृश्यता नष्ट करने के लिए धार्मिक आज्ञा-पत्र निकालना।
2. हिन्दू धर्म के ऊपर उनकी श्रद्धा को दृढ़ करने के लिए धर्म शिक्षक की नियुक्ति कर उनमें हिन्दू धर्म के तत्त्वों का प्रसार करना।
3. हिन्दुओं में प्रचलित आम धार्मिक समारोह में सहभाग लेने की उन्हें अनुमति देना।

यह प्रस्ताव प्रस्तुत करते समय जमनादास द्वारकादास ने गुजराती में कहा, "अस्पृश्यता का धर्म के साथ कोई सम्बन्ध नहीं है। निचले वर्ग के व्यक्ति को छूने से हम अपवित्र नहीं होते। अस्पृश्य वर्ग प्राकृतिक रूप में अपवित्र नहीं हैं। अतः इन लोगों को उनकी निम्न दशा से ऊपर उठाना हमारा कर्तव्य है।" जमनादास द्वारकादास के रखे प्रस्ताव को समर्थन देने के लिए कोलकाता के बिपिनचन्द्र पाल तालियों की गूँज के साथ खड़े हुए। उन्होंने कहा, "राष्ट्रीय उन्नति के लिए आपके उपाय आगामी उज्ज्वल मनोरथ और उसको लेकर आपकी उत्कट मनीषा इनका अगर वाकई परिवर्तन करना हो तो अस्पृश्य वर्ग का प्रश्न हमें अविलम्ब हल करना होगा। सभी सुशिक्षित और उच्च स्तर के वर्गों को मेरा यह सवाल है कि हम निम्न वर्ग को हमसे नजदीकी सम्बन्ध रखने पर पाबन्दी लगाकर राष्ट्रीय और औद्योगिक खुदकुशी करने के लिए तैयार हैं? यह सवाल सामाजिक और आर्थिक भी है। इतना ही नहीं तो मैं ऐसा कहता हूँ कि यह प्रश्न अर्थशास्त्र, समाज, राजनीति ऐसा सामुच्चयिक है। आत्मा यह कभी भी कलंकित अथवा अपवित्र नहीं होती।"

इसके बाद गुजराती अछूत जाति के धर्मगुरु महन्त मोहनदास ने इस प्रस्ताव पर गुजराती में भाषण दिया। उन्होंने कहा, "मेरी जाति के अस्पृश्य वर्ग की तरक्की और हित के लिए आज की सभा में महनीय समाज इकट्ठा देखकर मेरा दिल खुशी से भर आया है। आज इस अस्पृश्य जाति के लोगों को जिन कठिनाइयों को सहना पड़ता है, उसके दो

कारण हैं। एक, उच्च जाति की स्वार्थपरकता और उनके अन्तकरण में हमारे लिए होनेवाला द्वेष और दूसरा, धार्मिक संस्था के अधिपतियों का अज्ञान। इन दो कारणों को सिद्ध करने के लिए आज तक बहुत सारे अवसर घटित हुए हैं। इसके विरुद्ध शास्त्र-वचन के आधार पर ऐसा स्पष्ट दिखाया जाएगा कि निम्न वर्ग के किसी भी इनसान को अगर वह उच्च और पवित्र प्रकार से अपना जीवन-क्रम चलाता हो अथवा वह अच्छे माहौल में पला हो तो वह द्विज हो सकता है।" महन्त ने सत्यकाम जाबाल और कवष ऐलूष, इन दो उपनिषदकालीन पुरुषों के उदाहरणों को प्रस्तुत किया। साथ ही, इतिहास में निम्न माने जानेवाले समाज के स्वामी रामानन्द, वैष्णव सम्प्रदाय के कबीर, सेना नाई, नाभादास आदि ने निम्न जाति में पैदा होकर भी सम्मान पर उपाधि प्राप्त की, यह दृष्टान्त बताया और अन्त में उन्होंने कहा, "इन सभी बातों पर गौर करें तो यह स्पष्ट होता है कि यह अस्पृश्यता की रूढ़ि धर्मबाह्य, गर्ह्य और अनर्थ परम्परा उत्पन्न करनेवाली है। इसलिए हमारे धार्मिक, समझदार कार्यकर्ता और नेता पूर्व महात्माओं का अनुसरण करके निम्न और अस्पृश्य जाति का उद्धार करें, जो अत्यन्त आवश्यक है।"

महन्त के भाषण के बाद परिषद् के सामने प्रस्ताव रखा गया और सर्वानुमति से पारित हुआ। परिषद् की कल्पना जिस समय आकार ले रही थी, उस समय इस परिषद् को उपस्थित रहने का मनोदय करवीर पीठ के शंकराचार्य डॉ. कुर्तकोटी ने प्रकट किया था, लेकिन स्वयं शंकराचार्य को परिषद् को उपस्थित रहना सम्भव नहीं हुआ। इसके बावजूद उनकी आज्ञा के अनुसार प्रस्ताव रखा गया। हिन्दू धार्मिक संस्था के अधिपतियों को अस्पृश्यता नष्ट करने के लिए धार्मिक आज्ञा-पत्र निकालने की विनती एक प्रस्ताव के अनुसार की गई।

अन्य कार्यों की दौड़-धूप होने के कारण लोकमान्य तिलक भी इस परिषद् को पुणे से मुम्बई आने के लिए इनकार कर रहे थे, लेकिन विट्ठल रामजी शिंदे उनके घर लगभग धरना देकर जा बैठे और लोकमान्य ने मजबूर होकर परिषद् में आना स्वीकार किया और वे उपस्थित भी रहे, लेकिन तिलक ने यह भी कहा कि "मैं केसरीकर्ता के नाते नहीं, तो केवल तिलक के रूप में परिषद् में उपस्थित रहूँगा।"[2]

परिषद् के दूसरे दिन अर्थात् 24 मार्च, 1918 को सुबह की बैठक में तिलक ने यह प्रस्ताव प्रस्तुत किया कि कांग्रेस को अस्पृश्य वर्ग के प्रतिनिधियों को लेकर अपने कार्य में उनका समर्थन लेना चाहिए। लोकमान्य तिलक ने अपने भाषण में कहा, "अस्पृश्यता वेदों में नहीं थी, और अगर होगी तो मैं वेदप्रामाण्य मानूँगा नहीं। मनुष्य ने अस्पृश्यता का पालन किया, यह ईश्वर को भी मंजूर नहीं। अगर मंजूर हो तो मैं उस ईश्वर को भी मानूँगा नहीं... निम्न समझी जानेवाली जाति का स्पर्श हुआ तो पाप लगता है। यह स्पर्श सदोष है, यह राय बिलकुल गलत है। यह जितनी जल्द नष्ट होगी उतना अच्छा रहेगा, यह बताने के लिए मैं यहाँ आया हूँ। अपने महाराष्ट्र में पहले समय आने पर पेशवा जैसे कर्मठों ने तक स्पृश्यास्पृश्य सम्बन्ध परे रखा है। अमुक को छूने से पाप लगता है, अमुक की छाया पड़ने पर अशौच होता है, यह सोच बिलकुल नष्ट होनी चाहिए। एक मनुष्य क्या इतना अपवित्र है कि उसे छूने से पाप लगता है? यह भेद नष्ट करना यही धर्म सुधार का रहस्य है...फिर आप इस बारे में क्या करते हैं, ऐसा कई लोगों की ओर से पूछा जाता है। मैं अकेला क्या-क्या करूँ? सभी बातों का नेतृत्त्व करने के लिए मेरा दिमाग समर्थ नहीं है। इस कार्य को मेरी पूरी सहानुभूति है। पुणे में 1894 में गणपति उत्सव के दौरान एक चमार ने गणपति बिठा दिया था। उन दिनों आज के जैसे श्रीमान शिंदे के उद्योग शुरू नहीं थे। मैं गाड़ी से अपना गणपति लेकर जा रहा था। उस चमार का गणपति कोई आपने साथ नहीं ले रहा था। मैंने उस चमार को कहकर उसका गणपति अपनी गाड़ी में लाकर रखा। *(तालियों की गूँज)*

मैं स्वयं कैसा बर्ताव करता हूँ, यह मैंने आपको बताया। अपने घर में मैं अस्पृश्यता का पालन नहीं करता। *(तालियाँ)* चोखामेला सम्प्रदाय के कुछ लोग किसी काम की वजह से मेरे घर आए थे। उन्हें मुझसे कुछ पूछना था। मैंने उन लोगों को घर के बाहर न बिठाकर अपने साथ घर में बैठने को कहा...मैं यह स्पष्ट रूप में कहता हूँ कि मैं अस्पृश्यों के खिलाफ नहीं हूँ। अस्पृश्यता नष्ट होनी चाहिए, ऐसी मेरी राय है। यह रूढ़ि है, यह नष्ट होनी ही चाहिए।"[3] लोकमान्य तिलक का भाषण यह इस परिषद् का आकर्षण और कुतूहल था। एक तो लोकमान्य तिलक का सामाजिक सुधार सम्बन्धी मत सनातनी है, ऐसी कल्पना प्रसृत होने के कारण तिलक कौन-सी भूमिका लेंगे, इसका श्रोताओं में कुतूहल था। इसी कारण इस अवसर पर सात हजार से भी ज्यादा प्रचंड समूह इकट्ठा हुआ था। मंडप के बाहर भी लगातार रेलपेल शुरू थी। लोकमान्य भी जोश में थे। उनकी गर्जना मंडप के बाहर रास्ते पर ही नहीं, तो उस तरफ

अहाते में रहनेवाले लोगों के कानों तक टकरा रही थी। "पेशवाओं के समय भी अस्पृश्यों ने भरी हुई मशक का पानी ब्राह्मणों ने पिया," आदि कथन उन्होंने किए। "अस्पृश्यता ईश्वर को मंजूर होगी तो मैं उस ईश्वर को नहीं मानता।" यह विधान सुनकर तालियों की गूँज उठी। उससे मंडप गिर जाएगा, ऐसा लग रहा था। "मैं यहाँ सशरीर पहली बार आया हूँ, फिर भी मन से हमेशा इस आन्दोलन के साथ हूँ...पुराने जमाने में ब्राह्मणों के जुल्म से यह प्रथा चल पड़ी, इसका इनकार नहीं करता, लेकिन इस रोग का अब निराकरण होना ही चाहिए।" इस प्रकार की उनकी बातों ने श्रोताओं पर विलक्षण असर डाला और लोकमान्य से वे प्रभावित हुए।[4] लोकमान्य तिलक द्वारा प्रस्तुत परिषद् में दिए भाषण को ऐतिहासिक महत्त्व प्राप्त हुआ।

परिषद् का अन्तिम कार्यक्रम पुरस्कार वितरण था। मंडप इतना खचाखच भर गया था कि बहुतों को जगह के अभाव से बाहर ही खड़ा रहना पड़ा। इसमें भी उल्लेखनीय बात यह थी कि इकट्ठे हुए प्रचंड समुदाय में तीन चतुर्थांश लोग अस्पृश्य वर्ग में से थे। पुरस्कार वितरण समारोह की अध्यक्षता लेडी लक्ष्मीबाई चन्दावरकर ने की। उन्होंने संक्षेप में प्रोत्साहन पर भाषण दिया। सचिव के रूप में विट्ठल रामजी शिंदे ने उनके प्रति आभार प्रकट किए और परिषद् का तीन दिवसीय अपूर्व समारोह सम्पन्न हुआ। अस्पृश्यता उन्मूलन कार्य को लोगों की, नेताओं की बड़ी ही अनुकूलता निर्मित होने का दृश्य इस परिषद् से देखने को मिला। इससे इस परिषद् की सफलता दिखाई देती है। कई अंग्रेजी, मराठी समाचार-पत्रों ने परिषद् का कार्य विवरण प्रकाशित किया और इस कार्य का अभिनन्दन भी किया, परन्तु 'जागरूक' के सम्पादक वालचन्द कोठारी अलग ही बात रटने लगे। उन्होंने 'श्रीमान वि.रा. शिंदे की सर्कस' नामक शीर्षक से परिषद् का एक व्यंग्य चित्र देकर अलग-अलग दलों के नेताओं ने अलग-अलग प्राणियों के भेस धारण करके परिषद् में विभिन्न कार्य किए, ऐसा दिखाया।[5]

इस परिषद् के सन्दर्भ में राज्य में लोकमान्य तिलक को लेकर एक विसंगति सामने आई। अस्पृश्यता उन्मूलन के सम्बन्ध में पहला प्रमुख प्रस्ताव प्रस्तुत किया गया था और परिषद् में जैसा तय हुआ, उसके अनुसार एक घोषणा-पत्र तैयार करके उस पर हर प्रान्त के नेताओं के हस्ताक्षर लेने की जिम्मेदारी सचिव के नाते विट्ठल रामजी शिंदे पर सौंपी गई थी। प्रस्ताव का मजमून इसके पहले दिया ही है। उसमें स्कूल, अस्पताल, अदालत आदि सभी सार्वजनिक संस्थाओं साथ ही कुओं, पनघट, हौज, स्नानागृह और श्मशान घाट और व्यापार तथा मनोरंजन के स्थल व मन्दिर आदि सार्वजनिक स्थानों पर प्रवेश करेन के लिए निम्न वर्ग पर किसी भी प्रकार का प्रतिबन्ध न डालकर छूट देनी चाहिए, ऐसा निर्देश किया हुआ था।

इस प्रस्ताव के बाद देश के विभिन्न क्षेत्र के नेताओं के हस्ताक्षर करके इस बारे में हम वैयक्तिक जिम्मेदारी किस प्रकार उठानेवाले हैं, इसका निर्देश करनेवाला निम्नलिखित मजमून जोड़ दिया गया था।

"ऊपर के प्रस्ताव पर प्रत्यक्ष रूप से अमल करने के लिए हम नीचे हस्ताक्षर करनेवाले घोषित करते हैं कि संयुक्त हिन्दी राष्ट्र के उच्च हित के लिए और साथ ही हिन्दू धर्म के श्रेष्ठ और उत्कृष्ट तत्त्वों की सुरक्षा के लिए अस्पृश्यता को तुरन्त दूर करना अत्यन्त आवश्यक है। इसीलिए हम ऐसी दरख्वास्त करते हैं कि हिन्द माँ के हर एक बेटे ने और बेटी ने साथ ही हिन्दू धर्मभिमानी कहनेवाला हर स्वाभिमानी इनसान यह निर्बन्ध दूर करके उसकी बलि चढ़े करोड़ों लोगों की खुशहाली हेतु हरसम्भव मदद करे, जो उसका परम कर्तव्य है। साथ ही, हम नीचे हस्ताक्षर करनेवाले ऐसा जाहिर करते हैं कि स्वयं हमारा भी ऊपर के प्रस्ताव पर अमल करना निजी कर्तव्य है।"[6]

इस घोषणा-पत्र पर हस्ताक्षर करनेवाले कुछ प्रमुख व्यक्तियों का यहाँ पर विवरण देता हूँ। सर रामकृष्ण पंत भंडारकर, नरसोपंत केलकर, काशीबाई कानिटकर, नासिक के रा. पाटणकर, गणपुले, बेलगाँव के रा.ब. परुलकर, ना. बेलवी, नागपुर के रा. मोरोपंत जोशी, ना.वी.एस. घोष, डॉ. गौर, डॉ. मुंजे, उमरावती के सांसद खापर्डे, सर रवीन्द्रनाथ ठाकुर, मिसेज ऐनी बेसेंट, डॉ. काशिबाई नवरंगे, डॉ. नागुताई जोशी, सौ. अवन्तिकाबाई गोखले, बाबू बिपिनचन्द्र पाल, कानजी द्वारकादास धरमसी, लक्ष्मीदास तेरसी, जमनादास द्वारकादास, मनु सूबेदार आदि लगभग सौ व्यक्तियों के हस्ताक्षर प्राप्त हुए थे।[7]

घोषणा-पत्र पर लोकमान्य तिलक के हस्ताक्षर लेने के लिए स्वयं विट्ठल रामजी शिंदे सरदारगृह में लोकमान्य के पास गए। वहाँ पर जाने के बाद उन्होंने देखा कि उनके मुसाहिब वहाँ बैठे हुए थे। तात्यासाहब केलकर, दादासाहब खापर्डे, इन्होंने तुरन्त हस्ताक्षर किए, लेकिन लोकमान्य झिझकने लगे। एक बार हस्ताक्षर करने के लिए वे आगे भी

आए, लेकिन दादासाहब करन्दीकर ने उन्हें रोक दिया। अन्ततः लोकमान्य तिलक बिलकुल गिड़गिड़ाते, शिंदे के कन्धों पर दोनों हाथ रखकर कहने लगे कि इंग्लैंड से वापिस आने तक हमारे हस्ताक्षर लेने का अनुरोध छोड़ें, लेकिन शिंदे ने भी इस बारे में अपना निश्चय दिखाया। उन्होंने लोकमान्य को स्पष्ट रूप में सजग किया कि हस्ताक्षर न करने से उन्हें स्वयं को ही नहीं तो उनके दल को भी नीचा देखना पड़ेगा। लोकमान्य पशोपेश में पड़ गए थे। अण्णासाहब शिंदे को समझाने के लिए उन्हें अकेले में एक कमरे में ले जाकर उन्होंने सामाजिक सुधार से हमारा सम्बन्ध कैसा है, नागपुर से सुधारवादियों के गुट से हम क्यों और कैसे अलग हुए और फिर भी हम सुधारवादी ही कैसे रहे आदि का आस्था के साथ निवेदन किया, परन्तु आखिर में उन्होंने हस्ताक्षर नहीं किए। प्रत्यक्ष भेंट में हस्ताक्षर लेने की शिंदे की कोशिश असफल हुई।[8]

तिलक के 'केसरी' समाचार-पत्र में इस राष्ट्रीय स्तर पर ऐतिहासिक महत्त्व रखनेवली 'अस्पृश्यता उन्मूलन परिषद्' की एक पंक्ति का भी मजमून प्रकाशित नहीं हुआ। "आमंत्रण स्वीकारते समय मैं केसरीकर्ता के रूप में नहीं तो केवल तिलक के रूप में परिषद् में आऊँगा", ऐसा शिंदे को उन्होंने कहा था अर्थात् तिलक की भूमिका पहले से दुविधा वाली थी, यह स्पष्ट होता है। इस घटना पर भाष्य करते समय 'जागृति' के सम्पादक पालेकर ने लिखा है, "शायद मुम्बई की परिषद् में तिलक ने जो विचार भाषण के द्वारा प्रस्तुत किए, वह पढ़कर 'केसरी' के पाठकों का उनके प्रति होनेवाला पूज्यभाव कम होगा, ऐसा उस पत्र के सम्पादकों को डर लगा होगा। हमें तो इसमें सुसंगति और सीधापन दिखता नहीं, परन्तु शायद यह कूटनीति होगी।"[9]

लेकिन शिंदे ने लोकमान्य का पीछा नहीं छोड़ा। उन्होंने 2 जून, 1918 को लोकमान्य को घोषणा-पत्र पर हस्ताक्षर करने के सन्दर्भ में पत्र लिखा।

लोकमान्य से इस पत्र का जल्दी उत्तर नहीं मिला, इसलिए उन्होंने बाद में एक अलग ही काम के बहाने लिखे हुए पत्र में उसका जिक्र किया था। उनके अंग्रेजी पत्र का मराठी अनुवाद इस तरह है[10] :

पुणे सिटी
02/08/18

प्रिय श्रीमान शिंदे

आपका खत मिला। मैनिफेस्टो के आखिरी अनुच्छेद में मुझ पर वैयक्तिक जिम्मेदारी डाली जा रही है। फिलहाल मेरी जो स्थिति है, उसमें मैं वह पूरी नहीं कर सकता। इसलिए मैं मैनिफेस्टो पर हस्ताक्षर नहीं कर सकता। इसके लिए माफी चाहता हूँ।

(इसी खत के दूसरे अनुच्छेद में लोकमान्य तिलक ने कहा है, आपको मांटेग्यू का प्रतिवेदन भेज रहा हूँ। अनुच्छेद 232 का अन्तिम हिस्सा पढ़ने की कृपा करें और कल वापस भेज दें।)

आपका,
बी.जी. तिलक

लोकमान्य तिलक का अपवाद छोड़ें तो अलग-अलग क्षेत्र के नेताओं की ओर से अस्पृश्यता उन्मूलन कार्य के सम्बन्ध में अनुकूलता मिलने की दृष्टि से शिंदे ने आयोजित की हुई परिषद् सफल हुई। कांग्रेस ने कोलकाता अधिवेशन में अस्पृश्यता उन्मूलन का प्रस्ताव पारित कर अस्पृश्यता उन्मूलन कार्य को राष्ट्रीय स्तर पर पहुँचाया था। अस्पृश्यता उन्मूलन का यह प्रस्ताव केवल लिखित रूप में न रहे तो प्रत्यक्ष अमल में लाया जाए, इस दृष्टि से घोषणा-पत्र निकालकर प्रमुख नेताओं के समर्थन का कार्य इस परिषद् ने पूरा किया और अस्पृश्यता उन्मूलन के कार्य को प्रत्यक्ष आचरण में लाकर बड़ी मात्रा में राष्ट्रीय स्तर पर प्रेरणा देने का कार्य भी किया।

कोलकाता कांग्रेस का प्रस्ताव और मुम्बई की 'अस्पृश्यता उन्मूलन परिषद्'—इन दो घटनाओं के कारण अस्पृश्यता उन्मूलन के कार्य में व्यापक रूप में नई जागृति दिखाई देने लगी, इसका अनुभव लोणावला की परिषद् में जल्दी ही सामने आया। लोणावला में पुणे जिला राजकीय परिषद् आयोजित की गई थी। इसमें विट्ठल रामजी शिंदे को भी उपस्थित रहने का निमंत्रण होने से वे भी वहाँ आए थे। अण्णासाहब शिंदे इस सभा में स्वराज्य का मुख्य प्रस्ताव प्रस्तुत करें, ऐसी परिषद् की मनोकामना थी। अण्णासाहब शिंदे पर अस्पृश्यता उन्मूलन कार्य की

धुन सवार थी। स्वराज्य के इतना ही वे अस्पृश्यता उन्मूलन कार्य को मूल्यवान मानते थे। शिंदे ने परिषद् के आयोजकों को स्पष्ट रूप में बताया था, "अस्पृश्यता उन्मूलन का प्रस्ताव यह परिषद् सर्वसम्मति से स्वीकार करे ताकि मैं भी स्वराज्य का प्रस्ताव खुशी से प्रस्तुत करूँगा।" मद्यपान निषेधक शंकरराव लवाटे ने शिंदे के मत का विरोध किया। उस समय 'केसरी' पक्ष के सभी युवा नेता शिंदे के पक्ष में थे। उन्होंने शिंदे को कहा कि लवाटे को छोड़ सभी मंडली प्रस्ताव के लिए अनुकूल दिखाई देती है तो स्वराज्य का प्रस्ताव वे प्रस्तुत करें। शिंदे मात्र अपनी भूमिका पर डटे रहे। उन्होंने नम्रता से, लेकिन निश्चय के साथ बताया, "अस्पृश्यता उन्मूलन का प्रस्ताव सर्वसम्मति से मंजूर होने में ही विशेष बात है। ऐसा महत्त्वपूर्ण प्रस्ताव कांग्रेस के मुख्य अधिवेशन में सर्वसम्मति से मंजूर हुआ होता। जिला परिषद् में सिर्फ बहुमत से मंजूर होना अर्थात् राष्ट्र ने पीछे हटने जैसा है और इससे राष्ट्रीय सभा के अनुशासन में भी बाधा पहुँचेगी।" इस प्रश्न पर काफी बहस हुई। लवाटे को तिलक के पास ले जाया गया। उन्होंने सलाह दी, "धर्म का बहाना बनाकर अस्पृश्यता उन्मूलन का कार्य करते समय झिझकने का यह समय नहीं है। शिंदे को अनुकूल करके स्वराज्य का प्रस्ताव सर्वसम्मति से मंजूर करना हो तो उनका अस्पृश्यता उन्मूलन का प्रस्ताव भी सर्वसम्मति से मंजूर होना चाहिए। अगर लवाटे को यह नहीं जँचता हो तो वे अस्पृश्यता उन्मूलन के प्रस्ताव पर राय लेते समय मंडप से बाहर जाएँ, यही ठीक रहेगा।" इस प्रकार लवाटे के बात मानने पर ऊपर के दोनों प्रस्ताव सभा में सर्वसम्मति से मंजूर हुए।[11] लोकमान्य तिलक के मत का दूसरा पक्ष लोणावला की परिषद् में सामने आया। बदलते राजकीय माहौल के दबाव का अनुकूल असर अस्पृश्यता उन्मूलन कार्य पर भी दिखाई देने लगा।

शिंदे ने अस्पृश्यता उन्मूलन कार्य के लिए अपनी वैयक्तिक राय अलग रखी और अस्पृश्यता उन्मूलन कार्य के लिए सभी का सहयोग मिले, इसलिए हमेशा सफल कोशिश की। लोकमान्य तिलक के नेतृत्व के समय का राष्ट्रीय दल सामान्यतः सामाजिक सुधार के विरोध में था। शिंदे ने लोकमान्य तिलक से और राष्ट्रीय दल के अन्य नेताओं से अच्छे सम्बन्ध स्थापित किए थे। अस्पृश्यता उन्मूलन के लिए उस पक्ष के लोगों का भी सहयोग मिलाना अत्यन्त उपयुक्त था। एक तो महाराष्ट्र के पढ़े-लिखे लोगों में यह वर्ग प्रभावी था, बहुसंख्य था। समाज के सभी स्तरों के लोगों के मन में परिवर्तन होने के कारण अस्पृश्यता उन्मूलन का कार्य गंतव्य तक पहुँचने जैसा था। राष्ट्रीय विचार प्रणाली के लोग सामाजिक सुधार के विपक्ष में ही हैं, इसलिए उनके पास जाने में काई मतलब नहीं, ऐसा न समझते हुए उन्हें इस सुधार के अनुकूल बनाना भी महत्त्वपूर्ण था। स्वयं शिंदे राष्ट्रीय वृत्ति के थे। लोकमान्य तिलक से उनके सौहार्दपूर्ण सम्बन्ध थे। इसी कारण राष्ट्रीय पक्ष के लोगों को अस्पृश्यता उन्मूलन के कार्य की ओर मोड़ना उन्हें सम्भव हुआ। शिंदे ने अस्पृश्यता उन्मूलन के सन्दर्भ में यह अत्यन्त मुश्किल काम सफल किया, ऐसा ही कहना पड़ेगा।

इस परिषद् के सन्दर्भ में ब्राह्मणेतर पक्ष के नेता वालचन्द कोठारी द्वारा कुछ अनपेक्षित भूमिका ली हुई दिखाई देती है। कोठारी ने 19 जुलाई, 1917 को 'जागरूक' नामक साप्ताहिक शुरू किया था। इसके पीछे उनकी यह भूमिका थी कि वे पिछड़े लोगों की उन्नति के लिए साथ ही अस्पृश्य वर्ग के सुधार के लिए इस कार्य की शुरुआत कर रहे हैं। वा.रा. कोठारी स्वयं के स्मृति लेखों में बार-बार बताते हैं कि अपने सार्वजनिक जीवन के कार्यारम्भ से ही अस्पृश्यता के सम्बन्ध में उन्हें आस्था थी। ऐसे में मुम्बई में इतनी बड़ी मात्रा में विट्ठल रामजी शिंदे ने भारतीय स्तर पर महत्त्वपूर्ण 'अस्पृश्यता उन्मूलन परिषद्' का आयोजन किया था और मैं अपने वैयक्तिक जीवन में अस्पृश्यता पालनेवाला नहीं हूँ, इस प्रकार प्रतिज्ञा-पत्र पर हस्ताक्षर करने का रचनात्मक कार्यक्रम परिषद् द्वारा अमल में लाया गया था तो वा.रा. कोठारी को इस परिषद् को लेकर आत्मीयता महसूस होनी चाहिए थी। इस परिषद् का महत्त्व समझकर उन्होंने इस परिषद् को समर्थन देना ही उचित होता, लेकिन ऐसा तो हुआ ही नहीं। विट्ठल रामजी शिंदे द्वारा अस्पृश्यता उन्मूलन कार्य के लिए अपनी बेहद लगन के कारण सभी उग्रवादी, नरम दल, राजनेता, देशी नरेश और सांस्कृतिक क्षेत्र के आदरणीय व्यक्तियों का समर्थन प्राप्त किया था। विभिन्न राजनीतिक गुटों की मंडलियों को इस परिषद् में शामिल करने में शिंदे ने अपूर्व संघटन कौशल दिखाया था। इस बात की कोठारी द्वारा तारीफ करना तो दूर, उलटे उन्होंने इस कोशिश का उपहास करने के लिए व्यंग्य चित्र प्रस्तुत किया। विट्ठल रामजी शिंदे आगे चलकर कोठारी को कहते हैं, "आप अस्पृश्यों का पक्ष लेते हैं, किन्तु

आप मुख्यत: राजनीतिज्ञ हैं। अस्पृश्यों के लिए आपकी आत्मीयता सच्ची नहीं है।"[12] अण्णासाहब शिंदे ब्राह्मणेतर पक्ष के नहीं थे, इस कारण कोठारी ने इस परिषद् के बारे में आलोचक की भूमिका ली होगी। आगे भी ब्राह्मणेतर पक्ष की अस्पृश्यता उन्मूलन कार्य सम्बन्धी भूमिका सन्दिग्ध ही दिखाई देती है।

सन्दर्भ

1. वि.रा. शिंदे, 'सही नाही., सहानुभूति!' *लोकमान्य तिलक की 'आठवणी व आख्यायिका', खंड 2,* सम्पादक.स.वि. बापट, पृ. 200-206
2. वही, पृ. 200-206
3. *सुबोध पत्रिका,* 31 मार्च, 1918 और *सन्देश* 31 मई, 1918
4. वि.रा. शिंदे, सही नाही., सहानुभूति', पूर्वोक्त, पृ. 204
5. जागरूक
6. वि.रा. शिंदे, *माझ्या आठवणी व अनुभव,* पृ. 294
7. *सुबोध पत्रिका,* 6 अक्टूबर, 1918
8. वि.रा. शिंदे, सही नाही., सहानुभूति', पूर्वोक्त, पृ. 200-206
9. *जागृति,* बड़ौदा, 6 अप्रैल, 1918
10. *शिंदे के कागजात*
11. वि.रा. शिंदे, *माझ्या आठवणी व अनुभव,* पृ. 295
12. वा.रा. कोठारी, *जुन्या आठवणी,* संकल्प प्रकाशन, पुणे, 1973, पृ. 531

राष्ट्रीय प्रवाह में मराठा समाज

'डिप्रेस्ड क्लासेज मिशन' के कार्यों का हर दृष्टि से विस्तार होने लगा। भावनगर से लेकर बैंगलोर-मद्रास तक कई प्रमुख शहरों में मिशन की शाखाएँ कार्यरत थीं। अण्णासाहब शिंदे मिशन के कार्य में पूरी तरह से व्यग्र थे, लेकिन मिशन का कार्य अधिक प्रभावी तरीके से करने के लिए, आर्थिक दृष्टि से परेशान बहुजन समाज के लिए कुछ करने की लगन से तथा महाराष्ट्र में बहुसंख्य होनेवाले मराठा समाज की राष्ट्रीय स्वतंत्रता की आकांक्षा यथातथ्य ढंग से प्रतिबिम्बित होकर कार्यप्रवण बने, इस हेतु विट्ठल रामजी शिंदे को राजनीति में शरीक होना आवश्यक लगा।

1916 तक उन्होंने स्वयं को सक्रिय राजनीति से दूर ही रखा था। अब तक यद्यपि उन्होंने राजनीति में हिस्सा नहीं लिया था, लेकिन उनका राजनीतिक रवैया स्वतंत्र था और प्रसंगानुरूप (उदाहरण के तौर पर तिलक को सजा हुई, उस समय) वह व्यक्त हुए बिना रहा नहीं। राष्ट्रीय सभा की स्थापना हुई, तब से पहले दस साल राष्ट्रसभा पूरी तरह से ए.ओ. ह्यूम वेडरबर्न नामक सेवानिवृत्त अंग्रेज अधिकारी और न्यायमूर्ति रानडे, ना. गोखले, दादाभाई नौरोजी आदि नरम दल के नेताओं के अधीन थी। राष्ट्रसभा ने बीसवीं सदी के पहले दशक में ब्रिटिश साम्राज्य और हिन्दुस्तान की जनता के बीच कड़ी बनकर कार्य करने की भूमिका प्रधानता से निभाई। 1895 में पुणे में आयोजित राष्ट्रसभा के अधिवेशन से ही लोकमान्य तिलक ने राष्ट्रसभा के कार्य में सक्रिय सहभाग लेना आरम्भ किया और क्रमशः 1907 तक अर्थात् सूरत के अधिवेशन तक उनके नेतत्त्व से कांग्रेस में राष्ट्रवादी स्वतंत्र गरम दल असरदार रहा। 1895 के पुणे के अधिवेशन में विट्ठल रामजी शिंदे ने स्वयंसेवक का काम किया था। लोकमान्य तिलक की राजनीति का उग्र पैंतरा यद्यपि उन्हें मंजूर था, लेकिन सामाजिक सुधार को लेकर उनकी और उनके शिष्यों की टालमटोल उन्हें मंजूर नहीं थी। पुणे में राष्ट्रसभा के अधिवेशन में रेवरंड. जे.टी. संडरलैंड इनका यूनिटेरियन इस पाश्चात्य उदारवादी धर्मपंथ के बारे में सारगर्भित भाषण उन्हें सुनने को मिला। वे प्रार्थना समाज के नेताओं के सम्पर्क में भी आए। इन सभी के परिणाम से वे धार्मिक कार्य की ओर मुड़ गए। उसके बाद उनके कई साल धार्मिक शिक्षा और धर्म-प्रचार के कार्यों में ही बीत गए। इसीलिए उन्हें राजनीति में प्रत्यक्ष सहभाग लेने का अवसर नहीं मिला और उसकी उन्हें आवश्यकता भी महसूस नहीं हुई। 1903 के आखिर में वे मुम्बई प्रार्थना समाज के प्रचारक बने, तब से एकेश्वर धर्म परिषद् का वार्षिक अधिवेशन कांग्रेस को जोड़कर आयोजित करने के लिए और कांग्रेस अधिवेशन को जोड़कर होनेवाली सामाजिक परिषद् के अधिवेशन के लिए हर साल उपस्थित रहते थे, किन्तु 1916-17 तक उन्होंने अपनी राजनीतिक भूमिका का स्पष्ट उल्लेख नहीं किया है। इसका एक महत्त्वपूर्ण कारण यह हो सकता है कि अस्पृश्यता उन्मूलन कार्य के लिए उन्हें अंग्रेज सरकार की सहानुभूति आवश्यक लगती थी। उसी के साथ देशी नरेश, राजनीतिक उग्रवादी तथा नरम दल के नेताओं का सहयोग उन्हें आवश्यक लगता था और अपेक्षतया राजनीति से दूर रहकर इन सभी वर्ग के नेताओं का सहयोग और ब्रिटिश सरकार की सहानुभूति प्राप्त कर उन्होंने अस्पृश्यता उन्मूलन के कार्य की व्यापकता में काफी कामयाबी हासिल की थी, लेकिन सन् 1916-17 के आसपास राजनीतिक दृष्टि से तटस्थ रहने की बजाय उचित भूमिका लेकर राजनीतिक रुख लेना अस्पृश्यता उन्मूलन तथा बहुजन समाज के हित की दृष्टि से उन्हें आवश्यक लगने लगा, क्योंकि इस दौरान हिन्दुस्तान के सामाजिक प्रवाह में काफी हेर-फेर के साथ गतिमानता आई। विश्वयुद्ध शुरू होने से सरकार की भूमिका बदल गई। अंग्रेज सरकार ने ऐसी भूमिका ली कि प्रशासन में यहाँ की जनता का ज्यादा सहयोग मिले और उस दृष्टि से प्रशासन में सुधार सुझाए जाने लगे। भारतमंत्री लॉर्ड मांटेग्यू ने ब्रिटिश सरकार की नई नीति को भी प्रस्तुत किया। यहाँ के लोगों को कानून-काउंसिल में ज्यादा-से-ज्यादा प्रतिनिधित्व मिलनेवाला है, यह स्पष्ट होने

के बाद समाज के अलग-अलग स्तरों से प्रत्येक जाति के लिए प्रतिनिधित्व की माँग प्रबलता से सामने आने लगी। राजनीति का जीवन के अन्य आयामों पर असर पड़ना भी स्वाभाविक था। भारतीय राजनीति के इस परिवर्तित चित्र पर गौर कर अपने तत्त्व के अनुरूप, विशेषत: बहुजन समाज और 'अस्पृश्य वर्ग का अन्तिम हित' सामने रखकर विट्ठल रामजी ने राजनीति में क्रियाशील होना तय किया।

वस्तुत: शिंदे की भूमिका के अनुसार समाज कार्य, राजनीति, अर्थनीति—ये जनता के हित की दृष्टि से अलग-अलग अंग थे ही नहीं। उनकी यह भूमिका थी कि इन सभी का समग्रता से विचार करने पर सही लोककल्याण हो सकता है। उनकी यह भूमिका राजा राममोहन राय के व्यक्तित्व का उन्होंने जो आकलन किया, उससे प्रकट होती दिखाई देती है। राजा राममोहन राय के सम्बन्ध में उन्होंने कहा है, "उनका धर्म यानी केवल एक मत अथवा मनोवृत्ति नहीं, तो साक्षात् जीवन ही था और वह जीवन भी समग्र होता था। राजनीति और आर्थिक अभ्युदय, धर्म सुधार और समाज-सुधार—इनके लिए उनका जीना, उनकी कोशिश आजीवन रही।"[1] वृत्ति की यह व्यापकता शिंदे की दृष्टि से जीवन के बारे में समग्र सोच थी। इसी कारण उन्होंने अपने जीवन में इन विभिन्न अंगों को महत्त्व देकर आवश्यकता के अनुसार कार्य किया है।

राष्ट्रीय स्तर पर कांग्रेस में आया परिवर्तन और महाराष्ट्र की सामाजिक और राजनीतिक परिस्थिति, इन दो घटनाओं के परिप्रेक्ष्य में विट्ठल रामजी शिंदे ने राजनीति में लिए सहभाग का विचार करना होगा। हिन्दुस्तान में 1885 के अन्त में राष्ट्रसभा की स्थापना हुई। इसके लिए ए.ओ. ह्यूम जैसे निवृत्त अंग्रेज अधिकारी ने पहल की थी। ह्यूम, वेडरबर्न और हेनरी कॉटन जैसे निवृत्त अंग्रेज अधिकारी और दादाभाई नौरोजी, न्यायमूर्ति रानडे, उमेशचन्द्र, सुरेन्द्रनाथ बैनर्जी, न्यायाधीश तैलंग आदि हिन्दी राष्ट्रीय नेताओं के सहयोग से कांग्रेस की स्थापना हुई और यह स्थापना करते समय साम्राज्य निष्ठा के आधार पर, वैध आन्दोलन के आधार पर हिन्दुस्तान को ज्यादा-से-ज्यादा सुविधा दिलाकर यहाँ के लोगों का मंगल हो, यही उसका उद्देश्य था। अंग्रेज सरकार का राज यह हिन्दुस्तान को मिली दैवी देन है और वह चिरंजीव है, यह इस मंडली की राय थी और अंग्रेज सरकार के स्थायी रहने में हिन्दुस्तान का कल्याण है, ऐसी उनकी प्रामाणिक श्रद्धा थी। हिन्दुस्तान की पूर्ण स्वतंत्रता का विचार इन नेताओं को सपने में भी नहीं था। ब्रिटिश साम्राज्य की छत्रच्छाया में स्वराज्य प्राप्त करने के लिए उचित कोशिश की जाए, इस माँग तक ही अगले दो दशकों में प्रगति हुई। आरम्भ में कांग्रेस की मात्र यही आकांक्षा थी कि हिन्दुस्तानी जनता की मुश्किलें ब्रिटिश साम्राज्य तक पहुँचाए और उन्हें दूर कर यहाँ की जनता का जीवन उन्नत करे। इसी कारण आरम्भ के दशक में राष्ट्रसभा का स्वाभाविकत: अर्ज-विनती की राजनीति पर ही बल था। 1895 के बाद लोकमान्य तिलक ने कांग्रेस में प्रवेश किया और कांग्रेस की राजनीति में परिवर्तन शुरू हुआ। तिलक का पैंतरा नरम नेताओं से अलग था। 1895 में न्यायमूर्ति रानडे और उनके अनुयायियों को लोकमान्य तिलक ने सार्वजनिक सभा के चुनाव में हराकर वहाँ पर अपना प्रभुत्व प्रस्थापित किया। 1896 और 1897 में अकाल और महामारी ने महाराष्ट्र में बावेला मचाया था। महामारी के इन्तजाम को लेकर अंग्रेज सैनिकों ने जो अन्याय पुणे के नागरिकों पर किया, उसके विरुद्ध लोकमान्य तिलक ने आवाज उठाई। सार्वजनिक सभा की ओर से आयोजित अकाल पीड़ितों की सभा में अच्युत सीताराम साठे ने 'फसल डूबी है तो सरकार को लगान मत देना' ऐसी सलाह सरकारी अधिकारियों और पुलिस, इनकी उपस्थिति में ही दे दी। तिलक के कांग्रेस प्रवेश से पहली बार सरकार के विरुद्ध पैंतरा अपनाया। सन् 1905 में तिलक ने बंगाल जैसा स्वदेशी का स्वीकार और विदेशी माल पर बायकॉट आदि आन्दोलन महाराष्ट्र में भी शुरू किया और इसका लोकमानस पर बड़ा असर हुआ। तिलक के साथ ही कांग्रेस में बिपिनचन्द्र पाल, लाला लाजपतराय आदि उग्रवादी नेता थे और उनका गुट कांग्रेस में प्रभावी रहा। सूरत के अधिवेशन में उग्रवादी और नरम दल, ऐसे दो स्पष्ट गुट एक-दूसरे के विपक्ष में खड़े रहे और उनमें दंगे तक की नौबत आ गई। तिलक के इस राजनीतिक पैंतरे पर अंग्रेज सरकार भी क्रोधित हुई थी। रैंड और आयर्स्ट जैसे ब्रिटिश अधिकारियों की हत्या करनेवाले क्रान्तिकारियों को भी तिलक का समर्थन होगा, ऐसा सन्देह अंग्रेज सरकार को था, लेकिन किसी भी प्रकार का सबूत न मिलने के कारण अंग्रेज अधिकारी तिलक पर मुकदमा दायर नहीं कर सकते थे। अन्ततः मद्यपान विरोधी आन्दोलन में तिलक के सहभाग पर आपत्ति उठाकर 22 जुलाई, 1908 को उन्हें छह साल की सजा सुनाई गई और 17 जून, 1914 को उनकी रिहाई हुई।

सन् 1908 से 1913 तक राष्ट्रसभा के अधिवेशन में प्रतिनिधियों की उपस्थिति कम रही। कांग्रेस के कार्य की गति धीमी पड़ गई थी, किन्तु लोकमान्य तिलक की जेल से रिहाई के बाद माहौल फिर से बदला। कुछ ही दिनों में अर्थात् 4 अगस्त, 1914 को इंग्लैंड ने जर्मन के विरुद्ध युद्ध पुकारा। सभी गरम, नरम नेताओं ने युद्ध में अंग्रेजों की सहायता करने की भूमिका अपनाई। तिलक ने 'होमरूल' स्वराज्य का आन्दोलन शुरू किया। युद्ध के कारण अंग्रेज सरकार का हिन्दुस्तान की जनता और नेताओं की ओर देखने का दृष्टिकोण थोड़ा-बहुत बदला। नेताओं को लगा कि अंग्रेज सरकार हिन्दी लोगों को ज्यादा-से-ज्यादा सहूलियत देगी। इसका स्वाभाविक असर 1916 के लखनऊ के राष्ट्रसभा के अधिवेशन में दिखाई दिया। तिलक के नेतृत्त्व में कांग्रेस और लीग, इनके बीच एक सन्धि हुई। इधर के पाँच-दस सालों में बहुत-से मुस्लिम युवक अंग्रेज सरकार के विपक्ष में गए थे। हिन्दू के साथ मुस्लिमों को भी यह एहसास हो रहा था कि अंग्रेज सरकार की नीति 'तोड़ो और फूट डालो' इस स्वरूप की है तथा हिन्दू और मुस्लिम जनता की शक्ति कम करने का सरकार का मकसद है। अली बन्धु और उनके विचारों का समर्थन करनेवाले अन्य मुस्लिम नेताओं का लीग में एक बड़ा गुट कांग्रेस से गठबन्धन करने के लिए तैयार हुआ था। हिन्दू और मुस्लिम एकता के बिना स्वराज्य का सवाल हल नहीं होगा, यह जानकर तिलक ने बैरिस्टर मुहम्मद अली जिन्ना जैसे युवा राष्ट्रवादी मुस्लिम नेता के सहयोग से लखनऊ सन्धि करवाई थी। इस सन्धि के अनुसार प्रत्येक जाति के लिए प्रतिनिधि संख्या का तत्त्व हिन्दू मुसलमानों के सन्दर्भ में मंजूर किया था और मुसलमानों को थोड़ी ज्यादा जगह देने की उदारता तिलक ने दिखाई थी। इसके बाद तिलक केवल हिन्दू के नेता न रहकर मुसलमान मंडली भी उनकी ओर आदर से और नेता के रूप में देखने लगी। इन सारी राजनीतिक घटनाओं का नतीजा हिन्दुस्तान में बड़ी मात्रा में राजनीतिक जागृति होने में हुआ और लोगों के मन में स्वराज्य की आकांक्षा पैदा हुई। अंग्रेज सरकार की ओर से हमें स्वराज्य का अधिकार प्राप्त करना हो तो आपस में एकता होना अत्यन्त महत्त्वपूर्ण है, ऐसा एहसास सभी समझदार भारतीयों में निर्मित हुआ।

1915-16 तक राष्ट्रीय स्तर पर राजनीति का चित्र इस तरह परिवर्तित हुआ था, लेकिन महाराष्ट्र के राजनीतिक माहौल में अलग ही दिशा में परिवर्तन हो रहा था। कोल्हापुर की गद्दी पर श्रीमन्त शाहू छत्रपति विराजमान थे। समझ आने के बाद वे जब रियासत का कारोबार देखने लगे तो उन्होंने रियासत में राज-कारोबार का अलग ही चित्र पाया। कुल लोकसंख्या में ब्राह्मणों की संख्या कम थी, लेकिन नौकरी के महत्त्वपूर्ण पदों पर ज्यादातर ब्राह्मण वर्ग ही था। सरकारी खर्चे से चलाए जानेवाले राजाराम कॉलेज में प्रधानत: प्राध्यापक भी ब्राह्मण और अध्ययन का लाभ लेनेवाले छात्र ब्राह्मण ही रहते थे। सरकारी खर्चे से चलाए जानेवाले बोर्डिंग में भी प्रधानत: ब्राह्मण छात्रों की ही भर्ती की जाती थी, ऐसा भी चित्र उन्हें दिखाई दिया कि ब्राह्मण व्यक्ति बहुजन समाज के उम्र से, ज्ञान से और प्रतिष्ठा से श्रेष्ठ होनेवाले व्यक्तियों से 'तू' की और अपमानकारक भाषा में बर्ताव करते हैं। समग्रत: उन्होंने पाया कि ब्राह्मण वर्ग की बहुजन समाज की ओर देखने की वृत्ति तुच्छता की और अपमानास्पद है। इतना ही नहीं तो इस वृत्ति का स्वयं उन्हें अनुभव हुआ। उनके वेतनभोगी उपाध्याय ने "शूद्र होने के कारण वेदोक्त मंत्र सुनने का आपको अधिकार नहीं, इसलिए मैं केवल पुराणोक्त मंत्र ही कहूँगा," ऐसा निर्भयता से उन्हें कहा। इसी से पूरे महाराष्ट्र में यह उद्वेग सुलग उठा। वह 'वेदोक्त प्रकरण' सर्वज्ञात है। इस निमित्त से सामाजिकता का उद्वेगजनक दर्शन भी हुआ। केवल प्रस्थापित वर्ग ने ही नहीं तो लोकमान्य तिलक जैसे नेता ने भी 1905 में वेदोक्त प्रकरण में शाहू महाराज के विपक्ष में ब्राह्मण उपाध्याय का पक्ष लिया। इस घटना की प्रतिध्वनि पूरे महाराष्ट्र में गूँज उठी। संकीर्ण ब्राह्मणी स्वभाव के विरोध में सत्यशोधक मंडली अपनी तेज प्रतिक्रिया प्रकट करने लगी। शाहू छात्रपति ने सत्यशोधक समाज की मंडली का ब्राह्मण विरोध न बढ़े, इस दृष्टि से प्रोत्साहन भी दिया। शाहू छत्रपति इस सन्दर्भ में विशेष क्रियाशील हुए। वेदोक्त प्रकरण से सामाजिक-राजनीतिक स्तर पर दो गुट स्पष्ट रूप में दिखाई देने लगे। एक, बहुजन समाज का समर्थन करनेवाला सत्यशोधक समाज और दूसरा, उनके विपक्ष में रहनेवाला परम्परावादी कर्मठ ब्राह्मणों का वर्ग। राजनीतिक स्तर पर तिलक स्वराज्यवादी पक्ष के थे। अंग्रेजों से हमें हमारी स्वतंत्रता वापस लेना चाहिए, ऐसी उनकी राजनीतिक विचार प्रणाली थी, किन्तु सामाजिक स्तर पर वे सनातनी ब्राह्मण धर्म का श्रेष्ठत्व मानकर उनका समर्थन करनेवालों में से थे। ब्राह्मणेतर वर्ग और शाहू महाराज जैसे नेताओं को ऐसा लगता था कि फौरन स्वतंत्रता मिलेगी तो दुबारा पेशवाई जैसा ब्राह्मणी प्रभुत्व प्रस्थापित होगा और यह स्वतंत्रता बहुजन समाज या ब्राह्मणेतर समाज के हित में नहीं होगी। इसीलिए ब्राह्मणेतर मंडली को ब्रिटिशों का पक्ष लेना अधिक संगत लगता था। अंग्रेजी सत्ता में ब्राह्मणेतरों की

स्थिति में कुछ अच्छा बदलाव आया था। इसलिए अपनी नीति अंग्रेजी सत्ता के अनुकूल हो, ऐसी ब्राह्मणेतर मंडली की राजनीतिक भूमिका थी।

वास्तव में सन् 1905 के दौरान लोकमान्य तिलक की जो परम्परावादी भूमिका थी, वह 1916 में नहीं रही थी। भारतीय स्तर की राजनीति काफी परिवर्तित हुई थी। मुसलमानों का सहयोग करें और हिन्दुस्तान की प्रजा में राजनीतिक जागृति लाएँ तथा उन्हें स्वतंत्रता के अनुकूल बनाया जाए, यहाँ तक तिलक के विचार का विकास हुआ था, किन्तु महाराष्ट्र में तिलक विरोधी माहौल यथावत् था। राष्ट्रीय आन्दोलन में सक्रिय ब्राह्मण नेता ऐसा मानते थे कि ब्राह्मणेतर और उसमें प्रमुखत: होनेवाला मराठा वर्ग स्वतंत्रता के विपक्ष में है। अंग्रेजों की सत्ता यहाँ बनी रहे, ऐसी राय का यह वर्ग है।

विट्ठल रामजी शिंदे को मराठा समाज के प्रति होनेवाली यह राय उचित नहीं लगती थी और अंग्रेजी सत्ता के अनुकूल अगर एकाध गुट मराठा जाति में होगा तो उनकी भूमिका में बदलाव लाना उन्हें आवश्यक लगता था। इसलिए मराठा वर्ग की भूमिका अन्य समाज के सामने रखना और अंग्रेजों के अनुकूल रहनेवाली मंडली के स्वभाव में परिवर्तन लाना, यह बदले हुए माहौल में शिंदे को बहुत ही आवश्यक लगने लगा।

राष्ट्रीय एकता की आवश्यकता जिस समय अत्यावश्यक बन गई थी, उस समय ब्राह्मणेतर जातियों को इकट्ठा करने की कोशिश हो रही है, यह दृश्य शिंदे को अत्यन्त गलत लग रहा था। ब्राह्मणेतर लोगों का इकट्ठा आकर उनका संगठन निर्मित होना, यह उन्हें सर्वथा अनिष्ट लगा। शिंदे को मिशन के अनुरोध से अस्पृश्यों के सन्दर्भ में सोचना आवश्यक था। साथ ही, उन्हें लगता था कि बहुसंख्य होनेवाला मराठा समाज महाराष्ट्र की रीढ़ की हड्डी है। मराठा समाज के प्रति उनकी स्वाभाविक आस्था थी और उसी परिप्रेक्ष्य में सोचना उन्हें आवश्यक लगता था। उन्हें ऐसा लगता था कि पूरे राष्ट्र में जिस समय एकता आवश्यक है, उस समय ब्राह्मणेतर विवाद सिर ऊपर न उठाए। इसी दौरान वे मिशन के कार्य के लिए अमरावती गए। तब मिशन की स्थानीय कमेटी ने एक जाहिर सभा आयोजित की और शिंदे को अपनी भूमिका स्पष्ट करने की विनती की। इस सभा में उन्होंने कहा, "यह जो नया ब्राह्मणेतर वाद निर्मित हो रहा है, वह हमारी एकता के लिए अत्यन्त हानिकारक हो सकता है। यदि वह ढंग से नहीं चलाया गया तो दोनों के झगड़े में तीसरे का लाभ हो सकता है। अस्पृश्यों में अभी तक ठीक तरह से जागृति न होने से वे गुमराह हो सकते हैं।"[2] इस समय ब्राह्मणेतर पक्ष संगठित नहीं हुआ था। यह नाम तक उस समय सामने नहीं आया था। इस नए वाद का समाचार भी लोगों तक नहीं पहुँचा था। इससे शिंदे द्वारा प्रस्तुत विचार कुछ लोगों को नए तो कुछ लोगों को असंगत लगे। कुछेक ने तो यह सन्देह भी प्रस्तुत किया कि जान-बूझकर विवाद खड़ा करने की आवश्यकता है, किन्तु शिंदे को भविष्य की आहट लगी थी, जो आगे की घटनाओं से स्पष्ट होता है।

विट्ठल रामजी शिंदे पुणे वापस आए तो जेधे मैंशन में शिवाजी उत्सव की पूर्व तैयारी के लिए एक सभा का आयोजन किया था। इस सभा में शिवाजी उत्सव राष्ट्रीय स्तर पर कैसे मनाया जाए, इस पर भाषण देने का आमंत्रण शिंदे को दिया गया था। अण्णासाहब ने सभा में अपनी भूमिका स्पष्ट की। महाराष्ट्र में मराठा समाज बहुसंख्य होकर महाराष्ट्र के रीढ़ की हड्डी जैसा है। अत: एक ओर इस समाज में जागृति होनी ही चाहिए, लेकिन उसके कारण महाराष्ट्र में फूट न पड़े। उल्टे, ब्राह्मण से लेकर अस्पृश्यों तक यह जागृति और एकता पहुँच जाए और उसके लिए मराठों ने जाग्रत होना ज्यादा आवश्यक है, इस प्रकार के विचार उन्होंने प्रस्तुत किए। उनके द्वारा प्रस्तुत विचार से ही आगे चलकर 'मराठा राष्ट्रीय संघ' नामक संस्था की स्थापना हुई। 1917 साल के अक्टूबर मास तक हिन्दुस्तान की राजनीति में मराठा समाज के देशी नरेशों से लेकर आम आंदमी तक कोई अधिक सक्रिय नहीं रहा। जो सक्रियता थी, वह केवल शिक्षा के क्षेत्र में ही। शिक्षा के सिवा राजनीति और अन्य क्षेत्र में भी मराठा समाज की सक्रियता आवश्यक लगने से 'मराठा राष्ट्रीय संघ' की स्थापना का विचार सामने आया। इस सन्दर्भ की भूमिका एक पत्रक द्वारा इस तरह प्रकट की गई :

"आजकल अपने देश में जोर-शोर से जो राष्ट्रीय सुधार का आन्दोलन शुरू है, उसकी वजह से छोटे-बड़े समाज में अच्छी जागृति हुई है। अपने महाराष्ट्र में केवल संख्या की दृष्टि से ही नहीं तो अन्य अनेक कारणों से मराठा समाज एक प्रमुख समाज है। इतिहास बताता है कि पूर्व काल में तो यह समाज पूरे महाराष्ट्र का पालनहार था। आज भी खेती, चपरासी और मिल के कष्टप्रद कार्य आदि दृष्टि से देश के पोषण की ही नहीं तो उसकी रक्षा की भी मुख्य

जिम्मेदारी इसी इतिहास प्रसिद्ध समाज पर है और यह जिम्मेदारी पूरी करने में, ब्रिटिश साम्राज्य की सुरक्षा के कार्य में भी मराठों ने पीछे न हटकर अपना खून बहाकर सक्रिय राजनिष्ठा प्रकट की है। ऐसे में आज कल की आपातकालीन स्थिति में मराठों ने सर्वसाधारण राष्ट्रीय घटनाओं से उदासीन अथवा बेखबर रहना बिलकुल ठीक नहीं। इतना ही नहीं तो मराठों के जो विशेष हित सम्बन्ध, आवश्यकताएँ, मुश्किलें होगीं, उनका उज्ज्वल एहसास उनमें होना यह केवल उन्हीं के नहीं तो पूरे राष्ट्र के हित में है क्योंकि ऊपर निर्दिष्ट उनकी राष्ट्रीय जिम्मेदारी से उनके हित सम्बन्ध यह भी पर्याय से राष्ट्र के ही हित सम्बन्ध हैं, ऐसा दिखाई देता है।" इस भूमिका के अनुसार पुणे के प्रमुख मराठा सज्जन गोविन्द कृष्णाजी बोत्रे, त्र्यम्बक हरी आवटे, काशीनाथ ठकुजी जाधव और नरहर गोविन्द शिंदे आदि मान्यवरों ने 26 अक्टूबर, 1917 को पुणे के मराठों की सभा आयोजित कर सर्वानुमति से हिन्दी राष्ट्रीय सभा के अनुकूल संघ की नीति तय करके अगला कार्यक्रम निश्चित करने के लिए एक 'प्रोविजनल कमेटी' स्थापित की और संघ के पहले कार्य के रूप में हिन्दी राष्ट्रीय सभा और मुस्लिम लीग ने लखनऊ के अधिवेशन में जो स्वराज्य की योजना तय की थी, उसे समर्थन देने के लिए पुणे शहर, लश्कर और आसपास रहनेवाले सभी जाति-धर्म और पंथ के लोगों की एक जाहिर सभा का आयोजन किया जाए, ऐसा तय हुआ।[3] इस विचार के अनुसार गुरुवार दिनांक 8 नवम्बर, को शनिवारबाड़ा के मैदान में सभा हुई। इस सभा में दस हजार लोगों का प्रचंड समूह उपस्थित था। इस सभा का 'ज्ञानप्रकाश' में इस प्रकार विवरण छपा था :

"गुरुवार तारीख 8 को शाम को यहाँ के मराठा संघ के नेतृत्व में शनिवारबाड़ा के दिल्ली दरवाजे के खुले मैदान में शहर के सभी जाति, धर्म और पंथ के लोगों की सभा का आयोजन हुआ था। इस सभा का उद्देश्य लखनऊ की राष्ट्रीय सभा में पारित स्वराज्य की योजना को समर्थन देना था। सभा में लगभग दस हजार लोगों का समूह उपस्थित होगा, ऐसा अन्दाजा है।"

विट्ठलराव शिंदे अध्यक्ष स्थान स्वीकार करें, ऐसी आवटे की सूचना को मा.ह. घोरपड़े का समर्थन मिलने पर अध्यक्ष ने कहा, "पिछले दो-तीन महीनों में आप में पिछड़े, प्रगतिशील ब्राह्मण और अब्राह्मण ऐसे गुट करने की कोशिश हो रही है। पिछड़े गुट में मराठों की गणना होने लगी और उनका स्वराज्य के लिए विरोध है, ऐसा भ्रम फैलाया जाने लगा है, किन्तु यथार्थ ऐसा नहीं है। जिन मराठों ने 200 साल पहले ही स्वराज्य स्थापित करके उसका लाभ उठाया, वे स्वराज्य माँगने को डरते हों, ऐसा कतई सम्भव नहीं। मराठों के सम्बन्ध में फैलाई इस विपरीत अफवाह की असत्यता सिद्ध करने के लिए और मराठा जाति के हित का रक्षण करने के लिए पिछले विजयादशमी के मुहुर्त पर शनिवारबाड़ा को गवाह मानकर पास में ही होनेवाले एक घर में मराठा संघ अस्तित्व में आया। यह सभा ही उसकी पहली कामयाबी है। "कई लोग कहते हैं कि मराठों के हित सम्बन्ध अलग हैं, किन्तु उनके हित सम्बन्ध अलग कैसे होंगे? पूरे महाराष्ट्र के जो हित सम्बन्ध हैं, वही मराठा जाति के हित सम्बन्ध हैं। स्वराज्य तो माँगना है, किन्तु उसमें हमारी जाति के स्वतंत्र प्रतिनिधि होने चाहिए, ऐसी सभी ने माँग करनी चाहिए अर्थात् देनेवालों और लेनेवालों, दोनों में भी हड़बड़ी मच जाए। एक आपत्ति यह भी है कि मराठों को स्वराज्य की समझ ही नहीं है, किन्तु उसमें कुछ तथ्य नहीं। हम में से ज्यादातर लोग अशिक्षित होकर भी वे स्वराज्य का अर्थ भलीभाँति जानते हैं। हमारे घर का प्रबन्ध हमें ही रखना होगा, यह न समझें, क्या वे इतने बेवकूफ हैं? कुछ दिन पहले इंग्लैंड में मांटेग्यू साहब ने कहा कि स्वराज्य की माँग जितने जोरों से होनी चाहिए, उतनी जोर से नहीं होती। यथार्थ में देखा जाए तो स्वराज्य की आस सभी को समान ही है। यह बार-बार बोलने का कार्य इस मराठा संघ से ही होगा।"

इस तरह अध्यक्ष ने मराठा संघ की स्थापना का उद्देश्य, मराठों की स्वराज्य सम्बन्धी आकांक्षा और प्रस्तुत सभा का प्रयोजन आदि विषय अपने भाषण में स्पष्ट किए। सभा का उद्देश्य लखनऊ कांग्रेस में पारित स्वराज्य के प्रस्ताव को समर्थन देना था। यह समर्थन सभी जाति, धर्म और पंथ का है, यह ढंग से प्रतिबिम्बित हो, इसलिए सभी जाति, धर्म और पंथ इस प्रस्ताव को समर्थन दे, इस प्रकार की योजना की गई थी। उसी प्रकार विधिमंडल में समाज में फूट पैदा करनेवाला प्रत्येक जाति के लिए प्रतिनिधित्व न हो, यह आयोजकों की इच्छा थी। वह भी सभा के द्वारा प्रकट हो और स्वराज्य को सभी जनता का सर्वसम्मति से समर्थन है, ऐसा बिम्बित करना यह भी उद्देश्य था। स्वराज्य को समर्थन देनेवाला उक्त प्रस्ताव आवटे ने सभा के सामने रखा और उसे अलग-अलग जातियों और संस्थाओं की ओर से अलग-अलग वक्ताओं ने समयोचित भाषण कर समर्थन दिया। समर्थन देनेवाले व्यक्ति निम्न प्रकार थे : नीलकंठराव

देशमुख, (सचिव, मराठा शिक्षण परिषद्), हनुमन्तराव देशमुख (मराठा), कृ.प्र. खाडिलकर (ब्राह्मण), मे. अहमदभाई शेख, अब्दुल अली (मुसलमान), लिम्बुतकर (सुनार), कांडिराम काशीराम (मातंग), लांडगे (मातंग), मारुतीराव खेडकर (बढ़ई), दयालराज (महानुभाव), बाबूराव आत्माराम और मालवदकर (दर्जी), य.ना. टिपणीस (कायस्थ प्रभु), बा.वा. शिंदे (माली), का.तु. लाड (बंजारा), लक्ष्मण विठू (चमार), मुरूडकर (चुडिहारा), पाताले (मराठा भ्रातृमंडल मुम्बई), विठोबा लक्ष्मय्या इराबत्ती (जुलाहा समाज, सोलापुर), बालकोबा कृष्णाजी (रामवंशीय), रामचन्द्र नारायण (अहीर), नथोबा (धोबी), सेठ कन्हैयालाल, गणपतराव भिंगारकर (वारकरी सम्प्रदाय)।

स्वराज्य के प्रस्ताव पर अन्त में लोकमान्य तिलक का भाषण हुआ। उन्होंने कहा, "जाति भेद के अनिष्ट तत्त्वों को नए-नए राज्य में मत पहुँचाना। अब हमें पहले वाला स्वराज्य नहीं तो पाश्चात्य ढंग का स्वराज्य चाहिए। हमारे जाति भेद के कारण ही यहाँ पर ब्रिटिश साम्राज्य स्थापित हुआ और यह जाति भेद ऐसे ही जारी रहा तो स्वराज्य में भी इसी प्रकार की अधोगति होगी। जाति भेद से हमारा बहुत नुकसान हुआ है। राष्ट्रीय सभा की माँग किसी भी एक जाति तक सीमित न होकर उसमें सभी जाति के सभी हित सम्बन्धों की हिफाजत होगी।" लोकमान्य तिलक के भाषण के बाद मंजूर हुआ प्रस्ताव राष्ट्रीय सभा की ओर और सरकारी अधिकारियों की ओर भेजने का अधिकार अध्यक्ष को दिया गया। अध्यक्ष के प्रति आभार प्रकट किए और सभा का विसर्जन हुआ।[1]

महाराष्ट्र की राजनीति में मराठा संघ द्वारा आयोजित इस सभा का ऐतिहासिक महत्त्व है। महत्त्वपूर्ण बात यह कि मराठा जाति के अधिकांश नेताओं का संभ्रम दूर कर स्वराज्य की माँग जोर से की जाए, इसके लिए मराठा मंडली के नेताओं की अनुकूलता बनाने में विट्ठल रामजी शिंदे बड़ी मात्रा में कामयाब हुए। इधर मराठा और ब्राह्मण या ब्राह्मणेतर और ब्राह्मण, इनमें जो गहरी दरार पैदा हुई थी, एक-दूसरे के लिए जो दूषित भाव निर्मित होकर अविश्वास का माहौल निर्मित हुआ था, उस पर प्रतिबन्ध लगा। मराठा समाज यह अंग्रेजों का समर्थक है, ऐसा जो माहौल निर्मित किया था, उस पर भी राष्ट्रीय मराठा संघ की स्थापना से और संघ द्वारा आयोजित सभा के कारण रोक लगी। मराठा समाज को, ब्राह्मणेतर समाज को राजनीति के स्वराज्यानुकूल राष्ट्रीय प्रवाह में लेने की प्रक्रिया को विट्ठल रामजी शिंदे की कोशिशों से आरम्भ हुआ। मराठा समाज, ब्राह्मणेतर समाज राजनीतिक दृष्टि से कभी कांग्रेस के नजदीक नहीं था। कांग्रेस के लखनऊ के स्वराज्य प्रस्ताव को समर्थन देकर मराठा समाज और कांग्रेस, इन दोनों में साहचर्य का इस सभा से आरम्भ हुआ।

26 अक्टूबर की प्रारम्भिक सभा में तय किया गया, उसके अनुसार 14 दिसम्बर, 1917 को बोत्रे-पाटील के घर में मराठा संघ की 'प्रोविजनल कमेटी' की सभा आयोजित हुई और संघ के नियमों का मसौदा तैयार किया गया। उसके अनुसार संघ की विधिवत् नियमावली बनाकर नया कार्यकारी मंडल चयन करने के लिए 16 दिसम्बर को सभा का आयोजन किया गया और राष्ट्रीय मराठा संघ की नियमावली विधिवत् मंजूर की गई।

एक तरफ राष्ट्रीय मराठा संघ जबरर्दस्त पहल कर रहा था कि तभी उसे विरोध करनेवाला दल अपना अस्तित्व दिखाने लगा और राष्ट्रीय मराठा संघ की निर्मिति से लेकर ही अल्प मात्रा में क्यों न हो, फूट दिखाई देने लगी। 8 नवम्बर को जिस समय शनिवारबाड़ा के सामने मराठा संघ ने सभी जातियों की प्रचंड सभा का आयोजन किया था, उसी समय रात 9 बजे जेधे मैंशन में कोलम्बो के नारायणराव पवार की अध्यक्षता में मराठा समाज की एक अलग सभा का आयोजन हुआ। इस सभा में 70-80 लोग उपस्थित थे। इस सभा में जो प्रस्ताव मंजूर किया गया, उसमें शनिवारबाड़ा के सामने आयोजित सभा के निमंत्रण पर कुछ लोगों के हस्ताक्षर बिना पूछे लिए गए, इस बारे में भी निषेध व्यक्त किया गया। इस प्रस्ताव से ही मराठा राष्ट्रीय संघ को लेकर विरोध की भूमिका स्पष्ट होती है। अन्य प्रस्तावों में राष्ट्रीय मराठा संघ की नीति के विरोध में प्रस्ताव मंजूर किए गए। मराठा समाज को प्रत्येक जाति के लिए चुनाव का हक देकर उनके प्रतिनिधि काउंसिल में आएँगे, ऐसी तजवीज की प्रार्थना एक प्रस्ताव के अनुसार की गई। अन्य प्रस्ताव भी मराठा जाति को सहूलियत मिलने के सन्दर्भ में ही थे। इस बैठक में बेलगाँव में होनेवाली मराठा परिषद् के लिए सात प्रतिनिधियों का चयन किया गया।

इन दो सभाओं के कारण पुणे में मराठा समाज में दो गुट बने और अगले दस-बारह वर्ष तक वे बने रहे। पहला दल 'राष्ट्रीय मराठा' नाम से तो दूसरा 'सत्यशोधक मराठा' नाम से पहचाना जाने लगा। पहले दल की दो परिषदें बेलगाँव और वर्धा में तो दूसरे दल की मुम्बई और पुणे में अगले दो सालों में सम्पन्न हुईं।

1917 के नवम्बर मास में अमरावती के बैरिस्टर रामराव देशमुख की अध्यक्षता में 'अखिल भारतीय मराठा परिषद्' का अधिवेशन आयोजित हुआ। इस अधिवेशन में मराठा राष्ट्रीय संघ की नीति को समर्थन दिया गया। कांग्रेस लीग के स्वराज्य के प्रस्ताव का समर्थन और प्रत्येक जाति के लिए प्रतिनिधियों के तत्त्व का विरोध करनेवाला प्रस्ताव मंजूर किया गया। इसकी प्रतिक्रिया के रूप में 25 नवम्बर, 1917 को नारायणराव पवार की अध्यक्षता में जेधे मैंशन में दूसरी सभा हुई और मराठों की दूसरी परिषद् का आयोजन करना तय हुआ। उसके अनुसार किर्लोस्कर थिएटर में परिषद् आयोजित कर प्रतिनिधित्व की माँग करनेवाला प्रस्ताव पारित किया गया। इस तरह मराठों में बने दो गुटों का विरोधी स्वरूप अधिक व्यापक यानी प्रान्तीय बना। राष्ट्रवादी विचार के अखिल भारतीय मराठा परिषद् के तीन अधिवेशन हुए। इसका तीसरा अधिवेशन मुम्बई में खासे साहब जाधव की अध्यक्षता में हुआ और परिषद् बन्द हो गई। प्रत्येक जाति के लिए प्रतिनिधित्व माँगनेवाले परिषद् में भास्करराव जाधव शामिल हुए। 'ऑल इंडिया मराठा लीग' नाम से नया दल अस्तित्त्व में आया, किन्तु पुणे के विजयानन्द थिएटर में आयोजित तीसरी परिषद् के बाद यह परिषद् और मराठा लीग बन्द हुई। इन दोनों दल का कार्य 1921 से पूरी तरह से बन्द हुआ। पहला दल कांग्रेस में विलीन हुआ और दूसरा दल ब्राह्मणेतर दल में शामिल हुआ।

राष्ट्रसभा के विपक्ष में ब्राह्मणेतर दल आगे चलकर विरोधी भूमिका लेता रहा, लेकिन बोत्रे, आवटे, केशवराव जेधे जैसे मराठा वर्ग के कर्तृत्ववान नेताओं को कांग्रेस की राजनीति की ओर आकर्षित करने के लिए मराठा राष्ट्रीय संघ कारक बना। महाराष्ट्र की राजनीति को विट्ठल रामजी शिंदे ने दिया हुआ मोड़ राष्ट्रीय दृष्टि से महत्त्वपूर्ण साबित हुआ।

सन्दर्भ

1. वि.रा. शिंदे, *लेख, व्याख्याने व उपदेश,* पृ. 155
2. वि.रा. शिंदे, *माझ्या आठवणी व अनुभव,* पृ. 286
3. *राष्ट्रीय मराठा,* 4 जनवरी, 1927 से उद्धृत
4. *ज्ञानप्रकाश,* 10 नवम्बर, 1917, राष्ट्रीय मराठा, 4 जनवरी, 1927

अस्पृश्य वर्ग का विधिमंडल में प्रतिनिधित्व

1914 के अगस्त में इंग्लैंड का जर्मनी के साथ महायुद्ध शुरू हुआ। इस महायुद्ध का हिन्दुस्तान पर भी असर दिखाई देने लगा। ब्रिटिश सरकार को हिन्दुस्तानी लोगों की और परोक्ष रूप में नेताओं के सहयोग की आवश्यकता महसूस होने लगी। हिन्दुस्तान की प्रजा की ओर देखने का श्रेष्ठत्व का, अहं का दृष्टिकोण कम होने लगा। सरकार ने युद्ध में समाज के सभी स्तरों का सहयोग लेने की कोशिश शुरू की और लोकमान्य तिलक जैसे नेताओं ने भी सहयोग दिया। नेताओं ने जवानों से फौज में भर्ती होने का आह्वान किया।

अंग्रेज सरकार ने हरिजन आदि अस्पृश्य जाति को फौज में न लेने के फैसले पर पुनर्विचार कर अस्पृश्य वर्ग को फौज में भर्ती करने का फैसला लिया। डॉ. ऐनी बेसेंट, लोकमान्य तिलक ने इसी काल में 'होमरूल आन्दोलन' शुरू किया था। सरकार से सहयोग कर हिन्दुस्तान के लिए ज्यादा-से-ज्यादा राजनीतिक लाभ उठाने की भूमिका हिन्दुस्तान के नेताओं ने ली थी। राजनीतिक आकांक्षा कामयाब होने के लिए हिन्दू और मुसलमान, इनके बीच एकता स्थापित करना और वह है ऐसा दिखाना, यह कांग्रेस के नेताओं को आवश्यक लगता था। इसलिए 1916 में लखनऊ में हिन्दू-मुसलमान में विधिमंडल की जगह के सन्दर्भ में समझौता भी हुआ। हिन्दुस्तान को स्वराज्य चाहिए तो हिन्दू समाज को मुसलमानों से एकता स्थापित करना जिस तरह आवश्यक था, वैसे ही अस्पृश्य वर्ग पर होनेवाले जातिविषयक निर्बन्ध और बहिष्कार का जुल्म खत्म करके अस्पृश्य वर्ग की हिन्दू समाज के साथ एकता स्थापित करना आवश्यक था। हिन्दुस्तान के बदलते राजनीतिक माहौल को अंग्रेज सरकार ने समझ लिया था। अंग्रेज सरकार ने हिन्दुस्तान के लोगों को ज्यादा राजनीतिक हक देना तय किया तो वे हमें महायुद्ध में जी-जान से सहयोग करेंगे, यह ब्रिटिश कूटनीतिज्ञों ने जाना था। 20 अगस्त, 1917 को ब्रिटिश पार्लियामेंट में भारतमंत्री लॉर्ड एड्विन मांटेग्यू ने हिन्दुस्थान के लोगों को ज्यादा राजनीतिक अधिकार देने की घोषणा की।

हिन्दुस्तान की राजनीतिक परिस्थिति का निरीक्षण कर यहाँ की जनता की राय आजमाकर उन्हें कौन-से राजनीतिक अधिकार दिए जाएँ, इस बारे में विचार करने के मकसद से भारतमंत्री लॉर्ड मांटेग्यू हिन्दुस्तान के दौरे पर आए। वायसरॉय लॉर्ड चेम्सफोर्ड के साथ उन्होंने हिन्दुस्तान का दौरा किया। यह दौरा खत्म कर उनके इंग्लैंड जाने के बाद ब्रिटिश पार्लियामेंट ने लॉर्ड साऊथबरो की अध्यक्षता में रिफॉर्म्स कमेटी (फ्रेंचाइज) की नियुक्ति करके उसे हिन्दुस्तान भेजा। हिन्दुस्तान के विभिन्न प्रान्तों में विधि काउंसिल में प्रतिनिधि भेजने के लिए प्रतिनिधित्व का स्वरूप कैसा होना चाहिए, कौन-सी चुनाव प्रणाली का आधार लिया जाए, इस बारे में सिफारिश करने का कार्य इस कमेटी के ऊपर सौंपा था। स्वाभाविकत: विभिन्न जातियों को प्रतिनिधित्व होना चाहिए क्या, और हो तो हर प्रान्त में उसका अनुपात कितना हो, प्रतिनिधि भेजने की पद्धति चुनाव की हो, नियुक्ति की हो या स्वीकार की हो—इस बारे में और उसके साथ चुनाव अर्हता के लिए व्यक्ति की आमदनी, शिक्षा आदि को लेकर कौन-सी शर्तें होनी चाहिए, इस सम्बन्ध में सिफारिशें करें, ऐसी इस कमेटी की ओर से उम्मीद थी।

साऊथबरो कमेटी ने हिन्दुस्तान के विभिन्न प्रान्तों के दौरे किए। विभिन्न संस्थाओं की ओर से निवेदन मँगवाया और महत्त्वपूर्ण व्यक्तियों, नेताओं की इस बारे में गवाही लेकर अपनी अन्तिम सिफारिशें सरकार को प्रस्तुत कीं। साऊथबरो कमेटी के सन्दर्भ में इस काल में विट्ठल रामजी शिंदे की अस्पृश्य वर्ग को लेकर होनेवाली भूमिका के सम्बन्ध में कुछ गलतफहमियाँ दिखाई देती हैं। शिंदे द्वारा लिखित रूप में दिया निवेदन और सीधे कमेटी के सामने दी गवाही का स्वरूप देखेंगे।

शिंदे का लिखित निवेदन इस प्रकार है : "आम चुनाव के लिए मतदान अर्हता के बारे में पुरुषों की वार्षिक आमदनी रुपए 300/- और वर्नाक्युलर फाइनल तक की शिक्षा, ये शर्तें चलेंगी, किन्तु अस्पृश्य वर्ग की निम्न अवस्था ध्यान में लेकर उनके लिए ये शर्तें शिथिल करें," ऐसा उन्होंने प्रतिपादन किया। और उन्होंने यह माँग की, "अस्पृश्य वर्ग के लिए वार्षिक आमदनी रुपए 144/- या मराठी चौथी कक्षा तक शिक्षा, इतनी ही शर्त मतदान अर्हता के लिए हो" बारह साल अर्थात् 'डिप्रेस्ड क्लासेज मिशन' के आरम्भ से लेकर सचिव होने तक का उल्लेख कर अस्पृश्यता का बन्धन कुछ शिथिल होने लगा है, यह उन्होंने दर्ज किया। आगे उन्होंने अपनी लिखित गवाही में ऐसा कहा है, "इस वर्ग के प्रतिनिधियों की प्रान्तिक विधि काउंसिल और स्थानीय स्वराज्य संस्था, इस पर उनके स्वतंत्र आरक्षित चुनाव क्षेत्र से उस जाति के प्रतिनिधियों का चयन किया तो वह उनकी दृष्टि से बहुत ही लाभप्रद रहेगा।" मुम्बई इलाके में विधि काउंसिल में 150 जगहें होंगी तो पाँच जगहें इस वर्ग के लिए आरक्षित होनी चाहिए। कर्नाटक, महाराष्ट्र, गुजरात, सिन्ध और मुम्बई शहर—इन पाँच विभागों में से पाँच प्रतिनिधियों का चयन हो। यह चयन अस्पृश्य माने गए वर्ग के प्रतिनिधियों के लिए तैयार किए उस वर्ग के निर्वाचन क्षेत्र में से किया जाए। इस प्रकार के स्वतंत्र आरक्षित निर्वाचन क्षेत्र निर्माण करना असम्भव नहीं, उलटे वह इस वर्ग की दृष्टि से लाभप्रद ही रहेगा। उसी के साथ उन्हें राजनीतिक शिक्षा मिलने की दृष्टि से साथ ही सामाजिक प्रगति के लिए वह अगला कदम होगा।"[1] लॉर्ड साऊथबरो की अध्यक्षता वाली फ्रेंचाइज कमेटी के सामने शिंदे ने 27 जनवरी, 1919 को प्रत्यक्ष गवाही दी। इसी दिन कमेटी ने बैरिस्टर मोहम्मद अली जिन्ना की अधूरी गवाही पूरी की। साथ ही डॉ. भीमराव आंबेडकर की भी गवाही ली।

कमेटी ने विट्ठल रामजी शिंदे को गवाही के लिए बुलाया था, तब उन्होंने मराठा ये पिछड़े हैं, यह मंजूर किया, किन्तु मराठों के लिए स्वतंत्र निर्वाचन क्षेत्र न रखे जाएँ, ऐसा कहकर केवल अस्पृश्यों के निर्वाचन क्षेत्र आरक्षित रखें, उनके साथ अन्य पिछड़ा वर्ग न जोड़ें, ऐसा स्पष्ट रूप से कहा। अस्पृश्य वर्ग के ज्यादा-से-ज्यादा लोगों को मतदान का अधिकार मिलने की दृष्टि से उनकी आमदनी की शर्त मासिक बारह रुपयों से अधिक न बढ़ाई जाए, ऐसा भी उन्होंने कहा। विधिमंडल में अपने वर्ग के हित बनाए रखने की दृष्टि से अस्पृश्य वर्ग के पात्र और अच्छे व्यक्ति मिलना मुश्किल नहीं होगा। इस वर्ग में एक बी.ए., एक एल.एल.ए.एम. एंड एस. और छह-सात मैट्रिक्युलेट व्यक्ति हैं। उन्होंने इसका भी जिक्र किया कि आवश्यक अंग्रेजी समझने की क्षमता ही विधि काउंसिल में जाने के लिए पर्याप्त हो सकती है। लिखित निवेदन में यद्यपि उन्होंने अस्पृश्य वर्ग के लिए पाँच जगहें माँगी थीं, लेकिन प्रत्यक्ष गवाही में उन्होंने कुल सात चुनाव क्षेत्र में नौ से कम जगहें न हों, ऐसा प्रतिपादित किया। अस्पृश्य वर्ग की संख्या 23,54,843 इतनी है, यह कहकर लोकसंख्या के अनुपात में नौ यह प्रतिनिधियों की संख्या उचित है, ऐसा प्रतिपादित किया।[2]

साऊथबरो कमेटी का जो वृत्तान्त प्रसिद्ध हुआ है, उसमें गवाही लिए व्यक्ति का मत ही दर्ज होता है। लिखा हुआ या पूछा गया सवाल उसमें दर्ज नहीं किया जाता। धारा 6768 में शिंदे का उत्तर इस प्रकार दर्ज किया है; "अस्पृश्य वर्ग के हित सम्बन्ध विभिन्न प्रकार के होने से उनका केवल एक प्रतिनिधि वह निभा नहीं सकता।"[3] शिंदे का इस अनुच्छेद में जो मत उद्धृत किया है, उससे ऐसा दिखाई देता है कि उन्हें विधि काउंसिल में "अस्पृश्य वर्ग का एक ही प्रतिनिधि पर्याप्त नहीं होगा क्या?" ऐसा प्रश्न पूछा गया होगा।

आगे साऊथबरो कमेटी ने शिंदे का मत अनुच्छेद क्रं. 6774 में दर्ज करते समय कहा है," वे पिछड़े वर्ग और दलित वर्ग, इनमें अन्तर करते हैं। उच्चवर्णीय हिन्दू की दृष्टि से पिछड़े वर्ग के लोग अस्पृश्य नहीं माने जाते तो दलित या निकृष्ट माने जानेवाले लोगों को उच्चवर्णीय हिन्दू स्पर्श नहीं करते। अस्पृश्य माने गए वर्ग के लिए स्वतंत्र, अलग चुनाव क्षेत्र की आवश्यकता उन्होंने प्रतिपादित की।" इसी धारा में आगे ऐसा कहा गया है कि "अगर विशेष चुनाव क्षेत्र इस वर्ग को दिया नहीं, तो अत्यन्त नाराजगी के साथ नियुक्ति-नॉमिनेशन की प्रणाली स्वीकारना उन्होंने मान्य किया।"[4]

इस धारा में शिंदे के मत का जो सारांश दिया है, उससे यह स्पष्ट होता है कि अस्पृश्य वर्ग के लिए स्वतंत्र चुनाव क्षेत्र हो, ऐसा उनका अनुरोध था। अन्य पिछड़े वर्गों के साथ अस्पृश्य वर्ग को जोड़ने को वे तैयार नहीं थे। कमेटी ने उन्हें अनुरोध करके ऐसा पूछा हुआ दिखाई देता है कि अस्पृश्य वर्ग को स्वतंत्र आरक्षित चुनाव-क्षेत्र न दिया जाए तो आप नियुक्ति-नॉमिनेशन की प्रणाली का स्वीकार करेंगे क्या? उस पर शिंदे ऐसी परिस्थिति में अत्यन्त नाराज होकर चयन की प्रणाली स्वीकारेंगे, ऐसा कहा हुआ दिखाई देता है। इस पर भी वे अस्पृश्य वर्ग के प्रतिनिधि की नियुक्ति

या नॉमिनेशन के द्वारा विधि काउंसिल में जगह देने के खिलाफ ही थे, ऐसा दिखाई देता है। अस्पृश्यों के ही स्वतंत्र चुनाव-क्षेत्र से उनका प्रतिनिधि निर्वाचित होकर जाना आवश्यक है, ऐसी उनकी पक्की राय थी। मराठा जाति या अन्य किसी भी जाति के लिए वे प्रत्येक जाति के लिए स्वतंत्र चुनाव-क्षेत्र के बारे में विचार नहीं करते। इसके अगले ही अनुच्छेद 6775 में इस कमेटी के सदस्य मि. हेली को शिंदे ने दी हुई जानकारी और राय दर्ज की है, वह इस तरह है : "अस्पृश्य वर्ग की स्वयं की संस्थाएँ हैं, किन्तु उनका स्वरूप राजनीतिक नहीं है। अभी-अभी उनके राजनीतिक संगठन का निर्माण होना आरम्भ हुआ है। चुनाव-क्षेत्र अगर उन्होंने मंजूर नहीं किए तो फिलहाल अस्तित्व में होनेवाली उस वर्ग के लोगों की संस्थाओं को ही चुनाव-क्षेत्र समझा जाए।"[5] इस अनुच्छेद से ऐसा दिखाई देता है कि मि. हेली ने शिंदे को अनुरोध करके पूछा कि अगर इस वर्ग को स्वतंत्र चुनाव-क्षेत्र दिया ही नहीं तो उनकी अस्तित्व में होनेवाली संस्थाओं को चुनाव-क्षेत्र कहकर आप स्वीकार करेंगे क्या? इस सवाल पर शिंदे द्वारा सहमति दर्शाई दिखाई देती है। यह तैयारी दिखाते समय उन्हें अपनी 'डिप्रेस्ड क्लासेज मिशन' यह संस्था अभिप्रेत नहीं, यह शिंदे के अस्पृश्य वर्गियों की स्वयं की ऐसी संस्थाएँ हैं, इस शब्द प्रयोग से स्पष्ट दिखाई देता है अन्यथा उनकी अनुरोधपूर्ण मूल माँग अस्पृश्य वर्ग के स्वतंत्र चुनाव-क्षेत्र की थी।

समग्रत: अस्पृश्य वर्ग को स्वतंत्र आरक्षित निर्वाचन क्षेत्र मंजूर करें, उनके प्रतिनिधियों की संख्या मुम्बई इलाके में नौ जितनी हो और मतदाता की अर्हता की शर्तें शिथिल कर मतदार संख्या बढ़ाई जाए, यह उनकी अनुरोधपूर्ण भूमिका थी, ऐसा दिखाई देता है।

शिंदे का लिखित निवेदन और कमेटी के सामने दी हुई गवाही पर गौर करें तो उनकी भूमिका अस्पृश्य वर्ग के हित में थी और साथ ही राजनीतिक परिवेश और यथार्थ का एहसास होनेवाली थी, ऐसा ही दिखाई देता है। शिंदे की अन्य जातियों के सन्दर्भ में प्रत्येक जाति के लिए प्रतिनिधित्व और चुनाव क्षेत्र न हो, यह स्पष्ट भूमिका थी। मराठा तथा अन्य जातियाँ पिछड़ी होने पर भी उनके लिए प्रत्येक जाति के लिए चुनाव क्षेत्र न हो, ऐसी ही भूमिका थी। इसका प्रमुख कारण यह था कि वे भेद नीति के खिलाफ और पर्याय से जाति की अलगता मानने के विरुद्ध थे। सभी जातियों में एकता हो और उनकी एक ही सामाजिक-राजनीतिक आकांक्षा हो, किन्तु अस्पृश्य वर्ग को उनके ऊपर सदियों से लादी हुई अस्पृश्यता के कारण जो निम्न दशा प्राप्त हुई थी, वह दूर करके उनका सुधार करने की उनकी नि:स्वार्थ भाव से कोशिश शुरू थी। अस्पृश्य वर्ग की शीघ्र प्रगति हो; उनके प्रश्न उनकी ही जाति के प्रतिनिधि विधिमंडल में प्रस्तुत करें, इसलिए शिंदे ने स्वयं की भूमिका को परे रखकर अस्पृश्यों के लिए स्वतंत्र चुनाव-क्षेत्र की अनुरोधपूर्वक माँग की।

शिंदे ने जिस तरह साऊथबरो कमीशन को निवेदन भेजा और गवाही दी, उसी तरह डॉ. बाबासाहब आंबेडकर ने उसी दिन अर्थात् 27 जनवरी, 1919 को गवाही दी। शिंदे ने अपने लिखित निवेदन में अस्पृश्य वर्ग के लिए मुम्बई इलाके में पाँच जगहों की माँग की थी। प्रत्यक्ष गवाही में वह बढ़ाकर अस्पृश्य वर्ग के लिए नौ जगहें मिलें, ऐसी माँग की। अन्य साधारण मतदारों की अर्हता की शर्तें अस्पृश्यों के लिए शिथिल करें, ऐसा भी उन्होंने प्रतिपादित किया। शिंदे द्वारा दी हुई गवाही के साथ तुलना करें तो दोनों की गवाहियों में अन्तर के बजाय साम्य ही दिखाई देता है। आंबेडकर ने भी अस्पृश्य वर्ग के लिए आरक्षित जगह की माँग की। उन्होंने अनुरोधपूर्वक यह कहा कि उनकी संख्या नौ हो, किन्तु मतदाताओं की अर्हता के सन्दर्भ में शिंदे ने मराठी चौथी तक की शिक्षा या वार्षिक 144 रुपए आमदनी, यह शर्त सूचित की थी। आंबेडकर ने अपनी गवाही में मतदान अर्हता की शर्त शिथिल करें, इतना ही कहा। मतदान करना यही अस्पृश्य वर्ग के लिए राजनीतिक शिक्षा हो सकती है, ऐसा उन्होंने दर्ज किया, किन्तु यह शर्त शिथिल करें यानी निश्चित कौन-सी पात्रता हो, यह उन्होंने स्पष्ट रूप में दर्ज नहीं किया।[6]

शिंदे ने मतदाताओं की अर्हता के सन्दर्भ में यथार्थवादी भूमिका ली थी, यह स्पष्ट होता है। शिंदे भलीभाँति यह जानते थे कि उनके लिए कुछ भी शर्तें न रखें, ऐसी माँग अंग्रेज सरकार से की जाए तो वह अनुचित रहेगी और सरकार वह कभी भी मंजूर नहीं करेगी। इसलिए अस्पृश्य वर्ग के चुनाव क्षेत्र की व्याप्ति बढ़े और सरकार द्वारा स्वीकारने की सम्भावना हो, ऐसी उस काल में उचित अर्हता की शर्त शिंदे ने सूचित की थी क्योंकि उस काल में स्त्रियों को मतदाता के रूप में स्वीकारने की सरकार की तैयारी नहीं थी। कमेटी के इस प्रतिवेदन में कौन-सा व्यक्ति मतदान के लिए अपात्र होगा, इसका निर्देश करते समय ऐसा कहा है कि किसी भी चुनाव में वह व्यक्ति मतदान करने हेतु पात्र

नहीं होगा : (अ.) अगर वह व्यक्ति स्त्री है, (ब.) अगर वह व्यक्ति 21 वर्ष से छोटा है। सरकार की इस विषय में यह ठोस भूमिका होने से और आम एहसास भी इस स्वरूप का होने से यथार्थ भूमिका लेना ही शिंदे को उचित लगा होगा। अस्पृश्य वर्ग को शिक्षा और आय, इसकी कोई भी शर्त न रखते हुए मतदान का अधिकार दिया जाए, ऐसी माँग की जाए तो अंग्रेज सरकार वह कतई मंजूर नहीं करती। इसलिए अर्हता की शर्त शिथिल करके इस वर्ग को ज्यादा-से-ज्यादा लाभ हो, ऐसी भूमिका शिंदे द्वारा ली हुई दिखाई देती है।

दूसरी बात यह कि प्रतिनिधियों की संख्या अगर सरकार मंजूर करे तो मतदारों की पात्रता की ये शर्तें होकर भी सूचित संख्या के प्रतिनिधि विधिमंडल में निर्वाचित होकर जाने में कोई विकल्प नहीं था। शिंदे ने अपनी गवाही में कहा कि उसके अनुसार ऐसे शिक्षित मतदानों की और उम्मीदवारों की संख्या निश्चित ही उपलब्ध होती। इसलिए शिंदे द्वारा सूचित पात्रता की शर्तों के बारे में आपत्ति उचित नहीं लगती।

साऊथबरो कमेटी के सामने शिंदे और आंबेडकर की तरह अन्य कई नेताओं और प्रतिष्ठित व्यक्तियों की भी गवाही हुई। इन मंडली ने अस्पृश्य वर्ग के प्रतिनिधियों की जो संख्या सूचित की, उसकी तुलना में शिंदे द्वारा सूचित संख्या उनके मन में अस्पृश्यों के लिए होनेवाली आस्था का ही प्रतीक है। 28 जनवरी, 1919 को रैंग्लर र.पु. परांजपे की गवाही हुई। उन्होंने अपनी गवाही में अस्पृश्य वर्ग के लिए दो जगहें सूचित कीं।[7] डेक्कन रैयत सभा के प्रतिनिधि के रूप में वालचन्द कोठारी ने गवाही देते हुए अस्पृश्य वर्ग के लिए दो जगहें सुझाई हैं।[8] तो डेक्कन सभा के प्रतिनिधि हरी नारायण आपटे ने दो जगहें सूचित कीं।[9] कमेटी गवाही लेते समय पिछले नेताओं की गवाही में व्यक्त मतों का और भूमिकाओं का सन्दर्भ मन में रखती थी, ऐसा अगली गवाही से स्पष्ट होता है क्योंकि शिंदे और आंबेडकर की गवाही 27 जनवरी को हुई। 28 तारीख को ह. ना. आपटे की गवाही लेते समय अस्पृश्य वर्ग के लिए नौ जगहें मुनासिब नहीं लगती हैं, ऐसा कहकर दो जगहें हों, ऐसा सूचित किया। एक जगह मात्र पर्याप्त नहीं होगी, ऐसा भी उन्होंने कहा। ये जगहें नियुक्ति द्वारा दी जाएँ, ऐसी राय भी उन्होंने दर्ज की। उन्होंने चुनाव का निर्देश नहीं किया है। न.चिं. केलकर ने अस्पृश्य वर्ग के लिए तीन जगहें हों, ऐसी सूचना दी।[10] बैरिस्टर जिन्ना ने अपनी गवाही में अस्पृश्यों के प्रतिनिधि की नियुक्ति हो, ऐसा कहा।[11]

सरकार ने लॉर्ड साऊथबरो के निर्देशन में इस समिति की नियुक्ति की। यह समिति अनेक नेताओं, मान्यवरों की गवाही लेती रही। उनकी राय की आजमाइश करती रही, यह भी सही है, किन्तु कुछ बातों को लेकर सरकार की भूमिका पहले से ही तय थी और कमेटी की अन्तिम सिफारिश पर सरकार की भूमिका का ही प्रभाव दिखाई देता है। 24 जनवरी, 1919 को साऊथबरो कमेटी ने नेता मंडली की गवाही लेने से पहले ही सरकार के प्रतिनिधि मि. एल. सी. क्रम्प, आई.सी.एस. की गवाही ली। क्रम्प ने यह भूमिका ली कि जातीय तत्त्वों का आधार केवल मुसलमानों के सन्दर्भ में ही लिया जाए। अस्पृश्य वर्ग के प्रतिनिधि नियुक्ति से ही भरे जाएँ। नियुक्ति का निर्णय सरकार स्वतंत्रता से ले सके, इसलिए उस वर्ग के संस्था की सलाह लेने के बारे में कोई भी ठोस स्वरूप का नियम न हो।[12]

कमेटी ने अपनी सिफारिश में ऐसा कहा है, "अस्पृश्य वर्ग के लिए किसी भी प्रकार के विशेष प्रतिनिधित्व की सिफारिश नहीं की जाती। यह वर्ग छोटा और बिखरा हुआ है और उनका सन्तोषप्रद मतदाता बनाना सम्भव नहीं होगा। उसके सिवा जानकार मतदाताओं का और पढ़े हुए उम्मीदवारों का चुनाव क्षेत्र निर्मित करना मुश्किल है। इसलिए इस वर्ग के बारे में नियुक्ति की पद्धति अपनाना ही उचित रहेगा।"[13] अन्ततः जो सरकार के मन में था, उसी के अनुरूप अस्पृश्य वर्ग के प्रतिनिधित्व के लिए साऊथबरो कमेटी ने भी सिफारिश की और सरकार ने भी उसी तरह निर्णय लिया। लखनऊ सन्धि के अनुरोध से मुसलमानों को अधिक लाभ देते हुए आरक्षित जगह दी गई। कमेटी ने अस्पृश्यों को पूरे हिन्दुस्तान में 791 जगहों में से 7 जगहों की सिफारिश की। (मद्रास 2, मुम्बई 1, संयुक्त प्रान्त 1, बिहार व उड़ीसा 1 और मध्यप्रान्त 1) अन्तिम निर्णय लेते समय हिन्दुस्तान सरकार ने अस्पृश्यों के बारे में औदार्य दिखाने के लिए 791 में से 22 जगहें देकर उसे नियुक्ति से भरना मंजूर किया। उसमें मुम्बई के हिस्से में दो जगहें आईं। ये जगहें भी नियुक्ति से भरने की भूमिका सरकार ने ली। सरकार ने अपनी नीति के अनुसार फैसला लिया। अस्पृश्य वर्ग के लिए मुम्बई इलाके में कितनी जगहें हों, मतदाता पात्रता की कसौटी क्या हो, इस पर उत्पन्न विवाद को इस तरह से सरकार ने निरर्थक साबित किया। अस्पृश्यों के प्रश्न को लेकर इस बेकार की बहस के कारण अस्पृश्य और सवर्ण समाज के नजदीक आने की प्रक्रिया में बाधा उत्पन्न हुई।

अन्त में, मुम्बई इलाके के लिए सरकार ने अस्पृश्य वर्ग के लिए दो जगहें देना तय कर वह नॉमिनेशन यानी नियुक्ति से भरने का निर्णय लिया। शिंदे के ऊपर टीका-टिप्पणी से हमला करनेवाले अस्पृश्यवर्गीय नेताओं ने सरकार के इस निर्णय पर एक शब्द से भी आपत्ति नहीं उठाई। यह बात जैसे आश्चर्यजनक है, वैसे ही शिंदे की आलोचना करनेवालों के उद्देश्य पर सूचकता से प्रकाश डालनेवाली है, ऐसा कहना पड़ेगा।

सन्दर्भ

1. *दि रिफॉर्म्स कमेटी (फ्रेंचाइज)* Vol. II सुपरिंटेंडेंट गर्वमेंट प्रिंटिंग प्रेस इंडिया, 1919, अनुच्छेद 6754-6755
2. वही, अनुच्छेद 6764-6765
3. वही, अनुच्छेद 6767-6768
4. वही, अनुच्छेद 6774
5. वही, अनुच्छेद 6775
6. *दि रिफॉर्म्स कमेटी (फ्रेंचाइज)* पूर्वोक्त, अनुच्छेद 6927
7. वही, अनुच्छेद 7140
8. वही, 28 जनवरी, 1919
9. वही, अनुच्छेद 7275
10. वही, अनुच्छेद 7336
11. वही, अनुच्छेद 6533
12. वही, अनुच्छेद 6533
13. वही, अनुच्छेद 6408

गलतफहमी का झंझट

साऊथबरो कमेटी के सामने विट्ठल रामजी शिंदे ने अस्पृश्य वर्ग के प्रतिनिधित्व के सम्बन्ध में जो गवाही दी, उसका विरोधाभास होकर उनके उद्देश्य पर ही व्यर्थ सन्देह किया गया। जो गलतफहमी 1919 के आरम्भ में निर्मित हुई, वह अस्सी साल बाद आज भी काफी मात्रा में बनी हुई है। यह बात वैयक्तिक रूप में शिंदे पर जिस प्रकार अन्याय करनेवाली है, उसी प्रकार सामाजिक इतिहास सही रूप में समझने में बाधा पहुँचानेवाली है। जिन्होंने अस्पृश्य वर्ग के सुधार के लिए असीम स्वार्थ त्याग करके, अस्पृश्य वर्ग की समग्र उन्नति करने की कोशिश की, उन पर जान से भी ज्यादा प्यार करके पूरे भारत में इस प्रश्न के लिए अपूर्व जागृति लाई गई कि वही मानो अस्पृश्य वर्ग के दुश्मन हैं, ऐसी एक अफवाह फैला दी गई। और इस बारे में यथार्थ क्या है, इसकी तहकीकात किए बिना शिंदे के बारे में पचहत्तर सालों से भी ज्यादा समय तक गलतफहमी बनाए रखी और उसको सहेजा गया। इसे वाकई महाराष्ट्र के सामाजिक जीवन की दुर्दैवी घटना कहना पड़ेगा। 'आत्मसमर्थन' करना जिन्हें 'बोझ' लगता[1], उस विट्ठल रामजी शिंदे ने उनके ऊपर के अन्य आरोपों का जिस प्रकार खंडन नहीं किया, उसी प्रकार इस गलतफहमी को दूर करने की भी कोशिश नहीं की। शिंदे के प्रति गलतफहमी पालनेवाले कुछ विचारक और लेखक तो शिंदे के प्रति अतीव आदर का भाव रखनेवाले हैं। ऐसे में उस गलतफहमी की परम्परा ढूँढ़कर उसका सुराग लगाना उद्बोधक साबित होगा।

हमने पहले देखा कि जिस दिन विट्ठल रामजी शिंदे की गवाही हुई, उसी दिन डॉ. आंबेडकर की भी गवाही हुई। कमेटी को पहले दिए लिखित निवेदन में आंबेडकर ने 'डिप्रेस्ड क्लास मिशन' के सन्दर्भ में आपत्ति उठाकर ऐसा कहा है, "अस्पृश्य वर्ग के प्रतिनिधित्व के विरोध में 'डिप्रेस्ड क्लास मिशन' की ओर से दूसरी एक योजना आगे लाई जा रही है। यह योजना स्वीकृति की (को-ऑप्शन की) योजना के रूप में पहचानी जाती है। विधिमंडल में चुनकर आए हुए सवर्ण प्रतिनिधियों ने अस्पृश्यवर्गीय प्रतिनिधि का चयन करना, ऐसा उसका स्वरूप है। अस्पृश्य वर्ग चिरन्तन काल तक दलित रहे, ऐसी ही व्यवस्था इस योजना द्वारा की गई। ऐसा लिखित गवाही में आंबेडकर ने दर्ज किया है।"[2]

फ्रेंचाइज कमेटी की ओर अनेक संस्थाओं के जो निवेदन आए थे, वे रिफॉर्म्स कमेटी के पहले विभाग में प्रस्तुत किए हैं। उसमें डी.सी. मिशन की ओर से पेश किया हुआ कोई निवेदन नहीं है। मिशन के अध्यक्ष चन्दावरकर और जनरल सचिव विट्ठल रामजी शिंदे ने अस्पृश्य वर्ग की राजनीतिक जागृति के लिए अनेक सभाएँ अलग-अलग स्थान पर लीं, किन्तु उसमें भी डी.सी. मिशन के निवेदन का निर्देश नहीं या ऐसी योजना का स्वीकार किया हुआ नहीं दिखाई देता है। आंबेडकर ने भी अपने लिखित निवेदन में निश्चयपूर्वक मिशन ने ही यह योजना पेश की है, ऐसा नहीं कहा है। तो केवल ऐसी योजना आजकल मिशन की ओर से आगे लाई जा रही है, ऐसा सन्दिग्ध विधान किया है। शायद आंबेडकर द्वारा यह विधान गलत सुनी-सुनाई जानकारी पर किए जाने की सम्भावना है, किन्तु उन्होंने इस मुद्दे पर कमीशन को दिए लिखित निवेदन में मिशन पर जोर से हमला किया और डी.सी. मिशन यह अस्पृश्य वर्ग की सही हितैषी नहीं है तो अस्पृश्य वर्ग को हमेशा सवर्णों की दासता में रखने का उनका इरादा है, ऐसा ही कमेटी के गले उतारने की कोशिश की हुई दिखाई देती है।

मिशन ने ऐसा कोई निवेदन दिया नहीं था। इसके अन्तर्गत सबूत शिंदे की लिखित या मौखिक गवाही में मिलता है। शिंदे की लिखित गवाही में तो हमने देखा कि अस्पृश्य वर्ग के लिए स्वतंत्र आरक्षित संघ हो, उन्हें पाँच जगहें दी जाएँ और मतदान अर्हता की शर्तें उनके लिए शिथिल की जाएँ, ऐसी माँग की हुई थी। उसमें स्वीकृति की पद्धति का दूर से भी निर्देश नहीं है। कमेटी ने शिंदे को प्रत्यक्ष गवाही के लिए बुलाया। कमेटी को उनकी भूमिका में कहीं

भी विसंगति नहीं दिखाई दी। कमेटी ने उनकी विसंगत भूमिका का कहीं भी न उल्लेख किया है न उन्हें इस बारे में प्रश्न पूछा है। इसका स्पष्ट अर्थ यह होता है कि मिशन की ओर से इस प्रकार की कोई भी योजना लिखित निवेदन में दर्ज नहीं थी और प्रत्यक्ष गवाही में भी ऐसी माँग नहीं की थी। मिशन की ओर से अलग निवेदन किया और शिंदे ने वैयक्तिक भूमिका लेकर अलग निवेदन किया, ऐसा भी नहीं था। शिंदे को प्रत्यक्ष बुलाकर उनकी जो पूछताछ की, उसके विवरण में कमेटी ने यह स्पष्ट दर्ज किया है, "वे ब्राह्म समाज के मिशनरी और 'डिप्रेस्ड क्लासेज मिशन' के जनरल सचिव थे। कमेटी के सामने वे जो उपस्थित रहे तो प्रमुखत: अस्पृश्य वर्ग की माँगों पर जोर देने के लिए।" इसके आगे कमेटी ने दर्ज किया है, "उनके लिखित निवेदन में उनका निजी नजरिया प्रतिबिम्बित हुआ है।"[3] इससे यह स्पष्ट होता है कि शिंदे द्वारा दिया हुआ निवेदन मिशन की ओर से ही दिया है। इसके अलावा मिशन की ओर से कोई निवेदन साऊथबरो कमेटी को नहीं दिया गया था और शिंदे के लिखित निवेदन में साथ ही मौखिक गवाही में डॉ. आंबेडकर कहते हैं, उसके जैसा स्वीकृति योजना का उल्लेख नहीं किया है अर्थात् डॉ. आंबेडकर ने मिशन पर और पर्याय से शिंदे पर स्वीकृत प्रणाली से अस्पृश्यों के प्रतिनिधि के चयन के सन्दर्भ में जो आपत्ति उठाई थी, वह पूरी तरह निराधार थी। आंबेडकर द्वारा मिशन पर उठाई गई आपत्ति सुनी-सुनाई बातों के आधार पर या आशंका के कारण हो सकती है। शिंदे द्वारा डी.सी. मिशन की स्थापना करके किया हुआ कार्य, हाल ही में मुम्बई में श्रीमन्त सयाजीराव गायकवाड़ की अध्यक्षता में 'अस्पृश्यता उन्मूलन परिषद्' का व्यापक स्वरूप और उसका पूरे भारत में प्रभाव और कुल मिलाकर अस्पृश्यता उन्मूलन कार्य के नेतृत्व के रूप में सामने आया शिंदे का नाम—इसलिए आंबेडकर के मन में शिंदे के लिए कुछ आशंका निर्मित हुई थी, ऐसा लगता है। उनकी आशंका का मूल अस्पृश्यता और जाति उन्मूलन, इन प्रश्नों से जुड़ी हुई अस्पृश्यों की राजनीति अस्पृश्य नेतृत्व में ही हो, इस धारणा में होना स्वाभाविक था। डॉ. आंबेडकर के समकालीन जीवनीकार चां.भ. खैरमोड़े ने यह दर्ज किया है, "1919 का राजनीतिक सुधार का कानून पास होने के बाद विधिमंडल में अस्पृश्यों के प्रतिनिधि के रूप में अपना अथवा सवर्ण सहयोगियों का चयन हो, इसलिए शिंदे सरकार दरबार में कोशिश करेंगे तो उनकी यह कोशिश नाकामयाब हो, इसके लिए प्रयत्न करो, ऐसा आंबेडकर ने अपने समाजसेवकों को आदेश दिया था। उसके अनुसार अस्पृश्यवर्गीय नेता सभा का आयोजन कर वैसे प्रस्ताव मंजूर करके सरकार की ओर भेजने लगे।"[4] डॉ. आंबेडकर द्वारा मिशन के प्रति होनेवाली आपत्ति अपने लिखित निवेदन में इस प्रकार के डर की आशंका के कारण ही दर्ज की होगी, ऐसा लगता है।

मिशन पर और पर्याय से शिंदे पर हमला करना डॉ. आंबेडकर ने इसी आशंका के कारण तय किया होगा, इसका दूसरा सबूत उनकी इस गवाही में मिलता है। मार्च 1918 में मुम्बई में श्रीमन्त सयाजीराव गायकवाड़ की अध्यक्षता में हुई 'अस्पृश्यता उन्मूलन परिषद्' का उपहास करने के लिए और उसका मूल्य कम करने हेतु डॉ. आंबेडकर ने अपने लिखित निवेदन में कहा है, "अस्पृश्यता उन्मूलन करने के लिए मार्च 1918 में मुम्बई में एक परिषद् में 'फोर्स' का प्रयोग किया गया। करवीर पीठ के शंकराचार्य डॉ. कुर्तकोटी द्वारा इस परिषद् में आना स्वीकार करने के बावजूद उपस्थित नहीं रहे और उत्तर हिन्दुस्तान में कुछ आवश्यक काम को चले गए। मिस्टर तिलक ने परिषद् में छोटा-सा भाषण दिया, किन्तु उनकी खुशकिस्मती ही कहिए कि उसका विवरण समाचार-पत्रों में नहीं आया, किन्तु केवल भाषण में ही उन्होंने सहानुभूति दिखाई। 'अस्पृश्यता पालन नहीं करूँगा' इस अर्थ के घोषणा-पत्र पर उन्होंने हस्ताक्षर नहीं किए।"[5] परिषद् के समग्र कार्य को ध्यान में न लेकर दोष स्वरूप केवल दो बातों को उन्होंने दर्ज किया। अपनी रियासत में अस्पृश्यता उन्मूलन कार्य निश्चय से और दूरदृष्टि से करनेवाले सयाजीराव गायकवाड़ की अध्यक्षता में हुई इस तीन दिन की परिषद् का वर्णन केवल 'फार्स' कहकर करना, यह यथार्थ नहीं था, यह कोई भी आसानी से समझ सकता है। इससे इतना ही स्पष्ट होता है कि मिशन पर हमला करने का आंबेडकर ने पूरी तरह से तय किया था।

डॉ. आंबेडकर विदेश से भारत वापस आए। उस काल (1916-17) में अस्पृश्य वर्ग के आन्दोलन का क्षेत्र बढ़ रहा था। शिंदे-चन्दावरकर मंडली बदले हुए माहौल का लाभ उठाकर अस्पृश्य वर्ग को सेना में भर्ती किया जाए, इस प्रकार की माँग कर रही थी और उनकी यह कोशिश सफल भी हो रही थी। 1916 में ही अस्पृश्यों की सेना भर्ती पर की पाबन्दी उठी तो अल्प समय में ही हरिजनों की दो कम्पनियाँ तैयार हुईं। अस्पृश्य वर्ग के हित के लिए उन्हें शिक्षा सम्बन्धी सुविधा, सरकारी नौकरी में प्रवेश आदि माँगें जोर पकड़ने लगीं। उसके साथ ही राजनीतिक अधिकार की

भी माँग की जाने लगी। आंबेडकर के समकालीन जीवनीकार चां.भ. खैरमोड़े ने कहा है, "शिंदे के कार्य के कारण अस्पृश्य समाज में शिंदे और चन्दावरकर, इनकी प्रबलता कुछ समय तक शुरू थी। इतना ही नहीं तो अस्पृश्यों के हित में किसी भी प्रश्न पर विचार करना होता तो सरकार चन्दावरकर और शिंदे, इनके साथ विचार-विमर्श करती थी।" खैरमोड़े आगे लिखते हैं, "तथापि (किन्तु) अस्पृश्यों के आन्दोलन में स्वयं अस्पृश्य समाजसेवक स्वतंत्र रूप से विचरण कर रहे थे। आगे-आगे तो चन्दावरकर और शिंदे की गुलामी उन्हें रास न आई। इससे सम्बन्धित इतिहास आगे यथावसर आएगा ही"।[6] खैरमोड़े का यह विवेचन जैसे शिंदे और चन्दावरकर इनके कार्य की जानकारी व्यक्त करता है, उनके असर का निर्देश करता है, उसी के साथ आंबेडकर की मानसिकता पर भी प्रकाश डालता है।

आंबेडकर 1917 के जुलाई मास में विदेश से वापस आए। चन्दावरकर की अध्यक्षता में मदनपुरा में 11 नवम्बर, 1917 को होनेवाली सभा में अस्पृश्यों के राजनीतिक अधिकार की माँग करना, यह जैसा विषय था वैसे ही दूसरा विषय था, आंबेडकर को मानपत्र और थैली अर्पण करने का, किन्तु आंबेडकर नौकरी के लिए बड़ौदा जाने के कारण वह मानपत्र और थैली स्वीकारने के लिए उपस्थित न रह पाए।[7] किन्तु इस सभा में पारित सातवें प्रस्ताव के अनुसार डॉ. आंबेडकर का अभिनन्दन किया गया और श्रीमन्त सयाजीराव के प्रति आभार प्रकट किए गए। यह प्रस्ताव ऐसा था, "हमारे समाज के मेधावी युवा डॉ. भीमराव आर. आंबेडकर श्रीमन्त गायकवाड़ सरकार के सहयोग से अमरीका जाकर कोलम्बिया यूनिवर्सिटी की एम.ए. और पी-एच.डी. आदि उच्च उपाधियाँ हासिल करके स्वदेश वापस आए हैं। उनकी इस सफलता के उपलक्ष्य में यह सभा उनका अभिनन्दन करती है। अस्पृश्य वर्ग के एक होनहार युवक को ऐसी उच्च शिक्षा हासिल करने के लिए मदद करने के लिए श्रीमन्त सयाजीराव गायकवाड़ के प्रति आभार प्रकट करती है।" सभा के समापन में सर नारायणराव चन्दावरकर ने आंबेडकर का गौरव से उल्लेख किया।[8]

ब्रिटिश अमल में हिन्दुस्तान में राजनीतिक परिवेश तेजी से बदल रहा था। अस्पृश्य वर्ग में बड़ी मात्रा में जागृति के आसार दिखाई दे रहे थे। ऐसे माहौल में अपने कार्य का क्षेत्र रियासत की नौकरी तक ही सीमित रखकर बड़ौदा में रहना आंबेडकर को जँचा नहीं होगा, ऐसी सम्भावना है। साथ ही रियासत में सवर्णों द्वारा उनके प्रति किए जानेवाले व्यवहार से भी वे नाराज थे। इसी वजह से आगे चलकर वे बड़ौदा रियासत की नौकरी छोड़कर मुम्बई आए। मुम्बई की 'अस्पृश्यता उन्मूलन परिषद्' के दूसरे दिन अर्थात् 24 मार्च, 1918 को परिषद् में पाँचवाँ प्रस्ताव रियासतों से सम्बन्धित था। हिन्दुस्तान में जहाँ रियासत है वहाँ अस्पृश्यता उन्मूलन के सम्बन्ध में कोशिश हो; अस्पृश्यों की उन्नति के लिए स्वयं देशी नरेशों को भरपूर कोशिश करनी चाहिए, ऐसा विनतीनुमा प्रस्ताव बैरिस्टर जी. के गाडगिल ने प्रस्तुत किया था। उस पर कृ.अ. केलूसकर ने गुस्से से कहा, "बड़ौदा जैसी रियासत में तक अस्पृश्यों के लिए लापरवाही बरती जाती है। एक हरिजन सज्जन डॉ. आंबेडकर को महाराजा सयाजीराव ने हजारों रुपये खर्च करके अमरीका में शिक्षा के लिए भेजा। वे हरिजन सज्जन एम.ए., पी-एच.डी. होकर आए। उन्हें सिडनहैम साहब ने इम्पिरियल सर्विस में अच्छी जगह दी थी, किन्तु उन्होंने महाराजा सरकार के आश्रय में नौकरी करूँगा, कहकर उसको नकार दिया। वे सज्जन बड़ौदा रियासत में आकर महाराज को मिले। 'आपका प्रबन्ध मुंशी पर सौंपा है' ऐसा उन्हें महाराज ने बताया। दीवान ने उन्हें डेढ़ सौ रुपये वेतन की नौकरी दी, किन्तु उन्हें बड़ौदा रियासत में कहीं भी रहने के लिए जगह नहीं मिल रही थी। बेचारे थककर इधर मुम्बई आ गए। फिलहाल वे मुम्बई में हैं। सरकार की ओर बार-बार अर्जी दे रहे हैं, किन्तु उसका कुछ भी लाभ हुआ नहीं, ऐसा हमें लगता है।"

इस पर अध्यक्ष सर नारायणराव चन्दावरकर ने खड़े होकर कहा, "...डॉ. आंबेडकर नामक हरिजन सज्जन के बारे में इन्होंने (रा. केलूसकर) जो आपको बताया, उसमें से बहुत कम हिस्सा सही है। *(तालियाँ)* महाराज सरकार और मेरे बीच इस बारे में बातचीत हुई है। मैं भी अपनी ओर से डॉ. आंबेडकर की यथासम्भव मदद कर रहा हूँ। अस्पृश्यता का सवाल तुरन्त हल नहीं होगा। समाज को नाराज न कर उसे हल करना है। रा. केलूसकर की इस सन्दर्भ में कहीं सभी बातें सच मत मानिए।"[9]

धनंजय कीर ने बाबासाहब आंबेडकर के इस कालखंड के सन्दर्भ में लिखा है, "महाराज आंबेडकर को अर्थमंत्री नियुक्त करना चाहते थे, किन्तु अलग-अलग विभागों के कार्य का उन्हें अनुभव न होने के कारण महाराज ने लश्करी कार्यवाहक के रूप में उनकी नियुक्ति की।"[10] सितम्बर, 1917 के दूसरे हफ्ते में आंबेडकर बड़ौदा रियासत में नौकरी के लिए गए।

"आंबेडकर से स्टेशन पर मिलकर उनका पूरा इन्तजाम करें, ऐसी आज्ञा महाराजा सयाजीराव गायकवाड़ ने दी थी।" ऐसा भी धनंजय कीर ने दर्ज किया है।[11] महाराज की आज्ञा का यथायोग्य पालन नहीं हुआ होगा, ऐसा सम्भव है और आंबेडकर देशी रियासत की इस नौकरी पर मास-डेढ़ मास से ज्यादा समय न रुकने के कारण सयाजीराव महाराज को उनकी खबर लेना, वैयक्तिक पूछताछ करना उनके कार्य की व्यापकता के कारण सम्भव न हुआ होगा, किन्तु बड़ौदा के अल्प निवास में आंबेडकर को जो अनुभव हुआ, उससे देशी रियासत के प्रशासक के बारे में उनका दृष्टिकोण प्रतिकूल हुआ हो, ऐसा सम्भव है।

"साऊथबरो कमेटी के सामने गवाही देने के लिए सरकार ने शिंदे को आमंत्रित किया, किन्तु मुझ जैसे अस्पृश्य वर्ग के विद्याविभूषित लायक व्यक्ति को बुलाया नहीं, इसलिए भी उनके मन की रुष्टता बढ़ना सम्भव है।" चां.भ. खेरमोड़े ने लिखा है, "शिंदे डी.सी. मिशन के जनरल सेक्रेटरी थे। 1904 से 1918 तक उनके कार्य का प्रसार सभी ओर हुआ था। इसके सिवा नारायणराव चन्दावरकर जैसी सरकार की विश्वस्त होनेवाले बड़ी हस्ती शिंदे की मिशन के अध्यक्ष थे। तब शिंदे साऊथबरो कमेटी के सामने अस्पृश्यों के राजनीतिक हित का बयान करें, इसलिए सरकार की ओर से उन्हें आमंत्रित करना अटल था।" खैरमोड़े आगे लिखते हैं, "आंबेडकर उस समय सिडनेहैम कॉलेज में प्रोफेसर थे। अस्पृश्य वर्ग में से कोई व्यक्ति कमेटी के सामने बयान प्रस्तुत करे, ऐसा सरकार, चन्दावरकर और शिंदे को लगा नहीं। यह नुक्स आंबेडकर की समझ में आया। आंबेडकर सरकारी नौकरी में थे, फिर भी गवर्नर साहब से पत्राचार करके उन्होंने साऊथबरो कमेटी के सामने गवाही देने के लिए अपना चयन करवा लिया।"[12] अस्पृश्य वर्ग की ओर से दो ही गवाहियाँ हुईं। एक शिंदे की और दूसरी आंबेडकर की। उस समय की मानसिकता और प्रतिक्रिया ही खैरमोड़े ने स्पष्ट की है, किन्तु इस बारे में भी आंबेडकर ने सरकार को दोष नहीं दिया। चन्दावरकर सरकार की मर्जी में होनेवाले और सरकार दरबार में वजन होनेवाले आदमी थे, यह सच है किन्तु उन्हें भी आगे आंबेडकर ने अपना लक्ष्य बनाया, ऐसा दिखाई नहीं देता। शिंदे उग्र राजनीतिक मत के और उग्र राजनीतिक नेताओं के साहचर्य में होनेवाले व्यक्ति थे। अतः सरकार की उन पर मर्जी नहीं थी। इसलिए शिंदे अपनी ओर से इस बारे में सरकार की ओर मिन्नत करें, यह उम्मीद व्यर्थ ही कहनी पड़ेगी, परन्तु मार्च 1918 में 'अस्पृश्यता उन्मूलन परिषद्' का आयोजन किया। तब से और साऊथबरो कमेटी के सामने गवाही के प्रसंग से आंबेडकर ने शिंदे को आलोचना का लक्ष्य बनाया।

साऊथबरो कमेटी के सामने गवाही होने के बाद भी शिंदे को विरोध करने की नीति आंबेडकर ने जारी ही रखी। शिंदे अस्पृश्य वर्ग के सही शुभचिन्तक न होकर अस्पृश्य वर्ग को अपने वर्चस्व में रखनेवाले उच्चवर्णीय हैं और उनकी भूमिका अस्पृश्यों के लिए दिक्कत पैदा करनेवाली है, ऐसा उन्होंने घोषित करना तय किया। इसी दौरान कोल्हापुर के श्रीमन्त शाहू छत्रपति के मन में डॉ. आंबेडकर विद्या विभूषित होने से और उनकी योग्यता के कारण उनके प्रति सम्मान निर्मित हुआ था। आंबेडकर को 'मूकनायक' नामक पत्र शुरू करने के लिए ढाई हजार रुपयों का उन्होंने चन्दा भी दिया था और आगे इंग्लैंड को विद्याभ्यास को जाने के लिए डेढ़ हजार रुपयों की मदद की। 20 मार्च, 1920 को डॉ. आंबेडकर की अध्यक्षता में आयोजित माणगाँव परिषद् में शाहू महाराज उपस्थित रहे थे और अपनी जाति का ही नेता आप चुनें, ऐसी अपनी राय भी प्रदर्शित की थी। शाहू महाराज की यह भूमिका आंबेडकर को रास आनेवाली थी और श्रीमन्त शाहू महाराज जैसे बहुजन समाज के दबंग आदमी के नेतृत्व में परिषद् का आयोजन कर अस्पृश्य वर्ग की राजनीतिक आकांक्षा क्या है, यह घोषित करना उन्होंने तय किया और उसी के अनुसार 30, 31 मई और 1 जून, 1920 को नागपुर में पहली अखिल भारतीय बहिष्कृत परिषद् आयोजित की।

इस परिषद् के एक सत्र में डी.सी. मिशन के निषेध का प्रस्ताव रखना तय किया गया। शिंदे ने साऊथबरो कमेटी के सामने जो गवाही दी थी, उस गवाही का सारांश 26 जनवरी, 1919 के 'टाइम्स ऑफ इंडिया' में प्रकाशित हुआ था। आम मतदाताओं के अहर्ता की जो शर्तें हैं, वे शिथिल करके अस्पृश्यों के लिए चौथी कक्षा तक की शिक्षा या वार्षिक 144 रुपये इतनी आमदनी जैसी शर्तें सुझाईं, इसका वस्तुनिष्ठ ब्यौरा उस अंक में आया था। अस्पृश्य वर्ग के पाँच प्रतिनिधि हों और वे उस वर्ग के लिए निर्माण किए स्वतंत्र चुनाव क्षेत्र से नियुक्त किए जाएँ, यह भी ब्यौरा उसमें था।

डॉ. आंबेडकर ने पापण्णा की अध्यक्षता में विषय नियामक कमेटी की बैठक में प्रतिनिधियों को पूछा, "यहाँ पर इकट्ठा हुए सभी प्रतिनिधि बहिष्कृत वर्ग की उन्नति होगी, इस दृष्टि से विचार करने हेतु आप इकट्ठा हुए हैं। इसलिए अपने लोगों की उन्नति में बाधा बननेवाला व्यक्ति फिर वह बहिष्कृत वर्ग का हो या उच्चवर्गीय हिन्दू हो, साथ ही

कोई संस्था हो—पर वह हमारे हित के खिलाफ कोई कार्य करती हो या वैसा कार्य उसने पहले किया हो तो उस बात का हमें विरोध करना चाहिए या नहीं?" तभी सभी प्रतिनिधि एक आवाज में बोले, "अलबत्ता हमारी उन्नति में बाधा बननेवाली कोई भी व्यक्ति या संस्था हो, उसका हमें विरोध करना चाहिए।" "क्या यह बात सभी को मंजूर है?" ऐसा आंबेडकर ने दो-तीन बार पूछा। उन्होंने मुझसे (सि. ना. शिवतकर) 'टाइम्स' पत्र का अंक लेकर उसमें डी.सी. मिशन संस्था ने सरकार को भेजा हुआ स्टेटमेंट पढ़कर दिखाया...बाद में अगला प्रस्ताव परिषद् में सभी की अनुमति से मंजूर किया गया...प्रस्ताव तीसरा : बहिष्कृत वर्ग के सुधारित काउंसिल में जो प्रतिनिधि लेने हैं, वे सरकारी नियुक्ति से या उनकी प्रत्येक जाति के लिए संस्था से न लेकर बहिष्कृत काउंसिल की ओर से निर्वाचित हुए प्रतिनिधियों की ओर से नियुक्त किए जाएँ, ऐसा जो सुझाव खास बहिष्कृत वर्ग की तरक्की के लिए स्थापित 'डिप्रेस्ड क्लासेज मिशन' ने दिया था। उससे सभी अस्पृश्य वर्गों का मन बेचैन हुआ क्योंकि बहिष्कृतेतर वर्ग के प्रतिनिधियों को बहिष्कृत वर्ग के प्रतिनिधि चयन करने का अगर अधिकार दिया तो जिस चातुर्वर्ण्य व्यवस्था के कारण बहिष्कृत वर्ग पर संकट आया है, वह चातुर्वर्ण्य व्यवस्था बनाए रखने के लिए हम में से जो लोग हामी भरेंगे, उन्हें ही प्रतिनिधि नियुक्त किया जाएगा। इस परिप्रेक्ष्य में ठोस राय है कि 'डिप्रेस्ड क्लास मिशन' ने (भारतीय निराश्रित सहायकारी मंडली) अपने आश्रितों का ऐसा खुलेआम द्रोह करने के कारण वह बहिष्कृत वर्ग के विश्वास को अपात्र हुई है।[13]

डॉ. आंबेडकर ने 'टाइम्स' अंक में प्रकाशित जो मजमून पढ़कर दिखाया, उसमें स्वीकृति के तत्त्व का निर्देश नहीं था। साऊथबरो कमेटी के सामने गवाही हुई, उसे तकरीबन सवा साल हुआ था और इस गवाही में मिशन की ओर से स्वीकृति की कोई योजना मिशन ने प्रस्तुत नहीं की थी, यह सर्वज्ञात है। इसके बावजूद स्वीकृति की प्रणाली से प्रतिनिधि चुनने की मिशन की भूमिका है, ऐसा गृहीत मानकर प्रस्तुत सभा में मिशन का निषेध किया गया। ऐसा निषेध करने के लिए यर्थाथ का कुछ भी आधार नहीं था, यह स्पष्ट ही है। मिशन को विरोध करने की नीति जारी रखना, यही आंबेडकर का पक्का निश्चय था, यही इससे दिखाई देता है।

शिंदे की गवाही में होनेवाली और एक बात का भी विरोधाभास दिखाई देता है। अस्पृश्यों के स्वतंत्र चुनाव क्षेत्र हों और ऐसे चुनाव क्षेत्रों में से वे अपनी जाति के प्रतिनिधियों का चयन कर सकें, इस उद्देश्य से शिंदे ने मतदान अर्हता की शर्तें अस्पृश्य वर्गियों के लिए शिथिल की जाएँ, ऐसी उचित सूचना की थी, किन्तु शिंदे का अच्छा उद्देश्य ध्यान में न लेकर उन्होंने अर्हता की शर्तें शिथिल करें, ऐसा सूचित करने पर भी मानो उन्होंने इस शर्तों को लादकर अस्पृश्य वर्गियों का निर्वाचन क्षेत्र सीमित किया है और अस्पृश्य वर्गियों का मतदान का अधिकार छीनकर लिया है, ऐसा विपरीत चित्र खड़ा किया गया।

इस बात को कोई भी न्यायसंगत नहीं कहेगा।

साऊथबरो कमेटी की कार्रवाई पूरी होने के बाद भी शिंदे पर आरोप लगाए जा रहे थे। ज्ञानदेव ध्रुवनाथ घोलप के सम्पादन में निकलनेवाली 'मूकनायक' पत्रिका में शिंदे पर टीका-टिप्पणी आती रही। शिंदे पर की आलोचना का खंडन 23 मार्च, 1920 को 'ज्ञानप्रकाश' ने किया था। उसका सन्दर्भ देकर 'मूकनायक' में ऐसा कहा है कि "नामदार कामत और शंकर नायर और फ्रेंचाइज कमेटी—इनकी ओर से अस्पृश्यों को प्रत्येक जाति के लिए प्रतिनिधि देने के लिए लोकमान्य शिंदे ने प्रयास किया, ऐसी हमारी स्वीकृति हमने दी, फिर भी हमें उसका एहसास कराने के लिए 'ज्ञानप्रकाश' ने इतना कष्ट क्यों उठाया, यह हमारी समझ में नही आ रहा है...लोकमान्य शिंदे को यदि 'ज्ञानप्रकाश' कहते हैं, इतनी अस्पृश्यों की आस्था है और वरिष्ठ वर्ग उनको नीचा दिखाता है, ऐसा अगर उन्हें पूरी तरह से मालूम है तो उस वरिष्ठ वर्ग को स्वराज्य मिलने से अपने आश्रितों की बुरी हालत होनेवाली है, ऐसा दिखता था तो फिर उन्होंने प्रत्येक जाति के लिए प्रतिनिधि का झंडा पहले क्यों नहीं फहराया? उलटे, स्वराज्य के विवाद में जब प्रत्येक जाति के लिए प्रतिनिधियों का प्रश्न आया, तब उस तत्त्व का विरोध करनेवाले दल से मिलकर शिंदे किस प्रकार लड़े, यह 'ज्ञानप्रकाश' के सम्पादन जानते होंगे ही। इतने पर भी चुप नहीं बैठे। उलटे, काउंसिल में से लोकप्रतिनिधियों की ओर से अस्पृश्यों के प्रतिनिधियों का चयन करें, इस तत्त्व का समर्थन किया। यह तत्त्व अस्पृश्यों के प्रति सच्ची आस्था रखनेवाले सद्गृहस्थ को शोभा देता है? इस के बारे में 'ज्ञानप्रकाश' को सोचना चाहिए।"[14] 'मूकनायक' में प्रकाशित इस स्तम्भ को 'गुनाह कौन-सा?' 'विरोधियों से सहयोग' नामक शीर्षक दिया है और मजमून में शिंदे के पीछे 'लोकमान्य' (लोकमान्य) जैसा उपपद लगाया है, इससे शिंदे राजनीतिक भूमिका के सन्दर्भ में लोकमान्य तिलक से सहयोग करते

हैं, इस पर 'मूकनायक' का क्रोध दिखाई देता है। इतना ही नहीं तो यह शिंदे का बहुत बड़ा गुनाह है, ऐसा भी उन्हें लगता है। शिंदे ने अस्पृश्य वर्ग को प्रत्येक जाति के लिए प्रतिनिधित्व मिले, इसके लिए कोशिश की, यह वे स्वीकार करते हैं, किन्तु स्वीकृति की प्रणाली यह पहले शिंदे ने प्रस्तुत की, ऐसा मानकर उन पर आलोचना करते हैं। शिंदे की प्रत्यक्ष कृति यह टीका-टिप्पणी करें, ऐसी नहीं थी। फिर भी स्वीकृति के सुझाव की सुनी-सुनाई बात पर शिंदे पर 'मूकनायक' ने हमला करके क्रोध व्यक्त किया दिखाई देता है। तात्पर्य, शिंदे पर की 'मूकनायक' की टीका-टिप्पणी यह उन्होंने प्रत्यक्ष में ली हुई भूमिका पर नहीं है यानी प्रत्यक्ष यथार्थ पर आधारित नहीं है। शिंदे ने अस्पृश्य वर्गों के लिए स्वार्थरहित, त्याग से कार्य करने के कारण उन्हें जो स्वीकृति मिली थी, अस्पृश्यवर्गियों के हितैषी के रूप में जो स्थान प्राप्त हुआ था, उस स्थान से उन्हें नीचे खींचने का, उनकी मान्यता छीनने का हेतु था।

वस्तुतः शिंदे की भूमिका व्यापकता और एकात्मता की होने के कारण राजनीति के सन्दर्भ में उन्होंने जातीय भूमिका का कभी भी समर्थन नहीं किया। उलटे, जातीयता के तत्त्व परे रखकर उन्होंने एकात्मता का अनुरोध किया था। राष्ट्रीय मराठा संघ की ओर से पुणे में शनिवारबाड़ा के सामने उनकी अध्यक्षता में हुई सभा में उन्होंने प्रत्येक जाति के लिए प्रतिनिधित्व के विरोधी भूमिका ली और अन्य जाति के नेता भी ऐसी भूमिका सभा में लें, ऐसी उनकी इच्छा थी और सभा का कुल प्रतिपादन ऐसा ही था। इस दौरान उन्होंने बेलगाँव में आयोजित मराठा परिषद् में प्रत्येक जाति के लिए प्रतिनिधित्व के विरुद्ध भूमिका ली थी और बैरिस्टर रामराव देशमुख आदि मराठा नेताओं ने भी ऐसी भूमिका ली थी। वास्तव में शिंदे की प्रत्येक जाति के लिए प्रतिनिधि के विपक्ष में भूमिका होते हुए भी अस्पृश्य वर्ग के बारे में उनकी जाति के ही प्रतिनिधि विधिमंडल में देने के कारण इस वर्ग का हित होगा, ऐसी उनकी भूमिका होने के कारण अस्पृश्य वर्ग को बड़ी मात्रा में प्रतिनिधित्व दे, ऐसी ही भूमिका रखी थी। प्रत्येक जाति के लिए प्रतिनिधित्व की भूमिका के सन्दर्भ में प्रार्थना समाज की मंडली शिंदे से नाराज थी। इसलिए प्रार्थना समाज में भी शिंदे पर भूमिका में बदलाव किया, ऐसा कहकर टीका की गई। इस दौरान 'सुबोध पत्रिका' ने अपने सम्पादकीय में लिखा है, "एक समय बहुत दिन पहले नहीं—ये प्रत्येक जाति के लिए प्रतिनिधित्व के विरुद्ध थे। अब अंत्यजों के लिए कुछ खास जगहें विधिमंडल में आरक्षित रखी जाएँ, इस प्रकार की उनकी फ्रेंचाइज कमेटी की सामने गवाही हुई है।" ऐसा दर्ज करके शिंदे के विरुद्ध आवाज उठाकर यह लिखा है।[15] शिंदे की भूमिका यथार्थ रूप में न अस्पृश्य वर्ग ने समझी और न उनके प्रार्थना समाजीय भाइयों ने समझी।

साऊथबरो कमेटी के सामने गवाही के बाद डॉ. आंबेडकर का मिशन और शिंदे को विरोध शुरू ही रहने कारण शिंदे ने अपनी गवाही में अस्पृश्य वर्ग के हित के विरुद्ध ही भूमिका रखी थी, यह गलतफहमी उनके जीवनीकार धनंजय कीर से लेकर राजनीतिक, सामाजिक और फिलहाल लेखन करनेवाले अध्येताओं तक बनी रही, ऐसा दिखाई देता है। धनंजय कीर ने लिखा है, "डी.सी. मिशन के कर्मवीर शिंदे ने कुछ दिन पहले सरकार को ऐसा निवेदन प्रस्तुत किया था कि अस्पृश्यों के प्रतिनिधि विधिमंडल से नियुक्त करें। राज्यपाल या अस्पृश्यों की संस्थाएँ उनका चयन न करें।" आंबेडकर ने नागपुर की परिषद् में मिशन की नीति का विरोध किया और शिंदे की राय जैसा सरकार निर्णय न ले, ऐसा प्रस्ताव परिषद् की ओर से मंजूर करवा लिया, ऐसा दर्ज कर कीर ने आगे लिखा है, "कुछ महान हस्तियों द्वारा अपनी जिन्दगी में एकाध ऐसी घटना घटित होती है कि उस वजह से वे अपने कार्य पर गलतफहमी और दोष ले लेते हैं। कर्मवीर शिंदे का कार्य महान, बलिदान असीम किन्तु उनकी इस अयोग्य नीति के कारण उन्होंने अस्पृश्य नेताओं की सहानुभूति व्यर्थ ही गवाँई।"[16] धनंजय कीर जैसे जीवनीकार द्वारा यह दर्ज किया होने के कारण वाचक-अध्येताओं ने स्वभाविकतः उसकी सत्यता स्वीकृत की है। गंगाधर पानतावणे ने चां.भ. खैरमोड़े के मत का ही अनुसरण किया है। अपने 'पत्रकार डॉ. बाबासाहेब आंबेडकर' इस ग्रंथ में वे कहते हैं, "इस कमीशन के सामने (साऊथबरो कमेटी) अनेकों की गवाही हुई, किन्तु गवाही देनेवाले विट्ठल रामजी शिंदे, नारायणराव चन्दावरकर आदि को ऐसा नहीं लगा कि स्वयं अस्पृश्य जाति के व्यक्ति इस कमीशन के सामने अपनी बात प्रस्तुत करें।" शिंदे, चन्दावरकर पर ऐसा आरोप लगाने के बाद पानतावणे आगे लिखते हैं, "कमीशन ने बाबासाहब को आमंत्रित नहीं किया था, इसका कारण वे सरकारी महाविद्यालय में प्राध्यापक थे और तब तक उनका किसी भी सार्वजनिक और सामाजिक संस्था से सम्बन्ध नहीं था। यह कारण हो सकता है।"[17] इस असंगति पर अलग टिप्पणी करने की आवश्यकता नहीं लगती। पानतावणे ने आगे ऐसा भी कहा है, "विट्ठल रामजी शिंदे की गवाही के कारण अस्पृश्य

समाज अपने राजनीतिक अधिकार से वंचित होगा, ऐसा उन्हें (डॉ. आंबेडकर को) लगता था क्योंकि शिंदे ने मतदान हेतु अस्पृश्य वर्ग के लिए जो अर्हता सूचित की थी, वह व्यवहार्य नहीं थी। जो अस्पृश्य शासकीय स्कूल से चौथी कक्षा उत्तीर्ण हुए होंगे और (?) व जिनकी वार्षिक आमदनी 144 रुपए होगी, ऐसे ही लोगों को मतदान का अधिकार हो, ऐसा उनका कहना था।"[18]

डॉ. बाबासाहब आंबेडकर ने नागपुर अधिवेशन में जो पैंतरा लिया था और प्रमाण मानकर पानतावणे ने यह लिखा है। शिंदे ने अस्पृश्य वर्ग के लिए शिक्षा और आमदनी जैसी दो कसौटियाँ आवश्यक नहीं मानी थीं तो इन दो में से एक अर्हता की पूर्ति करनेवाले को भी मताधिकार दिया जाए, ऐसा कहा था। (बीइंग क्वालिफाइड इन ईदर ऑफ द अबव वेज शुड बी इनटाइटल टू वोट)।

महाराष्ट्र सरकार ने विट्ठल रामजी शिंदे की जन्मशती के बाद उनका समग्र साहित्य सम्पादित कर प्रकाशित करने की योजना बनाई। इसके लिए एक सम्पादक मंडल नियुक्त किया। इस सम्पादक मंडल ने शिंदे का अस्पृश्यता पर किया पूरा लेखन अन्तर्भूत होनेवाला 'भारतीय अस्पृश्यता का प्रश्न' नामक ग्रंथ 1976 में प्रकाशित किया। इस ग्रंथ के परिशिष्ट में विट्ठल रामजी शिंदे, बाबासाहब आंबेडकर आदि की गवाहियाँ प्रकाशित की गईं। शिंदे की लिखित और मौखिक गवाही का मजमून पढ़कर तो उनके बारे में होनेवाली गलतफहमी दूर होनी चाहिए थी, किन्तु शिंदे की गवाही उपलब्ध होने के बावजूद भी अनेक अध्येता गलतफहमी में रहे, ऐसा दिखाई देता है। उसमें भी अजब बात यह है कि शिंदे की भूमिका का विपर्यास शिंदे के प्रति आदर होनेवाले अध्येताओं की ओर से आज भी होता दिखाई देता है। रा.ना. चव्हाण ने एक लेख में डॉ. आंबेडकर ने साऊथबरो कमेटी के सामने दी हुई गवाही के बारे में कहा है, 'यह गवाही यानी एक विद्रोह था।" यह एक विद्रोह (अपराइजिंग) था। यह विद्रोह शिंदे, चन्दावरकर और 'डिप्रेस्ड क्लासेज मिशन' और साऊथबरो कमेटी के सामने प्रस्तुत की योजना के विरुद्ध था। आंबेडकर की गवाही में उस पर कड़ा प्रहार किया है। शिंदे को इस गवाही पर विचार करना पड़ा और उन्होंने भी व्यक्तिगत स्तर पर अलग गवाही देकर आंबेडकर की आरक्षित जगह की माँग पर गौर किया।"[19] चव्हाण के इस कथन में कई घोटाले दिखाई देते हैं। शिंदे ने मिशन की ओर से पहले एक लिखित निवेदन कमेटी को दिया था और उसमें स्वीकृत पद्धति से अस्पृश्य प्रतिनिधि की नियुक्ति करने की माँग की थी, ऐसा माना है। उन्होंने कहा है कि आंबेडकर की गवाही शिंदे को सोच में डालनेवाली थी, इसलिए उन्होंने व्यक्तिगत स्तर पर अलग गवाही देकर आंबेडकर जैसी ही आरक्षित जगह की माँग की, यह सब चव्हाण का मनगढ़ंत है। इसलिए मिशन की ओर से शिंदे ने कोई भी निवेदन (मेमोरेंडम) दिया नहीं। जिनकी गवाही लेनी है, उनकी तरफ से कमेटी लिखित निवेदन और गवाही माँग कर लेती और बाद में प्रत्यक्ष गवाही के लिए बुलवाकर उसकी जाँच-पड़ताल करती थी। हमने देखा ही है कि शिंदे द्वारा दिया हुआ लिखित निवेदन यह मिशन की ओर से साथ ही व्यक्तिगत शिंदे की ओर से ही दिया हुआ था। गवाही के लिए बुलवाकर कमेटी द्वारा की हुई जाँच-पड़ताल में लिखित निवेदन और मौखिक गवाही—इनमें कुछ भी अन्तर नहीं; तो दोनों भूमिका में एकवाक्यता ही है अर्थात् शिंदे ने अस्पृश्य वर्ग के लिए आरक्षित चुनाव क्षेत्र की माँग की है। आंबेडकर की पहले गवाही हुई और उसका परिणाम होने से शिंदे ने अपनी भूमिका बाद में मौखिक प्रत्यक्ष गवाही में बदल दी, ऐसा जो चव्हाण कहते हैं, वह विपर्यस्त है क्योंकि दोनों की गवाही एक ही दिन हुई। उसमें से शिंदे की गवाही पहले हुई, बाद में आंबेडकर की हुई।

अर्थात् रा.ना. चव्हाण यह विट्ठल रामजी शिंदे के अध्येता होने के बावजूद शिंदे की गवाही की यथार्थ स्थिति समझ नहीं पाए, किन्तु दो अध्येताओं ने विट्ठल रामजी शिंदे की भूमिका यथार्थ रूप में समझकर उसकी प्रस्तुति की है। डॉ. नागनाथ कोत्तापल्ले ने अपने एक लेख में शिंदे और आंबेडकर की गवाही का तौलनिक रूप में विचार कर यथार्थ स्थिति प्रस्तुत करते हुए कहा है, "कर्मवीर विट्ठल रामजी शिंदे ने डॉ. आंबेडकर जैसा ही स्वतंत्र चुनाव क्षेत्र और चुनाव, इनका आग्रह किया था अर्थात् इन दोनों की भूमिका में अधिक मतभेद नहीं है।"[20]

दूसरे एक अध्येता एंड पी.के. चौगुले ने अपनी पुस्तिका में शिंदे की गवाही की विशेष बात सामने लाकर डॉ. आंबेडकर की टीका का स्वरूप स्पष्ट किया है। वे कहते हैं, "शिंदे द्वारा दिया हुआ लिखित निवेदन, साथ ही उनकी गवाही समग्र रूप में देखने के बाद आंबेडकर की यह टीका पूरी तरह से निराधार है, ऐसा दिखता है। किसी भी प्रमाण के अलावा किसी पर भी, खासकर जिन्होंने अस्पृश्यों की प्रगति के लिए पूरी जिन्दगी समर्पित की, उन पर

टीका करने से पहले आंबेडकर को स्वयं निवेदन पढ़ने का कष्ट उठाना चाहिए था। अपने सिवा कोई और अस्पृश्य वर्ग का नेतृत्व करे, यह आंबेडकर को बर्दाश्त नहीं होता था, यही इससे स्पष्ट होता है।"[21]

किन्तु विट्ठल रामजी शिंदे के प्रति गलतफहमी का झंझट आज भी खत्म नहीं हुआ है। इस गलतफहमी की परम्परा का बिलकुल ताजा उदाहरण यानी डॉ. सदानन्द मोरे द्वारा 'लोकमान्य ते महात्मा' में 'माणगाँव से नागपुर' और 'नगारा और टिमकी' इन दो लेखों में किया हुआ विवेचन है। उन्होंने कहा है, "अस्पृश्यों के प्रतिनिधि की नियुक्ति स्वतंत्र चुनाव क्षेत्र से न करें, साथ-ही-साथ उनका चयन सरकार भी न करें तो काउंसिल में नियुक्त सदस्य अस्पृश्यों के प्रतिनिधियों को स्वीकृत (को-ऑप्ट) करें, ऐसा शिंदे का प्रस्ताव था। कांग्रेस अधिवेशन में शिंदे की इस विनती की दखल नहीं ली। फिर शिंदे ने 27 जनवरी, 1919 को साऊथबरो कमीशन के सामने दी गवाही में अपनी बात रखी।"[22] मोरे के इस विवेचन पर अलग भाष्य क्यों करें?

सन्दर्भ

1. शिंदे मुम्बई प्रार्थना समाज के प्रचारक थे तब उन्होंने 'डिप्रेस्ड क्लासेज मिशन' नामक संस्था शुरू की और उसका काम भी वे देखने लगे। शिंदे की भूमिका से वह धार्मिक कार्य ही था, किन्तु मुम्बई प्रार्थना समाज की मंडली शिंदे प्रचारक के रूप में अपने काम को समय नहीं देते, इस प्रकार की शिकायत व्यक्त करने लगी। उस सन्दर्भ में शिंदे ने लिखा है।
2. *दि रिफॉर्म्स कमेटी (फ्रेंचाइज),* खंड 11, अनुच्छेद 6891
3. वही, अनुच्छेद 6759
4. *डॉ. भीमराव रामजी आंबेडकर खंड 1,* सुगावा प्रकाशन, पुणे, प्रथम संस्करण, अप्रैल 1952, चतुर्थ संस्करण, 1992 पृ. 368
5. *दि रिफॉर्म्स कमेटी (फ्रेंचाइज),* पूर्वोक्त अनुच्छेद 6900
6. चां.भ. खैरमोड़े, पूर्वोक्त, पृ. 209
7. वही, पृ. 209
8. वही, पृ. 210
9. वही, पृ. 214-215
10. धनंजय कीर, *डॉ. बाबासाहब आंबेडकर,* पॉपुलर प्रकाशन, मुम्बई, द्वितीय संस्करण, 1977, पृ. 38
11. वही, पृ. 38
12. सि.ना. शिवतरकर डॉ. आंबेडकरांच्या सहवासातले काही संस्मरणीय क्षण, *जनता,* विशेषांक, 1933
13. *मूकनायक,* 27 मार्च, 1920
14. *सुबोध पत्रिका,* 9 फरवरी, 1919
15. धनंजय कीर, *डॉ. बाबासाहेब आंबेडकर,* पूर्वोक्त, पृ. 47
16. डॉ. गंगाधर पानतावणे, *पत्रकार डॉ. बाबासाहब आंबेडकर,* अभिजीत प्रकाशन, नागपुर, 1987, पृ. 57
17. वही
18. रा.ना. चव्हाण, *म. फुले, शाहू, आंबेडकर,* माणगाँव परिषद्, एकसष्ठावा स्मृतिमहोत्सव विशेषांक, सम्पादक : रमेश ढाबरे, 1982
19. डॉ. नागनाथ कोत्तापल्ले ने मराठवाडा साहित्य परिषद् और पुणे विश्वविद्यालय समाजशास्त्र विभाग की संगोष्ठी में प्रस्तुत किया शोध आलेख, प्रतिष्ठान, सितम्बर-अक्टूबर 1995, *जोतिपर्व,* स्वरूप प्रकाशन, औरंगाबाद, 2000, पृ. 171-190
20. एंड पी.के. चौगुले - पारगावकर, *शापित महात्मा,* लोकवाङ्मय गृह, मुम्बई, 1919, पृ. 55
21. डॉ. सदानन्द मोरे, लोकमान्य ते महात्मा, 'नगारा आणि टिमकी' *साप्ताहिक सकाल,* 15 सितम्बर, 2001

1920 के चुनाव

लॉर्ड साऊथबरो के नेतृत्व में हिन्दुस्तान आई फ्रेंचाइज कमेटी ने अपना प्रतिवेदन ब्रिटिश पार्लियामेंट को प्रस्तुत किया। प्रस्तुत प्रतिवेदन के सन्दर्भ में अपनी राय, प्रतिक्रिया और सिफारिशें हिन्दुस्तान सरकार ने भारतमंत्री को भेज दीं ओर अन्त में पार्लियामेंट ने चुनाव क्षेत्र निश्चित कर आरक्षित साथ ही आम चुनाव क्षेत्र घोषित किए। घोषित योजना के अनुसार मराठा और तत्सम जाति का ऐसा एक गुट किया गया और उनके लिए मुम्बई इलाके में सात जगहें रखी गईं। मराठा और तत्सम जाति इस नए वर्गीकरण में मराठा, कुनबी, माली, कोल, भंडारी, दर्जी, लुहार, कुम्हार, गडरिया, कहार आदि जातियों का स्पष्ट नामनिर्देश करके समावेश होगा, ऐसा स्पष्ट किया। सरकार ने यह भी घोषित किया कि इस नई योजना के अनुसार नवम्बर, 1920 में चुनाव होंगे।

1917 से ही विट्ठल रामजी शिंदे ने चुनाव में जातीय तत्त्व लाने का स्पष्ट रूप में विरोध किया था। उनकी प्रेरणा से स्थापित 'राष्ट्रीय मराठा संघ' ने 16 दिसम्बर, 1917 को शनिवारबाड़ा के सामने आयोजित सभा में सभी जाति के प्रतिनिधियों ने एकमत से राष्ट्रसभा के लखनऊ में तय नीति को समर्थन दिया था और राजनीतिक सुधार या होमरूल के लिए अपनी एकता की भूमिका प्रकट की थी। शिंदे की इस भूमिका को पुणे के संभ्रान्त मराठा नेताओं का समर्थन प्राप्त था। इसमें त्र्यम्बक हरी आवटे, काशीनाथ ठकुजी जाधव, नारायणराव गुंजाल, बैरिस्टर वी.एम. पवार प्रमुख थे जो राष्ट्रीय मराठा संघ के मुख्य कार्यकर्ता थे। 1917 में 10 और 11 नवम्बर को बेलगाँव में वरहाड़ के बैरिस्टर रामराव देशमुख की अध्यक्षता में 'अखिल भारतवासी मराठा परिषद्' आयोजित की गई। विट्ठल रामजी शिंदे का भी इस परिषद् को समर्थन था। इस परिषद् में मराठा जाति के लिए स्वतंत्र या आरक्षित जगह न हो, ऐसी ही भूमिका प्रकट की थी। बड़ौदा के 'जागृति' के सम्पादक भगवन्तराव पालेकर विट्ठल रामजी शिंदे की ही भूमिका प्रस्तुत कर रहे थे।

किन्तु 16 दिसम्बर, 1917 को स्थापित अ.भा. मराठा लीग ने मराठा राष्ट्रीय संघ के खिलाफ मराठा जाति को स्वतंत्र चुनाव क्षेत्र हो, ऐसी भूमिका प्रस्तुत करना शुरू किया। सन् 1917 के अन्त में शाहू महाराज ने खामगाँव में आयोजित ग्यारहवीं मराठा शिक्षा परिषद् में बोलते समय कम-से-कम दस वर्ष तो हमको जाति के आधार पर प्रतिनिधि नियुक्त करने का अधिकार होना चाहिए, ऐसी स्पष्ट माँग की। प्रत्येक जाति के लिए प्रतिनिधित्व की माँग के पीछे होनेवाली भूमिका ब्रिटेन के सांसद सदस्यों के गले उतारने के लिए मराठा लीग की ओर से भास्करराव जाधव 1919 के जुलाई में इंग्लैंड गए थे। प्रत्यक्ष इंग्लैंड जाने के बाद भास्करराव जाधव की भूमिका में परिवर्तन हुआ। इसके बावजूद उन्होंने संयुक्त संसदीय समिति के सामने गवाही देते समय मुम्बई इलाके के विधिमंडल में कुल मिलाकर तीस प्रतिशत जगहें मराठा आदि पिछड़े वर्ग के प्रतिनिधियों के लिए आरक्षित रखी जाएँ, ऐसा प्रतिपादन किया। ब्राह्मणेतर पक्ष के नेता और डेक्कन रैयत एसोसिएशन के अध्यक्ष प्रतिनिधि वा.रा. कोठारी ने भी प्रत्येक जाति के लिए प्रतिनिधित्व की भूमिका अपने निवेदन में रखी थी। साऊथबरो कमेटी के प्रतिवेदन में भी मराठों को प्रत्येक जाति के लिए प्रतिनिधित्व क्यों होना चाहिए, इसकी कारण मीमांसा दर्ज की है। "अस्पृश्य वर्ग के अलावा जिन्हें प्रत्येक जाति के लिए प्रतिनिधित्व देने के बारे में सोचा जाए, ऐसा वर्ग यानी मराठा समाज। मराठों की ओर से ऐसा कहना सम्भव है कि सिक्खों के लिए स्वतंत्र जगह देने के बारे में जो बहस की जाती है, वह मराठों पर भी लागू होती है यानी अनेक जिलों में जनसंख्या में वे बहुसंख्य हैं और दूसरी बात यह कि उन पर ब्राह्मणी प्रभुत्व इतना जबर्दस्त है कि जहाँ वे बहुसंख्य हैं वहाँ भी वे स्वजाति के प्रतिनिधि का चयन नहीं कर सकते, किन्तु कुल

जनसंख्या और महत्त्व के बारे में सोचा जाए तो उन्हें प्रतिनिधित्व मिलना आवश्यक है। यह प्रतिनिधित्व उनके लिए प्रत्येक जाति के लिए चुनाव क्षेत्र निर्माण करके या आम चुनाव क्षेत्र में प्रत्येक जाति के लिए जगह आरक्षित रखकर दिए जा सकते हैं। कमेटी ने यह भी दर्ज किया है कि यदि मराठा समाज की आकांक्षाएँ सफल न हुईं तो गम्भीर असन्तोष निर्मित होने का डर है। इस भूमिका के विरोधी दूसरी राय के रूप में मुसलमानों की तरह मराठों के बारे में विचार नहीं किया जा सकता, ऐसा भी दर्ज किया है। मराठों को प्रत्येक जाति के लिए जगह देने में मुख्य दिक्कत यानी 'मराठा' संज्ञा की व्याप्ति तय करना कठिन होने की तीसरी राय भी प्रस्तुत कमेटी ने दर्ज की है।[1]

मराठा जाति के प्रतिनिधित्व के बारे में इतने विचार-विमर्श के बाद अन्तिम निर्णय में सरकार ने मराठा और तत्सम जाति के लिए सात जगहें आरक्षित रखीं।

नवम्बर 1920 में चुनाव होंगे, यह स्पष्ट होने के बाद पुणे के मराठा समाज के दोनों दलों ने इकट्‌ठा आने का उत्साह दिखाया और चुनाव के सन्दर्भ में जेधे मेंशन में एक सभा का आयोजन किया। इस सभा में विट्‌ठल रामजी शिंदे को आग्रह से बुलाया था। दोनों दलों की मंडलियों ने आग्रह किया कि आगामी चुनाव में शिंदे उम्मीदवार के रूप में खड़े रहें। शिंदे ने इस पर ठोस रूप में कहा कि मैं आरक्षित जगह पर खड़ा नहीं रहूँगा। मैं जातीय तत्त्व के खिलाफ हूँ, किन्तु पुणे शहर की आम जगह के लिए सभी दल मिलकर मदद करें तो मैं चुनाव में खड़ा रहने के लिए तैयार हूँ।

1920 तक सक्रिय राजनीति से हमेशा दूर रहनेवाले विट्‌ठल रामजी शिंदे का विधिमंडल के चुनाव में सक्रिय होने के पीछे कुछ एक कारण सम्भव होते हैं। मांटेग्यू-चेम्सफोर्ड सुधार घोषित होने से हिन्दुस्तान की राजनीति का चित्र बदल चुका था। अलग-अलग स्तर की जाति के समाज में निर्मित हुई राजनीतिक आकांक्षा स्पष्ट दीख रही थी। इसके कई भले-बुरे परिणाम सामाजिक जीवन में भी दिखाई देने लगे।

शिंदे को ऐसा लगता था कि अस्पृश्य माने जानेवाले वर्ग को भी इस नई राजनीतिक घटना का लाभ हो। उन्होंने सभा, परिषदों के जरिये उनमें समग्र जागृति लाने का कार्य किया था। परिवर्तित परिवेश में अस्पृश्य वर्ग में कुछ मात्रा में राजनीतिक जागृति के लक्षण दिखाई दे रहे थे, किन्तु उसी के साथ शिंदे को यह भी एहसास हो रहा था कि अस्पृश्य वर्ग की कुछ मंडलियाँ शिंदे द्वारा स्थापित संस्था अपने अधिकार में लेकर उनका नेतृत्व नकारने की कोशिश कर रही हैं। अस्पृश्य वर्ग के नेताओं का विरोध बढ़ता ही जाएगा, ऐसे आसार उन्हें दिखाई देने लगे। तब उन्हें लगा कि आज तक हमने अस्पृश्य वर्ग की प्रगति को कार्यक्षेत्र मान कर और संगठित रूप में उनके लिए संस्थात्मक स्तर पर जो कार्य किया, वह वैसे ही शुरू रखने में कोई अर्थ नहीं और उन्होंने मन-ही-मन तय किया होगा कि यह संस्था उन मंडली को सौंप दे। अस्पृश्य वर्ग की सेवा तो उनकी जीवन निष्ठा बन गई थी। अत: उनके मन में ऐसा विचार आना सम्भव था कि आगे विधिमंडल में जाकर इस वर्ग की सेवा की जाए।

उन्हें ऐसा भी लगा होगा कि अस्पृश्य वर्ग के साथ ही समाज के किसान, स्त्री जैसे वर्ग भी पिछड़े हैं और उनकी भी दशा में सुधार आवश्यक है। बहुसंख्य होनेवाले मराठा वर्ग में राष्ट्रीय एहसास निर्मित करना उन्हें आवश्यक लगा था और इस दृष्टि से उन्होंने मराठा राष्ट्रीय संघ की स्थापना की पहल की थी। इस निमित्त से मराठा समाज के कर्तृत्ववान नेता उनके पास आए थे।

सक्रिय राजनीति में हिस्सा लेकर देश-कार्य करें, ऐसा अगर उनके मन में आया तो कांग्रेस दल की उम्मीदवारी प्राप्त करें, ऐसा उन्हें क्यों नहीं लगा? बहुजन पक्ष ऐसा स्वतंत्र घोषणा-पत्र निकालकर स्वतंत्र रूप से चुनाव लड़ने के पीछे विट्‌ठल रामजी शिंदे की वैचारिक भूमिका होगी। स्वराज्य का प्रश्न कांग्रेस के लिए अत्यावश्यक था। यह स्वराज्य या स्वतंत्रता मिलने पर देश का संविधान कैसा हो, इस पर कांग्रेस ने गौर नहीं किया था। उसके प्रति कांग्रेस को विशेष आस्था भी नहीं थी। उनकी दृष्टि से कांग्रेस के गरम और नरम दल, ये उद्‌देश्य के आधार पर नहीं तो पद्धति के कारण बने भेद थे। अत: स्वराज्य मिलने पर भी दलित, किसान, स्त्री आदि समाज की दुर्बल इकाइयों को कांग्रेस की सत्ता आने पर भी न्याय मिलेगा, इसका शिंदे को विश्वास नहीं था। इसलिए विद्या, सत्ता, सम्पत्ति से दूर और दुर्बल बने बहुजन समाज के विभिन्न स्तरों का समर्थन करनेवाले 'बहुजन पक्ष' नाम से घोषणा-पत्र निकालकर अपनी भूमिका स्पष्ट कर चुनाव लड़ा जाए, ऐसा विट्‌ठल रामजी शिंदे ने तय किया होगा। मैं राजनीति में क्यों हिस्सा ले रहा हूँ और इस सन्दर्भ में मेरी कौन-सी भूमिका है, यह स्पष्ट हो, इसलिए शिंदे ने 'बहुजन पक्ष' नाम से अपना घोषणा-पत्र प्रस्तुत किया। शिंदे का घोषणा-पत्र निम्न प्रकार था—

बहुजन पक्ष

हिन्दुस्तान की कुल जनसंख्या के राजनीतिक दृष्टि से केवल दो प्रमुख प्रकार हैं—1. विद्याबल, द्रव्यबल या अधिकार बल से विक्षिप्त वर्ग और 2. इनमें से कोई भी बल न होने के कारण और मजबूरन पिछड़ा वर्ग या बहुजन समाज। इस दूसरे वर्ग में ही अत्यन्त तिरस्कृत, ऐसे अस्पृश्य वर्ग का समावेश होता है। आजकल के राजनीतिक सुधार के अरुणोदय के साथ ही इन दो विभागों में बड़ा विरोध दिखाई देने लगा और इस विरोध के अनुसार बहुजन समाज या पिछड़े वर्ग का एक नया दल ही बन चुका है। इसे ही 'ब्राह्मणेतर पक्ष' नाम दिया जाता है, लेकिन मजबूरी और बलहीनता—ये जो पिछड़े वर्ग की प्रमुख विशेषताएँ इस वर्ग के पक्ष को 'ब्राह्मणेतर पक्ष' ऐसा जाति विशेष नाम देने से कतई यथार्थ रूप में प्रकट नहीं होती हैं। इसलिए इस नए पक्ष को बहुजन पक्ष या जनपद पक्ष जैसा बिलकुल योग्य और निर्विकल्प नाम देने से उस पर कोई भी आपत्ति नहीं ली जा सकती।

कार्य पद्धति : यह नया पक्ष औरों से स्वतंत्र बर्ताव करनेवाला है, फिर भी जहाँ-जहाँ हित का प्रश्न खड़ा होगा वहाँ-वहाँ समानता का स्तर लेकर जो कोई व्यक्ति या पक्ष उसे क्रियाशील सहयोग करने के लिए तैयार होगा, उसके लिए उतना पर्याप्त सहयोग करने के लिए यह पक्ष भी तैयार रहेगा क्योंकि इस पक्ष की नींव खोखले भाव पर न होकर ठोस हित सम्बन्ध पर है। इस पक्ष में निम्न वर्ग आते हैं।

पहला, किसान वर्ग : इसमें सिरचढ़े जमींदारों या पुश्तैनी जागीरदारों का समावेश कतई नहीं होता। जो अपने स्वामित्व की खेती खुद ही करता है और उसके लिए आवश्यक मजदूरों को समान स्तर से योग्य वेतन देकर सँभालता है, उसे ही किसान कहें।

दूसरा, सिपाही वर्ग : इसमें सरदारों का समावेश बिलकुल नहीं, लेकिन आम सिपाही के हित सम्बन्ध हमारे पक्ष से ही रखने चाहिए क्योंकि वे पिछड़े हैं। किसान सभी का सही पालनहार है और बड़े-बड़े मुफ्तखोर जमींदार और जागीरदार ये केवल उसके पोष्य हैं। साथ ही, हथेली पर सिर लेकर लड़नेवाला जवान यही सच्चा क्षत्रिय, वह केवल पट्टेवाला चपरासी नहीं।

तीसरा, अध्यापक वर्ग : इसमें पीताम्बर पहननेवाले शास्त्री, हकदार, पुरोहित या लेहनादार जोशी ये या अन्य मुफ्तखोरों की गिनती नहीं की जा सकती। साहित्य या उद्यम की व्यावहारिक शिक्षा देने के लिए जो कोई पात्र है और जो अपनी वृत्ति का पुश्तैनी हक न जताकर बाजार के अनुसार वेतन लेने के लिए तैयार है, उनकी जाति, धर्म कोई भी हो, उनके हित सम्बन्ध इस पक्ष में सुरक्षित रखना आवश्यक है।

चौथा, उद्यमी : बढ़ई, सुनार, दर्जी, तेली, तमोली, अहीर आदि छोटे-छोटे कारोबार करके राष्ट्र की सेवा करनेवाले जो अशिक्षित व अनधिकारी वर्ग हैं, वे भी राष्ट्र के धारक होकर उनकी हैसियत किसान या सिपाही से रत्तीभर भी कम नहीं।

पाँचवाँ, दुकानदार : इसमें ब्याज लेकर दूसरों की पूँजी ऐंठनेवाले, उससे धनी बननेवाले व्यापारी या कम्पनीवाले निषिद्ध हैं, किन्तु उद्यमी लोग और मजदूरों की सहायता से जो राष्ट्रीय सम्पत्ति किसानों ने निर्मित की और सिपाहियों ने उसकी रक्षा की, उसका देश में वितरण हुए बिना सूद के पूँजी होनेवाले दुकानदारों की उतनी ही आवश्यकता है। यह वर्ग सिरचढ़ा न होकर बहुजन समाज के खून को नहीं चूसता हो तो इसको भी आगे लाने के लिए हमारे पक्ष को कोशिश करनी होगी।

छठा, मजदूर वर्ग : इसमें बाजार के हिसाब से वेतन लेकर मेहनत करनेवाले ही नहीं तो बुद्धिजीवी वकील, डॉक्टर आदि भी का समोवश होने की सम्भावना है, किन्तु यह दूसरा वर्ग अपने विद्याबल के कारण अपनी आवश्यकता से ज्यादा सम्पत्ति जमा करके अधिकार पद पर भी आसानी से जाकर बैठता है। इतना ही नहीं तो विद्या और विद्रोही स्वभाव के आधार पर बहुजन समाज का नेतृत्व भी वही करता है। ऐसे लोग तत्त्वत: मजदूर हों तो भी वस्तुत: पिछड़े न होने के कारण उनके हित सम्बन्धों की जिम्मेदारी उन पर सौंपना ही ठीक है। शेष मेहनतकश मजदूरों की खबर हमारे पक्ष के अलावा अन्य कोई नहीं ले सकता। मजदूर भी सिरचढ़े होने के बाद उनको समझाने का अधिकार बहुजन पक्ष को ही है।

सातवाँ, अस्पृश्य वर्ग : अस्पृश्यता के कारण यह वर्ग पिछड़ा ही है; इतना ही नहीं तो वह पीसा गया है। धर्म, परम्परा, रूढ़ि या दूसरे कोई भी कारण न बताते हुए अस्पृश्यता और असहायता खत्म करके उन्हें समान स्तर से

बहुजन समाज में मिलाना यह इस पक्ष का पवित्र कार्य है। काफी अवसर फिजूल विवाद में, नक़ली प्रस्ताव में और मतलबी सहानुभूति में पहले ही गँवाए जाने के कारण इस वर्ग के व्यक्ति अलग ही दिशा में मुड़ें, इसलिए हमारे दल को सतर्क रहना चाहिए।

आठवाँ, स्त्री वर्ग : आज की राज्य क्रान्ति में हमारे देश के स्त्री वर्ग के हाथ कुछ भी नहीं लगा है। हमारा पक्ष विद्वानों का नहीं, वक्ताओं का नहीं, चिल्लानेवालों का नहीं, इसलिए वह थोड़े ही स्त्री वर्ग को भूलनेवाला है? स्त्री वर्ग यानी हमारा निर्माता उनकी लापरवाही करें तो झूले में ही हमारी कब्र झूलने लगेगी, इस बात का हमें पूरा एहसास है।

यहाँ तक हमने केवल वर्ग के आधार पर हित संवर्द्धन का निरीक्षण किया, लेकिन जिनको वर्ग में विभाजित नहीं किया जा सकता, ऐसे कई हित सम्बन्ध हैं। अनिवार्य शिक्षा का, मद्यपान विरोध का, धार्मिक विधि और सामाजिक परम्परा पालन के बारे में स्वयं निर्णय का आदि कोई भी पक्ष लो, ये सब राष्ट्रीय होकर भी स्वयं को राष्ट्रीय कहलवाकर लेनेवाला पक्ष जब बाधा बनता है और 'प्रगतिवादी' माननेवाला अपनी हार मानता है तब बहुजन समाज को जगाकर उसको स्वयं के पैरों पर खड़े करने का मुश्किल कार्य करने के लिए हमारे जैसे कुछ स्वतंत्र और नए पक्ष को आगे आना जरूरी है। राष्ट्रहित का जिसको एहसास होगा, उसके हित को हमारा भी विरोध नहीं होगा। वे सभी हम में शामिल होंगे, कम-से-कम सहयोग तो करेंगे, ऐसी हमें उम्मीद हैं।"[2]

विट्ठल रामजी शिंदे

नाना पेठ, भोकरबाड़ी, पुणे
1 सितम्बर, 1920

समाज के अस्पृश्य वर्ग, किसान वर्ग, स्त्री वर्ग साथ ही अन्य पिछड़े वर्ग—इन सभी की उन्नति को लेकर विट्ठल रामजी शिंदे के मन में तीव्र तड़प थी। उन्होंने सामाजिक स्तर पर विशेषत: अस्पृश्य वर्ग की सेवा का अब तक तहेदिल से प्रचार किया था। प्रत्यक्ष राजनीति में प्रवेश कर और विधिमंडल में प्रतिनिधित्व करके इन सभी पिछड़े वर्गों की सेवा और अधिक प्रभावी ढंग से की जाएगी, यह शिंदे की राय थी। उन्हें लगता था कि अस्पृश्य वर्ग की उन्नति के लिए आज तक जितनी कोशिश की, उससे भी ज्यादा कोशिश आवश्यक है। अस्पृश्य वर्ग के प्रति होनेवाली उनकी निष्ठा बिलकुल कम नहीं हुई थी। इस यथार्थ के बावजूद पिछले दो-तीन सालों से अस्पृश्य वर्ग से पढ़े-लिखे युवा और कुछ नेताओं की ओर से मिशन और शिंदे के प्रति केवल शिकायतें ही नहीं तो आलोचना भी तीव्रता से उभर रही थी। शायद इन कारणों से हो सकता है, अस्पृश्य वर्ग की प्रगति को लेकर अपनी भूमिका और कोशिश जारी रखकर विधिमंडल में जाकर अपने कार्य का क्षेत्र अधिक व्यापक बनाया जाए और लोकप्रतिनिधि के नाते अस्पृश्यों के साथ अन्य पिछड़े वर्ग की सेवा करें, उनकी समग्र प्रगति हेतु कोशिश करें, ऐसा शिंदे को लगा हो और इसीलिए उन्होंने चुनाव लड़ने की अपनी तैयारी दिखाई हो।

चुनाव प्रक्रिया शुरू होने से पहले राष्ट्रवादी मराठा और सत्यशोधकी या ब्राह्मणविरोधी मराठा—इन दो दलों ने शिंदे की उम्मीदवारी को समर्थन दिया, किन्तु यह चित्र अन्त तक नहीं रहा। विविध मत और भूमिका में अजब परिवर्तन हुए। पुणे की इस जगह पर गरम दल की ओर से न.चिं. केलकर, नरम दल की ओर से शेठ मानूरकर और वासुदेवराव गुप्ते तथा विट्ठल रामजी शिंदे आदि चार उम्मीदवार खड़े थे। विट्ठल रामजी शिंदे ने लिखा है, "वासुदेवराव गुप्ते को कोल्हापुर के श्रीमन्त शाहू छत्रपति का पूरी तरह से समर्थन प्राप्त था। स्वयं महाराज और उनके दीवान रा.ब. सबनीस ये पुणे में आकर ठहरे थे।" शिंदे ने यदि ऐसा दर्ज किया है, फिर भी चुनाव के आरम्भ में श्रीमन्त शाहू छत्रपति ने विट्ठल रामजी शिंदे को समर्थन दिया था। शिंदे ने चुनाव लड़ना तय करने के बाद शाहू महाराज को तसल्ली हुई, यह उनके अगले पत्र से स्पष्ट होता है :

आपने हम सभी की विनती स्वीकार करके चुनाव लड़ना कबूल किया, इसके लिए हम आपके एहसानमन्द हैं। आपके जैसा योग्य पुरुष मराठा समाज को मिले तो उत्तम ही है। चुनाव में मेरी ओर से जो सेवा होगी, वह बड़ी खुशी से करूँगा।

शाहू छत्रपति[3]

विट्ठल रामजी शिंदे की मदद करने उनके बड़ौदा के मित्र खासेराव जाधव पुणे में दो मास आकर रहे और चुनाव के खर्चे की जिम्मेदारी उन्होंने स्वयं उठाई थी। विट्ठल रामजी शिंदे को समर्थन देने के लिए उनकी अध्यक्षता

में भवानी पेठ में सभा आयोजित की थी। इस सभा में अपना मत रखने के लिए न.चिं. केलकर ने भाषण दिया। इसमें उन्होंने कहा कि हमारे बाप-दादा किसान थे। हम 'मराठा' पत्रिका के सम्पादक हैं इसलिए मराठा ही हैं। यह समाचार सुनने के बाद श्रीमन्त शाहू महाराज ने स्वयं के हस्ताक्षर कर विट्ठल रामजी शिंदे को पत्र भेजा, जो इस तरह है :

रायबाग कैम्प
ता. 29.8.20

रा.रा. विट्ठल रामजी शिंदे को,
स्नेह वृद्धिगत हो, ऐसी कामना।

मुझे दिल से आपका अभिनन्दन करने की इजाजत दीजिए। आप शहर की ओर से चुनकर आएँ, ऐसी मेरी इच्छा है। नरसिंह चिन्तामणि केलकर कहते हैं कि मैं मराठा हूँ इसलिए मुझे चुनो क्योंकि मैं मराठा समाचार-पत्र चलाता हूँ। इस पर मैं कहता हूँ कि मैंने अपने बैल का नाम 'ब्रिटानिया' रखा है, अपने पसन्दीदा घोड़े का नाम 'टर्किश फ्लैग' रखा है, अपनी गाय का नाम 'जपानिका' रखा, इसलिए क्या मेरा जापानी या टर्की लोगों का नेता होना ठीक होगा? वि.रा. शिंदे मराठा वर्ग से हैं। जापान के सामुराई वर्ग (क्षत्रिय) ने अपना उच्च स्थान छोड़कर सभी लोगों को अपनी बराबरी का स्थान दिया और देश की उन्नति वैसे ही की शिंदे ने किया है। मैं पुणे जल्द ही आनेवाला हूँ। भेंट में पूरी चर्चा होगी, ईश्वर आपको इलेक्ट करें।

ताजा कलम : उग्रवादी हो या नरम दल हो, जापानी हो या टर्किश हो, हमारी नीति ऐसी हो कि जिसमें जनता की भलाई हो उससे हम सहायता करेंगे और हमारा पक्ष स्वतंत्र रहेगा। सत्य पक्ष से हमेशा सहायता करना, यही हमारा लक्ष्य होना चाहिए न? इसमें कुछ गलती हो तो लिखिए। आप बुजुर्ग, अनुभवी हैं इसलिए मैं आपके उपदेश की अपेक्षा कर रहा हूँ।

ताजा कलम : हम किसी में मिलना नहीं चाहते। जहाँ सत्य होगा, वहाँ मिले बगैर रहेंगे नहीं। हम बच्चों ने यही लक्ष्य रखना चाहिए न? सद्भाव रहे यह विनती।

शाहू छत्रपति[4]

छत्रपति शाहू महाराज ने विट्ठल रामजी शिंदे के लिए अत्यन्त आदर का भाव व्यक्त किया और चुनाव में उन्हें सफलता मिले, इसके लिए पत्र द्वारा शुभेच्छा प्रकट की, किन्तु श्रीमन्त शाहू छत्रपति की यह भूमिका अन्त तक बनी नहीं रही। इस सन्दर्भ में एक लक्षणीय घटना घटित हुई। इस चुनाव की दौड़-धूप में 3 अक्टूबर, 1920 को शिवाजी मराठा सोसाइटी की एक सभा भवानी पेठ में आयोजित की गई थी। कुछ दिन पहले ही कोल्हापुर में क्षात्र जगद्गुरु की निर्मिति की कल्पना उदित हुई थी। शाहू छत्रपति इस बारे में मराठा समाज की राय आजमाना चाहते थे। सभा के आरम्भ में श्री शिवाजी मराठा सोसाइटी के छात्रों के कलाबाजी और मर्दानी खेल होने के बाद संस्था के सेक्रेटरी बाबूराव जगताप ने संस्था का प्रतिवेदन पढ़ा। छत्रपति ने मराठा क्षात्र जगद्गुरु चुनने के बारे में सोचा था। उस सन्दर्भ में वहाँ इकट्ठा हुए प्रमुख लोगों को अपने विचार प्रस्तुत करने का आह्वान किया। इस सन्दर्भ में रा.ब. वंडकेर का भाषण हुआ। उसके बाद विट्ठल रामजी शिंदे भी अपनी भूमिका प्रस्तुत करें, ऐसा शाहू छत्रपति ने सूचित किया। इस पर शिंदे ने कहा, "धार्मिकता के बारे में कोई विवाद खड़ा हो तो आखिरी राय अभिषिक्त राजा दे, ऐसी परम्परा पहले शाहू महाराज से चली आई है, ऐसा इतिहास बताता है। अब छत्रपति शाहू महाराज दूसरे किसी को जगद्गुरु नियुक्त न कर उसके सभी अधिकार स्वयं ही लें।" विट्ठल रामजी शिंदे की भूमिका उनके प्रार्थना या ब्राह्म समाज की भूमिका से सुसंगत ही थी। ईश्वर और भक्त, इनके बीच कोई भी मध्यस्थ न हो, ऐसी भूमिका का यह स्वाभाविक पर्यवसान था। अभिमानी मराठा मंडली को या तीव्र स्वरूप का ब्राह्मण विरोध रखनेवाली मंडली को शिंदे की यह भूमिका रास न आनेवाली थी। शिंदे के बाद भास्करराव जाधव का जोशीला भाषण हुआ। जाधव के भाषण के एक वाक्य पर मुम्बई के रामचन्द्र अर्जुन गोले ने आपत्ति जताई। इस पर हंगामा हुआ। सभा में हाथापाई की शुरुआत हुई। ऐसी स्थिति में भी खासेराव जाधव ने शाहू छत्रपति के प्रति आभार व्यक्त कर सभा का विसर्जन करने की घोषणा की। इस हाथापाई में बाबूराव जेधे और गं. मु. कालभोर को काफी चोट पहुँची। जागृतिकार पालेकर भी इस सभा में उपस्थित थे, किन्तु उनके सिर पर बड़ौदा का साफा होने के कारण उन्हें पारसी मान लिया गया और वे हाथपाई से बचे।"[5]

इस असफल सभा का असर शिंदे के चुनाव पर निश्चित रूप में हुआ क्योंकि जिन दलों के मराठों ने मिलकर उन्हें चुनाव के लिए खड़ा किया था, उन्हीं में फूट पड़ गई। राष्ट्रवादी मराठा यानी सत्यशोधक विचार की या ब्राह्मणेतरवादी मराठा मंडली शिंदे के विरोध में गई।

इसी दौरान महात्मा गांधी ने काउंसिल प्रवेश पर बहिष्कार डालने का 'असहयोग आन्दोलन' जोर से शुरू किया। इसलिए न.चिं. केलकर ने अपनी उम्मीदवारी पीछे ली और शिंदे भी चुनाव में असफल रहे। सत्यशोधक विचारों के मराठों की तरह छत्रपति शाहू महाराज की शिंदे के प्रति होनेवाली भूमिका शायद इस सभा में प्रकट मत के कारण बदल गई होगी, ऐसी सम्भावना है क्योंकि छत्रपति शाहू महाराज का पूरा समर्थन वासुदेवराव गुप्ते को था और स्वयं महाराज उनके दीवान रा.ब. सबनीस पुणे में आकर ठहरे थे, ऐसा शिंदे ने इस बारे में दर्ज किया है। यह मात्र सच है कि शाहू छत्रपति का इस चुनाव में सहयोग नहीं मिला, लेकिन शिंदे के मित्र खासेराव जाधव ने इस चुनाव में दो मास पुणे में डेरा डाला। शिंदे को वोट मिलें, इसके लिए वे घर-घर घूमे और हजारों रुपये खर्च किए। खासेराव जाधव द्वारा दिखाए स्नेह और उठाए कष्ट से विट्ठल रामजी शिंदे उनके प्रति कृतज्ञ रहे। पुणे की स्थानीय मंडली से 'विजयी मराठा' कार श्रीपतराव शिंदे, गंगाराम बुवा कालभोर, बाबूराव जेधे व केशवराव जेधे तथा शिंदे के सेना के मित्र डॉ. मोदी ने इस चुनाव में शिंदे की जो नि:स्वार्थ मदद की, उसके लिए भी शिंदे उनके प्रति कृतज्ञ रहे। इस चुनाव में मराठा मंडली में दरार उत्पन्न हुई। अन्तर्गत तनाव आगे बना रहा।

सन्दर्भ

1. *दि रिफॉर्म्स कमेटी,* वॉल्यूम. 11 अनुच्छेद 6404-06
2. वि.रा. शिंदे, *माझ्या आठवणी व अनुभव,* पृ. 306-308
3. वही, पृ. 309
4. वही
5. भगवन्त पालेकर, *जागृतिकर पालेकर : आत्मवृत्त आणि लेख संग्रह,* बड़ौदा, पृ. 42-43

शिंदे और ब्राह्मणेतर दल

विट्ठल रामजी शिंदे ने 1903 के आरम्भ से धर्म-प्रचार कार्य की शुरुआत की। अस्पृश्यता उन्मूलन कार्य को धार्मिक कार्य मानकर दो-तीन सालों के बाद वह कार्य जोर-शोर से आरम्भ किया। मिशन की स्थापना के बाद पाँच-छह सालों में मिशन के कार्य का प्रसार महाराष्ट्र गुजरात, कर्नाटक, चेन्नई—इन प्रान्तों में जोर से हुआ। शिंदे जोश के साथ अस्पृश्य वर्ग के लिए कार्य कर रहे थे। उसी समय यानी बीसवीं सदी के दूसरे दशक में महाराष्ट्र और हिन्दुस्तान की राजनीति का चित्र गति से बदलने लगा।

छत्रपति शाहू महाराज कोल्हापुर रियासत के राजा बने और वे रियासत के कारोबार में ध्यान देने लगे, तब उनकी समझ में आया कि रियासत के महत्त्वपूर्ण पदों पर साथ ही नौकरी में ब्राह्मण जाति के ही लोग हैं। पाठशाला, महाविद्यालय का अध्यापक वर्ग ब्राह्मण ही था और पढ़नेवाले छात्रों में भी बहुसंख्य ब्राह्मण और अल्पसंख्य बहुजन समाज के छात्र थे। शाहू महाराज को यह बात अखरने लगी और उन्होंने इसे बदलने की ठान ली। उन्होंने कोल्हापुर रियासत में तथा शहर में बहुजन समाज को शिक्षा से सम्बन्धित सुविधाएँ मुहैया कीं। बहुजन समाज की विभिन्न जातियों के लिए बोर्डिंग खोलकर बहुजन समाज के छात्रों में शिक्षा का प्रसार अधिक मात्रा में हो, इसके लिए कोशिश शुरू की। न्याय की दृष्टि से यह करना आवश्यक ही था, किन्तु भविष्य में हम अधिकार पद और मिलनेवाली सुविधाएँ खो बैठेंगे, इस कल्पना से ब्राह्मण वर्ग ने शाहू महाराज पर ब्राह्मण द्वेष का आरोप लगाना शुरू किया। उसी में कोल्हापुर में वेदोक्त प्रकरण सामने आया और उससे ब्राह्मणों का अहंकार खौल उठा। उसी में लोकमान्य तिलक ने कोल्हापुर के ब्राह्मण वर्ग का पक्ष लिया। केवल 'केसरी' ही नहीं तो सतारा का 'विश्ववृत्त', नासिक का 'प्रकाश' आदि ब्राह्मणी समाचार-पत्रों में शाहू महाराज पर अन्यायपूर्ण टीका-टिप्पणी होने लगी। इन सभी बातों के परिणामस्वरूप महाराष्ट्र में ब्राह्मण और ब्राह्मणेतर जैसे दो दलों की निर्मिति हुई। 1911 के बाद महाराष्ट्र के छोटे-बड़े गाँवों में सत्यशोधक समाज के अधिवेशन होने लगे। बहुजन समाज में थोड़ा-बहुत शिक्षा का प्रसार हुआ और ब्राह्मणेतरों की प्रत्येक जाति के लिए परिषदें आयोजित की जाने लगीं। समग्रत: बहुजन समाज में कम-से-कम सामाजिक स्तर पर जागृति का असर दिखाई देने लगा। लोकमान्य तिलक ने जेल से छूटते ही 1915 के आसपास 'होमरूल आन्दोलन' शुरू किया। ब्राह्मणेतर वर्ग को ऐसा लगा कि यह आन्दोलन अपने विपक्ष में ही है। इन सभी बातों के तहत ब्राह्मणेतरों का राजनीतिक आन्दोलन शुरू हुआ।

शाहू महाराज के प्रोत्साहन से पुणे में बाबूराव जेधे और मराठा समाज के अन्य नेता सत्यशोधक आन्दोलन के पुरस्कर्ता बन गए, किन्तु यह आन्दोलन केवल सत्यशेधक समाज का आन्दोलन न रहकर उसकी ब्राह्मण विरोधी धार अधिक तेज होने लगी। भास्करराव जाधव जैसे बुद्धिमान नेता इस आन्दोलन को मिले। साथ ही वा.रा. कोठारी भी सन् 1916 से 1923 तक इस आन्दोलन से जुड़े थे। मराठा, जैन और लिंगायत आदि जातियों के नेता प्रमुखता से ब्राह्मणेतर पक्ष का कार्य करने लगे। सत्यशोधक समाज का सामाजिक सुधार की व्यापक विचारधारा का अधिष्ठान ढलकर प्रखर ब्राह्मण विरोधी जैसा स्वरूप इस आन्दोलन में आता गया अर्थात् इसका दोष मात्र पूर्णत: ब्राह्मणेतर वर्ग का नहीं। विट्ठल रामजी शिंदे ने ही एक स्थान पर कहा है, "ब्राह्मणेतरों का जातिवाद ब्राह्मणों के जातिवाद की प्रतिक्रिया होता है।"

विट्ठल रामजी शिंदे का महात्मा जोतिबा फुले की विचारधारा के प्रति आदर था। उन्होंने दिसम्बर 1905 में जोतिबा फुले का पहली बार उल्लेख 'इंडियन मैसेंजर' में लिखे अंग्रेजी लेख में किया है। फुले के सार्वजनिक

सत्यधर्म में व्यक्त उन्नत धर्मदृष्टि शिंदे को नजदीक लगती होगी, किन्तु 1916 के आसपास सत्यशोधक और ब्राह्मणेतर मंडली ने साझा रूप में जो ब्राह्मणेतर आन्दोलन शुरू किया, उसकी समग्र नीति शिंदे को मंजूर नहीं थी। ब्राह्मणेतर पक्ष का आत्यन्तिक राजनिष्ठा का पहलू शिंदे को स्वीकार नहीं था। उस समय राजनीतिक परिदृश्य पर ऐसा दृश्य था कि तिलक दल या राष्ट्रवादी गरम दल (इसमें प्रमुखत: शिक्षित ब्राह्मण थे) स्वराज्य चाहता था और ब्राह्मणेतर मंडली अंग्रेजी सत्ता चाहती थी, जिसमें उन्हें बहुजन समाज का हित लगता था। नरम दल और ब्राह्मणेतर में अंग्रेज निष्ठा और सामाजिक सुधार को लेकर समान राय थी, परन्तु समग्र सामाजिक सुधार के लिए जो निष्ठा ब्राह्मणेतरों की थी, उतनी नरम दल की नहीं थी। वा.रा. कोठारी ब्राह्मणेतर और नरम दल के बीच की कड़ी थे, किन्तु ब्राह्मणेतरों की एक-दो सभाओं में आकर केवल प्रा. वा.गो. काले ने भाषण दिया। प्रा. केशवराव कानिटकर, हरिभाऊ लिमये, काकासाहब लिमये, बापूराव आंबेडकर, एस.जी. वझे—इस नरम दल की मंडली का ब्राह्मणेतर पक्ष को प्रत्यक्ष समर्थन नहीं मिला।

महाराष्ट्र में ब्राह्मणेतरों के प्रति और विशेषत: मराठों को लेकर वे स्वतंत्रता विरोधी हैं, ऐसा दृश्य निर्मित हुआ था। शिंदे को लगता था कि यह न उचित है, न यथार्थ से मेल रखता है। अमरावती की जाहिर सभा में शिंदे ने प्रथमत: इस बात को स्पष्ट कर मराठा स्वतंत्रता प्रेमी और राष्ट्रीय स्वतंत्रता के पक्ष में हैं, ऐसा स्पष्ट किया और 1917 में पुणे के शनिवारबाड़ा के सामने उनकी अध्यक्षता में सभी जातियों की सभा आयोजित कर राष्ट्रीय स्वतंत्रता के समर्थन की घोषणा की गई। इस घटना की प्रतिक्रिया के रूप में ब्राह्मणेतर पक्ष अधिक संगठित होने लगा।

'राष्ट्रीय तिलक पंथ' स्वराज्य के लिए अनुकूल और सामाजिक सुधार के विपक्ष में था। उन्हें लगता था कि सामाजिक सुधार का समर्थन करें तो शिक्षित उच्चवर्णियों का समर्थन नहीं मिलेगा और उससे स्वराज्य का आन्दोलन कमजोर होगा। यह केवल स्वराज्य विषयक नीति थी, ऐसा यकीनन नहीं कह सकते। सतारा के दादासाहब करन्दीकर द्वारा समय-समय पर व्यक्त की प्रतिक्रियाओं से लगता है कि इस दल के बहुत से उच्चवर्णीय ब्राह्मणों को अन्य पिछड़े वर्ग की उन्नति हो और वे अपने बराबर बनें, ऐसा मन से नहीं लगता होगा। उच्चवर्णियों के मन में अन्य जातियों और अस्पृश्य वर्ग के प्रति एक तरह से तुच्छता का भाव होगा। इसलिए वे सामाजिक सुधार की अपेक्षा स्वराज्य प्राप्ति को वरीयता देते थे। इसके विरुद्ध ब्राह्मणेतर पक्ष की मंडली को ऐसा लगता था कि आजादी मिलने पर केवल उच्चशिक्षित ब्राह्मण वर्ग को ही लाभ होगा और शिक्षा के अभाव से ब्राह्मणेतर वर्ग मात्र अवनत ही रहेगा और ब्राह्मणी अधिकार में उन्हें कष्ट सहना पड़ेगा। राजनीतिक दासता से भी सामाजिक निम्न दशा यह ब्राह्मणेतरों के चिरन्तन दुख का कारण होगी। इसलिए अंग्रेजों के खिलाफ न जाकर उनकी सत्ता में बहुजन समाज में अधिक सुधार करना, अंग्रेजी सत्ता से लाभ उठाना हो तो अंग्रेजों के साथ एकनिष्ठ रहना चाहिए, इस नीति के अनुसार ब्राह्मणेतर दल पेश आता था।

राष्ट्रीय गरम दल और अंग्रेजों के अनुकूल ब्राह्मणेतर पक्ष, इनसे विट्ठल रामजी शिंदे की भूमिका अलग और विशेष थी। शिंदे अस्पृश्य वर्ग और बहुजन समाज की शिक्षा को महत्त्व देते थे, किन्तु स्वतंत्रता की वृत्ति स्कूली शिक्षा के अभाव में भी हो सकती है, ऐसी उनकी धारणा थी। मराठा समाज तो ऐतिहासिक काल से स्वतंत्रता प्रेमी और स्वतंत्रता में जीनेवाले रहा है। इसके लिए ब्राह्मणेतर या बहुजन समाज ने स्वराज्य के विपक्ष में होने का कोई कारण नहीं था। शिंदे छात्रावस्था से ही राष्ट्रवादी विचारधारा के थे। ऑक्सफोर्ड में यूनिटेरियन स्नेह सम्मेलन में वहाँ के अंग्रेज श्रोता वर्ग के सामने उन्होंने अपने राष्ट्रवादी विचार व्यक्त किए थे, यह हमने देखा ही है। अस्पृश्यता उन्मूलन का कार्य अपनी राजनीतिक राय में बाधा न बने, इसलिए वे राजनीतिक राय प्रकट करते समय एक तरह का संयम बरतते थे, लेकिन 1916-17 के दौरान राजनीतिक परिदृश्य बदलने पर मराठा राष्ट्रीय वृत्ति के हैं, यह स्पष्ट रूप से बताना और उसके लिए 'मराठा राष्ट्रीय संघ' की स्थापना करना उन्हें आवश्यक लगा। इस काल के विविध पक्षों की भूमिका से शिंदे को किसी भी एक पक्ष की भूमिका पूरी तरह से स्वीकार्य नहीं लगती थी। राजनीतिक दृष्टि से जो उग्रवादी थे, उनकी सामाजिक सुधार सम्बन्धी प्रतिगामिता उन्हें स्वीकार नहीं थी। राजनीतिक नरम दल सामाजिक सुधार के लिए कम-से-कम मौखिक समर्थन व्यक्त करता था जो शिंदे को ठीक लगता था, लेकिन उनकी अंग्रेजों की अनुनय करने की वृत्ति उन्हें स्वीकार नहीं थी। राजनीतिक उग्रवादी हो या नरम दल, दोनों में बहुजन या ब्राह्मणेतरों के सुधार के प्रति आस्था नहीं थी। शिंदे को बहुजन समाज की समग्र उन्नति महत्त्वपूर्ण

लगती थी। ब्राह्मणेतर पक्ष का बहुजन समाज का समर्थन और ब्राह्मणेतरों के सुधार की भूमिका शिंदे को मान्य थी, किन्तु उनका अंग्रेजों की अनुनय करना और स्वराज्य विरोधी रुख उन्हें पसन्द नहीं था। ब्राह्मणेतर आन्दोलन के कोठारी जैसे आरम्भिक नेताओं को अस्पृश्यों की शिक्षा और सुधार के प्रति आस्था थी। कम-से-कम वा.रा. कोठारी अपने लेखन में इस बात का बार-बार उल्लेख करते हैं, लेकिन स्वयं कोठारी ने इस सन्दर्भ में कोई ठोस काम नहीं किया या ब्राह्मणेतर पक्ष के अपने सहयोगियों को इस प्रकार का कार्य करने के लिए प्रेरित भी नहीं किया। शिंदे का स्पष्ट आरोप सुनकर उसे झूठा साबित करने की भूमिका से उन्होंने सोलापुर जिले के अपने बावी गाँव में अस्पृश्यों के लिए एक बोर्डिंग खोला और शिंदे पर डी.सी. मिशन को लेकर अस्पृश्य वर्ग ने जो टीका-टिप्पणी करनी शुरू की, उस समय डॉ. मैन की अध्यक्षता में शिवराम जानबा कांबले के सहयोग से अस्पृश्य वर्ग की उन्नति के लिए एक संस्था स्थापित की, किन्तु उसकी एक भी बैठक न हुई और सात साल बाद उन्हें वह विसर्जित करनी पड़ी। 1923 से विधि काउंसिल में होने के बावजूद उन्होंने अस्पृश्य वर्ग के लिए कुछ भी नहीं किया। अस्पृश्य वर्ग की उन्नति के लिए बार-बार मौखिक सहानुभूति व्यक्त करनेवाले वा.रा कोठारी की यह स्थिति थी। अन्य ब्राह्मणेतर नेताओं के बारे में क्या कहें, इनमें से किसी को भी अस्पृश्य वर्ग की उन्नति में आस्था थी, ऐसा नहीं दिखता। फिर उनके कार्यक्रम में इन बातों का समावेश होना दूर ही रहा।

सत्यशोधक और ब्राह्मणेतर पक्ष के नेताओं को अस्पृश्य वर्ग के सुधार के प्रति आस्था नहीं थी, ऐसा स्पष्ट विधान उसी समय शिंदे ने किया हुआ दिखाई देता है। सन् 1916 में निपाणी में आयोजित सत्यशोधक समाज के अधिवेशन में विट्ठल रामजी शिंदे उपस्थित थे। भास्करराव जाधव इस परिषद् के आयोजक थे। इस परिषद् को बड़ी संख्या में लिंगायत, माली, तेली आदि जाति के लोग उपस्थित थे। उसकी तुलना में शुद्ध मराठा कहलवानेवाले लोग संख्या में कम थे। सर नारायणराव चन्दावरकर ने पूछा था, "इस परिषद् को अस्पृश्य वर्ग के प्रतिनिधियों को आने की अनुमति थी क्या?" इस पर शिंदे ने उत्तर दिया, "उनसे अनुमति मिलना सम्भव नही है, यह जानकर ही उस वर्ग का कोई नहीं आया था।" चन्दावरकर ने शिंदे को स्पष्ट रूप से पूछा, "लेकिन इन लोगों को अस्पृश्यों के प्रति कुछ सहानुभूति तो लगती है?" शिंदे बोले, "मुझे नहीं लगता कि उन्हें उनके प्रति सहानुभूति है। मेरा तो ऐसा अनुभव है कि पिछड़े कहनेवाले लोगों से ज्यादा अस्पृश्यों के उद्धार के बारे में ब्राह्मणों को ही ज्यादा आस्था है और उन्हीं की इस कार्य में ज्यादा सहानुभूति है।"[1]

सत्यशोधक और ब्राह्मणेतर पक्ष की इस भूमिका के कारण शिंदे उनसे सहमत नहीं हो सकते थे।

तात्पर्य, स्वराज्यवादी रहना और सामाजिक सुधार का समर्थन करना और प्रत्यक्ष रूप में कार्य करना, बहुजनों की उन्नति के बारे में सोचना और उसके लिए कार्यप्रवण रहना—ऐसी शिंदे की अपनी विशेष भूमिका कही जा सकती है।

विट्ठल रामजी शिंदे की अस्पृश्यता उन्मूलन कार्य के प्रति अटल निष्ठा थी, तो ब्राह्मणेतर पक्ष के विभिन्न गुट अस्पृश्यता उन्मूलन को लेकर सामान्यतः उदासीन थे। इसी वजह से विट्ठल रामजी कभी ब्राह्मणेतर पक्ष के सदस्य नहीं बने या उनकी नीति से समरस नहीं हुए। य.दि. फड़के ने कहा है कि "ब्राह्मणेतर पक्ष में रहकर उसे अपने अनुकूल मोड़ देने की कोशिश करनेवाली मंडली में से कर्मवीर विट्ठल रामजी शिंदे उर्फ अण्णासाहब शिंदे यह एक थे।"[2] आगे फड़के ने ऐसा भी कहा है, "विट्ठल रामजी शिंदे ब्राह्मणेतर पक्ष में थे, लेकिन उन्हें शाहू छत्रपति या भास्करराव जाधव की अंग्रेज राज्यकर्ताओं को खुश रखने की नीति मंजूर नहीं थी।"[3] फड़के ने शिंदे की नीति को लेकर किया विधान यद्यपि उचित है, लेकिन 'शिंदे यह ब्राह्मणेतर पक्ष में थे', यह उनका विधान यथार्थ नहीं है। ब्राह्मणेतर वर्ग में आनेवाले लोग यह सत्ता सम्पत्ति, विद्या, अधिकार इनसे दूर रहनेवाले और उच्चवर्ग की ओर से ठगाये जानेवाले, शोषित होने के कारण उनके प्रति शिंदे को ममत्व और अपनापन जरूर लगता था। उन्होंने सन् 1920 के बहुजन पक्ष के घोषणा-पत्र में 'ऐसे लोगों की उन्नति के लिए मैं कोशिश करूँगा', ऐसा भी घोषित किया था, किन्तु ब्राह्मणेतर या मराठेतर, इस प्रकार का शब्द प्रयोग कर किसी को अलग करने की भूमिका उन्हें पूरी तरह से अस्वीकार थी। कुछ खास बातों में ब्राह्मणेतरों की या नरम दल की भूमिका उन्हें मंजूर होती तो वे उसी बात के लिए अपना समर्थन देते, किन्तु हम नरम दल के या ब्राह्मणेतर पक्ष के हैं, ऐसा कोई न माने, इसके लिए भी वे सावधानी बरतते थे। इसका प्रत्यय एक प्रसंग में मिलता है।

चिरोल मुकदमे का काम निबटकर तिलक इंग्लैंड से 27 नवम्बर, 1919 को मुम्बई लौटे। 7 दिसम्बर को रैंग्लर परांजपे की अध्यक्षता में तिलक के मानपत्र के विरोध की सभा जेधे मैंशन में हुई। विरोध करनेवालों में रैंग्लर परांजपे, काले, देवधरे आदि नरम दल के ब्राह्मण नेताओं के साथ ही श्रीपतराव शिंदे, वालचन्द कोठारी, केशवराम बागडे, जेधे बन्धु, जवलकर आदि अन्य ब्राह्मणेतर नेता और शिवराम जानबा कांबले जैसे दलित नेता भी थे। इन नेताओं द्वारा जारी पत्रक पर हस्ताक्षर करते समय विट्ठल रामजी शिंदे ने लिखा है, "सामाजिक सन्दर्भ में तिलक की नीति समता और स्वयंनिर्णय के तत्त्व को घातक होने के कारण उन्हें पुणे की जनता की ओर से मानपत्र देना ठीक नहीं। इसी नुक्स के कारण वे मेरी दृष्टि से सच्चे राष्ट्रीय नेता नहीं है।"[4] शिंदे द्वारा विरोध का कारण दर्ज करना सोद्देश्य ही होगा। तिलक के नेतृत्व में होनेवाली कमी पर उन्होंने उँगली उठाई। उसी समय अपनी भूमिका नरम दल के ब्राह्मणेतर नेताओं जैसी नहीं, यह दर्शाने के लिए तिलक की राजनीति नहीं तो केवल सामाजिक नीति का निर्देश किया है।

23 अप्रैल, 1925 को ब्राह्मणेतर समाज की ओर से पुणे में उन्हें मानपत्र देने का समारोह सम्पन्न हुआ। इस मानपत्र का उत्तर देते समय उन्होंने जो भाषण दिया, उससे ब्राह्मणेतर समाज के प्रति उनकी आस्था तो प्रकट होती है, लेकिन वे ब्राह्मणेतर पक्ष में नहीं थे, यह भी स्पष्ट होता है। ब्राह्मणेतर पक्ष को लेकर उनमें जो आत्मीयता और दूरी जैसा तनाव था, वह प्रकट होता है। उन्होंने दूर रहकर, लेकिन आत्मीयता से ब्राह्मणेतर पक्ष को उपदेश की दो बातें बताई हैं। उत्तर के रूप में किए इस भाषण में अस्पृश्यता उन्मूलन कार्य के प्रति उनकी अटल आस्था और लगन प्रकट होती है।

ब्राह्मणेतर समाज की ओर से दिए जानेवाले इस मानपत्र का वाचन मुम्बई प्रान्तिक ब्राह्मणेतर कांग्रेस समिति के सचिव के. सी. बागडे ने किया। मध्य विभाग के कमिश्नर मि. मैकी ने चाँदी की एक सुन्दर थाली में यह मानपत्र शिंदे को अर्पित किया। इस अवसर पर उत्तर के रूप में विट्ठल रामजी शिंदे ने इस तरह भाषण दिया :

"अध्यक्ष महोदय और दोस्तो!

"मेरा तिरेपनवाँ जन्मदिन आपने इस तरह से मनाया और मानपत्र देकर मेरा सम्मान किया, इससे मेरा दिल भर आया, किन्तु मैं आपको स्पष्ट कहना चाहता हूँ कि आपने किए हुए सम्मान के लिए मैं बिलकुल पात्र नहीं हूँ क्योंकि ब्राह्मणेतरों के लिए मैंने कुछ भी नहीं किया, ऐसा कहें तो भी चलेगा। जो कुछ सेवा मैंने अपनी जिन्दगी में की, वह किसी विशेष जाति या पंथ की नहीं। उसके लिए केवल अपवाद है वह जाति समूह या समाज, जिसे अत्यन्त अन्याय से अस्पृश्य माना जाता है, उस समाज की मैं कुछ सेवा कर सका। वस्तुत: मेरा जीवन यह अस्पृश्यता निवारण कार्य की एक लगन है। इसके परिणामस्वरूप मैंने अनेक महत्त्वपूर्ण विषयो और कर्तव्यों को नजरअन्दाज कर अन्याय किया हुआ होगा। मुझे ऐसा लगता है कि मेरे ऊपर यह कर्ज का बहुत बड़ा बोझ है और मुझे चाहे जितनी लम्बी उम्र मिले, तो भी मैं वह चुका नहीं सकूँगा। मुझे अक्सर ऐसा लगता आया है कि किसी उचित अवसर पर आप सभी और मेरे लिए आस्था रखनेवाले दोस्तों से एक बार जाहिर माफी माँगूँ क्योंकि आपको मेरी ओर से जो अपेक्षाएँ थीं, उनको मैंने बार-बार नजरअन्दाज किया है। मेरे अन्त:करण का यह बोझ कम करने का आपने मुझे जो मौका दिया, इसके लिए मैं आपका आभारी हूँ। मैं अब तक केवल एकतरफा कोशिश करता रहा हूँ, इसका समर्थन केवल एक मुद्दे से सम्भव है। वह है, अस्पृश्यता के प्रश्न की व्याप्ति और उसे दूर करने की जरूरत। मुझे और सौ जन्म मिलें तो भी नरबलि लेनेवाली अस्पृश्यता की वेदी पर अर्पण करने के लिए मैं आगा-पीछा नहीं देखूँगा। जिस ब्राह्म समाज का मैं एक नम्र सेवक हूँ, उस ब्राह्म धर्म ने मुझे यह कार्य करने की प्रेरणा दी। बीच-बीच में मैंने राजनीति और सामाजिक सुधार, शिक्षा, स्वच्छता आदि महत्त्वपूर्ण विषय में जरूर सहभाग लिया है, किन्तु अस्पृश्यता उन्मूलन करना, यह निरन्तर मेरी निष्ठा का विषय रहा है। आज भी अस्पृश्यता उन्मूलन नहीं हुआ है, इसका मुझे अन्य किसी से ज्यादा एहसास है। इस यथार्थ से भी मेरी आस्था ज्यादा मजबूत है और यह आस्था मेरे कानों में गूँजती है कि अस्पृश्यता निश्चित रूप में खत्म होगी और केवल इसी आस्था पर मेरे मन की शान्ति बनी हुई है।"

"आपने मुझे अर्पित किया मानपत्र यह एक पक्ष को प्रमाण मानकर किया हुआ दिखता है, किन्तु मैं मेरे मुख्य या आनुषंगिक कार्य में किसी एक पक्ष या पंथ के अधीन नहीं रहा। मेरा पक्ष केवल ईश्वर का और मेरा जमीर मेरा सचेतक है। मैं जानता हूँ कि इस प्रकार का आदमी किसी को भी खुश नहीं रख सकता। ऐसी परिस्थिति में आप आत्मीयता से मेरा सम्मान करने के लिए आगे आए, इससे मुझमें कुछ खास होने के बजाय आप ही का सहनशील औदार्य व्यक्त करता है। ऐसा कहकर वह किसी भी राजनीतिक पक्ष के अधीन नहीं होते, यह अपनी भूमिका ही उन्होंने प्रस्तुत की है।

किन्तु एक प्रकार की आत्मीयता से ब्राह्मणेतर पक्ष का मार्गदर्शन किया है। यह करते समय उस पक्ष की कमियों का स्पष्ट रूप में निर्देश करके किस प्रकार की नैतिक उन्नत भूमिका हो, यह सूचित किया है।

शिंदे अपने भाषण में आगे कहते हैं, "ब्राह्मणेतरों में जागृति लाना, उनका संगठन करना यह जो आपका उद्‌देश्य है, वह अत्यन्त कठिन है। दलित वर्ग से सम्बन्धित उद्‌देश्य निश्चित रूप में कठिन है। इसके बावजूद उसका एक धनात्मक पक्ष है, जिन्दा आदमी की सहानुभूति उसके लिए प्राप्त की जा सकती है। आपके कार्य के लिए मात्र इतनी आसानी से ऐसी सहानुभूति प्राप्त नहीं कर सकते, किन्तु आप किसी भी प्रकार की दया या कृपा की उम्मीद न करें। पूरा भविष्य आपका है। उसका कुछ हिस्सा आपके अधिकार में भी आ चुका है।

"आपके सामने जो मुश्किलें हैं, उनकी ओर मैं आपका ध्यान आकर्षित करना चाहता हूँ। आपका उद्‌देश्य न्याय का नहीं होगा और आपकी वृत्ति साफ नहीं होगी; बदले या द्वेष की भावना को जब तक आप मूल से नहीं निकाल फेंकेंगे तब तक आपको कामयाबी नहीं मिलेगी और मिलनी भी नहीं चाहिए। मैं स्वयं गन्दे हाथों से प्राप्त सहज सफलता की तुलना में मिलनेवाली असफलता पसन्द करूँगा।"

भाषण के अन्त में कृतज्ञता की भावना प्रकट करते समय शिंदे ने कहा, "मैं पुणे में ही रहूँ, यह आपने की हुई विनती सुनकर मेरा मन भर आया है। मेरी भी यही इच्छा है, यह मैं आपको यकीन के साथ बताता हूँ। आपने जो सहृदयपूर्वक स्नेह व्यक्त किया, उसके लिए मैं आपका आभारी हूँ। मेरी बहन द्वारा की सेवा को भी आप भूले नहीं, इसके लिए भी मैं आभारी हूँ। आपके स्नेह के हम दोनों हमेशा पात्र रहें, ऐसी ही हमारी प्रार्थना रहेगी।"

अध्यक्षीय भाषण में मि. मैकी ने शिंदे ने किए हुए मूलभूत कार्य का गौरव करते हुए कहा, "श्रीमान शिंदे ने ऑक्सफोर्ड की पढ़ाई के बाद जिसे जीवित कार्य चुना, वह कार्य अत्यन्त कठिन स्वरूप का है। निजी स्तर पर वे कोई भी कार्य चुनते तो उसमें अच्छी कामयाबी हासिल करते, किन्तु उन्होंने उदात्त समर्पण से अपना जीवन बिताना तय किया। श्रीमान शिंदे बड़े भाग्यवान हैं। अत्यन्त मुश्किल कार्य उन्होंने चुना है तो उसमें मिली कामयाबी उन्हें अपनी आँखों से देखने को मिली। अस्पृश्यता का प्रश्न ढंग से हल करने के लिए उन्होंने अच्छी शुरुआत की। अच्छी शुरुआत आधा काम पूरा होने का भरोसा होती है।" मैकी ने शिंदे की कड़ी कार्य-क्षमता का और उच्च नैतिक गुणों की प्रशंसा की है।[5]

शिंदे ब्राह्मणेतर पक्ष की भूमिका से सहमत नहीं हो सकते थे, फिर भी इस पक्ष से यथासमय साहचर्य रखते। इसके दो कारण सम्भव हो सकते हैं। एक, अस्पृश्य माने गए वर्ग के हित का उन्हें निरन्तर ध्यास। ब्राह्मणेतर वर्ग की भूमिका अस्पृश्य वर्ग के हित की ओर मोड़ने की कोशिश की जाए, ऐसा उन्हें लगता होगा और दूसरे, बहुजन वर्ग के हित हेतु ब्राह्मणेतर पक्ष का उपयोग करें, ऐसा उन्हें लगता होगा। अण्णासाहब शिंदे शब्दों को कभी-कभी टेढ़ा इस्तेमाल करके व्यंग्यात्मक बोलते थे, जो उनकी शैली थी, जिससे वे गलतफहमी में फँस जाते थे। पुणे में लैंड लीग की स्थापना के समय शिंदे ने भाषण करते समय, "मैं ब्राह्मणेतर पक्ष में मतलब के लिए जाता हूँ," ऐसा कहा, जिसके 'ज्ञानप्रकाश' में प्रकाशित होने के कारण ब्राह्मण, ब्राह्मणेतर समाचार-पत्रों में उनकी आलोचना होने लगी। तब उन्होंने स्पष्टीकरण दिया, "मैंने ऐसा विधान व्यंग्यात्मक रूप में कहा था और मेरा 'मतलब' केवल अस्पृश्यों का पक्ष रखने के लिए मुझे अन्य स्थानों जैसा ब्राह्मणेतर पक्ष में भी जाना पड़ता है, इतना ही होता है; यह उसी सभा में मैंने स्पष्ट रूप में बताया था। कल्याण की ब्राह्मणेतर परिषद् को अखिल ब्राह्मणेतरों का समर्थन प्राप्त करने के लिए ही मुझे जाना पड़ा।"[6]

अर्थात् अण्णासाहब शिंदे ने ब्राह्मणेतर पक्ष से जो सम्बन्ध बनाए हुए थे, वे प्रमुखत: अस्पृश्य वर्ग के हित के लिए ही थे। दूसरा कारण था—बहुजनों के प्रति उनमें होनेवाली संवेदना।

सन्दर्भ

1. द्वा.गो. वैद्य, *नारायण गणेश चन्दावरकर,* कर्नाटक पब्लिशिंग हाऊस, मुम्बई, 1937, पृ. 523-24
2. य.दि. फड़के, *केशवराव जेधे,* श्रीविद्या प्रकाशन, पुणे, 1982, पृ. 9
3. वही, पृ. 9
4. माधवराव श्रीपतराव शिंदे, *विजयी मराठाकार श्रीपतराव शिंदे,* युवराज प्रकाशन, औरंगाबाद, 1973, पृ. 32
5. *दि इंडियन मेसेंजर,* 4 अप्रैल, 1926
6. *ज्ञानप्रकाश,* 11 अगस्त, 1929

परिवार में मृत्यु

अण्णासाहब के जीवन में अगले पाँच-छह साल अत्यन्त कठिनाई में बीते। सार्वजनिक जीवन में अनेक मुश्किलों का उन्हें मुकाबला करना पड़ा। उसी के साथ पारिवारिक जीवन में भी आत्मीय लोगों की मृत्यु का दुख उन्हें सहना पड़ा।

1918 में मुम्बई में इनफ्लूएंजा की संक्रामक बीमारी शुरू हुई और पुणे शहर में भी यह बीमारी बड़ी मात्रा में फैली। मिशन का अड्डा उस समय लश्कर के ताबूत स्ट्रीट पर था। नगर निगम की ओर से इनफ्लूएंजा मिक्सचर की बड़ी-बड़ी बोतलें लाकर लश्कर में गरीब लोगों के घर तक पहुँचाने का काम मिशन की ओर से शुरू किया गया। अण्णासाहब के परिवार के लोग भी इनफ्लूएंजा से पीड़ित थे। ठीक होते ही वे दवा बाँटने का काम करने लगे। अण्णासाहब के छोटे भाई एकनाथ उस समय मुम्बई में रहते थे। उनकी पत्नी मथुराबाई पेट से थीं। वे इनफ्लूएंजा से बीमार पड़ीं और उन्हें 'रुक्मिणी अस्पताल' में भर्ती कराया गया। यह समझते ही अण्णासाहब मुम्बई पहुँचे। इसी अवस्था में मथुराबाई प्रसूत हुई और उनके नवजात शिशु की मृत्यु हुई। सोनापुर की श्मशान भूमि के ट्रस्टी और मुम्बई के मराठा इनके बीच कलह शुरू हुई थी। मराठों की लाशें जलाने को ट्रस्टी की ओर से रोक लगाई जाती थी। विट्ठल रामजी ने श्मशान के रजिस्ट्रार की भेंट की और मृत शिशु को दफनाने के लिए जगह मिली। अत्यंविधि पूरा कर आधी रात वे घर पहुँचे तो अस्पताल में मथुराबाई की मृत्यु होने का उन्हें समाचार मिला। मथुराबाई उनके मामा की लड़की थी। वे पढ़ाई में होशियार थी, इसलिए अण्णासाहब ने उनकी शिक्षा पर ध्यान दिया था। उन्हें पुणे के ट्रेनिंग कॉलेज में दाखिल किया था। उनका वाचन बहुआयामी हो, इसलिए वे उन्हें पुस्तकें लाकर देते थे। परिवार के अन्य लोगों की तरह उनके साथ भी उनका पत्राचार होता था। मथुराबाई के गुणों के कारण अण्णासाहब का उन पर स्नेह था। उनकी मृत्यु से अण्णासाहब को दुख होना स्वाभाविक था। दूसरे दिन मथुराबाई की लाश सोनापुर की श्मशान भूमि में ले जाने के बाद वहाँ एक अलग ही समस्या खड़ी हो गई। इनफ्लूएंजा की बीमारी के कारण मृतकों की संख्या बढ़ने के कारण श्मशान भूमि में लकड़ियों की कमी महसूस होने लगी थी। अण्णासाहब की अपने मित्र लक्ष्मीदास तेरसी से वहाँ मुलाकात हुई। तेरसी अण्णासाहब के नजदीकी एवं आत्मीय मित्र थे। अण्णासाहब मुश्किल में फँसे हैं, यह समझते ही तेरसी ने श्मशान भूमि में लकड़ियाँ पहुँचाने का इन्तजाम किया। लकड़ियों से भरी गाड़ियाँ सोनापुर में आने लगीं। एक गाड़ी पर तो स्वयं तेरसी और दूसरी गाड़ी नगर निगम के अध्यक्ष सी.वी. मेहता चला रहे थे। दुखद माहौल में अण्णासाहब की मुश्किल दूर करने का काम इन दो मान्यवरों ने किया।

1920 में परिवार के और दो सदस्यों की मृत्यु का दुख अण्णासाहब को सहना पड़ा। 1920 के आरम्भ में ताबूत स्ट्रीट से मिशन की पाठशाला की कुछ कक्षाएँ भोकरबाड़ी की नई इमारत में स्थानान्तरित की गई थीं। मिशन की इमारत का कार्य जोर-शोर से शुरू था और अण्णासाहब के घर में उनकी छोटी बहन की मृत्यु की दुखद घटना घटी। उस समय अण्णासाहब ताबूत स्ट्रीट पर मिशन की पाठशाला में रहते थे। 3 जनवरी, 1920 को भोर के समय तान्याक्का उर्फ श्रीमती मुक्ताबाई काले की मृत्यु हुई। गाँव और लश्कर में यह खबर पहुँचते ही ब्राह्मण, मराठा, मुसलमान, ईसाई आदि जातियों के लोगों की भीड़ श्मशान भूमि में जमा होने लगी। अस्पृश्यों

की तो विशेष भीड़ थी। भजन मंडल ने भजन शुरू किया। लाश को कन्धा कौन देगा, इस प्रकार की खुसुर-फुसुर होने लगी। तब अण्णासाहब ने स्पष्ट रूप से कहा, "इसने अन्त तक हरिजनों की सेवा की है। इसलिए आप कृतज्ञता के कारण इतनी संख्या में जमा हुए हैं। जो मन से लाश को कन्धा देना चाहते हैं, बेहिचक कन्धा दें।" अर्थी उठी तो अस्पृश्यों के साथ सभी जातियों के लोग बारी-बारी से कन्धा देने लगे। बुधवार चौक में शवयात्रा आने के बाद सेठ त्रिकमदास को पता चला कि अण्णासाहब शिंदे की बहन गुजर गई है। ये राष्ट्रीय प्रकृति के व्यक्ति थे। सामाजिक दृष्टि से बड़े कर्मठ थे और श्मशान भूमि के प्रमुख ट्रस्टी थे। श्मशान भूमि में मुक्ताबाई की लाश जलाने के लिए कोई रोक न लगाए, इसलिए वे जल्दी-से लकड़ी पुल की श्मशान भूमि में पहुँचे। पां.नं. भटकर के सम्पादकत्व में उस समय निकलनेवाले 'मूकनायक' में इस दुखद घटना को लेकर यह समाचार आया : "हमें खबर देने में खेद हो रहा है कि विट्ठल रामजी शिंदे नामक पुण्यात्मा की छोटी बहन मुक्ताबाई की 3 जनवरी को पुणे में मृत्यु हुई। निराश्रित सहयोगी संस्था के कार्य में आत्मयज्ञ करते समय इस महान व्यक्ति को परिवार के हर सदस्य का सहयोग मिला। यह कार्य हाथ में लेने से जिन पर भरोसा करें, ऐसे जिन थोड़े-बहुत व्यक्तियों पर श्रीमान शिंदे को आश्रित रहना पड़ा, उसमें से स्वर्गीय मुक्ताबाई अपने भाई को सहयोग करने में बहुत काम आई।"

मुक्तादेवी की शवयात्रा बिलकुल अपूर्व और यादगार रही। उनकी शवयात्रा में नए-पुराने मतों के मराठा, ब्राह्मण, महार, चमार, मुसलमान, ईसाई, पारसी साथ ही शिक्षित-अशिक्षित, अमीर और गरीब आदि अनेक जाति और स्तर के लोगों की भीड़ हुई थी। इतना ही नहीं तो जाति-धर्म या ऊँच-नीच यह भेदभाव न रखते हुए अस्पृश्य वर्ग के भी सभी लोगों ने शव को कन्धा दिया। हिन्दू धर्म या हिन्दुस्तान के इतिहास का यह पहला ही प्रसंग होगा। मुक्तादेवी के पुण्य कार्य को श्मशान भूमि में भी किसी ने रोका नहीं अपितु पुणे जैसे स्थान पर हिन्दुओं की श्मशान भूमि में अस्पृश्य वर्ग की लाश जलाने की पाबन्दी तोड़कर वे इहलोक छोड़ते समय भी महान कार्य कर गई। श्रीमान शिंदे को तो यह महोत्सव ही लगा और यह अपने कर्तव्य का प्रमुख अंग है, ऐसी सद्भावना से सन्तोष हुआ। मुक्ताबाई की आत्मा को ईश्वर शान्ति दे। श्रीमान शिंदे जैसा इस व्रत का कोई अधिकारी होगा क्या?[1] 'मूकनायक' के उस समय के सम्पादक पां.नं. भटकर मिशन बोर्डिंग के छात्र थे। वे अण्णासाहब के पूरे परिवार से परिचित और उनकी वृत्ति, उद्देश्य पहचाननेवाले थे। उनके स्वयं अस्पृश्य वर्ग से होने के कारण श्मशान भूमि में अस्पृश्य वर्ग का प्रवेश इस घटना का सामाजिक दृष्टि से ऐतिहासिक महत्त्व क्या है, यह वे भलीभँति जानते थे। इसी कारण इस प्रकार की प्रतिक्रिया इस लेख में व्यक्त की गई। मुक्ताबाई काले अत्यन्त सीधी, भोली, मिशन का कार्य आस्था से करनेवाली और सभी से स्नेह रखनेवाली थीं, इसलिए उन्हें जाननेवाले सभी लोगों को उनकी मृत्यु ने आहत किया। वामनराव सोहोनी ने अण्णासाहब को लिखे शोक सन्देश में मुक्ताबाई के स्वभाव और उनकी कार्यनिष्ठा का यथार्थ वर्णन किया है।

इसके बाद अण्णासाहब और उनके परिवार पर मृत्यु का दूसरा गहरा आघात हुआ। उनकी चार साल की छोटी बेटी की मौत हुई। मुक्तादेवी की मृत्यु के बाद मिशन की पाठशालाएँ शुरू हुईं। आवास और छात्रावास की इमारतें जैसे-तैसे पूरी हुई थीं, लेकिन दीवारों का पलस्तर ठीक से सूखा नहीं था। फर्श और दरवाजे-खिड़कियाँ लगाने का काम तेजी से चल रहा था। इमारत अभी गीली ही थी। उसी में अण्णासाहब को परिवार के साथ वहाँ जाकर रहना पड़ा। आसपास की सफाई शुरू थी। अण्णासाहब को लड़कियाँ बहुत पसन्द थी। उसमें भी यह नन्ही लड़की दिखने में सुन्दर और मीठी बातें करनेवाली थी। इमारत बनानेवाले अस्पृश्य मजदूरों से वह मिल-जुलकर घूमती थी। इससे वह मजदूरों में भी चहेती बनी हुई थी। उसकी होशियार ही के कारण अण्णासाहब की वह बहुत लाड़ली थी। दिनभर वह गीली इमारत तथा धूप में भी घूमती रहती। इससे उसकी तबीयत खराब हुई और उसको मैनिनजांइटिस नामक दिमाग की बीमारी हुई। अण्णासाहब ने लगातार एक मास उसे गोद में लेकर दिन-रात उसकी सेवा की। जब अनपढ़ औरतें मिलने आतीं तो कहतीं, वास्तु-शान्ति किए बिना अण्णासाहब का परिवार यहाँ रहने के लिए आया, इसलिए यह दिक्कत पैदा हुई। वे औरतें उसी आधार पर कुछ उपाय भी सुझाती थीं, लेकिन ऐसी बातों पर अण्णासाहब का विश्वास नहीं था। आस-पास के गन्दे, अस्वच्छ माहौल के कारण वह बेटी बीमार पड़ी, ऐसा उन्हें लगता था। अन्ततः 6 जून, 1920 को इस नन्ही जान का अन्त हुआ। 'घर की कुर्बानी लेकर वास्तु-शान्ति' ऐसा

बार-बार कहकर अण्णासाहब की पत्नी रुक्मिणीबाई शोक करने लगी।[2] मिशन में काम करनेवाले मजदूर और वहाँ पर रहनेवाली सभी मंडली को इस नन्ही जान की मृत्यु ने बहुत आहत किया। अण्णासाहब को तो बेटी पर बहुत स्नेह था। अपनी इकलौती बेटी की मृत्यु के कारण अण्णासाहब को बहुत दुख हुआ।

सन्दर्भ

1. *मूकनायक,* 14 फरवरी, 1920
2. विट्ठल रामजी शिंदे, *माझ्या आठवणी व अनुभव,* पृ. 305

लड़कियों की अनिवार्य शिक्षा

सन् 1919 में पुणे नगर निगम ने प्राथमिक शिक्षा अनिवार्य करने का विचार शुरू किया, किन्तु राजनीतिक गरम दल के नेताओं की यह राय थी कि यह शिक्षा लड़कों को ही अनिवार्य करें, लड़कियों का अभी समावेश न करें। नरम दल के नेता और ब्राह्मणेतर नेता इस पक्ष में थे कि अनिवार्य शिक्षा लड़कों के साथ लड़कियों को भी दी जाए। नगर निगम की इस योजना में लड़कियों का समावेश न करें, ऐसा बहुमत है; करदाताओं की भी यही भूमिका है, ऐसा दृश्य खड़ा करने की कोशिश तिलक दल के बहुत-से नेता और तिलक के अनुयायी कर रहे थे। अण्णासाहब शिंदे ने राजनीतिक उग्रवादी या तिलक दल की इस कोशिश का जोरदार विरोध शुरू किया। परांजपे, प्रिंसिपल कानिटकर जैसी बड़ी हस्तियाँ सौभाग्य से अनिवार्य स्त्री-शिक्षा के पक्ष में थीं। खुद पुणे जैसे शहर में स्त्रियों की अनिवार्य शिक्षा को विरोध होना, यह प्रत्यक्षत: विपरीत ही दृश्य था क्योंकि इसी पुणे शहर में उन्नीसवीं सदी के बीच में स्त्रियों को शिक्षित करने का ऐतिहासिक प्रयास महात्मा ज्योतिबा फुले ने किया था। 19वीं सदी के अन्त में धोंडो केशव कर्वे ने ब्राह्मण वर्ग की महिलाओं के लिए शिक्षा की कोशिश सफलता पूर्वक शुरू की थी। आज उसी पुणे शहर में उच्च और विज्ञप्ति समझे जानेवाले ब्राह्मण वर्ग की ओर से ही महिलाओं को अनिवार्य रूप से शिक्षा देने का विरोध हो रहा था। परम्परानिष्ठ और सुसंस्कृत पुणे शहर का इस बारे में अन्तर्विरोध दिखाई देने लगा।

अण्णासाहब शिंदे महिलाओं की समग्र उन्नति के लिए अपनी युवावस्था से आस्था रखते थे। जमखंडी जैसी दुर्गम रियासत में उनके पिताजी ने लड़कियों की पाठशाला शुरू करने की पहल की थी और अपनी बेटी को पाठशाला में दाखिल किया था। स्त्री और पुरुष, इन दोनों को समान दृष्टि से देखनेवाले विट्ठल रामजी शिंदे को शिक्षा के सन्दर्भ में लड़का और लड़की में भेद कर लड़कियों को पीछे रखना कतई पसन्द नहीं था। पुणे की उग्रवादी मंडली ने अनिवार्य शिक्षा से स्त्रियों को दूर रखने की कोशिश शुरू थी। यह जानते ही उन्होंने इस नीति का अलग-अलग तरह से विरोध करने के लिए शुरुआत की। लड़कों के साथ ही लड़कियों को भी अनिवार्य शिक्षा देना क्यों आवश्यक है, इस बारे में अण्णासाहब ने 'ज्ञानप्रकाश' में एक स्तम्भ शुरू किया और उसमें लड़कों के साथ ही लड़कियों को अनिवार्य शिक्षा देना क्यों उचित और आवश्यक है, इसका प्रतिपादन किया। 12 फरवरी, 1920 को इस प्रश्न पर विचार करने आम सभा आयोजित होनेवाली थी। उस दिन विट्ठल रामजी शिंदे ने महिलाओं की एक बहुत बड़ी रैली पुणे शहर में निकाली। उसमें प्रमुखत: सेवासदन और 'डिप्रेस्ड क्लास मिशन' की महिलाओं ने सहभाग लिया था। न्यायमूर्ति महादेव गोविन्द रानडे की पत्नी श्रीमती रमाबाई रानडे के नेतृत्व में सेवासदन से उच्च वर्ग की महिलाओं की एक रैली पश्चिम की ओर से आई और बहुजन समाज की, विशेषत: अस्पृश्य वर्ग के महिलाओं की रैली पूर्व की ओर से अहल्याश्रम से आई। हर रैली के आगे दो-तीन बैंड थे और लड़कियों के हाथ में प्रोत्साहनपरक वाक्य लिखे बोर्ड थे। इन दोनों की भेंट बुधवार चौक में हुई और एक बहुत बड़ी रैली रे मार्केट में नगर निगम के दफ्तर की ओर गई। महिलाओं की रैली का यह अपूर्व नजारा देखने के लिए हजारों लोगों की भीड़ जमा हुई। उस दिन की नगर निगम की सभा स्थगित करनी पड़ी।

लड़कों के साथ-साथ लड़कियों के लिए भी अनिवार्य शिक्षा शुरू करें, इस माँग को लेकर फरवरी के आरम्भ से हर दिन शहर के विविध स्थानों पर महिलाओं की दो-तीन सभाएँ होनी लगीं। 12 फरवरी पुणे की महिलाओं की लड़कियों हेतु अनिवार्य शिक्षा की राय नगर निगम के अध्यक्ष को बताने के लिए महिलाओं का एक प्रतिनिधि मंडल नगर निगम के काउंसिल हॉल में दाखिल हुआ। इसका नेतृत्व श्रीमती रमाबाई रानडे ने किया था। इस प्रतिनिधि मंडल

में श्रीमती गंगूबाई खेडकर, सुश्री पुतलाबाई पवार, श्रीमती सरस्वती रोडे आदि ब्राह्मणेतर महिलाओं के साथ मिस गार्डन नामक यूरोपियन महिला भी थी। आरम्भ में श्रीमती रमाबाई रानडे ने प्रस्ताविक के रूप में भाषण दिया। श्रीमती बनुबाई भट ने प्रतिनिधि मंडल की राय पढ़कर सुनाई। नगर निगम के अध्यक्ष ने आश्वासन दिया कि इस प्रश्न पर आज से विचार शुरू होनेवाला है, उस समय सभी आयामों पर विचार किया जाएगा। नगर निगम की ओर से महिला प्रतिनिधि मंडल का आभार प्रकट किया गया।

प्रिंसिपल राजवाड़े की अध्यक्षता में इस विषय पर विचार करने हेतु पुणे नगर निगम ने एक कमेटी नियुक्त की थी। इस कमेटी ने लड़कियों का अनिवार्य शिक्षा में समावेश करना चाहिए, इस प्रकार की राय दी थी, लेकिन कमेटी की यह भूमिका नगर निगम के सत्ताधीश और राजनीतिक उग्रवादियों को पसन्द नहीं थी। इन्होंने करदाता लोगों की राय जानने हेतु ग्रामीणों की एक सार्वजनिक सभा आयोजित करना तय किया और उसके अनुसार 7 फरवरी, 1920 को सार्वजनिक सभा के दीवानखाने में सभा आयोजित की गई, किन्तु इस सभा में उनका प्रयोजन पूरा नहीं हुआ। इसलिए दूसरे दिन इतवार 8 फरवरी, 1920 की शाम किर्लोस्कर थिएटर में पुणे नगर निगम की ओर से चीफ अफसर शंकरराव भागवत् की अध्यक्षता में मतदाताओं की सभा आयोजित की गई। हरिजन मंडली की योजना थी कि राय अपने पक्ष में व्यक्त हो, ऐसा 'जागरूक' पत्र के संवाददाता ने समाचार-पत्र में दर्ज किया। "जो वक्ता लड़कियों की शिक्षा सम्बन्धी अनुकूल बातें करेगा, उन्हें 'हुश-हुश' करके कैसे चुपचाप बिठाया जाए, इसका पाठ पढ़ाए दस-पन्द्रह साल के हजार-पाँच सौ लड़के थिएटर में अलग-अलग स्थान पर बिठाए थे।" सभा में लोकमान्य तिलक उपस्थित रहनेवाले हैं, ऐसा घोषित करने से उग्रवादी दल के नेता ओर छात्रों से थिएटर खचाखच भर गया था। पुणे नगर निगम के चीफ ऑफिसर शंकरराव भागवत् इस सभा के अध्यक्ष थे। उनके प्रस्ताविक भाषण के बाद 'केसरी' के सम्पादक कृष्णाजी पंत खाडिलकर ने जो मुख्य प्रस्ताव रखा, वह ऐसा था, "जनता साक्षर हो, इसलिए प्राथमिक शिक्षा मुफ्त और अनिवार्य करना इष्ट है, यह तत्त्व अब सर्वसम्मत हुआ है। तथापि, पुणे नगर निगम की आर्थिक स्थिति सन्तोषजनक न होने के कारण कम-से-कम लड़कों की शिक्षा तो अनिवार्य और मुफ्त की जाए।" खाडिलकर ने इस प्रस्ताव पर भाषण देते समय मुख्य रूप से नगर निगम की आर्थिक स्थिति की अड़चन बताकर फिलहाल लड़कों की ही शिक्षा शुरू करें, ऐसी भूमिका रखी। आर्थिक स्थिति की अड़चन खुलेआम एक बहाना था, यह उनकी बातों से ही स्पष्ट होता था। इस प्रस्ताव को समर्थन देते समय हरिभाऊ तुलपुले ने कहा, "आर्थिक स्थिति ठीक होने के बाद लोग लगान भरने के लिए तैयार हैं, ऐसा दिखाई देने के बाद लड़कियों को शिक्षा देंगे।" खाडिलकर और तुलपुले के स्त्री शिक्षा विरोधी विधान को लेकर श्रोताओं ने नाराजगी व्यक्त की।

प्रिंसिपल र.पु. परांजपे ने इस सभा में ऐसी उपसूचना रखी कि सम्पन्न लोगों पर और ऐशोआराम की चीजों पर यथासम्भव कर लगाकर लड़कों-लड़कियों की शिक्षा अनिवार्य करें। लड़कों तथा लड़कियों को अनिवार्य मुफ्त शिक्षा दी जाए, यह बात सर्वसम्मत है, ऐसा प्रस्ताव के पूर्वार्द्ध में कहा है। इसका अनुमोदन कर प्रिंसिपल परांजपे ने कहा, "यदि यह बात सभी को मंजूर है तो तुरन्त उसका अमल होना चाहिए और वह स्वराज्य की नींव है। शिक्षा का प्रश्न कोई विदेशी सत्ता का प्रश्न नहीं है। वह अपने ही लोगों के अधिकार का है। इसलिए स्त्री-शिक्षा के अनुकूल निर्णय होना आवश्यक है। जनमत क्या है, यह अब तक हुए आन्दोलन से स्पष्ट हुआ ही है। और यदि नगर निगम सभासदों के मतों पर अमल नहीं कर पाती तो इस्तीफा दे। सरकार द्वारा लगाए कर देने को लोग नाराज होते हैं, क्योंकि उन्हें पता नहीं होता कि उन पैसों का विनियोग कैसे होता है, किन्तु यहाँ नगर निगम है, यह मालूम होने से लोग कर देने को नाराज नहीं होंगे। मुझे लगता है कि मन की तैयारी हो तो खर्चा या कर, यह बात गौण होती है।" उग्रवादियों को लक्ष्य कर उन्होंने कहा, "आप यदि स्त्रियों को कुछ समय अज्ञान में रखनेवाले हैं तो कांग्रेस ने उनके लिए जिस मताधिकार की माँग की, उस अधिकार का क्या लाभ? इस प्रश्न की टालमटोल करना या इस पर समझौता करना हानिकारक है।" ऐसा उन्होंने भाषण के अन्त में स्पष्ट रूप से जताया।

गरम दल के कृष्णाजी पंत खाडिलकर का भाषण सभा ने शान्ति से सुना था, किन्तु ना. परांजपे का भाषण सुनकर गरम दल के अनुयायियों ने कोलाहल करना शुरू किया। हद तो तब हुई जब न.चिं. केलकर की बेटी कमलाबाई देशपांडे बोलने के लिए खड़ी हुई। तब उन्हें भाषण देना असम्भव हो, इतना कोलाहल दल के श्रोताओं ने मचाया, किन्तु उनमें खानदानी साहस और स्त्री शिक्षा के प्रति आस्था होने के कारण उन्होंने अपना भाषण पूरा किया। उन्होंने

कहा, "हमने ऐसा कौन-सा गुनाह किया है कि आप हमें पीछे धकेल रहे हो? शिक्षा की महत्ता और आवश्यकता का प्रस्ताव आप मंजूर करते हो और किफायत तथा समझौते के नाम पर महिलाओं की शिक्षा का प्रश्न अलग रखते हो? इनसान को जिस तरह जीने का अधिकार है, उसी तरह शिक्षा का भी अधिकार है। पिछले कई दिनों से शहर में रोजाना महिलाओं की सभाएँ आयोजित होती हैं और हर जगह उन्हें शिक्षा दिए जाने की की माँग की जा रही है। स्वराज्य के उद्‌देश्य को ध्यान में रखकर राष्ट्र की उन्नति में हम महिलाएँ आपके साथ आनेवाली हैं, यह भलीभाँति समझ लीजिए। यह बात सच है कि आज तक हम पुरुषों के पीछे चलती रहीं, किन्तु अब हम महिलाएँ पुरुष के पीछे न चलकर उनके साथ चलेगी। *(तालियाँ। एक गृहस्थ ने कहा, 'केलकर को बताइए।')*

प्रो. सहस्त्रबुद्धे ने अलग ही उपसूचना सभा के सामने रखी। उन्होंने कहा, "केवल रुपयों की अड़चन हो तो समझौते के तौर पर लड़कों के बजाय लड़कियों को ही प्रथमतः अनिवार्य और मुफ्त शिक्षा दें। महिलाओं की रोजाना दो-तीन सभाएँ हो रही हैं। उनकी माँग का हम क्या उत्तर देंगे? पैसों का बहाना निरर्थक है। क्या वह अपनी कीर्ति और पौरुषत्त्व के उचित हैं? इस बारे में भी आप थोड़ा विचार करें।"उन्होंने आगे कहा, "1882 में ताराबाई शिंदे नामक एक महिला ने एक पुस्तक में लिखी है, "महिलाओं की उन्नति का प्रश्न उपस्थित होने पर पौरुष वर्ग अलग-अलग बहाने बताएगा, उसमें रुपयों की कमी यह बहाना मुख्य होगा।" आज उस दूरदर्शी महिला के विधान का प्रत्यय आ रहा है। यह बहाना आप जैसे बहादुर मराठा वीरों को शोभा नहीं देता।"

सहस्त्रबुद्धे की उपसूचना को समर्थन देने के लिए गंगूबाई खेडकर के आगे आते ही गरम दल के लोगों ने उनका भाषण बन्द करने हेतु कोलाहल शुरू किया। पिछड़े वर्ग की शरीफ और पढ़ी-लिखी बहन के सम्बन्ध में गरम दल का यह बुरा बर्ताव देखकर पिछड़े वर्ग के लोग गुस्सा हुए। शोर करनेवालों ने अध्यक्ष की सूचना का भी अनादर किया। गंगूबाई ने उपसूचना को समर्थन देकर चार-पाँच वाक्यों में ही अपना भाषण पूरा किया। श्रीपतराव शिंदे का भाषण भी श्रोताओं ने शान्ति से नहीं सुना। गरम दल की श्रोता मंडली की यह असभ्यता देखकर नरम और ब्राह्मणेतर श्रोता वर्ग के युवाओं को क्रोध आया। इसी समय तिलक बोलने के लिए खड़े हुए। वस्तुतः विट्‌ठल रामजी शिंदे ने सूचित किया था कि श्रोता सुनने की दशा में नहीं हैं। आप भाषण मत दो। फिर भी तिलक भाषण करने के लिए खड़े हुए। श्रोता कुछ भी सुनने की अवस्था में नहीं थे। दो दलों में हाथापाई शुरू हुई। कुर्सियों पर कुर्सियाँ पटकी जाने लगीं। किसी एक ने तिलक के ऊपर डंडे फेंके। तिलक को चोट न पहुँचे, इसलिए विट्‌ठल रामजी शिंदे और उनके बड़े पुत्र प्रतापराव को बीच में आना पड़ा। पुलिस को हस्तक्षेप करना पड़ा। अन्ततः कोई भी निर्णय नहीं हुआ और सभा बरखास्त करनी पड़ी। (जागरूक, 14 फरवरी, 1920)

मद्यपान विरोधी आन्दोलन और सामाजिक कार्य

विट्ठल रामजी शिंदे के मन में शिवाजी महाराज, राजा राममोहन राय, जोतिबा फुले—इन हस्तियों के प्रति तथा भारत की राजनीति में दीप्तिमान हो रहे महात्मा गांधी आदि समकालीन नेताओं के लिए अतीव आदर की भावना थी। उसका मुख्य कारण यह था कि ये सभी हस्तियाँ समग्र जीवन का विचार करनेवाली थीं और उन्होंने जीवन के विभिन्न आयामों से सम्बन्धित सुधार की निरन्तर कोशिश की थी। शिंदे की दृष्टि जीवन का समग्र विचार करनेवाली और नैतिक दृष्टि से उसका उन्नयन करने की थी। इसी कारण अस्पृश्य वर्ग का सुधार करने के उनके प्रमुख आजीवन किए जानेवाले कार्य के साथ उन्होंने सामाजिक दृष्टि से महत्त्वपूर्ण होनेवाले अन्य आन्दोलनों में भी यथासम्भव प्रयत्न किया। लड़कियों की अनिवार्य शिक्षा के सन्दर्भ में उन्हें जो आस्था थी, उसी के साथ मद्यपान का समाज पर बुरा असर उन्होंने देखा था। इसलिए इस सुधार की ओर भी उनका आरम्भ से ही ध्यान था।

मुम्बई में उन्होंने धर्म-प्रचार का कार्य शुरू किया, उसी समय मुम्बई के अस्पृश्य वर्ग की दुरावस्था पर उनका अवलोकन शुरू था। प्रार्थना समाज के अपने एक सहयोगी और विल्सन हाईस्कूल के मशहूर अध्यापक वामनराव सोहनी ने कहा है, "हमने जो करुण दृश्य देखे, उन्हें भूल पाना सम्भव नहीं।"[1] शराब की आदत के कारण देहात या शहर के गरीब लोगों की भयावह दुरावस्था होती थी। उन्होंने देखा कि व्यसनी मनुष्य इनसानियत से वंचित होकर पशु जैसा बर्ताव करने लगते हैं। होली के दिनो में तो इस आदत का बुरा असर दिखाई देता था।

सन् 1906-07 से ही मद्यपान विरोधी आन्दोलन की ओर विट्ठल रामजी का ध्यान गया था। पुणे में भी लोकमान्य तिलक ने मद्यपान के विरोध में आन्दोलन शुरू किया था। इस आन्दोलन में डॉ. भंडारकर जैसे नेता भी शामिल थे। डॉ. मैन तथा अन्य ईसाई मंडलियों का भी इस आन्दोलन को समर्थन और उसमें सहभाग था। लोकमान्य तिलक के साथ विट्ठल रामजी शिंदे इस आन्दोलन में जाकर व्याख्यान भी देते थे। सन् 1920 के बाद महात्मा गांधी ने कांग्रेस के कार्यक्रम में शराब विरोधी कार्यक्रम को स्थान दिया और 'असहयोग आन्दोलन' के दौरान 'दारू पीना हराम है' जैसी घोषणाएँ देते हुए स्वयंसेवक पिकेटिंग करते। शिंदे ने भी ऐसे आन्दोलन में सहभाग लिया। 1930 के कानून भंग में भी सत्याग्रह करते समय अन्य घोषणाओं के साथ मद्यपान निषेध की घोषणाएँ की जाती थीं।

सन् 1921-22 के 'असहयोग आन्दोलन' में मद्यपान निषेध आन्दोलन भी जोरों पर था। पुणे नगर निगम लड़कियों की अनिवार्य शिक्षा को लेकर टालमटोल कर रही थी और उसके लिए आर्थिक समस्या का बहाना बनाया था। पुणे शहर में इस आन्दोलन के परिणामस्वरूप मुम्बई विधिमंडल में मुम्बई इलाके के लिए लड़कों और लड़कियों, दोनों के लिए अनिवार्य शिक्षा शुरू करने के सम्बन्ध में बिल लाने की कोशिश शुरू थी। रैंग्लर र.पु. परांजपे उस समय शिक्षा मंत्री थे और वे अनिवार्य शिक्षा के पक्ष में थे। उन्हीं के प्रयत्नों से यह बिल लाने का प्रयास हो रहा था, लेकिन सरकार मात्र आर्थिक दशा ठीक न होने का बहाना बना रही थी। अनिवार्य शिक्षा और मद्यपान निषेध, ये दोनों माँगें लोगों द्वारा सामने लाई जाती थीं। उन दिनों अनिवार्य शिक्षा शुरू करें तो शराबबन्दी नहीं की जा सकती; मद्यपान की दुकानों के लाइसेंस और इनसे मिलनेवाला आबकारी राजस्व सरकार छोड़ नहीं सकती, ऐसा दाँव सरकार की ओर से प्रस्तुत किया था। सरकार की भूमिका कैसी अनुचित और अनैतिक है, यह जानकर विट्ठल रामजी शिंदे मद्यपान बन्दी के बारे में अपनी आग्रही भूमिका प्रस्तुत कर रहे थे। सन् 1922 में बसन्त व्याख्यानमाला में उन्होंने 'मद्यपान कारोबार, सरकार और बहुजन समाज' विषय पर एक व्याख्यान दिया और सरकार की दोगली और आडम्बरपूर्ण भूमिका की कड़ी आलोचना की।[2]

अपने भाषण में उन्होंने कहा, "सुशिक्षित वर्ग, पूँजीपति आदि अपने हित को लेकर सजग और समर्थ हैं। हमें इस विषय का बहुजनों के हित की दृष्टि से विचार करना है। विक्षिप्त वर्ग में मद्यपान करनेवाले कुछ व्यक्ति अपवादस्वरूप हो सकते हैं। बहुजन समाज में मात्र ऐसी अनेक जातियाँ मिलेंगी जो इस प्रकार की सख्ती बरते बगैर मद्यपान की आदत से मुक्त नहीं होंगी। मद्यपान जैसी निषिद्ध चीज का खुलेआम कारोबार करने का अधिकार सरकार को है या नहीं और अगर वह नहीं है तो सरकार को यह कारोबार छोड़ने के लिए मजबूर करने का अधिकार जनता को है या नहीं, यह मेरा मुख्य मुद्दा है।" इस पर अपनी राय देते समय उन्होंने कहा, "शराब की दुकान चलाने का प्रत्यक्ष या अप्रत्यक्ष अधिकार जैसे किसी व्यक्ति या संस्था को नहीं वैसे ही वह सरकार को भी नहीं है क्योंकि सरकार यह केवल एक मानवीय संस्था है। एक के मद्यपान का लाभ दूसरे लेना, यह यदि स्पष्ट अनीति है, तो इस अनीति का राजनीति के मुद्दे पर सरकार को भी आचरण करने का अधिकार नहीं है और न हो। दूसरे प्रश्न का मेरा उत्तर ऐसा है कि सरकार यदि यह कारोबार तुरन्त बन्द नहीं करती है तो पुरजोर प्रयास करके उसे बन्द करने को मजबूर करने का अधिकार पूरी जनता को ही नहीं, किसी एक व्यक्ति को भी है। आधुनिक राजनीति यानी पूँजीपतियों का उद्यम है। दुनिया में अभी तक सही प्रजातंत्र कहीं भी नहीं आया है और वह अनायास आएगा भी नहीं। इसलिए आधुनिक राजनीति में शराब के व्यापार पर व्यभिचार हो रहा है। आजकल खुलेआम शराब की दुकान खोलकर उसके बल पर सरकार दरबार में सरदारी हासिल करनेवाले लोग ही सरकार के मुख्य आश्रयदाता बने हुए हैं।" इस प्रश्न का आर्थिक पक्ष स्पष्ट करते हुए चालू बजट का आधार लेते हुए शिंदे ने कहा, "चालू बजट में कुल जमा लगभग 14 करोड़ हैं। उसमें आबकारी विभाग की जमा सवा चार करोड़ की, तो राजस्व विभाग से प्राप्त लगान लगभग छह करोड़ है। मुम्बई इलाके की आबादी लगभग दो करोड़ है। यह ध्यान में लें तो हर आदमी को खेती का कर ढाई रुपया और शराब के लिए हर आदमी के पीछे दो रुपये लगान देना पड़ता है। इसके बावजूद सरकारी सूचना विभाग की ओर से मुम्बई इलाका 'शराबखोर' नहीं है, ऐसी गर्जना की जाती है। 1920-21 के आबकारी विभाग की रिपोर्ट में सरकार ने शराब पीकर किए गए अपराधों का विवरण प्रकाशित किया है। उसमें कुलाबा जिले में 37, पुणे जिले में 1,208 अपराध होकर उन्हें सजा भी सुनाई गई है, ऐसा दर्ज किया है। मुम्बई सरकार का जाहिर निवेदन और संख्या में होनेवाली विसंगति उन्होंने स्पष्ट की और किसानों को छोड़कर शराबखोरी यह सबसे ज्यादा मुनाफाखोरी की बात सरकार ने कर रखी है।"

अपने भाषण में शिंदे ने आगे कहा, "विशेष दुख की बात यह है कि मद्यपानबन्दी या शिक्षा को सख्ती से लागू करना, यह उलझन बहुजन समाज के गले अटकी है। दिन-ब-दिन लोग कर देने को अधिक नाराज होंगे, ऐसी मुसीबत के समय सरकार ने शिक्षा का मंगलसूत्र शराब की बोतल के गले में बाँधा है। शिक्षा का इनकार करें तो जनता का नुकसान और शराबबन्दी का इनकार करें तो भी उसी का नुकसान। 'लंका जलने के बाद भी हनुमान सुरक्षित' इस न्याय से जनता और उनके दीवान में ऊपर का मंगलसूत्र का पेंच डालकर फिर हमने बड़ा राजनीतिक सुधार किया, ऐसा सरकार ढोल पीट रही है। सतही रूप में देखने से सरकार का उसमें कोई दोष दिखाई नहीं देता है क्योंकि सरकार थोड़े ही दुकान खोलकर बैठी है? दुकानें तो हमारे ही लोगों ने खोली हैं और शराब पीनेवाला भी बहुजन समाज ही है। सरकार की रपट पढ़े तों उसमें बरसों से शराबबन्दी का काम जनता के प्रतिनिधि मन लगाकर नहीं करते, ऐसी उलटी बातें और झूठा रोना जगह-जगह दिखाई देता है...अब कल्लाल को ही सरदारी मिल रही है। पहले कल्लाल की पूरी जाति अस्पृश्य समझकर बहिष्कृत वर्ग में गिनी जाती थी।

"गरीब लोगों के स्वास्थ्य और द्रव्य की हानि से इसका निर्देश कर मूल दो-चार आने कीमत की शराब पर कर लगाकर सरकार ने उसकी कीमत दो-चार रुपये रखी है, इसके बावजूद शराबखोरी का विस्तार व्यापक हुआ है, यह सरकार को भी मंजूर है। सरकार शराब का निर्माण ही बन्द करें तो बिक्री का प्रश्न ही नहीं रहेगा। केवल दवा-दारू के लिए लाइसेंस देकर अन्य जहर जैसी शराब यह चीज जहर समझकर दवा के लिए ही उसकी खपत सरकार को शुरू रखनी चाहिए।" ऐसा भी उन्होंने व्याख्यान के अन्त में सूचित किया। उन्होंने इस प्रश्न की प्रस्तुति प्रधानतः बहुजन समाज का हित सामने रखकर की और वह करते समय सरकार की दाम्भिकता, दोगलेपन की पोल खोल दी।

होली की अनिष्ट रीत

सदी के आरम्भ में देहात तथा शहरों में प्रचलित होनेवाली एक अत्यन्त अनिष्ट, गन्दी रीति यानी होली के दिनों में रीति-रिवाजों के नाम पर होनेवाले अनाचार, अत्याचार। होली के दिन तो अभद्र, अश्लील बातें और गन्दी करतूतें जोरों पर रहतीं। इन दिनों मद्यपान का अतिरेक होता। शराब पीना कितना अनिष्टकर है, इनसान की इनसानियत खत्म करके उसे वह पशुत्व तक कैसे ले जाता है—इसका भयावह चित्र इन दिनों दिखाई देता है। विट्ठल रामजी छोटे थे तब जमखंडी जैसे गाँव में होली के दिनों में अन्य बच्चों के साथ इस शोरगुल में शामिल होते थे। उससे सम्बद्ध एक रंजक घटना भी उन्होंने अपनी आत्मकथा में दर्ज की है। वे ही विट्ठल रामजी शिंदे आगे चलकर होली के अनाचार और अत्याचार बन्द करके उसे पूरे महाराष्ट्र में होलिका सम्मेलन का मंगल रूप देनेवाले सुधारक हुए, यह एक अजब विरोधाभास है। होली के दिनों में अस्पृश्य वर्ग की बस्ती में तो कितना गन्दा, भयानक दृश्य देखने को मिलता है, यह उन्होंने स्वयं अनुभव किया था। इसीलिए उन्होंने धर्म और रीति-रिवाज के नाम पर होली के त्यौहार पर होनेवाला घिनौना और गन्दा रूप खत्म करने की कोशिश शुरू की। सन् 1907 में विट्ठल रामजी शिंदे ने अस्पृश्य बस्ती में ग्लोब मिल के मैदान में पहला होलिका सम्मेलन आयोजित किया। उसके लिए सर भालचन्द्र कृष्ण भाटवडेकर को अध्यक्ष के रूप में आमंत्रित किया। इस अवसर पर बच्चों की प्रतियोगिताएँ और अन्य मनोरंजन के कार्यक्रम आयोजित किए। सर्वेंट्स ऑफ इंडिया सोसाइटी ने 'सोशल सर्विस लीग' नामक संस्था स्थापित कर विख्यात नेता नारायण मल्हार जोशी की ओर से यह आन्दोलन चलाया। सन् 1913 से अर्थात् शिंदे पुणे में आए, तब से उन्होंने इस आन्दोलन की ओर अधिक ध्यान दिया। इस वर्ष पुणे के किर्लोस्कर थिएटर में मिरज के अधिपति बालासाहब पटवर्धन की अध्यक्षता में व्यापक सभा का आयोजन किया। इस सभा में फर्ग्युसन और कृषि महाविद्यालय के प्राध्यापक तथा छात्रों ने प्रमुखत: सहभाग लिया। आगे हर साल शिंदे ने यह कोशिश जारी रखी और महाराष्ट्र में होली के दिनों में इस गन्दे कृत्य पर रोक लगाकर सुसंस्कृत कार्यक्रम पूरे महाराष्ट्र में चलाया। उन्होंने मुम्बई इलाके के विद्याधिकारी से भेंट की और उनके मार्फत देहात की पाठशाला के अध्यापकों तक इस आन्दोलन को पहुँचाया। इससे होली के त्यौहार के समय बच्चों द्वारा सभा का आयोजन करवाकर, उसमें भाषण, मर्दाने खेल की प्रतियोगिताएँ आयोजित करके होली के त्यौहार को अच्छा रूप देने की कोशिश शुरू हुई। पाठशालाओं से बच्चों द्वारा शुरू ऐसी कोशिश का असर बड़ों पर भी अच्छी तरह दिखाई देने लगा और होली की इस अनिष्ट रीति पर क्रमश: रोक लगती गई।

अकाल में राहत कार्य

चुनाव के जंजाल से मुक्त होते ही दूसरे एक अत्यन्त जरूरी कार्य की शुरुआत विट्ठल रामजी शिंदे को करनी पड़ी। सन् 1920-21 में अहमदनगर और पुणे जिला अकाल की चपेट में आया। डिप्रेस्ड क्लासेज मिशन अस्पृश्य वर्ग के हित का कार्य करती है, इसकी ख्याति हुई ही थी। इसके स्वाभाविक परिणाम के तहत अहमदनगर जिले के लगभग एक हजार मातंग पुणे के मिशन का आश्रय मिले, इस हेतु पुणे आकर मिशन के मैदान में उतर गए। वे कड़े जाड़े के दिन थे। ये लोग भूख से त्रस्त थे और बहुतों के शरीर पर ढंग के कपड़े भी नहीं थे।

इन सभी लोगों को अकाल की पीड़ा से बचाना अण्णासाहब को स्वाभाविक कर्तव्य लगा। प्रथमत: उन्होंने और जी.जी. ठकार ने इन सभी परिवारों की पूछताछ करके मिशन की ओर से अल्प मदद देने को शुरुआत की, किन्तु इतने से काम नहीं चलेगा, यह स्पष्ट था। अत: पुणे शहर नगर निगम के दीवानखाने में नगर निगम के अध्यक्ष ल.गो. आपटे की अध्यक्षता में सभा आयोजित कर उन्हीं की अध्यक्षता में 'अकाल राहत कमेटी' स्थापित की गई। इस कमेटी की तथा उसके स्वयंसेवकों की ओर से अनाज, कपड़े और रुपये इकट्ठा करने के लिए शुरुआत की गई। मदद जमा करने के लिए छह केन्द्र निश्चित किए गए और अकाल पीड़ितों के लिए राहत कार्य शुरू हुआ।

अकाल पीड़ितों को रहने के लिए कच्ची ईंटों से झोंपड़ी जैसी चाल बनाई गई और बड़ा मंडप भी खड़ा किया गया। पुणे के कलेक्टर हडसन ने तहसील को आदेश देकर उन अकाल-पीड़ित मातंग लोगों को चावल, ज्वार, दाल मुहैया करवाई। विट्ठल रामजी शिंदे ने मुम्बई के अपने मित्र देशभक्त सेठ लक्ष्मीदास तेरसी को यह दृश्य दिखाया।

उन्होंने इकट्ठा हुए लोगों के फोटो खींचकर वे 'टाइम्स', 'क्रॉनिकल' आदि समाचार-पत्रों में दिए। मिशन की ओर से मदद के लिए आह्वान किया गया। अमीर और उदार लोगों का ध्यान इस समस्या की और आकर्षित होने से पैसों के रूप में उनकी ओर से मदद आने लगी। स्वयंसेवकों की ओर से इकट्ठा किए गए कपड़े अकाल-पीड़ितों के लिए बाँटे जाने लगे। तन्दुरुस्त लोगों के लिए मिशन के मैदान में खड़े किए मंडप में थान और पटसन की रस्सी बटने का कार्य शुरू किया गया। बूढ़े आदमियों को ज्वार, बाजरा, चावल मुफ्त में मुहैया कराए तो अपंग-अनाथों को खाना बनाकर भोजन पहुँचाया जाने लगा। बीमार अकाल-पीड़ितों के लिए दवा-दारू का भी इन्तजाम किया गया। असिस्टेंट कलेक्टर जी.टी. गैरेट, आई.सी.एस. और मध्यभाग के कमिश्नर मि. प्रैट ने कमेटी की विनती से अकाल-पीड़ितों का निरीक्षण किया और मिशन के द्वारा हफ्ते में दो बार मुफ्त अनाज बाँटने का कार्य शहर के तहसीलदार देशपांडे के सहयोग से शुरू किया।

कमेटी का कार्य 15 मार्च, 1921 तक चला। उसी दिन डॉ. हेरॉल्ड एच. मैन की अध्यक्षता में सभा में कमेटी की रपट पढ़ी गई और कमेटी बरखास्त की गई। इस सभा में अकाल-पीड़ितों को सहयोग करनेवालों के प्रति आभार प्रकट किए। सेठ तेरसी के साथ ही अकाल-पीड़ित बीमारों को जाँचकर हर रोज घंटा-दो-घंटा मुफ्त सेवा देनेवाले डॉ. यमकनमर्डी और उनके साथ नर्सिंग के काम करनेवाली बहन जनाबाई, डॉ. गोखले, डॉ. मुदलियार, डॉ. पलसुले आदि के प्रति आभार व्यक्त किया। पुणे गर्ल्स हाईकूल की लेडी सुपरिंटेंडेंट मिस एच.एम. फील्डिंग, मिस नवलकर, श्रीमती. वारूताई शेवडे, सुन्दराबाई ठकार—इन्होंने भी अनमोल कार्य किया। 'केसरी' और 'ज्ञानप्रकाश' कार्यालय, फ्री मराठा बोर्डिंग के स्वयंसेवक, पुणे सोमवंशीय समाज और श्री. म. माटे, बाबूराव जेधे, एस.सी. दरन्दले, वी.आर. गद्रे, बाबूराव वायदंडे और गावडे आदि की इस मंडली ने जो सहयोग किया, उसके लिए भी मिशन की ओर से आभार प्रकट किया। पुणे की डी.सी. मिशन शाखा के सेक्रेटरी कृ.गो. पाताड़े ने वर्ष 1921-23 की जो मिशन की रपट प्रकाशित की, उसमें इस अकाल में किए गए कार्यों के बारे में जानकारी दी गई है।

नगर जिले के आकाल-पीड़ित मातंग लोगों को इस आपदा से उबारने के लिए अण्णासाहब शिंदे ने सभी स्तर के लोगों का सहयोग लिया। उनके मुम्बई के अमीर मित्र सेठ लक्ष्मीदास तेरसी ने मुम्बई से हजारों रुपयों की आर्थिक मदद तो भेजी ही, इसके अलावा अपने दोस्तों की मिल से कपड़े के गट्ठर भी भेजे। कमिश्नर और कलेक्टर की सहायता के कारण अकाल-पीड़ितों को अनाज की मदद हुई। सिवाय स्थानीय नेता, स्वयंसेवकों ने मिशन के आह्वान पर अनाज, कपड़े पैसा इकट्ठा करने के कार्य में बड़ा सहयोग किया। सभी स्तर से मिली इस मदद से ही एक हजार गरीब लोगों की अकाल की भयावह आपत्ति में रक्षा हुई।

अहल्याश्रम की इमारत यह भोकरबाड़ी की मातंग बस्ती में है। अहल्याश्रम की इमारत बन रही थी और वहाँ बाड़ लगाई जा रही थी तो मिशन अपनी जगह पर कब्जा कर रही है, इस गलतफहमी के कारण स्थानीय मातंग मंडली मिशन के चालकों पर क्रोधित हुई थी। उनकी यह गलतफहमी यथासमय दूर हो गई। इस अकाल के अवसर पर मिशन ने मातंगों के लिए कष्ट सहकर जो अभूतपूर्व कार्य किया, यह देखकर मिशन और मिशन के चालकों के प्रति इन मातंग मंडली की राय अच्छी बन गई। इतना ही नहीं तो मातंग मंडलियों के मन में उनके प्रति कृतज्ञता का भाव पैदा हुआ।

सन्दर्भ

1. विट्ठल रामजी शिंदे, *माझ्या आठवणी व अनुभव,* पृ. 334
2. विट्ठल रामजी शिंदे, *शिंदे लेख संग्रह,* पृ. 129-133

मिशन का कार्य विस्तार : कर्नाटक मध्य प्रान्त की शाखाएँ

सन् 1912 में मुम्बई में भारतीय निराश्रित सहयोगी मंडली का कार्य करते समय विट्ठल रामजी शिंदे को यह एहसास हो रहा था कि कर्नाटक प्रान्त में मिशन के कार्य का विस्तार आवश्यक है। उन्हें लगा कि कर्नाटक प्रान्त में अस्पृश्योद्धार और अस्पृश्यता उन्मूलन कार्य करना हो तो हुबली जैसे स्थान पर मिशन की एकाध शाखा स्थापित करना काफी लाभदायी होगा। इस काम के लिए सय्यद अब्दुल कादर की योजना क्रियान्वित करना उचित होगा, ऐसा उन्हें लगा और यह विचार पक्का हुआ तो वे हुबली में अन्तर्गत शाखा स्थापित करने की कोशिश में लगे। यह शाखा स्थापित करनी हो तो कम-से-कम दो साल के खर्चे का पहले ही इन्तजाम करना आवश्यक था। इस कार्य में कोल्हापुर क्षेत्र से विशेष सहयोग प्राप्त होगा, इसलिए 3 मई, 1912 को शिंदे सय्यद को लेकर कोल्हापुर पहुँचे।

शिंदे ने कोल्हापुर में अमीर लोगों से भेंट की और उन्होंने चन्दा देने का अभिवचन भी लिया। इन दिनों अण्णासाहब शिंदे जिस गाँव में जाते, वहाँ की हरिजन बस्ती में जाना, वहाँ पर भजन-प्रवचन करना आदि उपक्रम किया करते। उसके अनुसार कोल्हापुर की हरिजन बस्ती में जाकर उन्होंने भजन किया। एक सप्ताह तक कोल्हापुर में हुबली शाखा के लिए चन्दा जमा करने के बाद वे कुरुंदवाड़ गए।

वहाँ 11 मई को चीफ मेडिकल ऑफिसर डॉ. यशवन्त वामन मोड़क के दीवानखाने में स्टेट अहलकार रा.ब. सोवनी की अध्यक्षता में सभा आयोजित की। इस सभा में अध्यक्ष महोदय ने कहा कि अस्पृश्य वर्ग को शिक्षा मिले, वह अपनी तरक्की करे, इसके लिए उनकी मदद करना उच्चवर्ग के लोगों का कर्तव्य है। कुछ उच्च वर्ण के व्यक्तियों में अस्पृश्यों को छूने की मानसिक तैयारी नहीं हुई थी, किन्तु उनकी तरक्की होनी चाहिए। उसके लिए उच्चवर्णीय स्पृश्यों ने मदद करनी चाहिए, ऐसी धारणा बनी थी। सभा के अध्यक्ष रा.ब. सोवनी इनमें से ही एक थे। उन्होंने कहा कि अस्पृश्यों को छुएँ या नहीं, यह अलग प्रश्न है, लेकिन उन्हें मदद करना अपना पावन कार्य है। अण्णासाहब शिंदे ने संस्था की समग्र जानकारी दी। तत्पश्चात् श्रीमन्त चिवटे अध्यक्ष और रा.ब. सोवनी, दादोबा चिवटे, रा. घोरपड़े और डॉ. मोड़क को सेक्रेटरी बनाकर उनकी कमेटी नियुक्त की गई। वहाँ के अल्प निवास में भी रुपये 65/- इतना चन्दा जमा हुआ। रात को अण्णासाहब शिंदे ने हरिजन बस्ती में भजन किया। दूसरे दिन अण्णासाहब शिंदे सय्यद के साथ कुरुंदवाड़ से शिरोल गए। वहाँ पर प्रतिष्ठित लोगों की सभा आयोजित की। तहसीलदार ने कहा कि वर्तमान अकाल सदृश्य स्थिति में चन्दा इकट्ठा होना मुश्किल है। इस गाँव में हरिजन और मातंग लोगों की जनसंख्या लगभग एक तिहाई थी, जो शिंदे को लक्षणीय लगा। फिर शिरोल से ये लोग बेलगाँव पहुँचे।[1]

हुबली में सय्यद ने मिशन की कर्नाटक शाखा का कार्य कल्याणीबाई के सहयोग से अच्छी तरह से चलाया। हुबली की शाखा सन् 1912 में, बेलगाँव की शाखा सन् 1915 में तो गोकाक में सन् 1918 में शाखा स्थापित की गई। हुबली शाखा में दिन की पाठशाला के साथ ही रात्रि पाठशाला चलाई जाती थी। दिन की पाठशाला में किताबी शिक्षा के साथ ही सिलाई, बढ़ईगीरी आदि व्यावसायिक शिक्षा दी जाती थी। सन् 1918 का खर्चा देखें तो 225 बच्चों पर लगभग 3,500 रुपये हर साल व्यय होते थे। हुबली के मिशन की ओर से चलाई गई व्यावसायिक शिक्षा का महत्त्व समझकर दक्षिण विभाग के कमिश्नर मि. माउंट फोर्ट ने डिस्ट्रिक्ट बोर्ड को सूचना दी कि हर जिले में निम्न वर्ग के बच्चों को व्यवसाय शिक्षा देने के लिए एक स्कूल हो। उसके अनुसार धारवाड़ डिस्ट्रिक्ट बोर्ड की सूचना से हुबली शाखा के सुपरिंटेंडेंट ने एक योजना तैयार कर भेज दी। मिशन की शाखा शैक्षिक कार्य के साथ सहयोग कार्य भी करती थी। सन् 1918 के नवम्बर मास में हुबली में फ्लू की बीमारी के चलते पाठशालाएँ बन्द करनी पड़ीं, लेकिन मिशन

की पाठशाला के अध्यापकों ने गरीब लोगों को दवा मुहैया करने का कार्य इस बीमारी के दौरान किया। गोकाक की पाठशाला में एक रात्रि पाठशाला भी शुरू की गई।[2]

कर्नाटक शाखा द्वारा अस्पृश्य वर्ग के लिए इस प्रकार का कार्य शुरू करके इधर नई जागृति लाई गई। कर्नाटक प्रान्त में काफी लोग ऐशोआराम की जिन्दगी जीनेवाले हैं, किन्तु इस कार्य की ओर उनका जितना ध्यान होना चाहिए था उतना नहीं था। इन लोगों की सहानुभूति अस्पृश्य लोगों की उन्नति की ओर मोड़ने में कर्नाटक शाखा को काफी सफलता मिली, ऐसा कहा जा सकता है। सय्यद के सुचारू कार्य को बाद में दा.ना. पटवर्धन ने अनुशासन और लगन से आगे बढ़ाया। इससे हुबली शाखा कर्नाटक प्रान्त में अच्छा कार्य कर सकी।

विट्ठल रामजी शिंदे द्वारा पुणे आकर शाखा का कार्य सँभालने के बाद कई प्रकार के कार्यों को गति मिली। अहल्याश्रम की संकल्पित इमारत की रूपरेखा तो प्रस्तुत की ही थी, लेकिन यूरोप में युद्ध शुरू होने के कारण वह काम स्थागित हुआ। छात्रों के शैक्षिक उपक्रमों पर मात्र विशेष जोर दिया गया। सेंट्रल प्राइमरी स्कूल में अंग्रेजी तीन कक्षाओं तक पढ़ाया जाता था। लड़कियों से फीस नहीं ली जाती थी। बहन जनाबाई शिंदे लड़कियों के लिए स्वतंत्र कक्षा चलाती थीं। उसके अलावा बोर्डिंग की देखरेख भी वही करती थीं। आगे चलकर लड़कियों का स्कूल स्वतंत्र करने के उद्देश्य से वे लड़कियों की कक्षाएँ चलाती थीं। इस स्कूल का अनुशासन और शिक्षा प्रशंसनीय थी। हर दिन पाठशाला शुरू होने से पहले सभी बच्चे हॉल में जमा होकर धार्मिक स्त्रोत कहते। बच्चों के रहन-सहन, स्वच्छता और उनके भाषा प्रयोग पर विशेष ध्यान दिया जाता था, ऐसा अभिप्राय एज्युकेशनल इंस्पेक्टर पी.बी. बापट ने भी दर्ज किया है। कार्पेंटरी क्लास में दस बच्चे शिक्षा लेते थे और इंस्पेक्टिंग ऑफिसर मि. एल.एस. डॉसन ने उनके प्रति अच्छी राय दर्ज की। सिलाई की कक्षा में लड़के और लड़कियाँ, दोनों थे और मिशन में ही तैयार हुए अध्यापक उन्हें सिखाते थे। छात्र अपने कपड़े सिलवा सकते हैं, इतनी अच्छी तैयारी हुई है, ऐसा इंस्पेक्टिंग ऑफिसर आर. एन. दीक्षित ने अभिमत दिया। छात्रावास में आठ भोजन लेनेवाले आठ छात्र छात्रावासी नहीं थे और छह निवासी छात्र थे। संस्था की ओर से भजन समाज चलाया जाता था। इतवार को साढ़े आठ से साढ़े दस बजे तक साप्ताहिक उपासना होती थी। 'महाभारत', 'गीता' और 'बुद्धचरित्र' से बच्चे समझ पाएँ, ऐसे अंश पढ़ाए जाते थे।[3] छात्रों का सामान्य ज्ञान बढ़े, उन्हें अपना इतिहास ओर परम्पराएँ अच्छी तरह से ज्ञात हों, इस विचार से अण्णासाहब शिंदे ने मिशन में व्याख्यान जैसे उपक्रम शुरू किए थे। उसके अनुसार दत्तो वामन पोतदार को मराठों के इतिहास पर हर हफ्ते एक ऐसा व्याख्यान देने को कहा। ये व्याख्यान आसान भाषा में इस प्रकार से हों कि बच्चों को आसानी से समझ आ जाएँ, ऐसी शिंदे की इच्छा थी, ऐसा पोतदार ने दर्ज किया। शिंदे छात्रों के समग्र विकास का ध्यान रखते थे, यह उनके इस उपक्रम से दिखाई देता है। ये व्याख्यान प्रकाशित करने के लिए पोतदार लिखकर दें, ऐसी विनती शिंदे ने उन्हें की, ऐसा भी पोतदार ने दर्ज किया है।[4]

मुम्बई, पुणे, हुबली में मिशन का कार्य अच्छी तरह से शुरू होने के बाद नागपुर के मध्यप्रान्त के लिए एक शाखा शुरू करें, ऐसा विचार शिंदे के मन में आया। कोल्हापुर के वकील गणपत कृष्णाजी कदम ने इस कार्य में पूरी तरह समर्पित होने की तैयारी दिखाई। अमरावती, अकोला, यवतमाल—इस मध्यप्रान्त के स्थानों पर संलग्न शाखाओं का कार्य ही शुरू हुआ था। नागपुर में अन्तर्गत शाखा शुरू कर उस पर इन संलग्न शाखाओं की जिम्मेदारी सौंपना उचित होता और व-हाड जनपद में मिशन के कार्य का विस्तार करना आसान होगा, ऐसा शिंदे को लगा। इसलिए 1914 में गर्मी के दिनों में वे नागपुर गए। रा.ब. वामनराव कोलटकर नामक बुजुर्ग प्रगतिवादी नेता के घर वे ठहरे। वे ख्यातलब्ध मराठी लेखक श्रीपद कृष्ण कोलटकर के चाचा थे। प्रतिष्ठित और महत्त्वपूर्ण लोगों से मुलाकात करवाने तथा अन्य सहयोग में रा.ब. कोलटकर ने शिंदे को बहुत मदद की। इस आरम्भिक तैयारी के बाद शिंदे ने श्री. कदम को साथ लेकर मध्यप्रान्त के हिन्दी जिलों से पूर्व तैयारी और चन्दा जमा करने के लिए लम्बी यात्रा की। भंडारा, बालाघाट, जबलपुर, रायपुर, बिलासपुर और उत्तर हिन्दुस्तान में सागर और दमोह आदि स्थानों पर शिंदे और कदम, इनके व्याख्यान हुए। इस यात्रा में उन्हें लगभग चार हजार रुपयों की मदद मिली। इससे शिंदे का प्रचार कार्य कितना प्रभावी था और कितनी बारीकी से वे लोगों का ध्यान अस्पृश्यता उन्मूलन कार्य की ओर आकर्षित करते थे, इसका प्रमाण मिलता है। दमोह से कदम को नागपुर भेजकर वे स्वयं भोपाल, देवास, इन्दौर और धार रियासतों से मिलकर उनकी इस कार्य के लिए सहानुभूति हासिल कर मुम्बई वापस पहुँचे। वे दुबारा नागपुर गए और उन्होंने एम्प्रेस मिल

के मालिक सर बेजनजी की भेंट लेकर उनके अधिकार की पाचपावली की चालों में से एक चाल मिशन के कार्य के लिए ले ली। नागपुर के प्रतिष्ठित व्यक्ति सर मोरोपंत जोशी, नामदार मुधोलकर वकील, रा.ब. वामनराव कोलटकर, डॉ. ल.वि. परांजपे, न्यायमूर्ति भवानीशंकर नियोगी आदि की एक कमेटी नियुक्त की गई। नागपुर की इस शाखा के कार्य में अनेक दिक्कतें आईं। एक तो ताऊन की बीमारी फैली थी। दूसरे, श्री कदम यह जिम्मेदारी ढंग से सँभाल नहीं पा रहे थे। स्थानीय कमेटी की उनके प्रति शिकायतें आने लगीं। इसलिए कदम को वहाँ से हटाने के बारे में शिंदे को सोचना पड़ा। शिंदे पहले से यह देख रहे थे कि किसी भी नए स्थान पर जाकर मिशन की शाखा का कार्य सुचारू रूप से करने का कौशल सय्यद अब्दुल कादर में है। अत: उन्होंने नागपुर शाखा में सय्यद को नियुक्त करना तय किया और वे सपरिवार हुबली से नागपुर को रवाना हुए। पाचपावली की जिस चाल में छात्रावास था, वहीं पर निवास करना उन्होंने तय किया और अमरावती, अकोला यवतमाल की संस्थाओं की देखरेख भी वे यहाँ से भलीभाँति करने लगे।

सय्यद के हुबली से जाने के बाद हुबली शाखा की जिम्मेदारी किसी योग्य अधिकारी पर सौंपना आवश्यक था। दा.ना. पटवर्धन पुणे शाखा का कार्य अच्छी तरह से चलाते थे। दामोदर पटवर्धन और उनकी सुविद्य पत्नी अन्नपूर्णा देवी ने सपरिवार हुबली के आश्रम में जाकर रहने की तैयारी दिखाई। दामोदर पंत ने केवल पत्नी को ही नहीं, अपनी बूढ़ी माँ को भी साथ ले जाने की तैयारी की। सय्यद को हुबली शाखा का कार्य करते समय भाषा की दिक्कत नहीं थी क्योंकि कन्नड़ भाषा वे अपनी मातृभाषा की तरह ही बोलते थे, परन्तु दामोदर पंत को मात्र भाषा की अड़चन थी, लेकिन वहाँ जाने के बाद तीन-चार मास में ही वे कन्नड़ सीखकर सभी कार्य कन्नड़ भाषा में करने लगे। हुबली की स्थानीय शाखा में पाठशाला, छात्रावास और अस्पताल—ऐसे तीन तरह के कार्य करने पड़ते थे। इसके सिवाय धारवाड़, बेलगाँव, बीजापुर की शाखाओं का कार्य भी देखना पड़ता। सय्यद ने हुबली नगर निगम की ओर से 99 सालों की सन्धि पर और किराये में सहूलियत लेकर मिशन के लिए जगह प्राप्त की थी। सय्यद द्वारा प्रस्तावित अस्पताल और पाठशाला की इमारतों का निर्माण पटवर्धन ने पूरा किया। इस पिछड़े क्षेत्र में पटवर्धन ने लगन और कार्यकुशलता से अल्पावधि में ही अच्छा मेल बिठाया। उनके प्रति जनमत इतना अच्छा था कि आगे हुबली में हुए नगर निगम के चुनाव में सरकार की ओर से उनकी नियुक्ति हुई। इस तरह से हुबली के कर्नाटक प्रान्त की शाखा का कार्य सन्तोषप्रद रीति से शुरू हुआ।

सन्दर्भ

1. *सुबोध पत्रिका,* 19 मई, 1912
2. *सुबोध पत्रिका,* 29 जून, 1919
3. *सुबोध पत्रिका,* 2 जुलाई, 1916
4. द.वा. पोतदार, *लोकमान्यांचे सांगाती,* पृ. 119

मिशन पर आक्षेप और समस्या

मार्च 1921 तक अकाल पीड़ित मातंग लोगों को सभी तरह से सहयोग करने का कार्य की लगभग समाप्ति हुई थी। नगर जिले से आए अकालग्रस्त लोग वापस चले गए। अकाल निवारण कमेटी का भी विसर्जन किया गया। इस कार्य से मुक्त होने के बाद विट्ठल रामजी शिंदे अहल्याश्रम की इमारत बनाने के कार्य में जुट गए। अमृतलाल ठक्कर उर्फ ठक्करबप्पा अण्णासाहब के मुम्बई के कार्य में सहयोगी थे। उनके स्वयं इंजीनियर होने के कारण अहल्याश्रम में खड़ी की जानेवाली अलग-अलग इमारतों की योजनाएँ उन्होंने बड़ी बारीकी से बनवा दीं। युद्ध खत्म हुआ था। मिशन के हितैषी रैंग्लर र.पु. परांजपे शिक्षामंत्री बने थे। उन्होंने सरकार की ओर से अस्सी हजार की राशि इमारत बनवाने के लिए मंजूर की। इमारत की नींव डाली गई। जिनके पहले चन्दे के कारण अहल्याश्रम की कल्पना को प्रेरणा मिली, उस कल्पना का मूर्त रूप आने लगा था, उसी श्रीमन्त तुकोजीराव होलकर को नींव का पत्थर स्थापित करने हेतु शिंदे उनसे मिलने के लिए इन्दौर गए, लेकिन वहाँ पर तुकोजीराव अनपेक्षित संकट में फँसे थे। उन्हें पद से हटाने की तैयारी शुरू थी अर्थात् उन्हें निमंत्रण न देकर शिंदे वापस लौटे।

अहल्याश्रम के कारण मिशन के कार्य का स्थायी स्वरूप सामने आ रहा था। उसी समय अस्पृश्य वर्ग की ओर से ही अण्णासाहब शिंदे की कठोर ही नहीं तो अत्यन्त अशोभनीय आलोचना होने लगी। इसका मूल कारण इतना ही था कि मिशन की बड़ी-बड़ी इमारतें बनने लगी थीं। मिशन के एक समय के छात्र ज्ञानदेव घोलप 'मूकनायक' साप्ताहिक के सम्पादक बने थे। सन् 1921 में उन्होंने हर अंक में शिंदे पर अत्यन्त निर्मम स्वरूप का हमला शुरू किया। उनकी तथा अस्पृश्य वर्ग के नेताओं की मुख्य शिकायत यह थी कि मिशन प्राप्त राशि का सही उपयोग नहीं करती। इमारतें बनाने में इतनी ज्यादा राशि व्यर्थ खर्च हो रही है। 27 मार्च, 1920 के 'मूकनायक' में निम्न पत्र प्रकाशित हुआ, "निराश्रित सहयोगी संस्था की स्थापना को आज तेरह साल पूरे हुए। बहिष्कृतों को शिक्षा देकर उनमें जागृति लाना मिशन का लक्ष्य है। इस कार्य में जनता और सरकार की ओर से मिशन को हजारों रुपए मिल रहे हैं, लेकिन उसकी तुलना में मिशन का उद्देश्य कितना सफल हुआ, इसका हमें सन्देह है। इतना ही नहीं तो मिशन के कार्य से उसके उद्देश्य को लेकर बहिष्कृत वर्ग में अविश्वास उत्पन्न हुआ है। खैर! जिस तरह बहिष्कृत वर्ग के नाम पर मिलनेवाले हजारों रुपयों को मिशन बर्बाद कर रही है, उसी तरह शिंदे कुछ भी कहें, ये पैसे अपनी झोली में डालते हैं या नहीं, यह देखना बहिष्कृत वर्ग का कर्तव्य है। अतएवं मिशन के कार्य की जाँच करने के लिए एक कमेटी नियुक्त करना अत्यन्त आवश्यक है। —मिशन का हितैषी।"

मांटेग्यू-चेम्सफोर्ड सुधार के अनुरोध से शिंदे की भूमिका को लेकर अस्पृश्य वर्ग को गलतफहमी हुई थी। शिंदे ने स्वयं साऊथबरो कमीशन को दिया हुआ लिखित निवेदन और प्रत्यक्ष गवाही में अस्पृश्य वर्ग को स्वतंत्र, आरक्षित चुनाव क्षेत्र हो और मतदान अर्हता की शर्तें शिथिल करें, उन्हें मुम्बई इलाके में कुल सात जगहें दे, ऐसी ही अनुरोधपूर्वक माँग की थी। उन्होंने अस्पृश्य वर्ग के हित की जो माँग की, जिसे उनके आलोचकों ने पूरी तरह नजरअन्दाज किया। चुनाव की दौड़-धूप खत्म हुई और सरकार ने शिंदे और आंबेडकर की राय और माँग की बिलकुल परवाह न करते हुए अस्पृश्य वर्ग से एक ही सदस्य, वह भी सरकार द्वारा नियुक्त किया हुआ काउंसिल में जाए, ऐसा फैसला लिया। सरकार के इस फैसले के लिए उसको आलोचना का लक्ष्य न बनाकर अस्पृश्य वर्ग की पढ़ी-लिखी मंडली हर तरह से शिंदे पर हमला करने लगी। जिनकी उन्नति के लिए डेढ़ दशक परिश्रम उठाया और जिनकी उन्नति के लिए दिन-रात कोशिश की, उसी वर्ग का अपने ऊपर भरोसा नहीं रहा, वही अपनी निन्दा करने लगे हैं, इस विपरीत यथार्थ का

अण्णासाहब के मन को स्वाभाविक ही दर्द हुआ। उन्होंने कहा, "जिनके लिए मैंने अपनी तथा परिवार की परवाह नहीं की, वही मेरे ऊपर असन्तुष्ट थे। कारण क्या तो बड़ी-बड़ी इमारतें बनने लगी"।[1] 'मातृसंस्था' के लोग इस विवाद के मूल तक नहीं पहुँच रहे थे। इन लोगों से व्यर्थ लाड़-प्यार न करें, ऐसा सतही उपदेश देकर वे अण्णासाहब को ही समझाने लगे। उन्होंने मिशन की जनरल सेक्रेटरीशिप का इस्तीफा इन्दौर से ही मुम्बई को भेजा था। 'मूकनायक' के हर अंक में छात्रावास चलाने में होनेवाली लापरवाही, उसका खर्चा, छात्रों की होनेवाली असुविधा, उनके खाने की दुरावस्था, उनसे बुरा बर्ताव आदि विषयों के सन्दर्भ में अत्यन्त कठोर भाषा में आरोप होने लगे। वामनराव सोहनी ने मुम्बई की डी.सी. मिशन का इस्तीफा दिया था। उनके स्थान पर कृ.गो. पाताड़े आए थे जो छात्रावास का प्रबन्ध देखते थे। उन पर 'मूकनायक' में लगातार आलोचना होने लगी।[2]

गणेश आकाजी गवई और पां.नं. भटकर मिशन के छात्रावास से शिक्षा प्राप्त किए उच्च वर्ग दो छात्र अस्पृश्य वर्ग के सुधार के लिए प्रयास कर रहे थे। इन दोनों की अण्णासाहब के प्रति आरम्भ में कृतज्ञ की और बाद में विरोधी की भूमिका दिखाई देती है। अस्पृश्यों की उच्च शिक्षा के लिए आनाकानी करके मिशन छात्रावास और उद्यम पाठशाला में रुपयों का अपव्यय कर रही है, इस प्रकार की शिकायत इस नेता वर्ग की ओर से होने लगी थी। सच तो यह था कि मिशन ने होनहार, अध्ययनशील छात्रों को हमेशा प्रोत्साहन ही दिया था। मिशन के बोर्डिंग में रहनेवाले छात्र पां. नं. भटकर 1918 में यूनिवर्सिटी की परीक्षा में फेल हुए थे। मिशन की कोशिश से उन्हें नौकरी मिली। 1919 में वे दुबारा कॉलेज की पहली परीक्षा में बैठे और पास हुए। "हमें कॉलेज कोर्स पूरा करना हो तो मिशन मदद करने के लिए तैयार है, तो फिर चार के बदले आठ साल लगेंगे तो भी कुछ परवाह नहीं है" केवल बोर्डिंग में रहकर अध्ययन करना चाहिए, ऐसा उन्हें कहा गया था। भटकर को स्वयं शिंदे ने श्रीमन्त सयाजीराव महाराज की ओर से 25 रुपयों की मासिक छात्रवृत्ति दिलवाई थी, किन्तु उसका कुछ भी उपयोग नहीं हुआ। 30 मई, 1920 की 'सुबोध पत्रिका' में इस सन्दर्भ की वास्तविकता दर्ज करते समय कहा है कि "मिशन को स्थापित हुए आज केवल तेरह साल हुए। इतने समय जो महज मैट्रिक तक पहुँचे छात्रों की जानकारी ऊपर संक्षेप में दी गई है...आज मुम्बई बोर्डिंग में नौ-दस बच्चे हाईस्कूल की शिक्षा लेते हैं और जल्द ही मैट्रिक की परीक्षा में बैठेंगे, इतनी उनकी तैयारी है, यह बात ध्यान में लेने पर मिशन उच्च शिक्षा को लेकर विरोधी है, इस आरोप का परिणाम सामने आया। गवई ओर भटकर इस मैट्रिक पास होनेवालों का शिंदे की कोशिश से सेंट जेवियर्स और फर्ग्युसन कॉलेज में आगे की पढ़ाई का इन्तजाम हुआ, जिसका उन्होंने लाभ नहीं लिया। बोर्डिंग और पाठशाला आदि की कितनी जरूरत है, यह अन्धा भी समझेगा। इसके बावजूद हमारे अस्पृश्य भाइयों को ये बातें निरर्थक लगती हैं और इन पर रुपए खर्च करना यानी खराबी लगती है। रुपया खर्च किसका होता है, खर्च कौन करता है, निषेध कौन करता है! सब कुछ अजब।"

"...आज उच्च वर्ण के लोगों ने निम्न माने गए लोगों का जो पक्ष लिया है, वह उनमें जागृति लाने के लिए है, यह सभी को समझना चाहिए। अस्पृश्यों को स्वयं का उद्धार स्वयं ही करना चाहिए। हमने कई बार कहा है कि उन्हें स्वयं आत्मनिर्भर बनना चाहिए, लेकिन यह मंडली स्वयं आन्दोलन करने लगती है तो उसका आरम्भ उच्च वर्ण के द्वेष के द्वारा होता है, जिससे एक नई ही आपत्ति उपस्थित होती है। दूसरी एक खेद की बात हमनें अनुभव की है कि अस्पृश्य वर्ग में से कुछ मंडलियों की उन्नति होती है तो उन्हें अपने पिछड़े भाइयों की याद नहीं आती। वे हम में से ही हैं, यह तक वे भूलते हैं। आगे जानेवालों में पीछे रहनेवालों के प्रति जाग्रत सहानुभूति कैसी उत्पन्न की जाए, निम्न जाति के प्रति आस्था रखनेवालों के सामने यह बहुत महत्त्वपूर्ण प्रश्न हैं।"[3]

शिलान्यास समारोह के लिए श्रीमन्त तुकोजीराव होलकर का न आना स्पष्ट होने के बाद अण्णासाहब ने मैसूर के युवराज कान्तिराव महाराज को निमंत्रित करना तय किया। उन्होंने बड़ी खुशी से शिलान्यास समारोह का निमंत्रण स्वीकार किया। 5 सितम्बर, 1921 को गणेश चतुर्थी के दिन समारोह की तिथि तय हुई। अहल्याश्रम के मैदान में बहुत बड़ा मंडप खड़ा किया गया। सर कान्तिराव नृसिंहराज वाडियर ने अध्यक्ष स्थान विभूषित किया। गाँव की प्रमुख मंडली और प्रेक्षकों से मंड़प खचाखच भरा था। समारोह के आरम्भ में विट्ठल रामजी शिंदे ने प्रस्तावना के बाद एक महत्त्वपूर्ण घोषणा की। वह इस प्रकार थी, "मिशन का कारोबार मुख्या रूप से अस्पृश्य वर्गीय मंडली को सौंपा जानेवाला है। इस सन्दर्भ में 'सुबोध पत्रिका' ने दिया वृत्तान्त इस प्रकार है : "पिछले सोमवार को पुणे शहर में अहल्याश्रम की शिलान्यास का समारोह मैसूर के युवराज के करकमलों से सम्पन्न हुआ। इस अवसर पर श्रीमान शिंदे

ने बहुत सुन्दर और चेतनादायी भाषण दिया। जिसे आज बहुजन समाज अस्पृश्य समझता है, उनके उद्धार कार्य को उन्होंने अपना जीवन समर्पित किया। उन्हीं के आन्दोलन के परिणाम से उन लोगों में जागृति आई और अब श्रीमान शिंदे के उद्देश्य का अस्पृश्य वर्ग के ही कुछ लोग विरोधाभास करने लगे हैं। उसके बारे में श्रीमान शिंदे के उद्गारों पर सभी अस्पृश्यों को गौर करना होगा। नि.सा. मंडली का उद्देश्य अस्पृश्यों में स्वाभिमान उत्पन्न कर उन्हें आत्मनिर्भर बनाने का था और है। यह विचार जागृति का संकेत दीख रहा है और उस पर शिंदे ने सन्तोष व्यक्त किया है। यह मिशन इन मंडलियों के लिए है और वे ही उसे चलाएँ तो बेहतर होगा। श्रीमान शिंदे उसके लिए तैयार हैं, लेकिन हमें तो ऐसा लगता है कि मिशन जैसी संस्था स्वतंत्र रूप में चलाने की क्षमता अभी तक हमारे अस्पृश्य भाइयों में नहीं है। यह उनका दोष नहीं तो बहुत समय अज्ञान में रहने के कारण यह दशा प्राप्त है। इसके लिए उच्च वर्ग से ही जागृति का कार्य होना उचित और आवश्यक है। उच्च वर्ग ने इस वर्ग पर अन्याय किया है जो उच्च वर्ग के गले उतारा गया है। दूसरी बात यह कि निराश्रित सहयोगी मंडली जैसी संस्था सहयोग के तत्त्व पर चलना सम्भव है, लेकिन पूरी सत्ता अपने हाथ में हो और उस संस्था के प्रति समर्पित लोग इस नए जाग्रत होनेवाले लोगों के आधिपत्य में काम करें, ऐसा कोई कहें तो वह अत्यन्त असंगत होगा। जिनके लिए सारी कोशिश की जा रही है, उनमें जागृति आए तो यह मंडली स्वयं आत्मनिर्भर होकर कार्यक्षम होने लगी तो निराश्रित मंडली अपने-आप ही दफ्तर समेटने लगेंगी।"[4] शिंदे के प्रस्ताविक के बाद गोपाल कृष्ण देवधरे आदि वक्ताओं के भाषण हुए। बच्चों के प्रेक्षणीय खेल हुए। युवराज ने शिलान्यास किया। उसके बाद उनका शुभेच्छापरक भाषण हुआ। कृतज्ञता ज्ञापन के बाद सभा का समापन हुआ।

लगभग डेढ़ साल विट्ठल रामजी शिंदे और डी.सी. मिशन संस्था पर कुछ अस्पृश्य वर्गीय मंडली और नेताओं की ओर से कड़ी टीका-टिप्पणी हो रही थी। उनकी कार्य प्रणाली पर आपत्ति उठाई जा रही थी। उद्देश्य पर सन्देह प्रकट किया जा रहा था। तब विट्ठल रामजी शिंदे ने इस सन्दर्भ का सत्य सामने चाहिए, ऐसी एक योजना उसी समय बनाई थी। समारोह के बाद नजदीक की इमारत में कुर्सियाँ लगाकर एक गुप्त बैठक का प्रबन्ध पहले ही किया गया था। इस बैठक में अस्पृश्यों की शिकायतें, माँगें और आदेश क्या हैं, ये युवराज के सामने रखे जाएँ, इस प्रकार का आह्वान सभी अस्पृश्यों को किया था। इस बैठक में स्पृश्य वर्ग से कोई भी उपस्थित न रहे, मिशन के कोई संचालक इस बैठक में न आएँ, ऐसा प्रबन्ध अस्पृश्य स्वयंसेवकों द्वारा किया गया था। मुख्य समारोह के बाद नियोजन के अनुसार युवराज गुप्त बैठक के लिए उपस्थित रहे। अस्पृश्यों की बात सुनकर युवराज की अपनी जो राय होगी, वह समाचार-पत्र में प्रकाशित करें, ऐसी उन्हें विनती की गई थी। योजना के अनुसार बैठक सम्पन्न हुई। युवराज ने सभी की बात सुनी लेकिन बैठक पूरी होने के बाद "घोषित करने लायक कुछ भी नजर नहीं आया। सब ठीक-ठाक है" ऐसी राय व्यक्त की। विट्ठल रामजी शिंदे या मिशन पर निश्चित स्वरूप में कोई आक्षेप नहीं लगा सके, यही इस घटना का अर्थ था।

जिस समय विट्ठल रामजी शिंदे का अस्पृश्य वर्ग की ओर से विरोध हो रहा था, उसी समय मुम्बई की 'मातृसंस्था' और शिंदे के बीच भी विवाद हो गया था। शिंदे ने पहले ही मिशन की जनरल सेक्रेटरीशिप का इस्तीफा दे दिया था। कमेटी ने वह काम गिरिजाशंकर त्रिवेदी पर सौंप दिया, फिर भी विट्ठल रामजी ऑर्गेनाइजिंग सेक्रेटरी यानी घटनामंत्री का काम करें, ऐसा एक्जिक्यूटिव कमेटी ने प्रस्ताव पारित किया। सच कहें तो संगठन का कार्य काफी परेशानी का था। आज तक के अनवरत परिश्रम और प्रतिकूल माहौल के कारण विट्ठल रामजी इस कार्य से थक चुके थे। इमारत का निर्माण शुरू हुआ था। इसलिए पुणे शाखा के स्थानीय सेक्रेटरी का अधिकार भी छोड़ दें, ऐसा उन्हें लगता था, लेकिन पुणे शाखा फिलहाल इस जिम्मेदारी से मुक्त करने के लिए तैयार नहीं थी। इसीलिए कुछ काल तक तो शिंदे को यह जिम्मेदारी स्वीकारनी ही पड़ी।

प्रार्थना समाज की नेता मंडली तथा मिशन के विट्ठल रामजी के कुछ सहयोगी भी एक बात से उनकी नीति से असन्तुष्ट थे। वह बात यानी कि शिंदे ने मिशन के कार्यकारी मंडल पर उग्रवादी विचाधारा की कांग्रेस की मंडली का चयन किया या उन्हें लिया। विट्ठल रामजी ने मुम्बई में सन् 1918 में सयाजीराव गायकवाड़ की अध्यक्षता में भव्य 'अस्पृश्यता उन्मूलन परिषद्' का आयोजन किया था। इस परिषद् में उन्होंने कांग्रेस के तिलक के साथ गरम दल के नेताओं को भी शामिल किया था। परिषद् के पहले पन्द्रह दिन 'सुबोध पत्रिका' में शिंदे को खतरे की चेतावनी देनेवाला अंग्रेजी मजमून प्रकाशित हुआ था। उसमें ऐसा कहा था कि "इस परिषद् को मदनमोहन मालवीय, इतना

ही नहीं तो बी.जी. तिलक की सक्रिय सहानुभूति प्राप्त करने की कोशिश जारी है, ऐसा सुना है। कांग्रेस ने पिछले अधिवेशन में इस सन्दर्भ का सहानुभूतिपरक प्रस्ताव मंजूर किया था। अत: इस प्रकार की सहानुभूति प्राप्त करना अच्छा है। संस्था के जनरल सेक्रेटरी आजकल इसी दिशा में प्रयास कर रहे हैं। हमने ऐसा भी सुना है कि राष्ट्रीय नेताओं का समर्थन पाने की जल्दबाजी से प्रमुख राष्ट्रीय नेताओं को डी.सी. मिशन के कार्यकारी मंडल में भी शामिल करने तक जनरल सेक्रेटरी पहुँचे हैं, किन्तु सहानुभूति प्राप्त करना अलग बात है और पूरी यंत्रणा राजनीतिक उठा-पटक करनेवालों के हाथों सौंपना अलग बात है। जनरल सेक्रेटरी के खिलाफ बहुत कुछ कहा जा सकता है, बोला जा सकता है, ऐसी परिस्थिति है। मुझे यकीनन ऐसा लग रहा है कि वे संस्था के कार्यकारी प्रमुख होने से ज्यादा प्रचारक और आन्दोलनकर्ता ही ज्यादा हैं। मिशन जैसी रजिस्टर्ड संस्था का कारोबार चलाने की दृष्टि से यह बात उचित है, ऐसा नहीं कहा जा सकता।"

'सुबोध पत्रिका' के इस वृत्त में विट्ठल रामजी शिंदे जी की योग्यता जनरल सेक्रेटरी के रूप में कार्य के बजाय घटनामंत्री के रूप में उचित है, ऐसा स्पष्ट ही अभिप्राय व्यक्त किया है। शिंदे की राष्ट्रीय नीति के प्रति वे प्रार्थना समाज के प्रचारक बने, तभी से नरम दल की मंडली नाराज थी। इस नाराजगी तथा विरोध का ही परिणाम होगा कि उन्हें प्रार्थना समाज के प्रचारक पद से मुक्त होने का फैसला लेना पड़ा था। अब लगभग ऐसी परिस्थिति बन गई थी कि उन्हें मिशन का जनरल सेक्रेटरी पद छोड़ना पड़ेगा। शिंदे जिनके लिए काम करते थे, उनका विरोध सहन करने की नौबत उन पर आई थी और वे जिनके साथ काम करते थे, उनकी भी नाराजगी बरदाश्त करने का प्रसंग उन पर आया।

विट्ठल रामजी शिंदे की इस सन्दर्भ में ऐसी भूमिका थी—मिशन के कार्य के लिए राष्ट्रीय पक्ष की सहानुभूति प्राप्त करना और कारोबार से मात्र राष्ट्रीय पक्ष को दूर रखना, यह न उचित होगा और न बहुत दिनों तक चलेगा। इस मंडली की ओर से चन्दा लेना, परिषद् में उनको शामिल होने के लिए कहना, लेकिन संस्था के अधिकारपद के चुनाव से उन्हें दूर रखना उचित नहीं होगा। आरम्भ में प्रार्थना समाज के नेताओं ने ही मिशन को चलाया था। उन्हीं के श्रम से मिशन का नाम हुआ और उन्हीं के कारण राष्ट्रीय पक्ष की सहानुभूति मिली तथा वे कमेटी पर कार्य करने के लिए आगे आए। ऐसा होते हुए उन्हें दूर रखना कैसे सम्भव होगा? मिशन कानूनन रजिस्टर्ड संस्था है। उसकी नियमावली है और उनका पालन करने के लिए राष्ट्रीय पक्ष की मंडली तैयार है। संस्था की आम सभा से ही कार्यकारी मंडल का चुनाव खुलेआम और नियम के अनुसार होता आया है। इस नए चुनाव का श्रेय या अपश्रेय और जिम्मेदारी अकेले जनरल सेक्रेटरी पर कैसे हो सकती है? संस्था में शुरू इस अन्तर्गत विवाद से परेशान होकर विट्ठल रामजी शिंदे ने जनरल सेक्रेटरी पद का इस्तीफा दिया। फिर भी ऑर्गेनाइजिंग सेक्रेटरी के रूप में संस्था ने उन पर जिम्मेदारी सौंप दी।

1919 से ही संस्था में अन्तर्गत संघर्ष शुरू हुआ था। 1918 में मुम्बई में आयोजित 'अस्पृश्यता उन्मूलन परिषद्' के बाद शिंदे के प्रति संस्था का असन्तोष बढ़ने लगा। सन् 1919 में सय्यद अब्दुल कादर ने वैयक्तिक और पारिवारिक कारण से मिशन की नागपुर शाखा का और मिशन का भी कार्य छोड़ दिया। अण्णासाहब शिंदे के बाद मुम्बई शाखा की संस्थाओं की जिम्मेदारी अच्छी तरह से निभानेवाले वामनराव सोहोनी ने भी सय्यद के बाद संस्था का कार्य छोड़ा। ये दोनों संस्था के आरम्भ से ही निष्ठावान कार्यवाहक थे। मिशन का नाम रोशन करने के लिए दोनों ने काफी कष्ट उठाए थे। सय्यद अब्दुल कादर तो अण्णासाहब के परिवार के ही सदस्य बन चुके थे। हुबली की शाखा हो या नागपुर की शाखा हो, नई शाखा स्थापित करने की जिम्मेदारी वे अच्छी तरह निभाते आए थे। वामनराव सोहोनी मुम्बई में मिशन की शिक्षा संस्था और छात्रावास के आदर्श कुलपति साबित हुए थे। उनकी भलमनसाहत, अनुशासन और लगन—इन गुणों के कारण अस्पृश्य वर्ग के बच्चों की पाठशाला किसी भी सफेदपोश बच्चों की पाठशाला की बराबरी के स्तर तक पहुँचाई थी और संस्था का कारोबार भी विशुद्धता और जिम्मेदारी से चलाया था। ऐसे दो सहयोगियों का मिशन छोड़कर जाना शिंदे को बुरा लगा। मिशन सम्बन्धी असन्तोष के कारण स्वयं शिंदे मिशन छोड़ने की सोच रहे थे। एक-दो सालों में ऐसा निर्णय लेने का निश्चय उन्होंने मन-ही-मन किया था। इसलिए इन दोनों के वियोग का दुख उन्हें असह्य हुआ। कृ.गो. पाताड़े बैंगलोर शाखा का कारोबार सँभाल रहे थे। उन पर मुम्बई शाखा की जिम्मेदारी सौंपी गई, लेकिन कुछ ही दिनों में उन्हें पुणे में लाकर हुबली शाखा के दा.ना. पटवर्धन की मुम्बई शाखा में नियुक्ति की गई। इन व्यक्तियों के तबादले के कारण मिशन के कार्य में बहुत लापरवाही हुई।

अस्पृश्य वर्ग की कुछ मंडलियों की मिशन के प्रति शिकायतें बढ़ रही थीं और वे मिशन के सम्बन्ध में असन्तोष प्रकट कर रहे थे। मिशन में अन्तर्गत संघर्ष शुरू था। इसके बावजूद अस्पृश्य वर्ग के प्रति होनेवाली नैतिक जिम्मेदारी विट्ठल रामजी शिंदे को आराम से बैठने नहीं देती थी। अस्पृश्य वर्ग की राष्ट्रीय स्तर पर जो समस्याएँ थीं, उन्हें ढंग से हल करना, अस्पृश्य वर्ग का हित देखना, यह शिंदे को अपना कर्तव्य ही लग रहा था। अस्पृश्य वर्ग में उचित राष्ट्रीय जागृति हो और उनमें राष्ट्रीय एकता की भावना विकसित हो, इस सम्बन्ध में उचित भूमिका लेनी चाहिए; इस सम्बन्ध में मिशन के अध्यक्ष सर नारायण चन्दावरकर, मुम्बई शाखा के सेक्रेटरी वामनराव सोहोनी, सय्यद, अन्य कार्यकर्ता और स्वयं शिंदे—इन सभी की एक राय थी। सभी ने विवाद के समय सन्तुलित भूमिका अपना कर एकता बनाए रखी थी, लेकिन कुछ ही दिनों में, 1920 में महात्मा गांधी ने 'असहयोग' और 'बायकाट' आन्दोलन शुरू किया। इसके परिणामस्वरूप अदालतों, पाठशालाओं, महाविद्यालयों का बहिष्कार किया जाने लगा। राष्ट्रीय वृत्ति के पाठशाला चलानेवाले संचालकों ने सरकारी अनुदान लेना बन्द किया। इस तरह का देशव्यापी आन्दोलन शुरू हुआ था। ऐसे में अस्पृश्य वर्ग को इस 'असहयोग आन्दोलन' में खींचना चाहिए? इस तरह का प्रश्न मिशन के सामने खड़ा हुआ था। अस्पृश्य वर्ग का 'असहयोग आन्दोलन' में शामिल होना यानी मिशन को सरकार की ओर से जो राशि अनुदान के रूप में मिलती थी, उसका उपयोग करना। सरकारी मदद लेना बन्द करें तो इस अखिल भारतीय मिशन के खर्च की जिम्मेदारी लेकर राष्ट्रसभा जैसी संस्था या लोकमान्य तिलक, महात्मा गांधी जैसे नेता इनको अनुदान जितना भुगतान मिशन को देना सम्भव था? दूसरे, राष्ट्रीय सभा के कार्यक्रम का स्वीकार कर, उससे सहमति जताकर काम करने के लिए अस्पृश्य वर्ग अभी तैयार नहीं हुआ था और उन पर जबर्दस्ती करना शिंदे आदि को उचित नहीं लगता था। तब शिंदे को लगा कि इस बारे में लोकमान्य तिलक से बातचीत कर उनकी राय आजमाकर देखें। सन् 1918 में कर्नाटक के अथनी गाँव में कांग्रेस की जिला परिषद् होनेवाली थी। उसमें शामिल होने और लोकमान्य तिलक की राय लेने हेतु शिंदे वहाँ गए।

लोकमान्य तिलक ने इस सन्दर्भ में अपनी स्पष्ट राय दी। हमारी पाठशालाओं को सरकार अनुदान देती है जो उसका कर्तव्य ही है। आम तौर पर अस्पृश्यों की शिक्षा का सरकार पर जो पूरा बोझ पड़नेवाला था, उसमें से आधा ही बोझ ग्रांट देने की पद्धति से सरकार पर पड़ता है। और रुपयों की ग्रांट का प्रश्न अलग में रखें तो भी विद्या विभाग के नियंत्रण से हमारी पाठशालाएँ कैसे बच सकती है, यह दूसरा महत्त्वपूर्ण प्रश्न था। इन सभी बातों पर लोकमान्य के साथ शिंदे ने बहस की और अन्त में तिलक ने अपनी राय इस प्रकार दी कि मिशन 'असहयोग आन्दोलन' में बिलकुल सहभाग न ले। सरकारी ग्रांट लेना यही अक्लमन्दी होगी; निजी तौर पर आप या आपके जैसे व्यक्ति राजनीति में स्वतंत्र रूप में हिस्सा ले रहे हैं, यही पर्याप्त है। आपको मिशन को अपने पीछे खींचना सम्भव नहीं है और इष्ट भी नहीं।

सन् 1915 में महात्मा गांधी जब मुम्बई आए तब उन्होंने मिशन को भेंट दी थी और मिशन का कार्य कितनी आस्था से चल रहा है, यह देखा था। मुम्बई के मिशन से ही उन्होंने लक्ष्मी नामक बच्ची को गोद लिया था। मिशन के कार्य का विस्तार, उसके लिए आवश्यक खर्चे और इस कार्य की आवश्यकता और महत्त्व—इससे वे भलीभाँति परिचित थे। 1920 के क्रिसमस में नागपुर में आयोजित कांग्रेस के अधिवेशन के समय महात्मा गांधी ने शिंदे का विषय नियामक समिति में समाविष्ट किया और अस्पृश्य वर्ग को असहयोग की राजनीति में शामिल करें या नहीं, इस पर उनकी राय ली। लोकमान्य तिलक, शिंदे और महात्मा गांधी—इनका अस्पृश्य वर्ग को सरकारी सुविधा की आज भी आवश्यकता होने के कारण उन्हें राजनीति में न खींचें, इस बारे में एकमत था।

5 सितम्बर, 1921 को अहल्याश्रम की इमारत शिलान्यास का समारोह सम्पन्न होने का उल्लेख इसके पहले किया ही है। इस अवसर पर विट्ठल रामजी शिंदे ने "यह मिशन इस मंडली के लिए है और उन्हें ही वह चलानी चाहिए जो उचित ही होगा" और "नि.सा. मंडली का उद्देश्य अस्पृश्यों में स्वाभिमान लाकर उन्हें आत्मनिर्भर बनाने का था और है" ऐसा दर्ज करके यह मिशन अस्पृश्य वर्ग के हाथ में सौंपने की इच्छा व्यक्त की थी। इमारत का काम पूरा होने के बाद मिशन इन मंडली पर सौंपकर स्वयं इस जिम्मेदारी से मुक्त होने का अण्णासाहब शिंदे ने तय किया था। उसके अनुसार वे योजना बनाने लगे। अहल्याश्रम की इमारत का काम पूरा होने जा रहा था। उन्होंने मिशन की नियमावली बदलकर पदाधिकारियों में बहुसंख्य अस्पृश्य वर्गीय पदाधिकारी लेकर मिशन उनके हवाले करना तय किया। अण्णासाहब को इस बारे में अपनी भूमिका प्रकट करना आवश्यक लगा। इसलिए उन्होंने

समाचार-पत्र में एक निवेदन प्रस्तुत किया। उसके मुख्य अंश इस प्रकार हैं : "इस मंडली की स्थापना का श्रेय ब्राह्म धर्म को है। प्राथमिक प्रयास को प्रार्थना समाज के प्रमुख सदस्यों ने पूरा समर्थन दिया, लेकिन यह मिशन एक अंग के रूप में न चलाकर स्वतंत्र रूप में राष्ट्र कार्य के रूप में चलाना मंडली को हितकर लगा। स्थापना के समय सतही विचार करनेवाले लोगों ने अनुकूल-प्रतिकूल भविष्यवाणी की। अस्पृश्य वर्ग से तादात्म्य स्थापित कर उनका उद्धार न होकर स्पृश्य कार्यवाहकों की ही अवनति होने की सम्भावना है, ऐसा नम्रतापूर्वक विधान एक सज्जन ने किया। आगे चलकर तो जाहिर सभा में स्पष्ट कहा जाने लगा कि यह कोशिश अस्पृश्यों को ऊपर ले जाने की बजाय ब्राह्मणादि उच्च लोगों को नीचे खींचनेवाली ही है। इस मिशन के कार्यवाहकों ने अस्पृश्य बस्ती में अपने परिवार के साथ उनके बीबी-बच्चों से समानता से व्यवहार कर निरपेक्ष वृत्ति से काम किया जो इस मंडली का आद्य तत्त्व है। इस तत्त्व के अनुसार सात भाई और दो बहनों ने काम किया है। उसमें से पाँच मराठा, तीन ब्राह्मण और एक मुसलमान प्रार्थना समाजी हैं। शायद ब्राह्म धर्मानुयायी होने के कारण प्रथम जाति भेद छोड़कर ही इस मंडली ने कार्य शुरू किया।

"इस मिशन का कार्य आगे चलकर अस्पृश्य अपने हाथ में लें, इसलिए एक प्रान्तिक शाखा के मुख्य स्थान पर अस्पृश्य छात्रावास चलाने का आग्रह आज तक जारी है। उसके सिवा इन छात्रों की व्यक्तिगत रहन-सहन पर उच्च संस्कार होने आवश्यक हैं, यह जानकर मुम्बई, पुणे, हुबली, नागपुर, बैंगलोर, मंगलौर आदि स्थानों पर ऐसे छात्रवासों की योजना कम-अधिक मात्रा में शुरू है। अस्पृश्यता उन्मूलन के प्रश्न को आज जो स्वरूप आया है, इसके कारण अधिकांश मात्रा में इसी छात्रावास में मिलते हैं।

"मंडली के कार्य का प्रत्यक्ष-अप्रत्यक्ष रूप से विस्तार पूरे हिन्दुस्तान में हुआ है। नर्मदा के उत्तर विभाग में, पूर्व में ब्राह्म समाज और दिशा में आर्य समाज यही कार्य कर रहा है। इधर महात्मा गांधी ने भी इस कार्य का स्वीकार करने से राष्ट्रीय सभा का भी इस कार्य को पूरा समर्थन मिला है। फिर भी राजनीति, समाजवाद, पुराने धर्मों का आचरण, परम्परा का परिपालन आदि परस्पर भिन्न विषयों के कारण यह प्रश्न काफी जटिल बना है। प्रत्यक्ष कार्य करनेवालों की स्थिति अत्यन्त दयनीय होने लगी है। अस्पृश्यों में गति से जागृति आ रही है, इतना ही समाधान कार्यकर्ताओं में है। इस मंडली का केन्द्रीय कार्यालय यद्यपि मुम्बई में है, लेकिन इन्हें मुम्बई में एकाध आश्रय स्थान या आश्रम बनाने के लिए पर्याप्त जगह कितनी भी कोशिश करें, लेकिन मिलना असम्भव है। यह देखकर जगह प्राप्त करने की कोशिश पुणे में की। इसके लिए 1912 से मुझे पुणे में रहना पड़ा। 1852 में जोतिबा फुले ने पुणे में ऐसा ही एक मंडल स्थापित किया था। उस मंडल की भोकरबाड़ी में सर्वे नं. 5 की लगभग सात एकड़ जगह पुणे नगर निगम के अधिकार में सरकार की ओर से आई थी। वह जगह मिशन को मिली और उस पर एक लाख सात हजार रुपये कीमत की पक्की इमारतें पूरी हुई हैं। इसके लिए मिशन नगर निगम और सरकार का अत्यन्त ऋणी है।"[5]

"5 सितम्बर 1921 को मैसूर के युवराज ने मुख्य पाठशाला की इमारत का शिलान्यास किया। उस समारोह के समय मैंने यह नम्र सूचना दी कि अब यह कार्य आपको अपने जिम्मे लेना चाहिए। उस पर 'ज्ञानप्रकाश', 'मुम्बई क्रॉनिकल', 'सुबोध पत्रिका' आदि पत्रों ने अपनी राय दी कि अभी अस्पृश्यों पर कार्य सौंपने का समय नहीं आया है। उच्च वर्ग और निम्न वर्ग को मिलकर ही सहयोग करना चाहिए। तत्त्वत: यह विचार हो तो भी जिस अर्थ से अस्पृश्य वर्ग से नेता निर्मित हो रहे हैं और काउंसिल में तथा नगर निगम में अभिनन्दनीय कार्य करने लगे हैं, उस अर्थ में केवल असमर्थ हैं, ऐसा जानकर ही पिछले दो सालों में स्थानीय व्यवस्थापन कमेटी से अस्पृश्य वर्ग के नेता लिए गए हैं। इतना ही नहीं तो नागपुर और बैंगलोर की शाखा उन्हीं पर सौंपी गई है। ऐसे अधिकारियों से प्रत्यक्ष कार्य करते समय अगर कोई गलती हो तो भी उन पर जिम्मेदारी सौंपना ही उचित है। हम स्वराज्यवादी अंग्रेज अधिकारियों से यही माँग कर रहे हैं, जो सन्तोष की बात है। इस पर गौर कर मिशन की मुम्बई की 'मातृसंस्था' की आम सभा में पिछले साल नियमों का पुनर्गठन किया। अलग-अलग कारोबार चलाने के लिए स्थानीय कमिटियाँ चन्दा देनेवाले लोगों में से चुनाव के तत्त्व पर स्थापन करें। केन्द्रीय कमेटी की ओर से मिशनरी मँगाएँ और जहाँ तक सम्भव हो, वहाँ अधिकारी नियुक्त करें, ऐसा तय किया है।

"इमारत की योजना पूरी होने से मेरा इस शाखा का अन्तर्गत विशेष कार्य खत्म हुआ है। उम्र के मुताबिक सामान्य देखभाल के अलावा ज्यादा जिम्मेदारी स्वयं पर रखना ठीक नहीं, इसलिए मैं इसके आगे मिशन के ऑनररी ऑर्गेनाइजर

जनरल सेक्रेटरी के रूप में अपनी ओर से जो कार्य हो सकता है, वह करने की मनोकामना आज भी रखता हूँ। विशेषत: अस्पृश्यता उन्मूलन का सामाजिक कार्य मिशन के बाहर की मंडली भी करने लगी है। उनसे इन मंडली का सहयोग बने, यह मेरा उद्‍देश्य है। ईश्वर की कृपा रहे।"

सन्दर्भ

1. विट्ठल रामजी शिंदे, *आठवणी व अनुभव,* पृ. 316
2. *मूकनायक,* 27 मार्च, 1920 14 अगस्त, 1920 समाविष्ट, *डॉ. बाबासाहब आंबेडकरांचे बहिष्कृत भारत 1927-1929 और मूकनायक* 1920, सम्पा. वसन्त मून, शिक्षण विभाग, महाराष्ट्र शासन, मुम्बई, 1990 पृ. 367-69, 399-404
3. *सुबोध पत्रिका,* 30 मई, 1920
4. *सुबोध पत्रिका,* 11 सितम्बर, 1921
5. ज्ञानप्रकाश, 29 मार्च, 1923 और *केसरी,* 3 अप्रैल, 1923

मिशन का पुनर्गठन

29 मार्च, 1923 को 'ज्ञानप्रकाश' में अण्णासाहब शिंदे का निवेदन प्रकाशित हुआ। उसी दिन सूचना के अनुसार पुणे शाखा के सभी चन्दा देनेवालों की आम सभा का आयोजन हुआ। अण्णासाहब शिंदे ने निवेदन द्वारा संस्था अस्पृश्यवर्गियों को सौंपने की इच्छा व्यक्त की थी। उसके अनुसार उसी दिन आयोजित मिशन की आम सभा में तुरन्त उसकी कार्रवाई को शुरुआत की गई। यह पुणे शाखा को सभी चन्दा देनेवालों की आम सभा थी। इस सभा में 77 सदस्य और सदस्य न होनेवाले 12 सज्जन शुभचिन्तक के रूप में मौजूद थे। इस सभा ने पूर्व कमेटी में वृद्धि कर अस्पृश्य वर्ग के सदस्यों का बहुमत रहेगा, ऐसा देखा। नए नियमों की घटना का प्रारूप मंजूर करने के लिए 15 अप्रैल, 1923 को अगली सामान्य सभा आयोजित की गई। पुनर्गठन होते समय कुछ मिशन के और कुछ बाहरी लोगों द्वारा बाधा डालने की कोशिश हुई। समाचार-पत्र में इसकी प्रकट रूप से चर्चा होकर कुछ मात्रा में उसे जातीय रूप देने की भी कोशिशें हुईं, किन्तु अण्णासाहब शिंदे ने जो नीति प्रकट की थी, वह साधारणतः अस्पृश्य वर्ग को प्रिय हुई और हरिजन, मातंग, चमार और भंगी आदि जातियों के नेता आपसी लम्बे बखेड़े भूलकर, अपना हित पहचान कर एकता से कार्य करने लगे। हर रात कमेटी की सभाएँ होने लगीं। कमेटी ने नए सिरे से बनाया मसौदा मंजूर करने हेतु 15 अप्रैल, 1923 को सामान्य सभा आयोजित की। इस सभा में केवल सदस्यों को ही उपस्थित रहने का अधिकार था और उस दृष्टि से इन्तजाम किया गया। नई घटना स्वीकार होने के बाद पदाधिकारी और कार्यकारी मंडल के नए सदस्य चुने गए। इस सभा में शिवराम जानबा कांबले, विट्ठल रामजी शिंदे, श्री. रा. थोरात, डॉ. खेडकर, मा.भि. कदम, डॉ. नायडू, सूबेदार घाटगे, केशवराव बागडे, एम.एल.ए., डॉ. गोखले, भालेराव, संकपाल, उबाले, कालभोर, एम.एल.सी.; बाबूराव वायदंडे, माधवराव घोरपड़े आदि प्रमुख सदस्य उपस्थित थे। अध्यक्ष के रूप में सर्वानुमति से सूबेदार घाडगे को चुना गया। सूबेदार घाडगे और विट्ठल रामजी शिंदे के प्रस्ताविक भाषण होने के बाद आगे के प्रस्ताव मंजूर हुए। पहले प्रस्ताव के अनुसार 11/4/1923 को स्वीकार किया गया प्रारूप कुछ परिवर्तन के साथ मंजूर कर उसे अन्तिम रूप दिया गया। उसके अनुसार सदस्यों का प्रत्येक जाति के लिए चयन करना तय हुआ। एक चेयरमैन (स्पृश्य), तीन वाइस चेयरमैन (एक हरिजन, एक मातंग, एक चमार), एक कोषाध्यक्ष (अस्पृश्य), तीन ज्वाइंट सेक्रेटरी (दो अस्पृश्य और एक स्पृश्य) इस तरह से आठ अधिकारियों में से छह अस्पृश्य चुने जाएँ, ऐसा तय हुआ। नई घटना के संशोधन के बाद 22 सदस्यों का कार्यकारी मंडल चुना जाए और उसमें हरिजन, चमार, मातंग, भंगी, मुसलमान—इनमें से हर एक जाति के 2 और पारसी, मराठा, ब्राह्मण और ब्राह्मणेतर—इन हर जातियों में से एक ऐसे प्रत्येक जाति के लिए 14 सदस्य लेना तय हुआ। आठ अधिकारियों में से छह और तीन ट्रस्टी में से एक अस्पृश्य वर्ग का चुनने की व्यवस्था की गई। उसके अनुसार दूसरे प्रस्ताव द्वारा अन्य सदस्यों का चयन किया। जनरल बॉडी के अध्यक्ष विट्ठल रामजी शिंदे, कार्यकारी मंडल के चेयरमैन डॉ. आर.वी. खेडकर, वाइस चेयरमैन के रूप में शि.जा. कांबले (महार), मा.भि. कदम (चमार), सी.गे. बल्लाल (मातंग), कोषाध्यक्ष हरिभाऊ उबाले (महार), ज्वाइंट सेक्रेटरी के रूप में डी.वी. गायकवाड़, सूबेदार घाटगे (महार), कृ.गो. पाताड़े (मराठा) आदि चुने गए। सदस्य के रूप में ए.के. घोगरे और रामजी थोरात (महार), प.शु. पवार और नारायण सदाशिव जमादार (चमार), ता.स. गायकवाड़, बी.डी. वायदंडे (मातंग), नाथा महाराज (भंगी), डॉ. मोदी (पारसी), केशवराव बागडे और सी.अ. मानूरकर (ब्राह्मणेतर), प्रिंसिपल कानिटकर (ब्राह्मण), एम. सलाउद्दीन, एम.एल.सी., ए.ए. खान (मुसलमान), बाबूराव जगताप (मराठा), एक चमार, दो मातंग और दो मुसलमान इनके नाम कार्यकारी मंडल ने स्वीकृत किए। लेखा निरीक्षक के रूप में मा. घोरपड़े और एस.एस. चव्हाण को लिया गया।

तीसरे प्रस्ताव के अनुसार विट्ठल रामजी शिंदे, शिवराम जानबा कांबले और केशवराव बागडे एम.एल.ए. को संस्था के ट्रस्टी के रूप में चुना गया। अध्यक्ष का समापन भाषण होने के बाद विट्ठल रामजी शिंदे ने आभार प्रकट किया और अध्यक्ष ने सभा का समापन किया। उपरोक्त निर्णय का जाहिर प्रकटन संस्था के नए ज्वाइंट सेक्रेटरी (सूबेदार) राघोराम सज्जन घाटगे, धाकजी विट्ठल गायकवाड़ और कृष्णाजी गोविन्द पाताड़े इन्होंने समाचार-पत्रों में प्रकाशनार्थ दिया?

अण्णासाहब शिंदे ने मिशन की नई नियमावली तैयार करके उसे मंजूर करवाने की कोशिश शुरू की थी। इससे आम तौर पर अस्पृश्य वर्ग के नेता सन्तुष्ट थे और अण्णासाहब के लिए उनके मन में कृतज्ञता का ही भाव निर्मित हुआ था, लेकिन कुछ असन्तुष्ट मंडलियों उन पर अभी आरोप कर रही थीं। अस्पृश्य वर्ग की मंडली ने इससे सम्बन्धित प्रतिक्रिया समाचार-पत्र में देकर अपनी भावना व्यक्त की है। 19 अप्रैल, 1923 के 'ज्ञानप्रकाश' के अंक में ज्ञानदेव ध्रुवनाथ घोलप का जो तीन कॉलम का पत्र प्रकाशित हुआ था, उसे लक्ष्य करके शिवराम जानबा कांबले और अस्पृश्य वर्ग के अन्य नेताओं ने प्रकट रूप में उत्तर देकर अपनी भूमिका स्पष्ट की है। उसमें ऐसा कहा गया है, घोलप के पत्र के कारण "मराठा समाज और समूचे ब्राह्मणेतर पक्ष में सम्बन्ध में नाहक गलतफहमी की सम्भावना है। जिस अण्णासाहब शिंदे ने किसी भी जाति या दल का संकोच न रखते हुए केवल अस्पृश्य वर्ग के हित का ध्यान रखकर, असीम कष्ट सहकर, नि:स्वार्थ भाव से हम अस्पृश्यों पर उपकार किए हैं, उन पर श्रीमान घोलप ने नाहक साजिश का इल्जाम लगाया। इतना ही नहीं तो डी.सी. मिशन की पुणे शाखा पर भी गैर-जिम्मेदारी से छींटे उड़ाए हैं। इसलिए हमें यह स्पष्टीकरण करना आवश्यक लगता है। गुरुवर्य अण्णासाहब ने इस शाखा को प्रगतिशील बनाया। शहर के मध्य में सात एकड़ जमीन, उस पर बनाई एक लाख सात हजार रुपए कीमत की भव्य इमारतें, लगभग दस-पन्द्रह हजार की नगद राशि—इतनी आमदनी और जमा रखी है। अपने सभी अधिकारों को त्यागकर वह नए कार्यकारी मंडल के महार, मातंग, चमार, भंगी आदि जातियों के सम्माननीय प्रतिनिधियों को सौंप दिए और शेष अल्पसंख्य ब्राह्मण, ब्राह्मणेतर, पारसी, मुस्लिम समाज को अधिकार देकर अपने वचन के अनुसार पुनर्गठन करके वे मुक्त हुए हैं। उनके मुक्त होते ही हम में से कुछ उलटे कलेजे के निराश व्यक्तियों का उन पर आरोप करना, इसमें अण्णासाहब के बदनाम होने की बजाय हमारे समाज की ही बदनामी है, ऐसा हमें लग रहा हैं।" इसी निवेदन में 'ज्ञानप्रकाश' में केवल एक ही पक्ष का निवेदन प्रकाशित किया जाता है। इसके लिए आश्चर्य प्रकट किया था। साथ ही, तोड़-फोड़ के नीच तत्त्व का आधार लेने की ब्राह्मणेतर पक्ष की साजिश है। महारों के दुश्मन मराठा हैं, डी.सी. मिशन बहिष्कृतों को गुमराह कर रहा है, जैसे छींटे निराश हुए एम.एल.सी. ने (घोलप ने) उड़ाकर अखिल अस्पृश्य वर्ग को गर्दन झुकाने को मजबूर किया है। उनका तिरस्कारपूर्ण निषेध करना हम हमारा पवित्र कर्तव्य मानते हैं। पुणे में 19 अप्रैल, 1923 को प्रकाशन हेतु दिए उस निवेदन के नीचे शिवराम जानबा कांबले (महार), माधव भिकाजी कदम (नाई), सीताराम गेनू बल्लाल (मातंग), हरिभाऊ उबाले, आर. एस. घाटगे, मिल्ट्री सूबेदार और डी.वी. गायकवाड़ (महार), डी. सी कार्यकारी मंडल के सदस्य—इस नाम से यह पत्र प्रकाशित किया गया है।[2] विट्ठल रामजी शिंदे और मिशन, इनके लिए जिन अस्पृश्य वर्गीय नेताओं के मन में सन्देह निर्मित हुआ था, वह मिशन का पुनर्गठन होने के बाद खत्म हुआ और अस्पृश्य वर्ग अण्णासाहब के प्रति कृतज्ञता का भाव व्यक्त करने लगा, ऐसा इस पत्र से दिखाई देता है।

मिशन की नई घटना के अनुसार पदाधिकारी और कार्यकारी मंडल का चुनाव होने के बाद अण्णासाहब को लगा कि अपना कार्य पूरा हुआ। 'मातृसंस्था' और अन्य शाखाओं के सभी अधिकार उन्होंने त्याग दिए, केवल मिशन के संस्थापक ट्रस्टी का ही उन्हें अधिकार रहा। अपनी और जना बहन की अल्पवेतन की नियुक्ति भी उन्होंने छोड़ दी। उदर-निर्वाह का नियमित स्वरूप का कोई भी साधन नहीं बचा था। फिर से एक बार छत छिनी जाने का उदास भाव उनके मन में निर्मित हुआ। पुणे शाखा के नए अधिकारियों ने अण्णासाहब को एकाध छोटी-सी पेंशन दी जाए, ऐसा विचार सामने रखा, लेकिन पहले कुछ मिशनरियों ने काम छोड़ा था और उन्हें कोई भी पेंशन नहीं दी गई थी, तब स्वयं ही निकाली हुई मिशन से और स्वयं ही मिलाए पैसों से बेकारी में पेंशन लेना, यह विचार ही उन्हें दुसह्य लगा। कुछ मात्रा में शारीरिक आराम और मानसिक शान्ति मिल रही है, यही उन्हें पर्याप्त लगा।

सन्दर्भ

1. *विजयी मराठा,* 23 अप्रैल, 1923
2. वही

मुकदमे की विडम्बना

विट्ठल रामजी शिंदे मिशन के प्रत्यक्ष कार्य से निवृत्त होकर 1924 में मंगलौर में ब्राह्म समाज के प्रचारक के रूप में गए। उसके बाद उन्हें मिशन के सन्दर्भ में और एक अप्रिय घटना का सामना करना पड़ा अपितु उन्हीं के द्वारा स्थापित मिशन संस्था की 'मातृसंस्था' की ओर से अप्रत्यक्षित रूप में उन पर आघात किया गया। 12 नवम्बर, 1922 को 'मातृसंस्था' की आम सभा में शिंदे को ट्रस्टी के पद से हटाने का फैसला ले रखा था, लेकिन इसकी उन्हें खबर तक नहीं दी थी। इस बारे में यथार्थ यह था कि बैरिस्टर मुकुन्दराव जयकर, लक्ष्मणराव नायक और विट्ठल रामजी शिंदे ये 'डिप्रेस्ड क्लासेज मिशन' संस्था के ट्रस्टी थे। उनकी जगह पर जी.बी. त्रिवेदी, जी.जी. ठकार, पुणे और लक्ष्मणराव नायक को नए ट्रस्टी नियुक्त करने का प्रस्ताव उपरोक्त सभा में पारित किया। मुकुन्दराव जयकर ने शायद ट्रस्टी पद का इस्तीफा दिया होगा, इसलिए जी.जी. ठकार को नियुक्त किया गया, ऐसा सम्भव था, लेकिन विट्ठल रामजी शिंदे ने ट्रस्टी पद से इस्तीफा नहीं दिया था। फिर भी उनके स्थान पर जी.बी. त्रिवेदी को ट्रस्टी नियुक्त करना शिंदे की समझ से बाहर था। इस सन्दर्भ का प्रस्ताव शिंदे को दो साल तक बताया भी नहीं गया। वे मंगलौर गए, तब इसकी भनक उन्हें लगी थी। पहले ट्रस्टी के रूप में विट्ठल रामजी शिंदे के हस्ताक्षर किसी उद्देश्य हेतु जिस समय माँगे गए, उस समय शिंदे ने स्वाभाविक रूप से हस्ताक्षर करने से मना किया। किसी ट्रस्टी को उसके पद से हटाने के लिए जो छह कारण ट्रस्ट एक्ट में दर्ज किए गए हैं और शिंदे पर इनमें से कोई भी वजह नहीं थी, इसका उन्हें पक्का यकीन था। ऐसा होते हुए भी 'मातृसंस्था' ने उनके खिलाफ हाईकोर्ट में अभियोग दर्ज किया। हाईकोर्ट ने फैसला दिया कि विट्ठल रामजी शिंदे को ही ट्रस्टी रखा जाए। 'मातृसंस्था' अपने ऊपर मुकदमा दायर न करें, ऐसा दोस्ती के रिश्ते से उन्होंने जी. बी. त्रिवेदी को तत्काल पत्र से लिख दिया क्योंकि इस प्रकार के अभियोग से मिशन को ही हानि पहुँचने की सम्भावना थी और उनके ऊपर तो खुले तौर पर अन्याय ही हो रहा था। विश्वस्त मंडल से हटाया जाए, ऐसा एक भी कृत्य अपनी ओर से घटित नहीं हुआ है, यह भी उन्होंने दर्ज किया। हाईकोर्ट के इस मुकदमे का स्वरूप देखा जाए तो एक तरफ मिशन जैसी सम्माननीय संस्था ही मुद्दई थे और दूसरी तरफ मेरे जैसा एक गरीब व्यक्ति प्रतिवादी। इस मुकदमे के खर्च का बोझ आखिरकार मिशन पर ही पड़ेगा आदि बातें उन्होंने जी. बी. त्रिवेदी को लिखे पत्र में दर्ज की थीं। इसके बावजूद मिशन ने उन पर मुकदमा दायर किया। 6 फरवरी, 1925 को हाईकोर्ट का फैसला शिंदे के पक्ष में हुआ। इसके अनुसार, डी.सी. मिशन ने विट्ठल रामजी शिंदे और जी.जी. ठकार को ट्रस्टी पद पर कायम रखा जाए और उनके साथ काम करने के लिए तीसरा ट्रस्टी नई साधारण सभा नियुक्त करे, ऐसा आदेश दिया। बैंक में होनेवाली सभी नगद विट्ठल रामजी शिंदे, गोपाल गणेश ठकार और हाईकोर्ट के आदेश के अनुसार मिशन के सभा द्वारा नियुक्त तीसरे ट्रस्टी के नाम पुराने ट्रस्टी बदलकर दे और दोनों ओर के मुकदमे का खर्चा 'मातृसंस्था' करे, ऐसा हाईकोर्ट के फैसले का स्वरूप था।

अण्णासाहब शिंदे को जो डर लग रहा था, वही हुआ। मिशन का एक हजार रुपयों का और अण्णासाहब शिंदे का 500 रुपए का खर्चा मिशन को भुगतना पड़ा।[1] इस मुकदमे की वजह से अपने नाम पर बेवजह कालिख नहीं लगी, यही तसल्ली अण्णासाहब को मिली। अण्णासाहब के जीवन में भयावह विरोधाभास देखने को मिलते हैं। जिस संस्था की उन्होंने असीम कष्ट उठाकर स्थापना की, उसे आगे बढ़ाया, जिसके लिए जिन्दगीभर त्याग किया उसी संस्था ने उन्हें अपराधी कहकर मुकदमा चलाया, इससे ज्यादा विडम्बना और क्या हो सकती है! जिनके लिए

यह मिशन शुरू की और जीवन के डेढ़ दशक अविराम कष्ट उठाकर उनमें जागृति निर्मित करने की कोशिश की, उसी वर्ग के लोगों ने उनके खिलाफ आपत्ति उठाकर उस संस्था से वे ही दूर हों, ऐसा माहौल निर्मित किया, यह एक दुर्भाग्यपूर्ण घटना उन्हें भुगतनी पड़ी और दूसरा आघात यानी मुम्बई की 'मातृसंस्था' ने उन पर दायर किया मुकदमा। अण्णासाहब शिंदे में ऋषितुल्य वृत्ति और अपार क्षमाशीलता थी, इसलिए वे इन दो आपदाओं से जूझ सके, ऐसा लगता है।

सन्दर्भ

1. विट्ठल रामजी शिंदे, *माझ्या आठवणी व अनुभव,* पृ. 330-332

मिशन के सहयोगी और सहयोगियों की नजर में विट्ठल रामजी शिंदे

1906 से 1923 तक के 16-17 साल अण्णासाहब शिंदे ने अस्पृश्य वर्ग के समग्र सुधार के लिए अखिल भारतीय निराश्रित सहयोगी मंडल या 'डिप्रेस्ड क्लासेज मिशन' नामक संस्था चलाई। बीसवीं सदी के आरम्भ में हिन्दुस्तान में अस्पृश्यता राष्ट्रीय स्तर का प्रश्न है, इसका किसी को एहसास नहीं था। अस्पृश्यता उन्मूलन के जो थोड़े-बहुत प्रयास हो रहे थे, उनका स्वरूप सामान्यत: स्थानीय ही था। ऐसे काल और परिवेश में, यह प्रश्न हल कर अस्पृश्य वर्ग के साथ बराबरी का बर्ताव करना इनसानियत है; धर्म की दृष्टि से वह कर्तव्य है, इस नैतिक एहसास से शिंदे ने इस कार्य की शुरुआत की और यह प्रश्न इनसानियत के स्तर पर यथासमय हल करके सवर्ण हिन्दू ने अस्पृश्यता खत्म नहीं की तो सामाजिक और राजनीतिक स्तर पर यह प्रश्न उग्र रूप लेगा, इसका भी शिंदे को एहसास था। उन्होंने 1908 में बड़ौदा में श्रीमन्त सयाजीराव गायकवाड़ की अध्यक्षता में दिए 'बहिष्कृत भारत' शीर्षक के व्याख्यान में यह मत प्रकट भी किया था, किन्तु शिंदे के सन्दर्भ में इस पर गौर करना होगा कि अस्पृश्यता का प्रश्न हल करना उन्हें इनसानियत, न्याय और धर्म बुद्धि की दृष्टि से अत्यावश्यक लग रहा था। भविष्य में सामाजिक-राजनीतिक दृष्टि से मन-मुटाव होगा यह उन्हें दिख रहा था, लेकिन अस्पृश्यता नष्ट करना उन्हें राजनीतिक स्वार्थ के लिए आवश्यक नहीं लग रहा था, तो उनकी धर्मबुद्धि के क़ारण जरूरी लगता था।

बीसवीं सदी के आरम्भ में मद्रास, कोलकाता, मुम्बई में अस्पृश्यों के सुधार हेतु जो छिट-पुट प्रयास हो रहे थे, वे पूर्णत: स्थानीय स्तर के ही थे। और वे अस्पृश्य वर्ग के छात्रों को शिक्षा दी जाए, यहाँ तक ही सीमित थे। वह काल ही ऐसा था कि सामाजिक स्तर की अस्पृश्यता नष्ट करने के लिए अनुरोध करने का विचार सवर्ण नेता ही नहीं मगर अस्पृश्य वर्ग के नेताओं तक के मन में नहीं आया था। ऐसे काल में शिंदे ने राष्ट्रीय स्तर पर मिशन जैसी संस्था अस्पृश्यता निवारण के कार्य हेतु और अस्पृश्य वर्ग की समग्र उन्नति करने के लिए स्थापित की। हर साल कांग्रेस अधिवेशन में होनेवाली सामाजिक परिषद् में अस्पृश्यता का प्रश्न तत्कालीन राष्ट्रीय स्तर के समाज-सुधारकों के सामने रखकर जागृति निर्मित करने की कोशिश की। मिशन के क्षेत्रीय तथा राष्ट्रीय स्तर पर अधिवेशन आयोजित किए गए। अस्पृश्य वर्ग के प्रश्न को लेकर जागृति होने लगी तो उन्होंने अस्पृश्य वर्ग के लिए राजनीतिक अधिकार माँगने को शुरुआत की। उन्हीं के प्रयास से डॉ. ऐनी बेसेंट की अध्यक्षता में कोलकाता में आयोजित कांग्रेस के अधिवेशन में अस्पृश्यता उन्मूलन का प्रस्ताव पारित किया गया। अस्पृश्य वर्ग के समग्र सुधार का प्रश्न एक राष्ट्रीय प्रश्न है और उसे हल करने की आवश्यकता है, इस बात को कांग्रेस ने स्वीकृति दी। 'डिप्रेस्ड क्लासेज मिशन' की स्थापना सन् 1906 में हुई और अण्णासाहब शिंदे ने 1923 में मिशन प्रधानता से अस्पृश्य वर्ग के हाथों सौंप दी और स्वयं जिम्मेदारी से मुक्त हुए। इस काल का अन्तर देखें तो विट्ठल रामजी शिंदे ने मिशन के माध्यम से अस्पृश्य वर्ग के प्रश्न को लेकर राष्ट्रीय स्तर पर कितना अपूर्व कार्य किया, यह स्पष्ट होता है। अस्पृश्य वर्ग के लोगों के लिए एकाध संस्था चलाना और उसे दीर्घकाल तक बनाए रखना कितना मुश्किल काम था, यह अन्य संस्था निकालने की ये जो कोशिशें हुईं, उनका अवलोकन करने से स्पष्ट होता है। स्वयं अस्पृश्य वर्ग की ओर से आरम्भिक काल में तो इस प्रकार की व्यापक संस्था निकालने की कोशिश नहीं हुई। शिंदे मिशन का जब अस्पृश्य वर्ग की ओर से ही विरोध होने लगा, उस समय वा.रा. कोठारी, शिवराम जानबा कांबले आदि नेताओं ने डॉ. हेरॉल्ड एच. मैन की अध्यक्षता में 16 अप्रैल, 1921 को 'डिप्रेस्ड क्लासेज कमेटी' नामक संस्था स्थापित की, लेकिन इस संस्था के द्वारा अस्पृश्य वर्ग के सुधार का कोई कार्य नहीं हुआ। इतना ही नहीं तो इस संस्था की न विधिवत् सभाएँ

हुई, न उनके जमा-खर्च का हिसाब हुआ, ऐसा शिवराम जानबा कांबले ने वा.रा. कोठारी को लिखे पत्र से दिखाई देता है। यह पत्र इस प्रकार है :[1]

कमाठीपुरा, पाँचवीं गली,
पुणे,
ता. 2/4/1928

रा. रा. वा.रा कोठारी जी,

सप्रेम नमस्कार।

आपका तारीख 27/3/1928 का जवाबी पत्र मिला। 'डिप्रेस्ड क्लासेज कमेटी की' शेष राशि को व्यय कैसे करना है, ऐसा डॉ. मैन ने पूछा है और उसके अनुसार यह राशि बावी के अस्पृश्य छात्रावास को और वहाँ के चमार छात्रमंडल को दी जाए, ऐसी अपनी राय व्यक्त की है। फिर भी हम दोनों के द्वारा ही इस राशि को लेकर निर्णय लेना मुझे उचित नहीं लगता।

हमारी संस्था को स्थापित हुए लगभग सात साल पूरे हो चुके हैं। इस अवधि में एक बार भी खर्चे का हिसाब कमेटी के सामने नहीं रखा गया है। अत: अगर हमें संस्था बन्द करनी हो तो उसके सदस्यों की मीटिंग बुलाकर इस बात पर विचार करें, ऐसा मेरा मानना है।

आपका,
शिवराम जानबा कांबले

शिवराम जानबा कांबले अस्पृश्य वर्ग के कर्तृत्ववान नेता थे। वा.रा. कोठारी बुद्धिमान पत्रकार थे। इसके बावजूद उनके लिए अस्पृश्य वर्ग के लिए संस्था चलाना सम्भव नहीं हुआ, ऐसा दिखाई देता है।

डॉ. बाबासाहब आंबेडकर की भी अस्पृश्य वर्ग की समग्र उन्नति के लिए संस्थात्मक स्तर पर कार्य करने की योजना थी। उन्होंने 9 मार्च, 1924 को मुम्बई के दामोदर हॉल में निमंत्रित समाजसेवकों की इस सन्दर्भ में बैठक बुलाई और 'बहिष्कृत हितकारिणी सभा' नाम की संस्था स्थापित करने की योजना प्रस्तुत की। 'एज्युकेट, एजिटेट एंड ऑर्गेनाइज' (पढ़ाओ, सचेत करो, और संगठित करो) संस्था का ऐसा घोषवाक्य तय किया और 20 जुलाई, 1924 को इस संस्था की स्थापना की घोषणा की गई। संस्था के अधिपति सर चिमणलाल सेटलवाड, उपमुख्य अधिपति जी.के. नरीमन, र.पु. परांजपे, डॉ. वि. पां.चव्हाण, बा.गं. खेर—यह मंडली थी, तो प्रबन्धक मंडल के अध्यक्ष डॉ. भीमराव आंबेडकर, सचिव सीताराम नामदेव शिवतकर, कोषाध्यक्ष निवृत्ति तुलशीराम जाधव थे। सदस्य, आय-व्यय निरीक्षक, पंचमंडली आदि कुल मिलाकर 38 सज्जन इस संस्था के पदाधिकारी तय किए गए। बहिष्कृत वर्ग के अधिकारों की रक्षा, बहिष्कृत वर्ग में जागृति लाना और उसके लिए प्रचारक नियुक्त करना बहिष्कृत वर्ग में अधिकार का एहसास पैदा करके वह प्राप्त करने की कोशिश आदि का संस्था के उद्देश्यों में समाविष्ट था। साथ ही शिक्षा का प्रसार करना, छात्रावास निकालना, योग्य छात्रों को छात्रवृत्ति देना, समाज जागृति के लिए कीर्तन, व्याख्यान आदि उद्देश्य दर्ज किए गए। मुम्बई इलाका प्रान्तिक बहिष्कृत परिषद् की ओर से निपाणी में एक अधिवेशन सम्पन्न हुआ, किन्तु डॉ. बाबासाहब आंबेडकर ने संस्था के उद्देश्य में दर्ज किया वैसा बहिष्कृत हितकारिणी सभा के कार्य का विस्तार करने में ज्यादा सफलता नहीं मिली। शिवतरकर का विरोध, उसी के साथ अन्तर्गत कलह के कारण यह संस्था ज्यादातर कार्यप्रणव नहीं हो सकी। मैनेजिंग कमेटी में पन्द्रह सदस्यों का कोरम तय किया गया था। कोरम के अभाव में कमेटी की सभाएँ भी नहीं होती थीं, ऐसा वृत्तान्त से दिखाई देता है। बाबासाहब को ऐसा लगा होगा कि 'बहिष्कृत भारत' नामक समाचार-पत्र के द्वारा लोक जागृति का कार्य हम अधिक असरदार रूप से कर सकते हैं, लेकिन यह समाचार-पत्र चलाने के लिए जमा की गई पूँजी 1929 साल तक ही खत्म हुई और 'बहिष्कृत भारत' बन्द करना पड़ा। 'बहिष्कृत हितकारिणी सभा' का कार्य भी आन्तरिक अनबन और सदस्यों की कार्य कुशलता के अभाव के कारण चालू रखना असम्भव हुआ। इसलिए 14 जून, 1928 को सभा की एक बैठक लेकर यह संस्था बन्द करने का फैसला बाबासाहब आंबेडकर को लेना पड़ा।[2] डॉ. आंबेडकर जैसे अस्पृश्य वर्ग में पैदा हुए लोकोत्तर कर्तृत्वशक्ति होनेवाले पुरुष को भी अस्पृश्य वर्ग के हित के लिए उस समय संस्था चलाना और उसके जरिये कार्य करना सम्भव नहीं हुआ, ऐसा दिखाई देता है। संस्थात्मक स्तर पर अस्पृश्य वर्ग की उन्नति के लिए कार्य करना इतना दुष्कर होते हुए भी विट्ठल रामजी शिंदे ने 'डिप्रेस्ड क्लासेज मिशन' नामक संस्था स्थापित करके स्पृश्य-अस्पृश्य वर्ग के सभी

जातियों के नेता, गरम दल तथा नरम दल के राजकीय नेता, रियासत के अधिपति साथ ही सरकारी अफसर—इन सभी का सहयोग लेकर अस्पृश्यता निवारण के कार्य का पूरे भारत में प्रसार किया, यह बात अभूतपूर्व ही कही जाएगी। विट्ठल रामजी शिंदे में होनेवाली अस्पृश्य वर्ग के सुधार की अत्यधिक लगन, इस कार्य के लिए स्वयं का पूरा जीवन समर्पित कर उनके बीच रहकर उन्होंने और उनके परिवार द्वारा किया गया अपूर्व त्याग, स्वयं के त्याग के उदाहरण से अन्यों पर प्रभाव डालकर स्वयं का त्यागपूर्ण जीवन इस कार्य के लिए लगानेवाले सहयोगी और कार्यकर्ता वे जुटा पाए और इनके सहयोग से इस कार्य का अभूतपूर्व विस्तार कर सके।

मिशन के कार्य-विस्तार के लिए लोगों को जोड़ने का प्रयोग विट्ठल रामजी शिंदे ने स्वयं के घर से शुरू किया। उनकी बहन जनाबाई पनवेल में नगर मिगम की लड़कियों की पाठशाला में प्रधानाचार्या थीं। उन्होंने अपनी नौकरी से इस्तीफा दिया और मिशन के कार्य में शामिल हुईं। अण्णासाहब के माता-पिता बेटे के इस कार्य में शामिल हुए। पिता रामजी बाबा मिशन की ओर से कोई भी वेतन न लेते हुए मिशन के हिसाब का कार्य सुचारू ढंग से रखते थे। निराश्रित सेवासदन की स्थापना के बाद मिशन की नीति के अनुसार निराश्रित सेवासदन के लिए ग्लोब मिल की अस्पृश्य बस्ती में जगह लेने के बाद अण्णासाहब के वृद्ध माता-पिता, बहन जनाक्का और सय्यद का परिवार वहाँ पर रहने गया और अस्पृश्य वर्ग की सेवा का कार्य करने लगा।

सय्यद अब्दुल कादर ये अण्णासाहब शिंदे के परिवार के ही सदस्य बन चुके थे। सय्यद के पिता सय्यद मीरासाहब 'हतरूट' जमखंड़ी में बुक-बाइंडर का काम करते थे। मुसलमान धर्म की शरीयत के अनुसार मुस्लिम धर्म के अनुयायियों के विवाह सम्पन्न कराने का कार्य कोई भी कर सकता है और मुसलमान धर्म के कानून के अनुसार काजी को फीस लेने का अधिकार नहीं है, यह सिद्ध कर नया सुधार अमल में लाने की उनकी कोशिश थी। इस सन्दर्भ में लॉ रिपोर्टर के कुछ अंशों का अनुवाद करने के लिए जमखंडी में अंग्रेजी छठी-सातवीं कक्षा में थे, तब विट्ठल रामजी शिंदे उन्हें सहयोग करते थे और तब से विट्ठल रामजी शिंदे का इस खानदान से स्नेह जुड़ था। सय्यद अब्दुल कादर मीरासाहब के साहबजादे अण्णासाहब से सोलह साल से छोटे थे। इसलिए अण्णासाहब का उन पर बच्चे जैस प्यार था और सय्यद का परिवार अण्णासाहब के परिवार का हिस्सा बन चुका था। सय्यद अपनी बहन हाजरा के साथ ग्लोब बस्ती में मिशन का कार्य करने के लिए रहे थे। सय्यद अब्दुल कादर सन् 1914 में मुम्बई के अंजुमन इस्लाम हाईस्कूल में अध्यापक थे। अण्णासाहब शिंदे के प्रभाव से ही 1904 में जब पंडित शिवनाथ शास्त्री मुम्बई आए थे तब अण्णासाहब की ओर से ही उन्होंने प्रार्थना समाज की दीक्षा ली। इस वजह से हाईस्कूल के अधिकारियों ने उन्हें इस्तीफा देने के लिए कहा। 1907 में वे पोर्ट ट्रस्ट में नौकरी करने लगे। उन्होंने विट्ठल रामजी शिंदे के प्रभाव से मिशन के कार्य में समर्पित होने का निश्चय किया और पोर्ट ट्रस्ट की नौकरी छोड़कर पूरा समय मिशन का काम करने लगे। सन् 1909 में सारस्वत समाज की कल्याणीबाई के साथ उनका प्रार्थना समाज की पद्धति से विवाह सम्पन्न हुआ। उसके बाद वे दोनों मिशन का कार्य करने लगे। सन् 1912 में कर्नाटक में हुबली शाखा खोलने और उसका नाम रोशन करने का काम सय्यद पति-पत्नी ने चार सालों तक किया। 1916 के बाद एक साल नागपुर में मिशन की शाखा का कार्य उन्होंने अच्छी सरह से किया। इसे अण्णासाहब के व्यक्तित्व का असर ही कहना होगा कि सय्यद जैसे मुसलमान धर्म का आजीव कार्यवाहक मिशन को मिला।

अण्णासाहब शिंदे ने अपनी आत्मनिवेदन में मिशन के कार्य में सहयोग करनेवाले इन सभी सहयोगियों का कृतज्ञता से उल्लेख करके उनके कार्यों का तथा उनकी ओर से मिले सहयोग का गौरवपूर्ण उल्लेख किया है। मिशन में होनेवाले उनके सहयोगियों ने स्मृति के रूप में आत्मनिवेदन पर लिखे मजमून में शिंदे के 'आठवणी व अनुभव' (यादें और अनुभव) नामक पुस्तक में समाविष्ट करने के लिए दिया। वामनराव सदाशिवराव सोहोनी अण्णासाहब शिंदे के मुम्बई के एक अच्छे सहयोगी थे। मुम्बई की मिशन का कार्य कुशलता से और मिशन की नीति के अनुसार चलाने में सोहोनी का बहुत बड़ा योगदान था।

सन् 1900 के दौरान विट्ठल रामजी शिंदे मुम्बई में कानून की पढ़ाई करते थे तब मुम्बई प्रार्थना समाज के कार्य में भी सहभाग लेते थे। उन्हीं की तरह मुम्बई समाज का कार्य देखनेवाले युवकों में से वामनराव सोहोनी एक थे। विट्ठल रामजी ने इंग्लैंड से 'सुबोध पत्रिका' के लिए जो पत्र भेजे, उसकी वजह से समाज में उनके लिए आदर और बढ़ गया। वामनराव सोहोनी और अन्य युवक उनके आने की बेसब्री से राह देखने लगे। "प्रार्थना समाज के

प्रचारक बनने के बाद उन्होंने समाज के और समाज के बाहर के बहुत-से युवकों को इकट्ठा कर प्रार्थना समाज में नवचेतना का निर्माण किया," ऐसा दर्ज करके सोहोनी आगे लिखते हैं, "उनके जैसे कर्तृत्ववान व्यक्ति को गिरगाँव में समाज का कार्य अपर्याप्त था, इसमें आश्चर्य नहीं। विदेश में तब उन्होंने अलग-अलग कार्यों का निरीक्षण किया था। स्वाभाविक रूप से ही उनका ध्यान अस्पृश्यों की दुरावस्था की ओर गया।" 1906 में होली के दिन विट्ठल रामजी शिंदे और वामनराव सोहोनी परेल विभाग में अस्पृश्यों की स्थिति देखने के लिए गए थे। अस्पृश्यों की दशा का परिणाम वामनराव के मन पर भी हुआ। अण्णासाहब शिंदे ने 1906 में जब 'डिप्रेस्ड क्लासेज मिशन' संस्था स्थापित की, उस समय सोहोनी विल्सन हाईस्कूल में अध्यापक थे, किन्तु उन्होंने कहा, उसके अनुसार "लेकिन मेरा अन्त:करण निराश्रित सहयोगी मंडली में था।" विट्ठलराव के अनुरोध पर सन् 1908 में उन्होंने मुम्बई शाखा का कार्यभार स्वीकार किया। 1908 से 1921 तक तेरह साल उन्होंने मुम्बई शाखा और कुछ साल मंडल के असिस्टेंट सेक्रेटरी का काम अच्छी तरह से किया। मुम्बई शाखा की जिम्मेदारी सोहोनी अच्छी तरह से सँभालते थे। वे लिखते हैं, "विट्ठलराव यहाँ का काम मुझ पर सौंपकर अस्पृश्यता उन्मूलन की जागृति करने देशभर यात्रा करते थे। धूप-बारिश, जाड़े आदि की परवाह न कर, कहीं पर भी बस्ती कर जो मिलेगा, वह खाना खाकर कभी तीसरे दर्जे से तो कभी-कभी चौथे दर्जे से तक यात्रा किया करते। इस तरह का उनका परेशानी से भरा जीवन था। उनकी कद-काठी मजबूत थी। वे तमाम परेशानियों में गुजर-बसर कर सके।" विट्ठल रामजी शिंदे के कार्य, नीति और वृत्ति आदि का नजदीक से निरीक्षण किए वामनराव सोहोनी उनके बारे में और मुम्बई के कार्यें को लेकर लिखते हैं, "अस्पृश्यता उन्मूलन कार्य की विट्ठलराव से पहले महात्मा जोतिबा फुले ने शुरुआत की। मुम्बई के प्रार्थना समाज ने अस्पृश्यों की शिक्षा को अल्प मात्रा में शुरुआत की थी, लेकिन विट्ठलराव ने ही व्यापक स्तर पर और ढंग से प्रयास किया। उनके परिवार के सभी सदस्य अस्पृश्यता के प्रश्न को आत्मीयता से देखते थे। उन्हें अनेक उच्चवर्णीय युवकों का सहयोग मिला, लेकिन यह कार्य करने की हिम्मत विट्ठलराव की ही थी। अस्पृश्य आत्मनिर्भर बनें, उच्च वर्णियों का मुँह मत ताकें, अपना सुधार स्वयं ही करें, लेकिन यह करते समय दूसरों से अकारण अनबन न बढ़ाएँ, ऐसी उनकी पक्की भावना थी और उसी के अनुसार उनका कार्य होता था। उन्होंने अस्पृश्य बच्चों की स्वयं के बच्चों जैसी की हुई सेवा मैंने अपनी आँखों से देखी है। मुम्बई के विद्यार्थीगृह में अस्पृश्यों के सभी जातियों के बच्चे साथ रहते और किसी भी प्रकार का भेद न रखकर खाना-पीना होता था। उनमें होनेवाली टीप-टॉप, स्वच्छता, ज्ञान लालसा, बर्ताव और उनका परस्पर सहयोग देखकर विट्ठलराव को अत्यन्त खुशी होती।" ये पाठशालाएँ और वहाँ के छात्रावास सुचारू ढंग से और अनुशासन से चलाने का श्रेय मुख्य रूप से वामनराव सोहोनी को जाता है। अस्पृश्य वर्ग के लिए चलाई जानेवाली ये पाठशालाएँ मुम्बई में आदर्श कहकर पहचानी जाने लगीं। इन पाठशालाओं के स्वरूप के बारे में वामनराव सोहोनी ने आगे लिखा है, "मुम्बई शाखा ने आठ पाठशालाएँ चलाई थीं। उन पाठशालाओं की कार्य-क्षमता आस-पास के सवर्णों द्वारा देखने की वजह से सवर्णो के बच्चे भी, खासकर परेल के लड़के-लड़कियाँ पाठशाला में दाखिल होने लगे। उनकी संख्या पर तोहमत न लगाई जाती तो ये पाठशालाएँ सवर्णों की ही हो जातीं। सवर्ण बच्चों के प्रवेश से संस्था का उद्देश्य सफल होने में बहुत मदद हुई।" विट्ठल रामजी शिंदे द्वारा 1906 से शुरू किए अस्पृश्यता उन्मूलन कार्य के वामनराव सोहोनी केवल गवाह नहीं तो सहयोगी भी थे। संस्था के कारोबार को लेकर 1920-21 के दरमियान विट्ठल रामजी शिंदे के साथ उनका मन-मुटाव भी हुआ था। 1940 के आस-पास उन्होंने शिंदे के कार्य का जो तटस्थ मूल्यांकन किया है, वह महत्त्वपूर्ण है। संस्था की कार्य-क्षमता जिससे कम हुई, ऐसी दो बड़ी गलतियाँ विट्ठलराव ने की ऐसा उन्होंने दर्ज किया है। एक, मुम्बई के अलावा पुणे में इस संस्था का मुख्यालय बनाया। आर्थिक सहयोग प्राप्त करने की दृष्टि से यह बेकार था। मुम्बई में संस्था के स्वामित्व की इमारत हुई होती तो इस कार्य का स्थायी स्वरूप आ जाता। उनकी दूसरी गलती यानी संस्था के कार्यकारी मंडल में केवल एक ही राजनीतिक मत को सम्मिलित करना था। इन मंडलियों के हाथों (वामनराव सोहोनी को राजनीतिक गरम दल के लोग अभिप्रेत थे।) बहुत सारा काम होगा, ऐसा उनका भरोसा होगा, लेकिन वह भ्रम साबित हुआ।"

इसके बावजूद विट्ठल रामजी शिंदे के कार्य के महत्त्व का वर्णन करते समय वे कहते हैं, "मुझे एक बात का आज भी खेद होता है। विट्ठलराव ने अस्पृश्यों के प्रश्न हल करने को शुरुआत की। इस कार्य के लिए उन्होंने और उनके परिवार द्वारा बड़ा त्याग कर पूरे देश में जागृति आई। इस प्रश्न को राष्ट्रीय स्तर पर मान्यता देने के लिए उन्होंने

सफल मेहनत की थी, लेकिन आजकल अस्पृश्यों की उन्नति का जब-जब उल्लेख किया जाता है तब-तब जिन्होंने इस सन्दर्भ में केवल मौखिक कार्य किया है, उन्हीं को जागृति का श्रेय अर्पित किया जाता है। भारतीय निराश्रित सहयोगी मंडली और विट्ठल रामजी शिंदे को योजनाबद्ध रीति से बहिष्कृत कर उनका गलती से भी नामनिर्देश नहीं किया जाता है। विट्ठलराव श्रेय लेने के लालची हों, ऐसा नहीं है, लेकिन ऐसे संगठित बहिष्कार के कारण सत्य की उपेक्षा होती है। अपने पूरे जीवन से और सेवा से श्रीमान विट्ठलराव ने अछूतों की कितनी उन्नति की, इसकी गवाही देने के लिए आज भी हजारों अस्पृश्य मौजूद हैं।" 1940 में वामनराव सोहोनी द्वारा उल्लेखित विट्ठल रामजी शिंदे के कार्य की उपेक्षा दुर्भाग्य से आज भी शुरू है।

श्रीमान दामोदर नारायण पटवर्धन विट्ठल रामजी शिंदे की मिशन के और एक महत्त्वपूर्ण सहयोगी थे। 1909 से 1912 तक वे मिशन में केवल अध्यापक थे। शिंदे के प्रत्यक्ष सम्पर्क आने से और उनके व्यक्तित्व से प्रभावित होने से शिंदे के इस कार्य में केवल अध्यापक के रूप में ऊपरी तौर पर कार्य न करते हुए प्रत्यक्ष प्रचार कार्य में समर्पित होना चाहिए, ऐसा उनका निश्चय होने लगा। इसी वजह से हाईकोर्ट की वकालत या सरकारी ट्रेनिंग की ओर न जाते हुए वे अपना काफी समय संस्था में ही बिताने लगे। 1912 से 1921 तक उन्होंने पुणे शाखा में विट्ठल रामजी शिंदे के मार्गदर्शन में प्रत्यक्ष कार्य किया। 1912 में मिशन ने पुणे में महाराष्ट्र परिषद् आयोजित की थी। उसमें, "स्वागत कमेटी के दूसरे सचिव दा.ना. पटवर्धन ने यह परिषद् आयोजित करने के लिए जो अथक मेहनत की, उसका वर्णन शब्दों में नहीं किया जा सकता।" ऐसा स्वयं विट्ठल रामजी शिंदे ने कृतज्ञतापूर्वक दर्ज किया है। उन्होंने इस परिषद् का लगभग पचहत्तर पन्नों का प्रतिवेदन पुस्तिका के रूप में प्रकाशित कर परिषद् के वाङ्मय में एक संस्मरणीय इजाफा किया है। पुणे शाखा के ए.के. मुदलियार के मार्गदर्शन में उन्हें सावधानी और तत्परता की शिक्षा मिली थी, ऐसा दर्ज करके मुदलियार को भी अण्णासाहब शिंदे ने गौरव प्रदान किया है। मिशन के कार्य को लेकर 1921 के दौरान दा.ना. पटवर्धन का भी विट्ठल रामजी शिंदे के साथ मन-मुटाव हुआ था, लेकिन इसका असर शिंदे के कार्य का आकलन और मूल्यांकन करते समय पटवर्धन ने दूर ही रखा। लगभग एक दशक में विट्ठल रामजी शिंदे के स्वभाव विशेष का दा.ना. पटवर्धन को जो अनुभव आया, उसका वर्णन उन्होंने निम्न प्रकार किया है :

सभी के साथ समानता का व्यवहार

शिंदे मराठा समाज के ख्यातलब्ध विद्वान होने के कारण उन्हें अमीर, सरदार तथा विद्वान मिलने आते थे। उसी के साथ उनके द्वारा स्वीकृत कार्य के कारण अस्पृश्य वर्ग के गरीब लोग भी आते थे। ऐसे समय अपनी ओर से जितना हो सके, उतना प्रयास कर उन्हें सन्तुष्ट कर भेजना बहुत बड़े कौशल का काम होता, लेकिन शिंदे अपनी मीठी और सुविनीत वाणी से ऐसा काम अच्छी तरह से करते। अशिक्षितों की सभा हो या शिक्षितों की परिषद्, यथाप्रसंग उपस्थित समाज समझे, ऐसी भाषा में उनके व्याख्यान होते थे। मेहमानों की आवभगत वे स्वयं नुकसान सहकर और परिवार के सदस्यों को कष्ट देकर करते थे। अपने प्रोफेसर और अमीर दोस्तों की तरह ही वे अस्पृश्यों के साथ व्यवहार करते थे। इसी कारण अमीर और गरीब, इनके बीच का सम्बन्ध जोड़नेवाली यह परोपकारी कड़ी मुझ जैसों को बहुत भाती थी। उनकी यह इनसानियत की मिसाल मैंने आपके सामने रखी है।

राष्ट्रीय कार्य की लगन

शिंदे हर पक्ष के छोटे-बड़े कार्यकर्ता को अपना कार्यक्रम अच्छी तरह से समझा देते और उन्हें बताते कि अपने कार्य को सभी पक्षों की आवश्यकता है और यह सभी पक्षों का राष्ट्रीय कार्य है। इस वजह से उनकी पक्षातीत नीति संस्था को फायदेमन्द ही साबित हुई। वे स्वीकृत कार्य सामाजिक और शिक्षा विषयक हों तो भी समय-समय पर होनेवाले राजनीतिक और सामाजिक कार्यों में अन्य पक्षों से निर्भयता से सहयोग करते। कार्य की राष्ट्रीयता पहचानने की पात्रता और आस्था मेरे द्वारा कई घटनाओं से अनुभव करने के कारण और मुझे वही तत्त्व पसन्द आने के कारण मेरी शिंदे के प्रति निष्ठा बढ़ी। राष्ट्रीय आन्दोलन में सभी पंथ, धर्म, वर्ग और दल एकता से लड़ें तो ही कामयाबी मिल सकती

है, लेकिन कभी-कभी शिंदे की इस नीति के कारण हमारी संस्था के अधिकारी स्वर्गीय डॉ. भंडारकर, न्यायमूर्ति चन्दावरकर आदि सदस्यों का रोष भी उन्हें सहना पड़ा।

सहयोगियों से भाईचारे का वर्णन

उम्र में छोटा होने के कारण वे मुझसे छोटे भाई जैसा और मेरे परिवारवालों के साथ भी वैसा ही बर्ताव करते। उनके परिवार के सदस्य यानी भाभी और बहन जनाबाई हमें भाभी-बहन जैसी ही लगतीं और लगती हैं। डी.सी.एम. छोड़ते समय हम में काफी मतभेद और विवाद हुआ, लेकिन उनका कार्य पूरा होने के बाद अब मेरे मन में उनके पिछले स्नेह की ही यादें हैं और जब मैं पुणे जाता हूँ तब एक बार ही सही, उनसे भेंट कर आता हूँ। शिंदे के अस्पृश्यता उन्मूलन के गुरु होने के कारण उनके गुणों की योग्यता को कम आँकना अनुचित ही होगा।"

शिंदे के स्वभाव विशेष से दिखाई देनेवाली उनकी महान मानवीयता, श्रेष्ठ नैतिकता का तथा उनके स्नेहिल स्वभाव का वर्णन दा.ना. पटवर्धन ने किया है। उन्हें 'अस्पृश्यता उन्मूलन के गुरु' कहकर उनका जो वर्णन किया है, वह ऐतिहासिक दृष्टि से अत्यन्त सार्थक कहना होगा।

विट्ठल रामजी शिंदे के मिशन के उत्तरार्द्ध के सहयोगियों में से गणेश हरी टंकसाले और कृष्णराव गोविन्दराव पाताड़े प्रमुख थे। 1 अक्टूबर, 1920 को टंकसाले पुणे शाखा में दाखिल हुए। पहले दो साल उन्होंने अध्यापक का कार्य किया। उनकी अस्पृश्यों के प्रति आस्था और कार्य-क्षमता देखकर अण्णासाहब शिंदे ने उन्हें पुणे शाखा के असिस्टेंट सुपरिंटेंडेंट पद पर नियुक्त किया। संस्था के लिए चन्दा इकट्ठा करना, सभा का आयोजन करना, अकाल में गरीबों को सहयोग आदि संस्था के कार्य उन्होंने आत्मीयता, मेहनत और अनुशासन से किए। 1929 के आसपास जब उन्होंने मिशन का कार्य छोड़ा, उस समय उनका सम्मान किया गया। अण्णासाहब शिंदे के प्रति उनके मन में काफी आदर था। अण्णासाहब के 51 वें जन्मदिन के अवसर पर उन्होंने लिखी कविता से यह आदर का भाव अच्छी तरह से व्यक्त हुआ है।

मिशन के कार्यों में और संस्था की आपसी कलह के समय अण्णासाहब को कृष्णराव गोविन्दराव पाताड़े का विशेष सहयोग मिला। ये मुरबाड के मराठा जाति के सज्जन थे। उन्होंने आत्मनिर्भरता से मैट्रिक तक की शिक्षा ली थी। पुणे, बैंगलोर, मुम्बई—इन शाखाओं से उन्होंने मिशन का कार्य बड़ी हिम्मत से किया। उन्हें अण्णासाहब शिंदे के एकनिष्ठ शिष्य कह सकते हैं। अण्णासाहब के समान ही उनके राजनीतिक, सामाजिक सन्दर्भ में विचार थे और काम कराने की हिम्मत और कौशल था। उन्होंने मुम्बई शाखा की जिम्मेदारी भी कुछ समय तक सँभाली। पुणे, बैंगलोर शाखा में भी निष्ठा से मिशन का कार्य किया। हिन्दुस्तान के वाइसरॉय लॉर्ड इर्विन की भोकरबाड़ी और मिशन को भेंट आयोजित कराने का श्रेय मुख्यत: पाताड़े को ही था। इसमें उनकी हिम्मत और कलात्मकता भी दिखाई देती है। लॉर्ड इर्विन हिन्दुस्तान में आए तो गरीबों की प्रत्यक्ष स्थिति देखने की इच्छा उन्होंने जाहिर की। पुणे भेंट के दौरान उन्हें समय न होने के कारण सभी सार्वजनिक कार्यक्रम उन्होंने रद्द किए थे, लेकिन अण्णासाहब शिंदे ने वायसरॉय को एक निजी चिट्ठी लिखकर वह पाताड़े द्वारा भेजी थी। पाताड़े बालवीर आन्दोलन में सहभाग लेते थे। शनिवारबाड़ा के सामने बालवीरों का एक बड़ा-सा मेला आयोजित किया था और उसे देखने मुम्बई के गवर्नर सर लेस्ली विल्सन और लॉर्ड इर्विन मौजूद रहे थे। बालवीर आन्दोलन में होनेवाले पाताड़े ने बालवीर की वेशभूषा कर लॉर्ड इर्विन जहाँ खड़े थे, वहाँ पहुँचकर उनके प्राइवेट सेक्रेटरी के हाथ में शिंदे की चिट्ठी दी। सर लेस्ली विल्सन ने हाल ही में भोकरबाड़ी को भेंट दी थी। पाताड़े द्वारा पहुँचाई अण्णासाहब की चिट्ठी का सही असर होकर गवर्नर सर लेस्ली विल्सन की सिफारिश से लॉर्ड इर्विन ने इतवार 1 आगस्त, 1926 को सुबह 10 बजे अहल्याश्रम को भेंट दी। साथ में सर लेस्ली विल्सन भी थे। पुलिस की कड़ी सुरक्षा थी। मेहमानों को मिशन की संस्था दिखाने के बाद भोकरबाड़ी की संकरी और गन्दी गलियाँ दिखाई गईं। दो एकड़ से कम जगह में दो हजार से ज्यादा जिन्दा आदमी कैसे भीड़ में रहते हैं और अस्पृश्य वर्ग की स्थिति कैसी कंगाल और करुण है, यह वायसरॉय ने प्रत्यक्ष देखा। एक स्त्री की गोद में एक साल का नंगा बच्चा था। वह वायसरॉय ने देखा तब शिंदे ने कहा, "इसका नाम हिन्दुस्तान की गरीबी है।" लेकिन लड़की की माँ ने अकड़ से बताया, "इसका नाम लक्ष्मी है।"

1930 में महात्मा गांधी ने दांडी सत्याग्रह किया। उस समय भी कृष्णराव पाताड़े ने एक साहसिक कार्य किया। कांग्रेस और महात्मा गांधी अस्पृश्यों के प्रश्नों की ओर पर्याप्त ध्यान नहीं देते, अस्पृश्यों के प्रश्नों का उन्हें भान नहीं है, ऐसी अण्णासाहब शिंदे की शिकायत थी। महात्मा गांधी के साथ हुए पत्राचार में शिंदे ने यह शिकायत बेबाकी से की थी। महात्मा गांधी और कांग्रेस अस्पृश्यों के प्रश्नों पर अपना ध्यान दें, ऐसा लगने से ही शिंदे के साथ विचार-विमर्श कर कृष्णराव पाताड़े ने एक बहादुरी का कार्य किया। पाताड़े और सूबेदार घाडगे ने दांडी में जाकर महात्मा गांधी के नमक सत्याग्रह का विरोध दर्शाने के लिए वहाँ की नमक की मटकी अपने कब्जे में ली। इस वजह से वहाँ पर बहुत बड़ा दंगा हुआ। पाताड़े का उद्‌देश्य महात्मा जी के नमक सत्याग्रह को विरोध करने का नहीं तो नमक का सत्याग्रह करने से पहले अस्पृश्यता के विरुद्ध उन्हें सत्याग्रह करना चाहिए, ऐसा था। सत्याग्रह के स्थान पर हुए दंगे की खबर महात्माजी ने सुनी तो उन्हें इन दोनों के प्रति आश्चर्य ही हुआ। उन पर किसी भी प्रकार का अत्याचार न हो, इसका प्रबन्ध तक उन्होंने किया। गांधी को किए विरोध की निशानी के रूप में दांडी सत्याग्रह के अवसर पर छीनी हुई नमक की मटकी पाताड़े ने अहल्याश्रम में कई दिनों तक सहेजकर रखी थी। पुणे में जेल में थे तब महात्मा गांधी ने अस्पृश्यों के स्वतंत्र चुनाव क्षेत्र को लेकर अनशन किया था। इसके बाद पुणे सन्धि हुई। उस समय शिंदे पाताड़े को अपने साथ लेकर महात्मा गांधी को मिलने के लिए यरवदा जेल में गए। गांधी ने हँसते हुए पाताड़े को पास बुलाया और कहा, "दांडी में आपने किए विरोध का मूल्य मैं जानता हूँ। जेल से छूटने के बाद एक साल मैं आपके अस्पृश्यता कार्य को समर्पित करूँगा। उस पूरे वर्ष में अस्पृश्यता उन्मूलन कार्य के सिवा मैं दूसरा कुछ भी नहीं करूँगा।"

मिशन के कार्य के लिए पाताड़े तहेदिल से कष्ट उठाते थे। 22 मार्च, 1933 को श्रीमन्त सयाजीराव गायकवाड़ की अध्यक्षता में अहल्याश्रम में एक भव्य समारोह आयोजित किया गया था। इस समारोह की तैयारी में पाताड़े को काफी शारीरिक और मानसिक कष्ट उठाने पड़े। अगली गर्मी में उनका मानसिक सन्तुलन बिगड़ने से वे पागल हो गए और उन्हें यरवदा के पागलखाने में भर्ती किया गया। वहाँ पर न्युमोनिया होने से 14 अप्रैल, 1933 को उनका दुखद निधन हुआ। इस दौरान अण्णासाहब इन्दौर-उज्जयनी की यात्रा पर थे। पाताड़े की मृत्यु की खबर उन्हें यात्रा में ही मिली। उन्हें बेहद दुख हुआ। कृष्णराव पाताड़े अण्णासाहब शिंदे को अपने बेटे जैसे प्रिय थे। पाताड़े के बाद की पीढ़ी से भी शिंदे परिवार का स्नेह बना रहा।

विट्ठल रामजी शिंदे ने 'डिप्रेस्ड क्लासेज मिशन' का काम सुचारू ढंग से किया। इस कार्य का पूरे भारत में विस्तार कर अस्पृश्यता के प्रश्न के लिए राष्ट्रीय स्तर पर जागृति लाई गई। यह उस काल की अपूर्व घटना कहनी होगी। मिशन को जो कामयाबी हासिल हुई, उसके कारण शिंदे इस कार्य में अनेक कर्तृत्ववान व्यक्तियों का सहयोग ले सके। इन सहयोगियों में सर नारायणराव चन्दावरकर का अहम् योगदान था।

दिसम्बर 1905 में विट्ठल रामजी शिंदे ने 'इंडियन सोशल रिफॉमर' नामक समाचार-पत्र में भारत में प्रचलित अस्पृश्यता के प्रश्न की गम्भीरता प्रस्तुत कर उसे दूर करने का प्रतिपादन किया। सर नारायण चन्दावरकर ने इस प्रश्न की गम्भीरता लोग समझें और इससे कुछ फलनिष्पत्ति हो, इस दृष्टि से शिंदे के इस लेख को व्यापक स्तर पर प्रसारित करने की दृष्टि से प्रोत्साहन दिया। सन् 1903 से 1905 इस काल की भारत की स्थिति का निरीक्षण करने के लिए और उनकी उन्नति के लिए कौन-सी कोशिशें हो रही है तथा किस दिशा में कोशिश जरूरी है, यह देखने के लिए शिंदे ने पूरे हिन्दुस्तान की यात्रा की। चन्दावरकर ने 1905 की सामाजिक परिषद् में अपने प्रस्ताविक व्याख्यान में उनकी यात्रा का उल्लेख किया। शिंदे को सर नारायणराव ने इस कार्य के लिए प्रोत्साहन दिया।

विट्ठल रामजी शिंदे ने जिस समय मिशन स्थापित करना तय किया उस समय उन्होंने इस संस्था का अध्यक्ष पद सर नारायणराव स्वीकार करें, ऐसी विनती की। उन्होंने भी बड़ी खुशी से यह स्वीकार किया। चन्दावरकर द्वारा मिशन का अध्यक्ष पद स्वीकारना, यह बात कार्य की सफलता की दृष्टि से अत्यन्त उपयुक्त साबित होनेवाली थी। कांग्रेस की राष्ट्रीय स्तर की राजनीति में चन्दावरकर की बड़ी प्रतिष्ठा थी। वे उच्च विद्या विभूषित और अच्छे चरित्र के आदरणीय नेता थे। अन्य कई नरम दल के नेताओं की तरह चन्दावरकर की धारणा थी कि अंग्रेज सरकार के विरुद्ध न जाकर उनके सहयोग से ही देशकार्य करना जरूरी है और यही नीति आखिरकार देश के हित की होगी, ऐसा भी उनका विश्वास था। चन्दावरकर की इस नीति के कारण सरकार में उनकी इज्जत और प्रतिष्ठा थी। वे राष्ट्रीय कांग्रेस

के कामकाज में भी सहभाग लेते और वहाँ भी उनका बड़ा सम्मान था। मुम्बई शहर के कारोबार में, फिर वह मुम्बई विश्वविद्यालय हो, प्रार्थना समाज जैसा धार्मिक आन्दोलन हो या फिर एकाध शैक्षिक उपक्रम हो, वे सहभाग लेते थे। वे न्यायमूर्ति रानडे और डॉ. भंडारकर के बाद की पीढ़ी के होने के कारण युवाओं का नेतृत्व करते थे। साथ ही, पुरानी पीढ़ी का विश्वास प्राप्त किया जाए, इस प्रकार का उनका संयमपूर्ण व्यवहार और नीति होने के कारण पुरानी और नई पीढ़ी के बीच की कड़ी का काम वे अच्छी तरह से कर सकते थे। वे अस्पृश्यता के प्रश्न का महत्त्व भलीभाँति समझते थे। इसलिए उन्होंने इस कार्य में तहेदिल से सहभाग लिया। इस प्रश्न को हल करने के लिए उनके द्वारा अपनाई गई नीति और मानसिकता उपयुक्त तथा नैतिक दृष्टि से उच्च स्तर की थी। अस्पृश्य बच्चे को शिक्षा का पहला पाठ पढ़ाकर मिशन के कार्य का आरम्भ किया, इस अवसर पर उन्होंने जो भाषण दिया, उससे उनका नजरिया स्पष्ट होता है। अस्पृश्य वर्ग की उन्नति करना यानी अपनी उन्नति करना है। (बाय इलेवेटिंग दि डिप्रेस्ड क्लासेज वुड इलेवेट अवरसेल्वज) ऐसा कहकर उन्होंने अस्पृश्य वर्ग की उन्नति करते समय स्वयं की ओर बड़प्पन लेना गैर मनोवृत्ति का द्योतक है, इसकी चेतावनी दी है। इसके सिवा सवर्णों ने अस्पृश्य वर्ग पर सदियों से अन्याय करने का जो पाप किया है, उससे स्पृश्य वर्ग का जो नैतिक पतन हुआ, उसका परिमार्जन करने का यह मौका है, इस दृष्टिकोण से इस कार्य की ओर देखना चाहिए, ऐसी भूमिका उन्होंने प्रस्तुत की।

प्रार्थना समाज के कार्यकर्ताओं के सहयोग से ही यह मिशन चलाया जानेवाला था, फिर भी वह प्रार्थना समाज के कार्य का एक हिस्सा कहकर चलाएँ या स्वतंत्र चलाएँ, इस तरह एक नाजुक प्रश्न मिशन की स्थापना के समय बना हुआ था। प्रार्थना समाज के कार्यकर्ताओं में दो गुट बने हुए थे। विट्ठल रामजी शिंदे को लगता था कि मिशन स्वतंत्र रूप में कार्य करें और सर नारायणराव भी उन्हीं के पक्ष में थे। लगातार बारह साल वे मिशन के अध्यक्ष रहे। अध्यक्ष के रूप में उन्होंने आदर्श कार्य किया। वे मिशन की कमेटी की सभी सभाओं को नियमित उपस्थित रहते और उनका उचित मार्गदर्शन करते। उनकी अनुशासनप्रियता का प्रभाव अन्य सदस्यों पर हुआ और मिशन का कार्य सुचारू रूप से चलाने में उनके अध्यक्ष पद का काफी लाभ हुआ। वे मिशन को सालाना 100 रुपए चन्दा नियमित रूप से भेजते थे। मिशन के कार्य में शिंदे पर पूरा भरोसा रखकर जनरल सेक्रेटरी के रूप में कार्य करने की उन्हें पूरी स्वतंत्रता देते थे। मिशन चलाने में शिंदे को सर नारायणराव चन्दावरकर के मार्गदर्शन का काफी लाभ हुआ।

मिशन के कार्य हेतु बड़े आर्थिक सहयोग की स्वाभाविक रूप में जरूरत थी। इस कार्य का महत्त्व जानकर सेठ दामोदरदास गोवर्धनदास सुखड़वाला आर्थिक सहयोग करने के लिए आगे आए। सन् 1898 में वे मुम्बई प्रार्थना समाज के सदस्य बने थे। व्यापार में उन्होंने विपुल सम्पत्ति अर्जित की थी। इसके लिए वे दिन-रात मेहनत भी करते थे, लेकिन यह पूरी सम्पत्ति सार्वजनिक कार्य के लिए खर्च की जाए, ऐसी ही उनकी इच्छा थी। उन्होंने मुम्बई में फोर्ट में पाँच लाख रुपये खर्च कर पीपुल्स फ्री रीडिंग रूम वाचनालय स्थापित किया था। मुम्बई में अन्य दस-बारह स्थानों पर भी वाचनालय शुरू किए थे। इंग्लैंड से सन् 1903 में धार्मिक शिक्षा पूरी कर विट्ठल रामजी शिंदे प्रार्थना समाज के प्रचारक के रूप में आनेवाले थे। इसलिए उन्होंने प्रचारक के निवास के लिए गिरगाँव में राममोहन आश्रम नामक इमारत बनवाई थी। ब्रिस्टल की राममोहन की समाधि का पुनर्निर्माण सेठ सुखड़वाला के आर्थिक सहयोग के कारण ही हो सका। परोपकार के लिए लाखों रुपये खर्च करने के बावजूद उनका स्वभाव आखिर तक विनम्र, शान्त और निरपेक्ष रहा। खुद की वैयक्तिक ख्याति का तो उन्हें लालच था ही नहीं, बल्कि उससे मुँह मोड़कर रहना ही उनका स्वभाव था। पुणे शाखा को भी उन्होंने सात हजार रुपयों का चन्दा दिया। शिंदे के कार्य के कारण दामोदरदास सुखड़वाला को उनके प्रति बेहद स्नेह था। सन् 1909 में वे शिंदे और उनके परिवार को साथ लेकर महाबलेश्वर में एक मास प्रवास के लिए गए थे। उन्होंने मिशन के उपाध्यक्ष के रूप में कारोबार सँभाला और मिशन के काम में शिंदे को आर्थिक चिन्ता से मुक्त रखा। 13 नवम्बर, 1913 को उनकी मृत्यु हुई।

मिशन को सहयोग करनेवाले अन्य वरिष्ठ व्यक्तियों में डॉ. सन्तुजी रामजी लाड एक महत्त्वपूर्ण मार्गदर्शक और सहयोगी थे। वे गड़रिया जाति के थे। जोतिबा फुले के सत्यशोधक समाज का उन्हें बड़ा अभिमान था। मिशन के पाँच आद्य संस्थापकों में से डॉ. सन्तुजी लाड एक थे। मिशन द्वारा परेल में चलाए जा रहे अस्पताल में वे रोज ठाणे से आते थे। ठाणे से परेल तक का यात्रा व्यय भी वे मिशन की ओर से नहीं लेते थे। स्वभाव से वे बड़े ही स्नेहिल थे। 1906 के उस दौर में जब अस्पृश्य वर्ग के रोगी को डॉक्टर छूते तक नहीं थे, उस समय डॉ. लाड अस्पृश्य रोगी

की प्यार से जाँच करते और दवा-दारू करते थे।[3] पंढरपुर ऑर्फेनेज से उन्होंने दो लड़कियाँ प्रार्थना समाज की ओर से माँग ली थीं। उनकी परवरिश कर उन्होंने उनके विवाह सम्पन्न कराए। डॉक्टरी में वे बड़े माहिर थे। अवकाश प्राप्ति के बाद उन्होंने मुम्बई के मराठा प्लेग अस्पताल में हाउस सर्जन का काम किया। वे दीन-दलितों का सहयोग करने के लिए तत्पर रहते और अपनी सम्पत्ति का विनियोग उन्होंने सार्वजनिक कार्य और गरीबों की सहायता के लिए किया। नवम्बर, 1916 में उनकी मृत्यु हुई। डॉ. सन्तुजी लाड का सेवाभाव और उनके द्वारा किए गए सहयोग के लिए शिंदे को उनके प्रति बड़ी कृतज्ञता थी।

मुम्बई में मिशन का कार्य करते समय मुम्बई कॉर्पोरेशन में इंजीनियर होनेवाले अमृतलाल वी. ठक्कर उर्फ ठक्करबप्पा का शिंदे को काफी सहयोग मिला। चेंबूर में महालक्ष्मी रोड तथा माझगाँव में भंगियों की बस्ती जैसे कुछ स्थानों पर अस्पृश्य वर्ग के लिए पाठशाला शुरू करने के कार्य में ठक्कर ने बड़ी मदद की। काठेवाड़ा और बाँकीपुर के कांग्रेस के अधिवेशन में मिशन की सभा आयोजित करने में विट्ठल रामजी शिंदे को उन्होंने बड़ा सहयोग दिया। पुणे के भोकरबाड़ी में अहल्याश्रम की इमारतें बनाने में नक्शे और बजट तैयार करने का परेशानी भरा कार्य उन्होंने बड़ी सावधानी से किया। आगे उन्होंने भिल्लों में सुधार लाने का कार्य किया। महात्मा गांधी द्वारा शुरू किए हरिजन संघ की जिम्मेदारी स्वीकार कर यह कार्य उन्होंने निरपेक्ष वृत्ति से किया। आदिवासी भीलों के लिए उन्होंने जो निःस्वार्थ त्याग से कार्य किया, इसलिए उन्हें 'ठक्करबप्पा' नाम मिला और हरिजनों की सेवा के कारण पूरे भारत में उनका नाम रौशन हुआ।

ठक्करबप्पा ने अपने 79 वें जन्मदिन के उपलक्ष्य में मुम्बई में हुए सत्कार समारोह में अण्णासाहब शिंदे का बड़े आदर से उल्लेख कर उनकी यादें बताई। अस्पृश्यता उन्मूलन कार्य की प्रेरणा और मार्गदर्शन विट्ठल रामजी शिंदे से मिला, ऐसा ठक्करबप्पा ने कृतज्ञतापूर्वक दर्ज किया। शिंदे के बारे में ठक्करबप्पा ने लिखा है, "वे मेरे चार गुरुओं में से एक थे। मेरे जन्मदाता के बाद मैं उन्हें ही मानता हूँ। उनसे ही मैंने सार्वजनिक कार्य का पाठ सीखा। यद्यपि उम्र में वे मुझसे छोटे थे, इसके बावजूद राष्ट्रहित सम्बन्धी आन्दोलन में उनकी बड़ी गति थी। यह सर्वज्ञात है कि वे मुम्बई प्रान्त के अस्पृश्य वर्ग के सुधार आन्दोलन के जनक थे। पंजाब और उत्तर प्रदेश को छोड़ें तो पूरे भारत में इस प्रकार के कार्य का आरम्भ करनेवाले वे पहले पुरुष और इस कार्य के अग्रदूत थे। मैं 1906-07 के दौरान मुम्बई नगर निगम की नौकरी में था, तब मैला ढोनेवाले भंगियों से भी गन्दा कूड़ा उठाने का काम दो-तीन सौ महार-मातंग लोगों से करवाने की जिम्मेदारी मुझ पर थी। तब इन लोगों के बच्चों के लिए पाठशालाएँ किस तरह चलाई जाएँ और मुम्बई में इन निम्न जातियों के मजदूरों के लिए ज्यादा-से-ज्यादा लाभ किस तरह से उठाया जाए, इसकी शिक्षा उन्होंने दी। मुझे याद है कि 1908 में काठेवाड़ रियासत की एक छोटी सभा में उन्होंने मुझे जिन्दगी में पहली बार बोलने के लिए प्रेरित किया। उस समय मैंने गुजराती में जो भाषण दिया, उसकी उन्होंने सराहना करके मुझे प्रेरणा दी। मिशनरी के रूप में उन्हें मिलनेवाला वेतन अत्यल्प था, लेकिन उन्होंने अपने जीवन का जो लक्ष्य तय किया था, वह पूरा करने का उनमें प्रचंड उत्साह था। स्वेच्छा से चुना कंगाल जीवन वे जीते रहे...युवा पीढ़ी को शिंदे के बारे में ज्यादा जानकारी नहीं है। वे दूरदर्शी और उच्च लक्ष्य से प्रेरित उदात्त पुरुष थे। एक षष्ठांश भारत होनेवाले पाँच करोड़ अस्पृश्य वर्ग पर पुरातन काल से जो अन्याय हो रहा था, उसे दूर करने का उदात्त लक्ष्य उनके सामने था।"[4]

प्रार्थना समाज और मिशन का कार्य करते समय शिंदे को कुछ अन्य व्यक्तियों का भी महत्त्वपूर्ण सहयोग मिला। उनमें लक्ष्मीबाई रानडे (मृत्यु 17/6/1913) एक थीं। वे न्यायमूर्ति रानडे के भाई डॉक्टर श्रीधर की पत्नी थीं।[5] मिशन के जनसेवा कार्य में उन्होंने सहभाग लिया। साथ ही, मिशन को सहयोग प्राप्त करने हेतु भी उन्होंने कोशिश की। गिरिजाशंकर त्रिवेदी (मृत्यु 10/1/1932) ने प्रार्थना समाज के कार्य के साथ ही मिशन को सहयोग किया। राममोहन हाईस्कूल शुरू करने की योजना उन्हीं की थी। पंढरपुर अनाथाश्रम के लिए उन्होंने काफी चन्दा इकट्ठा किया। उन्होंने कुछ समय मिशन के जनरल सेक्रेटरी के रूप में भी कार्य किया। डॉ. काशीबाई नवरंगे ने भी मिशन को अच्छी तरह से मदद की।

विट्ठल रामजी शिंदे को प्रार्थना समाज के प्रचारक और मिशन के संस्थापक के रूप में द्वा.गो. वैद्य का काफी सहयोग मिला। वे 'सुबोध पत्रिका' के लगभग चालीस साल तक सम्पादक रहे थे। विट्ठल रामजी शिंदे जब इंग्लैंड जा रहे थे, तभी वैद्य ने उनसे कबूल करवा लिया था कि वे वहाँ से 'सुबोध पत्रिका' के लिए लेख लिखेंगे। शिंदे की योग्यता को उन्होंने लिखे लेखों के द्वारा भारत में आने से पहले ही 'सुबोध पत्रिका' के वाचकों तक पहुँचाने में वैद्य एक प्रकार से सेतु साबित हुए। शिंदे के प्रचार कार्य को साथ ही डी.सी. मिशन के कार्य को उन्होंने 'सुबोध पत्रिका'

से यथायोग्य ख्याति दी। उन्होंने मिशन का पक्ष यथाप्रसंग निर्भयता से सामने रखा। वे वैयक्तिक स्तर पर शिंदे के चहेते दोस्त थे। मिशन की स्थापना के बाद शिंदे के प्रति मुम्बई प्रार्थना समाज में गलतफहमी का माहौल बना और उसका नतीजा 1910 से प्रार्थना समाज की ओर से प्रचारक के रूप में मिलनेवाला वेतन विट्ठल रामजी शिंदे ने लेना बन्द कर दिया। 1910 के नवम्बर में मुम्बई प्रार्थना समाज ने शिंदे का प्रचारक के रूप में होनेवाला सम्बन्ध खत्म किया। मिशन मुम्बई में शुरू किया होने के कारण मिशन के कार्य के लिए कुछ समय उनका मुम्बई में रुकना जरूरी था। शिंदे के परिवार के उदर-पोषण के लिए पैसों की जरूरत थी। ऐसी अत्यन्त कठिन परिस्थिति में द्वा.गो. वैद्य अपने कई परिचितों से धन इकट्ठा करके, वह किससे लिया है, इसका पता न बताकर शिंदे के घर हर मास खर्च के लिए पहुँचाते थे। इस तरह का निरपेक्ष आर्थिक सहयोग शिंदे की मिशन का थाना 1912 में पुणे में बनने तक, यानी लगभग दो साल शिंदे के मुम्बई के निवास में डॉ. वैद्य करते रहे। 'सुबोध पत्रिका' के सम्पादक, उसी के साथ न्यायमूर्ति रानडे, चन्दावरकर की जीवनियाँ और 'प्रार्थना समाज का इतिहास' लिखकर डॉ. वैद्य ने प्रार्थना समाज के वाङ्मय में अमूल्य योगदान दिया। अन्त तक वे शिंदे के हितैषी और दोस्त रहे।

सन्दर्भ

1. हरिश्चन्द्र नारायणराव नवलकर, *श्रीयुत शिवराम जानबा कांबले यांचे त्रोटक चरित्र आणि पर्वती सत्याग्रहाचा इतिहास,* पुणे, 1930, पुस्तक के आरम्भ में कांबले के हस्ताक्षर का नमुना कहकर छपा हुआ पत्र
2. धनंजय कीर, *डॉ. बाबासाहब आंबेडकर,* पॉपुलर प्रकाशन, मुम्बई, दु. आ. 1977, पुणे, पृ. 57-63; और
   (ii) *धनंजय कीर के कागजात,* शिवाजी विश्वविद्यालय, कोल्हापुर
3. डॉ. ग.वा. खराटे, *डॉ. सन्तुजी रामजी लाड यांचा परिचय,* विट्ठल रामजी शिंदे ने पत्र द्वारा भेजी जानकारी
4. ठक्करबप्पा, *एटिंथ बर्थ डे कमेमोरेशन वाल्यूम,* (सं.), टी.एन. जगुदिगा-शामलाल, मद्रास 1949, पृ. 346-47, उद्धृत इंडियन सोशल रिफॉर्मर, 8 अप्रैल, 1944
5. आनन्दीबाई शिर्के, *सांजवात,* मौज प्रकाशन गृह, मुम्बई, 1972

मंगलौर का कार्य

15 अप्रैल, 1923 को अण्णासाहब शिंदे ने पुणे शाखा के सदस्यों की सभा में पुणे शाखा की नई घटना के अनुसार बहुसंख्य अस्पृश्य सदस्य होनेवाले पदाधिकारी नियुक्त किए। वे मिशन का पूरा कारोबार इन नए पदाधिकारियों पर सौंपकर स्वयं मिशन की मुख्य जिम्मेदारी से मुक्त हुए। अण्णासाहब ने जैसे अपना मनोरथ घोषित किया था वैसे मिशन अस्पृश्य वर्ग को सौंपा, यह देखकर जिन अस्पृश्यवर्गीय नेताओं के मन में उनके प्रति सन्देह था, वह दूर हो गया। मिशन अधिकार में लेने के लिए उतावले बने जो नेता मिशन की बुराई करते थे, वे अब मिशन के कृतज्ञ अनुयायी और सहयोगी बन गए। शिंदे के मिशन छोड़ने के बाद उनके प्रति होनेवाली प्रतिकूलता खत्म होकर सद्भाव जाग्रत हुआ अर्थात् घोगरे, कांबले, थोरात, घाडगे, उबाले जैसी बुजुर्ग अनुभवी मंडली ने ही मिशन के पुनर्गठन में तहेदिल से मदद की।

लेकिन अण्णासाहब ने अपने जीवन के महत्त्वपूर्ण दिनों में से डेढ़ दशक का काल मिशन स्थापित कर उसे विकसित करने, अस्पृश्यों के ज्वलन्त प्रश्नों का एहसास राष्ट्रीय स्तर पर कराने में लगाया था। उसके लिए उन्होंने दिन-रात जी जान से मेहनत की थी। विवाद के बाद उस मिशन को छोड़ने का फैसला लेना पड़ा। इसकी स्वाभाविकत: ठेस पहुँची होगी, किन्तु इस आन्तरिक वेदना का असर अस्पृश्य वर्ग के प्रति होनेवाली उनकी लगन पर जरा भी नहीं हुआ। खैर! इस अधिकार संन्यास के बाद मिशन की ओर से वे और बहन जनाबाई जो अल्प वेतन लेते थे, वह बन्द हो गया। इतने महान कर्तृत्ववान पुरुष के सामने परिवार के जीवनयापन की समस्या खड़ी हो जाए, यह कितनी बड़ी विडम्बना! और अब खाली समय होने से अपने स्वभाव और नीति के अनुसार क्या करें, इसका भी निर्णय लेना आवश्यक था।

शिंदे के मन में अनुसन्धान की स्वाभाविक ऊर्मि थी। इधर आर्य-द्रविड़ नामक विवादास्पद विषय की ओर उनका ध्यान आकर्षित हुआ था। उन्होंने इस पर कुछ लेख भी लिखे थे। इससे व्यापक विषय की यानी हिन्दुस्तान के पुरातन इतिहास की सामग्री जुटाकर लेखन कार्य करें, ऐसा भी उन्हें लगता था। श्रीमन्त सयाजीराव गायकवाड़ से उन्होंने इस सन्दर्भ में भेंट की थी। इन्दौर, ग्वालियर, धार—इन रियासतों से पत्राचार भी किया, लेकिन इतना बड़ा कार्य अकेले नहीं कर सकते। उसके लिए जरूरी मदद मिलना दुष्कर है, यह उनकी समझ में आया और वह विषय उन्होंने छोड़ दिया।

1923 के बीच अण्णासाहब मुम्बई गए तब राममोहन आश्रम में उनके पुराने मित्र और कोलकाता ब्राह्म समाज के प्रचारक बाबू हेमचन्द्र सरकार से भेंट हुई। अण्णासाहब चार मास कोलकाता के ब्राह्म समाज के साधनाश्रम में आकर स्वस्थ रहें, ऐसा उन्होंने अनुरोध किया। उसके अनुसार अण्णासाहब 1923 के सितम्बर में पत्नी रुक्मिणीबाई और बेटे रवीन्द्र को लेकर वहाँ रहे। वहाँ के चार मास के निवास में उन्होंने देहातों में घूमकर बैकवर्ड क्लास का कार्य देखा। इसी समय कोलकाता के साधारण ब्राह्म समाज ने अण्णासाहब मंगलौर ब्राह्म समाज के आचार्य के रूप में कार्य करें, ऐसा सूचित किया गया।

हिन्दुस्तान के नैऋत्य किनारे का मंगलौर जिला और ब्रिटिश मालाबार का कालीकट जिला और उसके दक्षिण दिशा का त्रावणकोर और कोचीन, इस रियासती मुल्क के प्रचारक पद की प्रमुख जिम्मेदारी ब्राह्म समाज ने अण्णासाहब शिंदे पर सौंपी। प्रचारक का मुख्य स्थान मंगलौर रखा जाए, ऐसा तय हुआ। इस निर्णय के अनुसार अण्णासाहब शिंदे 1924 के अप्रैल में मंगलौर आए। पत्नी रुक्मिणीबाई और दो बच्चों को अपने छोटे भाई एकनाथराव के पास मुम्बई में रखा और बहन जनाबाई तथा छोटे बेटे रवीन्द्र के साथ वे मंगलौर आए।

सन् 1907 में मंगलौर के ब्राह्म समाज से अण्णासाहब शिंदे का पहला परिचय हुआ था। उस समय उनका और उनके परिवार का अपूर्व स्वागत वहाँ के ब्राह्म समाज की बिल्लव मंडली ने किया था। यहाँ 1904 से ही के. रंगराव ने

अस्पृश्य वर्ग के बच्चों की शिक्षा का आरम्भ किया था। उन्होंने पंचम वर्ग के बच्चों के लिए स्कूल और उद्योग स्कूल चलाया था। डी.सी. मिशन की स्थापना के बाद के. रंगराव ने अपनी संस्था मिशन से संलग्न की थी। इस मिशन के कार्य से अण्णासाहब का मंगलौर आना-जाना था। इस प्रान्त के ब्राह्म समाज के नेताओं से उनका अच्छा परिचय था। यह पार्श्वभूमि होने के कारण शिंदे को मंगलौर में रहकर ब्राह्म धर्म-प्रचार का कार्य करना पसन्द ही था। इस प्रान्त में ब्राह्म धर्म का प्रचार करने की आवश्यकता कोलकाता के साधारण ब्राह्म समाज को महसूस हुई थी। हिन्दुस्तान के इस नैऋत्य क्षेत्र में मंगलौर, कालीकट, कैनानेर, कोयम्बटूर आदि शहरों में ब्राह्म समाज के छोटे-बड़े कार्य शुरू थे, लेकिन वहाँ पर कोलकाता के साधारण ब्राह्म समाज का कोई अनुभवी और समर्पित प्रतिनिधि नहीं था। इसलिए इस प्रान्त में ब्राह्म समाज का कार्य अव्यवस्थित और बिखरा हुआ था। यह कार्य संगठित और सुचारू ढंग से चलाने के लिए ब्राह्म समाज को विट्ठल रामजी शिंदे के रूप में एक सुयोग्य व्यक्ति अपने प्रतिनिधि के रूप में मिला। शिंदे कन्नड़ भाषा अच्छी तरह जानते थे। यह बात भी उनके प्रचार कार्य में सहायक साबित होनेवाली थी। ब्राह्म समाज के कार्यकर्ताओं से उनकी अच्छी जान-पहचान थी। इससे मंगलौर के इस विभाग में मुख्य प्रचारक के रूप में कार्य करने की विट्ठल रामजी शिंदे को खुशी हुई। 1907 में अण्णासाहब शिंदे पहली बार मंगलौर आए तब समाज-बन्धुओं के प्यार का उन्हें अपूर्व अनुभव हुआ था। मंगलौर का पूरा ब्राह्म समाज उनके स्वागत के लिए बन्दरगाह पर जमा हुआ था, लेकिन 1907 का यह माहौल अप्रैल 1924 में नहीं रहा था। राजनीति से हिन्दुस्तान के लोगों के मन में और बाह्य परिवेश में बड़ा परिवर्तन आया था। यह जादू महात्मा गांधी के राजनीति के अपूर्व प्रभाव के कारण घटित हुआ था। लोकमान्य तिलक ने उनके पहली की नरम कांग्रेस को उग्र स्वरूप दिया था, लेकिन महात्मा गांधी ने बायकॉट, सत्याग्रह आदि आन्दोलनों से पूरे भारतवासियों पर गहरा असर डालकर उन्हें राजनीति की ओर आकर्षित किया था और राजनीति को उग्र स्वरूप दिलाया था। महात्मा गांधी के प्रभाव से देश के कोने-कोने में जागृति आई थी।

मंगलौर ब्राह्म समाज में चार-पाँच सारस्वत खानदान पहले से ही प्रविष्ट हुए थे। पंडित उल्लाल रघुनाथराव, पंडित परमेश्वरय्या, कृष्णराव गांगोली, वकील, समाज के सेक्रेटरी तथा युवकों के नेता और महात्मा गांधी के समर्थक के. सदाशिवराव, वकील—ये पाँच सारस्वत खानदान प्रमुख थे। शेष सभी लगभग पचहत्तर सदस्य बिल्लव जाति के थे। मंगलौर की बिल्लव जाति अस्पृश्य मानी जाती थी और उनका पारम्पारिक व्यवसाय ताड़ी निकालने का था, लेकिन इस जाति के लोग ब्राह्म समाज में आए तो सामाजिक और आर्थिक दृष्टि से बदल चुके थे। ब्राह्म समाज में प्रवेश के बाद दो पीढ़ियों में उनमें यह अन्तर दिखाई देने लगा। उन्हें शिक्षा मिलने लगी और उनका सरकारी नौकरी में प्रवेश हुआ। कोलकाता के ब्राह्मो जैसी मानो उनकी स्वतंत्र जाति बन गई थी। बड़े-बड़े सरकारी ओहदे तक यह मंडली पहुँची थी। इस कारण उनके प्रभाव से मंगलौर शहर में ब्राह्मों के लिए स्वतंत्र श्मशान भूमि भी दी गई थी। यह स्थिति भारत में अन्यत्र कहीं भी नहीं मिलती। बिल्लवों की सामाजिक-आर्थिक परिस्थिति में यह परिवर्तन आने से वे अपनी पूर्व अस्पृश्यता भूल चुके थे और वर्तमान अस्पृश्य वर्ग से दूर रहते थे। सरकारी नौकरी में और बड़ी-बड़ी यूरोपियन कम्पनियों में इस वर्ग के लोग अधिकार के पद पर होने से राजनीति से चार हाथ दूर ही रहते थे। अंग्रेज सरकार के प्रति उनमें निष्ठा का भाव तीव्र था, इसलिए उनकी केवल धार्मिक कार्य में ही रुचि थी।

मंगलौर में विभिन्न धर्म और पंथ के लोग थे। रोमन कैथोलिक और प्रोटेस्टेंट पंथ के बहुत-से ईसाई लोग थे। कुछ क्षेत्रों में तो ईसाई बहुसंख्य थे। यह मंडली ईसाई होने के बावजूद अपने पूर्वाश्रम का हिन्दू धर्म का जाति भेद मानती थी और कम मात्रा में ही सही, लेकिन मूर्ति-पूजा भी करती थी। इससे हिन्दू और उनमें सख्य भाव था। इस प्रान्त में मुसलमानों की भी थोड़ी-बहुत संख्या थी। ब्राह्म धर्म की उदार भूमिका के अनुसार विट्ठल रामजी शिंदे धर्म-प्रचार का कार्य सभी धर्मों के विविध पंथों में और बच्चे तथा औरतें इनके लिए जान-बूझकर करते थे। मंगलौर से प्रकाशित होनेवाले 'स्वदेशाभिमानी' नामक कन्नड़ साप्ताहिक पत्र से शिंदे के व्याख्यान, उपासना और अन्य उपक्रमों के निवेदन यथासम्भव प्रकाशित होते थे। इन निवेदनों से शिंदे का कार्य कितने जोश से, विस्तार से और समाज के हर स्तर के लिए चल रहा था, इसकी कल्पना की जा सकती है।[1] 4 मई, 1924 को 'ब्राह्म समाज और उसका कार्य', 29 जून, 1924 को 'प्रार्थना का महत्त्व', 6 जुलाई को 'ईश्वर का सगुणत्व', 13 जुलाई को 'आत्मा की अनश्वरता', 28 जुलाई को 'बौद्ध धर्म', 3 अगस्त को 'प्रेम लक्षण', 17 अगस्त को 'अवतार' आदि विषयों पर ब्राह्म धर्म की व्यापक भूमिका पर उन्होंने प्रवचन दिए।

अगस्त 1924 से उन्होंने एक विशेष उपक्रम शुरू किया। वह था 'भगवद्‌गीता' का विवेचन करने हेतु स्वतंत्र कक्षा लेना। यह कक्षा हर बृहस्पतिवार को सुबह साढ़े पाँच बजे और शाम साढ़े छह बजे डोंगरकेरी ब्राह्म समाज मन्दिर में चलती थी। हर बृहस्पतिवार को 'भगवद्‌गीता' के दो अध्यायों का विवरण कर बारह सप्ताहों में यह विवेचन पूरा करने का उनका इरादा था। अण्णासाहब शिंदे समय के बड़े पाबन्द थे। इस कक्षा में उपस्थित रहनेवाले समय पर आएँ, साथ में ऐनी बेसेंट द्वारा अनूदित 'भगवद्‌गीता' और कापी लाएँ, ऐसी सूचना उन्होंने दी थी। बच्चों की तरह महिलाओं के लिए धर्म-प्रचार का कार्य करने के लिए वे जोर देते। खासकर महिलाओं के लिए व्याख्यान देते। उन्होंने 2 अगस्त, 1924 को महिला समाज मन्दिर में 'समाज-सुधार के लिए स्त्रियों का कर्तव्य' विषय पर व्याख्यान दिया। 16 अगस्त, 1924 को महिला सभा में 'जनकसुलभासंवाद' विषय पर व्याख्यान दिया। शिंदे धर्म-प्रचार कार्य का एक हिस्सा मानकर अन्य अधिकारी व्यक्ति के व्याख्यान और प्रवचन आयोजित करते थे। के. सदाशिवराम, बी. बाबू, कुमारी एम. घोष, के. सुब्रहमण्यम, के. रंगराव, के. लक्ष्मण आदि के व्याख्यान और प्रवचन उन्होंने आयोजित किए। 12 अगस्त, 1924 को मोहर्रम के दिन के. सदाशिवराव का 'पैगम्बर मुहम्मद और मोहर्रम' विषय पर व्याख्यान आयोजित किया। उन्होंने ब्राह्म मन्दिर में ईसाई धर्म के त्यौहार मनाने का उपक्रम शुरू किया।

स्वयं अण्णासाहब हिन्दू शैली में व्याख्यान, प्रवचनों के अलावा हिन्दू कीर्तन करते थे। 24 अगस्त, 1924 को कृष्णाष्टमी सम्बन्धी, 12 अक्टूबर को केशवचन्द्र सेन पर, 12 मार्च, 1925 को तुकाराम बीज के दिन तुकाराम पर उन्होंने कीर्तन किए। अण्णासाहब की कीर्तन की पद्धति हिन्दू और मराठा परम्परा की होने के बावजूद उनके निरूपण का विषय नया और दृष्टिकोण सुधारवादी होने से ईसाई और मुस्लिम श्रोता भी उनके कीर्तन में उपस्थित रहते थे। उन्होंने कुछ कीर्तन मराठी में तो कुछ कन्नड़ भाषा में किए। उनकी छोटी डायरी में कीर्तन के समय बताने के लिए अनेक कन्नड़ पद लिखकर रखे हुए थे। मंगलौर के सरकारी कॉलेज में उन्होंने सेंट फ्रांसिस ऑफ असिसी नामक ईसाई संत के आख्यान पर अंग्रेजी में कीर्तन किया।

इस तरह शिंदे का धर्म-प्रचार का कार्य मंगलौर प्रान्त में जोर-शोर से चल रहा था। वहाँ की ब्राह्म मंडली में एक नया चैतन्य निर्मित हुआ था। बावजूद इसके, अण्णासाहब शिंदे से ब्राह्मो का एक वर्ग असन्तुष्ट था। यह वर्ग बिल्लवों का था। ऊपर उल्लेख किया ही है कि यह बिल्लव मंडली ब्रिटिश राज्यकर्ताओं के प्रति निष्ठा रखती थी। स्वराज्य के लिए जारी आन्दोलन की राजनीति उन्हें पसन्द नहीं थी। महाराष्ट्र में विट्ठल रामजी शिंदे स्वतंत्र रूप में राजनीति में शरीक होते थे, इसकी इस मंडली को जानकारी नहीं थी। फिर भी उनकी राजनीति विषयक राय उग्रवादी होगी, ऐसा सन्देह उन्हें उनकी गांधी टोपी से हुआ था। प्रवचन में राजनीति के सन्दर्भ में उनकी राजनीति विषयक राय सुनकर उनका बाना उग्रवादी है, ऐसा उनका पक्का विश्वास हो चुका था। विट्ठल रामजी शिंदे की धर्म विषयक भूमिका केवल आध्यात्म तक ही सीमित नहीं थी; तो राजा राममोहन राय की तरह राजनीति, समाजकारण, अर्थनीति—इन सभी का समग्रता से विचार करनेवाली व्यापक और समग्रलक्षी थी। समाजकारण हो या राजनीति, धर्म के जैसा ही वे उन्नत भूमिका से उसका विचार करते थे। उनके जीवन के विभिन्न अंग एक-दूसरे से अलग न होकर परस्पर सम्बद्ध थे। इस भूमिका के कारण ही राजनीति से उन्हें परहेज नहीं था अपितु धर्मकारण, समाजकारण जैसा वह विषय भी उन्हें आत्मीय लगता था। उनकी यह राय अंग्रेजी सत्ता से एकनिष्ठ होनेवाली बिल्लव मंडली को रास आनेवाली नहीं थी। उदाहरणार्थ, मंगलौर के सरकारी कॉलेज में सेंट फ्रांसिस ऑफ असिसी नामक ईसाई संत को आधार बनाकर कीर्तन में विट्ठल रामजी शिंदे ने ऐसा प्रतिपादित किया कि ब्रिटिश शासक राजनीति और धर्म को अलग-अलग रखते हैं। राजनीति करते समय उसमें उनकी धार्मिक दृष्टि नहीं होती। महात्मा गांधी की यह अलगता और महानता है कि वे धर्म का अधिष्ठान लेकर राजनीति करते हैं।[2] 5 अक्टूबर, 1924 को विट्ठल रामजी शिंदे ने मंगलौर ब्राह्म समाज के 34 वें वार्षिकोत्सव में जो प्रवचन दिया, उसका विषय ही मूलतः ब्राह्म समाज और उच्चतर राष्ट्रवाद (Brahm samaj and Higher Nationalism) ऐसा था। ब्राह्म समाज के तत्त्व का विवेचन करते समय उन्होंने कहा, "गांधीजी राजा राममोहन राय, देवेन्द्रनाथ ठाकुर, केशवचन्द्र सेन इनके बाद के चौथे अवतार हैं। मैं अगर कवि होता तो पूरे राष्ट्र के ईश्वर का गौरवगान लिखता और उसमें महात्मा गांधी राजा राममोहन राय के केशवचन्द्र सेन के बाद के चौथे अवतार है, ऐसा वर्णन करता...महात्मा गांधी ने कांग्रेस की व्यासपीठ निम्न स्तर के राष्ट्रवाद से ऊपर उठाकर ब्राह्म समाज की व्यासपीठ तक ऊपर उठाया है।" इसी प्रवचन में उन्होंने ऐसा भी कहा है, "मेरे मन में ऐसा आता है और यह मेरी

श्रद्धा है, गांधीजी की कांग्रेस यानी अखिल भारतीय ब्राह्म समाज का कार्यकारी मंडल है और कांग्रेस में ही अदृश्य रूप में ब्राह्म समाज रूपी ईश्वर की धार्मिक संस्था बसती है।"[3]

धर्म और राजनीति में एकता लानेवाली राजा राममोहन राय और महात्मा गांधी की भूमिका में आध्यात्मिक समानता देखनेवाली विट्ठल रामजी शिंदे की भूमिका उस समय की बिल्लव मंडली को जँचनेवाली नहीं थी। शायद शिंदे की भूमिका उन्हें यथार्थ रूप में समझी ही न हो, लेकिन इसका स्पष्ट रूप में परिणाम यह हुआ कि शिंदे के प्रति सन्देह का, अविश्वास का माहौल वहाँ की बिल्लव मंडली में निर्मित हुआ और उसका परिणाम शिंदे के विरुद्ध कोलकाता के साधारण ब्राह्म समाज की ओर शिकायत करने में हुआ।

सन्दर्भ

1. *स्वदेशाभिमान* इस मंगलौर से प्रकाशित होनेवाले कन्नड़ साप्ताहिक से अण्णासाहब शिंदे ने चलाए उपक्रम की सूचना और उसका विवरण प्रकाशित होता था। मंगलौर विश्वविद्यालय के कन्नड़ भाषा साहित्य के प्राध्यापक और अध्यक्ष डॉ. विवेक राय ने कन्नड़ का मजमून मुझे अनूदित करके अंग्रेजी में बताया।
2. शिंदे के ये विचार सरकारी कॉलेज के अंग्रेजी प्रिंसिपल को स्वाभाविकता से जँचे नहीं होंगे। इस साल के कॉलेज के वार्षिक प्रतिवेदन में शिंदे के प्रस्तुत व्याख्यान क उल्लेख दिखाई नहीं देता।
3. विट्ठल रामजी शिंदे की मंगलौर की 1924 की छोटी डायरी, *शिंदे के कागजात*।

वायकोम सत्याग्रह

विट्ठल रामजी शिंदे मंगलौर में ब्राह्म धर्म-प्रचारक के रूप में जाने तक वहाँ की ब्राह्म समाज मंडली राजनीति से दूर रहती थी। शिंदे धर्मविषयक विवेचन करते समय, अपने प्रतिपादन को व्यापक आशय देते समय स्वाभाविकता से राजनीति का निर्देश करते थे। गांधीजी का उल्लेख गौरवपूर्ण शैली में करते थे। राजनीति के सन्दर्भ में शिंदे की नई सोच सुनकर विशेषत: वहाँ का युवा वर्ग ब्राह्म समाज की ओर आकर्षित होने लगा। ब्राह्म धर्म-प्रचारक के रूप में शिंदे का प्रभाव बढ़ रहा था, किन्तु उनके नए राजनीतिक विचार प्रतिष्ठित बिल्लव मंडली को रास न आते। इससे इन मंडली में उनके प्रति असन्तोष और अविश्वास की भावना निर्मित हुई। मंगलौर ब्राह्म समाज अन्दर से खदबदा रहा था कि तभी केवल ब्राह्म समाज ही नहीं तो मंगलौर, कालीकट—ये ब्रिटिश शासन के अमल का क्षेत्र और त्रावणकोर, कोचीन आदि रियासती मुल्क में सामाजिक और राजनीतिक दृष्टि से क्षुब्ध होनेवाली एक घटना घटित हुई। वह थी, वायकोम में मन्दिर प्रवेश का सत्याग्रह।

उत्तर और मध्य भारत की तुलना में दक्षिण भारत का क्षेत्र आचार-विचार को लेकर अत्यन्त शुचिता का पालक था। उसमें पूर्व मालाबार प्रान्त में तो अस्पृश्य माने गए लोगों पर काफी कड़े निर्बन्ध लाद दिए थे। त्रावणकोर रियासत के वायकोम गाँव के मन्दिर में ही नहीं, तो मन्दिर के रास्ते पर भी अस्पृश्य लोगों को, फिर वे चाहे कितने भी प्रतिष्ठित हों, गुजरने की कानूनन मनाही थी। हिन्दुस्तान में अन्यत्र दिखाई देनेवाली विसंगति यहाँ भी तीव्र रूप में दिखाई देती थी। वह विसंगति यानी मन्दिर की राह पर जाने को ईसाई, मुस्लिम आदि विधर्मियों को किसी भी प्रकार की मनाही नहीं थी। इतना ही नहीं, मन्दिर के बाहर के और अन्दर के मंडप में ऐसे विदेशियों को बड़ी प्रतिष्ठा से ले जाया जाता अर्थात् मन्दिर प्रवेश का निर्बन्ध केवल हिन्दू धर्म में होनेवाली अस्पृश्य जाति तक ही सीमित था। यह अन्यायकारक निर्बन्ध हटाया जाए, इसलिए 30 मार्च, 1924 को वायकोम में मन्दिर प्रवेश के लिए सत्याग्रह आरम्भ हुआ था। लाहौर के स्वामी श्रद्धानन्द आर्य समाज की ओर से सत्याग्रह करने के लिए आए थे। कालीकट से मंजिरी रामय्या थियोसॉफी की ओर से सत्याग्रह में सहभाग लेने के लिए आए थे। इस सत्याग्रह के पूर्व कई सालों से ब्राह्म समाज, आर्य समाज और थियोसॉफी—इन उदारवादी धर्म पंथों में कई अस्पृश्यवर्गीय मंडली सदस्य के रूप में शामिल हुए थे। उन्हें भी मन्दिर के रास्ते से जाते समय हिरासत में लिया जा रहा था। अस्पृश वर्ग पर का यह अन्याय दूर हो, इसलिए इन तीनों उदार धर्मपंथों के नेताओं ने इस सत्याग्रह में सहभाग लेना तय किया था। ब्राह्म समाज की ओर से यह नेतृत्व विट्ठल रामजी शिंदे पर था।

साधू शिवप्रसाद पहले अस्पृश्य मानी जानेवाली तिय्या जाति के युवक ब्राह्म समाज में दाखिल हुए थे। वे मालाबार प्रान्त में धर्म-प्रचारक का कार्य भी करते थे। साधू शिवप्रसाद को भी अन्य अस्पृश्यों की तरह वायकोम के मन्दिर के रास्ते से जाने के लिए मनाही की गई। उन्होंने यह समाचार कोलकाता के साधारण ब्राह्म समाज कमेटी को लिखित रूप में दिया। साधारण ब्राह्म के तत्कालीन अध्यक्ष डॉ. प्राणकृष्ण आचार्य ने त्रावणकोर दरबार के पास प्रार्थना पत्र भेजकर इस बारे में न्याय की माँग की। इस पत्र की एक प्रति विट्ठल रामजी शिंदे को विभाग के मुख्य धर्म-प्रचारक होने के कारण भेजी और उन्होंने सूचित किया कि वह स्वयं जाकर जितनी सम्भव हो, उतनी कोशिश करें। साधू शिवप्रसाद के खत भी विट्ठल रामजी शिंदे को बार-बार आने लगे। उन्होंने विनती की कि वायकोम में ही नहीं तो पूरे प्रान्त में भी प्रचार कार्य के लिए मदद करें। शिंदे ने यह पूरा मामला मंगलौर समाज की कमेटी के सामने रखा। कमेटी पशोपेश में पड़ गई। शिंदे की इस कोशिश को अनुमति देना उन्हें रास नहीं आ रहा था और इनकार करने की

भी हिम्मत नहीं हो रही थी। दौरे के खर्चे का प्रश्न हो तो "वह मैं देख लूँगा" ऐसा शिंदे ने कमेटी को बताया अर्थात् व्यावहारिक कोई प्रश्न नहीं रहा। प्रश्न था तो वहाँ की मंडली की इच्छा शक्ति का। उनकी दृष्टि में मन्दिर प्रवेश का प्रश्न केवल धार्मिक या सामाजिक स्वरूप का नहीं था बल्कि उसका एक पहलू राजनीतिक भी था। उनकी ऐसी धारणा थी कि सत्याग्रह में सहभाग लेना यानी ब्रिटिश शासन के साथ ही रियासत के विरोध में जाना है। इससे वे शिंदे की संकल्पित यात्रा और सत्याग्रह में सहभाग लेने को स्वीकृति देने की हिम्मत नहीं कर रहे थे। शिंदे ने अन्ततः कमेटी को कहा कि जिस अर्थ में कोलकाता के ब्राह्म समाज के अध्यक्ष ने हम वायकोम को जाएँ, ऐसा सूचित किया है। उससे वहाँ जाना हमारा कर्तव्य है। शिंदे के इस विधान पर मंगलौर ब्राह्म समाज की कमेटी आपत्ति न ले सकी और शिंदे ने वायकोम जाने का निश्चय किया।

कालीकट ब्राह्म समाज के सेक्रेटरी डॉ. गोपालन पूर्वाश्रम के अस्पृश्य थे। उन्हें शिंदे का दौरा एकदम पसन्द आया। उन्होंने शिंदे को कालीकट बुलाया और खर्चे की व्यवस्था की। साधू शिवप्रसाद ने भी उन्हें कालीकट बुलाया। यात्रा का कार्यक्रम पक्का करके मई में शिंदे और साधू शिवप्रसाद वायकोम गए। वायकोम को प्रयाण करने से पहले कालीकट में वायकोम सत्याग्रह के सन्दर्भ में जाहिर सभा हुई। उसमें अनेक स्थानीय नेताओं के भाषण हुए। साथ ही शिंदे का भी भाषण हुआ। उनका यह भाषण मद्रास के समाचार-पत्रों में मोटे शीर्षक से प्रकाशित हुआ। यह देखकर मंगलौर की पवित्र ब्राह्म समाज बिल्लव मंडली बहुत अनमनी हुई। इधर वायकोम में हजारों सत्याग्रहियों ने डेरा डाला था। आर्य समाज और सिक्ख समाज के जत्थे वहाँ आ रहे थे। सिक्खों ने तो सत्याग्रहियों के लिए एक मुफ्त लंगर चलाया था। इस सत्याग्रह में केवल अस्पृश्य ही नहीं तो नायर लोगों का भी समावेश था और कुछ नम्बूदरी युवक भी थे। यह अस्पृश्यता के प्रश्न के प्रति बहुत बड़ी जागृति के आसार थे। शिंदे और साधू शिवप्रसाद वहाँ गए तो सत्याग्रहियों ने उनका बड़ी खुशी से और स्फूर्ति से स्वागत किया।

दूसरे दिन साधू शिवप्रसाद को लेकर शिंदे सत्याग्रह हेतु मन्दिर की ओर निकले। शिंदे वहाँ पहुँचने से पहले ही उनकी ब्योरेवार जानकारी फोटो के साथ पुलिस के पास पहुँची थी। मुख्य पुलिस कमिश्नर सत्याग्रह के स्थान पर तैनात थे। उन्होंने शिंदे को पहचाना। सत्याग्रह के स्थान पर सौ-सौ सत्याग्रहियों के गिरोह रास्ते की बाड़ के पास बैठते थे। मौका मिलते ही अन्दर जाने की कोशिश करते थे और पुलिस उन्हें भगा देती, इस तरह का संघर्ष वहाँ शुरू था। एक समय एक ही आदमी अन्दर प्रवेश करे, इतनी छोटी राह इस बाड़ को रखी थी और उसके दोनों ओर पुलिस अधिकारी खड़े थे। शिंदे अपने साथ शिवप्रसाद को लेकर सत्याग्रह करनेवाले हैं, यह खबर पहले ही फैल चुकी थी। शिंदे ने शिवप्रसाद को साथ लेकर गेट के अन्दर प्रवेश किया, लेकिन पुलिस कमिश्नर ने शिंदे और शिवप्रसाद के बीच में डंडा डालकर हँसते-हँसते शिंदे को कहा, "आप बेशक जाइए, लेकिन ये नहीं जा पाएँगे।" शिंदे ने कहा, "हम दोनों ब्राह्म धर्म के प्रचारक भाई हैं। हम दोनों को न पहचानते हुए आप ऐसा भेद क्यों करते हो?" उन्होंने कहा, "हम आपको अच्छी तरह से पहचानते हैं।" शिंदे ने उन्हें जताया, "मैं यहाँ से त्रिवेन्द्रम के दरबार में मिलने के लिए जानेवाला हूँ। आप हमें गैरकानूनी ढंग से गिरफ्तार कर रहे हो, इसकी पूरी जिम्मेदारी लोगे न?" अधिकारी ने कहा, "हम जो कर रहे हैं, वह दरबार की आज्ञा से ही कर रहे हैं। आपको हमने गिरफ्तार नहीं किया है, बल्कि पुलिस साथ देकर आपको अकेले ही सम्मानपूर्वक मन्दिर दिखाने की हमारी तैयारी है, लेकिन आपके भाई वैसा नहीं कर सकते क्योंकि वे पूर्वाश्रम के कौन हैं, यह हम भलीभाँति पहचानते हैं।"

तत्पश्चात् शिंदे ने साधू शिवप्रसाद को साथ लेकर त्रिवेन्द्रम रियासत के दीवान राघवय्या की भेंट ली। "ब्राह्म समाज के धर्म-प्रचारक पर वायकोम में होनेवाले अन्याय सम्बन्धी अर्जी आपको मिली क्या?" ऐसा शिंदे ने दीवान को पूछा और "उसका उत्तर अभी तक क्यों नहीं मिला?" ऐसा प्रश्न किया। दीवान ने उत्तर दिया, "उस प्रश्न पर विचार हो रहा है।" उस पर शिंदे ने कहा, "आपका इधर विचार शुरू है, उधर वायकोम में परसों हमें गिरफ्तार किया गया, उसका क्या?" उन्होंने कहा, "जो हुआ, उसमें थोड़ी-सी भूल हो गई, यह सच है, लेकिन जिन अस्पृश्यों ने ब्राह्म समाज की दीक्षा ली है, वे हम हिन्दू नहीं है, ऐसा घोषित करें तो उनकी राह खुली होगी।" शिंदे ने 1908 में बड़ौदा में दिए अपने चर्चित व्याख्यान 'बहिष्कृत भारत' में जो भयावह विसंगति दिखाई थी, उसी का प्रत्यय उन्हें इस प्रसंग से भी आया। उस भाषण में शिंदे ने ऐसा कहा है, "अस्पृश्य धर्मान्तरण करें यानी वे ईसाई या मुस्लिम बनें तो हम उसे अस्पृश्य नहीं मानते। इसका मतलब इन लोगों में होनेवाले हिन्दुत्व को ही हम अस्पृश्य मानते हैं।" शिंदे ने

दीवान राघवय्या को आगे कहा, "ब्राह्म समाज हिन्दू है या नहीं, यही एक सवाल है। ब्राह्म समाज कोई भी हो। हिन्दू न होनेवाले परधर्मी व्यक्ति को मनाही नहीं और ब्राह्म समाजी मैं हिन्दू नहीं, ऐसा घोषित करने तक उसे मनाही, ऐसा आपका कानून कहता है? ऐसा है तो मैं स्वयं महाराज को मिलकर स्पष्टीकरण माँगनेवाला हूँ।" उस पर दीवान ने कहा, "महाराज ने सभी अधिकार दरबार को दिए हैं। वे आपको मिलेंगे नहीं।" इसके आगे विवाद करने में कोई अर्थ नहीं है, यह समझकर शिंदे ने दीवान को नम्रता से कहा, "इस विसंगति के विरुद्ध मैं जगह-जगह जाहिर सभा लेकर आवाज उठाऊँगा। आपको आपत्ति हो तो बताना।" इस पर उन्होंने कहा, "आपके और हमारे रास्ते अलग हैं और वे दोनों के लिए खुले हैं। इसके अलावा मैं ज्यादा कुछ नहीं कह सकता।"

सत्याग्रह का यह अध्याय इस तरह खत्म करके विट्ठल रामजी शिंदे साधू शिवप्रसाद को साथ लेकर कोचीन और त्रावणकोर रियासत में ब्राह्म समाज के प्रचार के लिए निकले। कोचीन की राजधानी एर्नाकुलम में प्रेस असोसिएटेड के एजेंट ने 'बॉम्बे क्रॉनिकल' पत्र का एक अंक शिंदे को थमाकर एक समाचार की ओर उनका ध्यान आकर्षित किया। वह समाचार इस प्रकार था, "पुणे के ख्यातलब्ध नेता वी.आर. शिंदे वायकोम में गए थे। तब त्रावणकोर पुलिस अधिकारियों ने उन्हें मन्दिर के रास्ते पर रोका, यह ठीक नहीं हुआ। श्रीमान शिंदे के पीछे पूरा महाराष्ट्र है, यह त्रावणकोर दरबार मत भूले।" समाचार का पूरा मजमून सच नहीं है, यह देखकर शिंदे ने 'बॉम्बे क्रॉनिकल' को संशोधन हेतु तुरन्त लिखा। "वायकोम में मुझे स्वयं को मनाही नहीं की गई बल्कि सम्मान के साथ पुलिस विभाग ने मन्दिर दिखाने की तैयारी दिखाई, किन्तु मेरे ब्राह्म प्रचारक भाई शिवप्रसाद को वे पूर्वाश्रमी के अस्पृश्य हैं, ऐसा कहकर मनाही की गई।" प्रेस असोसिएटेड के जिस एजेंट ने गलत समाचार भेजा था, उसने अपने गलती के लिए शिंदे को पत्र भेजकर खेद प्रकट किया।

अस्पृश्यता के प्रश्न को लेकर थोड़ा-बहुत एहसास हुआ, यही वायकोम के सत्याग्रह का फलित कहना पड़ेगा। मन्दिर या मन्दिर के रास्ते से किसी भी स्पृश्य हिन्दू को साथ ही ईसाई, मुस्लिम ऐसे परधर्मियों को जाने के लिए इजाजत थी, लेकिन हिन्दू होनेवाले अस्पृश्यों को वह इजाजत नहीं थी। शिंदे को लगा कि इन सभी धर्म के लोगों ने अस्पृश्यों के खिलाफ की हुई यह एकता है और इस एकता को त्रावणकोर और कोचीन रियासतों का समर्थन है और ब्रिटिश सरकार इसे नजरअन्दाज कर रही है।

शिंदे ने 1903 में लिखे एक लेख में ऐसा उल्लेख किया है कि विवेकानन्द ने इस दक्षिण प्रान्त को वहाँ के अजब रीति-रिवाज और पिछड़ापन देखकर इसे 'पागलों का अस्पताल' कहा था। बीस-इक्कीस सालों के बाद शिंदे को विवेकानन्द की इस टिप्पणी की फिर याद आई होगी।

मंगलौर ब्राह्म समाज में गतिरोध

वायकोम सत्याग्रह का मामला खत्म होने के बाद विट्ठल रामजी शिंदे साधू शिवप्रसाद को साथ लेकर मालाबार प्रान्त की यात्रा पर निकल पड़े। शिंदे का मानना था कि धर्म-प्रचार के कार्य के साथ मालाबार प्रान्त का विशेष सामाजिक परिवेश, वहाँ की जाति व्यवस्था और परिवार व्यवस्था का निरीक्षण करें। समाजशास्त्रीय निरीक्षण के लिए उनमें केवल कौतूहल ही नहीं था तो दुनिया की और भारत की समाज स्थिति का निरीक्षण करने की उनमें प्रबल ऊर्मि थी, ऐसा कहना उचित होगा। यूरोप निवास में उन्होंने वहाँ के अलग-अलग देशों में घूमकर सामाजिक परिस्थिति का निरीक्षण और चिन्तन किया। सामाजिक निरीक्षण की दृष्टि से हिन्दुस्तान में विविधता और वैचित्र्य बड़ी मात्रा में था। समय-समय पर की भारत यात्रा में वे खुली आँखों से सामाजिक स्थिति का निरीक्षण करते आए थे।

उस समय के मालाबार प्रान्त में, विशेषतः नायर समाज में मातृसत्ताक परिवार पद्धति प्रचलित थी। नम्बूदरी ब्राह्मण और नायर क्षत्रिय, ये दो प्रभावी जातियाँ वहाँ पर थीं और उनका परस्पर सम्बन्ध भी विशेष था। नम्बूदरी और नायर इन जातियों में अनुलोम विवाह प्रथा थी। नम्बूदरी श्रेष्ठ समझे जाते और नम्बूदरी परिवार का केवल बड़ा बेटा ही नम्बूदरी जाति की लड़की से विवाह करता था। अन्य छोटे भाई नायर जाति की लड़कियों से विवाह करते थे। अपने घर की लड़की नम्बूदरी ब्राह्मण को ब्याहना नायर मंडली गौरवास्पद मानती थी। नम्बूदरी परिवार का केवल बड़ा बेटा ही नम्बूदरी लड़की से ब्याह करता था। इस कारण नम्बूदरी लड़कियों का विवाह होना मुश्किल होता और इस वजह से नम्बूदरी ब्राह्मण अनेक नम्बूदरी स्त्रियों से विवाह करते थे। नायर कन्या द्वारा नम्बूदरी युवक से विवाह करने की इस रस्म को 'सम्बन्धम्' कहा जाता। नम्बूदरी और नायर, इनमें इस प्रकार का बेटी व्यवहार हो तो भी रोटी व्यवहार नहीं होता था। यह भी एक सामाजिक विसंगति उस समय प्रचलित थी। नायर लोग नम्बूदरी जैसे ही अपने से निम्न समझी जानेवाली जाति से विवाह सम्बन्ध रखते थे। मालाबार का यह नायर समाज मातृसत्ताक था यानी आर्थिक उत्तराधिकार और व्यवस्था औरतों की ओर से चलती थी। मर्द सिर्फ सम्पत्ति का प्रबन्धक होता।

शिंदे ने देखा कि वेशभूषा को लेकर भी नायर समाज में अजब रस्म-रिवाज प्रचलित हैं। यहाँ कमर के ऊपरी शरीर के हिस्से पर कोई भी वस्त्र न पहनने की पद्धति थी। स्त्रियाँ अर्धनग्न ही रहती थीं। सीने पर एक छोटा-सा रूमाल या कपड़ा डाल दे तो उनका लिबास पूरा होता था, लेकिन कोई बुजुर्ग आदमी सामने आने के बाद उसकी इज्जत करने के लिए वह रूमाल भी हटाए जाने की रीति थी। यूरोपियन लोग जिस तरह सिर की टोपी निकालकर सम्मान करते हैं, वैसे ही सीने पर का रूमाल हटाने की रीति स्त्रियों में थी। नायर से निम्न मानी जोनवाली जातियों की औरतें रास्ते पर छाती खुली रखकर ही घूमती हुई उन्हें दिखाई दीं। उच्च जाति के सामने सीने पर कपड़ा लेना यानी उनका अपमान करने जैसा है, ऐसा निम्न वर्ग की औरतें समझती थीं। तवायफ और बुरे चाल-चलन की औरतें पूरी पोशाक पहनतीं। इस प्रकार की बहुविध सामाजिक प्रथाएँ शिंदे को दिखाई दीं।

इस यात्रा में कपड़े पहनने की प्रथा को लेकर एक मनोरंजक हकीकत शिंदे को सुनने को मिली। मंगलौर में कोर्वी नामक एक जंगली जाति है। उस जाति की स्त्रियाँ रास्ते से अर्धनग्न दशा में घूमती थीं। वहाँ के 'डिप्रेस्ड क्लासेज मिशन' के सेक्रेटरी के. रंगराव के मन में एक बार ऐसा विचार आया कि इस जाति की महिलाओं को सभ्य रीति-रिवाज सिखाएँ। उन्होंने बहुत सारा नया कपड़ा लाकर उसकी चोलियाँ सिलवाकर इन महिलाओं में बाँटने का प्रबन्ध किया। पहले इन महिलाओं को यह पोशाक देखकर खुशी हुई, लेकिन उनके घर जाने के बाद उनकी जमात को यह अनाचार देखकर इतना गुस्सा आया कि उन्होंने इन महिलाओं को बेहद पीटा। दूसरे दिन इन महिलाओं ने नई

पोशाक की गठरी वापस लाकर के. रंगराव के आँगन में फेंक दी और उन्हें अत्यन्त बुरी गालियाँ, शाप देकर, गुस्सा होकर निकल गईं। इस प्रान्त के लोगों की स्वच्छता को लेकर मात्र पक्की आस्था थी। हर एक के घर के पिछवाड़े में तालाब हुआ करता था। आते-जाते समय कई बार स्नान करके गीली देह से ही औरत-मर्द घूमते, यह भी शिंदे को दिखाई दिया। 18 जून, 1924 को विट्ठल रामजी शिंदे मालाबार प्रान्त की यात्रा कर, वहाँ की सामाजिक स्थिति का निरीक्षण कर मंगलौर वापस आए। आते ही उन्होंने देखा कि उनकी जिन्दगी में और एक मुश्किल खड़ी हुई थी।

मालाबार में अलग-अलग ब्राह्म समाज को भेंट देने के बाद शिंदे की समझ में आया कि हर एक स्थानीय समाज में किसी-न-किसी प्रकार की आन्तरिक कलह है और ब्राह्म समाजी मंडली को राजनीति का अनुचित डर है। मंगलौर ब्राह्म समाज में भी इससे अलग परिस्थिति नहीं है, ऐसा उन्होंने महसूस किया। वापस आने के बाद दो दिन में ही यानी 20 जून को दस बिल्लव जाति के नेताओं द्वारा हस्ताक्षर किया एक रजिस्टर्ड खत शिंदे को मिला। इस खत में शिंदे के बारे में जो शिकायतें दर्ज की थीं, वे ऐसी थीं :

1. शिंदे विनती करने के बावजूद भी गांधी टोपी पहनना नहीं छोड़ते।
2. वायकोम दौरे के समय शिंदे ने कालीकट और दक्षिण मालाबार की जाहिर सभा में राजनीति विषयक भाषण कर राजनीतिक आन्दोलन में सहभाग लिया।
3. शिंदे के इस व्यवहार से सरकारी और यूरोपियन कम्पनी में नौकरी करनेवालों और हस्ताक्षर किए दस सज्जनों और अन्यों को भी शिंदे की राजनीति से धोखा पहुँच सकता है।
4. इसलिए शिंदे 'अब से मैं राजनीति में सहभाग नहीं लूँगा', ऐसा लेख अपने हस्ताक्षर के साथ जिन समाचार-पत्रों में उनके राजनीतिक आन्दोलन का विवरण आया, उसमें प्रकाशित करें। और
5. ऐसा तुरन्त नहीं हुआ तो ब्राह्म समाज की विशेष सभा बुलाकर उचित उपाय करना पड़ेगा।

यह पत्र पढ़कर शिंदे को स्वाभाविकत: बुरा लगा होगा, लेकिन अपनी अन्त:प्रेरणा से किसी भी कीमत पर प्रताड़ना करना उनके लिए असम्भव था। उनकी धर्म और राजनीति सम्बन्धी जो ईमानदार भूमिका थी, उसके अनुसार शिंदे का कार्य और विचार प्रकटन शुरू था। अपनी लौकिक प्रतिष्ठा और सरकार दरबार में तथा जनसामान्य में होनेवाली प्रतिष्ठा सँभालने की चिन्ता से बिल्लव मंडली से ऐसा कृत्य हुआ था। शिंदे ने इस पत्र का तुरन्त उत्तर दिया, "मेरे मंगलौर वापस आने के बाद चर्चा कर फिर यह शिकायत की होती तो ठीक होता। मैंने अपने दौरे में जो भाषण दिए, आन्दोलन किए, उनका विषय राजनीति कतई न होकर समाज-सुधार और धर्म-सुधार यही था अर्थात् 'राजनीति में सहभाग नहीं लूँगा', ऐसा लिखकर देने के लिए मैं बिलकुल प्रतिबद्ध नहीं हूँ। यह मेरी व्यक्ति स्वतंत्रता का प्रश्न है। ब्राह्म समाज के हित को बाधा न पहुँचाते हुए राजनीति के मूलतत्त्व के लिए विमर्श करना मेरा पावन कर्तव्य है। शिकायत करनेवाले प्रत्यक्ष मिलकर चर्चा करें। कोलकाता के जिस साधारण ब्राह्म समाज के प्रतिनिधि के रूप में मैं यह कार्य कर रहा हूँ, उनके कहने पर ही मैं वायकोम गया और मैंने जो कार्य किया, वह उन्हें पसन्द आएगा, ऐसा मुझे विश्वास है।"

बिल्लव नेताओं ने की गांधी टोपी की शिकायत शिंदे को बिलकुल बालिश लगी, किन्तु उन दिनों विशेषत: दक्षिण में गांधी टोपी पर सरकार का बहुत रोष था, यह भी उनकी समझ में आया था और इसलिए बिल्लव मंडली को गांधी टोपी से खौफ था। एकाध घर में गांधी टोपी वाला है, ऐसा पता चले तो सरकार उस घर पर कड़ी नजर रखती, ऐसी भी उन्हें जानकारी मिली। आगे भी गांधी टोपी का दबाव दक्षिण प्रान्त में महसूस होता था। गांधी टोपी को लेकर मद्रास हाईकोर्ट में चले एक मुकदमे का फैसला हुआ और गांधी टोपी पहनना राष्ट्रद्रोह का कर्म नहीं, ऐसा फैसला मद्रास हाईकोर्ट ने दिया।

स्वाभाविकत: अंग्रेज सरकार की मर्जी चाहनेवाली बिल्लव मंडली गांधी टोपी से बिदकती थी। शिंदे की गांधी टोपी पहनने की जिद ही हो तो कम-से-कम उसका रंग काला हो, इतनी सहूलियत देने के लिए यह मंडली तैयार थी, लेकिन गांधी टोपी पहनने की बात शिंदे को कुछ खास नहीं लगी और उन्होंने सिर पर कुछ भी न पहनने का फैसला तब लिया और जिन्दगी भर उसका पालन किया। खादी का इस्तेमाल न करने का अनुरोध बिल्लव नेताओं ने छोड़ दिया। शिंदे के विरुद्ध पत्र लिखनेवाली दस मंडलियों में से दो पुलिस अधिकारी थे। इससे शिंदे की समझ में आया कि यह बिल्लव मंडली किस नीति की समर्थक है। यह पूरा मामला अपने पक्ष के साथ शिंदे ने कोलकाता ब्राह्म समाज की कमेटी की ओर भेजा। उन्होंने शिंदे के पक्ष का पूरी तरह से समर्थन किया। साधारण ब्राह्म समाज के अध्यक्ष ने

स्वयं के हस्ताक्षर सहित मंगलौर ब्राह्म समाज के अध्यक्ष को खत लिखकर अपने मिशन और प्रतिनिधियों का अपमान हो रहा है, ऐसी स्पष्ट रूप में शिकायत की।

कोलकाता के साधारण ब्राह्म समाज की ओर से शिंदे को हर मास जो राशि दी जाती, उसमें से छोटा-सा हिस्सा (प्रतिमास 25 रुपए) मंगलौर समाज की ओर से कोलकाता भेजा जाता था। इसके अलावा कोई भी खर्चा शिंदे को लेकर मंगलौर समाज पर नहीं था, लेकिन मंगलौर समाज ने अपने विरुद्ध इस प्रकार की अजीब शिकायत की है, यह जानने के बाद उन्होंने मंगलौर समाज की ओर से भेजी जानेवाली यह राशि स्वीकारना मना कर दिया। मुम्बई के प्रार्थना समाज के मंडल से अनबन होने पर सन् 1910 के बाद शिंदे ने मुम्बई प्रार्थना समाज की ओर से प्रचारक के रूप में मिलनेवाला वेतन लेना भी बन्द किया था। ठीक उसी तरह की पुनरावृत्ति मंगलौर में भी हुई। शिंदे के बारे में संयोग ही इस तरह के थे, ऐसा दिखता है। शिंदे की राजनीति, समाज-सुधार—इनका समावेश करनेवाली व्यापक धर्म कल्पना मुम्बई के प्रार्थना समाज के नेतृत्व को हजम नहीं हुई। साथ ही, मंगलौर के लब्धप्रतिष्ठित बिल्लव ब्राह्मों को वह रास नहीं आई। मंगलौर-ब्राह्म समाज का विवाद सुलझना असम्भव लग रहा था। शिंदे और स्थानीय नेता के बीच सुसंवाद नहीं हो रहा था। अन्तर्गत कलह सुलगती रही। इस सुलगती कलह में तेल डालनेवाली एक घटना उसी समय घटित हुई।

मंगलौर ब्राह्म समाज की बिल्लव जाति के सदस्य और नेता दीवान बहादुर एम. बंगेरा के भाई की बेटी की शादी थी। दीवान बहादुर एम. बंगेरा का पूरा नाम मंगलौर मुंडप्पा बंगेरा जैसा था। वे हाल ही में डिस्ट्रिक्ट जज के पद से सेवानिवृत्त हुए थे। उसके पहले कुछ समय तक उन्होंने मंगलौर नगर निगम के कमिश्नर के रूप में भी कार्यभारे सँभाला था। उस समय उन्होंने अपने पद और प्रतिष्ठा के बल पर मंगलौर ब्राह्म समाज को स्वतंत्र श्मशान भूमि बनाने के लिए जगह और अनुमति दी। ब्राह्म समाज के लोगों को स्वतंत्र श्मशान भूमि होना, इसे हिन्दुस्तान में अपवाद ही कहना पड़ेगा। दीवान बहादुर बंगेरा का बड़ा रौब था। दक्षिण हिन्दुस्तान में डिस्ट्रिक्ट जज के पद तक पहुँचनेवाले वे पहले भारतीय व्यक्ति थे। उनके परिवार के लड़के पढ़े-लिखे और ऊँचे ओहदे पर काम करनेवाले थे। उनका एक लड़का लन्दन में डॉक्टरी करता था। दो लड़के सरकारी नौकरी में, न्याय और प्रशासन विभाग में अधिकारी थे। एक बैंक मैनेजर था। ऐसे लब्धप्रतिष्ठित ब्राह्म परिवार के लड़की की शादी थी। स्वाभाविकत: से ब्राह्म समाज के मिशनरी होनेवाले शिंदे ने समाज के पुरोहित के नाते यह विवाह सम्पन्न कराने की इच्छा दि.ब. बंगेरा ने व्यक्त की, लेकिन बंगेरा के होनेवाले दामाद ने शिंदे के निषेध-पत्र पर हस्ताक्षर किए थे, यह जानकर दामाद अपनी बात वापस लेकर मेरे प्रति विश्वास व्यक्त किए बिना मैं शादी की रस्म में सहभाग नहीं लूँगा, ऐसा शिंदे ने दि.ब. बंगेरा को स्पष्ट रूप में बताया। शिंदे की इस भूमिका से दि.ब. बंगेरा गुस्सा हुए और मामला बिगड़ गया।

इसी समय अक्टूबर में पुणे के अहल्याश्रम की नई इमारत के उद्घाटन के लिए मुम्बई के गवर्नर सर लेस्ली विल्सन का आना तय हुआ। उनके स्वागत के लिए शिंदे पुणे आएँ, ऐसा पुणे शाखा का अनुरोधपूर्ण निमंत्रण शिंदे को मिला। इससे उन्हें इस समारोह के लिए पुणे जाना पड़ा। उसके बाद वे दो मास वहीं पर रहे। क्रिसमस के दौरान बेलगाँव में कांग्रेस का अधिवेशन हुआ। उसे जोड़कर भारतीय 'अस्पृश्यता उन्मूलन परिषद्' की बैठक कांग्रेस के मंडप में लेना तय हुआ। उसके लिए शिंदे ने अपना प्रवास बढ़ाया। इस परिषद् के अध्यक्ष रामलिंगम रेड्डी थे और परिषद् के समाने महात्मा गांधी का मुख्य भाषण हुआ। परिषद् सम्पन्न होने पर शिंदे ने नए-पुराने दर्शनीय स्थलों की यात्रा की और जनवरी, 1925 के आरम्भ में वे मंगलौर पहुँचे।

अभी दस निषेधकों का विवाद सुलग रहा था। निषेध करनेवालों में से प्रत्यक्ष मिलकर उसे सुलझाने के लिए कोई आगे नहीं आ रहा था या पीछे नहीं हट रहा था। शिंदे की भूमिका तात्त्विक होने के कारण उनका पीछे हटने का सवाल ही नहीं था। मंगलौर ब्राह्म समाज के अध्यक्ष के. रंगराव पूरी तरह से शिंदे के पक्ष में थे, लेकिन वे भी इस प्रश्न को हल नहीं कर पा रहे थे बल्कि बिल्लव मंडली की जिद देखकर उनका विषाद उत्तरोत्तर बढ़ता गया और समाज के अध्यक्ष पद का इस्तीफा देकर वे मद्रास चले गए। शिंदे ने अगले तीन मास इस मामले के हल होने की राह देखी। अन्ततः कोलकाता के साधारण ब्राह्म समाज की कमेटी की अनुमति लेकर मंगलौर ब्राह्म समाज से विदा लेकर वे हमेशा के लिए पुणे में रहने के लिए आए। इस तरह से जहाँ तहेदिल से काम किया, उस संस्था से अलग होने की और एक घटना शिंदे के जीवन में लिखी थी। उनके धर्मविषयक कार्य का एक चक्र मंगलौर में पूरा हुआ।

पारिवारिक उपासना मंडल

मंगलौर का प्रवास पूरा होने पर पुणे वापस लौटते समय अण्णासाहब शिंदे ने दक्षिण कर्नाटक के मुडबिद्री, कारकल के जैन धर्मियों के मन्दिर, घुमटराज प्रतिमा आदि प्रेक्षणीय स्थान देखने हेतु आयोजित की यात्रा पूरी की और अप्रैल, 1925 में वे पुणे पहुँचे। मंगलौर में प्रतिष्ठित ब्राह्म बिल्लवों से उनके जो मतभेद हुए, उससे उनका वहाँ का प्रवास यद्यपि खुशहाल नहीं हुआ, लेकिन धर्म-प्रचार का कार्य विविध रूप में कर पाने से उनके मन को सन्तोष हो रहा था। पुणे पहुँचने पर उन्होंने कुछ दिन आराम किया, लेकिन धर्म-प्रचार का उन्नत कार्य समाज में किए बगैर उनके मन को स्वास्थ्यकर नहीं लगनेवाला था। स्वाभाविकत: उन्होंने अपने भविष्य के धार्मिक कार्य की एक नई योजना बनाई।

1898 में वे जब बी.ए. के छात्र थे तब ब्राह्म समाज में जा रहे थे, तभी से उन्हें ऐसा लगता था कि देहात के लोगों में धर्म-विचार का प्रसार होना जरूरी है। इस सन्दर्भ में उन्होंने अपनी डायरी में लिखा है, "मुझ जैसे गँवार ही बहुसंख्य हैं और उन्हें अपने साथ लिये बगैर समाज का सही प्रसार कभी नहीं होगा।" इस टिप्पणी में उन्होंने स्वयं अपना उल्लेख भी 'मुझ जैसे गँवार को', ऐसा किया है। इस निर्देश से उन्हें ग्रामीण संस्कृति, माहौल से आए लोग अभिप्रेत थे, ऐसा दिखाई देता है। इधर उनका यह विचार तीव्र बन गया था। उन्हें यह चिन्ता सता रही थी कि ब्राह्म धर्म का प्रचार बहुजन समाज में और विशेषत: परिवार, स्त्रियों-बच्चों में होना चाहिए। उन्होंने अब तक पूरे भारत में ब्राह्म समाज के आन्दोलन का निरीक्षण किया था। अब तक यह आन्दोलन सुशिक्षित और नगरवासियों तक सीमित था। ब्राह्म समाज की शुद्ध और उच्च बुद्धिवाद की सीख सीधे-भोले बहुजन समाज को सहज समझना असम्भव था। अंग्रेजी और संस्कृत से अनभिज्ञ और देहात में रहनेवाले लोगों के लिए ब्राह्म समाज की ओर से प्रयास होना कठिन था और वे नहीं हो पाए थे, इसकी उन्हें जानकारी थी। फिर इन लोगों के बीवी-बच्चों के लिए प्रयत्न होना तो दूर ही था, इसलिए परिवार में धर्म-प्रचार करने की दृष्टि से अण्णासाहब ने एक योजना तैयार की।

शिवाजी मराठा हाईस्कूल के संस्थापक हेडमास्टर बाबूराव जगताप, पुणे सत्यशोधक समाज के अध्यक्ष बाबूराव जेधे और अन्य मित्रों में गणपतराव शिंदे, रामराव जोतिबा शिंदे, (वकील), कालभोर आदि मराठा समाज के नेता धार्मिक सन्दर्भ में प्रगतिवादी थे। अण्णासाहब ने प्रथमत: बहन जनाबाई को साथ लेकर इतवार तथा अन्य छुट्टियों के दिन इन मंडली के घर जाकर पारिवारिक उपासना चलाने का उपक्रम शुरू किया। महिलाएँ, बच्चे समझ पाएँ, ऐसे आसान भजन और भक्तिपूर्ण प्रवचन उन्हें रास आने लगे। यह उपक्रम एक साल चलाकर उन्होंने उसकी सफलता की आजमाइश की और विधिवत् रूप में पारिवारिक उपासना मंडल की स्थापना करने का विचार किया। इस दौरान वे अपनी अहल्याश्रम की गृहस्थी समेटकर शुक्रवार पेठ में मालवदकर बाड़े में रहने गए। उनके मिशन के निष्ठावान सहयोगी कृष्णराव गोविन्दराव पाताड़े पारिवारिक उपासना मंडल के कार्य में सहयोग करने को खुशी से तैयार हुए। उन्हें इस कार्य में सफलता मिलने के असार दिखाई देने लगे। तब 19 जून, 1926 को पारिवारिक उपासना मंडल ने निम्न विनती पत्र प्रस्तुत किया।[1]

पारिवारिक उपासना मंडल
विनती पत्र

यं हि किच्चं अपविद्धं अकिच्चं पन कयिरती।
उन्नलानं पमत्तानं तेसं वड्ढन्ति आसवा॥

धम्मपद अ. 21, श्लो. 3

अर्थ : जो करना चाहिए, उसकी दुर्गत हो रही है। जो करना नहीं चाहिए, वह भी किया जा रहा है। जो आवारा और प्रमत्त हैं, उनकी वासनाएँ बढ़ रही हैं।

1. आजकल लोकमानस की स्थिति अत्यन्त दयनीय बन गई है। लोगों को अध्यात्म समझ में न आने के कारण उसका खुलेआम मजाक उड़ाया जा रहा है। युवा नास्तिक तो वृद्ध निराश दिखाई दे रहे हैं। मनुष्य का मनुष्य पर विश्वास नहीं है। कारण एक ही है कि धर्म की नींव ढह रही है।
2. धार्मिक उपासना के लिए केवल प्रौढ़ लोग ही जमा होते हैं, वे भी अपवाद में। ऐसे एकांगी विचार और उपासना का परिवार पर परिणाम नहीं होता, इसमें आश्चर्य नहीं। सही धार्मिक उपासना सपरिवार ही होनी चाहिए। इसलिए सच्ची श्रद्धा और प्रेम से प्रेरित मंडली का नियमित उपासना के लिए इकट्ठा आना आवश्यक है।
3. धर्म यानी केवल मत नहीं। तत्त्वज्ञान या बाह्य कर्म भी नहीं है। धर्म नामक संकल्पना अन्तकरण और भाव से सम्बद्ध है। इसलिए धर्म का उदय और प्रसार परिवार के जरिये होना ही उचित है, ऐसा इतिहास बताता है। परिवार यानी केवल पत्नी नहीं। माता-पिता, भाई-बहन, पति-पत्नी, बच्चे इनके प्रेम का केन्द्र यानी परिवार। यही धर्माचरण के प्रसार का क्षेत्र, केवल व्यक्ति नहीं।
4. उपर्युक्त सन्दर्भों के आधार पर मंडली की ऐसी स्वतंत्र, शुद्ध कार्यकारी उपासना की एक घटना बताने की इच्छा है। जिन्हें यह उद्देश्य रास आता है, वे इस घटना में सपरिवार आमंत्रित हैं। जिनका परिवार ही नहीं है, वे अकेले आए तो भी चलेगा, लेकिन वह पुरुष या वह स्त्री सदस्य नहीं बन पाएगी। किसी की निजी राय या पारिवारिक परम्पराएँ कैसी है, वह देखने की और वे कैसी होनी चाहिए, यह तय करने की मंडल की न इच्छा है न ही उसे वह अधिकार है। हर एक का हृदय समझनेवाला ईश्वर समर्थ है। एक-दूसरे के मन में झाँकने के बजाय और चक्र को लेकर सन्देह करने की बजाय सभी के इकट्ठा होकर चित्तशुद्धि करना ही उपासना है।
5. परिवार किसी भी स्तर जाति, राष्ट्र या धर्म का हो या इनमें से अलग हो, उधर ध्यान देने का मंडल को अधिकार नहीं। मंडल में आनेवालों में उपासना के प्रति सच्ची श्रद्धा और लगन होनी चाहिए जो निरन्तरता, पाबन्दी, स्थिरता और शान्ति इन गुणों के जरिये ही दिखाई देनी चाहिए इतनी ही मंडल की शर्त है।
6. मंडल का पूरा विचार और व्यवहार केवल बहुमत से ऐहिक कार्य की तरह चलनेवाला नहीं। यथायोग्यता के अनुसार निर्णय और अमल होगा।

घ. नं. 296, शुक्रवार पेठ, पुणे

कृष्णराव गोविन्दराव पाताड़े,
सेक्रेटरी पा. उ. मंडल, पुणे

पारिवारिक उपासना मंडल विधिवत् शुरू होने पर दस-बारह परिवार सदस्य बन गए। पुणे की शुक्रवार पेठ के श्री शिवाजी हाईस्कूल में मंडल की सार्वजनिक साप्ताहिक उपासना और प्रासंगिक कीर्तन होता। पहले छह मास में ही ऐसी तीस उपासनाएँ और पाँच कीर्तन हुए। अण्णासाहब शिंदे, कालभोर, जेधे, जगताप, लाड—इनके घर पारिवारिक उपासनाएँ हुईं। उस समय केवल स्त्रियों की तेईस संगत सभाएँ हुईं। ब्राह्म समाज के उन्नत विचारों का लाभ परिवार के बीवी-बच्चों को विशेष रूप में मिले, यह जो अण्णासाहब शिंदे का उद्देश्य था, वह पर्याप्त मात्रा में सफल होता हुआ दिखाई दिया। स्त्रियों की सभाओं में से सदस्य न होनेवाले परिवार से भी कई स्त्रियाँ अपनी बहू-बेटियों के साथ उपस्थित रहतीं। मंडल की उपासना या किसी भी कार्य में जाति या धर्म के आधार पर भेद नहीं किया जाता।

कृष्णराव गोविन्दराव पाताड़े ने आरम्भ में मंडल के सेक्रेटरी के रूप में कार्य किया। उसके पश्चात् गणपतराव बापूजी शिंदे, बा.पा. लाड ने सेक्रेटरी का पद सँभाला। बाबूराव जगताप पूरा सहयोग देते। सतारा, कोल्हापुर में पारिवारिक उपासना मंडल के कार्य का विस्तार करने की योजना थी, लेकिन वह सफल न हो सकी। मंडल की ओर से कोई अतिथि आते तो उनके व्याख्यान का आयोजन कर शहर के सौ-डेढ़ सौ व्यक्तियों को आमंत्रित किया जाता। इस व्याख्यान के लिए रावबहादुर पां.चि. पाटील, इंजीनियर एन.जी. पवार, जेधे बन्धु, डुंबरे बन्धु, बाबूराव सणस, वी.के. जोग, पां.ना. राजभोज, एस.आर. तावडे, हैरिएट गोरे, मालिनीबाई खान आदि सम्माननीय मंडली उपस्थित रहती। आनन्दीबाई शिर्के, शं.के. कानेटकर, गिरीश, माधवराव पटवर्धन (माधव जूलियन), बालूताई खरे (विभावरी शिरुरकर), वेणुताई पानसे आदि साहित्यकार भी उपस्थित रहते। 14 दिसम्बर, 1928 को मंडल की ओर से शिकागो के यूनिटेरियन समाज के धर्म-प्रचारक डॉ. साउथवर्थ का व्याख्यान हुआ। इंग्लैंड के यूनिटेरियन समाज की प्रतिनिधि, मिसेस वुड हाऊस और मिस नेसफिल्ड ने 4 जनवरी, 1929 को मंडल को भेंट दी और व्याख्यान दिए। 7 अप्रैल, 1928 को प्रा. धर्मानन्द कोसम्बी का व्याख्यान हुआ। इस तरह के व्याख्यान और कार्यक्रमों का आयोजन श्री शिवाजी मराठा हाईस्कूल में होता और इन विशेष अवसरों पर बड़ी संख्या में लोग उपस्थित रहते।

कई बार मंडल की उपासना अण्णासाहब शिंदे चलाते थे तो कभी-कभी बाबूराव जगताप और गणपतराव शिंदे उपासना चलाते। बुद्ध जयन्ती, ईसा जयन्ती, नया साल—ऐसे विशेष अवसर पर विशेष उपासनाएँ होतीं। दिसम्बर, 1927 से पारिवारिक उपासना मंडल का प्रतिवेदन पुस्तक रूप में लिखा जाने लगा। सामान्यतः उपासक अपने निरूपण का सारांश इस पुस्तक में दर्ज करते। हर उपासना के वृत्तान्त में प्रमुख उपस्थितों के नाम भी दर्ज किए जाते।

अण्णासाहब शिंदे उपासना के दौरान एकाध महत्त्वपूर्ण आध्यात्मिक विचार, लौकिक जीवन के सन्दर्भ में प्रस्तुत करते। 8 जनवरी, 1928 को चलाई विशेष उपासना में उन्होंने आनेवाले संक्रान्ति त्यौहार का महत्त्व प्रतिपादन किया। उन्होंने मीठी वाणी का आत्मिक महत्त्व का विवेचन किया। उन्होंने कहा, "सत्य जानकर ही तृप्त न होकर अत्यन्त प्रिय रीति से उसका प्रसार कर सामाजिक आनन्द में वृद्धि करना अपना आत्मिक कर्तव्य है। मधुर वाणी यह निर्मल मन की गन्ध है।"

अण्णासाहब ने 1 अप्रैल, 1928 को चलाई उपासना में उद्बोधन हेतु धम्मपद के पन्द्रहवें अध्याय का 'सुखवग्ग' नामक अंश पढ़कर उसका निरूपण किया। उपदेश के लिए 'ऐसे भाग्य काई लाहता होईन। अवघे देखे जन ब्रह्मरूप' इस अभंग को आधार बनाया और बुद्ध के धर्मचक्र का विवेचन किया। विवेचन में उन्होंने कहा, "हम वाकई सुखी कब बनेंगे? यदि आसपास बैर, छल, दुख, निराशा होने के बावजूद हम अपनी शान्ति बनाए रखेंगे तभी हम पाएँगे कि इस विश्व में भी सही नजरिये से देखनेवाले को सुख ही दिखाई देता है। हम सतही तौर पर विचार करनेवाले सहजता से कहते हैं कि गौतम बुद्ध या तुकाराम जैसे संत निराशावादी थे, लेकिन विश्व की कसौटी पर देखें तो समझ में आता है कि ये संत आनन्दवादी और आशावादी हैं और हम गृहस्थी लम्पट, पिनपिनानेवाले और निराशावादी साबित होते हैं। जैसे को तैसा व्यवहार करने से दुख ही मिलेगा। सुख का निर्माण तो आत्मा से बाहर करना पड़ता है। बाह्य जगत् से आत्मा में सुख का आना असम्भव है। सुख और आनन्द का उत्पत्ति स्थान तो स्वयंभू आत्मा है। माया का चक्र बाहर घूमता है। उसी में धर्मचक्र माया से भी अधिक प्रभावी रूप में घूमता है। यह धर्मचक्र बुद्ध जैसी विभूति ही न घुमाए तो हम-तुम भी अनायास घुमाते हैं। गुरुत्वाकर्षण के नियम को न मानकर जैसे कॉपिलरी फिनॉमिना दिखाई देता है, उसी तरह माया चक्र के विरुद्ध यह धर्मचक्र आत्मिक जीवन को घुमाता है।

कोलकाता साधारण ब्राह्म समाज की स्थापना के 15 मई, 1928 को पचास वर्ष पूरे होने के उपलक्ष्य में पारिवारिक उपासना मंडल ने 7 और 8 अप्रैल, 1928 को श्री शिवाजी मराठा पाठशाला में उत्सव का आयोजन किया। 7 अप्रैल की शाम को प्रो. धर्मानन्द कोसम्बी का 'वर्तमान परिस्थिति में गौतम बुद्ध की सीख का महत्त्व' विषय पर जाहिर व्याख्यान हुआ। इस व्याख्यान में उन्होंने प्रस्तुत किए विचार श्रोताओं ने पूछे प्रश्न और कोसम्बी द्वारा दिए उत्तर, इनका पूरा वृत्तान्त अण्णासाहब शिंदे ने स्वयं दर्ज किया है। इस वृत्तान्त से समग्र व्याख्यान का प्रसंग आँखों के सामने मूर्त होता है। आरम्भ में अण्णासाहब ने उचित शब्दों में धर्मानन्द कोसम्बी का यथार्थ परिचय दिया। वृत्तान्त में उन्होंने दर्ज किया है, "प्रो. धर्मानन्द जी ने बताया कि बुद्ध ने केवल स्वयं का मोक्ष न देखकर पूरी मनुष्य जाति शान्ति कैसे प्राप्त करे, यह राह खोजी। वह मध्यमा प्रतिपत्ति का अष्टांग मार्ग है। इसका विस्तार से कथन किया। उन्होंने बौद्ध धर्म

की व्याख्या इस तरह की, करुणा और प्रज्ञा, इन दोनों का समत्व यानी बौद्ध धर्म। नियंत्रण के अलावा अन्य तत्त्व प्रबल बनने पर विश्व में कैसे घोटाले होते हैं, इसका विवेचन जैन धर्म की अहिंसा और आधुनिक शास्त्रीय ज्ञानपरक प्रजा के उदाहरणों से स्पष्ट किया और यह बताया कि इन दोनों का समत्व यानी योग। गौतम ने इस योग का अपनी सीख में ही नहीं, चरित्र में भी उत्तम अनुकरण किया। आज विश्व में करुणा और प्रज्ञा, ये दोनों तत्त्व है, लेकिन उनका परस्पर दबाव नहीं। परिणामस्वरूप, दुख का फैलाव हुआ है। व्याख्यान में विद्वत्ता, शान्ति, वक्तृत्त्व के साथ ही हास्य-व्यंग्य और प्रासंगिकता का अपूर्व योग होने से वह सभी को बोधप्रद रहा। उपस्थितों में शंकरराव चव्हाण (डिप्टी कलेक्टर), शंकरराव मोरे (वकील), श्रीपतराव शिंदे, बाबूराव जगताप, टी.डी. नाईक, गणपतराव शिंदे, डॉ. नवले, खैसाराम जैन, ल. भिडे, माधव जूलियन पटवर्धन, शिवाजी हाईस्कूल के अध्यापक और छात्र, पारिवारिक उपासना मंडल की बहुसंख्य स्त्री सदस्या, निराश्रित सहयोगी मंडली के अहिल्याश्रम के कार्यवाहक आदि बड़ी संख्या में लोग थे। लगभग एक घंटा व्याख्यान देने के बाद व्याख्याता ने कहा, "श्रोतावर्ग से युवक कुछ प्रश्न करें तो उत्तर के रूप में अच्छा विवेचन होगा।"

अण्णासाहब ने परिचय देते समय ऐसी सूचना दी कि ज्ञानकोशकार ने बौद्ध धर्म के सम्बन्ध में जो शरारत की है, उस सन्दर्भ में व्याख्याता विवेचन करें। इस पर व्याख्याता ने कहा, "ऐसी शरारत का उत्तर देने की मुझमें सामर्थ्य नहीं। स्वयं गौतम बुद्ध ने ऐसे लोगों के मुँह न लगने की आज्ञा की है। ज्ञानकोश में जो गलत विधान हैं, वे सभी यहाँ-वहाँ से बटोरे हैं और जो गालियाँ दी हैं, वे मात्र स्वयं की हैं। फिर अण्णासाहब ने प्रश्न किया, "यूरोप-अमरीका यात्रा में व्याख्याता को कहीं बौद्ध धर्म प्रणित शील-सम्पत्ति का पुरस्कार किया हुआ, देखने को मिला?" उन्होंने कहा, "बौद्धप्रणित अनत्याचारी शान्ति तत्त्व के जो ख्यातलब्ध पुरस्कर्ता रहे, उनमें से अधिकांश को कठोर शासकों ने जेल में ही रखा है।" बौद्ध धर्म की अवनति का कारण यह रहा कि इस धर्म ने राजाश्रय लिया, जिससे उसे शत्रु उत्पन्न हुए। दूसरा कारण, बौद्ध भिक्षुओं की नीयत बिगड़ गई। तीसरा कारण, गौतम ने जाति भेद को नकार दिया, वैसा व्यवहार बौद्ध गृहस्थाश्रमी लोगों से नहीं हुआ आदि।" चव्हाण ने पूछा, "अशोक बौद्ध नहीं था, ऐसा माना जाता है। इस पर क्या कहेंगे?" इसका उत्तर हास्य-व्यंग्य के रूप में दिया, "जिसकी यह पागल राय होगी, उससे ही इसका विवरण पूछा जाए। शराब पीकर आपको कोई गालियाँ दे तो उसका विवरण व्याख्याता कैसे देगा?" *(हँसी)*। डॉ. नवले ने पूछा, "कोई बौद्ध धर्म का पुरस्कार करेगा तो उसे व्याख्याता से सहयोग मिलेगा?" इस पर उन्होंने उत्तर दिया, "बड़ी खुशी से, इसलिए कुली भी बनेंगे।" गणपराव शिंदे ने पूछा, "तुकाराम, ज्ञानदेव, एकनाथ आदि भागवत् संतों के मराठी काव्य में बौद्ध तत्त्व पिरोए हैं, वे बहुजन समाज के सामने रखे तो समाज उसे जल्दी ग्रहण करेगा?" इस पर व्यंग्यात्मक रूप में कहा, "एकाध शराबी शराब छोड़ दे इसलिए देवी का संचार हुआ है, ऐसा दिखाकर 'देवी शराब छोड़ो' ऐसा कहती है यह दिखाना, तो दूसरी ओर के लोग 'दूसरी देवी शराब पिओ' ऐसा कहती है, ऐसा बताएँगे। इसलिए ऐसे विकल्प के प्रयत्न न कर प्रत्यक्ष प्रयत्न करना ठीक होगा।" श्रीपतराव शिंदे ने पूछा, "क्या महाराष्ट्र में ऐसे प्रत्यक्ष प्रयत्न हो रहे हैं?" उन्होंने उत्तर में कहा, "मुम्बई में एम. पॉवेल कम्पनी के डॉ. नायर ने बौद्ध समाज शुरू किया है, लेकिन उससे महज साहित्यिक जानकारी मिलती है। प्रत्यक्ष शील संवर्धन का उपाय नहीं। अण्णासाहब शिंदे जहाँ जाते हैं वहाँ बौद्ध धर्म का सहानुभूति से पुरस्कार करते ही हैं।"

अन्त में कृतज्ञता ज्ञापन करते समय अण्णासाहब ने कहा, "हम सभी वक्ता का व्याख्यान भूल सकते हैं, लेकिन आज यहाँ बच्चों से बूढ़ों तक उनकी जो प्रत्यक्ष साथ-संगत हुई, उसके अनायास हम पर संस्कार हुए हैं, उन्हें भुलाया नहीं जा सकता। अपितु आगे यथासमय उसका परिणाम दिखाई देगा। श्रवण से भी सत्संग का लाभ अधिक है। हम महाराष्ट्र में जब हर जिले में संचार करने जाएँगे तब प्रो. धर्मानन्द भी हमारे साथ आकर जनता को बौद्ध धर्म की जानकारी देंगे, ऐसा आश्वासन दिया है।" अन्ततः अण्णासाहब ने करुणा और प्रज्ञा इनके समत्त्व पूर्ण अधिष्ठान का जो ईश्वर तत्त्व है, उसके प्रति कृतज्ञता जताकर सभा बरखास्त की।[2]

अण्णासाहब शिंदे ने पारिवारिक उपासना मंडल की साप्ताहिक उपासनाओं में विविध विषयों पर प्रवचन दिए। उनमें से कुछ विषय निम्न प्रकार थे—ईश्वर सच्चिदानन्दरूप होकर सत्, चित्, आनन्द—ये ईश्वरीय साक्षात्कार की सीढ़ियाँ है; ईश्वर आनन्दरूप है, ईश्वर यह प्रेमशक्ति है; उपासना का उद्देश्य आनन्द से साक्षात्कार है; सच्चा धर्म

भलमनसाहत में है; ईश्वर में सेव्य-सेवक भाव होता है। उन्होंने कभी बहिणाबाई का चरित्र तो कभी ईसा जयन्ती के निमित्त ईसा के जीवन के उद्बोधक प्रसंग पर प्रवचन दिया। इन सभी प्रवचनों का रुख अपना लौकिक जीवन आध्यात्मिक स्तर तक कैसा ले जा सकते हैं, इस ओर होता। उन्होंने स्वयं किए राजनीतिक आन्दोलन को भी आध्यात्मिक अधिष्ठान कहा था। इसी कारण वे कानून भंग आन्दोलन में शरीक होकर पुणे जिले के हवेली, जुन्नर, खेड आदि तहसीलों का दौरा पूरा कर आए तो 11 मई, 1930 की पारिवारिक उपासना में उन्होंने अपने दौरे की पूरी जानकारी बताई।

पारिवारिक उपासना मंडल में महिलाओं-बच्चों को उपदेश करना अभिप्रेत होने से अण्णासाहब शिंदे को लगता कि आध्यात्मिक विषय सुबोध और रंजक रूप में प्रस्तुत किया जाए। इसलिए वे कभी-कभी प्रसंगानुरूप हरि-कीर्तन करते। 21 जुलाई, 1926 को आषाढ़ मास में महाएकादशी के निमित्त उन्होंने शिवाजी हाईस्कूल में हरि-कीर्तन किया। उसमें उन्होंने संत तुकाराम की पत्नी जिजाऊ का आख्यान बताया। इसके सिवा उन्होंने जेधे मैंशन में गुरु गोविन्द सिंह पर तो कार्तिक महाएकादश के दिन शिवाजी हाईस्कूल के हरि-कीर्तन में संत जनाबाई का आख्यान प्रस्तुत किया। श्री शिवनेरी जीर्णोद्धार कमेटी की ओर से अण्णासाहब से विनती की गई कि जिजामाता का स्मारक बनाने के आन्दोलन में स्त्रियाँ लगन से शामिल हों, इसलिए पारिवारिक उपासना मंडल की ओर से पुणे की सभी जातियों की स्त्रियों की शिवाजी हाईस्कूल में जाहिर सभा आयोजित की गई है। उस समय अण्णासाहब ने कीर्तन किया। उसमें उन्होंने जिजामाता का आख्यान प्रस्तुत किया। इस आख्यान के लिए उन्होंने जिजामाता की महानता को ठोस और परिणामकारक ढंग से रेखांकित करनेवाली स्वरचित रचना प्रस्तुत की। स्त्री वर्ग की महत्ता और कर्तृत्व श्रोताओं के मन पर प्रतिबिम्बित करना और स्त्रियों में आत्मसम्मान जाग्रत करना, यह अण्णासाहब की आस्था का विषय था। उनके कीर्तनों में अक्सर भक्ति, ज्ञान, धार्मिक या सामाजिक विषय होते, लेकिन कभी-कभी आम स्त्रियाँ और विशेषत: छोटे बच्चे समझ पाएँ, इसलिए वे हास्य-व्यंग्य की पद्धति से विवेचन किया करते। उन्होंने जेधे मैंशन में किए कीर्तन में पुरानी श्रद्धा और नया सुधार, इनके बीच का संघर्ष दिखानेवाली स्वरचित लावणी प्रस्तुत की। सतही तौर पर हास्यात्मक और उथली लगनेवाली इस लावणी में श्रद्धा और सुधार का संवाद दिखाकर अध्यात्मरहित सुधार के खोखलेपन को उजागर किया है। वनोपासना उपक्रम से कई परिवार पूरा दिन एक साथ व्यतीत करते और उससे परिवारों में परस्पर स्नेह वृद्धिगत होने में मदद होती है, इस अनुभव के कारण मंडल की ओर से वर्ष में एक बार वनोपासना का आयोजन किया जाता। 22 अप्रैल, 1927 को मंडल के सदस्यों ने और वार्षिकोत्सव के निमित्त से मुम्बई से पधारे मेहमानों ने हीराबाग के पासवाले पुरन्दरे बाग में पूरा दिन वनोपासना में बिताया। सुबह की उपासना डॉ. ग.य. चिटणीस ने चलाई। 2 दिसम्बर, 1928 को मंडल की सैर पर्वती गाँव के अम्बील नाले के किनारे की वनराई में गई। मार्च, 1930 में मंडल की सैर जंगली महाराज के पासवाले पांडव दरिया में गई।

मंडल का कार्य अन्यत्र बाहर भी शुरू हो, इसलिए अण्णासाहब ने 1927 के जुलाई में तथा बाद में कोल्हापुर, सतारा, अहमदनगर, बेलगाँव, निपाणी, गडहिंग्लज—इन स्थानों का सफर किया। कुछ स्थानों पर कृ.गो. पाताड़े, गणपतराव शिंदे और बाबूराव जगताप उनके साथ गए थे। 1928 में कोल्हापुर में पारिवारिक उपासना मंडल की स्थापना हुई और कुछ वर्ष डॉ. कृष्णाबाई केलवकर, गोविन्दराव सासने, भगवतंराव बारटक्के—इन्होंने लगन से कार्य किया।

सन् 1930 तक पारिवारिक उपासना मंडल का कार्य जोश से चल रहा था। सन् 1930 के मई में अण्णासाहब शिंदे द्वारा कानून भंग आन्दोलन में हिस्सा लेने के कारण उन्हें छह मास जेल की सजा हुई। जिससे मंडल के कई उपक्रम बन्द हो गए। फिर भी साप्ताहिक उपासना अतिथियों का स्वागत, वनोपासना आदि उपक्रम जारी रहे। सन् 1936 में अण्णासाहब शिंदे वेतालपेठ का किराये का घर छोड़कर शिवाजी नगर के स्वयं के 'राम विहार' घर में रहने आए। उस समय पारिवारिक उपासना मंडल की शिवाजी नगर शाखा शुरू की गई। आरम्भ में वाडिया कॉलेज के प्रिंसिपल वी.के. जोग के घर उपासना होती थी। वे कॉलेज के परिक्षेत्र में रहने गए तो अण्णासाहब के 'राम विहार' में उपासना होने लगी। अण्णासाहब की बीमारी और बुढ़ापे के चलते सन् 1940 के बाद पारिवारिक उपासना मंडल का कार्य धीमा पड़ गया।

(अण्णासाहब शिंदे ने पारिवारिक उपासना मंडल की एक सैर का वर्णन निम्नानुसार किया है, जिससे मंडल की सैर तथा उनकी हास्य-व्यंग्यात्मक शैली की कल्पना आ जाती है।)[3]

"प्रथमत: मंडली पर्वती गाँव के पूर्व दिशा में अम्बील नाले के किनारे की बिलकुल निर्जन और एकान्त वनराई में अमरूद के बाग में उतर गई। सुबह के नौ भी नहीं बजे थे। जाड़े के कारण धूप छोटे बच्चे से भी कोमल थी। बिछावन डालकर उस पर दो छोटे बच्चों को लिटाया था और सन्तुजीराव कदम और वि.रा. शिंदे नामक बूढ़े उनकी रखवाली कर रहे थे। शेष छोटे-बड़े स्त्री-पुरुषों में से कोई पानी लाने, कोई अन्य काम हेतु तो कोई नाले के किनारे मुक्त विहार करने चले गए। कुछ लड़कियों ने करंजक जमा किए तो कुछ ने बड़ी, हरी इमलियों से अपनी जेब खचाखच भरी। कोई ठंडे पानी से नहा रहा था तो कोई सुबह की धूप ले रहा था, लेकिन घंटे डेढ़-घंटे में (सुबह से किसी ने कुछ भी न खाया होने के कारण) मंडली बिन बुलाए धीरे-धीरे लालायित मुँह लेकर जमा होने लगी। भूखे पेट कुर्की करने का कार्य यह कितने उत्तम ढंग से करता है, यह इस समय उन्होंने बजाय सफल वारंट से अच्छी तरह समझ में आया। साढ़े दस बज गए। गडरियों की तरह खाने के लिए बैठने की योजना तय हुई। सभी गोलाकार बैठे। बीच में खाना रखा। एक बार परोसने के बाद कोई किसी के लिए न उठकर हर कोई स्वयं को जो चाहिए, वह ले ले। दही चाहिए तो कोई एक ले ले और वह दही का बर्तन आगे हाथोंहाथ से भेज दे। इस नई डाक का कार्य अमरीका की सुधारित डाक से भी बेहतर रहा। वैसे यह गडरिया डाक-पद्धति नई न होकर श्रीकृष्ण गोपाल से भी पुरानी है। ऐसा इमली के नीचे बैठे इतिहास अनुसन्धाताओं ने परिणाम बताया। यह जलपान लगभग एक घंटा चला। फिर क्या? कुछेक पर तो बैठे-बैठे ही लेटने की नौबत आ गई। स्त्रियों को अपने बच्चे बोझ लगने लगे। पेड़ों के तने से झूले बाँध दिए। उसमें जो बच्चे सोए, वे तीन घंटे पूरे हुए तो भी जागने को तैयार नहीं थे। जो स्त्रियाँ उमसभरे या अँधेरे कमरों में रात का दिन करके खटती है वे भी लेट गईं। फिर बताता हूँ, मजाक क्यों कर रहा हूँ?

"दो छोटे बच्चों को मिलाकर हम छोटे-बड़े चौबीस लोग थे। इनके नाम उपस्थिति पत्रक में दर्ज हैं, इसलिए यहाँ दिए नहीं। इसके सिवा एक नौकरानी थी। उसमें सहानुभूति का लेशमात्र तक नहीं था। इससे वह असली मराठा कुल की होगी, इसमें सन्देह नहीं। लकड़ी की गुड़िया की तरह वह जो बैठ गई तो हिली नहीं। फिर हँसी-मजाक तो दूर ही। अन्य स्त्रियाँ लेट गईं, युवा भी लेट गए। उधमी बच्चे भी ऊँघने लगे मानो भोजन का श्रम सभी श्रमों में अधिक असह्य। यह खुली हवा की महानता, लेकिन हम थोड़े ही वहाँ सोने गए थे? भोजन के बाद अण्णासाहब ने मुखशुद्धि के लिए दो लम्बी कविताएँ प्रस्तुत कीं। इसके बावजूद आलस्य का हमला कायम रहा और वह बुत बनी नौकरानी भी हँस नहीं पाई। अन्ततः उन्होंने रामबाण इलाज के रूप में बंगले के गोपालभांड जोकर की कथा बताई। वह खत्म होने से पहले ही स्त्रियाँ-बच्चे जाग गए। इतना ही नहीं तो हँसी पर काबू न रख पाने से वे लोटपोट होने लगे। बावजूद उस बुत बनी स्त्री को हँसी नहीं आई, न उसकी पलकें हिलीं। वह योगी ही! इस पारिवारिक उत्सव में तीन कैसे बज गए, इसका पता न चला। पश्चिम की छाँव पूरब की ओर ढल गई। फिर भी लेटी हुई मंडली जागने का नाम नहीं ले रही थी। कुछ तार्किक पंडितों ने सोए हुए छोटे बच्चों का बहाना बनाकर एडजर्नमेंट का प्रस्ताव रखा, लेकिन वह बहुमत से खारिज किया गया। औरों ने इमली की छाँव, नाले का किनारा, आसपास की निर्जनता और अन्ततः दूर ऊँचाई पर सामने दिखाई देनेवाले पर्वतीय सौन्दर्य, ऐसे कई आलस्यपूर्ण रसिकता के बहाने बनाकर बाधा डालने का अमेंडमेंट किया, लेकिन अधिकारी मंडल ने सभी का निराकरण करने पर जैसे-तैसे तीन बजे सारी मंडली वहाँ से पर्वतीय के दक्षिण में दरिया के खेत की आरे चल पड़ी।

"खेत में लगभग दो घंटे बिताए। स्त्रियों ने आज जो हड़ताल की, वह मुम्बई के मजदूरों की हड़ताल से भी अधिक सफल रही। बच्चों को साइकिल पर और छोटे बच्चों को गोद में उठाकर पुरुषों को ही ले जाना पड़ा। वहाँ जाने पर युवकों को (युवतियों को नहीं) चाय बनानी पड़ी। चाय तैयार होने पर स्त्रियों ने एक तो लड़कियों ने दो कप चाय ली। कभी चाय न पीनेवाली एक वृद्ध तापसी ने एक कप चाय पी और दूसरा कप गिरा दिया, लेकिन उसने इनकार न किया। इस तापसी साधु के व्रत भंग को मानो जवाब देने हेतु एक साध्वी स्त्री ने पाँच मिनट पहले 'मैं अब कुछ नहीं खाऊँगी' ऐसी जो भीष्म प्रतिज्ञा की थी, वह पूरी तरह भूलकर चपाती और घुंघनी खाने बैठी, अब वह क्यों उठेगी? तीन घंटों में ही इतनी भूख!

"इस तरह यह दिवस खुशी में बीत गया। सूर्य को दूसरा बचपन आ रहा था। हमें दिन रहते घर पहुँचना था, इसलिए सन्तुजीराव आगाह करने लगे। बरसात में जैसे एक के बाद दूसरी बाढ़ आती है उसी तरह आज दो बार भोजन और एक चाय का हमला होने से उपासना करने का विचार कहाँ गुम हो गया, पता नहीं। कृतयुग

में लोग खा-पीकर खुश थे। तब धर्म नहीं था। उसी तरह आज हम खा-पीकर सुखी और निष्पाप बन गए। फिर उपासना की जरूरत कहाँ रही। कलियुग में धार्मिक परिषदों का आयोजन किया जा रहा है; हम भी वापस गाँव में पहुँचने पर धर्म का बतंगड़ बना देंगे, यह विचार मन में आने से नाराज होकर हम खेत से निकल पड़े। दीप जलाने घर पहुँचे।"

सन्दर्भ

1. विट्ठल रामजी शिंदे, *माझ्या आठवणी व अनुभव*, पृ. 362-63
2. कौटुंबिक उपासना मंडल, पुणे, वृत्तान्त पुस्तक, *शिंदे के कागजात*
3. प्रस्तुत अध्याय के लिए अण्णासाहब *शिंदे के कागजात* में होनेवाली पारिवारिक उपासना मंडल हस्तलिखित वृत्तान्त-पुस्तक का उपयोग किया है।

सत्याग्रह में सहभाग और नेतृत्व

विट्ठल रामजी शिंदे मिशन की दौड़-धूप से मुक्त हो चुके थे, लेकिन उनकी आस्था के कई प्रश्न उन्हें अस्वस्थ कर रहे थे। धार्मिक कार्य तो उनकी जीवन निष्ठा थी। मंगलौर से वापस लौटने पर उन्होंने पुणे में पारिवारिक उपासना मंडल के कार्य को गति दी। सन् 1929 में उन्होंने ब्राह्म समाज के शतसावन्तसरिक उत्सव के निमित्त लम्बी प्रचार यात्रा की और उत्तर की लम्बी यात्रा पूरी कर वे वापस पहुँचे। सन् 1930 के आरम्भ में देश का माहौल बदल गया था। महात्मा गांधी के नेतृत्व से पूरे हिन्दुस्तान में एक चेतना की लहर उठी थी। भारतीय समाज आजादी की आकांक्षा से प्रभावित हुआ था। महात्मा गांधी का दक्षिणी अफ्रीका का कार्य जब से प्रकाश में आ रहा था तब से शिंदे महात्मा गांधी के व्यक्तित्व से प्रभावित हुए थे। शिंदे को लगता था कि गांधी की राजनीति को धर्म का अधिष्ठान है और यह बात औरों की तुलना में अलग और अपूर्व है। इसी कारण उनके मन में महात्मा गांधी के प्रति नितान्त आदर निर्मित हुआ था और वे महात्मा गांधी को अब तक विश्व में निर्मित लोकोत्तर विभूतियों में से एक मान रहे थे। महात्मा गांधी के प्रति होनेवाली आदर की यह भूमिका उनके लेखन और व्याख्यान से स्पष्टत: जाहिर हो रही थी। 1930 के आरम्भ में गांधी के प्रभाव से हिन्दुस्तान का माहौल परिवर्तित हो रहा था कि तभी विट्ठल रामजी शिंदे कृतिशील राजनीति में शरीक हों, ऐसी एक घटना घटित हुई।

पुणे शहर सत्याग्रही मंडल-अधिकारी

मार्च, 1930 में देशभक्त बालू काका कानिटकर व हरिभाऊ फाटक विट्ठल रामजी शिंदे से मिले और अप्रैल मास में वे पुणे जिले के कानून भंग आन्दोलन का नेतृत्व करें, ऐसी विनती की।[1] इस तरह के कार्य को शिंदे की मानसिकता सर्वथ: अनुकूल ही थी। कानिटकर और फाटक की विनती शिंदे ने मान्य की। विट्ठल रामजी शिंदे का प्रभाव और देश में बदलते राजनीतिक परिदृश्य के परिणाम से केशवराव जेधे कांग्रेस की राजनीति के अनुकूल बन गए थे। उनका सत्यशोधक समाज और ब्राह्मणेतर पक्ष की ओर होनेवाला रुझान कम हुआ था। वे कांग्रेस की राजनीति की ओर आकर्षित हुए थे। केशवराव जेधे ने विट्ठल रामजी शिंदे के नेतृत्व में होनेवाले सत्याग्रह आन्दोलन में शामिल होना तय किया और वे उसमें शामिल भी हुए।

पुणे जिले के देहातों में पैदल यात्रा कर लोगों में जागृति लाना और अन्त में नमक सत्याग्रह करना, ऐसा इस आन्दोलन का स्वरूप था।

अण्णासाहब शिंदे ने अप्रैल मास के तीसरे सप्ताह में सोमवार की सुबह अपने दौरे का आरम्भ हवेली तहसील से करना तय किया। उनके साथ दस-पन्द्रह स्वयंसेवक थे। साथ में प्रो. धर्मानन्द कोसम्बी और केशवराव जेधे थे। इनकी टुकड़ी जब दौरे पर निकलती, तब सत्याग्रह का बड़ा झंडा प्रथक के आगे फहराता था। पथक के साथ हार्मोनियम, करताल रहते। हर एक के हाथ में प्रभातफेरी की पदावली रहती। उनके साथ डफ और इकतारा लिया पवाँडा (वीरगाथा) गानेवाला गुट भी रहता। शिंदे ने देहात में प्रचार दौरा निकालने की दृष्टि से यह अनुरूप तैयारी की थी। वैसे तो शिंदे ब्राह्म धर्म के प्रचार हेतु जब देहात और अस्पृश्य बस्ती में घूमते, वही स्वरूप उन्होंने इस सत्याग्रह के दौरे में रखा था।

फर्ग्युसन कॉलेज यह अण्णासाहब की दृष्टि से केवल शिक्षा के सन्दर्भ में ही 'मातृसंस्था' नहीं थी बल्कि वह कार्य का एक पवित्र स्थान भी था। उन्होंने सन् 1909 में मिशन का पहला त्रैवार्षिक पारितोषिक समारोह श्रीमन्त सयाजीराव

गायकवाड़ की अध्यक्षता में फर्ग्युसन कॉलेज में ही सम्पन्न कराया था। उसी तरह डॉ. रा.गो. भंडारकर की अध्यक्षता में उन्होंने फर्ग्युसन कॉलेज में मिशन की ऐतिहासिक परिषद् का आयोजन किया था। फर्ग्युसन कॉलेज के सामने आकर उनके पथक ने पहले झंडा वन्दन किया और द्रापोडी गाँव की ओर प्रयाण किया।

वहाँ से आगे हर देहात में वे पहले प्रभातफेरी निकालकर खड़े-खड़े ही व्याख्यान देते और अगले गाँव जाते। इस सत्याग्रही पथक का स्वागत करने देहात के लोगों में अत्यन्त उत्साह दिखाई देता था। किस गाँव में जाना है, यह पहले ही तय रहता। स्नान होने पर भोजन का समय होता तो वे पवाँडा गाते। पहले सप्ताह में चिंचवड़, देहू, आलन्दी, लोणी, लोहगाँव आदि हवेली तहसील के छोटे-बड़े गाँवों का प्रचार दौरा सम्पन्न हुआ। इस पहले सप्ताह में लगभग सौ मील पैदल यात्रा की। दौरे का कार्यक्रम समाचार-पत्रों में प्रकाशित होता था। पथक का स्वागत करने झंडे के इन्तजार में महिलाएँ-बच्चे चौहद्दी पर आकर बैठते। शिंदे के नेतृत्व में यह दौरा इतना लोकप्रिय हुआ कि एक गाँव के लोग उन्हें विदा करने गाँव की सीमा तक आते तो दूसरे गाँव के लोंग उनके स्वागत हेतु सामने आते।

इस काल में पूरा माहौल स्वतंत्रता की आकांक्षा से रोमांचित था। उसको दर्शानेवाला यह एक प्रसंग। पहले सप्ताह का दौरा खत्म कर अन्तिम देहात-लोहगाँव से उनका पथक आ रहा था। राह पर ही यरवदा जेल थी। उसके सामने खड़े होकर पथक ने एक गीत गाया। झंडे की जयकार हुई, उसमें कैदी भी शरीक हुए और पुलिस भी कौतूहल से देख रही थी।

यरवदा के पासवाली धर्मशाला में पथक के प्रवास का प्रबन्ध किया था। वहाँ सहभोज हुआ। उसमें देहात का शिष्ट मंडल भी शामिल हुआ। शाम को पुणे में प्रवेश कर शिवाजी महाराज की मूर्ति को पुष्पमाला पहनाकर बुधवार चौक से सभी जुलूस के रूप में सदाशिव पेठ के शिवाजी मन्दिर में आए। वहाँ की सभा में शिंदे ने अपने सप्ताह में किए दौरे का वृत्तान्त बयान किया। यह दौरा यानी धार्मिक भक्तों की यात्रा ही बन गया था क्योंकि उसका नेतृत्व राजनीति की ओर भी धर्मनिष्ठ वृत्ति से देखनेवाले विट्ठल रामजी शिंदे कर रहे थे। बिलकुल भोर को जागकर साढ़े पाँच बजे सभी उपासना को बैठते। उपासना के समय शिंदे उन्हें पथक का अनुशासन, उन्होंने चलाए कार्य की पवित्रता और जिम्मेदारी, अनत्याचार और सहनशीलता का महत्त्व समझा देते। शिंदे का उपदेश केवल अनुशासन हेतु नहीं तो राजनीति में आवश्यक नैतिक आचरण की दृष्टि से महत्त्वपूर्ण था।

अण्णासाहब ने दूसरा दौरा खेड तहसील में निकाला। इस समय पथक में बीस स्वयंसेवक थे। मंचर, जुन्नर, नारायणगाँव आदि देहातों में उनका बढ़िया स्वागत हुआ। इस दौरे में प्रथम नमक कानून भंग आन्दोलन शुरू किया। दांडी से नमक की मटकियाँ लाई गई थीं। उसे 'गांधी नमक' भी कहा जाता था। कभी-कभी नमक की नीलामी होकर पैसे जमा होते। स्वयंसेवक कैप्टन कृष्णराव महादेव काले जोशीले युवक थे। गाडगिल और लिमये, ये दो लड़के बेहतरीन पवाँडा गाते थे, ऐसा उन्होंने दर्ज किया है।

गर्मी के दिन होने से कुछ स्थानों पर मेले चल रहे थे। इसका दौरे को लाभ हुआ। सभा में व्याख्यान के बाद विदेशी कपड़ों की होली होती, लेकिन उस समय किसी पर भी जुल्म नहीं होगा, इसकी सावधानी बरती जाती। कुछ सरकारी अधिकारियों के बच्चे अपने सिर पर पहननेवाली विदेशी हैट होली में फेंकते। सभा के लिए पाँच-सात हजार लोगों की भीड़ जमा होती। लोगों पर मानो इस दौरे का नशा सवार था।

तीसरा दौरा भीमाशंकर और उसके पासवाले गाँव में निकाला। इस ओर विशेषत: कोलियों की बस्ती थी। उन्हें शराब न पीना, चोरी न करना, अत्याचार न करना आदि सात्विक तत्त्व समझाना कठिन रहा। एक-दो जगह पर शिंदे ने देखा कि सभा में अस्पृश्य वर्ग को अलग बिठाया गया है, तब वे अपना पथक ही अस्पृश्य जमाव में ले गए और स्पृश्य समाज को ही अलग रखा। अस्पृश्यता तोड़ने का ऐसा प्रत्यक्ष रूप काफी परिणामकारक था। दौरे के व्याख्यानों द्वारा सन्तुलित सीख बताई जाती। सरकार का द्वेष करें, ऐसा कभी भी बताया नहीं जाता। सरकारी कई कानून अपने हित के हैं, उनका अवश्य पालन करो, ऐसा बताया जाता। जो कानून प्रजा के हित में नहीं होते और जो प्रजा के विरोध को न मानकर लागू किए जाते हैं, ऐसे कानून का पालन मत करो, ऐसा प्रतिपादन दौरे में किया जाता।

दौरे का स्वरूप चैतन्यपूर्ण होता। विट्ठल रामजी शिंदे, धर्मानन्द कोसम्बी और केशव जेधे अपना पहला दौरा पूरा कर पथक के साथ पुणे वापस पहुँचे। इन तीनों को सत्याग्रह-दौरे में आए अनुभवों का कथन करने हेतु 16 अप्रैल की शाम पुणे के शिवाजी मन्दिर में सभा आयोजित की।[2] 'शान्ति से आजादी की जंग को सहयोग करो', 'नमक का

कानून तोड़ो', 'नमक तैयार करो', 'गांधी नमक बेचो' ऐसी तख्तियाँ झलकाते और महात्मा गांधी की जयकार करते ये तीन वीर सत्याग्रही शिवाजी मन्दिर पहुँचे। रा.ब. डोंगरे की अध्यक्षता में सभा आरम्भ हुई। पुणे शहर सत्याग्रही मंडल के अधिकारी बालू काका कानिकर ने 'मिलेगी आजादी तभी भारत को' पद गाने पर अध्यक्ष डोंगरे ने अण्णासाहब को भाषण देने की विनती की। शिंदे ने दौरे में काफी कष्ट उठाए थे। उनकी आवाज बैठ गई थी। इसके बावजूद इस अवसर पर उन्होंने भाषण दिया। उन्होंने कहा, "मैं इस कार्य में क्यों शरीक हुआ, देहात में जाने का क्या कारण था, इस सन्दर्भ में भूमिका प्रस्तुत करना तथा देहात में आए अनुभव बताना मेरा उद्‌देश्य है।" आगे उन्होंने कहा, "इधर पाँच-दस वर्षों में हम आन्दोलन से निवृत्त हुए थे। राष्ट्रीय आन्दोलन में कूदने से पहले सभी को अर्थात् ब्राह्मण-ब्राह्मणेतर इन्हें एक होना चाहिए और एक राष्ट्रीय पक्ष में होना चाहिए, ऐसी मेरी भूमिका है। मैं शहर छोड़ देहात में गया, इसका कारण यह कि शहर का शिक्षित वर्ग गाँव से कटा रहता है। कोलकाता, मद्रास आदि बड़े शहरों में सत्याग्रह का दावानल सुलग उठा है, लेकिन मेरी राय अलग थी। ब्राह्मण विद्वान पंडित जाग्रत हुए हैं। इसके बावजूद नौकरशाही के पेट को आँच पहुँचानेवाला एकमात्र किसान वर्ग है *(तालियाँ)*। पंचम जॉर्ज, पार्लियामेंट किसी का दोष नहीं है। दोष नौकरशाही का है। इनका वेतन 21,000 से नीचे आने हेतु किसान जाग्रत होने चाहिए। किसानों को मिलने पैदल जाना चाहिए। मोटर से जाने पर उन्हें लगता है कि कलेक्टर तो नहीं आया! हम उनमें से एक बनकर देहात में, पगडंडी से गए। नमक कानून भंग यह सरकार को 'डेंजरस सेंटिमेंट' लगती है। आजादी की भावना भी उन्हें 'डेंजरस' लगती है। महात्मा गांधी का सख्त आदेश है कि सदोष व्यवहार करेंगे तो मैं प्रायोपवेशन करूँगा, लेकिन हमें अन्याय के प्रति क्रोध आना चाहिए, लेकिन किसानों को क्रोध कैसा आएगा? यदि किसानों को बताया कि सरकार हमारी नौकर कैसे हो सकती है? उनकी मानसिकता समझने हम वहाँ गए। सरकार उत्तम नौकर नहीं है, ऐसी उनकी समझ बने, ऐसा हमने प्रयास किया।

"इस दौरे में हमने कुल 26 गाँवों को भेंट दी। 40 व्याख्यान दिए। पूरी यात्रा पैदल की। इस यात्रा में कुछ विशेष बातें देखने को मिलीं। कभी-कभी देहात में दूध मिलना मुश्किल हो जाता, यह सुनकर आपको अचरज होगा। हमें जानवर तो देखने को मिले, लेकिन दूध नहीं। इसका कारण यह कि दूध शहर में जाता है। दूध-घी चाहिए तो मुम्बई, पुणे में ही रहना चाहिए; देहात में मिलना मुश्किल। दूसरी दिक्कत भाषा की आई। किसानों की भाषा मराठी। हमारी भाषा मराठी ही थी, लेकिन अन्तर यह था कि हमारी परिनिष्ठित मराठी होने से उन्हें समझने में कठिनाई आती। देहात के किसानों की मराठी हमें आनी चाहिए। हमें अंग्रेजी आने से पूर्णत: मराठी नहीं आती।

"किसानों को कानून का जितना डर लगता है, उतना अकाल या भूत का तक नहीं लगता। गाँव में और एक विशेष बात देखने को मिलती है। पुरुष वर्ग अधिकांशत: घर में नहीं रहता। गाँवों में आय का दूसरा स्रोत न रहने से ये पुरुष शहर की फैक्ट्रियों में काम को गए मिले। पुणे के पंचकोस के कई किसान खड़की की गोला-बारूद की फैक्टरी में हैं।

"हमें देहात से वापस लौटते समय और एक बात देखने मिली। एक गाँव चिंचोली में मराठों के बच्चों के साथ महार बच्चों को पाठशाला में प्रवेश नहीं दिया जाता। इसके विरुद्ध प्रमाण भी दिखाई दिया। मराठों के बच्चों के साथ महार जाति के बच्चे बैठे मिले।

हम सत्रह लोगों ने ग्यारह गाँवों का दौरा किया। यहाँ के गाँव-देहात में घूमेंगे तो पाएँगे कि सच्चा हिन्दुस्तान देहात में ही बसा है। गांधी के नाम से गाँव-देहात तक परिचित है। गाँव के बच्चे हमारे पीछे दौड़ते हुए 'महात्मा गांधी की जय' बोलते। एक गाँव में तो एक ने हमसे पूछा, "गांधी का नमक लाया है?" यह प्रश्न करनेवाला मारवाड़ी बच्चा था। हम अन्त में यरवदा गए। वहाँ जाते ही राष्ट्रगीत शुरू किया। वहाँ की वह ऊँची दीवारें, पुलिस सार्जेंट। उनके सामने जेल के दरवाजे पर झंडा खड़ा किया। इतने में आर्मी अफसर आया और उसने पहले झंडे को सलामी दी और बोला "परेड शुरू है, गाना बन्द करो।" सामने से कैदियों का समूह आ रहा था। उनके सामने 'महात्मा गांधी की जय' कहते ही अन्दर के दो हजार कैदी 'महात्मा गांधी की जय' कहने लगे।" व्याख्यान के अन्त में अण्णासाहब ने और एक चित्ताकर्षक घटना बताई। "आगे जा रहे थे तब यरवदा में तमाशा (मराठी लोकनाट्य) शुरू था। मैं पहले वहाँ गया। मेरे वहाँ जाते ही एक ने कहा कि सामने मत बैठो। उसे लगा कि मैं तमाशा देखने आया हूँ। मैंने कहा कि मैं अकेला नहीं हमारे और पन्द्रह लोग आनेवाले हैं। हम आपको गांधी का सन्देश देने आए हैं। ऐसा कहते ही सारी मंडली तमाशा छोड़कर हमारा सन्देश सुनने को खड़ी हुई। उसमें कई वडार स्त्रियाँ तक आकर खड़ी रहीं। इस तरह कार्य पूरा कर वापस यहाँ आए हैं।"

शिंदे ने आरम्भ में यह बताया कि देहात के किसानों में जागृति लाना कैसे आवश्यक है। उन्होंने महात्मा गांधी की अनत्याचारी सत्याग्रह की भूमिका किस नींव पर खड़ी है, यह सन्देश देहात के लोगों तक कैसे पहुँचाया, इसका विवेचन किया। साथ ही, महात्मा गांधी के प्रभाव से देहात का माहौल कैसा प्रभावित है, इसका यथातथ्य चित्र रेखांकित किया।

प्रो. धर्मानन्द कोसम्बी ने अपने भाषण से युवाओं को बताया, "आप एक साल के लिए स्कूल छोड़ें तो भी चलेगा, लेकिन बालू काका के पथक में नाम दर्ज कर देहात की यात्रा करो।" केशवराव जेधे ने कहा, "हम महात्मा फुले पथक शुरू कर रहे हैं। ब्राह्मणेतर सत्याग्रह में शामिल होने को तैयार है। हम इस आन्दोलन के खिलाफ नहीं है। अज्ञानी लोग और किसानों के लिए आजादी चाहिए। हम लोहगाँव के महारबाड़ा में गए। वहाँ उन्हें उपदेश किया कि यह आन्दोलन आपके हित में है। गुरुवर्य शिंदे, प्रो. कोसम्बी जेल में जाने को तैयार हैं। मैं मराठा हूँ, यह भूलकर अस्पृश्यों के लिए इस मंडली में शामिल हुआ। ब्राह्मणेतर सत्याग्रह में हिस्सा लेने को तैयार ही है।" सभा के अन्त में बालू काका कानिटकर ने समग्र रूप में सत्याग्रह के बारे में जानकारी दी और "17 तारीख की शाम पेण और मालवण में दो पथक रवाना हो रहे हैं। उसमें दो मुसलमान बोहरी शामिल हुए हैं," यह बताया। "इस सत्याग्रह को मुसलमानों की सहानुभूति नहीं।" यह 'टाइम्स' का आरोप झूठा होने का भी प्रतिपादन किया। इस सत्याग्रह से यह दिखाई देता है कि हिन्दू, मुसलमान, अस्पृश्य, नगरवासी और देहात के किसान—इन सभी में आजादी का एहसास और एकता की भावना जाग्रत हुई थी।

केशवराव जेधे ने अपने भाषण में कहा था, "गुरुवर्य शिंदे, प्रो. कोसम्बी जेल में जाने को तैयार है।" दोनों में से शिंदे को लेकर तो जेधे की भविष्यवाणी सच साबित हुई। तीन सप्ताह बाद ही अर्थात् 12 मई को शिंदे को जेल में जाना पड़ा।

अण्णासाहब शिंदे ने पुणे जिले के सत्याग्रह आन्दोलन का नेतृत्व कर उसमें हिस्सा लेकर राजनीतिक आन्दोलन को आध्यात्मिक अधिष्ठान देकर उसका किस तरह उन्नयन कर सकते हैं, इसका आदर्श ही सामने रखा। वे महात्मा गांधी के सच्चे समानधर्मी थे, इसका प्रमाण ही इस निमित्त से आता है।

सन्दर्भ

1. देशभक्त बालू काका कानिटकर ने अण्णासाहब शिंदे को भेजा टिप्पण, उद्धृत, विट्ठल रामजी शिंदे, *माझ्या आठवणी व अनुभव,* पृ. 398
2. *ज्ञानप्रकाश,* 20 अप्रैल, 1930

अस्पृश्यता उन्मूलन कार्य और महात्मा गांधी से सम्बन्ध

अण्णासाहब शिंदे ने 'डिप्रेस्ड क्लासेज मिशन' के कार्य से स्वयं को अलग कर दिया और यह संस्था अस्पृश्य वर्ग को सौंप दी, फिर भी अस्पृश्यता उन्मूलन कार्य से उनको मुक्ति मिलना मुश्किल था क्योंकि उन्होंने अस्पृश्यता उन्मूलन का कार्य धार्मिक कार्य के रूप में, आन्तरिक प्रेरणा से स्वीकार किया था और उसकी पूर्ति के लिए यथासम्भव प्रयास करते रहे।

राष्ट्रीय सभा द्वारा अस्पृश्यता उन्मूलन का प्रस्ताव पारित करने के बाद यह कार्य राष्ट्रसभा के कार्य का एक हिस्सा बनना अपरिहार्य था और महात्मा गांधी जैसे देश के समग्र जीवन के बारे में सोचनेवाले नेता के कांग्रेस के नेता बनने से अस्पृश्यता उन्मूलन कार्य की ओर उनका ध्यान देना स्वाभाविक था। विट्ठल रामजी शिंदे और महात्मा गांधी का इस आत्मीय प्रश्न पर विचार-विनिमय होता था। संवाद और विसंवाद भी था, ऐसा दिखाई देता है। महात्मा गांधी का भारतीय राजनीति में उदय होने पर विट्ठल रामजी शिंदे उनकी अलौकिक महानता से प्रभावित हुए थे और महात्मा गांधी के बारे में उनके हृदय में अतीव आदर का भाव निर्मित हुआ था। शिंदे के मतानुसार, महात्मा गांधी की आध्यात्मिक दृष्टिकोण से जीवन के सभी अंगों का विचार करने की व्यापक भूमिका महान व्यक्ति का लक्षण था। महात्मा गांधी के बड़प्पन का वर्णन करते समय उन्होंने 1922 में लिखा है, "पिछली तीन सदियों में हमारे इस हतभागी हिन्दुस्तान में दो लोकोत्तर पुरुष निर्माण हुए। इससे हम दुनिया की विभूतियों में रखे जाने योग्य पुरुष रत्न पैदा करने की हमारे देश की शक्ति खत्म नहीं हुई है, यह हम बिना गर्व के और केवल आध्यात्मिक दृष्टि से कह सकते हैं। ये रत्न यानी पुण्यश्लोक श्री शिवाजी महाराज और पूज्यनीय महात्मा गांधी ही हैं।"[1] हमने पहले यह देखा है कि मंगलौर के सरकारी कॉलेज में सेंट फ्रांसिस ऑफ असीसी पर प्रवचन करते समय उन्होंने महात्मा गांधी के सन्दर्भ में ऐसा प्रतिपादन किया कि गांधीजी धर्म और राजनीति, इसमें भेद न कर राजनीति को धर्म का अधिष्ठान देते हैं, किन्तु अंग्रेज शासक अपना धर्म और शासन, ये दोनों बातें अलग रखते हैं।" अण्णासाहब शिंदे इस तुलना से महात्मा गांधी का बड़प्पन बताना चाहते थे, लेकिन अंग्रेज हिन्दुस्तान में धर्म बुद्धि से राज्य चलाते नहीं है, यह भी दिखाना चाहते थे।

महात्मा गांधी के प्रति शिंदे के मन में होनेवाला आदर कभी भी कम नहीं हुआ, लेकिन अस्पृश्यता के प्रश्न पर उनसे शिंदे का कई बार मतभेद होता रहा और इसका स्पष्ट शब्दों में एहसास कराने के लिए शिंदे ने कभी भी कोताही नहीं बरती।

सन् 1915 के आसपास महात्मा गांधी हिन्दुस्तान आए। वे पुणे आए तब ना. गोखले से मिले। ना. गोखले उनके गुरु ही थे और वे गांधी का भलीभाँति खयाल रखते थे। शायद गोखले के कहने से गांधी भोकरबाड़ी की डी.सी. मिशन के स्कूल में विट्ठल रामजी शिंदे को मिलने आए थे। पुणे की मंडली उस समय वैयक्तिक रूप से गांधी को पहचानती थी, ऐसा नहीं था। विट्ठल रामजी शिंदे की मात्र उनसे इससे पूर्व भी भेंट हो चुकी थी। श्रेष्ठ कृषि वैज्ञानिक और पुणे के कृषि कॉलेज के प्राचार्य पी.सी. पाटील ने गांधीजी भोकरबाड़ी के मिशन स्कूल में किस तरह आए और उन्हें कैसे देखा, इसका वर्णन इस तरह किया है :

"पुणे में जब मराठा समाज में शिक्षा विषयक जागृति हो रही थी, तब एक बार विट्ठल रामजी शिंदे ने भोकरबाड़ी में मराठा इतिहास पर व्याख्यानमाला शुरू की थी। हम चालीस-पचास युवक उपस्थित थे। बड़ौदा के इंजीनियर जयराम जनार्दन सावन्त का व्याख्यान था। विषय था 'बाजीप्रभु और पावन खिंड की लड़ाई'। मैं अध्यक्ष था। मैं और सावन्त प्लेटफॉर्म की कुर्सियों पर बैठे थे। विट्ठलराव शिंदे के साथ अन्य मंडली प्लेटफॉर्म के नीचे फर्श पर बैठी थी। सावन्त के व्याख्यान का रंग खूब जम रहा था। इतने में एक सामान्य, दुबले सज्जन, सिर पर काठेबाड़ी मुंडासा, खद्दर की

तंग कमीज और खद्दर का पंचा पहने बाहर से अकेले ही सभा में आए। विट्ठलराव ने उन्हें देखा तो उनके पास गए और उन्हें अपने पास बिठाया। विट्ठलराव के सिवा हम में से कोई भी उस सज्जन को पहचानता नहीं था। व्याख्यान का समापन हुआ और विट्ठलराव शिंदे अध्यक्ष और व्याख्याता का आभार जताने के लिए खड़े हुए। प्लेटफॉर्म के पास आकर उस सज्जन की ओर उँगली कर उन्होंने कहा, "ये सज्जन कौन है, ये आप नहीं जानते हैं। ये दूसरे और न होकर दक्षिणी अफ्रीका में 'हिन्दी समाज के नेता' कहकर जिनके बारे में हम समाचार-पत्र में पढ़ते हैं, वे गांधीजी हैं। ये हाल ही में दक्षिणी अफ्रीका से आए हैं। उनका दर्शन होने से आप सभी को खुशी ही होगी।"

"हम बिलकुल चकित हुए और सभी ने उन्हें आदर के साथ प्रणाम किया। गांधी जैसे विश्वख्यात, लेकिन मैंने उस समय तक न देखे हुए महात्मा के सामने अध्यक्ष के रूप में बैठने का प्रसंग मुझे याद है। यही था मेरा गांधीजी का पहला दर्शन।"[2]

महात्मा गांधी द्वारा असहयोग और बायकॉट का आन्दोलन शुरू करने के पश्चात् अस्पृश्य वर्ग इस आन्दोलन में शामिल हो या नहीं, इस बारे में गम्भीरता से विचार करने की स्थिति निर्मित हुई। मिशन के अध्यक्ष सर नारायणराव चन्दावरकर, स्वयं शिंदे, मुम्बई शाखा के सचिव वामनराव सोहनी और सय्यद जैसे अन्य कार्यकर्ताओं की इस प्रश्न पर एक राय थी। अस्पृश्य वर्ग को इस आन्दोलन में खींचा जाए तो स्वाभाविकता से उन्हें मिलनेवाली ग्रांट बन्द हो जाने का डर था, इसलिए अस्पृश्य वर्ग को इस आन्दोलन से दूर रखा जाए, ऐसी ही राय इन मंडलियों की थी। इस बारे में अण्णासाहब शिंदे लोकमान्य तिलक की राय लें, ऐसा तय हुआ। 1918 में कर्नाटक के अथणी में राष्ट्रीय दल की जिला स्तरीय परिषद् हुई, जिसमें अण्णासाहब शिंदे ने सहभाग लिया और लोकमान्य तिलक की इस प्रश्न पर राय आजमाई। तिलक ने भी, "मिशन को राजनीति में खींचना सम्भव नहीं और उचित भी नहीं" ऐसी ही राय दी।

1920 के क्रिसमस में नागपुर में राष्ट्रीय सभा आयोजित हुई, तब 'असहयोग आन्दोलन' में अस्पृश्यों को शामिल करें या नहीं, इस बारे में शिंदे की क्या राय होगी, यह महात्मा गांधी ने आजमाकर देखना तय किया और उसके लिए राष्ट्रीय सभा की विषय नियामक समिति में शिंदे को नियुक्त किया। असहयोग जैसे मुश्किल सन्दर्भ में अस्पृश्यों को उलझाने का फिलहाल समय नहीं, यह जानकर मिशन के शिंदे आदि मंडलियों ने जो सन्तुलित नीति तय की थी, वही उचित है और सरकारी ग्रांट लेना जारी रखे, ऐसी महात्मा गांधी की भी राय बनी।

25 दिसम्बर, 1920 को नागपुर के कांग्रेस अधिवेशन में विट्ठल रामजी शिंदे को जल्दबाजी में अखिल भारतीय 'अस्पृश्यता उन्मूलन परिषद्' का आयोजन करना पड़ा, लेकिन परिषद् का विशाल जनसमूह उपस्थित था। मोतीलाल नेहरू, सरदार वल्लभभाई पटेल, जमनालाल बजाज, सरोजिनी नायडू, राजगोपालचारी आदि अलग-अलग क्षेत्र के नेता उपस्थित थे। महात्मा गांधी की अध्यक्षता में हुई इस परिषद् में निम्न दो प्रस्ताव पारित हुए—

1. अस्पृश्य वर्ग की हिन्दू धर्म और हिन्दू राष्ट्र से होनेवाली निष्ठा को ध्यान में रखकर उन पर होनेवाले नागरिकत्व के और धार्मिक प्रकार के सभी बन्धन हटाए जाएँ।
2. हिन्दुस्तान में उद्योग का पूरी तरह से विकास हो, इसलिए अस्पृश्यों की राह में आज तक स्वतंत्रता से व्यवसाय चुनने में और चलाने में कुछ दिक्कतें आ रही हैं, वे सब दूर होकर उनमें स्वयं फैसला लेने की वृत्ति विकसित हो, ऐसी हर सुविधा उन्हें देकर उनकी मदद करें।

ये दोनों प्रस्ताव महत्त्वपूर्ण थे। पहला, सामाजिक स्तर पर अस्पृश्यता का एहसास खत्म करने की दृष्टि से महत्त्वपूर्ण था और उच्चवर्गियों के मन में परिवर्तन लाना उसका उद्देश्य था। दूसरा प्रस्ताव अस्पृश्य वर्ग की तरक्की के लिए उन्हें स्वतंत्रता से कारोबार करना चाहिए, इस बारे में प्रेरणा देनेवाला था। इस परिषद् में महात्मा गांधी ने अपने भाषण में कहा, "मैं वैष्णव हूँ। वर्णाश्रम का अभिमानी हूँ, फिर भी मैंने एक अस्पृश्य लड़की गोद ली है। उस पर मेरा अत्याधिक स्नेह है। वह मुझे अपने स्वयं के बच्चे जितनी प्यारी है। और उसे 'अपनी' बनाने के लिए मुझे अपनी पत्नी से बहुत जूझना पड़ा था। मैंने इस लड़की को गोद लिया है, लेकिन बाकी लोग ऐसा ही करें, यह मेरा अनुरोध नहीं है।"[3]

महात्मा जी गोद ली हुई लक्ष्मी नामक लड़की को मुम्बई मिशन के छात्रावास से ले गए थे। आगे चलकर उसका विवाह एक ब्राह्मण व्यक्ति से हुआ। शिंदे ने चलाया हुआ कार्य और उनकी नीति तथा महात्मा जी की भूमिका में यहाँ तक सुसंवाद दिखाई देता है। महात्मा जी का वर्णाश्रम धर्म का अभिमान यह शिंदे को जँचनेवाला नहीं था, किन्तु अस्पृश्यता उन्मूलन कार्य में गांधीजी की यह भूमिका अब तक बाधा न बनी थी।

शिंदे को ऐसा लगता था कि 1917 में राष्ट्रीय सभा ने अस्पृश्यता उन्मूलन का प्रस्ताव मंजूर करने के और महात्मा गांधी के भारतीय राजनीति में सक्रिय होने के बाद और कांग्रेस के सभी सूत्र उनके हाथ में आने पर महात्मा गांधी अस्पृश्यता उन्मूलन का कार्य कांग्रेस के द्वारा जोश के साथ करें। इस कार्य को कांग्रेस द्वारा महत्त्व दिया जाना चाहिए। अपनी यह उम्मीद कांग्रेस तथा महात्मा गांधी की ओर से पूरी नहीं हो रही है, यह देखकर शिंदे नाराज हुए। आगे की कुछ घटनाओं से ऐसा दिखाई देता है कि महात्मा गांधी की ओर शिंदे प्यार के अधिकार से शिकायतें भी करने लगे। सन् 1923 में विट्ठल रामजी शिंदे डी.सी. मिशन के कार्य से मुक्त हुए। संस्था के जरिये वे जो अस्पृश्यता उन्मूलन और अस्पृश्य वर्ग के सुधार का प्रत्यक्ष कार्य करते थे, वह स्वाभाविकत: बन्द हो गया, लेकिन एकाध आन्दोलन में प्रत्यक्ष रूप में सहभाग लेकर जनता में जागृति लाने का कार्य उन्होंने जारी रखा। वे जब मंगलौर में थे तब उन्होंने वायकोम के मन्दिर प्रवेश के सत्याग्रह में सहभाग लिया। सन् 1924 के अन्त में वे मंगलौर से वापस पुणे आए। अस्पृश्यों को लेकर कांग्रेस की ओर से जिस जोश और लगन से कार्य होना चाहिए था, वह नहीं हो रहा है, यह समझ में आने पर वे इस कार्य की ओर महात्मा गांधी का ध्यान आकर्षित करने की कोशिश कर रहे थे। इस सन्दर्भ में उन्होंने अपने सहयोगी कृ.गो. पाताड़े के हाथों महात्मा गांधी को एक खत भेज दिया। यह खत पढ़कर महात्माजी ने अत्यन्त बुरी प्रतिक्रिया व्यक्त की। महात्मा की यह प्रतिक्रिया पाताड़े की ओर से सुनने पर अण्णासाहब शिंदे स्वाभाविकत: नाराज हुए और उन्होंने 25 नवम्बर, 1924 में एक खत लिखकर अपनी प्रतिक्रिया और भूमिका महात्मा गांधी को एक पत्र के जरिये भेज दी। शिंदे का यह पत्र इस तरह था :

प्रिय महात्मा जी,

ऑल पार्टी कॉन्फ्रेंस के समय श्रीयुत पाताड़े ने आपसे मुलाकात की। उनके साथ मैंने आपको जो पत्र दिया था, वह पढ़ने के बाद आपने 'बहुत बुरा' ऐसा उसका वर्णन किया, इसका मुझे उनसे पता चला। आपके जैसे महान और खुले दिल के व्यक्ति की ओर से इस तरह की प्रतिक्रिया व्यक्त हुई, यह जानकर मुझे आश्चर्य लगा और दुख भी हुआ। आपको वह पत्र वैयक्तिक रूप में लिखा ही नहीं था। वह मेरे जैसे दलित वर्ग के नम्र सेवक ने आपके जैसी ईश्वरी प्रेरणा होनेवाले भारत के नेता को लिखा था। उसमें व्यक्त किए मत और सन्देह मेरे निजी नहीं थे तो सामान्यत: दलित वर्ग के और खासकर मिशन के थे।

आपके अन्त:करण में खद्दर का अव्वल स्थान है। हिन्दू-मुस्लिम एकता का दूसरा और शायद अस्पृश्यता का तीसरा स्थान है, लेकिन मेरे अन्त:करण में मात्र अस्पृश्यता का स्थान अव्वल है। मैं निश्चित ही अपनी तुलना आपके साथ करने का मन में विचार तक नहीं लाता। यह सम्भव है कि मैं प्रत्यक्ष व्यावहारिक राजनीति के बारे में गलत हो सकता हूँ और आप सही। वह खत मैंने बहुत जल्दी में, लेकिन मेरे अपने अन्त:करण से ईमानदार रहकर लिखा था और वह आपको एक व्यक्ति के रूप में नहीं तो एक नेता को भेजा था।

आपके नेतृत्व में होनेवाली कांग्रेस का इस हिन्दू होनेवाले बदकिस्मत अस्पृश्य वर्ग के लिए जाहिर मत और प्रत्यक्ष कार्रवाई इसमें कितना अन्तर है, यह आप जानते ही हैं। नागपुर कांग्रेस की विषय नियामक समिति में मैंने सहभाग लिया, लेकिन उसका कुछ विशेष लाभ नहीं हुआ अर्थात् मैं नेता भी नहीं हूँ, किन्तु उसके बाद आपका और राजगोपालाचारी का अपवाद छोड़ें तो अन्य नाम लेने लायक किसी भी नेता को इस वर्ग के दुख की ओर ध्यान देने के लिए समय नहीं मिला। दक्षिण के सत्याग्रह का मैंने प्रत्यक्ष वहाँ जाकर अभ्यास किया, लेकिन आपका इस प्रश्न की ओर ध्यान होते हुए भी आपके अन्य नेताओं की ओर से इस सत्याग्रह की उपेक्षा की गई। आप स्वयं वायकोम नहीं जा सके और पंडित मालवीय का जाना सम्भव नहीं था। स्वामी श्रद्धानन्द जी से मेरी मंगलौर में मुलाकात हुई। उन्हें अब इस पुराने इलाके में सहभाग लेने की वजह से शायद पछतावा हो रहा होगा।

मैंने पिछले आठ साल मालाबार और दक्षिणी कनाडा में शान्ति से काम करते हुए बिताए। मेरा अब ऐसा विश्वास हुआ है कि केवल प्रस्थापित ही नहीं तो बार-बार अपनी राय प्रकट करनेवाले उदारमतवादी भी विधायक आश्वासन देकर भी इस प्रश्न पर गम्भीरता से सोच रहे हैं, ऐसा दिखाई नहीं देता। भारतीय या विदेशी, कोई भी संगठित संस्था, दलित वर्ग को एक राजनीतिक इकाई मानकर उस पर विचार करने को तैयार है, ऐसा दिखाई नहीं देता।

पाताड़े ने मुझे बताया कि पिछले सप्ताह में वे मुम्बई के लगभग दस-बारह राष्ट्रीय स्तर के नेताओं को मिले, लेकिन उन सभी ने बेलगाँव में होनेवाली 'अस्पृश्यता उन्मूलन परिषद्' का अध्यक्ष पद स्वीकारने की तैयारी नहीं दिखाई। आपको याद होगा कि आपने नागपुर में सम्पन्न इस परिषद् का अध्यक्ष स्थान स्वीकार किया था। उसके पश्चात् इतने साल सहानुभूतिपूर्वक भाषण देने पर भी इस तीसरे स्तर के कार्य को समय देने की फुरसत किसी को नहीं है। फिलहाल मैं आपको किसी भी प्रकार की विनती कर कष्ट नहीं देना चाहता। केवल आप कृपा करके मेरा वह खत आपको 'बहुत बुरा' क्यों लगा, वह बता दें। पाताड़े ने आपको यह मिशन और मुम्बई की पितृसंस्था में होनेवाला अन्तर स्पष्ट किया ही है।

ताजा कलम : यह लिखते समय मेरी ओर से कोई भूल हुई हो तो आप माफ करेंगे, ऐसी आशा करता हूँ। आपकी सेहत में सुधार हुआ है, यह सुनकर मुझे बहुत खुशी हुई।

वि.रा. शिंदे

मैं यात्रा में था तभी मुझे आपका खत मिला। मैंने आपके पिछले खत को 'बहुत बुरा' कहा, इसका कारण उसमें धौंस थी। हम एक ही क्षेत्र में काम करनेवाले कार्यकर्ता हैं, इसलिए मैंने उस प्रकार का अभिप्राय दिया था। मेरे अन्त:करण में अस्पृश्यता का तीसरा स्थान है, ऐसा जो आप कहते हैं, वह गलत है। अन्य बातों के साथ ही उसका भी महत्त्वपूर्ण स्थान है। आप श्रेष्ठ हैं क्योंकि आपकी दृष्टि से वह सर्वस्व है।

आपका

एम.के. गांधी[4]

उपर्युक्त पत्र से विट्ठल रामजी शिंदे और महात्मा गांधी, इनमें अस्पृश्यता के कार्य सम्बन्धी नीति में जो सूक्ष्म अन्तर था, इसकी कल्पना आ सकती है। एक तरह से महात्मा गांधी ने जो कहा, उसके अनुसार विट्ठल रामजी शिंदे का अस्पृश्यता उन्मूलन एकमात्र लक्ष्य था। इस प्रश्न को हल करने की उन्हें अत्यन्त आवश्यकता लगती थी। महात्मा गांधी के सामने मात्र समग्र देश की राजनीति का विचार था। अस्पृश्यता उन्मूलन कार्य में अभी गांधीजी पर्याप्त समय नहीं दे सकते थे।

देश में अस्पृश्यों के सन्दर्भ में नई समस्याएँ खड़ी हो रही थीं। अगले साल यानी 1926 के आरम्भ में अस्पृश्यों की एक अलग ही समस्या ने विट्ठल रामजी शिंदे का ध्यान आकर्षित किया। यह समस्या थी—दक्षिण भारत में अस्पृश्य वर्ग का धर्म-परिवर्तन के नाम पर होनेवाला शोषण। स्वयं अण्णासाहब शिंदे भी किसी एक धर्म के एकांगी अभिमानी या तरफदार नहीं थे क्योंकि वे स्वयं उदार विश्वधर्म के एकनिष्ठ अनुयायी थे। उनका यह दृढ़ विश्वास था कि हम जन्म से प्राप्त धर्म का त्याग किए बिना भी विश्वधर्म के अनुयायी बन सकते हैं और उसकी उपासना की जा सकती है। इसलिए अस्पृश्य वर्ग को हिन्दू धर्म से अलग कर उन्हें ईसाई बनाकर उनका जो शोषण हो रहा था, यह बात शिंदे को चिन्ताजनक लगती थी। इसलिए दक्षिण भारत में घटित होनेवाली घटनाओं की ओर गांधीजी का ध्यान आकर्षित कर उन्हें इस कार्य में ध्यान देने को प्रेरित करें, इस उद्देश्य से उन्होंने महात्मा गांधी को निम्न पत्र लिखा :[5]

दि डिप्रेस्ड क्लासेज मिशन
सोसाइटी ऑफ इंडिया
नाना पेठ, पुणे, शहर
18 फरवरी, 1926

महात्मा एम.के. गांधी
सत्याग्रह आश्रम, साबरमती

विषय : डी.सी. वर्क्स कॉन्फ्रेंस।

प्रिय महात्मा जी,

पिछले दो सालों में मेरे द्वारा दक्षिण भारत की दस-बारह से भी अधिक बार यात्रा करने के पश्चात् मुझे ऐसा दिखाई दिया है कि धर्म-परिवर्तन के नाम पर दलित वर्ग का निर्मम शोषण किया जा रहा है। पिछले साल दिसम्बर

में ब्रदर रामचन्द्रराव ने स्वामी श्रद्धानन्द जी को और मुझे दलित वर्ग के लिए कार्य करनेवाली सभा में शरीक होने के लिए कृष्णा जिले के गुडीबाडा में आमंत्रित किया था। हमें ऐसा दिखाई दिया कि एक-एक पूरे देहात का धर्म-परिवर्तन कर उन्हें ईसाई बनाया जा रहा था। कांग्रेस या हमारी मिशन दलित वर्ग के लिए जो कार्य कर रही है, वह अत्यन्त असंगठित स्वरूप का है। इसलिए मैंने ऐसा आयोजन किया था कि आपके नेतृत्व में इस इलाके के सच्चे कार्यकर्ताओं का एक अधिवेशन लें, किन्तु आप एक साल सत्याग्रह आश्रम छोड़कर कहीं भी बाहर नहीं जाएँगे, आपका यह इरादा जानकर मैं बहुत निराश हो गया। मैं काफी दिनों से आपके साथ एकान्त में बातचीत करने के मौके की तलाश में था। मुझे आशा है कि मुस्लिमों का प्रश्न या दक्षिणी अफ्रीका की समस्या हल होने से पहले अस्पृश्यता नष्ट हो। यह राय आपको मंजूर होगी।

2. मुझे ऐसा लग रहा है कि मैं स्वयं धीरे-धीरे इस कार्य से मुक्त होकर मेरा जो ब्राह्म मिशनरी का मुख्य कार्य है, उसे ही अपने को समर्पित कर दूँ। मेरे स्वेच्छा से चुने इस कार्य में मैं अभी अस्पृश्यों में अस्पृश्य हूँ। मेरा 16 फरवरी, 1926 का इन्दौर पूछताछ सम्बन्धी पत्र आपको मिला होगा ही, ऐसी आशा है। आप अपनी सुविधा से मुझे अविलम्ब मिलने का मौका देंगे?

आपका,
वि.रा. शिंदे

महात्मा को लिखे इस पत्र में अस्पृश्यता उन्मूलन कार्य में उनकी जो उपेक्षा हुई, उसके लिए खेद भी व्यक्त हुआ दिखाई देता है। महात्मा गांधी का नेतृत्व उन्होंने मन से स्वीकार किया था। अस्पृश्यता निवारण कार्य में भी उनका सहयोग और मार्गदर्शन मिले, ऐसी शिंदे की इच्छा दिखाई देती है, किन्तु महात्मा गांधी की ओर से भविष्य में भी इस बारे में उन्हें ठोस सहयोग मिला, ऐसा दिखाई नहीं देता अपितु उनके बीच मन-मुटाव और भी बढ़ता हुआ दिखाई देता है।

शिंदे को अस्पृश्यता उन्मूलन का प्रश्न स्वतंत्रता प्राप्ति से भी ज्यादा आवश्यक लगता था। इसी कारण महात्मा गांधी की भेंट में प्रत्यक्ष चर्चा करके उन्हें खत लिखकर तथा अन्य तरह से उनका इस प्रश्न की ओर ध्यान आकर्षित करने की उनकी हमेशा कोशिश रही। सन् 1930 में महात्मा गांधी ने दांडी सत्याग्रह करना निश्चित किया। शिंदे को ऐसा लगता था कि गांधी नमक सत्याग्रह से पहले अस्पृश्यता का सत्याग्रह करें। अण्णासाहब के निष्ठावान अनुयायी और सहयोगी कृष्णराव पाताड़े सूबेदार घाटगे के साथ सत्याग्रह स्थान पर पहुँचे। महात्मा गांधी का इस प्रश्न की ओर ध्यान आकर्षित करने के लिए सत्याग्रह शुरू होने से पहले उन्होंने नमक की मटकी कब्जे में लेने की अभूतपूर्व कृति कैसे की, यह हमनें पहले देखा ही है। अण्णासाहब शिंदे को अस्पृश्यता उन्मूलन कार्य के प्रति किस तरह लगन थी, इसकी एक दृश्टव्य स्मृति यशवन्तराव चव्हाण ने लिखी है। सन् 1933 में यशवन्तराव देश के लिए सवा साल जेल में रहे। तब वे बीस साल के युवक थे। अस्पृश्य माने गए वर्ग के लिए कुछ कार्य करने की प्रेरणा से अपने दोस्तों की मदद से उन्होंने इस वर्ग के लिए एक रात्रि पाठशाला शुरू करना तय किया। उन्हें लगा कि उस समारोह में अण्णासाहब शिंदे को लाया जाए तो वह शुभाशीष होगा और उन्हें निमंत्रण देने वे पुणे में जाकर उनके घर पर मिले। उन्होंने अण्णासाहब को आने का हेतु बताया। उन्होंने यशंवतराव की बारीकी से पूछताछ की। "अन्ततः उन्होंने आने के स्वीकृति दी, लेकिन उसके साथ एक शर्त रखी। उन्होंने कहा "मेरे साथ हरिजन को भी घर पर खाने के लिए बुलाना होगा।" मैंने तुरन्त 'हाँ' कहा तो उन्होंने कहा, "लेकिन घर के लोगों से पूछा है?" मैंने इनकार करते हुए उन्हें कहा, "सभी जाति के दोस्त मेरे घर आते हैं। माँ को इस बारे में कोई शिकायत नही है।"

अन्ततः हरिजन के साथ भोजन होगा, इसका पक्का भरोसा होने के बाद ही उन्होंने स्वीकृति दी।

वे यथासमय पहुँच गए। मुझे मानो स्वर्ग प्राप्त होने की खुशी हुई। वे मेरे साथ पैदल घूमे, हरिजन बस्ती में आए और कार्यक्रम सम्पन्न हुआ।"[6]

सन् 1920 में नागपुर में आयोजित 'अस्पृश्यता उन्मूलन परिषद्' में उन्होंने मैं वर्णाश्रमवादी हूँ, यह ऐलान करने के बावजूद भी अस्पृश्यता उन्मूलन का अनुरोध किया था। अस्पृश्यता उन्मूलन के प्रश्न को लेकर महात्मा गांधी की भूमिका विट्ठल रामजी शिंदे को मंजूर नहीं थी। शिंदे कमाल के धर्मनिष्ठ थे, किन्तु वे विश्वधर्म के

उपासक थे। किसी एक विशेष धर्म की विशेष प्रणाली और परम्परा उन्हें मंजूर नहीं थी। महात्मा गांधी की धर्म की चौखट में रहकर अस्पृश्यता उन्मूलन करने की भूमिका शिंदे को उचित नहीं लगती थी। उनका प्रमाण माना धर्म विवेकनिष्ठ धर्म था। इसलिए अस्पृश्यता के प्रश्न को हल करने के सन्दर्भ में इन दोनों के बीच होनेवाली सूक्ष्म अनबन समय-समय पर प्रकट होती थी। महात्मा गांधी के व्यक्तित्व के प्रति विट्ठल रामजी शिंदे के मन में अतीव आदर का भाव था। जनमानस पर होनेवाला उनका असर शिंदे को स्पष्ट रूप में महसूस हो रहा था, किन्तु वर्णाश्रम की चौखट में रहकर धार्मिक परम्परा का आधार लेकर अस्पृश्यता उन्मूलन करने की उनकी भूमिका उन्हें मंजूर नहीं थी। इस तरह की विरोधभक्ति की पशोपेश में शिंदे फँस गए थे। शिंदे मौका मिलते ही महात्मा गांधी से मुलाकात करते थे। इस समय इन दोनों के दृष्टिकोण में होनेवाला अन्तर बार-बार स्पष्ट होता था।

लक्ष्मण शास्त्री जोशी द्वारा इस सन्दर्भ में किया हुआ एक निरीक्षण समीचीन है। महात्मा गांधी और शिंदे, इनकी भेंट के प्रसंग का लक्ष्मण शास्त्री जोशी ने वर्णन किया है, "महात्मा गांधी को वेदशास्त्री और हिन्दू धर्म मंजूर नहीं है, ऐसा प्रचार पुरानमतवादी इस समय जोर-शोर से कर रहे थे। बुद्धिवादी सुधारकों का ऐसा कहना था कि हिन्दू धर्म और उसके पंडित इनकी कुछ भी राय हो, सामाजिक न्याय की दृष्टि से अस्पृश्यता उन्मूलन महत्त्वपूर्ण है। इसलिए अस्पृश्यता उन्मूलन होना ही चाहिए। गांधी ने आधुनिक शिक्षितों की यह सलाह नहीं मानी। स्वर्गीय विट्ठल रामजी शिंदे एक बार यरवदा में गांधी को उपर्युक्त सलाह देने के लिए जान-बूझकर आ गए थे। विट्ठल रामजी का समाज-सुधार के सन्दर्भ में कितना बड़ा अधिकार था, यह बताने की आवश्यकता नहीं। विट्ठल रामजी शिंदे आए, तब मैं गांधी के पास बैठा था। दोपहर तीन बजे की धूप गांधीजी का शरीर सेंक रही थी। पूछताछ के बाद विट्ठलराव शिंदे ने गांधी को एक प्रश्न पूछा, "धर्मशास्त्र और धर्मशास्त्री, दोनों बातें इस युग में पूरी तरह से पिछड़ गई हैं। इन ब्राह्मण पंडितों और पुरोहितों को अस्पृश्यता के प्रश्न पर फैसला देने का क्या अधिकार है? हमारे द्वारा उन्हें महत्त्व देने के कारण उनका महत्त्व बेवजह बढ़ रहा है।" "मेरे जीवित सन्देश का आधार जिन पर है, उनमें से वे हैं।" ऐसा गांधी तुरन्त न रुकते हुए तपाक-से बोले। फिर विट्ठल रामजी ने कहा, "नैतिकता और भूमिका पूरी तरह से समर्थ नहीं है?" गांधीजी ने उत्तर दिया, "नैतिकता और धार्मिकता एकरूप हो तो ही उन्हें पूर्णत्व आता है।" विट्ठल रामजी ने कहा, "धर्मग्रंथ के बिना धर्म जीवित रहने में समर्थ है?" गांधी ने कहा, "पुरोहितों ने और धर्मग्रंथों ने धर्म को सहयोग भी दिया है। इसलिए उनका सहयोग मिल रहा हो तो अपना कार्य और भी अधिक सफल होगा।"

शास्त्रों का अभ्यास न होनेवाले प्रतिष्ठित प्रस्थापित लोग पत्र द्वारा और प्रत्यक्ष रूप से उन्हें बार-बार कहने लगे, "बनारस के पंडित व्याघ्रच धर्मशास्त्र का निर्णय दे सकते हैं। वाई के सुधारवादी शास्त्रियों के पांडित्य का दंभ बनारस के पंडितराज ही तोड़ सकते हैं। उस पंचानन की गर्जना के सामने ये टिक नहीं पाएँगे, किन्तु धर्मशास्त्र के आचार और प्रायश्चित्त से सम्बन्धित अध्याय में अस्पृश्यता का समर्थन करनेवाले सैकड़ों वचन हैं, यह बात मुझे मालूम थी। यह बताने के लिए बनारस के पंडितों की आवश्यकता नहीं थी। महात्मा जी भी इससे परिचित थे।"[7]

महात्मा गांधी को अस्पृश्यता नष्ट हो, इसकी सचमुच लगन थी। यह जितना सच था, उतना ही अस्पृश्यता न मानने के लिए धर्मग्रंथ का आधार मिले, यह उनकी तीव्र इच्छा भी थी। अस्पृश्यता मानने को अनुकूल होनेवाले धर्मवचन की ओर वे जान-बूझकर अनदेखी करते थे। अस्पृश्यता उन्मूलन की लगन और धर्मग्रंथ पर होनेवाली आस्था, इसके बीच महात्मा गांधी फँस गए थे।

1929-30 के सत्याग्रह पर्व और आजादी की जंग की दौड़-धूप में भी विट्ठल रामजी शिंदे को अस्पृश्यता का प्रश्न हल करने की जरूरत लग रही थी। सी. बा. लांडगे ने पर्वती सत्याग्रह पर लिखी पुस्तक की प्रस्तावना में विट्ठल रामजी शिंदे ने स्पष्ट रूप में यह दर्ज किया है कि कांग्रेस और महात्मा गांधी अस्पृश्यता नष्ट करने के कार्य में जो देरी कर रहे हैं, वह अक्षम्य है। अस्पृश्यता खत्म न करते हुए स्वतंत्रता का उपभोग ले पाना दुनिया की नजरों में जुर्म ठहरेगा। इस प्रश्न की जरूरत बताते हुए वे कहते हैं, "मैं कहता हूँ कि 31 दिसम्बर को आधी रात 12 बजने से पहले अस्पृश्यता उन्मूलन होना चाहिए।" स्वयं अण्णासाहब शिंदे मूर्ति-पूजा नहीं मानते थे, फिर भी उन्होंने पर्वती के मन्दिर प्रवेश के सत्याग्रह को सामाजिक स्तर से समर्थन दिया था। शिंदे स्वयं को लगनेवाली जरूरत महात्मा जी के पास बार-बार शिकायत के स्वर में प्रस्तुत करते थे। गांधी प्रत्यक्ष कृति करने के सन्दर्भ में देरी कर रहे हैं, यह शिंदे

की शिकायत थी। 1930 में एक लेख में उन्होंने महात्मा गांधी से हुई मुलाकात का वृत्तान्त कथन किया है। "परसों गुजरात में घूमते समय गांधीजी से साबरमती आश्रम में मिलने का सुअवसर मिला। तब उनसे मेरा आजकल जो एक तात्त्विक मन-मुटाव रहा था, उसके बारे में मैंने स्पष्टीकरण करवा लिया, वह ऐसा : "अस्पृश्यों का सत्याग्रह शुरू है। पुरानपंथियों ने अगर विरोध किया तो अस्पृश्य वर्ग दरवाजे तोड़कर और दीवारें गिराकर अन्दर घुस जाए, तभी सत्याग्रह पूरा होगा अन्यथा नहीं, किन्तु ऐसा करते समय पुराने मतवादियों ने सिर फोड़ा तो फोड़ने दो, सार्वजनिक शान्ति का भंग होगा तो उसकी बिलकुल परवाह न करें, लेकिन साथ ही पुराने मतवादियों के बारे में अन्त:करण में बिलकुल द्वेष न रखें। यह शक्तिवाद है, अत्याचार नहीं।" मेरी यह राय गांधी को पसन्द आई। इतना ही नहीं तो उन्होंने कहा, "मैं आपसे भी आगे जाकर वह पूरा मन्दिर ही पूर्णत: ध्वस्त कर दूँगा क्योंकि उसमें मूलत: ईश्वर ही नहीं है।" मैंने तुरन्त कहा, "गांधीजी, आप ऐसा कब करेंगे?" उन्होंने कहा, "वह समय अभी आया नहीं।" मैंने कहा, "महात्मा जी, स्वतंत्रता का बिगुल बजने से पहले ही आपको यह करना चाहिए। यह मौका गँवाने के कारण आगे आपको कभी भी मौका नहीं मिलेगा।"[8]

इस संवाद से यह स्पष्ट होता है कि शिंदे को अस्पृश्यता उन्मूलन का कार्य जितना जरूरी लगता था, उतना और उस स्वरूप में महात्मा गांधी को नहीं लगता था।

17 जून, 1934 को मुम्बई में महात्मा गांधी की अध्यक्षता में 34 संस्थाओं की ओर से विट्ठल रामजी शिंदे को मानपत्र देने का समारोह आयोजित किया गया था। इस समारोह के सन्दर्भ में 'सुबोध पत्रिका' के सम्पादक ने महात्मा गांधी और विट्ठल रामजी शिंदे के सम्बन्धों का मुद्दा स्पष्टता से प्रस्तुत किया। विट्ठल रामजी शिंदे ने प्रथमत: अस्पृश्यता उन्मूलन आन्दोलन का आरम्भ करके इस कार्य का विस्तार कैसे किया, यह जताने के बाद उन्होंने कहा है, "मुम्बई इलाके में एक समय मिशन की शाखाएँ थीं, तब पूरे हिन्दुस्तान में घूमकर विट्ठलराव ने जागृति लाकर कार्य कर दिखाया था, उसके बहुत समय बाद इस कार्य का नेतृत्व करने के लिए गांधी और एक समय शिंदे के साथ मिलकर काम करनेवाले ठक्करबप्पा शिंदे को पीछे धकेलकर या उनसे सहयोग न करते हुए अपना अलग वोट खड़े करते हैं और अब शिंदे के सम्मानार्थ आयोजित होनेवाले समारोह का अध्यक्ष स्थान स्वीकारने के लिए तैयार होते हैं, यह कैसे? दो कठोर स्वभाव के व्यक्ति इकट्ठे आने पर एक-दूसरे की सहायता माँगते नहीं, यह बात चाहे जितनी सच हो तो भी दि 'डिप्रेस्ड क्लासेज मिशन' सोसाइटी ऑफ इंडिया नामक संस्था को जान-बूझकर पीछे धकेलकर इन दोनों ने आगे बढ़ने के कारण मिशन संस्था को बिलकुल अपनी जान दाँव पर लगानी पड़ती है।"[9]

'सुबोध पत्रिका' के सम्पादक ने महात्मा गांधी और ठक्कर बप्पा पर आक्षेप लेकर उपर्युक्त अभिप्राय व्यक्त किया है। महात्मा गांधी की राजनीतिक और सामाजिक क्षेत्र में कार्य करने की पद्धति बिलकुल स्वतंत्र और स्वयंसिद्ध थी। यह भी यथार्थ है कि उनके द्वारा स्थापित किए गए 'हरिजन सेवक संघ' में विट्ठल रामजी शिंदे का और उनके मिशन का सहयोग नहीं लिया, किन्तु इसका अर्थ ऐसा नहीं कि इस क्षेत्र में शिंदे के कार्य का उन्हें महत्त्व नहीं लगता था। बिलकुल 1915 से गांधी को मिशन ने किए हुए कार्य की जानकारी और महानता उचित रूप में अवगत थी। पुणे की तरह ही उन्होंने मुम्बई की मिशन का कार्य भी मिशन को प्रत्यक्ष भेंट देकर देखा था।

ठक्करबप्पा के सन्दर्भ में आपत्ति उठाना भी उचित नहीं था। ठक्करबप्पा के मन में विट्ठल रामजी शिंदे के प्रति बहुत ही सम्मान का भाव था और वह उन्होंने विट्ठल रामजी शिंदे पर लिखे मृत्युलेख में प्रांजलता से व्यक्त किया है। वे कहते हैं, "वे मेरे चार गुरुओं में से एक थे। मैं अपने जन्मदाता के बाद उन्हें ही मानता हूँ। उनके मार्गदर्शन में ही मैंने सार्वजनिक कार्य की तालीम ली। उम्र में वे मुझसे छोटे थे, लेकिन राष्ट्रहित हेतु किए जानेवाले आन्दोलन का उनका अभ्यास और गति जबरदस्त थी। वे मुम्बई प्रान्त के अस्पृश्य वर्ग के सुधार आन्दोलन के प्रवर्तक थे। पंजाब और उत्तर प्रदेश छोड़ें तो भारत में इस प्रकार के कार्य का आरम्भ करनेवाले वे प्रथम पुरुष थे। इस कार्य के अग्रदूत थे। मैंने प्रत्यक्ष कार्य की शिक्षा उन्हीं से ली।"[10] महात्मा गांधी द्वारा चलाए अस्पृश्यता उन्मूलन के कार्य के सम्बन्ध में ठक्करबप्पा का उन्हें अधिक अनुरूप लगना सम्भव है। इसीलिए उन्होंने हरिजन सेवक संघ की जिम्मेदारी उन पर सौंपी होगी। ऊपर उल्लेख किया, वैसे इस कार्य की नीति के लिए महात्मा गांधी और अण्णासाहब शिंदे के दृष्टिकोण में अन्तर होने के कारण इस कार्य में शिंदे का सहयोग लेना उचित नहीं होगा, ऐसा महात्मा गांधी को लगा हो तो वह बिलकुल स्वाभाविक है। गांधी ने जान-बूझकर विट्ठल रामजी शिंदे या उनके द्वारा चलाए गए मिशन की उपेक्षा की,

ऐसा कहना उचित नहीं होंगा। इस बारे में 'सुबोध पत्रिका' के सम्पादक ने अपनी टिप्पणी के आखिर में जो विधान किया है, वही उचित कहना होगा। "कठोर स्वभाव के दो व्यक्ति इकट्ठे आने पर एक-दूसरे की सहायता नहीं लेंगे।" महात्मा गांधी और विट्ठल रामजी शिंदे, दोनों अपनी भूमिका के प्रति निष्ठावान थे। इसके अलावा दोनों के बीच होनेवाले अन्तर का अलग अर्थ लगाना उचित नहीं होगा।

सन्दर्भ

1. विट्ठल रामजी शिंदे, 'महाराज शिवाजी आणि महात्मा गांधीजी', *जागृती,* बड़ौदा, 6 मई, 1922
2. पां.चि. पाटील, *माझ्या आठवणी,* पृ. 124-125
3. *सुबोध पत्रिका,* 5 जनवरी, 1931
4. *शिंदे का निजी पत्राचार*
5. *शिंदे का निजी पत्राचार*
6. यशवन्तराव चव्हाण, *कृष्णाकाठ,* आत्मचरित्र, खंड पहला, प्रेस्टीज पब्लिकेशन, पुणे, 1984, पृ. 142-145
7. लक्ष्मण शास्त्री जोशी, *मौज,* गांधी स्मृति अंक, 31 जनवरी, 1949, पृ. 23-24
8. विट्ठल रामजी शिंदे, 'क्षात्रधर्म', साप्ताहिक *हंटर,* अंक 46, कोल्हापुर, 1930
9. *सुबोध पत्रिका,* 17 जून, 1934
10. दि *इंडियन सोशल रिफॉर्मर,* 8 अप्रैल, 1944

यरवदा जेल में

इतवार 11 मई, 1930 को विट्ठल रामजी शिंदे ने श्री शिवाजी पाठशाला में पारिवारिक उपासना मंडल की साप्ताहिक उपासना चलाई। यात्रा की दौड़-धूप से थकावट होने से उन्होंने पूरे दिन घर पर ही आराम किया। दूसरे दिन सोमवार को वैशाख पूर्णिमा अर्थात् गौतम बुद्ध की जयन्ती थी, लेकिन अण्णासाहब के कानून-भंग आन्दोलन में उलझे होने के कारण वार्षिक सभा के आयोजन का प्रबन्ध करना सम्भव नहीं हुआ था, किन्तु वे स्वयं अकेले पर्वती पहाड़ पर गए। वहाँ पर उन्होंने दो घंटे ध्यान किया, शान्ति-जप किया और घर वापस लौटे। इस समय वे वेताल पेठ में सणस के घर में रहते थे।

दोपहर बारह बजे खाना खाकर वे अपनी बैठक में आकर बैठे ही थे कि तभी पुणे शहर के पुलिस इंस्पेक्टर मि. मिलर और डिस्ट्रिक्ट इंस्पेक्टर शिंदे, दोनों उन्हें गिरफ्तार करने उनकी बैठक के दरवाजे से आकर दाखिल हुए। अण्णासाहब को दो घंटे पहले ही गिरफ्तार किए जाने की भनक लग चुकी थी। मिलर उनकी पहचान के यूरोपियन अधिकारी थे। "I am afraid, I am coming on an unpleasant." ये शब्द उनके मुँह से निकलते ही शिंदे ने उनसे कहा, "मैं आपकी ही राह देख रहा हूँ। इतनी देर क्यों की? आप कुर्सी पर बैठो। एक छोटी-सी काम की चिट्ठी लिखनी है। उतना समय दोगे?" उन्होंने खुशी से मंजूरी दी। चिट्ठी लिखने के बाद अण्णासाहब ने अपनी यात्रा की थैली तैयार की। उसमें आवश्यक कपड़े और पुस्तकें रखीं। भगवद्गीता, धम्मपद, बाइबल, सुलभ संगीत, छोटी डायरी, चश्मा और बाल सँवारने की कंघी—ये उनकी यात्रा में हमेशा के साथी थे। अण्णा को गिरफ्तार करने पुलिस अधिकारी आए हैं, यह पता चलते ही पूरे घर में हड़बड़ी मच गई। उन्हें विदा करने के लिए परिवार के सदस्य उनके पैर छूकर आशीर्वाद लेने लगे। उन्हें अपनी बहू लक्ष्मीबाई की आँखों में आँसू दिखाई दिए। सीढ़ियाँ उतरने से पहले जनाक्का ने उनका आशीर्वाद लिया। "डरने की कोई बात नहीं," ऐसी परिवारवालों को हिम्मत देकर वे पुलिस अधिकारियों के साथ नीचे आँगन में आ गए। सामने बाबूराव जेधे का बड़ा बेटा यशवन्त दिखाई दिया। उन्होंने उसे कहा, "मुझे खेड ले जा रहे हैं", क्योंकि मिलर ने उन्हें वैसा बताया था। रास्ते पर मोटर और चार सिपाही उन्हें ले जाने को आए थे। तब तक रास्ते पर भीड़ जमा हो गई। पत्नी रुक्मिणीबाई और बेटा रवीन्द्र गाड़ी तक आए। रुक्मिणीबाई आँसू पोंछ रही थी। अण्णासाहब को लेकर मोटर शंकरसेठ रोड से निकली। पुलिस सुपरिंटेंडेंट का ऑफिस आने पर गाड़ी रुक गई। मिलर नीचे उतरे और उन्होंने अण्णासाहब को लश्करी सलाम किया और 'गुडबाय' कहकर विदा ली। गाड़ी खेड का रास्ता छोड़कर चिंचवाड स्टेशन से खंडाला की ओर चल पड़ी। पुलिस ने खेड को ले जाने की झूठी अफवाह फैलाई थी, यह उनकी समझ में आया।

दोपहर तीन-चार बजे अण्णासाहब को खंडाला के सरकारी बँगले पर ले गए। उनके मुकदमे की सुनवाई माधव नारायण हुल्याल बी.ए., पुणे पश्चिम विभाग के डिप्टी कलेक्टर के सामने होनेवाली थी। गिरफ्तार करने आए पुलिस अधिकारियों ने अण्णासाहब को वारंट दिखाया नहीं था और उन्होंने भी पूछा नहीं था। उन पर पीनल कोड धारा 117 के अनुसार गुनाह को बहकावा देने का और धारा 47-8 के अनुसार गैरकानूनी नमक बेचने का इल्जाम लगाया था। आधे घंटे में ही मुकदमे की कार्रवाई पूरी कर ली गई। मैजिस्ट्रेट हुल्याल उनके जमखंडी गाँव के बचपन के दोस्त और कॉलेज के बी.ए. के सहपाठी थे। सन् 1998 में फॅर्ग्युसन कॉलेज में पढ़ते थे तब अप्रैल माह में वे बुखार से बुरी तरह बीमार हो गए थे। उनके पास रहकर सेवा करने को अन्य कोई तैयार नहीं था। उस समय विट्ठल रामजी शिंदे ने 1898 में 7 अप्रैल से एक सप्ताह निरन्तर उनके साथ रहकर बारह-बारह घंटे लगातार उनकी सेवा की थी।

उनका बुखार कम नहीं हो रहा था, यह देखकर उन्होंने गुलाब पानी की पट्टी लगातार बारह घंटे उनके सिर पर रखी और इस सेवा से उस महामारी के दिनों के बुखार से माधव हुल्याल बच गए थे।1 आज संयोग से विचित्र स्थिति में वे एक-दूसरे से मिल रहे थे।

हुल्याल मैजिस्ट्रेट के सामने मुलजिम के रूप में अण्णासाहब शिंदे कमरे में आ पहुँचे तो हुल्याल ने स्वयं उन्हें नमस्कार किया। अपनी मेज के पास ही बैठने के लिए कुर्सी दी। प्रॉसिक्यूटर, दो पुलिस और एक मैजिस्ट्रेट—इनके अलावा इस अस्थायी अदालत में अन्य कोई नहीं था। अन्त में "जुर्म मंजूर है क्या?" ऐसा मैजिस्ट्रेट द्वारा पूछने पर अण्णासाहब बोले, "खेड की दस हजार की सभा में मैं अध्यक्ष था। मैंने भाषण दिया और नमक की नीलामी की आदि पुलिस की दलील सच है, लेकिन गुनाह किया है, यह कैसे कहूँ? यह कहना मेरा काम नहीं है। वह अदालत तय करे।" अण्णासाहब शिंदे ने कानून की पढ़ाई की थी। फर्स्ट एल.एल.बी. की परीक्षा भी उन्होंने उत्तीर्ण की थी। इस दृष्टि से उन्होंने दिया हुआ उत्तर मार्मिक कहना होगा। मैजिस्ट्रेट ने उन्हें छह मास सश्रम कारावास की सजा सुना दी। 'बी क्लास' की सिफारिश की, लेकिन वह वारंट पर न लिखते हुए मौखिक रूप में पुलिस इंस्पेक्टर को बता दी।

हुल्याल दौरे के समय इस बँगले पर ठहरे थे? अब मैजिस्ट्रेट का रिश्ता खत्म हो गया था। दोस्ती के रिश्ते से उनके परिवार को, "रमाबाई को मिलने में हर्ज है क्या", ऐसा उन्होंने मजाक में पूछा। "बेशक मिलिए" ऐसा कहकर हुल्याल उन्हें अन्दर ले गए। मुलाकात के समय रमाबाई की आँखों में आँसू देखकर अण्णासाहब ने मजाक में कहा, "आपके ही पति का मैं कैदी हूँ और आप ही आँसू बहा रही हो?" एक अंजीर खाकर, पानी पीकर वे गाड़ी में आकर बैठ गए।

12 मई, 1930 की शाम। सात बजे थे। वैशाख पूर्णिमा का चाँद निकल आया था। इस समय अण्णासाहब यरवदा जेल के दरवाजे में अन्दर जाने के लिए खड़े थे। हर साल के नियम के अनुसार यह समय अण्णासाहब का बुद्ध जयन्ती पर व्याख्यान देने का था। शिवाजी पाठशाला के मैदान में उन्होंने वह दिया भी होता, लेकिन इस साल का संयोग अलग ही था। *सर्वे सुखिनः सन्तु। सर्वे सन्तु निरामयाः। सर्वे भद्राणि पश्यन्तु। एष बुद्धानुशासनम्॥* यह श्लोक कहकर अण्णासाहब ने उस विशाल कारागृह में प्रवेश किया।

13 मई को 'नवाकाल', 'केसरी', 'प्रभात' आदि पुणे के समाचार-पत्रों में यह खबर प्रकाशित हुई कि अण्णासाहब शिंदे को कानून तोड़ने के जुर्म में छह मास सश्रम कारावास की सजा हुई और उन्हें यरवदा जेल में बन्द किया है। सत्याग्रह मंडल के मुख्याधिकारी बालूकाका कानिटकर अभी तक बाहर ही थे। मंगलवार 13 मई, 1930 को सत्याग्रह मंडली की ओर से एक जाहिर विनती-पत्र निकाला गया। 12 तारीख को ही देशभक्त अब्बास तय्यब जी को भी गिरफ्तार किया गया था। इस वजह से और अण्णासाहब शिंदे को सश्रम कारावास की सजा सुनाई जाने से एक दिन की हड़ताल रखी और शाम छह बजे सभा में जाओ, ऐसी विनती मुद्रित पत्रक बाँटकर की गई थी। इस पत्रक पर आगे की कुछ सूचनाएँ भी थीं। हड़ताल के समय—

1. जनता ने अनुशासन और शान्ति से आचरण करना चाहिए।
2. किसी की भी टोपी या कपड़े किसी की मर्जी के खिलाफ निकालकर न ले या न जलाए।
3. किसी जाति को गुस्सा आए, बुरा लगे, इस तरह के चित्र या स्वाँग न किए जाएँ।

इन सूचनाओं से कानून भंग का यह आन्दोलन शान्ति से और अनुशासन से चल रहा था, इसकी कल्पना की जा सकती है। अण्णासाहब शिंदे जैसे बुजुर्ग, त्यागी नेता को सश्रम कारावास की सजा हुई, इस बारे में समाचार-पत्र में अफसोस व्यक्त किया गया। वा.रा. कोठारी के 'दैनिक प्रभात' में उनके बारे में यह खबर देते समय कहा गया है, "अस्पृश्य वर्ग के रक्षक और ब्राह्मणेतर दल के भीष्माचार्य मान्यवर विट्ठल रामजी शिंदे को इनके पुणे स्थित आवास से गिरफ्तार किया, यह बताते हुए मन को बहुत दुख हो रहा है। विट्ठल रामजी शिंदे जैसा निडर और निश्चयी पुरुष आज तक किसी भी सामाजिक जुल्म के सामने लडखड़ाया नहीं। स्वयं मराठा कुल के होने के बावजूद भी उन्होंने अस्पृश्य लोगों से इतना तादात्म्य स्थापित किया कि उनकी जाति के लोग उनका अपमान करके उनसे अस्पृश्यों जैसा बर्ताव करते थे, उनकी थाली बाहर रखते थे। अब उन पर राजनीतिक पीड़ा भुगतने की नौबत आई और उन्हें अपराधी

बना दिया गया है, लेकिन उन जैसे नेताओं को उपवास और पकवान, जेल और मृत्युशय्या तथा कँटीली जमीन यह एक जैसी ही होने के कारण उनका व्यवहार इस अवसर पर भी उदात्त ही रहेगा, इसका सभी को विश्वास है।"[2]

13 तारीख को अण्णासाहब शिंदे और अब्बास तय्यब जी की गिरफ्तारी के विरोध में पुणे शहर में कड़ी हड़ताल हुई। सुबह दुकानें खुलने के साथ ही फिर तुरन्त बन्द की गईं और कुछ दुकानें तो पहले ही हड़ताल की खबर सुनकर बिलकुल खुली ही नहीं। हड़ताल की वजह से रे मार्केट बन्द होने के कारण मंडी में सभी ओर सन्नाटा था। बुधवार, रविवार, भवानी, नाना आदि व्यापारी पेठों का सभी कारोबार ठंडा हो गया था। चाय और नाश्ते की दुकानें तक बन्द रखी गई थीं। सुनार गली, बर्तन पेठ, अनाज की मंडी—इन सभी जगहों में हड़ताल रखी गई थी।[3] शिंदे और तय्यब की गिरफ्तारी के कारण पुणे के लोगों को किस तरह सात्त्विक गुस्सा आया था, इसकी पड़ताल इस हड़ताल के द्वारा दिखाई दी।

दोपहर चार बजे सरकार का विरोध करने और अण्णासाहब शिंदे तथा देशभक्त अब्बास तय्यब जी के अभिनन्दन के लिए एक भव्य जुलूस निकाला गया। यह जुलूस लोकमान्य तिलक की मूर्ति से निकला और शुक्रवार पेठ में से जेधे मैंशन से वेताल पेठ में जाकर वहाँ से रविवार चौक, मोती चौक, बुधवार चौक—इस राह से शनिवारबाड़ा के सामने छह बजे पहुँचा। जुलूस में महात्मा गांधी की तसवीर और राष्ट्रीय झंडा था। सिवाय 'विदेशी सरकार की नौकरी करना, शराब पीना, ताड़ी पीना हराम है' इस तरह की तख्तियाँ भी थीं। यह हड़ताल शान्ति पूर्वक सम्पन्न हुई। पुलिस ने इस बार बीच में न आना तय किया था। इस जुलूस में ब्राह्मणेतर और मुसलमान बोहरी समाज बड़ी संख्या में था। शहर के अलग-अलग हिस्से में छोटे-छोटे कई दल घूम रहे थे जो सरकार का विरोध और नेताओं का जयघोष कर रहे थे। हड़ताल जैसा ही यह बड़ा जुलूस और छोटा जुलूस शान्ति से सम्पन्न हो गया।

मुख्य जुलूस छह बजे शनिवारबाड़ा के सामने आने के बाद प्रो. डोंगरे की अध्यक्षता में जाहिर सभा आयोजित की गई। सभा के लिए लगभग पन्द्रह हजार स्त्री-पुरुष उपस्थित थे। सभा में का.गो. पाषाणकर, का.ह. जाधव, हरिभाऊ वाघिरे, पोपटलाल शहा, उमरावती के बामनगाँवकर, बाबूराव भिडे, दत्तोपंत गुप्ते, रंगोबा लड़कत, व्यं.बो. हरोलीकर, बोहरी व्यापारी शेख हुसैन, स्वयंसेवक अभ्यंकर आदि वक्ताओं के जोरदार भाषण हुए। यहाँ के बुनकर वर्ग ने शराब और ताड़ी न पीना तय करके विलायती सूट इस्तेमाल न करने की प्रतिज्ञा की और स्वदेशी वस्तु के अलावा अन्य वस्तु नहीं लेंगे, ऐसी कुछ बुनकरों ने शपथ ली।[4] इस सभा की वजह से समाज के सभी स्तरों में जागृति की लहर किस तरह है, यह दिखाई दी।

अण्णासाहब शिंदे जैसे त्यागी और सत्त्वशील नेता को छह मास सश्रम कारावास की कड़ी सजा दी गई, साथ ही उन्हें 'सी-वर्ग' दिया गया, इसके लिए भी लोगों को आया सात्त्विक गुस्सा 'केसरी', 'जागृति' जैसे भिन्न विचारधारा के समाचार-पत्रों में समान रूप में व्यक्त हुआ। 'केसरी' में 'पत्रकार की स्फुट सूचना' कॉलम के अन्तर्गत अण्णासाहब शिंदे के बारे में अत्यन्त आदर से लिखा हुआ दिखाई देता है, "श्रीयुत शिंदे ने पहले से राजनीतिक आन्दोलन में न होकर सुधार के विशेषत: अस्पृश्योद्धार आन्दोलन को ही उन्होंने स्वयं को समर्पित किया है और 'डिप्रेस्ड क्लास मिशन' को आज जो स्थिति प्राप्त हुई है, वह उनकी मेहनत का ही फल है। ऐसे समाज-सुधारक भी अपना सामाजिक आन्दोलन दूर रखकर राजनीतिक आन्दोलन में प्रमुखता से हिस्सा लेने लगे, इसी से राजनीतिक आन्देलन का महत्त्व और व्यापकता सिद्ध होती है।" इस लेख में आगे ऐसा भी कहा है कि "दो साल पहले पुणे शहर में किसानों की जो परिषद् जमीन राजस्व के बारे में विचार करने हेतु आयोजित की थी, उसका अध्यक्ष पद विट्ठल रामजी शिंदे ने स्वीकारा था और तभी से वे सरकार की आँखों का काँटा बन गए थे...किसान वर्ग में उनका रौब होने के कारण उनका आन्दोलन सराकर को बहुत पीड़ादायक लगा हो, ऐसा दिखाई देता है, अपितु इसी कारण से उन पर नमक कानून तोड़ने का मुकदमा लगाकर छह माह सश्रम कारावास की सजा दी गई होगी। उन्हें पुणे शहर में ही गिरफ्तार किया गया, लेकिन वहाँ से 40 मील पूरी के खंडाला इस गाँव में ले जाकर वहाँ मा. ना. हुल्याल के सामने उन्हें खड़ा किया गया।" शिंदे के बचपन के मित्र और सहपाठी हुल्यालकर ने साठ साल में प्रवेश किए अपने लँगोटिया यार को सश्रम कारावास की सजा सुनाकर उनके बचपन के उपकारों को कृतज्ञतापूर्वक चुकाया।[5] यह लेख 'केसरी' के सम्पादक ज.स. करन्दीकर ने लिखा होगा, ऐसा उसमें होनेवाले उल्लेख से लगता है क्योंकि करन्दीकर बचपन से शिंदे के मित्र थे और फर्ग्युसन कॉलेज में शिंदे, हुल्याल आदि इनके सहपाठी थे। इसी हुल्याल ने अकाल के खिलाफ

शिरोल तहसील में की जबर्दस्ती लगान वसूली, विश्वयुद्ध के समय वाई तहसील में की रिक्रूटिंग की जबर्दस्ती आदि स्वकीयों के विरुद्ध किए दुष्कृत्यों का और उनकी अंग्रेजों के अनुकूल वृत्ति का उल्लेख करके हुल्याल ने अण्णासाहब शिंदे को ऐसी कठोर सजा सुनाई, यह स्वाभाविक ही था, ऐसा सूचित किया। इस लेख में ऐसा कहा है, "जिस त्यागी पुरुष ने स्वार्थ-साधन के सभी व्यवसाय जान-बूझकर ठुकराकर ब्राह्मो समाज और अस्पृश्योद्धार आन्दोलन में स्वयं को आजीवन समर्पित किया, जिनका 'डिप्रेस्ड क्लासेज मिशन' का कार्य देखकर पूर्व गवर्नर विलिंग्डन और उस समय के शिक्षामंत्री ना. चौबल, श्रीमन्त सयाजीराव महाराज गायकवाड़, स्वर्गीय नारायण चन्दावरकर जैसी हस्तियों ने समय-समय पर प्रशंसा की और जिनका हाल का पेशा वाङ्मय सेवक का ही था, ऐसे उच्च स्तरीय नेता को नए नियम से राजनीतिक कैदी को मिलनेवाली सुविधाओं का कोई लाभ न मिलकर केवल बदमाशी करके जेल में जानेवाले कैदी के सश्रम कारावास का सामना करना पड़े, इसमें श्रीयुत शिंदे का अपमान नहीं अपितु मुम्बई सरकार की इज्जत को मात्र कलंक लगनेवाला है। अतः मुम्बई सरकार को इस पर गौर कर श्रीयुत शिंदे को 'अ' वर्ग की सुविधा देकर तो कम-से-कम अपनी इज्जत बचानी चाहिए।"[6]

'जागृति' के सम्पादक ने भी गुरुवर्य शिंदे की विद्वत्ता, लौकिक, कर्तृत्व और उम्र आदि के बारे में सोचकर उन्हें 'ए' क्लास के कैदी जैसा बर्ताव करना उचित था, ऐसी राय व्यक्त की है। "सरकार ने समग्र विचार नहीं किया और अधिकारियों ने अपना अनुदार व्यक्त किया तो भी कानून-काउंसिल के ब्राह्मणेतर दल के सदस्य और ब्राह्मणेतर दीवान इन्होंने तो अपना कर्तृत्व निभाना चाहिए था। अण्णासाहब से उनका मन-मुटाव होगा, लेकिन यह प्रश्न इनसानियत का था, ऐसा कहकर समाचार-पत्र के सम्पादकों ने भी इस बात का उल्लेख करना चाहिए था, ऐसा कहकर उनकी जिम्मेदारी का एहसास 'जागृति' के सम्पादक ने करवा दिया।"[7]

मैजिस्ट्रेट हुल्याल द्वारा विट्ठल रामजी शिंदे को सुनाई सजा के आदेश में 'बी' क्लास का उल्लेख न होने के कारण उनको 'सी' वर्ग में ही भेजा गया। 'बी' वर्ग के कैदियों की तुलना में 'सी' वर्ग के कैदियों को मिलनेवाला भोजन और अन्य सुविधाएँ निम्न स्तर की थीं। हुल्याल की लापरवाही कहें या जान-बूझकर कहें, उन्होंने 'बी' वर्ग का निर्देश न किया होने के कारण अण्णासाहब शिंदे को जेल में पहले पन्द्रह दिन 'सी' वर्ग के कैदी का जीवन जीना पड़ा। 'सी' वर्ग के कैदियों को सुबह कटोराभर ज्वार की कांजी, दस बजे एक या दो बाजरे की रोटियाँ और मूंग की दाल, शाम को वही खाना, पहनने के लिए खद्दर की दो धोतियाँ और दो कमीजें मिलती थीं। बिस्तर के रूप में एक नारियल का टाट और दो कम्बल। 'बी' वर्ग के कैदियों को कांजी की बजाय सुबह सात बजे आधा सेर दूध, दस बजे चपाती, दाल-चावल, सब्जी, मक्खन और शक्कर; शाम सात बजे फिर वही खाना। 'बी' क्लास को दो अच्छी धोतियाँ, दो कमीजें और खद्दर की ऊँची गांधी टोपी, एक गद्दी, चद्दर, तकिया और ओढ़ने के लिए दो कम्बल। 'सी' वर्ग को एक उथला कटोरा और कांसे का गिलास, इतने ही बर्तन मिलते थे तो 'बी' वर्ग के कैदियों को एल्युमिनियम की थाली, लोटा, दो कटोरियाँ, ये बर्तन मिलते थे। कैदी ये बर्तन साफ रखें, ऐसी अपेक्षा रहती थी और उसकी जाँच होती थी। रोजाना सुबह डॉक्टर कैदियों की जाँच करते थे। 'बी' क्लास के कैदियों को कमरे में दवाई मिलती थी। 'सी' क्लासवालों को अस्पताल में जाना पड़ता। 'बी' क्लास के सभी कैदी एक ही वार्ड में रखे गए थे। उन्हें एक-दूसरे के कमरे में जाने की इजाजत नहीं होती, लेकिन बरामदे में या आँगन में एक-दूसरे से वार्तालाप कर सकते थे।

'सी' क्लास के कैदियों को मेहनत के काम करने पड़ते थे। हट्टे-कट्टे आदमी को चक्की पर पिसाई करनी पड़ती। 'बी' क्लास के सश्रम कारावास की सजा दिए कैदियों को नारियल की जटा की पुरानी टाट को खोलना और उस जटा से फिर नई रस्सी बनाने का काम सुबह 7 से 10 तक और दोपहर 12 से 4 तक, ऐसा सात घंटे काम करना पड़ता। पन्द्रह दिन के बाद अण्णासाहब को 'बी' वर्ग में रखा जाए, ऐसा आदेश हुआ, लेकिन वही घिसा-पिटा काम करने के कारण और अकेले रहने से वे उदास रहते थे। उन्हें 'बी' क्लास में रखा वह वार्ड कालकोठरी के रूप में पहचाना जाता था। उस बड़े दालान में कुल चौदह कैदी थे। अण्णासाहब शिंदे के बाद बालू काका कानिटकर को भी गिरफ्तार किया गया और वे भी उनके साथ कालकोठरी वार्ड में आ गए। 12 अगस्त को उनके वॉर्ड में 'ए' वर्ग के सम्मानित मेहमानों का इन्तजाम करने के कारण इस मंडली को सर्कल नम्बर तीन की एक नम्बर बैरक में ले गए और एक बड़ी बैरक में ही इन चौदह लोगों को रखा गया। सभी को एक-ही बड़े कमरे में रखा जाने से एकत्र बैठने, वार्तालाप करने की पूरी आजादी आज ही मिली, ऐसा शिंदे ने दर्ज किया है। सर्कल में आए चौदह कैदियों में से बालू

काका कानिटकर और स्वयं अण्णासाहब शिंदे पुणे के, पांडुरंग दत्तात्रेय खाडिलकर वाई के तो रामभाऊ बलवन्त हिरे और त्र्यम्बक अण्णाजी देवचके और स्वामी सहजानन्द भारती—ये अहमदनगर की महाराष्ट्रीय मंडली थी। शेष बारदोली, भड़ौच, अहमदाबाद, आणन्द की गुजराती मंडली थी।[8]

12 अगस्त से इस मंडली को सामूहिक जिन्दगी जीने का आनन्द मिल गया। परस्पर खुलकर बातचीत करना सम्भव हो गया। अण्णासाहब की स्वामी सहजानन्द के साथ कभी-कभी धर्म-सम्बन्धी बातचीत हुआ करती। इस बैरक में आने के बाद इस मंडली के बौद्धिक और आध्यात्मिक जीवन का भी आरम्भ हुआ। यह मंडली बीच-बीच में भजन किया करती। अण्णासाहब प्रार्थना और उपासना करते। अण्णासाहब का भजन और प्रार्थना सारी मंडली को अच्छी लगती थी। एक दिन उन्होंने 'भाषाशास्त्र' पर व्याख्यान दिया तो एक बार छोटालाल घेलाभाई गांधी का 'जैन धर्म' पर एक घंटा भाषण हुआ। स्वामी सहजानन्द का भी व्याख्यान होता था। अण्णासाहब ही अध्यक्ष हुआ करते थे, लेकिन सात दिनों बाद ही इन चौदह लोगों की साझा जीवन की खुशी खत्म हो गई। 18 अगस्त को इस मंडली को पूर्ववत् कालकोठरी के एक और दो वार्ड में भेजा गया।

अण्णासाहब की सामूहिक उपासना में रुझान होने से उन्होंने इस प्रकार की उपासना होती है क्या, इसकी पूछताछ की। हर मंगलवार के दिन खड़की के धर्मोपदेशक फादर लॉडर जेल में उपासना के लिए आते थे। अण्णासाहब शिंदे इस कैथोलिक उपासना के लिए नियमित जाते थे। वे मजाक में इस उपासना को 'मंगलागौर' कहा करते थे। सभी विधि और प्रार्थना लैटिन में ही होने के कारण और उसमें कैथोलिक कर्मकांड होने से अण्णासाहब को इस उपासना में विशेष आध्यात्मिक आनन्द नहीं मिलता था। कभी-कभी भोर के समय उठने पर ध्यान और चिन्तन करते समय उन्हें आध्यात्मिक सुख मिलता था।

अण्णासाहब को जेल के निर्बन्धों की तकलीफ स्वाभाविकता से होती थी। पढ़ने के लिए अंग्रेजी, मराठी पत्रिकाएँ बहुत मुश्किल से अनुमति लेकर मिलती थीं। मिलने हेतु आनेवालों पर भी बन्धन रहते थे। फिर भी पूर्वानुमति से सप्ताह में उन्हें मिलने के लिए आनेवाली मंडली में उनके परिवार के सदस्य अर्थात् पत्नी रुक्मिणीबाई, बहन जनाक्का, बेटा प्रताप और मित्र मंडली में से बाबूराव जेधे, गणपतराव शिंदे और उनकी पत्नी अहल्याबाई शिंदे होती थी। अल्प समय की इस भेंट से उन्हें सन्तोष की अपेक्षा ज्यादा चिन्ता ही लगती थी। पारिवारिक माहौल में रुचि होनेवाले और परिवार में प्यार से रमनेवाले अण्णासाहब को स्नेही मंडलियों से मिलने की आस लगी रहती थी। प्रत्यक्ष यथार्थ की कमी उनका कवि मन कल्पना से पूरी करता था। कालकोठरी वॉर्ड में आने के बाद उन्हें आँगन के तीन पेड़ नजर आते थे। इन पेड़ों के आकार, रचना को ध्यान में लेकर वे उस पर अपनी पत्नी रुक्मिणीबाई, बहन जनाक्का और बहू लक्ष्मीबाई, इनके व्यक्तित्व को आरोपित कर अपना मन बहलाते थे। शाम के समय मैना का एक जोड़ा कमरे के छत की शहतीर पर आकर बैठता था। यह जोड़ा यानी उनके कवि मित्र गणपतराव शिंदे और उनकी पत्नी अहल्याबाई ही है, ऐसी मीठी कल्पना कर वे उनसे मन-ही-मन बातचीत किया करते थे। अपने स्नेहिल और काव्यात्मक स्वभाव के कारण इस तरह वे कुछ समय के लिए ही सही, मन की उदासी दूर कर सकते थे।

अण्णासाहब को भी यह उत्कंठा लगी रहती कि अन्य सभी राजकैदियों जैसी जेल से अपनी रिहाई कब होगी? सपूर-जयकर को मिलाने की कोशिश को कामयाबी मिलेगी क्या आदि समाचार सभी मंडली उत्सुकता से जान लेने की कोशिश कर रही थी। बावजूद इसके, अपने राष्ट्रीय स्वभाव को मोड़कर अपनी रिहाई करवा लेने को अण्णासाहब बिलकुल तैयार नहीं थे। इस बारे में नामदार भास्करराव जाधव ने जेल में आकर उनसे की हुई मुलाकात एक मार्मिक घटना कही जा सकती है। 1 जुलाई, 1930 को नामदार भास्करराव जाधव अण्णासाहब को मिलने जान-बूझकर जेल में आए। उस समय वे शिक्षामंत्री थे। छड़ लिया चोबदार लेकर आने के कारण जेल में सनसनी फैल गई। अण्णासाहब को उन्हें मिलने के लिए सुपरिंटेंडेंट के कमरे में ले जाया गया। उन्हें पहुँचाकर सुपरिंटेंडेंट जाने लगे तब अण्णासाहब ने उन्हें भी बैठने की विनती की। भास्करराव से कुछ गुप्त बातें करने का या बेहूदा कुछ सुझाने का इरादा नहीं, यही अण्णासाहब का आशय था। आमतौर पर कैदियों को मिलने के लिए पन्द्रह मिनट से ज्यादा समय किसी को भी नहीं दिया जाता था, लेकिन भास्करराव जाधव द्वारा अण्णासाहब से दो घंटे बातचीत करने पर भी उनका उठने का इरादा नहीं दीख रहा था। वे मराठी में ही बोल रहे थे। अण्णासाहब ने इस मुलाकात का वर्णन इस तरह किया है। भास्करराव को मैंने पूछा, "क्यों, आ गए?" "यूँ ही आपको मिलने आया हूँ" ऐसा

कहकर उन्होंने कहा, "अब आप बूढ़े हो गए हो। आपको आराम की जरूरत है, वह देने की इच्छा है। मैं आपको ले जाने के लिए आया हूँ।" मैंने कहा, "अगर मुझे आराम ही चाहिए तो वह मुझे यहाँ से ज्यादा बाहर दूसरी ओर कहीं मिलेगा नहीं और हमारे जैसी मंडली यहाँ होगी तो बाहर भी थोड़ी हलचल कम होगी।" भास्करराव ने कहा, "अजी, बाहर दावानल मच गया है। शहर और देहातों में बवाल जारी है।" "अगर ऐसा है तो हमें यहीं पर रहने दीजिए।" मैंने कहा, "मेरे यहाँ आने से पहले अगर आपने चाहा होता तो मैं यहाँ न होता। यहाँ आने पर मुझे बाहर निकालना मन में लाकर क्या लाभ?" ऐसा एक-दूसरे के मन का भाव परस्पर जानने के बाद फिर ब्राह्मणेतर दल के बारे में बातचीत शुरू हुई।[9]

भास्करराव जाधव अण्णासाहब शिंदे के सन्दर्भ में मन में कुछ योजना बनाकर आए थे, ऐसा उनकी बातचीत से दिखाई देता है। "आन्दोलन में मैं हिस्सा नहीं लूँगा" ऐसा आश्वासन अण्णासाहब शिंदे ने दिया तो हम रिहाई करेंगे, ऐसा भास्करराव का इशारा था, ऐसा उनके बोलने से दिखाई देता है। इस प्रकार पीछे हटना और समझौते से अण्णासाहब शिंदे ने अभिमान से मुँहतोड़ जवाब दिया और भास्करराव की सूचना अस्वीकार की, यह उनके स्वभाव और स्वतंत्र वृत्ति से सुसंगत ही कहना पड़ेगा।

2 सितम्बर, 1930 को दूसरी इसी तरह की एक घटना घटी। हर तीन मास बाद एक एड्वायजरी कमेटी जेल देखने आती थी। इस दिन पुणे विभाग के कमिश्नर मि. मैकी और उनके साथ पुणे के कलेक्टर और अन्य यूरोपियन अधिकारियों सहित सात-आठ लोगों की मंडली जेल के कैदियों को मिलने आई थी। अण्णासाहब को लगता था कि ये लोग हमारी ओर इस तरह देखते हैं कि मानो हम चिड़ियाघर के प्राणी हों। मंगलवार के दिन वे कैथोलिक उपासना से वापस आए थे। दूध पीने के लिए वे नीचे बैठनेवाले ही थे कि इतने में यह झुंड आया। दूसरे किसी के भी पास खड़े न रहते हुए यह मंडली अण्णासाहब के पास आ गई। उनका हिस्ट्री टिकट दिखाया गया। मंडली गूँगे का व्रत रखकर चली गई। कोई एक शब्द भी नहीं बोला अण्णासाहब को बहुत ही दुःसह लगा। अपितु इस कमेटी के नेता होनेवाले कमिश्नर मैकी के साथ पिछली दफा जो बातचीत हुई थी, उसके बाद स्वयं कुछ बोले, ऐसा उन्हें नहीं लगा।

एड्वायजरी कमेटी की पिछली भेंट के दौरान कमिश्नर मि. मैक ने अण्णासाहब को पहचानकर "You have changed your occupation." 'आपने अपना पेशा बदल दिया।' ऐसा कहा। अण्णासाहब शिंदे ने, 'आपको पहचान नहीं पा रहा हूँ', ऐसा कहने के बाद उन्होंने कहा, "मैं डी.सी. मिशन में बार-बार आता था।" उस पर अण्णासाहब ने 'मेरी पहचान रखने के कारण आपका आभारी हूँ' ऐसा कहा, किन्तु मि. मैकी का यह ताना अच्छा नहीं लगा, यह दिखाने के लिए उन्होंने उनसे कहा, "यह वृत्ति न होकर वृत्ति का अभाव है।"[10]

इस जेल का अण्णासाहब की दृष्टि से एक बहुत बड़ा लाभ हुआ। उन्होंने यहीं पर अपने आत्मचरित्र पर लेखन की शुरुआत की। जेल के एकान्त में अपने पूर्व जीवन की घटनाओं को याद करना यही दिल बहलाव का काम था। जेल में पहुँचते ही उन्होंने लेखन की सामग्री प्राप्त करने की कोशिश की। लगभग ढाई मास बाद उन्हें लेखन की सामग्री मिली। 12 मई को वे जेल में आए। एक मास के बाद उनकी दवात, कलम आदि लेखन-सामग्री मिले, यह माँग सफल हुई। फिर भी कलम है तो दवात नहीं, दवात है तो कलम नहीं, यह सब है तो दीया नहीं, ऐसा ही चल रहा था। 24 जुलाई को आखिरकर उनके कमरे में दीये का प्रबन्ध किया गया। ढाई मास बाद उन्हें दीये का प्रकाश देखने को मिला। इसकी उन्हें इतनी खुशी हुई कि "मैं दीये की ओर ही देखता रहा", ऐसा उन्होंने कहा है। इस दिन से उन्होंने अपने जीवन की 'यादें और अनुभव' लिखने को शुरुआत की। उन्होंने इस काल में विशेषतः बचपन की यादें ही लिखीं। वह लिखते समय अपने बचपन की, अपने परिवार की यादें विशेषतः माँ की यादें लिखने में ही उनका मन मशगूल होता था। एक तरह से वे अपना बचपन इस जेल में फिर से जी रहे थे। इन यादों को लेखन उनका मन बहलाव करता था। जेल के बाहर प्रत्यक्ष कार्य करने में, व्याख्यान देने में और गम्भीर स्वरूप का लेखन करने में उन्हें स्वयं को उलझाना पड़ता था। जेल के एकान्त में मात्र उन्हें यादें लिखने के लिए फुरसत मिली। व्याख्यान आदि देने का औरों की ओर से दबाव नहीं था। जेल का एकान्त भी इस तरह की यादें लिखने के लिए अनुकूल था। लगभग 200 पन्ने का मजमून उन्होंने जेल के शेष समय में लिखा। आगे पुस्तक के रूप में छपी इस यादों का लगभग 100 पन्नों का मजमून उन्होंने इसी जेल में लिखा। यह पूरा हिस्सा एकाध उपन्यास इतना रंजक और पठनीय

हो गया है। आत्मचरित्र पर लेखन का यह हिस्सा जेल में लिखा होने के कारण आगे वह सामने आने के बाद उनके छोटे बेटे रवीन्द्र ने 1939 में उन्हें आत्मकथा का लेखन पूरा करने का आग्रह किया। जीवन के आखिरी समय में इस आत्मकथा का लेखन अण्णासाहब शिंदे के हाथों पूरा हो सका। इस आत्मपरक लेखन के साथ ही वे यरवदा जेल में थे, तब डायरी भी लिखते थे। अण्णासाहब शिंदे का यह आत्मपरक लेखन उनके जेल जीवन की याद देनेवाला वाङ्मयीन फल है, ऐसा कहना पड़ेगा।

जेल में घटी या कम-से-कम मालूम होनेवाली बुरी बात यानी अण्णासाहब को जड़ी गाऊट या उँगली की गठिया की बीमारी। यह बीमारी जेल में ही सामने आई और इस बीमारी के कारण उनका वजन भी लगभग 10-12 पौंड से कम हो गया। 9 से 19 जून तक अर्थात् 10 दिन उन्हें अस्पताल में रहना पड़ा।

अण्णासाहब शिंदे अपने विनोदी स्वभाव से यह जेल भी बर्दाश्त करने की कोशिश कर रहे थे। मि. रॉजर नामक जेलर के साथ उनका मित्रता का रिश्ता बन गया था। वीलर इस यूरोपियन वॉर्डर से उनका हँसी-मजाक चलता था। एक बार यह वॉर्डर उनके कमरे में कील ठोंकने के लिए आया था वह 'रघुपटी राघव राजाराम, पटिट पावन सीटाराम' यह भजन गुनगुना रहा था। तब अण्णासाहब ने उसे कहा, "तुम्हारा ईसा और पादरी गुस्सा करेंगे न?" इस पर उसने कहा, "Damm that padri. I am my own padri." "मर गया वो पादरी, मैं ही अपना पादरी हूँ।" चार कीलें ठोंककर "आठ आने लाओ", कहकर उसने हाथ आगे किया। उस पर अण्णासाहब ने कहा, "इतना उधार रहने दो, जाओ।" इस पर हँसते-उछलते वह चला गया।[11]

अण्णासाहब के हिस्ट्री टिकट पर 26 अक्टूबर रिहाई का दिन तय किया था। फिर भी उनकी रिहाई अपेक्षतः कुछ जल्दी ही हुई। 13 अक्टूबर शाम 5 बजे विट्ठल रामजी शिंदे और बालू काका कानिटकर वॉर्ड के सामने आँगन में चहलकदमी कर रहे थे। वॉर्डर सखाराम धोत्रे झट-से अण्णासाहब के पास आकर पैर पकड़कर रोने लगा। 10-15 मिनट हुए, लेकिन वह कारण नहीं बता रहा था। "मुझे पछतावा हुआ है", बस इतना ही वह कह रहा था। अण्णासाहब को बाद में मालूम हुआ कि उनकी रिहाई दूसरे दिन 14 तारीख को होनेवाली थी, यह उसे मालूम हो गया था, लेकिन उसे अण्णासाहब को यह बताने का अधिकार नहीं था। दूसरे दिन सुबह वह आने से पहले ही अण्णासाहब की रिहाई होनेवाली थी। इसलिए उसका यह रोना था। रात को बन्द करने के बाद दूसरे वॉर्डन आकर पूछने लगे "कल आपकी रिहाई होनेवाली है।" पारी के जमादार ने सामान समेटने के बारे में कहा। कल अपनी रिहाई होगी, इसकी उन्हें एक तरह से सूचना ही मिली और उन्हें खुशी हुई।

दूसरे दिन सुबह जागने पर जमादार ने उन्हें उनकी रिहाई की खबर और सामान के साथ दफ्तर में आने की वर्दी दी। पुणे शहर कांग्रेस कमेटी के सेक्रेटरी हरिभाऊ जोशी भी उनके साथ रिहा हो गए। जेल के अधिकारियों द्वारा टेलिफोन का इस्तेमाल करने की इजाजत देने पर उन्होंने गाँव से एक दोस्त की मोटरगाड़ी मँगवाई। सुबह नौ-दस के आस-पास अण्णासाहब घर पहुँचे। तुरन्त जोशी के घर पर एक अभिनन्दन की छोटी सभा हुई। दूसरे दिन अर्थात् 15 अक्टूबर, 1930 को अण्णासाहब शिंदे के अभिनन्दन की खुशी में रे मार्केट में भव्य जाहिर सभा हुई। अण्णासाहब के सम्मान में अनेक वक्ताओं ने भाषण किए और उनका अभिनन्दन किया। अन्त में गले में माला डालने के बाद अण्णासाहब शिंदे ने कहा, "अब कानून तोड़कर जेल में जाना इतनी आम बात हो गई है कि माला गले में न डालकर उसे आज तक जेल में न गए लोगों के ही गले में डालना ठीक है।" यह सुनकर सभा में जोर की हँसी फैल गई और तालियाँ बजीं। अण्णासाहब की गिरफ्तारी का यह अन्त उनके परिपक्व और विनोदी स्वभाव से सुसंगत ही कहना पड़ेगा।[12]

सन्दर्भ

1. विट्ठल रामजी शिंदे, *डायरी,* पृ. 14
2. *प्रभात,* पुणे, 13 मई, 1930
3. *ज्ञानप्रकाश,* पुणे, 14 मई, 1930
4. *नवाकाल,* पुणे, 15 मई, 1930

5. *केसरी,* पुणे, 17 मई, 1930
6. *केसरी,* पुणे, 17 मई, 1930
7. *जागृति,* बड़ौदा, 21 जून, 1930
8. विट्ठल रामजी शिंदे, *डायरी,* पृ. 171-172
9. विट्ठल रामजी शिंदे, *माझ्या आठवणी व अनुभव,* पृ. 402
10. विट्ठल रामजी शिंदे, *डायरी,* पृ. 183
11. *वही,* पृ. 189
12. *वही,* पृ. 193-94

ब्रह्मदेश की यात्रा

1925-26 में विट्ठल रामजी शिंदे ने मंगलौर से वापस आने के बाद बौद्ध धर्म के बारे में विशेष अध्ययन किया। डी.सी. मिशन से अलग होने की घटना और उसके बाद मंगलौर में ब्राह्म धर्म के आचार्य के नाते जाने पर एक साल की अवधि के बाद वहाँ से पुणे वापस आने की घटना से उन्हें एक प्रकार की अस्वस्थता महसूस हो रही थी। इसलिए पुणे आने के बाद उन्होंने बौद्ध धर्म की विशेष पढ़ाई शुरू की। उन्हें ऐसा अनुभव हुआ कि पाली भाषा का 'धम्मपद' ग्रंथ प्रो. चिं.वि. जोशी के पास पढ़ने के बाद मन को शान्ति महसूस होने लगी। इसी समय ब्रह्मदेश जाकर वहाँ का बौद्ध धर्म का जीवन प्रत्यक्ष रूप में देखकर स्वयं अनुभव लें, इस तरह का विचार उनके मन में आने लगा। बौद्ध धर्म की जिज्ञासा के साथ ब्रह्मदेश के सन्दर्भ में दूसरी एक जिज्ञासा विट्ठल रामजी शिंदे के मन में थी। वह यानी वहाँ की सामाजिक स्थिति का निरीक्षण करना। ब्रह्मदेश की सामाजिक और पारिवारिक स्थिति के बारे में उन्हें कौतूहल लगता था। उन्होंने तो ऐसा सुना था कि वहाँ जाति भेद नहीं है, स्त्री-पुरुष समानता है, बल्कि महिलाओं का प्रभुत्व है। इस दोहरे कौतूहल के कारण शिंदे ने ब्रह्मदेश की यात्रा करना तय किया। बौद्ध धर्म का जीवन देखें, खासकर एकान्त विहार में रहकर उस धर्म के रहस्य का अनुभव करें, ऐसा विचार उन्होंने पक्का किया और वे ब्रह्मदेश की यात्रा पर निकले।

24 जनवरी से 6 फरवरी, 1927 तक कोलकाता में ब्राह्म समाज का वार्षिकोत्सव अर्थात् माघोत्सव था। इस उत्सव में उपस्थित रहकर फिर कोलकाता से रंगून जाना उन्होंने तय किया। माघोत्सव में ब्राह्म धर्म के प्रचारकों की, मिशनरियों की एक परिषद् आयोजित की गई थी। इस परिषद् में भाषण करते समय शिंदे ने 'मैं बौद्ध हूँ' ऐसा विधान किया। उनका यह वाक्य सुनकर ब्राह्म मिशनरी भाई चौंक गए। कइयों को उनका यह वाक्य सुनकर ताज्जुब हुआ तो कुछेक को उनका यह वाक्य रास नहीं आया। इस सन्दर्भ में शिंदे की भूमिका साफ थी। 1901 से 03 तक उन्होंने ऑक्सफोर्ड के मैनचेस्टर कॉलेज में धार्मिक शिक्षा लेते समय प्रो. कार्पेंटर के मार्गदर्शन में पाली भाषा और बौद्ध धर्म की विशेष पढ़ाई की थी। धर्म की पढ़ाई के सन्दर्भ में उन्हें एक प्रकार की ऐतिहासिक दृष्टि प्राप्त हुई थी। 1910 में पुणे में 'बौद्ध धर्म का जीर्णोद्धार' नामक विषय पर व्याख्यान देते समय उन्होंने बौद्ध धर्म हमारी अनमोल विरासत है, ऐसा कहा था। उनकी यह राय थी कि वर्तमान धार्मिक और सामाजिक जीवन की बौद्ध धर्म यह एक बड़ी इकाई है। बौद्ध धर्म की प्रत्यक्षार्थवादी पॉजिटिविस्ट, व्यावहारिक और प्रागतिशील नीति के कारण उनका बौद्ध धर्म की ओर रुझान था और तत्त्वत: ब्राह्म को कोई भी धर्म पराया नहीं था। इसलिए उन्होंने ब्राह्म मिशनरी सभा में उपर्युक्त विधान किया, यदि हमारे ब्राह्म समाज में अलग-अलग धर्म से लोग आते हैं, तो मैं बौद्ध धर्म से आया तो उसमें क्या गलत है? आज अगर गौतम बुद्ध जिन्दा होकर आएँ तो क्या आप उन्हें ब्राह्म समाज में नहीं लेंगे?" इस तरह शिंदे को इस विवाद में बहस करनी पड़ी। सभा के अध्यक्ष गुरुदास चक्रवर्ती बौद्ध प्रचारक थे। इस विषय पर विवाद बढ़ते देखकर उन्होंने खड़े होकर कहा, "श्रीयुत शिंदे का आध्यात्मिक भाव मन में लाओ। शब्दों पर'बहस मत करो। ब्राह्म समाज यह सर्वग्राही है और शिंदे इसके आदर्श उदाहरण हैं। अब वे जल्द ही ब्रह्मदेश में बौद्ध धर्म का निरीक्षण करने जानेवाले हैं। उनके ब्राह्म धर्म की उदारता देखकर वहाँ की मंडली तथा ब्राह्म समाज को लाभ ही होगा।"

8 फरवरी, 1927 की रात शिंदे रंगून पहुँचे। वे रंगून में डॉ. पी.के. मजूमदार के घर मेहमान बनकर ठहरे। ब्रह्मदेश में आने के बाद धार्मिक विचारों का आदान-प्रदान करना, यह भी उनका एक उद्देश्य था। 11 फरवरी को उन्होंने रंगून के ब्राह्म मन्दिर में 'धर्म की आत्मा' (दि सोल ऑफ रिलीजन) विषय पर व्याख्यान दिया और 12 तारीख को उपासना चलाई। स्थानीय ब्राह्मों के उत्सव में शिंदे ने 'ब्राह्म भाइयों में ज्यादा-से-ज्यादा सहयोग और एकता निर्माण

होने की जरूरत' विषय पर भाषण दिया और ब्रह्मदेश में ब्राह्म धर्म के प्रसार आन्दोलन की जरूरत का भी प्रतिपादन किया। इतवार 13 तारीख को रंगून के ब्राह्म समाज मन्दिर में उन्होंने अंग्रेजी में उपासना चलाई। 19 तारीख को बंगाल अकादमी में रंगून ब्राह्म समाज ने शिंदे के सम्मानार्थ जलपान आयोजित किया। दूसरे दिन से उन्होंने अपनी यात्रा की शुरुआत की।[1] दक्षिण ब्रह्मदेश में पाश्चात्य सुधार के संस्कार विशेष रूप में हुए थे। शिक्षा, व्यापार, राजनीति में ये संस्कार दिखाई दे रहे थे तो उत्तर ब्रह्मदेश में पुरानी सोच प्रमुखता से प्रचलित थी। विट्ठल रामजी शिंदे ने प्रथमत: दक्षिण ब्रह्मदेश की यात्रा की।

20 फरवरी को सुबह रंगून से निकलकर वे मेलोमन पहुँचे। वहाँ मुख्य पैगोडा देखकर एक वृद्ध पुरोहित से मिलकर उनका मठ देखा। उसके बाद शिंदे थाईन इस ऐतिहासिक गाँव गए। वहाँ पर एक हजार फुट ऊँचाई पर होनेवाला म्यादबे नामक दिलकश पैगोडा देखा। इस निर्जन और एकान्त स्थान पर शिंदे की अच्छी ध्यान-धारणा हुई। वहाँ के एक विहार में वे कीडन्ना नामक पुरोहित (भिक्षु) को मिले। वे भूतपूर्व डिप्टी कलेक्टर थे। किसी भी गृहस्थ को कुछ समय तक बौद्ध भिक्षु की दिक्षा देकर वापस गृहस्थाश्रम में जाने की इजाजत होती है। इस सहूलियत के अनुसार कोडन्ना ने आराम और अध्ययन हेतु इस चतुर्थ आश्रम को स्वीकारा था। कोडन्ना की मुलाकात ने शिंदे के मन को बहुत शान्ति और सुख पहुँचाया। उनकी भेंट से उनका मन शान्त और गम्भीर हुआ। उस विहार का माहौल भी आध्यात्मिकता से भरा हुआ था। इस माहौल के असर से विट्ठल रामजी शिंदे को लगा कि मैं भी कुछ समय तक बौद्ध धर्म की उपसम्पदा (दीक्षा) ग्रहण करूँ। कोडन्ना की सोच बिलकुल नई लगी। शिंदे ने उनसे पूछा, "बुद्धं शरणं गच्छामि, संघं शरणं गच्छामि, धम्मं शरणं गच्छामि, ये तीन शरण्यरत्न सच हैं, लेकिन केवल बुद्ध की ही शरण में जाकर मेरा बौद्ध धर्म में प्रवेश हो सकता है और आप मुझे दीक्षा दे सकते हैं?" शिंदे के इस प्रश्न पर उन्होंने मुस्कुराते हुए उत्तर दिया, "आपका आध्यात्मिक भाव देखकर मुझे खुशी हो रही है। आपको बाहरी उपसम्पदा की जरूरत ही क्या है? और दीक्षा देने का अधिकार मुझे नहीं है। वह तो मठाधीश को होता है। मैं आज भी साधक ही हूँ। कुल मिलाकर आपकी मुलाकात से मुझे बहुत अच्छा लगा।" बौद्ध धर्म की दीक्षा लेने की तीव्र उम्मीद अण्णासाहब के मन में निर्मित हो गई थी। उसका आविष्कार इस तरह से हुआ।

24 फरवरी को वे पेगू गए। वहाँ पर श्वे थ याँ बुद्ध (दाएँ हाथ पर गर्दन टिकाकर लेटी हुई बड़ी-सी प्रतिमा) देखा। 25 तारीख की शाम को मोलेमन, थाटन और पेगू आदि स्थान देखकर वे रंगून वापिस लौटे और मजूमदार के मेहमान बनकर रहे। 26 तारीख को रामदास नवमी थी। तानाजी मालुसरे की पुण्यतिथि भी उसी दिन थी। इसी निमित्त से शाम को महाराष्ट्र मंडल के तत्त्वावधान में अण्णासाहब ने मयेकर के घर पर 'महाराष्ट्र धर्म' विषय पर कीर्तन किया। इस कीर्तन में उन्होंने जान-बूझकर यह पद तैयार किया। यह पद लिखते समय उन्होंने तानाजी मालुसरे की पुण्यतिथि को मद्देनजर रखा।

महाराष्ट्र धर्म

भाइयो भव का किला *हम सबको जीतना है॥ धृ॥*
सिंहगढ़ वह एक नहीं है *महाराष्ट्र का साँचा।*
तानाजी नहीं अकेला *शेलार मामा का भाँजा॥*
श्री शिवाजी हो गए *इतिहास के किसी काल में॥*
ऐसी बात मत बोलो कभी-भी॥
जीवन में युद्ध ही देखो॥
दिन-रात अन्दर-बाहर॥
फिर क्यों स्वस्थ बैठे हैं?॥ 1॥ भाइयो...
आजतक जो संत हुए वे संत नहीं सिपाही॥
रणभूमि पर जूझते रहे वे हर समय॥
पुकारते आवाज देकर बुलाते हमको॥

हम देखो ये कैसे भ्रान्त॥
रखकर भाल पर हाथ॥
करते हैं स्वयं का ही घात॥
चलो उठो, कार्यप्रवण बनो॥ 2॥ भाइयो...

दुनिया नहीं मराठों तक सीमित, फैली अनाद्यनन्ति।
रहेंगे वहीं जो सीधे जो स्वार्थ नहीं देखते हैं।
सत्य की भूख जिन्हें, जो न अन्याय सहते॥
वे सभी असली मराठा॥
देश, काल कब कहाँ॥
छोड़ो ये झूठी बातें॥
महाराष्ट्र धर्म अपना॥ 3॥ भाइयो...

रामदास स्वर्ग में यह सुनकर खुश होंगे॥
तानाजी, शिवाजी का कलेजा राख से उठेगा॥
तुकाराम की मराठी बानी कानों में, मन में गूँज उठेगी॥
फिर मेरा-तुम्हारा विचार॥
खत्म होगा सब॥
जागो उठो आपकी बारी है॥
महाराष्ट्र। जय जय बोलो॥ 4॥ भाइयो...

शिंदे द्वारा इस अवसर पर गाए प्रस्तुत पद से उनके भाषण का प्रतिपादन समझ सकते हैं। हमारे संत यानी संत न होकर गृहस्थी की युद्धभूमि पर दिन-रात लड़नेवाले वीर सिपाही हैं। सत्य, नैतिक आचरण के लिए उनका निरन्तर संघर्ष शुरू था, यह भूमिका वे स्पष्ट करते हैं। साथ-ही 'मराठा किसे कहेंगे' उसकी व्यापक संकल्पना वे प्रस्तुत करते हैं। जिनका रहन-सहन साधारण है, जो स्वार्थ के परे देखते हैं, जिन्हें सच्चाई की आँच है और जिन्हें अन्याय असह्य होता है, वे सभी असली मराठा हैं, फिर वे किसी भी काल के या देश के हों। ऐसे मराठों का धर्म यानी महाराष्ट्र धर्म, ऐसा व्यापक प्रतिपादन उन्होंने किया है। महाराष्ट्र से दूर ब्रह्मदेश जैसे स्थान पर अलग-अलग जाति की मराठी भाषिक मंडली को उनका यह प्रतिपादन और उन्नत सोच स्वाभाविकत: पसन्द आई होगी। विट्ठल रामजी शिंदे अपने ब्रह्मदेश के निवास में अलग-अलग महत्त्वपूर्ण विषयों पर श्रोताओं के अनुरूप भाषण देते थे। 2 मार्च को मिसेज मजूमदार ने अपने घर पर कुछ महिलाओं को बुलाया था। इन महिलाओं के सामने उन्होंने 'महाराष्ट्र में महिलाओं का कार्य' विषय पर भाषण दिया। हमारी परिवार संस्था में महिलाओं की भूमिका कितनी महत्त्वपूर्ण होती है, इसका शिंदे ने समय-समय पर अपने लेखन और भाषण में प्रतिपादन किया हैं। मुख्यत: पारिवारिक स्तर पर महत्त्वपूर्ण फैसले लेना और बच्चों में अच्छे संस्कार डालना, ये मौलिक कार्य हमारी महिलाएँ करती आ रही हैं और जिजाबाई जैसे स्त्री-रत्नों की परम्परा महाराष्ट्र में पहले से ही है, ऐसी उनकी राय थी। इस तरह जो महिलाओं को रास आए और उस पर वे अमल कर सकें, ऐसा प्रतिपादन विट्ठल रामजी शिंदे ने किया। 5 मार्च को लक्ष्मीनारायण धर्मशाला में 'बृहत् हिन्दू धर्म और जनता का उद्धार' विषय पर उनका अंग्रेजी में भाषण हुआ।

6 मार्च, 1927 को अण्णासाहब ने 'महाराष्ट्र मित्रमंडली' की वार्षिक सभा में अध्यक्ष के नाते भाषण दिया। उनके भाषण का विषय 'हिन्दू धर्म की जागृति' यह होगा, ऐसा उपलब्ध दस्तावेज से दिखाई देता है।[2] अण्णासाहब ने 'हिन्दू धर्म की जागृति' विषय पर दिए व्याख्यान में ऐतिहासिक दृष्टिकोण से हिन्दुस्तान में हुई धार्मिक उथल-पुथल का परामर्श लेकर मौलिक विचार प्रस्तुत किए। इस टिप्पणी में हिन्दू धर्म की निम्न विशेषताएँ दर्ज की हैं : 1. अनैतिहासिक, 2. व्यापक, 3. संग्राहक, 4. बुजुर्ग धर्म और 5. निद्राधीन।

टिप्पणी में आगे उन्होंने यह दर्ज किया है कि हिन्दू, ईसाई, मुस्लिम, चीनी, बौद्ध, जैन आदि भिन्न धर्म नही हैं। धर्म एक, पंथ अलग।

मोक्ष धर्म और व्यवहार धर्म ऐसा भेद करके उन्होंने कहा है कि मोक्ष धर्म सर्वत्र एक ही है। फिर भी व्यवहार धर्म के कारण पंथ अलग है—एकं सत् विप्रा: बहुधा वदंति।

मोक्ष का पक्ष प्रस्थापित होने के कारण उसे नींद नहीं है और वह असामान्य ऋषि प्रणित है, लेकिन व्यावहारिक पक्ष में मात्र नींद और जागृति, ऐसा द्वन्द्व दिखाई देता है।

धर्म का जो सुधारवादी पक्ष है, वह इस व्यावहारिक अर्थात् युगधर्म में ही है। अन्य धर्म पंथ पैदा होने से पहले ही अर्थात् बुद्धकाल में ही हिन्दू धर्म पंथ को बुढ़ापा आ गया। बौद्ध और जैन धर्म यह पहला सुधार अर्थात् जागृति। बौद्ध सुधार यह पुराना होने के बाद भागवत् धर्म के जरिये दूसरी जागृति हुई। आजकल के (प्रार्थना) समाज धर्म के उपहास की तरह ही सभी पूर्व जागृति का भी उपहास हुआ। निद्राधीन आदमी झट-से न जागते हुए आलस देता है, उसी प्रकार का यह उपहास है। एक जाग जाने के बाद दूसरे निद्राधीन का मजाक उड़ाता है।

सौ साल में इस समाज ने जो कार्य किया, उसे बूढ़ा हिन्दू धर्म आज कबूल रहा है। 7 मार्च को वे उत्तर ब्रह्मदेश देखने के लिए मंडाले को निकले। 8 मार्च को मंडाले पहुँचने पर दत्तात्रेय सखाराम नागवंशे की ओर ठहरे। नागवंशे मंडाले-मदाया रेल में उपविभागीय अधिकारी थे। उन्हें अहमदाबाद के डॉ. पायगुडे मिले। 10 तारीख को मंडाले की पहाड़ी पर स्थित श्वे या दो बुद्ध का 25 फुट ऊँची का हाथ ऊपर उठाए खड़ी बुद्ध की प्रतिमा देखी। 10 तारीख को मुख्य मन्दिर में स्थित महात्मा मुनि की (बुद्ध की) बड़ी पीतल की प्रतिमा देखी। इस मन्दिर में भक्तों की हमेशा भीड़ रहती थी। बाहर के आँगन में होनेवाले साफ तालाब से जिन्दा मछलियाँ पकड़कर कुछ लोग बेचने के लिए रखते थे। वह खरीदकर वापस पानी में छोड़ें तो पुण्य लगता है, ऐसी भक्तों की मान्यता थी। शिंदे ने कहा कि बार-बार वहीं मछलियाँ पकड़ने से वे इतनी पालतू हो गई थीं कि वे अपने आप टोकरी में आ जाती थीं।

मंडाले के प्रवास के दौरान शिंदे ने पुराने राजा का महल देखा। तिलक को जहाँ रखा था, वह राजनीतिक जेल भी देखी। अण्णासाहब शिंदे जहाँ जाते फिर वह पेरिस हो या मंडाले, वहाँ के समाजशास्त्रज्ञों से जान-बूझकर मुलाकात करते थे और उनसे नई जानकारी प्राप्त करने की और अपनी जिज्ञासा शान्त करने की कोशिश करते थे। मंडाले से कुछ दूरी पर मेमियो नामक स्थल लगभग 3,500 फुट ऊँचाई पर स्थित पर्यटन स्थान है। वहाँ पर उन्होंने टॉ सिन नामक वास्तुशास्त्रज्ञ के पास एक दिन मेहमान बनकर बिताया। ये विद्वान उन्हें ब्रह्मदेश के डॉ. भंडारकर ही लगे। उनसे ब्रह्मी पुरातत्त्व वास्तु विषय पर शिंदे ने विचार-विमर्श किया। शिंदे की वृत्ति फकीरी थी। इसके बावजूद उनके पास होनेवाली अनुसन्धान की लगन देखकर उन्हें आश्चर्य लगा और वैसा उन्होंने कहा भी। ये यूरोपियन विद्वान सज्जन शान से रहते थे। टेबल पर खाना खाते समय शिंदे ने एक विषय के बारे में पूछताछ की। उन्होंने सुना था कि ब्राह्मी लोग मृत प्राणियों का मांस खाते हैं, लेकिन अभी तक किसी ने भी अधिकार से खुलासा नहीं किया था। इसलिए यह विषय बड़ी नम्रता से टॉ. साहब के पास निकाला। ब्राह्मी लोग मृत प्राणियों का मांस खाते हैं, यह उन्होंने कबूल करके सभी आदमी मृत जानवरों का मांस खाते हैं, फिर वह जानवर मरा हुआ हो या मारा गया हो, ऐसा उन्होंने कुछ आक्रामकता से कहा। खाते समय उस जानवर का मांस शुद्ध होना महत्त्वपूर्ण है, ऐसा उन्होंने कहा।

13 मार्च को अण्णासाहब शिंदे मंडाले के दक्षिण में आठ मील पर बसे अमरपुरा गाँव में साँडर्स वीविंग इंस्टिट्यूट के प्राचार्य महादेवराव मांडे के यहाँ ठहरे। एक दिन वे उनके साथ रहे और 14 से 18 तारीख तक टीले के विहार में रहे। 18 तारीख को अमरपुरा वापस आने के बाद दो दिन वे अमरपुरा और मंडाले में रहे।

दक्षिण ब्रह्मदेश के रंगून में 'ब्राह्म समाज' और 'महाराष्ट्र मित्रमंडली' नामक दो संस्थाएँ कार्यरत थीं, लेकिन वहाँ की मंडलियों की धर्म के सन्दर्भ में विशेष आस्था है, ऐसा पहले विट्ठल रामजी शिंदे को नहीं लगा। ब्राह्म समाज में डॉ. पी.के. मजूमदार और महाराष्ट्र मित्र मंडली में रा.न. सबनीस नामक दो निष्ठावान पुरुष लगे। सबनीस बर्मा रेल के लेखा विभाग में अधिकारी थे। उत्तर की ओर मंडाले में दत्तोपंत सखाराम नागवंशे और अमरपुरा में महादेवराव मांडे और उनके परिवार की मंडली को ब्राह्म समाज के बारे में ज्यादा जानकारी नहीं थी। फिर भी अण्णासाहब की दो-चार दिन की साथ-संगत में ब्राह्म समाज के बारे में उनके मन में विशेष आदर निर्मित हुआ। मांडे की इच्छा के अनुसार उनके घर पर शिंदे ने ब्राह्मोपासना की। श्रीमती मांडे और उनका बेटा विद्याधर श्रद्धा से उपासना को बैठे थे। मंडाले से आई नागवंशे, भिडे मंडली भी उपस्थित थी। इस उपासना का सभी पर अच्छा असर हुआ और अगले इतवार को सगाईन से लौटने के बाद मांडे, पायगुडे, नागवंश—इन तीनों के परिवार के सदस्यों ने नागवंशे के बंगले पर पूरा दिन

उपासना, चिन्तन, भजन, सम्भाषण—इसमें व्यतीत करना तय किया। अण्णासाहब शिंदे के निवास का इन मंडली पर अत्यन्त अनुकूल प्रभाव पड़ा। शिंदे के यहाँ के प्रवास में मांडे के घर पर लगातार पारिवारिक उपासना होती थी।

ब्रह्मदेश में बौद्ध धर्म की वर्तमान स्थिति का निरीक्षण करना, वहाँ के बौद्ध मठ विहार का निरीक्षण करना और सम्भव हो तो वहाँ एकान्त में ध्यान करना—यह भी एक प्रमुख उद्देश्य रखकर विट्ठल रामजी शिंदे ब्रह्मदेश की यात्रा पर गए थे। उन्होंने रंगून में श्वे डगून यह बड़ा मन्दिर देखा। सावन, कार्तिक, फागुन—इन तीन मास में वहाँ धार्मिकों का बड़ा मेला लगता था। उस समय बहुत सारा अन्न इकट्ठा होता था, लेकिन भोग का यह अन्न वरिष्ठ वर्गीय कोई भी नहीं खाता था। वह फयाचून नामक अस्पृश्यों को दिया जाता। इस मन्दिर की लकड़ी पर की कला विट्ठल रामजी शिंदे को बहुत अच्छी लगी। मन्दिर के आँगन में झाड़ू लगाने से पुण्य मिलता है, यह धारणा होने से अमीर और सभ्य परिवार के लोग भी मन्दिर का आँगन साफ करते दिखाई देते। यह पैगोडा पहाड़ी पर 300 फुट ऊँचाई पर बनाया गया है। मन्दिर में जगह-जगह पर सैकड़ों मूर्तियाँ दिखाई देती हैं। सभी प्रकार के लोग मन्दिर में आते हैं। किसी को भी पाबन्दी नहीं। इस मन्दिर के गम्भीर वातावरण का शिंदे के मन पर अच्छा असर हुआ।

शिंदे ने दूसरा स्थान सगाईन पहाड़ी पर का महाशिव चाँग नामक धर्मक्षेत्र देखा। ब्राह्मी भाषा में विहार या मठ को 'चाँग' कहते हैं। इस पहाड़ी पर बौद्ध भिक्षु और भिक्षुणियों के लगभग चार-सौ विहार या मठ उन्हें दिखाई दिए। उस समय भिक्षुओं की संख्या एक हजार और भिक्षुणियों की संख्या लगभग दो हजार थी। श्रीमान महादेवराव मांडे की कोशिश से शिंदे का सगाईन पहाड़ी पर रहने का अच्छा प्रबन्ध हुआ था। वे सगाईन गाँव में रहनेवाले ऊ माँ माँ नामक अमीर पारसी गृहस्थ के पास वासुदेव गोविन्द भिडे के साथ ठहरे। भिडे नामक पेंशनर सज्जन को महादेवराव मांडे ने दुभाषिए के रूप में भेजा था। भिडे को ब्रह्मी, अंग्रेजी और मराठी—ये भाषाएँ अच्छी तरह से अवगत थीं। उन्होंने ब्रह्मदेश के लोक निर्माण विभाग में उपविभागीय अधिकारी के रूप में सेवा की थी। उसका शिंदे को काफी लाभ हुआ। ऊ माँ माँ ने अपनी गाड़ी देकर शिंदे को पहाड़ी पर स्थित विहार में पहुँचाया। वहाँ पर भिक्षु ऊ विलास ये 32 की अवस्था के और मुख्य फौजी ऊ कुमार 45 की अवस्था के थे। इन दोनों को भी थोड़ी-बहुत पाली भाषा आती थी, लेकिन ब्रह्मी भाषा के उनके उच्चार काफी अलग होने से शिंदे को उनकी पाली का फायदा नहीं हुआ। शिंदे का ठहरने का प्रबन्ध मठ के अहाते के स्वतंत्र बंगले में किया था। भिक्षु का नाश्ता सुबह और साढ़े ग्यारह बजे खाना होता था। उसके बाद दूसरे दिन तक खाना नहीं मिलता। शिंदे के खाने का ऊ माँ माँ ने स्वतंत्र रूप में अच्छा प्रबन्ध किया था।

यहाँ के निवास में अण्णासाहब ने भिक्षुणियों का मठ घूमकर देखा। इरावती नदी के तट की पहाड़ियों की पाँच-सात मील की शृंखला में जगह-जगह पर ये विहार थे। साथ में ऊ विलास थे। अलग-अलग टीले, गहरी खाई में ऊँचे शिखर, ढलान पर के मठ—ऐसी सभी ओर आकर्षक शोभा दिखाई दे रही थी। ऊपर से नीचे तक घनी झाड़ियाँ, अत्यन्त साफ-सुथरी भूमि, घनी छाँव और गुनगुनाती शुद्ध हवा—ऐसे शारीरिक और आध्यात्मिक सुख के बहुत-से साधन इस पुण्यक्षेत्र में भरे पड़े हैं, ऐसा शिंदे को एहसास हो रहा था। इस पाँच-सात मील के दायरे में गृहस्थाश्रम का नामोनिशान तक नहीं था। भिक्षु भिक्षा माँगकर अनाज लाएँ या भिक्षुणियाँ उन्हें लाकर दें, ऐसा रिवाज था। भिक्षुणियों को भिक्षु द्वारा इतना सम्मान नहीं दिया जाता था। उन्हें कोरान्न भिक्षा माँगनी चाहिए। जरूरत पड़ी तो पकाकर भिक्षुओं को परोसना चाहिए, ऐसा रिवाज था। कोई कितना भी बड़ा या अमीर मनुष्य हो, भिक्षु के मठ में जाने से पहले उसे अपने जूते हाथ में लेने पड़ते थे। वह न निकालने के कारण यूरोपियों के खून तक हो गए हैं, ऐसा उनके सुनने में आया। भिक्षुणियों के मठ में मात्र जूते पहनकर जाने की इजाजत थी। यहाँ शिंदे की एक विद्वान भिक्षुणी से मुलाकात हुई। वह अपनी शिष्या को 'धम्मपद' पुस्तक का 'सहस्सवग्ग' अध्याय पढ़ा रही थी। सामने भिक्षु आ जाए तो अन्य सामान्यजनों की तरह भिक्षुणी को रास्ते पर जमीन पर घुटने और माथा टेककर भिक्षु को तीन बार सलाम करना पड़ता। ब्रह्मदेश में और अन्य सभी स्थानों पर ऐहिकता के बारे में महिलाओं को पुरुषों के साथ बल्कि कुछ अधिक ही सम्मान था, लेकिन धार्मिकता के बारे में स्त्री-पुरुष में भेद करके पुरुषों को दिया जानेवाला बड़प्पन देखकर शिंदे को आश्चर्य हुआ। इस भेद को ब्रह्मदेश जिम्मेदार न होकर हिन्दुस्तान से आया बौद्ध धर्म कारण है, ऐसा उन्होंने अर्थ लगाया।

शिंदे को बौद्ध भिक्षु को सम्मान देने का अजब तरीका देखने को मिला। शिंदे का मुख्य फौजी से दो घंटे वार्तालाप चल रहा था। इस भेंट के दौरान मुख्य फौजी को मिलने के लिए आए दो अमीर ब्राह्मी सज्जन भिक्षु का सम्मान रखने के लिए बिल्ली की तरह जमीन से चिपककर बैठे थे। भिक्षु खड़ा हो तो उपासक सामान्य आदमी को जमीन पर बैठना

चाहिए। भिक्षु बैठा हो तो जमीन पर लेटकर चिपक जाए। कुल मिलाकर भिक्षु से उच्च स्तर पर न जाए, ऐसा भिक्षु को सम्मान देने का ब्राह्मी तरीका शिंदे को देखने को मिला।

सगाईन पहाड़ी पर श्वे जिन और तू धम्म (सुधर्म) ऐसे दो प्रमुख पंथ उन्हें दिखाई दिए। श्वे जिन यह पंथ बौद्ध विनय (बुद्ध अनुशासन) का कठोरता से पालन करता है। उदाहरणार्थ बीड़ी न पीना, पान न खाना, नाटक न खेलना, न करने देना और न देखना, पैसों को हाथ न लगाना, जानवरों द्वारा खिंची हुई गाड़ी में न बैठना, गाँव में छतरी आदि शेखी बघारने के प्रकार न रखना। इस पंथ के कई भिक्खु शाकाहारी हैं। उन्हें ऐसा पता चला कि उ खंती की (क्षांती) कोशिश के कारण ब्रह्मदेश में शाकाहार का प्रचलन बढ़ रहा है। कम-से-कम गोहत्या पर तो कुछ मात्रा में प्रतिबन्ध आ गया था। सुधर्म पंथ में इतनी कठोरता नहीं है, ऐसा उन्हें दिखाई दिया, किन्तु धर्म की राय में कोई अन्तर नहीं था।

वार्तालाप के दौरान शिंदे को वहाँ के भिक्खुओं की राय की एकांगीता और जिद दिखाई दी। शिंदे ने ब्राह्म समाज का उद्देश्य बताने की कोशिश की, लेकिन संकुचित वृत्ति के कारण वह सुनने की उनकी तैयारी नहीं थी। ब्राह्म समाज असंगत मत वाला है, ऐसी उनकी गलतफहमी होकर उनका क्षोभ बढ़ने के असार दिखाई देने लगे। स्वयं ऊ माँ माँ दुभाषिया की भूमिका निभा रहे थे। उन्होंने चालाकी से ऊ कुमार को समझाया अन्यथा शिंदे को मठ की मेहमान नवाजी से वंचित रहना पड़ता। शिंदे एक बड़े धर्म आन्दोलन के भिक्खु हैं और पूरी दुनिया में घूमकर बौद्ध धर्म का बड़े अभिमान से अध्ययन कर रहे हैं, यह ठीक से समझने पर उन बौद्ध भिक्खुओं को विश्वास हो गया।

विट्ठल रामजी शिंदे इस मठ में साढ़े तीन दिन रहे। यहाँ के पावन माहौल का पहले ही दिन उनके मन पर अत्यन्त अनुकूल असर हुआ। कोई भी विधि-संस्कार न करते हुए उन्होंने स्वयं के मन से ही वहाँ के निवास में भिक्षु का व्रत धारण किया। वहाँ का एकान्तवास, स्वच्छ चाँदनी, अनुकूल माहौल उन्हें चिन्तन और ध्यान के अनुरूप लगा। उनके सामने बौद्ध धर्म का आद्यन्त इतिहास मूर्त हुआ और गौतम बुद्ध के मूर्त चरित्र का अनुभव हुआ। वे रात को उपासनालय की ओर गए। दरवाजा बन्द था। उन्होंने बाहर ही बैठकर काफी समय तक ध्यान किया। फिर सवेरे उन्होंने यही अनुभव लिया।

इस मठ में रहनेवालों के चार वर्ग शिंदे को दिखाई दिए। बाहर से आनेवाले छात्र :

1. कोईन् यानी मुंज हुए पीताम्बरधारी, बीस से कम अवस्था के शिष्य,
2. उब जेन् यानी बीस वर्ष के ऊपर के दीक्षा लिये हुए युवा भिक्षु,
3. मठ के मालिक और चालक उर्फ शास्ता। इन्हें फौजी कहते हैं और
4. कप्पियादायका नामक गृहस्थाश्रमी प्रबन्धक मददगार कहीं-कहीं मिलता है।

बाहर से आनेवाले छात्र सुबह का खाना विहार में ही खाते हैं। दोपहर के बाद अपने घर से खाना खाकर रात को सोने के लिए विहार में ही आते हैं। शेष विहार में ही रहते हैं। रात में अँधेरा होने के बाद कोई भी विहार के बाहर जरूरी काम के सिवा और फौजी की आज्ञा के सिवाय नहीं जा सकता, ऐसा सख्त नियम था। अँधेरा होने के बाद कोई भी भिक्षुणी किसी भी बहाने भिक्षु के मठ में नहीं आ सकती।

'साधना' के बारे में एक विशेष बात शिंदे की नजर में आई। वे जिन पंथ के मुख्य आश्रम में एक गहरी गुफा में गए, तब एक कोने में खड़ा हड्डियों का ढाँचा उन्होंने देखा। यह कंकाल वहाँ लटकाने का उद्देश्य यह होता है कि उस पर ध्यान लगाकर अनित्य की (पूरा जग नश्वर है, यह भाव) साधना करनी होती है।

अनशन के दिन उपासकों (सामान्यजनों को), मुसाफिरों या आम यात्रियों के थोड़े दिन ठहरने के लिए एक या अनेक धर्मशालाएँ होती हैं। पानी के लिए कुएँ, तालाब, बहिर्विधि के लिए पाखाना, चिन्तन के लिए बिलकुल एकान्त जगह पर बनाई झोंपड़ी भी अलग होती है। बौद्ध विहार का यह नजारा और वहाँ का माहौल शिंदे को बहुत ही शान्तिपूर्ण लगा।

उपोषण के दिन के रूप में दो अष्टमियाँ, पूर्णिमा और अमावस—ऐसे माह में से चार दिन पाले जाते हैं। उस दिन गृहस्थ लोग एकभुक्त रहकर उपासना के लिए विहार में आते हैं। इन दिनों में छात्रों को पढ़ना नहीं पड़ता है, लेकिन आश्रम की सफाई आदि काम उन्हें करने पड़ते। आश्रम साधारणतः दस-बारह एकड़ में फैला होता है। उसमें पेड़, गुफा, वाटिकाएँ बड़ी संख्या में होती हैं। ये सभी पेड़ मनोहर और सुस्थित रखे जाते हैं। यह काम छात्र और कोईन करते हैं।

ब्रिटिश सरकार का ब्रह्मदेश में अमल शुरू होने से पहले ये बौद्ध विहार ही प्राथमिक शिक्षा देने का कार्य करते थे। अन्य देशों की तुलना में यहाँ साक्षरता का अनुपात अधिक होने का यही कारण है। आश्रम में कोई भी काम मजदूरों से नहीं करवाया जाता। इसके बावजूद सभी कार्य छोटे-बड़े बिना शिकायत और बिना हो-हल्ला किए करते थे। फौजी से और कोइन से सभी का बर्ताव अत्यन्त आदर का होता था। विहार की पाठशालाएँ सरकारी विद्या विभाग द्वारा मान्यता प्राप्त होती हैं। ब्रह्मदेश में सभी ओर फैले हुए ये विहार बौद्ध धर्म की जीवन्तता और उपयुक्तता दिखाते हैं, ऐसी शिंदे की राय बन गई।

17 मार्च को फागुन पूर्णिमा मुख्य अनशन का दिन था। ऊ विलास ने शिंदे को भिक्षुणियों के कुछ मठ दिखाए। ये मठ भिक्षुणी स्वतंत्र रूप में चलाती थी। पारिवारिक जीवन में तो सभी व्यवहार में ब्रह्मी महिलाओं का स्तर पुरुषों से उन्नत दिखाई दिया। परमार्थ में भी महिलाओं की यह स्वतंत्र वृत्ति देखकर शिंदे को आश्चर्य हुआ।

फागुनी पूर्णिमा के दिन तीसरे प्रहर को श्वे जिन पंथ के सभी भिक्षुक मुख्य मठ में इकट्ठा हुए। ऊ विलास अपने साथ शिंदे को वहाँ ले गए। उस समय पाली में लम्बी प्रार्थना हुई और संघ की कुछ आम विधि सम्पन्न हुई। इस तरह शिंदे को लगा कि साढ़े तीन दिनों का अपना संन्यास अच्छी तरह से सम्पन्न हो गया। इस पुण्यक्षेत्र में अल्प समय संन्यास धर्म का अनुसरण शिंदे के मन को शान्ति और समाधान देनेवाला था। 18 मार्च को उन्होंने इस रम्य बौद्ध विहार से बड़े कष्ट से विदा ली। पूरब की ओर होनेवाली पहाड़ी के ढलान की सीढ़ियाँ उतरकर वे इरावती नदी के किनारे होनेवाली बड़ी नाव में बैठकर अमरपुर पहुँचे।

ब्रह्मदेश के बौद्ध धर्म में होनेवाला एक विशेष अधिकारी पद शिंदे को देखने को मिला। ईसाई धर्म में जैसे पोप ईसाई लोगों का इहलोक का प्रतिनिधि और सभी पादरियों का शास्ता होता है, लगभग उसी प्रकार बुद्ध भिक्षुओं का शास्ता ब्रह्मदेश में तादन बैं नामक सर्वश्रेष्ठ धर्माधिकार होता है। ऐतिहासिक दृष्टि से देखें तो बुद्ध के प्रतिनिधि के रूप में बौद्ध धर्म में ऐसे अधिकारी को स्थान नहीं है, लेकिन कोई भी बदमाश पीताम्बर पहनकर भिक्षु बने और धर्म तथा कारोबार में उधम मचाए तो उसका उचित प्रबन्ध करने के उद्देश्य से और अपने राजनीतिक अधिकार को समर्थन मिले, इसलिए प्राचीन ब्राह्मी राजाओं ने यह धर्माधिकारी पद निर्मित किया था। बौद्धिक, सामाजिक और नैतिक दृष्टि से जनता को ऊपर उठाने का कार्य मठ के मालिक और संचालक होनेवाले बौद्ध फौजी महत्त्वपूर्ण प्रभावशाली अधिकारी थे। उन्हीं के आन्दोलन और महत्त्वाकांक्षा पर उचित नियंत्रण रखना राजनीतिक दृष्टि से अक्लमन्दी का कार्य था। इसीलिए यह सबसे उच्च धर्माधिकारी का पद हेतु निर्मित किया गया होगा, ऐसा शिंदे को लगा।

10 मार्च को विट्ठल रामजी शिंदे मंडाले गए तब उन्हें एक बौद्ध भिक्षु की अंत्येष्टि देखने को मिली। यहाँ पर भिक्षु की अंत्येष्टि यानी एक प्रकार से मृत्यु का त्यौहार ही मनाया जाता है। फौजी या बौद्ध भिक्षु की मृत्यु होने के बाद उसके पेट की आँत आदि निकालकर उसमें मसाला भरकर उसका शरीर छह मास तक रखा जाता है। उसकी अर्थी को डोली जैसा सजाया जाता है। जगह-जगह के भक्त चन्दा इकट्ठा कर बड़ा-सा मंडप डालकर फौजी की अर्थी सजाकर रखते हैं।

10 मार्च को शिंदे ने यह अंत्येष्टि विधि देखी तब शुद्ध अष्टमी की चाँदनी फैली थी। विहार में दो-तीन दिन बड़ा उत्सव चल रहा था। लगभग तीन-चार हजार लोग जमा हो गए थे। मिठाई की दुकानें सजी थीं। जगह-जगह कठपुतलियों का खेल और नाच-नौटंकी चल रही थी। कुछ वृद्ध फौजी तक यह उत्सव देखते घूम रहे थे। चार ऊँचे खम्भों पर एक बड़ा-सा झूला टाँगकर उसमें मृत भिक्षु की अर्थी झूलती हुई रखी थी। उस पर हरा वस्त्र सजाकर पन्नी लगाई थी। किसी भक्त द्वारा एक रुपया देने के बाद वहाँ पर होनेवाला सेवक जोर-जोर से रुलाई के स्वर में प्रार्थना करता था। आँखें पोंछकर रोने की आवाज निकालता था। हमारे यहाँ पहले गुजरात में जिस तरह शवयात्रा में किराये के रोनेवाले होते थे, वैसा ही शिंदे को यह प्रकार लगा। उन्हें सही मातम या गम्भीरता का माहौल दिखाई नहीं दिया।

शिंदे ने मालाबार में मातृसत्ताक पद्धति का अवलोकन किया, तभी ब्रह्मदेश की मातृसत्ताक परिवार पद्धति का स्वरूप देखने का कौतूहल उनमें जाग गया था। ब्रह्मदेश के अपने प्रवास में शिंदे ने बौद्ध मठ में भिक्षुणियों के सन्दर्भ में जो निरीक्षण किया, उससे उन्हें ऐसा लगा कि यहाँ पर पुरुष वर्ग के भिक्षु से भिक्षुणियों का स्तर कम माना जाता है और भिक्षुणियाँ स्वयं को एक तरह से गौण मानकर इन मठों में रहती हैं। धार्मिक क्षेत्र में स्त्रियों को मिलनेवाली यह गौणता बौद्ध धर्म भारत से ब्रह्मदेश में जाने के कारण भारतीय विशेषता वहाँ भी बनी रही होगी, ऐसा उन्होंने अन्दाजा

लगाया। ब्रह्मदेश में सामाजिक स्तर पर महिलाओं का निरीक्षण करने के बाद उन्हें यह एहसास हो गया कि ब्राह्मी महिलाओं को आज भी पुरुषों की बराबरी में शिक्षा का अधिकार नहीं मिलता। यहाँ की स्त्रियाँ टीप-टाप से पोशाक पहनना, बाल सँवारना, मुँह पर पाउडर लगाना—ये हमेशा करती रहती हैं बल्कि दुकानों में चीजें बेचते समय तक उनका यह सजना-सँवरना जारी रहता है। परिवार का हाट-बाजार, खरीद-बिक्री का व्यवहार ब्राह्मी महिलाएँ ही करती हैं। ब्राह्मी स्त्री अपनी खेती का चावल यूरोपियन कम्पनी को अपनी जिम्मेदारी पर बेचती है और उसमें वह अपने पति से ज्यादा लाभ प्राप्त करती है। घर की मालिक स्त्री होती है और पुरुष उसके आधिपत्य में रहता है। लड़के की शादी सामान्यतः 18 साल की उम्र में और लड़की की 14 वें साल में होती है। माँ-बाप के घर से भागकर विवाह करने के भी उदाहरण हमेशा घटते रहते हैं। विवाह के बाद नई दम्पति लड़की के मायके में ही दो-तीन साल रहती है। अकेली लड़की हो तो लड़की के माँ-बाप उसी के घर में रहते हैं। तलाक यहाँ आम बात थी। शिंदे की यह राय बनी कि ब्राह्मी पुरुष अमीर होने की या किसी भी तरह की सत्ता प्राप्त करने की महत्त्वाकांक्षा न होनेवाला सन्तुष्ट प्राणी है।

ब्राह्मी लोगों और परकीयों का मिश्र ब्याह होने में वहाँ कोई आपत्ति नहीं होती, लेकिन ऐसे विवाह ज्यादातर दिखाई नहीं देते। शिंदे ने यह जाना कि ब्राह्मी विवाह यह एक अत्यन्त आम बात है। युवा लड़के-लड़कियों के दिल मिल गए तो वे इकट्ठा रहने लगते हैं और आगे फुरसत के अनुसार कुछ मित्र-मंडली को बुलाकर "हमारा विवाह हुआ", ऐसा घोषित करते हैं। यहाँ तलाक भी विवाह इतना ही आसान है, किन्तु इसका अर्थ ब्राह्मी लोगों का वैवाहिक जीवन शिथिल है, ऐसा कतई नहीं है। केवल विधि-संस्कार और ब्रह्मोपचारों का आडम्बर वहाँ आया नहीं है। यहाँ विवाह पद्धति स्वाभाविक और प्रकृति से सुसंगत होने के कारण वेश्यावृत्ति के लिए अवसर ही नहीं मिलता। इसीलिए हिन्दुस्तान, यूरोप, अमरीका के छोटे-बड़े शहरों में वेश्यावृत्ति या लैंगिक दुराचार का जो विकृत प्रदर्शन देखने को मिलता है, उसका ब्रह्मदेश में अभाव है, इसका शिंदे को एहसास हुआ।

विट्ठल रामजी शिंदे ने जब ब्रह्मदेश की यात्रा करना तय किया, तब उनका प्रमुख उद्देश्य बौद्ध धर्म की साधना देखने का और एकान्तवास में कुछ समय ध्यान करने का था। यह निर्बाध रूप में करने हेतु उन्होंने अभ्यास की जिज्ञासा को बाजू में रखना तय किया था, लेकिन इस अनोखे देश में जब वे घूमने लगे तब पुरातत्त्व विद्या, तुलनात्मक भाषाशास्त्र, मानव वंशशास्त्र आदि उनके पसन्दीदा विषयों ने उन पर एक साथ हमला किया। और ब्रह्मदेश में बहिष्कृत वर्ग है, यह जानने से इस विषय की लगन जोरों से उमड़ आने के कारण वहाँ के बहिष्कृत वर्ग का क्रमबद्ध निरीक्षण किए बिना उनसे रहा नहीं गया। ब्रह्मदेश में जाति भेद नहीं, तब वहाँ पर अस्पृश्यता या बहिष्कृत वर्ग नहीं होना चाहिए, यह उनकी समझ झूठी साबित हो गई। हजारों सालों से वहाँ बुरी हालत में फँसे चार-पाँच बहिष्कृत मानव वर्ग होने का श्वे यो उपनाम धारण करके एक अंग्रेज द्वारा 'Burman : His Life and Nation' ग्रंथ में किया वर्णन पढ़कर उन्हें आश्चर्य हुआ। उन्होंने ब्रह्मदेश में प्रत्यक्ष घूमकर चार वर्गों का निरीक्षण करके जानकारी हासिल की।

ब्रह्मदेश में ब्रिटिश राज्य स्थापित होने से पहले पाँच प्रकार के बहिष्कृत हीन वर्ग मिलते थे :

पहला वर्ग : युद्ध में जीते कैदियों और उनके वंशजों को मन्दिर की सेवा में समर्पित गुलाम बनाया जाता था। इस वर्ग के लोगों को 'फयाचून' कहा जाता है। 'फया' यह शब्द 'बद्ध' शब्द का चीनी अपभ्रंश रूप है। ब्रह्मदेश में यह शब्द, उसकी मूर्ति, मन्दिर या कोई सम्माननीय व्यक्ति—इन सभी के लिए प्रयुक्त किया जाता है। 'चून' का अर्थ नौकर है।

दूसरा वर्ग : कब्रिस्तान के मृत्यु के बाद के अशुभ संस्कारों से सम्बन्धित, कब्र खोदना, उसकी देखभाल आदि हीन कार्य करनेवाला ग्रामबाह्य वर्ग 'तुबायझा', 'संडास', 'डूनसंडाला' इन नामों से पहचाना जाता है। 'तुबायझा' यह शब्द अशुभ राजा से तो 'संडाला', 'डूनसंडाला' ये शब्द चांडाल, डोमचांडाल इन भारतीय नामों से उत्पन्न हुए होंगे।

तीसरा वर्ग : महारोग और अन्य असाध्य रोगों से त्रस्त और अपाहिज बने हुए लोग इन्हें 'केबा' (मेरी मदद करो) कहते हैं।

चौथा वर्ग : भयानक अपराधियों को माफी मिलकर जेलर या फाँसी आदि देने का बहिष्कृत काम करनेवाले लोगों का वर्ग। इनका पैगवे (पुलिस) या लेयांटो (चोबदार या छड़ीदार) ऐसा नाम होता है। इसके अलावा तु-डै-डो यानी राजा-महाराजा के हलालखोरों का एक वर्ग पहले रहता था। शिंदे को यह भी जानकारी मिली कि मंडाले से दस-बारह मिल पर इनका एक गाँव भी है, लेकिन वहाँ जाकर प्रत्यक्ष उनका निरीक्षण करने का अवसर उन्हें नहीं

मिला। अन्य चार वर्गों के बहिष्कृतों का मात्र उन्होंने गाँव-गाँव जाकर बारीकी से निरीक्षण किया और 'ब्रह्मदेश का बहिष्कृत वर्ग' शीर्षक का एक विस्तृत आलेख पुणे के 'भारत इतिहास अनुसन्धान मंडल' में प्रस्तुत किया और अन्य पत्रिकाओं में भी प्रकाशित किया।[3] शिंदे ने जिस समय ब्रह्मदेश के इस बहिष्कृत वर्ग का निरीक्षण किया, तब उनकी संख्या हिन्दुस्तान के बहिष्कृत वर्ग की तुलना में बहुत ही कम यानी पूरे ब्रह्मदेश में पाँच-छह हजार जितनी थी। उनकी स्थिति उन्हें हिन्दुस्तान के अस्पृश्य वर्ग इतनी करुणास्पद नहीं लगे। ये लोग अपना मूल स्थान और कारोबार छोड़कर अन्य स्थानों पर सामान्य समाज में गुजर-बसर करने लगे तो अन्य लोग उनकी विशेष परवाह नहीं करते थे। अपने मूल गाँव में भी उन्हें हिन्दुस्तान जैसा कठोर रूप में बहिष्कृत नहीं माना जाता था। फिर भी इन लोगों को गाँव में आने की और अन्य व्यवसाय करने की अनुमति नहीं होती। अस्पृश्यता का पालन कठोरता से नहीं किया जाता, लेकिन बहिष्कृतों और अन्यों में खुला व्यवहार नहीं होता था। उनकी स्थिति ब्रह्मदेश के अन्य जनसामान्यों जैसी अच्छी नहीं थी। शिंदे ने मोलमेन शहर के नजदीक बसे गाँव में जाकर फयाचून लोगों का निरीक्षण किया। पगान गाँव में जाकर तुबायाझा वर्ग के बहिष्कृतों का निरीक्षण किया और उनकी प्रत्यक्ष स्थिति का अवलोकन किया। मंडाले से आठ-दस मील पर होनेवाले मेंढाई गाँव में बसा केबा नामक बहिष्कृत वर्ग उन्होंने देखा। पैगवे या लेयांटो वर्ग के कारण ब्रिटिश सत्ता में उनका दिखाई देना मुश्किल था। विट्ठल रामजी शिंदे ने अलग-अलग स्थानों पर जाकर इन लोगों का अतीत, उनकी वर्तमान स्थिति, जीविका और उनका समाज में होनेवाला स्थान आदि के बारे में कई लोगों के साक्षात्कार लेकर जानकारी हासिल की और उन स्थानों के ब्योरे का वर्णन करके इस जानकारी को जोड़ दिया। 'सन् 1903 से हिन्दुस्तान की अस्पृश्यता' यह उनके अनुसन्धान और आस्था का विषय था। अस्पृश्यता का निर्माण प्रत्यक्ष रूप से प्रत्यक्ष कैसे होता है, उसकी प्रक्रिया क्या होती है, यह समझने की दृष्टि से ब्रह्मदेश के बहिष्कृत वर्ग का उन्होंने जो निरीक्षण किया, उसका उन्हें काफी लाभ हुआ।

विट्ठल रामजी शिंदे ब्रह्मदेश की इस यात्रा में बौद्ध धर्म के आचरण का अवलोकन कर पाए। साथ ही, कुछ समय धर्म चिन्तन में और तात्त्विक चर्चा में बिता सके। ब्रह्मदेश के जनजीवन का, सामाजिक रीति-रिवाजों का और वहाँ अस्तित्व में होनेवाले बहिष्कृत वर्ग का निरीक्षण कर पाए। उनके लिए यह लाभ ही था। उसी के साथ ब्रह्मदेश में कुछ महाराष्ट्रीय और कुछ बंगाली स्नेहीजन मिले, इसकी उन्हें खुशी हुई। वैसे तो विट्ठल रामजी शिंदे जैसे सात्त्विक पुरुष की साथ-संगत का लाभ हुआ, इसके लिए ब्रह्मदेश की मंडली शिंदे के प्रति कृतज्ञता जता रही थी। दक्षिण ब्रह्मदेश के रंगून में विशेषत: बंगाली लोगों के नेतृत्व में ब्राह्म समाज चलाया जा रहा था। वहाँ पर डॉ. पी.के. मजूमदार का नेतृत्व था और महाराष्ट्र मित्र मंडली में रा.न. सबनीस अगुआ बनकर काम करनेवाले उत्साही सचिव थे। उत्तर के मंडाले में दत्तोपंत सखारामपंत नागवंशे और अमरपुरा के प्राचार्य महादेवराव मांडे, पायगुडे, भिडे—ये मंडली उनके सम्पर्क में आई और उनमें पस्पर स्नेह वृद्धिगत हुआ। रंगून प्रवास में डॉ. पी.के. मजूमदार के घर पर अण्णासाहब शिंदे मेहमान बनकर रहे थे। शिंदे के सम्पर्क से मजूमदार परिवार कितना प्रभावित हुआ था और शिंदे के प्रति उनके मन में कितना पूज्यभाव निर्मित हुआ, इसका अन्दाजा डॉ. पी.के. मजूमदार के 27 मई को लिखे एक पत्र से मिल सकता है, "आपके सम्पर्क से यहाँ की मंडली बहुत खुश हुई थी और आपके वियोग का सभी को विशेष एहसास हो रहा है। हमारे बारे में कहें तो आपके सम्पर्क में हमें जो खुशी मिली और आप यहाँ से जाने के बाद हमें जो वियोग का दुख हुआ, उसका वर्णन शब्दों के जरिये करना असम्भव है। आपकी मीठी आवाज की प्रतिध्वनि अभी हमें घर में सुनाई देती है और आप हमारे घर में जिस कमरे में ठहरे थे, वहाँ जाने पर उन खुशनुमा दिनों की याद आए बिना नहीं रहती। 'प्रवासी' पत्रिका में आप पर लिखा लेख पढ़कर अस्पृश्य वर्ग की उन्नति के लिए आपने जो अविरत कष्ट उठाए, उसकी जानकारी पढ़कर बहुत खुशी हुई।" इस देश को आप बार-बार पावन भेंट देते रहेंगे, ऐसी आशा पत्र के अन्त में उन्होंने प्रकट की।[4]

विट्ठल रामजी शिंदे ने नि:स्वार्थ भाव से आजीवन अस्पृश्य वर्ग की उन्नति के लिए जो कार्य किया, उससे साथ ही शिंदे के ऋषितुल्य परिपक्व व्यक्तित्व के कारण ब्रह्मदेश में उनके सम्पर्क में आई मंडली अत्यन्त प्रभावित हुई थी। उनका ब्रह्मदेश का प्रवास खत्म होने जा रहा था। तब रंगून की महाराष्ट्र मित्र मंडली ने उनकी बिदाई में 3 अप्रैल को शाम को जलपान का कार्यक्रम आयोजित किया। इसी कार्यक्रम में उन्होंने अचानक शिंदे को 351 रुपयों की राशि अर्पित की। बैरिस्टर पाटसकर इस कार्यक्रम के अध्यक्ष थे। शिंदे ने यह राशि किसी भी सार्वजनिक कार्य के लिए

उपयोग में लाने की इजाजत माँगी, किन्तु ये रुपए शिंदे के परिवार के लिए उपयोग में लाने के लिए इकट्ठा किए हैं और उसी के लिए उपयोग में लाएँ, ऐसी विनती वहाँ के लोगों ने अनुरोध के साथ की। 11 अप्रैल, 1927 को इस राशि की हुंडी शिंदे के बड़े बेटे प्रतापराव के नाम भेजी और संलग्न पत्र में मंत्री रा.न. सबनीस ने लिखा, "यह राशि केवल पारिवारिक योगक्षेम के लिए है। यह पैसे इकट्ठा करते समय सदस्यों को 8-3-27 को भेजे पत्र की संलग्न प्रति से और साथ की थैली पर लिखे मजमून से आपको समझ में आएगी ही।" सबनीस ने अपने पत्र में 'केवल पारिवारिक योगक्षेम के लिए' ये शब्द रेखांकित किए हैं, वह भी अपनी बात प्रतापराव शिंदे के मन पर प्रतिबिम्बित करने हेतु। महाराष्ट्र मित्रमंडली ने सदस्यों को 8 मार्च, 1927 को जो पत्र भेजा था, उस पत्र में निम्न प्रकार का मजमून है :

1. "अस्पृश्योद्धारक आन्दोलन के जनक और पिछले 20 सालों से उस सत्कार्य के लिए स्वयं को समर्पित करनेवाले श्रीमान विट्ठल रामजी शिंदे, बी.ए. बौद्ध धर्म और ब्राह्मी संस्कृति इनकी जानकारी प्राप्त करने के लिए यहाँ आए हैं और वे 15 मार्च, 1927 को हिन्दुस्तान वापस जानेवाले हैं।
2. सन् 1898 में बी.ए. की उपाधि प्राप्त करने के बाद अगर वे चाहते तो बड़ौदा रियासत में बड़े ऊँचे ओहदे पर होते और उनके घर की आर्थिक स्थिति मूलत: अत्यन्त नाजुक थी। इस पर गौर करें तो सुख की नौकरी स्वीकारना यही दुनियादारी थी, किन्तु पिछड़े, हीन माने गए गरीब अस्पृश्यों के बारे में अत्यन्त आस्था से उन्होंने नौकरी स्वीकारने का मोह टालकर आजीवन गरीबी में रहने का ठानकर अस्पृश्यों की उन्नति करने का निश्चय किया और इस स्वीकृत कार्य में कामयाब हो गए। उनके परिवार के सदस्यों ने उन्हें इस कार्य में सहयोग किया, किन्तु उनके परिवार की आर्थिक स्थिति तंगदस्त है।
3. श्रीमान शिंदे पैसे के लिए कभी भी याचना नहीं करते, लेकिन नि:स्वार्थ भाव से और आस्था से, अवैतनिक जनसेवा करने में जिन्दगी समर्पित करनेवालों के बारे में लोगों ने ही सहानुभूति से समाजसेवक को सार्वजनिक रूप से मदद करके उनका उचित परामर्श लेना और उन्हें निश्चिन्त होकर जनसेवा करने के लिए प्रेरणा देना जरूरी है, ऐसा विचार करके श्रीमान शिंदे को उनकी दीर्घकालीन और अभिनन्दनीय लोकसेवा के अनुरूप थैली उनके पारिवारिक योगक्षेम निर्वाह के लिए अर्पण करने का निर्णय 27 फरवरी, 1927 की सभा में सर्वानुमति से तय हुआ है।"

इस पत्र के अन्त में सदस्यों को ऐसी विनती की थी, "रा. शिंदे को अर्पण की जानेवाली पावन थैली में अपनी आमदनी का यथासम्भव ज्यादा-से-ज्यादा हिस्सा जमा करें।" प्रतापराव को भेजे इस पत्र की प्रतिलिपि में 'पारिवारिक योगक्षेम के लिए' शब्द लाल स्याही से रेखांकित किए हैं। शिंदे की त्यागी वृत्ति का, उन्होंने किए अपूर्व कार्यों का और उनके ऋषितुल्य व्यक्तित्व का रंगून की मंडली पर कितना प्रभाव पड़ा था, इसकी यह घटना सूचक है।

डॉ. पी.के. मजूमदार ने आगे भी शिंदे से पत्राचार जारी रखा। 21 नवम्बर, 1928 के पत्र में उन्होंने अपनी पारिवारिक बातें उन्हें बताई थीं। कोलकाता ब्राह्म शतसांवत्सरिक उत्सव के निमित्त शिंदे कोलकाता आए थे। उसी दौरान वे रंगून आएँगे और फिर उनसे मुलाकात होगी, ऐसी मजूमदार परिवार के सदस्य आस लगाए बैठे थे। शिंदे के न जाने के कारण उनकी बहुत निराशा हुई। 1929 के दिसम्बर में शिंदे कोलकाता आए तो हम सबकी मुलाकात होगी, यह आशा रखकर उन्हें मजूमदार ने विनती की।

रंगून की ब्राह्म समाजीय मंडली के मन में शिंदे के प्रति आदर का भाव निर्मित हुआ था। 5 दिसम्बर, 1927 को ब्राह्म समाज के सचिव बी.के. बसाक ने शिंदे को एक पत्र लिखा। उसमें रंगून में 20 और 27 जनवरी, 1928 में होनेवाले माघोत्सव के लिए प्रमुख अतिथि के रूप में शिंदे आएँ, ऐसी सभी ब्राह्म सदस्यों की ओर से उन्होंने विनती की,[5] किन्तु शिंदे को अपनी कार्यव्यस्तता के कारण और एक बार ब्रह्मदेश जाना सम्भव नहीं था।

उत्तर ब्रह्मदेश के मंडाले के पास होनेवाले अमरपुरा के साँडर्स वीविंग इंस्टीट्यूट के प्राचार्य महादेवराव मांडे का परिवार तथा मंडाले में नागवंशे, भिडे, पायगुडे—इन मंडलियों के मन में शिंदे के लिए आदर भाव निर्मित हुआ। सच कहें तो इन मंडलियों को ब्राह्म धर्म-सम्बन्धी ज्यादा जानकारी नहीं थी, लेकिन शिंदे के दो-चार दिन के सम्पर्क में ब्राह्म धर्म और ब्राह्म समाज के प्रति उनके मन में आदर निर्मित हुआ। मांडे की इच्छा से उनके घर पर ब्राह्मोपासना हुई। श्रीमती मांडे और उनका बेटा विद्याधर श्रद्धा से उपासना को बैठे। इसी समय मंडाले से आए नागवंशे, भिडे आदि भी उपासना में उपस्थित थे। शिंदे द्वारा चलाई इस उपासना का इन सभी के मन पर अत्यन्त अनुकुल असर हुआ।

शिंदे मंडाले से वापस आने के बाद मांडे, पायगुडे और नागवंशे—इन तीनों परिवार की मंडलियों ने नागवंशे के बंगले पर इतवार का पूरा दिन उपासना, चिन्तन, भजन, सम्भाषण और भोजन में साथ बिताया। महादेवराव मांडे के मन में तो शिंदे के लिए बहुत आदर का भाव निर्मित हुआ। महादेवराव मांडे देहू के देशस्थ ब्राह्मण थे। शिंदे को विदा करते समय उनका दिल भर आया। उन्होंने शिंदे के जूते स्मृति के रूप में स्वयं को रख लिए और बाजार से बहुत-सी ब्राह्मी चीजें लाकर शिंदे को भेंट स्वरूप दीं। इस घटना से यह एहसास होता है कि शिंदे का ऋषितुल्य व्यक्तित्व औरों पर विलक्षण प्रभाव डालनेवाला था। साथ ही, महादेवराव मांडे की वृत्ति का बड़प्पन, महानता, आध्यात्मिक वृत्ति कितनी उन्नत थी, यह हमारी समझ में आता है। साथ ही लौकिक या व्यावहारिक भेद के परे इन दो लोकोत्तर व्यक्तित्व के अन्तकरण की पारदर्शिता और शुद्धता हमारे मन पर प्रतिबिम्बित होती है।

अण्णासाहब शिंदे ने ब्रह्मदेश से पुणे वापिस लौटने पर महादेवराव मांडे और श्रीमती मांडे को पत्र लिखा और श्रीमती मांडे के लिए तुकाराम की गाथा और महादेवराव मांडे के लिए अन्य कुछ पुस्तकें भेजीं। 9 सितम्बर को महादेवराव मांडे ने, 'गुरुवर्य शिंदे' को पत्र लिखा और उसमें लिखा कि आपको पिछले पत्र में आपने भेजी पुस्तकों की कीमत के बारे में पूछा था, उसका आपने उत्तर नहीं दिया। और आगे लिखा है, "आपने पहले ही हमें भेंट देकर उपकृत किया है। उसमें इन एहसानों का बोझ और भी बढ़ रहा है।" महादेवराव मांडे ने अपनी पत्नी ने श्रीमती शिंदे को रेशमी कपड़ा और मखमली सपाते भेंट भेजी जाने का उल्लेख किया है। शिंदे की भेंट के कारण ब्रह्मदेश के इन मराठी और बंगाली लोगों में जो सौहार्द का माहौल निर्मित हुआ, वह अपूर्व ही कहना पड़ेगा। साथ ही शिंदे का ऋषितुल्य व्यक्तित्व कितना प्रभावी था, इसका भी हमें एहसास होता है।

सन्दर्भ

1. *दि इंडियन मेसेंजर,* बी.के. बसाक ने भेजा वृत्तान्त, 19 जून, 1927
2. *शिंदे के कागजात*
3. प्रस्तुत निबन्ध 31 मई, 1927 को शिंदे ने पुणे के भारत इतिहास अनुसन्धान मंडल में पढ़ा। प्रकाशित (i) *नवाकाल,* 26 जून, 1997 (ii) *बहिष्कृत भारत,* सम्पा. भीमराव रामजी आंबेडकर, मुम्बई 28 जुलाई, 1927 और 12 अगस्त, 1927 संकलित, विट्ठल रामजी शिंदे, *लेख संग्रह,* पृ. 305-320
4. शिंदे का निजी पत्राचार संग्रह, *शिंदे के कागजात*
5. शिंदे का निजी पत्राचार संग्रह, *शिंदे के कागजात*

किसान आन्दोलन

विट्ठल रामजी शिंदे के उत्तरार्द्ध के कार्यों में किसान वर्ग की दुर्गत में सुधार लाना प्रमुख आस्था का विषय था। उन्होंने 1926 से 1932 के इस काल में किसानों की सभा आयोजित करके, परिषदों में भाषण करके उनके बीच जागृति लाने का महत्त्वपूर्ण कार्य किया। वे स्वयं किसान वर्ग से ही थे। जमखंडी में गरीब किसानों की दशा कितनी दयनीय है, इसका उन्होंने बचपन में केवल निरीक्षण किया था। ऐसा नहीं तो प्रत्यक्ष अनुभव भी लिया था। किसान वर्ग के लिए स्वाभाविक आस्था होने का कारण वे यूरोप गए थे तब इंग्लैंड के किसान वर्ग की स्थिति कैसी है, उसी के साथ फ्रांस और स्विट्जरलैंड में कृषि और किसान वर्ग की स्थिति कैसी है, इसका उन्होंने आस्था से निरीक्षण किया था व पूछताछ की थी। 1920 में जब शिंदे ने चुनाव लड़ना तय किया तब उन्होंने 'बहुजन पक्ष' नाम से जो घोषणा-पत्र प्रकाशित किया था, उसमें एक पीड़ित-शोषित वर्ग कहकर किसान वर्ग की दारुण दशा का निर्देश कर अपना पक्ष उनकी हिमायत करेगा, ऐसा आश्वासन दिया था।

मूलतः 1926 से 1932 तक का यह काल आजादी की जंग की उत्कट प्रेरणा से भरा हुआ था। 1930 में अण्णासाहब शिंदे ने भी उसमें शिरकत कर कारावास भुगता था। इस काल में किसानों के सच्चे हित की वस्तुनिष्ठ भूमिका उन्होंने रखी। यह भूमिका रखते समय आजादी की लड़ाई में अगुआ होनेवाले कांग्रेस दल की किसानों की भूमिका सम्बन्धी होनेवाली कमी का भी उन्होंने मार्मिकता से निर्देश किया है। उन्होंने किसानों को उनकी यथार्थ स्थिति समझाकर उनके दुश्मन कौन हैं, इसका यथायोग्य विवेचन किया है। शिंदे ने किसानों के आन्दोलन में जो तहेदिल से शिरकत की, उससे किसानों के हित की उन्हें होनेवाली आन्तरिक लगन दिखाई देती है।

अस्पृश्यों की कृषि परिषद् (1926, पुणे), मुम्बई इलाका किसान परिषद् (1928, पुणे), वालवा तहसील किसान परिषद् (1931, बोरगाँव), रियासती किसान परिषद् (1932, तेरदाल) और चाँदवड तहसील किसान परिषद् (1932, वडणेर)—इन पाँच परिषदों में अण्णासाहब शिंदे ने हिस्सा लेकर किसानों में जागृति लाने का मौलिक कार्य किया।

30 अक्टूबर, 1926 को पुणे में सम्पन्न अस्पृश्यों की कृषि परिषद् के वे अध्यक्ष रहे थे। सरकार द्वारा आयोजित कृषि प्रदर्शनी के साथ ही यह अस्पृश्यों की कृषि परिषद् आयोजित की गई थी। अस्पृश्यों की कृषि परिषद् के लिए उन्होंने सन्दिग्धता प्रकट की, क्योंकि जमीन के मालिक या खेती करनेवाले इनमें से किसी भी रूप में अस्पृश्यों की गिनती कृषि वर्ग में नहीं की जाती। इतना ही नहीं तो उनकी गिनती खेत मजदूरों में भी नहीं होती, ऐसा उन्होंने साफ कहा। अन्य इलाकों में अस्पृश्य समाज की स्थिति खेती के बिना मियाद के गुलामों जैसी ही है, ऐसा दर्ज करके अस्पृश्यों को किसान कहना यानी उनके दुख पर दाग देने जैसा है, ऐसा उन्होंने कहा, किन्तु अन्य प्रान्तों से ज्यादा महाराष्ट्र में अस्पृश्यों की जमीन स्वामित्व सम्बन्धी स्थिति तनिक अच्छी है, ऐसा उन्होंने अपने भाषण में दर्ज किया। उन्होंने कहा कि अस्पृश्यों का मूल प्रश्न सामाजिक, धार्मिक और विशेषतः राजनीतिक स्वरूप का है। मूलतः अस्पृश्य दंडकारण्य के मूल स्वामी हैं, यह एहसास उन्हें दिलाकर "आप सभी को एक होकर जमीन से छूटी हुई सत्ता वापिस मिलनी चाहिए," ऐसा उन्हें आह्वान किया।

पेशवाई में महाराष्ट्र का किसान बहुत सुखी था, ऐसी बात नहीं थी, किन्तु ब्रिटिश शासन में किसानों का कानून का आधार लेकर नियोजनबद्ध शोषण किया जाने लगा। अंग्रेज सरकार द्वारा किसानों के सम्बन्ध में बनाए कानून किसानों के हित का रक्षण करने के बजाय उनकी दुर्दशा के कारण साबित हुए। ब्रिटिशों द्वारा लगान की नई प्रणाली अपनाने के कारण 1818 के बाद देहाती जीवन का चित्र बदल गया। उन्होंने प्रत्यक्ष फसल की बजाय जमीन का उपजाऊपन

ध्यान में लेकर लगान वसूल करने की कायम धारा पद्धति शुरू की थी। खेती में अच्छी फसल न आने के बावजूद भी लगान देने की जिम्मेदारी निजी रूप में किसानों पर होती; इसलिए लगान चुकाने के लिए कई बार किसानों को साहूकार से कर्जा लेना पड़ता। मराठों की सत्ता में गाँव के साहूकार को ब्याज का मनचाहा दर लगाने की इजाजत नहीं दी थी, लेकिन ब्रिटिश शासन में ऐसी इजाजत दी जाने के कारण किसान ऋण और ब्याज के बोझ से दबने लगे। न्यायालय का लाभ साहूकारों को होता था और अनाड़ी किसानों का शोषण अधिक मात्रा में होने लगा।

मराठों के शासन में किसानों की जमीन बेची नहीं जा सकती थी, किन्तु ब्रिटिश शासन में जमीन बेचने की अनुमति होने के कारण ऋणग्रस्त किसान अन्ततः अपनी खेती से भी वंचित हो जाता। ब्रिटिश सरकार की इस नीति का अनाड़ी किसानों को लाभ होना तो दूर बल्कि वह उनकी मिलीभगत से साहूकार-वकीलों द्वारा पीसा जाता था।[1] बीसवीं सदी के तीसरे दशक में भी अलग-अलग कानून बनाकर किसानों का शोषण करने की परम्परा जारी ही थी। 1928 में मुम्बई सरकार ने चकबन्दी और राजस्व बढ़ाने का बिल मंजूर करवाने की साजिश शुरू की थी, जिसके पीछे कानून को आधार बनाकर किसानों का शोषण करने का हेतु था।

पुणे में 25 और 26 जुलाई, 1928 को मुम्बई सरकार के इस प्रस्तावित बिल का विरोध करने हेतु 'मुम्बई इलाका किसान परिषद्' आयोजित की गई। इस परिषद् को शिंदे ने काफी अच्छा मार्गदर्शन दिया। 1926-27 में गुजरात में सरदार वल्लभभाई पटेल ने लगान के विरुद्ध मुम्बई सरकार के विरोध में अपूर्व आन्दोलन चलाया और उसे कामयाब बनाया। इस घटना का स्वाभाविक असर यह हुआ कि मुम्बई इलाके के किसानों में जोरदार जागृति आई। ऐसे समय मुम्बई सरकार ने किसानों की भलाई कहकर अपितु किसानों पर अन्याय करनेवाले चकबन्दी के और लगान वृद्धि के बिल लाए। इस बिल के अनुसार, जमीन के छोटे टुकड़े करने पर पाबन्दी लगाने का सरकार का मनोरथ था। विधिमंडल के राजस्व विभाग के दीवान सर चुनीलाल मेहता की प्रेरणा से वह बिल मुम्बई काउंसिल में लाया गया था। मुम्बई इलाके में और विशेषतः महाराष्ट्र में किसानों की जमीन के विरासत के हक से इतने छोटे-छोटे टुकड़े हो रहे थे कि किसानों के व्यक्तिगत तथा राष्ट्रीय हित की दृष्टि से खेत के इतने छोटे टुकड़े होना अनिष्टकारी था, लेकिन किसानों का हित यह मुम्बई सरकार का केवल बहाना था क्योंकि दूसरे रूप में जमीन के बड़े हिस्से बड़े पूँजीपतियों ने खरीद कर संयुक्त पूँजी के बल पर चीनी मिल चलाने का उपक्रम शुरू किया था। इनमें विदेशी पूँजीपति भी अधिक मात्रा में थे। इससे सरकार के उद्देश्य को लेकर लोगों के दिल में जो सन्देह पैदा हो गया था, वह सही था। सरकार दूसरा राजस्व वृद्धि का बिल लाना चाहती थी। इस बिल में तो किसानों पर खुलेआम अन्याय कर पहले ही हैरान हुए किसानों का शोषण करके सरकारी खजाना भरने का उद्देश्य स्पष्ट था। 1928 की बारिश के मौसम में मुम्बई सरकार की पुणे में होनेवाली काउंसिल के अधिवेशन में ये दोनों बिल तुरन्त मंजूर करवा लेने का सरकार का उद्देश्य था। सरकार का यह उद्देश्य असफल बनाने के इरादे से पुणे के रे मार्केट में 25 और 26 जुलाई को इस परिषद् का आयोजन किया गया।

इस परिषद् के निमित्त से मुम्बई इलाके के किसानों में अपूर्व जागृति हुई थी। परिषद् के अध्यक्ष विट्ठल रामजी शिंदे को बनाना निश्चित किया था। स्वागताध्यक्ष बाबूराव जेधे थे। परिषद् में महाराष्ट्र और कर्नाटक के अलग-अलग जिलों से लगभग पाँच हजार किसान आए थे। उपस्थित नेताओं में कर्नाटक के देशभक्त गंगाधरराव देशपांडे, मुम्बई के सिलम, ठाणे जिले के पालघर के छोटालाल श्रॉफ, विरार के गोविन्दराव वर्तक, मुम्बई काउंसिल के सदस्य देशभक्त नरिमन, विधायक नवले, सिन्ध के अमीन, अमरावती के आनन्दस्वामी और पुणे के तात्यासाहब केलकर, विनायकराव भास्कुटे, बालू काका कानिटकर, पोपटलाल शहा, श्रीपतराव शिंदे, दिनकरराव जवलकर आदि मंडली थी। परिषद् के लिए सब्जी मंडी के दुकानदारों ने अपनी दुकानें बन्द रखी थीं। देशभक्त बाबूराव जेधे ने स्वागताध्यक्ष के रूप में जोरदार और जोशीला भाषण दिया।

बाबूराव जेधे ने अपने भाषण में कहा कि विभिन्न दल की मंडली मन-मुटाव बाजू में रखकर किसानों के हित से प्रेरित होकर इस परिषद् में इकट्ठा हुई, यह बहुत बड़ा शुभ शकुन है। प्रस्तावित अध्यक्ष अण्णासाहब शिंदे के बारे में बोलते समय उन्होंने कहा, "गुरुवर्य अण्णासाहब शिंदे की कमाल की कुतुबमीनार हमें ही नहीं तो भविष्य की हजारों पीढ़ियों को दिखाई दिए बिना नहीं रहेगी। मराठों की कार्यशक्ति क्या कर सकती है, ऐसा अगर किसी ने हमें सवाल पूछा तो अण्णासाहब शिंदे के कार्य की ओर उँगली निर्देश करो। मराठों के स्वार्थ-त्याग की मिसाल दिखाने का

बीसवीं सदी में अगर आप पर प्रसंग आया तो आप अण्णासाहब शिंदे का नाम लोकमान्य...विदेशी सत्ता का विनाश शिवाजी महाराज ने किया; वर्ण प्रभुत्व का विनाश शाहू महाराज ने किया और अस्पृश्यता के विनाश का कार्य करने के लिए उतने ही उत्साह से अण्णासाहब ने अपना जीवन बिताया।" इस तरह प्रस्तावित अध्यक्ष अण्णासाहब शिंदे का सम्मानपूर्वक परिचय कर उन्होंने परिषद् के सामने विचारार्थ होनेवाले तीन विषयों का निर्देश किया। दो बिलों के साथ ही बारदोली के लगान बन्दी आन्दोलन का समर्थन करना भी एक विषय सभा के सामने बताया और सरकार द्वारा लाए गए दो प्रस्तावित बिल कैसे अन्यायकारक हैं, इसका संक्षेप में लेकिन सप्रमाण जोरदार प्रतिपादन किया। किसान भाइयो को, 'लड़ने के लिए मजबूती से तैयार रहिए' ऐसा आह्वान करते समय बाबूराव जेधे ने अपने भाषण के आखिर में कहा, "समय आया तो सत्याग्रह को तैयार होना चाहिए। सरकार बहुत हुआ तो आपको जेल भेज देगी, किन्तु वहाँ के लोगों की बनिस्बत आपसे ज्यादा अच्छी स्थिति होने के कारण आपको डरने की जरूरत नहीं।" इस तरह व्यंग्यात्मक विधान करके किसान भाई बड़ी संख्या में परिषद् के लिए उपस्थित रहें, इसके लिए उनका आभार माना और परिषद् के अध्यक्ष स्थान पर गुरुवर्य अण्णासाहब शिंदे की नियुक्ति हो, ऐसी सूचना दी।[2]

बाबूराव जेधे ने की सूचना को समर्थन देते समय न.चिं. उर्फ तात्यासाहब केलकर ने कहा, "इतनी किसान मंडलियाँ देखकर मुझे बहुत खुशी हो रही है। ऐसे समय गुरुवर्य अण्णासाहब शिंदे हमें अध्यक्ष मिले, यह खुशी की बात है। शिंदे का स्वार्थ त्याग और विद्वत्ता अवर्णनीय है।" केशवराव बागडे ने भी शिंदे के लिए आदर प्रकट करके सूचना को समर्थन दिया और तालियों के प्रचंड गूँज के साथ अण्णासाहब शिंदे अध्यक्ष के स्थान पर स्थानापन्न हुए। अपने अध्यक्षीय भाषण के आरम्भ में अण्णासाहब शिंदे ने कहा कि ऐसी संकट की और आपात्कालीन स्थिति के समय मुझे किसानों की परिषद् का अध्यक्ष चुनकर जो भरोसा जताया है, उसके लिए किसान भाइयो के आभार प्रकट किया। "मैं ब्राह्म समाज के शतसांवत्सरिक उत्सव के लिए कोलकाता निकला था कि तभी यह निमंत्रण मिला। वहाँ जाना रद्द कर मैं किसानों की परिषद् के लिए धार्मिक कार्य समझकर ही आया", ऐसा भी अण्णासाहब ने बताया। विश्व की एक अत्यन्त बुद्धिमान, धनवान और पराक्रमी जाति के लोगों का इस देश पर सौ साल राज्य रहने पर भी नौ दशांश जनता की दयनीय स्थिति हो और इधर इन शासकों के टीले में हौलदार राजमहल में नाचरंग, नौटंकी देखें, इसके लिए उन्होंने ब्रिटिशों की राजनीति का विरोध किया। हम हिन्दुस्तान की प्रजा के ट्रस्टी हैं, ऐसा अधिकार जतानेवाले ब्रिटिश राज्यकर्ताओं का उन्होंने उपहास किया। विदेशी ट्रस्टी और स्वदेशी मंत्री, इनकी मिलीभगत के कारण यहाँ की प्रजा की दशा बदतर हुई है, ऐसा कहा। किसानों की दुर्गत का वर्णन करते समय उन्होंने कहा, "अज्ञान, कंगाली और मजबूरी के कीचड़ में देश का 83/100 हिस्सा फँसा होने पर हम थोड़े पढ़े-लिखे लोग स्वराज्य की क्या बातें करते हैं? अंग्रेजी आमदानी में फैक्टरी-बन्दरगाह जैसे बड़े पूँजी के धन्धे शुरू होने से गाँव के पुष्ट जवानों का झुंड शहरों की ओर मुड़ गया है। देहात और कस्बों में छोटी पूँजी के मारवाड़ी, ब्राह्मणादि सफेदपोश जाति के लोग गँवार किसानों को अपने साहूकारी पाश में उलझाकर उनकी जमीन के मालिक बन बैठे हैं और किसान वर्ग अपनी ही खेती पर साझेदार होने की भी हैसियत न रहने के कारण मजदूर बनता जा रहा है। बार-बार फँसाए जाने के कारण उसकी स्वयं की परम्परागत नीयत और सीरत बिगड़कर वह गाँव का बदमाश बनने लगा है। मैं पिछले फरवरी माह में कटनी के दिनों में ही सांगली, जमखंडी रियासत के कृष्णा तट के गाँव और देहातों में एक माह घूम रहा था। यह हिस्सा बड़ा उपजाऊ है, किन्तु गाँव के गाँव किसान-मालिक के कब्जे से स्वयं खेती न करनेवाले मुफ्तखोर लोगों के कब्जे में जाते देखकर मेरा हृदय फट जाता है।" देशी रियासत में किसानों की हिफाजत में कानून नहीं है, यह बात उन्होंने स्पष्ट की। महाराष्ट्र में किसान अपनी खेती पर कितना ज्यादा प्यार करते हैं, यह बताकर प्रत्यक्ष बादशाह द्वारा भी अपनी खेती की ओर टेढ़ी नजर से देखना किसान को अच्छा नहीं लगता, इस बात का उल्लेख कर चकबन्दी के बिल के बारे में किसान अंग्रेज सरकार की माफी माँगनेवाले नहीं है, ऐसा भी उन्होंने साफ कहा। चकबन्दी का बिल प्रस्तुत करनेवाले नामदार सर चुनीलाल मेहता ने कम शब्दों में करके किसानों की जमीन के टुकड़े अपनी मेज जितने होने लगे हैं, ऐसा विधान किया था। उसका उल्लेख करके शिंदे ने व्यंग्य से कहा, "नामदार की मेज बड़ी राक्षसी होगी।" मुम्बई के 'टाइम्स' में एक लेख की चालाकी का हवाला देकर शिंदे ने सरकार के चकबन्दी बिल के पीछे होनेवाले उद्देश्य पर प्रकाश डाला। मुम्बई में मजदूर लोगों के सतारा आदि क्षेत्र में छोटे-छोटे खेत होते हैं और उन्हें खेती का सहारा होने के कारण उनकी मुम्बई की हड़ताल दीर्घकाल तक चल सकती है। मुम्बई में होनेवाले

मजदूरों का गाँव की खेती का सहारा काटकर उन्हें शक्तिहीन करने का सरकार का उद्देश्य उन्होंने स्पष्ट किया। बड़ी मात्रा में खेती होना, यह तत्त्वत: शिंदे को मंजूर हो तो भी छोटी खेती के अन्य कुछ फायदे होते हैं, यह दूसरा पक्ष भी उन्होंने स्पष्ट किया। खेती के टुकड़ों का मुआवजा रुपयों में देने के बजाय बड़े किसानों से जमीन लेकर उसे छोटे किसानों को देने का प्रबन्ध उन्होंने सूचित किया। ऐसा करने में मुश्किलें ज्यादा हों तो न्याय भी ज्यादा होने का प्रतिपादन उन्होंने किया अर्थात् यह व्यवस्था बड़े किसानों को असन्तुष्ट करनेवाली होने के कारण सरकार को रास आनेवाली नहीं थी। चकबन्दी के बिल के साथ जोड़कर ही रखा गया दूसरा राजस्व वृद्धि का बिल किसानों पर किस तरह अन्याय करनेवाला है, यह उन्होंने अपने भाषण में स्पष्ट किया। ये दोनों बिल सरकार के हित की दृष्टि से जुड़वाँ बिल होकर फिलहाल लगान देने की शक्ति किसानों में बची न होने के बावजूद भी उसमें और दबाव डालना सरकार की निष्ठुरता का कमाल ही है। "बैक्बे डेवलपमेंट, सक्कर बैरेज ऐसा बहुत खर्चीले काम निकालने की वजह से और वह बहुत ही हड़बड़ी से चलाए जाने के कारण मुम्बई सरकार का लगभग दीवाला निकल गया है। ऐसे समय किसी तरह से तो पैसे छीनने की सरकार को जल्दी हुई होगी। इसीलिए उन्होंने गरीब और गूँगी जनता पर जुल्म करने का शौर्य दिखाया है। भूखे मरनेवाले पीटर को लूटकर उड़ाऊ पॉल को देने जैसी ही यह सरकार की करतूत निन्द्य है। इसीलिए यह बिल सोचने के भी लायक नहीं है।" ऐसा जोरदार प्रतिपादन शिंदे ने अपने भाषण में किया और भाषण के अन्त में बारदोली में जारी आन्दोलन इसे प्रजा में जागृति लाने का और सरकार की बदनामी का द्योतक बताकर इस आन्दोलन को नैतिक समर्थन दिया। बारदोली जैसी महाराष्ट्र और कर्नाटक में भी चुनिन्दा तहसीलें ढूँढ़कर समय आने पर सत्याग्रह का सूत्रपात करो, ऐसा संकेत शिंदे ने दिया, किन्तु सत्याग्रह करना अत्यन्त जिम्मेदारी की कृति होकर बिलकुल आवश्यकता पड़ेगी तो महात्मा गांधी की सलाह से और प्रत्यक्ष उनके नेतृत्व में करना महफूज होगा, ऐसा भी उन्होंने बताया। "सत्याग्रह का महात्मा गांधी का नजरिया और 'भगवद्गीता' का क्षत्रिय कर्मयोग, इसमें अन्तर है। हिन्दू राष्ट्र ने समय पहचानकर आजकल 'गीता' से ज्यादा गांधीजी के अनुयायी बनना हितकारी होगा यानी यह सत्याग्रह पूरा अहिंसक ही रखना पड़ेगा। 'गीता' का पुरातन उद्देश्य और महात्मा यह आजकल का चलता-फिरता साधुश्रेष्ठ एक ऋषि है। उसी के झंडे के नीचे सभी ने आपसी भेद भूलकर इकट्ठे आना चाहिए।" तालियों की गूँज में अण्णासाहब शिंदे का भाषण खत्म हो गया। उनके भाषण में बीच-बीच में लोग तालियाँ बजाकर अपनी सहमति और उत्साह व्यक्त करते थे। भाषण के आरम्भ में ही परिषद् में प्रस्ताव पारित कर शान्ति और अनुशासन से काउंसिल हॉल पर मोर्चा ले जाने का कार्य हमें करना है, यह जिम्मेदारी का एहसास अण्णासाहब शिंदे ने श्रोता समुदाय को करवा दिया था।[3]

परिषद् के स्वागताध्यक्ष और अध्यक्ष आदि के भाषण के बाद लोगों के अनुरोध से देशभक्त नरिमन ने परिषद् में भाषण दिया। अपने भाषण में उन्होंने अंग्रेज सरकार के स्वार्थी उद्देश्य की पोल खोल दी। वे किसानों के हितैषी कभी होंगे ही नहीं, यह जताकर लोगों को कहा, "भास्करराव जाधव यहाँ आए हैं। उस समय वे काउंसिल में एक दीवान थे। उनसे यह स्वीकृति लीजिए कि मैं जनमत के पक्ष में राय दूँगा और वैसी स्वीकृति लिए बिना उन्हें यहाँ से मत जाने देना।" इस पर लोगों ने तालियाँ बजाईं। इस पर अध्यक्ष विट्ठल रामजी शिंदे ने स्पष्टीकरण देते समय बताया, "कल आप काउंसिल में गए थे तब उन्होंने मंजूर किया है कि वे जनमत के खिलाफ नहीं जाएँगे।" अध्यक्ष के इस स्पष्टीकरण पर लोगों ने फिर तालियाँ बजाईं।

इसके बाद परिषद् में प्रस्ताव प्रस्तुत किए गए। बाबासाहब जगदेवराव देशमुख ने चकबन्दी या जमीन बँटवारे के सम्बन्ध के बिल के बारे में जो एक प्रस्ताव रखा, वह ऐसा था : मुम्बई विधिमंडल के सामने फिलहाल विचारार्थ होनेवाला चकबन्दी बिल नामंजूर करें, ऐसी इस परिषद् की विधिमंडल के सभी सदस्यों से अनुरोधपूर्ण प्रार्थना है। इस प्रस्ताव को बीजापुर के आचार्य ने समर्थन दिया। सभी की सहमति से तालियों की गूँज में यह प्रस्ताव पारित हुआ। दूसरा, लगान वृद्धि से सम्बद्ध प्रस्ताव तुकाराम शिंदे ने प्रस्तुत किया। लगान वृद्धि का बिल जो काउंसिल के सामने विचारार्थ है, वह किसानों की दृष्टि से फायदेमन्द नहीं है तो वह नामंजूर किया जाए, ऐसी इस परिषद् की अनुरोधपूर्वक विनती है। इस प्रस्ताव को बेलगाँव के शामराव देसाई ने समर्थन दिया और वह सर्वसम्मति से पारित हो गया। बारदोली के सत्याग्रह को समर्थन देनेवाला तीसरा प्रस्ताव सेठ मोतीलाल वीरचन्द ने रखा और बापूराव बोरकावे ने समर्थन देने के बाद वह सर्वसम्मति से पारित किया गया।

विट्ठल रामजी शिंदे की हमेशा यह भूमिका और कार्य पद्धति थी कि जो कार्य हाथ में लिया है, उसे अच्छी तरह से पूरा करना। इस परिषद् में सिर्फ प्रस्ताव पारित किया जाए और उसके बाद कुछ भी कार्य न हो, यह शिंदे को नामंजूर था। इसीलिए परिषद् द्वारा किए कार्य का समर्थन सभी किसानों को मालूम हो, इस दृष्टि से कोई प्रबन्ध होने की आवश्यकता शिंदे को लगती थी और उनकी प्रेरणा से वरहाड के आनन्दस्वामी ने एक कमेटी नियुक्त करने का प्रस्ताव रखा और उसे दगडोबा दलवी ने समर्थन दिया। सभा जिम्मेदारी जानकर यह प्रस्ताव मंजूर करें, ऐसा अध्यक्ष को एहसास करवा दिया। आखिरकार यह प्रस्ताव मंजूर हो गया और उसके अनुसार कमेटी नियुक्त की गई और अण्णासाहब शिंदे को कमेटी के अध्यक्ष, केशवराव बागडे वकील को सेक्रेटरी और बाबूराव जेधे को स्वागताध्यक्ष नियुक्त किया गया। उसी के साथ कमेटी में बाबूराव गोखले, विनायकराव तिखे, विनायकराव भुस्कुटे आदि का समावेश किया गया और वह कमेटी नियुक्त करने का प्रस्ताव सर्वसम्मति से मंजूर किया गया।

परिषद् का यह कार्य पूरा होने के बाद किसानों का बहुत बड़ा जुलूस काउंसिल हॉल की दिशा में निकला। जुलूस के साथ परिषद् के अध्यक्ष विट्ठल रामजी शिंदे, स्वागताध्यक्ष बाबूराव जेधे, सेक्रेटरी केशवराव जेधे, उसी के साथ तात्यासाहब केलकर, शंकरराव देव, पांडुरंग शिरालकर आदि मंडली थी। किसान चार-चार की कतार में चल रहे थे। इस बहुत बड़े जुलूस के काउंसिल हॉल के दरवाजे के पास पहुँचने पर उनकी ओर से चालीस नेताओं का एक प्रतिनिधि मंडल लोक नियुक्त सदस्यों से मुलाकात के लिए काउंसिल हॉल के सामने जान-बूझकर खड़े किए तम्बू में गया। इस प्रतिनिधि मंडल में अध्यक्ष, स्वागताध्यक्ष, साथ ही देशभक्त शिवरामपंत परांजपे, नरसोपंत केलकर, एस.आर. भागवत्, शंकरराव देव, दिनकरराव जवलकर, पोपटलाल शहा, विनायकराव भुस्कुटे आदि सभी दलों की मंडली थीं। इस प्रतिनिधि मंडल ने एक लाख किसानों के हस्ताक्षर की अर्जी लोकनियुक्त प्रतिनिधियों को सौंप दी और किसानों का कहना प्रभावी तरीके से सरकार तक पहुँचाया। इस अर्जी में सरकार द्वारा प्रस्तावित दोनों कानूनों के कारण किसानों पर किस प्रकार अन्याय होनेवाला है, यह स्पष्ट कर ये दोनों कानून मंजूर न करें, ऐसी विनती की थी। इस जुलूस के बाद शिवाजी महाराज की प्रतिमा को पुष्पमाला पहनाने के लिए सभी मंडलियाँ निकल पड़ीं। वहाँ पर छत्रपति शिवाजी महाराज की जयघोष में और तालियों की गूँज के साथ शिवाजी महाराज की प्रतिमा को पुष्पमाला पहनाई गई। उसके बाद यह जुलूस फिर सभा स्थान पर आया। पोपटलाल शहा और बालू काका कानिटकर के भाषण के बाद परिषद् में देशभक्त गंगाधरराव देशपांडे ने कर्नाटक की खेती के अधिकार-पत्र होनेवाले लोगों की जमींदारी जब्त करने का जो उपक्रम सरकार ने शुरू किया था, उसका और सरकारी नीति का निषेध करनेवाला प्रस्ताव प्रस्तुत किया। देशभक्त शिवराम परांजपे ने समर्थन देने के बाद तालियों की गूँज में वह पारित हुआ। इसी समय धुलिया के शंकरराव देव, दिनकरराव जवलकर, सतारा के भाऊराव पाटील आदि वक्ताओं के भाषण हुए। अध्यक्ष ने संक्षेप में समापन किया।

किसान परिषद् में हुए कार्यों और परिषद् के लिए उपस्थित किसानों के बड़े जुलूस का असर जल्द ही दिखाई दिया। प्रत्यक्ष परिषद् के स्थान पर सत्याग्रह की धमकी दी गई थी और समय आने पर यह सत्याग्रह अत्यन्त शान्ति से और महात्मा गांधी जैसे नेता के मार्गदर्शन में हो, ऐसा विचार अध्यक्ष विट्ठल रामजी शिंदे ने रखा था। दो हजार से ज्यादा किसानों का यह मोर्चा अत्यन्त शान्ति और अनुशासन से शिंदे के मार्गदर्शन में काउंसिल हॉल पर गया था। इन दो बिलों के बारे में तीव्र नापसन्दी स्पष्ट करनेवाली और सरकार ये दो अन्यायकारी बिल वापिस ले, ऐसी विनती करनेवाली एक लाख किसानों के हस्ताक्षरों की अर्जी परिषद् के प्रतिनिधियों ने सरकार को सौंप दी। इन सभी का असर होकर सरकार ने ये दो बिल स्थगित करने का निर्णय लिया। इस बिल का भविष्य क्या होगा, इस बारे में बहुत बड़ी जिज्ञासा जनता में थी। काउंसिल हॉल की गैलरी में प्रेक्षक भारी भीड़ में जमा थे। ऐसे समय सरकार के अर्थ विभाग के दीवान, फाइनेंस मेम्बर सर चुनीलाल मेहता ने सभागृह को आश्चर्य का धक्का दिया। उन्होंने खड़े होकर सभागृह को बताया कि इस बिल के सन्दर्भ में आगे कोई भी प्रक्रिया नहीं होगी यानी सरकार लोगों के असन्तोष के सामने झुक गई ऐसा चित्र सामने आए, ऐसा वे नहीं चाहते थे। इसीलिए बिल सम्बन्धी कार्रवाई स्थगित की गई है, यह कारण बताते समय चुनीलाल मेहता ने सिलेक्ट कमेटी के प्रतिवेदन का तीन प्रादेशिक भाषाओं में अनुवाद न हो पाया, इसीलिए वह हम प्रसृत नहीं कर सके, ऐसा बताया। नरिमन ने मेहता को सीधा प्रश्न पूछा, "यह बिल पीछे लिया गया है या स्थगित किया गया है?" उस पर चुनीलाल मेहता ने "यह बिल स्थगित किया गया है" ऐसा स्पष्ट किया। उसके बाद विधिमंडल का किसी भी प्रकार का कोई कार्य न होकर सभा स्थगित की गई।

किसान परिषद् के इस अधिवेशन का महत्त्व पहचानकर उसे अंग्रेजी, मराठी समाचार-पत्रों में जोरदार कवरेज मिला। 'नवाकाल', 'ज्ञानप्रकाश' जैसे समाचार-पत्रों का रुख किसानों के पक्ष में था तो 'टाइम्स ऑफ इंडिया' का रुख सरकार के अनुकूल था। परिषद् के अध्यक्ष विट्ठल रामजी शिंदे की तस्वीर देकर परिषद् की कार्रवाई की 'टाइम्स' ने जानकारी दी, लेकिन वह देते समय सरकार का पक्ष लेने का उनका प्रयोजन छिपा न रहा। शिंदे का उल्लेख करते समय वे स्वयं किसान नहीं हैं, ऐसा दर्ज करके किसानों की यह परिषद् यानी सरकार के बारदोली और चकबन्दी बिल की नीति पर हमला करने का एक पैंतरा था, ऐसा उन्होंने दर्ज किया। मात्र 'दि लीडर' नामक अंग्रेजी समाचार-पत्र ने किसानों के अनुकूल भूमिका ली।

इस किसान आन्दोलन को अपूर्व कामयाबी मिली, लेकिन उसका नतीजा कह सकते हैं कि किसान आन्दोलन का स्थायी संगठन करने का कार्य पिछड़ गया। इस किसान परिषद् में सभी पक्षों ने पक्षीय मतभेद छोड़कर हिस्सा लिया था, किन्तु यह एकता आगे बनी न रही। परिषद् के बाद आगे की कार्रवाई हेतु परिषद् ने ही एक कमेटी नियुक्त की थी, किन्तु उसका कार्य उचित ढंग से नहीं चला। उस बीच ब्राह्मण-ब्राह्मणेतर संघर्ष फिर से उमड़ आया। दिनकरराव जवलकर ने 'कैवारी' पत्र से शिंदे पर जोरदार हमला किया। जेधे मैंशन की स्टैंडिंग कमेटी की सभा में शिंदे ने ब्राह्मणों का पक्ष लेकर अपने अध्यक्षीय कास्टिंग वोट का उपयोग करके लैंड लीग से सहयोग करने का प्रस्ताव पारित किया। शिंदे का यह बर्ताव झूठा और ब्राह्मणों की तरफदारी करनेवाला था, ऐसा जवलकर का आरोप था। शिंदे सख्त ब्राह्मण विरोधी भूमिका लेते नहीं हैं, यह उनकी हमेशा की आपत्ति थी।[4] 'कैवारी' में आया यह वृत्तान्त गलत होकर शिंदे ने किसी भी प्रकार का झूठापन नहीं किया, ऐसा जाहिर निवेदन सेक्रेटरी केशवराव जेधे ने किया। कई दलों द्वारा इकट्ठा होकर इस तरह का रचनात्मक कार्य करना कितना मुश्किल है और खासकर कोई भी एकांगी भूमिका भावुक अभिनिवेश से न लेनेवाले विट्ठल रामजी शिंदे जैसी व्यक्ति को वह कितनी मुश्किल है, इसकी अनुभूति इससे आ गई। किसानों के हित की दृष्टि से एक स्थायी संगठन हो, ऐसा शिंदे को लगता था, लेकिन उनका यह प्रयोजन अन्तस्थ मन-मुटाव के कारण कामयाब न हो सका।

शिंदे के नेतृत्व में आयोजित इस परिषद् का असर पूरे महाराष्ट्र पर पड़ा और किसानों के प्रश्नों का समाधान विट्ठल रामजी शिंदे के द्वारा हो सकता है, ऐसी आस अनेकों के मन में निर्मित हुई। इसका एक उदाहरण यहाँ पर दर्ज किया जा सकता है। 3 नवम्बर, 1929 को देवगढ़ तहसील प्रजामंडल, मुम्बई, इस संस्था के सेक्रेटरी डी. बी. मयेकर ने विट्ठल रामजी शिंदे को विनम्रता भरा एक खत भेजा। उसमें देवगढ़ तहसील में सरकार ने 33 प्रतिशत लगान बढ़ाने से किसानों पर जो अन्याय होता है, उसे हल करने के लिए मार्गदर्शन करें और इस कार्य को थोड़ा सहयोग करें, ऐसी विनती की थी। समग्रत: किसानों की दुर्गति का एहसास निर्मित करके किसानों के प्रश्न पर ध्यान आकर्षित करने का और प्रचंड लोक जागृति के द्वारा किसान अपने प्रश्न सरकार के विरोध में जाकर हल कर सकते हैं, इसका भरोसा इस परिषद् से हुआ, ऐसा नि:सन्देह कहा जा सकता है।

विट्ठल रामजी शिंदे की अध्यक्षता में तेरदाल में आयोजित दक्षिण रियासत की किसान परिषद् विशेष साबित हुई। शिंदे का पूरा बचपन जमखंडी गाँव में रियासती शासन में ही बीता था। देशी रियासतों के सनकी स्वभाव की आँच प्रजाजनों को किस तरह सहनी पड़ती है, यह स्वानुभव और निरीक्षण से उन्हें मालूम था। ब्रिटिश आमदनी के आधिपत्य से मुल्क के किसानों से ज्यादा रियासत के किसानों की स्थिति दयनीय है, इसका उन्हें एहसास हुआ था। यरवदा जेल से उनकी रिहाई होने के बाद रियासती मुल्क के किसानों की अवस्था का निरीक्षण करें और जितना सम्भव हो उतनी जागृति करें, ऐसा शिंदे के मन में आया। मुम्बई इलाके में किसानों में जागृति हो रही थी और सब जिलों में परिषदें हो रही थी। उसी ढंग से द. महाराष्ट्र और उ. कर्नाटक में, विशेषत: रियासती मुल्क में किसानों में जागृति लाए, ऐसी उनकी मानसिकता थी। इसलिए मुधोल, जमखंडी आदि स्थानों की यात्रा कर विट्ठल रामजी शिंदे सांगली गए। तिलक मन्दिर में लगभग 700-800 श्रोताओं के सामने उनका अत्यन्त आत्मीय भाषण हुआ। अपने भाषण में किसानों की, विशेषत: रियासती मुल्क के किसानों की दयनीय अवस्था का उन्होंने प्रभावी ढंग से वर्णन किया है। "किसानों में असीम अज्ञान होने के कारण वर्तमान हालात पर वे सोच नहीं पाते, अभिव्यक्ति और आचरण की बात तो दूर ही। इस बारे में किसानों की और उनके बैलों की स्थिति एक जैसी ही रहती है।" समझदार सफेदपोश वर्ग द्वारा किसानों का प्रश्न उठाना आवश्यक होने की बात उन्होंने

बताई और किसानों के हित की दृष्टि से आवश्यक प्रश्न कौन-से हैं, इसका विवेचन किया।[5] दक्षिण रियासत की किसान परिषद् तेरदाल में आयोजित करें, ऐसा निर्णय सांगली में गणपतराव अभ्यंकर वकील के नेतृत्व में आयोजित बैठक में तय हुआ। इस परिषद् के स्वागताध्यक्ष तेरदाल के विष्णुपंत देशपांडे और अध्यक्ष विट्ठल रामजी शिंदे होंगे, ऐसा निर्णय लिया गया।[6]

रियासती मुल्क के कार्यकर्ताओं द्वारा नियोजित किसान परिषद् की प्रारम्भिक तैयारी करने के बाद दक्षिण रियासत किसान परिषद् का अधिवेशन 3 जनवरी, 1932 को तेरदाल में आरम्भ हुआ। परिषद् के लिए मुधोल, जत, कोल्हापुर, सांगली, इचलकरंजी, रबकवी, बनहट्टी आदि रियासत क्षेत्र के प्रतिनिधि उपस्थित थे। 3 तारीख को सुबह 9 बजे विट्ठल रामजी शिंदे की अध्यक्षता में परिषद् का आरम्भ हुआ। तेरदाल के एक जमींदार और विट्ठल रामजी शिंदे ने वर्णन किया, वैसे साधु वृत्ति के उनके बचपन के दोस्त विष्णुपंत उर्फ अप्पासाहब देशपांडे स्वागताध्यक्ष थे। गणपतराव अभ्यंकर के करकमलों से झंडा फहराया गया। सभा के लिए जैन, लिंगायत, मराठा, मुसलमान, ब्राह्मण आदि सभी धर्म और जातियों की मंडली उपस्थित थी। साथ ही, अलग-अलग रियासतों की नेता मंडली उपस्थित थी। परिषद् के कार्य में शामिल होने के लिए अस्पृश्य वर्ग के व्यक्तियों को केवल अनुमति नहीं थी तो उस वर्ग की बहुत-सी मंड लियाँ उपस्थित भी थीं।

स्वागताध्यक्ष विष्णुपंत देशपांडे ने अपना भाषण मराठी में दिया। उसी के साथ वे अपने भाषण का काफी अंश कन्नड़ में भी समझा रहे थे। स्वागताध्यक्ष का भाषण होने के बाद अभ्यंकर ने अध्यक्ष पद के लिए विट्ठल रामजी शिंदे के नाम की संस्तुति की। इस सूचना को विविध रियासतों के प्रतिनिधियों ने समर्थन दिया। स्वागताध्यक्ष विष्णुपंत देशपांडे ने शिंदे के कार्य का विवेचन कर बचपन से ही उनकी दोस्ती का अपने पर किस तरह अच्छा असर हुआ, यह सरसता से बताया। उसके बाद विट्ठल रामजी शिंदे अध्यक्ष की कुर्सी पर विराजमान हुए। परिषद् को प्राप्त शुभ सन्देश का वाचन होने के बाद अण्णासाहब शिंदे का अध्यक्षीय भाषण हुआ। उनके मराठी में मुद्रित भाषण की प्रतियाँ सभागृह में बाँट दी गईं। उस भाषण के आधार पर ही विट्ठल रामजी शिंदे ने कन्नड़ में लगभग डेढ़ घंटा धाराप्रवाह भाषण दिया। अपने अध्यक्षीय भाषण के आरम्भ में विट्ठल रामजी शिंदे ने रियासत में किसान परिषद् का यह पहला अधिवेशन महत्त्वपूर्ण है, इसका उल्लेख किया। किसानों की स्थिति सर्वत्र दीन है और रियासती शासन में तो किसान ज्यादा दुखी है, ऐसा उन्होंने कहा। राजा और उनके मुसाहिब स्वयं के धर्म, जाति एवं हितैषी होकर भी यहाँ पर पराए शासन से ज्यादा जुल्म होता है, यह विदारक परिस्थिति है, ऐसा उन्होंने बताया। वैश्विक मन्दी के इस दौर में किसानों के हाथ में पैसा बिलकुल नहीं आता। खेती में सब कुछ उपज होने के बावजूद सिक्के और रुपयों की जब तक उपज नहीं होगी तब तक किसानों का यही हाल चलता रहेगा। लगान सिक्के के कृत्रिम रूप में लेने के बजाय अनाज के स्वाभाविक रूप में लिया जाए, ऐसा शिंदे ने सूचित किया, लेकिन रियासतों में ऐसे निर्णय लेने की कूवत नहीं है, यह भी उन्होंने स्पष्ट किया। किसानों की स्थिति अस्पृश्य वर्ग से ज्यादा दयनीय हुई है क्योंकि ब्रिटिश मुल्क के अस्पृश्य वर्ग में कम-से-कम थोड़ी-बहुत जागृति हुई है, लेकिन रियासत के किसान वर्ग में उतनी भी जागृति नहीं, यह यथार्थ उन्होंने प्रस्तुत किया। किसानों में जागृति आए, इसके लिए पुणे नगर निगम के चीफ ऑफिसर आप्पासाहब भागवत्, बालू काका कानिटकर, सतारा के शाहू छत्रपति बोर्डिंग के संचालक भाऊराव पाटील और गोसेवक शेख नज्मुद्दीन कमरुद्दीन के इस सन्दर्भ में किए प्रयास प्रशंसनीय होने का उन्होंने उल्लेख किया। किसानों का संगठन करने की अपनी कोशिश यह हिंसात्मक न होकर शान्ति की राह है, इसलिए सफेदपोश मंडली गलतफहमी न कर इस कार्य में सहयोग करे, ऐसा आह्वान उन्होंने किया। इस सन्दर्भ में अन्तिम और ठोस कार्य किसानों का संगठन करना यही है, ऐसा बताकर इस बारे में किसानों को, आप आर्थिक सहयोग करें, ऐसी सफेदपोश वर्ग को उन्होंने विनती की। भाषण के अन्त में उन्होंने कहा, "किसानों के पास धन कहाँ से आएगा? वह तो सब आप ही के पास आ चुका है। पंखुड़ी तो वापस लौटा दो। किसानों को फिर से आत्मनिर्भर बना दो। किसान खड़ा होगा, तभी स्वराज्य की आशा है। यद्यपि किसानों का संगठन आपके फुरसत के समय का कार्य है, लेकिन उसी पर किसानों का और हम सभी का जीवन निर्भर है अन्यथा हम सब मृत ही हैं।"[7]

अण्णासाहब शिंदे इस काल में किसानों के संगठन में समर्पित थे। उनकी आस्था का इस भाषण से भी एहसास होता है। शिंदे ने उत्स्फूर्त रूप में कन्नड़ में किया हुआ भाषण अत्यन्त प्रभावी हुआ और लोगों को वह अच्छा भी

लगा। शिंदे ने कन्नड़ में भाषण करके यह एहसास दिलाया कि मराठी-कन्नड़, ऐसा भाषा भेद करना गैर और नादानी है, महाराष्ट्र और कर्नाटक प्रदेश के लोगों में आजकल निर्मित हुआ भाषा का अहं कितना व्यर्थ है, इसी का शिंदे ने कन्नड़ में भाषण करके अप्रत्यक्ष किन्तु प्रभावी ढंग से एहसास करा दिया।

रियासत के किसानों की स्थिति की मीमांसा करना, उन पर होनेवाले अन्याय दूर करने के लिए उचित माँग करना और किसानों के संगठन की आवश्यकता का एहसास करा देना, यह इस परिषद् के भाषण का साथ ही यहाँ पर प्रस्तुत प्रस्तावों का उद्देश्य था। इसी के साथ ही कन्नड़ और मराठी जैसे भाषिक विवाद पर रचनात्मक पद्धति से सुलह का कार्य भी इस परिषद् से हुआ। अध्यक्ष के भाषण के बाद इस परिषद् में जो प्रस्ताव प्रस्तुत किए, उसमें अभिनव पद्धति का आधार लिया गया। प्रस्ताव यदि कन्नड़ में प्रस्तुत किया हो तो समर्थन देनेवाले को मराठी में बोलना चाहिए और प्रस्ताव अगर मराठी में प्रस्तुत किया हो तो समर्थन देनेवाला कन्नड़ में भाषण दे, ऐसी योजना शिंदे के मार्गदर्शन में तय की गई। अधिवेशन में प्रस्तुत और पारित किए प्रस्ताव निम्न प्रकार के थे :

1. जमीन का मालिक रैयत को लगान में एक तिहाई छूट दे।
2. किसानों के आर्थिक सहयोग हेतु सरकार और लोकल बोर्ड ने हाथ से बुनाई और हथकरघा जैसे दोयम धन्धों की सुविधा मुहैया कर सहयोग करना चाहिए।
3. प्राथमिक शिक्षा के साथ खेती की शिक्षा देनेवाली पाठशालाएँ देशी रियासत में शुरू की जाएँ।
4. कम पानी से ज्यादा फसल लेने की दृष्टि से किए जानेवाले प्रयोगों का प्रसार किया जाए।
5. अत्यधिक होनेवाली लगान कम की जाए।
6. रियासत में घुमन्तू अस्पताल शुरू किए जाए।
7. रैयत लोगों की स्थिति में सुधार हेतु घर पर सूत कताई और हथकरघे पर बुनी खद्दर का इस्तेमाल करें।
8. रियासत की ओर प्रतिनिधि मंडल भेजने के लिए और पारित प्रस्तावों के अमल के लिए विष्णुपंत देशपांडे, अभ्यंकर, डॉ. दामू अण्णा हुल्यालकर—इन पाँच लोगों की कमेटी नियुक्त की जाए।

अन्ततः महात्मा गांधी विश्व-उद्धार हेतु भारतीयों को स्वतंत्रता मिले, इसलिए विदेश यात्रा कर वापस लौटे हैं, इसलिए उनका अभिनन्दन कर ईश्वर के प्रति कृतज्ञता व्यक्त की।

अधिवेशन की इस तरह कार्रवाई होने के बाद स्वयंसेवकों ने संध्या के समय जुलूस निकाला और अध्यक्ष कर्मवीर शिंदे को जुलूस के साथ ले गए। इस जुलूस में जान-बूझकर कन्नड़ पद तैयार किए गए थे। अधिवेशन के लिए लगभग तीन हजार लोगों का समुदाय इकट्ठा हो गया था। सांगली, मिरज, तेरदाल आदि रियासत के प्रदेश और कानडी मुल्क के दक्षिणी रियासत के किसानों का यह पहला ही अधिवेशन उत्साह के माहौल में सम्पन्न हुआ। राजनीतिक तथा सामाजिक सन्दर्भ में सुप्तप्राय: होनेवाले इस प्रदेश के किसानों के प्रश्नों के बारे में जागृति लाने का कार्य सफल हो गया। साथ ही, ब्रिटिश अमल में होनेवाले प्रदेश में राजनीतिक जागृति की जो हवा बह रही थी, उस हवा की लहर इस रियासती प्रदेश में अनुभूत हुई।

किसान वर्ग में बड़ी मात्रा में जागृति आने लगी। इसका लक्षण यानी महाराष्ट्र के अलग-अलग जिले की कुछ तहसीलों में किसान परिषदों का आयोजन होने लगा। अण्णासाहब शिंदे किसानों के प्रति होनेवाली आस्था, किसानों की समस्या के बारे में होनेवाली उनकी समझ और किसानों की स्थिति में सुधार लाने के लिए लगन के साथ वे ठोस उपाय सूझाते थे। इसके कारण किसानों की परिषद् के अध्यक्ष बनने के लिए और मार्गदर्शन करने के लिए उन्हें आमंत्रण आना स्वाभाविक था। ऐसी दो अन्य किसान परिषदों के अधिवेशन उनकी अध्यक्षता में सम्पन्न हुए। 6 जून, 1931 को सतारा जिले के बोरगाँव में वालवा तहसील किसान परिषद् सम्पन्न हुई। 19 और 20 सितम्बर, 1931 को नासिक जिले के वडणेर में चाँदवड तहसील किसान परिषद् का आयोजन हुआ। बोरगाँव की किसान परिषद् के स्वागताध्यक्ष माधवराव बागल थे। इस परिषद् के लिए आस-पास के तीस चालीस गाँवों में से छह-सात हजार लोग इकट्ठे हुए थे। आत्माराम पाटील, सदाशिवराव आलतेकर, बापूसाहब देशमुख, सतारा के सोमण वकील आदि की मंडली इकट्ठा हुई थी। गाँव बन्दनवारों से सजाए थे। अण्णासाहब शिंदे ये गोविन्दराव सासने, सदाशिवराव आलतेकर—इनके साथ गाँव में जाने के बाद माधवराव बागल, आत्माराम पाटील ने पुष्पमाला पहनाकर उनका स्वागत किया तो महिलाओं ने गाँव में अलग-अलग स्थानों पर उनकी आरती उतारी।

विट्ठल रामजी शिंदे ने डेढ़ घंटे तक असरदार अध्यक्षीय भाषण दिया। अपने भाषण में सच्चा किसान कौन है, इसकी परिभाषा बताई; उनका मूल दुश्मन कौन है, इसकी मीमांसा की और किसानों की तरक्की की सही राह कौन-सी है, इसका मौलिक विवेचन आस्था से किया। किसान कौन? यह बताते समय उन्होंने कहा, "मेरी राय के अनुसार किसान वह है, जो अपने परिवार के और आश्रितों के पोषण को, शिक्षा को और उचित सुख-सुविधाओं को आवश्यक उतनी और अपने रिश्तेदारों की ओर से आश्रितों के ओर से सँभाल पाए, उतनी ही जमीन धारण करता है और वह स्वयं और अपने रिश्तेदारों के और आश्रितों के श्रम से उचित तरह से वाकई सँभालता है। ऐसा न करते हुए अन्य जो जमीन धारण करते हैं या उस पर हक जताते हैं, वे सभी केवल पूँजीपति हैं और वे सच्चे अर्थ से खेती करनेवाले किसान न होकर किसानों के दुश्मन न हों तो भी उनके दावेदार और प्रतिस्पर्धी समझने में हर्ज नहीं।" इन्हें दावेदार क्यों कहें तो, "उस जमीन पर जान से भी ज्यादा बच्चों के साथ मेहनत करनेवाला एक है, तो दूसरा मात्र उस पर की मलाई पूरी निगलकर बची हुई छाछ के लिए भी दुश्मनी करनेवाला होता है। यह पूँजीपति किसानों के सीने पर हमेशा के लिए बैठा होता है, इसीलिए वह किसी भी जाति का, स्तर का, स्वकीय या परकीय सरकार का हो या रियासती, ईनामदार, जमींदार हो, ये सभी किसानों के दुश्मन हैं।"

किसानों की दुर्गति के साथ ही हरिजन, मातंग आदि को कितनी तकलीफ सहनी होती है, इसका उन्होंने वर्णन किया। लगानबन्दी का यह अन्तिम उपाय है, यह बताकर उन्होंने पहली जरूरत की बात के रूप में प्रत्येक तहसील में किसान संघ होने चाहिए। इतना ही नहीं तो हर तहसील में मजदूर संघ निकलने चाहिए और इस जुड़वाँ संघ में निरन्तर सहयोग होना चाहिए, ऐसा साफ बताया। इसका विवेचन करते समय "सतारा के देहाती लोग यानी सालभर में छह मास किसान और शेष छह मास मिल या बन्दरगाह में मजदूर या श्रमिक होते हैं। किसानों और मजदूरों के जुड़वाँ संघ के सहयोग से ही बहुजन समाज की पीठ पर बैठकर वापस फिर से उनका ही खून चूसनेवाले पूँजीपतियों पर वे प्रतिबन्ध लगा सकते हैं।" ऐसा बताया।

देहात के किसान और शहर के मजदूर हित सम्बन्ध की दृष्टि से एक ही हैं, ऐसा उन्हें लगता है। देहात का किसान मुम्बई या शहर में जाकर मजदूर बनता है। इस मजदूर का मूल आधार देहात की खेती का होता है। कुछ लोग इन दो भूमिकाओं को अच्छी तरह से निभाते हैं तो कुछ लोग शहर से वापस आकर ज्यादा खेती खरीदकर वह जोतने का ख्वाब देखते हैं और किसान हुआ तो भी वह श्रमजीवी मजदूर ही होता है। इन किसानों के मुँह का निवाला खींचनेवाले जमींदार भी पूँजीपति और शहर के मिल के मजदूरों का शोषण करनेवाला मिल मालिक भी पूँजीपति। इसीलिए पूँजीपति किसान और मजदूर, इनका समान दुश्मन होता है और उनका हित सम्बन्ध एक ही होता है। इसलिए अण्णासाहब शिंदे इन किसानों को स्वयं का संगठन बनाओ, ऐसा कहते हैं। सिवाय शहर के मजदूरों के संगठन को कन्धे से कन्धा मिलाकर सहयोग करने का उपदेश करते हैं।[8] शिंदे का किसान और मजदूर सम्बन्धों का यह विवेचन बिलकुल सही है। उनके प्रतिपादन का अनुभव वर्तमान में 1982 के मुम्बई के मजदूरों की हड़ताल देखने के बाद भी आता है। उन्हें ऐसा लगता था कि किसान और मजदूर, इनमें समरूपता और समानधर्मिता होने के कारण उनमें अगर एकता हुई तो वे बहुत ज्यादा शक्ति निर्माण कर सकते हैं और किसी भी सरकार की नाक में नकेल डाल सकते हैं। पूँजीवाद खत्म करके अगर श्रमजीवियों का राज्य निर्माण करना हो तो भारत जैसे देश में किसान और मजदूर, इनके संगठन में एकता होना आवश्यक है, यह उनका कहना बिलकुल उचित है। इसकी अनुभूति आगे हुई। शिंदे का यह प्रतिपादन जून 1931 का था। आजादी के बाद महाराष्ट्र में 'किसान मजदूर दल' नाम से एक दल अस्तित्व में आया। अण्णासाहब शिंदे ने किसान परिषद् के अपने भाषण से इस दल की स्थापना के लिए वैचारिक नींव प्रस्तुत की, ऐसा कहा जा सकता है।

अन्य किसान परिषदों में उन्होंने किसानों को अपनी संगठन बनाना चाहिए, इस पर हमेशा जोर दिया दिखाई देता है। वडनेर की परिषद् में किए प्रस्ताविक से उनकी यही भूमिका दिखाई देती हैं। वे कहते हैं, "आपने अपनी तहसील तक सीमित संगठन करके फिर आप में से किसी नेता को अध्यक्ष नियुक्त करके मुझ जैसे बाहर के आदमी को केवल सलाहकार के नाते बुलाया होता तो मैं इनकार नहीं करता। किसानों का आन्दोलन आगे किसी भी बाह्य कारकों पर आश्रित होकर चलेगा नहीं।" महाराष्ट्र के किसानों में पिछले दो सालों में अभूतपूर्व जागृति हुई हो तो भी संगठन की शुरुआत नहीं हुई, यह यथार्थ वे सामने लाए।

पूँजीपति किसानों का दुश्मन हैं और उनको नेस्तनाबूद करना हो तो किसानों का संगठन ही एकमात्र उपाय है, ऐसा विचार वे प्रस्तुत करते हैं। संगठन के लिए किसानों को किनसे लाभ होगा? कांग्रेस का उपयोग हो सकता है? इसका भी शिंदे ने स्पष्ट रूप से और वस्तुनिष्ठ ढंग से विचार किया। उन्होंने कहा, "कांग्रेस जब तक महात्मा गांधी, पंडित नेहरू जैसों की मुट्ठी में है तब तक वह आपके पक्ष में ही रहेगी, ऐसा मुझे भरोसा है।" किन्तु उनके मन में कांग्रेस के बारे में भी आशंका है। कांग्रेस पढ़े-लिखे लोगों की और अमीरों के हाथ में पली है। कांग्रेस ने अब तक तो किसानों के संगठन का कार्य अपने बलबूते किया नहीं। उन्हें अभी फुरसत नहीं है, किन्तु किसानों को कांग्रेस पर भी आश्रित नहीं रहना चाहिए, यह वे स्पष्ट बताते हैं। "कांग्रेस सभी से राजनीति करती है। मैं आपको स्पष्ट कहता हूँ कि आपका कार्य मुख्यत: राजनीति न होकर आर्थिक या सामाजिक स्वरूप का है। कांग्रेस यानी पूरे देश यानी सभी वर्ग के हित के लिए सोचनेवाली और उस विचार का अमल करनेवाली संस्था है। संक्षेप में बताना हो तो वह हमारी भावी पार्लियामेंट हैं, किन्तु ऐसी कौन-सी पार्लियामेंट दुनिया के इतिहास में हुई है कि जिसने वर्ग का हित एक जैसी मात्रा में पूरा किया है? किसान राष्ट्र का, एक विशेष अर्थ से सभी का भरण-पोषण करनेवाला है। इसलिए सबसे महत्त्वपूर्ण और संख्या में सबसे बड़ा वर्ग है, यह सच है, लेकिन अन्य अल्पसंख्य और परिपुष्ट वर्ग जितना किसानों का वजन आज तक किसी भी पार्लियामेंट पर नहीं रहा। इसलिए राजनीति यह गौण उद्देश्य रखकर किसान स्वयं को आर्थिक स्वतंत्रता प्राप्त करें और सामाजिक गठन करें, ऐसा उपदेश वे करते हैं। आर्थिक स्वतंत्रता का उन्हें अधिक महत्त्व लगता है। किसानों को सम्बोधित करते हुए उन्होंने कहा, "किसान भाइयो, आप हमेशा मेहनत करनेवाले, 'हल चलाकर' समय को न गँवाकर अपना एक हाथ अर्थ उत्पादन में आजमाकर, दूसरा हाथ आपको उस उत्पन्न किए हुए अर्थ की तरतीब कैसे चल रही है, यह देखकर इस आर्थिक गाड़ी के बैलों की नकेल खींचने के लिए हमेशा खाली रखना जरूरी है।" शिंदे स्वातंत्र्योत्तर काल का भविष्य का चित्र भी सामने रखते हैं। देश में स्वराज्य हुआ, जमीन का तत्त्वत: स्वामित्व राष्ट्र को मिला और जोतने के लिए जमीन का हक श्रमजीवी किसान के पास आया। किसानों को आपस में या जमीन जोतनेवाले किसानों से अपनी एकता रखनी चाहिए। किसान अमीर हुआ तो वही जमींदार बन जाता है। फिर वह अन्य गरीब किसानों से कटकर बर्ताव करता है और अन्य सत्ताधीशों की पाँत में जाकर बैठता है। इसलिए किसानों की या जमीन कसनेवाले किसानों की एकता होना शिंदे को महत्त्वपूर्ण लगा और किसानों के आगे उन्होंने यह विचार हमेशा आस्था के साथ रखा।[9]

सन्दर्भ

1. रवीन्द्रकुमार, *वेस्टर्न इंडिया इन दि नाइंटींथ सेंचुरी,* रूटलेज, केगन पॉल, टोरंटो यूनिवर्सिटी, लन्दन, 1968, पृ. 185, त्र्यं.कृ. टोपे, *म.गो. रानडे : व्यक्ति, कर्तृत्व आणि कार्य,* रोहन प्रकाशन, पुणे 1992, पृ. 95-96, से उद्धृत
2. किसान परिषद् के स्वागताध्यक्ष बाबूराव जेधे के भाषण की मुद्रित प्रति, *शिंदे के कागजात*
3. मुम्बई इलाका किसान परिषद् पुणे, शिंदे का अध्यक्षीय भाषण, *शिंदे लेख संग्रह,* पृ. 256-263
4. *कैवारी,* 21 सितम्बर, 1931
5. *ज्ञानप्रकाश,* 16 दिसम्बर, 1931
6. *ज्ञानप्रकाश,* 18 दिसम्बर, 1931
7. रियासती किसान परिषद्, तेरदाल, शिंदे का अध्यक्षीय भाषण, *शिंदे लेख संग्रह,* पृ. 275-281
8. शिंदे का अध्यक्षीय भाषण, वालवे तालुका किसान परिषद्, बोरगाँव, *शिंदे लेख संग्रह,* पृ. 291-296
9. चाँदवड तालुका किसान परिषद्, वडनेर, शिंदे का अध्यक्षीय भाषण, *शिंदे लेख संग्रह,* पृ. 297-304

परिषद्-सम्मेलनों में सहभाग

अण्णासाहब शिंदे का सामाजिक कार्य, ऐतिहासिक अनुसन्धान, समाजशास्त्रीय और दार्शनिक लेखन पर उनका अधिकार होने से विभिन्न प्रकार की परिषदें और सम्मेलनों में उन्हें अध्यक्ष, उद्घाटक का सम्मान मिलना स्वाभाविक था। वैसे तो शिंदे का निर्भीक स्वभाव और सत्य का समर्थन करनेवाली राय इस क्षेत्र के सम्मानित लोगों को जँचनेवाली नहीं होती। वे ऐसे वक्ता या लेखक नहीं थे जो सभी को रास आएँगे। इसलिए महाराष्ट्र में उन्हें हमेशा सम्मान मिलता दिखाई नहीं देता। इसके बावजूद उन्होंने अलौकिक कर्तृत्व से सामाजिक क्षेत्र में नाम कमाया और अनुसन्धान तथा वैचारिक साहित्य लेखन में अपनी स्वतंत्र प्रज्ञा सिद्ध करने के कारण पढ़े-लिखे समाज को उनकी पूरी तरह से उपेक्षा करना भी सम्भव नहीं था। दूसरे, आम पढ़े-लिखे लोगों की राय को हादसा पहुँचानेवाली सोच शिंदे की ओर से प्रकट हो रही थी, लेकिन उसके औचित्य को जाननेवाला छोटा क्यों न हो, किन्तु एक प्रभावी वर्ग पढ़े-लिखे लोगों में मौजूद था। इसी कारण ऐसी परिषद् में और सम्मेलनों में शामिल होने से कई बार तो आस्था से शिंदे को आमंत्रण मिलते थे और वे नई स्वतंत्र सोच प्रकट करने का मौका मानकर इस प्रकार के आमंत्रण स्वीकारते। ऐसे हर मंच से उन्होंने जो विचार प्रकट किए, उससे उनके विचारों की स्वतंत्रता और मौलिकता प्रकट हुए बिना नहीं रहती।

विट्ठल रामजी शिंदे धार्मिक, सामाजिक सुधार के लिए स्वयं का जीवन समर्पित करनेवाले कर्मवीर थे। उन्होंने सामाजिक सुधार के सन्दर्भ में जो विचार प्रस्तुत किए, उसके पीछे स्वाभाविकत: स्वानुभव होता। 1925 में प्रान्तीय सामाजिक परिषद् के अधिवेशन में बोलते समय उन्होंने महत्त्वपूर्ण विचार प्रस्तुत किए। स्वयं शिंदे ने पहले अस्पृश्यता उन्मूलन कार्य को आरम्भ किया और बाद में उस कार्य का अधिकाधिक विस्तार हो, इस कार्य को गति मिले, इसलिए परिषद् का आयोजन अत्यन्त प्रभावी ढंग से किया था। इस बारे में सन् 1912 में पुणे में उनके डॉ. भंडारकर की अध्यक्षता में आयोजित मिशन की महाराष्ट्र परिषद् एक आदर्श परिषद् कही जा सकती है। उसी के साथ मार्च, 1918 में मुम्बई में श्रीमन्त सयाजीराव गायकवाड़ की अध्यक्षता में मिशन के सहयोग से आयोजित अखिल भारतीय स्तर की परिषद् कार्य की जानकारी देकर भावी कार्य को गति देने की दृष्टि से अत्यन्त महत्त्वपूर्ण साबित हुई। पहले कार्य करें और उसके बाद भविष्य के कार्य को गति मिलने की दृष्टि से परिषद् के द्वारा जरूरी विचार मंथन करें, ऐसा परिषदों के पीछे उद्देश्य होना चाहिए, यह शिंदे की नीति थी। जो प्रान्तीय सामाजिक परिषदें आयोजित की जाती हैं, उनके पीछे प्रत्यक्ष कृति का बल नहीं होता है, इस कमी का शिंदे को शायद एहसास हुआ होगा। इसलिए उन्होंने अपने अध्यक्षीय भाषण के प्रस्ताविक के आरम्भ में ऐसा कहा है कि "पीछे रचनात्मक कार्य करनेवाली संस्थाएँ न होते हुए आयोजित की जानेवाली परिषदें सिर्फ आवाज करनेवाली घंटी जैसी या बिना बारिश की आँधी जैसी विफल होकर उनसे सार्वजनिक शान्ति का भंग मात्र होता है।" इस परिषद् में सामाजिक सुधार के सन्दर्भ में उन्होंने मूलभूत स्वरूप का विचार प्रस्तुत किया।

हमारे यहाँ सामाजिक सुधार की गति मन्द क्यों होती है, इस प्रश्न की चर्चा करते समय अपनी ओर 'सामाजिक सुधार' शब्द की व्याप्ति ही सीमित मानी जाती है। इस बड़ी कमी की ओर शिंदे ने ध्यान आकर्षित किया। सामाजिक सुधार यानी पुराने कर्मठ धार्मिक भाव और पुराने रीति-रिवाज इनके विरुद्ध जारी विवाद है, इतना बताने के बाद उन शब्दों की आधी व्याप्ति भी बताई गई हो, ऐसा नहीं होता; ऐसा कहकर धार्मिक भाव से परे सामाजिक सुधार का कई मात्रा में बड़ा हिस्सा है, इसका वे निर्देश करते हैं। आज तक के सामाजिक सुधार इस धर्म ने लाद दिए निर्बन्ध और धर्म के सहारे होनेवाली रूढ़ियाँ इनके सन्दर्भ में ही प्रमुखता से की जाती थी। मूलत: देहात का स्वास्थ्य संवर्द्धन, शहर

के मजदूर वर्ग में सुधार, शिशुओं की परवरिश जैसे कई महत्त्वपूर्ण सन्दर्भों का सामाजिक सुधार में समावेश करना उन्हें अनिवार्य लगता है।

सामाजिक सुधार धीमी गति से होने का और एक महत्त्वपूर्ण कारण वे दर्ज करते हैं। वह कारण है शुद्ध सामाजिक सुधार का कार्य जिसे धर्म से बौद्धिक रूप से हेतुतः अलग रखा जाता है। स्वर्गीय आगरकर जैसे पुरानी परम्परा के समाज-सुधारक इस कार्य की रचना आज भी उपयुक्ततावाद, युक्तिवाद, दया आदि दूसरे किसी तत्त्व से करने के लिए तैयार होते हैं, लेकिन धार्मिक मनोवृत्ति के आधार पर खड़े होने के लिए तैयार नहीं होते हैं। समाज-सुधारकों में इस तरह की धर्मविमुख प्रवृत्ति उन्हें अनुचित लगती है। उनकी यह भूमिका थी कि सभी प्रकार के भावात्मक आन्दोलन आध्यात्मिक आन्दोलन होते हैं।[1] विट्ठल रामजी शिंदे द्वारा बताया यह विचार अत्यन्त मौलिक लगता है और उसे प्रत्यक्ष यथार्थ का समर्थन प्राप्त है। भारत में और महाराष्ट्र में आज तक सामाजिक सुधार और सामाजिक पुनर्गठन के प्रत्यक्ष जो मूलभूत बड़े-बड़े कार्य हुए हैं, वे धर्मनिष्ठ पुरुषों की ओर से ही हुए हैं, यह हमें समझ लेना चाहिए, अर्थात् धर्म यानी आध्यात्मिक आशय होनेवाला धर्म स्वीकृत है, निरर्थक कर्मकांड स्वीकृत नहीं है, यह बात स्पष्ट है। भारतीय समाज की धार्मिक अन्धश्रद्धा को हादसा देकर सामाजिक सुधार पर जोर देकर न्याय और इनसानियत के आधार पर भारतीय समाज का पुनर्गठन करने का काम अधिकांश मात्रा में राजा राममोहन राय, महात्मा जोतिबा फुले, स्वयं महर्षि विट्ठल रामजी शिंदे, राजर्षि शाहू महाराज, महात्मा गांधी, डॉ. बाबासाहेब आंबेडकर आदि महान हस्तियों ने किया है और ये सभी हस्तियाँ धर्मनिष्ठ थीं। समाज-सुधार और धर्म के आद्य तत्त्व का आचरण इन दोनों की उद्देश्यपूर्ण कोशिश में एकता होना उन्हें आवश्यक लगता है। इस एकता के संयोग से हमारे सुधारकों का सुधार होकर उनके लक्ष्य अधिक उत्कटता से प्राप्त हो, ऐसी शुभकामना वे व्यक्त करते हैं।

सामाजिक सुधार पर तफसील के बारे में विचार करते समय वे अस्पृश्यता निवारण, ब्राह्मणेतरों का असन्तोष, हिन्दू-मुस्लिमों की एकता और हिन्दू-संगठन का निर्देश करते हैं। ये बातें वे पूर्णतः अलग नहीं समझते, बल्कि ये बृहत् हिन्दू समाज को लगी बीमारी के अलग-अलग अन्तर्गत लक्षण हैं, ऐसा कहते हैं। इन समस्याओं के मूल में होनेवाली बीमारी के रूप में वे एक बात का निर्देश करते हैं, "काल्पनिक भेद हटाकर उन्हें केवल निजी व्यवहार में ही नहीं तो सार्वजनिक व्यवहार में भी उच्च स्तर की राजनीति और चरित्र की पवित्रता के ऊपर स्थान देने की जो हिन्दी जनता की मनोवृत्ति को स्वयंस्फुरित आदत है, वही हिन्दुस्तान की विशेष मानसिक बीमारी है।" इसी बीमारी के कारण अलगाव या भेद के बीज बोए जाते हैं। स्पृश्यास्पृश्य, ब्राह्मण-ब्राह्मणेतर, हिन्दू-मुसलमान—ये भेद निर्माण करके कुछ लोग स्वयं को श्रेष्ठ और अन्यों को कनिष्ठ समझते हैं। इस काल्पनिक भेद के कारण और श्रेष्ठ-कनिष्ठता की जन्मजात कल्पना के कारण हिन्दुस्तान में सामाजिक स्तर पर ये सवाल खड़े हुए हैं, ऐसा विवेचन वे करते हैं। शिंदे की मूलभूत स्वरूप की यह भूमिका मौलिक होने के कारण अस्पृश्यता का प्रश्न धर्म ग्रंथ के आधार पर हल करने के लिए शास्त्री-पंडितों पर न सौंपा जाए क्योंकि यह प्रश्न हल करने के लिए सबसे नालायक कौन होंगे तो वे शास्त्री-पंडित ही थे, ऐसी ठोस भूमिका उन्होंने यहाँ के भाषण में प्रस्तुत की। महात्मा गांधी से हुई चर्चा के समय शिंदे ने ठोस रूप में यही बताया जो लक्ष्मण शास्त्री जोशी ने दर्ज करके रखा है।

ब्राह्मण-ब्राह्मणेतर प्रश्न आज का न होकर पुराना होने की बात वे दर्ज करते हैं। ब्राह्मण-ब्राह्मणेतर विवाद का स्वरूप ध्वनि और प्रतिध्वनि इस प्रकार का है, ऐसा विवेचन वे करते हैं। ब्राह्मण वर्ग अपना घमंड छोड़े। राजनीतिक आकांक्षा के मैदान में ब्राह्मणेतर खिलाड़ियों का स्वागत किया जाए, ऐसी इच्छा व्यक्त करते हैं। ब्राह्मणेतर वर्ग ने भी दोनों दलों में मेल रहे ऐसा प्रबन्ध करना उन्हें आवश्यक लगता है। मराठा भाइयों को वे उपदेश करते हैं कि सत्यशोधक समाज की बिखरी हुई स्थिति वे ठीक करें यानी किसी भी गैरजिम्मेदार, पागल आदमी को यह संस्था यानी ब्राह्मणवर्ग का बदला लेने के हथियार के रूप में उपयोग नहीं कर सकते। हिन्दू संगठन के प्रश्न पर सोचते समय वे हिन्दू सभा के नेताओं ने पहले हिन्दुओं के अर्थात् अस्पृश्यों के दिल को बुरा न लगे, इसकी सावधानी बरतनी चाहिए, ऐसा कहते हैं।[1]

इसी अध्यक्षीय भाषण में उन्होंने स्त्री दासता से मुक्ति, सहकारिता आन्दोलन, देहातों का और शहरों का मजदूर वर्ग आदि समस्याओं का संक्षेप में निर्देश करके उन समस्याओं को हल करने की राह बताई।

दिसम्बर, 1933 में नागपुर में महाराष्ट्र साहित्य सम्मेलन आयोजित किया था। सम्मेलन के ही हिस्से के रूप में ऐतिहासिक वस्तुओं की प्रदर्शनी आयोजित की गई थी। 26 दिसम्बर, 1933 को इस प्रदर्शनी का उद्घाटन विट्ठल

रामजी शिंदे करें, ऐसी विनती की गई। सिटी कॉलेज के कमरों में प्रदर्शनी लगाई गई थी। औपचारिक उद्घाटन का कार्यक्रम सम्मेलन के मुख्य मंडप में सुबह साढ़े आठ बजे शुरू हुआ। प्रदर्शनी के उद्घाटन पर अनेक स्त्री-पुरुष श्रोताओं की भीड़ थी।

नागपुर विश्वविद्यालय के कुलपति न्यायमूर्ति भवानीशंकर नियोगी ने प्रदर्शनी के उद्घाटक विट्ठल रामजी शिंदे का अपने भाषण में परिचय करवा दिया। भाषण में उन्होंने शिंदे के व्यक्तित्व की विशेषता तथा उनके द्वारा किए कार्यों का ऐतिहासिक महत्त्व भलीभाँति स्पष्ट किया। शिंदे के कार्य की योग्यता बताते समय न्यायमूर्ति नियोगी ने कहा, "शिंदे की जिसे ठोस मदद नहीं मिली, ऐसा लोकसेवा, समाजोन्नति का आन्दोलन मिलना मुश्किल है और ऐसी परिस्थिति है, इसमें कोई आश्चर्य भी नहीं क्योंकि जिसका जनसेवा यही धर्म और वह धर्म ही हमेशा जिसका स्वभाव हुआ है, उसका एकाध जनहितकारी आन्दोलन से सम्बन्ध न आता तो ही आश्चर्य। राजनीति, समाजकारण, धार्मिक कार्य, शिक्षा—इतना ही नहीं तो साहित्य सेवा और ऐतिहासिक अनुसन्धान—इन सभी में शिंदे का महत्त्वपूर्ण योगदान है। सत्य या ईमानदारी यह अहं सद्गुण है, ऐसा कहना चाहिए। स्वयं को जो सत्य लगेगा, उसी के अनुरूप निश्चित भूमिका लेना, ऐसा असाधारण आदमी ही कर सकते हैं। शिंदे ने इस बात को आवश्यक त्याग, सहनशीलता, साहस दिखाने में ही अपनी पूरी जिन्दगी लगाई है। उन्हें ब्राह्म समाज के तत्त्व अच्छे लगे, वे ब्राह्मो हो गए और इंग्लैंड से सभी धर्मों का तुलनात्मक अध्ययन करके कई वर्षों तक उन्होंने ब्राह्मो समाज के प्रचारक का कार्य किया। इस कार्य हेतु अनेक स्थानों पर घूमते समय हिन्दू समाज की एक बहुत बड़ी इकाई की दुर्गत उनकी नजर में आ गई और अस्पृश्योद्धार आन्दोलन का उनकी ओर से आरम्भ हुआ।

"जिस समय विधवा विवाह जैसे आम प्रश्न हल होना भी मुश्किल था, उस धार्मिक पागलपन के दौर में अस्पृश्योद्धार का आन्दोलन शुरू करना और उसके लिए 'डिप्रेस्ड क्लासेज मिशन' संस्था शुरू करना, इतना ही नहीं तो अस्पृश्यों में जाकर उन्हीं में से एक बनकर बर्ताव करना, इन बातों के लिए असीम निर्णय क्षमता के साहस की जरूरत थी। इतना ही नहीं तो स्वयंप्रेरित बुद्धि की और समाज के प्रति सच्ची आस्था की भी जरूरत थी। अस्पृश्योद्धार आन्दोलन के परिप्रेक्ष्य में शिंदे के जीवन का यह अहं योगदान था, इसमें आश्चर्य नहीं। स्वयं द्वारा स्थापित की 'डिप्रेस्ड क्लासेज मिशन' संस्था अस्पृश्यों के हाथ में सौंपकर उन्होंने अपने कार्य की उचित परिणति प्रस्तुत की, यह हर कोई स्वीकार करेगा। मराठा जाति और अस्पृश्यों के सन्दर्भ में उनका शैक्षिक कार्य महत्त्वपूर्ण है और समाज की उन्नति की राह में शिक्षा यही प्रमुख बात होने के कारण वह उनके द्वारा किया जाना स्वाभाविक था, किन्तु होली की गाली-गलौज की गन्दी और शर्मनाक पद्धति और दक्षिण की देवदासी प्रथा के खिलाफ भी उन्होंने पहले आन्दोलन किए, यह देखकर आश्चर्य होना स्वाभाविक है और कार्यकर्ताओं के सुधार सम्बन्धी आत्मीयता तो प्रशंसनीय ही है। इतनी व्यापक और सूक्ष्म दृष्टि के कार्यकर्ताओं की दृष्टि संकीर्ण हो ही नहीं सकती। वह समग्र देश जितनी व्यापक होनी चाहिए। इसीलिए श्रीमान शिंदे सामाजिक आन्दोलन जैसे ही कई राजनीतिक आन्दोलनों में भी सक्रिय दिखाई देते हैं। दोनों सन्दर्भों में उनकी राष्ट्रीय व्यापक दृष्टि थी, यह बात अभिनन्दनीय है, लेकिन शिंदे के सन्दर्भ में स्वाभाविक थी।

"किन्तु परिस्थिति के अनुरूप आपद धर्म ही धर्म का स्थान लेता है। लोकमान्य तिलक की गणित में रुचि होने के बावजूद उन्हें देश के लिए राजनीति में आना पड़ा। साथ ही, श्रीमान शिंदे को भी राष्ट्र और जाति के सन्दर्भ में कार्य करना पड़ा। मूलत: उनका पसन्दीदा विषय ऐतिहासिक अनुसन्धान था। इस सन्दर्भ में उनका योगदान अत्यन्त सराहनीय है, जिससे आज अपना विशेष सम्बन्ध है। विविध दृष्टि से महत्त्वपूर्ण होनेवाली उनकी 'भारतीय अस्पृश्यता का प्रश्न' पुस्तक में जैसे विलक्षण यात्रा की मेहनत दिखाई देती है, उसके साथ अनुसन्धान का सराहनीय कार्य भी दिखाई देता है। उनकी बहुभाषिकता सर्वश्रुत होकर मराठी और कानडी के परस्पर सम्बन्ध के बारे में उनके लेख काफी चिन्तनीय और उद्बोधक हैं। उनके व्यक्तित्व में राष्ट्रीय सार्वजनिक कार्य, अनुसन्धान की ओर रुझान और साहित्य सेवा—इनका सुन्दर मिलान हुआ है, ऐसे अध्यक्ष इस अवसर पर प्राप्त हुए, इसके लिए हमें काफी खुशी हुई है। मूलत: मैंने आपको अब तक कर्मवीर शिंदे का परिचय करवा दिया, ऐसा लगता हो तो वह ठीक नहीं क्योंकि शिंदे का परिचय देना महाराष्ट्र में तो जरूरी नहीं है। इस सम्मेलन के साथ आयोजित की जानेवाली प्रदर्शनी साहित्यिक और ऐतिहासिक है। शिंदे का इससे सम्बद्ध कार्य महत्त्वपूर्ण है और इसलिए उन्होंने इस प्रदर्शनी का उद्घाटन करना स्वीकार किया, यह कितना उचित हुआ, यह मैं आपको कहने जा रहा हूँ। कर्मवीर विट्ठल रामजी शिंदे को अध्यक्ष

पद स्वीकार करें, ऐसी विनती मैं करता हूँ।" यह कार्य शुरू करने में शिंदे की मूलगामी बुद्धि और समाज के बारे में सच्ची आस्था दिखाई देती है, ऐसा भी उन्होंने कहा।

प्रिंसिपल पांढरीपांडे ने प्रदर्शनी का संक्षेप में इतिहास बताकर प्रदर्शनी में कौन-कौन सी दुर्लभ, कीमती और ऐतिहासिक दृष्टि से महत्त्वपूर्ण वस्तुएँ रखी हैं, इसकी जानकारी दी।

अण्णासाहब शिंदे ने लगभग एक घंटा भाषण दिया। प्रदर्शनी में रखी गई पत्रिकाओं के सम्बन्ध में उन्होंने कहा, 'पत्रिकाएँ और समाचार-पत्र' इनमें सभी प्रकार के मतों को अवसर मिलना चाहिए। ब्राह्मणेतरों की या अस्पृश्यों की पत्रिकाएँ हमारे क्षेत्र में निकलती नहीं हैं, जो ठीक नहीं है।" इसके बाद ऐतिहासिक अनुसन्धान के बारे में उन्होंने कहा, "इतिहास के अनुसन्धाता की नजर हमेशा निर्दोष होनी चाहिए। उसका मत निरपेक्ष हुए बगैर शास्त्रसम्मत इतिहास लिखा जाना असम्भव है। साथ ही, पेशवाई और मराठाशाही पर ही अनुसन्धान कार्य खत्म नहीं होता। वेदपूर्व जानकारी भी मिलनी चाहिए क्योंकि वेदपूर्व काल में भी यहाँ सुसंस्कृति बढ़ी-पली होगी। प्राचीन इतिहास जानने के लिए भाषा का तौलनिक अध्ययन करना आवश्यक है। इसके लिए केवल संस्कृत पर अश्रित न रहकर पाली आदि प्राकृत भाषाओं का उपयोग करना चाहिए।" इस तरह अण्णासाहब ने समकालीन इतिहासकारों में होनेवाली कमी पर ही अप्रत्यक्ष रूप में उँगली रखकर इतिहासकारों की दृष्टि पूर्वग्रहरहित, व्यापक होनी चाहिए, ऐसा कहकर काल की दृष्टि से इतिहास की व्याप्ति वेदपूर्व काल तक ले जाना आवश्यक बताया। समकालीन इतिहासकार संस्कृत भाषा पर जरूरत से ज्यादा आश्रित रहते हैं, यह बात अण्णासाहब को उचित नहीं लगती थी। इसलिए इतिहासकारों में बहुभाषिक जिज्ञासा कितनी आवश्यक है, इसका भी उन्होंने निर्देश किया है। भाषण के अन्त में इतिहास लेखन के क्षेत्र में होनेवाली एक कमी उन्होंने सामने रखी। वह यानी मराठों ने इतिहास लेखन नहीं किया। मराठा यदि मराठों के इतिहास का लेखन करें तो विशेष दिलचस्पी आ सकती है। फिलहाल इस क्षेत्र में मराठा पिछड़े हुए हैं। इसलिए पढ़े-लिखे लोगों ने उन्हें प्रेरणा देना आवश्यक है, ऐसा भी उन्होंने आह्वान किया।

दिसम्बर, 1933 में नागपुर में आयोजित साहित्य सम्मेलन में इतिहास प्रदर्शनी के उद्घाटक के रूप में अण्णासाहब शिंदे ने सहभाग लिया। अगले साल बड़ौदा में आयोजित 19 वें साहित्य सम्मेलन में अण्णासाहब तत्त्वज्ञान और समाजशास्त्र विभाग का अध्यक्ष पद स्वीकार करें, ऐसी उन्हें विनती की, जो उन्होंने स्वीकार की। श्रीमन्त सम्पतराव गायकवाड़ के नेतृत्व में यह सम्मेलन आयोजित किया जानेवाला था। बड़ौदा सरकार के लिए अण्णासाहब शिंदे के प्रति काफी आदर था। इसलिए अण्णासाहब शिंदे ने विभागीय अध्यक्ष पद स्वीकारने के लिए खुशी से समर्थन दिया होगा। सम्मेलन के अध्यक्ष ख्यातलब्ध समाजशास्त्रज्ञ ना. गो. चापेकर थे और स्वागतध्यक्ष जनरल नानासाहब शिंदे थे। समाजशास्त्र शिंदे का पसन्दीदा और अध्ययन का विषय था। नियोजित अध्यक्ष चापेकर के प्रति आदर, बड़ौदा से स्नेहिल सम्बन्ध—इन बातों का मेल होने के कारण अण्णासाहब शिंदे ने स्वाभाविकतः इस सम्मेलन में शामिल होने का निर्णय किया।

25 दिसम्बर, 1934 को न्याय मन्दिर के भव्य हॉल में साहित्य सम्मेलन का आरम्भ हुआ। दूसरे दिन श्रोताओं की विनती पर विभिन्न विभाग के अध्यक्षीय भाषण न्याय मन्दिर हॉल के भव्य सभागृह में हुए। दर्शन और समाजशास्त्र, इन दोनों विषयों में अण्णासाहब शिंदे की आस्था और अध्ययन के होने के कारण इस सम्बन्ध में बुनियादी विचार रखने का यह मौका स्वाभाविकतः उन्होंने ले लिया।

वैसे तो अण्णासाहब शिंदे किसी भी विषय पर भाषण करते तो उसमें उनके विचारों की स्वतंत्रता व्यक्त हुए बगैर नहीं रहती थी। उनके भाषण में श्रोताओं को हर बार यकीनन पहले कभी न सुनी मौलिक बातें सुनने को मिलतीं। किसी भी विषय का विचार करते समय शिंदे की दृष्टि औरों से अलग होने के कारण चर्चित विषय का एक अलग ही पहलू श्रोताओं को देखने को मिलता। दर्शन व समाजशास्त्र विभाग के अध्यक्ष पद से किए उनके भाषण में उनकी स्वतंत्र दृष्टि मिलती है।

आरम्भ में ही उन्होंने बताया कि दर्शन और समाजशास्त्र, इन दो विषयों पर मराठी में स्वतंत्र साहित्य बहुत ही कम अपितु गिनती की जाए उतना भी नहीं हैं। अपने देश में दार्शनिक स्तरीय साहित्य निर्माण हुआ, जो बहुत पुरानी बात है। प्राकृत भाषा में और अगले समय में केवल भाष्य ग्रंथ ही लिखे गए और इसका सूत्रपात आदिशंकराचार्य ने ही किया। स्वतंत्र ग्रंथ लिखने के बजाय भाष्य ग्रंथ लिखने की गौण राह ही ज्ञानेश्वर, एकनाथ इन अपनी भाषाओं के

तत्त्ववेत्ताओं ने स्वीकार की। अण्णासाहब शिंदे ने उसके बाद कहा, "आगे चलकर तो एक 'गीता' के इर्द-गिर्द ही मराठी का समग्र तात्त्विक विचार-चक्र घूमने लगा।"

आधुनिक काल में दार्शनिक साहित्य की निर्मिति का विचार करते समय पाश्चात्य देश में जो विचार निर्मित हो रहे हैं, उनका असर पहले से ज्यादा तीव्र होने की बात उन्होंने दर्ज की। मराठी में स्वतंत्र दार्शनिक विचारों की निर्मिति न होकर पूर्वकाल में संस्कृत से तो आधुनिक काल में पाश्चात्य देशों से आयात किए जाते हैं, इस यथार्थ का निर्देश करके शिंदे ने कहा, "फिलहाल हमारा देश वैचारिक सम्पत्ति का बिलकुल मालगोदाम बनकर रह गया है। वर्तमान में पूरी दुनिया वैज्ञानिक क्रान्ति के कारण और इससे भी ज्यादा राजनीतिक, सामाजिक, आर्थिक क्रान्ति से थर्राने के कारण इसके आगे बिलकुल तार्किक अर्थवाद की खपत कम होगी।" ऐसी आशा भी उन्होंने व्यक्त की। मराठी में किसी भी प्रकार के दार्शनिक साहित्य की निर्मिति जरूरी है, यह बताते समय उन्होंने कहा, "अमुक के दर्शन या तमुक के दर्शन के इतिहास आदि के बारे में ऊँचे विचार रखने का दिखावा करनेवाली पुस्तकें मराठी में न हों तो भी चलेगा। उससे कुछ नया या गम्भीर न होगा। स्वतंत्र और सुलभ ग्रंथ तैयार न करें तो हमारे कॉलेज के कुछ प्रोफेसरों जैसे आधुनिक विद्याविशारद लघुकथा, भावगीत या हास्यात्मक उपन्यास लिखें। वे भी बिकते नहीं है तो परीक्षा के कागज जाँचने में ज्यादा लाभ मिले, ऐसा देखे। फिर व्यर्थ ही वाचकों का समय बर्बाद करनेवाला दर्शनशास्त्र क्यों? इस सन्दर्भ में जबलपुर कॉलेज के प्रोफेसर द. गा. मटंगे, एम. एस्सी. ने हाल में लिखी 'अपेक्षावाद' इस किताब का मैं गर्व से उल्लेख करना चाहूँगा। इस पुस्तिका का आकार एकाध बेकार युवा कवि के कविता संग्रह से भी छोटा है और उनका विषय देखे तो 'विश्व को समाकर शेष रहा।" सापेक्षतावाद सिद्ध हो या न हो, बड़े विद्वान को छोटी पुस्तक लिखना सम्भव है, यह अपूर्व बात इस प्रोफेसर ने सिद्ध की। इसलिए मैं उनका अभिनन्दन करता हूँ। ऐसी शूद्र पुस्तकें हमारे पुणे में कोई नहीं लिखता, वह कार्य आपने किया। इसलिए मैं बड़ौदावासियों का भी अभिनन्दन करता हूँ।" हमारे प्रोफेसर नए शोध न लगाएँ तो भी विदेशियों के सही शोध का सीधी भाषा में रूपान्तर कर हम अनपढ़ मराठों को उसकी पहचान करा देंगे तो वह बहुत बड़ा कार्य होगा, ऐसी आशा उन्होंने इस विषय का समापन करते समय व्यक्त की।[2] आम लोगों को नई सोच सहज भाषा के जरिये समझाना जरूरी है, यह शिंदे की उनकी छात्रावस्था से होनेवाली राय उनके इस अध्यक्षीय भाषण में जैसे प्रकट होती है, उसी के साथ पुणे की खोखली पंडिताई, संस्कृति के बारे में भी उन्हें पसन्द न आनेवाला भाव व्यक्त हुए बिना नहीं रहता।

सन्दर्भ

1. विट्ठल रामजी शिंदे, अध्यक्षीय भाषण, 'प्रान्तिक सामाजिक परिषद्, सतारा', *शिंदे लेख संग्रह*, पृ. 264-274
2. विट्ठल रामजी शिंदे, अध्यक्षीय भाषण, 'दर्शन और समाजशास्त्र विभाग', *मराठी साहित्य सम्मेलन, बड़ौदा* 1934, *इतिवृत्त*, चिटणीस, स.वि. देशपांडे, अन्तर्भूत *शिंदे लेख संग्रह*, पृ. 108-122

पारिवारिक माहौल

विट्ठल रामजी शिंदे के दार्शनिक स्वरूप का ललित लेखन पढ़ने पर उसमें उनकी स्नेहिल वृत्ति झलकती है। 'मृत्यु क्या है?' इस प्रवचन में उन्होंने जीने जैसी कोई बात हो तो वह प्रेम है, ऐसा कहकर जीवन में होनेवाले प्रेम तत्त्व का प्रतिपादन किया है। उनका हृदय प्यार से भरा हुआ था। पारिवारिक माहौल में भी उनका स्नेहिल व्यवहार हमेशा अभिव्यक्त होता था। उनकी इस स्नेहिल वृत्ति का कारण उनके स्वयं के पारिवारिक जीवन में प्रेम का हमेशा आविष्कार होता रहा। इतना ही नहीं तो उनके औरों के प्रति होनेवाले बर्ताव से उनका स्नेहिल स्वभाव ही व्यक्त होता था। उनके स्नेह की अभिव्यक्ति छोटे बच्चों के साथ ही बूढ़े पुरुष, उसी के साथ स्त्रियों के बारे में हमेशा होती रही। उनका यह स्नेह यह केवल व्यक्ति तक कभी भी सीमित न रहा। उनके स्नेह की अभिव्यक्ति हमेशा पारिवारिक स्तर पर होती रही। वे किसी भी एक व्यक्ति या पुरुष के बारे में नहीं सोचते थे। उसके साथ उसके परिवार के सदस्यों का भी विचार करते थे। किसी व्यक्ति के बारे में सोचते समय भी उसके परिवार के पुराने जमाने से होनेवाले सम्बन्ध उनके मन में अनायास आ जाते थे। नया परिचय होते ही वे उस परिचय को पारिवारिक स्नेह का स्वरूप देते थे। प्रेम का विस्तृत आविष्कार उनके स्वभाव की खासियत थी। विट्ठल रामजी शिंदे ने छात्रावस्था में जुड़े स्नेहिल सम्बन्धों को जिन्दगीभर केवल सँभाला ही नहीं तो अधिकाधिक दृढ़ बनाया। तेरदाल के विष्णु अण्णा देशपांडे उनके बचपन के जानी दोस्त आगे भी जानी दोस्त ही रहे और यह दोस्ती केवल इन दोनों के बीच की नहीं थी। इस दोस्ती की उत्कटता इतनी तीव्र थी कि जो आत्मीय रिश्तेदारों जैसी विट्ठल रामजी शिंदे और विष्णुपंत की पीढ़ी के बाद भी बनी रही। विष्णुपंत देशपांडे की बेटी श्रीमती शकुन्तलाबाई जमदग्नि से इन दोनों के बीच और दोनों परिवारों के बीच का प्यार का गहरा रिश्ता सुनने को मिलता था। शिंदे के स्नेहिल स्वभाव को तेरदालकर देशपांडे परिवारवालों का अनुरूप प्रतिसाद हमेशा मिलता।

सार्वजनिक जीवन और राजनीतिक कार्यों में विष्णु अण्णा देशपांडे और विट्ठल रामजी शिंदे का सहयोग किस प्रकार का था, तेरदाल की रियासती कृषि परिषद् इन दोनों के नेतृत्व से कैसे कामयाब हुई, इससे इन दोनों के सार्वजनिक कार्यों के सहयोग का विशुद्ध स्वरूप हमनें पिछले एक अध्याय में देखा ही है। शिंदे और देशपांडे, इन दो परिवारों के पारिवारिक स्तर पर कितने स्नेहिल सम्बन्ध थे, इसकी कल्पना श्रीमती शकुन्तलाबाई जमदग्नि के प्रांजल निवेदन से आ सकती है। 1901 से 1903 इस काल में विट्ठल रामजी शिंदे इंग्लैंड में शिक्षा लेने गए थे। इस काल में श्रीमती रखमाबाई ने बहुत कष्ट उठाए, इसका वर्णन शकुन्तलाबाई करती हैं। कभी-कभी प्रताप को दूध न मिलता। घर में कलह होने लगी। ऐसे समय रखमाबाई विष्णु अण्णा के घर आकर रहती। शकुन्तलाबाई ने लिखा है, "हमारी माँ ने चार बातें बताकर भी उपमन्यु को दूध नहीं मिला। माँ पानी में आटा घोलकर देती थी। विठू अण्णा का कार्य महान है। उनका जीवन श्रीरामचन्द्र जैसा कष्टप्रद है। उनका साथ देकर गृहस्थी चलाओ। वे आपसे बहुत प्यार करते हैं, लेकिन उन्होंने जनसेवा की जिम्मेदारी ली है। दुनिया की गृहस्थी ही उनकी गृहस्थी है। विदेश जाते समय उन्होंने एक कविता लिखी थी। उसी में आपके प्रेम का अर्थ है। उन्हें सबसे पहले आपकी ही याद आई। 'जवान भार्या, छोटे बच्चे, बूढ़े माता-पिता, अनाथ बहनें, छोटे भाई सारे।' अत: आप दुनिया की गृहस्थी का बोझ उठाओ। फौरन विठू अण्णा आ जाते और रखमाबाई ससुराल चली जाती।"[1]

विष्णुपंत देशपांडे की बड़ी बेटी यानी शकुन्तलाबाई की बड़ी बहन जमखंडी के शिनाप्पा नाईक अनिखिंडी के बड़े बेटे व्यंकटराव से ब्याही थी। प्लेग के दौरान वे बंजर भूमि पर झोंपड़ियों में रहते थे। तब एक बार अण्णासाहब शिंदे उनके पास रहने गए थे। शकुन्तलाबाई की माँ उन्हें बताती कि शिंदे को सुबह के नाश्ते में बाजरे की रोटी, लहसुन की चटनी, प्याज का बेसन चाहिए। श्रीमती बहिणाबाई (विष्णुपंत की पत्नी) गर्म रोटी सेंककर देती तो विट्ठल रामजी

शिंदे मजाक में कहते, "भूखे पेट भजन न होय गोपाला" यह कहावत किसने बनाई, समझ में नहीं आता। भाभी तो उल्टा ही करती है। पहले गोपाल (विट्ठल को) और बाद में सभी को खाना।

विष्णुपंत देशपांडे की बेटी की शादी को लेकर जितनी आस्था और चिन्ता उनके परिवारवालों की थी, उतनी ही चिन्ता अण्णासाहब शिंदे को थी। इस सन्दर्भ में एक बोधप्रद बात दत्तो वामन पोतदार ने बताई है। वे कहते हैं, "विट्ठलराव इतने सुधारवादी! लेकिन एक दिन सुबह-सुबह आकर मुझे कहने लगे, "पोतदारजी, मेरे एक दोस्त की (विष्णुपंत देशपांडे) बेटी का ब्याह करना है, एकाध ऋग्वेदी ब्राह्मण का अच्छा लड़का हो तो बताइए।" जाति भेद न माननेवाले, अस्पृश्यता उन्मूलन के लिए अपनी पूरी जिन्दगी समर्पित करनेवाले, उसी वर्ग में जाकर रहनेवाले विट्ठल रामजी शिंदे की यह बात सुनकर दत्तो वामन पोतदार काफी प्रभावित हुए। उन्होंने आगे लिखा है, "उनकी यह निश्छल दोस्ती और मानसिक उदारता देखकर मैं स्तम्भित हुआ।"[2]

विष्णुपंत देशपांडे और विट्ठल रामजी, इनके बीच किस स्तर की समरसता थी, इसकी कल्पना एक विशेष घटना से आती है। किसानों पर होनेवाले अन्याय के खिलाफ अण्णासाहब शिंदे और विष्णुपंत देशपांडे ने जोरदार आन्दोलन किया था। सन् 1932 में तेरदाल में सांगली रियासत परिषद् का अधिवेशन भी आयोजित किया। सन् 1930 में उनका किसानों से सम्बन्धित प्रचार कार्य शुरू था। "जमखंडी में यह प्रचार कार्य पूरा करके विठू अण्णा अनिखिंडी के घर बारह बजे पहुँचे। खाना लगाया गया। विठू अण्णा और सारी मंडली खाना खाने बैठ गई। खाने को शुरुआत करने ही वाले थे कि विठू अण्णा ने पूछा, "विष्णु कहाँ हैं?" विष्णु अण्णा ने खुलेआम बताया कि पद्मावती को बेटा होने तक अनिखिंडी के घर पानी तक नहीं पिऊँगा। विठू अण्णा भी तपाक से खाना छोड़कर उठे। "अरे! तुम्हारी बेटी पद्मावती मेरी कुछ नहीं लगती क्या? मैं भी उसे बेटा होने तक अनिखिंडी के घर में पानी नही पिऊँगा," उस समय उसकी सास ने करुण स्वर में पल्लू फैलाकर विनती की कि एक कौर तो खाकर जाओ। "नही, हरगिज नहीं। नाती होने के बाद आऊँगा।" ऐसा वचन देकर हम सभी लोग तेरदाल पहुँचे। श्रीमती रखमाबाईजी को यह बात बताई तो उन्होंने कहा, "बड़ोदेकर रियासत में दीवानजी की नौकरी थी तब नकार देकर भोजन पर (जन्म के) लात मारी। एक दिन के भोजन का क्या लेकर बैठे हो? ऐसे ही जिद्दी है।' आदि कहकर श्रीमती रखमा चाची चुप बैठी। फिर धीरे-से शिंदे अन्दर आकर कहते, "बातें हुई न? अब हम दूसरे विषय पर बोलते हैं।"[3]

सन् 1932 में विष्णुपंत देशपांडे और विट्ठल रामजी ने तेरदाल में दक्षिण किसान परिषद् आयोजित करके किसानों में बहुत बड़ी मात्रा में जागृति लाई। "कर्मवीर शिंदे अध्यक्ष और विष्णु अण्णा स्वागताध्यक्ष थे। हरिहर की जोड़ी हमने अपनी आँखों से देखी। आँखों को ठंडक पहुँची।" इन शब्दों से शकुन्तलाबाई का इन दोनों के प्रति होनेवाला ईश्वरीय आदर प्रकट होता है।

सन् 1931 में अर्थात् विवाह के 17-18 साल बाद विष्णुपंत की अनिखिंडी में ब्याही बड़ी बेटी पद्मावती प्रसूत होकर उसके बेटा हुआ। शिनाप्पा नाईक अनिखिंडी ने धूमधाम से बरही का आयोजन किया। अण्णासाहब शिंदे को जान-बूझकर बुलाया। पद्मावती की सासू माँ लक्ष्मुबाई उर्फ अव्वा खाना परोस रही थी। अण्णासाहब को खाना परोसते समय उहोंने कहाँ, "ऋषिमुनि जैसा आशीर्वाद दिया। नाती हुआ। आप हमारे घर खाने के लिए आए, खुशी हुई।" शकुन्तलाबाई कहती है, "उस पर हमारी माँ ने कहा, "वे आम ऋषिमुनि न होकर महर्षि हैं। तब से हम कर्मवीर को 'महर्षि' कहने लगे।" इन दो परिवार में खुशियों के कई अवसर आए। देशपांडे परिवार को अण्णासाहब के ऋषितुल्य प्रभावी व्यक्तित्व के प्रति कितना आदर था, इसकी कल्पना एक दुखद घटना से आ सकती है। सन् 1948 में महात्मा गांधी की हत्या के बाद तेरदाल में बहुत भयावह अग्निकांड हुआ। ब्राह्मणों की घर जलाए गए। पूरी जिन्दगी विष्णु अण्णा ने जनसेवा में बिताई, लेकिन उस दिन लोग बहुत बेकाबू हो गए थे। एक घर में छह आदमी जिन्दा जलाए। पन्द्रह-सोलह आग लगाए घर जल रहे थे। विष्णु अण्णा 'जलनेवाले आदमियों को बचाता हूँ', कहकर दौड़-धूप करने लगे। 'दुनिया के महात्मा को, गांधीजी को मार डाला। मेरे जीवन का क्या मूल्य' ऐसा वे कह रहे थे। उस दिन उनके मन पर जो असर हुआ, वह सालभर बना रहा। सन् 1949 के मई मास की 16 तारीख को विष्णु अण्णा ने इहलोक से विदा ली। विष्णु अण्णा की पत्नी बहिणबाई को बहुत दुख हुआ। वे कहती थी, "विठु अण्णा होते तो ऐसा घटित न हुआ होता। वे दौड़ते हुए आ जाते। जनता का क्रोध कम करते।" दो परिवारों में अपवाद से ही मिली ऐसी दोस्ती शिंदे और देशपांडे परिवार में थी।

विट्ठल रामजी शिंदे को छोटे बच्चे बहुत पसन्द थे। उन्हें गोद में खिलाना, घुमाने ले जाना, उनसे हँसी-मजाक करना, इसमें वे बहुत रमते थे। सुलोचनाबाई सोमण ने अपनी 'अनुभव' नामक आत्मकथा में विट्ठल रामजी शिंदे ने उन्हें विद्यालय की छात्रावस्था में किस तरह गोद में लिया, यह दर्ज किया है।[4] 1903 में वे ब्रिडपोर्ट की यूनिटेरियन चर्च में उपासना चलाने गए थे। बेसिल शॉर्ट की सासू माँ को शिंदे की मुलाकात याद थी। उस समय वे बिलकुल छोटी उम्र की थी। शिंदे उस समय चर्च में आए थे तब मुझे बड़े प्यार से उन्होंने गोद में लिया था, ऐसी याद उन्होंने मुझे जब मैं मेरी पत्नी के साथ ब्रिडपोर्ट में उनसे मिला, तब बताई।

अण्णासाहब को भारत में अक्सर यात्रा करनी पड़ती थी। यात्रा के दौरान वे हमेशा अपने परिवारवालों की यादों को अपने मन में सहेजकर जाते थे। यात्रा के दौरान वे कभी अपने पिताजी को, कभी पत्नी रुक्मिणीबाई को तो कभी बहन जनाबाई को खत भेजते थे। उनका मन पारिवारिक आत्मीयता से हमेशा भरा रहता। भतीजी, बच्चे बड़े होने के बाद उनका रंजन और उन्हें नई जानकारी मिले, उन पर अच्छे संस्कार हों, इस उद्देश्य से वे खत लिखते थे। इस खत से भी उनका मजाकिया स्वभाव सामने आता था। इस मजाकिया स्वभाव के सहारे वे इन छोटे बच्चों से खेल रहे हैं, ऐसा लगता। ब्राह्मो समाज के शतसांवत्सरिक समारोह की वजह से वे कोलकाता गए थे, तब उन्होंने अपने बेटे रवीन्द्र और भतीजी को भाई एकनाथराव की बेटी छबू को लिखा खत इस प्रकार है :[5]

गुरुवार तारीख 23 अगस्त, 1928
210-6, कॉर्नवॉलिस स्ट्रीट, कोलकाता

प्रिय रवीन्द्र,

आशीर्वाद।

16 तारीख को मैं यहाँ पहुँचा। उसी दिन मैंने प्रताप के नाम विस्तार से एक खत लिखा। सासने मेरे साथ हैं, लेकिन वे बीमार हैं। उन्हें जुलाब हो रहे हैं। मुझे दो दिन पहले थोड़ी हरारत रही, लेकिन अब मैं बिलकुल ठीक हूँ।

कल उत्सव का मुख्य दिन था। सुबह की उपासना ख्यातलब्ध कविवर्य डॉ. रवीन्द्रनाथ ठाकुर ने चलाई। उनकी तबीयत खराब होने से वे एक घंटा देर से आए। मैंने उन्हें पहली बार ही देखा। इन्हें नोबेल पुरस्कार मिला, इनकी चारों ओर कीर्ति फैल रही थी। तभी तुम पैदा हुए, इसलिए तुम्हारा नाम 'रवीन्द्र' रखा गया। ये बहुत सुन्दर, गम्भीर और मजबूत हैं। सीधी नाक, आँखें कमल जैसी हैं, लम्बे बाल और सफेद दाढ़ी है। दर्शनीय हैं। इनका एक घंटा भाषण हुआ। बड़ी संख्या में लोग इकट्ठा हुए थे, लेकिन पूरा समूह चित्र के जैसा तटस्थ था। उनकी आवाज बाँसुरी जैसी मधुर, कोमल है। भाषण के बाद वे कुछ गा दें, ऐसी उन्हें विनती की गई। थोड़ा-सा मधुर स्मित करके उन्होंने यह विनती कबूल की और एक मीठा स्वरचित पद गाया। ये संगीत के ख्यातलब्ध फनकार हैं। प्राचीन ऋषि बल्कि एक ईश्वर जैसा उनका रूप प्रेरणा देनेवाला था।

नहाने के लिए पानी की कमी है। हेमचन्द्र कमजोर होकर भी घूमते हैं। हाथ पकड़कर ले जाना पड़ता है। शकुन्तला दो दिन से बीमार है। सिर, बदन में दर्द है, फिर भी वैसे ही काम कर रही है।

पिछली बार मैं जहाँ गया था वहाँ की मरिहाटी और मशीहाटी की नामशूद्र मंडली आई हैं। वे तुम्हें और दीदी को बहुत याद कर रहे हैं।

तुम्हारी और छबू की पढ़ाई कैसी है, वह तुम दोनों ने स्वयं पत्र लिखकर बताना है। मेरे खत मिलें तो वे भिजवा देना। प्रताप द्वारा भेजे तीनों खत मिल गए। दीदी को घर में मदद करना। पढ़ाई करो।

तुम्हारा अण्णाप्यारे बेटे, प्रताप लिखता है कि तुम पढ़ाई नहीं करते हो। स्वयं प्रताप ने उचित समय पर पढ़ाई नहीं की, इसलिए अब उसे बहुत तकलीफ हो रही है। तुमने भी वैसा करना शुरू किया है। आगे पछतावा करने से बेहतर है कि अभी से पढ़ाई करो।

तुम्हारा
अण्णा

छबू को पत्र पढ़ने को दे दो। यह पत्र प्रताप को और उनका उन्हें तुरन्त दे दो। दीदी को भी पढ़कर सुनाओ।

31 अगस्त, 1928
210/6, कॉर्नवॉलिस स्ट्रीट, कोलकाता

प्रिय रवीन्द्र और प्रिय छबू,

आशीर्वाद।

यहाँ का उत्सव सम्पन्न हुए चार दिन हो गए। उत्सव में भारी भीड़ थी, लेकिन कोलकाता में पानी की कमी होने से नहाने और कपड़े धोने में काफी तकलीफ हुई। खद्दर के कपड़े काले हो जाते हैं। साबुन था, लेकिन पानी नहीं था। दो दिन में एक बार मुझे केवल दो बाल्टी पानी मिल जाता, वह भी मैं एक बड़ा प्रचारक हूँ, इसलिए। एक बाल्टी में धोती-कुर्ता धोना पड़ता और दूसरी में नहाना पड़ता, लेकिन सँभालकर उपयोग करें तो इतना पानी मुझे पर्याप्त हो सकता है और मेरे कपड़े साफ हैं। तुम्हें तो कृष्णा नदी भी पर्याप्त नहीं होती। बबन तो गंगा नदी पर बैठकर नहानेवाला नहीं। मैं आधी बाल्टी में कपड़े धोता हूँ और शेष आधी में ही निचोड़ता हूँ। वह पानी ज्यादा गन्दा नहीं होता इसलिए उससे ही नाभि के नीचे का हिस्सा पहले धो लेता हूँ और बाद में दूसरी साफ बाल्टी मुझे पर्याप्त हो जाती है। किफायत करने से कभी अभाव नहीं होता। धन प्राप्त करने में सुख न होकर वह बहुत सँभालकर खर्च करने में है। लोग कंजूस कहें तो उसमें भी रंजन है ही।

मेरे दोनों साफे बीच में फट गए हैं। इतने बड़े सूराख हो गए हैं कि उनमें से तुम सहजता से छाता लेकर जा सकते हो। इन सूराखों से मुझे बहुत अच्छी सुविधा हुई है! इस सूराख में बायाँ हाथ डालकर साफा कन्धे पर लिया कि शरीर अच्छी तरह से ढक जाता है और दायाँ हाथ खाली रहता है। यदि साफा फटा नहीं होता तो यह सुविधा न होती। कोई भी मुसीबत आए तो उससे सुख ही मिलता है, किन्तु देखनेवाले के पास वैसी दृष्टि चाहिए। मैंने अपने फटे साफे की सुविधा यहाँ के दोस्तों को बताने को बताई तो सभी हँसने लगे।

मुझे दिए हुए कमरे में एक के बाद एक चार ज्यादा मेहमान घुस आए। सभी सासने जैसे नजदीकी, फिर इनकार कैसे करेंगे, लेकिन झाड़ू लगानेवाला मैं अकेला। डॉ. खंडवाला वृद्ध सज्जन, लेकिन जूते पहनकर बिछावन पर घूमते। बताने के बावजूद भूल जाते और इशारा करें तो माफी माँगते। मैं झाड़ू कहाँ लगाऊँ और तुम्हें माफ कहाँ करूँ, कहने के बाद सभी हँस देते। उत्सव खत्म होने के बाद हमारे कमरे की किराए पर लाई दरी वापस लेने बाबू सतीशचन्द्र चक्रवर्ती आए और बड़ी मिन्नत से ले जाने के लिए माफी माँगने लगे। मैंने कहा, "अजी, यह दरी ले जाने के लिए मैं ही आपका आभारी हूँ। हर कोई उस पर जूते पहनकर घूमे और बाद में प्रार्थना में जा बैठे। मैं मात्र दरी साफ करते पीछे रह जाता। अब बाद में न लाए तो ही मुझे प्रार्थना के लिए समय मिलेगा।"

बंगाली लोग उपासना को बैठते तो इतने समय तक बैठे रहते कि इधर कोई पैदा होकर मर भी जाए, लेकिन उन्हें खबर नहीं होती। रोजाना ऐसी उपासना दो-तीन बार होती है। बीच में भजन चलता है। ऐसे आठ दिन उत्सव चला। मैं इसमें से बचकर जिन्दा रहा, इसलिए ईश्वर का आभार मानने के लिए एक विशेष प्रार्थना करके उसमें सभी बंगालियों को बुलानेवाला हूँ। दीदी न आई तो भी तुम आ जाना।

तुम्हारा,
अण्णा

इसी दिन अण्णासाहब ने चिरंजीव छबू को यात्रा की जानकारी देनेवाला दूसरा पत्र लिखा। यद्यपि यह पत्र छबू को लिखा था, लेकिन इसका उद्देश्य अपनी यात्रा की जानकारी पूरे परिवार को देना था।

ब्राह्म समाज 210-6, कोलकाता
31 अगस्त, 1928

चि. छबू,

पन्ने के पीछे मैं जिन शहरों में जानेवाला हूँ, उसका नक्शा निकाला है। और भी कुछ स्थानों पर जानेवाला हूँ। आप नक्शे पर ये सभी स्थान देखें। इससे तुम्हारा भूगोल-ज्ञान अच्छा होगा। मेरे चित्तागाँग, पूर्व की ओर जाने की सम्भावना कम है। बिहार और संयुक्त प्रान्त पंजाब में जाऊँगा। ब्रह्मपुत्र, गंगा, सिन्धु—ये तीन नदियाँ पार करूँगा। उसमें स्नान करूँगा। दार्जिलिंग, देहरादून, रावलपिंडी—इन तीनों स्थानों पर हिमालय का दर्शन होगा। बंगाली, पंजाबी

और हिन्दी—ये तीन भाषाएँ सुनूँगा। बोलपुर (शान्तिनिकेतन), बुद्ध गया, काशी, प्रयाग, अमृतसर—ये स्थान देखूँगा और सभी स्थानों पर ब्राह्म धर्म का प्रसार करूँगा।

बबन और दीदी को ये सभी स्थान दिखाओ। यह और दूसरा पत्र पढ़ने के बाद जनाक्का के पास भेज देना। मुझे बबन का और तुम्हारा उत्तर अभी तक प्राप्त नहीं हुआ। तुम्हारी छात्रवृत्ति का क्या हुआ, बता दो। तुम दोनों की पढ़ाई कैसे चल रही है, लिखो। इधर बारिश हो रही है। हिमालय की ठंड मैं कैसे सह पाऊँगा, पता नहीं। यह सब पूरा होने पर दिसम्बर के मध्य क्रिसमस के पहले पुणे आने की सोच रहा हूँ। उस समय पारिवारिक उपासना मंडल के उत्सव का आयोजित करने की सोच रहा हूँ। सेहत अच्छी है।

तुम्हारा
अण्णा

अण्णासाहब का पोता होने के बाद तो उनके पारिवारिक जीवन में खुशी का संचार हुआ। सन् 1930 में जब वे यरवदा जेल में थे तब उनकी बड़ी बहू को बेटी हुई। जेल में होने के कारण उन्होंने उसको 'कैदी' उपनाम दे दिया था। इस छोटी-सी उर्मिला से वे काफी लाड़-प्यार करते थे। उसके साथ खेलते समय उस पर कविता करने की ऊर्मि भी उन्हें आ जाती थी। ऐसी एक कविता भी उन्होंने लिखी है। इस कविता में सदाशिवराव केलकर के बेटे डॉ. माधव का सन्दर्भ है। डॉ. माधवराव प्राकृतिक चिकित्सा के कट्टर समर्थक थे। एनिमा देना और जिस्म को बर्फ से मसलना इसका उनकी चिकित्सा में प्रमुख हिस्सा रहता (महात्मा गांधी बीमार थे तब इन्हीं माधवराव केलकर ने उनकी प्राकृतिक चिकित्सा की थी और उनकी चिकित्सा का थोड़ा-सा लाभ मुझे हुआ, ऐसा महात्मा गांधी ने दर्ज किया है। केलकर की मुलाकात के बारे में महात्मा गांधी ने ऐसा लिखा है कि ये मुझे मिलते ही मेरा ऐसा विश्वास हो गया कि ये सज्जन भी मेरे जैसे ही खब्ती हैं)।

छोटी-सी उर्मिला पर लिखी कविता स्नेह से ओत-प्रोत है। उर्मिला की तरह उनकी तीसरी पोती सुजाता पर भी उनका स्नेह था। एक निजी खत में वे लिखते हैं, "सुजाता की आँखें मुझे ठंडक दिलाती हैं।[6]

लगभग सभी पोतों के नाम अण्णासाहब ने ही रखे थे। ये नाम 'महाभारत', बौद्ध धर्म ग्रंथ या ब्राह्म समाज से सम्बन्धित उर्मिला, दमयन्ती, सुजाता, अशोक, दिलीप, नवीनचन्द्र आदि थे। पोतों के साथ खेलना उन्हें खुशी देता था। बिलकुल छोटे पोते को झोली में लेकर और चल सकनेवाले को साथ लेकर वे भांबुर्डा के कांग्रेस भवन के पिछले हिस्से में होनेवाले अपने घर से फर्ग्युसन कॉलेज के टीले पर घूमने जाते थे। पोतों को खेलता छोड़कर वे शान्ति से एकाध बरगद के पेड़ के नीचे बैठते थे। रास्ते में उन्हें बहुत सारे लोग मिलते। मिलनेवालों में से हर एक के साथ बात करने के कारण घर पहुँचते-पहुँचते काफी समय बीत जाता था। पुणे निवास में जिस परिवार से उनके अत्यन्त आत्मीय सम्बन्ध थे, वह परिवार था गणपतराव शिंदे और अहल्याबाई शिंदे का। इन दोनों के प्रति शिंदे को कितनी आत्मीयता थी, इसका आत्मीय और काव्यात्मक वर्णन उन्होंने अपनी यरवदा की डायरी में किया है। अण्णासाहब को व्यक्ति नहीं तो परिवार ही प्यार की इकाई लगता था। किसी भी व्यक्ति का विचार वे परिवाररहित या एकाकी रूप में नहीं करते थे। भारतीय परिवार संस्था में स्त्री के हिस्से में जो तकलीफदेह जीवन और निर्मम उपेक्षा आती थी, उसका भी अण्णासाहब के मन पर असर पड़ा होगा। उनकी माँ का उदाहरण तो उनके हृदय में बचपन से ही तीर के जैसा चुभा था। शायद इसी के परिणामस्वरूप वे अक्सर स्त्री-जीवन का विचार किया करते। उनमें होनेवाली पारिवारिक स्नेहिल वृत्ति और एहसास के कारण जिस समय उपासना मंडल स्थापन करने का विचार उनके मन में आया, उस समय उन्होंने उसका स्वरूप पारिवारिक उपासना मंडल जैसा ही रखा। परिवार ही प्यार का केन्द्र है, ऐसी उनकी बौद्धिक धारणा थी अपितु उनके मन की स्वाभाविक वृत्ति बन गई थी। इसलिए पारिवारिक उपासना मंडल द्वारा पुणे में कई परिवार परस्पर स्नेह के धागे में बाँध दिए थे। वाई के ब्राह्म समाज का गठन करते समय और वहाँ के कार्य को गति देते समय अण्णासाहब ने विभिन्न परिवार जोड़ दिए। साप्ताहिक उपासना, वनोपसना जैसे उपक्रमों के जरिये कई परिवारों में उन्होंने परस्पर स्नेह बढ़ाया। ऐसे पारिवारिक स्नेह में रहने से अण्णासाहब शिंदे को आन्तरिक तसल्ली मिलती थी।

छात्रावस्था से ही उन्होंने जाति-धर्म के बन्धन लाँघकर सय्यद परिवार से स्नेह भाव रखा था। सय्यद के पिताजी ही पहले विट्ठल रामजी शिंदे के स्नेही बने। उन दोनों की उम्र का फासला उनके स्नेह में बाधा न बना। उनका उनके परिवार में आना-जाना, खाना-पीना स्वाभाविक रूप से चलता था। इस सय्यद परिवार का स्नेह आगे भी बना रहा।

सय्यद उम्र में अण्णासाहब से छोटे थे, लेकिन वे उनके पिताजी के स्नेही होने के कारण सय्यद को वे अपना बेटा ही मानते थे। सय्यद और कल्याणी के विवाह के अवसर पर प्रार्थना समाज का अनुसरण कर उन्होंने पौरोहित्य भी किया। सय्यद का परिवार भी शिंदे परिवार का अभिन्न हिस्सा बन चुका था। विट्ठल रामजी शिंदे प्रार्थना समाज के प्रचारक बनने के बाद मुम्बई में राममोहन आश्रम में उन्होंने गृहस्थी बसाई। शिंदे के स्नेहिल स्वभाव की अभिव्यक्ति उनकी आतिथ्यशीलता में होना स्वाभाविक है। मेहमान नवाजी करते समय जाति, धर्म आदि बातें बाधा बनने का प्रश्न ही नहीं उठता। भगवन्तराव पालेकर (जागृतिकार) बड़ौदा छोड़कर सन् 1905 में मुम्बई आ गए थे। वहाँ आने के बाद वे प्रार्थना समाज के सदस्य बन गए। विट्ठल रामजी शिंदे की मेहमान नवाजी का उन्हें आया अनुभव उन्होंने इस तरह लिखा है, "सन 1905 में ख्यातलब्ध अस्पृश्योद्धारक विट्ठल रामजी शिंदे उस समय प्रार्थना समाज के राममोहन रॉय आश्रम में रहते थे। उनकी मेरी पहचान हो गई। एक बार उनके पास नागपुर के अस्पृश्य समाज के मुख्य कार्यकर्ता किसन फागुजी बनसोडे, गणेश अक्काजी गवई आदि मंडली खाना खाने आ गई। शिंदे ने मुझे और मेरी पत्नी को खाने का आमंत्रण दिया। यह सन् 1906 की बात है। पुरणपोली और आमरस बनाया था। मेरी पत्नी को उस काल में भी अस्पृश्यों की पंक्ति में खाना खाकर वह अधर्माचरण कर रही थी, ऐसा नहीं लगा। स्वयं शिंदे को भी हम दोनों के बारे में बड़ा आदर लगा।"[7]

प्रार्थना समाज के प्रचारक के नाते 1910 तक विट्ठल रामजी शिंदे का प्रवास राममोहन आश्रम में ही था। वस्तुतः प्रचारक के नाते उन्हें मिलनेवाला साठ रुपये वेतन अपर्याप्त था। उसी में से उन्हें स्वयं के काम की वजह से की जानेवाली यात्रा का खर्चा भी चलाना पड़ता। भारत का ब्राह्म समाज का केन्द्र मुम्बई में था। इसके अलावा मुम्बई अन्य सांस्कृतिक कारणों से भी महत्त्वपूर्ण शहर था। बंगाल, मद्रास आदि प्रान्तों से ब्राह्म समाजी मंडली अलग-अलग कारण से मुम्बई आती थी और उनका प्रवास राममोहन आश्रम में होता। इन बड़ी मंडलियों का आतिथ्य भी विट्ठल रामजी शिंदे और उनका परिवार बड़ी लगन से करता था।

अण्णासाहब शिंदे और उनके परिवार ने मेहमान नवाजी की, यह परम्परा आगे पुणे निवास में भी बड़ी खुशी से जारी रखी, ऐसा दिखाई देता है।

भाई माधवराव बागल ने विट्ठल रामजी शिंदे और उनके परिवारवालों से उन्हें मिले आत्मीय व्यवहार का वर्णन किया है। प्रजा परिषद् के आन्दोलन के कारण माधवराव पर कोल्हापुर रियासत से निर्वासित होने की नौबत आई थी। पुणे में एक नजदीकी रिश्तेदार के यहाँ सहारा मिलेगा, यह सोचकर वे पुणे आए, किन्तु उनकी आशा सफल होगी, ऐसा उन्हें लगा नहीं। मुम्बई में किसी होटल में रहेंगे, ऐसा उन्होंने विचार किया। मुम्बई जाने से पहले विट्ठल रामजी शिंदे का दर्शन लें, इसलिए उनसे मिलने वे गए।

उन्होंने पूरी हकीकत बताई। विट्ठल रामजी शिंदे ने यह सुनकर माधवराव बागल और उनकी पत्नी, इन दोनों को अपने घर रहने के लिए आत्मीय निमंत्रण दिया। उन्हें भी इस तरह का सहारा और आश्रय चाहिए था। ऐसे महापुरुष की संगत का मौका मिलेगा, इसलिए माधवराव को भी खुशी हुई। वे अपना सामान लेकर विट्ठल रामजी शिंदे के घर पत्नी के साथ आकर रहे। अण्णासाहब द्वारा दिखाई मित्रता और आत्मीयता उन्हें अपने जीवन में गर्व की बात लगती थी। उनके घर न नौकर न बावर्ची। जना बहन आत्मीयता से मेहमान नवाजी कर रही थीं।[8]

केरो रावजी भोंसले के पुत्र अनन्तराव को भी विट्ठल रामजी शिंदे के स्नेहिल स्वभाव का अनुभव हुआ। केरो रावजी भोंसले विट्ठल रामजी शिंदे के प्रार्थना समाज के सहयोगी थे। 1906 से 1920 तक अर्थात् मृत्यु होने तक वे पंढरपुर के नवरंगे अनाथाश्रम के संचालक थे। उन्होंने यह अनाथाश्रम बहुत अच्छे ढंग से चलाया था। इन अनाथ बच्चों के कपड़े, अनाज आदि की जरूरतें पूरी करना एक समय असम्भव होता। उदार दाता मिलने के बाद वह सम्भव हो सकता है, लेकिन सबसे दुर्लभ बात थी कि इन यतीम बच्चों को प्यार मिले। केरो रावजी भोंसले अनाथाश्रम के बच्चों से बहुत ही स्नेहिल व्यवहार करते।[9] परिणामतः ये बच्चे केरो रावजी से माँ जैसा ही व्यवहार किया करते। इन केरो रावजी के प्रति विट्ठल रामजी शिंदे के मन में काफी आत्मीयता थी। उनकी मृत्यु 1920 में हुई। केरो रावजी का बेटा अनन्त युवावस्था में ही देशकार्य में जुट गया था। 12 जनवरी, 1933 को उन्होंने पंढरपुर के सत्याग्रह में हिस्सा लिया। विदेशी कपड़ों की होली करना, ऐसा इस सत्याग्रह का स्वरूप था। इस सत्याग्रह में सत्याग्रहियों पर लाठीचार्ज हुआ। भोंसले जख्मी हुए। उसके बाद हुई भगदड़ में उन्हें गिरफ्तार किया गया और उन्हें डेढ़ साल की सजा हुई। जेल से

छूटने के बाद वे पुणे आए और विट्ठल रामजी शिंदे को मिले। केरोपंत भोंसले का बेटा मुझे मिला। उसमें देशभक्ति की ज्वलन्त भावना है, यह जानकर उन्हें बहुत खुशी हुई। समाचार-पत्र में उसका नाम पढ़ा होने की बात उन्होंने बताई और उसे आग्रह से अपने घर ठहराया। आगे क्या करनेवाले हो, ऐसा अण्णासाहब ने उन्हें पूछा। "मैं देशकार्य करूँगा। ऐसा उत्तर युवा अनन्त ने उन्हें दिया। यथार्थ जीवन की कठोरता अनुभव करनेवाले अण्णासाहब ने अनन्त को पूछा, "लेकिन दोपहर की क्या सुविधा है?" यह सवाल पूछकर उन्होंने गुजर-बसर की जटिल समस्या का अनन्त को एहसास करा दिया। अनन्त के पास कोई उत्तर नहीं था। कोई कौशल नहीं था। यह यथार्थ जानकर अण्णासाहब ने अनन्त को सलाह दी, "तुम सिलाई की शिक्षा लो।" पुणे में जाधव टेलरिंग कॉलेज यह सिलाई का प्रशिक्षण देता था। अण्णासाहब ने अनन्त का वहाँ दाखिला करवाया। अनन्त को यह काम पसन्द नहीं था, लेकिन अणासाहब ने कहने के कारण उसने निष्ठा से डेढ़-एक साल सिलाई की शिक्षा लेकर कोर्स पूरा किया। जीवन के अत्यन्त जटिल काल में अण्णासाहब का स्नेह, सहयोग और मार्गदर्शन मिला, इसके लिए भाई अनन्त केरू भोंसले को आज भी अण्णासाहब के प्रति कृतज्ञता लगती है।[10]

सन्दर्भ

1. श्रीमती शकुन्तलाबाई जमदग्नि ने लिखा वृत्तान्त, लेखक का संग्रह
2. दत्तो वामन पोतदार, *लोकमान्य टिलकांचे सांगाती,* पृ. 111
3. श्रीमती शकुन्तलाबाई जमदग्नि ने लिखा वृत्तान्त, पूर्वोक्त
4. सुलोचना सोमण, *अनुभव,* पृ. 23
5. *शिंदे के कागजपत्र*
6. शिंदे की छोटी डायरी, *शिंदे के कागजपत्र*
7. भ.ब. पालेकर, *जागृतिकार पालेकर,* लेखन वाचन भंडार, पुणे, 1961, पृ. 23
8. माधराव बागल, *बहुजन समाजाचे शिल्पकार,* पृ. 19-104
9. द्वा.गो. वैद्य, *प्रार्थना समाजाचा इतिहास,* पृ. 202
10. भाई अ.के. भोंसले का साक्षात्कार, सोलापुर, 15 अप्रैल, 1994

सम्मान, अवमान और निष्ठा

महर्षि विट्ठल रामजी शिंदे के कृतिशील जीवन का आरम्भ होने से उन्हें कई बार भारत के विभिन प्रान्तों की यात्रा करना पड़ी। ब्राह्मो समाज का कार्य हो या 'डिप्रेस्ड क्लासेज मिशन' का कार्य, पूरा भारत उनका कार्यक्षेत्र था। इस कार्य की वजह से की गई यात्राओं से भारत के विभिन्न प्रान्तों की मंडलियों को शिंदे के कार्य का परिचय हुआ, उसी के साथ उन्होंने अपूर्व स्वार्थ त्याग करके अस्पृश्यता उन्मूलन का अत्यन्त लगन से चलाया कार्य देखकर मंडली के मन में उनके लिए आदर का भाव स्वाभाविकत: निर्मित होता था। इस आदर के खातिर ही भारत की विभिन्न संस्थाओं ने शिंदे को सम्मान-पत्र देकर उनका सम्मान किया। मुम्बई प्रान्त में उनके कार्य का सम्मान होना, यह बात स्वाभाविक थी। भारत के अन्य प्रान्तों में भी उन्हें सम्मान-पत्र देकर सम्मानित किया गया, यह बात विशेष कहनी होगी।

शिंदे को मिले मानपत्रों में से कुछ मानपत्र इस प्रकार हैं :

1. पालघाट, मालाबार
2. हुबली, कर्नाटक
3. 23 अप्रैल, 1923 को मिशन की पुणे शाखा के अध्यापक और छात्रों की ओर से 51वें जन्मदिन के निमित्त।
4. मिशन की पुणे शाखा की अध्यापिका और छात्राओं से 51वें जन्मदिन के निमित्त।
5. 23 अप्रैल, 1925 को पुणे में ब्राह्मणेतर नेताओं की ओर से।
6. 1928 में दौलतपुर (पूर्व बंगाल) कॉलेज के छात्रों की ओर से।
7. 23 दिसम्बर, 1933 को चोखामेला बोर्डिंग, आर्वी, नागपुर, मध्य प्रदेश।
8. दिसम्बर, 1933 में नागपुर, अस्पृश्य वर्ग की ओर से, गणेश आकाजी गवई की ओर से।
9. 18 जून, 1934 को मुम्बई में 41 संस्थाओं की ओर से।

शिंदे द्वारा अपने जीवित कार्य को आरम्भ करने से मराठा जाति की व्यक्तियों और नेताओं को उनसे एक उम्मीद दिखाई देती है। दह यह थी कि शिंदे ब्राह्म समाज का कार्य न करें, साथ ही अस्पृश्य वर्ग के लिए भी कार्य न करें। पिछड़े हुए स्वजाति के मराठों के लिए कार्य करें, अपितु मराठा जाति का दायरा बढ़ाकर ब्राह्मणेतर दल, बहुजन समाज के लिए कार्य करें, ऐसी उम्मीद रखी थी। दिसम्बर 1930 से अर्थात् मुम्बई प्रार्थना समाज के प्रचारक के रूप में कार्य आरम्भ किया, तब से शिंदे की इस प्रश्न के लिए निश्चित स्वरूप की भूमिका दिखाई देती है और वह उतनी ही ठोस रूप में जिन्दगीभर बनी रही। ब्राह्म समाज के प्रचार का कार्य अर्थात् सभी जाति, धर्मों को उन्नत धर्म की शिक्षा देने के व्यापक कार्य को उन्होंने शुरुआत की थी। इस कार्य को संकुचित कर केवल मराठा जाति तक सीमित स्वरूप का कार्य करने की कल्पना उन्हें जँची नहीं। शिंदे ऑक्सफोर्ड से शिक्षा लेकर स्वदेश में हाल ही में आए थे। अक्टूबर, 1903 में वे बड़ौदा गए थे, तब वहाँ की मराठा मंडली ने उनके सम्मानार्थ जलपान का कार्यक्रम आयोजित किया था। इस अवसर पर वक्ताओं के जो भाषण हुए, उनसे प्रतिकूल स्वर निकलने लगा। शिंदे की शिक्षा मराठा समाज के खर्चे से होने से और विदेश यात्रा का खर्चा भी महाराज के पैसों से होने के कारण शिंदे का मराठा समाज की सेवा में उपस्थित रहना उचित था। वे प्राथना समाज में गए, यह अच्छा नहीं हुआ, ऐसा ज्यादातर व्याख्याताओं का विरोध का स्वर था। ऐसे भाषण के बाद जब उनके गले में माला पहनाने लगे तब उत्तर देते समय शिंदे ने कहा, "अगर ऐसा है, तो मैं यह माला पहनने के लायक नहीं हूँ। इसलिए मैं इसे हाथ में ही ले लेता हूँ। प्रार्थना सम।ज सभी के लिए है

और उसके लिए मुझे तैयार किया, यह मराठों के लिए विशेषत: महाराज के लिए गौरवास्पद है। स्वयं महाराज अगर केवल मराठों के लिए नहीं हैं, तो उनका अनुयायी मैं कैसे अलग रहूँ?"

अक्टूबर 1906 में शिंदे ने धार्मिक कार्य का ही एक हिस्सा मानकर 'डिप्रेस्ड क्लासेज मिशन' की स्थापना कर अस्पृश्यता उन्मूलन का कार्य शुरू किया था, यह बात भी मराठा समाज के कुछ व्यक्तियों को जँची नहीं। गणपतराव भीकाजीराव जाधव नामक अपरिचित मराठा सज्जन ने 5 दिसम्बर, 1906 को विट्ठल रामजी शिंदे को खत लिखकर अपनी नापसन्दी बिलकुल खुलेआम दर्ज की। उन्होंने कहा, "आपके जैसे दुर्लभ विद्वानों का ध्यान फिलहाल हमारे लोगों की दुर्गत और परेशानी को नजरअन्दाज कर हरिजन-मातंगों की स्थिति में सुधार हेतु केन्द्रित हो और हम जो पहले अच्छी अवस्था में थे, फिलहाल अवनत दशा में पहुँचे हैं, यह कितने खेद की बात है! यह आपका आचरण घरवालों को भूखा रखकर दूसरों को खाना खिलाने जैसा है। आप जिस समाज में पैदा हुए और जिस समाज की मदद से उच्च शिक्षित हुए और इतना नाम हासिल किया, उस समाज की क्या दुर्गत हुई है, इसकी ओर आपका पहले ध्यान जाना चाहिए था। आप प्रार्थना समाज में गए, यह मेरी राय से अच्छा नहीं हुआ। फिर से प्रार्थना करता हूँ कि आप प्रचार में न होनेवाला लिबास और रहन-सहन बदलें, ऐसा करने की ईश्वर आपको बुद्धि दे।"

कार्य शुरू करने से पहले ही अपने समाज में अपने बारे में कुछ एक उम्मीद निर्मित हुई है, इसका शिंदे को जिस तरह एहसास हुआ, उसी के साथ उन्होंने धर्म-प्रसार और अस्पृश्यता उन्मूलन का जो कार्य स्वीकार किया, उसके बारे में मराठा समाज में नाराजगी बनी हुई है, यह भी उनकी समझ में आया था, लेकिन इस बारे में शिंदे की भूमिका साफ और ठोस थी। मराठा समाज की और पूरे बहुजन समाज की तरक्की हो, ऐसी उनकी इच्छा थी। विद्या, द्रव्य और अधिकार के अभाव में बहुजन समाज कमजोर बना है और उसकी तरक्की हो, यह उद्देश्य रखकर उन्होंने 1920 का चुनाव लड़ते समय अपने बहुजन पक्ष का घोषणा-पत्र तैयार किया था, किन्तु मराठा समाज और बहुजन समाज, इनसे अस्पृश्यता का प्रश्न अत्यन्त जरूरी है क्योंकि अस्पृश्यता के कारण होनेवाला अन्याय भयावह स्वरूप का होकर इनसानियत को कलंकित करनेवाला है, ऐसा उन्हें लगने के कारण अस्पृश्यता उन्मूलन कार्य की अनिवार्यता उन्हें महसूस हो रही थी और अपनी पूरी शक्ति लगाकर अस्पृश्यता उन्मूलन का ही कार्य मैं करूँ, ऐसा उन्होंने तय किया था। बहुजन समाज और अस्पृश्यता उन्मूलन कार्य, इस सम्बन्ध का तनाव उनके मन में आगे राजनीतिक और सामाजिक कार्य करते समय भी दिखाई देता है। सन् 1923 में वे मिशन की प्रत्यक्ष जिम्मेदारी से मुक्त हुए तो भी अस्पृश्यता उन्मूलन कार्य के प्रति उनकी लगन कुछ भी कम नहीं हुई थी। उन्हें मिले सम्मान-पत्रों के उन्होंने जो उत्तर दिए, उससे भी उनकी अस्पृश्यता उन्मूलन कार्य पर होनेवाली निष्ठा कितनी अटल और उत्कट थी, इसका अनुभव मिलता है।

23 अप्रैल, 1925 को शिंदे के 53 वें जन्मदिन पर ब्राह्मणेतर समाज की ओर से उन्हें जो सम्मान-पत्र दिया गया, उसके उत्तर में दिए भाषण में उनके विचार भली भाँति प्रतिबिम्बित हुए हैं, जिसको हमने पिछले एक अध्याय में विस्तार से देखा है। उस समय उत्तर के रूप में दिए भाषण में उन्हें अस्पृश्यता उन्मूलन कार्य की आवश्यकता कैसे अनिवार्य लगी और इसीलिए वह कार्य ही उनकी जिन्दगी का उद्देश्य कैसे बन गया, यह अत्यन्त लगन से बताया।[1]

18 जून, 1934 को मुम्बई की 41 संस्थाओं की ओर से विट्ठल रामजी शिंदे को मानपत्र देने का समारोह धूमधाम से सम्पन्न हुआ। महात्मा गांधी इस समारोह के अध्यक्ष हैं, यह बात प्रसारित होने से परेल के दामोदरदास ठाकरसी हॉल में भारी भीड़ जमा हुई थी, लेकिन कांग्रेस कार्यकारिणी की बैठक जल्दी खत्म न होने के कारण महात्मा गांधी की बजाय मथुरादास वसन जी की अध्यक्षता में यह समारोह सम्पन्न हुआ। मानपत्र दिया, इसलिए अण्णासाहब शिंदे ने विभिन्न संस्थाओं के प्रति कृतज्ञता व्यक्त करते हुए कहा, "जब तक समाज के अन्त:करण से अस्पृश्यता का दूषण मिटाया नहीं जाता, तब तक इस मानपत्र का कोई लाभ नहीं। जब तक हम इस अस्पृश्यता के कलंक को मिटा नहीं देते, तब तक मातृभूमि के स्वराज्य का ख्वाब हम नहीं देख सकते। ईसाई, इस्लाम या जरथ्रुष्ट जैसे धर्म अस्पृश्यता को स्थान नहीं देते। केवल हिन्दू जाति में ही इस तरह का गन्दा भेद किया जाता हैं।"[2] उत्तर के रूप में दिए भाषण में उन्होंने आगे यह भी कहा, "हिन्दुस्तान की अस्पृश्यता के जैसा एक बड़ा अन्याय आराम से चालू रखने के लिए पूरा विश्व अपराधी है। इसलिए इस कार्य में पूरे देश को हिस्सा लेना चाहिए।"[3] अपने इस सम्मान के अवसर पर अण्णासाहब शिंदे ने अपने परिवारवालों ने किए सहयोग का तथा अस्पृश्यता उन्मूलन हेतु उनके द्वारा किए कार्यों को

कृतज्ञतापूर्वक याद किया। "इस कार्य में मेरी बहनें, माता-पिता—इन्होंने दिन-रात कष्ट उठाकर मदद की है। विरोध तो बिलकुल नहीं अपितु आशीर्वाद ही नहीं तो इस कार्य में माँ-बाप ने मेरे नौकर बनकर मिशन में कार्य किया। ग्लोब मिल के आस-पास की बस्ती पहले नरकपुर ही थी। उस स्थान पर हरिजनों की बीमार महिलाओं को अपने बिस्तर पर सुलाकर मेरी माँ ने उनकी निरपेक्षता से सेवा की है।" आगे उन्होंने कहा, "स्वराज्य मन्दिर के लकड़ी के दरवाजे खुले करने से अस्पृश्यता का कलंक मिटनेवाला नहीं, तो आत्मिक दरवाजे खोलने से ही वह कार्य होनेवाला है। महात्मा गांधी आज यहाँ आए होते तो उन्हें पहले की एक बात याद करवाता। उस समय मैंने उनसे कहा था, "गांधीजी, मैं बड़ा देशद्रोही हूँ क्योंकि मुझे आपका स्वराज्य नहीं चाहिए। स्वराज्य का खयाल छोड़कर पहले आप हरिजन बस्ती में जाकर रहो और पहले उनकी अस्पृश्यता खत्म कीजिए भला, बाद में स्वराज्य का देखो।" महात्माजी उस समय हँसे और कहा, "मि. शिंदे, तुम्हारा कहना सही है, लेकिन फिलहाल तो मुझे मेरी राय के अनुसार चलने दो।" उत्तर में किए भाषण के आखिर में उन्होंने कहा, "अस्पृश्यता खत्म नहीं हुई है और वह खत्म करने के लिए आप जरूर कोशिश करेंगे, इस शर्त पर मैं इस मानपत्र का स्वीकार कर रहा हूँ।" हर मानपत्र लेते समय उत्तर के रूप में किए भाषण में अस्पृश्यता उन्मूलन कार्य के लिए उनकी तीव्र आस्था और अव्यभिचारी निष्ठा प्रकट होती है।

1917-18 के बाद देश में राजनीति की हवा तीव्र होने के कारण राजनीतिक स्वार्थ की प्रेरणा तीव्र होने लगी। उसका स्वाभाविक परिणाम कह सकते हैं कि शिंदे पर ब्राह्मणेतर साथ ही अस्पृश्य वर्गीय मंडलियों की ओर से आलोचना होने लगी। मराठा वर्ग को राष्ट्रीय आन्देलन के प्रवाह में खींचने के उद्देश्य से शिंदे की प्रेरणा से 'मराठा राष्ट्रीय संघ' की पुणे में स्थापना की गई। एक कट्टर ब्राह्मणेतर व्यक्ति ने 'हितैषी' उपनाम से शिंदे को कठोर शब्दों में दोषी करार दिया। इस पत्र में मराठा स्वराज्य संघ की स्थापना करनेवाले आप मूर्ख ही नहीं तो महामूर्ख हैं, ऐसा भी शिंदे को इस पत्र लेखक ने कहा है। "ये ब्राह्मण लोग आपको चने के झाड़ पर चढ़ा रहे हैं। आपके जरिये वे मराठों में फूट डाल रहे हैं। आपके सभी गुप्त व्यवहारों की खबर सी.आई.डी. के जरिये गवर्नर साहब को बताई गई है।" आदि मजमून लिखकर मिशन का बोरिया-बिस्तर जल्दी समेटकर आपको हमेशा के लिए विदा लेनी पड़ेगी और फिर मजे में ब्राह्मण लोगों के तलुवे सहलाना आदि लिखकर मराठा स्वराज्य संघ तोड़ डालिए और अपने मिशन के अलावा दूसरा कोई भी कार्य न करें, ऐसी सलाह 'हितैषी' ने दी है।[4] कट्टर मराठा अभिमानी आदमियों की शिंदे की ओर देखने की दृष्टि कैसी थी, यह प्रतिनिधिक स्वरूप के इस पत्र से दिखाई देता है।

मांटेग्यू-चेम्सफोर्ड सुधार घोषित होने के बाद भारत और महाराष्ट्र की राजनीति में जोरों से हलचल मची। अस्पृश्य वर्ग से कानून काउंसिल में किस तरह से प्रतिनिधि जाए, इसके लिए शिंदे की राय का विरोधाभास कुछ अस्पृश्य वर्गीय मंडलियों द्वारा किया हुआ दिखाई देता है। शिंदे ही मानो अस्पृश्यों के कट्टर दुश्मन हैं, ऐसा समझकर उन पर केवल कठोर ही नहीं तो अत्यन्त असभ्य टीका-टिप्पणी अस्पृश्यों द्वारा चलाए समाचार-पत्रों में आती रही। जिनके लिए घर छोड़कर अत्यन्त कठोर सेवाव्रत तप शिंदे ने चलाया था, उनकी ओर से होनेवाली इस प्रकार की निन्दा को हजम करना शिंदे को हजम नहीं हुआ होगा, लेकिन ऋषितुल्य समझदारी से उन्होंने इस टीका-टिप्पणी की ओर देखा। मानपत्र द्वारा किया सम्मान हो या समाचार-पत्रों में हुई टीका-टिप्पणी हो, दोनों को विट्ठल रामजी शिंदे समान दृष्टि से देखते थे। सम्मान या अवमान की ओर देखने की उनकी दृष्टि कैसी परिपक्वता, समभाव और समझदारी की थी, इसकी कल्पना उन्होंने मानपत्र को दिए एक उत्तर के भाषण से आ सकती है। उनके 51 वें जन्मदिन पर मिशन के अध्यापक वर्ग ने 23 अपैल, 1923 को उन्हें मानपत्र अर्पण किया था। इस अवसर पर उन्होंने उत्तर के रूप में जो भाषण दिया, उससे उनकी भूमिका अच्छी तरह स्पष्ट होती है। "इनसान के जीवन में जो संकट आते हैं, उसमें अपनी होनेवाली प्रचंड स्तुति अपने ही कानों से सुनना यह एक है। जब-जब ऐसे दुर्धर अवसर मेरे ऊपर आते हैं, तब वह सहने का एक ही उपाय मेरे पास है। वह यह कि अन्य समय जो मेरी निन्दा और अपमान हुआ, उसको मैं याद करता हूँ और इस स्तुति निन्दा का बोझ ब्रह्मार्पण करके, मैं अपने कार्य के लिए खाली हो जाता हूँ।" शिंदे को यह मानपत्र दिया गया, उसी काल में शिंदे की राजनीतिक भूमिका और मिशन के बारे में टीका-टिप्पणी का हमला हुआ। कठोर स्वरूप की आलोचना से उनके मन पर गहरे घाव हुए होंगे। इस अवमान की ओर भी उच्च स्तर से देखने की परिपक्वता अण्णासाहब के पास थी। निन्दा हो या स्तुति वे वह अपने पर लागू न हों, इसके लिए मजाक का अस्त्र के रूप में उपयोग करने की बुद्धि शिंदे की पास थी। इसलिए उत्तर के रूप में किए भाषण में उन्होंने कहा कि "विट्ठल रामजी शिंदे और मानपत्र। और

वह भी पुणे जैसे शहर में! यह प्रकार विचित्र ही है। हमेशा तकलीफ उठाने की आदत होनेवाले गधे को किसी ने प्यार से सहलाया तो वह उसे जैसे असह्य होगा, उसी तरह आज का यह मानपत्र मुझे महसूस हुआ।"[5]

अण्णासाहब शिंदे कभी टीका-टिप्पणी का विरोध नहीं करते, लेकिन उन्हें स्तुति बिलकुल ही सहन नहीं होती, ऐसा दिखाई देता है। यह स्तुति या सम्मान से मुक्त हुए बिना उन्हें अच्छा नहीं लगता। उनके मजाकिया स्वभाव का भी उन्हें इस समय लाभ होता। 1930 के कानून भंग आन्दोलन में सहभाग लेने के कारण उन्हें जो सजा हुई थी, वह भुगतकर वे यरवदा की जेल से 14 अक्टूबर, 1930 को मुक्त होकर बाहर आए। दूसरे दिन रे मार्केट में उनके सम्माननार्थ सभा हुई। सम्मानपर भाषण के बाद उन्हें पुष्पमाला पहनाई तो उन्होंने कहा, "अब कानून तोड़ना इतनी आम बात हो गई है कि ऐसी मालाएँ जेल से वापस आए लोगों के गले में न डालकर अब तक जो जेल न गया हो, उसे पहनाई जाएँ, यही ठीक होगा"।[6]

सन्दर्भ

1. *दि इंडियन मेसेंजर,* 4 अप्रैल, 1926
2. *बॉम्बे क्रॉनिकल,* 18 जून, 1934
3. वि.रा. शिंदे, *माझ्या आठवणी व अनुभव,* पृ. 342-343
4. *शिंदे, कागजपत्र*
5. विट्ठल रामजी शिंदे, *धर्म, जीवन व दर्शन,* पृ. 706
6. विट्ठल रामजी शिंदे, *डायरी,* पृ. 194

वाई ब्राह्म समाज और ग्रामीण क्षेत्र में धार्मिक कार्य

गाँव से आए और पुणे जैसे शहर में बसे बहुजन समाज के परिवार में विशेषत: उनके बीवी-बच्चों में ब्राह्म समाज की उदार उन्नत धर्म की शिक्षा प्रसृत करके उनके मन संस्कारित करना विट्ठल रामजी शिंदे द्वारा अलग दिशा में किया एक महत्त्वपूर्ण कार्य था। पुणे में पारिवारिक उपासना मंडल की स्थापना करके यह कार्य लगन से करने की कोशिश उन्होंने की और कुछ मात्रा में उन्हें इसमें कामयाबी मिली, लेकिन इतने से उनके मन को शान्ति मिलनेवाली नहीं थी। प्रत्यक्ष गाँव में, देहाती लोगों के बीच धर्म की उज्ज्वल कल्पना प्रसृत करना उन्हें बहुत महत्त्वपूर्ण लगता था क्योंकि देहात के समाज पर धर्म विषयक अन्धश्रद्धा का असर बड़ी मात्रा में था। देहात में धर्म-प्रसार का कार्य मुम्बई-पुणे के समाज की ओर से नहीं होगा, यह एहसास उनके मन में मुम्बई और पुणे के प्रार्थना समाज का 1898 में आरम्भिक परिचय होने के साथ ही निर्मित हुआ था। सन् 1903 से उन्होंने प्रत्यक्ष धर्म-प्रचार का कार्य शुरू करने के बाद महाराष्ट्र के साथ ही भारत के ब्राह्म धर्म-सम्बन्धी कार्य का निरीक्षण करने के बाद प्रार्थना समाज का धार्मिक कार्य केवल शहरों में और पढ़े-लिखे लोगों तक ही सीमित है, इसका उन्हें विश्वास हो गया था। उनके जीवन के अन्तिम पड़ाव में वाई में साथ ही आस-पास के ग्रामीण क्षेत्र में ब्राह्म धर्म-प्रसार का कार्य करने की प्रेरणा वे उत्पन्न कर सके; यह कार्य करने की लिए वे मार्गदर्शन कर पाए और इसमें वे सहयोगी बन सके। यह काल 1933 से 1943 इस दशक का है। युवावस्था से जिसकी उन्हें बड़ी लगन थी, वह कार्य जीवन के आखिरी दौर में वे कर पाए और इस कार्य से उन्हें मानसिक शान्ति प्राप्त हुई।

वाई में ब्राह्म समाज स्थापन होने के लिए विट्ठल रामजी शिंदे के व्यक्तित्व का प्रभाव कारक बना। सतारा जिले के मशहूर अध्यापक कृष्णराव उर्फ आबासाहब बाबर के सेवानिवृत्त होने के बाद बा.ग. जगताप ने पुणे में अपने शिवाजी हाईस्कूल में मराठी और गणित सिखाने हेतु उनको नियुक्त किया। विट्ठल रामजी शिंदे द्वारा चलाए पारिवारिक उपासना मंडल में वे अपनी पत्नी के साथ उपासना के लिए उपस्थित रहे थे। कृष्णराव बाबर प्रगतिवादी विचार रखनेवाले सज्जन थे। वे पुणे के ट्रेनिंग कॉलेज में पढ़ते थे तब महात्मा फुले को मिलने जाते थे। सत्यशोधक समाज के सन्दर्भ में महात्मा फुले की राय वे सुनते थे और उनसे चर्चा करते थे। सतारा जिले के मसूर में वे अध्यापक थे तब 1916 में विट्ठल रामजी शिंदे के साथ अस्पृश्यता उन्मूलन कार्य में वे पैदल घूमे थे। सभी बातों में उनकी सुधारवादी राय होने के कारण शिंदे द्वारा चलाए पारिवारिक उपासना कार्य के कारण वे और उनकी पत्नी ताईसाहब प्रभावित हुए। उनके बेटे रामराव भी पारिवारिक उपासना मंडल के कार्यक्रम को रुचि से उपस्थित रहते थे। रामराव की माताजी वाई रहने गईं तो पुणे जैसा वहाँ भी उपासना मंडल चलाए, ऐसा उन्हें लगने लगा। रामराव बाबर का भी इस प्रकार के धार्मिक कार्य की ओर झुकाव था। एक घटना से इस विचार को गति मिली।[1]

25 जनवरी, 1933 को विट्ठल रामजी शिंदे की अध्यक्षता में वाई तहसील में 'अस्पृश्यता उन्मूलन परिषद्' का आयोजन करना तय हुआ था। वाई तहसील में अस्पृश्यता उन्मूलन संघ के अध्यक्ष बाबूराव पाडले और सचिव सीताराम नलावडे थे। परिषद् के लिए पुणे से अण्णासाहब शिंदे ग्यारह बजे पहुँचे। उनका आगमन होते ही फूलों की माला पहनाकर तालियों के साथ वहाँ जमा हुई मंडली ने उनका स्वागत किया। सभा में कौन-से प्रस्ताव सम्मत करने हैं, इस बारे में चर्चा की।

कृष्णराव सिनेमा घर में दोपहर तीन बजे सभा आरम्भ हुई। सेक्रेटरी ने कार्य का प्रतिवेदन पढ़ा। वाई जैसे कट्टर नगर की कुछ प्रस्थापित मंडलियों को अस्पृश्यता उन्मूलन का चल रहा कार्य मंजूर नहीं था। महादेव नीलकंठ साठे

आदि मंडली ने विरोध करने की योजना बनाई थी। विट्ठल रामजी शिंदे का भाषण शुरू होने के बाद शोरगुल शुरू हुआ। सभा के बिखरने के आसार दिखाई देने लगे। अण्णासाहब शिंदे ने समय सूचकता से पूरी सभा को खड़े रहने की सूचना दी। पूरी सभा खड़ी हो गई और अण्णासाहब शिंदे ने धीरज के साथ गम्भीर आवाज में गायत्री मंत्र कहकर प्रार्थना की। उसी के साथ सभा का रुख बदल गया। पूरा माहौल शान्त हो गया। उसके बाद शिंदे ने सभा का कार्य अच्छी तरह से पूरा किया। गणपति गली के मन्दिर में हरिजनों के साथ प्रवेश किया। शिंदे अपने बराबर की मंडलियों के साथ पुणे जाने के लिए छह बजे निकल पड़े।

इस घटना का और शिंदे के व्यक्तित्व का पुंडलिक हैबती ठाकुर नामक व्यक्ति पर विलक्षण असर हुआ। ये खानदेश के निवासी थे। वाई की किसान एसोसिएशन में वह मुंशी का काम करते थे। वे रामराव बाबर के स्नेही थे। सभा के दूसरे दिन वे रामराव बाबर को मिलने गए और विट्ठल रामजी शिंदे के बारे में जानकारी पूछने लगे। रामराव बाबर ने उन्हें पहले ही पुणे के पारिवारिक उपासना मंडल के सम्बन्ध में जानकारी दी थी। अण्णासाहब शिंदे की प्रार्थना से वे आकर्षित हुए थे। रामराव बाबर को उन्होंने कहा कि आप कहते हैं, उस तरह का पारिवारिक उपासना मंडल यहाँ भी स्थापित करनें की कोशिश करें। मैं आपके साथ काम करने के लिए तैयार हूँ। ठाकुर की इस सूचना के कारण रामराव बाबर के साथ ही उनकी माताजी के मन में होनेवाली इच्छा को गति मिली।

रामराव बाबर और पुंडलिक ने कइयों के घर जाकर आषाढ़ की एकादशी के दिन सुबह आठ बजे झोरे के घर की ऊपरी मंजिल पर इकट्ठा होकर सांघिक प्रार्थना करनी है तो सभी प्रार्थना के लिए उपस्थित रहें, ऐसी विनती की। उसी के साथ 4 जुलाई, 1933, आषाढ़ शुद्ध एकादशी के दिन श्रीमान नारायणराव चव्हाण, महादेवराव नलावडे, सखाराम पाटणे, रामचन्द्र सिंदकर गुरुजी आदि तेरह लोग उपस्थित रहे। सिंदकर गुरुजी ने तुकाराम का एक पद गाया और प्रार्थना की। रा.ना. चव्हाण ने स्वामी विवेकानन्द के चरित्र का कथन किया।

प्रार्थना के बाद पुणे जैसा पारिवारिक उपासना मंडल स्थापित किया जाए, इस विषय पर चर्चा की गई। अपने घर की महिलाओं का फिलहाल तो प्रार्थना के लिए आना सम्भव नहीं लगता, ऐसी अधिकांश लोगों की राय थी। फिर भी हर इतवार चित्त शान्ति के लिए सभी इकट्ठा होकर प्रार्थना करेंगे, मंडल को 'प्रार्थना संघ' नाम दिया जाए, ऐसा तय हुआ। इस तरह उसी दिन प्रार्थना संघ की स्थापना हुई। उपासना रामराव बाबर के घर और बाद में वाचनालय में हुई। सर्वसम्मति से नारायणराव चव्हाण को अध्यक्ष और रामराव बाबर को सेक्रेटरी नियुक्त किया गया। प्रतिज्ञापूर्वक सभासदों से फॉर्म भराकर लिए गए। सभी सदस्य बारी-बारी से उपासना चलाने लगे। हरिजन बस्ती के नजदीक के हनुमान मन्दिर में उपासना होने लगी। पड़ोस की अस्पृश्य भक्त मंडली मन्दिर में उपस्थित रहने लगी। अस्पृश्य मंडली का मन्दिर में आना बाहर की मंडलियों को अच्छा नहीं लगा। इसलिए आगे की उपासना नारायणराव चव्हाण के घर पर नियमित रूप से होने लगी।[2]

वाई की धर्मजिज्ञासु मंडली अण्णासाहब शिंदे की ओर अत्यन्त आदर से देखती थी। उनसे मार्गदर्शन की उम्मीद रखती और अण्णासाहब शिंदे भी व्यावहारिक तफसील की अत्यन्त छोटी-छोटी बातों से लेकर धार्मिक और नैतिक आचरण शुद्ध कैसे रखा जाए, ऐसी आध्यात्मिक बातों की तक उन्हें सूचना देते, मार्गदर्शन करते थे। यह मार्गदर्शन करते समय वाई जैसे ग्रामीण क्षेत्र के इस धार्मिक समाज का कार्य अच्छी तरह से चले, यह आस्था उनके मन में थी और उन्होंने तीन दशक प्रार्थना समाज और ब्राह्म समाज, इनका जो निरीक्षण किया था; प्रत्यक्ष धर्म-प्रचार का कार्य किया था, उसका अनुभव उनके पास था। वाई ब्राह्म समाज के सेक्रेटरी रामराव बाबर को उन्होंने समय-समय पर जो मर्गदर्शन पर पत्र लिखे, उनमें वाई ब्राह्म समाज के प्रति होनेवाली आस्था दिखाई देती है। सभी बातों में वाई का समाज यह आदर्श हो, अन्यत्र दिखाई देनेवाली कमियाँ उसमें न रहें, इस बारे में ली हुई सावधानी उनके कई पत्रों से स्पष्ट होती है।

3 अगस्त, 1933 को रा.कृ. बाबर को लिखे पत्र में वे कहते हैं, "मुम्बई का प्रार्थना समाज और कोलकाता का प्रार्थना समाज, इन दोनों समाज के मूल तत्त्व एक ही है, लेकिन बंगालियों में तत्त्वों के अनुरूप जैसा आचरण होता है वैसा महाराष्ट्र में नहीं होता। मूर्ति-पूजा व्यवहार में कभी भी न करना और जाति भेद न मानना, ये बातें मुम्बई की ओर जितनी कही जाती हैं, उतनी आचरण में नहीं लाई जातीं। आपने अपने समाज को ब्राह्म समाज यह बड़ा नाम दिया और विवाह में मूर्ति-पूजा की या जाति भेद माना तो मजाक होगा। वैसे ही 'प्रार्थना समाज' नाम रखकर उसके

अनुसार आचरण न किया तो लोगों की न सही, लेकिन स्वयं की नजर में गिर जाएँगे...नए समाज में एक ही जाति के लोग होकर चलेगा नहीं। सभी जाति के और सभी स्तर के लोग होने चाहिए। वैसे हुआ तो टीका-टिप्पणी होती है। समाज में आपसी झगड़े बढ़ने लगते हैं। इन सभी का सामना करने का साहस आप में आएगा, तभी आप बने रह सकते हैं, नहीं तो बचपना होगा।"[3]

इन वाईकर मंडलियों को सुलभ संगीत की पुस्तकें भेजने के लिए अण्णासाहब शिंदे ने द्वा.गो. वैद्य को सूचित किया और उसके अनुसार वाई को पुस्तकें भेजी गईं। कोलकाता ब्राह्म समाज से अगर पत्र-व्यवहार करना पड़ा तो अंग्रेजी में करना पड़ता है। मुम्बई प्रार्थना समाज से मात्र मराठी में पत्र-व्यवहार किया जा सकता है, यह बताकर उन्होंने गिरगाँव का पता दे दिया। वाई समाज के सामने प्रार्थना समाज नाम धारण करें या ब्राह्म समाज, ऐसा प्रश्न था। महत्त्व नाम में नहीं है, आचरण और लम्बी कोशिश में है, ऐसा उन्हें बताकर, तत्त्व के अनुसार आचरण कर अपने समाज को ब्राह्म समाज यही नाम दिया जाए, ऐसी उन्होंने सूचना की। 3 अगस्त, 1933 के आरम्भिक पत्र में उन्होंने उपासना हर सप्ताह में कितनी बार कहाँ और कब करते हैं? समाज के नियम क्या बनाए हैं? घर में बीवी-बच्चे उपस्थित रहते हैं? घर की जीवन-शैली में कुछ परिवर्तन आया है आदि जानकारियाँ समय-समय पर लिखी जाएँ तो आभारी रहूँगा, ऐसा लिखा है। इन सभी बातों से वाई के समाज के बारे में उन्हें कितनी आस्था थी, इसका अन्दाजा लगाया जा सकता है।

14 नवम्बर, 1933 को अण्णासाहब शिंदे बी.बी. केसकर, गणपतराव शिंदे, बहन जनाबाई शिंदे के साथ रा.कृ. बाबर के घर गए। राजा राममोहन राय सांवत्सरिक पुण्यतिथि के कारण वे यात्रा पर निकल रहे थे और इस यात्रा की शुरुआत वाई से करें, ऐसा उन्होंने तय किया। वाई में स्थापित प्रार्थना संघ का कार्य देखें, सदस्यों से मुलाकात करें और आगे के कार्य का मार्गदर्शन करें, ऐसा मुख्य उद्देश्य था। रात को हनुमान मन्दिर में प्रार्थना संघ के सदस्य और अन्य मंडली इकट्ठा हुई। वहाँ पर अण्णासाहब ने उपासना चलाई। दूसरे दिन शाम को गणपति घाट पर 'राममोहन रॉय और धर्म-सुधार' विषय पर जाहिर व्याख्यान दिया। 16 तारीख को दोपहर बाबर के घर पर प्रार्थना समाज के सदस्यों का अभिनन्दन किया और संघ कैसा कार्य करें, कौन-से सामाजिक कार्य करने चाहिए, इसका मार्गदर्शन किया। पाँच सदस्य प्रतिज्ञापूर्वक नाम दें, ऐसा उन्होंने बताया। उस समय रामराव बाबर, पुंडलिक ठाकुर, गणपतराव हगीर और अण्णा खासकर—ये चार व्यक्ति प्रतिज्ञापूर्वक सदस्य बने। ब्राह्म समाज यह नाम धारण करने की जल्दी न करते हुए संघ ने कम-से-कम पाँच आनुष्ठानिक (रॉय के अनुसार धर्माचरण और वर्तन करनेवाले) मिलाए और कुछ साल निरन्तर धार्मिक उपक्रम शुरू रखने के बाद ही ब्राह्म समाज यह नाम धारण किया जाए, ऐसी उनकी सूचना थी। अण्णासाहब की इस मुलाकात से वाई प्रार्थना समाज संघ में जोश बढ़ गया।

अण्णासाहब की वाई प्रार्थना संघ की ओर रुझान दिन-ब-दिन बढ़ने लगा। नैमित्तिक मुलाकात और दो-चार दिन के निवास से धर्म का कार्य नहीं होगा तो कुछ दिन वाई में ही रहकर धार्मिक कार्य करें, ऐसी उनकी इच्छा हुई। अपने लिए वहाँ स्वतंत्र घर देखो, ऐसा उन्होंने वाईकर मंडलियों को सूचित किया और उसके अनुसार सुविधा होते ही 1934 में पूरे परिवार के साथ आकर वे चार मास वहाँ रहे। इस काल में वे साप्ताहिक उपासना करते। हर मंगलवार को संगत सभा का आयोजन होता। उसमें धर्म तत्त्व, धर्म का अनुष्ठान आदि बातों का वे स्पष्टीकरण करते थे। उसी के साथ त्यौहार क्या होता है? वह किस तरह मनाया जाए? उसमें कौन-सी मुख्य बातें होनी चाहिए, यह बताते थे तो कभी महिलाओं के लिए आदरभाव, अन्धश्रद्धा, जाति भेद, बन्धुभाव आदि के बारे में चर्चा करते। अनेकविध विषयों की जानकारी देते और सदस्यों के सन्देहों का निराकरण करते। अण्णासाहब ने शुरू की इस संगतसभा के कारण प्रार्थना संघ के सदस्यों की सोच विकसित हुई। कार्य को गति मिल गई। अण्णासाहब की सोच के कारण प्रार्थना संघ के पौधे को संजीवनी मिली और उसकी जड़ें मजबूत होने लगीं। उनसे मिलने, बातें करने न केवल प्रार्थना संघ के सदस्य ही आते, बल्कि अन्य मंडली भी आती थी। अण्णासाहब के वाई निवास से धार्मिक कार्य में आस्था निर्मित हुई।

अण्णासाहब शिंदे का यह उद्देश्य था कि वाई की मंडली ब्राह्म समाज के सभी उपक्रम शुरू करें। वनोपासना अण्णासाहब का पसन्दीदा उपक्रम था। ब्राह्म समाज अनेक परिवारों का मानो एक बड़ा परिवार है, ऐसे पारिवारिक स्नेह का अनुभव वनोपासना के समय आता। इससे परिवारों में परस्पर स्नेह बढ़ता है, ऐसा उनका अनुभव था। उन्होंने वाई में वनोसपना का उपक्रम शुरू करना तय किया। 6 जून, 1934 को वाई से दो मील दूर होनेवाले सुलतानपुर के

नजदीक का कोठावले बाग नामक स्थान निश्चित किया। शिंदे के निवास स्थान पर आठ-दस परिवार की महिलाएँ, मर्द, बच्चे—ऐसा बड़ा समुदाय दोपहर चार बजे उपस्थित हुआ। रात के खाने के डिब्बे वे साथ ही लाए और वाई के रास्ते से भजन गाते हुए यह लोग कोठावले बाग की ओर निकले। इस वनोपासना की विशेषता यह थी कि उस रात बाग में ही प्रवास करने का प्रबन्ध था और यह मंडली दूसरे दिन वहाँ रहकर शाम को लौटनेवाली थी। वनोपासना में किस तरह बर्ताव करना है, इसका उदाहरण शिंदे को इन मंडलियों के सामने रखना था।

भजन गाते हुए रास्ते से जाना, यह विशेष देशी उपक्रम अण्णासाहब शिंदे ने ही शुरू किया था। 1930 के कानून भंग आन्दोलन में उन्होंने यह उपक्रम शुरू किया था। बाग में पहुँचते ही सबसे पहले वहाँ की जगह साफ की। स्थान रमणीक और ऐतिहासिक था। बहते साफ पानी का झरना, 'महाभारत' का सन्दर्भ देनेवाली कीचक पहाड़ी और निचले हिस्से में बुद्ध भिक्षुओं ने निवास की पालकेश्वर पहाड़ी थी। ढलान पर नारियल, कटहल और आम के काफी पेड़ थे। शाम के समय अण्णासाब शिंदे ने उपासना चलाई और देवेन्द्रनाथ ने शान्तिनिकेतन की स्थापना कैसे की, इसकी जानकारी दी। उसके बाद सभी ने लाया भोजन इकट्ठा कर जाति का विचार न करते हुए गोलाकार पंक्ति में स्त्री-पुरुषों ने एकत्र बैठकर भोजन किया। बाग के चारों ओर गैस की बत्तियाँ पेड़ पर लटक रही थीं। सभी ने भजन किया। महिलाओं ने भक्तिपरक गीत गाए और बाद में सभी मंडली सो गई, लेकिन अण्णासाहब शिंदे मात्र हाथ में लाठी लेकर रात दो बजे तक अन्य दोस्तों के साथ पहरेदारी करते रहे।

दूसरे दिन सुबह अण्णासाहब ने ईश्वरोपासना की। नजदीक के लोहरे गाँव के स्त्री-पुरुष भी इस उपासना के लिए आए थे। अण्णासाहब ने उपासना में स्वार्थ और अहंकार छोड़ो; उसके बिना शान्ति मिलनेवाली नहीं और चित्तशुद्धि होनेवाली नहीं, ऐसा कहकर सच्चा ईश्वर अन्यत्र न होकर अपने मन में ही है; एक-दूसरे की मदद करना, प्रेम भाव बढ़ाना, सच्चाई से आचरण करना आदि अच्छी बातों में ही सच्चा धर्म है, ऐसा बताया। सभी समझ पाएँ, ऐसी सरल भाषा में लगभग डेढ़ घंटे अण्णासाहब ने कई उदाहरण देते हुए यह उपासना चलाई।

दोपहर का खाना वहीं बनाया। प्रकृति के सामीप्य का आनन्द मंडली लूट रही थी। कुछ पालक बच्चों को लता, फूल और पेड़ आदि के बारे में जानकारी दे रहे थे। प्रमुख रूप से महिलाओं को इस खुले और अभिनव वातावरण का अनुभव मिला। शाम पाँच बजे बड़ी खुशी से सभी मंडलियों का समूह वहाँ से निकला। वाई में चौराहे पर आने के बाद अण्णासाहब को सम्मानपूर्वक नमस्कार करके सभी लोग अपने-अपने घर गए।

अगले साल यानी 1935 के मई में विट्ठल रामजी शिंदे बहन जनाक्का और यज्ञेश्वरपंत भंडारकर के साथ वाई आए। बुद्ध पूर्णिमा के दिन उन्होंने गणपति घाट पर बुद्ध चरित्र पर व्याख्यान दिया। इस प्रवास में उन्होंने सदस्यों के घर पारिवारिक उपासना की। महिलाओं की सभा और भजन हुए। वाईकर मंडलियों का धर्म को लेकर अच्छा प्रतिसाद देखकर महर्षि शिंदे का उत्साह भी बढ़ता था। प्रार्थना संघ का काम बढ़ रहा था। इसलिए वहाँ स्वतंत्र इमारत की आवश्यकता लग रही थी। एकाध पुराना मकान प्रार्थना संघ के लिए मिले, ऐसा स्थानीय मंडलियों के साथ ही अण्णासाहब शिंदे और यज्ञेश्वरपंत भंडारकर को भी लग रहा था। यज्ञेश्वर भंडारकर ने इस बारे में पहल की और वाई के बाबूराव पंडितजी का मकान पसन्द किया।

वाई के प्रार्थना संघ की स्थापना होने के बाद अन्य स्थान के प्रार्थना समाज जैसे वाई में भी नित्य स्वरूप का वार्षिक उत्सव जैसे उपक्रम और नैमित्तिक स्वरूप के व्याख्यान आदि अन्य कार्यक्रम आयोजित किए गए। प्रार्थना समाज के कार्यक्रम को अण्णासाहब शिंदे अपने मन मुताबिक चेहरा दे पाए। उनकी धर्म-प्रसार की अवधारणा में ग्रामीण क्षेत्र में धर्म-विचार और धर्म विषयक श्रद्धा का प्रसार हो; अस्पृश्य बस्ती में भी यह धर्म-प्रचार का कार्य करें; महिलाओं को धर्म-प्रचार कार्य में सक्रियता से सहभागिता करवा लें, ये प्रमुख बातें थीं। शहरों से धर्मपरक भजन, गीत गाते हुए जुलूस निकालें, ऐसा भी उन्हें लगता था। अपने समाज के पारम्परिक स्वरूप के कीर्तन का उपयोग ब्राह्म धर्म-प्रसार कार्य के लिए करवा लें, ऐसा भी उन्हें लगता था। ये बातें उनकी प्रेरणा से वाई प्रार्थना संघ ने अमल में लाई दिखाई देती हैं। अण्णासाहब शिंदे के कारण ही सतारा के रा.ब. काले, मुम्बई के यज्ञेश्वरपंत भंडारकर, द्वा.गो. वैद्य, बी.बी. केसकर, डॉ. खांडवाला, पुणे के बा.ग. जगताप, र.वि. बापट, वि.के. जोग, ल.म. सत्तूर—ये निष्ठावान मंडलियाँ वार्षिक उत्सव में सहभाग लेने के लिए जान-बूझकर उपस्थित रहती थीं। वार्षिकोत्सव और अन्य अवसर पर अन्य गाँव से आई महान हस्तियों साथ ही स्वयं विट्ठल रामजी शिंदे के व्याख्यान आयोजित किए जाते थे।

1 से 4 नवम्बर, 1934 इन दिनों में प्रार्थना संघ का पहला उत्सव सम्पन्न हुआ। पहले दिन अण्णासाहब शिंदे ने तिलक स्मारक मन्दिर में 'लोगों की आजादी और प्रस्थापित धर्म' विषय पर भाषण दिया। फिलहाल प्रस्थापित नाम से रूढ़ होनेवाला धर्म लोगों को स्वतंत्रता उपयोग में नहीं लाने देता, यह उन्होंने स्पष्ट किया। 2 नवम्बर को सुबह गंगापुरी की हरिजन बस्ती में पुणे प्रार्थना समाज के सेक्रेटरी र. वि. बाबर ने उपासना चलाई तो उसी दिन शाम को अण्णासाहब शिंदे ने तिलक स्मारक मन्दिर में हरि-कीर्तन किया। 'अवलाई की नवलाई' यह आख्यान उन्होंने बताया और स्त्री में होनेवाले नैतिक गुणों का बड़प्पन भलीभाँति स्पष्ट किया। 3 तारीख को सुबह 6 बजे नगर संकीर्तन हुआ। लगभग 150 स्त्री-पुरुषों ने उसमें हिस्सा लिया। बाबूराव जगताप ने उपासना चलाई। दोपहर तीन बजे श्रीमती बापट की अध्यक्षता में महिलाओं की सभा हुई। इस सभा को लगभग 200 महिलाएँ उपस्थित थीं।

शाम को बाबूराव जगताप की अध्यक्षता में 'सर्वधर्म समन्वय' विषय पर व्याख्यान हुए। तर्कतीर्थ लक्ष्मण शास्त्री जोशी, सय्यद अब्दुल कादर, यज्ञेश्वर भंडारकर, गणपतराव शिंदे, गोडसे, दिवेकर आदि विद्वानों ने इस विषय पर भाषण दिए। सभी धर्म एक ही तत्त्व पर अधिष्ठित होकर सभी धर्मों में अच्छे तत्त्व हैं, उनका ग्रहण करना उपयुक्त है, ऐसा सम्रगत: व्याख्याताओं के प्रतिपादन का संकेत था। सभा में हिन्दू, मुसलमान, ईसाई आदि विविध धर्म मंडलियों की भीड़ थी। 4 तारीख को शाम छह बजे गूजर गली के हरिजनबाड़ा में यज्ञेश्वर भंडारकर की अध्यक्षता में सभा हुई। अण्णासाहब शिंदे के भाषण से इस वार्षिक उत्सव का समापन हुआ।

सामान्यत: प्रार्थना संघ के वार्षिक उत्सव का स्वरूप इस प्रकार रहा। 1935 में नवम्बर के पहले सप्ताह में दूसरा वार्षिकोत्सव मनाया गया। इस वर्ष के उत्सव में अण्णासाहब शिंदे स्वयं उपस्थित नहीं रह सके, फिर भी उत्सव के आयोजन में उन्होंने मार्गदर्शन किया। मुम्बई-पुणे की न.र. फाटक, वसन्तराव नाईक आदि मंडली व्याख्यान देने और उत्सव में सहभागी होने हेतु आई थी। स्थानीय विद्वानों में लक्ष्मण शास्त्री जोशी हमेशा सहभाग लेते थे।

1936 में नवम्बर के तीसरे सप्ताह में वाई प्रार्थना संघ का तीसरा वार्षिक उत्सव सम्पन्न हुआ। उपासना, व्याख्यान आदि कार्यक्रम तो इस उत्सव में हुए ही, इसके अलावा ल.म. सत्तूर ने केजल गाँव जाकर रात नौ बजे सभा ली और 200 लोगों के सामने प्रार्थना समाज की जानकारी दी। दूसरे दिन अर्थात् 21 नवम्बर, 1936 को ल.म. सत्तूर ने हरिजन बस्ती में उपासना चलाई। विभिन्न धर्मों की एकता श्रोताओं के मन पर अंकित करना, यह प्रार्थना समाज के तत्त्व प्रतिपादन का हिस्सा वाई के वार्षिक उत्सव में खासकर अंकित किया जाता। उत्सव के पहले दिन शाम को 'संत चरित्र कथन' विषय पर अण्णासाहब शिंदे की अध्यक्षता में सभा हुई। उसमें संत मीराबाई, मुहम्मद पैगम्बर, ईसा मसीह, सेंट पॉल के बारे में क्रमश: बी.बी. केसकर, ल.म. सत्तूर, रेवरंड प्रामाणिकराव गायकवाड़, डॉ. खांडवाला के भाषण हुए।

उत्सव काल में कुछ मंडली ने आठ सदस्यों के घर जाकर परिवारवालों की आत्मीयता से पूछताछ की। इन परिवारों पर परिवार के सदस्यों की मृत्यु जैसे दुख के आघात हुए थे। सदस्यों में स्नेह बढ़ाने की दृष्टि से यह उपक्रम उपयुक्त था।

इस तरह तीन सालों के विविध उपक्रमों और वार्षिकोत्सव के कारण ब्राह्म धर्म का स्वरूप, इस धर्म के उन्नत तत्त्व और वे प्रत्यक्ष में कैसे आचरण में लाए जाते हैं, इसकी कल्पना वाई प्रार्थना संघ के सदस्यों को और रुचि रखनेवाली मंडलियों में अच्छी तरह से आ गई। वाई प्रान्त में धर्म-सम्बन्धी जागृति का कार्य अच्छी तरह से शुरू हो गया था। अण्णासाहब शिंदे के उद्‌देश्य के अनुसार पाँच आनुष्ठानिक तैयार हुए थे। वाई ब्राह्म समाज यह नाम धारण करने के लिए अब वाई प्रार्थना संघ लायक बन गया था।

सन् 1937 में मई के आखिरी सप्ताह में वाई ब्राह्म समाज की दृष्टि से एक महत्त्वपूर्ण घटना हुई। ब्राह्म समाज के अधिकार की इमारत हो, इस दृष्टि से अण्णासाहब शिंदे के मार्गदर्शन में स्थानीय मंडली ने जो कोशिश की, वह कामयाब हो गई। 24 से 27 मई 1937 वाई ब्राह्म समाज के वार्षिक उत्सव के दिन तय हुए थे। 24 मई को बाबूराव पंडित के मकान का बैनामा तीन ट्रस्टियों के नाम से किया गया। इनमें विट्ठल रामजी शिंदे एक ट्रस्टी थे। उनके अलावा यज्ञेश्वर वासुदेव भंडारकर व नारायणराव कृष्णाजी चव्हाण, ये अन्य दो ट्रस्टी थे। समाज की इमारत का विधिवत् उद्‌घाटन अण्णासाहब शिंदे द्वारा दूसरे दिन किया जाना तय हुआ।

मंगलवार, 25 मई को सुबह 6 बजे नगर संकीर्तन का जुलूस निकला। उसमें स्थानीय भजन मंडल शामिल हुआ। छात्रालय के छात्र हाथ में पताका लेकर कतार में आगे चलने लगे। भजन मंडलियों का दल करताल-मृदंग

के साथ कतार में चलने लगा। पीछे प्रार्थना समाज के भक्ति गीत गाती हुई महिलाएँ चलने लगीं। बीच में विट्ठल रामजी शिंदे चल रहे थे। उनके पीछे मेहमान मंडली, सदस्य और ग्रामस्थ थे। इस प्रकार नगर संकीर्तन का रमणीक नजारा वाई के रास्ते पर दिखाई देने लगा। रास्ते के चौराहे पर जुलूस रुकता तो बा.ग. जगताप पद का अर्थ आसान भाषा में समझाते थे। ग्रामस्थ मंडली चौराहे पर साथ ही प्रमुख स्थानों पर जुलूस आने के बाद अण्णासाहब के गले में पुष्पमाला पहनाकर उनका सम्मानपूर्वक वन्दन करती थी। शहर के प्रमुख रास्तों से जुलूस ब्राह्म समाज मन्दिर के सामने आ गया। बहन जनाक्का शिंदे ने 'मन एक बार हरि बोल' नामक बंगाली कविता सुरीले स्वर में गाई। इस तरह नगर संकीर्तन का समापन हुआ।

वाई ब्राह्म समाज मन्दिर प्रवेश का समारोह शाम पाँच बजे अण्णासाहब शिंदे की अध्यक्षता में शुरू हुआ। सभा के आरम्भ में ब्राह्म समाज के सेक्रेटरी रा.कृ. बाबर ने इमारत फंड का प्रतिवेदन प्रस्तुत किया। सभा के बाद अण्णासाहब शिंदे के साथ सभी ने मन्दिर में प्रवेश किया। 'प.वा. वासुदेव बाबाजी नवरंगे उपासना मन्दिर' लिखे शिलालेख की तख्ती का उद्घाटन अण्णासाहब ने किया और प्रार्थना सभागृह को यह नाम दिया जाने का ऐलान किया। यह दिन वैशाख शुद्ध पूर्णिमा का अर्थात् भगवान बुद्ध का जन्मदिन था।

अण्णासाहब शिंदे ने मन्दिर प्रवेश के समारोह के समय स्फूर्तिप्रद भाषण दिया।

आरम्भ में उन्होंने मराठा किसानों की अभिमानी और स्वतंत्र वृत्ति का वर्णन कर वह अपने घरेलू व्यवहार में और धर्म में भूपति या वर्णगुरु को पहचानता नहीं था, ऐसा बताकर उन्होंने कहा, "महाराष्ट्र में 300 साल पहले जो भागवत् धर्म का प्रसार हुआ, उसका श्रेय विविध जाति के संतों ने उठाया है और इसकी गवाही महिपति स्वामी ने अपने भक्तिविजय ग्रंथ में भलीभाँति प्रस्तुत की है। पिछली सदी के अन्त में, उत्तरार्द्ध में महाराष्ट्र में जो धर्म सुधार की लहर उठी, वहाँ भी जनता ने अपना प्रतिनिधि खड़ा किया। रानडे, भंडारकर, मोड़क और चन्दावरकर—इन विद्वानों की तरह ही अपितु उनसे पहले स्वतंत्र रूप से धार्मिक स्वतंत्रता का दीपक महात्मा ज्योतिराव फुले ने प्रज्वलित किया था और अपना नाम और उपनाम सार्थक बनाया। उस जोतिबा फुले की सीख का प्रभाव प्रस्तुत प्रार्थना संघ में झलकता है। तेली, माली, मराठा, किसान, हरिजन, चमार—इन सभी बहुजन नेताओं ने इस संघ की आवाज उठाई है। आज ही दो घंटे पहले चमार सज्जन के घर पारिवारिक उपासना हुई और पूरे परिवार ने ब्राह्म धर्म की दीक्षा ले ली। यही जोतिबा की विजय है।

"इस संघ के वर्तमान इतिहास में तीन मोड़ आते हैं जो इस प्रकार है :

1. ऊपर बताया उसके अनुसार सत्यशोधक समाज की नसीहत से सतारा जिले की पथरीली जमीन जोती गई; रूढ़ि का तिनका उखाड़ा गया, भेद के पत्थर तोड़ दिए; नई फसल की तैयारी हुई।
2. ऐसे समय रिपोर्ट में बताया, उसके अनुसार पुणे की ओर के उपासना मंडल ने बीज बोए और उसके अंकुर निकले।
3. मुम्बई और पुणे प्रार्थना समाज के नेताओं ने उचित समय उसे सिंचित किया। इन तीन आयामों का महत्त्व एक जैसा है जिसमें आज हम प्रवेश कर रहे हैं। यह मन्दिर इन तीन आयामों का एक मीठा फल है। यहाँ इकट्ठा हुए वाई के निवासी और बाहर गाँव के मेहमान, इन सभी का इन सभी को आशीर्वाद रहे।

"यह मन्दिर केवल वाई शहर तक सीमित नहीं है। पहले से ही इसका यह उद्देश्य रहा है कि पूरी तहसील के देहातों में से ब्राह्म धर्म के सन्देश गूँज उठे। यह इस तहसील की पंचक्रोशी का केन्द्र है। पूर्व पीढ़ी में सतारा शहर में एक प्रार्थना समाज कार्य कर रहा था। मेरे दोस्त प.वा. सीतारामपंत जवेरी और प.वा.रा.ब. काले का आज विशेष रूप में स्मरण होता है। उन्हीं की तरह उनका निकाला समाज भी आज स्मृतिशेष हो गया है। जिले का थाना यह आधुनिक संस्कृति की पहली सीढ़ी है। वहीं से आधुनिक सुधार की इमारत शुरू हो जाती है। तहसील का स्थान बहुजन समाज के रिवाज की अन्तिम सीढ़ी है। यहाँ से नीचे जनता की रीति देहात तक पहुँचती है। फिलहाल हमारी महत्त्वाकांक्षा तहसील तक ही सीमित है। हमारे इस कार्य को आपका आशीर्वाद रहे।

"हमें केंजल गाँव से मुम्बई शहर तक, बेलगाँव-कोल्हापुर से इन्दौर, अहमदाबाद, बड़ौदा शहरों तक बृहन्‌महाराष्ट्र की सहानुभूति मिली है। उच्च-नीच सभी जातियों ने हमें सहकार्य किया है। दोष निकाला जाए, ऐसी कोई कमी नहीं है।

यह मन्दिर बना नहीं था, तब तिलक मन्दिर में भजन व्याख्यान हुए। प्राज्ञ पाठशाला की पवित्र जगह पर सहभोज हुए। 'अस्पृश्यता उन्मूलन परिषद्' के समय मन्दिर प्रवेश हुआ। मातंग बस्ती में मुख्य कार्यक्रम नहीं हुआ, ऐसा हमारा एक भी उत्सव नहीं है। फिर हमें क्या कमी होगी? आज आपके आने से तो कमाल ही हो गया है।"[4]

अपने इस भाषण में अण्णासाहब शिंदे ने महाराष्ट्र के धर्म-सुधार का संक्षेप में, लेकिन मार्मिक आलेख प्रस्तुत कर वाई ब्राह्म समाज का महत्त्व समझाया। ग्रामीण क्षेत्र ही उन्नत धर्म-प्रचार या धर्म-सुधार का अपना कार्यक्षेत्र है, इसका भी उन्होंने उल्लेख किया। उन्होंने इस ब्राह्म समाज को मिले सहयोग का उल्लेख किया। साथ ही तिलक मन्दिर, प्राज्ञ पाठशाला इन स्थानीय संस्थाओं द्वारा उदारता से किए सहयोग का भी उल्लेख किया। उन्नत धर्म-प्रचार और अस्पृश्यता उन्मूलन जैसे कार्य एक ही हैं। उन्होंने प्राज्ञ पाठशाला में सहभोज और मातंग बस्ती में उपासना जैसे मुख्य कार्यक्रम हुए और होते हैं, इसका निर्देश करके यह एहसास व्यक्त किया। भाषण के आखिर में वाई ब्राह्म समाज की निर्मिति में मदद करनेवाले बाहर के लोगों का कृतज्ञता से उल्लेख किया और स्थानीय निष्ठावान मंडली का उल्लेख कर उनकी उचित प्रशंसा की और भक्ति भाव से प्रभावित वातावरण में मन्दिर में प्रवेश करें, ऐसा सभी को आह्वान किया।

अण्णासाहब की इच्छा के अनुसार ब्राह्म धर्म के कम-से-कम पाँच आनुष्ठानिक निर्माण वहाँ हुए थे। ब्राह्म समाज की उन्नत सीख की जानकारी वाई प्रान्त की मंडलियों को हुई और ब्राह्म समाज के प्रति कइयों के मन में निष्ठा निर्मित हुई। अस्पृश्यता उन्मूलन कार्य धार्मिक कार्य मानकर चलाने में अण्णासाहब को सन्तोष होता था। वाई जैसे कट्टर माने गए शहर का दिल खुला हो रहा है, इसका अल्हाददायी अनुभव अण्णासाहब शिंदे को आ रहा था। कुल मिलाकर वाई में प्रार्थना समाज की स्थापना उनके मन को सन्तोष देनेवाली घटना थी।

वाई में ब्राह्म समाज स्थापन करने के लिए अण्णासाहब शिंदे को जो उत्साह लगता था, उसका महत्त्वपूर्ण कारण था। वाई के आस-पास होनेवाले देहातों में धर्म-प्रचार का कार्य होगा, यह बलवती आशा थी। हर बार वे ब्राह्म समाज के चिटणीस रा.कृ. बाबर को जान-बूझकर बताते कि अपनी यात्रा में पड़ोस के देहातों में जाने का कार्यक्रम बनाओ। इस प्रकार की यात्रा तय करने के बाद वे वहाँ निश्चित कार्यक्रम का नियोजन करते थे। यात्रा के दौरान गाँव में रात को जाहिर सभा, दूसरे दिन सुबह उपासना, दोपहर के भोजन के बाद गाँववालों की बैठक और हरिजन बस्ती को भेंट और शाम को अगले गाँव रवाना होते। अण्णासाहब के साथ इस यात्रा में उनकी बहन जनाबाई, बाबर परिवार, नारायणराव चव्हाण का परिवार, मुम्बई से आई भांडरकर और वैद्य आदि लूम्ब मंडली रहती थी।

1936 के मई में उन्होंने पहली यात्रा केंजल गाँव से शुरू की। उसके बाद यह मंडली गुलूम्ब, ओझर्डे गाँव गई। अण्णासाहब ने गुलूम्ब की सभा में ब्राह्म धर्म के तत्त्व सरल भाषा में बताए। लड़के-लड़कियों को शिक्षा देनी चाहिए, अन्धश्रद्धा खत्म करनी चाहिए, ऐसा प्रतिपादन किया। ओझर्डे गाँव की सभा के अध्यक्ष बाबासाहब आखाडकर और शिंदे थे। वे जिला बोर्ड के अध्यक्ष थे। अण्णासाहब ने धर्म विषयक विचार प्रस्तुत किए। अध्यक्ष को सम्बोधित कर उन्होंने कहा, प्रजातंत्र में नेताओं ने जनता की अच्छी तरह से सेवा करनी चाहिए; उनके दुख समझ लेने चाहिए; उनकी मुश्किलें दूर करने के लिए मदद करनी चाहिए। दूसरे दिन वहाँ की पाठशाला में उपासना हुई। उसके बाद सभी ने हरिजन बस्ती को भेंट दी।

अगले साल अर्थात् 1937 को 7 से 12 मई तक उन्होंने लम्बी यात्रा की योजना बनाई। हमेशा की मंडली के सिवा कोलकाता के हृदयचन्द्र दास, सतारा से भाऊराव पाटील, इस्लामपुर से कृ.भा. बाबर, केंजल के मुल्ला मास्टर, डॉ. टी.सी. खांडवाला आदि मंडली ने इन तीन दिनों की यात्रा में हिस्सा लिया। पहले दिन सुरूर गाँव की यात्रा की। वहाँ से विदा लेकर पैदल यात्रा करते हुए सभी मंडली कवठे गाँव में आ गई। किसन वीर इस गाँव के प्रमुख कार्यकर्ता थे। अण्णासाहब शिंदे और अन्यों का उन्होंने तहेदिल से स्वागत किया। रात के भाषण में अण्णासाहब ने अस्पृश्यता उन्मूलन आन्दोलन के कार्य की जानकारी दी। दूसरे दिन भुइंज की यात्रा में कृ.भा. बाबर ने 'सामाजिक सुधार' इस विषय पर उद्‌बोधक भाषण दिया। समाज में स्थित अन्धश्रद्धा खत्म करो; शादी-ब्याह में अनुचित खर्चा न करें, ऐसा अत्यन्त उपयुक्त उपदेश गाँववालों को दिया। दूसरे दिन उपासनादि कार्यक्रम के बाद अस्पृश्यों की बस्ती को भेंट दी। वहाँ अण्णासाहब ने अपने बच्चों को शिक्षा दीजिए, रहन-सहन में सुधार करो, अपने पैरों पर खड़े हो जाओ, गुलामी का विरोध करो, ऐसा उपदेश किया।

उसके बाद पसरणी गाँव गए और पसरणी के सभी कार्यक्रम पूरे कर दूसरे दिन धोम गाँव की ओर प्रस्थान किया। महर्षि शिंदे और कर्मवीर भाऊराव पाटील अपने गाँव आनेवाले हैं, ऐसी डौंडी स्थानीय कार्यकर्ताओं ने देने के कारण इन दोनों को देखने की, उनके भाषण सुनने की गाँववालों को उत्सुकता जगी थी। सभा का स्थान गैस बत्तियों से प्रकाशमान हो गया था। अण्णासाहब शिंदे और भाऊराव पाटील के आते ही लोगों ने तालियाँ बजाकर उनका स्वागत किया। प्रस्ताविक भाषण में पोल ने कहा, "धोम यह ऋषि का गाँव है और आज अर्वाचीन काल के दो ऋषि ही यहाँ प्रकट हुए हैं। ऐहिक सुख की ओर पीठ फेरकर लोगों की उन्नति के लिए निरन्तर प्रयास करनेवाले वर्तमान युग के ये दो महान ऋषि हैं।" इन शब्दों में उन्होंने उनका सम्मान किया।

भाऊराव पाटील ने अपने भाषण में कहा, "मैं पहले सत्यशोधक आन्दोलन में था। सोच-समझ के बाद मुझे लगा कि किसी की निन्दा या द्वेष करके हमारी तरक्की नहीं होगी। बहुजन समाज का समग्र सुधार करना हो तो सबसे पहले सभी को शिक्षा देनी चाहिए। आर्थिक परिस्थिति के कारण बहुजन समाज के गरीब और होनहार बच्चे शिक्षा से दूर हैं; उन्हें शिक्षा मिलनी चाहिए, इस उद्देश्य से रयत शिक्षा संस्था शुरू की और उसके द्वारा आत्मनिर्भर शिक्षा की सुविधा मुहैया की। यह बरगद का पेड़ लगाया। उस छाँव के नीचे गाँव के बच्चों को शिक्षा मिलने लगी। शिक्षा के लिए मेरा दरवाजा खुला है। अपने गाँव में जिन बच्चों को आर्थिक परिस्थिति के कारण शिक्षा नहीं मिलती ऐसे बच्चों के अभिभावक मेरे पास अपने बच्चे सौंप दें। मैं अपने बोर्डिंग में उनकी शिक्षा की सुविधा करूँगा।"

अध्यक्षीय भाषण में अण्णासाहब शिंदे ने कहा, "हम सब ईश्वर के बच्चे हैं। हमें भाईचारे का पालन करना चाहिए। स्पृश्य-अस्पृश्य यह भेद पहले दूर होना चाहिए। आज चहुँओर जाति के उत्कर्ष के प्रकार शुरू हैं। उस पर प्रतिबन्ध लगाना चाहिए। मानव एक है, ऐसी वृत्ति मन में निर्मित होनी चाहिए। यह उच्च, वह नीच ऐसा भेद दूर होना चाहिए। महिलाओं को शिक्षा देकर बराबरी का मौका देना चाहिए। महात्मा फुले ने अपना पानी का हौज सभी के लिए पहले खुला कर दिया। धर्मपत्नी सावित्रीबाई को अध्यापिका बनाकर महिलाओं की शिक्षा के लिए पाठशाला शुरू की। उन्होंने निन्दा-अपमान सहकर साहस से, रचनात्मकता से समाज का सुधार किया। सिर्फ व्याख्यान देकर या मोटे ग्रंथ लिखकर, उसमें विचार प्रस्तुत कर सच्चा सुधार होगा, ऐसा नहीं। प्रत्यक्ष विचार जैसी कृति हो तो ही सुधार हो सकता है। आज धर्म के नाम पर जनता अन्धश्रद्धा में उलझ गई है। उसे सच्चे धर्म का और भक्ति का मार्ग दिखाने की जिम्मेदारी नेता टाल नहीं सकते। आम आदमी से एकरूप होकर उनके आचार-विचार में बदलाव लाया जाए, लेकिन यह कौन करता है? आपको सच्ची राह दिखाने के लिए मैं और मेरे दोस्त भाऊराव पाटील आपके पास आए हैं। उन्होंने शिक्षा के दरवाजे खुले कर दिए हैं। लड़के-लड़कियों को शिक्षा देने का लाभ उठाओ। मेरी तो व्याख्यानबाजी से श्रद्धा कम हो रही है। कुछ व्यावहारिक अवसर पर ही उसका आयोजन हो। हमारे पास सत्य और निर्भयता होनी चाहिए। कार्य पर श्रद्धा होनी चाहिए। अपने में ईश्वरीय गुण लाने की कोशिश करो। शान्त मन से उसका स्मरण करो।" सभा में श्रोता और व्याख्याता मगन हो गए थे। अण्णासाहब शिंदे और भाऊराव पाटील, इन दो अलौकिक व्यक्तियों के भाषण सुनने का अपूर्व मौका श्रोताओं को मिला था। रात डेढ़ बजे यह सभा खत्म हो गई।

अण्णासाहब शिंदे और भाऊराव पाटील, साथ ही कृ.भा. बाबर इनके संक्षिप्त भाषण से किस प्रकार की जागृति इस प्रचार यात्रा में की जाती थी, इसका इसका अनुमान लगता है। देहातों के लोगों में मिलकर उनसे बोलने में, उन्हें सही राह दिखाने में अण्णासाहब शिंदे को अत्यन्त आस्था थी और इसीलिए इस प्रकार की यात्रा का वे अनुरोध करते थे। इस प्रकार की जागृति करना उनकी दृष्टि में धार्मिक कार्य ही था।

वाई की मंडली कुछ कार्यवश पुणे जाने पर अण्णासाहब शिंदे को मिलती और धर्मविषयक कार्य का मार्गदर्शन लेती। साथ ही, उन्हें खत भेजकर भी उनसे सलाह-मशविरा करती। स्वयं अण्णासाहब भी खुद कुछ बातें, कुछ कार्यक्रम वाई की धर्मनिष्ठ मंडलियों को बताते थे। इस वजह से अण्णासाहब ने समय-समय पर समाज के सेक्रेटरी रामराव कृष्णराव बाबर को पत्र लिखे। इन पत्रों से अण्णासाहब की धर्मविषयक प्रचार दृष्टि, धर्म-प्रचार का क्षेत्र, कार्य पद्धति, महिला और अस्पृश्यों तक धर्म-विचार पहुँचाने की लगन—इन विशेषताओं के साथ ही उनके व्यक्तित्व की परिपक्वता, समय-पालन आदि व्यावहारिक बातों के प्रति होनेवाला आग्रह, व्यक्तित्व की प्रसन्नता और उनकी मजाकिया सोच आदि उनके व्यक्तित्व के पहलू भी उजागर होते हैं। उनके कुछ पत्र आगे उद्धृत किए हैं।[5]

अहल्याश्रम, नानापेठ
पुणे शहर,
ता. 3 अगस्त, 1933

श्रीयुत रामराव कृष्णराव बाबर को,
सप्रेम नमस्कार।

आपका ता. 16/6/33 का पत्र और 2/8/33 का कार्ड, दोनों प्राप्त हुए। मुम्बई प्रार्थना समाज की 'सुबोध पत्रिका' के सम्पादक द्वा.गो. वैद्य को मैंने ही सरल संगीत की पुस्तकें भेजने के लिए कहा था। आपने वाई में प्रार्थना समाज शुरू किया, ऐसा 'ज्ञानप्रकाश' में पढ़ा। खुशी हुई। मुम्बई का प्रार्थना समाज और कोलकाता का ब्राह्म समाज, इन दोनों समाजों के मूल तत्त्व एक ही है, लेकिन तत्त्वों के जैसा आचरण बंगालियों में बहुत होता है, वैसा महाराष्ट्र में नहीं होता। मूर्ति-पूजा व्यवहार में कभी न करना और जाति भेद न मानना, इन बातों को मुम्बई की ओर बताया जाता है, लेकिन आचरण में नहीं लाया जाता। आपने सिर्फ अपने समाज को ब्राह्म समाज यह बड़ा नाम दिया और शादी-ब्याह में मूर्ति-पूजा की या जाति भेद का पालन किया तो मजाक होगा। साथ ही 'प्रार्थना समाज' नाम रखकर भी उसके जैसा आचरण नहीं किया तो जन की सही, न मन की तो शर्म आएगी ही।

प्रार्थना समाज से पत्राचार मराठी में हो सकता है, लेकिन ब्राह्म समाज से पूरा व्यवहार अंग्रेजी में करना पड़ेगा। उन्हें मराठी या हिन्दी भाषा नहीं आती। 'इंडियन मैसेंजर' नामक उनका अंग्रेजी समाचार-पत्र और सभी पुस्तकें अंग्रेजी और बंगाली में हैं। मुम्बई प्रार्थना समाज की ओर से जानकारी की सभी पुस्तकें सेक्रेटरी से पत्राचार करके मँगवा लीजिए। पता गिरगाँव, मुम्बई ऐसा है। महत्त्व नाम में नहीं, आचरण और लम्बी कोशिश में है। कोई भी बात नई होती है तब तक की जाए, ऐसा लगता है, लेकिन वह दीर्घ समय तक बनाए रखने में ऊब आ जाती है। धर्म की कोशिश काफी श्रद्धा से ऐहिक मतलब त्यागकर करनी पड़ती है। ईश्वर कृपा करें और आप सभी को दीर्घ कोशिश करने की सामर्थ्य प्राप्त हो। तत्त्व के अनुसार आचरण कर अपने समाज को ब्राह्म समाज यही नाम दिया जाए, ऐसी मेरी विनती है।

विद्या और भक्ति, दोनों हमेशा साथ रहती हैं, ऐसा नहीं। कोई तो विद्वान उतनी ही श्रद्धा भक्ति रखनेवाला धर्मापदेशक थाने पर रहे, तभी ऐसी संस्था चलती है वरना असम्भव है। अपने सदस्यों को आपस में चन्दा इकट्ठा करके धार्मिक समाचार-पत्र और पुस्तकें लानी चाहिए, वे पढ़नी चाहिए, घर पर बीवी-बच्चों को वे देनी चाहिए और यह निरन्तर करना चाहिए। यह झंझट कौन मोल लेगा? इतना करने के बावजूद एक बार समाज स्थापित होकर उसका काम शुरू होने पर गाँव के आलसी और कुटिल लोगों की आँखों का काँटा बन जाता है। फिर वे आलोचना ही नहीं तो निन्दा भी करने लगते हैं।

नए समाज में एक ही जाति के लोग होने से काम नहीं चलेगा। सभी जाति के और सभी स्तर के लोग होने चाहिए। वैसा हुआ तो टीका-टिप्पणी होने लगती है। समाज में आपसी झगड़े बढ़ने लगते हैं। इन सभी को जब आप मुँहतोड़ जवाब देने लायक होंगे, तभी आप वहाँ टिक सकते हो, नहीं तो बचपना होगा। फिर भी मैं आपको नाउम्मीद नहीं करता। आपने शुरुआत की, इसके लिए मैं तहेदिल से अभिनन्दन करता हूँ। हमारे मंडल का आपको सन्देश पहुँचाता हूँ। आपके लिए मैं हमेशा प्रार्थना करूँगा। थोड़े दिन टिके रहेंगे तो मैं कोलकाता के ब्राह्म समाज को भी बता दूँगा, लेकिन हमारे नए समाज की सही स्थिति क्या है? समाज के सदस्यों का सुधरा हुआ वर्तन, स्वयं का और परिवार के व्यक्तियों का कितना है? निश्चय से कितनी धर्म साधना कर रहे हैं, यह प्रत्यक्ष देखे बिना मेरा व्यर्थ ही ढिंढोरा पीटना ठीक नहीं होगा। हमारे घर के सदस्य ठीक हैं। प्लेग के कारण वेताल पेठ से मिशन के अहल्याश्रम में रहने आए हैं। आपके माता-पिता को हम सभी का नमस्कार कहना।

उपासना हर सप्ताह में कितनी बार, कहाँ और कब करते हैं? समाज के नियम क्या बनाए हैं? घर के बीवी-बच्चे उपासना में उपस्थित रहते है? घर की रहन-सहन में कुछ बदलाव आया है आदि जानकारी समय-समय पर बताओगे तो आभारी रहूँगा।

2.

ता. 6 मई, 1935

समाज के नियमानुसार नलावडे साहब बेटी का विवाह करनेवाले होंगे तो उसकी उम्र 14 साल से अधिक होनी चाहिए। होम-हवन आदि कुछ नहीं चलेगा। मैं फिलहाल कमजोर हूँ। मैं शादी-ब्याह के झमेले में कभी पड़ता ही नहीं हूँ। ता. 12 से 20 मई तक य. वा. भंडारकर वाई प्रान्त में रहनेवाले हैं। सम्भव हो तो मैं और जनाक्का सार्वजनिक

कार्य के लिए आएँगे। पक्का नहीं है। वाई में रहने के लिए हमें स्वतंत्र जगह नहीं है। बहुत दिनों तक दूसरों को तकलीफ देना अच्छा नहीं लगता। गुलूम्ब में दो-तीन दिन काम करने की तैयारी की है या नहीं, इस बारे में कोई उत्तर नहीं मिला। हम हमेशा निराश्रित, अस्पृश्य और यतीम। आप हमेशा निजी शादियाँ, दावत, मेहमान, सरकार दरबार आदि इसमें उलझे हुए। हम गरीबों की दखल कौन लेगा? गुलूम्ब की तैयारी कर अविलम्ब मुझे और मुम्बई प्रार्थना समाज के भंडारकर को बताओ।

3. 19 अक्टूबर, 1935

गुरुवार का जाहिर व्याख्यान रघुनाथ फाटक, बी.ए. 'नवाकाल' के सम्पादक देंगे। विषय 'भागवत् धर्म का विश्वरूप' है। हरिजनों की उपासना प्रो. वसन्तराव नाईक एम.ए., चलाएँगे। संतचरित्र कथन के दिन द्वा.गो. वैद्य अध्यक्ष रहेंगे। ये तीनों गुरुवार को पाँच बजे वाई पहुँचेगे...मेरे कीर्तन का आख्यान जोतिबा फुले है। मैं प्रत्यक्ष मिलकर वक्ताओं से विनती कर रहा हूँ। चिन्ता मत करो। जमकर तैयारी करो...जनार्दन गद्रे शनिवार को उपासना चलाएँगे। माधवराव केलकर कीर्तन में साथ देंगे...पूरा नियोजन सामान्य रखो।

4. रामविहार, भांबुर्डा, पुणे 4
ता. 16 अक्टूबर, 1936

आप प्रबन्ध करते हैं तो मैं और केसकर चार दिन पहले आकर गाँवों में घूमेंगे, नहीं तो दो-तीन दिन सिर्फ लड्डू खाने के लिए और प्रार्थना करने के लिए मेरा आना सम्भव नहीं है, इससे मुझे परहेज है।

मन्दिर के काम के लिए आप में से कोई कुछ नहीं करता। 'तीन हजार रुपए दे दो' कहने से कौन देगा और वह भी क्यों? उसके लिए केसकर और शंकरराव जेजुरीकर महाराष्ट्र, बंगाल और मद्रास में जाते हैं तो कुछ होगा वरना मुम्बई से मिले 551/- रुपए वापिस लौटाने पड़ेंगे। इस उत्सव में इस मन्दिर का देहात का कार्य होता है तो मुझे तुरन्त निश्चित रूप में बता दो। सन्तोषप्रद पत्र आए बगैर मुझे आने की तैयारी करने का साहस नहीं होगा।

5. 5 नवम्बर, 1936

हम शुक्रवार ता. 20/11/1936 को ही वाई आएँगे। जनाक्का को साथ नहीं लाऊँगा। कोई बहन महिलाओं के लिए उपासना चलाने नहीं मिली तो मैं स्वयं चलाऊँगा। उस समय मै साड़ी पहनूँगा यानी समस्या न रहेगी। इस बार वनोपासना में भोजन का खर्चा कम करने के लिए हर कोई अपना खाना साथ लाए।

6. 15 फरवरी, 1938

काम करनेवाला मूर्ख और न करनेवाला हमेशा होशियार, यही दुनिया की रीत है। ता. 12, 13, 14 मई यह अगर उत्सव के दिन तय हुए तो उससे पहले दो-चार सप्ताह वाई सतारा कराड तक तो यात्रा निकाले और उत्सव के लिए वाई वापस लौटो, ऐसी सूचना मैंने वैद्य, भंडारकर और केसकर को विस्तार से खत द्वारा दी है। भंडारकर का उत्तर आया कि उनकी दृष्टि मन्द होने से वे लाचार हो गए हैं। बाहर जाने को मन नहीं करता। अन्यों के उत्तर मिलने बाकी है। यात्रा में वैद्य आएँगे नहीं, लेकिन केसकर शायद आएँगे, लेकिन वाई वालों की तैयारी हुई है? तैयारी यानी वाई से जानक्का के साथ एक-दो तो बहनें आनी चाहिए। कोई भी बहाना बनाना यानी जनाक्का को आने के लिए मना करने जैसा ही है। जनाक्का की आँखों में मोतियाबिन्द बढ़ रहा है। उन्हें बताने के लिए बहाने बहुत हैं। वाई से दो बहनें आनेवाली हों तो जनाक्का के बहाने सुने नहीं जाएँगे।

मैं स्वयं कमजोर होता जा रहा हूँ। मुझे मुम्बई वाले अपने उत्सव में 19 मार्च से 27 मार्च तक मुम्बई आने का अनुरोध कर रहे हैं। मुझे अकेले का पन्द्रह-बीस रुपये तो खर्च आएगा क्योंकि मेरी मेहमान नवाजी का खर्चा और तकलीफ किसी पर भी न हो। वह मुम्बई नगरी है, वाई नहीं। वही खर्चा मैं देहातों की यात्रा पर प्रकृति ठीक न हो तो भी करूँगा, किन्तु वाईकरों ने धोखा नहीं देना चाहिए। उनके सहयोग के बिना मैं क्या कर सकता हूँ...

6. अण्णासाहब शिंदे के जीवन का
स्वलिखित आखिरी पत्र
11 मार्च, 1943

मेरी तबीयत के कारण मेरे हाथों कुछ भी होना सम्भव नहीं है। इसीलिए इस पत्र के द्वारा मैं अपने ट्रस्टी पद से इस्तीफा दे रहा हूँ। ट्रस्टी बोर्ड और समाज की आम सभा बुलवाकर उन्होंने यह इस्तीफा मंजूर किया है

और मेरी जगह पर दूसरा कौन ट्रस्टी नियुक्त किया है, यह जल्दी बताने की कृपा करें। इसके आगे मेरे हाथों पत्रचार नहीं होगा।[6]

सन्दर्भ

1. रा.कृ. बाबर, *महर्षि विट्ठल रामजी शिंदे आणि वाई ब्राह्म समाज,* साकेत प्रकाशन, औरंगाबाद, 1991, पृ. 13
2. रा.कृ. बाबर (सं.)., *नारायणराव चव्हाण स्मृति ग्रंथ,* द. ना. चव्हाण, वाई, 1971, पृ. 8
3. *महर्षि विट्ठल रामजी शिंदे आणि वाई ब्राह्म समाज,* पूर्वोक्त, पृ. 16-18
4. वही, पृ. 62-64
5. वही, पृ. 95-106
6. रा.कृ. बाबर के उपरोक्त ग्रंथ को 'सुबोध पत्रिका' का वृत्तान्त देनेवाले विभिन्न अंक, वाई ब्राह्म समाज संघ के मुद्रित पत्र, लिखित स्वरूप के वृत्तान्त और महर्षि शिंदे का रा.कृ. बाबर ने सँभालकर रखा पत्र-व्यवहार इसका आधार लिया है। प्रस्तुत लेखक ने मूल सामग्री का आधार लिया है।

विचार-विश्व

महर्षि विट्ठल रामजी शिंदे ने चिन्तक, लेखक और अनुसन्धाता के रूप में जो लेखन कार्य किया, उसका पूरी तरह से परामर्श लेना विस्तार भय के कारण सम्भव नहीं होगा, लेकिन उनकी जीवनी को परिपूर्णता आने की दृष्टि से उनके द्वारा किया हुआ वैचारिक लेखन, ललित साहित्य का सृजन और अनुसन्धान कार्य—इनका सार रूप में ही क्यों न हो, परिचय करा देना आवश्यक लगता है।

महर्षि शिंदे का जीवन प्रधानता गतिशील था। धर्म-प्रसार कार्य और उसमें से ही उद्‌भूत होनेवाले विभिन्न प्रकार के सामाजिक कार्य, राजनीतिक आन्दोलन और सांस्कृतिक उपक्रम आदि में सहभाग लेने में उनके जीवन का काफी समय बीत गया। सन् 1903 से मुम्बई प्रार्थना समाज के प्रचारक होने से 1923 तक मिशन के कार्य की जिम्मेदारी तक वे अखंड कार्यरत रहे। उसके बाद उन्होंने राजनीति में सहभाग लिया। किसान आन्दोलन के साथ ही 'रियासत प्रजा परिषद्' को मार्गदर्शन करने के कार्य में वे शामिल होते थे। अस्पृश्यता उन्मूलन का कार्य हो या धर्म-प्रसार का कार्य हो, उससे पूर्णतः निवृत्त होना उन्हें सम्भव ही नहीं था। इसलिए इस विभिन्न प्रकार के धार्मिक-सामाजिक कार्यों में वे हमेशा उलझे रहते थे, लेकिन शिंदे का इस कार्य की ओर जिस तरह से खिंचाव था, वैसे ही सामाजिक प्रश्नों के सम्बन्ध में चिन्तन, अनुसन्धान की ओर भी उनका रुझान था। धर्म और धर्म का तत्त्वज्ञान, इस विषय में तो उन्हें आन्तरिक आस्था लगती थी। उनके पास होनेवाली स्वाभाविक रसिकता के कारण साहित्य की ओर भी उनका रुझान था, लेकिन हमेशा किसी-न किसी तो धार्मिक, सामाजिक और राजनीतिक कार्य में उनके उलझे होने के कारण अनुसन्धान और साहित्य सृजन की ओर उन्हें जितना ध्यान देना आवश्यक लगता था, उतना दे न पाए। इसके बावजूद विभिन्न प्रकार के कार्यों की अखंड दौड़-धूप में भी उन्होंने जो वैचारिक, ललित और अनुसन्धानात्मक साहित्य सृजन किया है, वह उल्लेखनीय ही नहीं बल्कि स्तर और व्याप्ति की दृष्टि से विपुल कहा जा सकता है। उन्होंने लगभग तीन हजार पृष्ठों का लेखन किया।

इस अध्याय में उनके वैचारिक लेखन का तो अगले अध्याय में उनके ललित और अनुसन्धान पर लेखन का हम परिचय करवा लेंगे।

विट्ठल रामजी शिंदे द्वारा किए समग्र लेखन में उनके वैचारिक साहित्य की व्याप्ति अधिक है। मराठी साहित्यकारों में लेखक के तौर पर शिंदे की पृथकता कई बातों से स्पष्ट होती है। वे केवल पेशे से लेखक होनेवालों में से एक नहीं थे। वे मूलतः एक धर्मपुरुष थे। धर्म उनके जीवन का केन्द्रीय तत्त्व था और धर्म प्रेरणा उनके जीवन-कार्य की प्रेरणा थी, लेकिन इसका अर्थ ऐसा नहीं था कि वे वैयक्तिक स्तर पर स्वयं की आध्यात्मिक उन्नति हेतु एकान्त में धर्म साधना करनेवाले पुरुष थे। उनकी धर्म-नीति में धार्मिक जीवन और ऐहिक जीवन ऐसा अलगाव नहीं था। धर्म साधना, धर्म-प्रचार, सामाजिक, राजनीतिक, सांस्कृतिक उन्नति करना—ये बातें उनके धर्म-विचार में एकरूप हुई थीं। उनके प्रगतिशील धार्मिक विचारों के कारण उनके द्वारा किए सामाजिक सुधार और उनके राजनीतिक सहभाग को अधिष्ठान था। इससे उनकी धार्मिक भूमिका, उनका जीवन और उनके द्वारा किए सामाजिक-राजनीतिक कार्य में पूर्णतः सामंजस्य दिखाई देता है। उनके जीवन में इन सभी का मिलान मिलता है। इसी कारण समकालीन लेखकों के धर्मविषयक साथ ही सामाजिक, राजनीतिक विचार से शिंदे के विचार पृथक् हैं, मूलगामी स्वरूप के हैं, ऐसा एहसास होता है।

शिंदे के वैचारिक लेखन में उनका धर्म-विचार, अस्पृश्यता के सम्बन्ध में सामाजिक दृष्टि से किया विचार, किसानों की समस्या के सन्दर्भ में प्रस्तुत विचार, साथ ही महिलाओं के प्रश्न, जातीयता का प्रश्न और शिक्षा आदि के सम्बन्ध में किए वैचारिक लेखन का समावेश होता है।

ईश्वर और धर्म संकल्पना

पहले हम शिंदे के ईश्वर और धर्म-सम्बन्धी विचार के स्वरूप को देखते हैं। बचपन में घर से ही उन पर वारकरी अर्थात् भागवत् सम्प्रदाय के विचारों के संस्कार हुए थे। यह धर्म पंथ विषमता पर आधारित जाति का उच्च-नीच भेद का निषेध करनेवाला और निरर्थक कर्मकांड को त्याग कर नैतिक स्तर के सदाचरण को महत्त्व देनेवाला था।

शिंदे के घर का माहौल जाति भेद को आश्रय न देनेवाला उदात्त स्वरूप का था। वारकरी सम्प्रदाय का पहला धार्मिक संस्कार शिंदे के धार्मिक विचार को बनाने में असरदार हुआ। 1892 में वे पुणे के फर्ग्युसन कॉलेज में पढ़ने गए तब मिल, स्पेंसर और आगरकर, इनके नास्तिक विचारों की ओर वे कुछ समय तक आकर्षित हुए, लेकिन नास्तिकता के रेगिस्तान में अपने मन की प्यास बुझना असम्भव है, इसका उन्हें एहसास हो गया। प्रो. मैक्समूलर के धर्म से सम्बन्धित साहित्य का वाचन करने से और मूल में वारकरी सम्प्रदाय के ठोस असर के कारण कुछ समय तक उनके मन पर पड़े नास्तिकवाद का पर्दा हट गया। 1895 में रेवरंड जी.टी. सैंडरलैंड नामक अमरीकन यूनिटेरियन धर्मनिष्ठ का व्याख्यान सुनकर और उनकी प्रत्यक्ष भेंट के बाद वे यूरोप के यूनिटेरियन इस उदार धर्म-विचार से परिचित हुए। वैचारिक दृष्टि से वारकरी सम्प्रदाय से और यूनिटेरियन धर्म प्रणाली से मेल रखनेवाले प्रार्थना समाज की ओर वे आकर्षित हुए। प्रार्थना समाज के न्यायमूर्ति महादेव गोविन्द रानडे, डॉ. रा.गो. भंडारकर, का.बा. मराठे आदि बड़े बुजुर्ग व्यक्तियों की सोच और सम्पर्क का उन पर असर हुआ। एकनाथ, तुकाराम आदि संतों के वचनों के सहारे रानडे, भंडारकर कर रहे प्रतिपादन से वे प्रभावित हुए और उदार धर्म का स्वरूप उन्हें अधिक स्पष्ट समझने लगा।

इंग्लैंड में मैनचेस्टर कॉलेज में उन्होंने विभिन्न धर्मों का ऐतिहासिक भूमिका से, तुलनात्मक दृष्टि से अध्ययन करने के कारण सभी धर्मों के मूल तत्त्वों का उदार स्वरूप स्वाभाविकत: उनकी समझ में आया। साथ ही, हेगेल, कांट, बर्गसाँ के तत्त्वज्ञान का उन्होंने सम्यक् अध्ययन किया। स्पेंसर के तत्त्वज्ञान के उत्क्रान्तिवाद से वे प्रभावित हुए, इसके बावजूद उसके अधूरेपन का उन्हें एहसास हो रहा था। बर्गसाँ के 'क्रिएटिव इवॉल्यूशन' के विचारों ने यह कमी पूरी कर दी और स्पेंसर के जड़वादी यांत्रिक स्वरूप के उत्क्रान्तिवाद के बजाय बर्गसाँ के दक्ष क्रिएटिव विकासवाद का उन पर विशेष असर हुआ। विवेचक बुद्धि (रीजन) यह पूरी तरह से आकलन में अधूरी साबित होती है, उसके परे जाकर भावना (इमोशंस) और उपजत बुद्धि (इंस्टिंक्ट) का महत्त्व मानना आवश्यक है, ऐसी उनकी राय थी। कुल मिलाकर धर्म ही नहीं, तो जीवन के सभी अंगों के बारे में सोचते हुए विवेचक बुद्धि के परे जाकर भावना को महत्त्व देना उचित है, ऐसी उनकी राय बनी।

वे ऑक्सफोर्ड में पढ़ने गए तब से उनके धर्मविषयक लेखन का आरम्भ हुआ। जीवन के अन्त तक वे एकनिष्ठ ब्राह्म थे, इसलिए जीवनभर वे धर्म-चिन्तन करते रहे, धर्म-प्रसार करते रहे। धर्म-सम्बन्धी लेखन उनके धर्म-प्रसार कार्य का हिस्सा था। प्रार्थना समाज का मुखपत्र होनेवाली 'सुबोध पत्रिका' के लिए उन्होंने इंग्लैंड से भेजे लेख, फिर भारत लौटने पर प्रार्थना समाज का प्रचारक पद स्वीकारने के बाद उनके द्वारा समय-समय पर दिए व्याख्यान, पारिवारिक उपासना के समय साथ ही सार्वजनिक और नैमित्तिक उपासना के समय किया उपदेश—ऐसे कुल मिलाकर छियासी लेख समाविष्ट कर बी.बी. केसकर ने 'विट्ठल रामजी शिंदे के लेख, व्याख्यान और उपदेश' नामक पुस्तक 1912 में प्रकाशित की। आगे भी उनका इस प्रकार का व्यापक धर्मविषयक लेखन समय-समय पर प्रकाशित होकर 'धर्म, जीवन और तत्त्वज्ञान' इस पुस्तक में संकलित किया है।

शिंदे पर ऐतिहासिक विचारधारा का गहरा असर हुआ था। धर्म और ईश्वर का तात्त्विक विचार वे इस भूमिका से करते हैं, ऐसा दिखाई देता है, किन्तु ईश्वर का तात्त्विक स्वरूप वे केवल बौद्धिक स्तर पर समझ लेते हैं और फिर प्रतिपादन करते हैं, ऐसा नहीं है। वह उन्होंने स्वयं की प्रेरणा से और भावना से महसूस किया है, आत्मसात् किया है, ऐसा दिखाई देता है। इस तरह आत्मसात् की गई ईश्वरी कल्पना, धर्म संकल्पना के अनुसार वे अपना जीवन जीते रहे। भले फिर उन्हें कितना भी तकलीफ क्यों न सहनी पड़े, उनका ईश्वरी तत्त्वों पर और सही धर्म पर भरोसा होने के कारण ही वह उन्हें सम्भव हुआ हो, ऐसा दिखाई देता है।

नृतत्त्वशास्त्र तथा तुलनात्मक धर्मशास्त्र, इनकी ईश्वर सम्बन्धी विचार करने की दिशा शिंदे को मंजूर है। "ईश्वर यह कोई देहधारी व्यक्ति न होकर सर्वव्यापी शुद्ध चैतन्य है; वह भोगायतन न होकर केवल गुणाश्रय है, किन्तु उसके

गुणों को शरीर की अपेक्षा है। अतः उसके इस दोष के कारण वह कितना भी ज्ञानी हुआ, तो भी अपना स्वयं का देहभाव सूक्ष्म रूप में अनजाने में क्यों न हो, ईश्वर पर आरोपित होता ही है। वह देहभाव पूरी तरह से खत्म कर ईश्वर यह केवल गुणाश्रय है, ऐसा एहसास होना यही उसके बारे में होनेवाली सम्यक् भावना है यानी ईश्वर हमारे जैसा सुखी या दुखी न होकर केवल सुखस्वरूप ही है, हमारे जैसा दयालु या निर्दय न होकर दया का प्रेरक है, हमारे जैसा प्रेमी या द्वेषी न होकर प्रेम का प्रवर्तक है, यह हमें उत्तरोत्तर अधिक जानना चाहिए।"[1]

गुण और दुर्गुण ऐसा विरोधात्मक द्वैत मानवी जीवन व्यवहार में दिखता है, फिर भी ईश्वर केवल अच्छे गुणों का कारण और मनुष्य यानी बुराई का कारण, ऐसा कहना यानी ईश्वर पर बहुत बड़ी मेहरबानी करना, ऐसा कहकर वे इस विरोधात्मक माने गए अच्छे-बुरे गुणों का अलग ही सम्बन्ध स्थापित हैं। वे कहते हैं, "मनुष्य प्यार के कारण दूसरों पर उपकार करता है और लालच के कारण दूसरों को नुकसान पहुँचाता है, ऐसा दिखाई देता है, लेकिन प्यार और लालच ये परस्पर विरोधी नहीं है तो उत्क्रान्ति की अलग-अलग सीढ़ियों के गुण होकर दोनों सत्कार्य के साधन ही हैं। मनुष्य को आत्मसुरक्षा करनी चाहिए, इसके लिए ईश्वर लालच का प्रवर्तक बनता है, आत्मसुरक्षा का कार्य अच्छी तरह से स्थापित हो जाने के बाद उससे अधिक ऊँचे स्तर का जो परहितपोषण-उत्क्रान्ति के लिए प्यार का प्रवर्तक ईश्वर ही होता है। हम मात्र ऊँची सीढ़ी पर पहुँचकर भी ऊपरी प्रेरणाओं के अधीन बनें तो हमें दी स्वतंत्रता का हमने दुरुपयोग किया, ऐसा होता है। ईश्वर दुर्गुणों का प्रवर्तक होता नहीं क्योंकि दुर्गुण ऐसा कोई नहीं है। इसी तरह शौर्य और डर, सहिष्णुता और क्रोध, जितेन्द्रीयता और काम, इन सभी गुणों का प्रयोजन समझना चाहिए।"[2]

ऐसे सत्वप्रेरक ईश्वर का और हमारा सम्बन्ध कैसे बनता है? वह बुद्धि की अपेक्षा विश्वास के जरिये बनता है, ऐसी शिंदे की राय थी। बुद्धि और विश्वास, इनका स्वरूप बताते समय वे कहते हैं, "बुद्धि यानी काफी कोशिश के बाद बहुत-सी सामग्री के सहारे अल्पज्ञान करा देनेवाली शक्ति और विश्वास यानी कोई कोशिश किए बिना अल्प-सी सामग्री से बहुत-सा ज्ञान प्राप्त करवा देनेवाली शक्ति। इनसान में विश्वास बहुत ही कीमती और अजब शक्ति है। दुनिया में सत्व, शुभ और मंगल का प्रसार करनेवाली ईश्वरीय शक्ति भरी है। यह ज्ञान प्राचीन काल से कम-ज्यादा मात्रा में किसी-न-किसी प्रकार से अवगत हुआ ही है। "थोड़ा-सा एक विशेष ढंग का देह को स्पर्श होता है तभी नए शिशु का माँ पर कितना पक्का और स्थायी विश्वास बैठता है! जरा दिल से दिल मिला कि लड़की अपने मायके का पूरा उत्तराधिकार छोड़कर पराये लड़के को अपना जीवन समर्पित कर देती है। यह विश्वास का जादू है। 'आकारैरिंगितैर्गत्या गृह्यतेन्तर्गतं मनः' मनुष्य के अन्तरंग का मतलब समझने को आकार, हाव-भाव, बैठना-उठना आदि को सहजता से समझनेवाला विश्वास यह कारण होता है। यहाँ तर्क के प्रमाण अपाहिज हो जाते हैं और मनुष्य के जैसे ही अखिल विश्व का अर्थ समझने को भी बुद्धि की कृत्रिम कोशिश से उपजता विश्वास ही काम आता है।"

विश्व में सत्व का प्रवर्तक ईश्वर है, ऐसा केवल अस्तित्वबोध का ज्ञान बुद्धि के द्वारा भी मिल सकता है, लेकिन सत्य के आग्रह के लिए यह बना-बनाया ज्ञान उपयोग में नहीं आता या उन्हें सब्र भी नहीं देता। वहाँ विश्वास की जरूरत होती है, ऐसा वे अनुरोधपूर्वक प्रतिपादन करते हैं। "ईश्वर सत्वप्रवर्तक है, ऐसी केवल राय होने से चलेगा नहीं तो वह सत्य और शुभ का प्रवर्तक है, इसलिए मैं सत्य के अनुरोध पर अडिग रहा हूँ और मुझे कितने भी कष्ट हुए तो भी मेरा या किसी का नुकसान नहीं होगा, ऐसा विश्वास चाहिए। ऐसे विश्वास के कारण ही ईश्वर का और हमारा सच्चा और नजदीकी सम्बन्ध बनता है, बुद्धि से नहीं बनता।"[3] अपनी आत्मा का विकास करना यानी अहं को पूरी तरह से खत्म करना, नहीं तो अहं का असीम विस्तार करना है। उसको परिवार की, राष्ट्र की सीमा होना संकुचित साबित होगा, ऐसी उनकी राय है। अहंकार की परिधि असीम करनेवाला जो पुरुष होता है, उसे अवतार कहना ही उचित है। आम आदमी को यह कैसे सम्भव होगा, यह सन्देह शिंदे को उचित नहीं लगता। हर एक आदमी के पास होनेवाली आध्यात्मिक क्षमता पर उनका विश्वास है और हर एक व्यक्ति का विकास होना चाहिए, ऐसी उनकी भूमिका है। वे कहते हैं, "हम में जो आंशिक आत्मकला है; इच्छा शक्ति, बाहुबल, एक-एक कदम स्वयं आगे बढ़ाने की शक्ति है; वह लुप्त होकर अवतारी व्यक्ति के विद्युत आकर्षण से एक दफा बहुत काम होनेवाले हो तो वह अवतार नहीं चाहिए, और वे काम भी नहीं चाहिए! विकास, विकास ही होना चाहिए। अवतारवाद प्रदर्शित किया बहुत ऊँचा और अन्य

सभी अत्यन्त नीच, ऐसा विषम भाव मुझे पसन्द नहीं आता। तो सभी आयामों से और वह भी स्वयं की कोशिशों से तरक्की हो।" यह शिंदे को उचित लगता है।[4]

शिंदे ने हिन्दू धर्म में बताए चार पुरुषार्थों का अपनी भूमिका से अर्थ बताकर आत्मा द्वारा परमात्मा से एकता कैसे बनाई रखी है, यह स्पष्ट किया है। अर्थ, काम, धर्म और मोक्ष—इन चार पुरुषार्थों में से अर्थ यह केवल साधन है और काम व धर्म इन पुरुषार्थों का स्वाभाविक असर यानी मोक्ष है अर्थात् काम और धर्म ये दो ही सच्चे पुरुषार्थ हैं। "काम यानी विवादित दुष्ट वासना और धर्म यानी ईश्वर और परमार्थ के बारे में कुछ बातें ये सीमित और रूढ़ अर्थ उन्हें मंजूर नहीं है। काम का अर्थ इच्छा या मन की भूख और धर्म का अर्थ कर्तव्य बुद्धि, ऐसा वे बताते हैं। आदमी में स्वाभाविकत: दो प्रवृत्तियाँ दिखाई देती हैं। फलानी एक बात रुचिकर है, हितकर है, फलानी एक सुन्दर है, वह हमें चाहिए, ऐसी इच्छा होना यह एक प्रवृत्ति। फलानी एक बात अच्छी हो या न हो, सुन्दर दिखे या न दिखे बल्कि अपने स्वयं को हितकर हो या न हो, वह उचित है, इसलिए आचरण में लानी ही चाहिए या अनुचित है, इसलिए छोड़ देनी चाहिए, ऐसी अन्दर से प्रेरणा होना यह दूसरी प्रवृत्ति। पहली का नाम इच्छा और दूसरी का नाम कर्तव्यबुद्धि। इन दोनों प्रवृत्तियों के अनुसार आत्मा को दो भिन्न पुरुषार्थ पाने होते हैं। इच्छा और कर्तव्यबुद्धि, ये दो भिन्न प्रवृत्तियाँ होने के बावजूद भी हर एक का विकास एक-दूसरे पर आश्रित है। कर्तव्य के मूल में कामना की लालसा होने के कारण दुनिया का मंगल हुआ है। संगीत, चित्रकला, शिल्प, साहित्य आदि कलाओं का विकास कामना के कारण हुआ है। कामना और कर्तव्यबुद्धि, इन दो पुरुषार्थों का आचरण करते-करते उसमें होनेवाला अन्तर खत्म होकर उनका मेल बैठता है और कर्तव्यबुद्धि यही एक इच्छा और इच्छा, यही एक कर्तव्य। ऐसा इन दो पुरुषार्थों की एकता का एहसास होने लगता है। ऐसा होने के बाद वही एक पूर्णता का या मोक्ष का लक्षण है, ऐसा शिंदे ने प्रतिपादन किया है।[5]

मनुष्य का अहंकार, उसकी एकदेशीयता खत्म होकर अनन्त की अनुभूति होना, विश्वचैतन्य का अनुभव होना—इसे ही शिंदे ईश्वरीय तत्त्वों की अनुभूति मानते हैं। इस भूमिका से वे मृत्यु और जीवन का तात्त्विक अर्थ लगाते हैं। जीवन में सारभूत होनेवाली वस्तु प्रेम ही है। इस प्रेम के बिना जीवन यह जीवन तत्त्व से वंचित हो जाता है और पीछे केवल अस्तित्व रह जाता है। "हम और अन्य आत्मा, इनमें होनेवाले उपाधि के पर्दे हटाना यानी प्रेम करना है। ईश्वर से हम सभी का जो एकता का सम्बन्ध है और जो इस संसार में अनेक अदृष्ट कारणों के कारण टूटा होता है, वह दुबारा जोड़ना यानी प्रेम है।"[6] मैक्समूलर के इस वचन का भी वे आधार लेते हैं। व्यक्ति के जीवन का विकास जैसे-जैसे होता है वैसे-वैसे व्यक्ति और परिवार, व्यक्ति और जाति, व्यक्ति और राष्ट्र और अन्त में व्यक्ति और विश्व—इनके बीच का पर्दा क्रमश: हट जाता है। इस तरह व्यक्ति की सीमा अनन्त में पहुँचने पर उसके आज तक के सीमित जीवन का अन्त या आत्मा का पूरी तरह से जागना। इस भूमिका से वे तुकाराम महाराज के 'अपनी मृत्यु देखी मैंने अपनी आँखों' इस पद का अर्थ लगाते हैं या इस पद के आधार पर उपरोक्त विवेचन करते हैं, ऐसा भी कहा जा सकता है।

इस तरह से मनुष्य और उसके आस-पास की मानवी दुनिया, मनुष्य और ईश्वर, आत्मा और परमात्मा—इनका सम्बन्ध वे स्पष्ट करते हैं। इस एकता का ओर अनन्त का अनुभव आना यानी उनकी दृष्टि से ईश्वरीय अनुभूति है।[7]

ईश्वरीय अनुभूति के बारे में होनेवाले रहस्य का वलय शिंदे की भूमिका में नहीं है। श्रद्धा और भावना, इनके बल पर इस प्रकार की अनुभूति होती है। प्रकृति का इतना बड़ा, बहुत सुन्दर स्वरूप देखने के बाद या एकान्त में चिन्तन के दौरान अन्त:करण की श्रद्धा अत्यन्त उत्कट होने के बाद इस तरह की अनुभूति आ सकती है, ऐसा शिंदे का स्वयं का अनुभव है। मैनचेस्टर कॉलेज के ग्रंथालय में वे बैठे थे। तब और स्कॉटलैंड के बेन लोमंड टीले पर आसमां निहारते समय उन्हें यह अनुभव आया। साथ ही इंग्लैंड में थे तब गुरु प्रो. कार्पेंटर के पास निवास के लिए थे तब एक दिन रात भोजन के बाद वे बॉरोडेल खाई में चहलकदमी के लिए गए थे तब उन्हें जो अनुभव आया, वह इसी तरह का था, यह हमने इसके पूर्व अध्याय में देखा ही है।[8]

उनके द्वारा दुनिया के सभी प्रमुख धर्मों का अध्ययन ऐतिहासिक और तुलनात्मक दृष्टि से किया होने से उनके आकलन में गहराई और दृष्टिकोण में व्यापकता आई थी। विभिन्न धर्म या धर्म पंथों का उन्होंने जो आकलन प्रकट किया है, उससे यह पता चलता है। भारत का ब्राह्म धर्म यानी पाश्चात्य यूनिटेरियन धर्म मत की नकल न होकर हिन्दू धर्म की वह स्वाभाविक उत्क्रान्ति है, ऐसा मत वे प्रस्तुत करते हैं, लेकिन पिछली सदी के आरम्भ का हिन्दू धर्म का यथार्थ बताते समय हिन्दुस्तान में जो जुल्मी साम्राज्य शुरू है, वह आचार्य, उपाध्याय या धर्मग्रंथ—इनमें से किसी का

न होकर रूढ़ि का है, ऐसा उन्होंने प्रतिपादित किया है।[9] हिन्दू धर्म के उन्नत धर्म-विचार पर रूढ़ि ने किस तरह मात की है, यह उन्होंने अचूकता से कहा है। शास्त्र, दर्शन, मीमांसा और इतिहास ने मानवी सोच और खोज की जो तरक्की की है, उसका फल यूनिटेरियन पंथ के उत्क्रान्त धर्म-विचार में मिलता है। इसलिए वे यूनिटेरियन समाज यानी सुधारित पाश्चात्य दुनिया का 'प्रबुद्ध अन्तर्याम' (एन्लायटंड कॉन्शस) है, ऐसा मानते हैं। भेद से अभेद देखने की उनकी दृष्टि होने के कारण ब्राह्म समाज और आर्य समाज—इन दो धर्म पथों की मुख्य बातों में किस तरह साम्य है, यह वे बताते हैं। ईश्वर यह सर्वव्यापी जीवित, जाग्रत, व्यापारमय, केवल चिन्मय तत्त्व है, इसलिए उसको अवयवों की जरूरत नहीं है। हम सब जीवों में जो अंहकारमूलक आत्मा है, वह भी वस्तु है, केवल आभास नहीं। ईश्वर के पास ही उसका निवास और वृद्धि है। ईश्वर की जो उपासना करनी है, वह बाह्य न हो। उसकी उपासना को किसी भी जड़ साधना की आवश्यकता नहीं है। इस तरह एक ईश्वर, हमेशा विकसित होनेवाली आत्मा, आध्यात्मिक उपासना आदि धर्म के पारमार्थिक तत्त्व के बारे में ब्राह्म और आर्य, इन दोनों में साम्य ही नहीं तो एकरूपता है।" इतना ही नहीं तो धर्म यानी ये शुद्ध विचार, इतना तय करके स्वस्थ न बैठते हुए उसकी नींव पर ही अपना ऐहिक आचरण करने का दोनों का भी अनुरोधपूर्वक यत्न है, ऐसा वे कहते हैं। ब्राह्म समाज और जोतिराव फुले द्वारा स्थापित किया हुआ सत्यशोधक समाज इनका सार एक ही है, यह भी वे प्रस्तुत करते हैं।

शिंदे ने अपने जीवन में अस्पृश्यता उन्मूलन का कार्य और अन्य सुधार के जो कार्य किए, उसके पीछे धार्मिक भावना ही है। लौकिक जीवन और धार्मिक जीवन, इसमें वे एकात्मता देखते हैं। लौकिक व्यवहार के पीछे अगर उन्नत भाव होगा तो ऐसी भावना और धार्मिक भावना, यह एक ही है। वे लिखते हैं, "बचपन में बच्चों की खेल की पसन्द, जवानी में लड़कियों के बारे में उदात्त रस और बुढ़ापे में एकाध ऐहिक बातों में सात्विक चिन्तनपरकता—इन तीनों भाव से भक्ति का भाव तत्त्वत: बिलकुल अलग है, ऐसा नहीं कहा जा सकता है। इस भाव में जो उम्र के अनुसार अन्त:करण की परिणति होती है, वही तनिक और थोड़ी ज्यादा शुद्ध, ज्यादा व्यापक और ज्यादा जोरदार हुई तो हम उसे भक्ति यह नाम देते हैं। जिस सहज आनन्द से बच्चा खेलता है, तरुण मग्न हो जाता है और बूढ़े सात्विक चिन्ता से व्याकुल होते हैं, वही आनन्द ईश्वर की उत्तम भक्ति में है, यह मेरी राय कइयों को विपरीत लगेगी। ऐहिक रस और पारमार्थिक रस, इन्हें मैं एक ही माला में गूँथता हूँ।"[10] रसिकता, भक्ति और प्रेम—ये बातें उनकी दृष्टि से एक ही हैं। वे कहते हैं, "मेरे जीवन में सहज रसिकता अर्थात् प्यार उर्फ भक्ति उर्फ कोई कुछ भी कहे, कोई बुराई करे, कोई सन्देह करे, प्रत्यक्ष ईश्वर भी कृपा करे या न करे, मेरा प्रेम ही मेरे लिए सच्चाई है और इसीलिए वह मुझे पर्याप्त है।"[11] उनकी धर्म संकल्पना में निवृत्ति न होकर प्रवृत्ति है और वे श्रद्धा के साथ ही मोहरहित प्रेम का अन्तर्भाव धर्मकल्पना में करते हैं। प्रेम का स्वरूप बताते समय वे कहते हैं, "प्रेम यानी उत्साह, उदासीनता नहीं। प्रेम यानी जीवन, जीवन की थकावट नहीं।" समाजसेवा को भी इस प्रेम का ही अधिष्ठान होने की बात वे कहते हैं।[12] उनकी दृष्टि से गृहस्थी का हर एक व्यवहार सजगता से और प्रेम से करना यानी धर्म साधना है। द्वा.गो. वैद्य के लेखन संग्रह को सम्पादक ने दिए 'गृहस्थी और धर्म साधना' नाम पर आपत्ति उठाते हुए वे कहते हैं, "धर्म साधना क्या है? पोथी पढ़ना, प्रार्थना करना, स्तब्ध बैठना, तप करना यानी धर्म साधना है? कतई नहीं। ब्राह्म समाज कहता है कि गृहस्थी का हर एक व्यवहार सजगता से और प्रेम से करना ही धर्म साधना है। एकाध ईमानदार बढ़ई, होशियार नाई, विशेषत: स्नेहिल भंगी भी स्वार्थी पुरोहितों से सौ प्रतिशत धार्मिक नहीं कहा जा सकता? अगर ऐसा है तो गृहस्थी ही धर्म साधना होगी।"[13]

अस्पृश्यता सम्बन्धी विचार

राष्ट्रीय स्तर पर अस्पृश्यता उन्मूलन और अस्पृश्य वर्ग की उन्नति के प्रत्यक्ष कार्य में शिंदे जैसे अगुआ रहते हैं, उसी तरह अस्पृश्यता सम्बन्धी अनुसन्धान में अस्पृश्यता का प्रश्न सामाजिक स्तर प्रस्तुत करनेवाले वे पहले विद्वान साबित होते हैं। बचपन में ही उनके मन पर वारकरी सम्प्रदाय के संस्कार इस तरह से हुए कि इनसान के बीच भेद मानना यह अमंगल है। जिस प्रार्थना समाज के या ब्राह्म समाज के वे अनुयायी हुए थे, उसका एक तत्त्व यह है कि सभी मनुष्य ईश्वर की सन्तान हैं, इसलिए भेद न मानते हुए एक-दूसरे से भाईचारे से रहें। विट्ठल रामजी शिंदे ब्राह्म धर्म के

सच्चे अनुयायी थे। इसलिए इस तत्त्व का पालन केवल व्यक्तिगत स्तर के व्यवहार में कर उन्हें सन्तोष होनेवाला नहीं था। इस कमजोर और पीड़ित वर्ग की उन्नति के लिए अपना जीवन समर्पित कर कार्य करें, ऐसी उन्हें प्रेरणा हुई और उसके अनुसार उन्होंने आजीवन कार्य किया और उसके अनुसार विचार रखे। उनके अस्पृश्यता विषयक अनुसन्धान का अन्यत्र विचार किया है। यहाँ हम उन्होंने अस्पृश्यता के सम्बन्ध में सामाजिक स्तर पर कौन-से विचार प्रस्तुत किए, इसका विचार करेंगे। अस्पृश्यता सम्बन्धी कार्य करते समय उसके पीछे उनकी जो वैचारिक भूमिका थी, उसका भी हम यथासम्भव निर्देश करेंगे क्योंकि इस कार्य से भी उनकी वैचारिकता स्पष्ट होती है।

दिसम्बर, 1905 में उन्होंने 'सुबोध पत्रिका' में 'इलेवेशन ऑफ दि डिप्रेस्ड क्लासेज' नामक शीर्षक का आलेख लिखकर तीन भागों में प्रकाशित किया। उसमें सामाजिक स्तर पर अस्पृश्यता मानने के कारण इस वर्ग पर किस तरह से अन्याय होता है, इसका वर्णन कर उनकी उन्नति करने की आवश्यकता का प्रतिपादन किया। 1906 में 'इंडियन सोशल रिफॉर्मर' में 'ए प्ली फॉर दि मिशन फॉर डिप्रेस्ड क्लासेज' नामक शीर्षक का आलेख लिखकर उसमें अस्पृश्य माने जानेवाले वर्ग की समस्याएँ, उनकी प्रान्त की संख्या, उनके उन्मूलन हेतु वरिष्ठ वर्ग और स्वयं उन लोगों की ओर से किए जानेवाले प्रयास आदि इनकी सुचारू ढंग से प्रस्तुति की। आलेख के अन्त में अस्पृश्य माने गए लोगों के उद्धार के लिए सिर्फ शिक्षा संस्था, फिर वह कितनी भी बड़ी क्यों न हो, स्थापना करने से काम न चलेगा, तो जिसमें जीवित व्यक्तिगत नेतृत्व है, ऐसा मिशन होना चाहिए। इस मिशन ने ईसाई मिशनरियों जैसी इन लोगों के जीवन में क्रान्ति न लाते हुए विकास करना चाहिए, ऐसा प्रतिपादित किया।[14] इस भूमिका के अनुसार आगे उन्होंने अक्टूबर, 1906 में देशी मिशन स्थापित की, यह विवरण पिछले एक अध्याय में हमने देखा ही है।

विट्ठल रामजी शिंदे ने यह मिशन स्थापित करते समय वह एतद्देशीय हो, ईसाई मिशन के जैसी इन लोगों के जीवन में क्रान्ति करने की भूमिका न रखते हुए इस वर्ग के व्यक्तियों का विकास किया जाए, यह भूमिका रखी। ईसाई मिशन का सेवाभाव उन्हें अनुकरणीय लगता था और उसके लिए उनके मन में ऐसे मिशन के प्रति आदरभाव भी था, किन्तु बहुत बार धर्मान्तरण के रास्ते से वे इन लोगों की लौकिक स्थिति में, रिवाज में अचानक क्रान्ति लाना चाहते हैं। मिशनरियों की भूमिका शिंदे को उचित नहीं लगती थी। ईसाई मिशन की नीति के कारण इस वर्ग के कुछ लोगों की स्थिति में बाह्य बदलाव होगा, किन्तु इस राह से उनका सही और समग्र विकास नहीं होगा, अस्पृश्य माने गए समाज में स्वाभिमान और आत्मोन्नति का एहसास निर्मित नहीं होगा, ऐसा शिंदे को लगता था। इस वर्ग के लोगों का क्रमशः विकास करने से ही उनमें सही सुधार होगा, ऐसी उनकी राय बनी थी।

ऐसी राय के पीछे उनकी ठोस वैचारिक भूमिका कारक थी। उनके आध्यात्मिक और समाज-सुधार सम्बन्धी विचारों में सुसंगति मिलती है। आध्यात्मिकता के सन्दर्भ में उन्हें अवतारवाद मंजूर नहीं था। साथ ही, सामाजिक सुधार के बारे में विभूतिवाद उन्हें मंजूर नहीं था। इसलिए वे क्रान्ति से ज्यादा उत्क्रान्ति को महत्त्व देते हैं। समाजशास्त्र के छात्र के नाते वे थॉमस कार्लाइल का विभूतिवाद और हर्बर्ट स्पेंसर का आम आदमी का प्रयत्नवाद, इन दोनों की तुलनात्मक मीमांसा करने के बाद विभूतिवाद पर होनेवाला उनका विश्वास कम होकर आम आदमी की विधायक कोशिशों की ओर उनका झुकाव हुआ। उनके प्रयत्नवाद को श्रद्धा का आध्यात्मिक समर्थन था। उन्होंने लिखा है, "अस्पृश्यता उन्मूलन कार्य में आधुनिक काल में कोई विभूति आगे नहीं आ रही है और मैं स्वयं तो ठहरा आम आदमी। यह यथार्थ देखकर मैं उदास नहीं हुआ। श्रद्धा से पहाड़ हिल सकते हैं, इस ईसाई उक्ति की अनुभूति का समय आ गया था। श्रद्धा, फिर वह किसी श्रेष्ठ व्यक्ति की हो या आम आदमी की हो, श्रद्धा यह श्रद्धा ही है! उससे पहाड़ भी हिलना चाहिए।"

अस्पृश्यों के प्रश्न के सम्बन्ध में उनका आकलन दोहरा था, इसलिए उनके कार्य के भी दो पहलू थे। सदियों से बहिष्कृत अवस्था में रखे जाने के कारण अस्पृश्य माने गए वर्ग को प्राप्त निम्न स्थान खत्म करना, उनके मन में स्वाभिमान निर्माण करना, उन्हें सुशिक्षित और उद्यमी बनाना, वैयक्तिकशील और नागरिकता आदि गुणों का उनमें विकास करना, यह उनके कार्य का एक हिस्सा था। दूसरा हिस्सा समाज में होनेवाली अस्पृश्यता खत्म करना था। अस्पृश्यता केवल काल्पनिक भेद के कारण निर्मित हुई है और उसका कोई भी यथार्थ आधार नहीं है। लाल फूलों की लाली जिस तरह फूल के पास अभिन्नता से रहती है, वैसा अस्पृश्यता का वस्तुनिष्ठ स्वरूप नहीं होता। स्वयं को उच्च माननेवालों ने यह अस्पृश्यता मानी इसका अर्थ अस्पृश्यता का अस्तित्व उच्चवर्णियों के एहसास के कारण नि

र्मित हुआ, यह तय है। अत: समाज की अस्पृश्यता नष्ट करनी हो तो नाम व आधार पर उच्च वर्णियों के मन का यह भ्रामक एहसास खत्म करना उन्होंने अपने कार्य का दूसरा हिस्सा माना। अस्पृश्य वर्ग की तरक्की के लिए पाठशाला, उद्योगशाला, छात्रावास और उसके समान संस्थाएँ उन्होंने स्थापित कीं तो सामाजिक अस्पृश्यता नष्ट करने का कार्य उन्होंने व्याख्यानों, परिषदों, जुलूसों, विविध प्रदर्शनियों आदि के जरिये किया।

शिंदे की कार्य पद्धति में अस्पृश्यता के प्रश्न का समग्र आकलन और परिपक्व वैचारिकता दिखाई देती है।

1908 में उन्होंने श्रीमन्त सयाजीराव गायकवाड़ की सूचना से बड़ौदा में उनकी अध्यक्षता में अस्पृश्य वर्ग की स्थिति के सम्बन्ध में अभ्यासपूर्ण व्याख्यान दिया जो तुरन्त 'बहिष्कृत भारत' नामक शीर्षक से 'मनोरंजन' पत्रिका में और बाद में पुस्तक रूप में प्रकाशित हुआ। भारत में मानी जानेवाली अस्पृश्यता एक भयानक स्वरूप का बहिष्कार होकर कुल मिलाकर जनसंख्या का छठा हिस्सा होनेवाले अस्पृश्य वर्ग का वर्णन उन्होंने 'बहिष्कृत भारत' के नाम से किया है। शिंदे द्वारा किया यह शब्द प्रयोग डॉ. आंबेडकर को इतना रास आया कि उन्होंने आगे शुरू किए अपने समाचार-पत्र का नाम 'बहिष्कृत भारत' रखा। शिंदे द्वारा लिखे इस लेख का पहला ही वाक्य ऐसा था, "इस पृथ्वी पर पूरी मानव जाति के इतिहास में अगर कहाँ, कब किस पर प्रचंड बहिष्कार किया हो और वह पुरातन काल से जारी है और आज चरम सीमा को पहुँचा हो तो वह इस भारतवर्ष में नीच मानी जानेवाली जातियों पर का भयानक बहिष्कार ही है!" अस्पृश्यता का वर्णन उन्होंने 'बहिष्कार' नामक बेधक शब्द से करके अस्पृश्यता का भयानक, विदारक स्वरूप प्रकट किया है। इसी के आगे वे आह्वान करते हैं, "भारतवासियो स्वार्थ को, मानवजाति को और ईश्वर को याद करके यह खतरनाक पातकी आत्म बहिष्कार खत्म करो।" इसकी भाषा भावुक असर करनेवाली हो सकती है—और यह असर करना शिंदे को वांछित भी है। फिर भी अस्पृश्यता की भयानकता का यथार्थ वर्णन भी उसमें किया है।

प्रस्तुत लेख में उन्होंने प्रतिपादित किया है कि अंस्पृश्य जातियों में यथाप्रसंग अनेक कारणों से अन्य बहुत-सी जातियों की मिलावट हुई होगी। काठेवाड़ के भंगियों की छह उपजातियाँ होकर उनके नाम मकवान, परमार, राठौड़, सोलंकी, वाघेला और डोरी ऐसे राजपूतों के हैं। महाराष्ट्र की महार जाति में भी शुद्ध मराठा समझे जानेवाले कुलों में से जाधव, साळुंके, पवार, मोरे, गायकवाड़, शेलार, सालवी आदि नाम सामने आते हैं। महाराष्ट्र के महारों की भाषा पर गौर करें तो उनके उच्चारण, स्वर और बोलने का ढंग मराठा किसानों की तरह ही दिखाई देता है। उनके पूजाघर में मराठों के देवताओं की मूर्तियाँ दिखाई देती हैं। उनके तीर्थक्षेत्र भी अन्य मराठा व्यक्तियों के जैसे ही पंढरपुर, तुलजापुर यही हैं। इस प्रकार से मराठा आदि जातियों से होनेवाला अस्पृश्य वर्ग का साम्य शिंदे ने दिखाया है। उनमें ईमानदारी, कट्टरता और शौर्य आदि नैतिक गुण जन्मत: दिखाई देते हैं। उत्तर की ओर के रविदास चमार, महाराष्ट्र के चोखोबा महार आदि महान साधु पुरुषों से इस वर्ग के लोगों के बीच आत्मिक गुणों की कमी नहीं है, इसका भी वे निर्देशन करते हैं। इसके बावजूद उन्हें बहिष्कृत करना कितना अन्यायी है, यह उन्होंने दिखा दिया है। 'मनुस्मृति' में चांडाल, श्रवपच आदि जातियों के साथ कैसा भयानक बर्ताव किया जाए, इससे सम्बद्ध श्लोक उन्होंने प्रस्तुत लेख में उद्धृत किया है। हजारों सालों का इस प्रकार का बहिष्कार सहने के कारण इन बदकिस्मत लोगों की आर्थिक, नैतिक और धार्मिक आदि सभी ओर से करुण स्थिति हुई है।

शिंदे ने प्रस्तुत लेख में 1905 की जनगणना के आधार पर हिन्दुस्तान के विभिन्न प्रान्तों में अस्पृश्य मानी गई जातियों के नाम, उनकी जनसंख्या पर गौर कर कुल जनसंख्या की तुलना में अस्पृश्य माने गए लोगों की कुल संख्या एक षष्ठांश से ज्यादा है, यह दिखाया है।

अस्पृश्य वर्ग की दुर्दशा और उनसे किए जानेवाले निर्दयी बर्ताव का समग्रता से विचार करते समय उनकी दूसरी एक महत्त्वपूर्ण बात सामने आई है। स्वयं को उच्च वर्णीय माननेवाला हिन्दू समाज तो उनसे बुरा बर्ताव करता है ही, लेकिन स्वयं को न्यायी समझनेवाली अंग्रेज सरकार भी उनसे समता और पालनकर्ता सरकार (पेरेंटल गवर्मेंट) की भूमिका से बर्ताव नहीं करती। "अंग्रेज सरकार की सत्ता, सम्पत्ति और बुद्धि की दृष्टि से देखा जाए तो उन लोगों को जो सुविधाएँ मिलती हैं, वे बहुत ही कम हैं।" अंग्रेज सरकार के सन्दर्भ में वे स्पष्ट रूप में बात कहकर उनका अन्यायी रूप दिखाते हैं। "नमक और जमीन पर का लगान, चुंगी और अन्य तत्सम लगान वसूली करते समय सरकार फलानी जाति उच्च और फलानी जाति नीच, यह भेद नहीं देखती, किन्तु ऐसा होते हुए भी अदालत, अस्पताल, पाठशाला, पोस्ट

ऑफिस आदि सार्वजनिक जगहों पर नीच माने गए वर्ग को उच्च वर्ग की राय से सुलूक किया जाता है। इससे पहले ही परेशान दुखी होनेवाले बेचारों को अपमान, मुश्किलें और कई बार अन्याय भी सहना पड़ता है। लगान लेते समय सरकार जो नीति अपनाती है, वह प्रजापालन के समय क्यों नहीं रखती?" सामाजिक प्रश्न के बारे में शिंदे राजनीतिक उग्रवादियों के जैसे सरकारी अन्याय का स्पष्ट निर्देश कर खुलेआम आपत्ति उठाते हैं।

1901 की जनगणना के आधार पर उन्होंने दिखा दिया कि हिन्दुस्तान की कुल 29 करोड़ 43 लाख 61 हजार 56 जनसंख्या में से 5 करोड़ 32 लाख 6 हजार 612 जनसंख्या अस्पृश्य माने गए लोगों की है। उनके सामने मुख्य प्रश्न यह था कि लगभग साढ़े पाँच करोड़ जनता हीन स्थिति में रहकर चलेगा? हिन्दू यदि अपनी शुचिता नहीं छोड़ते और समझो इतने बड़े अस्पृश्य समाज ने धर्मान्तरण करना तय किया तो क्या परिणाम दिखाई देगा? फिलहाल राष्ट्रीय स्तर पर हिन्दू-मुसलमानों में फूट है ही। अस्पृश्यों ने अगर ईसाई होना तय किया तो पन्द्रह करोड़ हिन्दू, छह करोड़ मुसलमान और सात करोड़ ईसाई, एक करोड़ बौद्ध, जैन, सिक्ख आदि अलग ही। इनका विचित्र रूप सामने आएगा। यदि ये मुसलमान हो गए तो? पन्द्रह करोड़ नरम हिन्दू और तकरीबन उतने ही कट्टर मुसलमान और ईसाई मिलकर इन तीनों का मेल कैसे बैठेगा? इस प्रकार हिन्दुस्तान के भविष्य का विपरीत दृश्य शिंदे के सामने आ रहा था। शिंदे हिन्दू धर्म के अभिमान से यह भूमिका रखते थे, ऐसा नहीं। वे स्वयं पारम्परिक हिन्दू धर्म के परे पहुँचे विश्व धर्म के अनुयायी थे। उन्हें एकात्मता की लगन थी। इसलिए बढ़ती जानेवाली सम्भाव्य विषमता का चित्र वे सोच-समझकर सामने रखकर हिन्दू समाज समता और न्याय का दृष्टिकोण अपनाए, इस भूमिका से सम्भाव्य दुष्परिणाम का चित्र सामने रखते थे।

शिंदे ने 'डिप्रेस्ड क्लासेज मिशन' नामक संस्था स्थापित कर अस्पृश्यों की समग्र उन्नति की कोशिश की ही थी। इसके सिवा वे अस्पृश्य माने वर्ग को स्थायी उद्योग का मौका देकर समाज में समा लेने की दृष्टि से सोच रहे थे। अपराधी मानी गई मातंग जाति के अस्पृश्य लोगों की एक खेतीहर बस्ती बसाएँ, इस दृष्टि से 1914 में उन्होंने कोशिश की। इस कार्य के लिए मुम्बई सरकार ने सरकारी जगह देना मंजूर किया था। डॉ. मैन के सहयोग से कुपवाड़ के नजदीक सांगली रियासत की सीमा में बारह सौ एकड़ बंजर जगह भी उन्होंने देखी थी, किन्तु अंग्रेज सरकार ने मिशन को दिए वचन का पालन नहीं किया और अपराधी माने गए अस्पृश्यों की स्वतंत्र खेतीहर बस्ती बसाने की क्रान्तिकारी कल्पना अमल में न आ सकी।[15] यदि वह अमल में आती तो अस्पृश्य वर्ग का औद्योगिक-आर्थिक प्रश्न दूर होने की दृष्टि से क्रान्तिकारी पहल साबित होती।

अस्पृश्य वर्ग के उदर-भरण का प्रश्न सम्मान से दूर करना शिंदे को जरूरी लगता था। इसलिए उन्होंने चलाए मिशन में अक्षर शिक्षा के साथ उद्योग शिक्षा देना आरम्भ किया था। उनकी कल्पना ऐसी थी कि छात्रों को व्यावहारिक शिक्षा मिले। ऐसे कारोबार की तैयारी बचपन से ही नहीं की तो वे खोखले पंडित बनकर माँ-बाप और स्वयं की निराशा के कारण होंगे। देहात में रहकर किया जाए, ऐसा मुख्य उद्योग खेती है, यह विचार उनके मन में आरम्भ से ही था। इसका उल्लेख ऊपर आया ही है। सन् 1926 में पुणे में आयोजित अस्पृश्यों की खेती परिषद् में उन्होंने इस सन्दर्भ में महत्त्वपूर्ण विचार प्रस्तुत किए। अस्पृश्य वर्ग का कृषि जमीन का मालिक होना कैसे उचित है और उसके लिए उसने कोशिश करना कैसे जरूरी है, यह उन्होंने जान-बूझकर बताया है। उन्होंने कहा, "अस्पृश्य ही महाराष्ट्र अर्थात् दंडकारण्य के मूल मालिक हैं और आज मूल मालिक केवल गौण बन गए हैं।" वे अस्पृश्य भाइयों को आह्वान करते हैं कि उन सभी को दुर्भेद्य एकता कर अपनी खोई सत्ता वापस प्राप्त करनी चाहिए। सरकार और हिन्दी रियासतों के पास ऐसी जमीन का विस्तृत क्षेत्र पड़ा हुआ था, वह प्राप्त करने और खेती करने की राह शिंदे ने उन्हें दिखाई।[16]

बीसवीं सदी के आरम्भ से शिंदे ने अस्पृश्य वर्ग की उन्नति के लिए दिखाई आस्था, संस्थात्मक स्तर से की कोशिश, सामाजिक स्तर से उनके प्रश्नों की प्रस्तुति और उनके भविष्य की उन्नति की दिखाई दिशा—ये सभी बातें अपूर्व कही जा सकती हैं। अस्पृश्य वर्ग का प्रश्न वे केवल शिक्षा लेकर और गाँव छोड़कर शहर जाने से हल नहीं होगा, इसका यथार्थ एहसास वे स्पष्ट करते हैं। तीन चौथाई से ज्यादा जनसंख्या देहात में होनेवाले और कृषि यह प्रधान व्यवसाय होनेवाले भारत जैसे देश में अस्पृश्यों का प्रश्न सामाजिक स्तर पर हल हो तो शिंदे द्वारा दिखाई राह का उपयोग करना आज भी मौलिक है। पिछली सदी में इस सन्दर्भ में हुई कोशिश और आज का यथार्थ देखकर यह कह सकते हैं।

अस्पृश्य वर्ग की ओर देखने का दृष्टिकोण

विट्ठल रामजी शिंदे द्वारा अस्पृश्य वर्ग के सम्बन्ध में किया प्रत्यक्ष कार्य और प्रस्तुत किए विचारों में से उनकी जो भूमिका दिखाई देती है, वह जाति की भँडोली पर आधारित और ऊँच-नीच भाव को महत्त्व देनेवाली समाज व्यवस्था खत्म करके समाज का पुनर्गठन करने की है, यह स्पष्ट दिखाई देता है, किन्तु उसका उचित आकलन कुछ विचारकों की ओर से होता हुआ दिखाई नहीं देता। शिंदे के बारे में य.दि. फड़के ने लिखा है; "दया पर आधारित व्यापक मानवतावादी भूमिका से अस्पृश्यता खत्म करने की उनके द्वारा चलाई कोशिश दलित मुक्ति के बारे में उदासीन होनेवाले कुछ ब्राह्मणेतर नेताओं को अच्छी नहीं लगती थी।"[17] शिंदे के अस्पृश्यता उन्मूलन कार्य के पीछे की भूमिका का वर्णन करते समय 'दया पर आधारित' शब्द का फड़के द्वारा किया प्रयोग उचित नहीं लगता। अपनी श्रेष्ठता और दूसरों की कनिष्ठता को गृहित मानकर अनुकम्पा और दयाबुद्धि से दूसरों की ओर देखना और अपनी श्रेष्ठता का भाव कायम रखकर उनका दुख परिहार उसे निचले पायदान पर रखकर ही करना, इस वृत्ति को दया की वृत्ति या दृष्टिकोण कहा जा सकता है। शिंदे का दृष्टिकोण इस तरह का था, ऐसा कतई नहीं कहा जा सकता।

'सभी मनुष्य एक ईश्वर की सन्तान हैं, इसलिए भेद न मानते हुए एक-दूसरे से भाईचारे से बर्ताव करें। यह ईश्वर को प्रिय और मनुष्य का कर्तव्य है, 'यह प्रार्थना समाज के छह मूल तत्त्वों में से एक तत्त्व है। मिशन की जब स्थापना हुई, उस दिन सर नारायण चन्दावरकर ने भाषण करते समय यह साफ-साफ कहा था, "नीच माने गए इन लोगों को ऊपर लाने की कोशिश करने से हम स्वयं को ही ऊपर ला रहे हैं। यह पवित्र कार्य करते समय इन लोगों का हम उद्धार करेंगे, यह घमंडी सोच हमारे अन्त:करण में न आए।" अस्पृश्य माने गए लोगों के सुधार का कार्य करते समय किसी के भी मन में श्रेष्ठता या अहंकार का भाव निर्मित न हो, इसका स्पष्ट एहसास चन्दावरकर के ऊपरी वाक्य से दिखाई देता है। मिशन के वार्षिक प्रतिवेदन के मुखपृष्ठ पर सर चन्दावरकर का वाक्य छपा होता : 'इन इलेवेटिंग दि डिप्रेस्ड वुइ आर बट इलेवेटिंग अवरसेल्वज।' सन् 1912 में शिंदे ने मिशन की जानकारी देनेवाली अंग्रेजी पुस्तिका पर भी चन्दावरकर का उपरोक्त वचन छाप दिया है।[18]

अस्पृश्यता के मूल में होनेवाली, काल्पनिक भेद कर ऊँच-नीच और स्पृश्य-अस्पृश्य तय करने की मनोवृत्ति को शिंदे ने मानसिक बीमारी कहा है। सामाजिक भँडोली की तात्त्विक भूमिका और उस तरह की समाज रचना मूल से उखाड़ने हेतु उन्होंने किए कार्य को नजरअन्दाज करना अनुचित होगा। शिंदे की सोच और कार्य में आद्यान्त वर्ण-जाति की नींव पर खड़ी समाज रचना खत्म करने का यानी पूर्णत: जाति उन्मूलन को केन्द्रीय तत्त्व का स्थान था, उसके अनुसार समाज का पुनर्गठन करना उन्हें वांछित था, इसे भूल नहीं सकते।

किसानों की समस्या

उदार धर्म का प्रसार और अस्पृश्यता उन्मूलन कार्य, इन दो प्रश्नों से विट्ठल रामजी शिंदे का जीवन व्याप्त था। इसके बावजूद समाज के अन्य पीड़ित वर्गों की समस्याओं पर वे गौर करते थे, ऐसा दिखाई देता है। किसान वर्ग पर होनेवाले अन्याय और उनकी दुरावस्था के कारण इस वर्ग के प्रति भी उन्हें आस्था लगती थी। 1926 से 1932 इस काल में शिंदे ने किसानों की समस्याओं की ओर आत्मीयता से ध्यान दिया। 1928 में पुणे में आयोजित 'मुम्बई इलाका किसान परिषद्' में अध्यक्ष के रूप में उपस्थित रहते समय उन्होंने यह स्पष्ट कहा कि मैं धार्मिक कार्य समझकर उपस्थित रहा हूँ। इन सात-आठ वर्षों के काल में उन्होंने मुख्यत: किसानों की परिषदों में भाषण देकर उनकी समस्याओं का किस तरह से मूलगामी विवेचन किया और भविष्य में कार्य की कौन-सी दिशा दिखाई, यह हमने पिछले एक अध्याय में विस्तृत रूप में देखा ही है।

किसान परिषद् में दिए भाषण में शिंदे ने सच्चा किसान कौन है, उसी के साथ उनका सच्चा दुश्मन कौन है, इसकी मीमांसा कर किसानों की उन्नति की राह का मूलगामी विवेचन किया है। उनके मतानुसार जो अपने परिवार और आश्रय में रहनेवालों का पोषण, शिक्षा और उचित सुख-सुविधा के लिए जरूरी जमीन रखता है और वह स्वयं तथा आश्रितों की मेहनत से उचित पद्धति से वहन करता है, वही सच्चा किसान है। ऐसा न करते हुए जो जमीन

धारण करते हैं या उस पर हक जताते हैं, वे केवल पूँजीपति और किसानों के दुश्मन या प्रतिस्पर्धी माने जाएँ, ऐसा भी वे कहते हैं।

किसानों के हित के दुश्मन केवल परकीय ही नहीं है। उनके दरवाजे पर खड़ा देहात का जमींदार हो या शहर का मिल मालिक, साहूकार के (पूँजीपतियों के) रूप में वह किसानों का शोषण कर रहा है और उलटे उसे ही सरकार और रियासतों का लश्कर और पुलिस मिले हुए हैं। इसके लिए शिंदे किसानों को संगठन का मंत्र बताते हैं।

उन्हें ऐसा लगता है कि गाँव का किसान और शहर का मजदूर हित सम्बन्ध की दृष्टि से एक ही है। एक ही आदमी गाँव का किसान और शहर का मजदूर ऐसी भूमिका निभाता है। ऐसे कई लोग हैं। किसानों के मुँह से निवाला छीननेवाला जमींदार भी पूँजीपति है और शहर में मिल मजदूरों का शोषण करनेवाला मिल मालिक भी पूँजीपति ही है। इसलिए किसान और मजदूर, ये कुछ मात्रा में एक ही होते हैं। कम-से-कम उनके हित सम्बन्ध समान होते हैं और उनका दुश्मन पूँजीपति होता है। इसलिए शिंदे किसानों को संगठित करो, ऐसा बताते हैं, सिवाय शहर के मजदूरों के संगठन को कन्धे से कन्धा मिलाकर संगठन बनाओ, ऐसी संयुक्त संगठन की राह दिखाते हैं। सन् 1947 में महाराष्ट्र में 'किसान मजदूर दल' नाम का दल अस्तित्व में आया। उसके बीज शिंदे की सोच में थे, ऐसा कहा जा सकता है।

शिंदे यह भलीभाँति जानते थे कि किसानों का अपना संगठन बनना आसान नहीं है। उस दृष्टि से उन्होंने स्पष्ट विवेचन किया है। यह संगठन बनाने के लिए किसानों को कांग्रेस उपयोगी होगी, ऐसा उन्हें विश्वास नहीं हो रहा था। कांग्रेस शिक्षित और अमीरों के हाथ में थी। उसने किसानों के संगठन का कार्य अपने जिम्मे नहीं लिया। कांग्रेस का कार्य सभी से राजनीति का है और किसानों का कार्य आर्थिक या सामाजिक स्वरूप का है। इसलिए किसान संगठन के लिए कांग्रेस पर आश्रित न रहें, ऐसा वे स्पष्ट रूप में बताते हैं। अपितु वे अपनी एकता स्वतंत्र रूप से बनाएँ, ऐसा कहते हैं। किसानों को सम्बोधित कर दूसरी महत्त्वपूर्ण बात वे कहते हैं, "आप हमेशा कड़ी मेहनत करनेवाले हलवाहे के रूप में न रहकर अपना एक हाथ राष्ट्र की अर्थ नीति में लगाकर इस उत्पादित अर्थ का आगे नियोजन कैसे चल रहा है, यह देखकर अर्थ व्यवस्था की डोर खींचने के लिए दूसरा हाथ आपको हमेशा खाली रखना आवश्यक है।" विट्ठल रामजी शिंदे ने लगभग पचहत्तर साल पहले किसानों की उन्नति के सम्बन्ध में जो विचार प्रस्तुत किए, वे आज भी प्रासंगिक और महत्त्वपूर्ण लगते हैं। मूलतः 1926 से 1932 के काल में उन्होंने जो विचार प्रस्तुत किए, उस काल में महात्मा गांधी द्वारा शुरू किया स्वतंत्रता आन्दोलन जोरों पर था। पूरा माहौल स्वतंत्रता की उम्मीद से मोहित हो गया था। देश को राष्ट्रीय स्वतंत्रता, यही मानो प्रबल प्रश्न लगता था। स्वयं शिंदे भी इस स्वतंत्रता आन्दोलन में शामिल हो गए थे और इसके लिए जेल भी गए थे। ऐसे काल में किसानों के हित का, उनकी समस्या का विचार उन्होंने अत्यन्त वस्तुनिष्ठता से किया। इससे किसानों के हित के लिए होनेवाली उनकी आस्था और उनके ठोस विचार दिखाई देते हैं। किसी भी प्रश्न के बारे में सोचते समय शिंदे उस प्रश्न का ऐतिहासिक सन्दर्भ समझकर वर्तमान स्थिति का आकलन करते हैं और इस आकलन को मूल्यनिष्ठा की जोड़ देकर भविष्य का विचार करते हैं। किसानों के प्रश्न के बारे में सोचते समय उनकी वैचारिकता की ये सभी विशेषताएँ सामने आती हैं। उनके द्वारा किसान की परिभाषा, 'किसानों के असली दुश्मन ये पूँजीपति हैं' यह आकलन 'किसान अपने हित के लिए कांग्रेस पर आश्रित न रहे' यह दिया हुआ संकेत 'किसानों ने अपना प्रश्न आर्थिक है, यह समझकर अपना संगठन करना चाहिए', 'मजदूरों से साझा एकता करें' ऐसा किया उपदेश, इन सभी से उनके आकलन की मौलिकता जिस तरह सामने आती है, उसी के साथ पीड़ित—शोषित किसानों के लिए उन्हें होनेवाली आस्था का भी एहसास होता है।

स्त्रीविषयक विचार

अपनी माँ में के आत्मिक गुणों का शिंदे पर उनके बचपन में ही असर हुआ। उसका नतीजा उनके व्यक्तित्व गठन में हुआ। उसी के साथ स्त्री की ओर देखने का उनका प्रगल्भ दृष्टिकोण तैयार होने में भी हुआ। यह नतीजा उनके कार्य और सोच में भी दिखाई देता है। ऑक्सफोर्ड के मैनचेस्टर कॉलेज में धार्मिक शिक्षा लेते समय सन् 1903 में वहाँ के चर्चा मंडल में शिंदे ने एक प्रस्ताव रखा, वह ऐसा था, "धार्मिक कार्य में महिलाएँ अधिक मात्रा में क्रियाशील हुईं तो

धार्मिक कार्य ज्यादा प्रभावी होगा।"[19] सन् 1919 में पुणे नगर निगम ने लड़कों को प्राथमिक शिक्षा सख्ती से लागू करने के बारे में सोचा था। उस समय लड़कों के साथ लड़कियों को भी सख्ती की प्राथमिक शिक्षा मिले, इसके लिए शिंदे ने आन्दोलन खड़ा किया।

सन् 1920 में मांटेग्यू-चेम्सफोर्ड सुधार के अनुसार नवम्बर मास में मुम्बई इलाके के चुनाव जाहिर हुए। इस चुनाव में खड़े रहते समय 'बहुजन दल' नाम से विट्ठल रामजी शिंदे ने अपना घोषणा-पत्र प्रस्तुत किया। इस घोषणा-पत्र में विद्या बल, द्रव्य बल या अधिकार बल न होने के कारण जो वर्ग पिछड़ा रहा था, उसके हित के लिए संघर्ष करने की और उनका पक्ष लेने की भूमिका शिंदे ने रखी। इस पिछड़े वर्ग में उन्होंने किसान, चपरासी, अध्यापक, व्यापारी, दुकानदार, मजदूर और अस्पृश्य वर्ग के साथ स्त्री वर्ग का समावेश किया। स्त्री वर्ग के हित की आस्था और स्त्री वर्ग का महत्त्व दर्ज करते समय उन्होंने इस घोषणा-पत्र में कहा है, "वर्तमान राज्य क्रान्ति में हमारे देश के स्त्री वर्ग को कुछ भी नहीं मिला। हमारा पक्ष विद्वानों का नहीं, वक्ताओं का नहीं, चिल्लानेवालों का नहीं। इसलिए वह स्त्री वर्ग को भूलनेवाला है, ऐसा थोड़े ही होनेवाला है? स्त्री वर्ग यानी हमारा झूला! उनको नजरअन्दाज करेंगे तो झूले में ही हमारी कब्रें झूलने लगेंगी। यह हम अच्छी तरह से पहचानते हैं।" सन् 1925 में शिंदे की प्रेरणा से पारिवारिक उपासना मंडल शुरू हो गया। सच्ची धार्मिक उपासना पूरे परिवार के साथ होनी चाहिए, ऐसी भूमिका इस मंडल के कार्य के पीछे थी और परिवार ने सदस्य होते समय माँ, बहन या पत्नी ऐसे स्त्री सदस्यों के साथ सदस्य बनना चाहिए, ऐसी उम्मीद रखी थी। शिंदे की उपासना से, व्याख्यानों से स्त्री के प्रति हमेशा सम्मान प्रकट होता है।

अपनी माँ के प्रथम श्राद्ध के अवसर पर दिए उपदेशों में उन्होंने स्त्री विषयक महत्त्वपूर्ण विचार प्रस्तुत किए हैं। स्त्री-स्वभाव में होनेवाला सहनशीलता का जो गुण है, उसमें उन्हें ईश्वरीय अंश की अनुभूति होती है। इस गुण के सहारे ही वह संसार के सुख के कच्चे माल का परिवर्तन सच्चे सुख में करती है। इस सहनशीलता के द्वारा स्त्री पिता, पति और पुत्र, इन तीनों की आज्ञा पालती है। इतना ही नहीं तो उनका 'लाड़-प्यार भी करती है।' सतही तौर पर देखनेवालों को वह पिता और पति की आज्ञा का पालन करती है, ऐसा लगेगा। पति, पिता, पुत्र आदि का वह हर समय जुल्म सहती है, सेवा करती है और लाड़-प्यार करती है। इसलिए उसे सभी की माता कहना पड़ेगा। इसलिए हमें केवल 'मातृदेवोभव' ऐसा न कहते हुए 'स्त्रीदेवोभव' ऐसा कहना चाहिए...स्त्री जाति के पास ये ईश्वरीय गुण स्वाभाविक रूप में हैं, यह पहचानकर पूरी स्त्री जाति को आदरणीय मानकर उसका सत्कार करना सात्विक प्रकार है। यही सुधारकों का लक्षण, यही सभ्य आदमी का चलन समझे।[20]

स्त्री के अधिकार पुरुषों की बराबरी के हैं, इसलिए उससे समानता के साथ बरताव करें, इस प्रकार की व्यावहारिक भूमिका शिंदे नहीं रखते तो उसके पास होनेवाले आध्यात्मिक बड़प्पन का वे आकलन करते हैं। स्वयं शिंदे में होनेवाली आध्यात्मिकता के कारण ही वे इस तरह का आकलन कर सकते हैं, ऐसा कहना होगा।

सन् 1926 में शिंदे द्वारा दिए एक व्याख्यान में स्त्री का समग्र मानवी विकास में क्या स्थान था और फिलहाल सुधरी हुई स्त्री का क्या स्थान है, इसका अत्यन्त विस्तृत विवेचन किया है। वे कहते हैं कि मानवी दुनिया के इतिहास के आरम्भ में घर में और बाहर स्त्री की ही सत्ता चलती थी, स्त्री-सत्ता थी। इस आरम्भिक काल में स्त्री के पास आज होनेवाली भावनाएँ (इमोशंस) और उपजत बुद्धि (इंस्टिंक्ट) के साथ विवेचक बुद्धि (रीजन) और यत्नशक्ति (वुईल) होनी चाहिए। बाद के विकास-क्रम में बढ़ती पुरुष सत्ता के कारण उसके पास होनेवाली विवेचक बुद्धि की और यत्नशक्ति की हार होकर उसने पुरुषों के सामने गौणत्व स्वीकारा होगा। इसके बावजूद झूले की ही नहीं तो पूरे घरेलू राज्य की डोर स्त्री के ही हाथ में है। आध्यात्मिक क्षेत्र आज भी महिलाओं के हवाले हैं। केवल अदब से बर्ताव करने से, सम्मान देने से स्त्री के साथ समानता से आचरण किया, ऐसा नहीं होता। उसे वाकई स्वतंत्रता देने से उसकी विवेक बुद्धि और यत्नशक्ति की वृद्धि हो सकती है और घर तथा घर के बाहर वह सही प्यार का साम्राज्य चलाएगी, ऐसा उन्होंने सूचित किया है।[21]

आध्यात्मिक दृष्टि से देखने की उनकी भूमिका और समकालीनों से अलग होनेवाली उनकी संवेदनशीलता से समकालीन सुधारकों में शिंदे का स्त्री विषयक दृष्टिकोण पूरी तरह से अलग और महत्त्वपूर्ण लगता है। स्त्रियों के सुधार का उनका हक, समान स्तर का समर्थन, कानून के निर्बन्ध से महिलाओं की मुक्ति आदि बातों का पुरस्कार उन्होंने विवेकवादी भूमिका से अन्य समाज-सुधारकों जैसा किया है। सिवाय शिंदे ये मानवंशशास्त्र, विज्ञान, सांस्कृतिक इतिहास

आदि से उपलब्ध ज्ञान का उपयोग करते हैं, किन्तु उनके पास होनेवाली आध्यात्मिकता की जोड़ उनके आकलन में होने के कारण उनका स्त्री विषयक विचार, यह अलग और गहरा होने का एहसास होता है।

सामाजिक सुधार और अन्य प्रश्न

विट्ठल रामजी शिंदे धार्मिक सामाजिक सुधार के लिए स्वयं का जीवन समर्पित करनेवाले कृतिवीर थे। सामाजिक सुधार के बारे में उन्होंने जो विचार प्रस्तुत किए हैं, उन्हें स्वाभाविकतः स्वानुभव का समर्थन है। 1925 में प्रान्तिक सामाजिक परिषद् के अध्यक्ष पद से बोलते समय उन्होंने महत्त्वपूर्ण विचार प्रस्तुत किए। वे प्रत्यक्ष कार्य करनेवाली संस्थाओं का समर्थन पीछे न होते हुए सिर्फ परिषदों का आयोजन करने के विरुद्ध थे। पीछे अच्छा कार्य करनेवाली संस्था न होते हुए आयोजित की जानेवाली परिषद् सिर्फ आवाज करनेवाली घटाओं जैसी या बारिश बिना तूफान जैसी निरर्थक होकर उनके संयोग से सार्वजनिक शान्ति मात्र टूट जाती है, ऐसा उन्होंने प्रस्तुत भाषण में कहा है। इस परिषद् में ही उन्होंने हिन्दू समाज को प्राप्त हुई अवनत स्थिति की मीमांसा करते हुए हिन्दू समाज को लगी एक बीमारी का उल्लेख किया है यानी काल्पनिक भेद निकालकर उन्हें निजी और सार्वजनिक व्यवहार में भी उच्च स्तर की राजनीति और चारित्र्य का पावित्र्य, इनके ऊपर स्थान देने की हिन्दी लोगों की मनोवृत्ति में होनेवाली स्वयंस्फूर्त आदत, यह वह मानसिक बीमारी है। अस्पृश्यता के मूल में यह काल्पनिक भेद की मनोवृत्ति कारण है, ऐसा वे कहते हैं।[22]

अपने देश में समाज-सुधार का कार्य इतनी धीमी गति से और अल्प मात्रा में चलता है, उसका एक महत्त्वपूर्ण कारण शिंदे ने बताया है। उनके मतानुसार, शुद्ध सामाजिक सुधार कहा जानेवाला कार्य फिलहाल बुद्धिपरक धर्म से अलग रखा गया है। आगरकर जैसे पुरानी परम्परा के समाज-सुधारक इस कार्य की रचना उपयुक्ततावाद, बुद्धिवाद, दया आदि दूसरे किसी भी तत्त्वों पर करने के लिए तैयार होते हैं, लेकिन धार्मिक मनोवृत्ति के आधार पर रचने के लिए तैयार नहीं हैं। इस प्रकार की यह धर्माविन्मुख प्रवृत्ति समाज-सुधारकों में हो, यह बात उन्हें खेदजन्य लगती है। उनके मतानुसार सभी तरह के भावुक आन्दोलन आध्यात्मिक आन्दोलन होते हैं।

विट्ठल रामजी शिंदे द्वारा शिवाजी महाराज, राजा राममोहन राय, महात्मा फुले, महात्मा गांधी आदि विभूतियों पर लिखे लेखों से उनकी आध्यात्मिक दृष्टि जैसे दिखाई देती है। उसी के साथ राष्ट्र के इतिहास की घटनाओं को देखने की और उनका अर्थ लगाने की उनकी बुद्धि का दायरा कितना व्यापक है, इसका भी एहसास होता है। इन लेखों में उन्होंने भारत और महाराष्ट्र के सांस्कृतिक यथार्थ का मार्मिक विवेचन किया है। पहले अंग्रेज सत्ता में अनेकविध कार्यक्षेत्र में प्रभावी कार्य करके केवल नई मुम्बई ही नहीं तो महाराष्ट्र के जीवन का नए मनु के अनुसार सुचारू क्रियान्वयन करने का अलौकिक कर्तृत्व दिखानेवाले नाना शंकरसेठ को महाराष्ट्र क्यों भूल गया, इसकी साफ और वेधक मीमांसा उन्होंने एक लेख में की है। प्रत्यक्ष में अलौकिक कर्तृत्व दिखानेवाली विभूतियों को भारतीय क्यों भूल जाते हैं, इसके कारण उन्होंने सूत्ररूप में दर्ज किए हैं। एक तो भारत ऐहिक निष्ठा से अलौकिकता के पीछे पागल है। दूसरे, धर्म के बाद होनेवाला साहित्य का पागलपन, जिससे वह अशोक, अकबर, शिवाजी, महादजी, अहल्याबाई से ज्यादा कालिदास, ठाकुर आदि को ज्यादा याद करेगा और पहचान पाएगा। हल बनानेवाले किर्लोस्कर से ज्यादा रैंगलर परांजपे ज्यादा महत्त्वपूर्ण लगते हैं। हमारे पूरे इतिहास में राष्ट्र निष्ठा से ज्यादा जाति निष्ठा दिखाई देती है, यह भी एक कारण वे दर्ज करते हैं। हम में होनेवाला राजनीति का पागलपन, इस वजह का भी वे जिक्र करते हैं। शिवाजी महाराज वाकई उनके श्रेष्ठत्व के कारण याद आते हैं। अपने बीच की सांस्कृतिक कमी का मार्मिक उल्लेख शिंदे ने प्रस्तुत किया है।

स्वयं महर्षि शिंदे को अधिकतर लोगों द्वारा उन्हें भुलाकर उनकी भयानक उपेक्षा करने के पीछे क्या यही कारण नहीं है?[23]

अन्य कई सामाजिक और सांस्कृतिक सन्दर्भों में शिंदे द्वारा प्रस्तुत किए विचार उनकी स्वतंत्र बुद्धि के द्योतक हैं। उसी के साथ उनकी एकात्मता की दृष्टि स्पष्ट करनेवाले हैं। महाराष्ट्र की उन्नति की एकमात्र राह कहकर ब्राह्मण, मराठा और अस्पृश्य, इनमें एकता होने की जरूरत का वे प्रतिपादन करते हैं। सन् 1926 में पुणे में मराठी माध्यम

का महाराष्ट्र विश्वविद्यालय स्थापित करने के सम्बन्ध में जोर-शोर से चर्चा चल रही थी। इससे सामान्यत: मराठी का अभिमान ही नहीं तो अभिनिवेश इस सन्दर्भ में व्यक्त हो रहा था। इस समय शिंदे को मराठी और कानडी, इनके बीच के ऋणानुबन्ध की याद आती है। उन्हें यह पक्का विश्वास था कि सम्भ्रान्त मुम्बई विश्वविद्यालय में कानडी को न्याय मिलेगा नहीं। इसलिए पुणे में नए से निकलनेवाले महाराष्ट्र विश्वविद्यालय में सांगली, कोल्हापुर और धारवाड़—यहाँ के कॉलेज शामिल करें और कर्नाटक में उन कॉलेजों की भाषा का माध्यम मराठी या कानडी विकल्प के रूप में रखने का अधिकार दिया जाए और कानडी का मराठी पर जो उपकार हुआ है, उसकी इस तरह से पूर्ति की जाए, ऐसा वे सूचित करते हैं।[24]

शिक्षा के सन्दर्भ में शिंदे ने यथासमय अपने विचार प्रस्तुत किए हैं। शिक्षा का कार्य मूलत: माँ-बाप का। बाद में वह श्रम विभाजन के कारण गुरु और गुरुपत्नी की ओर गया। पाठशाला के छात्रों में कुलभाव पैदा होने से भाईचारा पैदा होकर पाठशाला यानी एक बड़ा परिवार होगा और वही सच्ची पाठशाला ने पूरा करने की आत्मीय शिक्षा है, ऐसी उनकी शिक्षा के उद्देश्यों की कल्पना थी। पुरुष छात्रों के साथ ही स्त्री छात्रों की शिक्षा पूरी तरह से और जिम्मेदारी के साथ चलनी चाहिए। गुरु और गुरुपत्नी ने छात्रों को अपने प्यार की छत्रच्छाया में यह आत्मीय शिक्षा जिम्मेदारी से देनी चाहिए। इसके लिए अध्यापक की पत्नी भी संवेदनशील स्त्री होनी चाहिए, तभी आत्मीय शिक्षा का उद्देश्य पूरा होगा, ऐसे विचार वे रखते हैं।[25]

1935 में बड़ौदा में आयोजित साहित्य सम्मेलन में दर्शन और समाजशास्त्र शाखा के अध्यक्ष पद से किए भाषण में मराठी में स्वतंत्र रूप से दर्शन निर्मित नहीं हुआ। दर्शन का जो लेखन हुआ, वह भाष्यरूप ग्रंथों की जादूगरी है और आगे-आगे तो एक 'गीता' के आस-पास मराठी का समग्र दार्शनिक विचार-चक्र घूमने लगा, ऐसा खेद उन्होंने प्रकट किया।[26]

शिंदे एकाध सामाजिक प्रश्न के बारे में सोचते समय उस प्रश्न का ऐतिहासिक सन्दर्भ समझकर वर्तमान स्थिति का आकलन करते हैं और मूल्यनिष्ठा की जोड़ देकर उसका भविष्यकालीन स्वरूप कैसा हो, यह बताते हैं। उनकी इस काबिलियत के कारण उनके सामाजिक स्वरूप के विवेचन को मौलिकता प्राप्त होती है, साथ ही समकालीनता भी प्राप्त हो जाती है।

सन्दर्भ

1. वि.रा. शिंदे, 'ईश्वर आणि विश्वास', *विट्ठल रामजी शिंदे यांचे लेख, व्याख्याने व उपदेश,* प्रार्थना समाज के 1908 के वार्षिकोत्सव में दिया गया व्याख्यान, पृ. 185
2. वही, पृ. 185-86
3. वही, पृ. 187
4. वि.रा. शिंदे, 'निवृत्ति व प्रवृत्ति आणि अवतारवाद व विकासवाद', *सुबोध पत्रिका,* 21-5-1905
5. वि.रा. शिंदे, 'आत्म्याची यात्रा', *विट्ठल रामजी शिंदे, लेख, व्याख्याने व उपदेश,* 24 सितम्बर, 1911 का व्याख्यान, पृ. 207
6. Life and Letters of Max Muller, Vol.1 p. 265, उद्धृत, वही, पृ. 248
7. वि.रा. शिंदे, 'मराठा म्हणजे काय', *सुबोध पत्रिका,* 13 अगस्त, 1905
8. वि.रा. शिंदे, 'जनातून वनात आणि परत', *सुबोध पत्रिका,* 1 फरवरी, 1903
9. वि.रा. शिंदे, 'हिन्दुस्थानातील उदार धर्म', *धर्म जीवन व तत्त्वज्ञान,* एम्सटर्डम की धर्मपरिषद् में प्रस्तुत आलेख, सितम्बर 1903, पृ. 216
10. वि.रा. शिंदे, *माझ्या आठवणी व अनुभव,* पृ. 77
11. वि.रा. शिंदे, *रोजनिशी,* पृ. 185
12. वि.रा. शिंदे, *लेख, व्याख्याने व उपदेश,* पृ. 142
13. वि.रा.शिंदे, 'प्रस्तावना', *संसार व धर्म साधना,* द्वा.गो. वैद्य, सम्पादक और प्रकाशक बी. बी केसकर, पृ. 12-13
14. वी.आर. शिंदे, *ए प्ली फॉर दि मिशन फॉर डिप्रेस्ड क्लासेज,* इंडियन सोशल रिफॉर्मर, 29 जुलाई, 1906
15. श्री. व्यं. केतकर, महाराष्ट्रीय ज्ञानकोश, खंड - 7

16. वि.रा. शिंदे, अस्पृश्यों की कृषि परिषद् के सामने दिया अध्यक्षीय भाषण, 30 अक्टूबर 1926, समाविष्ट, *शिंदे लेख संग्रह,* पृ. 251-55
17. य.दि. फड़के, *केशवराव जेधे,* श्रीविद्या प्रकाशन, पुणे, 1982, पृ. 9
18. वी.आर. शिंदे, *दि 'डिप्रेस्ड क्लासेज मिशन' सोसाइटी ऑफ इंडिया इट वॉट इज अँण्ड वॉट इट डज,* मुम्बई, 1912
19. 'पॉज क्लब' की वृत्तान्त पुस्तिका, दि. 6 अक्टूबर, 1903, मैनचेस्टर कॉलेज, ऑक्सफोर्ड
20. दि. 20 फरवरी, 1910 को मुम्बई प्रार्थना मन्दिर में प्रस्तुत विचार, 'स्त्री-दैवत', *धर्म, जीवन व तत्त्वज्ञान,* पृ. 390-94
21. वही
22. प्रान्तिक सामाजिक परिषद्, सतारा, 1925, 'अध्यक्षीय भाषण' *शिंदे लेख संग्रह,* पृ. 265-269
23. वही, पृ. 123-127; और शिंदे की हस्तलिखित टिप्पणी, *शिंदे के कागजात*
24. 'महाराष्ट्र विद्यापीठ व कर्नाटक; *विजयी मराठा,* 29 मार्च, 1926, समाविष्ट, *शिंदे लेख संग्रह,* पृ. 166-170
25. 'मौलिकता हाच आत्मीय शिक्षणाचा पाया', *सुबोध पत्रिका,* 2 जनवरी, 1938 समाविष्ट *शिंदे लेख संग्रह,* पृ. 223-26 पुणे शहर के तीन छात्रवासों के छात्र और पारिवारिक उपासना मंडल के स्त्री-पुरुष सदस्यों के सम्मेलन के अवसर पर दिया गया व्याख्यान
26. वही, पृ. 108

साहित्य सेवा और शोध कार्य

विट्ठल रामजी शिंदे के लेखन के मुख्य तीन भाग दिखाई देते हैं। पुणे के फर्ग्युसन कॉलेज में शिक्षा लेते समय किया डायरी स्वरूप का आत्मपरक और यात्रा-वर्णनपरक लेखन यह पहला भाग। धार्मिक और सामाजिक कार्य करते समय उनके द्वारा दिए प्रवचन, भाषण के स्वरूप का लेखन यह दूसरा भाग। तो उनके लेखन का तीसरा पड़ाव, यह प्रमुखता से शोधपरक लेखन का है। 1923 में मिशन की जिम्मेदारी से मुक्त होने के बाद उन्होंने यह लेखन किया है। सन् 1930 में वे यरवदा जेल में थे तब उन्होंने डायरी लिखी। साथ ही 'माझ्या आठवणी व अनुभव' (स्मृतियाँ और अनुभव) इस आत्मचरित्रपरक ग्रंथ लेखन को आरम्भ किया और आखिरी बीमारी के काल में वह पूरा किया। यह उनका आखिरी लेखन कहा जा सकता है।

विट्ठल रामजी शिंदे फर्ग्युसन महाविद्यालय में छात्र थे तब 1898 में उन्होंने जो डायरी लिखी, वह उनका पहला लेखन है। लिविंग्स्टन की जीवनी पढ़ते समय उसने अपनी यात्रा में लिखा जर्नल या डायरी भी उनके पढ़ने में आई।[1] उसी से उन्हें डायरी लिखने की प्रेरणा मिली होगी, ऐसा लगता है क्योंकि फर्ग्युसन के दिनों में लिखी इस डायरी में पहली टिप्पणी लिविंग्स्टन की जीवनी के बारे में है। इससे छात्रावस्था में उनके पास आत्मविष्कार की प्रबल ऊर्मि होने की बात समझ में आती है। पुणे के इस प्रवास में उन्होंने दोस्तों का एक चर्चा मंडल स्थापित किया था। आत्माविष्कार की यह ऊर्मि कितनी प्रबल थी, यह बताते समय उन्होंने लिखा है, "पेट में पल भर के लिए जहर हजम हो सकता है, लेकिन नया विचार या एकाध सुन्दर अनुभव हो तो किसी सहानुभूति रखनेवाले दोस्त या रिश्तेदार से साझा किए बगैर मुझे चैन ही नहीं मिलता था।"[2]

चर्चा मंडल स्थापित करने के पीछे जो अभिव्यक्ति की प्रबल ऊर्मि थी, वही उनके डायरी लेखन के पीछे भी होना स्वाभाविक है। फर्ग्युसन की डायरी में शिंदे पुणे के वातावरण में जो-जो अनुभव कर रहे थे, उस सन्दर्भ की प्रतिक्रियाएँ प्रकट की हैं। इस काल में सामान्यत: उन्होंने सुने व्याख्यान, वाचन या अनुभूत घटनाएँ इस सन्दर्भ में प्रतिक्रियाएँ हैं। शिंदे की जिज्ञासु बुद्धि तीव्र थी, इसलिए वे बसन्त व्याख्यानमाला के व्याख्याता हों या डेक्कन कॉलेज में ना. गोखले जैसे वक्ताओं के व्याख्यान हों, बारीकी से सुनते थे। वे पुणे के सामाजिक-सांस्कृतिक वातावरण का निरीक्षण करते थे। इसी कारण फर्ग्युसन की डायरी यानी बीसवीं सदी के आखिरी दौर के पुणे के शैक्षिक, सांस्कृतिक, धार्मिक स्वरूप के संस्थात्मक जीवन पर किया भाष्य ही है। शिंदे भावुक थे, इसके बावजूद उनकी वस्तुनिष्ठ दृष्टि फिसलती नहीं है। सार्वजनिक जीवन में प्रतिष्ठित व्यक्ति के प्रभाव का दबाव उन पर कभी नहीं आता। इसीलिए वे बसन्त व्याख्यानमाला के व्याख्यानों की निसत्वता, न.चिं. केलकर का दोहरापन, शि.म. परांजपे के भाषण का खोखलापन या अर्थपूर्णता की कमी को स्पष्ट रूप में दर्ज करते हैं, उसी के साथ ना. गोखले के भाषण की तहेदिल से तारीफ भी करते हैं इस डायरी में पूरी तरह वे अपनी निजी विकार वासनाओं की प्रबल ऊर्मि को अभिव्यक्त करते हैं, उसी के साथ मन में उठे उन्नत धर्मभाव का विकास चित्रित करते हैं। अस्पृश्य वर्ग के सुधार के बारे में कुछ कार्य करना चाहिए, यह लगन उन्हें लग रही थी, इसका भी उल्लेख इस डायरी में देखने को मिलता है। इस काल में उनके मन की गठन होती दिखाई देती है, लेकिन उनका जो परिपक्व मन पहले से ही गठित हुआ था, उसकी अभिव्यक्ति भी दिखाई देती है। शिंदे के भावी जीवन में कार्यरूप या विचाररूप से उनके मन की जो अभिव्यक्ति हुई है, उसका रूप 1898-99 की इस डायरी में देखने को मिलता है।

धार्मिक शिक्षा के लिए शिंदे ने 1901 से 1903 इस काल में ऑक्सफोर्ड निवास में लिखी डायरी तुलना से बहुत बृहत् है। इन दो वर्षों के काल में उन्हें जो छुट्टियाँ मिलीं, उन्होंने इंग्लैंड तथा जर्मनी, स्विट्ज़रलैंड, इटली

आदि देशों के रमणीक और ऐतिहासिक स्थान देखने के लिए बिताईं। इंग्लैंड में गरीबों की सेवा के लिए कार्य करनेवाली संस्थाओं का उन्होंने बारीकी से निरीक्षण भी किया। इंग्लैंड निवास में वे धार्मिक शिक्षा तो ले ही रहे थे, इसके अलावा विद्वानों के व्याख्यान सुनते, चर्चा और धर्म-साधना करते, यूनिटेरियन, कैथोलिक, एपिस्कोपल आदि अलग-अलग पंथों के मन्दिर में जाते और चर्चा मंडल में शरीक होते। सेवा का कार्य करनेवाली मिशन की संस्थाओं को वे भेंट देकर वहाँ की कार्य पद्धति का अवलोकन करते थे। इंग्लैंड की डायरी में ऐसी अनेक बातों की जानकारी खचाखच भरी हुई सामने आती है। शिंदे का स्वभाव जिज्ञासु, निरीक्षण सूक्ष्म और नई बातें जान लेने का उनका उत्साह काफी रहता था। हिन्दुस्तान में जाने के बाद किस आधार पर समाज-सुधार करना होगा, यह विचार भी उनके मन में प्रबल होगा। इसीलिए उन्होंने ऑक्सफोर्ड के वर्कहाऊस का या कबाड़खाने का बारीकी से निरीक्षण किया दिखाई देता है। छुट्टियों में यात्रा करते समय फ्रांस, स्विट्जरलैंड, इटली आदि देशों की भव्य इमारतों, सुन्दर प्रकृति, चित्र-शिल्प कला के उत्तम नमूने भी उन्होंने बारीकी से देख लिए। शिंदे की इन दोनों डायरियों में उनके मन का आध्यात्मिक गठन, व्यापक मानवतावादी दृष्टिकोण और समग्र सुधार की लगन का प्रत्यय आ जाता है। उनका मन व्यापक अर्थ में सौन्दर्योपासक होने का एहसास हो जाता है। प्रकृति की ओर उनका मन स्वाभाविकता से आकर्षित होता है। उनमें मानवी स्वभाव के नैतिक सौन्दर्य की ओर आकर्षित होनेवाली तरल संवेदनशीलता है, किन्तु उनका स्वभाव बाहरी तड़क-भड़क पर रीझनेवाला नहीं है। उनकी दृष्टि हमेशा केन्द्रीय तत्त्व पर होती है, इसलिए वे स्वाभाविकता से बाहरी आवरण भेदकर अन्तरंग सौन्दर्य, अच्छाई और नैतिकता देखते हैं। व्यक्ति हो या परिस्थिति, उसका आकलन वे आन्तरिक वृत्ति से करते हैं, किन्तु उनका अन्तरंग भावुक होने के कारण उनकी प्रतिक्रियाओं में कहीं भी शुष्कता नहीं आती।

विट्ठल रामजी शिंदे इंग्लैंड में अध्ययन हेतु रहे, तब उनके द्वारा किया दूसरे प्रकार का लेखन यानी यात्रा साहित्य है। उनका इंग्लैंड जाना तय होने पर 'सुबोध पत्रिका' के सम्पादक द्वा.गो. वैद्य ने शिंदे से यात्रा वर्णनपरक पत्र भेजने की स्वीकृति ले ली थी। उसी के साथ शिंदे ने अपने इंग्लैंड निवास में उनके द्वारा की गई यात्रा के बारे में विभिन्न सौन्दर्य स्थलों की और संस्था की जानकारी 'सुबोध पत्रिका' में लेख के रूप में भेजी। शिंदे ने इन दो वर्षों के अन्तराल में 'सुबोध पत्रिका' में जो लेखन किया, उस लेखन ने 'सुबोध पत्रिका' के तात्कालीन वाचकों का मन आकर्षित कर लिया। शिंदे के बारे में काफी अच्छी राय और नजदीकी प्रार्थना समाजवासियों के मन में निर्मित हुई। शिंदे ने शेक्सपियर, वर्डस्वर्थ आदि प्रतिभाओं के स्थल, इंग्लैंड और स्कॉटलैंड के सरोवर प्रान्त आदि का दिलकश वर्णन किया है। उनके द्वारा किया लन्दन शहर का वर्णन हो या, पेरिस की रात का वर्णन हो, वह यथातथ्य तो होता ही है, सिवाय उनकी आध्यात्मिक वृत्ति उसमें अभिव्यक्ति होती है। उनका 'जनातून वनात व परत' ('जन से वन में और वापस') नामक शीर्षक का जो लेख है, उसमें नए पूँजीवाद के शोषण का चित्र शहर में किस तरह दिखाई देता है और नीरव सरोवर प्रान्त का नजारा इनके खिलाफ कैसा दिखाई देता है, इसका अप्रतिम वर्णन मिलता है।[3] इंग्लैंड से भेजे शिंदे के इस लेखन के परिणाम के सम्बन्ध में 'सुबोध पत्रिका' के सम्पादक द्वा.गो. वैद्य ने लिखा है, "मन परेशान हो गया हो तब अगर आराम के समय इस पुस्तक में प्रकाशित शिंदे के केवल विदेश से लिखे पत्र जो कोई पढ़ेगा, उसे श्रीमान शिंदे के निरीक्षण सामर्थ्य, कल्पकता, काव्यात्मक भाषा और रस अवलोकन कर सन्तोष ही होगा।"[4]

भारत में आने के बाद सन् 1903 में विट्ठल रामजी शिंदे ने धर्म-प्रचार का कार्य आरम्भ किया। ब्राह्म धर्म का प्रचार कार्य और 1906 से अस्पृश्यता उन्मूलन कार्य करने के लिए उन्हें पूरे भारत में घूमना पड़ता था। तीस साल की अवस्था में उन्होंने भारत के लगभग सभी प्रान्तों की यात्रा की। कामकाज हेतु की यात्रा के साथ ही उन्होंने जान-बूझकर विभिन्न प्रेक्षणीय स्थल और प्राकृतिक नजारे भी देखे। विदेश में और भारत में उनके द्वारा की गई यात्राओं से सम्बद्ध कुल तीस यात्राओं पर लेख हैं। उन्होंने भारत के बंगलोर, मंगलौर, पड़बिद्री, खंडगिरि पहाड़ी आदि शहरों का और स्थानों का वहाँ के प्रेक्षणीय मन्दिरों का, पुरातन शिल्पों का वर्णन किया है। शिंदे यात्रा में आए अनुभवों का, देखे हुए ऐतिहासिक स्थलों का, एकाध वास्तु का, शिल्प या लोकजीवन का वस्तुनिष्ठ वर्णन बेधक शैली में करते हैं, लेकिन उनके द्वारा किया वर्णन केवल वस्तुनिष्ठ स्वरूप का वर्णन नहीं रहता तो उस दृश्य से उनके अन्तःकरण में उदित भावना उससे उत्पन्न चिन्तन या वैचारिक स्वरूप का एहसास भी प्रकट होता है। इसलिए उनके इस लेखन को अनायास साहित्यिक स्तरीयता प्राप्त होती है।

उनकी गठन आध्यात्मिक स्वरूप की होने के कारण उनके इस यात्रापरक लेखन से भी उनकी आध्यात्मिक वृत्ति की अभिव्यक्ति हुए बिना नहीं रहती। उनके स्वभाव की आध्यात्मिकता 'जानातून वनात व परत' इस इंग्लैंड में की यात्रा से जिस तरह प्रकट होती है, उसी के साथ दक्षिणी कैनडा के कारकल के घुमटराज की प्रतिमा का वर्णन करते समय भी स्पष्ट होती है। वे घुमटराज नामक 43 फुट ऊँची प्रतिमा का वर्णन करते हैं, "बिलकुल नग्न सावयव शरीर, धीरोदात्त और प्रसन्न मुद्रा। सादा, लेकिन ठोस सौन्दर्य और आसपास का शान्त वातावरण—यह सब देखकर जैन धर्म से नहीं तो शिल्पकार के विषय में भी पूजनीय भाव उत्पन्न होता है।" इस घुमटराज या गोमटेश्वर की मूर्ति ने अपने मन को क्यों घेर लिया, इसका विचार करते समय कोलकाता में देखे पाश्चात्य शिल्पकार ने निर्माण किए जनरल औटरैम की अश्वारूढ़ प्रतिमा की उन्हें याद आती है। वे लिखते हैं, "सत्तावन साल के विद्रोह में विद्रोही का गला घोंटने के लिए गुस्से से आक्रमण करनेवाला बाघ जैसे अपने घोड़े से पीछे मुड़कर तलवार का आघात कर रहे हैं, ऐसा भाव इस पंचरशी प्रतिमा ने दिखाया है। वह देखकर पलभर के लिए पूरे जिस्म के रोंगटे खड़े हो जाते हैं, लेकिन पलभर ही। तुरन्त इस पाशविक शक्ति का होनेवाला उद्धत प्रदर्शन देखकर नफरत की लहर उठती है, लेकिन घुमटराज! तुम्हारे माथे पर की गम्भीरता और ठोढ़ी पर की मिठास की रेखाएँ मेरे कलेजे में गहराई में फँसती जा रही हैं। भला इसका राज क्या होगा?" इसका राज ढूँढ़ते समय वे कला की निर्मिति के मूल तत्त्व तक पहुँचते हैं। वे कहते हैं, "काव्य का और कला का हृदय यानी पवित्रता उर्फ धर्म यहीं हैं। यह हृदय ही हमारे शरीर से बाहर निकालकर कवि या शिल्पकार ने अपनी कितनी भी खींचातानी करके अजब सृष्टि निर्मित की तो वह सिर्फ आश्चर्यकारक होगी, लेकिन जीव की उद्धारक नहीं होगी। हमारे पुराने शिल्पकारों पर कई बार धर्म का नशा सवार होता है। इसलिए उनके हाथों ऐसी सृष्टि निर्मित हुई है। पाश्चात्य शिल्पकार अधिकांशत: भक्ति से ज्यादा चतुराई को आधार बनाकर काम करते हैं, इसलिए उनकी कृति का सादृश्य मूल्य नहीं होता।"[5] उनके अध्यात्म प्रवण मन द्वारा ढूँढ़ी कला निर्मिति का यह रहस्य अत्यन्त मार्मिक है।

शिंदे के यात्रा साहित्य में वस्तुनिष्ठ स्वरूप की जानकारी तो मिलती ही है, सिवाय उनकी सूक्ष्म निरीक्षण शक्ति, भावुकता, चिन्तनशीलता और प्रकट होनेवाले एहसास से उनका यात्रा वर्णन साहित्यिक दृष्टि से स्तरीय साबित हो जाता है।

सन् 1923 के बाद वे 'डिप्रेस्ड क्लासेज मिशन' की जिम्मेदारी से मुक्त हुए थे। इससे पहले की तुलना में 1923 के बाद उनके पसन्दीदा शोध कार्य को कुछ मात्रा में समय मिलने लगा, जिसे अनुसन्धानात्मक लेखन कहा जा सकता है, वह उनसे 1923 के बाद हुआ है, ऐसा दिखाई देता है। उनका अनुसन्धानात्मक लेखन मुख्यत: भारतीय अस्पृश्यता का प्रश्न, इतिहास, भाषाशास्त्र और समाजशास्त्र से सम्बन्धित है।

विट्ठल रामजी शिंदे के अस्पृश्यता सम्बन्धी शोध कार्य को 1905 से आरम्भ होता है। पूरे भारत के अस्पृश्य वर्ग का निरीक्षण करने के बाद विट्ठल रामजी शिंदे ने मुम्बई की 'इंडियन सोशल रिफॉर्म एसोसिएशन' के सामने नवम्बर 1905 में अंग्रेजी में 'अस्पृश्य वर्ग की दयनीय स्थिति' विषय पर व्याख्यान देकर इस वर्ग की उन्नति के लिए निजी नेतृत्व होनेवाला एक देशी मिशन शुरू करना चाहिए, ऐसा विचार प्रस्तुत किया। इस अभ्यासपूर्ण व्याख्यान में सन् 1901 की जनगणना के प्रतिवेदन का उपयोग कर अस्पृश्य वर्ग की साधार सांख्यिकीय जानकारी दे दी। इस व्याख्यान का प्रतिपादन ही इंडियन सोशल रिफॉर्मर के 29 जुलाई, 1906 के 'ए मिशन फॉर दि डिप्रेस्ड क्लासेज: ए प्ली' नाम से प्रकाशित किया। शिंदे का यह लेख भारतीय अस्पृश्यता से सम्बन्धित पहला शोध आलेख कहा जा सकता है। मिशन की स्थापना के बाद श्रीमन्त सयाजीराव गायकवाड़ की आज्ञा से उन्होंने बड़ौदा में अस्पृश्य वर्ग की स्थिति और अस्पृश्यता उन्मूलन की आवश्यकता के सम्बन्ध में समग्र जानकारीपूर्ण व्याख्यान दिए। श्रीमन्त सयाजीराव गायकवाड़ की अध्यक्षता में दिया गया यह व्याख्यान सन् 1908 में 'मनोरंजन' मासिक पत्रिका में और बाद में 'स्वतंत्र' पुस्तिका के रूप में 'बहिष्कृत भारत' शीर्षक से प्रकाशित हुआ। महाराष्ट्र ज्ञानकोश के सातवें खंड के लिए उन्होंने 'अस्पृश्यता उन्मूलन का आधुनिक इतिहास' नामक जानकारीपूर्ण शोध आलेख लिखा।

सन् 1927 में ब्रह्मदेश के बहिष्कृत वर्ग का प्रत्यक्ष निरीक्षण कर उन्होंने भारत के बाहर की अस्पृश्यता पर नया प्रकाश डाला। उन्हें वहाँ पर अस्पृश्यता की निर्मिति की प्रक्रिया ही देखने को मिली। उन्होंने अस्पृश्यता के प्रश्न पर 30 सालों तक जो चिन्तन-अध्ययन किया, उसका फलित 1933 में उन्होंने लिखे 'भारतीय अस्पृश्यता का प्रश्न' नामक प्रबन्ध में देखने को मिलता है। इस विषय का समग्र परामर्श लेनेवाला अस्पृश्यता से सम्बन्धित यह भारत का पहला प्रबन्ध कहा जाएगा। पूर्णत: शास्त्रीय भूमिका से लिखे इस प्रबन्ध में उन्होंने अस्पृश्यता के उद्गम से लेकर उसका

इतिहास और बुद्धपूर्व काल से वर्तमान काल तक की अस्पृश्यता के स्वरूप का सप्रमाण विवेचन किया है। अस्पृश्यों के अलग-अलग नामों की उत्पत्ति, उनका इतिहास, उनका धर्म, सामाजिक स्थिति और राजनीति आदि का उन्होंने विवेचन किया है। इस प्रबन्ध में उन्होंने अस्पृश्यता से सम्बद्ध पूर्णत: मौलिक जानकारी और निष्कर्ष साधार प्रस्तुत किए हैं। प्रस्तुत प्रबन्ध अनेक विध समाजशास्त्रीय अनुसन्धान पद्धतियों का आधार लेकर लिखा हुआ आदर्श शोध ग्रंथ है।

अस्पृश्यता उन्मूलन कार्य को लेकर शिंदे के अन्त:करण में आजीवन आस्था रही, उसी तरह उन्होंने अस्पृश्यता से सम्बन्धित शोध-कार्य काफी लगन और आस्था से किया। 'भारतीय अस्पृश्यता का प्रश्न' नामक ग्रंथ में समाविष्ट अनुसन्धान से उन्हें काफी सन्तोष मिला। इस सम्बन्ध में उन्होंने कहा है, "अस्पृश्यता का सुराग खोजने का उन्मूलन का हिस्सा छोड़ भी दो तो मुझे स्वयं को जो अनुभव मिला और खुशी हुई, उस पर गौर करें तो मुझे और जीवन मिला तो इसी शोध और सेवा में बिता दूँगा।"

सन् 1923 के बाद शिंदे को जो फुरसत मिली, तब प्राप्त समय का उपयोग महत्त्वपूर्ण शोध हेतु करना चाहिए, ऐसा उन्हें तीव्रता से लग रहा था। यह ऐतिहासिक अनुसन्धान उनकी बेहद आस्था का विषय था। मराठों के इतिहास पर कार्य करें, ऐसा भी उन्हें लगता था। यह शोध करने के लिए आवश्यक आधार ग्रंथ और सुविधा प्राप्त होना भी जरूरी था। उस दृष्टि से बड़ौदा रियासत में स्टेट लाइब्रेरी के क्युरेटर का पद मिल सकता है क्या, इसका उन्होंने अन्दाजा लगाया, लेकिन स्वतंत्र रूप से काम करने की शिंदे की जो कल्पना थी, वह रियासती शासन में पूरी होना असम्भव था। यह जानकर उन्होंने वह विचार छोड़ दिया। श्रीमन्त छत्रपति शाहू महाराज को छत्रपति शिवाजी महाराज की जीवनी लिखी जाए, ऐसा लगता था। अन्य अनुसन्धाताओं की तरह उन्होंने विट्ठल रामजी शिंदे को भी यह बात एक बार कही थी। शिंदे को जब अनुसन्धान कार्य के लिए समय मिला तब श्रीमन्त शाहू छत्रपति जिन्दा नहीं थे। तत्कालीन श्रीमन्त राजाराम महाराज को विट्ठल रामजी शिंदे ने पत्र लिखकर अपना मनोरथ व्यक्त किया तथा शाहू महाराज ने प्रकट की इच्छा का भी उस खत में उल्लेख किया, किन्तु किसी-न-किसी वजह से शिंदे की यह इच्छा साकार न हो पाई, किन्तु उनके द्वारा यथासम्भव इस काल में अपने पसन्दीदा विषय पर अनुसन्धानात्मक लेखन किया।

इस काल में उनके द्वारा किए अनुसन्धान कार्य की महत्त्वपूर्ण उपलब्धि थी, 'भागवत् धर्म का इतिहास'।

वैसे तो शिंदे को हिन्दुस्तान का विस्तृत इतिहास लिखें, ऐसा लगता था। कार्यव्यस्तता और साधनों की कमी के कारण उन्हें वह सम्भव नहीं हुआ, लेकिन हिन्दुस्तान का धार्मिक इतिहास तो लिखा जाए, ऐसा विचार उनके मन में बार-बार आने लगा। वह इतिहास लिखने से पहले एक विस्तृत प्रस्तावना लिखी जाए और बाद में मूल ग्रंथ लिखा जाए, ऐसा उन्होंने प्रयोजन किया और सन् 1925 में उन्होंने 'भागवत् धर्म का इतिहास' नामक विषय पर पाँच अनुसन्धानपरक व्याख्यान लिखकर लोगों के सामने प्रस्तुत किए। उसमें उन्होंने भागवत् धर्म की व्याख्या-श्रद्धा और भक्ति इन दो तत्त्वों में हैं, यह निश्चित कर इस धर्म का और वैदिक धर्म का विशेष सम्बन्ध नहीं है, ऐसा दिखा दिया। वैदिक धर्म यानी जादू-टोना जैसे स्वरूप का अभिचार धर्म है। उसका श्रद्धा और भक्ति से ताल्लुक नहीं। वैदिक धर्म यानी भौतिक धर्म और भागवत् धर्म यानी नैतिक धर्म यह इन दो धर्मों में भेद हैं, ऐसा उन्होंने दिखा दिया। 'भागवत्' शब्द की उत्पत्ति 'भाग' इस शब्द से करवाकर देवी भागवत् यानी देवी का उर्फ शक्ति का उपासक होने की बात उन्होंने प्रस्तुत की। देवी भागवत्, शिव भागवत्, बौद्ध भागवत्, जैन भागवत् और विष्णु भागवत् ऐसे पंचविध भागवतों के प्रकारों का उन्होंने परस्पर सम्बन्ध दिखाया। काल के प्रवाह में बौद्ध धर्म हिन्दुस्तान से विदा हुआ। जैन धर्म की उन्नति रुकी और बाकी वैष्णव, शाक्त और शैव—इन सभी पंथों की अवनति हुई। हिन्दू धर्म का पुनरुज्जीवन और सुधार महाराष्ट्र भागवत् धर्म अर्थात् पंढरपुर के वारकरी सम्प्रदाय ने कैसे किया, यह उन्होंने प्रस्तुत किया। साथ ही, दक्षिण की ओर लिंगायत धर्म, उत्तर की ओर सिक्ख धर्म और पूर्व की ओर के चैतन्य का वैष्णव धर्म इन्होंने हिन्दू धर्म का सुधार कैसे किया, इसका विवरण अन्त में किया है।[6]

हिन्दुस्तान के इतिहास में आर्य और द्रविड़ों का स्थान शिंदे के चिन्तन, अनुसन्धान और आस्था का विषय था। हिन्दुस्तान का इतिहास यानी आर्यों का इतिहास। आर्यों के आगमन से हिन्दुस्तान के इतिहास को शुरुआत हुई आदि कल्पना भ्रामक होकर बड़े विद्वान भी इसी कल्पना को गले लगाकर बैठे हैं, ऐसा शिंदे को एहसास हो रहा था। उनके मतानुसार आर्यों से पहले हिन्दुस्तान में द्रविड़ आए। पश्चिम की ओर से उनसे भी पहले हिन्दुस्तान में मुगल आदि आए। उन्होंने सुदूर हिन्दुस्तान में डेरा जमाया। इस विषय पर अनुसन्धानकर्ता की भूमिका से उन्होंने सन् 1925

के लगभग नासिक, कोल्हापुर आदि स्थानों पर जाहिर व्याख्यान दिए। साथ ही इंडियन सोशल रिफॉर्मर, मद्रास के 'जस्टिस' अंग्रेजी समाचार-पत्र में आर्य-द्रविड़ विवाद पर अनुसन्धानात्मक लेख लिखे। उनके नए प्रतिपादन के कारण परम्परानिष्ठ आर्य अभिमानियों को शिंदे के विचार रास नहीं आते थे। शिंदे के इस विषय पर आधारित व्याख्यान का वृत्तान्त प्रकाशित हुआ तो उनके मित्र होनेवाले ज.स. करन्दीकर के सम्पादन में निकलनेवाले 'केसरी' समाचार-पत्र में शिंदे की इस सोच का तुरन्त प्रतिवाद किया जाता था।

शिंदे को इतिहास सम्बन्धी खंडन करनेवाले दो लेख लिखने पड़े। इतिहासकार वि.का. राजवाड़े ने 'राधामाधवविलासचंपू' यह शहाजीराजा की प्रशस्ति होनेवाला जयराम पिंडे लिखित काव्य प्रकाशित किया। मूल 76 पन्नों के काव्य ग्रंथ को राजवाड़े ने 200 पन्नों की प्रस्तावना लिखी। शहाजी महाराज की प्रशस्ति प्रकाश में लाते समय मराठा जाति के आम लोगों पर, साथ ही देशस्थों पर और जैन-लिंगायतों पर हीन स्वरूप की आलोचना की। ऐतिहासिक भूमिका से रजवाड़े के प्रतिपादन पर शिंदे ने तीव्र आलोचना की। राजवाड़े का गैर उद्देश्य और अन्य जातियों के लिए होनेवाली तिरस्कार वृत्ति देखकर शिंदे को आया अपवादात्मक सात्विक संताप इस लेख से प्रकट हुआ।[7] जदुनाथ सरकार का पुणेरी पेशवाओं के कार्य का वर्णन करनेवाला लेख 4 नवम्बर, 1924 के 'केसरी' में प्रकाशित हुआ। उसमें पहले शाहू महाराज की निन्दा और पेशवाओं के बड़प्पन का वर्णन किया है। ऐतिहासिक सत्य का उसमें विरोधाभास किया जा रहा है, ऐसा लगने से शिंदे ने जदुनाथ सरकार के लेख का भी स्पष्ट रूप में प्रतिवाद किया है।[8]

इतिहास की तरह ही तौलनिक भाषाशास्त्र भी शिंदे की पसन्द का विषय था। 'मराठी भाषा की घटना' नामक पुस्तक के लेखक रा. भि. जोशी की विनती पर उन्होंने 1923 के दिसम्बर में प्रस्तुत पुस्तक में सम्मिलित करने हेतु 'कानडी-मराठी का परस्पर सम्बन्ध' नामक लेख लिखा। इस लेख में कानडी इस पुरानी भाषा का मराठी पर हुआ असर केवल शब्दों तक ही सीमित न होकर व्याकरण की दृष्टि से भी उसका मराठी पर जबर्दस्त असर होने की बात उन्होंने दिखाई है।[9] 'कोंकणी और मराठी का परस्पर सम्बन्ध' नामक लेख जुलाई 1926 के 'विविध ज्ञानविस्तार' में प्रकाशित हुआ है। उसमें कोंकणी यह मराठी की ही एक उपभाषा है, ऐसा उन्होंने दर्ज किया है। मराठी भाषा की उत्पत्ति के सम्बन्ध में उनके द्वारा प्रस्तुत की सोच भी स्वतंत्र है। उनके मतानुसार फिलहाल की मराठी यह महाराष्ट्रीय ऐसा नाम होनेवाली एक पुरानी प्राकृत से उत्पन्न न होकर वह मगध देश से पश्चिम बंगाल, उड़ीसा, तेलगंणा, व-हाड और हजारों साल पहले के उत्तर कर्नाटक (कृष्णा और गोदावरी के बीच का प्रदेश) से यात्रा कर आई भाषा है। आधी प्रगतिशीलत अवस्था में यह भाषा लगभग हजार-बारह सौ वर्षों में उत्तर कोंकण उर्फ अपरान्त प्रान्त में और वहाँ से दक्षिणी कोंकण उर्फ केरल प्रान्त में आ गई और उन दोनों प्रान्तों में फिलहाल मालवणी, कोंकणी, गोवानी आदि नामों से प्रचलित हो गई, ऐसी उनकी राय थी।[10]

उनकी व्युत्पत्तिशास्त्र में गहरी रुचि थी। मराठी शब्दों की उत्पत्ति का विचार करते समय केवल संस्कृत भाषा पर जो बल दिया जाता है, वह उचित नहीं है, शायद ऐसी उनकी राय थी। इसलिए 1931 में 'महाराष्ट्र शब्दकोश' का काम शुरू था, तब उन्होंने कोशकार को सूचना दी कि हर एक शब्द की व्युत्पत्ति ठीक तरह से प्रस्तुत की जाए और उसके लिए कम-से-कम एक तो आर्येतर भाषा जाननेवाले विद्वान को कमेटी पर नियुक्त करें। उसके अनुसार उस कमेटी पर प्रि. राजवाड़े, मोड़क शास्त्री, कृ. पां. कुलकर्णी के साथ शिंदे की नियुक्ति की थी। हर सप्ताह में एक बार शब्दकोश कचहरी में कमेटी की बैठक आयोजित होती थी। शिंदे ने भारत भ्रमण करने के कारण उन्हें कानडी के साथ ही अन्य द्रविड़ भाषाएँ अवगत थीं, साथ ही बांग्ला, गुजराती, ओडिया, सिन्धी—इन भाषाओं का भी उन्हें अच्छा परिचय था। मराठी शब्दों की व्युत्पत्ति सिद्ध करते समय उन्हें होनेवाले विभिन्न भाषाओं के ज्ञान का बड़ी मात्रा में उपयोग होता होगा, यह उनके कागजात में होनेवाले व्युत्पत्ति विषयक कार्ड से समझ में आता है। उन्होंने दिसम्बर, 1929 में तौलनिक भाषाशास्त्र पर बड़ौदा में जयसिंगराव स्टेट लाइब्रेरी में व्याख्यान दिया। अहमदाबाद में भी उन्होंने व्युत्पत्तिशास्त्र पर व्याख्यान दिया। वहाँ पुणे की कमेटी की जानकारी बताकर अहमदाबाद के विद्वान भी ऐसी ही कमेटी नियुक्त करें और पुणे के कमेटी से सहकार्य करें, ऐसा सूचित किया। शिंदे ने 1929-30 में 'रत्नाकर' पत्रिका में 'मराठों की पूर्वपीठिका' नामक विषय पर तौलनिक मानव वंशशास्त्र की भूमिका से तीन लेख लिखे। व्युत्पत्तिशास्त्र, समाजशास्त्रीय अवलोकन—इनके आधार पर उन्होंने मराठा यह अनेक जातियों में से एक जाति न होकर वह एक राष्ट्र है और प्रसिद्ध मानववंश भी है, ऐसा प्रतिपादन प्रस्तुत लेख में किया है। रट्ट, राज और रथ—इन तीन अलग-अलग

शब्दों से 'मराठा' नाम का होनेवाला सम्बन्ध उन्होंने दिखाया और ख्यातलब्ध मानववंशशास्त्र रॉलिन्सन के 'हिस्ट्री ऑफ दि पार्थियन्स' ग्रंथ के आधार पर मराठा ये पार्थव या पल्लव वंश के होंगे, ऐसा प्रमाण के साथ दर्ज किया है।[11]

अनेक शास्त्रों का व्यासंग, प्रमाण के साथ प्रतिपादन करने की सावधानी, बुद्धि की कुशाग्रता और दृष्टिकोण की व्यापकता के कारण महर्षि शिंदे के अनुसन्धानपरक लेखन को मौलिकता प्राप्त होती है। अनुसन्धानपरक लेखन मराठी में ही करें, इस बारे में शिंदे का आग्रह था और उसके पीछे उनकी एक भूमिका थी, ऐसा लगता है।

सन् 1905 को शिंदे ने 'सुबोध पत्रिका' में 'अस्पृश्य वर्ग की स्थिति' के सम्बन्ध में तथा 1906 में 'डिप्रेस्ड क्लासेज मिशन' स्थापित करने के पीछे की भूमिका स्पष्ट करनेवाला अंग्रेजी लेख 'इंडियन सोशल रिफॉर्मर' में लिखा, लेकिन अस्पृश्यता के प्रश्न को लेकर बाद के लेख और 'भारतीय अस्पृश्यता का प्रश्न' यह प्रबन्ध उन्होंने मराठी में ही लिखा। भागवत् धर्म, भाषाविषयक तथा समाजशास्त्र सम्बन्धी अनुसन्धानपरक पूरा लेखन उन्होंने मराठी में किया है। अपना अनुसन्धानपरक लेखन, विशेषत: अस्पृश्यता सम्बन्धी लेखन अगर उन्होंने अंग्रेजी में किया होता तो केवल भारतीय स्तर पर ही नहीं तो वैश्विक स्तर पर भी इस विषय के अनुसन्धान क्षेत्र में पहल करनेवाले अव्वल अनुसन्धाता के रूप में उन्हें ख्याति मिलती। ऑक्सफोर्ड विश्वविद्यालय में दो साल शिक्षा लेनेवाले शिंदे का अंग्रेजी भाषा पर अधिकार था, यह अलग से बताने की जरूरत नहीं है। उन्होंने यथाप्रसंग जो अंग्रेजी लेखन किया, उससे उनका अंग्रेजी पर अधिकार था, इसकी गवाही मिलती है।

शिंदे का यह आग्रह था कि अपना अनुसन्धानपरक, वैचारिक लेखन मराठी में ही हो। उनकी यह भूमिका 1898 से थी, यह उनकी डायरी में दर्ज टिप्पणी से समझ में आता है। बसन्त व्याख्यानमाला में होनेवाले व्याख्यान के प्रति असन्तोष व्यक्त करते समय साथ ही इस तरह की व्याख्यानमालाओं ने कौन-सा कार्य करना चाहिए, यह बताते समय उन्होंने कहा, "नए शास्त्रीय शोध बताकर बहुजन समाज के ज्ञान में वृद्धि करें।" (डायरी, पृष्ठ सं. 36) बहुजन समाज के हित के प्रति शिंदे पूरी सावधानी बरतते थे। बहुजन समाज को ज्ञानी, बहुश्रुत करना हो तो मराठी में मौलिक, महत्त्वपूर्ण विषय पर लेखन होना उन्हें आवश्यक लगता था। इस भूमिका से ही उन्होंने बड़ौदा साहित्य सम्मेलन में दर्शन और सामाजिकशास्त्र विभाग के अध्यक्ष पद से भाषण देते समय श्रीमान मटंगे ने मराठी में लिखी 'सापेक्षतावाद' नामक छोटी पुस्तिका की बड़ी सराहना की। इसलिए स्वयं शिंदे महत्त्वपूर्ण विषयों पर सामाजिक और अनुसन्धानपरक लेखन मराठी में ही करते रहे। इस प्रकार का लेखन मराठी में अधिक मात्रा में होगा तो मराठी भाषा समृद्ध होगी, ऐसी उनकी राय थी।

1923 से 1933 इस दशक में उन्हें जो थोड़ा-बहुत अवसर मिला, उसमें उन्होंने अनुसन्धानपरक लेखन किया। सन् 1930 में महात्मा गांधी के आह्वान को प्रतिसाद देकर शिंदे ने कानून भंग आन्दोलन में हिस्सा लिया और यरवदा जेल में छह माह सश्रम कारावास की सजा भुगती। इस सजा के दौरान रात के समय का उपयोग उन्होंने आत्मचरित्रपरक लेखन करने में बिताया। उन्होंने इस काल में एक छोटी-सी डायरी भी लिखी है। डायरी से अलग ऐसी शिंदे के आत्मपरक लेखन की दूसरी अभिव्यक्ति यानी उनकी लिखी 'माझ्या आठवणी व अनुभव' नामक आत्मचरित्रपरक रचना। इसके आरम्भिक सौ पन्नों का मजमून शिंदे ने यरवदा जेल में सन् 1930 में लिखा। बाद का लगभग 300 पन्नों का हिस्सा 1939 में शारीरिक विकलता की अवस्था में जीवन के अन्तिम दौर में लिखा है। शारीरिक विकलांगता के कारण शिंदे के लिए स्वयं लेखन करना सम्भव नहीं था। वे मजमून बताते और उनका छोटा बेटा रवीन्द्र वह लिखता था। शिंदे ने जेल में लिखा बचपन से पुणे की कॉलेज शिक्षा पूरी होने तक का हिस्सा आत्मचरित्र में काफी आत्मीय बना है। बचपन का अंश लिखते समय अत्यन्त प्रिय यादों में वे तल्लीन हो गए थे। इसलिए उन्होंने तादात्म्य होकर अपने माता-पिता, दादाजी, अन्य परिवारजन, दोस्तों, अध्यापकों और अपने उदार पारिवारिक माहौल का हृदयंगम रेखांकन किया है। यादों का अगला हिस्सा डायरी जैसे स्वरचित साहित्य का तथा समाचार-पत्र में आई सम्बन्धित जानकारी का आधार लेकर लिखा है। इस आखिरी हिस्से में जानकारी देने को प्रधानता होने पर भी उसमें शुष्कता नहीं है; तो एक भावुक, धर्मप्रवण और परिपक्व व्यक्ति ने किया यह निवेदन है, इसका वाचकों के मन पर प्रभाव पड़ता है। यादों के दूसरे खंड में उन्होंने अपने कार्यरूप जीवन का वर्णन किया है। उनके द्वारा धर्म-प्रचारक पद स्वीकारने के बाद किया प्रार्थना समाज का प्रचारकार्य, निराश्रित सहायकारी मंडल की स्थापना कर किया अस्पृश्यता उन्मूलन का कार्य, राजनीति में सहभाग, मंगलौर के ब्राह्म समाज के आचार्य के रूप में किया कार्य, कानून भंग आन्दोलन में लिया हिस्सा और जेल, उसी के साथ ब्रह्मदेश की यात्रा और ब्राह्म समाज के शतसावन्तसरिक उत्सव के बहाने की यात्रा आदि का वर्णन आ जाता है।

विट्ठल रामजी शिंदे के लेखन से उनकी सत्यनिष्ठा, जीवन में धार्मिक और सामाजिक उन्नति की उनकी लगन, उनकी नि:स्पृह वृत्ति, उनकी रसिकता और हँसोड़ स्वभाव, उनके व्यक्तित्व की विशेषताएँ इस आत्मपरक लेखन में सामने आती हैं। उनके आत्मपरक लेखन में अभाव के रूप में मिलनेवाली एक विशेषता यह है कि उसमें कही भी आत्मगौरव नहीं है, आत्मसमर्थन नहीं है। अन्यों को दूषण दिया हुआ उदाहरण अपवाद में भी दिखाई नहीं देता। इस आत्मपरक लेखन से स्पष्ट होनेवाला उनका व्यक्तित्व अत्यन्त उदात्त, परिपक्व और क्षमाशील ऐसे एक धर्मनिष्ठ विभूति का है, इसका प्रभाव पाठकों के अन्त:करण पर पड़ता है।

विट्ठल रामजी शिंदे का लेखन उन्नत धर्म पर पूर्ण श्रद्धा होनेवाले धर्मनिष्ठ व्यक्ति का लेखन है। उसमें उनका निजी जीवन, प्रत्यक्ष कार्य और उनके साहित्य से प्रकट होनेवाली वैचारिकता और संवेदनशीलता इनके बीच समानता है। स्वाभाविकत: उनका यह लेखन सही जिन्दगी से निर्मित होने के कारण उसे गुणात्मक आयाम मिला है। पूर्वग्रहरहित जानकार मराठी समीक्षकों, वाचकों का जो वर्ग है, उन्हें शिंदे का साहित्य काफी मौलिक लगता है। उन्हें शिंदे प्रबोधनयुग के आदर्श चिन्तक, लेखक लगते हैं। उनका ललित लेखन भी चुनिन्दा साहित्यिक अभिरुचि होनेवाले वाचक-समीक्षकों को मूल्यवान लगता है। शिंदे ने अनुसन्धान तथा वैचारिक साहित्य में महत्त्वपूर्ण योगदान दिया है। उनका ललित साहित्य भी उनके जीवन सम्बन्धी दृष्टिकोण और विशेष संवेदनशीलता से मराठी साहित्य की सम्पन्नता में वृद्धि करनेवाला है।

शिंदे का साहित्य इतना स्तरीय होने के बावजूद उन्हें तत्कालीन आम सफेदपोश वाचक वर्ग में लेखक के रूप में लोकप्रियता और स्वीकृति नहीं मिली। शिंदे की स्वतंत्र सोच तत्कालीन वाचक वर्ग के समझ से परे थी। आर्य संस्कृति के लिए अनुकूल तो बौद्ध मत के प्रति प्रतिकूल पूर्वग्रह होनेवाले पढ़े-लिखे मराठी वाचक वर्ग को शिंदे के अनुसन्धानात्मक लेखन की मौलिकता और वैचारिक लेखन की स्वतंत्रता जँचनेवाली नहीं थी।

मिल, स्पेंसर और आगरकर के अज्ञेयवादी और नास्तिकवादी विचार के प्रभाव से शिंदे छात्रावस्था में ही स्वयं को मुक्त कर पाए और उन्नत धर्म की ओर मुडे, किन्तु सुशिक्षित महाराष्ट्र इस वैचारिक दबाब के नीचे अगले पचास सालों तक रहा और उसकी आज भी पूर्णत: मुक्ति हुई है, ऐसा नहीं लगता है। शिंदे ने तो एकेश्वर धर्ममत का स्वीकार कर वे प्रार्थना समाज के, ब्राह्म समाज के आजीवन निष्ठावान प्रचारक रहे और उस भूमिका से उन्होंने मौलिक लेखन किया, किन्तु मराठी संस्कृति में प्रार्थना समाज का सही अन्तरंग न पहचानकर उसे ईसाई धर्म की नकल करनेवाला पंथ कहकर उसकी ओर तुच्छता, दूरी से शिक्षित मराठा समाज देखता आया। इसलिए न्यायमूर्ति रानडे, डॉ. भंडारकर के धार्मिक परिपक्व लेखन की ओर ध्यान नहीं दिया गया। वही स्थिति शिंदे के धार्मिक लेखन की हुई।

महात्मा गांधी का राजनीति में उदय होने से पहले ही शिंदे तत्सम भूमिका से वैचारिक लेखन करते थे। आगे चलकर तो समानधर्मिता के कारण वे महात्मा गांधी के आन्दोलन में भी शामिल हुए। शिक्षित महाराष्ट्र को महात्मा गांधी कभी भी अपने नहीं लगे। स्वाभाविकत: गांधीवाद का असर महाराष्ट्र के साहित्य विश्व पर नहीं पड़ा। शिंदे की उपेक्षा का यह भी एक कारण होगा। शिंदे के लेखन से बौद्ध, इस्लाम, ईसाई आदि धर्म के लिए समता की बुद्धि और ईसा, बुद्ध, मुहम्मद—इन धर्म संस्थापकों के लिए आदर का भाव व्यक्त होता है। उनके लेखन में संकुचित पक्षपात या परधर्मियों के लिए द्वेष का लेश कतई व्यक्त नहीं होता। उनके सभी एहसासों का अन्त:स्रोत 'प्रेम धर्म' होने की बात सामने आती है।

अस्पृश्यता से सम्बन्धित अनुसन्धानात्मक लेखन करने में विट्ठल रामजी शिंदे अगुआ थे। समाजशास्त्रीय अनेकविध अनुसन्धान पद्धतियों का आधार लेकर उन्होंने मौलिक अनुसन्धान किया, किन्तु अस्पृश्यता उन्मूलन का कार्य महाराष्ट्र के शिक्षितों की आस्था का विषय नहीं बन पाया। फिर एतद्विषयक अनुसन्धान की ओर ध्यान देना तो दूर ही। बहुजन समाज और शोषित पीड़ितों के समर्थन में उन्होंने सामाजिक प्रश्नों पर किया वैचारिक लेखन भी उपेक्षित रहा। अपनी परिधि के बाहर कूवत न होनेवाले सफेदपोशों को वह रास आना असम्भव था।

कम-से-कम स्वतंत्रतापूर्ण काल में तो महाराष्ट्र की साहित्यिक अभिरुचि यह जीवन सम्बद्धता से ज्यादा वाग्विलास दिखानेवाले कल्पनाप्रचुर लेखन को महत्त्व देनेवाली थी। इसलिए सतही वाग्विलास की ओर ध्यान न देकर सीधा जीवन के सार तत्त्व को प्रस्तुत करनेवाले विट्ठल रामजी शिंदे का वस्तुत: स्तरीय ललित साहित्य तत्कालीन सम्भ्रान्त वाचक वर्ग को मूल्यवान नहीं लगा होगा। इन अनेकविध कारणों से शिंदे को लेखक के रूप में जो स्वीकृति मिलनी चाहिए थी, वह पूर्व काल में मिली हुई दिखाई नहीं देती।

मराठी साहित्य में स्वातंत्र्योत्तर काल में, विशेषत: 1960 के बाद अन्तर दिखाई देता है। साहित्यविषयक अभिरुचि में उचित परिवर्तन दिखाई देते हैं। महाराष्ट्र के प्रबोधन कार्य में शिंदे ने सुधारक के रूप में किए कार्य के महत्त्व का उत्तरोत्तर अधिक एहसास होने लगा था। जीवन के समग्र विकास का समग्रता से विचार करनेवाले शिंदे की राह यह वाकई सुधार की राह है, ऐसा कुछ चिन्तक आज प्रतिपादन कर रहे हैं। सुधारक और चिन्तक के रूप में शिंदे का बड़प्पन जैसे आज महसूस होने लगा है, उसी के साथ एक श्रेष्ठ स्तर के ललित साहित्य के सर्जनशील लेखक और मौलिक अनुसन्धानकर्ता के रूप में भी उनकी उत्तरोत्तर स्वीकृति बढ़ने लगी है, ऐसा कुछ मात्रा में दिखाई देने लगा है।

सन्दर्भ

1. टॉम्स हयूज, *डेविड लिविंग्स्टन,* मैकमिलन और कं., लन्दन, प्रथम प्रकाशन, 1889, तेरहवाँ पुनमुर्द्रण, 1928, डेविड लिविंग्स्टन ने (1813-1873) धर्म-प्रसार, पूर्व अफ्रीका के गुलामों का व्यापार रोकना और नाईल नदी का उगम ढूँढ़ना यह उद्‌देश्य रखकर अफ्रीका की आखिरी यात्रा की।
2. वि.रा. शिंदे, *माझ्या आठवणी व अनुभव,* पृ. 100
3. वि.रा. शिंदे, *लेख, व्याख्याने व उपदेश,* पृ. 57-69
4. द्वा.गो. वैद्य, *प्रार्थना समाजाचा इतिहास,* पृ. 287
5. वि.रा. शिंदे, 'सहयाद्रीवरून-1' 'मासिक मनोरंजन', अक्टूबर, 1925 समाविष्ट, *धर्म, जीवन व तत्त्वज्ञान,* पृ. 126-34
7. भागवत् धर्म का विकास इस विषय पर आधारित ये पाँच व्याख्यान पुणे प्रार्थना समाज में 17 जुलाई, 1925 से 31 अगस्त, 1925 इस काल में हुए। समाविष्ट, *शिंदे लेख संग्रह,* पृ. 1-62
7. 'राधामाधवविलास चंपू और राजवाड़े', *शिंदे लेख संग्रह,* पृ. 171-190
8. पुणेरी पेशव्यांची राष्ट्रीय (!) कामगिरी, वही, पृ. 191-201
9. वही, पृ. 154-165
10. वही, पृ. 134-153
11. 'मराठयांची पूर्वपीठिका अथवा रट्टवंशोत्पत्तीविषयी शास्त्रीय विचार', वही, पृ. 63-94

अपूर्व स्नेह-सम्मेलन

मधुमेह, वात—इन व्याधियों के कारण अण्णासाहब ज्यादातर बाहर नहीं जा सकते थे। वाई ब्राह्म समाज मंडलियों का अनुरोध और कार्यनिष्ठा के चलते कभी-कभी महज वाई को जाना होता। घर पर मिलने आई मंडलियों के साथ मात्र वे दिल खोलकर बातें करते। जरूरत लगती तो सलाह देते। इधर सतारा के भाऊराव पाटील का अण्णासाहब के पास आना बढ़ गया था और शैक्षिक प्रश्नों को लेकर वे उनसे विचार-विमर्श करते, उनकी सलाह लेते थे। वाई ब्राह्म समाज के दौरे पर अण्णासाहब के साथ कभी-कभी भाऊराव पाटील भी रहते और वाई के आस-पास के देहाती लोगों के सामने अपने विचार रखते थे। भाऊराव के मन में अण्णासाहब के प्रति काफी आदर था। भाऊराव उन्हें गुरु ही मानते थे। अण्णासाहब ने जिस अस्पृश्यता उन्मूलन कार्य की शुरुआत की थी, उसका अमल भाऊराव ने अपनी शैक्षिक संस्था में शुरू किया था। सतारा में उनके द्वारा शुरू किए छात्रावास में अस्पृश्यता का पालन नहीं किया जाता था। स्पृश्य-अस्पृश्य छात्रों का निवास और भोजन एक साथ होता था और भाऊराव सभी जाति-धर्म के बच्चों के साथ पितृवत् बर्ताव करते। देहातों में शिक्षा प्रसार का भाऊराव द्वारा चलाया कार्य और उसके साथ जारी रखा अस्पृश्यता उन्मूलन का उपक्रम अण्णासाहब को भी बहुत महत्त्वपूर्ण लगता था और भाऊराव को भी अपने कार्य को अण्णासाहब का मार्गदर्शन और आशीर्वाद मिले, ऐसा लगता था। इसलिए रयत शिक्षा संस्था के आजीवन सेवकों का शपथ विधि समारोह भाऊराव ने अण्णासाहब की उपस्थिति में रखा था।

सन् 1937 में कांग्रेस ने मुम्बई इलाके में अधिकार ग्रहण किया और अपना मंत्रिमंडल स्थापित कर कारोबार शुरू किया। मुम्बई सरकार के मंत्रिमंडल में नामदार बालासाहब खेर मुख्यमंत्री थे। कांग्रेस सरकार ने मुम्बई इलाके की शिक्षा व्यवस्था में आमूलचूल परिवर्तन करना तय किया और शिक्षा मंत्री ने उसकी घोषणा की। शिक्षा सम्बन्धी परिवर्तन करने हेतु मुम्बई इलाके के 14 सरकारी हाईस्कूल लोगों के हवाले करने की घोषणा मुख्यमंत्री और शिक्षामंत्री बालासाहब खेर ने की। निजी संस्थाओं को यह हाईस्कूल देने के बारे में जल्दी फैसला करना अण्णासाहब को खतरनाक लग रहा था। जिन शिक्षा संस्थाओं को बहुजन समाज की शिक्षा के लिए आस्था नहीं, ऐसी शहरी शिक्षा संस्थाओं के हवाले ये हाईस्कूल करें तो यह बात बहुजन समाज के हित में नहीं होगी, ऐसा भी उन्हें लगता होगा। शायद भाऊराव पाटील ने भी उनसे इस सन्दर्भ में चर्चा की होगी। तब इस शिक्षा-नीति पर गम्भीरता से विचार हो और राजनीतिक क्षेत्र के नेता, मंत्री और शैक्षिक, सामाजिक क्षेत्र में कार्य करनेवाले कार्यकर्ताओं में विचार-विमर्श हो, स्नेह वृद्धिगत हो इस उद्देश्य से अण्णासाहब शिंदे ने अपने घर में ही एक स्नेह-सम्मेलन आयोजित करना तय किया। सितम्बर मास में पुणे में वर्षाकालीन अधिवेशन शुरू था, इसलिए मंत्रिमंडल के सदस्य भी उपलब्ध होने की सम्भावना थी। इसलिए अण्णासाहब शिंदे ने कांग्रेस सरकार के मंत्री, विधिमंडल सचिव तथा शैक्षिक, सामाजिक क्षेत्र के कार्यकर्ता और विद्वान—ऐसी लगभग 52 मंडलियों को इस सम्मेलन के लिए निमंत्रित करना तय किया। इस सम्मेलन को आने हेतु उन्होंने जो निमंत्रण पत्र भेजा, वह इस तरह था :[1]

स्नेह-सम्मेलन

कांग्रेस ने जब से अधिकार ग्रहण किया तब से राजनीति के अलावा अन्य राष्ट्रीय सन्दर्भों में भी धीरे-धीरे क्रान्ति हो रही है, किन्तु उसके अनुरूप स्नेह और एकता की वृद्धि नहीं होती। इसलिए क्रान्ति का उद्देश्य कृति में नहीं आता।

इसलिए यह छोटा-सा सम्मेलन मैंने अपने घर पर (राम विहार, जंगली महाराज रोड, भांबुर्डा, पुणे-5) आनेवाले शनिचर को तारीख 18 सितम्बर, 1937 को शाम ठीक छह बजे रखा है। मुम्बई इलाके के मंत्रिमंडल से नामदार खेर, नामदार लड्डे, नामदार पाटील आदि ने सहभाग लेना मंजूर किया है। सम्मेलन का उद्देश्य केवल सामाजिक न होकर राष्ट्रीय शिक्षा के एक महत्त्वपूर्ण पहलू पर आत्मीयता से बातचीत करें, यह है। इसलिए निम्न मित्र-मंडली समय पर उपस्थित रहने का कष्ट करें, ऐसी नम्र विनती है। कुछ लोगों का प्रत्यक्ष परिचय न हो, फिर भी कार्य और उद्देश्य की ओर देखकर औपचारिकता को दूर रखकर वे मुझ पर एहसान करेंगे, इस विश्वास से यह विनती है। सम्मेलन की कामयाबी समय पर आगमन और सुचारू ढंग से चर्चा इस पर आश्रित है।

राम विहार
भांबुर्डा, पुणे नं. 5
ता. 14 सितं., 1937

आपका,
विट्ठल रामजी शिंदे

कार्यक्रम

शाम 6 बजे	-	स्वागत, परिचय आदि
शाम 6 बजकर 15 मिनट	-	बैठक (भाषण और चर्चा)
शाम 7 बजकर 30 मिनट	-	चाय-पान

नियोजन के अनुसार 18 सितम्बर को शाम 6 बजे यह सम्मेलन विट्ठल रामजी शिंदे के घर की खुली छत पर शुरू हुआ। उपस्थितों में मुख्यमंत्री नामदार बालासाहब खेर, नामदार आ.बा. लड्डे (अर्थमंत्री), नामदार ल.मा. पाटील (स्थानीय स्वराज्य मंत्री), नामदार मोरारजी देसाई (राजस्व मंत्री), अन्य मंडलियों में के.ब. देशमुख (संगमनेर), बा.ज. शिंदे (सतारा), रा.कृ. करवडे (सतारा), रा.भा. थोरात (नासिक), ज.भ. मोरे (पंढरपुर), दा.खा. जगताप (केंजल, मजदूर पक्ष, मुम्बई), श्रीमती लक्ष्मीबाई गणेश ठुसे, धनाजीराव चौधरी (जलगाँव), न.भी. मास्टर (मुम्बई), भु.मा. नन्दा, भा.म. गुप्ते (विधिमंडल सचिव) सम्मेलन के लिए आए थे। अन्य प्रतिष्ठित मंडलियों में रघुनाथराव खाडिलकर, बा.ग. जगताप, बाबूराव जेधे, हरिभाऊ वागिरे, सूबेदार घाटगे, महिलाओं के ट्रेनिंग कॉलेज की प्रिंसिपल कु. शिंदे, भाऊराव पाटील (सतारा), नारायणराव काजरोलकर (ज्वाइंट सेक्रेटरी डी.सी. मिशन सोसाइटी ऑफ इंडिया), सोनगाँवकर (मुम्बई), भाऊराव जाधव, इनामदार (वाघोली), केशवराव बागडे वकील (पुणे), शंकरराव मोरे (पुणे), शं.बा. चव्हाण (पुणे), नागम्मा पाटील (धारवाड़), वसन्तराव नायक (धारवाड़) यह मंडली उपस्थित थी। कुल मिलाकर लगभग सौ आदमियों का समुदाय राम विहार की खुली छत पर इकट्ठा हो गया था।

सम्मेलन के आरम्भ में अण्णासाहब की बहू लक्ष्मीबाई और भतीजी शुभा, इन दोनों ने 'उठ जाग मुसाफिर भोर भई, अब रैन कहाँ जो सोवत है' यह पद गाया। उसके बाद अण्णासाहब ने प्रस्ताविक भाषण दिया। प्रथमत: उन्होंने कार्यव्यस्तता के बावजूद मेहमान मंडली समय पर आई देखकर सभी के आभार प्रकट किए। उसके बाद उन्होंने कहा, "उच्च, दोयम शिक्षा का पूरा खर्चा अमीर लोगों की ओर से लेकर प्राथमिक शिक्षा की अविलम्ब सुविधा उपलब्ध कराना आवश्यक है। महाराष्ट्र विद्यापीठ की स्थापना करने से पहले सभी जाति के और स्तर के लोगों के हित का संरक्षण होगा, ऐसी तसल्ली देना जरूरी है। उसके सिवा पिछड़े वर्ग का इस योजना पर भरोसा नहीं होगा और समर्थन नहीं मिलेगा। इलाके के 14 हाईस्कूल लोगों के हवाले करने की घोषणा हुई है। निजी संस्थाओं को यह हाईस्कूल देने के बारे में जल्दबाजी करना बहुत खतरनाक है। बहुजन पक्ष के प्रतिनिधियों की सम्मति प्राप्त कर उनके हित में जो योजना बनाएँगे, उन निजी संस्थाओं की ओर यह हाईस्कूल सौंपना जरूरी है। यूरोप में जर्मनी जैसे उच्छृंखल राष्ट्रों के शहंशाह होनेवाले हिटलर ने टोटॅलिटेरिऑनिज्म यानी प्रजा का सर्वस्व अपनी मुट्ठी में कसकर पकड़ने का प्रचलन गति से चलाया है। राजनीतिक, धार्मिक, आर्थिक—सभी बारे में 'हम करें सो कायदा' ऐसा होने से प्रजातंत्र मटियामेट हो रहा है। ऐसे समय कांग्रेस ने शिक्षा की कुछ जिम्मेदारी लोगों पर सौंपना अच्छी पहल है, किन्तु यह प्रयोग सावधानी और सभी को ध्यान में लेकर करना चाहिए।" इस प्रकार का प्रस्ताविक करके अण्णासाहब शिंदे ने नामदार खरे को इस सम्बन्ध में कांग्रेस की नीति सभी के सामने दो शब्दों में रखने की विनती की। नामदार खेर ने अत्यन्त विनयपूर्वक

स्पष्ट शब्दों में अपने विचार रखे। उन्होंने कहा, "अपनी पूरी संस्कृति पाश्चात्य तानाशाही के विरुद्ध है। शिक्षा सुधार के बारे में कांग्रेस जो कदम उठाएगी, वह सभी के हित की उचित तजवीज करके ही उठाएगी। मराठी भाषा का एक विश्वविद्यालय होना जरूरी है। आजकल की उच्च शिक्षा बिलकुल ही बेकार है, इस बारे में दो राय नहीं। मुम्बई विश्वविद्यालय के लिए इलाके की सभी आवश्यकताओं को पूरा करना बस के बाहर है। उसमें होनेवाली कमियाँ दूर करने का इस नए विश्वविद्यालय का प्रयास होगा। हाईस्कूल निजी संस्थाओं को सौंप दिए जाएँगे। उस सन्दर्भ में भी सभी जातियों के हित की तजवीज करके, योग्यता देखकर ही सौंप दिए जाएँगे।" ऐसा स्पष्ट आश्वासन देकर नामदार खेर ने अपना भाषण पूरा किया।

इसके बाद महात्मा गांधी के गौरव का एक सुन्दर पद गाया गया। उसके बाद अण्णासाहब ने, "हिन्दभूमि के उत्कर्ष के लिए लड़ने में इस महात्मा को कामयाबी मिले, उनका शिष्टमंडल जिसने अधिकार ग्रहण किया है, उसे पूरी जिम्मेदारी का एहसास हो, वर्तमान मुश्किल समय में जनता की सभी उम्मीदें सफल हो जाएँ" ऐसी आस्थापूर्ण प्रार्थना की। सभी ने जल-पान किया। खुशी और मेल-जोल का माहौल था। अण्णासाहब शिंदे से बिदाई लेते समय नामदार खेर ने उन्हें कहा, "पद और प्रार्थना सुनकर मेरा दिल भर आया और आँखों में आँसू आ गए।" कुल मिलाकर समारोह को महाउपासना का स्वरूप आया, ऐसा 'सुबोध पत्रिका' में दर्ज किया है।[2]

अण्णासाहब के व्यक्तित्व और कार्य के प्रति आदर होने के कारण ही मुख्यमंत्री बालासाहब खेर से लेकर महाराष्ट्र की दूर-दूर की कार्यकर्ता मंडली इस समारोह में आस्था से उपस्थित रही। देहात के लोगों की समग्र उन्नति, बहुजन समाज के बच्चों की शिक्षा के बारे में अण्णासाहब को आस्था और चिन्ता लगती थी। कांग्रेस के स्वकीय राज्य में भी बहुजन समाज और पिछड़े वर्ग के बच्चों की शिक्षा व्यवस्था अच्छी हो, ऐसी सूचना ही इस सम्मेलन में अण्णासाहब ने की और अण्णासाहब के मन की आस्था और चिन्ता ध्यान में लेकर नामदार बालासाहब खेर ने शिक्षा सम्बन्धी फैसला सभी जाति का हित ध्यान में लेकर अमल में लाया जाएगा, ऐसा आश्वासन भी दिया। अण्णासाहब की प्रार्थना में प्रकट हुई आन्तरिक आस्था यह उपस्थितों के अन्त:करण को छूनेवाले होगी। इसलिए नामदार खेर ने अण्णासाहब से बिदाई लेते समय 'पद और प्रार्थना सुनकर मेरा दिल भर आया और आँखों में आँसू आ गए' ऐसा कहा। अण्णासाहब शिंदे का बुढ़ापे में और व्याधिग्रस्त अवस्था में राजनीतिक-सामाजिक स्वरूप का यह आखिरी महत्त्वपूर्ण कार्य कहा जा सकता है।

अण्णासाहब शिंदे द्वारा आयोजित किए गए इस स्नेह सम्मेलन के कारण और उसमें हुई चर्चा के कारण सरकारी हाईस्कूल निजी शिक्षा संस्थाओं के हवाले करने के प्रश्न का खेर मंत्रिमंडल ने पुनर्विचार किया होगा क्योंकि सरकार द्वारा जाहिर किए मनोदय के अनुसार यह निर्णय अमल में नहीं लाया।

सन्दर्भ

1. *शिंदे के कागजपत्र*
2. *सुबोध पत्रिका,* 26 सितम्बर, 1937

आखिर के दिन

अण्णासाहब की तबीयत मूलतः मजबूत थी, इसीलिए 1892 में पुणे आए, तब से जीवन के आगे के काल में वे शारीरिक कष्ट उठा पाए। छात्रावस्था में ट्यूशन के निमित्त से, कॉलेज जाने हेतु, साथ ही व्याख्यान सुनने के बहाने रोजाना उन्हें दूर-दूर कई मील पैदल चलना पड़ता था। उस समय इस पैदल चलने के पीछे गरीबी एक कारण था। सन् 1903 से वे मुम्बई प्रार्थना समाज के प्रचारक बने। प्रचार कार्य के लिए मुम्बई जैसे बड़े महानगर में सदस्यों के घर अनुष्ठान कर्म करने के लिए या समाज के प्रचार कार्य का एक हिस्सा मानकर व्याख्यान देना, उपासना चलाना इसके लिए भी उन्हें दूर-दूर तक जाना पड़ता था। सम्भव हो तो ट्राम से वरना कई मील पैदल ही जाना पड़ता था। प्रार्थना समाज के प्रचार कार्य के निमित्त मुम्बई के बाहर अन्य गाँवों में साथ ही अन्य प्रान्तों में अण्णासाहब को यात्रा करनी पड़ती। अपर्याप्त साठ रुपये मासिक वेतन से ही उन्हें अपने परिवार का खर्चा चलना पड़ता था और धर्म-प्रचारार्थ की जानेवाली यात्रा का खर्चा भी इस अपर्याप्त वेतन से ही करना पड़ता। अक्टूबर, 1906 से 'डिप्रेस्ड क्लासेज मिशन' शुरू करने के बाद, धर्म-प्रचार के कार्य के साथ ही मिशन के कार्य हेतु भी उन्हें अक्सर यात्रा करनी पड़ती थी। मिशन के कार्य के लिए उन्हें अलग वेतन मिलता था। अपने प्रचार कार्य के लिए की जानेवाली यात्रा के खर्चे का बोझ मिशन को उठाना न पड़े, इसका अण्णासाहब खयाल रखते थे। मूलतः उनका स्वभाव किफायत की ओर ध्यान देनेवाला था। यह किफायत उन्हें बचपन से ही दूसरी सगी बहन ने सिखाई। सार्वजनिक कार्यों के लिए इकट्ठा किए पैसों का विनियोग करते समय तो वे काफी सावधानी बरतते। उनके मिशन के सहयोगी वामनराव सोहोनी ने अण्णासाहब किस तरह यात्रा करते, यह देखा था। उनकी यात्रा का वर्णन करते समय उन्होंने लिखा है, "मा. विट्ठलराव यहाँ का काम मुझ पर सौंपकर अस्पृश्यता उन्मूलन की जागृति के लिए देशभर की यात्रा करते। धूप, बारिश, जाड़े को नजरअन्दाज कर जहाँ जगह मिले, वहाँ प्रवास करते, जो मिले वह कच्चा-पक्का खाना खाते। कभी तीसरे दर्जे से तो कभी-कभी चौथे दर्जे से काठेवाड़ में यात्रा करते। इस तरह उनकी जिन्दगी दौड़-धूप की थी। उनकी कद-काठी मजबूत थी। इसलिए वे इतनी दिक्कतें सह पाए।"[1] आजीवन इस तरह के शारीरिक कष्ट, अनियमितता और विविध प्रकार की तकलीफें सहन करने का असर अण्णासाहब के शरीर पर ढलती उम्र में दिखाई देना स्वाभाविक था। 1930 में यरवदा की जेल में उन्हें गाऊट यानी उँगलियों के गठिया की बीमारी हुई है, यह समझ में आया। उनके बाएँ पैर की तीन उँगलियों में दर्द होने लगा। दस दिन उन्हें अस्पताल में रहना पड़ा। उसके बावजूद थोड़ा-सा आराम मिलने के बाद हर रोज उन्हें नारियल की रस्सी बुनने का काम करना पड़ता था। इसलिए हाथ की उँगलियों में दर्द होता रहता। जेल में आने से उनका 156 पौंड वजन 144 पौंड पर आ पहुँचा यानी 12 पौंड कम हो गया।

अण्णासाहब की जेल से रिहाई हुई तो वे 'भारतीय अस्पृश्यता का प्रश्न' पुस्तक लिखने में व्यस्त रहे। पारिवारिक उपासना मंडल का कार्य शुरू था ही। सन् 1933 में श्री ना. बनहट्टी ने 'नवभारत ग्रंथमाला' की ओर से अण्णासाहब का ग्रंथ प्रकाशित किया। इस काल में उनके हाथ की उँगलियाँ गाऊट से सूजने लगीं। बुखार न होते हुए भी थकावट महसूस होने लगी। 2 जनवरी, 1935 को डॉ. चिंचणकर के पास उनका पेशाब जाँच के लिए भेजा। उसमें लगभग सैकड़ा 8-9 शक्कर पाई गई। डॉक्टर ने मधुमेह का निदान किया। उनकी उँगली का जख्म ठीक नहीं हो रहा था। इसका कारण मधुमेह की बीमारी ही है, यह समझ में आया। यह बीमारी अण्णा को जेल में ही जड़ी लगी। जेल से छूटने के बाद '33-'34 में उसका तीव्र रूप सामने आया। गाऊट, मधुमेह इन ताकत कम करनेवाली बीमारियों ने उन्हें जकड़ा। उन्हीं के मुताबिक यहाँ से उनकी हिम्मत का काम खत्म हुआ। उनके भाई एकनाथराव पुणे आए

थे। उन्होंने अण्णासाहब को डॉक्टरी इलाज के लिए मुम्बई ले जाना तय किया। डॉ. देशमुख से मिलकर उन्होंने अण्णा को किंग एड्वर्ड मेमोरियल अस्पताल में रखना तय किया। सूबेदार घाटगे को साथ लेकर अण्णासाहब 12 जनवरी को मुम्बई गए। दूसरे दिन डॉ. देशमुख ने जाँच की। अस्पताल में रहने की आवश्यकता नहीं थी, किन्तु उन्होंने इंसुलिन का इलाज शुरू किया। मुम्बई निवास में यज्ञेश्वरपंत भंडारकर, गर्दे, जयराम नाना, द्वा.गो. वैद्य, डॉ. काशीबाई नवरंगे, बलभीमराव केसकर आदि लोगों की मंडली उन्हें मिलने आती। इंसुलिन के इलाज से खून की शक्कर की मात्रा सन्तुलित हुई। उँगली का जख्म भी ठीक होने लगा, किन्तु ढलती उम्र में शरीर कमजोर होने पर मधुमेह जैसी बीमारी अन्त तक सँभालने की जिम्मेदारी उन पर आ पड़ी। डॉ. देशमुख ने कौन-कौन से फल, अनाज, सब्जियाँ कितनी मात्रा में खाई जाएँ, इसकी तोले के वजन में तालिका बनवाकर दी। परहेज का कठोरता से पालन करना आवश्यक था। मुझ जैसे दरिद्री को यह अमीरों के घर की बीमारी क्यों हो गई, ऐसा उन्होंने खेद के साथ दर्ज करके रखा है।

बीमारी के कारण किए मुम्बई निवास में, उन्होंने अपने मन में दबाए रखे दुख प्रकट करने के लिए एक घटना कारक हुई। नवम्बर, 1910 में अण्णासाहब का प्रार्थना समाज से सम्बन्ध खत्म हो गया था। प्रार्थना समाज की कार्यकारी मंडल की बैठक में 'इसके बाद विट्ठल रामजी शिंदे को प्रार्थना समाज का प्रचारक न माना जाए,' एक पंक्ति का ऐसा प्रस्ताव पारित किया गया था और तब से 25 साल मुम्बई प्रार्थना समाज ने अण्णासाहब शिंदे का खयाल नहीं रखा था। एक बार भी उत्सव, व्याख्यान या उपासना के लिए उन्हें बुलाया नहीं गया था। जिस प्रार्थना समाज के प्रचारक बनकर धार्मिक कार्य करने के लिए अण्णासाहब आजीवन फकीर बने, उस प्रार्थना समाज ने ही उन्हें पराया कर दिया। एक तरह उन्हें प्रार्थना समाज ने बहिष्कृत किया। अण्णासाहब ने पुणे में निवास करने से यानी 1912 से उनके अस्तित्व की प्रार्थना समाज ने खबर नहीं ली, लेकिन मार्च 1934 से मुम्बई प्रार्थना समाज की नीति में अचानक बदलाव आया और अण्णासाहब के सहयोग की माँग करना उन्होंने आरम्भ किया। मुम्बई समाज की इस बदली हुई सहयोग नीति से अण्णासाहब को खुशी से ज्यादा दुख होना स्वाभाविक था। 1935 की छोटी-सी डायरी में 17 जनवरी को उनके द्वारा लिखी टिप्पणी में अपना अन्तरंग प्रकट किया है, "मेरा और मुम्बई प्रार्थना समाज का सहयोग आज लगभग 20-25 सालों तक बन्द हो गया था। कारण—1. राजनीतिक राय, 2. मैंने अस्पृश्यों के लिए स्वतंत्र मिशन शुरू किया, 3. मेरी स्वतंत्र और सरल वृत्ति, 4. अन्तिम विशेष कारण मेरा तीस साल पहले का स्पष्ट नवमतवाद। इसमें दुश्मन स्नेही कहनेवालों की वैयक्तिक चाल का इजाफा हुआ और मैं इस समाज से पराया हुआ और जुल्म सहे। अब प्रार्थना समाज को अपनी गलती समझ में आई क्या? उसने अपनी विरोधी नीति पूरी तरह बदलकर मेरे सहयोग की माँग पिछले साल के उनके उत्सव से लेकर (मार्च 1934) अनुरोध से चलाई है।

मजबूरन मैंने अगले इतवार को मन्दिर में उपासना चलाना कबूल किया। यह मैंने अपने खिलाफ बेईमानी की। ईश्वरीय कार्य के आगे मैंने अपने अभिमान की आहुति दी। अखबार नवीसों को जो कहना है, वह कहें। मैं मुम्बई में तीन सप्ताह था, तब समाज के मेरे निजी दोस्तों ने बहुत ही स्नेहिलता दिखाई।"[2]

डायरी की इस टिप्पणी से मुम्बई प्रार्थना समाज की नीति से अण्णासाहब के अन्त:करण को कितना दुख हुआ था और प्रार्थना समाज का यह निमंत्रण स्वीकारने के बारे में कितना द्वन्द्व उनके मन में शुरू था, इसकी कल्पना आ सकती है। वैयक्तिक अहंकार से ज्यादा उनके अन्त:करण में होनेवाली ईश्वरीय कार्य की श्रद्धा अधिक बलवती साबित हुई। मुम्बई प्रार्थना समाज के निमंत्रण पर उन्होंने गिरगाँव के प्रार्थना मन्दिर में 20 जनवरी को उपासना चलाई। 25 जनवरी यह ब्राह्म समाज के माघोत्सव का मुख्य दिवस था। इस दिन भी अण्णासाहब ने प्रार्थना समाज मन्दिर में राजा राममोहन राय, देवेन्द्रनाथ ठाकुर, केशवचन्द्र सेन, डॉ. भंडारकर—इनके ग्रंथों के उद्धरण पढ़े और प्रार्थना की। इतवार 27 तारीख को यज्ञेश्वरपंत भंडारकर की चलाई उपासना में वे उपस्थित रहे। 3 फरवरी को विलेपार्ले के प्रार्थना समाज के अनाथालय में अण्णासाहब ने साप्ताहिक उपासना चलाई तो शाम को गिरगाँव के मन्दिर की उपासना को वे उपस्थित रहे। मुम्बई प्रार्थना समाज ने पर्दा डालकर जो अन्तर निर्मित किया था, वह पर्दा हटाने के बाद अण्णासाहब शिंदे समाज के चलाए ईश्वरीय कार्य में तहेदिल से शामिल हुए। 6 फरवरी को वे मुम्बई से पुणे आ पहुँचे।

मुम्बई प्रवास में उनके मन को सन्तोष देनेवाली दूसरी एक घटना थी, भाई एकनाथराव का परिवर्तित आचरण। एकनाथराव बर्मा सेल में अच्छे वेतन की नौकरी पर थे। बीच में उन पर आई पारिवारिक आपत्ति के कारण उनका बर्ताव बिगड़ने से वे अण्णासाहब शिंदे और अन्य परिवारवालों से दूर हो गए। अण्णा को मधुमेह की बीमारी हुई, यह

सुनते ही उनका बन्धुप्रेम उमड़ आया। वे जनवरी मास में अण्णा को अपने पास मुम्बई ले गए। खर्चे और दिन-रात कष्ट का विचार न कर उन्होंने भाई की सेवा की। एक पल भी वे उन्हें आँखों से ओझल नहीं होने देते। अण्णासाहब को एकनाथराव का यह परिवर्तित स्वभाव देखकर खुशी तो हुई ही, लेकिन आश्चर्य भी हुआ। पुणे लौटते समय उन्हें खटका लगा रहा। उनके मन में आया, "यदि वह हमारे बीच पिछले तीस सालों से मिल-जुलकर रहता तो गृहस्थी, बीवी-बच्चों में खुशी से रहता।"[3] भाई एकनाथ के लिए उनका मन खुशी से फूल उठा, लेकिन इस खुशी से वह और मैं 30-35 साल वंचित रहे, इसका दुख भी हुआ।

यरवदा की जेल में अण्णासाहब की तबीयत जो बिगड़ गई, वह दुबारा पूरी तरह ठीक नहीं हो पाई। उम्र ढलने लगी थी। शरीर की रोग-प्रतिरोधक क्षमता कम हो गई थी और दवा से पकड़ में न आनेवाली गाऊट, वात जैसी बीमारियाँ शरीर में बस गई थीं। सन् 1934 से ढलनेवाली प्रकृति का कारण मधुमेह जैसी बीमारी थी, यह समझ में आ चुका था। शारीरिक विकलता का स्वाभाविक असर दिखाई दे रहा था। शायद मधुमेह का असर होगा, वे दिन का अधिकतर समय नींद में ही बिताते थे। सन् 1933 में अण्णासाहब शिंदे वेतालपेठ में सणस की ऊपर की मंजिल पर रहते थे। उनके वहीं के दोस्त नारायणराव चव्हाण के बेटे रामचन्द्र अर्थात् रा.ना. चव्हाण मैट्रिक की परीक्षा में बैठने के लिए पुणे आए थे। वे बीच-बीच में अण्णासाहब के घर जाते थे। अण्णासाहब के छोटे बेटे रवीन्द्र उनके मित्र ही थे। उनकी बताई बातों के अनुसार अण्णासाहब को काफी शारीरिक थकान महसूस हो रही थी। फिर वे हिंडोले पर या कुर्सी पर बैठे होते तो वहाँ से उठकर अपने बड़े पलंग पर जाकर सोते थे।[4]

किन्तु इस शारीरिक विकलता के दौरान उनका बौद्धिक या धर्म-प्रचार का कार्य जारी ही था। वे सदाशिव पेठ की इतिहास अनुसन्धान मंडलियों की बैठक में जाते थे। य.रा. दाते शब्दकोश मंडल के सदस्य के रूप में कार्य करते थे। अनेक भारतीय भाषाओं और कन्नड़ जैसी द्रविड़ भाषा का जानकार होने के कारण उनकी चर्चा का और उनकी प्रकट की राय का शब्दकोश मंडल को लाभ होता था।[5] वे कभी-कभी बसन्त व्याख्यानमाला में व्याख्यान देने के लिए भी जाते थे। पारिवारिक उपासना मंडल का कार्य वे निष्ठा से करते थे। धार्मिक कार्य उनका जीवन कार्य ही था। इसलिए जब तक शरीर में शक्ति है तब तक वह कार्य रुकना सम्भव नहीं था। इस शारीरिक विकलता के दौर में भी वे पुणे के पारिवारिक उपासना मंडल के कार्य को गति देते थे, मार्गदर्शन करते थे। उन्होंने पुणे के बहुजन समाज की मंडली बड़ी संख्या में धर्म बन्धन से जोड़ा था। उनके परिवार के बीवी-बच्चों को उन्नत धार्मिक भावना का अहसास देने का उनका कार्य शुरू ही था। इस काल में ही वाई में ब्राह्म समाज की स्थापना करने की प्रेरणा उन्होंने वाई की मंडलियों को दे दी। वे हमेशा मौलिक सलाह देते रहे। वाई में ब्राह्म समाज कार्यप्रवण हो, यह भी उन्होंने देखा। तबीयत ठीक न होते हुए भी वाई ब्राह्म समाज के कार्य के बहाने वे यात्रा की तकलीफ सहते थे। वाई के आस-पास होनेवाले भुइंज, केंजल आदि गाँवों में जाकर सभा लेकर, जुलूस निकालकर, उपासना चलाकर धर्म-प्रचार का और अस्पृश्यता उन्मूलन का कार्य वे ब्राह्म समाज की ओर से करवा लेते थे।

वैसे तो 1930 के बाद उनके पारिवारिक माहौल में खुशी का आगमन होने लगा था। वह यानी घर में शुरू हुआ पोतों का आगमन। सन् 1928 में उनके बड़े बेटे प्रतापराव का विवाह बड़ौदा के गायकवाड़ खानदान की लक्ष्मीबाई से हुआ। अण्णासाहब यरवदा की जेल में थे तब प्रतापराव की पहली बेटी उर्मिला का जन्म 1930 में हुआ। उसके दो साल बाद दूसरी पोती दमयन्ती का और 1934 के दिसम्बर में सुजाता तीसरी पोती का जन्म हुआ। अण्णासाहब को छोटे बच्चों से अत्यन्त लगाव था। इसलिए उन्हें इन पोतियों से बहुत ही स्नेह था। तीसरी पोती के जन्म पर नामकरण विधि करके उन्होंने सुजाता नाम रखा। उसके जन्म के कुछ दिन बाद ही वे मधुमेह के इलाज हेतु मुम्बई गए थे, तब उन्हें उसकी याद आती थी। उसकी माँ जैसी ही सुन्दर होने का उल्लेख उन्होंने छोटी डायरी में दर्ज कर उसकी तारीफ की है तो दूसरी एक टिप्पणी में 'सुजाता की आँखें मुझे ठंडक पहुँचाती हैं' ऐसा कहा है। 1935 के फरवरी में मुम्बई के डॉ. देशमुख का इलाज और सलाह लेकर पुणे लौटने पर उर्मिला और दमयन्ती दो पोतियाँ उनके गले लग गईं और सुजाता को देखकर उन्हें बहुत खुशी हुई। आगे भी सुबह के समय वे पोतियों को साथ लेकर फर्ग्युसन की पहाड़ी पर घूमने जाते। पोतियों के खेल के कारण उनके मन को सन्तोष मिलता था।[6]

स्नेह करना अण्णासाहब का स्वभाव था। घर के व्यक्तियों में वे घुल-मिल जाते थे। कभी-कभी बहू लक्ष्मीबाई, बहन जनाबाई या पत्नी रुक्मिणीबाई के साथ वे ताश खेलते। आने-जानेवालों का स्वागत करने में भी उन्हें सन्तोष

होता। 1933 के आसपास वाई के उनके दोस्त नारायणराव चव्हाण का बेटा रामचन्द्र मैट्रिक की पढ़ाई के लिए पुणे आकर रहा था। उसे वे इतवार को अपने घर खाना खाने बुलाते थे। मिशन का छात्र दौलत जाधव अब गृहस्थ बन गया था। वह भी खाना खाने का आने को रा.ना. चव्हाण ने उल्लेख किया है।[7] मित्र-मंडलियों का भी उनके घर जमघट रहता। कर्मवीर भाऊराव पाटील, कोल्हापुर के गोविन्दराव सासने कई बार उनके घर आते थे। सुजाता, दमयन्ती, उर्मिला—ये छोटे बच्चे उनके आसपास खेलते रहते। कर्मवीर भाऊराव पाटील के पैर छोटी सुजाता को काफी बड़े लगते थे। गोविन्दराव सासने का व्यवहार विलक्षण होता था। वे गले में घड़ी पहनकर घूमते थे। तीनों भी दाढ़ीवाले। इसलिए सुजाता उन्हें हमारे 'तीन अण्णा' कहती थी। इन दोस्तों का अण्णा को कभी-कभार ही साथ मिलता। उनके सम्पर्क से, बातचीत से उन्हें बेहद खुशी होती।

1935 में बीमारी के दौरान ही अण्णासाहब ने भांबुर्डा को घर बनाने को शुरुआत की। दो सालों में वहाँ की 'राम विहार' यह भवन पूरा हुआ और अण्णासाहब शिंदे गुरुवार पेठ वाला किराये का घर छोड़कर स्वयं के घर में आए। लक्ष्मीबाई की बड़ौदा की जमीन और उनके गहने आदि बेचकर जो रुपए आए, वे नया घर बनाने के लिए उपयोग में आ सके। इस नए भवन में अण्णासाहब को अधिक समय तक रहने का योग नहीं था और वहाँ के आखिरी दिन भी खुशहाल रहे, ऐसा दिखाई नहीं देता। अण्णासाहब के सार्वजनिक जीवन का अन्तिम कार्य सन् 1937 में 'राम विहार' में घटित हुआ। यह कार्य यानी मुम्बई इलाके के मुख्यमंत्री बालासाहब खेर इनके मंत्रिमंडल को और पुणे, सतारा के सम्मानित राजनीतिक, सामाजिक कार्यकर्ताओं को आमंत्रित कर आयोजित किया अपूर्व स्नेह-सम्मेलन।

'राम विहार' में अण्णासाहब ने 'माझ्या आठवणी व अनुभव' नामक आत्मचरित्रपरक पुस्तक का लेखन पूरा किया। अण्णासाहब ने यरवदा जेल में अपने माँ-बाप के बचपन की यादों में खो जाएँ, इसके लिए लिखने को आरम्भ किया था। लगभग सौ पन्नों का मजमून उन्होंने जेल में ही लिखा था। अण्णासाहब के दूसरे बेटे रवीन्द्र इन्दौर में नौकरी करते थे। सन् 1939 में वे छुट्टी में पुणे आने के बाद अण्णासाहब द्वारा लिखी यादों की पांडुलिपि उनके देखने में आई। अण्णा को अपना यह आत्मचरित्रपरक लेखन पूरा करना चाहिए, ऐसा रवीन्द्र को लगने लगा। अण्णासाहब वृद्धावस्था और बीमारी से जर्जर हो चुके थे। दूसरे, उनका मानसिक उत्साह कम हुआ था। उसी अवस्था में रवीन्द्र ने अण्णा की ओर से यह लेखन पूरा करवाने का पक्का निश्चय किया। उन्होंने अपनी नौकरी से बिना वेतन दीर्घ छुट्टी ली। आत्मचरित्रपरक लेखन के लिए आवश्यक होनेवाली सामग्री इकट्ठा करने की कोशिश की। डायरियाँ, समाचार-पत्रों की आवश्यक कतरनें काल और विषय के अनुरूप उपलब्ध करवा दिए। आवश्यक जानकारी प्राप्त करने हेतु परिचितों के पास चक्कर लगाए और इस आत्मचरित्र पर लेखन का निवेदन करने के लिए पिताजी को तैयार किया। अण्णासाहब द्वारा मौखिक रूप में बताया मजमून वे लिख लेते थे। इस तरह उन्होंने बड़ी कोशिशों के साथ यह आत्मचरित्रपरक लेखन पूरा कर दिया। अण्णासाहब की शारीरिक और मानसिक विकलता की अवस्था में रवीन्द्र ने उनको राजी करके उनकी ओर से यह जो लेखन करवा लिया, यह महत्त्वपूर्ण कार्य कहना होगा। रवीन्द्र ने उनका यह लेखन उपलब्ध करवाकर भावी पीढ़ियों पर बहुत बड़ा एहसान किया है।

अण्णासाहब के जीवन के आखिरी चार-पाँच वर्षों का काल यह शारीरिक दृष्टि से काफी कष्टप्रद रहा। गाऊट की बीमारी तो थी ही। उनकी उँगलियों में सूजन आ जाती, दर्द होता था। उसमें ही वात की वृद्धि हुई। उनके दोनों हाथ हमेशा काँपते रहते। शरीर कमजोर हो गया था, किन्तु आँखें पहले से भी ज्यादा पैनी लगती थीं मानो वे मनुष्य जाति का, मनुष्य स्वभाव का सुराग ढूँढ़ रही हों। पहले जैसा पारिवारिक माहौल भी खुशनुमा नहीं रहा था। पत्नी रुक्मिणीबाई आर्थिक तंगी के कारण असन्तुष्ट रहती थी। उनमें भी अकेलापन बढ़ गया था। अण्णासाहब को मधुमेह की बीमारी हुई है, यह जानने के बावजूद वे पाँच-छह मास जमखंडी के खेती के काम देखने चली गई। यह बात अण्णासाहब के दिल को अखरना स्वाभाविक था। सभी महापुरुषों के जीवन में पिता-पुत्र के बीच होनेवाले विरोध की बदकिस्मती मिलती है। जो चित्र महात्मा गांधी, लोकमान्य तिलक के जीवन में दिखाई देता है, वही अण्णासाहब के जीवन में भी पाया जाता है। अण्णासाहब और उनके बेटों में आखिरी समय में दूरी बन गई। बचपन से लेकर आखिर तक अण्णासाहब को जो साथ मिला, वह उनकी बहन जनाबाई का। स्नेह करना जिनका स्वभाव था, उनके हिस्से में केवल सामाजिक स्तर पर ही नहीं तो पारिवारिक स्तर पर भी स्नेह की कमी रही। स्वाभाविकत: उन्हें यह असह्य लगता था। कई बार उनका मानसिक स्वास्थ्य बिगड़ जाता। अण्णासाहब शिंदे के प्रार्थना समाज के एक पुराने सहयोगी और मित्र केरो

रावजी भोंसले इनके बेटे अनन्त (भाई अ.के. भोंसले) अण्णासाहब शिंदे के घर कभी-कभार आया करते। वेताल पेठ के उनके घर पर घटित एक घटना का उन्होंने जिक्र किया। पंडित मालवीय अण्णासाहब के पास आए थे। अण्णासाहब के साथ वे झूले पर बैठे थे। उन दोनों में बातचीत शुरू थी। पंडित मालवीय ने अण्णासाहब को कहा, "आई एम अ डिफीटेड हीरो।" उस पर अण्णासाहब ने कहा, "अ हीरो हैज टू बी डिफीटेड।"[8] अण्णासाहब के इस कथन से उनकी मानसिकता स्पष्ट हेती है। हीरो अपने सामने उदात्त लक्ष्य रखता है, किन्तु उसकी ऊँचाई और कठिनाई के कारण वह हासिल होना असम्भव होता है। यही भाव अण्णासाहब के इस वाक्य से प्रकट होता है और उनकी आत्मकथा भी उनके इस वाक्य से स्पष्ट होती है। महान विभूतियों के विचार व्यावहारिक स्तर पर जीनेवालों को ठीक से समझ में नहीं आते, उनके उद्देश्य का यथार्थ आकलन नहीं होता, उनका विरोधाभास किया जाता है। सम्मान के बजाय उन्हें अपमान ही सहना पड़ता है। उनकी दृष्टि से सबसे दर्दनाक बात होती है, उनके उद्देश्य का विपर्यास।

अण्णासाहब ने अपनी आत्मपरक पुस्तक के पहले खंड में सन् 1940 में जो प्रस्तावना लिखी है, उसमें उनके अन्त:करण की वेदना स्पष्ट होती है। इस प्रस्तावना के आरम्भ में उन्होंने 'महाभारत' के वनपर्व के 28 वें अध्याय का श्लोक उद्धृत किया है, जो इस तरह है :

मृदुना दारुणं हन्ति मृदुना हन्त्यदारुणम्।
नासाध्यं मृदुना किंचित् तस्मात्तीव्रतरं मृदु॥ 32॥

वनपर्व, अध्याय 28

धर्म-द्रौपदी संवाद में बलि और प्रह्लाद इनके वार्तालाप में प्रह्लाद अपने पोते बलि को कहता है, "मृदुता (दया) से कठिनता को जीता जा सकता है, मृदुता से मुलायम को भी जीता जा सकता है। मृदुता को कुछ भी असाध्य नहीं है। इसलिए मृदुता (दया) तीक्ष्ण से भी अधिक तीक्ष्ण है।"

प्रस्तावना में अण्णासाहब आगे लिखते हैं, "मेरे जीवन का यदि सार निकाला जाए तो ऊपर 'महाभारत' रचयिता ने प्रह्लाद के द्वारा जो संवाद कहा है, वही मेरा अनुभव है। यह महात्मा गांधी के अहिंसावाद का भाग ही है। ऐसा मुश्किल अनुभव मुझे कम-से-कम मेरे जीवन में मुझे समझ आया तब से सार्वजनिक कार्य में तो कदम-कदम पर आया। इससे मैं जन्मत: मृदु हूँ, ऐसा कहने का मेरा उद्देश्य नहीं है। जो यथार्थ में नहीं, वह है, ऐसा कैसे कहूँ? वैसा मैं कहूँ तो आगे जो यादें और अनुभव लिखे हैं, वे सभी असत्यमिश्रित हैं और इसलिए उसका मूल्य न होगा। जन्मत: मेरा स्वभाव मृदु न होकर कठोर था। दारुण नहीं तो भी कठोर था, यह सच है। कम-से-कम ऊपरी श्लोक जैसा मृदु तो नहीं था, लेकिन अपने जीवन में, विशेषत: जवानी में मैंने जो कार्य किए., सत्य की, धर्म की और विशुद्ध स्नेह होने से उनका बोझ अपने कमजोर कन्धों पर लिया, उसमें मुझे कठिन अनुभव आए। उससे अब मैं पूरी तरह से नहीं तो अंशत: काफी मृदु हो चुका हूँ और इसमें मेरी सेवा का फल मुझे मिला है, ऐसा समझकर मैं विश्व नियन्ता का ही नहीं, तो विश्व का भी आभारी हूँ।"

जीवन के आखिरी दौर में अण्णासाहब शिंदे अपने जीवन का सिंहावलोकन करते हैं। उनके मन में क्या वेदना हो रही थी, यह उन्होंने प्रकट किया है। वे कहते हैं, "मेरे कार्य में मुझे सफलता नहीं मिली, इसलिए मुझे कठिन अनुभव आया, ऐसा नहीं है। सफलता की मुझे उम्मीद नहीं थी। सफलता की मुझे ठीक से व्याख्या ही करनी नहीं आती तो मैं उसकी आशा कैसे कर सकता हूँ? मेरे कार्य में मेरे साथियों का, अन्यों का अपितु जिनके लिए मैं अपने घर की परवाह न कर काम करता रहा, उनकी भी मेरे बारे में गलतफहमी, दुराग्रह अपितु खुलेआम विरोध भी हुआ। यही मेरे अनुभव की कठोरता या दारुणता है। इससे मेरी मानसिकता डाँवाँडोल हुई और असमय अधिकांश स्वीकृत कार्यों से मुक्त हुआ, लेकिन धर्म का प्रचार इस मेरे असली धर्म से मेरा अलग होना सम्भव ही नहीं है। क्योंकि मैंने धर्म का स्वीकार किया यह सच न होकर धर्म ने ही मेरा स्वीकार किया है, ऐसी मेरी समझ होने से इस शरीर से मुक्ति पाने तक धर्म ने मुझे पछाड़ा है और आगे भी वह मुझे मुक्त नहीं करेगा, ऐसी मुझे उम्मीद है।"[9] अपने मन की यह वेदना प्रकट करते समय उनकी धर्म पर कैसी अटल श्रद्धा थी, यह स्पष्ट हुए बगैर नहीं रहती।

जीवन के सभी आयामों की ओर अण्णासाहब शिंदे विकास या विकास-क्रम की भूमिका से देखते थे। धर्म हो या एकाध व्यक्ति का मन हो, उसका विकास निहारने की उनकी दृष्टि रहती। जीवन के इस अन्तिम पड़ाव में भी वे

अन्तर्मुख होकर इसी दृष्टि से ही देखते हैं। इस प्रस्तावना में ही वे आगे लिखते हैं, "अपने अनुभवों से मैं बच गया हूँ और मुझे मुक्ति तो नहीं मिली, लेकिन मन को आजकल थोड़ी-बहुत शान्ति मिल रही है क्योंकि मैं मुदु हो रहा हूँ। मेरे कार्य कठोरता से सम्पन्न होनेवाले नहीं थे, लेकिन मैं यदि पहले से ही मृदुता से ये सभी कार्य करता तो इतने कठिन अनुभव नहीं आए होते। वे स्वभाव की आदत के कारण आए। इन सभी से मैं मुक्त हो गया, क्योंकि अपने कार्य के चलते मुझे मृदुता का पाठ जाने-अनजाने मिला। जो मृदुता मुझमें मूलत: नहीं थी, केवल कार्य के कारण आई, वह मूलत: मेरी माँ में थी और उसके जरिये वह मुझमें अनायास ही आ गई थी अन्यथा मैं उसके पाठ सीखने को कैसा सक्षम बन पाता।" जिन्दगी के आखिरी दौर में उन्होंने किया आत्मचिन्तन और आत्मनिरीक्षण उनके पास होनेवाली अपूर्व सत्यनिष्ठा और विशुद्ध धर्म-भावना के अनुकूल हैं, ऐसा कहना होगा। उनके ऋषितुल्य व्यक्तित्व की अभिव्यक्ति उनके इस प्रांजल निवेदन से होती है। उनके जीवन के अन्तिम दो-तीन साल तो बहुत ही वेदनामय रहे। आजीवन निरन्तर कार्यप्रवण रहनेवाली कार्यशक्ति विकलता के कारण जर्जर देह में कुंठित बनकर रह गई थी। आमवात की वेदनादायी बीमारी बढ़ गई थी। वात से दोनों हाथ हमेशा काँपते रहते। शारीरिक दृष्टि से पूरी तरह विकलता आ गई थी। वे दिन का अधिकतर समय बाहर के कमरे में होनेवाले बिस्तर पर सोते रहते। धीरे-धीरे उनके शरीर की शक्ति कम होने लगी।

अन्ततः 2 जनवरी, 1944 को भोर में उनका चैतन्य तत्त्व कष्टप्रद शरीर को छोड़कर अनन्त में विलीन हो गया।

सन्दर्भ

1. वि.रा. शिंदे, *माझ्या आठवणी व अनुभव,* पृ. 334-335, वामनराव सोहोनी का निवेदन
2. शिंदे की 1935 की *छोटी डायरी,* 17 जनवरी, 1935
3. वही, दि. 6 फरवरी, 1935
4. रा.ना. चव्हाण, गुरुवर्य अण्णासाहब शिंदे' *कर्मवीर विट्ठल रामजी शिंदे जन्मशताब्दी स्मृति ग्रंथ,* सं. एस.एस. भोंसले, शिवाजीराव सावन्त, कोल्हापुर, 1974
5. शिंदे के कागज-पत्रों में कुछ शब्दो की उत्पत्ति लिखे कार्ड हैं, *शिंदे के कागज-पत्र*
6. शिंदे की पोती श्रीमती सुजाता पवार ने बताई जानकारी।
7. रा.ना. चव्हाण, उपरोक्त
8. भाई अ.के. भोंसले की मुलाकात, सोलापुर, 15 अप्रैल, 1996
9. वि.रा. शिंदे, 'प्रस्तावना', *माझ्या आठवणी व अनुभव,* खंड-1, वत्सला प्रकाशन, पुणे, 1940, पृ. 8-9

उपसंहार

महर्षि विट्ठल रामजी शिंदे का समग्र जीवन और कार्य देखने के पश्चात् जो प्रभाव पड़ता है, वह एक धर्मनिष्ठ, त्यागी और द्रष्टा सम्पन्न व्यक्तित्व का। उनकी उन्नत आध्यात्मिक मानसिकता का, विचार, उक्ति एवं कृति में आजीवन स्वाभाविक संगति रखनेवाले एक नेक व्यक्तित्व का। उन्होंने विविध प्रकार के कार्यों की सिद्धि में कल्पक सृजनशीलता दिखाई और अपूर्व कार्य-क्षमता प्रकट की। उनमें तरल संवेदनशीलता और शुद्ध तथा परिपक्व सौन्दर्यग्राही मानसिकता थी।

महर्षि शिंदे की समकालीन सुधारकों से होनेवाले अलगाव और उनकी विशेषता से भी हम प्रभावित हुए बगैर नहीं रहते। वे एक कर्मवीर सुधारक थे। उनके कार्य को धार्मिक भावना का अधिष्ठान था। उनके विचार और कार्य केवल शहरी लोगों तक सीमित नहीं थे तो गाँव-देहात के लोगों की समग्र उन्नति के बारे में अक्सर विचार करते थे। उसके अनुसार कार्य करते थे। उनका दृष्टिकोण व्यापक था। उसमें एकांगिता या एकदेशीयता नहीं थी। उनकी दृष्टि एकात्मता की थी और उनमें एकात्मता निर्माण करने की लगन थी। उनमें अपवाद में मिलनेवाली तत्त्वनिष्ठा थी। उन्होंने लोगों के अनुनय के लिए समन्वयक की भूमिका नहीं अपनाई, कभी समझौता नहीं किया। उनके लेखन को भी आध्यात्मिकता का अधिष्ठान था।

महर्षि शिंदे कर्मवीर थे। केवल अमुक सुधार करना उचित है, ऐसा बताकर सनातन मत के बहुसंख्य लोगों का रवैया बदलने का इन्तजार करना उनकी मानसिकता को रास आनेवाला नहीं था। स्वयं को स्वीकार होनेवाले सुधार करने के लिए कार्यरत रहना और सुधार का काल यथासम्भव पीछे खींचना, ऐसा उन्हें तीव्रता से लगता था और उसके अनुसार तुरन्त कार्य को प्रारम्भ किया जाए, ऐसी उनकी उत्कट मानसिकता थी। सुधार की कृति के चलते केवल अप्रियता ही नहीं तो कुछेक की नाराजगी सहनी पड़ी तो उसे सहने की उनकी मानसिकता थी।

महर्षि शिंदे की क्रियाशीलता का उज्ज्वल उदाहरण यानी उनके द्वारा किया हुआ अस्पृश्यों की उन्नति का और अस्पृश्यता उन्मूलन का कार्य। उनका यह कार्य ऐतिहासिक दृष्टि से महत्त्वपूर्ण, राष्ट्रीय स्तर का कार्य है। इस कार्य से उनका द्रष्टा रूप दिखाई देता है। साथ ही कार्य तत्परता भी दिखाई देती है। उनके द्वारा किया हुआ अस्पृश्यता उन्मूलन का प्रयास न्याय, मानवता और विवेक की नींव पर भारतीय समाज का पुनर्गठन करने का अभूतपूर्व प्रयास था। हमने देखा कि महात्मा फुले ने उन्नीसवीं सदी के मध्य में अस्पृश्य वर्ग की उन्नति करने का युगप्रवर्तक प्रयास मध्यम वर्ग साथ न मिलने से खंडित हुआ था। बीसवीं सदी का आरम्भ हुआ तब भारतीय समाज जीवन में अस्पृश्यता एक कलंकित रूढ़ि है, इसका किसी को एहसास नहीं था, इतनी अस्पृश्यता समाज जीवन में स्वाभाविक रूप में रची-बसी थी। पूरे भारत में अस्पृश्य माने गए वर्ग की दशा कैसी दयनीय और भयावह है, यह शिंदे ने पूरे भारत में घूमकर देखा था। उसका अनुभव किया था। उन्होंने 1901 की जनगणना के प्रतिवेदन का अध्ययन कर अस्पृश्य माना वर्ग कुल भारतीय का सातवाँ हिस्सा है, यह दिखाया था। अस्पृश्यता यह एक तरह का बहिष्कार होकर अस्पृश्य वर्ग का वर्णन उन्होंने 'बहिष्कृत भारत' इस संज्ञा से किया। हम में से होनेवाले ही कुछ लोगों को अस्पृश्य मानना पूरे देश में चल रहा शैतानी दुष्कर्म (नेशनल ईविल) और पूरे देश का पाप (नेशनल सिन) है। इसका एहसास उन्होंने 1905-1906 साल के अपने लेख और भाषण के जरिये किया था। समाज के एकाध बड़े वर्ग को उच्च स्तर के काम करने न देना, यह बात आर्थिक दृष्टि से भी बड़ी हानिकारक है, यह भी उन्होंने दिखा दिया। विट्ठल रामजी शिंदे ने आजीवन जो कार्य किया, उस कार्य का महत्त्व तो असाधारण है ही; उसके सिवा इस कार्य के पीछे होनेवाली उनकी वैचारिक भूमिका भी

मौलिक स्वरूप की होती थी और लोगों की मानसिकता बदलने की दृष्टि से उसका अहं योगदान होता था। अस्पृश्य वर्ग के सम्बन्ध में किए जानेवाले कार्य का उनका आकलन दोहरा था। पहला, सदियों से अस्पृश्यता लादी जाने से निर्माण इस वर्ग की हीनता को दूर करने के लिए उन्हें शिक्षा मुहैया कराना, नौकरी उद्योग के काबिल बनाना, उनमें चेतना जाग्रत करना, स्वयं की स्थिति में सुधार लाने का रवैया निर्माण करना आदि इसे उन्होंने अपने कार्य का हिस्सा मान लिया। सवर्ण लोगों के मन में कुछ जातियों में जन्म लिए हुए लोगों को अस्पृश्य मानने की जो भ्रामक कल्पना थी, उसे दूर करना यानी सामाजिक स्तर पर अस्पृश्यता को नष्ट करना इसे दूसरा हिस्सा माना था। अस्पृश्य वर्ग की उन्नति और अस्पृश्यता उन्मूलन, यह कठिन कार्य था। इस कार्य की कठिनता को जानकर उन्होंने अपने सामाजिक परम्परा को आरिचित मिशन की कल्पना का अनुसरण किया। एकाध कार्य में समर्पित होकर उस भावना से संस्था के जरिये काम करना यह मिशन की कल्पना थी। उन्होंने 1906 में 'डिप्रेस्ड क्लासेज मिशन' की स्थापना की और पश्चिम तथा दक्षिण भारत के सात प्रान्तों में मिशन की शाखाएँ स्थापित कर पाठशाला, उद्योग पाठशालाएँ चलाकर अस्पृश्य वर्ग की उन्नति करने का प्रयास किया। सामाजिक स्तर पर अस्पृश्यता नष्ट करने के लिए व्याख्यान, परिषदों का आयोजन किया। 'प्यूरिटी सर्वेंट' जैसा मुखपत्र शुरू किया। ये बच्चे केवल किताबी शिक्षा लेकर कोरे पंडित न बनकर, नौकरी के अभाव में स्वयं के माता-पिता की निराशा का कारण न बनें, इसलिए हाथ और दिमाग को उद्योग का संस्कार मिले, इसलिए उद्योग पाठशाला चलाने पर उनका अधिक बल होता था।

अस्पृश्यता से सम्बन्धित कार्य हो, धार्मिक कार्य हो या किसानों से सम्बन्धित कार्य हो—शिंदे के असाधारण संगठन कौशल का प्रत्यय इन विविध कार्यों में दिखाई देता है। अस्पृश्यता का समग्र उन्मूलन करने की जरूरत का पूरे राष्ट्र को एहसास हो, इसके लिए उन्होंने 1906 से राष्ट्रसभा के वार्षिक अधिवेशन को जोड़कर 'अस्पृश्यता उन्मूलन परिषद्' का आयोजन किया। उसके लिए सत्येन्द्रनाथ ठाकुर, लाला लाजपत राय, गोपाल कृष्ण गोखले, सयाजीराव गायकवाड़, महात्मा गांधी जैसे अध्यक्ष प्राप्त किए। 1992 में पुणे में महाराष्ट्र स्तर पर मिशन की महाराष्ट्र परिषद् आयोजित की। उन्होंने मुम्बई में 1998 को सयाजीराव गायकवाड़ की अध्यक्षता में आयोजित की 'अस्पृश्यता उन्मूलन परिषद्' राष्ट्रीय स्तर पर महत्त्वपूर्ण साबित हुई। 'मैं निजी जीवन में अस्पृश्यता का पालन नहीं करूँगा' इस प्रकार के प्रतिज्ञा-पत्र पर देश के 300 नेताओं के उन्होंने हस्ताक्षर प्राप्त किए। आम नागरिक और महिलाओं को अस्पृश्यता उन्मूलन कार्य का एहसास हो, इसके लिए उन्होंने रूपी फंड, चावल फंड जैसे उपक्रम शुरू किए। समाज के सभी स्तर के लोगों का सहयोग प्राप्त किया। हिन्दुस्तान के मान्यवर रियासतदार, गवर्नर, कलेक्टर जैसे अंग्रेज अधिकारी, नरम-गरम दल के राजनेता, सामाजिक क्षेत्र में कार्य करनेवाले सवर्ण तथा अस्पृश्य वर्ग के नेता आदि का सहयोग प्राप्त करने में महर्षि शिंदे का अपूर्व संगठन कौशल दिखाई देता है। पश्चिम और दक्षिण हिन्दुस्तान में की प्रचार यात्रा में वे विभिन्न शहरों की पाठशाला-कॉलेज के युवा छात्रों के सामने व्याख्यान देकर उनमें इस प्रश्न के प्रति जागृति लाते थे। फर्ग्युसन महाविद्यालय के उनके अध्यापक भी उनके इस कार्य में शामिल हुए थे। उसी प्रकार वहाँ के छात्रों को अस्पृश्यता उन्मूलन कार्य का महत्त्व समझाने हेतु छात्रों की सभाएँ लेकर इस कार्य में हिस्सा लेने के लिए शिंदे उन्हें प्रवृत्त करते थे। अस्पृश्यता उन्मूलन को लेकर इस प्रकार का कष्ट उठाकर किए गए प्रयासों से उन्हें 1997 में कांग्रेस के अधिवेशन में अस्पृश्यता उन्मूलन का प्रस्ताव पारित कर लेने में सफलता मिली।

मिशन की स्थापना के बाद अस्पृश्यता के प्रश्न को लेकर राष्ट्रीय स्तर पर जागृति लाने हेतु, इस प्रश्न को लेकर व्यापक सहानुभूति प्राप्त करने हेतु विट्ठल रामजी शिंदे को बड़ी भारी सफलता मिली। नामदार गोखले ने शिंदे और मिशन के इस कार्य का निर्देश कर उनके इस कार्य से समाज की विवेक बुद्धि को वाकई गति मिली है, ऐसा बयान एक जनसभा में किया। अस्पृश्यता उन्मूलन का कार्य यह शिंदे का कार्य है, इस प्रकार का सूत्र लोकमान्य तिलक की बात से प्रकट हुआ। ठक्कर बप्पा ने शिंदे के कार्य का वर्णन करते समय कहा है, "पंजाब और उत्तर प्रदेश को छोड़कर पूरे भारत में इस प्रकार के कार्य का आरम्भ करनेवाले वे पहले पुरुष और इस कार्य के अग्रदूत थे। शिंदे अस्पृश्यता के प्रश्न को लेकर जागृति लाकर बड़ी मात्रा में समाज मन अनुकूल बनाने का कार्य कर पाए क्योंकि अस्पृश्यता का प्रश्न उनके मन को काफी गहरे में चुभ गया था। उनके मन में इस वर्ग के प्रति असीम संवेदना और प्रेम था। इसी कारण उनकी उन्नति और अस्पृश्यता का प्रश्न हल करने के लिए अमुक-अमुक करें, ऐसा विचार उनके मन में आया होगा।"

समाज में परिवर्तन लाकर सामाजिक पुनर्गठन करने के सन्दर्भ में हम जब अस्पृश्यता उन्मूलन अथवा जातीयता नष्ट करने के प्रश्न का विचार करते हैं, तब परिपूर्ण आकलन हेतु समग्रता का एहसास रखना पड़ता है और यह समग्रता महात्मा फुले, महर्षि शिंदे, महात्मा गांधी और डॉ. बाबासाहेब आंबेडकर—इनकी बढ़ती व्यापकता के ऐतिहासिक पड़ाव पर विचार करें तो यथार्थ रूप में समझ सकते हैं। अस्पृश्यता उन्मूलन के कार्य को अग्रक्रम देकर उस प्रश्न को हल किए बगैर सामाजिक क्रान्ति और पुनर्गठन का कार्य पूरा नहीं हो सकता, इसका शिंदे ने पूरे राष्ट्र को प्रथमतः एहसास करा दिया।

महर्षि शिंदे ने 1926 को ब्राह्मणेतर पक्ष के मानपत्र को उत्तर देते हुए बताया कि जिन्दगी में मैंने किसी भी एक जाति के लिए काम नहीं किया। इसके लिए अपवाद केवल अस्पृश्य जाति का है और उसका कारण है—अस्पृश्यता के प्रश्न की प्रचंड व्याप्ति और उसे हल करने की जरूरत। उन्होंने कहा, "मुझे और सौ जन्म मिलेंगे तो नरबलि लेनेवाली अस्पृश्यता की वेदी पर उन्हें अर्पण करने के लिए मैं आगा-पीछा नहीं देखूँगा।" आगे उन्होंने ऐसा भी कहा है कि "अस्पृश्यता उन्मूलन करना यह मेरा निरन्तर ध्यास रहा है। फिलहाल अस्पृश्यता का उन्मूलन नहीं हुआ है। इसका किसी और से मुझे अधिक एहसास है। इस यथार्थ के बजाय मेरी श्रद्धा मेरे कानों में गूँज रही है कि अस्पृश्यता निश्चित नष्ट होगी और केवल इसी श्रद्धा पर मेरे मन की शान्ति बनी हुई है।"

शिंदे के जीवन की त्रासदी यह थी कि जिस अस्पृश्य वर्ग के लिए इस तरह की संवेदना हृदय में रखकर अपना सब कुछ त्याग कर उन्होंने असीम कष्ट उठाए, उसी वर्ग की नाराजगी उन्हें सहनी पड़ी। स्वकीयों द्वारा की हुई उपेक्षा और अस्पृश्य वर्ग द्वारा की हुई वंचना को हजम कर शिंदे अस्पृश्य वर्ग की उन्नति और अस्पृश्यता को मूल से नष्ट करने की लगन जीवन भर कैसे पाल सके, इसका उत्तर यानी उनके अन्दर होनेवाली धर्म निष्ठा। उन्होंने अस्पृश्यता उन्मूलन का कार्य केवल एक फुटकर सामाजिक सुधार के रूप में चुना नहीं था तो उसे धार्मिक कार्य के रूप में आन्तरिक प्रेरणा की उर्मी से स्वीकार किया था। उन्होंने जिस ब्राह्म धर्म की मन से दीक्षा ली थी, उसका एक तत्त्व ऐसा था—सभी इनसान एक ईश्वर के बच्चे हैं। इसीलिए भेद न कर परस्पर बन्धुता से व्यवहार करें। वैसे तो केवल अस्पृश्य वर्ग का ही सुधार नहीं तो सुधार के अन्य कार्य भी उन्होंने धर्म भाव से ही किए, ऐसा दिखाई देता है।

महर्षि विट्ठल रामजी शिंदे और अन्य सुधारक इनमें कर्तृत्व को लेकर जैसे अन्तर दिखाई देता है, उसी प्रकार धर्म श्रद्धा को लेकर भी उनमें अन्तर पाया जाता है। हमारे यहाँ सामाजिक सुधार का कार्य गति से नहीं होता। इसका शिंदे के मतानुसार एक महत्त्वपूर्ण कारण यानी शुद्ध सुधार कहे जानेवाले कार्य का निर्माण बुद्धिवाद, उपयोगितावाद जैसे तत्त्व पर किया जाता है। धार्मिक मानसिकता की नींव पर निर्माण करने की मात्र तैयारी नहीं होती। शिंदे के मतानुसार सभी प्रकार के भावुक आन्दोलन अध्यात्मिक आन्दोलन होते हैं। स्वाभाविकतः कृति करने हेतु जो प्रेरणा और बल आवश्यक होता है, वह धर्म की ओर से मुहैया किया जाता है, ऐसी उनकी मान्यता होगी। स्वयं शिंदे ने जो प्रचंड कार्य किया, उसे देखकर इस बात से हम सहमत हो सकते हैं।

विट्ठल रामजी शिंदे ने प्रत्यक्ष जीवन के सामाजिक सुधार के ऐहिक कार्य को धार्मिक नींव का ही आधार दिया था। उनके सभी कार्य का आधार होनेवाली उनकी धर्म कल्पना इस रूढ़ धर्म कल्पना से अलग थी, इसे भी हमें समझ लेना चाहिए।

विट्ठल रामजी शिंदे की जिन्दगी कई नाटकीय घटनाओं से भरी पड़ी है। इनमें से उनके जीवन की पहली प्रमुख घटना यानी अपनी जिन्दगी उदार धार्मिक कार्य हेतु समर्पित करने का निर्णय उन्होंने अन्तःप्रेरणा से लिया और तुरन्त वह गुरु डॉक्टर भंडारकर को बताया। आचार-विचार की दृष्टि से सामान्यतः परम्परानिष्ठ माने गए मराठा समाज के एक स्नातक युवक द्वारा सौ साल पहले इस प्रकार का निर्णय लेकर उसे अमल में लाना, यह अपूर्व घटना थी। घर में अखंड दरिद्रता होते हुए उसको दूर करने हेतु और खुशहाल जिन्दगी जीने के लिए मोटे वेतन की रियासत की नौकरी प्राप्त करने की संभावना होते हुए विट्ठल रामजी ने इस प्रकार का निर्णय लिया। एकान्त में तपस्या कर निजी स्तर पर अलौकिक श्रेय प्राप्त करने का उनका उद्देश्य नहीं था तो उन्नत धर्म का प्रचार कर आम मनुष्य का जीवन सभी तरह से उन्नत करने की छटापटाहट उनमें थी। उनका यह निर्णय अन्धविश्वास के अधीन होकर नहीं तो बड़े विवेक और विचार से लिया हुआ निर्णय था।

विट्ठल रामजी ने यह निर्णय अत्यधिक धर्मनिष्ठा से लिया था, यह तो स्पष्ट ही है। घर के वारकरी सम्प्रदाय के उदार संस्कार से उनकी धर्मनिष्ठा प्रबल बन गई थी और प्रार्थना समाज के जरिये उनका उन्नत एकेश्वरी मत का परिचय हुआ था। धर्म सभी लोगों के जीवन को शासित करता है, इस यथार्थ से वे परिचित थे, लेकिन यह सच्चा उन्नत धर्म न होकर वह धर्म का भ्रष्ट स्वरूप था। उससे निर्माण हुई रूढ़ियाँ थीं, अन्धविश्वास थे और उससे आम आदमी का जीवन हीन दशा को पहुँचा हुआ उन्होंने देखा था। अस्पृश्यता का पालन, देवदासी प्रथा, बलि प्रथा, भोंदू बाबा के पीछे लगना ऐसी अनिष्ट प्रकार की प्रथाएँ धर्म के नाम पर प्रचलित थीं। इससे मनुष्य की स्वाभाविक सद्प्रवृत्ति बाधित होकर लोग दुरावस्था में जी रहे थे। शिंदे ने वारकरी धर्म का उज्ज्वल स्वरूप भलीभाँति समझ लिया था। ब्राह्म समाज और प्रार्थना समाज, इस विवेकशील धर्म के तत्त्व उनके मन को रास आए थे। पाश्चात्य जगत् में ईसाई धर्म से विकसित यूनिटेरियन उन्नत धर्म मत का भी उन्हें अच्छा परिचय हो चुका था। यूनिटेरियन या एकेश्वरी धर्म मत यह सुधारित विश्व का अन्तर्याम (कॉन्शस) है, ऐसा उनकी समझ में आ चुका था। उनके द्वारा स्वीकार किया हुआ धर्म यह बुद्धि का विरोध न करनेवाला विवेकशील धर्म था। अत: इस रूढ़ि को ही धर्म समझकर व्यवहार करनेवाले लोगों को इस उन्नत धर्म की ओर मोड़ना यानी उनके क्रान्तिवादी धर्म कल्पना, अन्धविश्वास, अनिष्ट रूढ़ि—इससे मुक्ति करके उनके जीवन का स्तर ऊँचा करना, ऐसी उनकी राय बन चुकी थी। उनके मतानुसार धर्म सुधार, सुधार की स्वतंत्र बात नहीं तो जीवन के सभी आयामों का सुधार करना था। महर्षि शिंदे की धार्मिक भावना जीवन को समानेवाली और इहलोक के प्रति निष्ठा थी। जीवन के हर अंग, हर कार्य को उन्नत धर्म भाव का अधिष्ठान होना चाहिए, ऐसी उनकी मान्यता थी। उनकी धर्म कल्पना में निवृत्ति न होकर प्रवृत्ति है। वे श्रद्धा के साथ ही निरपेक्ष प्रेम का धर्म कल्पना में समावेश करते हैं। प्रेम का स्वरूप बताते हुए वे कहते हैं, "प्रेम यानी उत्साह, उदासीनता नहीं; प्रेम यानी जीवन, जीवन का आलस्य नहीं।" समाज सेवा को प्रेम का अधिष्ठान होने की बात वे बताते हैं। उनकी दृष्टि से गृहस्थी के हर व्यवहार जागरूकता से और प्रेम से करना यानी धर्म साधना है। द्वा. गो. वैद्य के लेख संग्रह को संसम्पादक ने दिए 'गृहस्थी और धर्म साधन' इस नाम पर आक्षेप लेते हुए वे कहते हैं, "धर्म साधन क्या है? पोथी पढ़ना, प्रार्थना करना, शान्त बैठना, तपस्या करना यानी धर्म साधना है? बिलकुल नहीं। ब्राह्म समाज कहता है कि गृहस्थी के हर व्यवहार सजगता से, प्रेम से करना यही धर्म साधना है। एकाध ईमानदार बढ़ई, होशियार नाई, विशेषत: स्नेहिल भंगी तक ऐटू पुरोहित की तुलना में सौ गुना धार्मिक नहीं कहा जा सकता? यदि ऐसा है तो गृहस्थी यानी धर्म साधन होती है।"

महर्षि शिंदे की भूमिका से यह स्पष्ट होता है कि वे कर्मकांड को त्याज्य मानते हैं, लेकिन समाज को उन्नत करनेवाली कृतिशीलता को धर्म मानते हैं। महर्षि शिंदे की धर्म कल्पना इस तरह की होने से अस्पृश्यता उन्मूलन का कार्य हो, देवदासी प्रथा बन्द करने का प्रयास हो या राजनीति में हिस्सा लेने की बात हो, ये सभी कार्य विट्ठल रामजी शिंदे ने धर्म बुद्धि से ही किए। इनके पीछे धार्मिक भावना की उत्कटता होने से शिंदे ये कार्य अत्यधिक श्रद्धा से, मन लगाकर लगन से कर पाए, ऐसा ही हम उनके चरित्र का अवलोकन करने पर दिखाई देता है।

महात्मा फुले के बाद व्यापक सामाजिक सुधार के रूप में देहात के लोगों की भी समग्र उन्नति का एहसास होनेवाले, उनके लिए प्रयास करनेवाले समाज-सुधारक महर्षि शिंदे ही थे। शिंदे ने स्वयं ग्रामीण जीवन की सभी प्रकार की अनिष्ट प्रथाएँ, वहाँ के लोगों की दरिद्रता, रूढ़ि और अन्धविश्वास—इनका उनके मन पर होनेवाला प्रचंड प्रभाव और कुल मिलाकर जीवन के सभी क्षेत्रों में अवनति देखी थी। इन लोगों की समग्र उन्नति होना आवश्यक है, ऐसा उन्होंने मन में ठान लिया था। इसी कारण बिलकुल छात्रावस्था से उनके मन में गाँव-देहात के लोगों का निरन्तर विचार रहता था। सुधार का काम करने हेतु एकाध मंडल अथवा संस्था मित्रों के साथ स्थापना की जाए, ऐसा विचार वे फर्ग्युसन कॉलेज में पढ़ते थे तब से कर रहे थे। उनकी डायरी में 27 मार्च, 1998 में दर्ज की हुई एक बात से यह दिखाई देता है। ग्रामीण लोगों तक उन्नत धर्म का विचार पहुँचाना उन्हें विशेष जरूरी लगता था।

शिंदे को महात्मा फुले की काबिलियत का कई कारणों से एहसास हुआ होगा। उनमें से गाँव-देहात के लोगों की उन्नति को लेकर होनेवाली संवेदना यह भी एक कारण होगा। इस समानधर्मिता के कारण ही शिंदे को महात्मा फुले के प्रति आदर लगता होगा। महात्मा फुले की महानता और कर्तृत्व को पहचाननेवाले और यथाप्रसंग उसे ठोस रूप में प्रस्तुत करनेवाले विट्ठल रामजी शिंदे स्वतंत्रतापूर्व काल के शायद एकमात्र विद्वान होंगे। महात्मा फुले के

बाद सामाजिक नवजागरण का विचार एकदेशीय नहीं रहा था। वह विचार बहुदेशीय अथवा सर्वदेशीय करनेवाले शिंदे पहले क्रियाशील विद्वान थे।

गाँव-देहात की अधिकांश तथा महत्त्वपूर्ण इकाई यानी किसान वर्ग। 1920 के चुनाव में हिस्सा लेते समय विठ्ठल रामजी ने 'बहुजन पक्ष' नाम से पने पक्ष का जो घोषणा-पत्र निकाला था उसमें उन्होंने सभी दुर्बल, शोषित, पीड़ितों का पक्ष लेकर उनके लिए कार्य करने की भूमिका प्रस्तुत की। उसमें स्वाभाविकत: किसान वर्ग के हित को प्रधानता देने का विचार पाया जाता है।

अगले छह-आठ वर्षों के बाद विट्ठल रामजी ने किसान परिषद् में जो मार्गदर्शन किया, उनमें उनकी किसान वर्ग के प्रति होनेवाली अत्यधिक संवेदना दिखाई देती है। वह काल स्वतंत्रता की प्रेरणा से प्रभावित था। स्वयं शिंदे भी कानून भंग आन्दोलन में हिस्सा लेकर जेल होकर आए थे। इसके बावजूद उन्होंने ठोस रूप में बताया कि वर्तमान कांग्रेस भविष्य की पार्लियामेंट होगी, लेकिन कोई भी सरकार एजेंसियों की दबैल होती है। इसलिए आजादी के पश्चात् कांग्रेस किसानों का हित देखेगी, इसका भरोसा नहीं। इसलिए उन्होंने किसानों के तहसील के अनुसार स्थापित करने का तथा मजदूरों के साथ संयुक्त संगठन स्थापित कर अपनी सामर्थ्य बढ़ाने का और खेती के माल की कीमत पर नियंत्रण रखने का मौलिक उपदेश दिया। कृषि का अर्थशास्त्र समझकर उसकी प्रस्तुति करनेवाले और कार्य की दिशा दिखानेवाले शिंदे यह हमारे आधुनिक इतिहास के पहले विद्वान कहे जाएँगे।

कानून भंग आन्दोलन में नेतृत्व करते समय शिंदे ने पुणे जिले के ग्रामीण क्षेत्र में कई बार यात्राएँ की। उनकी यह यात्रा यानी एक तरह की धार्मिक यात्रा ही होती थी। इसमें वे महात्मा गांधी के तत्त्वज्ञान का, सत्य-अहिंसा के तत्त्व को किसान समझ सके, ऐसी भाषा में विवेचन करते थे। साथ ही अस्पृश्यता उन्मूलन का भी सन्देश देते थे। यात्रा की समाप्ति के बाद पुणे के श्रोताओं के सामने अपने अनुभव बताते हुए गाँव में चाय को भी दूध मिलना कठिन होता है क्योंकि वहाँ से पूरा दूध शहर में आता है, ऐसा उन्होंने बताया। ग्रामीण जनता की दशा और उनका किस तरह से शोषण हो रहा है, इसका यथार्थ चित्र शिंदे श्रोताओं के सामने प्रस्तुत करते थे।

गाँव के लोगों को उन्नत धर्म का एहसास कराने की छटपटाहट विट्ठल रामजी शिंदे में छात्रावस्था से ही थी। उन्होंने सन् 1926 में पुणे में पारिवारिक उपासना मंडल की स्थापना की। उसमें शहर के ब्राह्म परिवार के साथ ही गाँव-देहात के (पुणे में रहनेवाले बहुजन समाज के परिवार शामिल हों, इसका उन्होंने ध्यान रखा)। वे बहुजन समाज की बस्ती अधिक होनेवाले शुक्रवार पेठ के शिवाजी हाईस्कूल में पारिवारिक उपासना मंडल के व्याख्यान और अन्य कार्यक्रम आयोजित करते थे। उन्हीं की प्रेरणा से ग्रामीण क्षेत्र के वाई में ब्रहम समाज की स्थापना हुई। यह बात उनके मन को विशेष खुशी देनेवाली थी। गाँव के महारवाड़ा, मातंग बस्ती से प्रभाती निकालते थे। वहाँ पर व्याख्यान देते, प्रवचन देते। अस्पृश्यता उन्मूलन का कार्य को धार्मिक कार्य का ही हिस्सा मानकर वे वाई प्रान्त में अपनी जिन्दगी के आखिरी दौर में कार्य कर रहे थे। ग्रामीण क्षेत्र में धर्म-प्रचार और अस्पृश्यता उन्मूलन का कार्य करने में उन्हें काफी सुकून मिलता था। ग्रामीण क्षेत्र में समग्र सुधार का कार्य करना, यह महर्षि शिंदे के कार्य का विशेष हिस्सा कहना होगा।

विट्ठल रामजी शिंदे की राजनीति में तक उनकी अलगता और विशेषता दिखाई देती है। अभेद की दृष्टि, सभी उपेक्षित वर्ग की उन्नति का ध्यास और उस कार्य को उन्होंने दिया धर्मनिष्ठा का अधिष्ठान उनके राजनीतिक कार्य की स्वाभाविक विशेषताएँ हैं। समग्र जीवन का विचार करते हुए उनकी आदेश की दृष्टि और एकात्मता की लगन कार्यरत होने की बात की अनुभूति आती है। स्वतंत्रता आन्दोलन के मुख्य प्रवाह से मराठा समाज तटस्थ न रहे, इस भूमिका से उन्होंने मराठा वर्ग के केशवराव जेधे जैसे कर्तृत्ववान व्यक्ति को और उनके सहयोगियों को राष्ट्रीय स्वतंत्रता आन्दोलन के मुख्य प्रवाह में लाया और ब्राह्मणेतरवाद से एकांगी बननेवाले महाराष्ट्र के राजनीतिक जीवन को उन्नत रूप प्रदान किया। सभी उपेक्षितों का समर्थन करनेवाला 'बहुजन पक्ष' उन्होंने स्थापित किया। किसान, स्त्रियाँ, मेहनतकश जैसे जनसामान्य की उन्नति को केन्द्र में रखकर उनके बहुजन पक्ष का घोषणा-पत्र आज भी राजनीतिक दलों को आदर्श हो, इस तरह की उन्नत मानसिकता और राजनीतिक प्रगल्भता प्रकट करनेवाला है। सभी तरह की एकांगिता से मुक्त उनकी विचार प्रणाली और प्रेम का अधिष्ठान होनेवाली व्यापक भूमिका, इससे महात्मा गांधी से होनेवाली उनकी समानधर्मिता दिखाई देती है। इसी कारण महात्मा गांधी द्वारा शुरू किए कानून भंग आन्दोलन में उन्होंने हिस्सा लिया। उसके लिए वे जेल में भी गए।

अनुसन्धान, लेखन द्वारा भी महर्षि शिंदे के जीवन कार्य का महत्त्वपूर्ण हिस्सा था। अनुसन्धाता, चिन्तक और लेखक के तौर पर विट्ठल रामजी शिंदे की विशेषता दिखाई देती है। अस्पृश्य वर्ग की उन्नति करना जैसे शिंदे के जीवन के कर्तृत्व काल का ध्यास था, उसी प्रकार अस्पृश्यता से सम्बन्धित सामाजिकता के परिप्रेक्ष्य में विचार करना और अनुसन्धान करना, यह भी उनके जीवन का कर्तृत्व काल के प्रारम्भ से ही ध्यास था। अस्पृश्यता से सम्बन्धित लेखन तथा अनुसन्धान करनेवाले वे पहले विद्वान, अनुसन्धाता थे। सन् 1905 से उनके अस्पृश्यता सम्बन्धी लेखन और अनुसन्धान का प्रारम्भ हुआ। अनुसन्धान की सभी शास्त्रीय पद्धतियों का अनुसरण कर अस्पृश्यता सम्बन्धी समाजशास्त्रीय दृष्टि से उन्होंने सन् 1933 में लिखा 'भारतीय अस्पृश्यता का प्रश्न' यह इस विषय पर भारत का पहला प्रबन्ध है। उन्होंने अस्पृश्यता के उगम से सम्बन्धित समाजशास्त्रीय भूमिका से सिद्धान्त प्रस्तुत किए हैं। मालाबार, ओडिशा तथा अन्य स्थानों के अस्पृश्य वर्ग का भी प्रत्यक्ष निरीक्षण तथा लोकसाहित्य के प्रमाण का उपयोग कर अस्पृश्य माने लोग एक समय शासक होंगे, ऐसी राय उन्होंने प्रस्तुत की। उसी तरह आज के अस्पृश्य एक समय के बुद्ध थे, ऐसा उपलब्ध प्रमाणों के आधार पर प्रस्तुत किया। अस्पृश्यता का निर्माण कैसे होता है, इसको लेकर उन्होंने स्वयं ब्रहमदेश में किए निरीक्षण का भी आधार लिया। उनके ये विचार देखकर स्वयं को सवर्ण माननेवाला वर्ग और अस्पृश्य माना गया वर्ग इनके बीच की एकात्मता का ही उन्हें एहसास हुआ, यह स्पष्ट होता है। शिंदे के अस्पृश्यता से सम्बन्धित ये निष्कर्ष अत्यन्त सप्रमाण, मूलभूत और रास आए ऐसे हैं। डॉ. बाबासाहेब आंबेडकर द्वारा आगे चलकर शिंदे के अस्पृश्यता से सम्बन्धित कुछ मतों का विकास किया हुआ दिखाई देता है।

विट्ठल रामजी शिंदे के अनुसन्धान में काल और क्षेत्र का काफी बड़ा फलक अक्सर विचार में लिया हुआ पाया जाता है। उनके द्वारा लिखित 'भागवत् धर्म का विकास' लेखमाला में भक्ति तत्त्व का विकास वेदपूर्व काल से वर्तमान काल तक किस तरह होता गया, इसका सप्रमाण विवेचन किया है। उनके काल में अनुसन्धाकर्ताओं की और इसलिए जो सभी की आम मान्यता दिखाई देती है, वह यानी भारतीय संस्कृति यह आर्यों की संस्कृति, यहाँ की आर्यपूर्व संस्कृति यानी पिछड़ी संस्कृति। आर्य संस्कृति श्रेष्ठ संस्कृति है, यह धारणा भ्रामक है और आर्यपूर्व संस्कृति का प्रभाव भारतीय संस्कृति पर कैसा पाया जाता है, यह उन्होंने स्पष्ट किया।

शिंदे के समाजशास्त्रीय अनुसन्धान की तरह ही उनका तुलनात्मक भाषा सम्बन्धी अनुसन्धान भी महत्त्वपूर्ण है। 1930 में उन्होंने कन्नड़ और मराठी का परस्पर सम्बन्ध दिखानेवाला एक लेख लिखा और पुरानी भाषा कन्नड़ का मराठी पर हुआ परिणाम केवल शाब्दिक उधार लेने तक सीमित न होकर व्याकरण की दृष्टि से भी उसका मराठी पर प्रचंड प्रभाव पड़ा है, यह उन्होंने सोदाहरण स्पष्ट किया। कोंकणी और मराठी का तुलनात्मक विचार करनेवाला लेख लिखकर उन्होंने कोंकणी यह मराठी की उपभाषा होने की भूमिका सप्रमाण प्रस्तुत की। उनके अस्पृश्यता, धर्म तथा भाषा सम्बन्धी अनुसन्धान से एकात्मता को स्पष्ट करनेवाली उनकी दृष्टि की अनुभूति होती है। ये सभी विषय उनकी आस्था के थे, लेकिन उन्होंने अपनी भावुकता को कभी अनुसन्धान सम्बन्धी आकलन में बाधा न बनने दिया या अनुसन्धान का अनुशासन बिगड़ने नहीं दिया।

महर्षि शिंदे का समग्र जीवन कार्य देखें तो उसमें एक अन्तसूत्र दिखाई देता है। समाज कार्य हो या राजनीति, उनकी पूरी कोशिश एकात्मता के लिए थी। फूट का आसान, तत्कालीन सफलता देनेवाला लेकिन अन्तत: हानिकारक होनेवाला समाज-कार्य या राजनीति उन्होंने नहीं की। सहजता से लोकप्रियता देनेवाला फूट डालने का एकांगी विचार कभी प्रस्तुत नहीं किया। तथाकथित अस्पृश्य और स्पृश्य, ऐसे दोनों वर्ग एक साथ मिल जाएँ, इस प्रेरणा से उन्होंने आजीवन कार्य किया। मराठा वर्ग राष्ट्रीय प्रभाव से अलग न हो पाए, इसलिए उन्होंने प्रयास किया। ब्राह्मणेतर पक्ष की भेद नीति जैसे उन्हें स्वीकार नहीं थी। उसी प्रकार मराठा-मराठेतर ऐसा नया भेद करना भी उन्हें पसन्द नहीं था। स्त्रियाँ पुरुषों की बराबरी में आनी चाहिए, ऐसी उनकी कोशिश थी। एकता का यही अन्तसूत्र उनके अनुसन्धान और वैचारिक लेखन में दिखाई देता है। दो संस्कृति हों या जाति, दो प्रान्त हों या पंथ अथवा दो भाषाएँ, शिंदे को भेद की अपेक्षा उनमें होनेवाली एकात्मता दिखाई देती है और वही उन्हें महत्त्वपूर्ण लगती है। इसी कारण आजीवन सभी प्रकार की एकात्मता का ध्यास लेकर, समाज जीवन का स्तर ऊँचा करनेवाला मौलिक कार्य उन्होंने अखंड रूप में किया।

इस प्रकार का निष्ठापूर्वक कार्य समर्पण भाव से करनेवाले विट्ठल रामजी शिंदे के हिस्से में शोकात्मक स्तर के कुछ प्रसंग आए। अस्पृश्यता उन्मूलन के कार्य में मिशन स्थापित कर शिंदे काफी कष्ट उठाकर कार्य करने

लगे। उसमें ध्यान देने लगे। इससे उन पर नाराज प्रार्थना समाज के नेतृत्व ने 1910 को उन्हें प्रचारक पद से दूर किया। जिस अस्पृश्य वर्ग की उन्नति के लिए मिशन की स्थापना कर उन्होंने कोशिश की, परिवार के साथ उनमें रहे, अविराम कष्ट उठाया, उस अस्पृश्य वर्ग के नेताओं के विरोध के कारण 1923 को उन्हें मिशन छोड़ने का निर्णय लेना पड़ा।

इस कठिन प्रसंग से वे स्वयं को कैसे सँभल पाए होंगे? ऐसा लगता है कि उनकी धर्म और सत्य पर अविचल निष्ठा थी और उसी के बल वे सँभल पाए। महर्षि शिंदे की ईश्वर तथा सत्य पर श्रद्धा कितनी मजबूत थी, यह 1908 में उन्होंने दिए 'ईश्वर और विश्वास' नामक व्याख्यान के प्रतिपादन से स्पष्ट होता है। उन्होंने कहा है, "ईश्वर सत्प्रवर्तक है, ऐसी केवल राय होने से नहीं चलता तो वह सत्व का और शुभ का प्रवर्तक है। इसलिए मैं सत्य का आग्रह करता रहा तो मुझे कितना भी कष्ट हुआ तो भी मेरी या किसी की भी कोई हानि बिलकुल नहीं होगी, ऐसा विश्वास होना चाहिए।" महर्षि शिंदे की सत्य और धर्म पर इस प्रकार की निष्ठा थी। कठिन प्रसंग में अपने मन का सन्तुलन करने के लिए इतना ही नहीं तो आजीवन अविचल श्रद्धा से काम करने हेतु उन्हें उनकी धर्म निष्ठा का हिस्सा होनेवाली सत्य निष्ठा काम आई होगी। समग्रत: धर्म का मजबूत आधार मिला होगा। बचापन से ही उनके मन पर वारकरी सम्प्रदाय के संस्कार हुए थे। उनके मन पर युवावस्था की छात्रावस्था में विवेकशील ब्राह्म धर्म के संस्कार हुए और उसके बाद के काल में उन्होंने बौद्ध धर्म की सीख को आत्मसात् किया था। जीवन में आए इस तरह के कठिन प्रसंग में उनकी धर्म निष्ठा में बौद्ध धर्म मत, बौद्ध धर्म चिन्तन का भी काफी बड़ा सम्बल उन्हें मिला होगा।

विट्ठल रामजी शिंदे ने अपने विशेष गुरु प्रोफेसर कार्पेंटर से ऑक्सफोर्ड में बौद्ध धर्म और पाली भाषा का अध्ययन किया था। वे बौद्ध धर्म की महानता से केवल प्रभावित ही नहीं हुए थे तो औरों को वह समझा देना आवश्यक है, ऐसा उन्हें लगता था। 1990 में उन्होंने दिए 'बौद्ध धर्म का जीर्णोद्धार' व्याख्यान में बौद्ध धर्म हमारी अनमोल विरासत है और उस पर अपना अधिकार अभिमान से साबित कर हमे उसका लाभ उठाना चाहिए, ऐसा उन्होंने प्रतिपादित किया। उन्हीं के प्रयास से पुणे के फर्ग्युसन कॉलेज में प्रोफेसर धर्मानन्द कोसम्बी की पाली भाषा के प्राध्यापक के रूप में नियुक्ति हुई और वहाँ पाली भाषा और बौद्ध धर्म के अध्ययन को प्रारम्भ हुआ और उसे गति मिली। दुख:निरोध की राह दिखानेवाली 'मध्यमा प्रतिपदा' अथवा मध्यम मार्ग का तत्त्व, उसी प्रकार मैत्री, करुणा, मुदिता और उपेक्षा—इन मन का सन्तुलन साधनेवाले उन्नत तत्त्वों का 'ब्रह्मविहार' इनका उनके कार्य के पीछे होनेवाली मानसिकता बनाने में काफी बड़ा हिस्सा होगा। उनका यह अनुभव था कि धम्मपद का वाचन मन को शान्ति प्राप्त करने के लिए उपयुक्त है। दर्शन से प्रभावित होने के कारण शिंदे वाकई बौद्ध बन गए थे। उन्होंने 1927 में कोलकाता के ब्राह्म समाज वार्षिकोत्सव में "मैं बुद्ध हूँ" ऐसा विधान किया था। उसी वर्ष ब्रहमदेश के बौद्ध धर्म का अवलोकन करें, वहाँ के बुद्ध विहार में निवास कर उपासना करें, इस उद्देश्य से वे ब्रहमदेश गए। कोई भी पारिवारिक सज्जन कुछ काल के लिए बुद्ध भिक्षु की दीक्षा ले सकता है, इस परिपाटी से उन्होंने वहाँ के ऊ कोडन्ना नामक बौद्ध उपदेशक को स्वयं को बौद्ध धर्म की उपसम्पदा देने की विनती भी की थी। महर्षि शिंदे पर बौद्ध धर्म के उन्नत तत्त्वों का इस तरह प्रभाव पड़ा था। उन्हें इस धर्म की महत्ता रास आई थी। इस धर्म तत्त्व ने उनके मन का ऐषण किया था। महर्षि शिंदे की धार्मिक मानसिकता को गठन में, आजीवन उसका अनुसरण कर कार्य करने में और जीवन के दुर्धर प्रसंग में मन का सन्तुलन बनाने में बौद्ध धर्म का बड़ा हिस्सा था, ऐसा कहना होगा। इस सन्दर्भ में उनके जीवन का एक उज्ज्वल उदाहरण दर्ज कर सकते हैं। अस्पृश्य वर्ग के लिए स्वतंत्र मिशन स्थापित कर उसे बढ़ाने में, इस वर्ग का सुधार करने का और अस्पृश्यता के प्रश्न को लेकर पूरे राष्ट्र में जागृति करने का ऐतिहासिक कार्य करने में महर्षि शिंदे की जैसे महानता है, उसी प्रकार स्वयं बढ़ाया यह मिशन नए से जाग्रत हो रहे अस्पृश्य नेताओं की अस्वस्थता और आकांक्षा समझकर अत्यन्त निस्पृहता और शानदार रूप में अस्पृश्य वर्ग के स्वाधीन करने में भी महर्षि की महानता दिखाई देती है।

इधर कुछ विद्वान महर्षि शिंदे के सन्दर्भ में दो प्रश्न आत्मीयता से उपस्थित करते हैं। उनमें से पहला प्रश्न, महर्षि शिंदे ने किए हुए कार्य में उन्हें कितनी सफलता मिली? और दूसरा प्रश्न, महर्षि शिंदे की आज भी उपेक्षा क्यों हो रही है?

महर्षि शिंदे के जीवन कार्य का मूल उद्देश्य उन्नत स्वरूप का धार्मिक कार्य था, लेकिन उन्होंने धार्मिक भावना से किया अस्पृश्य वर्ग की उन्नति और अस्पृश्यता उन्मूलन का कार्य ऐतिहासिक दृष्टि से अत्यन्त मौत्रिक स्तर का

है। अस्पृश्यता सम्बन्धी कार्य के सन्दर्भ में हम निश्चित स्वरूप में विधान कर सकते हैं कि इस कार्य में उन्हें काफी मात्रा में सफलता मिली। हमने देखा कि बीसवीं सदी के आरम्भिक काल में राष्ट्र कार्य करने को प्रवृत्त नेतृत्व को भी अस्पृश्यता के जैसा कोई प्रश्न है, इसका एहसास नहीं था। अस्पृश्यता का पालन इतना स्वाभाविक रूप में लोगों ने स्वीकार किया था। ऐसे काल में महर्षि शिंदे ने अस्पृश्यता के गम्भीर प्रश्न का एहसास पूरे राष्ट्र को कराने का प्रयास किया और इस सन्दर्भ में राष्ट्रीय स्तर पर किस तरह अपूर्व जागृति लाई गई, यह हमने विस्तार से देखा ही है। इस पुस्तक के आरम्भ में निर्देश किया, उसके अनुसार अस्पृश्यता उन्मूलन कार्य के दो महान पर्व हैं। पहला पर्व जागृति का; उसके प्रवर्तक महर्षि शिंदे थे। दूसरा पर्व संघर्ष का; उसके प्रणेता डॉ. बाबासाहेब आंबेडकर थे। महर्षि शिंदे के कार्य से आगे के संघर्ष पर्व की स्वाभाविकत: पूर्व तैयारी हुई। अस्पृश्यता उन्मूलन का कार्य करने के लिए अस्पृश्य वर्ग के लोगों के मन में अस्पृश्यता से सम्बन्धित भ्रामक कल्पना नष्ट करने के लिए सपृश्य वर्ग का ही कोई कर्तृत्ववान व्यक्ति आगे आना आवश्यक था। यह ऐतिहासिक जिम्मेदारी महर्षि शिंदे ने निभाई। इस प्रश्न को लेकर जागृति लाने के कार्य में महर्षि शिंदे को सफलता मिली, ऐसा हम नि:सन्देह कह सकते हैं।

उन्नत धर्म-प्रचार और सुधार के अन्य कार्य महर्षि शिंदे ने निष्ठा से किस प्रकार किए, यह हमने देखा ही है। ऐसे कार्य करते समय विशिष्ट प्रवास पर हमें सफलता मिलेगी, ऐसा निश्चित विधान करना कठिन होता है। कुछ कार्य विशिष्ट प्रश्न तक विशिष्ट समय में करना आवश्यक होता है। लड़कों के साथ लड़कियों की शिक्षा, किसानों की हित का विरोध होनेवाले कानून ऐसे तात्कालिक प्रश्नों को हल करने में महर्षि शिंदे को सफलता भी मिली।

वैसे देखा जाए तो महर्षि शिंदे का धार्मिक कार्य हो, अस्पृश्यता उन्मूलन का कार्य हो, स्त्रियों को लेकर पुरुषों का दृष्टिकोण बदलना हो, उन्होंने हाथ में लिए ये कार्य अत्यन्त कठिन स्वरूप के थे क्योंकि इन सभी कार्यों के मूल में एक प्रमुख कार्य था—लोगों का मन परिवर्तन, शील परिवर्तन। महर्षि शिंदे ने इस अत्यन्त कठिन कार्य को गति दी, इसी में उनकी महानता है। उनकी सफलता भी है।

महर्षि शिंदे ने विविध कार्य हाथ में लेकर असाधारण कर्तृत्व दिखाया। उनमें अपवादात्मक स्वरूप की गरिमा थी। ऐसा होते हुए आज काफी मात्रा में उनका विस्मरण किया जाता है। ऐसा क्यों हुआ होगा? अपने कार्यकाल में, विशेषत: 1906 से 1923 तक शिंदे ने अस्पृश्यता उन्मूलन का अभूतपूर्व आन्दोलन चलाया और इस प्रश्न को लेकर पूरे देश में जागृति लाई, वह लोगों के सामने थी। मिशन की स्थापना के बाद पाँच-सात वर्ष के काल में अस्पृश्यता के प्रश्न को लेकर महाराष्ट्र और भारत में अनुकूल परिवर्तन गति से होने लगा। एूरे भारत के उग्र और नरम दल के नेता, अंग्रेज अधिकारी, महात्मा गांधी जैसे लोक नेता शिंदे के कार्य के महत्त्व को जान रहे थे। कांग्रेस जैसी राष्ट्रीय संस्था ने अस्पृश्यता उन्मूलन कार्य को अपने कार्यक्रम में स्थान दिया। इसके बावजूद अगले पन्द्रह सालों में शिंदे के इस कार्य का राष्ट्र को मानो विस्मरण हुआ। शिंदे के एक सहयोगी वामन सदाशिव सोहनी ने 1940 में एक आत्मनिवेदन में कहा है, "मुझे अक्सर एक बात को लेकर खेद होता है। अछूतों के प्रश्नों को हल करने का विट्ठलराव ने कार्य किया। इसके लिए चरम सीमा तक त्याग कर उन्होंने और उनके परिवारवालों ने पूरे देश में जागृति लाई। इस प्रश्न को राष्ट्रीय स्तर तक ले जाने का कष्ट भी उन्होंने ही किया, लेकिन आजकल अछूतों की उन्नति के प्रश्न का जब-जब उल्लेख किया जाता है, तब-तब जिन्होंने इस सन्दर्भ में केवल वाचिक कार्य किया है, उन्हें ही जागृति का श्रेय अर्पण किया जाता है। और भारतीय निराश्रित सहायकारी मंडली और विट्ठल रामजी शिंदे को नियोजनबद्ध बहिष्कृत कर उनका भूल से भी नामनिर्देश नहीं किया जाता। ऐसे संघटित बहिष्कार से सत्य गुम होता है।"

महर्षि शिंदे इस विभूति का विस्मरण क्यों हुआ है, इसको लेकर विद्वानों ने अलग-अलग मत प्रस्तुत किए हैं, वे पाठकों के सामने हैं। विट्ठल रामजी शिंदे ने भारत और महाराष्ट्र की विस्मरणशीलता को लेकर जो विवेचन किया है, वह अत्यन्त मार्मिक और उद्बोधक है और अपनी सामाजिक और सांस्कृतिक त्रुटियों पर मार्मिकता से चोट करनेवाला है। और स्वयं महर्षि शिंदे की महाराष्ट्र में आज भी उपेक्षा क्यों जारी है, उनका विस्मरण क्यों हुआ है, इसको स्पष्ट करनेवाला भी है।

महर्षि शिंदे ने 1935 के दौरान 'महाराष्ट्र को नाना शंकर सेठ का विस्मरण क्यों हुआ?' शीर्षक से एक लेख लिखा। इस लेख में अंग्रेजी शासन में जगन्नाथ नाना शंकर सेठ ने लोक शिक्षा, नागरिक कर्तव्य, राजनीति, अर्थ

कारण, विद्या वृद्धि आदि कार्य करके केवल मुम्बई तक ही नहीं तो महाराष्ट्र के जीवन को नए मनु के अनुसार दिशा देने का अलौकिक कार्य किया, ऐसा प्रतिपादित किया है। ऐसे कर्मवीर नाना शंकर सेठ का महाराष्ट्र ने क्यों विस्मरण किया होगा, इसको लेकर इस लेख के उत्तरार्द्ध में उन्होंने कुछ कारण दर्ज किए हैं। भारत ऐहिक निष्ठा के बजाय परेलोक के पीछे अधिक पागल है। दूसरा कारण यानी उन्होंने साहित्य के प्रति होनेवाला दीवानापन दर्ज किया है और दो कारण दर्ज किए हैं। हमारे पूरे इतिहास में राष्ट्र निष्ठा के बजाय जाति निष्ठा ही पाई जाती है। चौथे कारण के तौर पर उन्होंने राजनीति का निर्देश किया है। शिवाजी महाराज जैसों की जो पूजा होती है, वह सच्ची गुणवत्ता के रूप में नहीं तो राजनीतिक उपयोगिता के लिए होती है, ऐसा उन्होंने दर्ज किया है। महर्षि शिंदे ने नाना शंकर सेठ के कर्तृत्व का महाराष्ट्र को विस्मरण क्यों हुआ, इस सम्बन्ध में किया हुआ विवेचन स्वयं महर्षि शिंदे पर भी लागू होनेवाला है।

आजकल महापुरुषों की स्मृतियों का स्मरण रखनेवाली, उनके कार्य का स्मरण करानेवाली प्रभावी यंत्रणा यानी राजनीतिक पक्ष है। आज के प्रजातंत्र के दौर में किसी दल को सत्ता तक पहुँचने के लिए स्वाभाविकत: अधिक से अधिक वोट प्राप्त करने के लिए प्रयास करना पड़ता है। उसके लिए अन्य कारनामों के साथ विविध जातीय सन्दर्भो का अनुनय किया जाता है। यह अनुनय करने का एक साधन यानी विशेष जाति को प्रभावित करनेवाली, उनका आदर स्थान होनेवाली विभूतियों का घोष करना। इस सन्दर्भ में महर्षि शिंदे के नाम का घोष करना किसी भी पक्ष को उपयोगी नहीं लगता। स्वयं शिंदे विश्व धर्म के समर्थक थे। अपने कार्यकाल के आरम्भ से ही वे जाति भेद को नहीं मानते थे। इतना ही नहीं तो जाति भेद नष्ट करना उनके कार्य का एक प्रमुख हिस्सा था। वे स्वयं जब चुनाव में खड़े रहे तब उन्होंने इस तत्त्व के चलते स्वयं की जाति का समर्थन नकारा। उन्होंने किसी भी जाति से सम्बन्धित कार्य नहीं किया। अपवाद कहें तो अस्पृश्य मानी गई जातियों का। उनकी भयावह दुर्गत में परिवर्तन लाने का, लेकिन बाद के दौर में राजनीति के चलते उस वर्ग को स्वयं की जाति के नेता मिलने से महर्षि शिंदे की उस वर्ग ने उपेक्षा की। इतना ही नहीं तो दुर्भाग्य यह कि जटिल अन्तस्थ राजनीति से उन्हें अपना विरोधक मान लिया। तब इस वर्ग का अनुनय करना हो तो महर्षि शिंदे का नाम त्याज्य मानना वोट की राजनीति के लिए सुविधाजनक बनता है, ऐसा वर्तमान चित्र दिखाई देता है। महर्षि शिंदे ने महाराष्ट्र की विस्मरण वृत्ति की मीमांसा करते हुए जाति निष्ठा और राजनीतिक पक्षपात, इन कारणों का जो निर्देश किया है, वह स्वयं शिंदे पर भी एकत्रित रूप में लागू होता है।

महर्षि विट्ठल रामजी शिंदे अपनी मूल्यनिष्ठ भूमिका के चलते तत्कालीन किसी भी राजनीतिक पक्ष को लेकर सन्तुष्ट नहीं थे। राजनीतिक पक्षों की एकांगी नीति के कारण वे किसी भी राजनीतिक पक्ष से समरस नहीं हो पाए। वे राजनीति की ओर कर्मयोग के रूप में देखते थे। तब तत्कालीन राजनीतिक दलों से उनका समर्थन कठिन था। स्वयं की भूमिका का विवेचन करते हुए उन्होंने कहा है, "मैं अपने मुख्य या पूरक कार्य में किसी भी एक पक्ष या एक पंथ के अधीन नहीं हुआ। मेरा पक्ष प्रभु का है और उस पर मेरे विवेक का अंकुश है।" आगे उन्होंने कहा है, "मुझे पता है कि इस प्रकार का मनुष्य किसी को भी खुश नहीं रख सकता।" इस प्रकार की मानसिकता और तत्त्व निष्ठा होनेवाले शिंदे अपने दौर के दलों को रास आनेवाले नहीं थे और आज के दौर में तो राजनीतिक हित के सन्दर्भ में अधिकाधिक इकाइयों का इजाफा होकर जटिलता अधिक बढ़ गई है। तब महर्षि शिंदे जैसे तत्त्वनिष्ठा का नाम लेना किसी भी राजनीतिक दल को लाभप्रद नहीं। इतना ही नहीं तो प्रसंगनुसार हानिकारक साबित होने की अधिक संभावना दिखाई देती है। ऐसे में राजनीतिक दलों द्वारा शिंदे का स्मरण कैसे किया जाएगा?

दूसरी बात यह कि विट्ठल रामजी शिंदे की वैचारिकता का सामाजिक आशय पहचानकर कार्यरत होनेवाला प्रभावी नेतृत्व निर्माण होता तो शायद शिंदे का विस्मरण नहीं होता और आज भी प्रासंगिक लगनेवाला उनका बहुजन पक्ष का घोषणा-पत्र महत्त्वपूर्ण राष्ट्रीय दस्तावेज साबित होता।

श्री म. माटे ने अपनी 'आधुनिक सुधारक' (953) नामक पुस्तिका में लोकहितवादी, विष्णुबुवा ब्रह्मचारी, महात्मा फुले, न्यायमूर्ति रानडे और कर्मवीर शिंदे इन विभूतियों का परिचय कराया है। आचार और विचार के आधार पर उनका स्थान निश्चित करते हुए माटे कहते हैं, "क्रान्तिकारक कृति पर ध्यान दें तो महात्मा फुले की ओर पहला स्थान जाता है। उनके नीचे या उसके बाद कर्मवीर शिंदे, आते हैं।" उनके साहित्यिक कर्तृत्व को लेकर उन्होंने ऐसा विधान किया है, "न्यायमूर्ति रानडे और कर्मवीर शिंदे इनका साहित्य अत्यन्त श्रेष्ठ स्तर का है।"

हमने देखा कि महर्षि शिंदे की महाराष्ट्र ने उनके कार्य के सम्बन्ध में उपेक्षा की, लेकिन प्रज्ञा की स्वतंत्रता दिखानेवाले महर्षि शिंदे को महाराष्ट्र ने अनुसन्धाता, विद्वान और लेखक के तौर पर उन्हें सम्मानित किया है? उनके लेखन के सम्बन्ध में भी उनके जीवित काल में तथा उत्तर काल में भी उनकी उपेक्षा ही की हुई दिखाई देती है।

विट्ठल रामजी शिंदे का सभी प्रकार का लेखन यह उन्नत धर्म पर श्रद्धा होनेवाला धर्मनिष्ठ लेखन है। उनका जीना, प्रत्यक्ष कार्य और उनके साहित्य से प्रकट होनेवाली वैचारिकता और संवेदनशीलता—इनमें समानता मिलती है। स्वाभाविकत: यथार्थ से निर्माण इस लेखन को उच्च गरिमा प्राप्त हुई है। मराठी साहित्य विश्व में अभिनिवेश रहित अधिकारी समीक्षक, विद्वानों का आज जो वर्ग है, उन्हें शिंदे नवजागरण काल के आदर्श विद्वान लेखक लगते हैं, लेकिन आज भी यह वर्ग अत्यल्प है। महर्षि शिंदे ने अपने अनुसन्धान पर लेखन में अत्यन्त मौलिक सिद्धान्त सप्रमाण प्रस्तुत किए। उनके वैचारिक लेखन में मिलनेवाली वैचारिक स्वतंत्रता, प्रगल्भता उल्लेखनीय है। उनके आत्मपरक लेखन में उनकी तरल संवेदनशीलता का प्रत्यय आता है। उसमें पाठकों के मन को उन्नत करने की सामर्थ्य है। उनकी संवेदनशीलता को आध्यात्मिक अधिष्ठान है। इसका एक उदाहरण दर्ज करने की इच्छा है। पेरिस निवास में कुमारी दुगार इस प्राध्यापिका से वे दो दिन मिले। फ्रांस की स्त्री शिक्षा, विवाह पद्धति आदि को लेकर उनके साथ खुले दिल से चर्चा की।

दुगार मैडम की वेशभूषा और व्यवहार का सीधापन, जानकारी देने की उत्कंठा, उनका स्वभाव और मासूमियत से शिंदे प्रभावित हुए। दूसरे दिन रात के समय उनसे विदाई लेने पर अपनी मानसिकता का उन्होंने जो वर्णन किया है, वह इस प्रकार है, "ग्यारह बजे रात को ट्राम से नदी के किनारे से आते समय रात का नजारा देखते हुए हाल ही में सम्पन्न विशुद्ध मिलन को लेकर मेरे मन में कई मीठे विचार आने लगे। आत्मा, आत्मा पर लुब्ध हुई थी। इसीलिए वियोग के बाद भी खुशी हो रही थी। शरीर के सभी सुखों का दुख में पर्यवसान होता है। आत्मा का मात्र पर्यवसान ही नहीं क्योंकि आत्मा अनन्त है और इसलिए उसकी वृत्ति अखंडित है।"

महर्षि शिंदे का साहित्य इतना मौलिक होने के बावजूद साधारण सफेदपोश सुशिक्षित पाठक वर्ग में उनके काल में उन्हें लेखक के तौर पर अच्छी लोकप्रियता या मान्यता मिली, ऐसा दिखाई नहीं देता। 1992 में विट्ठल रामजी शिंदे के 'लेख, व्याख्यान और उपदेश' नामक पुस्तक में उनका यात्रा और धर्म पर लेखन संग्रहीत किया था। समाचार-पत्रों और 'रत्नाकर' जैसी पत्रिका से उनका फुटकर स्वरूप का वैचारिक और अनुसन्धानपरक लेखन भी प्रकाशित होता था। 1933 में 'भारतीय अस्पृश्यता का प्रश्न' यह अनुसन्धानपरक प्रबन्ध प्रकाशित हुआ था। 'ज्ञानप्रकाश', 'विजयी मराठा', 'सुबोध पत्रिका', 'राष्ट्रवीर' आदि समाचार-पत्रों से उनके व्याख्यानों का वृत्तान्त प्रकाशित होता था। इससे यह दिखाई देता है कि शिंदे के विचारों की स्वतंत्रता तत्कालीन पाठक वर्ग को हजम होनेवाली नहीं थी। आर्य संस्कृति को लेकर अनुकूल तो बौद्ध मत को लेकर प्रतिकूल पूर्वग्रह होनेवाले सुशिक्षित मराठी पाठक वर्ग को शिंदे के अनुसन्धानों पर लेखन की मौलिकता और वैचारिक लेखन की स्वतंत्रता रास आनेवाली नहीं थी। शिंदे का पूरा लेखन कोई पक्षपात न रखकर एक व्यापक और उन्नत भूमिका से किया हुआ है।

शिंदे धर्मनिष्ठ थे। प्रार्थना समाज के प्रचारक थे। उनके लेखन को आध्यात्मिक अधिष्ठान था तो सुशिक्षित महाराष्ट्र अजेयवादी या नास्तिक विचारों के मिल, स्पेंसर, आगरकर आदि दबाव में आगे के पचास साल तो रहा। आज भी उसकी उससे पूर्णता मुक्ति हुई है, ऐसा नहीं लगता। प्रार्थना समाज का सही अन्तरंग न पहचानकर ईसाई धर्म की नकल करनेवाले पंथ के रूप में उसकी ओर तुच्छता से शिक्षित मराठी समाज देखता आया। न्यायमूर्ति रानडे, डॉ. भंडारकर, इनके धर्म-सम्बन्धी प्रगल्भ लेखन की महाराष्ट्र ने दखल नहीं ली। वही बात शिंदे के लेखन को लेकर हुई। महात्मा गांधी का राजनीति में उदय होने से पहले शिंदे उससे सदृश्य भूमिका से वैचारिक लेखन करते थे। आगे चलकर समानधर्मिता के कारण वे महात्मा गांधी के आन्दोलन में भी शामिल हुए। शिक्षित महाराष्ट्र को गांधी नजदीकी नहीं लगे। उनके जैसी होनेवाली शिंदे की भूमिका भी उन्हें अपनी नहीं लगी। बहुजन समाज और शोषितों का पक्ष लेकर उन्होंने सामाजिक प्रश्नों पर किया लेखन भी उपेक्षित रहा। अपने दायरे के बाहर का देखने की क्षमता न होनेवाले सफेदपोश मन को यह भलीभाँति रास आना असम्भव था। जीवन सम्बद्धता के बजाय कोरे विलास को महत्त्व देनेवाली तत्कालीन मराठी अभिरुचि को महर्षि शिंदे का साहित्य मौलिक नहीं लगा होगा। इन कई कारणों से महर्षि शिंदे को लेखक के तौर पर जो मान्यता मिलनी चाहिए थी, वह उनके काल में नहीं मिली। आज भी लेखक के तौर पर उनकी उपेक्षा जारी है।

अन्य बातें चाहे जो हों, बीसवीं सदी के आरम्भ में लोग क्या कहेंगे, इसकी चिन्ता न करते हुए अस्पृश्य वर्ग के सुधार, अस्पृश्यता निर्मूलन के प्रत्यक्ष कार्य को विट्ठल रामजी शिंदे ने आरम्भ किया और डेढ़ तप अविराम कष्ट उठाकर पूरे हिन्दुस्तान में जागृति लाई, यह कार्य बेजोड़ है। महर्षि शिंदे का यह कार्य ऐतिहासिक दृष्टि से मौलिक है।

स्वयं को रास आए सुधार आचरण में कब और कैसे लाएँ, इसको लेकर 1881 में पुणे के प्रार्थना समाज की संगत सभा में विचार हुआ। इस वृत्तान्त का सार ऐसा था : जब तक अपने बुजुर्गों और कइयों की समझ अपनी समझ से अलग है तब तक अपनी समझ के अनुसार अचानक आचरण करते हुए वे विचार कहते रहने चाहिए। कइयों की समझ बदलने का इन्तजार करें, ऐसा अपना मत न्यायमूर्ति रानडे ने प्रस्तुत किया। उसके बाद प्रश्न उपस्थित किया कि ऐसा इन्तजार करते रहने से सुधार का कदम कभी आगे नहीं पड़ेगा। तब अमुक बात जनसमूह के हित के लिए आवश्यक है, ऐसा हमें दिखाई देने पर वह न करना यह ईश्वर की आज्ञा के विरुद्ध है। ऐसा लगने पर वह यदि काफी लोगों की समझ के विरुद्ध या रूढ़ि के विरुद्ध हो तो भी हम करें या नहीं इस प्रश्न पर न्यायमूर्ति रानडे ने कहा, "इसे जो करेंगे वे धन्य।"

विट्ठल रामजी शिंदे ऐसे धन्य पुरुष थे।

परिशिष्ट-1

लोकमान्य तिलक का शिंदे को पत्र

Poona city
2-8-18

My dear Mr. Shinde,

I have your today's letter: The manifesto has a paragraph at the end entailing upon me a personal duty which, I am sorry, I shall not, under the present circumstances, be able to carry out. Please therefore excuse me for not signing the manifesto.

I send you herewith Mr. Montagu's report. Please read para 232 last portion and return it tomorrow.

Yours sincerely
B. G. Tilak

To
V. R. Shinde Esq. B.A.
Poona

परिशिष्ट-2

घोषणा-पत्र

श्री

बहुजन पक्ष

आनेवाले नवम्बर में हिन्दुस्तान में नई राज्यपद्धति की प्राण-प्रतिष्ठा होनेवाली है। यह मुहूर्त का समय विशेष महत्त्वपूर्ण है। इसके बाद वर्तमान पक्ष-घटना, वर्तमान राज्य प्रणाली के साथ खत्म होकर नई परिस्थिति के अनुसार नए राजनीतिक दल का गठन होगा, यह भविष्य कई माहिर राजनीतिक पुरुषों ने किया है, जो सच होगा। आज के 'गरम दल, और 'नरम दल' या 'राष्ट्रीय' और 'प्रगतिशील' नामक भेद केवल पद्धति के अनुसार हैं, तात्त्विक दृष्टि से नहीं। अलग-अलग दृष्टि से देखें तो दोनों दल राष्ट्रीय या प्रगतिशील हैं, ऐसा दिखाई देगा। इतना ही नहीं, तो आज 'राष्ट्रीय' कहा जानेवाला दल सामाजिक दृष्टि से जितना और जैसा नरम है, उतना और वैसा 'प्रगतिशील' कहा जानेवाला दल सामाजिक दृष्टि से उग्रवादी है। तात्पर्य यह कि ये पक्ष केवल कार्य पद्धति की नींव पर खड़े हुए हैं, तात्त्विक भेद पर नहीं। इसलिए कई बार एक ही भूमिका से अपने सामान्य तत्त्वों को न त्यागकर एकता से ये दो पक्ष परस्पर एक-दूसरे के खिलाफ झगड़ते हैं, तब वे अपनी कार्य पद्धति को ज्यादा महत्त्व देते हैं या इससे भी कम महत्त्वपूर्ण वैयक्तिक बातें घटित होने के कारण उन्हें उस समय महत्त्व आने से वे झगड़ते रहते हैं। ऐसे में उन दोनों को प्रिय होनेवाला जो सामान्य राष्ट्रहित है, उसे बाधा पहुँचती है, यह दोनों को भी समझता है। खैर!

हमारी भविष्य की राजनीति में जो नए-नए पक्षों का पुनर्गठन होने की सम्भावना है, उसमें जिस एक नए पक्ष का हमने शीर्षक में उल्लेख किया है, वह पक्ष बनाने की सम्भावना ही नहीं तो इष्टता बल्कि जरूरत है, ऐसी हमारी नम्र राय बनी है। यह राय हमारे दीर्घ अनुभव और निष्ठा से बनी है। इसलिए हम उसे जनता के सामने ठोस और निश्चय के साथ प्रस्तुत कर रहे हैं। इस सन्दर्भ में कई मित्रों में मतभेद होने की पूरी सम्भावना है। औरों की बात छोड़ दो। हमारे साथ ईमानदार मतभेद होनेवाले मित्र अगर इस मत पर टीका-टिप्पणी करें तो उससे हमें जो सीख मिलेगी और लाभ होगा, वह हम जरूर उठाएँगे, किन्तु हमारी इस राय पर हमें विवाद करने की मात्र इच्छा नहीं है। जिस अर्थ से हम यह राय जनता के सामने केवल पूर्वपक्ष के रूप में प्रस्तुत कर रहे हैं, उस अर्थ में उसे उत्तर पक्ष कहकर किसी भी विवाद का या राय का स्वीकार करने की हमें जरूरत नहीं लगती।

व्याप्ति : हिन्दुस्तान की कुल जनसंख्या के राजनीतिक दृष्टि से केवल दो ही मुख्य और ठोस हिस्से हैं। उनमें से पहला है—विद्या बल, द्रव्य बल या अधिकार बल से उन्नत वर्ग और दूसरा, इनमें से कोई भी बल न होने से और मजबूरी के कारण पिछड़ा वर्ग या बहुजन समाज। इस दूसरे वर्ग में ही बिलकुल तिरस्कृत ऐसे 'अस्पृश्य' वर्ग का समावेश होता है। वर्तमान में राजनीतिक सुधार का केवल अरुणोदय ही हुआ हो तो इन दोनों में काफी विरोध दिखाई दे रहा है। इस विरोध के अनुसार बहुजन समाज या पिछड़े वर्ग का लगभग एक नया ही दल बन चुका है, ऐसा कहने में आपत्ति नहीं है। इसे ही कभी-कभी ब्राह्मणेतर पक्ष जैसा भी नाम दिया जाता है, लेकिन मजबूरी और बलहीनता यह

जो पिछड़े वर्ग के लक्षण हैं, वे इस वर्ग के दल को 'ब्राह्मणेतर पक्ष' ऐसा केवल जाति-विशेष नाम देने से बिलकुल अचूक पद्धति से सार्थक नहीं होते'। इसीलिए इस नए पक्ष को 'बहुजन पक्ष' या 'जनपद पक्ष' ऐसा बिलकुल सार्थक और निर्विकल्प नाम देने से इस पर किसी भी तरह की आपत्ति उठाने को जगह नहीं बचेगी। जाति, धर्म या सामाजिक ठाठ-बाट आदि जो केवल भावनात्मक विषय होते हैं, उनका राजनीति व्यवहार से या पक्ष से प्रत्यक्ष सम्बन्ध नहीं रहता। इसलिए ऐसे विषयों की नींव पर या बहाने से राजनीतिक पक्ष की रचना करना उचित नहीं होगा, बल्कि असम्भव है, इसका इतिहास गवाह है। इसके लिए हमारे 'बहुजन पक्ष' से भी इस या ऐसे अन्य आगंतुक विषयों का तत्त्वत: सम्बन्ध नहीं है, यह अलग से बताने की जरूरत नहीं क्योंकि हमारा यह पक्ष केवल ऐहिक हित सम्बन्धों की पक्की नींव पर बना है। जाति, धर्म या देश एतद्विषयक द्वेष के बल्कि भाव की खोखली भावनात्मक नींव पर नहीं है। व्यक्ति या व्यक्ति समूह किसी भी जाति, किसी भी धर्म या देश का हो या न हो, वे सब इस नए पक्ष में शरीक हो सकते हैं, किन्तु उनके हित सम्बन्ध और हमारे हित सम्बन्ध समान होने चाहिए; इतना ही नहीं तो ऐसी उन्होंने खुलेआम स्वीकृति देकर निष्ठा की प्रतिज्ञा भी करनी चाहिए।

कार्य पद्धति : मुसलमान, ईसाई, सिक्ख, यूरोपियन आदियों को स्वतंत्र चुनाव क्षेत्र की सहूलियत का अधिकार मिला है, लेकिन इस अधिकार के बल से ये वर्ग सिरचढ़े होने की सम्भावना मात्र नकार नहीं सकते। वाकई वे सिरचढ़े होंगे तो उनके और बहुजन समाज के हित सम्बन्ध में परस्पर विरोध उत्पन्न होगा। जिस अर्थ से ऐसे विरोध के कारण ही हिन्दू समाज के प्रगट वर्ग से अलग होकर, स्वतंत्र रूप में यह नया पक्ष निर्माण किया जा रहा है, उस अर्थ में, ऊपर के पराए या परधर्मी लोग अगर सिरचढ़े बनकर हमारे हित सम्बन्ध में बाधा बनेंगे तो उनसे भी बिलकुल स्वतंत्र बहाने से इस पक्ष को बर्ताव करना पड़ेगा, यह स्पष्ट होता है, लेकिन इस महत्त्वपूर्ण बात पर भी सभी को गौर करना होगा कि यह नया दल हालाँकि अन्यों से स्वतंत्रता से आचरण करनेवाला है तो भी जहाँ-जहाँ उसके हित सम्बन्ध का प्रश्न आएगा वहाँ-वहाँ उसके समानता का स्तर सँभालकर जो कोई व्यक्ति या दल हो, उसे सक्रिय सहयोग करने के लिए तैयार होगा, उसके साथ उतना सहयोग करने के लिए यह पक्ष भी तैयार होगा क्योंकि इस पक्ष की नींव में केवल खोखली भावुकता न होकर ठोस हित सम्बन्ध हैं। उनकी रक्षा और पुरस्कार करने का निस्पृह कार्य इस पक्ष को अपने ही पैरों पर खड़े होकर और स्वयं को करना है। हमारे सहयोगी ब्राह्मण हों, ब्राह्मणेतर हों, नरम दल के हों या गरम दल के हों, अपितु स्वकीय हों या विदेशी हों, उन्होंने कोई भी नाम, रूप या राय स्वीकार की हो, उनका पूर्व इतिहास चाहे जैसा हो, जब तक वे हमारे हित सम्बन्धों का पुरस्कार ईमानदारी से और जोरों से करते हैं, ऐसी हमें तसल्ली होगी, तब तक हम उनसे उतना ही सीमित सहयोग करने के लिए तैयार रहेंगे अन्यथा हमारा उन्हें दूर से सलाम। संक्षेप में कहना हो तो हम हमारे मित्रों से समान स्तर पर कभी भी सहयोग करने के लिए तैयार हैं, लेकिन उनमें शामिल होने के लिए तैयार नहीं हैं; और अगर कोई हमारे दुश्मन होंगे तो उन्हें भी हमारा दूर से ही सलाम। लेकिन उनका भी द्वेष करने के लिए हम तैयार नहीं हैं क्योंकि द्वेष पर हमारा बिलकुल भरोसा नहीं है। हमारा कोई शत्रु हमें द्वेष की शुभ वार्ता सिखाने के लिए आए तो उस अवसर पर ईश्वर ही हमारी रक्षा करेगा।

हित सम्बन्ध : हमारी व्याप्ति और प्रणाली का ऊपर उल्लेख किया है, लेकिन हमारा मुख्य आधार हमारे विशेष हित सम्बन्धों पर ही है। यह हित केवल मनोभाव या एक तात्त्विक सामान्य सिद्धान्तों पर आधारित नहीं हैं। वे दैनिक व्यवहार और ऐहिक लाभ-नुकसान से सम्बन्धित हैं। ऐसे ये विशेष हित सम्बन्ध असंख्य होने के कारण उनकी पूरी सूची तैयार करना आसान नहीं है। उनमें से कुछ सामान्य का यहाँ उल्लेख करना जरूरी है, लेकिन यह बात सभी को समझनी आवश्यक है कि धर्म या दर्शन के विषय या मुद्दे जिस तरह त्रिकाल और शाश्वत् होते हैं, वैसा राजनीति में कतई नहीं है। शतरंज के मोहरों की तरह राजनीति के मुद्दों की दिशा ही नहीं तो स्थान भी बदलना आवश्यक होता है। राजनीति व्यवहारशास्त्र है। उसके अपने नियम हैं, लेकिन उन नियमों के स्थायी साँचे नहीं बना सकते। अपने अन्तिम लक्ष्य को बाधा न पहुँचाते हुए अपना स्थान बदलना, अपनी नीति मजबूत रखकर भी अपनी दिशा बदलना आदि दाँवपेंच राजनीति में जो खेलेगा, वही बना रहेगा। और इस दाँवपेंच में जो ईमानदार रहेगा, किसी भी लालच का शिकार न होगा, मुश्किलों का मुकाबला करेगा, या कष्ट की बलि न चढ़ेगा, वही इस खेल में बाजी मारेगा। इसलिए राजनीति का यदि कोताही दृष्टि रखनेवाले कुछ लोगों ने एकाध वेश्या जैसा तिरस्कार किया है, तो भी जो सच्चे दूरदर्शी हैं, उन्होंने इसकी अत्युच्य कर्मयोग में गणना की है। यह दूरदृष्टि साबुत रखकर ही निम्न हित सम्बन्धों का निर्देशन किया गया है।

1. किसान वर्ग : इसमें सिरचढ़े जमीनदारों का या पीढ़ीजात जागीरदारों का समावेश बिलकुल नहीं हो सकता। जो अपने अधिकार की या कसने को ली हुई खेती खुद करता है और उसके लिए पर्याप्त मजदूरों को समान स्तर से उचित वेतन देकर सँभालता है, उसे ही किसान कहेंगे। पाश्चात्य देशों में इसे ही 'पेजंट प्रोपायटर' कहा जाता है। वह यदि स्वतंत्र है लेकिन उसे कहीं भी धन, विद्या या अधिकार न मिलने के कारण फिलहाल वह पिछड़ा रह गया है।

2. सिपाही वर्ग : इसमें सरदारों की गिनती बिलकुल नहीं होगी क्योंकि अधिकार बल के कारण उनका समावेश पढ़े-लिखे वर्ग में करना उचित है। हित सम्बन्ध के विरोध के कारण ये बहुजन पक्ष में शामिल न होना स्वाभाविक ही है, लेकिन आम सिपाहियों का हित हमारे पक्ष ने ही देखना चाहिए क्योंकि वे पिछड़े ही हैं। किसान सभी का सच्चा पालनकर्ता और बड़े-बड़े मुफ्तखोर जमींदार या जागीरदार ये केवल उसके पोष्य हैं! वैसे ही हथेली पर जान लेकर लड़नेवाला अकेला सैनिक ही सच्चा क्षत्रिय है। वह केवल पट्टेवाला चपरासी नहीं। उसके बल पर खिताब प्राप्त करनेवाले और पीढ़ियों से पेंशन का लाभ उठानेवाले सरदार अगर जाति से क्षत्रिय हों तो भी वे पिछड़े नहीं होते। इसीलिए उनके हित की रक्षा की चिन्ता करना हमारे पक्ष को जरूरी नहीं, लेकिन सिपाहीगीरी मात्र हमें माननी ही चाहिए। वह हम खुशी से करेंगे।

3. अध्यापक वर्ग : इसमें पीताम्बर शास्त्री, अधिकारी पुरोहित या पौनी जोशी या ऐसे अन्य मुफ्तखोरों की गिनती नहीं की जा सकती। साहित्य या उद्यम की व्यावहारिक शिक्षा देने के लिए जो कोई काबिल है और जो अपनी वृत्ति का पैतृक अधिकार न बताते हुए बाजार के अनुसार वेतन लेने के लिए तैयार है, उनकी जाति, धर्म, देश कोई भी हो, उनका हित सम्बन्ध इस दल ने रखना जरूरी है क्योंकि वे भी पिछड़े ही हैं और उनके हित सम्बन्ध राष्ट्रीय हैं।

4. उद्यमी : बढ़ई, सुनार, जुलाहा, दर्जी, ग्वाला, माली, तेली, तम्बोली आदि छोटा व्यापार कर राष्ट्रीय सेवा करनेवाला जो अशिक्षित और अनाधिकारी वर्ग है, यह भी राष्ट्र का धारक होकर इनका स्तर किसान या सिपाही इनसे रत्तीभर भी कम नहीं। वे पिछड़े हैं। नौटंकीवाले, गोंधली, शगुन बतानेवाले जोशी और पोवाँडा गानेवाले शाहीर अपितु नीम हकीम और अनाथ बच्चों को पालनेवाली आया की जरूरत प्रसंगानुरूप इस बहुजन समाज के बलिराजा को होती है तो फिर उनके हित का विस्मरण उसे कैसे होगा?

5. दुकानदार : इसमें ब्याज देकर दूसरों की पूँजी लगाकर उससे मालदार होनेवाले वर्ज्य हैं, ऐसा समझा जाए, किन्तु उद्यमी लोग और मजदूरों की सहायता से किसानों ने जो राष्ट्रीय सम्पत्ति निर्मित की और सिपाहियों ने जिसकी रक्षा की उसका देश में वितरण होने के लिए बिना सूद की पूँजी के दुकानदारों की भी उतनी ही जरूरत है। वह जब तक पिछड़ा रहेगा और सिरचढ़ा बनकर बहुजन समाज का खून या हक न चूसेगा तब तक उसे भी आगे लाने के लिए हमारे पक्ष ने प्रयत्न करना जरूरी है।

6. मजदूर वर्ग : इसमें बाजार के अनुरूप वेतन लेकर शारीरिक कष्ट उठानेवाले ही नहीं तो बुद्धि के अधिकारी वकील, डॉक्टर इनका भी समावेश होने की सम्भावना है, किन्तु यह दूसरा वर्ग अपने विद्याबल के कारण आवश्यकता से अधिक धन संचित करके अधिकार पद पर सहज जा बैठता है। इतना ही नहीं तो बुद्धि और आन्दोलन करनेवाले स्वभाव से बहुजन समाज का नेतृत्व भी ज्यादातर वही करता है और फिर पूरी तरह मिलावट होने लगती है। ऐसे लोग तत्त्वत: मजदूर हों तो भी वस्तुत: पिछड़े न होने के कारण, उनके हित सम्बन्ध की जिम्मेदारी दुर्बल जनपद पक्ष पर न रखते हुए उन्हीं पर रखना ज्यादातर उचित होगा। शेष सच्चे और शारीरिक कष्ट उठानेवाले मजदूरों की सुनवाई तो हमारे पक्ष के अलावा अन्य कोई न करेगा। बाजार के अनुरूप अपनी मजदूरी, काम का समय, आराम की शर्तें, बचपन, बीमारी, बुढ़ापा, पारिवारिक और स्त्री-समस्या आदि से उत्पन्न अधिकार आदि की माँग करने के लिए यह वर्ग स्वतंत्र है, इसमें सन्देह नहीं, किन्तु यह माँग राष्ट्र का समवाय हित सँभालकर वह पूरी तरह से वसूल करवाकर लेने की क्षमता उसमें आए ऐसी संघशक्ति उनमें लाना, यह इस पक्ष का अत्यन्त महत्त्वपूर्ण, जरूरी और कठिन कर्तव्य है, लेकिन यह पक्ष यानी केवल मजदूर पक्ष नहीं है। वह जनपक्ष होने के कारण पूरे राष्ट्र का पक्ष है। मजदूर सिरचढ़े हों तो उन्हें समझाने का अधिकार भी सभी से ज्यादा इसी पक्ष को है।

7. अस्पृश्य वर्ग : अस्पृश्यता के कराण यह वर्ग पिछड़ा है, इतना ही नहीं तो पीसा गया है। धर्म, परम्परा, रूढ़ि या अन्य कोई भी सच्चे-झूठे बहाने न बताते हुए इस वर्ग की अस्पृश्यता और मजबूरी पूरी तरह से नष्ट कर उन्हें बिलकुल समान स्तर से बहुजन समाज में एकरूप करना, यह इस पक्ष का केवल पवित्र कार्य रहेगा। वह तुरन्त करें तो ही खैर

है। अधिकतर समय फिजूल विवाद में, ढोंगी प्रस्ताव में और मतलबी सहानुभूति में पहले ही गँवाने के कारण इस वर्ग के कुछ व्यक्तियों को स्वाभाविकत: बेहूदा आदतें लग चुकी हैं। यह ठोकर खाकर भी हमारे पक्ष ने आँखें खुली न रखीं तो हमेशा के लिए बन्द रखना ही ठीक, ऐसा कहने की नौबत नजदीक आ चुकी है।

8. स्त्री वर्ग : वर्तमान राज्य क्रान्ति में हमारे देश के स्त्री वर्ग को कोई लाभ नहीं मिला। इसलिए हमारे पक्ष ने निराश होने का कारण नहीं। अपितु हमारा पक्ष विद्वानों का नहीं, वक्ताओं का नहीं, चिल्लानेवालों का नहीं, इसलिए वह स्त्री वर्ग को भूलनेवाला है, ऐसा थोड़े ही है! स्त्री वर्ग यानी हमरा पालनाघर! उसकी लापरवाही करें तो झूले में ही हमारी कब्र झूलने लगेगी, यह हम भलीभाँति जानते हैं। इसका प्रमाण हमने थोड़ा-बहुत गले उतारा है, फिर भी नामधारी 'राष्ट्रीय' हमारे ऊपर गुस्सा होते हैं और 'प्रगतिवादी' ऐन मौके पर हमारे ऊपर रूठ जाते हैं, लेकिन आज नहीं तो कल जागरूक स्त्रियों की समझ में सही बात आए बगैर नहीं रहेगी।

यहाँ तक हमनें केवल श्रेणी विभाजन से हित सम्बन्धों का निरीक्षण किया, लेकिन जिनका ऐसा श्रेणी विभाजन कतई नहीं किया जा सकता, ऐसे कई हित सम्बन्ध हैं। उनका स्वीकार करने की जरूरत प्रागतिकों से भी ज्यादा पिछड़े को ही है। यह बारीकी से विचार करें बगैर स्पष्ट नहीं होगा। उदा: अनिवार्य शिक्षा, मद्यपान निषेध, धार्मिक विधि और सामाजिक परम्परा पालन के बारे में स्वयं निर्णय आदि कोई भी प्रश्न ले लो, यह सब राष्ट्रीय होने के बावजूद स्वयं को 'राष्ट्रीय' कहनेवाला पक्ष ही जब उनमें बाधा बनता है और 'प्रागतिक' माननेवाला पक्ष भी अपनी हार मानता है तब बहुजन समाज को सचेत कर उसे आत्मनिर्भर बनाने का कठिन कार्य करने के लिए हमारे जैसे एकाध नए और स्वतंत्र पक्ष को आगे आना पड़ता है, इसमें हमारी मजबूरी है; कम-से-कम हम डींग तो नहीं हाँकते। इतना ही नहीं तो इससे पहले ही यह पक्ष निर्मित नहीं हुआ और आगे भी इसके हाथों क्या होगा, इसकी तसल्ली नहीं, तब तक इस विषय पर अधिक विवरण करने का भी हमें साहस नहीं। जिन्हें राष्ट्रहित का एहसास हो, जिनके हित का हमारे साथ विरोध होगा, वे सभी हमारे साथ आएँगे। कम-से-कम सहयोग तो करेंगे ही। अन्य बातूनी करतूतें करने में हमें समय नहीं। उनके आवारा विवादों पर हमारा भरोसा ही नहीं है, इसे हम क्या कर सकते हैं?

उपर्युक्त विवेचन हमने केवल हमारे अनुभव से किया है। वह भ्रान्त के विरुद्ध है, ऐसा हमें भ्रम नहीं है, उतने तो हम जाग्रत हैं। उपर्युक्त विवेचन में गलती होगी तो वह जब तक हमें दिखाई नहीं देती, तब तक हम व्यर्थ ही रुकावट बनकर रहे, यह हमें आत्मघाती और देश विघातक लगता है। पक्ष की रचना या नियमावली बननी बाकी है। यह लेख उसकी जाहिर प्रस्तावना के रूप में प्रकाशित किया जा रहा है। आगे का कार्य ईश्वरी संकेतों पर ही निर्भर है।

नाना पेठ, भोकरबाड़ी,
पुणे, ता. 1 सितम्बर, 1920

विट्ठल रामजी शिंदे

'जागृति प्रिंटिंग प्रेस'—बड़ौदा।

परिशिष्ट-3

आखिरी वृत्त

महर्षि अण्णासाहब शिंदे की मृत्यु का समाचार एक सार्वजनिक कार्यकर्ता जकाते ने ध्वनिक्षेपक से पूरे शहर में बताया। पत्रक बाँटकर भी वह जाहिर किया गया। सुबह से दोपहर एक बजे तक शहर की विभिन्न स्तर की मंडलियाँ 'राम विहार' में आकर अण्णासाहब के अन्तिम दर्शन कर रही थीं। डेढ़ बजे उनके घर से अंत्ययात्रा निकली। उसमें नगराध्यक्ष बाबूराव जेधे, बापूसाहब सणस, रैंग्लर र.पु. परांजपे, प्रिंसिपल केशवराव कानिटकर, बापूसाहेब चारगे, शंकरराव मोरे, र.के. खाडिलकर, 'सकाल' समाचार-पत्र के बाबासाहेब घोरपड़े आदि मंडली उपस्थित थी। डी.सी. मिशन तथा कर्मवीर भाऊराव पाटील के यूनियन बोर्डिंग के शंकरराव खरात आदि छात्र भी आए थे। अण्णासाहब की अर्थी को इस सभी जातियों के और विभिन्न धर्म के छात्रों ने और नागरिकों ने कन्धा दिया। 'राम विहार' से निकली अंत्ययात्रा कांग्रेस भवन से नया पूल, बुधवार चौक, मंडई के तिलक प्रतिमा से, विश्रामबाग बाडा, सदाशिव पेठ हौजे से लकड़ी पुल की श्माशानभूमि में आकर पहुँची।

अण्णासाहब की पार्थिव देह को डिप्रस्ड क्लासेज मिशन, पुणे नगर निगम, महाराष्ट्र साहित्य परिषद्, सेवा सदन सोसाइटी, गडरिया समाज, ठेला मालिक संघ आदि अनेक संस्थाओं ने साथ ही व्यक्तियों ने पुष्पमाला पहनाई। श्मशान भूमि में रैंग्लर, र.पु. परांजपे, प्रिंसीपल केशवराव कानिटकर, डी.सी. मिशन के के.आर. मधाले, वकील शंकरराव चव्हाण, पोटे, जकाते ने सम्मानपरक भाषण किए और उसके बाद उनके शव को अग्नि दी गई।

अण्णासाहब के बारे में बोलते समय रैंग्लर. र.पु. परांजपे ने कहा, "जब भारत के सामाजिक कार्य का इतिहास लिखा जाएगा, तब उस इतिहास में इतिहासकार स्वर्गीय शिंदे को बहुत ऊँचा सम्मान का स्थान देंगे।"

(**सकाल**, पुणे, 3 जनवरी, 1944)

सन्दर्भ सूची

मराठी ग्रंथ

1. आपटे दा.ना. (लेखक व प्रकाशक) : *श्री. सयाजीराव गायकवाड़ यांचे चरित्र,* खंड 2, बडौदा, 1936
2. कर्नाटकी श्री. ना. : डॉ. सर रामकृष्ण गोपाल भंडारकर यांचे चरित्र, श्री. ना. कर्नाटकी, पुणे, 1927
3. काणे पां. वा. : *धर्मशास्त्रचा इतिहास : सारांशरूप ग्रंथ-पूर्वार्द्ध व उत्तरार्द्ध,* अनुवादक : यशवन्त आबाजी भट, महाराष्ट्र राज्य साहित्य आणि संस्कृति मंडल, मुम्बई, 1980
4. कीर धनंजय : *डॉ. बाबासाहेब आंबेडकर,* पॉपुलर प्रकाशन, मुम्बई, प्रथम संस्करण, 1966, द्वितीय संस्करण, 1977
5. कुलकर्णी पुरुषोत्तम बालकृष्ण : *नाना शंकरशेट यांचे चरित्र* (काल व कामगिरी), पु.बा. कुलकर्णी, मुम्बई, 1959
6. केतकर श्री. व्यं. : (प्रमुख सम्पादक) *महाराष्ट्रीय ज्ञानकोश,* खंड 7, महाराष्ट्रीय ज्ञानकोश मंडल लि. पुणे, 1924
7. केसकर बी.बी. नाईक, रा.ना. : *उच्च जीवितसरणी (रावसाहेब वामन सदाशिव सोहोनी यांची व्याख्याने),* बी.बी. केसकर, विलेपार्ले, 1942
8. केसकर बी.बी. : *बाबण बापू कोरगाँवकर,* रावसाहेब वामन सदाशिव सोहोनी, विलेपार्ले, 1943
9. केसकर बी.बी : *संसार व धर्मसाधन, (द्वा.गो. वैद्य यांचे धर्मपरक लेख व व्याख्याने),* बी.बी. केसकर, विलेपार्ले, 1935
10. केलकर न.चिं. : *गतगोष्टी अर्थात् माझी जीवनयात्रा,* य.न. केलकर, पुणे, 1939
11. केलकर न.चिं. : *लोकमान्य तिलक यांचे चरित्र,* उत्तरार्द्ध-खंड 2, न.चिं. केलकर, पुणे, 1928
12. केलकर न.चिं. : *लोकमान्य तिलक यांचे चरित्र,* उत्तरार्द्ध-खंड 3, न.चिं. केलकर, पुणे, 1928
13. केलकर माधव : *एका वेड्या समाजिष्टाचे बरलणे अथवा महाराष्ट्रातील प्रार्थना समाजाचे अन्तरंग,* (अन्य तफसील अनुपलब्ध)
14. कोठारी वा.रा : *जुन्या आठवणी,* संकल्प प्रकाशन, पुणे, 1973
15. कोत्तापल्ले नागनाथ : *जोतिपर्व,* स्वरूप प्रकाशन, औरंगाबाद, 2000
16. खराटे ग.वा. : *डॉ. संतूजी रामजी लाड यांचा परिचय,* (सन 1841 ते 1916), ग.वा. खराटे, मुम्बई, 1954
17. खैरमोड़े चांगदेव भवानराव : *डॉ. भीमराव रामजी आंबेडकर (चरित्रखंड 1),* प्रताप प्रकाशन, मुम्बई, प्रथम संस्करण, 1952; तृतीय संस्करण 1978

18. खैरमोड़े चांगदेव भवानराव : *डॉ. भीमराव रामजी आंबेडकर खंड 1,* सुगावा प्रकाशन, पुणे, चतुर्थ संस्करण, 1992
19. खैरमोड़े चांगदेव भवानराव : *डॉ. भीमराव रामजी आंबेडकर चरित्र द्वितीय खंड* (सन् 1920 ते 1930 पर्यन्त), बौद्धजन पंचायत समिति, मुम्बई, 1958
20. खैरमोड़े चांगदेव भवानराव : *डॉ. भीमराव रामजी आंबेडकर यांचे चरित्र (खंड तिसरा)* प्रताप प्रकाशन, मुम्बई, 1964
21. खैरमोड़े चांगदेव भवानराव : *डॉ. भीमराव रामजी आंबेडकर चरित्र खंड 5,* चिटणीस, पब्लिकेशन कमेटी, डॉ. आंबेडकर एज्युकेशन सोसाइटी, मुम्बई, 1968
22. गाडगिल नरहर विष्णू : *पथिक (भाग पहिला),* वीनस प्रकाशन, पुणे, 1964
23. चन्दावरकर ग.ल. (सम्पा.) : *प्रार्थनान्ति परमेश्वर (प्रार्थना समाजाच्या दुस-या पिढीतील नऊ पुढा-यांची चरित्रे)* कार्यवाह, मुम्बई प्रार्थना समाज, मुम्बई, 1969
24. चव्हाण यशंवतराव : *कृष्णाकाठ,* प्रेस्टीज प्रकाशन, पुणे, 1984
25. चव्हाण रा.ना. : *महर्षि विट्ठल रामजी शिंदे (काही आठवणी),* व पाटील डी.एल. (सम्पा.) पाटील, महर्षि शिंदे विद्या मन्दिर, वाई, 1974
26. चव्हाण वैशाली (सम्पा.) : *सेवितो हा रस वांटितो आणिका॥ उदार धर्मपरक लेखांचा संग्रह,* रा.ना. चव्हाण, वैशाली रमेश चव्हाण, सतारा, 1996
27. चिटणीस ग.य. : *माझ्या आठवणी (माया चिटणीस ह्यांच्या लेखासह),* पॉपुलर बुक डेपो, मुम्बई, 1955
28. चौगुले-पारगावकर पी.के. : *शापित महात्मा,* लोकवाङ्मय गृह, मुम्बई, 1991
29. चौसालकर अशोक : *नवरात्र,* लोकवाङ्मय गृह, मुम्बई, 2000
30. जवेर कृष्णाबाई : *प.वा. सीतारामपंत जवेरे यांचे चरित्र,* कृष्णाबाई जवेरे, मुम्बई, 1945
31. जाधव पंजाबराव रामराव : *कर्मवीर भाऊराव पाटील जीवनदर्शन,* कर्मवीर प्रकाशन, पुणे, प्रथम संस्करण 1964
32. जाधव रमेश : *लोकराजा शाहू छत्रपती,* सुरेश एजन्सी, पुणे, 1997
33. जावडेकर शं.द. : *आधुनिक भारत,* सुलभ राष्ट्रीय ग्रंथमाला, पुणे, द्वितीय संस्करण 1953
34. जोगलेकर मृणालिनी : *स्त्री-अस्मितेचा आविष्कार : एकोणिसावे शतक, भाग 3,* ताराबाई शिंदे, जनाक्का शिंदे, पॉपुलर प्रकाशन, मुम्बई, 1991
35. जोशी एस. एम. : *मी, एस.एम.,* कांटिनेंटल प्रकाशन, पुणे, 1984
36. जोशी लक्ष्मण शास्त्री : *जोतिचरित्र,* नेशनल बुक ट्रस्ट इंडिया, नवी दिल्ली, 1992
37. जोशी लक्ष्मण शास्त्री : (प्रमुख सम्पादक), *मराठी विश्वकोश,* खंड 4, सचिव महाराष्ट्र राज्य साहित्य संस्कृति मंडल, मुम्बई, 1976
38. टोपे त्र्यं. कृ. : *म.गो. रानडे: व्यक्ती, कर्तृत्व आणि कार्य,* रोहन प्रकाशन, पुणे, 1992
39. ठोसर ल.दे. (सम्पा.) : मराठा स्टुंडेंट्स ब्रदरहुड : *तीन व्याख्याने,* ल.दे. ठोसर, पुणे, चिटणीस, मराठा स्टूडेंट्स ब्रदरहुड, 1914
40. दिघे पी.डी. : *दोन कर्मवीर,* कोल्हापुर, रवीन्द्र सबनीस ट्रस्ट, 1992
41. दिवेकर महादेव शास्त्री : *पहिली चार पुस्तकें - अस्पृश्योद्धार विचार,* प्राज्ञ पाठशाला मंडल, वाई, 1926
42. दिवेकर महादेव शास्त्री : *हिन्दू समाज समर्थ कसा होईल,* महादेव शास्त्री दिवेकर, दूसरा संस्करण, 1930
43. देशपांडे स.वि. (सम्पा.) : *मराठी साहित्य सम्मेलन, बडौदे अधिवेशन, बडौदे चिटणीस,* मराठी साहित्य सम्मेलन, बड़ौदे, 1934
44. देसाई परशुराम सदाशिव (अनु.) : *पंडित शिवनाथ शास्त्री यांचे आत्मचरित्र,* महाराष्ट्र राज्य साहित्य आणि संस्कृति मंडल, मुम्बई, 1973

45. नवलकर हरिश्चन्द्रराव नारायणराव : *श्रीयुत शिवराम जानबा कांबले यांचे त्रोटक चरित्र आणि पर्वती सत्याग्रहाचा इतिहास*, पुणे, 1930

46. पंडित नलिनी : *आंबेडकर*, ग्रंथाली प्रकाशन, मुम्बई, 1996

47. पलशीकर वसन्त (अनु.) : *गोपाल कृष्ण गोखले*, - ब्रिटिश राजवट व भारतीय नेमस्त युग, विश्वकर्मा साहित्यालय, पुणे, 1986

48. पवार गो.मा. (सम्पा.) : महर्षि विट्ठल रामजी शिंदे यांची *रोजनिशी*, औरंगाबाद, मराठवाडा साहित्य परिषद्, 1979

49. पवार गो.मा. (सम्पा.) : *विट्ठल रामजी शिंदे (राष्ट्रीय चरित्रमाला)*, नॅशनल बुक ट्रस्ट इंडिया, नवी दिल्ली, 1990

50. पवार गो.मा. : *विट्ठल रामजी शिंदे* (भारतीय साहित्याचे निर्माता), साहित्य अकादमी नई दिल्ली, 2000

51. पाटणकर वसन्त (सम्पा.) : *ग.स. भाटे: एक वाङ्मय समीक्षक*, मराठी विभाग, मुम्बई विद्यापीठ प्रतिमा प्रकाशन, मुम्बई-पुणे, 1995

52. पाटील एन.डी. : *महर्षि रामजी शिंदे : एक उपेक्षित महात्मा*, प्रबोधन प्रकाशन ज्योति, कोल्हापुर, 1999

53. पाटील पां.चि. : *माझ्या आठवणी*, मौज प्रकाशन गृह, मुम्बई, 1964

54. पानतावणे गंगाधर : *पत्रकार डॉ. बाबासाहेब आंबेडकर*, अभिजित प्रकाशन, नागपुर, 1987

55. पालेकर भगवन्त बलवन्त : *'जागृति'कार पालेकर, आत्मवृत्त आणि लेख संग्रह*, अ.भ. पालेकर, बडोदे, 1961

56. पोतदार दत्तो वामन : *लोकमान्य टिळकांचे सांगाती*, केसरी प्रकाशन, पुणे, 1975

57. पांगारकर लक्ष्मण रामचन्द्र : *चरित्रचन्द्र म्हणजेच पांगारकरांचे आत्मचरित्र*, लक्ष्मण रामचन्द्र पांगारकर, नासिक, 1938

58. फड़के य.दि. : *केशवराव जेधे*, श्रीविद्या प्रकाशन, पुणे, 1982

59. फड़के य.दि. (सम्पा.) : *दिनकरराव जवलकर समग्र वाङमय*, महात्मा जोतीराव फुले समता प्रतिष्ठान, पुणे, 1984

60. फड़के य.दि. (सम्पा.) : *महात्मा फुले समग्र वाङ्मय*, महाराष्ट्र राज्य साहित्य आणि संस्कृति मंडल, मुम्बई, सुधारित चतुर्थ संस्करण, 1991

61. फड़के य.दि. : *विसाव्या शतकातील महाराष्ट्र, 1901-1914 खंड 1*, अध्यक्ष, सासवड आश्रम विश्वस्त मंडल, सासवड, 1989

62. फड़के य.दि. : *विसाव्या शतकातील महाराष्ट्र, (राजकीय इतिहास 1914-1920), खंड 2*, श्रीविद्या प्रकाशन, पुणे, 1989

63. फड़के य.दि. : *विसाव्या शतकातील महाराष्ट्र, (राजकीय इतिहास 1921-1929), खंड 3*, श्रीविद्या प्रकाशन, पुणे, 1991

64. फड़के, य.दि. : *विसाव्या शतकातील महाराष्ट्र, खंड 4*, श्रीविद्या प्रकाशन, पुणे, 1993

65. बागल माधवराव : *बहुजन समाजाचे शिल्पकार*, ग.ल. ठोकल, पुणे, 1966

66. बापट स.वि. : *लोकमान्य तिलक यांच्या आठवणी व आख्यायिका*, खंड 2, पुणे, 1925

67. बाबर कृष्णराव भाऊराव : *कर्मवीर विद्यार्थी*, कृ.भा. बाबर, भिलवडी, 1930

68. बाबर रा.कृ. : *महर्षि विट्ठल रामजी शिंदे आणि वाई ब्राह्म समाज*, साकेत प्रकाशन, औरंगाबाद, 1991

69. बिर्जे वासुदेवराव : क्षत्रिय आणि त्यांचे अस्तित्व, वा.लिं. बिर्जे, मुम्बई, 1903

70. भावे सविता : *प्रधान मास्तर*, अमेय प्रकाशन, पुणे, 1999

71. मद्दण्णा यशंवत दादा : *स्व. अण्णासाहेब लट्ठे जीवन व कार्य,* अध्यक्ष, लट्ठे एज्युकेशन सोसाइटी, सांगली, 1979
72. माटे श्रीपाद महादेव : *चित्रपट (मी व मला दिसलेले जग),* वीनस प्रकाशन, पुणे, 1957
73. मून वसन्त (सम्पा.) : डॉ. बाबासाहेब आंबेडकर यांचे बहिष्कृत भारत आणि *मूकनायक,* शिक्षण विभाग, महाराष्ट्र शासन, मुम्बई, 1990
74. मोटे ह.वि. (सम्पा.) : *त्र्यम्बक शंकर शेजवलकर, निवडक लेख संग्रह,* ह.वि. मोटे, मुम्बई, 1977
75. मोटे ह.वि. (सम्पा.) : *विश्रब्ध शारदा, खंड पहला,* ह.वि. मोटे, मुम्बई, 1972
76. मोरे शेषराव : *सावरकरांचे समाजकारण : सत्य आणि विपर्यास,* राजहंस प्रकाशन, पुणे, 1992
77. मोरे सदानन्द (सम्पा) : *जागृतिकार पालेकर,* महात्मा जोतीराव फुले समता प्रतिष्ठान, पुणे, 1996
78. येडेकर श्याम : *ज्ञानभास्कर भास्कराव जाधव,* अ.भा. जाधव, कोल्हापुर 1981
79. राजवाड़े वि.का. : *आत्मवृत्त,* श्रीविद्या प्रकाशन, पुणे, 1980
80. रानडे महादेव गोविन्द : *न्यायमूर्ति महादेव गाविन्द रानडे ह्यांची धर्मपरक व्याख्याने,* श्रीधर भंडारकर लाइब्रेरी फंड, मुम्बई, चतुर्थ संस्करण, 1940
81. रानडे रा.द. : *जमखंडी येथील परशुराम भाऊ हाईस्कूलचा सुवर्ण महोत्सवी स्मारक ग्रंथ,* चिटणीस, सुवर्ण महोत्सवी स्मारक ग्रंथ, जमखंडी, 1938
82. वलंगकर गोपाल बाबा : *विटालविध्वंसन,* प्रथम प्रकाशन, मु. मौजे रावढूल, ता. महाड, जि. कुलाबा, 1889; सुधारित संस्करण, बाबा आढाव, महात्मा जोतीराव फुले समता, प्रतिष्ठान, पुणे
83. वैद्य द्वा.गो. : *नारायण गणेश चन्दावरकर,* कर्नाटक पब्लिशिंग हाऊस, मुम्बई, 1937
84. वैद्य द्वा.गो. : *प्रार्थना समाजाचा इतिहास,* प्रार्थना समाज, मुम्बई, 1927
85. वैद्य द्वा.गो. : *महादेव गोविन्द रानडे,* प्रार्थना समाज, मुम्बई, तृतीय संस्करण,1923
86. वैद्य द्वा.गो. : *डॉ. रामकृष्ण गोपाल भंडारकर ह्यांचे अल्पचरित्र,* प्रार्थना समाज, मुम्बई
87. वैद्य द्वा.गो. : डॉ. रामकृष्ण गोपाल भंडारकर ह्यांचे *धर्मपरक लेख व व्याख्याने,* द्वा. गो. वैद्य, मुम्बई, 1930
88. वैद्य द्वा.गो. (सम्पा.) : *सर नारायण चन्दावरकर यांची व्याख्याने,* प्रार्थना समाज, मुम्बई, 1921
89. वैद्य सरोजिनी (सम्पा.) : *समग्र दिवाकर,* पॉपुलर प्रकाशन, मुम्बई, 1996
90. शहा मृणालिनी व अन्य (सम्पा.) : *'प्रभात'कार वा.रा. कोठारी : विचार आणि कार्य,* वा.रा. कोठारी जन्मशताब्दी समिति, पुणे, 1993
91. शिंदे मा. श्री. : *विजयी मराठाकार श्रीपतराव शिंदे,* युवराज प्रकाशन, औरंगाबाद, 1973
92. शिंदे विट्ठल रामजी : *धर्म, जीवन व तत्त्वज्ञान,* (सम्पा. मा.प. मंगुडकर इ.) महाराष्ट्र शासन समाज कल्याण, सांस्कृतिक कार्य, क्रीड़ा व पर्यटन विभाग, मुम्बई, 1979
93. शिंदे विट्ठल रामजी : *भारतीय अस्पृश्यतेचा प्रश्न,* (सम्पा.) मा.प. मंगुडकर समाज कल्याण, सांस्कृतिक कार्य, क्रीड़ा,पर्यटन विभाग, मुम्बई, 1976
94. शिंदे विट्ठल रामजी : विट्ठल रामजी शिंदे यांचे *लेख, व्याख्याने व उपदेश,* (सम्पा.बी. बी केसकर), दामोदर सावलाराम आणि मंडली, मुम्बई, 1912
95. शिंदे विट्ठल रामजी : *भारतीय अस्पृश्यतेचा प्रश्न,* नवभारत ग्रंथमाला, नागपुर, 1933
96. शिंदे विट्ठल रामजी : *माझ्या आठवणी व अनुभव,* भाग 1, वत्सला प्रकाशन, पुणे, 1940
97. शिंदे विट्ठल रामजी : *माझ्या आठवणी व अनुभव,* भाग 1, 2, 3, श्री लेखन वाचन भंडार, पुणे, 1958
98. शिंदे विट्ठल रामजी : *शिंदे, लेख संग्रह,* (सम्पा. मा.प. मंगुडकर), ठोकल प्रकाशन, पुणे, 1963

99. शिर्के आनन्दीबाई : *सांजवात,* मौज प्रकाशन, मुम्बई, 1972

100. शिवतरकर शंकर सीताराम : *श्री. सीताराम शिवतरकर मास्तर : समर्पित प्रवास,* प्रदीप प्रकाशन, मुम्बई, 1991

101. शेंडे ना.रा. : *ग.आ. गवई : व्यक्ती आणि कार्य,* प्रभाकर पांडुरंग भटकर, अमरावती, 1963

102. सावरकर स्वातंत्र्यवीर वि.दा. : *जात्युच्छेदक निबन्ध,* विश्वास प्रकाशन, मुम्बई, 1940

103. स्वामी दयानन्द सरस्वती : *सत्यार्थप्रकाश, श्रीमती आर्य प्रतिनिधि सभा,* संयुक्त प्रान्त, कोल्हापुर, 1926

104. साळुंखे पी.बी. व इतर (सम्पा.) : *राजर्षि शाहू गौरव ग्रंथ,* महाराष्ट्र राज्य शिक्षण विभाग, सचिवालय, मुम्बई, 1976

105. सुखटणकर ज.स. (सम्पा. आणि चरित्रलेखक) : *धर्मानन्द : आचार्य धर्मानन्द कोसम्बी यांचे आत्मचरित्र आणि चरित्र,* गोवा हिन्दू एसोसिएशन, मुम्बई, 1976

106. सूर्यवंशी कृ.गो. : *राजगुरू : अमात्य सर रघुनाथ व्यंकाजी सबनीस,* रवीन्द्र सबनीस ट्रस्ट, कोल्हापुर, 1991

107. सोमण सुलोचना : *अनुभव,* मैजेस्टिक प्रकाशन, पुणे, 1980

108. सोळुंके श्रीकान्त : *महाराष्ट्रातील शेतकरी चळवळ,* बी. रघुनाथ प्रकाशन, परभणी, 1996

अंग्रेजी ग्रंथ

1. Allen, Rev. Joseph Henry : *Unitarianism : It's origin and History*, American Unitarian and others Association, Boston, 1895

2. Chakravarti Satish, Chandra Ray, Sarojendra Nath, : *Brahmo Samaj, The Depressed Classes and Untouchability,* Sadharan Brahmo Samaji, Calcutta, 1933

3. Davis V. D. : *The London Domestic Mission Socity, Record of Hundred Years-1835 to 1935,* The Lindsey Press, Lodon, 1935

4. Ghugare Shivaprabha : *Renaissance in Western India : Karmaveer V.R. Shinde,* Himalaya Publishing House, Bombay, 1983

5. Gore M.S. : *Vitthal Ramaji Shinde : An Assessment of his Contribution,* Tata Institute of Social Sciences, Bombay,1989

6. Hewett Philip : *On Being a Unitarian,* The Lindsey Press, London, repr. 1979

7. Hostler John : *Unitaranism,* The Hibbert Trust, London, 1981

8. Hughes Thomas : *David Livingstone,* Macmillan and co, London, 1889, 13th repr. 928

9. Mozoomdar P. C. : *Keshub Chunder Sen,* Nababidhan Trust Calcutta, repr. 1931

10. Olcott H.S. : *The Poor Pariah,* Theosophical Society, Adyar, Madras

11. Porter David (ed.) : *The Gospel, the Spirit, the Church Bromley,* Kent, Send the Light Trust, 1978

12. Shinde V.R. : *The Depressed Classes Mission Society of India - What It is and What it Dose,* Bombay, 1912

13. Shinde V.R. : *The Theistic Directoiry and Review of, the Religious Thought in the Civilized World,* Bombay, 1912

14. Short Basil : *A Respectable Society,* Moonraker Press, Bradford- on-Avon, 1976

पत्रिकाएँ

1. *सुबोध पत्रिका*, मुम्बई
2. जागृति, बड़ौदा
3. राष्ट्रवीर, बेलगाँव
4. हंटर, कोल्हापुर
5. *विजयी मराठा*, कोल्हापुर
6. *ज्ञानप्रकाश*, पुणे
7. *केसरी*, पुणे
8. सकाल, पुणे
9. *साप्ताहिक सकाल*, पुणे
10. नवाकाल, मुम्बई
11. दि प्युरिटी सर्वेंट, मुम्बई
12. दि टाइम्स ऑफ इंडिया, मुम्बई
13. बॉम्बे क्रॉनिकल, मुम्बई
14. स्वदेशाभिमानी (कन्नड़), मंगलौर
15. *दि इन्क्वायरर*, लन्दन
16. *दि ख्रिश्चन लाइफ*, लन्दन
17. *ब्रिडपोर्ट न्यूज*, ब्रिडपोर्ट, इंग्लैंड
18. De Hervorming (Dutch), Amsterdam
19. De Tijd (Dutch), Amsterdam
20. Nieuwe Rotterdamsche Courant (Dutch), Rotterdam

विशेषांक

1. कालेकर रा.ग. (सम्पा.) : *सत्यशोधक कर्मवीर विट्ठल रामजी शिंदे स्मृतिअंक*, रा.ग. कालेकर, मुम्बई, जनवरी, 1951
2. ढावरे रमेश (सम्पा.) : *माणगाँव परिषद् 61वाँ स्मृति-महोत्सव विशेष अंक*, माणगाँव परिषद् 61वाँ स्मृति-महोत्सव समिति, कोल्हापुर, 1982
3. सम्पादक, नवहिन्द : *महर्षि विट्ठल रामजी शिंदे स्मारिका*, कन्नड़ व मराठी द्विभाषिक विशेषांक, जमखंडी, 1973
4. फड़के भालचन्द्र (सम्पा.) : *महाराष्ट्र साहित्य पत्रिका, महर्षि विट्ठल रामजी शिंदे अभिवादन ग्रंथ*, कार्यवाह, म.सा. परिषद्, पुणे, अप्रैल-मई-जून, 197
5. बाबर रा.कृ. (सम्पा.) : *नारायणराव चव्हाण स्मृतिग्रंथ*, द.ना. चव्हाण, वाई, 1971
6. भोंसले एस.एस. व : *महर्षि शिंदे जन्मशताब्दी स्मृति ग्रंथ*, अध्यक्ष कर्मवीर वि.रा. शिंदे शिवाजीराव सावन्त जन्मशताब्दी (सम्पा.) समिति, कोल्हापुर, 1974
7. सेक्रेटरी डी.सी. मिशन : *महर्षि विट्ठल रामजी शिंदे जन्मशताब्दी स्मारक ग्रंथ*, सेक्रेटरी, 'डिप्रेस्ड क्लासेज मिशन' सोसाइटी ऑफ इंडिया, पुणे, 1973
8. सम्पादक लोकसत्ता : *लोकसत्ता*, दिपावली विशेषांक, 1995

अहवाल

1. Reports of The Depressed Classes Mission Society of India
   (i) The Third Quarterly Report, Bombay, 9th July 1907

(ii) The Third Yearly Report, Bombay, 17th October 1909
(iii) The Fourth Annual Report, Bombay, 1911
(iv) The Fifth Annual Report, December, 1911
(v) The Sixth Annual Report, 1913
(vi) The First Half Yearly Report, Poona Branch, June 1908, and December, 1908

2. Report of the Reforms Committee (Franchise), Vol. I & II, Superintendent, Government Printing Press, India, 1919
5. भारतीय निराश्रित सहायकारी मंडल की महाराष्ट्र परिषद्, पुणे, 1912, रिपोर्ट
6. Report of Thirty Second Session of the Indian National Congress, Jitendralal Banerjee, Calcutta, 1918

कागजात

1. महर्षि विट्ठल रामजी *शिंदे के कागजात*
2. श्री. धनंजय कीर के कागजात, कोल्हापुर
3. Proceedings of the Poz Club, 1901-1907, Manchester College, Oxford
4. Minute Book (1897-1918), Martineau, Club, Manchester Collage, Oxford
5. Discussion Society, Minute Book, 1885-1907, Manchester Collage, Oxford

साक्षात्कार

गुरुवर्य बाबूराव जगताप, पुणे
श्री गणपतराव शिंदे, पुणे
श्री भाऊराव विष्णुपंत देशपांडे, तेरदाल
डॉ. दामोदर हुल्यालकर, जमखंडी
श्री कृ.भा. बाबर, पुणे
श्री नरहर केशव कानिटकर, पुणे
श्री बाबूराव हुल्यालकर, जमखंडी
श्रीमती संजीवनी केलकर, कोल्हापुर
श्री एकनाथराव घोरपड़े गुरुजी, पुणे
श्री रा.ना. चव्हाण, वाई
भाई ए.के. भोंसले, सोलापुर

लिखित निवेदन

श्रीमती शकुन्तलाबाई जमदग्नि, कोल्हापुर
श्रीमती लक्ष्मीबाई प्रतापराव शिंदे, पुणे

छायाचित्र

निम्न व्यक्तियों ने अनिवार्य छायाचित्र उपलब्ध कराए, उनका तहेदिल से आभार।

1. भाई माधवराव बागल, कोल्हापुर
2. श्री दत्ता शिंदे, कोल्हापुर

3. श्री बंसीधर जमदग्नि, कोल्हापुर
4. श्री आशोक वाडकर, कोल्हापुर
5. श्री मेहबूब ए. गोकाक, जमखंडी
6. श्री राजा कृष्णराव पाताड़े, पुणे
7. श्रीमती अनुराधा केशव शिंदे, पुणे
8. डॉ. अविनाश बाबूराव जगताप, पुणे
9. श्री एम.डी. शिंदे, छायाचित्रकार, पुणे
10. श्री नितिन कोत्तापल्ले, पुणे
11. डॉ. एम.ए. शेख, सतारा
12. श्रीमती. अपर्णा अरुण केसकर, विलेपार्ले, मुम्बई
13. श्री माधव दामोदर पटवर्धन, विलेपार्ले, मुम्बई
14. श्री मिलिंद नगरकर, बांद्रा पूर्व, मुम्बई
15. एडवोकेट श्रीमती नीला विद्यासागर मोरे, सोलापुर